TRAITÉ PRATIQUE
ET
FORMULAIRE
GÉNÉRAL

DU NOTARIAT

DE FRANCE ET D'ALGÉRIE

II

EXPLICATION DE QUELQUES ABRÉVIATIONS.

Dict. not.	Dictionnaire du notariat (4ᵉ édition).
Roll.	Rolland de Villargues (2ᵉ édition).
J. N.	Journal des notaires et des avocats.
Jur. N.	Jurisprudence du notariat fondée par Rolland de Villargues.
Mon. Trib., ou M. T.	Moniteur des Tribunaux.
Zach.	Zachariæ, édition Massé et Vergé.
Cass.	Cassation.
Demolombe, VI, 441.	Demolombe, t. VI, nº 441.
Taulier, III, p. 412.	Taulier, t. III, page 412.
Marcadé, 451, 2.	Marcadé, art. 451, nº 2.
Journal du Not.	Journal du Notariat et des Offices ministériels.

Besançon. — Imprimerie d'Outhenin-Chalandre fils et Cⁱᵉ.

TRAITÉ PRATIQUE

ET

FORMULAIRE

GÉNÉRAL

DU NOTARIAT

DE FRANCE ET D'ALGÉRIE

SUIVANT UNE

MÉTHODE NOUVELLE

Plaçant la Formule à côté de l'Explication théorique

DIVISÉ EN QUATRE PARTIES

COMPRENANT :

1° LA LÉGISLATION SPÉCIALE AU NOTARIAT
2° LE DROIT CIVIL EXPLIQUÉ SELON L'ORDRE DU CODE CIVIL
3° LE DROIT FISCAL (ENREGISTREMENT et HYPOTHÈQUES)
4° UN TRAITÉ SPÉCIAL SUR LA RESPONSABILITÉ DES NOTAIRES

PAR

DEFRÉNOIS
Principal clerc de notaire à Paris

VAVASSEUR
Avocat à la Cour d'appel de Paris
Ancien principal clerc de notaire à Paris

CINQUIÈME TIRAGE DE LA TROISIÈME ÉDITION

DEUXIÈME VOLUME

PARIS

DELAMOTTE ET FILS
QUAI DES GRANDS-AUGUSTINS, 53

ADMINISTRATION
DU JOURNAL DES NOTAIRES ET DES AVOCATS
RUE DES SAINTS-PÈRES, 52

1879

LIVRE TROISIÈME

DES DIFFÉRENTES MANIÈRES DONT ON ACQUIERT LA PROPRIÉTÉ

DISPOSITIONS GÉNÉRALES

SOMMAIRE

Comment s'acquiert la propriété des biens, n° 1658.
Comment elle se transmet, n° 1659.
A qui appartiennent les biens qui n'ont pas de maître, n° 1660.
Choses qui n'appartiennent à personne, n° 1661.
Acquisition par l'occupation : du gibier chassé, du poisson pêché, d'un essaim d'abeilles non suivi, n°s 1662, 1663, 1673.

Qu'est-ce qu'un trésor ? n° 1664.
Comment s'acquiert la propriété d'un trésor, n° 1664.
Quid s'il a été trouvé dans le fonds d'autrui ? n°s 1665 à 1670.
Objets que la mer rejette, n° 1671.
Des choses perdues dont le maître ne se représente pas, n° 1672.

FORMULES

Form. 272. Permis de chasse et de pêche.
Form. 273. Accord relatif à la recherche d'un trésor.

1658. La propriété des biens s'acquiert : 1° par succession ; 2° par donation entre-vifs ou testament ; 3° par l'effet des obligations (1) ; 4° par accession ou incorporation, *supra* n°s 1447 *et suiv.* ; 5° par prescription (C. N., 711, 712) ; 6° par la loi, ainsi dans les cas : de jouissance légale, *supra* n° 1173, d'attribution de l'ancien lit d'un cours d'eau qui a changé son parcours, *supra* n° 1173, et d'attribution à l'Etat des biens vacants et sans maîtres, *supra* n° 1415 *et infra* n° 1660 (2) ; 7° par la tradition, dans le don manuel, la possession sans titre (3) ; 8° par l'occupation, *supra* n°s 1430, 1446 *et infra* n°s 1662 à 1670.

1659. La propriété des biens se transmet : 1° par succession ; 2° par donation entre-vifs ou testament ; 3° par l'effet des obligations. (C. N., 711.)

1660. Les biens qui n'ont pas de maître appartiennent à l'Etat. (C. N., 713 *et supra* n° 1415.)

1661. Il est des choses qui n'appartiennent à personne, et dont l'usage est commun à tous, (ainsi l'air, le vent, l'eau courante) ; des lois de police règlent la manière de jouir de l'eau courante. (C. N., 714.)

---

(1) Ou plutôt par *l'effet des conventions.* — Mourlon, II, p. 4.
(2) Demolombe, XIII, 15
(3) Demolombe, XIII, 12

1662. La faculté de chasser est également réglée par des lois particulières (*C. N.*, *715*, *voir loi 3 mai 1844*); suivant cette loi, nul n'a la faculté de chasser sur la propriété d'autrui sans le consentement du propriétaire [Form. 272], ou de ses ayants droit (1). Conséquemment le chasseur ne peut continuer de suivre sur le terrain d'autrui, si celui-ci n'y a consenti, le gibier par lui poursuivi et blessé (2). Cependant le gibier, en raison de sa nature sauvage, appartient au premier occupant, sans qu'il y ait à rechercher s'il était poursuivi ou venait d'être blessé par un autre chasseur (3), ni s'il a été tué sur le propre fonds du chasseur ou sur le fonds d'autrui, même sans sa permission; sauf dans ce dernier cas, l'action en dommages-intérêts (4).

1663. La faculté de pêcher est aussi réglée par des lois particulières (*C. N.*, *715*, *voir lois 15 avril 1829, 6 juin 1840, ordonn. roy. 15 nov. 1830 et 28 fév. 1842*). Dans les fleuves et les rivières qui sont dans le domaine public, *supra* n° *1412*, la pêche, autre que celle à la ligne, est permise seulement à ceux qui ont obtenu un bail ou une licence; dans les autres rivières et cours d'eau, le droit de pêche appartient aux propriétaires riverains [Form. 272], chacun jusqu'au milieu du lit de la rivière de son côté (*Loi 14 flor. an X, arrêté 17 niv. an II, loi 15 avril 1829*). Le poisson pêché par un individu sur son propre fonds, ou avec permission sur le fonds d'autrui, appartient au pêcheur en sa qualité de premier occupant; mais s'il pêche sans permission sur le fonds d'autrui, il est passible d'amende, et en outre il y a lieu à la restitution au propriétaire du fonds, du prix du poisson pêché. (*Loi 15 avril 1829, art. 5.*)

1664. On acquiert la propriété d'un trésor [Form. 273] par l'occupation. Un trésor est toute chose (pièces de monnaie, lingots, médailles, pierreries, bijoux, vaisselle, urnes, statues, etc.) enfouie ou ca-

---

FORMULE 272. — Permis de chasse et de pêche. (N°s 1662 et 1663.)

Par-devant M°.....

A comparu :

M. Louis A..... propriétaire, demeurant à.....

Lequel a, par ces présentes, accordé gratuitement **pendant le délai d'une année**, à partir du....,

A M. B...., ici présent et qui accepte,

La permission :

1° De chasser à pied, et non à cheval, sur les terres et dans les bois, landes, pâtures et prés, formant la ferme de....., située commune de....., appartenant à M. A.....; mais seulement après l'entier enlèvement des récoltes, et en se conformant aux lois, ordonnances et arrêtés qui règlent l'exercice du droit de chasse ;

2° De pêcher à la ligne flottante et dormante dans l'étang du *Déversoir*, faisant partie de la même ferme, et dans la rivière la....., aux endroits où elle traverse ou longe les propriétés de M. A....., située commune de....., en se conformant aussi aux lois, ordonnances et arrêtés qui règlent l'exercice du droit de pêche.

Cette permission est personnelle à M. B.....; néanmoins, lorsqu'il en usera, il pourra être accompagné d'un ami.

Dont acte

Fait et passé, etc.

FORMULE 273. — Accord relatif à la recherche d'un trésor (N°s 1664 à 1670).

Par-devant M°.....

Ont comparu :

M..... A.....   D'une part;
Et M..... B.....   D'autre part;

---

(1) Si la propriété est indivise, l'autorisation ne peut être valablement donnée par un seul des propriétaires; elle doit émaner de tous : — Rouen, 21 fév. 1862.

(2) Demolombe, XIII, 25; Dict. not., *Chasse*, n° 19.

(3) Demolombe, XIII, 25; Cass. 29 avril 1862 Mon. Trib., 1862, p. 347.

(4) Toullier, II, 7; Proudhon, *Domaine privé*, I, 385; Duranton, IV, 279 et 283; Demante, III, 14 *bis*; Demolombe, XIII, 23; Cass. 13 août 1840.

chée dans un immeuble, ou même dans un meuble (1), à une époque qui ne peut être précisée (2), sur laquelle personne ne peut justifier sa propriété (3), et qui est découverte par le pur effet du hasard (C. N., 716); si la chose a été trouvée par suite de fouilles pratiquées exprès, elle n'a plus le caractère de trésor, et cesse d'être soumise aux règles de l'art. 716 (4).

1665. La propriété du trésor appartient à celui qui le trouve dans son propre fonds. Si le trésor est trouvé dans le fonds d'autrui, il appartient pour moitié à celui qui l'a découvert, et pour l'autre moitié au propriétaire du fonds (C. N., 716), c'est-à-dire à celui qui a la propriété réelle du fonds; en conséquence n'ont pas droit à la portion du trésor attribuée au propriétaire : 1° l'usufruitier, fût-il même universel (5); 2° l'usager (6); 3° celui qui a sur le fonds un simple droit de superficie ou d'emphytéose (7); 4° le possesseur, même de bonne foi, qui se trouve évincé (8); 5° celui qui, ayant acheté un bâtiment à démolir, y découvre un trésor (9).

1666. Si le fonds appartient à une commune ou à l'État, c'est à la commune ou à l'État que revient la moitié qui est attribuée au propriétaire (10).

1667. Celui qui découvre un trésor s'appelle *l'inventeur*. Il faut, pour que le trésor appartienne à l'inventeur (pour moitié), qu'il l'ait découvert par le pur effet du hasard; s'il l'a trouvé en faisant des fouilles sur un terrain ne lui appartenant pas, sans le consentement du propriétaire, lors même qu'il en aurait la possession, comme usufruitier, emphytéote, fermier, etc. (11), il n'y a aucun droit, *supra* n° *1664*.

1668. Lorsque le trésor a été trouvé par un ouvrier travaillant pour le propriétaire, il faut distinguer : si l'ouvrier était employé à l'effet de chercher le trésor, il n'y a aucun droit; mais si, étant occupé à d'autres travaux, il l'a découvert par hasard, il a droit à moitié. Plusieurs ouvriers sont employés à un travail commun ; l'un d'eux, d'un coup de pioche, découvre un trésor, c'est lui qui a droit à la moitié; les autres ouvriers qui travaillent à côté de lui n'y ont pas droit (12).

Lesquels ont dit ce qui suit :

M. A. : ... est propriétaire d'un verger, enclos de murs, situé commune de....., lieu dit...., de la contenance de quatre-vingt-deux ares, dans lequel sont les vestiges d'un puits qui semble avoir été creusé et construit par les Romains lors de leur invasion dans les Gaules, et qui, depuis longtemps, a été comblé.

M. A..... pense que ce puits, vers 1640, alors que les Anglais cessèrent d'occuper le pays, fut comblé dans le but de dissimuler des richesses qui y furent cachées, et que ces richesses s'y trouvent encore, ce qui constituerait un trésor dans le sens de l'art. 716, 2° alinéa, du Code Napoléon.

M. B..... partage la pensée de M. A..... à cet égard;

Et ils ont arrêté entre eux les conventions suivantes :

ARTICLE PREMIER

MM. A..... et B..... feront en commun les recherches nécessaires pour trouver le trésor dont il vient d'être parlé.

Les dépenses occasionnées par l'extraction des terres et des matériaux et par les fouilles, qu'elles produisent ou non un résultat, seront supportées par MM. A..... et B....., chacun pour moitié.

Les travaux commenceront le..... et devront être achevés au plus tard le.....

---

(1) Duranton, IV, 311 ; Marcadé. 716, 2 ; Massé et Vergé sur Zach., § 294, note 7 ; Demolombe, XIII, 31; Mourlon, II, p. 6.
(2) Si la chose cachée est de création récente, par exemple, des pièces de monnaie d'un millésime récent, on doit en principe lui refuser le caractère de trésor et la considérer comme une chose perdue : Infra, n° 1672; Toullier. IV, 36 ; Massé et Vergé, § 294, note 9 ; Dict. not., Trésor, n° 7 ; Bordeaux, 22 fév. 1827 ; voir cependant Demolombe, XIII, 40.
(3) Si le propriétaire du trésor existe, il peut le réclamer pendant trente ans, et justifier sa propriété par tous les moyens, même par la preuve testimoniale : — Toullier, IV, 36 ; Duranton. IV, 311 ; Demolombe, XIII, 38 bis, 39 ; Riom, 28 fév. 1812; Bruxelles, 15 avril 1823 Amiens, 19 janv. 1826; Bordeaux, 22 avril 1827.
(4) Demolombe, XIII, 41 ; Mourlon, II, p. 6.
(5) Demolombe, X, 258 bis, 271 bis et XIII, 47.
(6) Proudhon, Droit d'usage, I, 147; Demolombe, XIII, 47.
(7) Proudhon, I, 380 ; Duranton, IV, 134; Demolombe, XIII, 47.
(8) Demolombe, IX, 622, XIII, 47.
(9) Demolombe, IX, 160, XIII, 48 ; — Paris, 25 déc. 1825.
(10) Demolombe, XIII, 43 ; — Angers, 25 mai 1849.
(11) Demolombe, XIII, 53.
(12) Demolombe, XIII, 55; Mourlon, II, p. 7 ; Angers, 25 mai 1849.

1669. Dans quels cas pourra-t-on dire que le propriétaire du fonds a employé les ouvriers pour chercher un trésor ? C'est là une question de fait. En général, il ne suffira pas qu'il ait appelé vaguement l'attention des ouvriers sur les choses précieuses qu'ils pourraient trouver (1); il ne serait pas nécessaire d'autre part que les travaux eussent été faits uniquement dans ce but, si d'ailleurs en les faisant dans un but de réparation ou d'amélioration le propriétaire se proposait aussi spécialement de rechercher un trésor (2). Au reste le propriétaire qui voudra prévenir toute difficulté devra confier son intention à des tiers qui, le cas échéant, pourraient lui servir de témoins, ou, s'il veut garder pour lui seul son secret, déposer devant notaire un papier scellé renfermant sa déclaration sur ce point (3).

1670. Lorsque celui qui a découvert un trésor dans le fonds d'autrui le conserve en totalité, il se rend coupable de vol de la moitié appartenant au propriétaire (4), mais cela ne le prive pas de sa moitié dans le trésor (5).

1671. Les droits sur les effets jetés à la mer, sur les objets que la mer rejette, de quelque nature qu'ils puissent être, sur les plantes et herbages qui croissent sur les rivages de la mer, sont aussi réglés par des lois particulières. (*C. N.*, 717; *ordonn. sur la marine de 1681.*)

1672. A l'égard des choses perdues dont le maître ne se représente pas (*C. N.*, 717), aucune loi particulière n'existe; mais, d'après l'art. 2279 *C. N.*, la revendication n'en est plus permise après trois ans contre le tiers détenteur. Si l'action est dirigée contre celui qui a trouvé la chose, elle dure trente ans (6). Lorsque ce dernier a remis la chose dans un dépôt public, on décide qu'elle doit lui être rendue après trois ans (7). Le propriétaire qui réclame sa chose doit rembourser les frais qui ont été faits à son occasion, tels que, annonces ou affiches, entretien, réparation, nourriture s'il s'agit d'un animal; et s'il a fait l'offre d'une récompense, il doit la payer (8).

1673. Un essaim d'abeilles appartient au propriétaire du terrain sur lequel il s'est fixé, mais seulement lorsque celui à qui il appartient a cessé de le suivre; si ce dernier l'a toujours suivi, il a le droit de le réclamer et de s'en ressaisir (*loi 28 sept. 1791, titre 1, sect. 3, art. 5*); à la charge toutefois, s'il l'a poursuivi sur le terrain d'autrui, d'indemniser le propriétaire du dommage qu'il lui a causé (9).

ARTICLE DEUXIÈME

Le trésor, s'il est découvert, sera partagé entre MM. A..... et B.... dans la proportion de deux tiers pour M. A..... et d'un tiers pour M. B.....

ARTICLE TROISIÈME

M. B..... aura sous sa direction les ouvriers et les hommes de peine employés à extraction des terres et aux fouilles.

Le salaire des ouvriers sera à la journée ou à l'entreprise; et, comme les ouvriers seront spécialement employés à la recherche du trésor, il est entendu qu'ils n'y auront aucun droit.

ARTICLE QUATRIÈME

Pour l'exécution des présentes, les parties élisent domicile à...., en l'étude de M^e...., l'un des notaires soussignés.

Dont acte.

Fait et passé, etc.

---

(1) Rouen, 3 janv. 1853.
(2) Orléans, 10 fév. 1842.
(3) Toullier, II, 34; Duranton, IV, 346; Demante, II, 12 *bis*; Marcadé, 716, 1; Demolombe, XIII, 50; Bruxelles, 15 mars 1810; — Paris, déc. 1825.
(4) Demolombe, XIII, 49. — Rouen, 12 fév. 1825; Cass. 18 mai 1827.
(5) Massé et Vergé sur Zach., § 294, note 12; Demolombe, XIII, Rouen, 3 janv. 1853.
(6) Mourlon, II, p. 9; Demante, II, 14 *bis*; Demolombe, XIII, 71.
(7) Toullier, II, 49, note 1; Taulier, IV p. 183; Marcadé, 717, 2; Demolombe, XIII, 74; Décis. min. fin., août 1825, V. Seine 4 avril 1855.
(8) Demolombe, XII, 72; Trib. Turin, 3 août 1810.
(9) Toullier, II, 374; Massé et Vergé sur Zach., § 294, note 21; Demolombe, XIII, 27; Dict. not., *Abeilles*, n. 4.

TITRE PREMIER

DES SUCCESSIONS

SOMMAIRE

CHAP. Ier. — DE L'OUVERTURE DES SUCCESSIONS ET DE LA SAISINE DES HÉRITIERS

Ouverture des successions, nos 1674 à 1676.
Saisine, n° 1677.
Présomption de survie, nos 1679 à 1684.
Droit successif des étrangers, n° 1685.

CHAP. II. — DES QUALITÉS REQUISES POUR SUCCÉDER

Incapables de succéder, nos 1686 à 1687.
Indignes de succéder, nos 1688 à 1691.

CHAP. III. — DES DIVERS ORDRES DE SUCCESSION

SECTION I. — DISPOSITIONS GÉNÉRALES

Dévolution des successions, nos 1692, 1693.
Degrés de parenté, nos 1694 à 1698.

SECTION II. — DES SUCCESSIONS DÉFÉRÉES AUX DESCENDANTS DE LEUR CHEF ET PAR REPRÉSENTATION

Droit successif des descendants, n° 1699.
Représentation, nos 1700 à 1708.

SECTION III. — DES SUCCESSIONS DÉFÉRÉES AUX FRÈRES, SŒURS, NEVEUX ET NIÈCES, DE LEUR CHEF ET PAR REPRÉSENTATION

Droit successif des frères, sœurs, neveux et nièces, nos 1709 et 1712 à 1714.
Représentation, nos 1710 à 1715.

SECTION IV. — DES SUCCESSIONS DÉFÉRÉES AUX ASCENDANTS

Ascendants concourant avec des frères, sœurs, neveux et nièces, nos 1716 à 1718.
Ascendants succédant seuls, nos 1719 à 1726.

SECTION V. — DES SUCCESSIONS COLLATÉRALES (AUTRES QUE CELLES DÉFÉRÉES AUX FRÈRES, SŒURS, NEVEUX ET NIÈCES)

Successions dévolues aux parents collatéraux, nos 1727 à 1730.
Dévolution d'une ligne à l'autre, nos 1731, 1732.

APPENDICE. — SUCCESSION DES ASCENDANTS AUX CHOSES PAR EUX DONNÉES

Retour légal, nos 1733, 1740 à 1742, 1761.

Personnes qui peuvent l'exercer, nos 1734 à 173
Choses qui en font l'objet, nos 1743 à 1760.

CHAP. IV. — DES SUCCESSIONS IRRÉGULIÈRES

SECTION I. — DES DROITS DES ENFANTS NATURELS SUR LES BIENS DE LEUR PÈRE OU MÈRE

Droits des enfants naturels, nos 1762 à 1780.
De leurs descendants en cas de prédécès, nos 1770, 1771.
Réduction des droits de l'enfant naturel, nos 1781 à 1793.

SECTION II. — DES DROITS DE L'ENFANT NATUREL A DÉFAUT DE SUCCESSIBLES, DE CEUX DU CONJOINT SURVIVANT, DE L'ÉTAT, DES HOSPICES

Enfant naturel, nos 1794 à 1799.
Conjoint, nos 1795 à 1799.
Etat, nos 1800 à 1802.
Hospice, nos 1803 à 1805.

SECTION III. — DE LA SUCCESSION AUX ENFANTS NATURELS DÉCÉDÉS SANS POSTÉRITÉ

Dévolution de leurs successions, nos 1806 à 1812.
Retour légal en faveur des frères et sœurs légitimes n° 1813, 1814.

SECTION IV. — DES DROITS DES ENFANTS ADULTÉRINS OU INCESTUEUX

Droits de ces enfants, nos 1815 à 1817.
Dévolution de leurs successions, n° 1818.

APPENDICE. — PÉTITION D'HÉRÉDITÉ

Quand y a-t-il lieu à la pétition d'hérédité? nos 1819 à 1823.
Restitution du possesseur évincé, nos 1820 à 1832.

CHAP. V. — DE L'ACCEPTATION ET DE LA RÉPUDIATION DES SUCCESSIONS

SECTION I. — DE L'ACCEPTATION

Acceptation par le successible, nos 1836 à 1846.
Actes conservatoires ou d'administration, nos 1847 à 1849.

Acceptation par les créanciers d'un successible, n°ˢ 1850 à 1855.

SECTION II. — DE LA RENONCIATION

Renonciation pure et simple, n°ˢ 1857 à 1872.
Renonciation pour ne point rapporter un don, n°ˢ 1873 à 1875.

SECTION III. — DU BÉNÉFICE D'INVENTAIRE

Acceptation bénéficiaire, n° 1876.
Ses effets, n°ˢ 1878, 1880.
Séparation des patrimoines qui en résulte, n° 1879.
L'héritier bénéficiaire doit :
1° Administrer, n°ˢ 1881 à 1883, 1912 à 1914;
2° Faire faire inventaire, n°ˢ 1889 à 1896;
3° Vendre le mobilier, n°ˢ 1897 à 1908;
4° Fournir caution, n°ˢ 1909 à 1911 *bis*;
5° Vendre les immeubles, n°ˢ 1915 à 1924;
6° Rendre compte, n°ˢ 1884 à 1888, 1925 à 1944.
Il peut faire l'abandon des biens aux créanciers et légataires de la succession, n°ˢ 1645 à 1961.

SECTION IV. — DES SUCCESSIONS VACANTES

Administrateur provisoire, n° 1962.
Curateur, n°ˢ 1963 à 1967.

CHAP. VI. — DU PARTAGE ET DES RAPPORTS

SECTION I. — DE L'ACTION EN PARTAGE ET DE SA FORME

Indivision, n°ˢ 1968 à 1973.
Forme du partage, n°ˢ 1974 à 1984.
Établissement de la masse, n°ˢ 1985 à 1988.

ECTION II. — DES RAPPORTS

Par qui et à qui le rapport est dû, n°ˢ 1992 à 2004.
De quelles choses le rapport est dû, n°ˢ 2005 à 2032.
Comment se fait le rapport, n°ˢ 2033 à 2046.

SECTION III. — DES PRÉLÈVEMENTS ET DES LOTISSEMENTS

Prélèvements, n°ˢ 2047 à 2050.
Composition des lots, n°ˢ 2051 à 2061.
Tirage au sort, n°ˢ 2062 à 2063.

SECTION IV. — DU PAYEMENT DES DETTES

Principe, n° 2066.
Contribution aux dettes, n°ˢ 2067 à 2075.
Séparation des patrimoines, n° 2076.
Remboursement des rentes, n°ˢ 2077, 2078.

SECTION V. — DE LA GARANTIE DES LOTS ET DES EFFETS DU PARTAGE

Garantie du partage, n°ˢ 2079 à 2086.
Effets du partage, n°ˢ 2087 à 2089.
Conventions accessoires, n°ˢ 2090 à 2098.

SECTION VI. — DE LA RESCISION EN MATIÈRE DE PARTAGE

Instance en rescision, n°ˢ 2099 à 2105.
Effets de la rescision, n° 2106.
Omission d'un objet, n° 2107.

SECTION VII. — DE L'OPPOSITION A PARTAGE ; DU PRIVILÉGE DE COPARTAGEANT ; DU PARTAGE PROVISIONNEL ET DU PARTAGE JUDICIAIRE

Opposition à partage, n°ˢ 2108 à 2113.
Privilége de copartageant, n°ˢ 2114 à 2117.
Partage provisionnel, n°ˢ 2118 à 2127.
Partage judiciaire, n°ˢ 2128, 2129.
Formes du partage judiciaire, n°ˢ 2130 à 2142.
État liquidatif n°ˢ 2143 à 2158.
Composition des lots, tirage au sort, n°ˢ 2159 à 2173.

FORMULES

§ 1. — Présomption de survie ; viabilité ; indignité

Form. 274. Successible recueillant la succession d'un individu en faveur duquel il y a eu présomption de survie.
Form. 275. Successible recueillant une succession par suite de la non-viabilité d'un enfant.
Form. 276. Héritier succédant à l'exclusion d'un indigne.

§ 2. — Généalogies

Form. 277. Ligne directe descendante.
Form. 278. Ligne directe ascendante.
Form. 279. Ligne collatérale.

§ 3. — Successions déférées aux descendants

Form. 280. Enfants et autres descendants, héritiers de leur chef et par représentation.
Form. 281. Petits-fils héritiers de leur chef.

§ 4. — Successions déférées aux frères, sœurs, neveux et nièces

Form. 282. Frères et sœurs, neveux et nièces, héritiers de leur chef et par représentation.
Form. 283. Frères et sœurs germains et consanguins.
Form. 284. Frères et sœurs germains, utérins et consanguins.

§ 5. — Successions déférées aux ascendants

Form. 285. Père et mère concourant avec frères et sœurs.
Form. 286. Père seul concourant avec frères et sœurs.
Form. 287. Père et aïeuls maternels, retour légal.
Form. 288. Ascendants concourant avec des collatéraux autres que frères et sœurs.
Form. 289. Ascendant seul héritier, moitié comme ascendant, moitié comme parent collatéral.

DES SUCCESSIONS

§ 6. — Successions déférées aux collatéraux (autres que frères et sœurs ou leurs ascendants)
Form. 290. Cousins au cinquième degré.
Form. 291. Dévolution d'une ligne à l'autre.

§ 7. — Retour légal
Form. 292. Acte d'exercice du retour légal par un ascendant donateur.

§ 8. — Droits des enfants naturels
Form. 293. Enfants naturels en concours avec des enfants légitimes.
Form. 294. Enfants naturels en concours avec des ascendants et des frères et sœurs.
Form. 295. Enfant naturel en concours avec des collatéraux autres que frères et sœurs.
Form. 296. Donation à l'enfant naturel portant réduction de ses droits à moitié.

§ 9. — Successions dévolues, à défaut d'héritiers, à l'enfant naturel, au conjoint survivant, à l'État, à un hospice
Form. 297. Enfant naturel.
Form. 298. Conjoint.
Form. 299. État.
Form. 300. Hospice.

§ 10. — Succession des enfants naturels décédés sans postérité
Form. 301. Succession de l'enfant naturel dévolue à sa mère.
Form. 302. Succession de l'enfant naturel dévolue à ses frères et sœurs naturels.
Form. 303. Frères et sœurs légitimes de l'enfant naturel succédant à titre de retour légal.

§ 11. — Droits des enfants adultérins ou incestueux
Form. 304. Enfant adultérin (ou incestueux).

§ 12. — Pétition d'hérédité
Form. 305. Compte de succession par suite de pétition d'hérédité.

§ 13. — Acceptation et répudiation des successions
I. Acceptation.
Form. 306. Acceptation de succession par acte passé au greffe.
Form. 307. Acceptation de succession par acte notarié.
Form. 308. Acceptation de succession par la prise de la qualité d'héritier.
Form. 309. Successible habile à hériter faisant acte de surveillance et d'administration provisoire.
Form. 310. Acceptation par le créancier d'un successible avant qu'il ait pris qualité.
Form. 311. Acceptation de la part d'un créancier après renonciation par le débiteur.

II. Renonciation.
Form. 312. Renonciation à succession par acte passé au greffe.
Form. 313. Renonciation à succession par acte devant notaire.
Form. 314. Successible venant seul à la succession par suite de la renonciation d'un autre successible.
Form. 315. Renonciation pour ne point rapporter la valeur d'un don.

III. Acceptation sous bénéfice d'inventaire.
Form. 316. Acte d'acceptation bénéficiaire.
Form. 317. Compte de bénéfice d'inventaire.
Form. 318. Abandon de biens par l'héritier bénéficiaire.

§ 14. — Succession vacante
Form. 319. Administrateur provisoire à une succession présumée vacante.
Form. 320. Curateur à une succession vacante.

§ 15. — Partages
I. Partages amiables.
Form. 321. Suspension de partage.
Form. 322. Abandonnement à titre de partage.
Form. 323. Partage amiable d'une succession; rapports.
Form. 324. Ratification d'un partage susceptible de rescision pour cause de dol.
Form. 325. Partage d'immeubles par attribution; présence d'un créancier opposant; soulte.
Form. 326. Partage provisionnel.

II. Partages judiciaires.
Form. 327. Procès-verbal d'ouverture des opérations lorsqu'il y a eu sommation.
Form. 328. Même procès-verbal lorsqu'il n'y a pas eu de sommation.
Form. 329. État liquidatif.
Form. 330. Procès-verbal d'approbation; désaccord sur le choix d'un expert.
Form. 331. Rapport d'expert contenant la composition des lots.
Form. 332. Procès-verbal de difficultés sur la composition des lots.
Form. 333. Procès-verbal de clôture.
Form. 334. Procès-verbal de tirage au sort de lots après homologation.
Form. 335. Tirage au sort de lots lorsque des immeubles seuls sont à partager.

CHAPITRE PREMIER

DE L'OUVERTURE DES SUCCESSIONS ET DE LA SAISINE DES HÉRITIERS

1674. On entend par ce mot *succession*, la manière dont les biens et droits, les dettes et charges d'une personne décédée passent à d'autres personnes appelées par la loi pour la remplacer. Il sert aussi pour désigner la réunion même de ces biens.

1675. Les successions s'ouvrent :
1° Par la mort naturelle (1) (*C. N.*, *718*), dont l'instant est constaté par l'acte de décès dressé conformément aux articles 78 et suiv. du C. N. ; à défaut d'indication dans l'acte de décès, ou si l'indication est erronée, la preuve de l'instant du décès peut s'établir tant par titres que par témoins (2), sans qu'il soit nécessaire de s'inscrire en faux contre l'indication de l'acte de décès (3).
2° Par l'absence (*C. N.*, *120 et suiv.*), *supra* n° 924.

1676. Ceux que la loi appelle à succéder sont les parents légitimes du défunt, pour lesquels elle présume qu'il avait le plus d'affection ; ainsi : en première ligne, ses descendants ; en deuxième ligne, ses père et mère, et ses frères, sœurs, neveux et nièces ; en troisième ligne, ses ascendants autres que ses père et mère ; en quatrième ligne, ses parents collatéraux les plus proches dans chaque branche paternelle et maternelle (*C. N.*, *723*, *751*). A défaut de parents légitimes, les biens passent aux enfants naturels, ensuite à l'époux survivant, et, s'il n'y en a pas, à l'État (*C. N.*, *723*) ; en outre, les enfants naturels sont appelés à concourir avec les parents légitimes, *infra n°* *1762 et suiv.*

1677. Les parents légitimes appelés à hériter sont dès l'instant du décès, même à leur insu, saisis de plein droit des biens, droits et actions du défunt, sous l'obligation d'acquitter toutes ses dettes et charges (*C. N.*, *724*), c'est ce qu'on appelle la *saisine* ; les enfants naturels succédant à défaut de parents, le conjoint survivant et l'État doivent se faire envoyer en possession par justice (*C. N.*, *724*, *infra n°* *1796*) ; les enfants naturels en concours avec des héritiers légitimes ou des légataires universels doivent demander cet envoi en possession aux héritiers ou légataires (4).

1678. Si une succession est réclamée au nom du parent le plus proche, décédé lui-même, il faut justifier que ce parent existait à l'instant de l'ouverture de la succession ; ce qui a donné lieu aux règles suivantes, établies pour déterminer la présomption de survie.

1679. Lorsque plusieurs personnes respectivement appelées aux successions l'une de l'autre périssent dans un même événement, sans qu'on puisse reconnaître laquelle est décédée la première, la présomption de survie est déterminée par les circonstances du fait (dont l'appréciation appartient aux tribunaux), et, à leur défaut, par la force de l'âge ou du sexe. (*C. N.*, *720*). [Form. 274.] (5).

1680. Si ceux qui ont péri ensemble avaient moins de quinze ans, le plus âgé est présumé avoir survécu ; s'ils étaient tous au-dessus de soixante ans, le moins âgé est présumé avoir survécu. Si les uns avaient moins de quinze ans, et les autres plus de soixante, les premiers sont présumés avoir survécu. (*C. N.*, *721*.)

1681. Si ceux qui ont péri ensemble avaient quinze ans accomplis et moins de soixante, le mâle est toujours présumé avoir survécu, lorsqu'il y a égalité d'âge, ou si la différence qui existe n'excède pas une année : s'ils étaient du même sexe, la présomption de survie qui donne ouverture à la succession dans l'ordre de la nature doit être admise ; ainsi le plus jeune est présumé avoir survécu au plus âgé. *C. N.*, *722*.

1682. Lorsque des ascendants, des descendants et autres personnes, qui se succèdent de droit, ont été condamnés au dernier supplice, et que, mis à mort dans la même exécution, il devient impossible

---

(1) Les successions s'ouvraient aussi par la mort civile. — *C. N.* 718, 719 ; mais la mort civile a été abolie par la loi du 31 mai 1854.
(2) Vazeille, 718, 3 ; Roll., *Succession*, n° 12, Marcadé, 718, 3 ; Demolombe, XIII, 91.
(3) Duranton, I, 323 et VI, 43 ; Vazeille. 718, 2 ; Roll., *Succession*, n° 11. Mourlon, II, p. 10 ; Dict. not., *Succession*, n° 12.
(4) Toullier, IV, 89 250 ; Marcadé, 724, 3 ; Roll., *Succes.*, n° 208. Demolombe, XIV, 37, 200 ; Dalloz, *Succes.*, n° 123 ; Nancy, 22 janv 1838.
(5) V. Paris, 28 nov. 1865.

de constater leur prédécès, le plus jeune des condamnés, quel que soit son sexe, est présumé avoir survécu. (*Loi 20 prair. an IV.*)

1683. Les présomptions de survie ne sont applicables qu'aux successions légitimes; elles ne s'appliquent pas aux successions contractuelles ni aux successions testamentaires (1).

1684. Il n'y a pas lieu non plus à la présomption de survie, si un seul est héritier de l'autre; dans ce cas, c'est à ceux qui réclament la succession, à prouver le prédécès, conformément à l'art. 135 (2).

1685. Les étrangers ont droit de succéder de la même manière que les Français dans toute l'étendue de la France. Dans le cas de partage d'une même succession entre des cohéritiers étrangers et fran-

---

§ 1. — PRÉSOMPTION DE SURVIE, VIABILITÉ, INDIGNITÉ

FORMULE 274. — *Successible recueillant la succession d'un individu en faveur duquel il y a eu présomption de survie* (N°s 1678 à 1684.)

Faits explicatifs :

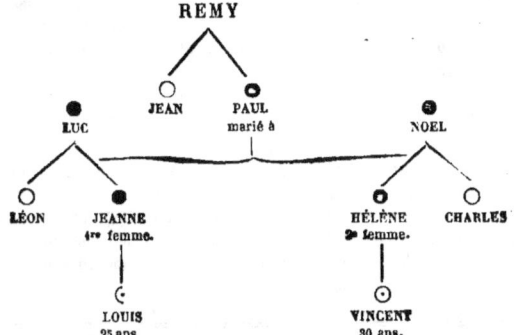

Louis *et* Vincent, *frères consanguins, respectivement appelés à la succession l'un de l'autre, meurent dans un même événement, sans qu'on puisse reconnaître lequel est décédé le premier;* Louis, *comme moins âgé, est présumé avoir survécu, et a recueilli la succession de* Vincent *qu'il a transmise avec la sienne à* Jean, *oncle paternel, et à* Léon, *oncle maternel, chacun pour moitié. Si* Vincent *avait été le survivant, la succession de* Louis *se serait réunie à la sienne, et le tout aurait été recueilli par* Jean, *oncle paternel, et* Charles, *oncle maternel, chacun pour moitié. On voit par cet exemple l'intérêt qui se rattache à la question de présomption de survie.*

La qualité héréditaire des successeurs de Louis *s'établit de même qu'en la formule* 290, *et l'on ajoute :*

M. Louis B..... a transmis à ses héritiers, dans les proportions ci-dessus, outre sa succession personnelle, celle de M. Vincent B..... son frère, décédé en même temps que lui, dans le même événement, sans qu'il ait été possible de reconnaître lequel est décédé le premier, en sorte que, comme le moins âgé, et en vertu de l'article 722 du Code Napoléon, il est présumé avoir survécu à son frère dont il s'est trouvé seul et unique héritier.

Ainsi que le tout est constaté, etc. (*Le surplus comme en la formule 280.*)

---

(1) Chabot, 7.20, 7; Duranton. VI, 48; Marcadé, 7.20, 8 et 9, *et Rev.crit.* 1851. p. 469; Mourlon, II, p. 14; Demante, III, 22; Massé et Vergé, § 352, note 3, Demolombe. XIII, 117; Dalloz, *Succession*, n° 55 ; Roll., *ibid.*, n° 27; Dict. not., *ibid.*, n° 24; Pont., *Revue crit.*, I, p. 213; Troplong, *Don.*, n° 2425 et suiv.; Bordeaux, 29 janv. 1849; Paris, 30 nov. 1850; J. N. 13693, 14241; contra Toullier, IV, 78; Malpel, n° 14; Vazeille, 7.22, 5; Belost-Jolimont sur Chabot, 7.20, obs. 1re; Poujol, 7.20, 11; Taulier, III, p. 119.

(2) Chabot, 7.20, 7; Marcadé, 7.20, 6; Demante, III, 22 *bis*; Massé et Vergé, § 352, note 1 ; Mourlon, II, p. 14; Demolombe, XIII, 112; Dalloz *Succession*, n° 54; Roll., *ibid.* n° 28; Paris, 30 nov. 1850, J. N. 14241; contra Toullier, I, 78 *bis*; Duranton, VI, 45; Vazeille, 7.22, 6; Taulier, III, p. 119; Dict. not. *Succession*, n° 23.

çais, ceux-ci prélèvent, sur les biens situés en France, une portion égale à la valeur des biens situés en pays étranger dont ils sont exclus à quelque titre que ce soit, en vertu des lois et coutumes locales (1). (*Loi du 14 juill. 1819, abrogeant l'art. 726, C. N.*)

CHAPITRE DEUXIÈME

DES QUALITÉS REQUISES POUR SUCCÉDER

1686. Sont incapables de succéde

1ᵉⁿᵗ. Celui qui n'est pas encore conçu (*C. N.* 725, 1°). L'époque de la conception ne pouvant être constatée d'une manière précise, si la femme se déclare enceinte après le décès de son mari, il y a présomption que l'enfant a été conçu pendant le mariage, s'il naît dans les trois cents jours qui suivent la dissolution du mariage; il est donc légitime et il hérite du mari (2). De même l'enfant né moins de trois cents jours après le décès de son frère ou de tout autre parent, est son héritier (3); à moins, dans ce dernier cas, que ceux qui lui contestent sa qualité d'héritier n'apportent la preuve de sa conception postérieure à l'ouverture de sa succession (4), par exemple, s'il est issu d'un mariage contracté postérieurement à cette ouverture.

2ᵉⁿᵗ. L'enfant qui n'est pas né viable [Form. 275] (*C. N.,* 725, 2°) (5); ainsi l'enfant bien conformé mais sorti mort du sein de sa mère ne peut hériter. On considère aussi comme nés non viables : 1° l'enfant né vivant, mais non conformé pour vivre et qui meurt peu après (6); 2° l'enfant né moins de cent quatre vingts jours après le mariage, c'est-à-dire qui n'a point atteint le terme nécessaire pour vivre (7), et qui meurt peu après; à moins de reconnaissance par le père que l'enfant a été conçu avant le mariage; 3° l'enfant né viable, mais monstrueusement conformé (8).

FORMULE 275. — **Successibles recueillant une succession par suite de la non-viabilité d'un enfant.** (Nᵒˢ 1686 et 1687.)

PIERRE *est décédé sans laisser d'autres descendants que l'enfant dont sa veuve se déclare enceinte; celle-ci met au monde un enfant mort, la succession de* PIERRE *est dévolue à ses ascendants ou à ses parents collatéraux.*

La qualité héréditaire s'établit selon la parenté, par l'une des formules 282 et suiv.; et l'on ajoute :

Etant fait observer qu'après le décès de M. Pierre B....., madame..... sa veuve, s'est déclarée enceinte, mais que le..... elle a mis au monde un enfant mort, ainsi que le constate une déclaration faite à la mairie de..... le....,

Ainsi que ces qualités d'héritiers sont constatées, etc. (*Le surplus comme en la formule 280.*)

---

(1) Voir Demolombe, XIII, 191 à 212; Douai, 23 mars 1866; I. N. 18531.
(2) Vazeille, 725, 1 Toullier, IV, 85; Demolombe, XIII, 148; Aix, 19 mars 1847; Voir cependant Marcadé, 725, 6; Chabot 725, 5.
(3) Toullier, IV,95;Vazeille, 725, 7;Belost-Jolimont,art. 725, Duranton, VI, 2; Toullier, III, p. 125; Troplong, *Donat.*, n° 609; Dalloz, *Succ.*, n° 85; Dict. not., *ibd.*,n° 93; Paris, 1 ou 11, 1849; Poitiers,24 juill. 1845; Cass., 8 fév. 1821 et 28 nov. 1833, Grenoble, 20 janv. 1853; J. N. 18401, 15177; CONTRA Marcadé, 725, 3 à 6; Mourlon II, p. 19 et 20; Massé et Vergé, § 354, note 2; Coin-Delisle, 906, 6; selon ces auteurs la présomption étant une grave exception ne s'étend pas du fils au frère.
(4) Chabot, 725, 7; Demante, II, 32 bis; Duvergier sur Toullier, IV, 95, note a; Demolombe, XIII, 185.
(5) La loi ajoute : celui qui est mort civilement; *C. N.*, 725, 3°; mais la mort civile a été abolie par la loi du 31 mai 1854.

(6) Toullier, IV, 97; Duranton, VI, 74; Marcadé, 725, 7; Demante, III, 32; Chabot, 725, 12; Vazeille, 725, 3; Demolombe, XIII, 181; Mourlon, II, p. 21; Limoges, 12 janv 1813; Angers, 25 mai 1822; Bordeaux, 8 fév. 1810.
(7) Toullier, IV, 98; Roll., *Viabilité*, n° 5; Troplong, *Donat.*, n° 601; CONTRA Demante, III, 32 bis; Demolombe, XIII, 187.
(8) Un enfant quoique monstrueusement conformé dans ses membres est censé né pour vivre et est héritier s'il a la tête humaine, la tête étant le siège de l'intelligence. Mais si l'enfant a la tête d'un animal quelconque, et le reste du corps semblable à celui de l'homme, il est considéré comme monstre et ne peut hériter : Chabot, 725, 13; Duranton, VI, p. 96; Massé et Vergé, § 43, note 1 et 354, note 1; Troplong, *Donat.*, n° 605; Demolombe, XIII, 182; Roll. *Monstre*, n° 3.

1687. La preuve que l'enfant est né viable doit être faite par ses héritiers et représentants, et non par ceux qui prétendent qu'il n'est pas né vivant (1); en effet, c'est toujours à celui qui réclame la succession du chef d'un individu à prouver qu'il existait lorsque la succession s'est ouverte (*C. N., 135, 136*). Cette preuve s'établit au moyen soit de l'acte de naissance qui fait foi de la vie de l'enfant jusqu'à inscription de faux (2), soit, si l'acte de naissance constate qu'il a été présenté sans vie, par la preuve testimoniale dont l'appréciation appartient aux magistrats (3). Une fois qu'il est établi que l'enfant est né vivant, c'est à ceux qui prétendent qu'il n'est pas né viable à en fournir la preuve (4).

1688. Un successible, capable de succéder, peut en être déclaré indigne [FORM. 276] par un jugement (5) rendu contre lui après l'ouverture de la succession (6), ou contre ses héritiers s'il est décédé après avoir recueilli l'hérédité (7), sur la demande des autres successibles (8), ou de quelques-uns d'eux, et cela quand même le défunt aurait pardonné l'offense (9); l'indigne est considéré à l'égard de ceux qui ont obtenu le jugement (10) comme étranger à la succession et sa part leur accroît.

1689. Sont indignes de succéder, et comme tels exclus des successions :

1° Celui qui est condamné comme auteur principal ou complice (11) pour avoir donné ou tenté de donner la mort au défunt (*C. N.*, 727); quand même il aurait été déclaré excusable en vertu des articles 321, 322, 324, 325 du Code pénal (12), et quand même aussi des circonstances atténuantes auraient été déclarées (13). Mais l'indignité ne serait pas encourue dans les cas suivants : — Si le successible ayant donné ou tenté de donner la mort était en démence (*C. pén.*, 64), ou en état de légitime défense (*C. pén.*, 327, 328), ou n'avait point l'âge de discernement (*C. pén.*, 66); — Si l'homicide a été commis par maladresse, imprudence, négligence, inattention ou inobservation des règlements (*C. pén.*, 319) (14); — Si l'hé-

---

FORMULE 276. — **Héritiers succédant à l'exclusion d'un indigne.** (N°s 1688 à 1691.)

MM. Jean et Edgar DELORME, et Mlle Louise DELORME, seuls héritiers, chacun pour un tiers, de M. Pierre DELORME, leur père, en son vivant propriétaire, demeurant à....., où il est décédé le....,

Etant fait observer que M. Paul DELORME, sans profession, demeurant à X....., quatrième enfant de M. Pierre DELORME *de cujus* était son héritier pour un quart; mais que, sur la demande de MM. Jean et Edgar DELORME, et de Mlle DELORME, M. Paul DELORME a été déclaré indigne de succéder à feu M. DELORME, son père, suivant jugement contradictoire rendu par le tribunal civil de..... le....., signifié à M. Paul DELORME, par exploit du ministère de....., huissier à....., en date du....., et non suivi d'appel, ainsi que le constate un certificat du greffier du tribunal en date du..... et demeuré ci-annexé.

Ainsi que ces qualités sont constatées, etc. (*Le surplus comme en la formule 280.*)

---

(1) Toullier, IV, 63; Duranton, VI, 78; Chabot, 725, 12; Demante, III, 30; Demolombe, XIII, 186; CONTRA Massé et Vergé, § 354, note 2; Bordeaux, 8 fév. 1830.
(2) Demolombe, XIII, 166; Paris, 13 flor., an XII.
(3) Demolombe, XIII, 186; Limoges, 12 janv. 1813; Angers, 25 mai 1822.
(4) Demolombe, XIII, 269.
(5) L'indignité n'a pas lieu de plein droit : Toullier, IV, 113, 114; Duranton, VI, 65 et 115; Demante, III, 31 bis et 37; Mourlon, II, p. 29; Marcadé, 727, 6; Poujol, 727, 14; Vazeille, 727, 15; Roll. *Indig.*, n° 20; Bauby, *Rev. crit.*, 1855, p. 482; Demolombe, XIII, 276; CONTRA Massé et Vergé, § 356, note 1; Dalloz, *Succession*, n° 145; Bordeaux, 1er déc. 1853.
(6) Demolombe, XIII, 278; Mourlon, II, p. 28.
(7) Devilleneuve, 1851, II, 225; Bauby, *Rev. crit.*, 1855, p. 484; Massé et Vergé, § 356, note 1; Demolombe, XIII, 299; CONTRA Duranton, VI, 90; Demante, III, 37 bis; Marcadé, 727, 6; Mourlon, II, p. 28 : selon ces auteurs l'action en indignité est arrêtée par le décès du successeur indigne.
(8) ceux de ceux qui recueilleraient la succession à son défaut, ou des donataires et légataires du défunt. Mais l'action étant personnelle à ceux qui ont le droit de l'intenter, elle ne pourrait être formée par leurs créanciers en vertu de *l'art. 1166 C. N.*: Toullier, IV, 113; Chabot, 727, 21; Duranton, VI, 115; Demante, VII, p. 9; Dalloz, *Succession*, n° 20; Roll. *Indign.*, n° 23; Marcadé, 727, 7; Taulier, III,

p. 136; Massé et Vergé, § 356, note 6; CONTRA Vazeille, 727, 15; Mourlon, II, p. 28; Demolombe, XIII, 284, 285.
(9) Chabot, 727, 11; Duranton, VI, 109; Zach. Massé et Vergé, § 355 note 4; Vazeille, 727, 9; Marcadé, 727, 5; Roll., *Indig.*, n° 11; Taulier, III, p. 130; Demolombe, XIII, 226, 243; CONTRA Toullier, IV, 109.
(10) Si la demande en indignité n'a été formée que par quelques successibles, l'indigne est exclu de la succession pour les parts de ceux-ci, et reste héritier quant aux parts des autres : Vazeille, 727, 16; Marcadé, 727, 7; CONTRA Demolombe, XIII, 285; Cass., 14 déc. 1813, selon lesquels ceux qui ont fait prononcer l'indignité ont droit à la totalité de la part de l'indigne.
(11) Toullier, IV, 105; Duranton, VI, 89; Taulier, III, p. 128, Demante, III, 35 bis; Demolombe, XIII, 221.
(12) Vazeille, 727, 3; Demante, III, 35 bis; Duvergier sur Toullier, IV 106, note 1; Zach., M. et V., § 355, note 1; Mourlon, II, p. 24; Demolombe, XIII, 95; CONTRA Chabot et Belost-Jolimont, 727, 7; Duranton, VI, 95; Poujol, 727, 4; Marcadé, 727, 2; Taulier, III, p. 129; Dalloz, *Succession*, n° 130.
(13) Duranton, VI, 96; Demante, III, 35 bis; Demolombe, XIII, 233.
(14) Chabot, 727, 4; Poujol, 727, 3; Marcadé, 727, 2; Duranton, VI, 94; Massé et Vergé, § 355, note 1; Mourlon, II, p. 24; Demolombe, XIII, 239.

ritier a été condamné seulement pour avoir volontairement porté au défunt des blessures ou des coups qui auraient occasionné la mort, mais sans intention de la donner (1).

2° Celui qui a porté contre le défunt une accusation capitale jugée (2) calomnieuse (*C. N.*, 727), c'est-à-dire qui a porté une dénonciation ou plainte en justice de nature à entraîner la condamnation à la peine de mort (3), ou encore un faux témoignage dans une accusation pareillement capitale, qui était dirigée contre le défunt (4).

3° L'héritier majeur, qui, instruit du meurtre du défunt, ne l'a pas dénoncé à la justice (*C. N.*, 727); sans cependant que le défaut de dénonciation puisse être opposé à l'époux ou à l'épouse du meurtrier, à ses ascendants, descendants, frères, sœurs, oncles, tantes, neveux et nièces, ni aux alliés (5) au même degré. (*C. N.*, 728).

1690. L'héritier exclu de la succession pour cause d'indignité est tenu de rendre, non-seulement tout ce qui lui est provenu de la succession, mais aussi tous les fruits et les revenus dont il a eu la jouissance depuis son ouverture (*C. N.*, 729), sans pouvoir opposer la prescription de cinq ans (6); mais les aliénations, même celles gratuites, et les hypothèques qu'il a consenties avant l'indignité prononcée sont valables et ne peuvent être annulées (7); sauf aux héritiers qui succèdent à sa place à exercer un recours contre lui (8).

1691. Les enfants de l'indigne venant à la succession de leur chef et sans le secours de la représentation (9), ne sont pas exclus pour la faute de leur père; mais celui-ci ne peut, en aucun cas, réclamer, sur les biens de cette succession, l'usufruit que la loi accorde aux père et mère sur les biens de leurs enfants (*C. N.*, 730); cependant l'indigne a capacité pour recueillir dans la succession de celui qui a hérité à sa place, les biens provenus à ce dernier de la succession de l'offensé; car les biens sont recueillis sans qu'il y ait lieu de considérer leur origine (10), *infra* n° 1693.

CHAPITRE TROISIÈME

DES DIVERS ORDRES DE SUCCESSION

SECTION I. — DISPOSITIONS GÉNÉRALES

1692. Ainsi que nous l'avons déjà dit, *supra* n° 1676, les successions sont déférées aux enfants et descendants du défunt, à ses ascendants et à ses parents collatéraux dans l'ordre, et suivant les règles déterminées par la loi. (*C. N.*, 731.)

1693. La loi ne considère ni la nature ni l'origine des biens pour en régler la succession (*C. N.*, 732) : que ces biens proviennent de parents du côté paternel ou du côté maternel, qu'ils proviennent de suc-

---

(1) Duranton, VI, 106; Marcadé, 727, 2; Demante, III, 35 *bis*; Massé et Vergé, § 355, note 1; Demolombe, XIII, 234.

(2) Par arrêt de la Cour d'assises ou par jugement du tribunal correctionnel sur les poursuites du calomnié: Demolombe, XIII, 241; Mourlon, II, p. 27.

(3) Toullier IV, 109; Duranton, VI, 104, 106; Belost-Jolimont sur Chabot, 727, Obs. 4; Marcadé, 727, 3; Vazeille, 727, 10; Taulier, III, p. 131; Demante, III, 35 *bis*; Massé et Vergé, § 355, note 5; Dalloz, *Succession*, n° 136; Demolombe, XIII, 239; CONTRA Chabot, 727, 13; Mourlon, II, p. 25; Poujol, 727, 8; selon ces auteurs, il suffit que l'accusation soit de nature à entraîner une peine perpétuelle.

(4) Duranton, VI, 103; Duvergier sur Toullier, IV, 109, note 6; Chabot 727, 12; Demante, III, 35 *bis*; Demolombe, XIII, 237.

(5) Chabot, 727, 2; Dalloz, *Succession*, p. 275; Vazeille, 727, 1; Roll., *Indign.*, n° 25; Duranton, VI, 11, note; Zach., M. et V., § 355, note 11; Mourlon, II, p. 26; Poujol, 728, 2; Demolombe, XIII, 261.

(6) Chabot, 729, 2; Duranton, IV, 363 et VI, 122; Marcadé, 729, 2; Roll., *Indign.*, n° 29; Demolombe, XIII, 309; Massé et Vergé, § 356, note 3.

(7) Chabot et Belost Jolimont, 729, 22; Toullier et Duvergier, IV, 115; Duranton, VI, 126; Poujol, 727, 14; Vazeille, 729, 3; Marcadé, 729, 1; Roll., *Indign.*, n° 31; Mourlon, II, p. 31; Taulier, III, p 135; Massé et Vergé, § 356, note 6; Demante, III, 38 *bis*. Toutefois voir Demolombe, XIII, 224; Bordeaux, 1er déc. 1853.

(8) Chabot, 730, 2; Toullier, IV, 115; Duranton, VI, 121; Vazeille, 729, 2; Roll., *Indign.*, n° 30; Marcadé, 729, 1; Mourlon, II, p. 31.

(9) Les enfants de l'indigne ne peuvent le représenter s'il a survécu au *de cujus*; mais s'il l'a précédé, voir *infra*, n° 1702.

(10) Troplong, *Donat.*, n° 580; Demolombe, XIII, 296; Dict. not. *Succession*, n° 106.

cessions, de donations ou d'acquisitions, qu'ils soient meubles ou immeubles, ils ne forment qu'une seule masse, dont la division a lieu entre les héritiers selon la quotité de leurs droits héréditaires.

1694. Les parents les plus proches dans chaque catégorie de descendants, d'ascendants ou de collatéraux étant seuls appelés à l'hérédité, sauf le cas de la représentation, *infra* n°s *1700 et suiv.*, il a fallu fixer la proximité de parenté; on l'établit par le nombre de générations; chaque génération s'appelle un degré. (*C. N., 735.*)

1695. La suite des degrés forme la ligne : on appelle *ligne directe* la suite des degrés entre personnes

§ 2. — GÉNÉALOGIES

FORMULE 277. — **Ligne directe descendante.** (N°s 1694 à 1696.)

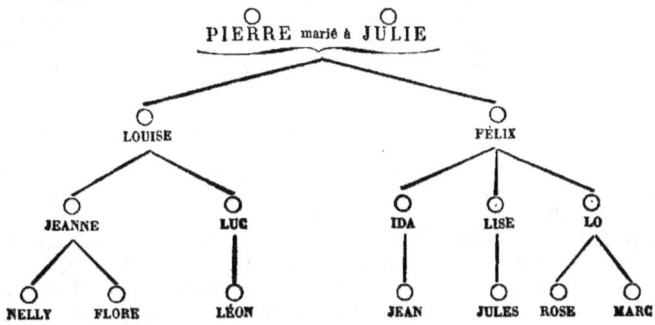

La ligne part de Pierre et de Julie : — Louise et Félix, leurs enfants, forment une première génération et sont au premier degré; Jeanne, Luc, Ida, Lise, Lo, leurs petits-enfants, forment une deuxième génération et sont au deuxième degré; — Nelly, Flore, Léon, Jean, Jules, Rose et Marc, leurs arrière-petits-enfants, forment une troisième génération et sont au troisième degré.

FORMULE 278. — **Ligne directe ascendante.** (N°s 1694 à 1696.)

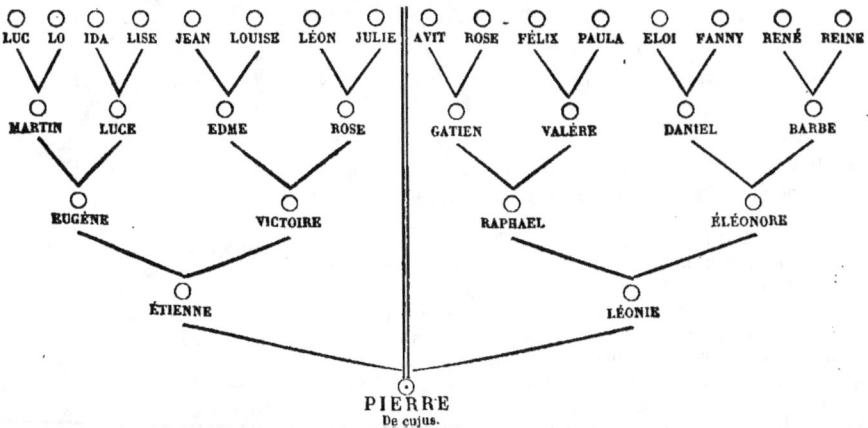

La ligne part de Pierre : Etienne et Léonie, ses père et mère, forment une première

qui descendent l'une de l'autre ; *ligne collatérale*, la suite des degrés entre personnes qui ne descendent pas les unes des autres, mais qui descendent d'un auteur commun. On distingue la ligne directe en ligne directe descendante et ligne directe ascendante. La première est celle qui lie le chef avec ceux qui descendent de lui ; la deuxième est celle qui lie une personne avec ceux dont elle descend. (C. N., 736.)

1696. En ligne directe on compte autant de degrés qu'il y a de générations entre les personnes : ainsi, le fils est à l'égard du père au premier degré ; le petit-fils au second ; et réciproquement du père et de l'aïeul à l'égard des fils et petits-fils. (C. N., 737.) [Form. 277, 278.]

1697. En ligne collatérale, les degrés se comptent par générations depuis l'un des parents jusques et non compris l'auteur commun, et depuis celui-ci jusqu'à l'autre parent ; ainsi, deux frères sont au deuxième degré ; l'oncle et le neveu sont au troisième degré ; les cousins germains au quatrième ; et ainsi de suite. (C. N., 738.) [Form. 279.]

1698. Toute succession échue à des ascendants ou à des collatéraux, se divise en deux parts égales : l'une pour les parents de la ligne paternelle, l'autre pour les parents de la ligne maternelle (C. N., 733, *infra* n°s 1719, 1727). Cette première division opérée entre les lignes paternelle et maternelle, il ne se fait plus de division entre les diverses branches ; mais la moitié dévolue à chaque ligne appartient à l'héritier ou aux héritiers les plus proches en degrés, sauf le cas de la représentation. (C. N. 734.)

génération ascendante et sont au premier degré ; — Eugène et Victoire aïeuls paternels ; Raphaël et Eléonore aïeuls maternels forment la deuxième génération ascendante et sont au deuxième degré ; — Martin, Luce, Edme, Rose, bisaïeuls paternels, et Gatien, Valère, Daniel, Barbe, bisaïeuls maternels, forment la troisième génération ascendante et sont au troisième degré ; — Luc, Lo, Ida, Lise, Jean, Louise, Léon, Julie, trisaïeuls paternels, et Avit, Rose, Félix, Paula, Eloi, Fany, René, Reine, trisaïeuls maternels, forment une quatrième génération ascendante et sont au quatrième degré.

FORMULE 279. — **Ligne collatérale.** (N°s 1694, 1695, 1697.)

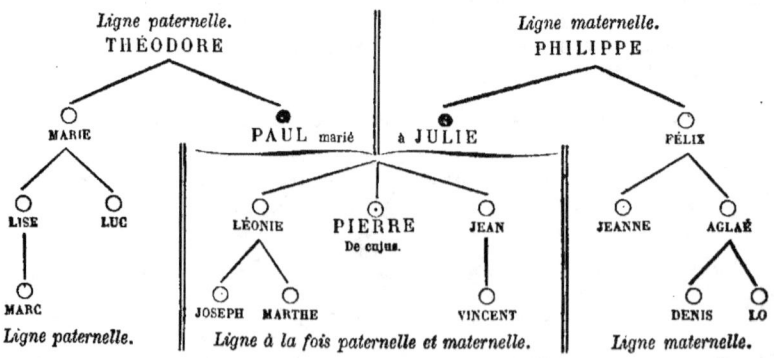

La ligne part de Pierre : on le compte, ainsi que tous les parents intermédiaires, jusqu'à l'auteur commun qu'on ne compte pas, on descend jusqu'au parent dont on veut connaître le degré de parenté, en ajoutant au nombre déjà trouvé ce parent et les parents sur lesquels on passe pour arriver jusqu'à lui ; ainsi : — Léonie et Jean, frère et sœur, sont au deuxième degré ; — Joseph, Marthe et Vincent, neveux et nièces, sont au troisième degré ; — Marie, tante paternelle, et Félix, oncle maternel, sont au troisième degré ; — Lise et Luc, cousins germains paternels, et Jeanne et Aglaé, cousines germaines maternelles, sont au quatrième degré ; — Marc, cousin issu de germain, dans la ligne paternelle, et Lo et Denis, cousins issus de germains dans la ligne maternelle, sont au cinquième degré.

SECTION II. — DES SUCCESSIONS DÉFÉRÉES AUX DESCENDANTS DE LEUR CHEF ET PAR REPRÉSENTATION

Généalogie applicable à la FORM. 280°.

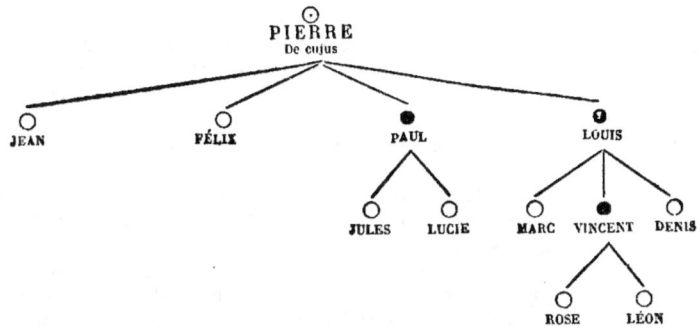

1699. Les enfants ou leurs descendants succèdent à leurs père et mère, aïeuls, aïeules, ou autres ascendants, sans distinction de sexe ni de primogéniture, et encore qu'ils soient issus de différents mariages; s'ils sont tous au premier degré ou appelés de leur chef, ils succèdent par égales portions et par têtes; mais s'ils sont à des degrés inégaux, ceux qui se trouvent au deuxième degré et à des degrés subséquents viennent par représentation selon les règles ci-après, et succèdent par souche. (*C. N.*, 745.) [FORM. 280.]

1700. La représentation est une fiction de la loi dont l'effet est de faire entrer les représentants dans

§ 3. — SUCCESSIONS DÉFÉRÉES AUX DESCENDANTS

FORMULE 280. — **Enfants et autres descendants, héritiers de leur chef et par représentation.** (N°s 1699 à 1707.)

MM. Jean et Félix DUMONT, héritiers, chacun pour un quart, de M. Pierre DUMONT, leur père, en son vivant propriétaire, demeurant à X . . . où il est décédé le . . . . .

M. Jules DUMONT et Mlle Lucie DUMONT, héritiers-conjointement pour un quart, soit chacun pour un huitième, de M. Pierre DUMONT leur aïeul, à la représentation de M. Paul DUMONT, leur père, décédé à X. . . . . le . . . . . fils de M. Pierre DUMONT.

MM. Marc et Denis DUMONT, héritiers, chacun pour un douzième aussi, de M. Pierre DUMONT, leur aïeul à la représentation, chacun pour un tiers, de M. Louis DUMONT, leur père, décédé à X. . . . . le . . . . . fils de M. DUMONT *de cujus*.

Enfin Mlle Rose et M. Léon DUMONT, héritiers conjointement pour le douzième de surplus, soit chacun pour un vingt-quatrième, de M. Pierre DUMONT, leur bisaïeul, à la représentation, 1° chacun pour moitié, de M. Vincent DUMONT leur père décédé à X . . . . . le . . . . . petit-fils de M. Pierre DUMONT, et 2° conjointement pour un tiers de M. Louis DUMONT, leur aïeul.

Ainsi que ces qualités sont constatées en l'intitulé de l'inventaire après le décès de M. Pierre DUMONT, dressé par Me N. . . . ., qui en a gardé minute, et l'un de ses collègues, notaires à X . . . . ., le . . . . .

Ou bien:

Ainsi que ces qualités sont constatées en un acte de notoriété à défaut d'inventaire reçu par Me X. . . . ., qui en a gardé minute, et l'un de ses collègues, notaires à . . . . le . . . . .

la place, dans le degré et dans les droits du représenté (1) (*C. N.*, 739) ; ils ont donc les mêmes droits à la succession que ceux qu'aurait eus le représenté, s'il eût été vivant.

1701. Dans tous les cas où la représentation est admise, le partage s'opère par souche ; si une même souche a produit plusieurs branches, la subdivision se fait aussi par souche dans chaque branche, et les membres de la même branche partagent entre eux par tête. (*C. N.*, 743.)

1702. On ne représente que les personnes décédées ; on ne peut donc représenter les héritiers vivants qui sont exclus de la succession, soit parce qu'ils y ont renoncé, soit parce qu'ils ont été déclarés indignes (2) de succéder. On peut représenter celui à la succession duquel on a renoncé (*C. N.*, 744), ainsi que celui de la succession duquel on a été exclu comme indigne (3).

1703. L'absent étant censé mort du jour de sa disparition ou de ses dernières nouvelles, ses descendants le représentent (4).

1704. L'enfant adoptif décédé est aussi représenté par ses descendants dans la succession de l'adoptant, *supra* n° 1135 ; mais l'enfant adoptif n'ayant aucun droit aux successions des parents de l'adoptant, ne peut représenter l'adoptant à la succession du père de ce dernier (5).

1705. La représentation a lieu à l'infini dans la ligne directe descendante. Elle est admise dans tous les cas, soit que les enfants du défunt concourent avec les descendants d'un enfant prédécédé, soit que tous les enfants du défunt étant morts avant lui, les descendants desdits enfants se trouvent entre eux en degrés égaux ou inégaux. (*C. N.*, 740.)

1706. Il peut arriver que des arrière-petits-enfants prennent part dans deux souches, ce qui a lieu lorsque deux petits-enfants du défunt, cousins germains entre eux, ont contracté mariage ensemble, et sont tous deux décédés laissant des enfants qui les représentent.

1707. L'on justifie de sa qualité d'héritier, par la représentation soit d'un extrait de l'intitulé d'inventaire, *supra* n° 654, soit d'un acte de notoriété, *supra* n°s 644 *et suiv.*

Généalogie applicable à la Form. 281.

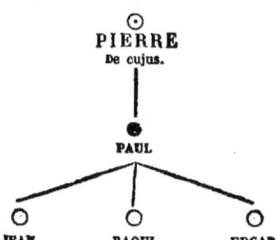

1708. Dans le cas de la généalogie qui précède, les héritiers tous issus d'un seul enfant du *de cujus*, et venant à un degré égal, succèdent de leur chef sans le secours de la représentation [Form. 284] ; et par suite, ainsi que nous le verrons plus loin, ils ne sont pas tenus d'imputer sur la réserve légale les dons que leur père a reçus du défunt.

FORMULE 281. — **Petits-fils héritiers de leur chef.** (N° 1708.)

MM. Jean, Raoul et Edgar B....., seuls héritiers, chacun pour un tiers, de M. Pierre

---

(1) La représentation n'a pas lieu entre colégataires ; ainsi lorsque le testateur institue des neveux et nièces pour ses légataires universels, ils recueillent les biens par tête et non par souche. — Bordeaux, 14 juin 1859.

(2) Mais si le coupable d'indignité a prédécédé l'offensé, l'indignité ne peut être prononcée ni contre lui, ni contre ses enfants, puisqu'ils ne viennent pas à la succession comme étant à ses droits ; et, dans ce cas, il est représenté par ses enfants : Duvergier sur Toullier, IV, 112 ; Duranton, VII, 131 ; Demante, III, 39 *bis* ; Marcadé, 730, 1 ; Massé et Vergé, § 358, note 9 ; Mourlon, II, p. 32 ; Demolombe, XIII, 292 ; contra Toullier, III, p. 138 ; Dalloz, *Succession*, n° 60.

(3) Duranton VI, 132 ; Vazeille, 730, 4 ; Roll., *Indign.*, n° 39 ; Marcadé, 730, 2 ; Demolombe, XIII, 294.

(4) Duranton, I, 547 ; Demante, I, 119 ; de Moly, *Absence*, n° 640 ; Dict. not., *ibid.*, n° 353 ; Roll., *ibid.*, n° 329 et *Succession*, n° 127 ; Zach., § 105 ; Demolombe, II, 309 ; Talandier, p. 254 ; Valette sur Proudhon, I, 347, Marcadé, *136*, 2 ; Paris. 27 janv. 1812 ; Limoges, 11 mars 1823 ; Cass. 10 nov. 1824 ; contra Proudhon, I, 347 ; Plasman, *Absence*, I, p. 327.

(5) Mourlon, II, p. 43 ; Demolombe, VI, 133 ; Toulouse, 25 avril 1844.

SECTION III — DES SUCCESSIONS DÉFÉRÉES AUX FRÈRES ET SŒURS, NEVEUX ET NIÈCES, DE LEUR CHEF ET PAR REPRÉSENTATION

Généalogie applicable à la FORM. 282.

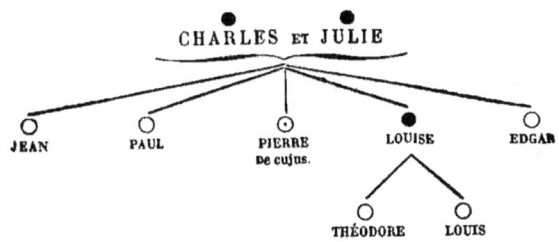

1709. Si le défunt n'a point laissé de postérité et que ses père et mère l'aient prédécédé, ses frères, sœurs ou leurs descendants sont appelés à la succession à l'exclusion des ascendants, et des autres collatéraux. — Ils succèdent ou de leur chef, ou par représentation selon les règles tracées, *supra* n°s *1700 et suiv.* (C. N., 750.) [FORM. 282.]

1710. En ligne collatérale, la représentation est admise en faveur des enfants et descendants de frères ou sœurs du défunt, soit qu'ils viennent à sa succession concurremment avec des oncles ou tantes, soit que tous les frères et sœurs du défunt étant prédécédés, la succession se trouve dévolue à leurs descendants en degrés égaux ou inégaux. (C. N., 742.)

1711. Par l'effet de la représentation deux petits-neveux du défunt peuvent prendre part dans deux souches, ce qui arrive lorsqu'ils sont issus de neveu et nièce, cousins germains entre eux, qui ont contracté mariage ensemble.

Généalogie applicable à la FORM. 283.

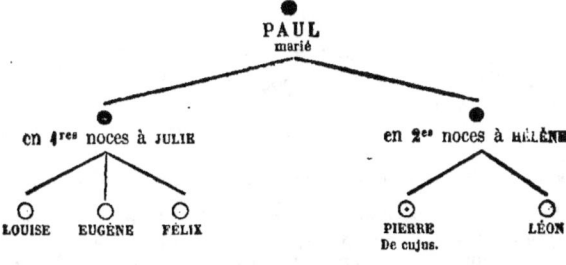

B....., leur aïeul paternel, en son vivant propriétaire, demeurant à X....., où il est décédé le....., et venant de leur chef à sa succession comme étant les seuls enfants de M. Paul B....., décédé le....., unique enfant de M. Pierre B....;
Ainsi que ces qualités sont constatées, etc. (*Le surplus comme en la formule 280.*)

§ 4. — SUCCESSIONS DÉFÉRÉES AUX FRÈRES, SŒURS, NEVEUX ET NIECES

FORMULE 282. — **Frères et sœurs, neveux et nièces, héritiers de leur chef et par représentation.** (Nos 1709 à 1711.)

MM. Jean, Paul et Edgar B....., héritiers, chacun pour un quart, de M. Pierre B....., leur frère germain, en son vivant propriétaire, demeurant à X....., où il est décédé le......;
MM. Théodore et Louis L....., héritiers conjointement pour le quart de surplus, soit

Généalogie applicable à la Form. 284.

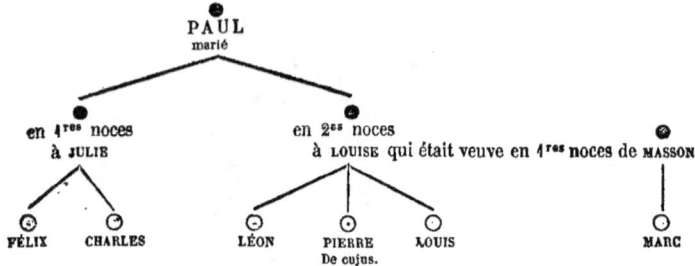

1712. Les frères et sœurs *germains* sont ceux qui sont issus d'un même père et d'une même mère; les frères et sœurs *consanguins*, sont ceux qui sont issus d'un même père, mais de mères différentes; les frères et sœurs *utérins* sont ceux qui sont issus d'une même mère, mais de pères différents.

chacun pour un huitième de feu M. Pierre B. . . . ., leur oncle maternel, à la représentation de Mme Louise B. . . ., leur mère, décédée à X. . . ., le . . . ., épouse de M. Charles L. . . . et sœur germaine de feu M. B. . . . ;
Ainsi que ces qualités sont constatées, etc. (*Le surplus comme en la formule 280.*)

FORMULE 283. — **Frères et sœurs germains et consanguins.** (N°s 1712 à 1715.)

M. Léon D. . . ., héritier pour cinq huitièmes de M. Pierre D. . . ., son frère germain, en son vivant propriétaire, demeurant à X. . . ., où il est décédé le. . . ., dont quatre huitièmes ou moitié comme ayant seul droit à la moitié dévolue à la ligne maternelle, et un huitième comme ayant droit pour un quart dans la moitié dévolue à la ligne paternelle.

Mlle Louise D. . . ., MM. Eugène et Felix D. . . ., héritiers, chacun pour un quart dans la moitié dévolue à la ligne paternelle, soit pour un huitième dans le total, de M. Pierre B. . . ., leur frère consanguin;
Ainsi que ces qualités sont constatées, etc. (*Le surplus comme en la formule 280.*)

FORMULE 284. — **Frères et sœurs germains, utérins et consanguins.** (N° 1713.)

MM. Léon et Louis A. . . ., héritiers, chacun pour sept vingt-quatrièmes, de M. Pierre A. . . ., leur frère germain, en son vivant propriétaire, demeurant à X. . . ., où il est décédé le. . . ., savoir : Un huitième, ou trois vingt-quatrièmes comme ayant droit chacun pour un quart dans la moitié dévolue à la ligne paternelle, et un sixième ou quatre vingt-quatrièmes comme ayant droit chacun pour un tiers, dans la moitié dévolue à la ligne maternelle, soit pour les deux. . . . . | 14/24

MM. Félix et Charles A. . . ., héritiers, chacun pour un quart, dans la moitié dévolue à la ligne paternelle, soit un huitième ou trois vingt-quatrièmes dans le total, de feu M. Pierre A. . . ., leur frère consanguin, soit ensemble. . . . . | 6/24

Et M. Marc Masson, héritier pour un tiers dans la moitié dévolue à la ligne maternelle, soit un sixième ou quatre vingt-quatrièmes dans le total, de feu M. Pierre A. . . ., son frère utérin, ci. . . . . | 4/24

Total égal à l'unité. . . . . | 24/24

Ainsi que ces qualités, etc. (*Le surplus comme en la formule 280.*)

1713. Lorsqu'une succession échoit à des frères et sœurs germains, utérins et consanguins, elle se divise en deux parts égales, l'une pour la ligne paternelle, l'autre pour la ligne maternelle : les germains prennent part dans les deux lignes; quant aux utérins et aux consanguins, ils ne prennent part que dans leur ligne. (C. N., 733, 752.) [Form. 283 et 284.]

1714. Si le défunt n'a laissé que des frères et sœurs utérins ou consanguins, ou des descendants d'eux (1), ils succèdent à la totalité, à l'exclusion de tous autres parents de l'autre ligne (C. N., 752), et à l'exclusion aussi des ascendants autres que les père et mère (2).

1715. La représentation étant admise en faveur de tous les descendants de frères et sœurs, sans distinction, *supra* n° 1710, a lieu en faveur des descendants de frères et sœurs utérins et consanguins.

SECTION IV. — DES SUCCESSIONS DÉFÉRÉES AUX ASCENDANTS

Généalogie applicable aux Form. 285 *et* 286.

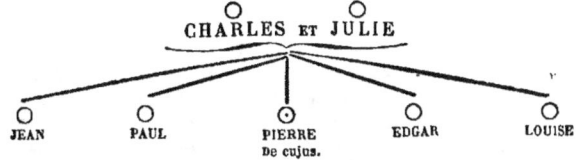

1716. Si le défunt, outre ses frères et sœurs ou leurs descendants, a laissé ses père et mère, la succession se divise en deux portions de chacune moitié, dont l'une est déférée aux père et mère qui la partagent par moitié entre eux, soit pour chacun d'eux, un quart dans le total; l'autre moitié est déférée aux frères et sœurs ou leurs descendants. (C. N., 748, 751.) [Form. 285.]

1717. Si le père ou la mère est prédécédé, et qu'il existe des frères et sœurs ou leurs descendants, la portion qui aurait été dévolue au père ou à la mère prédécédé, se réunit à la moitié dévolue aux frères et sœurs; conséquemment la succession est recueillie par le père ou la mère survivant pour un quart, et par les frères et sœurs ou leurs descendants pour trois quarts. (C. N., 749, 751.) [Form. 286.]

1718. Le partage de la moitié ou des trois quarts dévolus aux frères et sœurs, ou leurs descendants,

§ 5. — SUCCESSIONS DÉFÉRÉES AUX ASCENDANTS

FORMULE 285. — **Père et mère concourant avec des frères et sœurs.** (N°s 1716 et 1718.)

M. et Mme H...., héritiers conjointement pour moitié, soit chacun pour un quart, de M. Pierre H...., leur fils, en son vivant propriétaire, demeurant à X...., où il est décédé le....;

MM. Jean, Paul et Edgar H.... et Mlle Louise H...., héritiers pour la moitié de surplus, chacun dans la proportion d'un quart, soit chacun pour un huitième, dans le total, de M. H...., leur frère germain;

Ainsi que ces qualités, etc. (*Le surplus comme en la formule 280.*)

FORMULE 286. — **Père seul concourant avec des frères et sœurs.** (N°s 1717 et 1718.)

M. Charles H...., héritier pour un quart de M. Pierre H.... son fils, en son vivant propriétaire, demeurant à ...., où il est décédé le....;

MM. Jean, Paul et Edgar H.... et Mlle Louise H...., héritiers pour les trois quarts de surplus, chacun dans la proportion d'un quart, soit chacun pour trois seizièmes dans le total, de M. Pierre H...., leur frère germain.

Ainsi que ces qualités sont constatées, etc. (*Le surplus comme en la formule 280.*)

---

(1) Demolombe, XIII, 456; Chabot, 752, 4; Dict. not., *Succession*, n° 174.

(2) Toullier, II, 221; Duranton, VI, 254; Demante, III, 67 *bis*; Demolombe, XIII, 455; Cass., 27 déc. 1809.

ainsi qu'il est dit aux deux numéros précédents, s'opère entre eux, s'ils sont tous germains, suivant les règles tracées, *supra* n°⁸ *1709 et suiv.*; s'ils sont germains, utérins et consanguins, suivant les règles rapportées, *supra* n°⁸ *1712 et suiv.* (*C. N.*, *752*.)

Généalogie applicable à la FORM. 287.

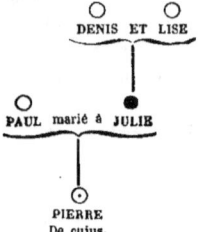

1719. Si le défunt n'a laissé ni postérité, ni frère, ni sœur, ni descendants d'eux, **sa** succession se divise par moitié entre les ascendants de la ligne paternelle et les ascendants de la ligne maternelle (*C. N.*, *733*, *746*). L'ascendant qui se trouve au degré le plus proche, recueille la moitié affectée à sa ligne, à l'exclusion de tous autres (*C. N.*, *746*) [FORM. 287]; la représentation n'ayant pas lieu en faveur des ascendants. (*C. N.*, *741*.)

1720. Les ascendants au même degré succèdent par tête. (*C. N.*, *746*.)

1721. Les ascendants succèdent, à l'exclusion de tous autres, aux choses par eux données à leurs enfants ou descendants décédés sans postérité, selon les règles établies, *infra* n°⁸ *1733 et suiv.*

Généalogie applicable à la FORM. 288.

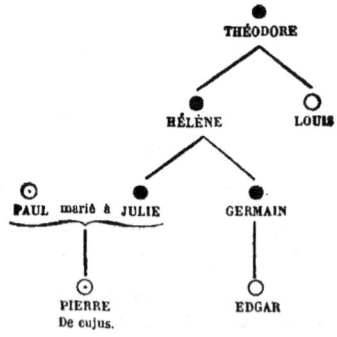

FORMULE 287. — **Père et aïeuls maternels, retour légal.** (N°⁸ 1719 à 1721.)

M. Paul D....., héritier, pour la moitié dévolue à la ligne paternelle, de M. Pierre D....., son fils, en son vivant, propriétaire, demeurant à X ...., où il est décédé le ....

Et M. et Mᵐᵉ M....., héritiers pour la moitié dévolue à la ligne maternelle, soit chacun pour un quart, de M. Pierre D....., leur petit-fils.

En outre, M. Paul D....., héritier, à titre de retour légal, des choses par lui données à feu M. Pierre D..... son fils, et qui se retrouvent en nature dans sa succession, ou donnent lieu à une action en reprises ;

Ainsi que ces qualités sont constatées, etc. (*Le surplus comme en la formule 280.*)

1722. Lorsque le défunt ne laisse ni frères, ni sœurs, ni descendants d'eux, et qu'il ne laisse d'ascendants que dans une ligne, la succession est dévolue pour moitié à l'ascendant ou aux ascendants les plus proches ; et pour l'autre moitié aux parents les plus proches de l'autre ligne. (*C. N.*, 754.) [Form. 288.]

1723. S'il y a concours de parents collatéraux au même degré, ils partagent par tête (*C. N.*, 754), qu'ils aient ou non la même parenté à l'égard du défunt : ainsi le cousin germain et le grand-oncle du défunt étant tous deux au quatrième degré, concourent par tête ; de même l'arrière-grand-oncle et le cousin au cinquième degré, étant au même degré, concourent aussi par tête.

1724. Le père ou la mère concourant avec des collatéraux autres que frères et sœurs ou leurs descendants, a, outre sa moitié [et s'il est légataire outre les objets à lui légués (1)], l'usufruit du tiers des biens auxquels il ne succède pas en propriété (*C. N.*, 754) ; mais aux charges dont les usufruitiers sont tenus, notamment de faire dresser l'état exigé par l'art. 600, et de fournir caution, *supra* n° *1499*.

Généalogie applicable à la Form. 289.

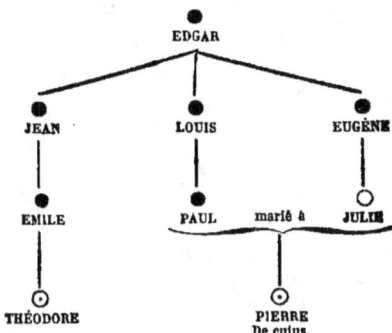

1725. Dans le cas de la généalogie qui précède, la mère survivante est seule héritière de son fils ; savoir : de la moitié dévolue à la ligne maternelle, en qualité d'ascendante ; et de la moitié dévolue à

FORMULE 288. — **Ascendant concourant avec des collatéraux autres que des frères et sœurs ou leurs descendants.** (N°ˢ 1722 à 1724.)

M. Paul. . . . ., héritier, pour la moitié devolue à la ligne paternelle, de M. Pierre. . . . . son fils, en son vivant, propriétaire, demeurant à . . . ., où il est décédé le . . . . .

M. Louis . . . . ., et M. Edgar . . . . ., héritiers conjointement pour la moitié dévolue à la ligne maternelle de feu M. Pierre . . . . . dont ils sont parents, l'un et l'autre, au quatrième degré : M. Louis. . . . . en qualité de grand-oncle maternel, et M. Edgar . . . . en qualité de cousin germain ;

En outre M. Paul. . . . . ayant droit à l'usufruit du tiers de la moitié recueillie par MM. Louis . . . . et Edgar. . . . ., conformément aux dispositions de l'article 754 du Code Napoléon.

Ainsi que ces qualités sont constatées, etc. (*Le surplus comme en la formule 280.*)

FORMULE 289. — **Ascendant seul héritier, moitié comme ascendant, et moitié comme parent collatéral.** (N°ˢ 1725 et 1726.)

Mme G. . . . . seule et unique héritière de M. Pierre G. . . . . son fils, en son vivant propriétaire, demeurant à X . . . où il est décédé le . . . . . ; savoir :

De la moitié dévolue à la ligne maternelle, en qualité d'ascendante ;

Et de la moitié dévolue à la ligne paternelle, en qualité de parente au degré le plus

---

(1) Vazeille, *art.* 754 ; Roll., *Succession*, n° 178.

la ligne paternelle en qualité de parente au cinquième degré, à l'exclusion de Théodore, parent au sixième degré (1). [Form. 289.]

1726. Si Julie avait des frères et sœurs, elle concourrait avec eux dans la ligne paternelle; et de plus, en qualité de mère, elle aurait l'usufruit du tiers de la part de ses frères et sœurs, *supra* n° 1724.

SECTION V. — DES SUCCESSIONS COLLATÉRALES (AUTRES QUE CELLES DÉVOLUES AUX FRÈRES ET SŒURS, OU LEURS DESCENDANTS)

Généalogie applicable à la Form. 290.

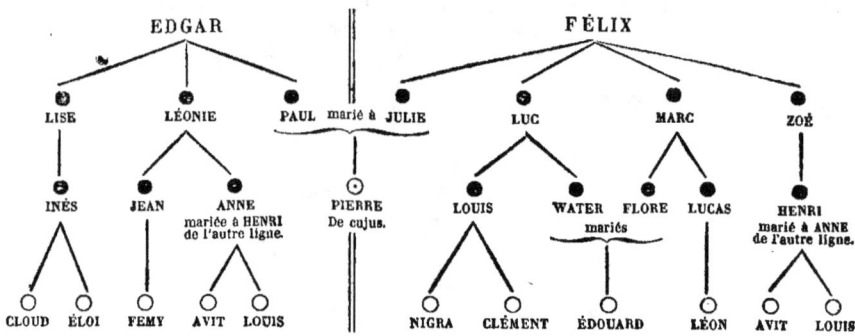

1727. A défaut de descendants, d'ascendants, de frères et sœurs ou descendants d'eux, la succession est dévolue pour moitié aux collatéraux les plus proches de la ligne paternelle, et pour l'autre moitié aux collatéraux les plus proches de la ligne maternelle (*C. N.*, 733,753). [Form. 290.]

rapproché dans cette ligne, cousine au cinquième degré du défunt, comme ayant épousé son cousin germain, décédé père du *de cujus*.

Ainsi que ces qualités sont constatées, etc. *(Le surplus comme en la formule 280.)*

§ 6. — SUCCESSIONS DÉFÉRÉES AUX COLLATÉRAUX (AUTRES QUE FRÈRES, SŒURS OU LEURS DESCENDANTS)

FORMULE 290. — **Cousins au cinquième degré.** (N°s 1727 à 1730.)

MM. Claude, Eloi, Femy, Avit et Louis, héritiers, chacun pour un cinquième, dans la moitié dévolue à la ligne paternelle, soit, dans le total, chacun pour un dixième, de M. Pierre D. . . . ., leur cousin au cinquième degré, en son vivant, propriétaire, demeurant à X. . . ., où il est décédé le . . . .,

MM. Nigra, Clément, Edouard, Léon, Avit et Louis, héritiers, chacun pour un sixième, dans la moitié dévolue à la ligne maternelle, soit dans le total, chacun pour un douzième, du même Pierre D . . . . ., leur cousin au cinquième degré.

MM. Avit et Louis, héritiers à la fois dans la ligne paternelle et dans la ligne maternelle, ont droit chacun :

Dans la ligne paternelle, à un dixième, ou six soixantièmes, ci.	6/60
Et dans la ligne maternelle, à un douzième, ou cinq soixantièmes, ci. . .	5/60
Ou chacun dans le total à onze soixantièmes, ci.	11/60

Ainsi que ces qualités sont constatées, etc. *(Le surplus comme en la formule 280.)*

---

(1) Marcadé, 734, 4; Demolombe, XIII, 334, 371; Massé et Vergé, § 900, note 2; Rouen, 22 janv. 1841, J. N. 10059.

1728. Les collatéraux parents à la fois dans la ligne paternelle et dans la ligne maternelle, tels sont Avit et Louis, prennent part dans les deux lignes (1).

1729. Mais la parenté à un double lien dans la même ligne ne donne pas droit à une part plus forte (2).

1730. Les parents au delà du douzième degré ne succèdent pas. (C. N., 755.)

1731. Lorsque la succession est dévolue à des ascendants ou à des collatéraux autres que frères et sœurs ou leurs descendants, et qu'il ne se trouve aucun ascendant ni aucun parent collatéral au degré successible dans une ligne, il y a dévolution en faveur des parents de l'autre ligne ; en conséquence ceux-ci succèdent pour le tout. (C. N., 753, 755.) [Form. 294.]

1732. L'héritier en faveur de qui la dévolution a lieu n'est point tenu de justifier qu'il n'existe pas de parents dans l'autre ligne, il lui suffit de prendre possession de la succession, en faisant constater sa qualité d'héritier, soit par un inventaire, soit par un acte de notoriété ; il peut donc s'opposer à la nomination d'un notaire pour représenter à l'inventaire les héritiers qui pourraient être découverts à l'avenir (3), *supra* n° 929. Si, dans les trente ans du jour de l'ouverture de la succession, il se présente un parent de l'autre ligne, il peut réclamer la moitié dévolue à sa ligne, mais sans que sa réclamation puisse nuire aux tiers qui ont traité avec l'héritier apparent, *supra* n° 929.

APPENDICE

SUCCESSION DES ASCENDANTS AUX CHOSES PAR EUX DONNÉES

1733. Les ascendants succèdent, à l'exclusion de tous autres, aux choses par eux données à leurs enfants ou descendants décédés sans postérité, lorsque les objets donnés se retrouvent en nature dans la succession. Si les objets ont été aliénés, les ascendants recueillent le prix qui peut en être dû. Ils succèdent aussi à l'action en reprises que pouvait avoir le donataire. (C. N., 747.)

FORMULE 291. — **Dévolution d'une ligne à l'autre.** (N°s 1731 et 1732.)

MM. Paul et Louis N. . . . ., seuls héritiers, chacun pour moitié, de M. Pierre N. . . . ., leur cousin germain, en son vivant propriétaire, demeurant à X. . . . ., où il est décédé le . . . . . ; dont moitié comme héritiers de la portion dévolue à la ligne paternelle dans laquelle ils se trouvent ; et l'autre moitié comme héritiers de la portion dévolue à la ligne maternelle, à défaut de parents au degré successible dans cette ligne.

Ainsi que ces qualités sont constatées, etc. (*Le surplus comme en la formule 280.*)

§ 7. — RETOUR LÉGAL

FORMULE 292. — **Acte d'exercice du retour légal par un ascendant donateur**
(N°s 1733 à 1761.)

Par-devant M° N . . . . . et l'un de ses collègues, notaires à X. . . . , soussignés,

Ont comparu :

1° M. Charles Debuat propriétaire, demeurant à X. . . . .

Héritier pour un quart de M. Pierre Debuat, son fils, en son vivant propriétaire, demeurant à X . . . ., où il est décédé le . . . . ;

2° M. Georges Debuat, négociant, demeurant aussi à X. . . . .

Héritier pour les trois quarts de surplus de feu M. Pierre Debuat, son frère ;

---

(1) Roll., *Succession*, n° 83 ; Demolombe, XIII, 337 ; Zach., Massé et Vergé, § 360, note 6 ; Rouen, 22 janv. 1841, J. N. 10938.

(2) Toullier, IV, 224 ; Roll., *Succession*, n° 84, 175 ; Vazeille, 7 et 41 ; Massé et Vergé, § 360, note 12 ; Bruxelles, 20 avril 1809.

(3) Paris, 14 janv. et 9 avril 1861 ; J. N. 17026, 17099.

1734. Tout ascendant donateur a droit au retour légal [Form. 292]; peu importe qu'il ne soit pas héritier du donataire; ainsi l'aïeul exclu de la succession *ab intestat* par les père et mère ou les frères, sœurs, neveux et nièces (1).

1735. Les père et mère de l'enfant naturel ont aussi droit au retour légal des objets qu'ils lui ont donnés (2), mais non les ascendants du père ou de la mère de l'enfant naturel, à l'égard des objets dont ils ont fait donation à l'enfant naturel (3).

1736. Le retour légal ne peut, dans aucun cas, avoir lieu qu'autant que le donataire est décédé sans postérité : on entend par là tous les enfants et descendants du donataire, nés avant comme après la donation (4); et aussi l'enfant adoptif et ses descendants, quand même l'adoption serait postérieure à la donation (5).

1737. La question de savoir si l'enfant naturel fait obstacle au retour légal est vivement controversée : certains auteurs, attachant au droit de l'enfant naturel au moins autant de force qu'au droit du légataire, *infra* n° 1759, enseignent qu'il fait obstacle au retour pour la part qu'il prend dans la succession (6); la jurisprudence, au contraire, décide que la postérité légitime seule fait obstacle au retour légal; qu'en conséquence l'enfant naturel est sans droit sur les biens faisant l'objet du retour (7).

1738. Si la postérité, vivante à l'époque du décès du donataire, n'existait plus lors du décès du donateur, le retour légal ne renaîtrait pas; car il ne peut s'exercer que sur la succession du descendant donataire (8).

3° Mme Louise Dehors, rentière, demeurant à X...., veuve de M. Pierre Debuat,
   Légataire d'un quart en propriété, et d'un quart en usufruit, avec dispense de fournir caution, des biens laissés par M. Debuat, son défunt mari, aux termes de son testament reçu par M^e...., qui en a gardé minute, et l'un de ses collègues, notaires à...., le.....

   Tous d'une part

4° Et M. Georges Debuat, propriétaire, demeurant à X....
   Aïeul paternel de feu M. Pierre Debuat; et, en cette qualité, héritier, en vertu du retour légal, des objets par lui donnés à M. Pierre Debuat, et qui se trouvent en nature dans sa succession,

   D'autre part;

Lesquels, préalablement au compte de retour légal faisant l'objet des présentes, ont exposé ce qui suit :

EXPOSÉ

I. Aux termes d'un acte passé devant M^e...., notaire à X....., qui en a gardé minute, en présence de témoins, le....., M. Georges Debuat a fait donation entre-vifs à M. Pierre Debuat, son petit-fils, de :

---

(1) Chabot, 747, 3; Grenier, *Don.*, n° 598; Toullier, IV, 235 à 239; Vazeille, 747, 3; Mourlon, II, p. 55; Dict. not., *Retour légal*, n° 12, 29; Demolombe, XIII, 483.

(2) Chabot, 747, 4 et 7; Duranton, VI, 224; Vazeille, 747, 12; Poujol, 747, 9; Marcadé, 747, 2; Roll., *Retour légal*, n° 16; Benoit, *Dot.* II, 89; Toullier, III, p. 153; Zach., § 373, note 10, contra; Coin.-Delisle, *Rev. crit.*, X, p. 230; Demante, III, 85 *bis*; Zach., Massé et Vergé, § 373, note 10; Demolombe, XIII, 496.

(3) Chabot, Duranton, *loc. cit.*; Vazeille, 747, 13; Roll., *Retour légal*, n° 13; Coin-Delisle, *Rev. crit.*, X, p. 232; Demolombe, XIII, 497; Zach., § 373, note 12.

(4) Chabot, 747, 10; Toullier, IV, 240; Duranton, VI, 217; Vazeille 747, 17; Roll., *Retour légal*, n° 17; Demolombe, XIII, 507.

(5) Chabot 747, 13; Toullier, IV, 240; Duranton, VI, 240; Vazeille, 747, 16; Marcadé, 747, 3; Roll., *Retour légal*, n° 18; Dict. not., *ibid.*, n° 44; Demante, III, 56 *bis*; Zach., Massé et Vergé, § 373, note 6; Demolombe, XIII, 508; Mourlon, II, p. 56, Cass., 2 déc. 1822; contra Benoit, *Dot*, II, 101.

(6) Chabot et Belost-Jolimont, 747, 14; Toullier, IV, 240; Duranton, VI, 219; Vazeille, 747, 17; Poujol, 747, 12; Marcadé, 747, 3; Roll., *Retour légal*, n° 19; Richefort, III, 383; Taulier, III, p. 154, 155, Demante, III, 56 *bis*; Mourlon, II, p. 6.

(7) Douai, 14 mai 1851; Cass., 3 juill. 1832, 9 août 1854; Trib. Seine, 12 fév. 1861; J. N. 7802, 14408, 13291, 17059, sic.; Legentil, *Rev. crit.* 1851, p. 354, 489; Pont, *Rev. crit.* 1852, p. 12; Massé et Vergé, § 373, note 7; Demolombe, XIII, 510.

(8) Chabot, 747, 42; Grenier, *Don.*, n° 598; Toullier, IV, 243; Duranton, VI, 246; Poujol, 747, 22; Conflans, 747, 3; Marcadé, 747, 4; Demante, III, 56 *bis*; Taulier, III, p. 156; Dalloz, *Succession*, n° 253, 254; Zach., Massé et Vergé, § 373, note 5; Demolombe, XIII, 512; Mourlon, II, p. 55; Dict. not., *Retour légal*, n° 42; Roll., *Retour légal*, n° 21; Agen, 20 et 28 fév. 1807, 9 nov. 1847; Toulouse, 9 janv. 1815; Nîmes, 10 mai 1817, et 14 mai 1819; Bastia, 21 août 1818; Cass., 18 août 1818, 30 nov. 1819, 20 mars 1850; J. N., 644, 2738, 3255, 13699, 14001 contra Vazeille, 747, 19; Toulouse, 16 avril 1810.

1739. C'est la qualité d'héritier qui seule empêche l'exercice du retour légal; si les descendants du donataire renoncent ou sont déclarés indignes, ils n'y font plus obstacle (1).

1740. L'ascendant donateur reprend les objets donnés à titre d'héritier (2); il est donc tenu aux mêmes charges qu'un héritier (3); et comme tel, il peut être déclaré indigne (4), il peut renoncer, accepter sous bénéfice d'inventaire (5); il peut même, s'il est à la fois héritier ordinaire et héritier par suite du retour légal, accepter une hérédité, et répudier l'autre (6). De même le retour légal étant un droit successif, ne peut, avant l'ouverture de la succession, faire l'objet d'un traité ni d'une renonciation (7).

1741. Le retour légal est une hérédité distincte de la succession ordinaire; il s'ensuit que si l'ascendant donateur est un aïeul exclu par le père ou la mère, la réserve de ceux-ci ne se calcule pas sur les biens faisant l'objet du retour (8); et si l'ascendant donateur est en même temps héritier réservataire, sa réserve ne se calcule pas non plus sur les biens qu'il reprend à titre de retour légal (9).

1742. Le retour légal s'applique à toute espèce de donations entre-vifs, qu'elles soient faites en avancement d'hoirie ou par préciput; il s'applique aussi aux partages anticipés, même à charge de rente viagère (10), aux dots constituées par contrat de mariage, aux donations déguisées sous la forme de contrats onéreux, etc....; mais il ne s'applique pas aux actes qui, bien que qualifiés donations, sont en réalité des contrats à titre onéreux (11).

1743. Pour que le retour légal puisse s'exercer, il faut que les biens donnés se retrouvent en nature dans la succession; s'ils ont été aliénés, même à titre gratuit, le retour légal devient impossible, à moins que l'ascendant donateur n'ait imposé au donataire la condition de ne point vendre, aliéner, hypothéquer, ni échanger les biens donnés sans son consentement (12).

1° Une maison édifiée sur un terrain en cour et jardin, de la contenance de . : . . . . , située à X. . . . ;
2° Une pièce de terre en labour située commune de X. . . . . , lieu dit l'Arbre-Sec, contenant . . . . ;
3° Une autre au même lieu, contenant. . . . ;
4° Une autre, située même commune, lieu dit le Vignoble, contenant . . . ;
5° Un pré situé même commune, lieu dit le val Auty, contenant un hectare;
6° Une pièce de terre en labour, située même commune, lieu dit l'Ane-Mort, contenant...;
7° Une autre au même lieu, de la contenance de . . . . ;
8° Une créance de mille francs sur M. Jules Bollé, propriétaire, demeurant à . . . . résultant, etc . . . . ;
9° Une rente annuelle et perpétuelle de quatre-vingts francs, au capital de seize cents francs, due par M. Julien Leclere, etc . . . . ;
10° Et divers meubles et objets mobiliers décrits en un état y annexé, et estimés à deux mille francs.

II. Pour déterminer les objets faisant retour, il y a lieu de rechercher et d'établir ce que sont devenus les biens donnés :

---

(1) Chabot, 747, 11; Toullier, IV, 241; Duranton, VI, 248 Roll., *Retour légal*, n° 20; Dict , not. *ibid*, n° 40; Marcadé, 747, 3; Demante; III, 56 *bis* ; Taulier, III, p. 157; Demolombe, XIII, 505; Mourlon, II, p. 54; Zach., § 373, note 8.
(2) Chabot, 747, 1; Toullier et Duvergier, IV, 231; Grenier, *Don*, n° 598; Duranton, VI, 245; Marcadé, 747, 9; Demante, III,55 *bis*; Taulier, III, p 151; Demolombe, XIII, 481; Roll., *Retour légal*, n° 11; Dict., not., *ibid*. n° 6.
(3) Toullier, IV, 236; Duranton, VI, 209, Mourlon, II, p. 55; Dict., not , *Retour légal*, n° 10.
(4) Chabot, 747, 15; Duranton, VI, 200; Vazeille, 747, 5; Marcadé, 747, 9; Roll., *Retour l gal*, n° 22.
(5) Chabot, 747, 15; Toullier, IV, 236; Duranton, VI, 209; Vazeille, 747, 6; Roll , *Retour légal*, n° 23; Dict., not. *ibid*., n° 9; Marcadé, 747, 9; Demante, III, 55 *bis*; Demolombe, XIII, 482; Mourlon, II, p. 35.
(6) Chabot et Belost-Jolimont, 747, 16; Duranton, VI, 240; Vazeille, 747, 7; Toullier, IV, 237; Marcadé, 747, 9; Poujol, 747, 5; Demolombe, XIII, 488; Massé et Vergé, § 373, note 3; Demante, III, 56 *bis*; Mourlon, II, p. 64 ; Dict., not., *Retour légal*, n° 14.
(7) Troplong, *Vente*, n° 250; Marcadé, 747, 9; Mourlon, II, p. 54;

Dict., not., *Retour légal*, n° 32; Roll., *ibid*, n° 27; Zach., § 373, n. 9.
(8) Vazeille, 747, 9 ; Roll., *Retour légal*, n° 30; Dict., not, *ibid.*, n° 18; Marcadé, 747, 10; Saintespès, *Don.*, II, 458; Troplong, *Don.*, n° 952; Coin-Delisle, 922, 4; Taulier, IV, p. 43; Grenier et Bayle-Mouillard, *Don.*, II, 598 ; Massé et Vergé, § 455, note 1; Demolombe, XIX, 134; contra Aubry et Rau, V, p. 596, 597; Vernet, p. 546, 347.
(9) Poujol, 747, 15; Toullier, IV, 238; Vazeille, 747, 10; Roll , *Retour légal*, n° 31; Dict. not.. *ibid* , n° 19; Troplong, *Don.*, n° 952; Marcadé, 747, 12; Chabot, 747, 16 ; Coin-Delisle, 922, 6; Saintespès, *Don.*, II, 458 ; Demolombe, XIX, 141; Caen, 8 mars 1856; Cass., 8 mars 1858; J. N. 16295 ; contra Duranton, VI, 228; Toullier, V, 129, Grenier, II. 598 *bis*; Demante, IV, 52 *bis*.
(10) Grenier, *Don* , I, 398; Toullier, V, 814; Genty, *Part. d'asc.*, p. 285; Marcadé, 1078, 2 ; Zach., Massé et Vergé, § 374, note 4 ; Demolombe, XIII, 545 ; Dict. not., *Retour légal*, n° 35; Montpellier, 11 avril 1831; Lyon 2 avril 1840; Douai, 14 mai 1851. V. Bordeaux, 20 mars 1847.
(11) Roll., *Retour légal*, n° 8; Troplong, *Don.*, n° 79; Demolombe, XIII, 543; Nancy, 31 janv. 1825; Paris, 26 déc. 1850.
(12) Angers, 29 juin 1842; Paris, 26 janv. 1848, 15 mai 1864.

1744. L'ascendant donateur reprend les immeubles dans l'état où ils se trouvent et sans avoir droit à aucune indemnité pour raison des dégradations, servitudes, prescriptions qui en ont diminué la valeur (1); mais si des impenses et des améliorations ont été faites, l'ascendant doit indemniser la succession de la plus-value qui en est résultée (2).

1745. Lorsque l'immeuble a été vendu et qu'il est revenu au donataire comme l'ayant recueilli à titre successif dans la succession de son acquéreur, l'immeuble se retrouve bien en nature dans la succession du donataire, mais ce n'est plus comme provenant de la donation; il ne fait donc pas retour au donateur (3).

1746. Lorsqu'un immeuble donné a été vendu avec réserve de la faculté de réméré, si lors du décès du donataire le délai fixé pour le rachat est expiré sans que le donataire l'ait exercé, la vente reste parfaite; si le délai n'est pas expiré, le donateur succède à la faculté de réméré, et peut opérer le rachat en restituant le prix; enfin si le donataire a exercé lui-même le rachat, la vente est considérée comme n'ayant pas eu lieu, et, l'immeuble, rentré dans les mains du donataire, fait retour au donateur (4).

1747. La résolution de la vente, pour défaut de payement du prix, prononcée judiciairement ou consentie volontairement entre le vendeur et l'acheteur (5), a pour effet de conserver au donataire la propriété de l'immeuble, de même que s'il ne l'avait pas vendu; il y a donc lieu au retour (6).

1748. Si, ayant vendu l'immeuble, le donataire l'a ensuite racheté soit de son acquéreur, soit d'un

---

IMPENSES, AMÉLIORATIONS. (N° 1744.)

M. Pierre DEBUAT a démoli la maison *numéro premier*, et a construit à la place une autre maison; cette maison existe en nature dans la succession, et fait retour au donateur; mais ce dernier doit indemnité à la succession de la plus-value résultant de l'impense; les parties l'évaluent à trois mille francs.

IMMEUBLE VENDU PUIS REVENU A TITRE D'HÉRÉDITÉ. (N°s 1745 et 1746.)

Par contrat passé devant M° N...., notaire à X...., qui en a gardé minute, et son collègue, le...., M. Pierre DEBUAT a vendu à M. Eugène DEBUAT, son frère, la pièce de terre *numéro deux*, moyennant deux mille francs, payés comptant.

M. Eugène DEBUAT étant décédé le....., M. Pierre DEBUAT s'est trouvé son héritier pour partie, et par le partage de sa succession opéré suivant acte passé devant M° N...., notaire à X...., le....., cet immeuble est entré dans le lot échu à M. Pierre DEBUAT, qui, ainsi, en est redevenu propriétaire.

L'immeuble existe en nature dans la succession de M. Pierre DEBUAT, mais à un titre nouveau, et non comme provenu de la donation; il ne fait donc pas retour au donateur.

RÉSOLUTION DE VENTE. (N°s 1747 et 1748.)

Suivant contrat passé devant M° N...., notaire à X...., le...., M. Pierre DEBUAT a vendu l'immeuble *numéro trois* à M. Jean L...., demeurant à....., moyennant deux mille francs.

A défaut de payement du prix, M. DEBUAT vendeur a fait prononcer la résolution de la vente, suivant jugement rendu par le tribunal civil de X...., le .....; par suite l'immeuble est revenu en ses mains. Il existe donc en nature dans sa succession, comme provenant de la donation, et il fait retour au donateur.

---

(1) Chabot, 747, 23; Toullier, IV, 232; Duranton, VI, 245, Vazeille, 747, 20; Roll., *Retour légal*, n° 49; Demolombe, XIII, 557; Dict. not., *Retour légal*. n° 75.

(2) Chabot, 747, 25; Duranton, VI, 246; Vazeille, 747, 24; Roll., *Retour légal*, n° 50; Dict. not., *ibid*., n° 78; Marcadé, 747, 7; Taulier, III, p. 459; Massé et Vergé, § 374, note 6 ; CONTRA Toullier, IV, 232; Demante, III, 57 *bis*; Demolombe, XIII, 559.

(3) Chabot, 747, 24; Marcadé, 747, 6; Duvergier sur Toullier, IV, 233; Massé et Vergé, § 374, note 15; Demante, III, 58 *bis*; Demo-lombe, XIII, 537; Mourlon, II, p. 58; Roll., *Retour légal*, n° 41, Dict. not., *ibid*., n° 62; CONTRA Toullier, IV, 233; Duranton, VI, 232; Vazeille, 747, 23; Benoît, *Dot*., II, 108; Taulier, III, p. 160.

(4) Toullier, IV, 233; Chabot, 747, 21; Roll., *Retour légal*, n° 43; Duranton, VI, 232; Demolombe, XIII, 537.

(5) Troplong, *Vente*, n° 694, *et Transcription*, n° 144; Mourlon, *Rev. prat*., II, p. 204; Cass. 10 mars 1836; J. N. 9218; CONTRA Duranton, XVI, 387; Zach., § 619.

(6) Marcadé, 747, 6.

autre et qu'à son décès il existe en nature dans sa succession, fait-il retour à l'ascendant donateur? Il faut par les motifs indiqués *supra* n° *1745*, décider la négative.

1749. Lorsque le donataire a cédé l'immeuble donné en échange d'un autre, l'immeuble reçu en echange est subrogé à celui cédé et fait retour au donateur (1).

1750. Si le donataire a payé une soulte, le donateur en doit indemniser la succession; si, au contraire, il en a reçu une, il est censé avoir aliéné une partie de l'immeuble, et le donateur n'a aucune réclamation à exercer.

1751. Le donataire ayant eu la libre disposition des immeubles donnés, a pu les hypothéquer; et le donateur en exerçant le retour légal doit souffrir l'hypothèque, sauf son recours contre les héritiers s'il paye au delà de la part et portion dont il est tenu (2), *infra n° 1761*.

1752. Lorsque le donataire a vendu l'immeuble donné, si lors de son décès le prix est encore dû, le donateur, en exerçant le retour légal, succède à tous les droits du donataire contre l'acquéreur; ainsi, il peut se faire payer le prix aux époques convenues; et, à défaut de payement, poursuivre l'acquéreur demander la résolution de la vente (3), etc.

1753. Les immeubles donnés entre-vifs par le donataire, même par avancement d'hoirie, et ceux qu'il a légués par testament, *infra n° 1759*, ne se trouvent plus dans sa succession *ab intestat*; ils sont

---

IMMEUBLE ÉCHANGÉ. (N°ˢ 1749 et 1750.)

Aux termes d'un contrat passé devant Mᵉ N...., notaire à X...., le...., M. Pierre Debuat a cédé l'immeuble *numéro quatre* à M. Charles D...., demeurant à N...., en échange de quarante-trois ares de terre en labour, sis à...., lieu dit...., et sans soulte.

L'immeuble reçu en échange s'est trouvé subrogé à celui cédé; il en est donc la représentation, et il fait retour au donateur.

IMMEUBLE HYPOTHÉQUÉ. (N° 1751.)

Par acte passé devant Mᵉ N...., notaire à X...., le...., M. Pierre Debuat, à la garantie de mille francs empruntés de M. Noël Z...., demeurant à...., a hypothéqué l'immeuble *numéro cinq*; cet immeuble existant en nature fait retour à M. Georges Debuat, mais à la charge de souffrir l'hypothèque, et sauf à lui, s'il rembourse la dette, à l'imputer sur sa part contributoire, fixée ci-après, dans l'ensemble des dettes de la succession.

IMMEUBLE VENDU. — PRIX ENCORE DÛ. (N° 1752.)

Suivant contrat passé devant Mᵉ N...., notaire à X...., le...., M. Pierre Debuat a vendu l'immeuble *numero six* à M. G...., demeurant à...., moyennant un prix de neuf cents francs encore dû; ce prix, étant la représentation de l'immeuble, fait retour à M. Georges Debuat.

IMMEUBLE DONNÉ. (N° 1753.)

Aux termes d'un acte passé devant Mᵉ N...., notaire à X...., en présence de témoins, le...., M. Pierre Debuat a fait donation entre-vifs de l'immeuble *numero sept* à M. Charles Debuat, son neveu; par suite, cet immeuble ne se trouve point dans la succession, et conséquemment ne fait pas retour.

---

(1) Chabot, 747, 22; Vazeille, 747, 23; Roll., *Retour légal*, n° 23; Toullier. IV, 245; Duranton, VI, 233; Grenier, *Don.* II, 598 ; Poujol, 747,24; Taulier, III, p.160, Mourlon, II, p. 62; Dict. not., *Retour légal*, n° 64; contra Belost-Jolimont sur Chabot, 747, obs. 11 et 12; Marcadé, 747, 5; Massé et Vergé, § 374, note 11; Demolombe, XIII, 541.

(2) Chabot, 747, 23; Grenier, n° 263; Duranton, VI, 214; Vazeille, 747, 20; Roll.., *Retour légal*, n° 48; Marcadé, 747, 7; Demolombe, XIII, 519, 554; Dict. not., *Retour légal*, n° 74.

(3) Chabot, 747, 24; Toullier, IV, 230; Duranton, VI, 243, 244; Roll., *Retour légal*, n° 48; Marcadé, 747, 7; Mourlon, II, p. 60.

donc considérés comme n'existant plus en nature, et ils ne font pas retour à l'ascendant donateur (1).

1754. Lorsque le donataire est marié et que le remboursement d'une créance donnée est fait pendant son mariage, il peut avoir droit à une action en reprises en vertu de ses conventions matrimoniales, *infra n° 1756*; le donateur, en exerçant le retour légal, succède à cette action; mais, à défaut de l'action en reprises, a-t-il le droit de prendre, parmi les créances et le numéraire existants, somme égale au montant des créances et du numéraire par lui donnés? L'affirmative est enseignée par un assez grand nombre d'auteurs (2); mais la question est vivement controversée. On est plus d'accord pour reconnaître au donateur un droit de retour sur les immeubles acquis avec les créances et capitaux donnés, lorsque le contrat d'acquisition contient la déclaration d'origine des deniers (3).

1755. Lorsque la donation a porté sur des meubles corporels, l'action en reprises, du donataire contre la communauté, passe à l'ascendant donateur; à défaut de cette action, l'ascendant donateur ne reprend que ceux des objets mobiliers qui existent en nature dans la succession du donataire.

1756. En résumé, le retour légal comprend : en premier lieu, les biens provenus de la donation existant encore en nature dans la succession, *supra n°s 1744 et suiv.*; en second lieu, les prix de vente qui

CRÉANCE RECOUVRÉE. (N° 1754.)

La créance de mille francs comprise sous le numéro huit a été remboursée à M. Pierre DEBUAT, ainsi que le constate une quittance passée devant M° N...., notaire à X...., le.....; elle ne fait donc pas retour à M. Georges DEBUAT, sauf l'action en reprises de ce dernier contre la communauté qui a existé entre M. et M™° Pierre DEBUAT ainsi qu'on le dira plus loin.

RENTE PERPÉTUELLE. (N° 1754.)

La rente perpétuelle de quatre-vingts francs, faisant l'objet du numéro neuf, n'a pas été remboursée; elle existe en nature et fait retour.

OBJETS MOBILIERS. (N° 1755.)

Les objets mobiliers dont il est question sous le numéro dix, sont entrés dans la communauté d'entre M. et M™° DEBUAT, sauf reprise; le donateur, ainsi qu'on va le dire, succède à l'action en reprises.

CES FAITS EXPOSÉS, il est arrêté et convenu ce qui suit :

RETOUR LÉGAL.

M. Georges DEBUAT donateur, du consentement de MM. Charles et Joseph DEBUAT et de M™° veuve DEBUAT, reprend à titre de retour légal :

1° La maison numéro premier, estimée huit mille francs, ci..	8,000 fr. » c.
2° L'immeuble numéro trois, estimé dix-huit cents francs, ci.	1,800 »
3° L'immeuble reçu en échange de celui numéro quatre, estimé huit cents francs, ci.	800 »
4° L'immeuble numéro cinq, estimé deux mille huit cents francs, ci	2,800 »
5° Neuf cents francs, prix encore dû, de l'immeuble numéro six, ci.	900 »
6° La rente perpétuelle de quatre-vingts francs au capital de seize cents francs, portée sous le numéro neuf, ci.........	1,600 »
A reporter...	15,900 »

---

(1) Grenier, *Don.*, n° 598; Tessier, *Dot.*, I, p. 67; Chabot, 747, 20 Toullier, IV, 234; Duranton, VI, 227; Marcadé, 747, 5; Vazeille, 747, 7; Poujol, 747, 16; Demolombe, XIII, 523 ; Mourlon, II, p. 53 ; Dict. not., *Retour légal*, n° 35 et suiv.; Roll, *Retour légal*, n° 39; Riom, 12 fév. 1824; Montpellier, 31 mai 1825; Besançon, 30 juill. 1828; Grenoble, 11 juill. 1829 et 9 janv. 1830; Bordeaux, 25 avril 1831 et 23 août 1854; Cass., 17 déc. 1812, 16 mars 1830, 2 janv. 1838, 14 fév. 1855, J. N. 10140, 15175. CONTRA Benoît, *Dot.*, II, 107; Agen, 13 mars 1817, 11 déc. 1827.

(2) Chabot, 747, 22; Grenier, *Don.* II, 598; Toullier, IV, 245; Taulier, III, p. 461; Vazeille, 747, 26; Roll., *Retour légal*, n° 33, 34; Rouen, 11 janv. 1810, Cass., 30 juin 1817. CONTRA Duranton, VI, 238; Mourlon, II, p. 63; Marcadé, 747 ; Demolombe, XIII, 545, Cass., 7 fév. 1827.

(3) Chabot, 747, 22; Toullier, IV, 245; Duranton, VI, 240; Vazeille, 747, 24; Roll., *Retour légal*, n° 38; CONTRA Demolombe, XIII, 543.

en sont la représentation, *supra n° 1752* ; en troisième lieu, l'action en reprises, réelle ou personnelle, et ayant pour objet soit la revendication d'un immeuble dont un tiers s'est emparé, soit la résolution d'une vente pour défaut de payement du prix, *supra n° 1752*, soit le rachat d'un immeuble vendu à réméré *supra n° 1746*, soit des prélèvements à exercer sur la communauté ayant existé entre le donataire et son conjoint, pour raison des valeurs mobilières non entrées en communauté, soit des restitutions à obtenir par une femme dotale contre son mari.

1757. S'il n'y a point lieu à reprises de la part du conjoint donataire contre la communauté, parce que les objets donnés sont tombés en communauté, ou parce que la femme a renoncé à la communauté, l'ascendant donateur est sans droit, comme le donataire lui-même.

Report. . .	15,900	»
7° Les reprises de feu M. Debuat pour raison des objets aliénés ou réalisés provenant de la donation, sur la communauté ayant existé entre lui et la dame restée sa veuve, aux termes de leur contrat de mariage passé devant M°. . . . , notaire à . . . . . le . . . . , savoir :		
Deux mille francs, prix de l'immeuble numéro deux, vendu à M. Eugène Debuat, ci. . . . . . . 2,000 fr. » c.		
Mille francs montant de la créance remboursée, numéro huit, ci. . . . . 1,000 »		
Et deux mille francs, valeur des objets mobilier, dont il est question sous le numéro dix, ci. . 2,000 »		
Total cinq mille francs, ci. . . . . 5,000 »		
De quoi on déduit trois mille francs pour la plus-value résultant de l'impense sur l'immeuble numéro premier, ci. . . . . 3,000 »		
Reste à reprendre deux mille francs, ci . . . . 2,000 »	2,000	»
Montant des objets formant le retour légal.	17,900	»
Sur ces objets, M™ᵉ veuve Debuat a droit à un quart en pleine propriété comme légataire de son mari, soit quatre mille quatre cent soixante-quinze francs, ci.	1/4 4,475	»
Le retour légal est réduit à treize mille quatre cent vingt-cinq francs, ci.	13,425	
Et cette dernière valeur est encore grevée du quart en usufruit de M™ᵉ veuve Debuat en la même qualité de légataire, soit de quatre mille quatre cent soixante-quinze francs, ci.	4,475	»
Reste à M. Georges Debuat, en pleine propriété, huit mille neuf cent cinquante francs, ci.	8,950	»

De plus il a la nue propriété des quatre mille quatre cent soixante-quinze francs grevés de l'usufruit de M™ᵉ Debuat.

M. Georges Debuat et M™ᵉ Debuat se réservent de partager entre eux ultérieurement les biens et objets soumis au retour légal, dans les proportions qui viennent d'être indiquées.

CONTRIBUTIONS AUX DETTES. (N° 1761.)

M. Georges Debuat contribuera dans le payement des dettes de la succession de M. Pierre Debuat, à proportion des treize mille quatre cent vingt-cinq francs qui lui font retour; sauf à faire supporter par M™ᵉ Debuat la part pour laquelle elle doit contribuer en raison de son usufruit.

Dont acte. Fait et passé, etc.

1758. De même, si les reprises de la femme absorbent l'actif de la communauté, il ne peut plus y avoir lieu aux reprises du mari donataire, et l'ascendant donateur est sans droit à raison des sommes données au mari (1).

1759. L'ascendant donateur n'ayant droit au retour légal qu'autant que les objets donnés existent en nature dans la succession *ab intestat* des donataires, les legs universels ou à titre universel faits par ce dernier forment obstacle au retour, pour la totalité si le legs est universel, ou pour la quotité léguée si le legs est à titre universel (2), *supra* n° *1753*.

1760. Si les immeubles faisant retour sont des terres chargées de fruits et récoltes pendants par branches ou par racines, l'ascendant profite de ces fruits et récoltes (3); mais il doit rembourser les frais de labours, engrais et semences à la succession du donataire (4).

1761. L'ascendant donateur reprenant les objets par lui donnés, à titre d'héritier, contribue au payement des dettes et charges de la succession, à proportion de la valeur des objets qui lui font retour; il y est tenu *ultra vires* (5), *infra n° 2068*, mais il peut accepter sous bénéfice d'inventaire.

CHAPITRE QUATRIÈME

DES SUCCESSIONS IRRÉGULIERES

SECTION I. — DES DROITS DES ENFANTS NATURELS SUR LES BIENS DE LEURS PÈRE OU MÈRE

1762. Les enfants naturels ne sont point héritiers (6); la loi ne leur accorde de droit sur les biens de leurs père ou mère décédés que lorsqu'ils ont été reconnus, volontairement ou judiciairement (7), *supra* n° *1107*. Elle ne leur accorde aucun droit sur les biens des parents de leurs père ou mère (*C. N.*, 756); lors même que ces parents ne laisseraient point d'héritiers au degré successible.

---

§ 8. — DROITS DES ENFANTS NATURELS.

FORMULE 293. — **Enfants naturels en concours avec des enfants légitimes**
(Nos 1762 à 1771.)

MM. Jean, Paul et Edgar Lemaitre, et Mlle Louise Lemaitre, enfants légitimes et seuls héritiers, chacun pour un quart, de M. Pierre Lemaitre, en son vivant propriétaire, demeurant à X..., où il est décédé le...; mais n'ayant droit à sa succession que sous la déduction de la part revenant à ses trois enfants naturels, c'est-à-dire ensemble à dix-huit vingt-unièmes.

MM. Théodore, Michel et Désiré Lemaitre, enfants naturels reconnus de feu M. Pierre

---

(1) Chabot, 747, 23; Duranton, VI, 242; Vazeille, 747, 25 et 28; Roll., *Retour légal*, n° 45.
(2) Chabot, 747, 20; Duranton, VI, 225, 226; Vazeille, 747, 8; Demante, IV, 52 *bis*; Troplong, *Don.*, n° 846; Roll., *Retour légal*, n° 40; Demolombe, XIII, 523 et XIX, 425; Dict. not., *Retour légal*, n° 57.
(3) Toullier, IV 222; Roll., *Retour légal*, n° 51.
(4) Vazeille, 747, 22; Marcadé, 747, 7; Toullier, III, p. 459; Massé et Vergé, § 374, note 7; CONTRA Toullier, IV, 232; Demante, III, 57 *bis*; Demolombe, XIII, 559.
(5) Chabot, 747, 15; Grenier, n° 598; Toullier, II, 236; Vazeille 747, 6; Roll., *Retour légal*, n° 24; Dict. not., *ibid.*, n° 11; Demante, III, 55 *bis*; Dalloz, *Succession*, n° 216; Mourlon, II, p. 55; Demolombe, XIII, 552 et XV, 120; Cass., 13 août 1851. J. N. 14484; CONTRA Duranton, VI, 209.

(6) C'est-à-dire ne sont point héritiers légitimes; mais ils sont successeurs; à ce titre ils ont un véritable droit héréditaire, semblable, quant à sa nature, au droit des héritiers légitimes — Merlin *Bdiard*, sect. 2, § 4; Toullier, IV, 248; Duranton, VI, 229; Chabot, 756, 10; Demante, III, 74 *bis*; Poujol, 756, 6; Marcadé, 756, 1; Massé et Vergé, § 407, note 2; Demolombe, XIV, 27; Cass., 20 mai 1800, 25 août 1813, 16 juin 1847; Amiens, 26 nov. 1811; Paris, 22 mai 1813, 30 juin 1851; Poitiers, 10 avril 1832; Toulouse, 15 mars 1834. J. N. 13126; Paris, 24 nov. 1866; J. N. 18755.
(7) Chabot, 756, 7; Duranton, III, 255; Valette sur Proudhon, II, p. 161; Demante, III, 74 *bis*; Mourlon, II, p. 66; Massé et Vergé, § 370, note 1; Demolombe, XIV, 13; Paris, 27 juin 1812; Rouen, 17 mars 1813; Caen, 7 avril 1832; CONTRA Merlin, *Succession*, sect. 14, § 2, art. 1er

1763. Si l'enfant naturel ayant des droits dans les successions de ses père et mère les a prédécédés, voir *infra* n° *1770*.

1764. L'enfant naturel ou ses descendants, *infra* n° *1770*, sont tenus d'imputer sur ce qu'ils ont droit de prétendre, tout ce qu'ils ont reçu du père ou de la mère dont la succession est ouverte, et qui serait sujet à rapport. (*C. N.*, 760.)

1765. Les enfants naturels n'ont pas la saisine; ils sont tenus de faire aux héritiers la demande en délivrance de leurs droits, *supra* n° *1678*; ce qui ne les empêche pas de succéder dès l'instant du décès à la quote-part que la loi leur attribue. C'est de ce moment qu'ils ont droit aux fruits; et non pas seulement du jour de la demande (1).

1766. Les enfants naturels concourant avec des enfants légitimes ou adoptifs (2) de leurs père ou mère, ont droit au tiers de ce qu'ils auraient eu, s'ils eussent été légitimes (*C. N.*, 757), *infra* n° *1780*; ainsi, l'enfant ou les enfants naturels doivent être comptés momentanément comme légitimes, on doit chercher ce qu'ils auraient eu en cette qualité, et leur en donner le tiers (3). *Exemples* : deux enfants légitimes et trois enfants naturels, total cinq, chaque enfant naturel a droit au tiers d'un cinquième, soit un quinzième; quatre enfants légitimes et trois enfants naturels, total sept, chaque enfant naturel a droit au tiers d'un septième, soit un vingt-unième. [Form. 293.]

1767. Si les enfants légitimes, en cas de concours avec un enfant naturel, renoncent tous ou sont tous déclarés indignes, et laissent des enfants légitimes, quel est le droit de l'enfant naturel? S'il eût été enfant légitime, il aurait exclu les descendants des renonçants et des indignes, et il aurait eu droit à la totalité de la succession; comme enfant naturel, son droit est du tiers de la totalité (4).

1768. Si les enfants légitimes ayant tous renoncé, ou ayant tous été déclarés indignes, ne laissent point de descendants, les droits de l'enfant naturel sont de moitié, trois quarts ou la totalité, selon que, par suite de la renonciation ou de l'indignité, la succession régulière est dévolue à des ascendants ou à des frères et sœurs, ou à d'autres héritiers collatéraux, ou à lui-même, à défaut d'héritiers; conséquemment on ne doit pas, pour le calcul de ses droits, tenir compte des parents qui sont renonçants ou indignes (5).

1769. Si quelques-uns seulement des enfants légitimes renoncent ou sont déclarés indignes, les renonçants ou les indignes ne comptent pas pour la fixation de la part des enfants naturels.

1770. En cas de prédécès de l'enfant naturel, ses enfants ou descendants légitimes (6) le remplacent pour la réclamation de ses droits. (*C. N.*, 759.)

1771. Mais si l'enfant naturel renonce ou est déclaré indigne, comme alors il est censé n'avoir jamais eu de droits dans les successions de ses père ou mère, il ne peut rien transmettre à ses descen-

LEMAITRE, et, en cette qualité, ayant droit chacun à un vingt-unième dans sa succession.

Si l'un des enfants naturels est décédé laissant des enfants légitimes :

MM. Honoré et Marc LEMAITRE, enfants légitimes de M. Théodore LEMAITRE, décédé à X..... le ..... enfant naturel de feu M. Pierre LEMAITRE; et, en cette qualité, ayant droit dans la succession de M. Pierre LEMAITRE à un vingt-unième conjointement, soit chacun un quarante-deuxième, comme remplaçant M. Théodore LEMAITRE.

Ainsi que ces qualités sont constatées, etc. (*Le surplus comme en la formule 280.*)

---

(1) Pigeau, *Pr.* II, p. 638; Zach., § 407; Demolombe, XIV, 83; Agen, 27 août 1850; CONTRA Massé et Vergé, § 407, note 8; Cass., 22 mars 1844. J. N. 10993.

(2) Paris, 20 avril 1860, J N. 16924.

(3) Toullier et Duvergier, IV, 252; Chabot, 757, 12; Loiseau. *Enf. nat.*, p. 124; Vazeille, 757, 4; Poujol, 757, 29; Marcadé, 757, 3; Demante, III, 75 *bis*; Massé et Vergé, § 369, note 10; Dalloz, *Succession*, n° 283; Duranton, VI, 272; Mourlon, II, p. 69; Dict. not., *Succession*, n° 494; Roll., *Succession*, n°s 188, 193; Demolombe, XIV, 50-58, 67; Pau, 10 avril 1818; Cass., 26 juin 1809 et 28 juin 1831; CONTRA Gros, *Enf. nat.* n° 18 et suiv.; Blondeau, *Sépar. des patrim.*, p. 528, note 2.

(4) Vazeille, 757, 2; Marcadé. 757, 4; Dalloz, *Succession*, n° 279; Demante, III, 74 *bis*; Duvergier sur Toullier, IV, 252; Zach., Massé et Vergé, § 369, note 6; Demolombe, XIV, 66; Mourlon, II, p. 69;

CONTRA Duranton. VI, 274; Chabot, 757, 5; Roll., *Succession*, n° 192; Dict. not., *ibid*, n° 497; Taulier, III, p. 173; selon eux les descendants prennent la part que leur auteur aurait eue.

(5) Toullier et Duvergier, IV, 255; Duranton. VI, 283; Chabot, 757, 11; Poujol, 757, 22; Marcadé, 757, 4; Demante, III, 75 *bis*; Zach., Massé et Vergé, § 369, note 8; Mourlon, II, p. 68; Demolombe, XIV, 54; CONTRA Richefort, III, 407.

(6) Et non pas les enfants naturels, quand même, à défaut de parents au degré successible, la succession serait dévolue à l'État : — Chabot et Belost-Jolimont, 759. 1; Toullier, II, 259; Loiseau, p. 645; Dalloz, *Succession*, n° 346; Dict. not., *ibid*, n° 215; Vazeille, 759, 1; Poujol, 759, 2; Marcadé, 759, 1; Mourlon, II, p. 73; Demolombe, XIV, 88; Zach., Massé et Vergé, § 369, note 19; Demante, III, 75 *bis*; CONTRA Favard, *Succession*, sect. 4; Roll., *Succession*, n° 214.

dants, et ceux-ci sont sans droit dans la succession, quand même il n'y aurait pas d'héritiers légitimes ni d'autres enfants naturels (1).

1772. Les enfants naturels, en concours avec des ascendants ou avec des frères et sœurs du défunt, ont droit à moitié de la succession (*C. N.*, 757), *infra n° 1780*; dans ce cas la succession se divise par moitié, une pour la succession régulière, qui est dévolue à celui ou à ceux des ascendants, des frères ou sœurs qui y sont appelés, n'y eût-il qu'un seul frère ou sœur, même utérin ou consanguin (2); et l'autre moitié pour la succession irrégulière qui est dévolue aux enfants naturels, quel que soit leur nombre; ainsi, l'enfant naturel seul, prend moitié; s'il y a plusieurs enfants naturels, ils partagent la moitié entre eux, par têtes (3). [FORM. 294.]

1773. Si tous les ascendants et tous les frères et sœurs renoncent ou sont déclarés indignes, la part des enfants naturels est de trois quarts, ou de la totalité, selon que, par suite de la renonciation ou de l'indignité, ils se trouvent concourir avec des collatéraux autres que frères et sœurs, ou avoir droit à la totalité de la succession à défaut d'héritiers, *supra n° 1768*.

1774. Si quelques-uns des frères ou sœurs sont décédés, laissant des descendants, ceux-ci les représentent, et, conséquemment, viennent en concours avec leurs oncles ou tantes (4).

1775. Mais lorsque le défunt n'a laissé que des neveux et nièces, ceux-ci ont-ils droit à la moitié qui aurait été dévolue à leurs père et mère, comme les représentant, ou seulement au quart, en qualité de collatéraux autres que frères et sœurs? Parmi les auteurs, la question est vivement controversée : beaucoup décident que les droits des enfants naturels ne sont que de moitié, les neveux et nièces étant à la place des frères et sœurs comme les représentant (5); mais la jurisprudence, se basant sur ce que cette matière est réglée sous le titre des *successions irrégulières*, tend à décider que les droits des enfants naturels sont de trois quarts, à défaut, comme le dit la loi, de descendants, d'ascendants et de frères ou sœurs (6).

1776. L'enfant naturel concourant, dans une ligne avec des ascendants, et dans l'autre ligne avec

---

FORMULE 294. — **Enfants naturels en concours avec des ascendants et des frères et sœurs.** (N°s 1772 à 1777.)

M. et Mme LHERMITTE, héritiers conjointement pour moitié, soit chacun pour un quart, de M. Pierre LHERMITTE, leur fils, en son vivant propriétaire, demeurant à X....., où il est décédé le......; mais n'ayant droit dans sa succession, chacun, que pour un huitième seulement, en raison de l'existence d'enfants naturels.

MM. Jean, Edgar et Théodore LHERMITTE, héritiers conjointement pour l'autre moitié, soit chacun pour un sixième, de M. Pierre LHERMITTE, leur frère germain, mais n'ayant droit dans sa succession, chacun, que pour un douzième, en raison de l'existence d'enfants naturels.

M. Paul et Mlle Louise LHERMITTE, enfants naturels reconnus de feu M. Pierre LHERMITTE, et en cette qualité ayant droit dans sa succession conjointement à moitié, soit, chacun, pour un quart.

Ainsi que ces qualités sont constatées, etc. (*Le surplus comme en la formule 280.*)

---

(1) Toullier, IV, 259; Duranton, VI, 294; Chabot, 759, 4; Poujol, 759, 2; Vazeille, 759, 2; Marcadé, 759, 2; Dalloz, *Succession*, n° 347, 348; CONTRA Belost-Jolimont sur Chabot, 759, obs. 3; Duvergier sur Toullier, IV, 259; Massé et Vergé, § 369, note 20, Taulier, III, p. 187, Demante, III, 78 *bis*; Demolombe, XIV, 86.

(2) Chabot 757, 8; Zach., Massé et Vergé, § 309, note 12, Demolombe, XIV, 74; Bordeaux, 5 mai 1856.

(3) Duranton, VI, 284; Toullier, IV, 253; Roll., *Succession*, n° 199; Demolombe, XIV, 74.

(4) Demolombe, XIV, 74.

(5) Chabot, 757, 9; Toullier et Duvergier, IV, 254; Cotelle, I, p. 267; Delaporte, III, p. 112; Duranton, VI, 288; Poujol, 757, 25; Dalloz, *Succession*, n°s 281, 282; Zach., § 369, note 11; Pont, *Revue de législ.*, 1856, I, p. 193; Gros, *Droits successifs des enf. nat.*, n° 55; Marcadé, 757, 2; Demante, III, 75 *bis*; Roll., *Succession*, n° 204, et *Port. dispon.*, n° 86; Ducaurroy, Bonnier et Roustaing, III, 514; Demolombe, XIV, 75; Mourlon, II, p. 72; Pau, 10 avril 1810; Rennes 26 juill. 1843.

(6) Riom, 28 juillet 1809; Paris, 16 juin 1812, 20 avril 1853, 28 juin 1860; Montpellier, 13 juill. 1812; Rouen, 17 mars 1813, 30 nov. 1839 et 14 juill. 1840; Agen, 16 avril 1822 et 16 juin 1825; Toulouse, 29 avril 1815; Grenoble, 30 déc. 1838; Cass., 6 avril 1813, 20 fév. 1823, 28 mars 1833, 31 août 1847, 13 janv. 1862, J. N. 927, 3552 4380, 8076, 10923, 15002, 17355; trib. Seine, 23 fév. 1854; Paris, 17 janv. 1865; Vazeille, 757; 6; Beloet-Jolimont sur Chabot, 757, 9; Richefort, *Etat des fam.*, III, 376; Troplong, *Don.*, n° 770; Massé et Vergé, § 309, note 14; Cadrès, *Enf. nat.*, n° 193, 194; Taulier, III, p. 175; Dict. not., *Succession*, n° 209.

des collatéraux autres que frères et sœurs, a droit à moitié dans la première ligne et à trois quarts dans la seconde (1).

1777. Un individu décède laissant un enfant naturel reconnu, des frères et sœurs légitimes, et un légataire de la moitié de sa fortune ; la moitié restant se divise également entre l'enfant naturel d'une part, et les frères et sœurs de l'autre ; car, dans ce cas, l'enfant naturel se trouve réduit à sa réserve qui est de moitié de ses droits (2).

1778. Les enfants naturels concourant avec des collatéraux autres que frères et sœurs, ont droit à trois quarts de la succession (C. N., 757, infra n° 1780), quel que soit leur nombre ; s'il n'y a qu'un seul enfant, il prend les trois quarts ; s'ils sont plusieurs, ils partagent par tête (3). [Form. 295.]

1779. S'il n'y a d'héritiers que dans une ligne, la dévolution profite aux héritiers légitimes ; et jamais aux enfants naturels, dont le quantum légal ne saurait jamais s'augmenter (4).

1780. Dans tous les cas ci-dessus, supra nos 1762 à 1779, la part de l'enfant naturel se calcule sur une masse composée tant des biens existants au décès, que de ceux dont les héritiers légitimes doivent le rapport, infra n° 1992, ainsi que de ceux donnés à l'enfant naturel par le défunt (5) et dont il doit aussi le rapport, infra n° 1996.

1781. Toute réclamation est interdite à l'enfant naturel lorsqu'il a reçu, du vivant de son père ou

---

FORMULE 295. — **Enfant naturel en concours avec des collatéraux autres que frères et sœurs.** (Nos 1778 à 1780.)

M. Auzoux, héritier pour la moitié dévolue à la ligne paternelle de M. Pierre Auzoux, son neveu, en son vivant, propriétaire, demeurant à X ..... où il est décédé le ..... ; mais n'ayant droit dans sa succession qu'à un huitième, en raison de l'existence d'un enfant naturel.

M. Martin, héritier pour l'autre moitié dévolue à la ligne maternelle, du même M. Auzoux, son cousin germain, mais n'ayant aussi droit, par la même raison, qu'à un huitième.

Mlle Louise Auzoux, enfant naturelle reconnue de feu M. Pierre Auzoux, et en cette qualité, ayant droit à trois quarts dans sa succession. Ainsi que les qualités, etc. (*Le surplus comme en la formule 180.*)

FORMULE 296. — **Donation à l'enfant naturel avec réduction de ses droits à moitié.** (Nos 1781 à 1793.)

Par-devant Me .....

A comparu :

M. Pierre Oury, propriétaire, demeurant à N ....,

Lequel a, par ces présentes, fait donation entre-vifs,

A M. Paul Oury, son enfant naturel reconnu, marchand épicier, demeurant à N ....,
ici présent, et ce acceptant expressément :

1ent D'une somme de quatre mille francs en numéraire ;

2ent Et des immeubles dont la désignation suit :

1° Une maison située à N ...., rue ...., n° ...., comprenant : au rez-de-chaussée, boutique, arrière-boutique, etc. ;

---

(1) Chabot 757, 13 ; Toullier, IV, 256 ; Vazeille, 757, 8 ; Poujol, 757, 20 ; Marcadé, 757, 4 ; Massé et Vergé, § 359, note 13 ; Dalloz Succession, n° 285 ; Mourlon, II, p. 72 ; Roll. Succession, n° 203 ; Dict. not. ibid, n° 208 ; Paris, 30 pluv. an 13 ; Amiens, 23 mars 1854 ; contra Favard, Succession, sect. 4, § 1 ; Duranton, VI, 287 ; Zach. § 309, note 13 ; Taulier, III. p. 175 ; Belost Jolimont sur Chabot, 757, obs. 3 ; Ducaurroy, Bonnier et Roustaing, III, 515 ; Gros, Enf. nat., n° 57 ; Demolombe XIV, 76 ; Bordeaux, 5 mai 1856.

(2) Demolombe. XIV, 55. Cass. 29 juin 1857 ; 15 nov. 1859 ; J. N. 16122, 16741 ; contra, Seine, 8 août 1865 ; J. N. 18388.

(3) Duranton, VI, 289 ; Roll. Succession, n° 206 ; Dict. Not., ibid, n° 211 ; Demolombe, XIV, 79.

(4) Duranton, VI, 289 ; Vazeille, art. 758 ; Marcadé, art. 758 ; Roll. Succession, n° 207 ; Dict. Not., ibid, n° 212 ; Demolombe, XIV, 76.

(5) Massé et Vergé, p. 407, note 14 ; Vazeille, 760, 5 ; Belost Jolimont sur Chabot, 760, 5 ; Marcadé, 760, 2 ; Taulier, III, p. 188, 189 ; Demolombe, XIV, 97 ; contra, Chabot, 760, 2 ; Poujol, 760, 1.

de sa mère, la moitié de ce qui lui est attribué par la loi, avec déclaration expresse, de la part de ses père ou mère, que leur intention est de réduire l'enfant naturel à la portion qu'ils lui ont assignée. Dans le cas où cette portion serait inférieure à la moitié de ce qui devrait revenir à l'enfant naturel, il ne peut réclamer que le supplément nécessaire pour parfaire cette moitié (*C N.*, 761). La moitié dont il vient d'être parlé est la moitié des droits fixés par l'art. 757, et non pas la moitié de la réserve de l'enfant naturel (1).

1782. Pour que la réduction produise son effet, il faut que l'enfant ait eu, du vivant du père ou de la mère, la libre disposition des biens; ce n'est donc que par une donation entre-vifs qu'elle peut être stipulée [Form. 296]. Elle ne pourrait avoir lieu par une donation entre-vifs contenant réserve de retour (2), ni par une institution contractuelle, ni par un testament (3).

1783. Lorsque plusieurs enfants naturels concourent avec des enfants légitimes, et que quelques-uns des enfants ont été réduits, la réduction ne profite qu'aux enfants légitimes et non aux autres enfants naturels (4). Mais s'ils concourent avec des ascendants, des frères et sœurs ou d'autres collatéraux, les enfants naturels ayant toujours droit à moitié ou trois quarts de la succession, quel que soit leur nombre, la réduction de quelques-uns des enfants naturels doit profiter aux autres (5).

1784. Si la donation était d'un usufruit, d'une rente viagère, d'une somme à titre d'aliments, l'enfant naturel ne se trouverait point avoir reçu à l'avance l'équivalent de la moitié de ses droits, et le donateur ne pourrait imposer la condition de réduction (6).

1785. S'il n'est donné à l'enfant naturel que des biens en nue propriété, la clause de réduction est valable lorsque la valeur vénale de cette nue propriété, au jour de la donation, est équivalente à la moitié des droits de l'enfant (7).

1786. La clause de réduction peut avoir lieu par acte authentique ultérieur, contenant la déclara-

---

2° Une pièce de terre située commune de B. . . ., lieu dit le Grand-Chemin, section D, n° 145, de la contenance de 4 hectares, bornant, etc.

Ces immeubles sont donnés dans leur état actuel, et sans garantie tant du bon état des bâtiments, que de la contenance du terrain.

ORIGINE DE PROPRIÉTÉ

. . . .

JOUISSANCE

M. Paul Oury aura la pleine propriété et la jouissance de l'immeuble désigné sous le numéro premier, à compter d'aujourd'hui (n° 1784).

Il aura seulement la nue propriété de l'immeuble désigné sous le numéro deux; et il en prendra la jouissance à partir du jour du décès de M. Oury, donateur, qui s'en réserve l'usufruit pendant sa vie (n° 1785).

Quant à la somme de quatre mille francs, elle a été versée à l'instant par M. Oury, donateur, au donataire qui le reconnaît.

RÉDUCTION A MOITIÉ DES DROITS DU DONATAIRE (n°s 1786 et suiv.)

M. Oury donateur déclare que cette donation est faite dans le but de remplir M. Paul

---

(1) Duranton, VI, 304; Vazeille, 761, 6; Marcadé, 761, 4; Taulier, III, p. 493; Massé et Vergé, § 369, note 27; Demolombe, XIV, 111; Roll., *Succession*, n° 224; Duvergier sur Toullier, IV, 262. contra Toullier, IV, 262; Grenier, *Don.*, II, 674; Rochefort, III, 420; Demante, III, 80 *bis*; Dalloz, *Succession*, n° 324; Cass. 31 août 1847; Paris, 17 janv. 1865; J. N. 18190.

(2) Roll. *Succession*, n° 225.

(3) Chabot 761, 3; Grenier, *Don.* II, 674; Toullier, IV, 262; Poujol, 761, 8; Duranton, VI, 306; Dalloz, *Succession*, n° 321; Roll. *Succession*, n° 227 et *Enf. natur.*, n° 89; Zach. Massé et Vergé, § 369, note 24; Demolombe XIV, 109; Paris, 2 janv. 1819; Nancy, 22 janv. 1839 contra, Pau, 24 mai 1806.

(4) Duranton, VI, 307; Vazeille, 761, 11; Roll. *Succession*, n° 231; Demolombe, XIV, 118.

(5) Vazeille, 761, 11; Roll. *Succession*, n° 231. contra, Duranton, VI, 308; Taulier, III, p. 494, selon ces auteurs, la réduction profite à la fois aux héritiers légitimes et aux autres enfants naturels; Demante, III, 80 *bis*; Demolombe, XIV, 118, selon lesquels la réduction profite aux enfants légitimes seuls.

(6) Roll, *Enf. nat.*, n° 91 et *Succession*, n° 225; Arg. Cass. 21 avril 1835.

(7) Chabot, 761, 4; Toullier et Duvergier, IV, 262; Duranton, VI, 306; Poujol, 761, 4; Zach. Massé et Vergé, § 369, note 21; Demolombe, XIV, 110; Voir Nancy, 22 janv. 1838.

tion du donateur, même hors la présence de l'enfant (1); toutefois, il est préférable de stipuler la réduction par l'acte même de donation.

1787. La déclaration de réduction doit être expresse (2); ce qui ne signifie pas qu'elle soit assujettie à des termes sacramentels.

1788. Si l'enfant naturel n'avait reçu qu'une portion très-notablement inférieure à la moitié de ses droits, la clause de réduction serait sans effet (3).

1789. L'enfant naturel ne peut, du vivant du donateur, renoncer à réclamer le supplément qui doit parfaire sa moitié, ce serait un pacte sur une succession future et, comme tel, radicalement nul (4).

1790. Lorsque la valeur des biens donnés excède la moitié à laquelle le donateur entend réduire l'enfant naturel, ce dernier, sauf le cas de stipulation expresse à cet égard (5), n'est point tenu de restituer l'excédant; mais si les biens donnés excédaient les droits de l'enfant naturel dans la succession du donateur, cet excédant serait, bien entendu, restituable (6).

1791. La clause de réduction ne produit son effet qu'autant que le donateur laisse à son décès des héritiers du même degré que ceux qui existaient au jour de la donation; d'où il suit que si, à l'époque de la donation, ses présomptifs héritiers étaient des descendants légitimes, et qu'à son décès il laisse pour héritiers des ascendants ou des frères et sœurs, la clause de réduction est sans objet (7).

1792. La clause de réduction est permise seulement en faveur de la famille; elle serait donc aussi sans objet si, à défaut d'héritiers légitimes, la succession se trouvait dévolue au conjoint survivant ou à l'Etat (8), ou à des donataires ou légataires étrangers (9).

1793. Le droit de réduire l'enfant naturel à la moitié de sa part dérive de la puissance paternelle,

---

Oury, son enfant naturel, de tous droits dans sa succession; en conséquence, il entend réduire expressément les droits de cet enfant à la moitié de la portion qui lui est assignée dans sa succession, pour le cas de concours avec des descendants légitimes.

Toutefois, si les biens faisant l'objet de la présente donation se trouvent, lors du décès du donateur, être inférieurs à la moitié des droits assignés par la loi au donataire, il pourra réclamer aux héritiers du donateur le supplément nécessaire pour parfaire cette moitié (nos 1788 et 1789).

Si, au contraire, les biens donnés excèdent la moitié des mêmes droits, M. Paul Oury en restera possesseur, sans être tenu à aucune restitution (n° 1790).

Il est bien entendu que cette clause de réduction ne produira d'effet qu'autant que, lors de son décès, M. Pierre Oury laissera des descendants légitimes; si ses descendants légitimes le prédécèdent, ou ne recueillent pas sa succession, les droits de M. Paul Oury dans la succession du donateur ne subiront aucune réduction (ue 1791 et 1792).

M. Paul Oury déclare se soumettre à la volonté de son père, et adhérer à la condition de réduction apposée à la donation qui vient de lui être faite (n₀ 1793).

Si l'enfant naturel n'est pas présent à la donation et ne l'accepte pas, l'on retranche la phrase qui précède, et l'on indique la nécessité de signifier par la phrase suivante :

SIGNIFICATION (N° 1793.)

Signification des présentes sera faite à M. Paul Oury, avec sommation d'accepter la donation.

Dont acte.
Fait et passé, etc.

---

(1) Duranton, VI, 304; Massé et Vergé, § 369, note 22; Paris, 2 janv. 1819; Toulouse, 29 avril 1845; Cass., 31 août 1817 contra, Demolombe, XIV, 106, et *Revue prat.*, III, p. 216; Chabot, 761, 16; Demante, III, 80 *bis*; Roll. *Succ.*, n° 223.
(2) Duranton, VI, 306; Chabot, 761, 6; Demolombe, XIV, 107; Roll., *Enf. nat.*, n° 93.
(3) Duranton, VI, 306; Marcadé, 761, 4; Demante, III, 80 *bis*; Taulier, III, p. 193; Demolombe, XIV, 115; Roll., *Succession*, n° 229.
(4) Poujol, 761, 7; Marcadé, 761, 3; Zach. Massé et Vergé, § 369, note 23; Demolombe, XIV, 114.

(5) Vazeille, 761, 10; Zach. Massé et Vergé, § 369, note 21; Demolombe, XIV, p. 116.
(6) Vazeille, 761, 10; Roll., *Succession*, n° 230.
(7) Vazeille, 761, 12; Marcadé, 761, 3; Roll., *Succession*, n° 232.
(8) Vazeille, 761, 12; Taulier, III, p. 194, Marcadé, 761, 4; Massé et Vergé, § 371, note 1; Demolombe, XIV, 119. contra, Belost Jolimont, 761, obs. 3; Demante, III, 80 *bis*; Zach., § 371, note 1.
(9) Taulier, III, p. 195; Demolombe, XIV, 120. contra, Cass. 31 août 1817.

et peut être exercé sans son consentement; s'il refuse, le père naturel lui signifie la donation avec sommation d'accepter, et il introduit contre lui une action devant le tribunal dont la décision tient lieu d'acceptation (1); si l'enfant naturel est mineur, l'action est intentée contre un tuteur *ad hoc* (2).

SECTION II. — DES DROITS DE L'ENFANT NATUREL A DÉFAUT DE SUCCESSIBLES; DE CEUX DU CONJOINT SURVIVANT, DE L'ÉTAT ET DES HOSPICES

I — *Enfant naturel. — Conjoint*

1794. L'enfant naturel a droit à la totalité des biens lorsque ses père ou mère ne laissent pas de parents au degré successible (*C. N.*, 758) [FORM. 297], ou lorsque les héritiers légitimes renoncent ou sont déclarés indignes (3), *supra n° 1768*.

1795. Lorsque le défunt ne laisse ni parent au degré successible ni enfants ou autres parents naturels, *infra n° 1809*, les biens de sa succession appartiennent au conjoint non divorcé qui lui survit *C. N.*, 767) [FORM. 298]; quand même les époux auraient été judiciairement séparés de corps, sur la demande du conjoint prédécédé (4).

1796. L'enfant naturel et le conjoint survivant, lorsqu'ils réclament la succession, à défaut d'héritiers légitimes, sont tenus de faire apposer les scellés et de faire faire inventaire dans les formes, et avec l'observation des délais indiqués *infra n° 1890* (*C. N.*, 769); puis ils doivent se faire envoyer en possession par justice (*C. N.*, 770). A cet effet, après l'expiration des délais pour faire inventaire et délibérer, *infra n° 1890*, ils présentent une requête (5) au tribunal de première instance du lieu de l'ouverture de la succession, requête appuyée d'un acte de notoriété constatant seulement qu'il n'y a point d'héritiers connus, l'enfant naturel et le conjoint n'étant point tenus de prouver qu'il n'en existe pas (6), ni de faire procéder à la nomination d'un curateur à succession vacante pour former la demande contre

§ 9. — SUCCESSIONS DÉVOLUES, A DÉFAUT D'HÉRITIERS, A L'ENFANT NATUREL, AU CONJOINT SURVIVANT, A L'ÉTAT, A UN HOSPICE

FORMULE 297. — Enfant naturel. (N°s 1794 à 1799.)

M. Jérôme DEBARRE, enfant naturel reconnu de M. Pierre DEBARRE, en son vivant, propriétaire, demeurant à N...., où il est décédé le ....; et en cette qualité ayant droit à la totalité des biens laissés par feu M. DEBARRE, à défaut d'héritiers au degré successible.

M. Jérôme DEBARRE envoyé en possession de la succession de M. Pierre DEBARRE, après l'accomplissement de toutes les formalités prescrites par la loi, aux termes d'un jugement rendu par le tribunal civil de N...., le.....

FORMULE 298. — Conjoint survivant. (N°s 1795 à 1799.)

M. DUVAL ayant droit à la totalité des biens qui composent la succession de Madame Virginie DORÉ son épouse, en son vivant, demeurant avec lui à N.... et où elle est décédée le ...., sans laisser de parents au degré successible, ni enfants ou autres parents naturels.

Et envoyé en possession de la succession de la dame son épouse, après l'accomplissement de toutes les formalités prescrites par la loi, suivant jugement rendu par le tribunal civil de N...., le.....

---

(1) Toullier, IV, 262; Belost-Jolimont, 761, obs. 2; Taulier, III, p. 191, 192; Rodière, *Revue de législ.*, III, p. 468; Duranton, VI, 304; Pont, *Revue de législ.*, 1846; I, p. 88; Dalloz, *Succession*, n° 326; Roll., *ibid. n°* 226; Massé et Vergé, § 369, note 22; Douai, 27 fév. 1834; Cass., 21 avril 1835 et 31 août 1847; Toulouse, 29 avril 1845; Metz, 27 janv. 1853. CONTRA, Chabot 761, 3; Grenier, *Don.*, II, 674; Vazeille, 761, 7; Poujol, 761, 9; Dict. not., *Succession*, n° 227; Duvergier sur Toullier, IV, 262; Marcadé, 761, 2; Demante, III, 80, *bis*; Mourlon, II, p. 67; Demolombe, XIV, 105 et *Revue prat.*, III, p. 209, Paris, 2 janv. 1819.

(2) Toullier, IV, 262; Duranton, VI, 304.

(3) Demolombe, XIV, 75, 81; Roll. *Succession*, n° 212.

(4) Chabot, 767, 11; Toullier, IV, 271; Duranton, VI, 343; Marcadé, art. 767; Roll. *Succession*, n° 267; Demante, III, 87 *bis*; Zach. Massé et Vergé, § 371, note 6; Demolombe, XIV, 173.

(5) Bertin, *Chambre du conseil*, II, 1170; Demolombe, XIV, 205.

(6) Chabot et Belost Jolimont, 770, 3; Vazeille, 770, 3; Duranton VI, 352; Marcadé, 770, 2; Duvergier, sur Toullier, IV, 293; Demolombe, XIV, 208 et 212; Demante, III, 89 *bis*; Bertin, *Chambre du cons.*, II, 1172; Zach. Massé et Vergé, § 409, note 5; Dalloz, *Succession*, n° 395; Paris, 26 mars 1835. CONTRA, Toullier, IV, 293.

lui (1); sur cette requête, le tribunal ordonne trois publications et affiches dont il détermine les formes, et même, s'il le juge convenable, ordonne les publications et affiches prescrites à l'égard de l'Etat (2); enfin, sur la justification que ces affiches et publications ont été faites, le tribunal prononce l'envoi en possession, ou rejette la demande, ou même surseoit (3); si l'envoi en possession est prononcé, quelle qu'en soit la date, il a un effet rétroactif au jour de l'ouverture de la succession; en conséquence, c'est du jour de cette ouverture que court la prescription contre l'action en pétition d'hérédité (4).

1797. L'enfant naturel et l'époux survivant sont encore tenus de faire emploi du mobilier, selon le mode déterminé par le tribunal (5), ou de donner caution suffisante pour en assurer la restitution, au cas où il se présenterait des héritiers du défunt [ou autres successeurs (6)], dans l'intervalle de trois ans du jour de l'envoi en possession (7); après ce temps, la caution est déchargée (C. N., 771, 773), et il n'y a plus lieu de surveiller l'emploi; cependant l'envoyé en possession n'est pas, après ce délai, à l'abri des réclamations de ceux qui prétendraient avoir des droits à la succession, car ils conservent pendant trente ans du jour du décès, *supra* n° *1796*, le droit de réclamer par la voie de la pétition d'hérédité (8), *infra* n° 1819.

1798. Le mobilier, s'il est vendu, doit l'être dans la forme prescrite pour l'héritier bénéficiaire (9), *infra* n° 1901.

1799. A défaut d'accomplissement des formalités prescrites, l'enfant naturel et le conjoint survivant sont considérés comme des possesseurs de mauvaise foi, et, comme tels, passibles des dommages-intérêts dont il est question *infra* n° *1822*.

II — L'Etat

1800. A défaut de parents au degré successible, d'enfants ou autres parents naturels (10), et de conjoint survivant, la succession est acquise à l'Etat, (C. N., 768.) [Form. 299]. Si c'est un étranger qui décède en France sans laisser ni parents ni conjoint, les biens meubles et immeubles qu'il possède en France sont acquis à l'Etat français, à l'exclusion de l'Etat du pays auquel il appartient (11).

1801. L'Etat est représenté par l'administration des domaines, qui est tenue de faire apposer les scellés et de faire faire inventaire; puis de demander l'envoi en possession dans la forme indiquée *supra* n° *1796*; le tribunal ordonne les publications et affiches et l'insertion au *Moniteur* (12). Les publications et affiches sont faites à trois reprises dans le département, principalement dans l'arrondissement du domicile du défunt, et sont renouvelées de trois mois en trois mois; ensuite le tribunal, sur la justification des insertions et affiches et un an au moins après la demande, prononce l'envoi en possession, ou rejette la demande ou surseoit (13). Si l'envoi en possession est prononcé, il a l'effet rétroactif dont il est parlé *supra* n° *1796*, in fine.

FORMULE 299. — L'État. (N°s 1800 à 1802.)

L'Etat français recueillant la succession de M. Jérôme DUBIN, en son vivant, propriétaire, demeurant à N . . . . , où il est décédé le . . . . . , sans laisser de parents au degré successible, ni parents naturels, ni conjoint survivant.

L'Etat envoyé en possession de la succession de M. DUBIN, après l'accomplissement des formalités prescrites par la loi, suivant jugement rendu par le tribunal civil de . . . . , le . . . . .

---

(1) Dalloz, *Succession*, n° 394; Chabot et Belost-Jolimont, *773*, 3; Duvergier sur Toullier, IV, 292, Duranton, VI, 352; Zach. Massé et Vergé, § 409, note 4; Demante, III, 89 *bis*; Demolombe, XIV, 206; Paris, 26 mars 1835, Cass., 17 août 1840; Colmar, 18 janv. 1850; J. N. 10748.. CONTRA, Toullier, IV, 292.

(2) Duranton, VI, 353; Zach., Massé et Vergé, § 409, note 6; Marcadé, art. 770; Demante, III, 89 *bis*; Dalloz, *Succession*, n° 393; Demolombe, XIV, 211.

(3) Duranton, VI, 352; Roll. *Succession*, n° 301; Chabot, 771, 3; Demante, III, 89 *bis*; Demolombe, XIV, 213.

(4) Paris, 11 décembre 1858; Caen, 25 juill. 1842; Jur. N. 10359; Cass. 30 janv. 1862; Mon. trib., 1863, p. 76.

(5) Bertin, *Chambre du cons.*, II, 1176; Duranton, VI, 355; Demolombe, XIV, 219. trib. Seine, 24 août 1853, 9 août, 1854.

(6) Duranton, VI, 354, 357; Chabot, 771, 7; Demante, III, 89 et 90 *bis*; Demolombe, XIV, 224.

(7) Chabot, 771, 1; Duranton, VI, 356; Marcadé, art. 771; Demolombe, XIV, 229.

(8) Duvergier sur Toullier, IV, 301; Demolombe, XIV, 228; Cass., 20 fév. 1840.

(9) Chabot, art. 771; Duranton, VI, 356; Roll. *Succession*, n° 295, 296.

(10) Cass., 29 juill. 1801; J. N, 17211.

(11) Demolombe, XIII, 106 *ter*; XIV, 178; Dalloz, *Succession*, n° 394; Massé et Vergé, § 374, note 2; Dict. not., *Succession*, n° 273; Paris 15 nov. 1833; Bordeaux, 17 août 1853.

(12) Une seule insertion suffit; cependant le tribunal peut ordonner plusieurs insertions.

(13) Circ. min., just. 8 juill. 1800, décis. min., fin. juin 1817.

1802. À défaut d'accomplissement des formalités prescrites, l'Etat peut être condamné aux dommages-intérêts envers les héritiers, s'il s'en présente. (*C. N.*, 772, *infra* n° 1822.)

III — *Hospices*

1803. Lorsqu'un enfant, élevé dans un hospice, décède avant sa sortie de l'hospice, ou étant encore mineur et sous la tutelle de l'hospice, et qu'aucun héritier ou parent naturel ne se présente pour recueillir sa succession, cette succession, à l'exclusion de l'Etat, appartient à l'hospice, qui doit s'en faire envoyer en possession, à la diligence du receveur, et sur les conclusions du ministère public (*loi 15 pluv. an XIII, art. 8*) [Form. 300]; mais à la charge d'exécuter les dispositions testamentaires que le *de cujus* aurait faites dans la limite de ses capacités (1).

1804. Quant aux personnes qui, sans avoir été élevées dans un hospice, y étaient, lors de leur décès, traitées ou entretenues gratuitement ou non, les effets mobiliers par elles apportés dans l'hospice, restent à l'hospice, à défaut de successibles, et à l'exclusion de l'Etat, de quelque importance que soient ces effets (*Décret 8 nov. 1808*; *avis conseil d'Etat 21 juill. 1841*). Ce qui ne s'applique toutefois qu'aux effets mobiliers, et non pas à l'argent comptant, ni aux créances, actions ou autres valeurs en dehors de l'usage corporel et personnel (2).

1805. À l'égard des malades qui y sont traités gratuitement, leurs effets sont toujours gardés par l'hospice comme indemnité, même en présence d'héritiers (3) (*mêmes décret et avis*) ou de légataires (4).

SECTION III. — DE LA SUCCESSION DES ENFANTS NATURELS DÉCÉDÉS SANS POSTÉRITÉ

1806. Lorsque l'enfant naturel décède laissant des descendants légitimes, ou, à la fois, des descendants légitimes et des enfants naturels, sa succession est dévolue ainsi qu'il est dit *supra* n°ˢ *1699 et suiv.*, *1762 et suiv.*

1807. S'il laisse seulement des enfants naturels, sa succession leur est dévolue, même à l'exclusion des père ou mère naturels (5).

1808. S'il ne laisse point de postérité, sa succession est dévolue au père ou à la mère qui l'a reconnu,

---

FORMULE 300. — Hospice. (Nᵒˢ 1803 à 1805.)

L'hospice de . . . . . ayant droit de succéder, à l'exclusion de l'Etat, aux effets mobiliers se trouvant à l'hospice, et dépendant de la succession de M. Charles Hélouin, décédé audit hospice, où il était traité gratuitement, le . . . . ., sans laisser ni héritiers, ni parents naturels, ni conjoint.

§ 10. — SUCCESSION DES ENFANTS NATURELS DÉCÉDÉS SANS POSTÉRITÉ

FORMULE 301. — Succession de l'enfant naturel dévolue à sa mère.
(Nᵒˢ 1806 à 1812.)

Mˡˡᵉ Lecœur ayant seule droit à la succession de M. Pierre Lecœur, son fils naturel reconnu, en son vivant, propriétaire, demeurant à X . . . ., où il est décédé le . . . ., sans laisser de postérité.

Et envoyée en possession de sa succession, après l'accomplissement des formalités prescrites par la loi, suivant jugement rendu par le tribunal civil de X . . . . . le . . . . .

---

(1) Demante, III, 91 *bis*; Dalloz, *Succession*, n° 127; Demolombe, XIV, 186.
(2) Massé et Vergé, § 368, note 2; Demolombe, IV, 194; trib. Seine, 28 nov. 1843; Bordeaux, 17 août 1853. contra Dalloz, *Succession*, n° 128.
(3) Mais si les héritiers ou autres successeurs indemnisent l'hospice de ce qui lui est dû, il doit restituer les objets; Marcadé,

art. 768; Roll., *Hospice*, n° 31; Dalloz, *Succession*, n°ˢ 126 et 129; Bruxelles, 27 juill. 1822.
(4) Dalloz, *Succession*, n° 127; Demolombe, XIV, 193.
(5) Chabot, 765, 3; Toullier et Duvergier, IV, 269; Demante, III, 94 *bis*; Marcadé, 765, 1; Roll., *Succession*, n° 250; Taulier, III, p. 197; Zach., Massé et Vergé, § 370, note 2; Demolombe, XIV, 143. contra Pigeau, II, p. 639; Duranton VI, 380.

ou par moitié à tous les deux, s'il a été reconnu par l'un et par l'autre (*C. N.*, 765) [FORM. 301]; ou au survivant des père et mère si l'un d'eux l'a prédécédé; dans tous les cas, à l'exclusion des frères et sœurs naturels (1); mais les père ou mère n'ont aucun droit dans la succession de l'enfant légitime de leur enfant naturel (2).

1809. S'il ne laisse ni postérité, ni père ni mère, mais s'il laisse des frères ou sœurs naturels, et que lui et ses frères ou sœurs aient été légalement reconnus de son vivant (3), sa succession est dévolue à ses frères ou sœurs naturels (*C. N.*, 766) [FORM. 302] qui succèdent par tête ou par souche, selon qu'ils sont avec le défunt, ou germains, ou utérins, ou consanguins (4).

1810. Dans les cas où les enfants et frères et sœurs naturels ont prédécédé le *de cujus*, leurs enfants légitimes les remplacent pour la réclamation de leurs droits (5), mais non leurs enfants naturels (6), *supra*, n° 1770, note 6.

1811. A défaut de frères ou sœurs naturels, et de descendants d'eux, la succession de l'enfant naturel est dévolue à son conjoint survivant; s'il n'en a pas, à l'Etat, à l'exclusion de ses frères et sœurs légitimes (7), sauf ce qui est dit, *infra* n° 1813.

1812. Les enfants naturels, les père ou mère naturels, les frères et sœurs naturels, n'étant point héritiers, *supra* n° 1762, n'ont pas la saisine; ils doivent se faire envoyer en possession de la succession par justice (8) en observant les formalités tracées, *supra* n°s 1796 à 1799.

1813. En cas de prédécès du père et de la mère (9) de l'enfant naturel, les biens dont ils lui ont fait

---

FORMULE 302. — **Succession de l'enfant naturel dévolue à ses frères et sœurs naturels.** (N°s 1809 A 1812.)

M. Jean VALLOIS et M¹¹ᵉ Louise VALLOIS, frère et sœur naturels de M. Pierre VALLOIS, en son vivant, propriétaire, demeurant à X. . . ., où il est décédé le . . . .; comme ayant été tous les trois reconnus par M¹¹ᵉ Esther VALLOIS, leur mère décédée; et en cette qualité ayant seuls droit, chacun pour moitié, à la succession de M. Pierre VALLOIS, leur frère, décédé sans laisser de postérité.

M. et M¹¹ᵉ VALLOIS, envoyés en possession de la succession de M. Pierre VALLOIS, après l'accomplissement des formalités prescrites par la loi, suivant jugement rendu par le tribunal civil de . . . ., le . . . . .

FORMULE 303. — **Frères et sœurs légitimes de l'enfant naturel succédant à titre de retour légal.** (N°s 1813 et 1814.)

M. Jean LUCAS et M¹¹ᵉ Louise LUCAS, enfants légitimes de M. Georges LUCAS, décédé à X . . . ., le . . . ., laissant en outre pour successeur à une quote-part de ses biens, M. Pierre LUCAS, son enfant naturel, propriétaire demeurant à X . . . ., où il est depuis décédé le . . . ., sans postérité, et en leur qualité d'enfants légitimes, ayant droit chacun pour moitié, en conformité de l'article 766 du Code Napoléon, aux biens donnés par leur père à M. Pierre LUCAS, et à ceux que ce dernier a recueillis dans sa succession, et

---

(1) Chabot, 765, 4; Roll. *Succession*, n° 254; Demolombe, XIV, 440; Zach., § 370, note 4; Riom, 4 août 1820. CONTRA : Belost-Jolimont, 765, obs. 3.

(2) Demante, III, 85 *bis*; Massé et Vergé, § 370, note 3; Demolombe, XIV, 449; Caen, 9 juin 1847; Cass. 5 mars 1849; J. N. 13084. CONTRA Bordeaux, 24 avril 1834 et 20 mars 1837; Cass. 13 mars 1840.

(3) Cass. 29 juill. 1861; J. N. 17211.

(4) Toullier, IV, 269; Chabot. 766, 7; Taulier, III, p. 202; Marcadé, 766, 4; Vazeille, 766, 5; Zach., § 370, note 7; Dalloz, *Succession*, n° 359. CONTRA Demante, III, 85 *bis*; Demolombe, XIV, 464; selon eux les frères et sœurs naturels succèdent toujours par tête.

(5) Demante, III, 84 *bis*; Demolombe, XIV, 444.

(6) Duvergier sur Toullier, IV, 269; Demante, III, 86 *bis*; Marcadé, 766, 3; Massé et Vergé, § 370, note 6; Demolombe, III, 445 et 163. CONTRA Zach., § 370, note 6; Chabot, 766, 6; Poujol, 766, 7.

(7) Toullier et Duvergier, IV, 269; Taulier, III, p. 201; Poujol, 766;

6; Vazeille, 766, 7; Marcadé, 766, 3; Zach., Massé et Vergé, § 370, note 10; Dalloz, *Succession*, n° 364; Demolombe, XIV, 465; Grenoble, 13 janv. 1840; Colmar, 18 janv. 1850. CONTRA Duranton, VI, 339.

(8) Chabot, 765, 4; Marcadé 764, 4; Roll., *Succession*, n° 252; Dict. Not., *ibid.*, n° 281; Demolombe, XIV, 466, 232; Demante, III, 89 *bis*; Dalloz, *Succession*, n° 400; Massé et Vergé, § 408, note 2. CONTRA Zach., § 408, note 2; Mourlon, II, p. 80; trib. Andelys, 20 août 1862; Mon. trib., 1863, p. 412.

(9) Si l'enfant naturel a été reconnu par ses père et mère, il faut qu'ils soient décédés l'un et l'autre pour que le retour ait lieu : Demante, III, 85 *bis*; Cadrès, *Enf. natur.*, n° 214; Demolombe, XIII, 466, XIV, 153; Dijon, 1er août 1818; Riom, 4 août 1820; Paris, 27 novembre 1845; J. N. 3900, 12640. CONTRA Chabot et Belost-Jolimont, 766, 4; Toulier, IV, 269; Duranton, VI, 336; Marcadé, 766, 2; Roll, *Succession*, n° 360; Dict. Not., *ibid.*, n° 239; Dalloz, *Succession*, n° 369; Massé et Vergé, § 370, note 9.

donation, et ceux qu'il a recueillis dans leurs successions (1), passent aux frères ou sœurs légitimes, [c'est-à-dire aux enfants légitimes du père ou de la mère d'où les biens sont provenus (2)], s'ils se retrouvent en nature dans la succession [Form. 303] ; les actions en reprises, s'il en existe, ou le prix de ces biens aliénés, s'il est encore dû, retournent également aux frères et sœurs légitimes, supra n°s 1744 et suiv. Tous les autres biens passent aux frères et sœurs naturels ou à leurs descendants (C. N., 766) légitimes, mais non à leurs descendants naturels, supra n° 1810.

1814. Si quelques-uns des frères et sœurs légitimes ont prédécédé l'enfant naturel, laissant des enfants légitimes, ceux-ci les représentent pour la réclamation de leurs droits (3) ; mais si tous les frères et sœurs légitimes l'ont prédécédé, leurs descendants, neveux légitimes de l'enfant naturel, peuvent-ils faire la réclamation de ces droits, soit de leur chef, soit par représentation ? Par les motifs indiqués supra n° 1775, la plupart des auteurs enseignent l'affirmation (4); mais la jurisprudence décide la négative (5).

SECTION 4. — DES DROITS DES ENFANTS ADULTÉRINS OU INCESTUEUX

1815. Les dispositions relatives aux enfants naturels ne sont pas applicables aux enfants adultérins ou incestueux, supra n° 1118; la loi n'accorde à ceux-ci (6) que des aliments (C. N., 762) [Form. 304]. Ces aliments sont réglés eu égard aux facultés du père ou de la mère, au nombre et à la qualité des héritiers légitimes (C. N., 763) ou autres successeurs (7), et aux besoins de celui qui les réclame (8).

1816. Les enfants adultérins ou incestueux sont seulement créanciers d'une dette d'aliments sur les successions de leur père et mère ; il s'en suit qu'ils n'ont droit à aucune fraction des biens de ces successions, même lorsqu'elles sont dévolues à l'Etat (9).

1817. Lorsque le père ou la mère de l'enfant adultérin ou incestueux, lui ont fait apprendre un art mécanique ou une profession quelconque, industrielle ou libérale (10), ou lorsque l'un ou l'autre lui a assuré des aliments de son vivant, il ne peut élever aucune réclamation contre leur succession. (C. N., 764.)

1818. L'enfant adultérin ou incestueux n'ayant pas de famille, sa succession ne peut être dévolue qu'à sa postérité, ou, à défaut, à son conjoint; s'il n'en a pas, à l'Etat (11).

---

qui existent encore en nature dans la succession de M. Pierre Lucas, ou y sont représentés par des prix, ou par des actions en reprises.

Ainsi que ces qualités sont constatées en l'intitulé de l'inventaire après le décès de M. Pierre Lucas, dressé par M. N . . . . ., qui en a gardé minute, et son collègue, notaires à X . . . ., en date au commencement du . . . . .

§ 11. — DROITS DES ENFANTS ADULTÉRINS OU INCESTUEUX

FORMULE 304. — **Enfant adultérin (ou incestueux).** (Nos 1815 à 1818.)

M. Louis Leroy, enfant adultérin (ou incestueux), de M. Pierre Leroy, en son vivant, propriétaire, demeurant à X . . . ., où il est décédé le . . . . . ;

Et, en cette qualité, ayant le droit de réclamer des aliments à la succession de M. Pierre Leroy.

---

(1) Demante, III, 86 bis; Demolombe, XIV, 137.
(2) Chabot, 766, 4; Demante, III, 86 bis; Demolombe, XIV, 154.
(3) Demante, III, 36 bis; Demolombe, XIV, 150. contra Massé et Vergé, § 370, note 9.
(4) Duranton, VI, 337 ; Chabot, 766, 5 ; Toullier et Duvergier, IV, 209 ; Vazeille, 766, 3; Poujol, 766, 3; Marcadé, 766, 2; Roll., Succ.; n° 258; Vazeille, 766, 3 ; Toullier, p. 201 ; Demolombe, XIV, 156; Zach., § 370, note 9.
(5) Paris, 16 juin 1812 et 10 mai 1851; Cass. 1er juin 1833; J. N. 15008, conf. Grenier, Don., II, p. 667; Demante, III, 36 bis; Massé et Vergé, § 172, note 9; Dict. Not., Succession, n° 237.

(6) Ce droit ne passe pas à leurs descendants : Massé et Vergé, § 172, note 5 ; Demolombe, XIV, 135.
(7) Chabot 763, 5 ; Marcadé, 763, 7 ; Demolombe, XIV, 126.
(8) Chabot, 762, 1 ; Marcadé, 763, 7 ; Demolombe, XIV, 127 ; Caen, 3 mai 1833.
(9) Chabot, 762, 2 ; Poujol, 765, 4 ; Bedel, Adultérin, n° 102 ; Demolombe, XIV, 124 ; Nimes, 13 juill. 1824.
(10) Demolombe, XIV, 128.
(11) Chabot, 765, 7 ; Marcadé, 766, 4 ; Roll., Enfant adultérin, n° 26; Poujol, 765, 4 ; Zach., Massé et Vergé, § 370, note 12 ; Demolombe, XIV, 136.

APPENDICE

PÉTITION D'HÉRÉDITÉ

1819. Lorsqu'une succession est dévolue, à défaut d'héritiers légitimes, à des parents naturels, au conjoint survivant, à l'Etat, ou à un hospice, il peut se faire qu'avant l'accomplissement du temps requis pour la prescription, *infra n° 1864*, il se présente un héritier légitime qui réclame la succession; le possesseur est tenu de lui restituer les biens qui la composent [Form. 305]. De même si la succession a été recueillie par un héritier légitime, et que plus tard, il se présente un héritier plus proche en degré, cet héritier peut se faire restituer les biens de la succession. Dans les deux cas, l'action de réclamer l'hérédité s'appelle *pétition d'hérédité*. Si elle est formée contre un hospice, voir *Loi du 13 pluviôse, an XIII, art. 9*.

1820. Pour savoir comment la restitution doit avoir lieu, il faut distinguer :

1821. Si le possesseur est de bonne foi, et qu'il ait rempli les formalités prescrites par la loi, *supra n° 1796*, il n'est tenu de restituer que les biens qui faisaient l'importance de la succession, lors de son ouverture; quant aux fruits perçus depuis cette époque jusqu'à la demande en pétition d'hérédité, le

---

§ 12. — PÉTITION D'HÉRÉDITÉ

FORMULE 305. — **Compte de succession, par suite de pétition d'hérédité.**
(N°ˢ 1819 à 1835.)

Par-devant M° X . . . : . . . et l'un de ses collègues, notaires à N. . . ., soussignés.

Ont comparu :

Mme Louise Bréant, propriétaire, demeurant à N . . . . . veuve de M. Jérôme Delaunay,

Ayant été envoyée en possession définitive de la succession de M. Delaunay, son mari, ainsi qu'on le dira ci-après,

D'une part;

Et M. Robert Dundas, négociant, demeurant à B. . . .,

Cousin au neuvième degré dans la ligne paternelle, de feu M. Delaunay; et en cette qualité ayant droit à la totalité de sa succession, à défaut d'héritiers dans la ligne maternelle,

D'autre part,

Lesquels préalablement au compte de succession par suite de pétition d'hérédité, faisant l'objet des présentes, ont exposé préliminairement ce qui suit :

EXPOSÉ

I — *Décès de M. Delaunay — Scellés — Inventaire — Envoi en possession*

M. Delaunay est décédé, en son domicile à N . . . ., le . . . . .; il ne s'est présenté aucun héritier ni aucun parent naturel, et l'on n'en connaissait aucun.

Les scellés ont été apposés à son domicile par M. le juge de paix du canton nord de N . . . . ., suivant procès-verbal en date du même jour.

L'inventaire a été dressé à la requête de Mme Delaunay, sa veuve, aux termes d'un procès-verbal dressé par M. . . . . et son collègue, notaires à N. . . ., le . . . . .

Après l'accomplissement des formalités prescrites par la loi, et suivant jugement du tribunal civil de N. . . . . en date du. . . . . Mme veuve Delaunay a été envoyée en possession de la succession de son mari.

Cette succession se composait des objets qui suivent :

1° Divers objets mobiliers, estimés trois mille francs;

possesseur les fait siens (1) (*C. N.*, *549*); et il n'est tenu à aucune indemnité pour raison de prescriptions accomplies, de servitudes acquises, de dégradations, même survenues par sa faute (2).

1822. Mais si le possesseur n'a pas rempli les formalités prescrites par la loi, il est réputé possesseur de mauvaise foi (3), et peut être condamné aux dommages-intérêts des héritiers qui se représentent (*C. N.*, 772); ces dommages-intérêts consistent dans la restitution de tous les fruits des biens de la succession (4) qu'il a perçus, et même de ceux qu'il aurait pu percevoir et qu'il n'a pas perçus par sa faute, sans envisager s'il en a profité ou non; et dans l'indemnité qu'il doit à raison des dégradations survenues dans les biens, des prescriptions acquises, et des fautes de son administration (5).

1823. Pour exercer l'action en pétition d'hérédité, il faut être héritier du défunt, ou cessionnaire des droits d'un héritier.

1824. L'action se porte devant le tribunal du lieu du domicile du *de cujus*, ou de sa résidence habituelle, s'il était étranger, quels que soient les domiciles du demandeur et du défendeur (6).

1825. Si le tribunal admet la demande en pétition d'hérédité, il ordonne la restitution au réclamant des biens de la succession, ce qui donne lieu à un compte d'administration par l'héritier évincé. Afin de faire comprendre l'objet de ce compte, nous allons passer en revue les divers actes de disposition et d'administration de l'héritier apparent.

1826. *Objets mobiliers.* L'héritier apparent pouvait conserver le mobilier en nature ou le vendre; s'il l'a conservé en nature il le restitue dans l'état où il est; s'il l'a vendu amiablement, il en doit la valeur

---

2° Une créance de cinq cents francs sur M. Hébert, de B. . . . ,
3° Une créance de trois mille francs, sur M. Lievois, de N . . . . ;
4° Une maison située à N. . . . ., rue. . . . ., n° . . . . ;
5° Une pièce de terre en labour située commune de N. . . . ., lieudit . . . . ., contenant . . . . , section . . . . , n° . . . . ;
6° Un bois situé même commune, lieu dit . . . . ., contenant . . . . ., section . . . . , n° . . . . .

Les dettes s'élevaient à une somme de deux mille francs que Mme veuve DELAUNAY a acquittée; en outre, cette dame a payé pour droit de mutation cinq cent quatre-vingt-trois francs; plus huit cents francs pour frais de scellés, d'inventaire, et ceux des différentes formalités de l'envoi en possession.

Par acte passé au greffe du tribunal civil de N . . . . , le . . . . . Mme DELAUNAY a fourni la caution exigée par l'article 771 du Code Napoléon.

II. *Pétition d'hérédité par M. Dundas*

M. DUNDAS se prétendant héritier de M. DELAUNAY, a, par exploit du ministère de. . . . , huissier à. . . . ., en date du. . . . ., signifié à Mme DELAUNAY une généalogie indicative de sa qualité de parent au neuvième degré, et lui a fait sommation de lui restituer les biens de la succession.

Sur cette demande, une instance s'est engagée, et, suivant jugement en date du. . . . , le tribunal civil de. . . . . a reconnu la qualité d'héritier de M. DUNDAS, et a condamné Mme veuve DELAUNAY à lui restituer les biens de la succession.

A cet effet, les parties se présentent aujourd'hui devant M^e . . . . pour procéder au compte de la succession de M. DELAUNAY et à la restitution ordonnée.

Ces faits exposés, il est passé au compte.

---

(1) Toullier et Duvergier, IV, 312; Chabot, *773*, 6; Bertin, *Chambre du conseil*, II, 1178; Demolombe, XIV, 233; Roll., *Pétition d'hérédité*, n° 53; Paris, 1er août 1834, 1er juin 1837, 13 avril 1848, 17 janv. 1851; Cass. 17 août 1840, 7 juin 1842, 2 fév. 1844; J. N. 7309, 9709.

(2) Toullier, IV, 305; Roll., *Pétition d'hérédité*, n° 53.

(3) Le possesseur peut aussi être réputé de mauvaise foi, bien qu'ayant rempli les formalités voulues par la loi, s'il est prouvé qu'il savait que la succession appartenait à des parents dont il a celé l'existence; Marcadé, art. 772.

(4) Toullier, IV, 312; Marcadé, art. 772; Roll., *Pétition d'hérédité*, n° 59; Dict. Not., *ibid.*, n° 51; Mourlon, II, p. 80; Chabot, 772, 3; Vazeille, art. 772; voir aussi Duvergier sur Toullier, IV, 303, Demante, III, 90 *bis*; Demolombe, XIV, 231; Cass. 7 juin 1847.

(5) Toullier, IV, 305; Dict. Not., *Pétition d'hérédité*, n° 53; Roll., *ibid.*, n° 54 et 61; voir aussi Demolombe, XIV, 252.

(6) Carré, *Compét.*, I, p. 521; Roll., *Pétit. d'hérédité*, n° 29; Paris, 2 juill. 1852.

d'après la prisée d'inventaire ; enfin s'il l'a vendu aux enchères, il doit restituer le produit de la vente. — Si l'héritier apparent est réputé de mauvaise foi, il est tenu de restituer le mobilier en nature ; s'il n'existe plus, sa valeur au jour de l'ouverture de la succession s'établit d'après l'inventaire, ou, à défaut, par toute espèce de preuves, même par la commune renommée (1).

1827. *Créances.* L'héritier apparent envoyé en possession, *supra* n° 1797, était propriétaire des créances, il pouvait les toucher, les transporter, les donner en nantissement ; si la restitution a lieu, elle est de la somme capitale recouvrée, ou du titre si la créance n'a pas été recouvrée ; si la créance est perdue, même par la faute du possesseur, soit à défaut de poursuites, soit parce qu'il n'a pas renouvelé l'inscription en temps utile, soit parce qu'il a laissé éteindre la créance par la prescription, soit parce qu'il a omis de produire à l'ordre, etc., il ne peut être tenu qu'à la restitution du titre ; comme il possédait pour lui, il n'est tenu à aucun dommage à raison de la perte (2). — Lorsque le possesseur est réputé de mauvaise foi, il est tenu, non-seulement de payer le montant de la créance perdue par sa faute, mais aussi de tenir compte de tous les intérêts qu'elle aurait produits ; s'il a touché le montant des créances, il doit tenir compte des sommes touchées, plus de l'intérêt de ces sommes depuis le jour du remboursement.

1828. *Immeubles.* L'héritier apparent possédait, en qualité de propriétaire, les immeubles de la succession ; il pouvait donc, après l'expiration du délai de trois ans, *supra* n° 1797, démolir, reconstruire, faire des fouilles, changer la nature des immeubles, les louer, les vendre (3), les hypothéquer, les don-

COMPTE

I. *Objets mobiliers* (n° 1826). Les objets mobiliers dépendant de la succession de M. Delaunay, ont été vendus aux enchères par le ministère de M°....., commissaire-priseur à....., suivant procès-verbaux en date des.....; le montant de cette vente s'est élevé à une somme de trois mille francs qui a été touchée par Mme veuve Delaunay, ainsi que le constate une décharge donnée au commissaire-priseur le..... Mme Delaunay est tenue à la restitution de cette somme, ci.......... **3,000 fr. » c.**

II. *Créances* (n° 1827). La créance de cinq mille francs sur M. Hubert a été touchée par Mme Delaunay, ainsi que le constate une quittance passée devant M°...., notaire à...., le..... Cette somme est aussi restituable, ci............... **5,000 »**

Quant à la créance de trois mille francs sur M. Liévois, elle n'a pu être recouvrée, par le motif qu'à l'ordre ouvert sur le prix de vente des immeubles hypothéqués, Mme Delaunay n'est pas venue utilement, en raison de ce que cette dame avait négligé de renouveler l'inscription. Il n'y a lieu à la restitution que du titre de créance, ci............ **Mémoire**

III. *Maison* (n°^s 1828 et 1831). En l'année..... Mme Delaunay a fait reconstruire un gros mur qui menaçait ruine ; pendant la même année, elle a élevé d'un étage le corps d'habitation sur la rue, et a fait construire un pavillon dans le jardin. Quant au corps de bâtiment au fond de la cour, Mme Delaunay l'a laissé tomber en ruines, faute de réparations. Mme Delaunay est tenue à la restitution de cet immeuble dans l'état où il se trouve, et sans indemnité pour raison des dégradations, ci................ **En nature**

A reporter... **8,000 »**

---

(1) Demolombe, XIV, 248.
(2) Toullier, IV, 305 ; Roll., *Pétit. d'hérédité*, n° 53.
(3) Belost-Jolimont, 773, obs. 4 ; Demante, III, 82 bis ; Roll., *Pétit. d'hérédité*, n° 74 et Jur. N., 10123 ; Dalloz, *Succession*, n° 403 ; Massé et Vergé, § 409, note 12 ; Demolombe, XIV, 242 ; Cass. 3 août 1815, contra Toullier, IV, 278, Chabot, art. 773 ; Marcadé, art. 772 ; Duranton, VI, 358 ; Taulier, III, p. 211.

ner (1) sans qu'il soit tenu de restituer autre chose que ce dont il a profité (2) *infra* n° *1829*. — Mais si le possesseur est réputé de mauvaise foi, il doit indemniser l'héritier de toutes les détériorations et dégradations commises, de toutes les pertes survenues; et de plus, les ventes qu'il a faites, les hypothèques qu'il a conférées, peuvent être annulées, en ce sens que l'héritier peut demander au tiers acquéreur, ou la résolution de la vente, ou le payement du prix, bien que celui-ci ait déjà payé ; dans ce cas, l'acheteur est en faute de n'avoir point exigé la justification de l'accomplissement des formalités prescrites par la loi.

1829. Quant à l'héritier apparent possesseur de bonne foi, il doit restituer : s'il a vendu, le prix de la vente ; et s'il a donné, la valeur de l'objet Mais aucune action ne peut, dans ce cas, être exercée contre le tiers possesseur, même en cas d'insolvabilité de l'héritier apparent.

1830. Si l'héritier apparent a défriché les bois, fait des coupes extraordinaires, il doit restituer ce

Report. . ,		8,000 »
Mais Mme DELAUNAY a droit à la restitution des dépenses qu'elle a faites pour la reconstruction du mur, l'élévation du corps de bâtiment, et la construction du pavillon ; ces dépenses sont de trois mille francs.		
IV. *Pièce de terre* (n° 1829). Elle a été vendue par Mme DELAUNAY à M: DÉSIR DEMONT, propriétaire, demeurant à . . . . ., suivant contrat passé devant M^e. . . . ., notaire à . . . . ., le . . . . . ., moyennant quatre mille francs payés comptant ; Mme DELAUNAY doit la restitution de ce prix, ci.		4,000 »
V. *Bois* (n° 1830). Mme DELAUNAY a continué de faire les coupes réglées ; en outre, pendant l'année. . . ., elle a fait une coupe extraordinaire qui lui a produit une somme de trois mille francs. Mme DELAUNAY doit la restitution de l'immeuble en nature, ci. . . .		En nature
Plus des trois mille francs formant le produit de la coupe extraordinaire, ci.		3,000 »
Montant du numéraire à restituer par Mme DELAUNAY, quinze mille francs, ci.		15,000 »
De quoi il y a lieu de déduire (n° 1832) :		
1° Deux mille cinq cent quatre-vingt-trois francs payés par Mme DELAUNAY, pour l'acquit des dettes de la succession, et les droits de mutation, ci.	2,583 fr. » c.	
2° Huit cents francs payés pour les frais de scellés, d'inventaire, et ceux des différentes formalités de l'envoi en possession, ci.	800 »	
3° Trois mille francs montant des dépenses de réparation et de construction à la maison, ci. . .	3,000 »	
Ensemble six mille trois cent quatre-vingt-trois francs, ci.	6,383 »	6,383 »
Reste à restituer en numéraire, huit mille six cent dix-sept francs, ci.		8,617 »
Laquelle somme a été payée à l'instant par Mme DELAUNAY à M. DUNDAS, qui le reconnaît ; plus trois cent trois francs pour intérêts courus du jour de la demande en restitution à ce jourd'hui, ci.		303 »
Total huit mille neuf cent vingt francs, ci.		8,920 »

Mme DELAUNAY consent en outre à la restitution de la maison et du bois, dont la

---

(1) Taulier, III, p. 248, CONTRA; Demolombe, II, 251 et XIV, 241.
(2) Toullier, IV, 306 ; Roll., *Petit. d'hérédité*, n° 60 ; Demolombe, XIV, 237.

dont il a profité en capital par suite du défrichement, ou le produit qu'il a retiré de la coupe extraordinaire.

1831. Si le possesseur a fait aux immeubles des changements, des reconstructions, des embellissements, il doit lui être tenu compte de toutes ces impenses, qu'elles soient nécessaires, utiles ou voluptuaires. Il a droit au montant des mémoires acquittés, et, à défaut de mémoires, au montant des dépenses d'après estimation (1). — Lorsque le possesseur est réputé de mauvaise foi, il ne peut faire de réclamations pour les impenses, qu'autant qu'elles ont augmenté la valeur du fonds (2).

1832. *Indemnité.* Le successeur apparent évincé doit être indemnisé des dépenses qu'il a faites pour le payement des dettes de la succession, pour les grosses réparations et les reconstructions, pour le payement des frais de scellés, d'inventaire, et aussi pour le payement des frais que lui ont coûté les différentes formalités de l'envoi en possession (3); quant aux dépenses d'administration, elles sont, dans tous les cas, à la charge des fruits (4).

1833. *Fruits.* A partir du jour de la demande, les fruits perçus sur les biens de la succession *supra* n° *1821*, appartiennent à l'héritier réclamant; et il lui est dû, à partir de la même époque, les intérêts des sommes dont le possesseur est comptable envers lui.

1834. *Titres.* L'héritier apparent doit restituer tous les titres et pièces de l'hérédité.

1835. Les frais du compte sont à la charge de l'oyant.

CHAPITRE CINQUIÈME

DE L'ACCEPTATION ET DE LA RÉPUDIATION DES SUCCESSIONS

SECTION I — DE L'ACCEPTATION

§ 1. — ACCEPTATION PAR LE SUCCESSIBLE

1836. Celui auquel une succession est dévolue succède au défunt dès l'instant même du décès, sans aucune tradition, même à son insu, selon l'adage, *le mort saisi le vif.*

jouissance appartient à M. Dundas, du jour de la demande en restitution (n° 1833).
Mme Delaunay a remis à l'instant à M. Dundas, qui le reconnait, les titres de propriété de ces immeubles, et ceux de la créance sur M. Liévois (n° 1834).
Pour l'exécution des présentes....., etc.
Dont acte aux frais de M. Dundas (n° 1835).
Fait et passé, etc.

§ 13. — ACCEPTATION ET RÉPUDIATION DES SUCCESSIONS

SECTION I — ACCEPTATION

FORMULE 308. — **Acceptation de succession par acte passé au greffe**
(Nos 1836 à 1846.)

L'an mil huit cent soixante. . . : ., le. . . . .
Devant nous greffier du tribunal civil de première instance de. . . . .

---

(1) Roll., *Succession*, n° 311; Dict. Not., *Petit. d'heredité*, n° 60.
(2) Toullier, IV, 305; Roll., *Petit. d'héréd.*, n° 51; Dict. Not., *ibid.*, n° 60.

(3) Demolombe, XIV, 243; Paris, 17 janv. et 1re juill. 1851.
(4) Dalloz, *Succession*, n° 422; Paris, 17 janv., et 1er juill. 1851.

1837. Bien que le successible soit de plein droit réputé acceptant (C. N., 784), il n'est pas tenu d'accepter la succesion qui lui est échue (C. N., 775), et peut y renoncer; s'il l'accepte, il peut faire son acceptation purement et simplement ou sous bénéfice d'inventaire (C. N., 774). Dans les deux cas, l'effet de l'acceptation remonte au jour de l'ouverture de la succession. (C. N., 777.)

1838. L'acceptation *pure et simple*, qu'on appelle aussi *addition d'hérédité*, est expresse ou tacite. (C. N. 778.)

1839. Elle est expresse quand le successible accepte par acte passé au greffe (1) [Form. 306], on prend le titre ou la qualité d'héritier, dans un acte authentique ou privé. (C. N., 778.) [Form. 308.]

1840. Elle est tacite quand le successible fait un acte qui suppose nécessairement son intention d'accepter, et qu'il n'aurait le droit de faire qu'en sa qualité d'héritier (C. N., 778); ce qui a lieu principalement lorsqu'il agit en qualité de propriétaire des biens de la succession; ainsi, les actes suivants entraînent adition d'hérédité : 1° Vente (2), échange, donation, hypothèque des biens de la succession, ou autres actes d'aliénation (3); 2° Partage des biens de la succession, demande en partage (4); 3° Bail des biens (5) autre que le bail réputé acte de simple administration (6); 4° recouvrement de créances de la succession (7); 5° payement des dettes de la succession (8), autres que les dettes courantes (9), les frais funéraires (10), *infra* n° *1862*, et les droits de mutation (11); 6° traités, compromis, transactions, relatifs à des biens de la succession (12); 7° poursuites en indignité contre un successible (13); 8° Demande en nullité du testament du défunt (14); 9° Rénonciation à communauté par le successible d'une femme (15); 10° Procuration donnée en qualité d'héritier (16); 11° Détention, à titre de propriétaire, des biens (17) de la succession (18); 12° Changement dans la surface du sol, construction, vente de bois et de récoltes,

---

A comparu M. Louis HUARD, marchand de rouenneries, demeurant à . . . .

Lequel a déclaré accepter purement et simplement la succession de M. Désiré HUARD, son cousin au cinquième degré, en son vivant, propriétaire, demeurant à . . . . , où il est décédé le . . . . .

De tout ce que dessus nous avons dressé le présent que le comparant a signé avec nous.

FORMULE 307. — **Acceptation de succession par acte notarié.** (N°s 1839 note 1.)

PAR-DEVANT Me . . . . .

A COMPARU :

M. Louis LEROUX, propriétaire, demeurant à . . . . ,

---

(1) L'acceptation expresse par acte au greffe ou devant notaire (form. 307), est nécessaire, lorsqu'en cas de renonciation par un successible, le successible du degré subséquent veut accepter; elle est encore utile lorsque le successible, après avoir renoncé à la succession, revient contre sa renonciation avant l'acceptation par d'autres, *infra* n° 1865.

(2) Toutefois en ce qui concerne le mobilier. Voir *infra* n° 1807.

(3) Chabot, 778, 11 et 14; Toullier, IV, 328 ; Duranton, VI, 384; Vazeille, 778, 9; Dict. Not., *Acte d'hér*., n° 22; Roll., *ibid*., n° 14 ; Cass. 27 janv. 1817; J. N. 3710.

(4) Chabot, 778, 12; Toullier, IV, 326 ; Duranton, VI, 386 ; Dict. Not., *Acte d'hér*., n° 19; Roll., *ibid*., n° 12 ; Demolombe XIV, 449; Paris, 30 déc. 1837; J. N. 9091.

(5) Toullier, IV, 331 ; Roll., *Acte d'hér*., n° 30, Cass., 24 juin 1837; J. N. 9703.

(6) Chabot, 778, 14 ; Toullier, IV, 331 ; Taulier, III, p. 230 ; Dalloz, *Succession*, n°s 498, 499 ; Demolombe, XIV, 427.

(7) Chabot, 778, 18 ; Troplong, *Cont. de mar*., III, 1519 ; Demolombe, XIV, 450.

(8) Si le payement des dettes de la succession a lieu avec des deniers qui en dépendent, il entraîne acceptation ; mais si le payement a lieu avec des deniers personnels au successible, ce dernier peut-être considéré comme tiers, ou comme gérant d'affaire, et le payement n'entraîne pas acceptation : Duranton, VI, 402; Vazeille, 778, 44; Dict. Not., *Acte d'hér*., n° 47; Roll., *ibid*., n° 31 ; Demante, III, 98 *bis*; Dalloz, *Succession*, n° 500; Demolombe, XIV, 455; trib. Seine, 11 janv. 1860. CONTRA Chabot, 778, 20.

(9) Chabot, 778, 19; Toullier, IV. 333; Vazeille, 778, 15 ; Dict. Not., *Acte d'hér*., n° 51; Roll., *ibid*., n° 33 ; Demolombe, XIV, 427; Bordeaux, 11 mai 1833 ; Paris, 10 janv. 1835.

(10) Toullier et Duvergier, IV, 333; Duranton, VI, 404; Demolombe, XIV, 417; Dict. Not., *Acte d'hér*., n° 50; Roll., *ibid*., n° 44, 52; Bordeaux, 15 janv. 1848; Cass. 24 déc. 1828, 1er fév. 1843, 7 juill. 1846, J. N. 6867, 7453, 12740, CONTRA Vazeille, 778, 11; Caen, 17 janv. 1824. J. N. 6195.

(11) Belost Joliimont, 778, obs. 2; Marcadé, art. 779 ; Demolombe, XIV, 384, 456; Roll.. *Acte d'hér*., n° 34 ; Massé et Vergé; § 378, note 14 ; Grenoble, 12 août 1836 ; Montpellier, 1er juill. 1828 ; Lyon, 17 mai 1829; Toulouse, 7 juin 1830 ; Limoges, 19 fév. 1831 ; Paris. 5 juill. 1836 ; Bordeaux, 15 janv. 1839; Agen, 24 nov. 1842.

(12) Chabot, 778, 13; Duranton, VI, 386; Dict. Not., *Acte d'hér*., n° 44 ; Roll., *ibid*., n° 40; Demolombe, XIV, 449.

(13) Chabot, 778, 23 ; Duranton, VI, 398; Dict. Not., *Acte d'hér*., n° 57; Roll., *ibid*., n° 40; Demolombe, XIV, 449.

(14) Roll., *Acte d'hér*., n° 41.

(15) Demolombe, XIV, 446 ; Cass. 23 déc. 1846; J. N. 12914.

(16) Chabot, 778, 27 ; Duranton, VI, 399; Demolombe, XIV, 387, Cass. 23 déc. 1846, 4 avril 1849 ; J. N. 12914. 13763. CONTRA Vazeille, 778, 1; Dict. Not., *Accept. de succ*., n° 81 ; Roll., *ibid*., n° 87.

(17) Autres que les tombeaux de famille ; ainsi le successible qui fait ensevelir un des siens dans un tombeau consacré à la sépulture de la famille, n'est pas réputé acceptant : Demolombe, XIV, 453; trib. Seine, 24 déc. 1836, 3 avril 1857 ; Cass. 7 avril 1857.

(18) Demolombe, XIV, 422 ; Cass. 20 déc. 1811 ; J. N. 11232.

abattage de bois, délivrance de legs, etc...; 13° Donation, vente ou transport de droits successifs (*C. N.*, *780*), à moins qu'ayant accepté sous bénéfice d'inventaire, la vente ne consiste uniquement dans ses droits d'héritier bénéficiaire, *infra n° 1896*; 14° Renonciation même gratuite à la succession en faveur d'un ou plusieurs de ses cohéritiers, et même en faveur de tous si, dans ce dernier cas il en reçoit le prix (*C. N.*, *780*); à cet égard on fait observer que la renonciation en faveur de quelques-uns seulement des cohéritiers, étant une libéralité, ne peut être faite que dans la forme des donations; si elle a lieu au greffe, elle est nulle (1); cependant elle n'entraîne pas moins adition d'hérédité (2).

1841. Lorsque le successible décède lui-même sans avoir fait acte d'héritier, ses héritiers, venant à sa succession, succèdent à ses droits dans l'hérédité qui lui était dévolue, et peuvent l'accepter ou la répudier de son chef (3) (*C. N.*, *781*); s'ils ne sont point d'accord pour accepter ou pour répudier la succession, elle doit être acceptée sous bénéfice d'inventaire. (*C. N.*, *782*.)

1842. Pour accepter valablement une succession ou y renoncer, il faut être capable de s'engager; ainsi, les femmes mariées, même non communes ou séparées de biens (4), ne peuvent pas accepter une succession ou y renoncer, sans l'autorisation de leur mari ou de justice, *supra n° 1055* (*C. N.*, *776*); si la succession échue à la femme est entièrement mobilière et tombe en communauté, le mari peut, à ses risques et périls (5), l'accepter ou la répudier, sans le concours de sa femme (6).

1843. Les successions échues aux mineurs même émancipés (7), mariés ou non (8), et aux interdits, même par suite de condamnation judiciaire (9), *supra n° 1590*, ne peuvent être acceptés que sous bénéfice d'inventaire (10), et avec l'autorisation préalable du conseil de famille (*C. N.*, *461*, *776*); cette autorisation obtenue, l'acceptation est faite, pour les mineurs non émancipés et les interdits, par leurs tuteurs (*C. N.*, *461*), et pour les mineurs émancipés, par eux-mêmes, avec l'assistance de leurs curateurs (11).

1844. Le majeur pourvu d'un conseil judiciaire peut, avec l'assistance de son conseil, accepter une succession ou y renoncer, sans qu'il soit besoin d'autorisation du conseil de famille (12).

1845. Le majeur ne peut attaquer l'acceptation expresse ou tacite qu'il a faite d'une succession que dans le cas où cette acceptation aurait été la suite d'un dol pratiqué envers lui, ou d'une violence (13) exercée

Lequel a déclaré accepter purement et simplement la succession de M. Vincent Leroux, son cousin au sixième degré, en son vivant, négociant, demeurant à....., où il est décédé le.....

Dont acte.

Fait et passé, etc.

FORMULE 308. — **Acceptation de succession par la prise de la qualité d'héritier.** (N° 1839.)

M. Leblé, seul et unique héritier de M. Désiré Leblé, son père, en son vivant, propriétaire, demeurant à....., où il est décédé le.....

---

(1) Duranton, VI, 397; Coin-Delisle, art. *894*; Marcadé, *780*, 2; Roll., *Don.*, n° 293 et *Acte d'hér.*, n° 27; Mourlon, II, p. 106; Demolombe, XIV, 412; Caen, 26 fév. 1827. CONTRA Cass. 17 nov. 1858.

(2) Marcadé, art. *780*; Taulier, III, p. 229; Dalloz, *Succession*, n° 479; Tambour, *Bén. d'inv.*, p. 212; Demolombe, XIV, 443. CONTRA Demante, III, 100 *bis*.

(3) Un père meurt laissant trois enfants; peu de temps après, un des enfants décède sans postérité, laissant pour seuls héritiers, les deux autres enfants; ceux-ci peuvent, du chef de leur frère décédé, renoncer à la succession de leur père, et à ce moyen se trouver ses seuls héritiers, ce qui leur évite de payer les droits de mutation comme héritiers de leur frère, sur la part que ce dernier aurait eue dans la succession du père; Demolombe, XIV, 543; tribunaux Caen, 17 juin 1817, Valence, 13 juill. 1853, Bergerac 21 janv. 1855, Cass. 21 juin 1834, 2 mai 1849 et 21 avril 1854 J. N. 13103, 13732, 15238, 15298, 15516. Voir Cass. 17 janv. 1860; J. N. 18147.

(4) Toullier, IV, 304; Roll., *Ren. à succ.*, n° 25; Mourlon, II, p. 102.

(5) Toullier, IV, 304; Chabot, *776*, 3; Duranton, VI, 431; Demolombe, XIV, 326; Riom, 18 avril 1825, 19 avril 1828.

(6) Chabot, *776*, 3; Toullier, IV, 318; Duranton, VI, 423; Demolombe, XIV, 327.

(7) Chabot, *776*, 8; Roll., *Accept. de succ.*, n° 55; Demolombe, XIV, 330; Douai, 30 mai 1856; Jur. N. 10769.

(8) Marcadé, art. *776*; Douai, 30 mai 1856.

(9) Toullier, III, p. 224; Demolombe, XIV, 331.

(10) Décidé que le mineur et l'interdit sont de plein droit héritiers bénéficiaires, sans qu'aucune déclaration au greffe soit nécessaire; Vazeille, *793*, 6; Cass. 10 mai 1811; J. N. 10201; Rouen, 24 janv. 1845. Les actes de leur tuteur, qui entraîneraient adition d'hérédité au regard des majeurs, ne peuvent avoir pour effet de leur faire perdre la qualité d'héritier bénéficiaire: Tambour, *Bénéf. d'inv.*, p. 419; Demolombe XIV, 335; Nîmes, 8 nov. 1827; Rouen, 30 août 1828; Besançon, 28 novembre 1835; Cass. 21 nov. 1841. CONTRA Demante, III, 66 *bis*; Mourlon, II, p. 109; Troplong *Cont. de mar.*, n° 1567.

(11) Chabot, *776*, 8; Toullier, IV, 320; Roll., *Accept. de succ.*, n° 55; Demolombe, XIV, 330; Douai, 30 mai 1856.

(12) Chabot, *776*, 10 et *784*, 5; Toullier, IV, 311, Taulier, III, p. 224; Duranton, VI, 476; Demolombe, XIV, 332; Roll., *Accept. de succ.*, n° 56.

(13) Chabot, *776*, 3; Duranton, VI, 432; Marcadé, *783*, 5; Demolombe, XIV, 536; Mourlon, II, p. 110; Dict. Not., *Accept. de succ.*, n° 101; Roll., *ibid.*, n° 110.

contre lui, soit par un cohéritier, un légataire, ou même par un tiers, qui n'en aurait point profité (1). Il ne peut jamais réclamer sous prétexte de lésion, excepté seulement dans le cas où la succession se trouverait absorbée ou diminuée de plus de moitié de l'actif brut (2), par la découverte d'un testament (3), inconnu au moment de l'acceptation (*C. N.*, 783); mais la découverte de dettes inconnues au moment de l'acceptation, quelque considérables qu'elles soient, n'est pas une cause de restitution de l'acceptation (4).

1846. Quant au mineur au nom duquel une succession a été acceptée, il peut attaquer l'acceptation, même pour simple lésion (5); toutefois cette opinion est controversée; en tous cas, quoique l'acceptation bénéficiaire faite en son nom par le tuteur dûment autorisé ait eu pour effet de l'obliger à un rapport dont il aurait été dispensé en renonçant, on ne peut considérer l'obligation du rapport comme une lésion, et le mineur devenu majeur ne peut ni attaquer l'acceptation, ni renoncer (6).

§ 2. — ACTES CONSERVATOIRES OU D'ADMINISTRATION

1847. Les actes purement conservatoires, de surveillance, et d'administration provisoire ne sont pas des actes d'adition d'hérédité si l'on n'y a pas pris le titre ou la qualité d'héritier (*C. N.*, 779); il n'est donc pas nécessaire d'y énoncer que le successible n'entend pas prendre qualité; cependant, pour éviter toutes difficultés, il est préférable de dire que le successible agit comme *habile à se dire héritier*, en se réservant d'accepter ou de répudier [Form. 309]; ou mieux encore de le faire autoriser par le juge à passer ces actes (7).

1848. Ainsi le successible ne fait que des *actes conservatoires* en faisant apposer les scellés, procéder à un inventaire; lorsqu'il nomme un gérant, s'il y a lieu; lorsqu'il saisit un débiteur; prend ou renouvelle une inscription; fait protester un billet; interrompt une prescription, etc. (8).

1849. Il fait un acte de *surveillance et d'administration provisoire* lorsqu'il prend les clefs de la maison, l'habit pour veiller à la conservation du mobilier (9), fait vendre le mobilier en remplissant les formalités indiquées *infra* n° 1897, fait faire les réparations urgentes, loue les biens pour les termes d'usage des baux faits sans écrit, règle les comptes des fermiers, reçoit les créances courantes, paye les dettes courantes, etc.

§ 3. — ACCEPTATION PAR LES CRÉANCIERS D'UN SUCCESSIBLE

1850. Les biens d'une succession deviennent le gage des créanciers des successibles aussitôt l'ouverture de la succession, sauf l'effet de la séparation des patrimoines.

FORMULE 309. — **Successible habile à hériter faisant acte de surveillance et d'administration provisoire.** (N°s 1847 à 1849.)

M. LEBLÉ habile à se porter seul et unique héritier de M. Désiré LEBLÉ, son père, en son vivant, propriétaire, demeurant à ....., où il est décédé le .....; et, en cette qualité, ayant la surveillance et l'administration provisoire des biens de la succession de son père; succession qu'il se réserve d'accepter ou de répudier par la suite, ainsi qu'il avisera.

FORMULE 310. — **Acceptation par le créancier d'un successible avant que celui-ci ait pris qualité.** (N°s 1850 à 1852.)

M. DUBOIS, créancier de M. Jean MARCHAND, propriétaire, demeurant à .....; et, en

---

(1) Duranton, VI, 452; Toullier, IV, 311; Belost Jolimont sur Chabot, 783, 5; Marcadé, 783, 2; Roll., *Accept. de succ.*, n° 115; Mourlon, II, p. 109; Taulier, III, p. 233, Demante III, 103 *bis*; Massé et Vergé, § 378, note 26; Demolombe, XIV, 538; Cass. 3 déc. 1838; J. N. 10284.
(2) Duranton, VI, 461; Demolombe, XIV, 551; Mourlon, II, p. 113., (3) Mais non de la découverte d'une donation; Marcadé, 783, 3; Troplong, *Don.* III, 1177; Demolombe, XIV, 543; Mourlon, II, p. 111.
(4) Chabot, 783, 7; Duranton, VI, 459; Marcadé, art. 783; Roll., *Accept. de succ.*, n° 123; Dict. Not., *ibid.*, n° 6; Demante, III, 103 *bis*; Demolombe, XIV, 544; Voir Cass. 8 mai 1865; J. N. 18310.

(5) Toullier, IV, 335; Duranton, VI, 430; Marcadé, 783, 7; Massé et Vergé, § 378, note 25; Dict. Not., *Accept. de succ.*, n° 98; Roll., *ibid.*, n° 114; Cass. 5 déc. 1838; J. N. 10284 · CONTRA; Chabot et Belost-Jolimont, 783, 1; Demolombe, XIV, 534.
(6) Marcadé, 1303, 4; Paris, 13 fév. 1861; J. N. 17081.
(7) Toullier, IV, 331; Duranton, VI. 405; Chabot, 779, 4 et 5; Demolombe, XIV, 420. V. Cass. 18 nov. 1863; J. N. 17907.
(8) Demolombe, XIV, 424; Dict. Not. *Acte d'héritier*, n°s 55, 66.
(9) Demolombe, XIV, 422; Lyon, 17 juill. 1829.

1851. Mais pour qu'ils exercent leurs droits sur ces biens, il faut que le successible ait pris qualité; et si le successible, dans les délais pour faire inventaire et délibérer (1), néglige de prendre qualité, ses créanciers, après l'avoir discuté dans ses biens personnels (2), lui font sommation de prendre qualité dans un délai déterminé (3); à défaut par le successible d'obéir à la sommation dans le délai qu'elle indique, les créanciers passent l'acte d'acceptation (4) au greffe du tribunal civil du lieu de l'ouverture de la succession [Form. 310] du chef de leur débiteur, comme subrogés à ses droits en vertu de l'art. 1166 C. N., et sans être obligés d'obtenir une subrogation judiciaire (5).

1852. Après cette acceptation, les créanciers exercent les droits de leur débiteur dans la succession jusqu'à concurrence du montant de leurs créances; et si le successible renonce ensuite, ses cohéritiers n'ont point de recours contre lui pour raison de la somme prélevée par ses créanciers.

1853. Lorsque le successible a renoncé à la succession avant que ses créanciers aient agi, les droits de ceux-ci ne sont plus les mêmes : si leurs titres de créance n'avaient point date certaine au jour de la renonciation, ils ne peuvent exercer aucune action contre la succession (6); dans le cas contraire, et s'ils établissent que la renonciation leur préjudiciait dès l'instant où elle a été faite (7), ils peuvent, après discussion des biens de leur débiteur (8), se faire autoriser en justice (9) à accepter la succession du chef de leur débiteur, en son lieu et place [Form. 311]. Dans ce cas cette renonciation n'est annulée qu'en faveur des créanciers qui ont accepté, et jusqu'à concurrence seulement de leurs créances; elle ne l'est pas au profit de l'héritier qui a renoncé (C. N., 788), ni au profit de ses autres créanciers (10).

1854. Les cohéritiers du renonçant peuvent empêcher l'instance, ou, si le jugement est obtenu, en empêcher l'effet, en désintéressant les créanciers qui ont introduit la demande (11).

1855. En aucun cas les cohéritiers du renonçant n'ont un recours contre lui pour raison du préjudice que leur a fait éprouver l'action des créanciers; la renonciation est considérée comme n'ayant pas eu lieu jusqu'à concurrence de ce que les créanciers prennent dans la succession; d'ailleurs, en renonçant, le successible n'a pris aucun engagement de garantie envers ses cohéritiers (12).

---

cette qualité, ayant accepté du chef de ce dernier, à défaut par lui d'avoir pris qualité, la succession de M. Pierre Marchand, son père, en son vivant propriétaire, demeurant à...., où il est décédé, le.....; duquel il s'est trouvé héritier pour moitié. Ainsi qu'il résulte d'une déclaration que M. Dubois a passée au greffe du tribunal civil de....., le....

FORMULE 311. — *Acceptation de la part d'un créancier, après renonciation par le débiteur.* (Nos 1853 à 1856.)

M. Dubois, créancier de M. Jean Marchand, propriétaire, demeurant à.....; en cette qualité, ayant accepté du chef de ce dernier, et en son lieu et place, la succession de M. Pierre Marchand, père de son débiteur, en son vivant propriétaire, demeurant à...., où il est décédé le.....; succession qui était dévolue à ce dernier pour moitié, et à laquelle il a renoncé suivant déclaration passée au greffe du tribunal civil de....., le.....; l'acceptation de M. Dubois résulte d'une déclaration passée par lui au même greffe, le....., en conformité d'un jugement l'autorisant à cet effet, rendu par le tribunal civil de....., le.....

---

(1) Dict. Not., *Accept. de succ.*, n° 53; Roll., *ibid.*, n° 67.
(2) Grenier, *Hypoth.*, n° 425; Paris, 13 fév. 1826; J. N. 3788; contra Toullier, IV, 402; Proudhon, *Usufr.*, n° 2315; Roll., *Accept. de succ.*, n° 70.
(3) Toullier, IV, 319; Dict. Not., *Accept. de succ.*, n° 54; Roll., *ibid.*, n° 66.
(4) L'acceptation ne profite qu'aux créanciers qui l'ont faite: Toullier, IV, 319; Roll., *Accept. de succ.*, n° 71.
(5) Valette sur Proudhon, *Usufr.*, n° 2237; Boileux, *art. 1166*; Mourlon, t. II; Bonnier, *Rev., prat.*, I, p. 97; Dict. Not., *Ren. à succ.*, n° 155; Bordeaux, 20 janv. 1847; Cass. 23 janv. 1849, 2 juill. 1851, 26 juill. 1854; Jur. N. 8280, 8375, 9300, 10336, contra Proudhon, *Usuf.*, n° 2237; Marcadé, art. *1166*; Demante, II, 596, note 6.
(6) Chabot, 788, 3; Toullier, IV, 348; Duranton, VI, 512; Dict. Not., *Ren. à succ.*, n° 144; Roll., *ibid.*, n° 147.

(7) Chabot, 788, 2; Marcadé, 788, 1; Demolombe, XV, 79; Dict. Not., *Accept. de succ.*, n° 58; Roll., *Ren. à succ.*, n° 140.
(8) Toullier, IV, 348; et VI, 371; Duranton, IV, 317; Proudhon, *Usuf.*, n° 2314; Dict. Not., *Ren. à succ.*, n° 130; Roll., *ibid.*, n° 135.
(9) Par voie d'exploit d'ajournement, et non pa requête: Duranton, VI, 518; Duvergier sur Toullier, IV, 319; Massé et Vergé, § 380, note 7; Demolombe, XV, 82; contra Chabot, 788, 3; Poujol, 788 2.
(10) Chabot, 788, 4; Roll., *Ren. à succ.*, n° 146.
(11) Demolombe, XV, 87.
(12) Marcadé, 788, 2; Proudhon, *Usuf.*, n° 2410; Demante, III, 100bis; Massé et Vergé, § 380, note 11; Demolombe, XV, 89; contra Toullier, IV, 349; Duranton, VI, 320 bis; Roll., *Ren. à succ.*, n° 144; Dict Not. *ibid*, n° 139; Mourlon, II, p. 125.

1856. L'acceptation de la part des créanciers peut être faite même lorsque le successible a renoncé pour ne point rapporter la valeur d'un don, *infra* n° 1874; dans ce cas les créanciers, exerçant les droits de leur débiteur, sont tenus aux mêmes charges que lui, conséquemment au rapport.

SECTION II. — DE LA RENONCIATION AUX SUCCESSIONS
§ 1. — RENONCIATION PURE ET SIMPLE

1857. La renonciation à une succession ne se présume pas; elle ne peut être faite qu'au greffe du tribunal de première instance dans l'arrondissement duquel la succession s'est ouverte [Form. 312], sur un registre particulier tenu à cet effet (C. N., 784), sans qu'il soit besoin d'autre formalité (C. pr., 997); elle a lieu par le successible lui-même, ou par son mandataire en vertu d'une procuration notariée (1); dans les deux cas, avec l'assistance d'un avoué pour certifier au greffier l'identité du renonçant (2); cependant si le greffier connaît la personne qui comparaît devant lui, l'assistance de l'avoué n'est pas nécessaire (3).

1858. La renonciation peut aussi résulter de toute convention par acte devant notaire [Form. 313], ou sous seings privés, mais elle ne produit d'effet qu'entre les héritiers; elle n'est pas opposable aux tiers (4). Quant à la renonciation que le successible ferait par un acte unilatéral devant notaire, elle serait nulle, et ne serait pas opposable au successible qui l'aurait consentie (5).

1859. La renonciation ne peut être faite qu'après l'ouverture de la succession; l'on ne peut donc, même par contrat de mariage, renoncer à la succession d'une personne vivante, ni aliéner les droits éventuels qu'on peut avoir à cette succession (6) (C. N., 791), alors même qu'ils résultent d'un don contractuel de biens à venir (7). La renonciation à la succession de l'absent est nulle si elle est faite avant l'envoi en possession provisoire (8). La capacité voulue pour renoncer à une succession est indiquée *supra* n° 1842. Si une renonciation à succession est faite au nom de mineurs ou d'interdits, voir pour les formes à suivre *supra* n° 1845.

SECTION II. — RENONCIATION

FORMULE 312. — **Renonciation à succession par acte passé au greffe.**
(Nos 1857 à 1872.)

L'an mil huit cent soixante. . . . ., le. . . . .
Devant nous, greffier du tribunal civil de. . . . .
A comparu M. Léon Bourdon, propriétaire, demeurant à. . . . .
Assisté de Me. . . . . avoué à. . . . .
Lequel a déclaré renoncer à la succession de M. Pierre Bourdon, son père, en son vivant propriétaire, demeurant à. . . . ., où il est décédé le. . . . ., dont il s'est trouvé seul et unique successible.
De tout ce que dessus nous avons dressé le présent, que le comparant et son avoué ont signé avec nous.

FORMULE 313. — **Renonciation à succession par acte devant notaire.** (N° 1858.)

Par-devant Me. . . . .
Ont comparu :
M. Léon Dubois, avocat, demeurant à. . . . .   D'une part;
Et M. Théodore Dubois, menuisier, demeurant à. . . . .   D'autre part;

---

(1) Chabot, 784, 1; Roll., *Renonc. à succ.*, n° 55; contra Duranton, VI, 472; Dalloz, *Succ.*, n° 582; Demolombe, XV, 14.
(2) Marcadé, art. 784; Bioche, *Ren., à comm.*, n° 6; Chauveau sur Carré, *Quest. 2629* et *Tarif*, II, p. 488; Mourlon, II, p. 117.
(3) Marcadé, 784,1; Demolombe, XV, 13; Mourlon, II, p. 117; Bordeaux, 21 déc. 1854; J. N. 15465.
(4) Marcadé, 784, 1; Coin-Delisle, *Rev. crit.*, 1857, X, p. 297; Dalloz, *Succ.*, n° 579; Demolombe, XV, 21; Dict. Not., *Ren. à succ.*, n° 55; Roll., *ibid.*, n° 63; Cass., 17 août 1815, 11 août 1825, 17 juin 1846, 4 mars 1856; J. N. 5503, 12758; Seine, 4 août 1861; J. N. 18116.
(5) Demolombe, XV, 20; Poitiers, 28 juin 1839; Bordeaux, 4 avril 1855; J. N. 15646. Voir aussi Cass. 15 nov. 1858; J. N. 16472.

(6) La renonciation, pour un seul et même prix, à une succession échue et à une succession à échoir est nulle pour le tout, il y a indivisibilité: Troplong, *Vente*, n° 234; Roll., *Ren. à succ. future*, n° 13; Riom, 13 déc. 1828; Limoges, 6 avril 1838; Cass. 10 août 1840 et 11 nov. 1843; J. N. 10774; contra Duvergier, *Vente*, n° 234; Bastia, 26 mai 1836.
(7) Grenier, *Don.*, II, 416; Dict. Not., *Ren. à succ. future*, n° 10; Roll., *ibid.*, n° 9; Riom, 30 avril 1811; Paris, 11 mars 1837; Lyon, 16 janv. 1838; Toulouse, 15 avril 1842; Orléans, 4 avril et 28 déc. 1849; Cass. 10 août 1840, 11 et 12 janv. 1853; Caen, 23 mai 1861; J. N. 1419, 9629, 10774, 1, 433, 12923, 14894.
(8) Cass. 3 août 1829 et 21 déc. 1841; J. N. 11223.

1860. Le successible qui renonce est censé n'avoir jamais été héritier (C. N., 785); sa part accroît à ses cohéritiers [Form. 314]; s'il est seul, elle est dévolue aux héritiers du degré subséquent (C. N., 786) qui sont réputés avoir été seuls saisis dès l'instant du décès, en vertu de l'art. 724 (1); dans aucun cas il n'y a lieu à représentation en faveur des descendants du renonçant, *supra* n° 1702, et si la succession, à défaut de cohéritiers, est dévolue aux enfants du renonçant, ils y viennent de leur chef et succèdent par tête (C. N., 787). Les cohéritiers du renonçant ne peuvent refuser la part qui leur accroît; mais les héritiers subséquents ont la faculté de renoncer (2).

1861. L'enfant naturel jouit du droit d'accroissement, puisqu'il est considéré comme enfant légitime pour la fixation de ses droits, *supra* n° 1762, renvoi G, qui, conséquemment, doivent être calculés en raison du nombre des enfants acceptants (3); voir cependant *infra* n° 1867.

1862. Le successible qui a renoncé est déchargé de la contribution aux dettes de la succession; malgré ce principe, il a été décidé que les frais funéraires et ceux de dernière maladie sont une dette personnelle la charge des enfants qui en doivent le payement, même lorsqu'ils renoncent à la succession (4).

1863. Le renonçant est considéré comme n'ayant point été héritier, même lorsque sa renonciation a été faite dans le but de ne point rapporter la valeur d'un don; en ce cas, si la succession se divise en deux parts, l'une pour la ligne paternelle, et l'autre pour la ligne maternelle, la ligne qui profite de sa renonciation n'est tenue à aucune indemnité envers l'autre ligne, quoique le don ou le legs fait au successible se prélève sans distinction sur la masse totale de la succession (5).

1864. La faculté d'accepter ou de répudier une succession se prescrit par trente ans (C. N., 789,2262), du jour de son ouverture; de sorte que le successible qui n'a ni accepté, ni renoncé dans ce délai, ne pe plus ni accepter ni renoncer; il est considéré comme n'ayant point été appelé à la succession (6), sauf le cas d'interruption ou de suspension de la prescription (7). (C. N., 2252.)

1865. Tant que la prescription du droit d'accepter n'est pas acquise contre les héritiers qui ont renoncé [30 ans du jour du décès(8)], ils ont la faculté, ou leurs héritiers, en vertu de l'art. 784 (9), *supra*

Lesquels sont convenus de ce qui suit:
Les comparants sont seuls habiles à hériter, chacun pour moitié, de M. Vincent Dubois, leur père, en son vivant rentier, demeurant à....., où il est décédé le.....

M. Léon Dubois, en considération des dépenses considérables que feu M. Dubois, son père, a faites pour son éducation, et qui ont diminué de beaucoup sa fortune, sans que cependant il soit tenu à aucun rapport pour cette cause, l'article 852 du Code Nap. l'en dispensant;

Voulant que ces dépenses ne préjudicient point à M. Théodore Dubois, son frère, et d'un autre côté ne voulant pas profiter de la dispense de rapport résultant de l'art. 852 du Code Nap.,

A, par ces présentes, déclaré renoncer purement et simplement à la succession de M. Vincent Dubois, son père, qui, à ce moyen, se trouve dévolue à M. Théodore Dubois pour le tout.

M. Théodore Dubois accepte cette renonciation.

M. Léon Dubois prend l'engagement de la réitérer dans le délai de huit jours, au greffe du tribunal civil de....., afin qu'elle produise son effet à l'égard des tiers.

Dont acte. Fait et passé, etc.

---

(1) Demolombe, XIII, 130 et XV, 43; Demante, III, 166 *bis*.
(2) Chabot, 787, 9; Toullier, IV, 343; Duranton, VI, 502; Marcadé, 783, 8; Roll., *Renon. à succ.*, n° 106.
(3) Chabot, 757, 6; Massé et Vergé, § 369, note 8; Demante, III, 16; Demolombe, XIV, 30; contra Loiseau, *Enf. natur.*, p. 653.
(4) Tribunaux de paix l'Isle (Vaucluse), 24 fév. 1860; Roujan, 17 avril 1860; Mon. trib.,1860, p. 84, 383.
(5) Duranton, VI, 504; Chabot, 786, 10; Roll., *Ren. à succ.*, n° 75; Demolombe, XV, 46; Paris, 1er juill. 1814; Grenoble, 17 déc. 1855.
(6) Malpel, *Succ.*, n° 326; Vazeille, *Prescr.*, I, 365; Duranton, I, 138;Bureaux, *Rev. prat.* 1857, II, p. 282; Froissart, *Rev. prat.*, 1858, I, p. 500, Rouen, 10 juin 1838, Riom,1er fév. 1847; Paris, 3 fév. 1848, 12 déc. 1854; 11 déc. 1858; Cass. 13 juin 1855; J. N. 10131, 13276, 15571; Rouen (aud. solenn.), 23 fév. 1856; Caen, 25 juill. 1862. Jur. N. 10039, 12250;

Cass. 29 janv. 1862; Paris, 23 nov. 1862; trib. Marseille, 9 déc. 1 268 contra Chabot, 789, 2; Marcadé, 789, 2; Roll., *Accept. de succ* n° 38, et *lien. à succ.*, n° 40; Demolombe, XIV, 306; Demante, 411 *bis*; Dict. Not., *Accept. de succ.*, n° 30; Bordeaux, 6 mai 1814; Paris, 2 fév. 1814; Riom, 1er fév. 1817. Selon ces autorités, la faculté de renoncer est seule prescrite; à l'égard de la faculté d'accepter, elle ne peut être prescrite que dans le cas de l'art. 790.
(7) Paris, 23 nov. 1862, précité.
(8) Demante,III, 103 *bis*;Marcadé, 790, 11; Demolombe, XV, 57; contra Delsol-Jolimont, 790, obs. 1; Vazeille, *Prescr.*, I, 373; Douai, 30 nov. 1851. Suivant ces autorités, le renonçant le peut à tou époque,même après trente ans.
(9) Duranton, VI, 407;Demante, III, 102 *bis*; Demolombe, XIV, 345.

n° **1841**, d'accepter encore la succession (1), si elle n'a pas été déjà acceptée (2) par d'autres héritiers; sans préjudice néanmoins des droits qui peuvent être acquis à des tiers sur les biens de la succession, soit par prescription, soit par actes valablement faits avec le curateur à la succession vacante (C. N., 790). L'héritier à réserve qui a renoncé, ne peut plus, en rétractant sa renonciation, agir en réduction, soit contre les donataires, soit contre les tiers acquéreurs auxquels les donataires auraient transmis les immeubles qui faisaient l'objet de la donation excessive (3).

1866. Lorsqu'une succession est répudiée par plusieurs héritiers, si ensuite l'un d'eux revient contre la renonciation et l'accepte expressément ou tacitement, avant toute acceptation de la part des héritiers subséquents, elle lui est dévolue pour le tout (4).

1867. Si l'hérédité, par suite de la renonciation des successibles, est dévolue à un enfant ou autre parent naturel, au conjoint survivant ou à l'Etat, le renonçant peut rétracter sa renonciation tant que l'envoi en possession n'a pas été demandé (5).

1868. Le successible majeur peut se faire restituer contre sa renonciation, même lorsque la succession a été acceptée par d'autres, si la renonciation a été la suite d'un dol ou d'une violence (6); si elle a eu lieu par erreur, comme il arriverait si le successible renonçant pour s'en tenir à un don, *infra* n° **1874**, l'acte constatant le don avait été depuis annulé (7); ou si elle avait eu pour cause l'existence d'un testament depuis déclaré faux (8). Il n'en serait pas de même si le testament était seulement annulé pour vice de forme (9).

1869. Quant au mineur, au nom duquel une renonciation a été faite, la seule lésion est une cause de restitution de la renonciation (10).

1870. Les héritiers majeurs (11), et le légataire ou donataire contractuel universel ou à titre universel (12), et ceux étant à la fois héritiers et légataires ou donataires (13) qui auraient personnellement (14) diverti ou recélé des effets d'une succession, même avant le décès (15), sont déchus de la faculté d'y renoncer; ils demeurent héritiers purs et simples nonobstant leur renonciation (C. N., 790); mais à l'égard seulement de ceux qui ont fait prononcer en justice la nullité de la renonciation, *infra* n° **1892**; quant à

FORMULE 314. — **Successible venant seul à la succession par suite de la renonciation d'un autre successible.** (N° 1860.)

M. Louis DELAVAL seul et unique héritier (*ou* habile à se dire seul et unique héritier) de M. Charles DELAVAL, son frère germain, en son vivant filateur, demeurant à . . . . ., où il est décédé le . . . . .; à la succession duquel il a seul droit par suite de la renonciation à cette succession, faite par M. Honoré DUBOIS, autre frère du *de cujus*, suivant déclaration passée au greffe du tribunal civil de . . . . ., le . . . . Ainsi que cette qualité, etc. (*Le surplus comme en la formule 180.*)

---

(1) Expressément ou tacitement; purement et simplement, ou sous bénéfice d'inventaire: Demolombe, XV, 54; Rouen, 30 juin 1857.

(2) Aussi expressément ou tacitement; purement et simplement, ou sous bénéfice d'inventaire: Duranton, VI, 507; Duvergier sur Toullier, IV, 346; Chabot, 790, 3; Zach., § 380, note 21; Demolombe, XV, 64; Cass. 19 mai 1835; J. N. 8908.

(3) Zach., § 380, p. 317; Demolombe, XV, 71; Montpellier, 25 mars 1334; J. N. 7713.

(4) Demolombe, XV, 65; Rouen, 2 juill. 1857; Cass. 19 mai 1835, 5 juin 1860; Mon. trib., 1860, p. 346.

(5) Chabot et Belost-Joliment, 790, 3; Toullier, IV, 347; Roll., *Ren. à succ.*, n° 126; Demolombe, XIII, 156; Taulier, III, p. 240; Demante, III, 111 *bis*; Zach., Massé et Vergé, § 380, note 22; Bordeaux, 15 janv. 1848; J. N. 13350.

(6) Chabot, 784, 6; Duranton, VI, 503; Marcadé, 790, 4; Demante, II, 108 *bis*; Demolombe, XV, 92; Seine, 6 déc. 1865; J. N. 18138.

(7) Toullier, IV, 351; Roll.. *Ren. à succ.*, n° 112; Vazeille, 845, 3°; Dalloz, *Succ.*, n° 664; Riom, 3 fév. 1820; Nimes, 30 janv. 1827; Bastia, 24 juill. 1827; Cass., 29 mars 1842; trib. Figeac, 4 déc. 1845; CONTRA Belost-Joliment, art. 784; Zach., § 380, p. 318; Duvergier, sur Toullier, IV, 351; Demolombe, XV, 98; Nîmes. 6 fév. 1824; Cass., 2 fév. 1850; Grenoble, 20 juill. 1832; Poitiers, 7 août 1833. V. Cass. 3 mai 1805.

(8) Toullier, IV, 351; Roll.. *Ren. à succ.*, n° 114; Zach., § 380, p. 318; Vazeille, 790, 2; Taulier, III, p. 241; Dalloz, *Succ.*, n° 683; Paris,

22 avril 1816. CONTRA Duvergier sur Toullier, IV, 351; Chabot, 784, 6; Marcadé, 790, 4; Demolombe, XV, 94.

(9) Toullier, IV, 351; Roll., *Ren. à succ.*, n° 131; Dict. Not., *ibid*, n° 111.

(10) Roll., *Ren. à succ.*, n° 117; Dict. Not., *ibid.*, n° 106; Bordeaux, 17 fév. 1820.

(11) Mais non les mineurs: Chabot, art. 792; Duranton, VI, 480; Rodière et Pont, *Contr. de mar.* I, 416; Taulier, III, p. 250; Zach., Massé et Vergé, § 379, note 21; Demolombe, XIV, 336; Roll., *Recélé*, n° 6; Bruxelles, 9 déc. 1815; Cass. 2 déc. 1826; Limoges, 30 déc. 1827; Rouen, 30 août 1828.; CONTRA Demante, III, 113 *bis*; Troplong, *Contr. de mar.*, III, 1367; Odier, *ibid.*, I, 416; Mourlon, II, p. 127.

(12) Roll., *Recélé*, n° 8; Demolombe, XIV, 503; Massé et Vergé, § 380, note 24; Paris, 14 juill. 1831 et 22 août 1835; Cass. 5 mai 1832 et 16 janv. 1834; 20 juin 1865. J. N. 7774, 8358, 9001.

(13) Toullier, XIII, 214; Roll.. *Recélé*, n° 29; Cass., 16 janv. 1834; Bordeaux, 16 juin 1810; Riom, 6 août 1840; J. N., 8358, 10523; CONTRA Poitiers, 30 nov. 1838; J. N. 8270. V. Cass. 24 avr. 1865; J. N. 18282.

(14) Le recélé commis par le mari de la femme successible ne serait donc pas imputable à celle-ci, ni réciproquement: Demolombe, XIV, 479; Agen, 6 janv. 1851.

(15) Belost-Joliment, 792, obs. 4; Chardon, *Dol et fraude*, II, 386; Massé et Vergé, § 380, note 25; Troplong, *Contr. de mar.*, III, 1562; Demolombe, XIX, 486; Roll., *Recélé*, n° 5; Marcadé, *Revue crit.*, 1852; p. 76; Paris, 14 juill. 1831; Cass., 5 mai 1832, 10 déc. 1835; Riom, 10 avril 1851; Seine, 20 déc. 1864. J. N. 7774, 14500; 18215.

ceux qui ont recélé, ils ne sont point recevables à arguer de leur divertissement pour faire tomber leur propre renonciation (1). De plus, et ceci s'applique aussi au mineur arrivé à l'âge de discernement (2) (seize ans accomplis), ceux qui ont recélé ne peuvent prétendre à aucune part dans les objets divertis ou recélés (*C. N. 792*); peu importe, dans ce cas, qu'ils aient accepté ou renoncé (3).

1871. La part dont l'héritier est privé dans l'objet diverti ou recélé accroît aux autres héritiers, sans charge des dettes dont elle pourrait être tenue, en ce sens que l'héritier délinquant continue de supporter toute sa part et portion dans les dettes (4).

1872. L'héritier est privé dans l'objet diverti ou recélé non-seulement de sa part comme héritier, mais aussi de sa part comme donataire contractuel ou légataire (5).

§ 2. — RENONCIATION POUR NE POINT RAPPORTER UN DON.

1873. Lorsqu'une personne décède après avoir disposé par donation ou testament en faveur de ses successibles, ceux-ci doivent rapporter les dons à la succession, et imputer les legs sur leurs droits successifs, *infra* nos 1992 et suiv.

1874. Cependant l'héritier (6) qui renonce à la succession peut, à moins de condition contraire, retenir le don entre-vifs ou réclamer le legs à lui fait, jusqu'à concurrence de la quotité disponible (*C. N., 845*); en ce qui concerne les legs, tout le monde convient que l'héritier renonçant ne peut le réclamer jusqu'à concurrence de la quotité disponible; mais, à l'égard du don, une vive controverse s'est élevée : selon un système qui a été longtemps la jurisprudence de la Cour de cassation, le successible renonçant compte pour la fixation de la réserve, et ses cohéritiers, du moment où ils sont remplis de leur réserve légale, n'ont rien à réclamer sur la disposition faite en sa faveur; de sorte qu'il peut retenir sur son don, cumulativement, d'abord sa réserve légale, puis la portion disponible (7). D'après le système opposé, aujourd'hui généralement suivi, l'héritier renonçant devient étranger à la succession; en conséquence il n'a

---

FORMULE 315. — **Renonciation pour ne point rapporter la valeur d'un don.**
(Nos 1873 à 1875.)

L'an mil huit cent soixante....., le.....
Devant nous, greffier du tribunal civil de première instance de.....;
A comparu M. Léon Blidois, propriétaire, demeurant à.....
Assisté de Me....., avoué à.....
Lequel a déclaré renoncer à la succession de M. Pierre Blidois, son père, en son vivant fabricant de toiles, demeurant à....., où il est décédé le....., duquel il s'est trouvé héritier pour un tiers, et faire cette renonciation pour s'en tenir au don que feu M. Blidois, son père, lui a fait aux termes du contrat de mariage du comparant passé devant Me....., notaire à....., le.....
De tout ce que dessus nous avons dressé le présent que le comparant et son avoué ont signé avec nous.....

---

(1) Toullier, IV, 350; Duranton, VI, 481; Chabot, *792*, 1; Demante, III, 113 bis; Demolombe, XIV, 492.
(2) Chabot, art. *801*; Duranton, VI, 480; Roll., *Recélé*, n° 7; Marcadé, art. *792*; Demolombe, XIV, 336, 505; Bordeaux, 2 déc. 1840; Cass., 3 mai 1848; J. N. 10950.
(3) Chabot, *784*, 7; Toullier, IV, 350; Massé et Vergé, § 380, note 26; Demolombe, XIV, 497; Cass. 22 fév. 1831; J. N. 7391.
(4) Demolombe, XIV, 500; Dict. Not., *Recélé*, n° 38; Bordeaux, 20 fév. 1841; Paris, 26 mars 1852, 20 août 1853; Cass. 10 janv. 1865; Seine, 10 mars 1856; J. N. 17121, 17805, 18596; contra Rodière et Pont, *Cont. de mariage*, I, 812; Troplong, *ibid.*, III, 1693.
(5) Roll., *Recélé*, nos 20, 26; Massé et Vergé, § 380, note 27 : Troplong, *Contr. de mar.*, III, 1692; Demolombe, XIV, 499; Cass. 5 avril 1832, 1er déc. 1841, 4 déc. 1844; Riom, 6 août 1840; Bourges, 10 fév. 1840; Paris, 24 juin 1843; J. N. 10823, 11250, 11713, 12215.
(6) L'enfant naturel qui renonce à la succession peut conserver le don ou réclamer le legs à lui fait, jusqu'à concurrence de la part que la loi lui accorde dans la succession : Demolombe, XIV, 99 ; Dalloz, *Succ.*, n° 345; Bordeaux, 6 août 1827.
(7) Chabot, *845*, 2 ; Delvincourt, II, p. 113 et 248; Grenier, *Don.*, n° 566 et 594; Proudhon, *Consult.*, Sirey, 18, 1, 104; Gabriel Demante, *Rev. crit.*, 1832, p. 81, 148, 729; Troplong, *Don.*, n° 780, et *Rev. crit.*, IV, p. 193; Labbé, *Rev. prat.*, 1858, I, p. 493, 257, 305, II, 353; Taulier, III, p. 328; Turin, 1er avril 1812; Riom, 28 fév. 1820; Toulouse 7 août 1820, 17 août 1821, 16 juill. 1829, 9 août 1845; Paris, 31 juillet 1821, 7 avril 1838, 3 fév. 1840, 30 juin 1849, 19 avril 1856; Lyon, 2 mars 1836, 22 juin 1843, 13 juin 1845; Montpellier, 14 mai 1845, 7 janv. 1846; Bordeaux, 14 juill. 1837; Rouen, 29 janv. 1847, 22 juin 1849; Grenoble, 2 fév. 1852; Aix, 27 juin 1853; Orléans, 13 août 1838; Nîmes, 7 juill. 1856 ; Caen, 29 déc. 1859 ; Cass. 11 août 1829, 26 mars 1834, 31 mai 1836, 17 mars 1843, 24 juill. 1846, 21 juin 1848, 17 juillet 1854, 22 juill. 1856, 23 juill. 1857, 25 juill. 1859; J. N., 6149, 8444 9730, 10048, 11671, 12393, 12709, 13139, 13761, 13832, 15266, 15799, 16036

pas droit à la réserve, et il ne peut retenir le don à lui fait que jusqu'à concurrence de la quotité disponible (1); on a même enseigné qu'il n'a de droit sur la quotité disponible qu'après l'épuisement des dons et legs faits à des étrangers, et de ceux faits par préciput et hors part à des successibles (2). La renonciation pure et simple suffit pour l'exercice du droit de rétention; cependant il nous paraît préférable d'y mentionner qu'elle est faite expressément pour ne point rapporter le don ou le legs [Form. 315]; c'est le moyen de réserver le droit de se faire restituer contre la renonciation, si l'acte duquel résulte le don ou le legs, vient à être annulé, *supra* n° 1868.

1875. L'héritier acceptant ne peut retenir le don à lui fait, en avancement d'hoirie, que vis-à-vis des donataires, légataires ou créanciers.

SECTION III — DU BÉNÉFICE D'INVENTAIRE, DE SES EFFETS ET DES OBLIGATIONS DE L'HÉRITIER BÉNÉFICIAIRE

§ 1. DU BÉNÉFICE D'INVENTAIRE ET DE SES EFFETS

1876. L'effet de l'acceptation d'une succession est de saisir l'héritier de tous les biens et droits de la succession, à la charge d'en acquitter toutes les dettes et charges, quand même elles seraient supérieures à l'actif; c'est ce qu'on appelle être tenu *ultra vires* au payement des dettes et charges, *infra* n° 2068; à moins que l'héritier n'accepte sous bénéfice d'inventaire. (C. N., 774.)

1877. La déclaration d'un héritier qu'il entend ne prendre cette qualité que sous bénéfice d'inventaire, doit être faite au greffe du tribunal de première instance, dans l'arrondissement duquel la succession s'est ouverte [Form. 316]; elle doit être inscrite sur le registre destiné à recevoir les actes de renonciation. (C. N., 793.)

1878. L'effet du bénéfice d'inventaire est de donner à l'héritier l'avantage : 1° de n'être tenu du payement des dettes de la succession que jusqu'à concurrence du produit de la réalisation des biens qu'il a recueillis; même de pouvoir se décharger du payement des dettes en abandonnant tous les biens de la succession aux créanciers et aux légataires, *infra* n° 1945; 2° de ne pas confondre ses biens personnels avec ceux de la succession, et de conserver contre elle le droit de réclamer le payement de ses créances (C. N., 802); d'où la conséquence qu'il a le droit de revendiquer contre le tiers détenteur son propre bien que le *de cujus* aurait vendu (3).

1879. L'acceptation sous bénéfice d'inventaire de la part de tous les héritiers ou de l'un ou plu-

---

SECTION III. — BÉNÉFICE D'INVENTAIRE

FORMULE 316. — **Acte d'acceptation bénéficiaire.** (N°s 1876 à 1880.)

L'an mil huit cent soixante. . . . . , le. . . . .
Devant nous, greffier du tribunal civil de première instance de. . . . .
A comparu M. Paul DELATTRE, négociant, demeurant à. . . . .
Assisté de Me. . . . . , avoué à. . . . .
Lequel a déclaré accepter sous bénéfice d'inventaire la succession de M. Pierre DELATTRE, son père, en son vivant négociant, demeurant à . . . . . , où il est décédé le . . . . ; duquel il est seul héritier.
De tout ce que dessus nous avons dressé le présent, que le comparant et son avoué ont signé avec nous.

---

1) Toullier et Duvergier, V, 110; Levasseur, *Port. dispon.*, n° 146; Guilhon, *Don.*, n° 1109; Demante, II, 271; Vazeille, *845*, 4; Duranton, VII, 257; Pont, *Rev. de législ.*, 1842, II, 435; Demolombe, XVI, 257, XIX, 50 et suiv.; Poujol, *845*, 4, *913*, 9; Belost-Jolimont, *845*, obs. 2; Saintespés, II, 315; Marcadé, *845*, 2, *914*, 4; Coin-Delisle, *919*, 11 et 15; Massé et Vergé, § 402, note 3; Delsol, *Rev. prat.*, III, p. 97; Dalloz, *Succ.*, n° 1030; Toulouse, 17 juin 1824, 18 juill. 1829; Limoges, 14 déc. 1831; Riom, 26 juin 1824, 25 avril 1845, 16 fév. 1854, 12 mars 1855. Grenoble, 20 juill. 1832, 4 août 1845, 15 déc. 1849; Orléans, 5 déc. 1842; Rouen, 10 mars 1844; Caen, 4 août 1845; Dijon, 20 déc. 1845; Nancy, 17 juill. 1849; Amiens, 7 déc. 1852, 17 mars 1853; Agen, 16 mars 1853 et 23 mai 1860; Bastia, 23 janv. 1855; Paris,

14 juin 1855 et 1er mars 1860; Colmar, 9 janv. 1858; Agen, 23 mai 1860, Bourges, 14 juin 1860; trib. Arras, 8 août 1860; Bordeaux, 21 avril 1860; Douai, 4 juin 1861; J. N., 12593, 14990, 15552, 16036, 16801.

(2) Marcadé, *914*, 4, et *Rev. crit.* 1854, p. 287.

(3) Toullier, IV, 357; Duranton, VII, 52; Chabot, *802*, 2; Bilhard, *Ben. d'inv.*, n° 99; Duvergier, *Vente*, I, 330; Troplong, *Vente*, n° 447; Zach., 5 385, p. 314; Demolombe, XV, 494; Dict. Not., *Bén. d'inv.*, n° 140; Aix, 31 juill. 1828; Grenoble, 28 mars 1835; comma Riom, 12 déc. 1807.

sieurs d'entre eux a encore pour effet d'opérer de plein droit la séparation de tout le patrimoine du défunt d'avec celui de chacun des héritiers, même de ceux qui ont accepté purement et simplement (1), en faveur des créanciers du défunt, sans qu'ils aient besoin de prendre l'inscription prescrite par l'art. 2111 C. N.; et le privilége attaché à la séparation des patrimoines se conserve, quand même l'héritier bénéficiaire deviendrait ultérieurement héritier pur et simple (2). Cependant, en cas d'acceptation pure et simple par quelques-uns des héritiers, et d'acceptation bénéficiaire par un ou plusieurs autres, la séparation des patrimoines à l'égard de tous n'a sa cause que dans l'état d'indivision et cesse nécessairement avec elle; or le partage a pour conséquence, en ce qui concerne l'héritier pur et simple, de mettre fin à l'état bénéficiaire, de sorte que les biens composant son lot se confondent dans son patrimoine et deviennent le gage commun de ses créanciers sans distinction d'origine (3).

1880. Pour savoir si l'acceptation bénéficiaire a pour effet de rendre exigibles contre la succession les créances à terme, il faut distinguer : si la succession est en déconfiture ou en faillite, il n'est pas douteux qu'elles ne deviennent exigibles, même au regard des créanciers, qui ne peuvent plus arguer de ce que le terme a été stipulé en leur faveur pour refuser le payement (4); si, au contraire, la succession, quoique acceptée bénéficiairement, présente toutes les garanties nécessaires de solvabilité, elle profite du bénéfice des termes accordés (5).

§ 2. — ADMINISTRATION DE L'HÉRITIER BÉNÉFICIAIRE — COMPTE QU'IL DOIT RENDRE

1881. L'héritier bénéficiaire est administrateur des biens de la succession, c'est-à-dire de sa propre chose, mais à la charge de réaliser toutes les valeurs, afin de désintéresser les créanciers de la succes-

---

FORMULE 317. — **Compte de bénéfice d'inventaire.** (Nos 1881 à 1944.)

Par-devant M°. . . . .
A comparu :
M. Paul Delattre, négociant en épiceries, demeurant à. . . . .
Seul et unique héritier de M. Pierre Delattre, son père, en son vivant négociant, demeurant à. . . . ., où il est décédé le. . . . ., ainsi que le constate l'intitulé de l'inventaire qui va être énoncé sous la première observation; laquelle qualité a été acceptée par M. Delattre comparant sous bénéfice d'inventaire, aux termes de l'acte qui sera relaté sous la troisième observation.
Lequel a rendu, par ces présentes, le compte de la gestion et de l'administration qu'il a eues de la succession de M. Delattre, son père, en qualité d'héritier bénéficiaire.
Pour l'intelligence de ce compte, il fait l'exposé préliminaire qui suit :

EXPOSÉ PRÉLIMINAIRE

1re OBSERVATION.

Décès de M. Delattre. — *Inventaire.* (Nos 1889 à 1896.)

M. Delattre est décédé à. . . . . le. . . . .
Inventaire après son décès a été dressé, à la requête de M. Delattre comparant, par

---

(1) Massé et Vergé, § 385, note 33 ; Dalloz, *Succ.*, nos 788-789; Dufresne, *Sép. patrim.*, no 74; Riom, 3 août 1828; Nimes, 4 juill. 1855; Caen, 21 nov. 1855; Cass. 18 nov. 1833, 29 juin 1853, 11 déc. 1854, 3 août 1857; J. N. 8345, 15044, 15447, 16178; Metz, 25 juill. 1865; Seine, 13 janv. 1866; Lyon, 13 mars 1867; contra Demolombe, XV, 173.
(2) Grenier, *Hyp.*, II, p. 433; Persil, *2141*, 7; Troplong, *Hyp.*, III 631; Belost-Jolimont, art. *878*; Billard, no 113; Massé et Vergé, § 385, note 33; Blondeau, *Sép. des patrim.*, p. 507; Dufresne, *ibid.*, 76; Tambour, *Bén. d'inv.*, p. 415. Duvergier sur Toullier, IV, 539; Dalloz *Succ.*, nos 785, 794, Dict.-not., *Bén. d'inv.*, no 141; Roll., *ibid.*, no 492; Scrigny, *Rev. crit.*, 1858, 11, p. 63; Paris, 20 juill. 1811, 8 avril 1826, 4 mai 1833, 18 mars 1844, 16 nov. 1853; Riom, 8 août 1828; Bourges, 29 août 1832; Bordeaux, 14 juill. 1835; Colmar, 9 janv. 1837; Rouen, 24 janv. 1845, Nimes, 21 juill. 1852; Cass. 18 juin 1833, 18 nov. 1833, 10 déc. 1839, 5 août 1840, 29 juin 1853, 11 déc. 1854,
3 août 1857; 8 juin 1863; J. N., 10572, 11074, 12835, 15044, 15130, 15447, 16178; contra Duranton, VII, 47, XIX, 218; Rennes, 23 juill. 1819, selon lesquels le bénéfice d'inventaire n'emporte jamais séparation des patrimoines. contra aussi Marcadé, *881*, 7; Pont, *Priv.*, no 301; Demolombe, XV, 172, 396; Rouen, 5 déc. 1826; Bordeaux, 24 juill. 1830; Lyon, 4 juill. 1835. Selon ces autorités le bénéfice d'inventaire cesse d'emporter la séparation des patrimoines si le successible devient héritier pur et simple.
(3) Nimes, 4 juill. 1835; Cass. 18 nov. 1833, 11 déc. 1854, 25 août 1858, J. N. 8347, 15417, contra Caen, 21 nov. 1855; Cass., 3 août 1857; J. N. 16178.
(4) Demolombe, XV, 285; Cass., 2 fév. 1853; Chambéry, 6 déc. 1862.
(5) Demolombe, XV, 199, 255; Cass., 27 mai 1820; contra Duranton, VII, 33; Paris, 7 fév. 1844.

sion jusqu'à concurrence de ce qu'elle aura produit; si la succession est grevée de dettes, il est tenu de vendre le mobilier, *infra* n° 1901, et les immeubles, *infra* n° 1915; il ne pourrait les conserver et tenir compte de leur valeur (1).

1882. Lorsqu'il y a plusieurs héritiers et que la succession est restée indivise, il peut être nécessaire de confier l'administration à l'un des héritiers; alors c'est au président du tribunal, sur un référé introduit devant lui, à désigner l'administrateur.

1883. Le tribunal, sur la demande des créanciers, peut, même dans certains cas exceptionnels et pour sauvegarder les droits des créanciers ou autres intéressés, adjoindre à l'héritier bénéficiaire une ou plusieurs personnes, sans le concours desquelles il ne pourra faire certains actes désignés (2).

1884. L'héritier bénéficiaire est tenu de rendre compte de sa gestion aux créanciers et aux légataires. (*C. N.*, 803.)

1885. Le compte peut être rendu à l'amiable ou en justice.

1886. Il est rendu à l'amiable [Form. 317], lorsqu'il n'y a point de contestation et que toutes les parties sont majeures et maîtresses de leurs droits; alors il peut être fait indifféremment par acte notarié ou par acte sous seings privés.

1887. Il est rendu en justice lorsqu'il y a des contestations ou que toutes les parties ne sont pas capables. (*C. pr.*, 527 *et suiv. et* 995.)

1888. Pour faire bien apprécier ce que le compte doit comprendre, nous allons établir en quoi consiste généralement l'administration de l'héritier bénéficiaire.

I. — *Inventaire.*

1889. L'héritier bénéficiaire n'étant tenu au payement des dettes et charges que jusqu'à concurrence des biens de la succession, *supra* n° 1878, il est essentiel d'en constater l'importance par un inventaire; en conséquence la déclaration de l'héritier qu'il n'accepte la succession que sous bénéfice d'in-

---

M°.... qui en a gardé minute, et l'un de ses collègues, notaires à...., à la date des.....

La prisée du mobilier a été faite par M°...., commissaire-priseur à.....; elle s'est élevée à six mille cinq cents francs;

Il a été constaté qu'il existait, en argent comptant, une somme de douze cents francs.

L'analyse des papiers et les déclarations ont fait connaître les créances dont l'indication suit :

1° Trois mille francs dus par M. Adam, propriétaire à....., pour prêt, plus le prorata d'intérêt à cinq pour cent, depuis le.....;

2° Deux cent quatre-vingts francs de rente trois pour cent sur l'État français, portés au nom de M. Pierre Delattre, sous le n° 361, de la troisième série, dont le trimestre courant d'arrérages était seul dû;

3° Une rente perpétuelle de cent vingt francs, au capital de deux mille quatre cents francs, due par M. Vincent Labbé, cultivateur à....., payable le..... de chaque année; plus le prorata d'arrérages de cette rente depuis le.....;

4° Douze cents francs dus par M. Désiré Aubri, épicier, demeurant à....., en vertu d'un jugement du tribunal de commerce de....., en date du....., plus les intérêts à six pour cent depuis le.....; le tout conservé par une inscription prise au bureau des hypothèques de....., le....., vol....., n°.....

5° Plusieurs créances sur diverses personnes, s'élevant à dix-huit cents francs;

6° Deux actions de la Banque de France, au nom de M. Pierre Delattre, portées

---

(1) Dict. Not., *Bén. d'inv.*, n° 83; Roll., *ibid.*, n° 107; Demolombe, XV, 273; Mourlon, II, p. 136; Cass., 10 fév. 1821.

(2) Demolombe, XV, 239; Cass., 5 août 1840; Douai, 13 août 1855; Rouen, 29 mai 1860; J. N. 12835.

ventaire n'a d'effet qu'autant qu'elle est précédée ou suivie d'un inventaire fidèle et exact des biens de la succession (C. N., 794), ou d'un procès-verbal de carence si le défunt n'a pas laissé de mobilier (1).

1890. L'héritier a trois mois pour faire inventaire, à compter du jour de l'ouverture de la succession (C. N., 794); il a de plus, pour délibérer sur son acceptation ou sur sa renonciation, un délai de quarante jours qui commencent à courir du jour de l'expiration des trois mois donnés pour l'inventaire, ou du jour de la clôture de l'inventaire s'il a été terminé avant les trois mois (C. N., 795, Pr., 174), ou s'il a été fait après ce délai par suite de prorogation accordée en justice, *infra n° 1895*; pendant ces délais, l'héritier ne peut être contraint à prendre qualité, il ne peut être obtenu contre lui de condamnations (2) (Pr., 174, 187), et les délais d'appel ou de requête civile sont interrompus (C. pr., 447-487); s'il renonce lorsque les délais sont expirés ou avant, les frais par lui faits légitimement jusqu'à cette époque sont à la charge de la succession (C. N., 797); s'il les a acquittés, il a son recours contre la succession avec le privilège attaché à ces frais.

1891. Le délai accordé pour faire inventaire n'est pas fatal, en sorte que l'héritier qui a accepté sous bénéfice d'inventaire, peut toujours, à quelque époque que ce soit, compléter son acceptation par un inventaire (3). En outre l'héritier qui a laissé écouler le délai, a toujours le droit de faire faire inven-

---

sur le registre F....., n°.....; il n'était dû que le dividende courant de ces deux actions;

7° Six actions au porteur des chemins de fer de l'Ouest, sur papier au timbre d'abonnement, portant les n°s..... et dont le dividende courant était aussi seul dû

Il a été déclaré qu'il était dû par la succession les sommes suivantes :

DETTES HYPOTHÉCAIRES

1° A. M. Leroy, propriétaire à....., dix-huit mille francs pour prêt; plus l'intérêt à cinq pour cent de cette somme, depuis le.....;

2° A M. Lenoir, rentier à....., sept mille francs pour prêt; plus l'intérêt de cette somme à cinq pour cent, depuis le.....

DETTES CHIROGRAPHAIRES

3° A M. Volnay, banquier à....., pour solde de compte, cinq mille quatre cents francs;

4° A M. Delattre, comparant, pour diverses avances, quatre mille deux cents francs;

5° A M. Hardy, rentier à....., huit mille francs pour prêt;

6° A M. Boursier, négociant à Paris, vingt-trois mille francs, pour fourniture de marchandises.

DETTES PRIVILÉGIÉES

7° A la domestique, pour gages, trois cents francs, ci......	300 fr. » c.
8° A M. Lejeune, boucher, pour fournitures, huit cents francs, ci.	800 »
9° A M. Moussel, épicier, pour fournitures, huit cents francs, ci.	800 »
10° A M. Moulin, pharmacien, pour médicaments, mille francs, ci.	1,000 »
11° A M. Doré, médecin, pour soins, neuf cents francs, ci....	900 »
12° Frais d'inhumation, douze cents francs, ci.........	1,200 »
Montant des dettes privilégiées, cinq mille francs, ci......	5,000 »

---

(1) Demolombe, XV, 137.
(2) Les créanciers et légataires peuvent faire contre le successible tous actes conservatoires, même saisir les biens de la succession, sauf au successible à faire suspendre l'effet de la saisie jusqu'après l'expiration des délais : Chauveau sur Carré, *Quest.* 757, note; Massé et Vergé, § 381, note 7; Demolombe, XIV, 281; *Dict. Not.. Délai pour faire invent.*, n° 13; Roll., *ibid.*, n° 17; Bordeaux 30 juillet 1834; Angers; 17 août 1848; décidé même qu'il n'y a lieu à aucune suspension des poursuites à raison du délai : Belost-Jolimont *Art.* 797, obs. 1; Dalloz, *Succ..* n° 741; Douai, 4 mars 1812; trib. Lyon, 17 août 1849; Paris, 16 août 1854; J. N. 14473.
(3) Chabot, *800*, 1; Toullier, IV, 370; Duranton, VII, 24; Roll., *Bén. d'inv.*, n°52; Colmar, 24 déc. 1830; Contra Toulouse, 12 juin 1824 Voir Cass. 11 juill. 1805; J. N. 18382.

taire et d'accepter sous bénéfice d'inventaire, même de renoncer, s'il n'a pas fait d'ailleurs acte d'héritier, et s'il n'existe pas contre lui de jugement passé en force de chose jugée qui le condamne en cette qualité. (*C. N., 800, Pr., 174.*)

1892. Mais, après l'expiration des trois mois, les créanciers et légataires peuvent le contraindre à faire faire inventaire dans un délai déterminé, sous peine d'être déclaré héritier pur et simple; le successible n'est réputé héritier pur et simple qu'à l'égard de ceux qui l'ont fait condamner (1).

1893. En cas de poursuites après le délai de trois mois écoulé sans inventaire, l'héritier peut demander un nouveau délai au tribunal; et s'il justifie, ou qu'il n'avait pas eu connaissance du décès, ou que les délais ont été insuffisants, soit à raison de la situation des biens, soit à raison des contestations survenues, le tribunal accorde le nouveau délai, et les frais de poursuites jusqu'à la demande du nouveau délai sont à la charge de la succession; si l'héritier ne fait pas cette justification, le tribunal peut encore accorder le nouveau délai ou le refuser, mais les frais de poursuite restent à la charge de l'héritier. (*C. N., 798, 799, Pr., 174.*)

1894. Après l'expiration du délai déjà accordé par le juge, le successible peut encore faire la demande d'un autre délai (2).

1895. L'héritier qui s'est rendu coupable de recélé, ou qui a omis sciemment et de mauvaise foi de comprendre dans l'inventaire des effets de la succession est déchu du bénéfice d'inventaire (*C. N., 801*), et il ne peut prétendre aucune part dans les objets divertis ou recélés (3), *supra* n° *1870*.

1896. L'héritier est aussi déchu du bénéfice d'inventaire si, après l'acceptation bénéficiaire, il fait acte d'héritier pur et simple (4); il en serait ainsi de la disposition entre-vifs à titre gratuit ou par testament, la dation en payement, la constitution d'une servitude (5), la démolition des édifices, l'abatage des bois non aménagés (6), la constitution d'hypothèque (7). Mais la vente de ses droits successifs n'entraîne pas déchéance du bénéfice d'inventaire (8); l'acquisition faite par l'héritier bénéficiaire des droits successifs d'un de ses cohéritiers qui a accepté purement et simplement n'emporte pas non plus cette déchéance (9).

LEGS

13° A Mlle Georgette-Rose, demeurant à....., douze mille francs, montant du legs particulier que M. Pierre DELATTRE, son parrain, lui a fait aux termes de son testament reçu par M^e....., notaire à....., en présence de quatre témoins, le....., enregistré.

L'inventaire constate qu'il dépendait de la succession de M. DELATTRE, les immeubles qui suivent :

1° Une maison située à....., rue....., n°.....;

2° Une pièce de terre en labour, située commune de....., lieu dit....., de la contenance de deux hectares;

3° Un pré situé à....., lieu dit....., de la contenance de cinquante ares.

M. DELATTRE, comparant, s'est constitué dépositaire du mobilier, du numéraire et des titres.

---

(1) Chabot, *800*, 3; Toullier, IV, 334; Duranton, VII, 25; Roll., *Bén. d'inv.*, n° 217, et *Chose jugée*, n° 437; Bilhard, n° 424, Chauveau sur Carré, *Quest.* 763; Bioche, *Bén. d'inv.*, n° 31; Rodière, Pr., II, p. 62, Mourlon, II, p. 432, Demante, III, 422 *bis*; Dict. Not., *Accep. de succ.*, n° 26; Tambour, p. 234; Demolombe, XV, 148 à 152; Paris, 18 juin 1840; Toulouse, 14 mars 1852; Caen, 4 déc. 1837, Jur. N., 14335; CONTRA Carré, *Quest.* 763; Boncenne, Pr. III, p. 332; Marcadé, art. *800*; Massé et Vergé, § 379, note 18; Taulier, III, p. 356; Bruxelles, 9 déc. 1813; Douai, 29 juill. 1816; Riom, 10 janv. 1820 et 18 avril 1825.

(2) Chabot, *797*, 5; Bilhard, n° 54; Zach., § 381, note 14; Demolombe, XIV, 292, Dict. Not., *Délai pour faire inv.*, n° 48; Roll., *ibid.*, n° 25; Paris, 11 fruct. an 13.

(3) Duranton, VI, 479; Demolombe, XV, 497; Dict. Not., *Recélé*, n° 32, Cass., 22 fév. 1831.

(4) Toullier, IV 360; Demolombe, XV, 380; Roll., *Bén. d'inv.*, n° 260.

(5) Demolombe, XV, 381.

(6) Caen, 24 déc. 1839.

(7) Toullier, IV, 369; Demolombe, XV, 382; Rouen, 3 déc. 1820; Bordeaux, 24 juill. 1830; CONTRA Duvergier sur Toullier, IV, 360; Paris, 8 avril 1829; Agen, 29 mars 1838; Cass., 10 fév. 1839.

(8) Duranton, VII, 54; Duvergier, *Vente* II, 341; Troplong. *Vente*, n° 975, Carré, art. *988* Pr.; Marcadé, *1698*, 5; Demolombe, XV, 404, Demante, n°, 426 *bis*; Dict. Not., *Bén. d'inv.*, n° 288; Roll., *ibid.*, n° 212; Grenoble, 24 mars 1827; CONTRA Paris, 9 janv. 1806; Amiens 2 mai 1806.

(9) Demolombe, XV, 392; Rennes, 2 mars 1820.

II. — *Vente du mobilier sans attribution de qualité.*

1897. Le successible qui veut conserver la faculté d'accepter sous bénéfice d'inventaire ou de renoncer, ne doit, pendant les délais pour faire inventaire et délibérer, faire aucun des actes d'héritier énumérés *supra* n° *1840*, à peine de devenir héritier pur et simple ; si cependant il existe dans la succession des objets susceptibles de dépérir ou dispendieux à conserver, l'héritier peut, en sa qualité d'habile à succéder, et sans qu'on puisse en induire de sa part une acceptation, se faire autoriser par justice à la vente de ces objets. Cette vente doit être faite par un officier public avec l'accomplissement des formes qui seront indiquées au titre *de la vente*. (C. N., 796, Pr., 988.)

1898. Il est des objets que l'habile à hériter peut vendre sans autorisation et sans formalité ; tels sont : les légumes d'un jardin, les œufs de la basse-cour, le lait des bestiaux, et autres petits produits dont la vente de chaque jour ne peut se faire qu'au marché et à l'amiable (1).

1899. Si le défunt était marchand en détail, le successible peut continuer les ventes quotidiennes, afin de conserver l'achalandage de la maison ; cependant si le commerce a quelque importance, le successible fera bien d'obtenir du juge l'autorisation de continuer la vente des marchandises, ou plus généralement l'exploitation du commerce (2).

III. — *Délai pour accepter sous bénéfice d'inventaire.*

1900. Le successible a, pour délibérer sur son acceptation ou sur sa renonciation, un délai de quarante jours, à partir de la clôture de l'inventaire, *supra* n° *1890* ; ce délai, de même que celui pour faire inventaire, n'est pas fatal, et le successible peut toujours accepter bénéficiairement ou renoncer tant qu'il n'a pas fait acte d'héritier ou n'a pas été condamné en qualité d'héritier ; en cas de poursuites, il peut demander un nouveau délai, le tout dans les formes et aux mêmes charges qu'en ce qui regarde l'inventaire, *supra* n° *1893*.

2° OBSERVATION.

Vente d'une partie du mobilier. (N°s 1897 à 1899.)

Une partie du mobilier dépendant de la succession a été vendue à la requête de M. DELATTRE, comparant, autorisé à faire cette vente sans attribution de qualité, suivant ordonnance sur requête, rendue par M. le président du tribunal civil de première instance de. . . . ., le. . . . ., et après l'accomplissement des formalités prescrites par la loi, ainsi que le constate un procès-verbal du ministère de. . . . ., commissaire-priseur à. . . . ., en date des. . . . .

Le produit de cette vente s'est élevé à quatre mille francs, ci. . .	4,000 fr.	» c.
Sur quoi on a déduit pour frais de vente, deux cents francs, ci,	200	»
Il est resté trois mille huit cents francs, qui ont été de suite payés à M. DELATTRE, ci.	3,800	»

3° OBSERVATION.

Acceptation bénéficiaire. (N°s 1876 à 1880 et 1900.)

Suivant acte passé au greffe du tribunal civil de première instance de. . . . ., le. . . . ., M. DELATTRE, comparant, a déclaré accepter, sous bénéfice d'inventaire, la succession de M. DELATTRE, son père.

---

(1) Tambour, p. 833; Bertin, *Chambre du conseil*, II, 1207; Demante, III, 99 *bis*; Demolombe, XIV, 276, 278; Cass. XV fév. 1843; Douai, 14 mai 1855.

(2) Demolombe, XIV, 428.

IV. — *Vente du mobilier après l'acceptation bénéficiaire.*

1901. L'héritier bénéficiaire ne peut vendre les meubles de la succession que par le ministère d'un officier public, aux enchères, et après les publications et affiches accoutumées (*C. N., 805*). L'héritier bénéficiaire, pour vendre les meubles, n'est pas tenu d'obtenir l'autorisation du président, car il est le seul juge de l'opportunité de la vente (1) ; cependant la question étant controversée, il est prudent de demander l'autorisation.

1902. Dans tous les cas on doit faire les publications et affiches, et vendre dans la forme que nous indiquerons au *titre de la vente*, à peine, contre l'héritier bénéficiaire, d'être réputé héritier pur et simple (*C. pr., 989*); l'héritier bénéficiaire peut se rendre adjudicataire, *infra* n° *1918*. Le prix se distribue par contribution entre les créanciers opposants. (*C. pr., 990*).

1903. Si parmi les meubles il se trouve un office ministériel ou des créances, l'héritier bénéficiaire peut les vendre sans autorisation et sans formalité (2).

1904. Lorsque l'héritier bénéficiaire représente les meubles en nature, il n'est tenu que de la dépréciation ou de la détérioration causée par sa négligence (*C. N., 805*); s'il ne représentait pas quelques-uns des objets compris en l'inventaire, il serait responsable de leur valeur et pourrait même être passible de dommages-intérêts, s'il y avait lieu ; mais il ne serait pas déchu du bénéfice d'inventaire (3).

1905. Les rentes sur l'État sont insaisissables ; les créanciers de la succession bénéficiaire n'ont donc pas le droit de former des saisies-arrêts sur les arrérages, ni d'empêcher qu'elles ne soient immatriculées

---

4° OBSERVATION.

Vente du surplus du mobilier, de la rente sur l'État, et des actions. — (N°ˢ 1904 à 1908.)

Le surplus du mobilier a été vendu aux enchères, après les publications et affiches voulues, par le ministère de M^e. . . ., commissaire-priseur à . . . . ., à la date des . . . . ., ainsi que le constatent les procès-verbaux que l'officier public a dressés, à ces dates.

Le montant de cette vente s'est élevé à trois mille deux cents francs, ci.	3,200 fr. » c.
Sur quoi on a déduit pour frais de vente, cent quatre-vingts francs, ci.	180 »
Il est resté trois mille vingt francs qui ont été de suite payés à M. Delattre, ci.	3,020 »

A la date du. . . . ., M. Delattre, autorisé à cet effet par jugement du tribunal civil de première instance de. . . . ., rendu en la chambre du conseil, le. . . . ., a transféré, par l'entremise de M. . . . . agent de change à Paris :

1° La rente de deux cent quatre-vingts francs, trois pour cent, moyennant, frais de courtage déduits, six mille sept cents francs ;

2° Les deux actions de la Banque de France, moyennant, sous la même déduction, cinq mille quatre cents francs ;

Enfin à la même date du. . . . ., M. Delattre a transféré par l'entremise du même agent de change, les six actions au porteur des chemins de fer de l'Ouest, moyennant, frais de courtage déduits, trois mille cinq cent vingt-cinq francs.

---

(1) Toullier, IV, 374; Demante, III, 128 *bis*; Bioche, *Vente de meubles*, n° 31; Debelleyme, *Ordonn.* II, p. 79, notes; Demolombe, XV, 281, obs., *Bén. d'inv.*, n° 404; Paris, 19 mars 1832; J., n° 14021 ; Contra Duranton, VII. 26; Marcadé, *805*, 2; Massé et Vergé, § 380 note 18; Dict. Not., *Bén. d'inv.*, n° 74 ; Rouen, 11 déc. 1815.

(2) Debelleyme, *Ordonn.*, p. 79 ; Demolombe, XV, 264, 279 ; Paris, 19 mars 1852; J. N. 14621 ; Contra Belost-Jolimont, *805*, obs. 4; Poujol, *805*, 4.

(3) Tambour, p. 387; Demolombe, XV, 372. Voir cependant Toullier, IV, 375; Dict. Not., *Bén. d'inv.*, n° 82.

au nom de l'héritier (1); mais l'héritier bénéficiaire doit les réaliser, afin d'en tenir compte aux créanciers et légataires de la succession, à peine de déchéance du bénéfice d'inventaire (2).

1906. L'héritier bénéficiaire ne peut pas faire le transfert des rentes sur l'État au-dessus de cinquante francs sans y être préalablement autorisé (*avis conseil d'État, 11 janv. 1808*), à peine de déchéance du bénéfice d'inventaire; cette autorisation doit être donnée par jugement, en chambre du conseil du tribunal de première instance du lieu du domicile du défunt.

1907. L'héritier bénéficiaire doit se pourvoir d'une pareille autorisation pour transférer les actions de la Banque de France, mais seulement au-dessus d'une action unique, ou de droits dans plusieurs actions excédant en totalité une action entière (3).

1908. Quant aux rentes sur l'État de cinquante francs ou au-dessous, à une action unique de la Banque de France, ou à des droits dans plusieurs actions n'excédant pas une action entière, et à toutes autres actions industrielles ou de finances, quelle qu'en soit l'importance, l'héritier bénéficiaire peut les vendre, ainsi qu'il le juge le plus convenable, soit de gré à gré, soit aux enchères, ou par le ministère d'un agent de change (4).

V. — *Caution à fournir par l'héritier bénéficiaire.*

1909. L'héritier bénéficiaire est tenu, si les créanciers ou autres personnes intéressées l'exigent, de donner caution bonne et solvable de la valeur du mobilier compris dans l'inventaire, et de la portion du prix des immeubles non déléguée aux créanciers inscrits. Faute par lui de fournir cette caution, les meubles sont vendus et leur prix est déposé, ainsi que la portion non déléguée du prix des immeubles, pour être employés à l'acquit des charges de la succession. (*C. N., 807.*)

1910. L'héritier bénéficiaire peut, au lieu d'une caution, offrir un gage ou nantissement suffisant (*C. N., 2041*), ou une affectation hypothécaire sur des immeubles lui appartenant, libres de toutes charges, et d'une valeur suffisante (5).

1911. La caution peut être demandée par un seul des créanciers ou légataires, et elle doit être de toutes les sommes que l'héritier bénéficiaire a ou doit avoir dans les mains (6).

1911 bis. Le créancier ou tout autre intéressé qui veut obliger l'héritier bénéficiaire à donner caution, lui fait faire sommation à cet effet, par acte extrajudiciaire signifié à personne ou domicile (*C. pr., 992*). Dans les trois jours de cette sommation, outre un jour par trois myriamètres de distance entre le domicile de l'héritier et le lieu où siège le tribunal, il est tenu de présenter caution au greffe du tribunal de l'ouverture de la succession dans les formes que nous indiquerons au *titre du cautionnement*, (*C. pr., 993*); s'il s'élève des difficultés relativement à la réception de la caution, les créanciers sont représentés par l'avoué le plus ancien. (*Pr., 994.*)

5ᵉ OBSERVATION.

Caution fournie par M. Delattre. (Nᵒˢ 1909 à 1911.)

Sur la demande faite par M. Volnay, l'un des créanciers, M. Delattre, comparant, a présenté pour sa caution, M. Charles Bourdon, propriétaire, demeurant à . . . . ., suivant acte passé au greffe du tribunal civil de première instance de . . . . ., le . . . . .

M. Volnay a déclaré accepter M. Bourdon pour caution, suivant autre acte passé au même greffe, le . . . . .

Par suite M. Bourdon a déclaré se soumettre aux charges du cautionnement, suivant autre acte dressé aussi au greffe, le . . . . .

---

(1) Demolombe, XV, 466; conseil d'État, 19 déc. 1839; Paris, 14 avril 1849; Cass. 8 mai 1851; J. N. 13178, 15240.
(2) Demolombe, XV, 466; Paris, 22 nov. 1855; J., nᵒ 15560.
(3) Argum. décret, 24 sept. 1813; Bertin, *Chambre du conseil*, II, 1216, 1217; Demolombe, XV, 279.
(4) Demante, III, 128 *bis*; Tambour, p. 333; Demolombe, XV, 279; Paris, 19 mars 1852, 7 déc. 1853, 26 fév. 1835; J. N. 14024, 15162.

(5) Toullier, III, 422; Duranton, IV, 603; Bilhard, nᵒ 66; Roll., *Bén. d'inv.*, nᵒ 67; Dict. N., *ibid.*, nᵒ 43; Aix, 28 nov. 1831; Contra Troplong, *Contr. de mar.*, nᵒ 592; Ponsot, *Cautionn.*, nᵒ 386.
(6) Chabot, *art. 807*; Roll., *Bénéf. d'inv.*, nᵒ 65; Dict. N., *ibid.*, nᵒ 44; Zach., Massé et Vergé, § 386, note 27; Demante, III, 131; Demolombe, XV, 241. Voir Seine, 21 oct. 1865; J. N. 18393.

VI. — *Faits divers de l'administration.*

1912. L'héritier bénéficiaire peut faire tous les actes de pure administration tels que : vente du mobilier, des coupes de bois, des récoltes (*supra* n°ˢ *1901 et suiv.*), recouvrement des créances, ainsi que de tous loyers, fermages, intérêts et autres fruits, culture des biens de la succession en tenant compte des fruits (1), poursuites contre les débiteurs, commandements, sommations, renouvellement d'inscriptions, interruption de prescription, réparations, significations, acceptation de congés, louage pour les termes d'usage des baux faits sans écrit, délivrance de legs, payement des dettes. Il peut continuer et suivre toutes les actions de la succession, défendre aux demandes intentées contre elle, le tout aux frais de la succession (2); mais, ne pouvant aliéner, il n'a pas la capacité nécessaire pour délaisser par hypothèque (3), ni pour faire des remises aux débiteurs de la succession (4), ni pour compromettre ou transiger sur les contestations relatives aux biens de la succession (5); et il ne peut, même en remplissant les formalités prescrites pour les mineurs, se faire autoriser en justice à transiger (6).

1913. Malgré l'administration de l'héritier bénéficiaire, les créanciers de la succession peuvent former des saisies-arrêts entre les mains des débiteurs, afin d'arriver au payement de leurs créances (7).

1914. L'héritier bénéficiaire n'est tenu que des fautes graves dans l'administration dont il est chargé. (*C. N., 804.*) En voici quelques exemples : ne point vendre un mobilier dispendieux à conserver, laisser accomplir une prescription, ne point renouveler une inscription, laisser un débiteur devenir insolvable, ne point louer les biens, laisser des terres sans culture, intenter une action évidemment mal fondée, détruire le mobilier, etc. Dans tous les cas, c'est aux tribunaux à décider s'il y a faute grave, et leur appréciation échappe à la censure de la Cour suprême (8).

6ᵉ OBSERVATION.

Administration de l'héritier bénéficiaire. (Nᵒˢ 1881 à 1883 et 1912 à 1914.)

M. Delattre, en sa qualité d'héritier bénéficiaire, a reçu le payement des créances actives de la succession, des fermages et loyers échus; et il a acquitté les dettes privilégiées, les droits de mutation et quelques autres dettes dont le payement lui a été demandé.

Les sommes reçues et celles payées seront ci-après portées dans les recettes et les dépenses.

Il est fait observer qu'à l'ordre ouvert sur les prix de vente des biens de M. Aubry, débiteur de la succession, M. Delattre, comparant, a omis de produire, quoiqu'il eût dû venir en ordre utile pour la totalité de la créance, et qu'il a été forclos, ce qui a rendu la créance irrécouvrable par sa faute; il est responsable de cette faute; et, en conséquence, cette créance, quoique non recouvrée, sera comprise dans les recettes, sauf le recours de M. Delattre contre le débiteur.

---

(1) Demolombe, XV, 255; Douai, 14 mai 1845.

(2) Toullier, IV, 390; Duranton, VII, 56; Demante, III, 126 *bis*; Zach., Massé et Vergé, § 386, note 40; Carré et Chauveau, Pr., n° 2528; Tambour, p. 377; Demolombe, XV, 262 et 343; Cass. 1ᵉʳ fév. 1830, 1ᵉʳ août 1849, 26 avril 1852.

(3) Pardessus, *Hyp.*, n° 1179; Troplong, *ibid.*, n° 819; Roll., *Délaissement*, n° 40. V. Cass. 12 juin 1865; J. N. 18342.

(4) Tambour, p. 313; Demolombe, XVI, 269; Cass. 9 juin 1840.

(5) Duranton, VII, 55; Dict. N., *Bén. d'inv.*, n° 65; Roll., *ibid.*, n° 87; Demolombe, XV, 208; Cass. 20 juill. 1814; Bordeaux, 24 mars 1828.

(6) Vazeille, *803*, 7; Dict. not., *Bén. d'inv.*, n° 66; Massé et Vergé, 386, note 25; Caen, 12 avril 1845; Paris, 30 juill. 1850, 19 mars 1853;

19 août 1854; J. N. 14144, 14021; contra Duvergier sur Toullier, IV, 361, Demante, III, 126 *bis*; Tambour, p. 461; Demolombe, XV, 265.

(7) Duranton, VII, 37; Roger, *Saisie-arrêt*, n°ˢ 178 et 181; Carré, Pr., n° 558, notes; Thomine, n° 646; Billard, n° 38; Bioche, *Saisie-arrêt*, n° 49; Massé et Vergé, § 386, note 24; Demolombe, XV, 228; Dict. Not., *Bén. d'inv.*, n° 54; Douai, 4 mars 1812 et 30 mars 1830; Bourges, 45 mars 1822; Bordeaux, 19 avril 1822, 6 mai 1844; Paris, 16 août 1832; Cass., 8 déc., 1811, 9 mai 1849; contra Roll., *Bén. d'inv.*, n° 91; Paris, 30 juill. 1816, 27 juin 1820; Rouen, 12 août 1826; Riom, 24 août 1837 et 22 août 1841; Cass., 4 déc. 1822.

(8) Chabot, *804*, 3; Demolombe, XV, 237; Dict. Not., *Bén. d'inv.*, n° 50; Roll., *ibid.*, n°ˢ 96, 411; Cass., 11 janv., 1830.

VII. — Vente des immeubles.

1915. En principe l'héritier bénéficiaire n'est pas tenu de vendre les immeubles de la succession (1) ; mais lorsque, en raison de l'existence de dettes, il y a lieu de les vendre, cette vente doit être faite dans les formes prescrites par les lois sur la Procédure (*C. N.*, *806* ; *Pr. 987 et suiv.* Voir *infra*, au titre de *la vente*) ; si elle avait lieu sans l'accomplissement de ces formes, elle ne serait pas nulle (2), mais elle entraînerait la déchéance du bénéfice d'inventaire (*Pr.*, *988*) ; toutefois la vente de biens ayant une origine dotale, c'est-à-dire dépendant de la succession bénéficiaire d'une femme qui était mariée sous le régime dotal, quoique faite sans l'accomplissement de formalités, n'entraîne aucune déchéance de l'acceptation bénéficiaire, du moins à l'égard des dettes contractées pendant le mariage, puisque les biens dotaux ne sont pas le gage des créanciers (3), *infra* n° *2066*.

1916. En vendant les immeubles de la succession, l'héritier bénéficiaire agit comme administrateur et dans l'intérêt des créanciers ; ceux-ci ne peuvent donc requérir la vente des immeubles, à moins de négligence de la part de l'héritier bénéficiaire, constatée par une mise en demeure (4).

1917. Les rentes constituées doivent être vendues avec l'accomplissement des formalités prescrites par les art. 642 et suiv. du Code de procédure (*voir infra au titre de la vente*, *Pr. 989*) ; cependant lorsqu'il existe en même temps des immeubles et des rentes, l'usage est de ne faire qu'une seule procédure, et une seule adjudication pour le tout.

1918. L'héritier bénéficiaire peut se rendre adjudicataire des biens meubles et immeubles de la succession, qu'il poursuive lui-même la vente, ou qu'elle soit poursuivie par des créanciers après saisie immobilière (5).

1919. Lorsque l'héritier bénéficiaire a hypothèque sur les immeubles de la succession, il peut valablement exercer sur ces immeubles la surenchère du dixième, encore bien que la vente ait été poursuivie et consentie par lui, en sa qualité d'héritier bénéficiaire (6).

1920. L'héritier bénéficiaire est tenu de déléguer le prix des immeubles aux créanciers hypothécaires révélés par l'état sur transcription, *C. N.*, *806*, et aux créanciers ayant privilége sur les immeubles.

7ᵉ OBSERVATION.

Vente des immeubles et de la rente perpétuelle. (Nᵒˢ 1915 à 1919.)—*Payement aux créanciers hypothécaires.* (Nᵒˢ 1920 à 1924.)

Sur la requête de M. DELATTRE, présentée par Mᵉ....., son avoué, il est intervenu le....., un jugement du tribunal civil de première instance de....., qui a autorisé la vente de la rente perpétuelle et des trois immeubles dépendant de la succession bénéficiaire de M. DELATTRE, et a commis Mᵉ....., notaire à....., pour y procéder.

Mᵉ..... a rédigé à la date du..... le cahier des charges, qui a été déposé au rang de ses minutes, suivant acte du même jour.

Puis, après l'accomplissement des formalités voulues par la loi, et suivant procès-verbal dressé par le même notaire, qui en a gardé minute, et son collègue, le....., il a été procédé à la vente des immeubles et de la rente.

Ont été proclamés adjudicataires, savoir :

M. Louis AUBÉ, propriétaire, demeurant à....., de la maison et de la pièce de terre, moyennant vingt-sept mille francs ;

---

(1) Demolombe, XV, 271.
(2) Chabot, *806*, 2; Toullier, IV, 373; Duranton, VII, 28; Billard, n° 127; Marcadé, art. *806*; Demolombe, XV, 259; Tambour, p. 387; Demante, III, 126 *bis*; Dict. Not., Bén. d'inv., n° 86; Roll, *ibid.*, n° 117; Paris, 17 déc., 1822; Cass., 28 juin 1806, 6 juin 1849, 3 juill. 1834; J. N. 15271.
(3) Tambour, p. 392; Demolombe, XV, 379; Caen, 24 déc. 1839; CONTRA Cass., 28 juin 1826.
(4) Duranton, VII, 38; Billard, n° 59; Belost-Jolimont, *806*, obs. 3;

Roll., Bén. d'inv., n°ˢ 119 à 125; Paris, 24 déc. 1824, 21 fév. 1825; Nîmes, 27 déc. 1825; Cass., 29 oct. 1807, 4 déc. 1824, 23 juill. 1833, 3 déc. 1834; Seine, 24 oct. 1865; J. N. 1893; CONTRA Demante, III, 128 *bis*; Duvergier sur Toullier, IV, 359; Demolombe, XV, 2.B.
(5) Duvergier, *Vente*, n° 190; Championnière et Rigaud, n° 2015; Billard, n° 81; Belost-Jolimont, *obs. 2*; Tambour, p. 348; Demolombe, XV, 494, 273; Demante, III, 128 *bis*; Cass., 49 fév., 1821.
(6) Duvergier sur Toullier, IV, 376; Demolombe, XV, 183; Caen 23 août 1849; Cass., 26 avril 1852; trib. Rouen, 3 janv. 1839.

1921. Si les prix sont suffisants pour désintéresser tous les créanciers inscrits, il n'y a pas lieu à leur distribution par la voie d'un ordre judiciaire; les créanciers, en vertu de la délégation contenue en l'art. 8:0, sont tenus de recevoir directement des acquéreurs (1).

1922. Si les prix sont insuffisants, les créanciers peuvent encore s'entendre, afin d'en faire la distribution amiable entre eux; mais, à défaut d'accord, la distribution a lieu par voie d'ordre judiciaire conformément aux articles 749 à 779 du Code de procédure. (*Pr. 991.*)

1923. Si l'héritier bénéficiaire est au nombre des créanciers hypothécaires ou privilégiés, il exerce et fait valoir son droit, à la date de son inscription, contre la succession bénéficiaire, de même que les autres créanciers, *supra* n° *1919*.

1924. Les actions de l'héritier bénéficiaire contre la succession, dans tous les cas où il y a lieu, sont intentées contre les autres héritiers; et s'il n'y en a pas, ou qu'elles soient intentées par tous, elles le sont contre un curateur au bénéfice d'inventaire nommé en la même forme que le curateur à succession vacante. (*C. pr., 996.*)

M. Léon Plé, agriculteur, demeurant à....., du pré, moyennant dix-huit cents francs;

Et M. Charles Richard, rentier, demeurant à....., de la rente, moyennant dix-huit cents francs.

Aux termes d'une quittance passée devant M^e....., qui en a gardé minute, et son collègue, notaires à....., le....., les acquéreurs des immeubles ont payé leurs prix d'acquisition, savoir :

M. Aubé, principal et intérêt, vingt-sept mille six cent vingt-cinq francs, ci...............................	27,625 fr. » c.	
M. Plé, principal et intérêt, dix-huit cent quarante-cinq francs, ci.	1,845 »	
Ensemble vingt-neuf mille quatre cent soixante-dix francs, ci. .		29,470 »
Cette somme a été touchée, savoir :		
Par M. Leroy, créancier hypothécaire, du consentement de M. Delattre, pour dix-neuf mille trois cents francs, montant de sa créance, en principal et intérêt, ci.............	19,300 fr. » c.	
Par M. Lenoir, autre créancier hypothécaire, aussi du consentement de M. Delattre, pour sept mille neuf cents francs, montant de sa créance, en principal et intérêt, ci.............	7,900 »	
Et par M. Delattre pour les deux mille deux cent soixante-dix francs de surplus, ci. . . .	2,270 »	
Somme égale, ci.	29,470 »	29,470 »

En outre M. Delattre a reçu de M. Richard, dix-huit cent quarante-cinq francs pour le prix en principal et intérêts de la rente vendue à ce dernier.

PLAN DES OPÉRATIONS.

Le présent travail sera divisé en quatre chapitres :

Le CHAPITRE PREMIER comprendra les recettes,

Le CHAPITRE DEUXIÈME, les dépenses ;

Le CHAPITRE TROISIÈME présentera la balance des recettes et des dépenses;

Enfin le CHAPITRE QUATRIÈME fera connaître les dettes restant à acquitter.

---

(1) Carré, *art. 991*, proc.; Roll, *Bén. d'inv.*, n° 198.

1924 bis. Les droits des créanciers hypothécaires et privilégiés sur les immeubles se règlent conformément aux art. 552 à 556 du Code de commerce, édictés pour le cas de faillite, mais qui sont applicables à tous les cas analogues de succession bénéficiaire, de cession de biens, de déconfiture, etc. (1).

VIII. — Compte à rendre aux créanciers et aux légataires.

1925. Après que l'héritier bénéficiaire a terminé sa gestion, comme il détient tout ce qui dépend de la succession, il doit rendre compte aux créanciers et légataires qui se sont fait connaître. S'il y a plusieurs héritiers bénéficiaires, et qu'ils aient administré séparément après un partage définitif de la succession, chacun d'eux n'est responsable que de sa gestion.

1926. À défaut par l'héritier bénéficiaire de consentir amiablement à la reddition de son compte, les créanciers et légataires peuvent l'y contraindre en justice; et si, après y avoir été contraint, il refuse encore de rendre son compte, les créanciers peuvent poursuivre sur ses biens personnels le recouvrement de leurs créances (2) (C. N., 803).

COMPTE. (Nos 1925 à 1928.)

Chap. Ier. — **Recettes.** (Nos 1929 à 1952.)

M. Delattre porte en recette les sommes suivantes :

1° Trois mille cent quarante-huit francs touchés de M. Adam, suivant quittance passée devant Me....., notaire à....., le....., pour le remboursement en principal et intérêt de la créance par lui due, ci.................	3,148 fr.	» c.
2° Dix-huit cents francs touchés de divers, ci...........	1,800	»
3° Deux mille quatre cents francs, montant du numéraire trouvé lors de l'inventaire, ci..........................	2,400	»
4° Trois mille huit cents francs touchés du commissaire-priseur pour le produit de la première vente mobilière (2e observ.), ci....	3,800	»
5° Trois mille vingt francs touchés du même pour le produit de la deuxième vente mobilière (4e observ.), ci................	3,020	»
6° Cent quarante francs touchés le..... pour deux trimestres d'arrérages de la rente sur l'État, ci..................	140	»
7° Cent vingt francs touchés le..... pour une année d'arrérages de la rente perpétuelle, ci........................	120	»
8° Deux cent quarante francs touchés le....., pour une année de fermage de la pièce de terre et du pré, ci...............	240	»
9° Six mille sept cents francs, formant le produit du transfert de la rente de deux cent quatre-vingts francs sur l'État (4e observ.), ci.	6,700	»
10° Douze cent quatre-vingt-cinq francs, montant en principal et intérêt, au jour de la clôture de l'ordre, de la créance sur M. Aubé, pour laquelle M. Delattre a omis de produire (6e observ.), ci....	1,285	»
11° Cinq mille quatre cents francs, montant du transfert des six actions de l'Ouest (4e observ.), ci...................	5,400	»
12° Deux mille deux cent soixante-dix francs touchés sur le prix de la vente des immeubles (7e observ.), ci...............	2,270	»
13° Et dix-huit cent quarante-cinq francs touchés pour le prix de vente de la rente perpétuelle (même observ.), ci..........	1,845	»
Montant des recettes, trente-deux mille cent soixante-huit francs, ci...	32,168	»

---

(1) Duranton, VII, 34 bis; Demante, III, 130 bis; Tambour, p. 255; Demolombe, XV, 353; Cass., 22 janv. 1840.

(2) Chabot, 803, 7; Toullier, IV, 387; Roll., Bén. d'inv., n° 2. Voir Paris, 23 nov. 1865; J. N. 18111.

1927. Si aucun créancier ne s'est fait connaître, et que l'héritier veuille rendre son compte, il doit intenter l'action en compte contre les autres héritiers ou contre un curateur à l'acceptation bénéficiaire (1). *Supra,* n° 1924.

1928. Le compte contient les recettes et dépenses effectuées ; il est terminé par la récapitulation de la balance des recettes et des dépenses, et il est fait un chapitre particulier des objets restant à recouvrer (C. pr., 533), et des dettes restant à payer.

RECETTES.

1929. Le chapitre des recettes comprend le prix des ventes de meubles et d'immeubles, l'argent comptant, les capitaux recouvrés, les intérêts, arrérages et autres fruits perçus, et généralement toutes les sommes dues à la succession, et touchées par le rendant (2), même à l'étranger (2 *bis*).

1930. L'héritier bénéficiaire est seulement dépositaire des deniers qu'il a touchés ; il n'est point tenu d'en faire emploi, et il ne peut lui être réclamé aucun intérêt des sommes restées en ses mains ; il ne doit compte que des intérêts qu'il a perçus (3).

1931. Le rapport et le retranchement sur des donations faites par le défunt profitant aux héritiers seuls, et non pas aux créanciers ni aux légataires (C. N., 850, 921), l'héritier bénéficiaire ne doit point comprendre dans son compte les valeurs qui lui sont provenues de cette origine (4).

1932. L'héritier bénéficiaire n'est pas tenu non plus de faire compte des réparations civiles qu'il a obtenues pour le meurtre du défunt ; c'est comme parent qu'il a droit à ces réparations, et non pas seulement comme héritier (5).

DÉPENSES.

1933. L'héritier bénéficiaire qui a entre les mains des deniers de l'hérédité doit les employer à désintéresser les créanciers et légataires de la succession.

1934. S'il y a des créanciers opposants (6), l'héritier bénéficiaire ne peut payer que dans l'ordre et de la manière réglés par le juge, à moins que les créanciers opposants ne s'entendent entre eux pour faire

---

Chap. II. — **Dépenses.** (N°s 1933 à 1940.)

M. Delattre porte en dépense les sommes suivantes, qu'il a payées en l'acquit de la succession :

1° Cinq mille francs, montant des dettes privilégiées constatées en l'inventaire (1re *observ.*), ci.	5,000 fr. » c.
2° Deux cent quarante-six francs payés pour impôt des immeubles, ci.	246 »
3° Six cent cinquante-deux francs payés pour frais de scellés, inventaire, acceptation bénéficiaire, et de l'autorisation pour transférer la rente et les actions, ci.	652 »
4° Deux cent quarante francs pour les frais du présent compte, ci.	240 »
A reporter. . . .	6,138 »

---

(1) Chabot, art. 802 ; Toullier, IV, 356 ; Marcadé, 802, 3 ; Dict. not., *Bén. d'inv.*, n° 122 ; Roll. *ibid.*, n° 131.
(2) Vazeille, 803, 8 ; Demolombe, XV, 318.
(2 *bis*) Paris, 9 déc. 1864 ; Cass. 23 avril 1866.
(3) Belost-Jolimont, art. 803. obs. 1 ; Roll., *Compte de bén. d'inv.*, n° 16 ; Bourges, 19 juill. 1818.
(4) Chabot, 875, 5 ; Duranton, VII, 44 ; Zach., Massé et Vergé,

§ 337, note 5 ; Troplong, *Don.*, n° 913 ; Demolombe, XV, 163 ; Dict. not., *Bén. d'inv.*, n° 167 ; Roll., *ibid.*, n° 168.
(5) Vazeille, 802, 7 ; Demolombe, XIV, 452, XV, 165 ; Roll., *Compte de bén. d'inv.*, n° 18.
(6) On considère de plein droit comme créancier opposant celui dont la créance figure à l'inventaire ; en conséquence il est dispensé de former une opposition régulière : Paris, 2 nov. 1859 ; Mon. trib., 1859, p. 410. Voir Cass. 13 mars 1866 ; J. N. 18720.

la distribution amiable des deniers (1), ou que l'héritier bénéficiaire n'ait dans les mains somme suffisante pour désintéresser tous les créanciers. — S'il n'y a pas de créanciers opposants, il paye les créanciers et les légataires à mesure qu'ils se présentent (C. N., *808*; pr. *990*), sans distinction entre les créanciers non privilégiés et les créanciers privilégiés, ni même entre les créanciers et légataires; il y a donc obligation pour l'héritier bénéficiaire de payer le premier qui se présente, s'il a des fonds disponibles (2).

1935. Si l'héritier bénéficiaire paye des créanciers, opposants ou non, au préjudice de créanciers opposants, ceux-ci ont un recours contre l'héritier bénéficiaire, à raison du préjudice qu'ils en éprouvent, et peuvent se faire payer par lui, sur ses biens personnels, le dividende qui leur aurait été attribué (3); en outre ils ont l'action en répétition contre les créanciers indûment payés, car ceux-ci ont reçu plus que ce qui leur était dû par la masse de la succession bénéficiaire (4). Le recours du créancier opposant contre l'héritier bénéficiaire, ou contre les créanciers qui ont indûment reçu, ne se prescrit que par trente ans; la prescription de trois ans dont il est question *infra*, n° *1937*, s'appliquant seulement à l'hypothèse où il n'y a pas de créanciers opposants (5).

1936. Si l'héritier bénéficiaire paye des créanciers, opposants ou non, au préjudice de créanciers non opposants, ceux-ci, sauf le cas où ils prouveraient la fraude, n'ont action ni contre l'héritier bénéficiaire, ni contre les créanciers antérieurement payés; ils sont en faute de s'être présentés tardivement, et de n'avoir point formé d'opposition; peu importe qu'ils réclament avant l'apurement du compte (6).

1937. Les créanciers non opposants qui ne se présentent qu'après l'apurement du compte et le payement du reliquat, n'ont de recours à exercer que contre les légataires; ce recours se prescrit par le laps de trois ans, à compter du jour de l'apurement du compte, et du payement du reliquat (C. N., *809*).

1938. L'héritier bénéficiaire porte en dépense : les remboursements de capitaux; les payements d'intérêts de capitaux, d'arrérages de rentes, de contributions, de dettes courantes; les dépenses de réparations; les frais de scellés, d'inventaire, d'acceptation bénéficiaire, de liquidation (7), de compte (8), de distribution (C. N., *810*); les dépenses qu'il a faites pour l'entretien et la réparation des biens; et généralement toutes les sommes qu'il a payées pour le compte de la succession ou qu'il a employées aux affaires de la succession (9), sauf la réduction s'il s'est livré à des profusions exorbitantes dans les dépenses (10). Il ne peut réclamer d'indemnité de logement et de nourriture, ni rien retenir pour ses peines et ses soins (11).

Report....	6,138	»
5° Huit cents francs payés au bureau d'enregistrement de....., pour droits de mutation après le décès de M. Delattre, ci......	800	»
6° Quatre mille deux cents francs que le comparant s'est payés à lui-même, pour le montant de sa créance sur la succession, ainsi que le constate une quittance passée devant Mᵉ ......, notaire à ....., le ....., ci......	4,200	»
7° Cinq mille quatre cents francs payés à M. Volnay, pour le montant de sa créance, ainsi que le constate la même quittance, ci....	5,400	»
Montant des dépenses, seize mille cinq cent trente-huit francs...	16,538	»

---

(1) Demolombe, XV, 296.
(2) Toullier, IV, 383; Demolombe, XV, 309, 311.
(3) Demante, III, 133 *bis*; Demolombe, XV, 304.
(4) Duvergier sur Toullier, IV, 380; Demante, III, 133 *bis*; Belost-Joliment, *808*, obs. 1; Tambour, p. 317; Mourlon, II, p. 445; Demolombe, XV, 303, 306.
(5) Mourlon, II, p 445; Demolombe, XV, 305.
(6) Duvergier sur Toullier, IV, 384; Duranton, VII, 35; Belost-Joliment, *809*, obs. 2; Dillard, n° 94; Demante, III, 133 *bis*; Zach., Massé et Vergé, § 386, note 36; Tambour, p. 358; Demolombe, XV, 82; Dict. not., *Bén. d'inv*., n° 94; Paris, 25 juin 1807; Cass., 4 avr. 1832; Orléans, 15 nov. 1832; Montpellier, 14 mars 1850; contra

Toullier, IV, 383; Chabot, *809*, 3; Poujol, *809*, 2; Marcadé, *809*, 2; Toullier, III, p. 267.
Demolombe, 15, 342; Caen, 22 nov. 1861; J. N., 17545. Si la liquidation comprend les rapports effectués par les successibles, l'héritier bénéficiaire reste tenu personnellement de la quote-part des frais applicables aux rapports : Douai, 21 janv. 1836.
(8) En cas de contestation. Voir *supra*, n° 1328.
(9) Toullier, IV, 388; Demolombe, XV, 312; Cass., 11 août 1824; Amiens, 17 août 1836; Paris, 9 janv. 1853.
(10) Toullier, IV, 389; Roll., *Compte de bén. d'inv*., n° 25.
(11) Chabot, *810*, 4; Toullier, IV, 389; Vazeille, *809*, 9; Demolombe, XV, 233; Roll., *Compte de bén. d'inv*., n°ˢ 27, 29.

1939. L'héritier bénéficiaire est tenu personnellement envers le fisc à l'acquit des droits de mutation, lors même qu'il n'aurait aucun actif entre les mains (1); mais il a le droit de les porter en dépense, lors de la reddition de son compte (2).

1940. L'héritier bénéficiaire pouvant, à défaut d'opposition, payer les créanciers à mesure qu'ils se présentent, peut se payer lui-même ce qui lui est dû par la succession, sans que ce payement soit sujet à restitution, si surtout il a été fait de bonne foi et par acte ayant acquis date certaine (3). Il ne compense pas de plein droit ses créances contre la succession, avec les valeurs par lui touchées (4).

RELIQUAT.

1941. L'héritier bénéficiaire doit payer aux créanciers et légataires le reliquat de son compte; et il ne peut être contraint sur ses biens que jusqu'à concurrence seulement des sommes dont il est reliquataire (C. N., 803).

1942. L'héritier bénéficiaire ne doit l'intérêt du reliquat de son compte qu'à partir du jour de la demande en justice, et seulement pour la part dans ce reliquat du créancier ou du légataire qui l'a mis en demeure (5).

1943. A l'égard du légataire particulier, comme il n'a droit aux biens légués qu'autant qu'ils ne sont pas absorbés par le payement des dettes de la succession bénéficiaire (6), si les dettes sont supérieures à l'actif, son legs est caduc; et même, s'il en a obtenu la délivrance, les créanciers ont l'action en répétition contre lui, *supra*, n° *1937* (C. N., *809*).

Chap. III. — **Balance.** (N°ˢ 1941 à 1943.)

Les recettes se montent à trente-deux mille cent soixante-huit francs, ci.	32,168 fr.	» c.
Et les dépenses à seize mille cinq cent trente-huit francs, ci. . .	16,538	»
Reliquat en recettes, dont M. Delattre se reconnaît comptable envers les créanciers et légataires, quinze mille six cent trente francs, ci. . . . . . :	15,630	»

Chap. IV. — **Dettes restant à acquitter.** (N° 1928.)

Il reste à payer :

La créance de M. Hardy, au capital de huit mille francs, ci. . . .	8,000 fr.	» c.
Et la créance de M. Boursier, au capital de dix-sept mille francs, ci.	17,000	»
Ensemble vingt-cinq mille francs.	25,000	»

Et en outre le legs de douze mille francs fait à Mlle Rose, mais qui devient caduc en raison de ce que tout l'actif de la succession a été épuisé pour l'acquit des dettes.

---

(1) Championnière et Rigaud, n° 2566; Dict. not., *Bén. d'inv.*, n° 121; Cass., 28 oct. 1806, 3 fév. 1829, 1ᵉʳ fév. 1830, 24 avr. 1833, 7 avril 1835, 12 juill. 1836, 28 avril 1837.

(2) Toullier, IV, 371; Chabot, *803*, 3; Championnière, n° 3680; Demolombe, XV, 346; Dict. not., *Compte de bénéf. d'inv.*, n° 22; Roll., *ibid.*, n° 26; Rouen, 27 déc. 1837 et 5 avril 1815; Bordeaux, 1ᵉʳ déc. 1846 et 15 fév. 1849; J. N., 12591, 19737; Paris, 19 janv. 1854, Voir Lyon, 13 déc. 1866; Cass. 9 janv. 1867; J. N. 18723.

(3) Duranton, VII, 35; Bilhard, n° 74; Zach., Massé et Vergé, § 386, note 34; Tambour, p. 343; Demolombe, XV, 310, 327; Roll., *Bénéf.*

d'inv., n° 153; Paris, 25 juin 1807; Cass., 27 juill. 1853 et 23 juin 1850; J. N., 15034, 15854.

(4) Toullier, VII, 380; Marcadé, *art. 1290*; Roll., *Compte de bén. d'inv.*, n° 24; Agen, 23 mai 1854; Cass., 23 juin 1856; J. N., 15854; Seine, 28 juill. 1866. Voir cependant Cass. 5 juin 1819; J. N., 13334.

(5) Belost-Jolimont, *804*, obs. 4; Tambour, p. 373; Demolombe, XV 348; Roll., *Compte de bénéf. d'inv.*, n° 30; Cass., 22 août 1827.

(6) Demante, III, 129; Duvergier sur Toullier, IV, 380; Demolombe, XV, 295; XVII, 28; Rouen, 16 juill. 1844, Cass. 28 nov., 1851 et 15 juin 1862; J. N. 17327, 17502.

1944. Le compte de bénéfice d'inventaire est clos par la déclaration du rendant, qu'il présente son compte aux créanciers et aux légataires, et qu'il l'affirme sincère et véritable (*C. pr., 534*).

§ 3. — ABANDON DE BIENS PAR L'HÉRITIER BÉNÉFICIAIRE.

1945. L'héritier bénéficiaire, tenu au payement des dettes jusqu'à concurrence seulement de la valeur des biens, *supra*, n° *1878*, peut même s'en décharger en abandonnant tous les biens de la succession aux créanciers et aux légataires (*C. N., 802*).

1946. Lorsqu'il y a plusieurs héritiers bénéficiaires, l'abandon peut être fait par un seul; alors il ne comprend que les droits de cet héritier dans la succession, et ne produit d'effet qu'à son égard (¹).

1947. Si l'héritier bénéficiaire est mineur, l'abandon est fait par son tuteur dûment autorisé par le conseil de famille (²).

1948. A Paris, l'abandon aux créanciers et légataires a lieu de la manière suivante : l'héritier bénéficiaire, assisté d'un avoué, se rend au greffe du tribunal civil, et déclare faire abandon *à qui de droit*, des biens de la succession; le greffier constate cet abandon par un acte qu'il rédige sur le registre des renonciations; aucune notification de cet abandon n'est faite aux créanciers ni aux légataires (3). Ce mode de procéder a été critiqué, et il nous semble en effet qu'il suffit de faire l'abandon dans la forme des actes notariés (4) [FORM. 318], ou en justice sur une action en compte dirigée contre l'héritier bénéficiaire.

AFFIRMATION. (N° 1944.)

M. DELATTRE affirme sincère et véritable le présent compte, et le présente à MM. HARDY et BOURSIER, créanciers non payés.
Dont acte. Fait et passé, etc.

FORMULE 318. — **Abandon de biens par l'héritier bénéficiaire.** (Nᵒˢ 1945 A 1961.)

PAR-DEVANT Mᵉ ....
A COMPARU M. Paul DELATTRE, marchand de nouveautés, demeurant à ......,
    Seul et unique héritier, sous bénéfice d'inventaire, de M. Pierre DELATTRE, son frère, en son vivant négociant, demeurant à ...., où il est décédé le .....
    Lequel, préalablement à l'abandon de biens faisant l'objet des présentes, a exposé ce qui suit :

EXPOSÉ :

I. M. Pierre DELATTRE est décédé à ....., le ....., ainsi qu'il est énoncé plus haut. Inventaire après ce décès a été dressé par Mᵉ ....., notaire à ....., à la date des ....
    La prisée du mobilier inventorié s'est élevée à six mille cinq cents francs.
    Il a été trouvé, en argent comptant, une somme de douze cents francs.
    Il a été constaté qu'outre ces valeurs, l'actif de la succession se composait de :
    1° Trois mille francs, montant d'une créance sur M. ADAM;
    2° Un titre de deux cent quatre-vingts francs de rente trois pour cent, au nom du défunt, n° ....., de la ... série;
    3° Une maison située à ....., rue ....., n° ...;
    Et que la succession était grevée des dettes dont l'indication suit :

---

(1) Duranton, VII, 45; Zach. Massé et Vergé, § 386, note 1; Demolombe, XV, 210; Douai, 29 juill. 1816.
(2) Cass., 12 mars 1839.

(3) Tambour, p 381; Massé et Vergé, § 386, note 3; Demolombe, XV, 215.
(4) Chabot, *802*, 7, Roll , *Abandon par un hérit. bén.*, nᵒˢ 20, 21 ; contra Demolombe, XV, 215.

1949. Malgré l'abandon, l'héritier bénéficiaire est héritier et conséquemment propriétaire des biens; c'est sur sa tête que continuent de résider toutes les actions; c'est contre lui que les créanciers doivent former leurs instances pour obtenir un titre exécutoire contre la succession (1); quant aux actions concernant l'administration et la vente des biens abandonnés, elles doivent être formées ainsi que nous le dirons *infra* n° 1960.

1950. L'abandon n'entraîne point renonciation à la succession, quand même il aurait été fait sous forme de renonciation; l'acceptation bénéficiaire donne au successible le titre indélébile d'héritier, et il ne peut plus l'abdiquer; sa renonciation n'aurait donc pas l'effet d'un abandon aux créanciers et légataires, et elle n'autoriserait pas les parents d'un degré plus éloigné à réclamer la succession (2).

1951. Il s'ensuit que l'héritier bénéficiaire n'est en aucun cas dispensé du rapport qu'il doit à ses cohéritiers, de même qu'il continue d'avoir droit à sa part dans les rapports effectués par eux; et si, après le payement des dettes et des legs, il reste une portion libre des biens abandonnés, l'héritier bénéficiaire a seul le droit de la réclamer (3).

1952. L'abandon doit être fait à tous les créanciers et légataires qui se sont fait connaître (4), sans cependant qu'il soit rigoureusement nécessaire d'y indiquer les noms des créanciers et légataires; il est donc indifférent, si on les indique, que quelques-uns aient été omis (5).

1953. L'abandon doit comprendre tous les biens meubles et immeubles provenus de la succession; l'abandon partiel serait insuffisant pour décharger entièrement l'héritier bénéficiaire du payement des dettes (6). Si l'héritier bénéficiaire n'a droit qu'à une part indivise dans la succession, c'est de cette part qu'il doit faire l'abandon. S'il y a eu partage, l'abandon est de tous les biens échus à l'héritier bénéficiaire.

1954. Il est nécessaire que les créanciers et légataires aient connaissance de l'abandon, afin qu'ils

---

1° Huit mille francs dus à M. Charles Leroux, propriétaire, demeurant à . . . . .;

2° Vingt-cinq mille francs dus à M. Théodore Camus, banquier, demeurant à . . . . .;

3° Quarante mille francs dus à M. Hilaire Leriche, négociant, demeurant à . . . . .;

4° Quatre mille cinq cents francs, montant de diverses dettes privilégiées;

5° Huit mille francs, montant d'un legs particulier que feu M. Delattre a fait en faveur de Mlle Louise Laville, demeurant à . . . . ., aux termes de son testament, reçu par M^e . . . . ., notaire à . . . . ., le . . . . .

II. M. Delattre, comparant, a accepté, sous bénéfice d'inventaire, la succession de Me Delattre, suivant déclaration passée au greffe du tribunal civil de . . . . ., le . . . . .

III. Le mobilier dépendant de la succession a été vendu aux enchères, à la requête de M. Delattre, comparant, dûment autorisé, par le ministère de M. . . . . ., commissaire-priseur à . . . . ., suivant procès-verbal en date des . . . . .

Le montant de cette vente s'est élevé à sept mille quatre cents francs, ci.	7,400 fr. » c.
Sur quoi on a déduit, pour frais de vente, deux cent quarante-trois francs, ci.	243 »
Il est resté une somme de sept mille cent cinquante-sept francs, qui a été de suite payée à M. Delattre.	7,157 »

---

(1) Duranton, VII, 42; Bilhard, n° 439, Duvergier sur Toullier, IV, 339; Demolombe, XV, 224; Douai, 29 juill. 1816; Paris, 3 avril 1826, 25 juin 1838; Cass., 29 déc. 1829 et 1er fév. 1830; contra Massé et Vergé, § 380, note 11; Tambour, p. 384.

(2) Chabot et Belost-Jolimont, *802*; Grenier, *Don.*, n°s 304,305; Duvergier sur Toullier, II, 358; Vazeille, *802*, 7; Duranton, VII, 42; Demante, III, 124 *bis*; Poujol, *802*, 4; Marcadé, *802*, 1; Mourlon, II, p. 148; Demolombe, XV, 208; Dict. not., *Bén. d'inv.*, n° 136; Roll., *Abandon par un hérit. bén.*, n°s 34 et 38; Paris, 10 avril 1809, 26 décembre 1815, 3 avril 1820; Colmar, 8 mars 1820; Toulouse, 29 mars 1832; Pau, 24 nov. 1837; Lyon, 13 avril 1837; Grenoble, 4 juin 1830.

Douai, 5 avril 1818 et 23 août 1830; Limoges, 30 juin 1852; Cass., 29 déc. 1829, 1er fév. 1830 et 25 mars 1840; contra Toullier, IV, 358, 374; Bilhard, n° 436; Bordeaux, 17 fév. 1826; Nancy, 14 juin 1827; Cass., 6 juin 1815.

(3) Chabot, *802*, 8; Marcadé, *802*, 1; Duranton, VII, 42; Demolombe, XV, 213; Roll., *Abandon par un hérit. bén.*, n°s 35, 36.

(4) Chabot, *802*, 7; Duranton, VII, 42; Roll., *loc. cit.*, n° 9. Voir cependant Demolombe, XV, 214.

(5) Chabot, *802*, 10, 11.

(6) Chabot, *802*, 6; Roll., *loc. cit.*, n° 12.

puissent continuer la gestion des biens; s'ils sont présents, ils interviennent et acceptent l'abandon; sinon ils acceptent l'abandon par acte ultérieur, ou bien notification leur en est faite (1).

1955. Tant que l'abandon, fait autrement qu'au greffe, *supra*, n° 1948, n'a été ni accepté, ni notifié, l'héritier bénéficiaire peut le révoquer.

1956. Même après l'acceptation ou la notification, tant que les biens ne sont pas vendus, l'héritier bénéficiaire peut les reprendre, en offrant de payer intégralement les dettes et les charges de l'hérédité (2).

1957. L'abandon fait aux créanciers et aux légataires n'est pas un véritable payement, et il ne transfère pas la propriété des biens aux mains des créanciers et légataires; ceux-ci ne peuvent donc les conserver en nature, ils sont tenus de les vendre pour le compte de la masse et de continuer la gestion dont l'héritier bénéficiaire était chargé (3).

1958. Dans ce but, les créanciers et légataires doivent s'entendre entre eux, afin de commettre l'un des intéressés et le charger de gérer les biens abandonnés, en lui donnant tous pouvoirs nécessaires à cet effet.

1959. Si les créanciers et légataires ne peuvent s'entendre sur le choix d'un administrateur, un curateur doit être nommé en la chambre du conseil du tribunal civil du lieu du domicile du défunt, à la requête des créanciers ou du plus diligent d'eux, à l'effet de gérer et administrer les biens abandonnés (4). A Paris, le curateur est toujours nommé dans cette forme par suite de l'abandon fait au greffe.

1960. La vente des biens abandonnés est faite à la requête de l'administrateur nommé par les créanciers et légataires, ou du curateur nommé en la chambre du conseil, avec l'accomplissement des formes prescrites à l'héritier bénéficiaire (5), *supra*, n° 1913; il est convenable que l'héritier bénéficiaire soit appelé à la vente et à la distribution du prix.

IV. Suivant acte passé devant M^e . . . . . , notaire à . . . . . , le . . . . . , M. DELATTRE, comparant, a rendu le compte de la gestion et de l'administration qu'il a eues de la succession bénéficiaire; il a porté en recettes les douze cents francs d'argent comptant et les sept mille cent cinquante-sept francs touchés de M. . . . . , commissaire-priseur; et en dépenses, les dettes privilégiées, les frais d'inventaire, d'acceptation bénéficiaire, de compte. Il résulte de ce compte que M. DELATTRE est reliquataire d'une somme de trois mille trois cent soixante-cinq francs.

Ces faits exposés, il est passé à l'abandon faisant l'objet des présentes.

ABANDON. (N°s 1952 ET 1953.)

M. DELATTRE, usant de la faculté accordée par l'article 802 du Code Napoléon, et afin de se décharger de l'administration ultérieure des biens de la succession;

Cède et abandonne aux créanciers et légataires de la succession bénéficiaire de M. DELATTRE tous les biens et droits dépendant de cette succession, sans restriction ni réserve, ce qui l'affranchit du payement des dettes et du legs; et il déclare être prêt à remettre à qui de droit la somme de trois mille trois cent soixante-cinq francs, formant le reliquat en recettes du compte qu'il a rendu de la succession bénéficiaire.

A ces présentes sont intervenus (N°s 1954 A 1960):

1° M. Charles LEROUX, propriétaire, demeurant à . . . . . ;
2° M. Théodore CAMUS, banquier, demeurant à . . . . . ;
3° M. Hilaire LERICHE, propriétaire, demeurant à . . . . . ;
4° Et Mlle Louise LAVILLE, sans profession, demeurant à . . . . .

---

(1) Chabot, *802*, 7; Paris, 25 juin 1838.
(2) Duranton, VII, 42; Duvergier sur Toullier, IV, 358; Demolombe, XV, 224; Dict. not., *Bénéf. d'inv.*, n° 157; Roll., *loc. cit.*, n° 28. Selon Tambour, p. 362, il peut les reprendre, même sans satisfaire les créanciers et les légataires.
(3) Duranton, VII, 42; Roll., *loc. cit.*, n°s 26, 30; CONTRA Toullier, IV, 358.
(4) Chabot, *802*, 8; Toullier, IV, 358; Demante, III, 124 *bis*; Massé et Vergé, § 386, note 11; Demolombe, XV, 220.
(5) Duvergier sur Toullier, IV, 358; Demolombe, XV, 222.

1961. Les frais de l'acte d'abandon sont à la charge de la succession.

SECTION IV. — DES SUCCESSIONS VACANTES.

1962. Lorsqu'une personne décède, et qu'il ne se présente aucun héritier pour réclamer sa succession, tous ceux qui ont des droits à exercer, tels que : les créanciers, les légataires, des copropriétaires, des coassociés, des locataires, etc...., peuvent, ou le plus diligent d'eux, et, à leur défaut, le procureur impérial d'office, demander au tribunal de première instance du domicile du défunt la nomination d'un administrateur provisoire (1) [Form. 319], dont les fonctions consistent à faire procéder à l'inventaire et à la vente du mobilier. L'administrateur provisoire est aussi le contradicteur contre lequel sont intentées les actions concernant la succession; il doit prendre toutes les mesures conservatoires, et notamment interrompre les prescriptions qui courent contre toute succession vacante, quoique non pourvue de curateur (C. N., 2258).

1963. Si, après l'expiration des délais pour faire inventaire et délibérer, *supra*, n° 1890, il ne se présente personne (2) qui réclame la succession, qu'il n'y ait pas d'héritiers connus, ou que les héritiers connus y aient renoncé, la succession est réputée vacante (3). Dans ce dernier cas, il n'est pas nécessaire de mettre en demeure de se prononcer ceux qui recueilleraient la succession à défaut des renonçants (4); ceux qui ont le droit de requérir la nomination de l'administrateur provisoire, *supra*, n° 1962, peuvent, par la voie d'une requête (5), demander au même tribunal que la succession soit déclarée vacante et qu'un curateur soit nommé (6) (C. N., 811, 812; pr., 998). Il ne peut être nommé qu'un seul curateur; cependant, s'il en a été nommé deux ou plusieurs, le premier nommé est préféré sans qu'il soit besoin de jugement (C. pr., 999); toutefois, si les nominations ont été faites par différents tribunaux, on doit préférer celui qui a été nommé par le tribunal du vrai domicile du défunt (7).

1964. Le curateur à une succession vacante [Form. 320] est tenu avant tout d'en faire constater l'état

---

Les trois premiers créanciers, et la quatrième légataire de M. Pierre Delattre.

Lesquels, ayant pris communication par eux-mêmes et par la lecture que leur en a donnée M⁰ ...., l'un des notaires soussignés, tant du présent acte d'abandon que du compte de bénéfice d'inventaire énoncé sous le paragraphe quatre de l'exposé, ont déclaré accepter l'abandon des biens de la succession fait par M. Delattre.

Et à l'instant, s'étant concertés sur la marche à suivre dans leur intérêt commun, ils ont reconnu qu'il serait utile de charger l'un d'eux de la gestion de la succession.

En conséquence, M. Camus, qui accepte cette mission, est désigné par ses cointéressés qui lui donnent tout pouvoir à l'effet de :

Faire procéder, par toutes les voies de droit, à la vente des objets abandonnés par M. Delattre; provoquer tous ordres, contributions et distributions; exercer toutes poursuites; enfin faire tout ce qui sera nécessaire pour arriver à la réalisation des biens de la succession.

Par ces mêmes présentes, les intervenants déclarent reconnaître exact le compte de bénéfice d'inventaire présenté par l'héritier, et l'approuver dans toutes ses parties.

Ils reconnaissent aussi avoir reçu à l'instant, en bonnes espèces, de M. Delattre, comparant, la somme de trois mille trois cent soixante-cinq francs formant le reliquat de son compte. Ils en feront la distribution entre eux, suivant leurs droits respectifs, et sans y appeler M. Delattre, comparant.

Dont acte, aux frais de la succession. (N° 1961.)

Fait et passé, etc.

---

(1) Duranton, VI, 352; Demante, III, 135 *bis*; Demolombe, XV, 403; Mourlon, II, p. 147.

(2) Héritier légitime ou successeur irrégulier: Duvergier sur Toullier, IV, 292; Duranton, VI, 352 et VII, 60; Poujol, 770, 3; Demante, III, 135 *bis*; Zach., Massé et Vergé, § 410, note 4; Dalloz, *Succession*, n° 394; Demolombe, XV, 405 ; Paris, 26 mars 1835, Cass., 17 août 1840; Colmar, 18 janv. 1850; Rennes 7 juill. 1851; contra Toullier, IV, 292.

(3) Une succession est *vacante* lorsqu'il y a incertitude sur l'existence d'héritiers; elle est en *déshérence*, c'est-à-dire dévolue à l'État quand il est certain qu'il n'en existe pas: Inst. régie, 5 mars 1806; Demolombe, XV, 413; Dict. not., *Succ. vacante*, n° 2.

(4) Chabot, 812, 2; Toullier et Duvergier, IV, 397; Duranton, VII, 62;

Poujol, 811, 1; Marcadé, 770, 2; Froissart, *Rev. prat.*, 1858, I, p. 528; Mourlon, II, p. 147; Taulier, III, p 209; Massé et Vergé, § 410, note 4; Dalloz, *Succession*, n° 976; Demolombe, XV, 408; Dict. not., *Succ. vacante*, n° 3; Roll., *ibid.*, n° 3; Aix, 17 déc. 1807; Paris, 31 août 1822; contra, Vazeille, 812, 1; Belost-Jolimont, obs. 1re; Aubry et Rau, V, p 400.

(5) Demolombe, XV, 525; Pigeau, Pr., III, p., 719; Dict. not., *Curateur*, n° 38.

(6) Pour ce qui concerne les curateurs à succession vacante en Algérie, voir Ordonn. roy. 26 déc. 1842.

(7) Toullier, IV, 399; Duranton, VII, 61; Poujol, 811, 5; Demolombe, XV, 426.

par un inventaire, si cela n'a déjà eu lieu; il en exerce et poursuit les droits; il répond aux demandes formées contre elle; il vend les meubles si l'administrateur provisoire ne les a pas vendus; il administre sous la charge de faire verser (1) le numéraire qui se trouve dans la succession, ainsi que les deniers provenant du prix des meubles et immeubles vendus, des recouvrements de créances, dans la caisse du receveur de l'enregistrement et des domaines (2), pour la conservation des droits et à la charge de rendre compte à qui il appartiendra. (*C. N.*, *813; pr., 1000*).

1965. Le curateur à la succession vacante doit sauvegarder les intérêts des tiers, en prenant les mesures conservatoires prescrites par la loi, par exemple en provoquant la distribution judiciaire des valeurs de la succession (3); de plus il est tenu, sous peine du demi-droit en sus, d'acquitter les droits de mutation dans les six mois du décès (4), sauf à lui à obtenir une prorogation de ce délai. Mais le curateur n'est point passible de cette peine, si sa nomination a eu lieu après l'expiration des six mois, et si, à défaut de fonds disponibles, il a signifié à la régie la déclaration estimative des biens du défunt; dans le même cas, la succession vacante en est aussi dispensée (5).

1966. L'inventaire, la forme de la vente des meubles, immeubles et rentes, le mode d'administration et le compte à rendre par le curateur à la succession vacante, ont lieu dans les mêmes formes que celles prescrites à l'héritier bénéficiaire (*C. N.*, *814; pr., 1000, 1001, 1002*), mais le curateur n'est pas tenu de fournir caution (6), et, en sa qualité d'administrateur salarié, il est responsable tant des fautes graves que des fautes légères (7). — Jugé que l'état de vacance d'une succession emporte de plein droit la séparation des patrimoines (8).

1967. S'il dépend de la succession vacante une créance sur un particulier ou un office ministériel, le curateur, à la différence de l'héritier bénéficiaire, *supra*, n° *1903*, doit pour les vendre se faire autoriser par justice (9); il doit obtenir une pareille autorisation pour accepter ou répudier une succession échue au *de cujus*, intervenir à un partage, transiger, etc. (10).

§ 14. — SUCCESSIONS VACANTES.

FORMULE 319. — Administrateur provisoire à une succession présumée vacante.
(N° 1962.)

M. Charles-Louis Dubois, propriétaire, ancien avoué, demeurant à . . . . .

Agissant en qualité d'administrateur provisoire de la succession de M. Pierre Simon, en son vivant propriétaire, demeurant à . . . . ., où il est décédé le . . . . ., dont les héritiers ne sont pas connus; nommé à cette fonction suivant jugement rendu par le tribunal civil de première instance de . . . . ., le . . . . .

FORMULE 320. — Curateur à une succession vacante. (N°ˢ 1963 A 1967.)

M. Charles-Louis Dubois, propriétaire, ancien avoué, demeurant à . . . :.

Curateur à la succession vacante de M. Pierre Simon, en son vivant propriétaire, demeurant à . . . . ., où il est décédé le . . . . .; nommé à cette fonction, aux termes d'un jugement déclarant la succession vacante, rendu par le tribunal civil de première instance de . . . . ., le . . . . .

---

(1) C'est au curateur à poursuivre le recouvrement des créances, et à en donner quittance sur la présentation des reçus délivrés par le receveur d'enregistrement. Dans l'usage, c'est le receveur d'enregistrement qui donne la quittance, et le curateur y appose son visa. Demolombe, XV, 447.

(2) Le curateur à la succession vacante ne peut donc les recevoir directement; cependant il est d'usage que les curateurs reçoivent directement les intérêts, arrérages, fermages, loyers; c'est là un simple acte d'administration. Toullier, IV, 402; Chabot, *813*, 2; Demante, III, *137 bis*; Demolombe, XV, 446; Nancy, 29 avril 1843; Rouen, 21 janvier 1853. — Jugé même que le curateur a capacité pour recevoir directement toutes les créances. Cass., 13 juin 1810; Bordeaux, 24 mai 1854. Voir Cass., 13 fév. 1865.

(3) Paris, 19 avril 1861.

(4) Loi 22 frim. an 7, art. 27; Cass., 18 niv. an 12, 3 niv. an 13, 15 juill. 1806, 4 avril 1807, 3 déc. 1839; Amiens, 11 janv. 1833; Instr. rég., 29 juin 1808, n° 386.

(5) Cass., 20 janv. et 29 avril 1807; trib. Saint-Amand, 26 fév. 1831; Seine, 11 mai 1861; J. N., 17205. Voir cependant trib. Seine, 12 mai 1853; J. N. 14981.

(6) Duranton, VII, 70; Demante, III, *137 bis;* Taulier, III, p. 374; Demolombe, XV, 433; Dict. not., *Curateur*, n° 51; Nancy, 29 avril 1843.

(7) Duranton, VII, 74; Marcadé, art. 814; Zach., Massé et Vergé, § 411, note 5; Demante, III, *137 bis;* Demolombe, XV, 434.

(8) Amiens; 11 juin 1853; J. N., 15099.

(9) Demolombe, XV, 442.

(10) Demante, III, *137 bis;* Bertin, *Chamb. du cons.*, II, 1238; Demolombe, XV, 443 Riom, 12 mars 1853.

CHAPITRE SIXIÈME

DU PARTAGE ET DES RAPPORTS.

SECTION I. — DE L'ACTION EN PARTAGE ET DE SA FORME.

§ 1. — INDIVISION; — SUSPENSION DU PARTAGE; — ATTRIBUTION A TITRE DE PARTAGE.

1968. Il y a indivision : entre cohéritiers à raison des biens de la succession; entre coacquéreurs d'immeubles acquis en commun; entre époux ou leurs représentants après la dissolution de la communauté; entre associés après la dissolution de la société; et généralement toutes les fois que des biens appartiennent à plusieurs en commun.

1969. L'indivision apporte des entraves à la libre disposition des biens et à leur administration; c'est pourquoi la loi veut que nul ne puisse être contraint à demeurer dans l'indivision, et que le partage puisse être toujours provoqué nonobstant prohibitions et conventions contraires (1) (*C. N.*, 815). Ainsi la clause par laquelle un testateur imposerait à ses légataires la condition de rester dans l'indivision, même pendant cinq ans, serait réputée non écrite comme contraire à la loi (2); si le testateur a imposé une pénalité en cas d'inobservation de sa prohibition, il est douteux qu'elle puisse recevoir son application (3).

---

§ 15. — PARTAGES.

I. — *Partages amiables.*

FORMULE 321. — **Suspension du partage.** (N°ˢ 1971.)

PAR-DEVANT Mᵉ. . . . .

ONT COMPARU :

M. Louis FERAY, propriétaire, demeurant à. . . . .

M. Germain LEBLÉ, négociant, et Mᵐᵉ Hélène FERAY, son épouse, de lui autorisée, demeurant ensemble à . . . . .

M. FERAY et Mᵐᵉ LEBLÉ, seuls héritiers, chacun pour moitié, de M. Théodore FERAY, leur frère, en son vivant avocat, demeurant à . . . . ., où il est décédé le . . . . .; ainsi que le constate l'intitulé de l'inventaire après son décès, dressé par Mᵉ. . . . qui en a gardé minute, et son collègue, notaires à. . . . . le. . . . .

Lesquels ont exposé que la succession de M. Pierre FERAY est grevée de l'usufruit de

---

1) Il y a exception pour les objets qui sont par leur nature ou leur destination à l'usage de plusieurs personnes, comme : un marais communal, une fontaine communale, un puits commun, un lavoir commun, une cour commune, un passage commun, etc.; le partage ne peut en être demandé. — Marcadé, *815*, 3; Pardessus, *Servitudes*, n° 7; Toullier, III, 469 *bis*; Duranton, V, 149; Vaudoré, *Droit rural*, n° 2; Dict. not., *Partage*, n° 18; *Indivis.*, n° 37; Roll., *Partage*, n° 14; *Indivision*, n° 40; Demolombe, XV, 402; Bordeaux, 4 déc., 1835; Paris, 15 mai 1836; Cass., 10 déc. 1823; 11 août 1832, 10 janv. 1842, 18 fév. 1858, 21 mars 1803; J. N. 16349.

(2) Chabot, *815*, 2; Marcadé, *815*, 1; Roll., *Partage*, n° 20, Massé et Vergé, § 389, note 3; Taulier, III, p. 376; Demante, III. 439 *ois*; Dutruc, n° 6; Bordeaux, 20 avril 1831; Aix, 10 mai 1811; CONTRA Duranton, VII, 80; Demolombe, XV, 514; Duvergier sur Toullier, IV, 403.

(3) Pour la pénalité : Roll., *Partage*, n°ˢ 28, 29; Duranton, VII, 80; Cass., 20 janv. 1836; J. N. 9139; CONTRA Massé et Vergé, § 389, note 3.

1970. De même, l'action en partage d'une succession ne peut être écartée par le motif que l'héritier qui la forme aurait déjà reçu une somme suffisante pour le remplir de sa part héréditaire, et même supérieure à celles attribuées à ses cohéritiers par un partage fait entre eux (1).

1971. Cependant les communistes, lorsqu'ils ont la capacité de partager amiablement, *infra*, n° 1979, peuvent convenir de suspendre le partage pendant un temps limité [Form. 321]; cette convention ne peut être obligatoire au delà de cinq ans, mais elle peut être renouvelée (*C. N.*, *815*). Au cas de renouvellement, la nouvelle période commence à courir du jour du renouvellement, quand même la première période ne serait pas encore écoulée (2). Si les parties conviennent de suspendre le partage pendant un temps déterminé d'une durée de plus de cinq ans, la convention est de droit réduite à cinq ans; si la durée est illimitée, par exemple pendant la vie de l'un des communistes, ou jusqu'à l'extinction d'un usufruit, la convention n'est même pas obligatoire pour cinq ans; elle est nulle (3).

1972. Les créanciers personnels des cohéritiers n'ayant pas plus de droits que leurs débiteurs, la convention suspensive leur est opposable, à moins qu'ils n'aient à faire valoir une hypothèque antérieure à la convention, ou qu'avant la convention, ils n'aient introduit en justice une action en partage (4).

1973. Lorsque le partage des biens indivis est suspendu pendant un temps, et pour une raison quelconque, il peut être de l'intérêt des parties que l'un ou plusieurs des biens ne restent pas dans l'indivision; par exemple, s'il se trouve dans la succession une maison où le défunt exploitait un commerce, qui est continué par l'un de ses héritiers, l'abandonnement peut en être fait, dans la vue du partage, à cet héritier, à valoir sur ses droits dans la succession [Form. 322]; et comme cet abandonnement a pour effet de faire cesser partiellement l'indivision, il équivaut à partage (5) (*C. N.*, *883*). L'acte d'abandonnement doit spécifier la valeur de l'objet abandonné afin de l'imputer, lors du partage définitif, sur les droits de l'abandonnataire, et indiquer le revenu pour que chacun des cohéritiers prélève annuellement une pareille somme sur les revenus des autres biens.

Mme Pierrette DELAON, restée sa veuve, propriétaire, demeurant à . . . . ., en vertu de la donation contenue en leur contrat de mariage passé devant M^e. . . . . notaire à . . . . ., le . . . .

En raison de l'existence de cet usufruit, les parties conviennent de suspendre le partage de la succession de M. Pierre FERAY pendant une durée de cinq ans à partir d'aujourd'hui; en conséquence ils s'interdisent, durant ce temps, d'en demander le partage.

Néanmoins cette convention cessera d'être obligatoire, et le partage pourra être demandé, si l'usufruit de madame veuve FERAY vient à s'éteindre avant l'expiration des cinq ans.

Dont acte. Fait et passé, etc. . . . .

FORMULE 322. — **Abandonnement à titre de partage.** (N° 1973.)

PAR-DEVANT M^e. . . . .

ONT COMPARU :

M. Edgar COLAS, négociant, demeurant à . . . . .;

M. Auguste BERTAUX, docteur en médecine, et Mme Aglaé COLAS, son épouse, de lui autorisée, demeurant ensemble à . . . . .

M. COLAS et Mme BERTAUX, seuls héritiers, chacun pour moitié, de M. Pierre COLAS, leur père, en son vivant négociant, demeurant à . . . . ., où il est décédé le . . . . ., ainsi que le constate un acte de notoriété à défaut d'inventaire, reçu par M^e . . . . .; qui en a gardé minute, et son collègue, notaires à . . . . ., le . . . . .

---

(1) Cass., 13 mai 1861; J. N. 17175.
(2) Chabot et Belost-Jolimont, *815*, 6; Marcadé, *815*, 2; Roll., *Partage*, n° 42; Demante, III, 139 *bis*; Dutruc, n° 7; Mourlon, II, p. 150; Massé et Vergé, § 274, note 24; Demolombe, XV, 500.
(3) Duranton, VII, 81; Demante, III, 139 *bis*; Demolombe, XV, 502; Cass., 16 janv. 1838; Aix, 10 mai 1841; CONTRA Massé et Vergé, § 279, note 20. Seine 19 janv. 1865; J. N. 18445.

(4) Aubry et Rau, V, p. 245; Demolombe, XV, 509; Rouen, 4 juill. 1833. Voir aussi Duranton, VII, 84; Vazeille, *815*, 12; Dutruc, n°s 10 et 11; CONTRA Chabot, *815*, 9; Poujol, *815*, 2; Zach., Massé et Vergé, § 389, note 5.
(5) Demolombe, XVII, 286; Championnière et Rigaud, III, 2738; Dict. not., *Abandon à titre de partage*, n° 2; Roll., *ibid.*, n° 2. Voir Cass., 2 avril 1851.

§ 2. — FORMES DU PARTAGE.

1974. Le partage [Form. 323] doit toujours être fait par écrit; un partage de fait ou verbal serait sans valeur (1); il s'ensuit qu'il peut être demandé, même quand l'un des copropriétaires aurait joui séparément de partie des biens indivis, à moins que la possession n'ait été suffisante pour faire acquérir la prescription (*C. N.*, *816*), c'est-à-dire ait duré trente ans du jour où le cohéritier a commencé à jouir séparément et en propre, sans interruption ni suspension; dans ce cas, il est propriétaire des biens dont il a joui, quand mêmes ces biens seraient plus considérables que sa part, ou même comprendraient la totalité de la succession (2). La possession séparée de chacun des copropriétaires pendant le même laps de temps produit l'effet d'un partage (3).

1975. Si l'une des parties, sans représenter l'acte de partage, allègue qu'il a été fait par écrit, et si son allégation est appuyée d'un commencement de preuve par écrit et de présomptions graves, précises et concordantes résultant de ce que chacun a joui de son lot depuis le partage, remontant à plus de trente ans, l'existence du partage peut être reconnue par la justice selon les règles énoncées au titre *des contrats et obligations* (4).

1976. La demande en partage peut être formée :

Lesquels ont dit :
La succession de M. Pierre Colas comprend des valeurs mobilières et un assez grand nombre d'immeubles;
Parmi ces immeubles figure une maison située à ....., où M. Edgar Colas exploite le commerce de ....., et consistant au rez-de-chaussée en magasin, arrière-magasin, cabinet, salle à manger, salon ; au premier étage ....., etc.
Cette maison appartenait à M. Pierre Colas (*établir l'origine de propriété*)
Des changements de distribution et de grandes réparations sont nécessaires à cette maison pour les besoins du commerce de M. Edgar Colas.
Comme ces travaux sont urgents, et qu'il s'écoulera un temps assez long avant le partage, M. Edgar Colas a demandé à M. et Mme Bertaux de lui abandonner cette maison dans la vue du partage, afin qu'il puisse en disposer selon ses besoins.
M. et Mme Bertaux ayant accédé à sa demande, il est convenu ce qui suit

ABANDONNEMENT.

M. et Mme Bertaux déclarent céder et abandonner à titre de partage,
A M. Edgar Colas, qui accepte,
La maison susdésignée, dans l'état où elle est, avec toutes ses dépendances, sans exception ni réserve, et pour une valeur de trente mille francs, qui sera imputée sur les droits de M. Edgar Colas, lors du partage définitif de la succession de M. Colas père.
M. Edgar Colas sera réputé propriétaire de cette maison dès l'instant du décès de M. Colas père, conformément à la loi, et il en aura la jouissance à partir d'aujourd'hui.
Il en acquittera les impôts de toute nature aussi à compter d'aujourd'hui.
Il supportera les servitudes passives pouvant grever la maison abandonnée, sauf à lui à s'en défendre, et à profiter de celles actives, s'il en existe, le tout à ses risques et périls.
Il n'est stipulé aucune soulte en faveur de Mme Bertaux, les biens restés indivis étant

---

(1) Chabot et Belost-Jolimont, *816*, 1 ; Marcadé, *816*, 1; Massé et Vergé, § 390, note 10; Roll., *Partage*, n° 157; Dict. not., *ibid.*, n° 193; Duranton, VII, 96 *bis*; Bourges, 3 mars 1823; Bastia, 19 nov. 1830, 9 juin 1833, 2 févr. 1857; Toulouse, 30 août 1837; Orléans, 16 juill. 1842; Cass., 6 juill. 1836; Riom, 10 mai 1855; J. N., 7474, 9508, 14460. V. Cass., 19 avril 1865; J. N. 18300. Contra: Zach.. § 390, note 10; Duvergier sur Toullier, IV, 407; Demante, III, 140 *bis*; Dutruc, n° 19 et 20; Demolombe, XV, 521; Mourlon, II, p. 452; Bourges, 29 août 1835, 19 avril 1839; Montpellier, 16 août 1842; Cass., 27 avril 836; Bordeaux, 2 nov. 1832; Nîmes, 23 juin 1862.

(2) Chabot, *816*, 1; Duranton, VII, 292; Troplong, *Prescript.*, n°s 361, 393; Dict. not., *Partage*, n° 68; Roll., *ibid.*, n° 53; Massé et Vergé, § 389, note 2; Duvergier sur Toullier, IV, 407; Demante,

III, 140 *bis*; Demolombe, XV, 527; Dutruc, n° 224; Taulier, III, p. 277; Dalloz, *Succ.*, n° 1553; Mourlon, II, p. 452; Bordeaux, 2 juin 1831; Cass., 9 mai 1827, 23 nov. 1831, 4 juin 1853.

(3) Chabot, *816*, 1; Duranton, VII, 292; Toullier, IV, 407; Troplong, *Prescrip.*, n° 361; Marcadé, *816*, 2; Dict. not., *Partage*, n° 78; Roll., *ibid.*, n° 53; Demolombe, XV, 539; Bordeaux, 2 juin 1831; Cass., 5 janv. 1814, 18 juin 1818, 2 août 1841.

(4) Demolombe, XV, 523; Bonnier, *Preuves*, n° 113; Bordeaux, 20 nov. 1852 et 19 mars 1860; Agen, 25 janv. 1859; Lyon, 1er juin 1859; Metz, 20 mars 1861; Cass., 12 juin 1844, et 20 févr. 1860; J. N., 12035, 14808; Cass. 21 janv. 1867; J. N. 18758; contra Riom, 1er août 1861. Voir Cass. 28 juill. 1866, J. N., 18528.

1° S'il y a des cohéritiers absents, par les parents envoyés en possession, ou par le conjoint administrateur légal (1) ;

2° S'ils ne sont que présumés absents, par un notaire commis, *supra*, n° *897*, spécialement autorisé à cet effet par le tribunal ; autorisation qui ne serait pas nécessaire s'il s'agissait seulement de défendre à la demande en partage formée contre le présumé absent (2) ;

3° Au nom des cohéritiers mineurs ou interdits, par leurs tuteurs (3) spécialement autorisés par le conseil de famille (C. N., *817, 840*). Voir *infra*, n° *1982*.

4° Par le mineur émancipé, avec l'assistance de son curateur (C. N., *840*), sans qu'il soit besoin de l'autorisation du conseil de famille (4).

5° Par le prodigue pourvu d'un conseil judiciaire, avec l'assistance de son conseil (5).

6° Au nom de l'aliéné non interdit se trouvant dans un établissement d'aliénés, par un administrateur provisoire et à défaut par un notaire (*Loi 30 juin 1838, art. 32 et 36*), *supra* n° *1396*.

7° Par l'héritier bénéficiaire, mais en observant, à peine de déchéance de sa qualité, toutes les formalités de justice (6).

8° Par la femme mariée (7) autorisée de son mari, lorsque les objets ne tombent pas en communauté, que la succession soit immobilière ou même purement mobilière (8) ; mais si les objets, meubles ou immeubles, tombent en communauté, le mari peut provoquer le partage ou y défendre sans le concours

plus que suffisants pour fournir à cette dame ses droits dans la succession de M. COLAS.

La maison présentement abandonnée étant d'un revenu net de quinze cents francs, Mme BERTAUX percevra annuellement pareille somme de quinze cents francs sur les revenus nets des biens restés indivis ; le surplus sera partagé par moitié.

M. Edgar COLAS se reconnaît en possession des titres de propriété de la maison abandonnée.

Les frais des présentes, y compris une expédition pour Mme BERTAUX, seront à la charge de M. Edgar COLAS.

Dont acte pour l'exécution duquel les parties élisent domicile à . . . . ., en l'étude de M^e. . . ., l'un des notaires soussignés. . . . .

Fait et passé. . . . .

FORMULE 323. — **Partage amiable d'une succession ;** — **Rapports.** (N°s 1974.)

PAR-DEVANT Me DORLAN et l'un de ses collègues, notaires à N. . . . ., soussignés.

ONT COMPARU :

M. Jean MARCHAND, fabricant de draps, demeurant à . . . . ;
M. Paul MARCHAND, notaire, demeurant aussi à . . . . . ;
M. Edgar MARCHAND, avocat, demeurant en la même ville.
M. Charles DUBOIS, propriétaire, et Mme Louise MARCHAND, son épouse, de lui autorisée demeurant ensemble à . . . . .

MM. MARCHAND, héritiers, chacun pour un quart, de M. Pierre MARCHAND, leur père, en son vivant propriétaire, demeurant à . . . . ., où il est décédé le . . . . . ;

Mme DUBOIS, héritière pour le dernier quart de M. Pierre MARCHAND, son aïeul par représentation de M. Eloi MARCHAND, son père, décédé à . . . ., le . . . . ., fils de M. Pierre MARCHAND.

---

(1) Chabot. *817*, 8 ; Marcadé. *art. 817* ; Duranton, VII, 129 ; Demante, III, 145 *bis* ; Duvergier sur Toullier, IV, 408 ; Dutruc, n° 274 ; Demolombe, XV, 566.

(2) Duranton, VII, 3 ; Duvergier sur Toullier, IV, 408 ; Chabot, *817*, 8 ; Demante, III, 145 *bis* ; Demolombe, XV, 564. V. Paris, 25 avril 1866.

(3) Ou par l'administrateur légal, quant au mineur ayant ses père et mère : Demolombe, 15, 556.

(4) Chabot, *817*, 3 ; Toullier. IV, 407 ; Zach., Massé et Vergé, § 389, note 6 ; Duranton, VII, 105 ; Marcadé, *817*, 1 ; Dict. not., *Partage*, n° 100 ; Roll., *ibid.*, n° 76 ; Demante, III, 143 *bis* ; Dutruc, n° 266 ; Demolombe, XV, 557 ; Bordeaux, 1er févr. 1826 ; Paris, 3 mai 1848 ; trib. Seine, 13 juin 1858 ; J. N., 13415, 16394 ; CONTRA Proudhon, II, p. 434 ; Magnin, *Minorité*, II, 980 ; trib. Dunkerque, 24 janv. 1856 ; Angers, 30 mai 1856.

(5) Marcadé, *817*, 2 ; Carré et Chauveau, *Quest.*, *2507* 11° ; Dutruc, n° 272 ; Dalloz, *Succession*, n° 402 ; Dict. not., *Partage*, n° 89 ; Roll., *ibid.*, n° 79 ; Demolombe, XV, 562 ; CONTRA Rouen, 19 avril 1847.

(6) Demolombe, XV, 264.

(7) La femme séparée de biens peut, sans l'autorisation de son mari, faire le partage amiable (mais non en justice) d'une succession mobilière : Chabot, *817*, 9 ; Toullier, IV, 408 ; Duranton, VII, 128 ; Troplong, *Contr. de mar.*, n° 1421 ; Dict. not., *Partage*, n° 114 ; Roll., *ibid.*, n° 90 ; Marcadé, *818*, 1 ; CONTRA Demante, III, 146 *bis* ; Dutruc, *Partage*, n° 31, et *Sépar. de biens*, n° 440 ; Demolombe, XV, 386.

(8) Chabot, *818*, 4 ; Toullier, IV, 408 ; Duranton, VII, 121 ; Demante, III, 146 *bis* ; Dutruc, n° 284 ; Demolombe, XV, 577 ; Dict. not., *Partage* n° 107 ; Roll., *ibid.*, n° 86.

de sa femme (*C. N.*, *818*), lors même que la femme se serait réservé de reprendre ces biens en renonçant à la communauté (1); lorsque les époux sont mariés sous le régime dotal, bien que la part héréditaire de la femme entre dans la dot, le mari ne peut provoquer le partage sans le concours de sa femme (2). Si la demande en partage est formée par les cohéritiers de la femme, dans le cas où le mari ne peut seul le provoquer (3), ils doivent, pour que le partage soit définitif, mettre en cause le mari et la femme (*C. N.*, *818*).

1977. Peuvent aussi former la demande en partage : les légataires (4) universels ou à titre universel ; les enfants naturels (5) ; les cessionnaires de droits successifs (6) ; l'usufruitier de la part héréditaire de l'un des héritiers (7) ; les créanciers personnels de l'un des copropriétaires, comme exerçant l'action de leur débiteur, conformément à l'art. 1166 C. N. (8), mais non les créanciers de la succession (9).

1978. Si l'un des héritiers est un enfant seulement conçu, la demande en partage de la succession ne peut être formée ni en son nom ni par ses cohéritiers, avant l'époque de sa naissance; jusque-là il y a de part et d'autre une attente nécessaire, car l'enfant peut ne point naître viable, ou la mère peut accoucher de plusieurs enfants (10).

1979. Le partage peut avoir lieu amiablement ou judiciairement. Il peut être fait à l'amiable lorsque tous les cohéritiers ou copropriétaires sont majeurs, présents ou dûment représentés, et jouissant de leurs droits civils (*C. N.*, *819*; *pr.*, *985*); la présence d'un prodigue pourvu de conseil judiciaire n'oblige point à un partage en justice (11), ni celle d'une femme mariée sous le régime dotal (12), *infra*, *n° 2053*, ni celle d'une femme mariée autorisée de justice à défaut de l'autorisation du mari (13), ni celle du créancier de l'un des successibles qui a fait défense de procéder au partage hors de sa présence ; il suffit que ce créancier soit appelé au partage, *infra*, *n° 2110*; en ce qui concerne l'héritier bénéficiaire, il appartient aux tribunaux de décider si le partage doit être fait en justice, ou s'il peut avoir lieu à l'amiable (14).

1980. Dans tous les cas où le partage est permis, l'apposition des scellés sur les effets de la succes-

---

Ainsi que ces qualités sont constatées en un acte de notoriété, à défaut d'inventaire, dressé par M°...., l'un des notaires soussignés, qui en a gardé minute, et son collègue, le....

Lesquels ont procédé amiablement au partage en quatre lots des biens meubles et immeubles dépendant de la succession de M. MARCHAND, et au règlement préalable des rapports qu'ils doivent à cette succession.

Ils ont fait observer qu'il n'a pas été apposé de scellés sur les meubles et papiers de la succession, et qu'en raison de l'accord existant entre eux, ils n'ont point fait faire d'inventaire.

Ils ont déclaré, en outre, qu'il n'est point à leur connaissance que le défunt ait fait un testament.

---

(1) Chabot, *818*, 3; Toullier, IV, 408; Duranton, VII, 109; Dict. not., *Partage*, n° 404; Roll., *ibid.*, n° 83; Demolombe, XV, 578; Rodière et Pont, *Contr. de mar.*, II, 260; Mourlon, II, p. 155.

(2) Toullier, IV, 408; Rodière et Pont, *loc. cit.*, II, 464; Chabot, *818*, 4. Duranton, VII, 125; Tessier, *Dot.*, II, p. 142; Proudhon, *Usuf.*, III, 1245; Demante, II, 446 *bis*; Dutruc, n° 290; Dalloz, *Co tr de mar.*, n° 3327; Dict. not., *Partage*, n° 108; Demolombe, XV, 584; Mourlon, II, p. 156; Agen, 24 fév. 1809; Nîmes, 12 mars 1835; Paris, 11 mars 1845; Cass., 21 janv. 1846; CONTRA Benoît, *Dot.*, I, p. 117; Chardon, *Puiss. marit.*, n° 253; Troplong, *Contr. de mar.*, n° 3110; Aix, 9 janv. 1810 et 30 avril 1811.

(3) Duranton, VII, 415; Demante, III, 146; Demolombe, XV, 573; Dict. not., *Partage*, n° 127.

(4) Dict. not., *Partage*, n° 137; Roll., *ibid.*, n° 107 et 109; Turin, 7 fév...07; Montpellier, 6 août 1830.

(5) Dict. not., 757, 14; Dict. not., *Partage*, n° 141; Roll., *ibid.*, n° 111; Demante, III, 74 *bis*; Duvergier sur Toullier, IV, 282; Taulier, III, p. 171; Dutruc, n° 254; Demolombe, XIV, 38; Nancy, 23 janv. 1818; Grenoble, 18 juin 1839; Cass., 22 avril 1840; Paris, 30 juin 1851; CONTRA Toullier, IV, 281; trib. Seine, 5 fév. 1857; J. N. 45901.

(6) Chabot, *882*, 6; Dict. not., *Partage*, n° 143; Roll., *ibid.*, n° 112; Zach., § 388, note 2; Dutruc, n° 244; Demolombe, XV, 624; Bourges, 24 août 1831; Bordeaux, 29 avril 1829; Cass., 4 déc. 1827, 27 janv. 1837. CONTRA, trib. Seine, 5 fév. 1857; J. N. 45991.

(7) Proudhon, *Usuf.*, n° 1215; Dict. not., *Partage*, n° 118; Roll. *ibid.*, n° 118.

(8) Dalloz, *Succession*, n°° 1871 et 2002; Dutruc, n° 252; Zach., Massé et Vergé, § 388, note 2; Dict. not., *Partage*, n° 151; Roll., *ibid.*, n° 12; Demolombe, XV, 625; Paris, 23 janv. 1808 et 27 fév. 1840; Cass., 16 nov. 1836; et 2 avril 1851; trib. Pau, 19 mai 1850.

(9) Bioche, *Partage*, n° 17; Dutruc, n° 258; Demolombe, XV, 625; Poitiers, 20 juill. 1824.

(10) Demolombe, XIII, 188, 189;

(11) Duranton, VII, 107; Roll., *Partage judic.*, n° 5; Demante, III, 144 Dutruc, n°° 24 et 212; Dalloz, *Succession*, n° 4662; Demolombe, XV, 502; CONTRA, Vazeille, 817, 3; Rouen 19 avril 1847; Douai, 30 juin 1855.

(12) Marcadé, *818*, 3; Duranton, VII, 127; Troplong, *Contr. de mar.*, n° 3112; Dalloz, *ibid.*, n° 3171; Demolombe, XV, 606; Roll., *Part. judic.*, n° 4; Pau, 26 mars 1836; Rouen, 4 déc. 1838 et 23 juin 1843; Caen, 9 mars 1839; Bordeaux, 11 fév. 1836 et 24 juin 1841; Cass., 29 janv. 1838 et 17 déc. 1849; Limoges, 9 mai 1843; Grenoble, 18 janv. 1849; Aix, 1er juill. 1854 et 1er juin 1861; J. N., 43935; Mon. trib., 1861, p. 512; CONTRA Tessier, *Dot.*, n° 171; Bioche, *Partage*, n° 55; Dutruc, n° 26; Rodière, et Pont, *Contr. de mar.*, II, 869; Sériziat, *Régime dotal*, p. 211. Voir Caen, 4 mars et 2 mai 1865; Jur. N., 12817, 12886; Cass., 22 août 1865, 2 juill. 1866; J. N. 48468, 18600.

(13) Bordeaux, 27 juin 1840. Voir cependant Demolombe, XV, 607.

(14) Dict. not., *Bénéf. d'inv.*, n° 297; Roll., *ibid.*, n° 27; Billard, *ibid.*, n° 203; Chauveau sur Carré, *Quest.*, *2516*; Duvergier sur Toullier, IV, 373; Demante, III, 125 *bis*; Demolombe, XV, 264; Rennes, 19 déc. 1835; Cass., 26 juill. 1835; V. Seine, 24 juil. 1867.

sion n'est pas nécessaire, et le partage peut être fait dans la forme et par tel acte que les parties intéressées jugent convenables (C. N., 819; pr. 985).

1981. Le partage d'une succession même purement mobilière (1) doit avoir lieu judiciairement lorsque tous les héritiers ne sont pas présents, ou qu'il y a parmi eux des interdits, ou des mineurs même émancipés (C. N., 858; pr., 984), ou des aliénés (2), ou des héritiers grevés de substitution (3), ou même, tous les héritiers étant présents et capables, si l'un d'eux refuse de consentir au partage, ou élève des contestations soit sur le mode d'y procéder, soit sur la manière de le terminer (C. N., 825; pr., 985).

1982. Nous avons dit supra, n° 1975 3°, que les tuteurs des mineurs ou interdits doivent être autorisés du conseil de famille pour intenter au nom de ceux-ci l'action en partage; mais cette autorisation ne leur est pas nécessaire pour défendre à une action en partage dirigée contre les mineurs ou interdits (4).

1983. S'il y a plusieurs mineurs ou interdits (5) qui aient des intérêts opposés dans le partage, il doit leur être donné à chacun un tuteur spécial et particulier, nommé par le conseil de famille (C. N., 858; pr., 968). Si un mineur et son tuteur ont des intérêts opposés dans le partage, le mineur est représenté par son subrogé tuteur (C. N., 420), et on lui nomme un subrogé tuteur ad hoc pour remplacer le subrogé tuteur faisant fonction de tuteur.

1984. L'action en partage devant les tribunaux se forme ainsi qu'on le verra infra, n°s 2129 et suiv.

§ 3.— MASSE.

1965. La première opération du partage est d'établir la masse des biens à partager, avec l'estimation de chacun des objets indivis, afin de fixer les droits des copartageants.

En raison du peu de temps qui s'est écoulé depuis le décès de M. Pierre MARCHAND, les parties fixent la jouissance divise au jour de ce décès, de manière à ne comprendre dans la masse, ni les fruits des biens à partager courus postérieurement au décès, ni les fruits et intérêts des rapports.

Ceci expliqué, on établira d'abord la masse des biens existant en nature, puis les rapports dus par les héritiers. pour ensuite composer la masse partageable, fixer les droits des parties, composer les lots et les tirer au sort.

CHAP. Ier. — Masse des biens existant en nature. (N°s 1985 à 1990.)

§ 1. — BIENS MEUBLES.

Art. 1er. La somme de huit mille cinq cents francs formant le produit de la vente des objets mobiliers de la succession, faite par le ministère de....., commissaire-priseur à..... suivant procès-verbal des....., et dont il lui a été donné décharge par acte de son ministère du....., enregistré, ci. . . . . 8,500 fr. » c.

Art. 2. Une rente annuelle et perpétuelle de trois cents francs, au capital de six mille francs, due par M. Auguste DUHAMEL, cultivateur, demeurant à..... (la désigner, voir formule 261, 6° et 7), ci.. 6,000 fr. »

Et cent vingt francs pour arrérages de cette rente, courus du..... au jour du décès de M. Pierre MARCHAND.. . . . . : 120 »

} 6,120 »

A reporter. . . . 14,620 »

---

(1) Chabot. 838, 6; Toullier, IV, 408; Duranton, VII, 404; Dalloz, Succession, n° 1593; Dutruc, n° 263; Demolombe, XV, 558; Dict. not., Partage, n° 177; Roll., Partage, judic., n° 13; Riom, 13 août 1858.
(2) Demolombe, XV, 586; Dict. not., Partage, n° 169.
(3) Dict. not., Partage, n° 170.
(4) Toullier, IV, 408; Duranton, VII, 402; Marcadé, 817, 1; Roll., Partage, n° 75; Demante, III, 143 bis; Dutruc, n° 261; Demolombe, XV, 555; Dict. not., Partage, n° 97; Riom, 16 juin 1842.
(5) Chabot, 838, 7; Dutruc, n° 264; Demolombe, XV, 551.

1986. L'estimation des meubles, s'il n'y a pas eu de prisée faite dans un inventaire, doit être faite par gens à ce connaissant, à juste prix et sans crue (*C. N.*, *825*). Les rentes sur l'Etat et les actions et obligations de finance ou d'industrie s'évaluent d'après le cours officiel de la Bourse; quant aux rentes sur particuliers et aux créances, elles figurent pour leur valeur nominale, sauf aux parties, dans les cas où le partage peut être amiable, à leur donner une valeur moindre, si elles en conviennent. Habituellement les créances qui paraissent irrécouvrables, en tout ou en partie, restent en commun entre les héritiers. *Infra*, n° 2092.

1987. Chacun des cohéritiers, ainsi que chacun des enfants naturels concourant avec des héritiers légitimes (1), peut demander sa part en nature des meubles et immeubles de la succession; néanmoins s'il y a des créanciers saisissants ou opposants, ou si la majorité des cohéritiers juge la vente nécessaire pour l'acquit des dettes et charges de la succession, les meubles sont vendus publiquement en la forme ordinaire (*C. N.*, *826*).

Report. . . .	14,620 fr.	»
Art. 3. Dix actions au porteur du chemin de fer du Nord, portant les numéros 841 à 850, libérées, d'une valeur, d'après le cours de mille quarante francs au jour du décès, de dix mille quatre cents francs, ci.	10,400	»
Art. 4. Une inscription de dix-huit cents francs de rente trois pour cent sur l'Etat français, au nom de M. Pierre MARCHAND, n° 91342 de la série 3°, d'une valeur, d'après le cours de soixante-douze francs au jour du décès, de quarante-deux mille trois cents francs, ci.	42,300	»
Art. 5. Une somme de sept mille francs en numéraire qui existait au domicile de M. Pierre MARCHAND, lors de son décès, ci. . . .	7,000	»
Art. 6. Une créance de douze mille francs due par M. Vincent DELORME, propriétaire, demeurant à. . . . ., et formant le montant, etc. (*la désigner, voir formule 259 1° et 2°*), ci. 12,000 fr. » Et quatre cents francs pour intérêts de cette somme, du. . . . ., au jour du décès. . . . . . . 400 »	12,400	»
Art. 7. Fermages divers au jour du décès, des immeubles ci-après désignés, deux mille huit cents francs, ci.	2,800	»

§ 2. — BIENS IMMEUBLES.

Art. 8. Une maison située à. . . . ., rue. . . . ., n°. . . . ., etc. (*la désigner, voir formule 254 6°*), estimée quinze mille francs, ci. . . . . 15,000 fr. » On déduit de cette estimation trois mille francs, capital d'une rente perpétuelle de cent cinquante francs, payable au domicile du créancier, le. . . . ., de chaque année, due par hypothèque spéciale sur la maison qui vient d'être désignée, à M. Louis DURET, rentier, demeurant à. . ., ainsi que le constate un titre nouvel passé devant M°. . . . ., notaire à. . . . ., le. . . . ., parce que cette rente sera, à partir du jour du		
A reporter. . . .	15,000	»
A reporter. . . .	89,520	»

---

(1) Delost-Jolimont sur Chabot, 757, obs. 4; Demante, III, 74 *bis*; Demolombe, XIV, 36; Paris, 22 mai 1813.

PARTAGE — FORMULE 323

1988. Même dans ces deux cas, il est encore loisible à chacun des héritiers d'empêcher la vente pour sa part du mobilier, et de réclamer cette part en nature, en payant sa part des dettes (1).

1989. Les immeubles à partager sont portés dans la masse avec une désignation suffisante ; cela est nécessaire, surtout lorsqu'un immeuble est divisé en plusieurs portions pour la composition des lots ; nous recommandons, autant que cela est possible, d'indiquer les sections et numéros du cadastre.

1990. L'estimation des immeubles est faite par les parties ou par l'expert dont elles conviennent (C. N., 824).

1991. Les partages sont simplement déclaratifs de propriété, *infra* n° 2087 ; de sorte qu'il n'est point nécessaire d'établir, d'une manière étendue, l'origine de propriété des immeubles compris en la masse ; cependant il est toujours préférable de l'établir régulièrement, afin de constater l'absence de toute cause de trouble et d'éviction.

	Report. . . .	15,000 »	Report. . . .	89,520 fr.	» c.
décès, à la charge du copartageant dans le lot duquel la maison entrera, ci.		3,000 »			
En conséquence, cette maison n'est portée à la masse que pour une valeur de douze mille francs, ci.		12,000 »		12,000	»
Art. 9. Un jardin enclos de murs, situé commune de. . . . . ., lieu dit.. . . ., section A, n° 92, de la contenance de quarante-cinq ares, bornant, d'un côté, M. Dupuis (séparé par un mur mitoyen) ; d'autre côté, M. Leblé (séparé par un mur dépendant de ce jardin) ; d'un bout, M. Ledoigt (séparé par un mur appartenant à ce dernier) ; d'autre bout, la rue, estimé six mille francs, ci.				6,000	»
Art. 10. Un bois de la contenance de huit hectares, situé commune de. . . . ., lieu dit. . . . ., etc., estimé sept mille francs, ci.. :				7,000	»
Art. 11. Un verger enclos de haies vives appartenant au fonds, de la contenance de trois hectares, situé à. . . . ., lieu dit. . . . ., etc., estimé onze mille francs. ci				11,000	»
Art. 12. Une pièce de terre labourable, de la contenance de cinq hectares, située à. . . ., lieu dit. . . . etc., estimée dix mille francs, ci.				10,000	»
Art. 13. Une autre pièce de terre en labour, de la contenance de quatre hectares. . . . ., estimée huit mille francs, ci				8,000	»
Art. 14. Une autre pièce de terre labourable, de la contenance de quinze hectares. . . . ., estimée trente mille francs, ci.				30,000	»
Art. 15. Une autre en labour, de la contenance de neuf hectares. . . . ., estimée dix-huit mille francs, ci.				18,000	»
Art. 16. Une autre en labour, de la contenance de dix-huit hectares, située. . . . ., estimée trente-six mille francs, ci				36,000	»
Art. 17. Une autre en labour, de la contenance de douze hectares, située. . . . ., estimée vingt-quatre mille francs, ci.. . . . . · . .				24,000	»
Total, deux cent cinquante-un mille cinq cent vingt francs, ci. .				251,520	»

ORIGINE DE PROPRIÉTÉ. (N° 1991.)

Les immeubles susdésignés appartenaient à M. Pierre Marchand, ainsi qu'on va l'établir, etc.

Etablir l'origine de propriété de chacun des immeubles.

---

(1) Toullier, IV, 416 ; Bloche, *Partage*, n° 47 ; Dict. not., *ibid.*, n° 389 ; Roll., *Partage judic.*, n° 85 ; Poujol, *P 26 2* Marcadé. *art. 826* ; Mourlon. II, p. 138 ; Dutruc, n° 198 ; Cass., 18 juin 1807 ; CONTRA Demante, III, 159 *bis* ; Demolombe, XV, 653.

SECTION II. — DES RAPPORTS.
§ 1. — PAR QUI ET A QUI LE RAPPORT EST DU.

1992. L'égalité entre héritiers est un principe supérieur d'ordre public, et tout héritier, même bénéficiaire, venant à une succession en ligne directe ou collatérale (1) doit rapporter à la masse de la succession, conséquemment à ses cohéritiers et aussi aux enfants naturels, (2) *supra* n° 1762, *renvoi*, tout ce qu'il a reçu (3) du défunt par donation entre-vifs, directement ou indirectement, ainsi que les sommes dont il est débiteur envers le défunt (C. N., 829, 843). Il ne peut retenir les dons ni réclamer les legs à lui faits par le défunt, à moins que les dons et legs ne lui aient été faits expressément par préciput et hors part ou avec dispense de rapport (C. N., 843), et encore, dans ce cas, il ne peut les retenir que jusqu'à concurrence de la quotité disponible ; l'excédant est sujet à rapport (C. N., 844).

1993. Si un successible renonce à la succession pour s'en tenir aux dons ou legs qui lui ont été faits par avancement d'hoirie, peut-il (4) retenir les dons ou legs cumulativement jusqu'à concurrence de sa réserve légale et de la quotité disponible (C. N., 843)? C'est une des questions qui ont été les plus vivement controversées ; elle a été tranchée dans le sens de la négative par un arrêt solennel de la Cour de cassation (5) qui a mis fin à la divergence profonde qui existait entre les auteurs et les arrêts, *supra* n° 1874. Mais, à l'égard des sommes dont le renonçant est débiteur envers la succession pour argent prêté ou pour toute autre cause, il ne lui est pas permis de les retenir, il doit les payer aux héritiers (6).

1994. L'héritier exclu de la succession pour cause d'indignité est réputé étranger à la succession; si un don, même par avancement d'hoirie, lui a été fait, il peut donc, comme le pourrait un étranger, le retenir jusqu'à concurrence de la quotité disponible, mais non de sa réserve, car son exclusion de la succession le prive de tout droit à la réserve (7).

1995. Si un don par avancement d'hoirie a été fait à un successible, et qu'ensuite il décède sans postérité avant le donateur, l'obligation de rapport s'éteint par le fait de son décès, et l'objet de la donation s'impute sur la quotité disponible, de même que si la libéralité avait été faite en faveur d'un étranger (8).

1995 bis. Pour être tenu au rapport, ou pour exiger le rapport, il faut être cohéritier, c'est-à-dire

---

Chap. II. — Rapport.
§ 1. — AVANTAGES SUJETS A RAPPORT. (Nos 1992 à 2032.)

I. — *Donation au père de Mme Dubois, puis à Mme Dubois et à son mari.* (N°s 1997 à 2000.)

Aux termes d'un acte passé devant M^e. . . . ., qui en a gardé minute, et l'un de ses collègues, notaires à. . . . ., le. . . . ., M. Pierre MARCHAND a fait donation à M. Eloi MARCHAND, son fils, père de Mme DUBOIS, de :

1° Une somme de dix mille francs, en numéraire, qui a de suite été versée au donataire ;

2° Une pièce de terre labourable, située commune de. . . . ., lieu dit. . . . ., de la contenance de quatre hectares, portée au plan cadastral sous le n° 15 de la section B. . . . ., dont M. Eloi MARCHAND a eu de suite la jouissance.

---

(1) Demolombe, XVI, 174. V. Paris, 1er mai 1865 ; J. N. 18269.
(2) Chabot, 757, 17 ; Duranton, VI, 298 ; Demolombe, XIV, 31, 100 ; Roll., *Rapport*, n° 47 ; Paris, 5 juin 1826 ; Pau, 14 juill. 1827 ; Cass., 11 janv. et 28 juin 1831 ; contra Toullier, IV, 285.
(3) Il ne suffit pas qu'il y ait eu donation, il faut que l'objet donné ait été reçu ; si donc il n'a pas été reçu pour quelque cause que ce soit, même par suite de remise ou de renonciation à le réclamer, ou de prescription, il n'y a pas lieu à rapport : Demolombe, XVI, 308, 309 ; Caen, 14 fév. 1844 ; Cass., 21 juill. 1846 ; Rouen, 29 janv. 1847. Voir Cass., 13 août 1866 ; J. N. 18616.
(4) Une stipulation formelle peut éviter la question. — *Infra*, n° 2525.

(5) Cass. (chamb. réun.), 27 nov. 1863 ; Rennes, 19 août 1863 ; Paris, 9 juin 1864, 11 mai 1865 ; J. N. 17891, 17866, 18053, 18292. V. Grenier, *Don.*, II, 503 ; Toullier, IV, 462 ; Chabot, 845, 4 ; Duranton, VII, 239 ; Zach., Massé et Vergé, § 396, note 7 ; Demolombe, XVI, 262 ; Coin-Delisle, 919, 11 et 15 ; Cass., 17 juill. 1854, 23 juill. 1855 ; Limoges, 28 mars 1863.
(6) Chabot, 1845, 23 ; Roll., *Rapport à succ.*, n° 71 ; Demante, III, 162 bis ; Labbé, *Revue prat.*, 1859 ; VII, p. 498 ; Demolombe, XVI, 459.
(7) Demolombe, XVI, 264.
(8) Demolombe, XVI, 264 ; Troplong, *Don.*, II, 989 ; Cass., 19 fév. 1845 et 23 fév. 1857.

tenir son droit héréditaire de la loi ; quant aux donataires contractuels, et aux légataires universels ou à titre universel, comme ils tiennent leurs droits successifs du défunt, ils ne sont tenus à aucun rapport entre eux ni envers les héritiers (1), sauf réduction si les libéralités à leur profit excèdent la quotité disponible.

1996. L'enfant naturel ou ses descendants sont tenus d'imputer, sur ce qu'ils ont droit de prétendre, tout ce qu'ils ont reçu du père ou de la mère dont la succession est ouverte, et qui serait sujet à rapport selon les règles ci-après (*C. N.*, *760*) ; le don à l'enfant naturel, bien que fait à titre de préciput et hors part, doit toujours être en diminution de sa part, puisque la loi interdit toute libéralité en sa faveur au delà de ses droits (*C. N.*, *908*) ; mais l'imputation ou plutôt le rapport à faire par l'enfant naturel est en tout semblable, pour ses effets et le mode de l'opérer, au rapport dont les enfants légitimes sont tenus (2).

1997. Si le donataire ou légataire (3), qui n'était pas héritier présomptif au jour de la donation ou du testament, se trouve successible au jour de l'ouverture de la succession, il doit le rapport, à moins que le donateur ou testateur ne l'en ait dispensé (*C. N.*, *846*) ; peu importe qu'il soit héritier de son chef ou par représentation, car, dans l'un comme dans l'autre cas, il prend personnellement une part dans la succession, et à ce titre il subit l'obligation légale du rapport (4).

1998. Les dons et legs faits au fils de celui qui se trouve successible à l'époque de l'ouverture de la succession sont toujours réputés faits avec dispense de rapport. — Le père venant à la succession du donateur n'est pas tenu de les rapporter (*C. N.*, *847*).

1999. Le petit-fils venant de son chef à la succession du donateur, *supra*, n° *1706*, n'est pas tenu de rapporter le don fait à son père, ni de l'imputer sur sa réserve (5), même quand il aurait accepté la succession de celui-ci ; mais si le petit-fils ne vient que par représentation, il doit rapporter ce qui avait été donné à son père (6), même dans le cas où il aurait répudié sa succession (*C. N.*, *848*) ou l'aurait acceptée sous bénéfice d'inventaire, ou en aurait été exclu comme indigne.

2000. Les dons et legs faits au conjoint d'un époux successible sont réputés faits avec dispense de rapport (*C. N.*, *849*), lors même que le conjoint successible en aurait profité, par exemple si l'objet donné est tombé en communauté (7). — Si les dons et legs sont faits conjointement à deux époux dont

---

NOTA. Mme DUBOIS venant à la succession par représentation de son père, doit le rapport de ces objets.

Par le contrat de mariage d'entre M. et Mme DUBOIS, passé devant M^e . . . ., notaire à . . . ., qui en a gardé minute, en présence de témoins, le . . . ., M. Pierre MARCHAND a fait donation à Mme DUBOIS, sa petite-fille, qui alors n'était pas sa présomptive héritière, puisque M. Éloi MARCHAND, son père, était encore existant, d'un trousseau en linge et objets mobiliers, d'une valeur de cinq mille francs stipulé livrable le jour du mariage, dont la célébration devant l'officier de l'état civil vaudrait décharge au donateur ; Mme DUBOIS, bien que ne succédant qu'à la représentation de son père, doit néanmoins le rapport de cette somme.

Enfin, suivant acte passé devant M^e . . . ., notaire à . . . ., qui en a gardé minute, en présence de témoins, le. . . . ., M. Pierre MARCHAND a fait donation à M. et Mme DUBOIS conjointement d'une somme de quatorze mille francs en numéraire qui leur a été de suite versée. Il y a lieu seulement au rapport par Mme DUBOIS de sa moitié dans le don, soit de sept mille francs.

---

(1) Chabot, *843*, 11 ; Duranton, VII, 227, 228 ; Demolombe, XVI, 173 ; Bourges, 12 mars 1860 ; J. N., 16928.

(2) Dict. not., *Rapport*, n° 28 ; Demolombe, XIV, 99 ; XVI, 175 ; Cass., 2e juin 1831 et 16 juin 1847 ; Agen, 29 nov. 1847 ; CONTRA Chabot, *760*, 2 ; Marcadé, *760*, 1 ; suivant ces auteurs, l'enfant naturel doit imputer sur sa part ce qu'il a reçu selon la valeur au jour de la donation, de sorte qu'il n'est pas tenu à rapport.

(3) Chabot, *760*, 4 ; Massé et Vergé, § 398, note 5 ; Demante, III, 181 *bis* ; Duranton, VII, 230 ; Dalloz, *Succession*, n° 1048 ; Demolombe, XVI, 200 ; CONTRA Marcadé, *848*, 2.

(5) Grenoble, 27 déc. 1832 ; Cass., 12 nov. 1860, 2 avril 1862.

(6) Et les sommes dont son père était débiteur envers le *de cujus*. Chabot, *848*, 3 ; Duranton, VII, 230 ; Labbé, *Revue prat.*, 1859, p. 494 ; Demolombe, XVI, 200 ; Grenoble, 27 déc. 1832 ; Paris, 27 juill 1850 et 24 avril 1858 ; J. N., 16441. Voir cependant Cass., 3 janv. 1859 ; J. N., 16534.

(7) Toullier, IV, 457 ; Duranton, VII, 235 ; Demolombe, XVI, 203 Mourlon, II, p. 176 ; Dict. not., *Rapport*, n° 41 ; Roll., *ibid.*, n° 46.

l'un seulement est successible, celui-ci en rapporte moitié; si les dons et legs sont faits à l'époux successible, il les rapporte en entier (*C. N., 849*), sans qu'il y ait lieu de distinguer si l'autre conjoint en a ou non profité. La femme successible, qui aurait perdu l'objet donné parce qu'il est tombé dans la communauté à laquelle elle a renoncé ou parce que son mari serait devenu insolvable (1), devrait néanmoins le rapport. *Infra, n° 2006.*

2001. Le rapport ne se fait qu'à la succession du donateur (*C. N.*, 850), et il n'est dû que par le cohéritier à son cohéritier (2) ou aux ayants cause de celui-ci (3); il n'est pas dû aux légataires, qu'ils soient successibles ou non (4), aux donateurs institués ni aux créanciers de la succession (*C. N.*, 857); s'il s'agit de sommes prêtées, le rapport, qui est dans ce cas plutôt un payement, se fait non-seulement aux héritiers, mais aussi aux légataires, aux donataires et aux créanciers de la succession (5).

2002. La simple donation en avancement d'hoirie étant irrévocable de sa nature, ne peut jamais être réduite au profit de donataires postérieurs ou de légataires, même par préciput. Il y a lieu en pareil cas de réunir fictivement à la masse tous les biens donnés pour calculer la portion disponible; si cette portion se trouve en partie atteinte par la donation en avancement d'hoirie, la donation est néanmoins maintenue dans son entier, et les donataires postérieurs ou légataires de la quotité disponible ne prennent que ce qui reste effectivement de la succession (6).

2003. Le rapport d'un legs, qui n'est pas autre chose que la non-réclamation d'un legs, ne profite pas aux autres légataires; de là les conséquences suivantes: 1° au regard des autres légataires, le légataire successible peut réclamer le legs à lui fait, et si l'actif sur lequel les legs peuvent être acquittés est insuffisant pour les acquitter tous intégralement, la réduction doit être faite au marc le franc sur tous les legs, y compris celui de l'héritier (7); 2° l'héritier légataire peut profiter de son legs à ses cohéritiers, et ce legs ou le dividende y afférent retombe dans la masse partageable (8).

2004. Nous avons dit *suprà* n° 2001, que le rapport de dons entre-vifs n'est pas dû aux créanciers de la succession; mais si les héritiers ont fait adition d'hérédité, ce qui les a rendus débiteurs personnels des créanciers de la succession, ceux-ci peuvent, comme exerçant les droits de leurs débiteurs en vertu de l'art. 1166 C. N., demander le rapport et exercer des poursuites afin d'être payés sur les biens qui en font l'objet (9). Quant aux legs faits par le défunt, comme ils ne peuvent être payés qu'après l'acquit des dettes de la succession, ils ne nuisent pas aux droits des créanciers de la succession, et la matière des rapports ne leur est nullement applicable (10).

II. — *Donation à M. Jean Marchand.* (N°⁵ 2005 à 2008.)

Aux termes d'un acte passé devant M⁶ . . . ., notaire à . . . . ., qui en a gardé minute, en présence de témoins, le . . . . ., M. Pierre Marchand a fait donation à M. Jean Marchand, son fils, de :

1° Une somme de deux mille francs en numéraire, qui a été de suite versée;
2° Une créance au capital de six mille francs, due par M. Georges Leroy, propriétaire, demeurant à . . . ., en vertu d'une obligation pour prêt souscrite au profit de M. Marchand père, suivant acte passé devant M⁶ . . . , qui en a gardé minute, et son collègue, notaires à . . . ., le . . . . .; laquelle somme a été depuis touchée par M. Jean Marchand, ainsi que le constate une quittance passée devant le même notaire, le . . . ;

---

(1) Duranton, VII, 235; Vazeille, *849*, 8; Roll, *Rapport*, n° 41; Demolombe, XVI, 209.

(2) Venant à partage, car si le cohéritier renonce ou est déclaré indigne, ou s'il est exclu de la succession par l'effet d'une disposition testamentaire, le rapport ne lui est pas dû : Chabot, *857*, 2; Duranton, VII, 260; Demolombe, XVI, 280.

(3) Il est donc dû à ses créanciers comme exerçant le droit de leur débiteur : Chabot et Belost-Jolimont, *857*, 2; Demante, III, 492 *bis*; Demolombe, XVI, 282; Marcadé, *857*, 2; Duranton, VII, 267; Mourlon, II, p. 491; Zach., Massé et Vergé, § 397, note 10; Roll., *Rapport*, n° 56; Cass., 9 juin 1835; contra Toulouse, 16 juin 1835.

(4) Toullier et Duvergier, IV, 465; Chabot et Belost-Jolimont, *857*, 4; Demolombe, XVI, 286; Cass., 30 déc. 1816 et 27 mars 1822.

(5) Duranton, VII, 264; Vazeille, *857*, 7; Dict. not., *Rapport*; n° 97; Roll., *ibid.*, n° 55; Cass., 5 juin 1849.

(6) Demolombe, XVI, 261, 306; Cass. 2 mai 1838; Pau, 19 janv 1850; Trib. Oloron-Sainte-Marie, 17 déc. 1859; Mon. trib., 1860, p. 19; contra, Grenoble, 4 fév. 1811.

(7) Duranton, VII, 261; Chabot, *857*, 13; Demolombe, XVI, 287.

(8) Demolombe, XVI, 288.

(9) Demolombe, XVI, 300; Cass., 2 prairial an 12.

(10) Chabot. *856*, 13; Duranton, VII, 261; Demante, III, 492 *bis*, Demolombe, XVI, 294.

§ 2. — DE QUELLES CHOSES LE RAPPORT EST DU.

2005. Les successibles doivent le rapport de tout ce qu'ils ont reçu par donation entre-vifs directement ou indirectement, *supra*, n° 1992 ; en conséquence, sont sujets à rapport, comme les donations ordinaires et les legs : 1° les dons ou legs de nue propriété (1) ; 2° les dons manuels (2), moins ceux réputés cadeaux d'amitié ou qui ont pour objet la récompense d'un service, ce qui est laissé à l'appréciation du juge (3) ; 3° les dons à titre rémunératoire sous la déduction de ce qui est dû pour le service rémunéré (4) ; 4° la donation à charge d'une rente viagère sous la déduction de ce que la rente viagère excédait chaque année les revenus de l'objet donné. — L'abandon fait par le grevé de substitution, en faveur de l'appelé, n'est pas une libéralité, puisque l'appelé ne tient les biens que de l'instituant ; il ne donne donc pas lieu à rapport (5).

2006. Lorsque la libéralité a été faite sous forme de constitution de dot à la fille mariée sous le régime dotal (6) et que la dot se trouve perdue par l'insolvabilité du mari, pour savoir s'il y a lieu à rapport, il faut distinguer : si le mari était déjà insolvable et n'avait ni art ni profession lors de la constitution de dot, la fille est tenue seulement au rapport de l'action qu'elle a contre son mari ; mais si le mari n'est devenu insolvable que depuis le mariage, ou si, lors du mariage, il avait un métier ou une profession qui lui tînt lieu de bien, la perte de la dot tombe uniquement sur la femme (*C. N. 1573*).

2006 *bis.* Si la dot constituée à la fille dotale n'a pas été payée, elle n'est pas tenue à rapport ; et ses cohéritiers ne peuvent la contraindre à rapporter l'action qui lui appartient en vertu de l'art. 1569, contre son mari, pour n'avoir pas réclamé la dot (7).

2007. La dot constituée conjointement par des père et mère, soit en biens de la communauté, soit en biens propres à l'un d'eux, est rapportable pour moitié à la succession du père, et pour l'autre moitié à la succession de la mère (8) (*Arg. C. N. 1438*).

2008. La dot constituée par le mari seul à l'enfant commun, en effets de la communauté, sans explication, est à la charge de la communauté ; si la femme ou ses représentants acceptent la communauté, le don est rapportable pour moitié à sa succession (9) (*Arg. C. N. 1439*). S'ils renoncent, le don est rapportable pour le tout à la succession du mari (10).

2009. Lorsque le défunt a libéré un enfant du service militaire, soit en le faisant remplacer, soit en payant le prix de l'exonération (*loi 30 avril 1855*), soit en l'assurant contre les chances du recrutement militaire, il faut distinguer, quant au rapport :

3° Une prairie située commune de ....., lieu dit ...., de la contenance de quatre hectares, section D, n° 125 du plan cadastral.

M. Jean MARCHAND a été mis de suite en jouissance de cet immeuble.

III. — *Remplacement militaire de M. Jean Marchand. — Exonération de M. Edgar Marchand.*
(N°s 2009 à 2011.)

Un acte passé devant M° ....., qui en a gardé minute, et l'un de ses collègues, notaires à ....., le ....., constate que M. Louis DUVAL, soldat libéré, demeurant à ....., a pris l'engagement de remplacer au service militaire M. Jean MARCHAND, qui avait été porté sur les contrôles comme soldat de la classe de mil huit cent quarante ....., moyen-

---

(1) Demolombe, XVI, 247 ; Caen, 9 janv. 1861 J. N., 17151.
(2) Duranton, VII, 305 ; Coin-Delisle, *931*, 13 ; Zach., Massé et Vergé, § 398, note 15 ; Roll., *Rapport*, n° 81 ; Troplong., *Don.*, n° 805 ; Demolombe, XVI, 255 ; 328 ; Agen, 13 juin 1831 ; Bordeaux, 20 fév. 1835 ; Rouen, 12 mars et 25 juill. 1815 ; Toulouse, 13 mai 1846 ; Montpellier, 11 juin 1846 ; Paris, 2 juin 1848 et 19 août 1839 ; Lyon, 18 mars 1830, Cass., 12 août 1814 ; J. N., 12151. 16562, 16691 ; CONTRA Taulier, III, p. 346 ; Bordeaux, 2 mai 1831. V. Cass., 2 mai 1864 ; J. N., 18033.
(3) Duranton, VII, 305 ; Demolombe, XVI, Roll., *Rapport*, n°s 82, 83 ; Cass., 13 juill. 1807, 2 août 1844 ; Montpellier, 11 juin 1846.
(4) Duranton, VII, 314 ; Massé et Vergé, § 398, note 14 ; Demolombe, XVI, 310 ; Troplong, *Don.*, n° 1073 ; Dict. not., *Rapport*, n° 75 ; Roll., *ibid.*, n° 84.

(5) Cass., 5 juill. 1852 ; J. N., 14739.
(6) Mais non si elle est mariée sous un autre régime ; Grenier, *Don.*, II, 530 ; Chabot, *843*, 12 ; Duranton, VII, 416, 420 et XV, 576, Demante, III, 185 *bis* ; Demolombe, XVI, 240 ; Marcadé, 1573, 2.
(7) Cass., 21 juill. 1846 ; Rouen, audience solenn., 29 janv. 1817, J. N., 12769, 13140.
(8) Duranton, XIV, 284 ; Toullier, IV, 464, et XII, 327, 331 ; Bellot, *Contr. de mar.*, I, p. 552 ; 566 ; Tessier, *Dot*, I, p. 139 ; Chabot, *850*, 5 ; Demolombe, XVI, 270 ; Dict. not., *Rapport*, n° 51 ; Roll., *ibid.*, n°s 63 ; Cass., 16 nov. 1824 ; Bordeaux, 6 déc. 1833.
(9) Demolombe, XVI, 274 ; Cass., 31 mars 1846 et 8 juin 1859.
(10) Demolombe, XVI, 273.

2010. Si le successible établit qu'il était utile à son père pour l'exploitation de son commerce ou de sa culture, ou pour l'administration de sa fortune, le remplacement est présumé avoir été fait plutôt dans l'intérêt du père, et il n'y a pas lieu à rapport (1).

2011. Mais si le successible n'était point dans une des conditions qui viennent d'être indiquées, le remplacement est présumé avoir eu lieu dans son intérêt personnel, et il doit le rapport de la somme déboursée (2).

2012. Les frais de nourriture, d'entretien, d'éducation (3), d'apprentissage, les frais ordinaires d'équipement, ceux de noces et présents d'usage (4), ne sont pas sujets à rapport (C. N., 852), quand même ces frais auraient été très-considérables pour quelques-uns des successibles (5); mais les aliments fournis au successible et à sa famille dans la maison paternelle et en disproportion notable avec les facultés du père de famille, surtout s'ils ont entamé son patrimoine, constituent un avantage sujet à rapport (6).

2013. Le trousseau n'est pas considéré comme présent de noces, surtout s'il a été constitué par contrat de mariage; il est donc rapportable (7). Les déboursés et honoraires d'un contrat de mariage payés par les père et mère du futur sont aussi sujets à rapport (8).

nant une somme de deux mille francs qui a été de suite versée par M. Marchand père; mais il est reconnu qu'à l'époque de ce remplacement, M. Jean Marchand travaillait gratuitement dans la fabrique de son père et qu'il a continué d'y travailler, de sorte que le remplacement a eu lieu dans l'intérêt de M. Marchand père, et que, pour cette cause, il ne donne pas lieu à rapport.

M. Edgar Marchand, appelé au service militaire comme soldat de la classe de mil huit cent cinquante....., a été exonéré au moyen du versement, par M. Marchand père, à la caisse de la recette générale de...., d'une somme de trois mille francs. M. Edgar Marchand, qui seul profite de l'exonération doit le rapport à la succession des trois mille francs déboursés.

IV. — *Etablissement de M. Paul Marchand; — payement de dettes en l'acquit de M. Edgar Marchand.*
(Nos 2012 à 2015.)

Suivant acte passé devant M^e...., qui en a gardé minute, et son collègue, notaires à....., le....., M. César Ducoté, notaire, a cédé à M. Paul Marchand son office de notaire à la résidence de....., moyennant cent vingt mille francs de prix. M. Pierre Marchand est intervenu au traité et s'est rendu caution solidaire de son fils.

En sa qualité de caution, M. Marchand père a payé la somme de trente mille francs à M. Ducoté, pour la première fraction du prix de cette cession, ainsi que le constate un acte passé devant M^e...., notaire à....., qui en a gardé minute, et son collègue, le .....; M. Paul Marchand, n'a pas restitué cette somme à son père, et il en doit le rapport à la succession.

Nota. M. Paul Marchand a justifié à ses cohéritiers de sa libération du surplus du prix de la cession de son office, ce qui a déchargé M. Marchand père du cautionnement.

---

(1) Marcadé, *852*, 3; Duranton, VII, 362; Chabot, *851*, 4; Grenier, *Don.*, II, 541 bis; Toullier, IV, 483; Massé et Vergé, § 398, note 11; Demolombe, XVI, 350; Mourlon, II, p. 180; Dict. not., *Rapport*, n° 177; Roll., *ibid.*, n° 111; Toulouse, 9 janv. 1835; Douai, 30 janv. et 20 février 1836; J. N., 9044, 10484; Riom, 13 fév. 1814; Cass., 21 déc. 1853.

2) Chabot, *851*, 4; Grenier, *Don.*, II, 541 bis; Toullier, IV, 483; Duranton, VII, 362, Marcadé, *852*, 3; Demante, III, 188 bis; Demolombe, XVI, 350; Caen, 5 janv. 1811; Grenoble, 12 fév. 1816, 8 et 13 mars 1817; Bourges, 21 fév. 1825 et 22 fév. 1829; Riom, 10 août 1829; Bordeaux, 5 juill. 1844; Amiens, 17 mars 1853; Cass., 21 déc. 1853; Caen, 14 novembre 1860.

(3) Même d'obtention des diplômes de licencié et de docteur : Toullier, IV, 481; Duranton, VII, 360; Chabot, *852*, 6; Demante, III, 188 bis; Demolombe, XVI, 425; Dict. not., *Rapport*, n° 160.

(4) Ce qui s'applique à l'enfant naturel : Cass., 13 janv. 1862; J. N., 17355.

(5) Toullier, IV, 478; Toullier, III, p. 350; Demante, III, 188 bis; Demolombe, XVI, 414, 417; Dict. not., *Rapport*, n° 165; Bordeaux, 17 juin 1846.

(6) Chabot, *852*, 2; Vazeille, *852*, 6; Duranton, VII, 355, 356; Nancy, 20 janv. 1830; Douai, 28 juin 1850; contra Toullier, IV, 278; Demolombe, XVI, 416; Douai, 26 janv. 1804; Mon. trib., 1861, p. 188.

(7) Duranton, VII, 360; Belost-Jolimont sur Chabot, *852*, obs. 4; Poujol, *852*, 4; Demolombe, XVI, 432; Dict. not., *Rapport*, n° 181; Roll., *ibid.*, n° 148, 449; Cass., 11 juill. 1814; Paris, 18 janv. 1825 et 15 fév. 1853; Grenoble, 26 août 1846; Douai, 28 juin 1850; J. N., 13201.

(8) Demolombe, XVI, 435 ousi, 18 fév. 1845; J. N., 12469.

PARTAGE — RAPPORTS — FORMULE 323

2014. Il n'y a pas lieu à rapport de la pension alimentaire constituée en dot par un père de famille à son enfant, si elle est proportionnée aux besoins de l'enfant et aux facultés du père; elle forme l'exécution d'une obligation naturelle (1).

2015. Le rapport est dû de ce qui a été employé pour l'établissement de l'un des successibles (*C. N., 851*), tels que : l'achat d'un office, d'un fonds de commerce, l'ameublement d'un cabinet, l'achat des livres d'une bibliothèque, la dot d'une religieuse (2), ou pour le payement de ses dettes (*même article*), à moins que les dettes ne soient à la charge personnelle du père de famille, comme si elles ont pour cause les frais de nourriture, d'entretien, d'éducation, d'aprentissage (3), ou qu'elles ne proviennent de folles dépenses qui n'auraient pu donner lieu à une condamnation en justice (4).

2016. Il n'y a point lieu à rapport des profits que l'héritier a pu retirer de conventions passées avec le défunt, si ces conventions ne présentaient aucun avantage indirect lorsqu'elles ont été faites (*C. N., 855*); par exemple, si le défunt a loué un bien à un successible pour un prix sérieux et ordinaire, lors même que celui-ci aurait retiré un grand profit de son exploitation; ou si le défunt a vendu un immeuble à un successible, et que cet immeuble ait ensuite acquis une grande augmentation de valeur à cause du percement d'une rue, d'une route, etc. (5).

M. Edgar MARCHAND a été pourvu en mil huit cent....., du diplôme de licencié en droit, puis il a fait son stage dans le cabinet de M°....., avocat à la Cour impériale de Paris.

Pour s'établir avocat, à....., M. Edgar MARCHAND s'est meublé un appartement dans cette ville, et a fait l'achat de livres de droit; il s'est trouvé débiteur envers divers fournisseurs et libraires d'une somme de six mille francs que M. MARCHAND père a payée de ses deniers; M. Edgar MARCHAND n'ayant pas remboursé cette somme à son père en doit le rapport à la succession.

V. — *Association entre M. Marchand père et M. Jean Marchand, son fils.* (N°ˢ 2016 à 2018.)

Suivant acte sous seings privés en date à....., du....., enregistré a....., le....., folio....., recto, case....., par M....., qui a perçu....., et publié conformément à la loi, M. MARCHAND père et M. Jean MARCHAND, son fils, ont établi entre eux une société en nom collectif pour la fabrication de draps, dans une maison située à....., rue....., n°....., qui appartenait à M. MARCHAND père..

Il a été constaté que M. MARCHAND père apportait un matériel, plus dix mille francs en numéraire, et que M. Jean MARCHAND mettait en société dix mille francs.

La Société a été dissoute, et liquidée suivant acte passé devant M°....., qui en a gardé minute, et son collègue, notaires à....., le......; il en résulte que M. Jean MARCHAND a retiré sa mise de fonds, plus un bénéfice de vingt-cinq mille francs.

Comme les conditions de l'association n'ont pas été réglées par acte authentique, M. Jean MARCHAND est tenu au rapport des vingt-cinq mille francs de bénéfice qu'il a retirés; mais ses cohéritiers, en considération de ce que sa coopération a été réelle et effective, lui allouent, à titre de rémunération de son travail et des soins donnés aux affaires de la société, une somme de quatorze mille francs, de sorte que son rapport est réduit à onze mille francs.

---

(1) Grenier, *Don.*, II, 541; Marcadé, *art. 851*; Demolombe, XVI, 438; Douai, 28 juin 1830; Bordeaux, 17 janv. 1854; J. N., 15437; contra Duranton, VII, 375; Roll., *Rapport*, n° 128.
(2) Grenier, *Don.*, II, 540; Toullier, IV, 482; Duranton, VII, 311; Demolombe, XVI, 342.
(3) Duranton, VII, 312; Demolombe, XVI, 348; Dict. not., *Rapport*, n° 193.
(4) Toullier, IV, 483; Duranton, VII, 312; Massé et Vergé, § 398, note 12; Taulier, III, p. 343; Demolombe, XVI, 346, 347, 349; Dict. not., *Rapport*, n° 200; contra Chabot, *851*, 2; Mourlon, II, p. 180, note.
(5) Chabot, *853*, 1; Toullier, IV, 477; Duranton, VII, 339; Zach.; Massé et Vergé, § 398, note 21; Demolombe, XVI, 364; Mourlon, 2, p. 184; Roll., *Rapport*, n° 183; Paris, 2 août 1860.

2017. Pareillement il n'est pas dû de rapport pour les associations faites sans fraude entre le défunt et l'un de ses successibles, lorsque les conditions en ont été réglées par un acte authentique (*C. N., 854*). S'il n'a été fait qu'un acte sous seings privés, même enregistré, même publié conformément à la loi, et bien que l'association ait été faite sans fraude, le successible doit le rapport des profits qu'il en a retirés (1), que la société soit civile, commerciale ou en commandite (2), et quand même la dissolution de la société remonterait à plus de trente ans (3) ; à l'égard de la mise de fonds que le successible a retirée, il en doit aussi le rapport s'il ne peut pas administrer la preuve qu'il l'a réellement fournie.

2018. Il appartient cependant aux tribunaux de déterminer l'indemnité due à l'héritier associé, à titre de rémunération de son travail et des soins donnés aux affaires qui ont été l'objet de la société annulée, et de la porter, suivant les circonstances, à une somme même égale aux avantages par lui recueillis ; en telle sorte que, dans ce cas, le rapport ordonné comme hommage rendu au principe, n'a plus en réalité d'objet (4).

2019. La loi obligeant le successible au rapport de tout ce qu'il a reçu du défunt directement ou *indirectement*, il doit le rapport des dons que ses cohéritiers prouvent, même par témoins (5), avoir été déguisés sous la forme d'un contrat onéreux ou faits par une personne interposée (6), à moins qu'il ne ressorte de la convention, ce qui est laissé à l'appréciation du juge (7), que le donateur a entendu dispenser le successible du rapport.

2020. Un don est présumé avoir eu lieu par personne interposée lorsqu'il a été fait à un étranger qui ensuite a transmis à titre gratuit l'objet donné au successible (8).

2021. Un don est déguisé ou indirect lorsque la libéralité a eu lieu notamment de l'une des manières suivantes : 1° sous forme d'une vente par le défunt au successible moyennant un prix non payé, mais déclaré payé (9) ; 2° sous forme d'une vente par un étranger à un successible moyennant un prix déclaré payé avec des deniers du successible, mais en réalité payé avec des deniers du défunt (10) ; 3° sous

---

VI. — *Don déguisé en faveur de M. Edgar Marchand.* (N°s 2019 à 2022.)

Aux termes d'un contrat passé devant M^e....., qui en a gardé minute, et l'un de ses collègues, notaires à....., le....., M. Charles Dumont, propriétaire, demeurant ....., a vendu à M. Edgar Marchand, ce qui a été accepté par M. Pierre Marchand, son père, une pièce de terre labourable située commune de....., lieu dit....., de la contenance de cinq hectares, moyennant un prix de dix mille francs payé comptant.

M. Edgar Marchand reconnaît que les dix mille francs versés pour le prix de cette acquisition l'ont été des deniers personnels de M. Marchand père, de sorte qu'il est tenu au rapport de cette somme, ci......................	10,000 fr. »
Plus, de neuf cents francs pour les frais du contrat d'acquisition, aussi payés par M. Marchand père de ses deniers, ci........	900 »
Ensemble, dix mille neuf cents francs, ci............	10,900 »

---

(1) Zach., Massé et Vergé, § 398, note 21 ; Mourlon, II, p. 185 ; Deangle, *Sociétés*, II, 523 ; Demolombe, XVI, 370 ; Paris, 28 déc. 1854 ; ass., 26 janv. 1842, 31 juill. et 31 déc. 1855, 28 déc. 1858 ; J. N., 11225, 5462 ; contra Duranton, VII, 340 ; Marcadé, *854*, 2 ; Belost-Jolimont sur Chabot, *854*, obs. 1 ; Toullier, IV, 457 ; Taulier, III, p. 353 ; Dalloz, *Succession*. n° 1147 ; Dict not., *Rapport*, n° 138.
(2) Paris, 2 août 1860 ; J. N., 16934.
(3) Cass., 14 nov. 1849 ; J. N., 43943.
(4) Aix, 18 avril 1858 ; Paris, 2 août 1860 ; J.N., 16934 ; Poitiers, 2 juin 1863 ; Mon. trib. 1863, p. 462. Voir cependant Demolombe, XVI, 308 ; Cass., 25 juin 1839 ; Paris, 28 déc. 1854 ; J. N., 154.2 et 10 juillet 1863 ; Cass., 17 août 1864 ; J. N. 17877, 18134.
(5) Bordeaux, 7 mai 1851 ; J. N., 14393.
(6) Duvergier sur Toullier, IV, 473 ; Zach., § 398, note 17 ; Chabot, *843*,16 ; Grenier, *Don.*, II, 513 ; Duranton, VII, 315 ; Proudhon, *Usufr.*, n° 2396 ; Mourlon, II, p. 186 ; Demante, III, 187 *bis* ; l'on, *Revue de egisl.*, 1845, p. 284 ; Lafontaine, *Revue crit.*, X, p. 61 ; Demolombe, XVI, 253, et *Revue crit.*, 1, p. 326 ; Dict. not., *Rapport*, n° 406 ; Roll. *ibid.*, n° 404 ; Toulouse, 2 fév. 1824, et 10 juin 1829 ; Grenoble, 10 juill. 1829 ; Nancy, 29 nov. 1834, et 4 juin 1859 ; Montpellier, 20 fév. 1830, 21 nov. 1836 ; Limoges, 30 déc. 1837 ; Bordeaux, 27 avril 1839 ; Paris, 19 juill. 1833, 2 juin 1848, 8 août 1850, 19 août 1859 ; Cass , 20 mars 1843, 3 août 1841, 12 août 1844, 10 nov. 1852, 8 mars 1858 ; J. N , 12131, 14814, 16691 ; contra Toullier, IV, 473 ; Belost-Jolimont, *843*. obs. 4 ; Taulier, III, p. 312 ; Massé et Vergé, § 398, note 17 ; Marcadé, *851*, 3 ; Grenoble. 6 juill. 1821, 14 janv. 1824, 8 déc. 1835 ; Toulouse : 7 juill. 1829, 9 juin 1830, 9 mai 1840 ; Lyon, 22 juin 1825 ; Bordeaux, 29 juill. 1829, 27 avril 1839 ; Agen, 4 mai 1836 ; Caen, 23 mai 1836, 8 mai 1857 ; Paris, 8 fév. 1837 ; Cass., 22 août 1819.
(7) Troplong, *Don.*, n° 862, 863 ; Dalloz, *Succession*, n° 1123 ; Paris, 8 août 1850 ; Douai, 21 mai 1851 et 14 janv. 1858 ; Nancy, 4 juin 1859 ; Lyon, 24 juin 1859 ; Cass., 3 août 1841, 20 mars 1843, 12 août 1844, 10 nov. 1852, 16 juill. et 31 déc. 1855 ; contra Roll., *Rapport*, n° 162 ; Pont, *Revue crit.*, 1853, p. 449 ; Lafontaine, *Revue crit.*, X, p. 69 ; 1 emolombe, XVI, 254. V. Montpellier, 16 mai 1807.
(8) Demolombe, XVI, 336.
(9) Demolombe, XX, 98 ; Demante, IV, 3 *bis*.
(10) Duranton, VII, 344 ; Grenier. *Don.*, II, 510 ; Chabot, *843*, 21 ; Demolombe, XVI, 338 ; Dict. not. *Rapport*, n° 121.

forme de quittance par le défunt au successible alors qu'il n'a point été versé de fonds (1); 4° au moyen de la renonciation par le défunt à un legs ou à une succession avantageuse de manière à en faire profiter un successible (2); 5° au moyen de la démission, même forcée, que le défunt aurait donnée de l'office dont il était titulaire, avec présentation de son successible (3), ou d'un brevet de maître de poste (4); 6° au moyen de la vileté de prix d'une vente faite au successible....., etc.....

2022. Lorsque le *de cujus* a fait un bail à vil prix de ses biens à un successible, les juges ont la faculté ou d'augmenter le prix du fermage et d'obliger le successible au rapport de l'avantage qu'il en a retiré (5), ou de prononcer la nullité du bail; il y a lieu à nullité, surtout si le bail est fait à longues années (6). Si le bail est restreint à la vie du père, il ne saurait être considéré comme un avantage indirect, ni porter atteinte à la réserve légale des autres enfants; dès lors il ne donne pas lieu à rapport (7).

2023. Le successible doit le rapport à la masse de la succession des sommes dont il est débiteur envers le défunt (C. N., 829); s'il est débiteur envers son père et sa mère, il fait le rapport par moitié à la succession de chacun d'eux (8). Les sommes ainsi rapportables deviennent exigibles du jour du décès, sans que le débiteur puisse opposer la prescription, l'action en rapport durant autant que l'action en partage (9), ni profiter des termes que le défunt lui a accordés (10), à moins, dans ce dernier cas, qu'il ne renonce à la succession, ou, s'il accepte, que le prêt n'ait été fait dans l'intérêt du défunt, par exemple s'il résultait d'un prêt à intérêt avec privilège, hypothèque ou autre garantie (11), ou d'une vente que le défunt lui avait faite; car alors l'art. 853 fait obstacle à l'exigibilité avant l'échéance du terme (12).

2024. Si un successible a géré les biens de la succession, et a perçu les fruits, touché des sommes dues à la succession, commis des dégradations, etc., sa dette envers la succession est assimilable au rapport; en conséquence elle donne lieu en faveur des cohéritiers à un prélèvement égal sur les biens de la succession (*art. 824 et 851*), *infra* n° *2047 et suiv.*, même à l'encontre des créanciers personnels du cohéritier débiteur (13).

VII. — *Sommes dues par MM. Paul et Jean Marchand.* (N°s 2023 à 2028.)

Aux termes d'un acte passé devant M°....., notaire à ....., qui en a gardé minute, et l'un de ses collègues, le ....., M. Paul MARCHAND s'est reconnu débiteur envers M. MARCHAND, son père, d'une somme de dix mille francs, pour prêt, qui a été stipulée remboursable le ..... sans intérêt. Encore bien que cette somme ne soit pas exigible, M. Paul MARCHAND doit en effectuer le rapport à la succession.

Un acte passé devant M°....., qui en gardé minute, et l'un de ses collègues, notaires à ....., le....., constate que M. Jean MARCHAND, comme mandataire de M. MARCHAND, son père, a reçu de M. Denis LAGRANGE, cultivateur, demeurant à ...., une somme de huit mille quatre cent vingt-quatre francs, composée de : huit mille francs, principal de l'obligation souscrite par M. LAGRANGE au profit de M. MARCHAND père, suivant acte passé devant le même notaire, le.....; et quatre cent vingt-quatre francs, pour intérêt jusqu'au jour du remboursement.

M. Jean MARCHAND, qui est resté débiteur de cette somme envers son père, en doit le rapport à la succession.

---

(1) Nancy, 4 juin 1850. Voir cependant Paris, 8 fév. 1837; J N., 9669.
(2) Chabot, 843, 22; Duranton, VII, 315; Demante, III, 187 *bis*; Demolombe, XVI, 333; Dict. not., *Rapport*, n° 150; Amiens, 24 janv. 1856; Caen, 8 mars 1856; Cass., 8 mars 1858, 15 mai 1865; J. N., 16206, 18573; CONTRA Grenier, *Don.*, II, 615; Toullier, IV, 475.
(3) Demolombe, XVI, 335.
(4) Demolombe, XVI, 337; Cass., 23 juin 1851; J. N., 14425.
(5) Duranton, V 312; Dict. not. *Rapport*, n° 128; Rennes, 14 janv. 1901; Mon. trib., 1862, p. 25; Cass., 29 juill. 1853.
(6) Duranton, VII, 312; Demolombe, XVI, 397; Roll., *Rapport*, n°175; Douai, 28 mars 1839; Angers, 29 janv. 1840.
(7) Demolombe, XVI, 445; Montpellier, 6 mai 1859, 4 juill. 1865.
(8) Demolombe, XVI, 458; Cass., 31 mars 1840; Jur. N., 12674.

(9) Paris, 6 mai 1846; Cass., 14 nov. 1849; J. N., 12799, 13943.
(10) Duranton, VII, 312; Demante, III, 187 *bis*; Demolombe, XVI, 401; Roll., *Rapport*, n° 87.
(11) Marcadé, *829*, 2; Demolombe, XVI, 381.
(12) Duranton, VII, 312; Demante, III, 187 *bis*; Taulier, III, p. 346 Demolombe, XVI, 471.
(13) Troplong, *Priv.*, I, 239; Dutruc, *Partage*, n° 429; Demante, III 162 *bis*; Dalloz, *Succession*, n° 1255; Demolombe, XVI, 475; Toulouse 2 mai 1825 et 25 juill. 1828; Riom, 14 fév. 1828; Cass., 24 fév. 1829; Poitiers, 27 janv. 1839; Pau, 6 déc. 1814; Agen, 27 août 1856; Lyon, 6 décembre 1864; CONTRA Grenier, *Hypoth.*, I, 459; Vazeille, *830*, 3; Agen, 3 avril 1823; Aix, 12 juill. 1826; Montpellier, 24 août 1827; Pau, 28 juill. 1838. Voir Grenoble, 10 mars 1864; J. N. 18180.

2025. Dans le cas de prêt à rente viagère, le successible doit le rapport du capital qu'il a reçu du défunt, déduction faite de la différence entre les arrérages payés et l'intérêt à cinq pour cent de ce capital (1).

2026. Lorsque le prêt a eu lieu à deux époux et que l'un d'eux est successible, il faut distinguer : si les époux se sont obligés solidairement, le conjoint successible est tenu au rapport de la totalité de la somme prêtée, si c'est la femme, sauf son recours contre son mari. Si aucune solidarité n'a été stipulée, est-ce la femme qui est successible? elle ne doit le rapport que de moitié, sauf toujours son recours contre le mari. Est-ce le mari? il doit le rapport de la totalité. Enfin lorsque le prêt a été fait au mari de le femme successible sans son concours, elle n'est pas tenue au rapport (2), à moins cependant que la communauté ne soit dissoute et qu'elle ne l'ait acceptée, car alors, tenue au payement des dettes pour moitié, ou du moins jusqu'à concurrence de son émolument (C. N., 1483), elle doit effectuer le rapport dans de pareilles proportions (3).

2027. L'enfant qui, après avoir emprunté de son père, vient à être déclaré en faillite et obtient un concordat, doit cependant le rapport de l'intégralité de la somme prêtée et non pas seulement du montant des dividendes fixés par le concordat (4), à moins que le prêt n'ait été fait plutôt dans l'intérêt du père que dans celui du successible, par exemple si le prêt a eu lieu avec intérêts (5).

2028. La remise d'une dette est considérée à l'égard du successible comme une libéralité, et donne lieu à rapport (6).

2029. L'immeuble qui a péri par cas fortuit, et sans la faute du donataire, n'est pas sujet à rapport (C. N. 855); il en est de même de l'immeuble qui a péri avant l'ouverture de la succession entre les mains d'un tiers acquéreur; dans ce cas le successible, bien qu'ayant reçu le prix, ne doit pas le rapport (7); il ne doit non plus aucun rapport à raison de l'indemnité qu'il a touchée d'une compagnie d'assurance (8). Si la perte n'est que partielle, il est dû le rapport de ce qui reste (9).

2030. Les dispositions ci-dessus reçoivent leur application, lors même que le défunt aurait accordé au donataire la faculté de retenir l'immeuble donné en payant à la succession sa valeur ou une somme déterminée (10); si, au contraire, le défunt a exprimé la volonté que l'immeuble ne fût en aucun cas

---

VIII. — *Donation à M. Jean Marchand d'une maison qui depuis a été détruite par un incendie.*

(Nos 2029 à 2030.)

Suivant acte passé devant Me. . . . ., qui en a gardé minute, et l'un de ses collègues, notaires à. . . . ., le. . . . ., M. Marchand père a fait donation à M. Jean Marchand, son fils, d'une maison située à. . . . ., rue. . . . . n°. . . . ., consistant en. . . . ., édifiée sur un terrain en sol et cour, de la contenance d'un are cinquante centiares, dont il a été de suite mis en jouissance.

A l'époque du. . . . ., un incendie a complétement détruit cette maison, sans qu'aucune faute soit imputable à M. Jean Marchand, qui n'a pas cru devoir la faire rééditier; en conséquence, il n'est tenu de rapporter à la succession de M. Jean Marchand que ce qui reste de la maison, c'est-à-dire la superficie, qui aujourd'hui est en jardin.

---

(1) Grenier, *Don.*, n° 522; Chabot, *848*, 24. Voir cependant Demolombe, XVI, 386.
(2) Chabot, *art. 851*; Duranton, VII, 236; Demolombe, XVI, 217; Dict. not., *Rapport*, nos 201, 202; Roll., *ibid.*, n° 44.
(3) Duranton, VII, 236 à 238; Labbé, *Revue prat.*, 1859, p. 409; Demolombe, XVI, 218.
(4) Chabot, *843*, 23; Esnaut, *Faillites*, II, p. 634; Grenier, *Don.*, II, 522; Duranton, VII, 310; Troplong, *Don.*, n° 962; Demolombe, XVI. 384; Labbé, *Revue prat.*, 1859, VII, p. 187; Roll., *Rapport*, n° 197; Bordeaux, 16 août 1827; Paris, 13 août 1830, 21 déc. 1843, 3 fév. 1848, 21 mai 1862; Cass., 17 avril 1850; J. N. 13322, 17498; Nîmes, 1er juin 1866; Jur. N., 13208; contra Vazeille, *853*, 4; Renouard, *Faillites*, p. 249.
(5) Troplong, *Don.*, n° 962; Pont, *Revue crit.*, I, p. 8; Demante, III, 187 bis; Massé et Vergé, § 400, n° 8; Demolombe, XVI, 384; Cass., 22
août 1843, 2 janv. et 17 avril 1850; contra Labbé, *Revue prat.*, 1859, VII, p. 487.
(6) Duranton, VII, 309; Vazeille, *843*, 22; Paris, 8 mai 1833.
(7) Toullier et Duvergier, IV, 498; Duranton, VII, 392; Marcadé, *855*, 2; Demante, III, 190 bis; Taulier, III, p. 354; Mourlon, II, p. 496; Demolombe, XVI, 518; Dict. not., *Rapport*, n° 245; Roll., *ibid.*, n° 254; contra Vazeille, *855*, 5; Belost-Jolimont, *855* obs. 2.
(8) Duvergier sur Toullier, II, 498; Demolombe, XVI, 494; Dict. not., *Rapport*, n° 246; Roll., *ibid.*, n° 255; contra Belost-Jolimont, *855*, obs. 4.
(9) Chabot, *855*, 4; Toullier, IV, 499; Vazeille, *855*, 4; Dict. not., *Rapport*, n° 250; Roll., *ibid.*, n° 257.
(10) Dict. not., *Rapport*, n° 248.

rapportable en nature, c'est la valeur ou la somme déterminée qui est rapportable, et la perte de l'immeuble ne dispense pas le donataire du rapport (1).

2031. Que le rapport soit d'argent, d'objets mobiliers (2) ou de biens immeubles, d'un usufruit ou d'une rente viagère et même de sommes prêtées (3) gratuitement ou à un intérêt moindre que l'intérêt légal (4), qu'il ait lieu en nature ou en moins prenant (5), les fruits et intérêts, au taux légal, des choses faisant l'objet du rapport sont dus, de plein droit (6), à compter du jour de l'ouverture de la succession (C. N., 856), sans que la prescription de cinq ans puisse être invoquée tant que le partage n'a pas eu lieu (7), à moins qu'il ne s'agisse du rapport de sommes prêtées, auquel cas la prescription quinquennale peut être opposée aux cohéritiers, de même qu'elle aurait pu être opposée au *de cujus* (8). Mais le donataire profite de tous les fruits produits par ces objets, d'un usufruit et d'une rente viagère (9) comme des autres biens, jusqu'à l'époque de l'ouverture de la succession, quand même il ne les aurait pas encore perçus (10).

2032. Lorsque tous les cohéritiers ont à faire à la succession des rapports de valeurs à peu près égales, il s'établit une compensation qui les dispense de se tenir respectivement compte des fruits et intérêts, alors même que l'un rapporte une somme d'argent dont l'intérêt doit être de cinq pour cent, et l'autre des immeubles dont le revenu est de trois pour cent (11).

§ 3. — COMMENT SE FAIT LE RAPPORT.

2033. Le rapport des immeubles (12) se fait en nature ou en moins prenant (C. N., 858), même lorsque la libéralité résulte d'un legs, car le testateur, en léguant, sans clause de préciput, un objet déterminé à l'un de ses successibles, est censé avoir voulu que cet objet lui appartint à la charge de tenir compte de sa valeur à la masse de la succession (13).

2034. Le rapport peut être exigé en nature toutes les fois que l'immeuble donné n'a pas été aliéné (14) par le donataire, et qu'il n'y a pas dans la succession d'immeubles de même nature, valeur et bonté, dont on puisse former des lots à peu près égaux pour les autres cohéritiers (C. N., 859). Si la donation a été faite sous la condition de rapporter soit l'immeuble donné, soit une somme déterminée au choix du donataire, celui-ci ne peut être contraint à faire le rapport en nature, il suffit qu'il effectue le rapport de

---

Dispense de se tenir compte des fruits et intérêts. (2031 et 2032.)

En raison du très-court délai qui s'est écoulé depuis le décès de M. Jean MARCHAND, les copartageants, ainsi qu'on l'a déjà dit en tête des présentes, entendent ne point se tenir respectivement compte des fruits et intérêts des choses dont ils doivent le rapport à la succession.

§ 2. — OBJETS DONT LES COPARTAGEANTS EFFECTUENT LE RAPPORT.
(Nos 2033 à 2046.)

Rapports en nature. (Nos 2033 à 2043.)

PRAIRIE DONNÉE A M. JEAN MARCHAND.

La prairie donnée à M. Jean MARCHAND (Voir § 2) n'a pas été aliénée par le donataire;

---

(1) Demolombe, XVI, 527.
(2) Malpel. *Succession*, no 287; Cass., 15 fév. 1865; Jur. N. 12944.
(3) Si la créance contre le successible provient d'une convention faite avec le défunt dans le sens de l'art. 853, *supra*, no 2016, et qu'il n'ait pas été stipulé d'intérêt, le successible n'en doit pas avant l'échéance du terme : Demolombe, XVI, 471.
(4) Duranton, VII, 369; Demante, III, 187 *bis*; Demolombe, XVI, 462; Cass., 2 fév. 1819.
(5) Voir Lyon, 26 juin 1840, J. N., 11457.
(6) Demolombe, XVI, 446; Dict. not., *Rapport*, no 221; Colmar, 24 nov. 1857. Voir Cass., 19 mars 1866; Jur. N., 15036.
(7) Troplong. *Prescr.*, no 1032; Vazeille, *ibid.*, nos 317, 616; Roll., *Rapport*, no 215; Massé et Vergé, § 400, note 9; Colmar, 1er mars 1830; Paris, 24 novembre 1838; Caen, 2 avril 1845.
(8) Douai, 26 janv. 1861; Mon. trib., 1861, p. 188.
(9) Chabot, *856*, 5; Toullier, IV, 486; Duranton, VII, 369; Proudhon, *Usufr.*, no 2396; Taulier, III, p. 357; Demolombe, XVI, 438; Dict.

not., *Rapport*, no 212; Roll., *ibid.*, no 217; Paris, 23 juin 1818; Cass. 31 mars 1818; Nancy, 20 janv. 1830; Bordeaux, 17 juin 1846 et 17 janv. 1851; J. N., 15436.
(10) Chabot, *856*, 3; Ponjol, *856*, 2; Toullier, IV, 486; Duranton, VII, 371; Demante, III, 191 *bis*; Demolombe, XVI, 442; Dict. not., *Rapport*, no 209; Bastia, 24 nov. 1832; Bordeaux, 17 janv. 1854; J. N., 15436.
(11) Demolombe, XVI, 451 *bis*; Cass., 24 fév. et 19 juin 1852; J. N. 15022.
(12) Demolombe, XVI, 481.
(13) Demante, III, 177 *bis*; Mourlon, II, p. 446; Troplong. *Don.*, II, 831; CONTRA Chabot, *843*, 10; Duranton, VII, 214; Taulier, III, p. 312; selon lesquels l'obligation du rapport a pour effet, au regard de la masse, de laisser l'objet de même que s'il n'avait pas été légué.
(14) Ou même, lorsqu'il a été aliéné, s'il est revenu au donataire par réméré, résolution de vente, retour conventionnel, etc. Il n'en est pas de même s'il est revenu par rachat, donation, succession, etc., *Supra*, nos 1745 *et suiv.*

la somme fixée : si elle est supérieure à la valeur de l'immeuble, il perd la différence ; si elle est inférieure, il conserve l'excédant, sauf réduction si cet excédant est plus élevé que la quotité disponible (1).

2035. Le rapport n'a lieu qu'en moins prenant : 1° lorsqu'il existe dans la succession des immeubles de même nature, valeur et bonté dont on peut former des lots à peu près égaux pour les autres donataires (*C. N.*, *859*), à moins que le donataire ne préfère effectuer le rapport en nature, ce qui lui est facultatif (2) ; 2° lorsque le donataire a aliéné l'immeuble à titre gratuit (3) ou onéreux, avant l'ouverture de la succession (4). Il est dû de la valeur de l'immeuble à l'époque de l'ouverture (*C. N.*, *860*), sans qu'on ait égard au prix de la vente ; cependant si le donataire a été dépossédé de l'immeuble par suite d'une licitation ou d'une expropriation pour cause d'utilité publique, il doit le rapport du prix (5).

2036. Si le donataire a aliéné l'immeuble, et qu'il soit insolvable au jour de l'ouverture de la succession, la perte, s'il y a lieu, est subie par les cohéritiers, sans qu'ils puissent exercer de recours contre l'acquéreur, à moins que la valeur de l'immeuble n'excède la quotité disponible, alors il y a lieu au rapport de l'excédant (6), et le retranchement se fait conformément à ce qui est dit *infra*, n° 2042.

2037. Si le rapport se fait en nature, il doit être tenu compte au donataire des impenses qui ont amélioré la chose eu égard à ce dont sa valeur se trouve augmentée (7) au jour de l'ouverture de la succession (8) (*C. N.*, *861*) ; comme aussi des impenses nécessaires qu'il a faites pour la conservation de la chose, encore qu'elles n'aient point amélioré le fonds (*C. N.*, *862*), et des frais de labours, engrais, et semences (9). Les indemnités dues, pour ces diverses causes, à l'héritier qui fait le rapport portent intérêt de plein droit à son profit du jour de l'ouverture de la succession (10).

2038. Le donataire, de son côté, doit tenir compte des dégradations et détériorations qui ont diminué la valeur de l'immeuble par son fait, c'est-à-dire par sa faute ou sa négligence (*C. N.*, *863*). Lorsque le donataire allègue le cas fortuit, *supra*, n° *2029*, il doit en faire la preuve s'il s'agit d'une maison qu'il habitait lui-même (11) ; s'il l'avait louée, il n'est personnellement responsable qu'autant qu'il n'a pas apporté dans le choix du locataire les soins d'un bon père de famille (12). Si l'immeuble a subi des dégradations,

---

et comme il n'existe pas dans la succession d'autres immeubles en nature de prairie, M. Jean MARCHAND, à la demande de ses cohéritiers, en effectue le rapport en nature.

M. Jean MARCHAND a fait à cette prairie divers travaux d'irrigation, tels que fossés, caniveaux, vannes, etc ; en outre, il a planté une rangée de deux cents jeunes peupliers. Les parties fixent la plus-value de l'immeuble, en raison de ces travaux, à une somme de dix-huit cents francs dont il doit lui être tenu compte par la succession, ci . . . . 1,800 fr. »

Mais M. Jean MARCHAND a fait l'abatage à son profit d'une rangée de peupliers que les parties évaluent à une somme de huit cents francs dont il doit être tenu compte à la succession par M. Jean MARCHAND, ci . . . . 800 »

Ce qui réduit l'indemnité à lui due à une somme de mille francs, ci. 1,000 »

Le pré rapporté est estimé par les parties à vingt-quatre mille francs.

MAISON DONNÉE AU MÊME.

M. Jean MARCHAND n'a pas non plus aliéné le terrain formant l'emplacement de la mai-

---

(1) Duranton, VII, 392 ; Demolombe, XVI, 527.
(2) Zach., Aubry et Rau, V, p. 340 ; Demante, III, 302 *bis*; Demolombe, XVI, 524 ; CONTRA trib. Seine, 28 juin 1856.
(3) Chabot, *859*, 2 ; Demolombe, XVI, 544.
(4) Si l'aliénation est postérieure au décès, elle ne fait pas obstacle au rapport en nature : Chabot, *859*, 4 ; Vazeille, *859*, 4 ; Demante, III, 405 *bis*; Demolombe, XVI, 513 ; Roll., *Rapport*, n° 281.
(5) Chabot, *860*, 4 ; Marcadé, *863*, 4 ; Bugnet sur Pothier, I, p. 517 ; Duvergier sur Toullier, II, 493 ; Demante III, 496 *bis*; Demolombe, XVI, 523 ; Mourlon, II, p. 196 ; Zach., Massé et Vergé, § 400, note 43 ; Arg. Rouen, 5 mars 1859 ; Jur n., 41536.
(6) Chabot, *860*, 5 ; Toullier, IV, 495 ; Marcadé, *860*, 3 ; Zach., Massé et Vergé, § 400, note 14. V. Grenoble, 10 août 1804 ; J. N., 48262.

(7) Si l'augmentation de valeur est supérieure au montant des dépenses, il n'est tenu compte au donataire que de ses dépenses : Demolombe, XVI, 493.
(8) Et non pas au jour du partage, comme le dit, par *erreur* l'article *861* : Chabot, *861*, 4 ; Marcadé, *861*, 2 ; Zach., Massé et Vergé § 400, note 26 ; Taulier, III, p. 360 ; Mourlon, II, p. 498 ; Demante, III 497 *bis*; Dict. not., *Rapport*, n° 237 ; CONTRA Duranton, VII, 386 Vazeille, *861*, 4 ; Demolombe, XVI, 409.
(9) Demolombe, XVI, 449.
(10) Duranton, VII, 390 ; Chabot, *862*, 3 ; Demolombe, XVI, 446.
(11) Chabot, *863*, 2 ; Duranton, VII, 393 ; Marcadé, *855*, 4 ; Roll. *Rapport*, n° 232.
(12) Vazeille, *863*, 2 ; CONTRA Chabot, *863*, 2 ; Duranton, VII, 393.

ou a péri par la faute de personnes dont le donataire n'avait pas à répondre, il n'est tenu au rapport que de l'indemnité qu'il a touchée, ou de l'action à exercer contre elles (1).

2039. Dans le cas où l'immeuble aliéné par le donataire est néanmoins rapporté en tout ou en partie, *supra*, n° *2036*, les améliorations ou dégradations faites par l'acquéreur sont imputées conformément à ce qui est dit *supra*, n°s *2037, 2038* (C. N., *864*).

2040. Que le rapport ait lieu en nature ou en moins prenant, si, avant l'ouverture de la succession, l'immeuble a acquis des augmentations naturelles, par alluvion (C. N., *556*), atterrissement (C. N., *559*), formation d'îles (C. N., *561*) ou par suite de prescription, ces augmentations profitent à la succession seule, et si le rapport a lieu en moins prenant, elles sont comprises dans l'estimation.

2041. Lorsque le rapport se fait en nature, les biens se réunissent à la masse de la succession, francs et quittes de toutes charges créées par le donataire; mais les créanciers ayant hypothèque peuvent intervenir au partage pour s'opposer à ce que le rapport se fasse en fraude de leurs droits (C. N., *865*). Si, par l'effet du partage, l'immeuble revient en totalité ou en partie au successible qui en a fait le rapport, les droits des tiers revivent sur ce qui lui est revenu (2).

2042. Lorsque le don d'un immeuble fait à un successible avec dispense de rapport excède la portion disponible, le rapport de l'excédant se fait en nature si le retranchement de cet excédant peut s'opérer commodément. — Dans le cas contraire, si l'excédant est de plus de moitié de la valeur de l'immeuble, le donataire doit rapporter l'immeuble en totalité, sauf à prélever sur la masse la valeur de la portion disponible; si cette portion excède la moitié de la valeur de l'immeuble, le donataire peut retenir l'immeuble en totalité, sauf à moins prendre et à récompenser les cohéritiers en argent ou autrement (C. N., *866*).

2043. Le cohéritier qui fait le rapport en nature d'un immeuble peut en retenir la possession jusqu'au remboursement effectif des sommes qui lui sont dues pour impenses ou améliorations (C. N., *867*); mais il doit tenir compte des fruits à ses cohéritiers, sauf à les compenser jusqu'à due concurrence avec l'intérêt des indemnités qui lui sont dues (3).

2044. Le rapport du mobilier, sauf convention contraire (4), ne se fait qu'en moins prenant; il se

---

son que M. MARCHAND, son père, lui a donnée et qui s'est trouvée détruite par un incendie, ainsi qu'on le voit sous le paragraphe huit. M. Jean MARCHAND entend faire le rapport en nature de ce terrain.

Les parties l'évaluent à mille francs.

II. — *Rapport en moins prenant.*

IMMEUBLE DONNÉ A M. ELOI MARCHAND. (N° 2035.)

La pièce de terre donnée à M. Eloi MARCHAND, père de Mme DUBOIS, n'a pas été aliénée; mais, en raison de ce qu'il existe dans la succession d'autres immeubles de même nature, valeur et bonté, Mme DUBOIS déclare profiter de la faculté que la loi lui accorde d'en effectuer le rapport en moins prenant;

Les parties estiment cette pièce de terre à huit mille francs; en conséquence, chacun des cohéritiers de Mme DUBOIS prélèvera des terres en labour sur celles comprises en la masse partageable, jusqu'à concurrence d'une pareille valeur de huit mille francs.

Rapport des valeurs mobilières. (N°s 2044 à 2046.)

Il est dû le rapport en moins prenant par les ci-après nommés des objets dont l'indication suit:

---

(1) Chabot, *863*, 5; Demolombe, XVI, 490; Dict. not., *Rapport*, n° 251; Roll., *ibid.*, n° 253.
(2) Proudhon, *Usufr.*, n° 2380; Chabot *865*, 3; Duranton, VII, 404; Zach., § 409, note 23; Marcadé, *865*, 2; Demante, III, 498 *bis;* Duvergier sur Toullier, IV, 541; Demolombe, XVI, 509; Dict. not., *Rapport*, n° 308.
(3) Demante, III, 200 *bis*; Demolombe, XVI, 504; Roll., *Rapport*, n° 328; Vazeille, art. 867; CONTRA Duranton, VII, 390; Poujol, II, p. 234.
(4) Demolombe, XVI, 552; Cass., 19 juin 1849 et 17 déc. 1856.

fait sur le pied de la valeur du mobilier lors de la donation d'après l'état estimatif annexé à l'acte ; et, à défaut de cet état, d'après une estimation par experts, à juste prix et sans crue (*C. N.*, 868), et alors même que le mobilier aurait péri par cas fortuit (1). Il en est ainsi même des meubles incorporels, tels que : les créances, les rentes constituées, les rentes sur l'État, les actions et obligations industrielles ; il est dû le rapport de leur valeur au temps de la donation, quand même le donataire les aurait encore à l'époque de l'ouverture de la succession (2). Relativement aux créances et aux rentes constituées, quelques auteurs ont exprimé l'avis que si le donataire n'en a pas encore reçu le remboursement, il lui suffit de faire le rapport des titres (3), pourvu que les débiteurs ne soient pas devenus insolvables par sa faute ; mais nous pensons que, dans tous les cas, c'est le rapport en moins prenant qui doit avoir lieu. Un office ministériel est également rapportable en moins prenant, selon sa valeur au jour de la donation, lors même que depuis cet office aurait été supprimé sans indemnité (4).

2045. Le rapport de l'argent donné se fait en moins prenant dans le numéraire de la succession. En cas d'insuffisance, le donataire peut se dispenser de rapporter du numéraire en abandonnant, jusqu'à due concurrence, du mobilier, et, à défaut de mobilier, des immeubles de la succession (*C. N.*, 869).

M. JEAN MARCHAND.

De : 1° huit mille francs, montant du numéraire et de la créance dont son père lui a fait donation (§ II), ci.	8,000 fr. »
2° Onze mille francs provenus du bénéfice de son association avec son père (§ V), ci.	11,000 »
3° Huit mille quatre cent vingt-quatre francs dont il était comptable envers son père, par suite de mandat (§ VII), ci.	8,424 »
Ensemble vingt-sept mille quatre cent vingt-quatre francs, ci. . .	27,424 »
De quoi l'on déduit mille francs dus à M. Jean MARCHAND, pour impenses faites à la prairie rapportée en nature, ci.	1,000 »
Le rapport est réduit à vingt-six mille quatre cent vingt-quatre francs, ci.	26,424 »

M. PAUL MARCHAND.

De : 1° trente mille francs qui lui ont été avancés par son père pour le payement de partie du prix de son office (§ IV), ci.	30,000 fr. »
2° Et dix mille francs qui lui ont été prêtés par M. MARCHAND, son père (§ VII), ci.	10,000 »
Ensemble, quarante mille francs, ci.	40,000 »

M. EDGAR MARCHAND.

1° Trois mille francs versés par M. MARCHAND père, pour son exonération du service militaire (§ III), ci.	3,000 fr. »
2° Six mille francs que M. MARCHAND père a payés en son acquit pour le remboursement de dettes (§ IV), ci.	6,000 »
3° Et dix mille neuf cents francs, montant du don que M. MARCHAND père lui a fait, sous la forme d'un contrat à titre onéreux (§ VI), ci.	10,900 »
Ensemble, dix-neuf mille neuf cents francs, ci.	19,900 »

---

(1) Toullier, IV, 490; Chabot, 868, 4; Demolombe, XV, 340; Roll., *Rapport*, n° 260.

(2) Duranton, VII, 413; Chabot, 868, 6; Demolombe, XVI, 548; Demante, III, 204 bis; Massé et Vergé, § 400, note 5; Roll., *Rapport*, n° 272; Nîmes, 24 janv. 1828; Aix, 30 avril 1833; Cass., 23 juin 1851; J. N., 14425 ; contra Marcadé, 868, 2.

(3) Duranton, VII, 413; Marcadé, *art. 868*; Taulier, 3, p. 371; Dict. not., *Rapport*, n° 289; Cass., 18 déc. 1830; J. N., 7356; contra Demolombe, XVI, 548; Demante, III, 204 bis; Toullier et Duvergier, IV, 491; Mourlon, II, p. 204, Cass., 23 juin 1851 ; J. N., 14425.

(4) Duranton, VII, 417 ; Dard, *Offices*, p. 414; Demante, III, 204 bis; Demolombe, XVI, 554; Cass., 5 juill. 1814 et 23 juin 1851 ; J. N., 14425, contra Marcadé, 868, 2.

2046. Si le mobilier et l'argent comptant sont insuffisants pour le prélèvement de ses cohéritiers, le successible, au lieu d'effectuer le rapport en moins prenant (1), peut, s'il le préfère (2), tenir compte à ses cohéritiers de la somme dont il doit le rapport (3). Mais il n'a point cette faculté lorsqu'il s'agit du rapport d'un immeuble (4), excepté dans le cas où le donateur, en dispensant le donataire du rapport en nature, a imposé la condition du rapport d'une somme en numéraire.

SECTION III. — DES PRÉLÈVEMENTS ET DES LOTISSEMENTS.

§ 1. — PRÉLÈVEMENTS.

2047. Lorsque le rapport a lieu en moins prenant, les autres héritiers doivent prélever avant tout partage, sur les biens de la succession, une valeur égale au montant du rapport. Ces prélèvements se font, autant que possible, en objets de même nature, qualité et bonté que ceux non rapportés en nature (*C. N., 830*).

Mme Dubois.

De 1° : dix mille francs, montant du don en numéraire fait à M. Éloi MARCHAND, son père (§ II), ci	10,000 fr. »
2° Cinq mille francs, valeur du trousseau dont M. MARCHAND, son aïeul, lui a fait donation (§ I), ci	5,000 »
3° Et sept mille francs pour sa moitié dans le don que M. MARCHAND *de cujus* a fait à M. et Mme DUBOIS conjointement (I), ci . . .	7,000 »
Ensemble, vingt-deux mille francs, ci.	22,000 »

Le rapport le plus élevé en valeurs mobilières est celui de M. Paul MARCHAND, qui se monte à quarante mille francs, ci. 40,000 fr. »

Afin d'être égalisés avec lui, ses copartageants prélèveront sur les valeurs mobilières de la succession, savoir :

M. Jean MARCHAND, qui a reçu vingt-six mille quatre cent vingt-quatre francs, une valeur de treize mille cinq cent soixante-seize francs, ci	13,576 fr. »
M. Edgar MARCHAND, qui a reçu dix-neuf mille neuf cents francs, une valeur de vingt mille cent francs, ci	20,100 »
Et Mme DUBOIS, qui a reçu vingt-deux mille francs, une valeur de dix-huit mille francs, ci	18,000 »
Montant des prélèvements à opérer sur les valeurs mobilières, cinquante-un mille six cent soixante-seize francs, ci.	51,676 »

CHAP. III. — Prélèvements.

§ 1. — PRÉLÈVEMENTS SUR LE MOBILIER. (N°s 2047 à 2049.)

Il vient d'être dit que M. Jean MARCHAND, M. Edgar MARCHAND et Mme DUBOIS ont droit à un prélèvement sur les valeurs mobilières, afin d'être égalisés avec M. Paul MARCHAND.

Pour les remplir des valeurs qui leur reviennent à ce titre, ils prélèvent à titre de partage, du consentement de M. Paul MARCHAND :

---

(1) Marcadé, *869.*, 1; Demante, III, 233 *bis*; Taulier, III, p. 872. Voir cependant Mourlon, II, p. 205.

(2) Demolombe, XVI, 556.

(3) Ce rapport en espèces n'est pas assimilé à une soulte pour la perception du droit d'enregistrement.

(4) Demante, III, 233 *bis* 8°; Taulier III, p. 372; Démolombe, XVI, 558; contra Marcadé, *869*, 1.

2048. Ce qui vient d'être dit est applicable au rapport en moins prenant de sommes prêtées par le défunt, et, en ce cas, le prélèvement s'opère par préférence aux créanciers personnels du cohéritier débiteur (1).

2049. Mais si un successible est débiteur envers le défunt par suite de conventions reconnues ne présenter aucun avantage indirect, comme alors il jouit du bénéfice du terme, *supra*, n° 2023, et ne doit d'intérêt qu'autant que la convention en porte, *supra*, n° 2031, *renvoi* 3, il n'y a pas lieu à un prélèvement par ses cohéritiers ; la créance doit figurer dans la masse de la succession et être partagée de même que si elle fût due par un étranger (2).

M. Jean MARCHAND : 1° trois cents francs de rente trois pour cent, à prendre sur le titre de rente compris sous l'article 4 de la masse, pour sept mille cinquante francs, ci. . . . . 7,050 fr. »

2° Cinq actions du chemin de fer du Nord, portant les n°s 841 à 845, à prendre sur celles portées sous l'article 3 de la masse pour cinq mille deux cents francs, ci . . . . 5,200 »

3° Et treize cent vingt-six francs sur les sept mille francs de numéraire composant l'article 5, ci. . . . . 1,326 »

Somme égale à son prélèvement, vingt mille cent francs, ci. . 20,100 »

M. Edgar MARCHAND : 1° huit cents francs de rente à prendre sur le titre de rente trois pour cent faisant l'objet de l'article 4, pour dix-sept mille huit cents francs, ci . . . . 17,800 fr. »

2° Deux actions portant les n°s 846 et 847, du chemin de fer du Nord, faisant partie de celles comprises sous l'article 3 de la masse, pour deux mille quatre-vingts francs, ci.. . . . . 2,080 »

3° Et deux cent vingt francs sur les sept mille francs de numéraire portés sous l'article 5, ci. . . . . 220 »

Total pareil à son prélèvement, vingt mille cent francs, ci . . . 20,100 »

Mme DUBOIS : 1° sept cents francs de rente, à prendre sur le titre de rente trois pour cent compris sous l'article 4, pour dix-sept mille quatre cent cinquante francs, ci. . . . . 17,450 fr. »

2° Et cinq cent cinquante francs sur les sept mille francs de numéraire portés sous l'article 5, ci.. . . . . 540 »

Somme égale à son prélèvement, dix-huit mille francs, ci. . . . 18,000 »

§ 2. — PRÉLÈVEMENTS SUR LES IMMEUBLES. (N°s 2050.)

Mme DUBOIS a fait le rapport en moins prenant de la pièce de terre donnée à son père, pour une valeur de huit mille francs ; elle conserve donc la propriété de cette pièce de terre.

Et pour être égalisés avec Mme DUBOIS, MM. Jean, Paul et Edgar MARCHAND, de son consentement, prélèvent, à titre de partage, la totalité de la pièce de terre donnée à son père, article dix-sept de la masse, soit séparément :

M. Jean MARCHAND, le tiers du côté attenant à . . . ., pour huit mille francs ;

---

(1) Ducaurroy, Bonnier et Roustaing, II, 742; Demante, III, 162 *bis*; Zach., Aubry et Rau, V, p. 302; Demolombe, XVI 404; CONTRA Grenier, *Hyp.*, I, 159; Vazeille, *530*, 3; Duranton, VII, 312.

(2) Demolombe, XVI, 474; Demante, III, 157 *bis* 8°

2050. Après que les cohéritiers ont été égalisés en biens meubles, ils doivent l'être aussi en biens immeubles au moyen de prélèvements effectués sur ceux compris dans la masse; ces prélèvements se font comme pour les meubles et, autant que possible, en objets de même nature, qualité et bonté que les objets non rapportés en nature. (*C. N.*, *830*.)

§ 2. — COMPOSITION DES LOTS.

2051. Lorsque les prélèvements dont il vient d'être question sont opérés, il est procédé sur ce qui reste dans la masse, à la composition d'autant de lots égaux qu'il y a d'héritiers copartageants ou de souches copartageantes. (*C. N.*, *831*.)

M. Paul MARCHAND, le second tiers, au milieu, de manière à borner d'un côté le tiers de M. Jean MARCHAND, d'autre côté le tiers de M. Edgar MARCHAND; d'un bout....., d'autre bout....; aussi pour huit mille francs;
Et M. Edgar MARCHAND, le dernier tiers, du côté attenant à:....., également pour huit mille francs.
Tous abandonnements sont consentis dans ce sens.

CHAP. IV. — Établissement de la masse partageable et des lots.

§ 1. — MASSE PARTAGEABLE. (N° 2051.)

La masse des biens existant en nature au décès est d'une importance de deux cent cinquante-un mille cinq cent vingt francs, ci............ | | 251,520 fr. »
Il a été prélevé, pour égaliser les rapports :
1° Sept actions du chemin de fer du Nord, n°ˢ 841 à 847, faisant partie de celles comprises sous l'article trois, pour sept mille deux cent quatre-vingts francs, ci............ | 7,280 fr. » |
2° Les dix-huit cents francs de rente, article quatre, pour quarante-deux mille trois cents francs, ci................. | 42,300 » |
3° Deux mille quatre-vingt-seize francs sur le numéraire, article sept, ci............ | 2,096 » |
4° L'immeuble, article dix-sept, pour vingt-quatre mille francs, ci................. | 24,000 » |
Ensemble soixante-quinze mille six cent soixante-seize francs, ci................. | 75,676 » | 75,676 »
Il est resté dans la masse cent soixante-quinze mille huit cent quarante-quatre francs, ci................. | | 175,844 »
A quoi l'on ajoute les immeubles dont la désignation suit, rapportés en nature par M. Jean MARCHAND:
1° Une prairie située commune de....., lieu dit....., de la contenance de quatre hectares, section D, n° 125; bornant d'un côté le chemin de....., à....., d'autre côté la rivière, d'un bout M. BRÉANT, d'autre bout M. CATOIS, estimée vingt-quatre mille francs, ci................. | | 24,000 »
2° Un terrain en jardin situé à....., dans le village, section..... n°....., de la contenance de un are cinquante centiares, formant l'emplacement d'une maison qui a été détruite par un incendie, bornant d'un côté....., etc., estimé mille francs, ci......... | | 1,000 »
A ce moyen la masse partageable est de deux cent mille huit cent quarante-quatre francs, ci................. | | 200,844 »
Dont le quart pour chacun des copartageants est de cinquante mille deux cent onze francs, ci............ | | 50,211 »

2052. Dans la formation des lots, on doit éviter, autant que possible, de morceler les héritages et de diviser les exploitations; et il convient de faire entrer dans chaque lot, s'il se peut, la même quantité de meubles (1), d'immeubles, de droits ou de créances de même nature et valeur. (*C. N.*, 832.)

2053. Cela doit surtout être observé lorsque, parmi les copartageants, il se trouve une femme mariée sous le régime dotal; car si son lot comprenait relativement une plus grande quantité de biens meubles, elle serait exposée à ce qu'on exigeât d'elle le remploi des valeurs mobilières jusqu'à concurrence de ce qu'elle aurait en moins que sa part dans les immeubles (2). C'est une difficulté qu'il est prudent d'éviter.

2054. L'inégalité des lots en nature se compense par un retour, soit en rente, soit en argent (*C. N.*, 833), qu'on appelle *soulte*. Le privilége de copartageant est attaché à la soulte, *infra* n° 2115.

2055. Si les droits des héritiers sont inégaux, par exemple si la succession est dévolue au père pour un quart, et au frère pour trois quarts, il faut établir quatre lots égaux; au tirage, le père prend un lot, le frère en prend trois (3). Ou encore, une succession échoit aux père et mère chacun pour un quart, soit ensemble moitié, et à trois frères et sœur conjointement pour l'autre moitié, il faut établir deux lots de chacun moitié; puis du lot échu aux père et mère, on fait deux lots, et du lot échu aux frères et sœur on en fait trois. — Autre exemple: Pierre a institué pour ses légataires universels: Léon pour un tiers, Louis pour un quart, Jean pour un quart, et Paul pour un sixième; comment composer les lots? On divise l'opération de cette manière: en réunissant les parts de Léon et de Paul l'on a moitié, et en réunissant celles de Jean et de Louis on a l'autre moitié; on fait donc deux lots de la succession, l'un pour

§ 2. — COMPOSITION DES LOTS. (N°ˢ 2052 à 2058.)

PREMIER LOT.

Il est composé de :

1° Trois mille quatre-vingt-onze francs, sur les huit mille cinq cents francs, formant le produit de la vente mobilière *(art. 1ᵉʳ de la masse)*, ci. . . . . 3,091 fr. »

2° La rente perpétuelle, article deux de la masse, pour six mille cent vingt francs, ci. . . . . 6,120 »

3° La maison composant l'article huit, pour douze mille francs, ci. 12,000 »

4° Le jardin faisant l'objet de l'article neuf, pour six mille francs, ci. . . . . 6,000 »

5° La pièce de terre, article treize de la masse, pour huit mille francs, ci. . . . . 8,000 »

6° La moitié de l'immeuble, article quinze, à prendre du côté attenant à . . . ., pour neuf mille francs, ci. . . . . 9,000 »

7° Et le quart de la prairie rapportée par M. Jean Marchand, à prendre du bout attenant à M. Bréant, de manière à borner d'un côté M. Bréant, d'autre côté le second quart qui va entrer dans le second lot, d'un bout la rivière, d'autre bout le chemin, pour six mille francs, ci. . . . . 6,000 »

Somme égale au quart, cinquante mille deux cent onze francs, ci. 50,211 »

DEUXIÈME LOT.

Il est composé de :

1° Deux mille onze francs, sur les huit mille cinq cents francs, formant le produit de

---

(1) Voir Cass., 27 mars 1850; J. N. 14633.
(2) Toutefois voir Cass., 4 juin 1859; J. N. 13759; Aix, 1ᵉʳ juin 1861, Mod. trib. 1861, p. 12.

(3) Chabot, 831, 4; Marcadé 831, 1; Dict. Not., *Partage*, n° 264 Roll., *ibid.*, n° 235; Cass., 11 août 1806 et 10 mai 1826.

PARTAGE — LOTS — FORMULE 323

Léon et Paul, l'autre pour Louis et Jean; puis du lot échu à Léon et Paul on fait trois lots égaux, deux pour Léon et un pour Paul; et du lot échu à Louis et Jean, on fait deux lots, un pour chacun d'eux (1). Ces combinaisons sont nécessitées par le principe que les lots doivent toujours être tirés au sort lorsque le partage est judiciaire, *infra n° 2262*; mais si le partage est amiable ou si, étant judiciaire, toutes les parties sont majeures et capables, la division des biens peut avoir lieu par voie d'attribution, *infra n° 2065*.

2056. Si des héritiers viennent de leur chef, et d'autres par représentation, il y a lieu d'abord à la composition d'autant de lots égaux qu'il y a de souches copartageantes, si le partage peut être fait commodément de cette manière (2); puis les héritiers venant par représentation subdivisent entre eux le lot échu à leur souche, ou s'il est impartageable, le licitent.

2057. De même si la succession se divise en deux parts entre les parents de la ligne paternelle et ceux de la ligne maternelle, on compose d'abord deux lots, un pour chaque ligne (3); puis les lots se subdivisent entre les parents de chaque ligne.

2058. La subdivision dans chaque souche et dans chaque ligne a lieu avec l'observation des mêmes formes que celles prescrites pour la première division. (C. N., *836*.)

2059. Lorsque des immeubles ont été divisés en plusieurs portions entrées dans différents lots, le partage doit faire connaître d'une manière précise les lignes de division, et indiquer les conditions de bornage, de clôture, s'il y a lieu, ainsi que les diverses servitudes qui peuvent être établies.

la vente mobilière (*art. 1er de la masse*), ci.	2,011 »
2° La moitié de la créance sur M. Delorme (*art. 6 de la masse*), pour six mille deux cents francs, ci.	6,200 »
3° Le verger article onze de la masse, pour onze mille francs, ci. .	11,000 »
4° La moitié de la pièce de terre, article quatorze, à prendre du côté attenant à. . . . ., pour quinze mille francs, ci.	15,000 »
5° L'autre moitié de la pièce de terre, article quinze de la masse, à prendre du côté attenant à. . . . ., pour neuf mille francs, ci. .	9,000 »
6° Le second quart du pré rapporté par M. Jean Marchand, à prendre à la suite du quart entré dans le premier lot, de manière à borner d'un côté ce quart, d'autre côté le quart qui va entrer dans le troisième lot, d'un bout le chemin de. . . . ., à. . . . ., d'autre bout la rivière, pour six mille francs, ci.	6,000 »
7 Et le terrain en jardin rapporté par M. Jean Marchand, pour mille francs, ci.	1,000 »
Somme égale au quart, cinquante mille deux cent onze francs, ci.	50,211 »

TROISIÈME LOT.

Il est composé de :
1°. . . . ., etc.

QUATRIÈME LOT.

Il est composé de :
1°. . . . ., etc.

Séparation des immeubles divisés en plusieurs portions. (N° 2059.)

Dans le délai d'un mois de ce jour, il sera fait le mesurage des pièces de terre articles quatorze, quinze et seize de la masse, et de la prairie rapportée par M. Jean Marchand, qui ont été divisées en plusieurs portions; la séparation de ces portions, entre ceux des

---

(1) Vazeille, *834*, 3; Demolombe, XVI, 683; Paris, 19 fév. 1821 et 15 janv. 1830; Cass., 21 nov. 1834 et 27 fév. 1838.
(2) Besançon, 15 avril 1851; J. N. 17199. Paris, 5 mai 1865.
(3) Mourlon, II, p. 139; Taulier, III, p. 292; contra Demolombe, XV, 685.

2060. L'héritier à qui échoit une portion enclavée d'un immeuble, dont une partie joint la voie publique, a de plein droit le passage sans indemnité sur cette partie, pour accéder au chemin ; il est tenu de se servir de ce passage sans pouvoir en demander un autre sur les fonds voisins, quand même ils seraient plus rapprochés de la voie publique (1).

2061. Si des arbres fruitiers ou autres se trouvent à une distance de la ligne séparative moindre que celle voulue par la loi, *supra* n° *1567*, les copartageants dans les lots desquels ils se trouvent acquièrent par la destination du père de famille le droit de les conserver à cette distance (2); mais s'ils viennent à être arrachés, ils ne peuvent être remplacés qu'à la distance légale (3).

§ 3. — TIRAGE AU SORT.

2062. Il est de principe que, quels que soient les droits des parties, *supra* n° *2055*, les lots doivent toujours être tirés au sort; lorsque des incapables figurent au partage, la loi ne permet pas la distribution des biens par la voie d'attribution (4). En conséquence, si les biens sont impartageables, eu égard aux droits des parties, il y a lieu nécessairement à licitation.

2063. Si les copartageants sont tous majeurs et capables, ils peuvent, ou faire des lots et les tirer au sort, ou se distribuer les lots à l'amiable; ou encore se faire les uns aux autres tels abandonnements qu'ils jugent convenable.

---

copartageants à qui elles écherront, sera constatée par des bornes qu'ils feront planter à frais communs, sur les lignes de division.

Pour la séparation en quatre portions égales de la prairie rapportée par M. Jean MARCHAND, des haies vives seront plantées sur les lignes de séparation dans le délai d'un an de ce jour; la haie, sur la ligne séparative des premier et deuxième lots, sera plantée et entretenue, la moitié du côté de la rivière par l'abandonnataire du premier lot, et la moitié du côté du chemin par l'abandonnataire du second lot; la haie, sur la ligne séparative des deuxième et troisième lots, sera plantée et entretenue, la moitié du côté de la rivière par l'abandonnataire du second lot, et la moitié du côté du chemin par l'abandonnataire du troisième lot; enfin la haie sur la ligne séparative des troisième et quatrième lots sera plantée et entretenue, la moitié du côté de la rivière par l'abandonnataire du troisième lot, et la moitié du côté du chemin par l'abandonnataire du quatrième lot.

Ces haies seront mitoyennes et devront être entretenues et renouvelées de manière à former toujours la limite de séparation des portions de prairies.

Droit de passage relatif à l'article quinze de la masse. (N° 2060.)

La moitié entrée dans le premier lot de l'immeuble, article quinze de la masse, est séparée du chemin de grande communication par l'autre moitié entrée dans le second lot, et conséquemment se trouve enclavée; celui des copartageants à qui écherra le premier lot aura, pour l'exploitation de sa moitié, un droit de passage pour accéder au chemin sur la moitié entrée dans le second lot, sans indemnité.

Distance des arbres. (N° 2061.)

Les arbres qui, par suite de la division des héritages, se trouveront à une distance de la ligne séparative moindre que celle voulue par la loi continueront d'exister ainsi; mais s'ils viennent à être arrachés pour quelque cause que ce soit, ils ne pourront être remplacés qu'à la distance prescrite.

---

(1) Pardessus, *Servit.*, n° 249; Toullier, III, 550; Duranton, V, 420; Roll., *Passage*, n° 54 ; Marcadé, *685*, 5.

(2) Duranton, V, 389; Coppeau, *législ. rurale*, p. 494; Roll., *Arbre*, n° 50; arg., Cass., 28 nov. 1853; Jur N., 10129.

(3) Voir les autorités citées, *supra*, n° *1567*, note, et spécialement, Cass , 28 nov. 1853; Jur. N. 10129.

(4) Toullier, IV, 428; Chabot et Belost-Jolimont, *834*, 5 ; Massé et Vergé, § 391, note 14 ; Demante, III, 163 *bis*. ; Marcadé, *831*, 1 ; Demolombe, XV, 680 ; Roll., *Partage*, n° 235; Cass., 10 mai 1826 ; 25 nov. 1834; 27 fév. 1838 ; 19 mars 1844 ; 26 avril 1847 ; 27 mars 1850 ; Riom, 23 mai 1843 et 1er avril 1854; Bastia, 4 janv. 1858 ; J N. 10187, 11971, 13050, 14033; CONTRA Duranton, VII, 173 *bis*; Dalloz, *Succession*, n° 1835 ; Caen, 13 nov. 1843 et 3 août 1847 ; Metz, 10 juin 1852 ; J. N. 13333.

2064. Un partage ainsi fait à l'amiable ne peut être critiqué par les copartageants sous le prétexte qu'on n'a pas fait entrer dans chaque lot la même quantité de meubles, d'immeubles, de droits ou de créances de même nature et valeur, *supra n° 2052.*

2065. Mais le partage est rescindable en cas de dol, erreur, lésion (*infra n° 2099*).

SECTION IV. — DU PAYEMENT DES DETTES.

2066. Les héritiers en succédant au défunt sont tenus d'acquitter toutes ses dettes et charges; mais ils ne sauraient y être obligés plus que le défunt n'y était tenu lui-même; ainsi, l'héritier même pur et simple d'une femme mariée sous le régime dotal, peut s'opposer à ce que les obligations qu'elle aurait contractées pendant le mariage soient exécutées après son décès sur ses biens dotaux (1).

2067. Les cohéritiers, même bénéficiaires (2), contribuent entre eux au payement des dettes et charges de la succession, chacun dans la proportion de ce qu'il y prend (*C. N., 870*); les créanciers ne peuvent réclamer à chaque héritier que la quote-part de leur créance égale à celle de l'héritier dans la succession, quand même l'un des cohéritiers serait insolvable (3). Mais les héritiers peuvent, par le partage, convenir de tel mode de payement des dettes que bon leur semble; sans toutefois que cette convention fasse obstacle à l'exercice des droits des créanciers contre chaque héritier (4).

§ 3. — TIRAGE AU SORT. (N° 2062 à 2065.)

Les copartageants ont fait le tirage au sort entre eux des lots ci-dessus formés.
Il résulte de ce tirage qu'ils sont échus :
Le premier à M. Paul MARCHAND;
Le second à Mme DUBOIS;
Le troisième à M. Jean MARCHAND;
Et le quatrième à M. Edgar MARCHAND.
Les copartageants acceptent les lots qui leur sont échus et se font les uns aux autres tous abandonnements nécessaires.

CHAP. V. — Acquit des Dettes. (N°s 2066 à 2078.)

Les dettes de la succession de M. Pierre MARCHAND consistent en :

1° Cinq mille francs dus à plusieurs personnes, pour fournitures diverses, frais de dernière maladie et d'inhumation, ci.	5,000 fr. »
2° Deux mille francs dus à Me LOUVET, propriétaire, demeurant à. . . . . , pour prêt sans hypothèque, ci.	2,000 »
3° Quatre mille francs dus à M. HÉRON, négociant, demeurant à. . . . . , en vertu d'un acte passé devant M^e. . . . , qui en a gardé minute, et son collègue, notaires à. . . . . , le. . . . . , aussi pour prêt sans hypothèque; mais avec la stipulation que si la dette n'a point été acquittée du vivant de M. MARCHAND père, M. Jean MARCHAND, son fils, sera tenu de l'acquitter en totalité, sauf son recours contre ses cohéritiers, ci.	4,000 »
A reporter. . . .	11 000 »

---

(1) Duranton, XV, 531 ; Odier. *Contr. de mar.,* II, 1248; Rodière et Pont, *ibid.*, II, 490: Tessier, *Dot.*, I, 62: Tambour *Bénéf. d'inv.*, p.392; Demolombe, XIV, 517; Cass., 10 déc. 1846 30 août 1847, 14 nov. 1855; Seine, 30 sept. 1864; contra Caen, 10 janv. 1812; Cass., 20 déc. 1841; Montpellier, 17 mars 1859. V. trib. Louviers, 26 janv. 1857; J. N., 16890, 18840.
(2) Duranton, VII, 109; Tambour, *Bénéf. d'inv.*, p. 291; Demolombe,
XV, 169; Mourlon, II, p. 211; Cass., 22 juill. 1841, 9 janv. 1827, 26 mai 1831, 7 juin 1857; contra Poujol, *873*, 3; Dilhard, *Bénéf. d'inv.*, n° 109; Paris, 25 août 1810.
(3) Duranton, VII, 444; Demolombe, XVII, 22; Toullier, IV, 332; Chabot, *873*, 6; Colmar, 23 nov. 1810.
(4) Duranton, VII, 429; Demolombe, XVII, 9.

2068. Si les héritiers acceptent la succession purement et simplement, ils sont tenus au payement de toutes les dettes et charges de la succession, chacun pour sa part, quelque supérieures qu'elles soient à l'actif de la succession ; c'est ce qu'on appelle être tenu *ultra vires*. La même obligation pèse sur le légataire ou donataire contractuel, universel ou à titre universel, *infra, au titre des donations et testaments*; quant aux enfants naturels, au conjoint survivant et à l'Etat, en leur qualité de simples successeurs aux biens, ils ne sont point tenus *ultra vires*, mais seulement jusqu'à concurrence de leur émolument (1), pourvu qu'ils aient fait faire inventaire.

2069. Si les héritiers acceptent sous bénéfice d'inventaire, ils ne sont obligés que jusqu'à concurrence des biens de la succession, *supra n° 1878*.

2070. S'ils renoncent, ils sont affranchis de toute obligation.

2071. Le légataire, ou donataire universel ou à titre universel, contribue avec les héritiers à proportion de la part qu'il prend dans la succession ; mais le légataire particulier n'est pas tenu des dettes et charges, sauf l'action hypothécaire sur l'immeuble légué (*C. N.*, *871*) ; et si, par suite de cette action, il a acquitté la dette dont l'immeuble légué était grevé, il est subrogé aux droits du créancier contre les héritiers et successeurs à titre universel (*C. N.*, *874*) ; conséquemment il peut réclamer le payement de la dette aux successeurs avec les mêmes droits que le créancier, quand même il joindrait à sa qualité de légataire particulier celle d'héritier (2).

2072. Les héritiers sont tenus des dettes et charges de la succession, personnellement pour leur part et portion virile et hypothécairement pour le tout, sauf leur recours soit contre leurs cohéritiers, soit contre les légataires universels ou à titre universel, à raison de la part pour laquelle ils doivent y contribuer (*C. N.*, *873*) ; ainsi, s'agit-il d'une dette divisible non hypothécaire, le créancier ne peut exiger de chaque héritier légitime ou irrégulier, de chaque donataire ou légataire à titre universel, que la quote-part pour laquelle il est tenu, *supra n° 2067* ; par exemple, si la succession est recueillie par deux enfants et par le légataire d'un tiers, chaque héritier ou légataire représente le défunt pour un tiers, et la poursuite des créanciers ne peut être exercée contre chacun d'eux que dans cette proportion ; les créanciers ne pourraient donc pas poursuivre les héritiers pour le tout, sauf le recours de ceux-ci contre le

Report....	11,000 »
4° Cinq mille francs empruntés, suivant acte passé devant le même notaire, le....., de M. Vassard, rentier, demeurant à....., aussi sans hypothèque, mais avec la condition qu'il y aura indivisibilité entre les héritiers et représentants de M. Marchand père, pour l'acquit de la dette, ci..................	5,000 »
5° Deux mille francs empruntés de M. Hédouin, rentier, demeurant à....., suivant acte passé devant M^e....., qui en a gardé minute, et son collègue, notaires à....., le....., avec constitution d'hypothèque sur le verger, article onze de la masse, entré dans le lot échu à Mme Dubois................	2,000 »
6° Une rente annuelle et perpétuelle de trois cents francs, au capital de six mille francs, due à M. Eloi Lelong, négociant, demeurant à....., ainsi que le constate un titre nouvel passé devant M^e....., qui en a gardé minute, et son collègue, notaires à....., le....., payable en deux termes, les premier janvier et premier juillet de chaque année, et garantie par hypothèque sur la pièce de terre, article seize de la masse, entrée dans les troisième et quatrième lots échus à MM. Jean et Edgar Marchand, ci................	6,000 »
A reporter....	24,000 »

---

(1) Toullier, IV, 526 ; Duranton, VII, 12; Marcadé, *724*, 4 et 793; Demante, III, 24 *bis*; Mourlon, II, p. 16, 143; Dict. Not., *Succession* n° 74; Roll., *ibid.*, n°* 209, 350, 364 ; contra Belost-Jolimont, *773*, obs. 5; Vazeille, *793*, 9; Demolombe, XIII, 159, XIV, 45, 258, XV, 119.

(2) Chabot et Belost-Jolimont, *875*, 3; Toullier, IV, 533 et VII, 163; Duranton, XI, 244; Vazeille, *875*, 4, Massé et Vergé, § 405, note 3; contra Marcadé, *art*. *874*; Demante, III, 216 *bis*; Demolombe, XVII, XV, 119.

légataire (1). Mais s'il s'agit de dettes hypothécaires quoique divisibles, ou de dettes indivisibles, chacun des détenteurs d'immeubles dans le premier cas, ou chacun des héritiers ou légataires dans le second cas, peut être contraint au payement de la totalité de la dette.

2073. Le cohéritier ou successeur à titre universel qui, par l'effet de l'hypothèque ou de l'indivisibilité, a payé au delà de sa part de la dette commune, n'a de recours contre les autres cohéritiers ou successeurs à titre universel que pour la part que chacun d'eux doit personnellement en supporter, même dans le cas où le cohéritier qui a payé la dette se serait fait subroger aux droits des créanciers; sans préjudice néanmoins des droits d'un cohéritier qui, par l'effet du bénéfice d'inventaire, aurait conservé la faculté de réclamer le payement de sa créance personnelle comme tout autre créancier. (C. N., 875.) Ainsi, lorsque l'héritier bénéficiaire a payé avec subrogation une dette hypothécaire ou indivisible, il devient créancier sur ses cohéritiers avec les droits du créancier remboursé; il peut donc réclamer le payement de la créance à celui de ses cohéritiers que bon lui semble si la dette est indivisible, et à tous détenteurs d'immeubles hypothéqués si la dette est hypothécaire; sauf à ses cohéritiers à le faire contribuer au payement de la dette jusqu'à concurrence des biens qu'il a recueillis, *supra* n° *1878*. Un héritier qui a contre la succession une créance hypothécaire ou indivisible, confond la part à sa charge, mais, selon quelques auteurs, il peut faire produire au surplus de la créance l'effet hypothécaire ou indivisible contre ses cohéritiers (2).

2074. En cas d'insolvabilité d'un des cohéritiers ou successeurs à titre universel, sa part dans la dette hypothécaire ou indivisible, est répartie sur tous les autres au marc le franc. (C. N., 876.)

2075. Les titres exécutoires contre le défunt sont pareillement exécutoires contre l'héritier (3) personnellement; néanmoins les créanciers ne peuvent en poursuivre l'exécution que huit jours après la signification de ces titres à la personne et au domicile de l'héritier. (C. N., 877.) Si l'héritier acquitte la dette dans les huit jours qui suivent la signification, les frais restent à la charge du créancier; si non ils sont à sa charge, à moins qu'il ne soit dans les délais pour faire inventaire et délibérer, et qu'il ne paye avant leur expiration (4). Pour décharger le créancier dans tous les cas, une stipulation formelle est donc indispensable.

Report. . . .	24,000 »
7° La rente annuelle et perpétuelle de cent cinquante francs, au capital de trois mille francs, due à M. Duret, et qui a été déduite de l'estimation de la maison formant l'article huit de la masse, entrée dans le premier lot échu à M. Paul Marchand, ci	Mémoire.
8° Et sept cent quarante francs dus, par suite de calcul fait entre les copartageants, pour intérêt et arrérages des créances et dettes passives, jusqu'au jour du décès de M. Marchand, ci	740 »
Montant des dettes à acquitter, vingt-quatre mille sept cents francs, ci	24,700 »
Dont le quart à la charge de chacun des copartageants est de six mille cent soixante-quinze francs, ci.	6,175 »

Chacun des copartageants acquittera le quart à sa charge dans chaque dette, au fur et à mesure que la réclamation lui en sera faite; et il en servira dans la même proportion les intérêts et arrérages à partir du jour du décès de M. Marchand; ceux antérieurs ayant été ci-dessus portés comme passif à acquitter.

---

(1) Toullier, IV, 517; Grenier et Bayle-Mouillard, *Don.*, I, 311; Chabot et Belost-Jolimont, *873*, 29; Vazeille, *874*, 6; Nicias-Gaillard, *Revue crit.*, 1852, p. 344; Demolombe, XVII, 38; Cass., 13 août 1851; Toulouse, 19 juin 1852; contra Duranton VI, 92; Demante, III, 208; Duvergier sur Toullier, IV, 522; Berriat Saint-Prix, *Revue crit.*, 1852, p. 157; Marcadé, *1002*, 2, et *Revue crit.*, 1852, p. 197.
(2) Chabot et Belost-Jolimont, *875*, 3; Toullier, IV, 533; Zach., Massé et Vergé, § 406, note 7; contra Marcadé, *875*, 3; Demolombe, XVII, 81; Dict. Not., *Succession*, n° 65.
(3) Et contre l'héritier irrégulier et le légataire ou donataire ou à titre universel: Demolombe, XVII, 60; Voir aussi Demante, III, 218 *bis*; Marcadé, *art.* 877; contra Mourlon, II, p. 199; Mazerat sur Chabot, *877*, 1, note 1.
(4) Jurispr. Not., *art.* 8854.

2076. Les créanciers de la succession peuvent demander la séparation du patrimoine du défunt d'avec le patrimoine de l'héritier (*C. N.*, *877 à 880*), *infra, au titre des priviléges et hypothèques*. Quant aux créanciers des héritiers, ils ne sont point admis à demander la séparation des patrimoines contre les créanciers de la succession. (*C. N.*, *881*.)

2077. Lorsque quelques-uns ou la totalité des immeubles d'une succession sont grevés de rentes par hypothèque spéciale, ou générale (1), chacun des cohéritiers, ou tout autre successeur à titre universel (2), peut exiger que les rentes soient remboursées et les immeubles rendus libres avant qu'il soit procédé à la formation des lots. Si la rente ne grève qu'un immeuble, et que les cohéritiers partagent la succession dans l'état où elle se trouve, l'immeuble grevé doit être estimé au même taux que les autres immeubles ; mais il est fait déduction du capital de la rente sur sa valeur ; l'héritier dans le lot duquel tombe cet immeuble demeure seul chargé du service de la rente, sans préjudice aux droits des créanciers, et il doit en garantir ses cohéritiers (*C. N.*, *872*). Lorsque la rente est due à l'un des héritiers, cet héritier ne peut en exiger le remboursement ; car, si elle tombe dans son lot, il en est libéré par confusion ; si elle tombe dans le lot d'un cohéritier, il a contre lui l'action en payement ; mais ses cohéritiers peuvent exiger qu'elle soit remboursée (3).

2078. Les dispositions de l'art. 872 s'appliquent aux rentes perpétuelles seulement, et non aux rentes viagères, ni aux dettes hypothécaires, même avec un terme très-éloigné (4).

SECTION V. — DE LA GARANTIE DES LOTS ET DES EFFETS DU PARTAGE.

§ 1er. — GARANTIE.

2079. Les copartageants, que le partage soit amiable ou judiciaire (5), demeurent respectivement garants les uns envers les autres, des troubles et évictions seulement qui procèdent d'une cause antérieure au partage. La garantie n'a pas lieu si l'espèce d'éviction soufferte a été exceptée par une clause particulière et expresse (6) de l'acte de partage ; elle cesse si c'est par sa faute que le cohéritier souffre l'éviction. (*C. N.*, *884*.) On ne peut pas convenir que les copartageants ne se devront aucune garantie pour quelque

---

Si M. Jean MARCHAND est contraint d'acquitter la totalité de la dette portée sous le numéro trois en vertu de la convention, et si Mme DUBOIS, comme tenue hypothécairement pour le tout, est contrainte d'acquitter la totalité de la dette comprise sous le numéro cinq, ils auront, comme de droit, un recours contre leurs cohéritiers, chacun pour sa part et portion.

De même, si l'un des héritiers est contraint d'acquitter la totalité de la dette indivisible portée sous le numéro quatre, il aura un pareil recours contre ses cohéritiers.

La rente perpétuelle faisant l'objet du numéro six sera remboursée par les copartageants, chacun pour un quart, dans le délai de trois mois de ce jour.

Quant à la rente perpétuelle dont il est question sous le numéro sept, elle a été déduite de l'immeuble article huit de la masse entré dans le lot échu à M. Paul MARCHAND ; par suite, ce dernier qui s'y oblige, en sera seul tenu, ainsi que des arrérages à partir du jour du décès de M. MARCHAND père ; et il garantit à ses cohéritiers qu'ils ne seront aucunement inquiétés ni recherchés pour raison de la part dont ils sont tenus personnellement dans cette rente envers le créancier.

CHAP. VI. — **Conditions du partage.**

Garantie. (Nos 2079 à 2086.)

Les copartageants seront garants les uns envers les autres de tous troubles et évictions, conformément à la loi.

---

(1) Belost-Jolimont sur Chabot, *872*, obs. 1 ; Duvergier sur Toullier, IV, 560, note *a*; Demante, III, 207 *bis*, Demolombe, XVII, 90 ; Marcadé, *872*, 2; Massé et Vergé, § 405, note 17 ; Nîmes, 16 avril 1830 : CONTRA Vazeille *872*, 8.

(2) Duranton, VII, 442.

(3) Duranton, VII, 443 ; Vazeille, *872*, 8 ; Massé et Vergé, § 405, note 18 ; Roll., *Succession*, no 367 ; voir aussi Demolombe, XVII, 95 ; CONTRA Caen, 20 avril 1812.

(4) Duranton, VII, 437 ; Chabot, *872*, 5 ; Marcadé, *872*, 3 ; Zach., Massé et Vergé, § 405, note 18 ; Demante, III, 207 *bis* ; Demolombe, XVII, 95 ; CONTRA Toullier, IV, 560.

(5) Chabot, *884*, 9 ; Toullier, IV, 564 ; Duranton, VII, 523 ; Roll. *Partage*, no 333 ; Demolombe, XVII, 329.

(6) Si l'exception a eu pour effet de causer à l'héritier une lésion de plus du quart, il peut, pour cette cause, demander la rescision du partage.

éviction que ce soit ; une telle convention deviendrait bientôt de style, et porterait atteinte à l'égalité qui doit régner dans les partages (1).

2080. Chacun des cohéritiers est personnellement obligé en proportion de sa part héréditaire (l'héritier bénéficiaire seulement jusqu'à épuisement de sa part dans les biens de la succession) (2), d'indemniser (3) son cohéritier de la perte que lui a causée l'éviction (C. N., 883), d'après la valeur de l'objet au jour de l'éviction et non au jour du partage; car ce qu'il perd, en effet, c'est la valeur de l'objet au jour où il en est privé (4).

2081. Le cohéritier évincé a un privilège pour raison de cette indemnité sur les immeubles échus à ses cohéritiers, *infra n°s 2114, 2115*; si l'un des cohéritiers se trouve insolvable, la portion dont il est tenu doit être également répartie entre le garanti et tous les cohéritiers solvables. (C. N., 885.)

2082. Lorsqu'un cohéritier est évincé de la totalité de son lot, le partage est anéanti quant à lui, et il a le choix ou de se faire indemniser par ses cohéritiers, ou de demander le partage des biens compris dans les lots de ses cohéritiers (5) ; sans toutefois que ce nouveau partage puisse nuire aux droits que ses cohéritiers ont pu conférer à des tiers sur les biens compris dans leurs lots.

2083. La garantie de la solvabilité du débiteur d'une rente ne peut être exercée que dans les cinq ans qui suivent le partage (C. N., 886) ; mais les créances demeurent sous l'empire du droit commun, en ce sens que l'action en garantie pour l'insolvabilité antérieure au partage ne se prescrit que par trente ans (6), *infra n° 2086*, du jour où l'insolvabilité du débiteur s'est révélée au cohéritier, et non-seulement du jour du partage (7). — Il n'y a pas lieu à garantie à raison de l'insolvabilité du débiteur, quand elle n'est survenue que depuis le partage. (*Même article.*)

2084. Si la contenance réelle d'un immeuble entré dans le lot d'un des copartageants est moindre que celle exprimée, il y a lieu à garantie et par suite à une indemnité en faveur de celui qui en souffre (8); mais on peut convenir par le partage qu'il n'y aura pas lieu à garantie pour défaut de contenance, ni pour le mauvais état des bâtiments; dans ce cas, le copartageant qui souffre ces espèces d'éviction ne peut réclamer qu'autant qu'il éprouve une lésion de plus du quart, *infra n° 2099*.

De plus, MM. Paul et Edgar Marchand garantissent à M. Jean Marchand et à Mme Dubois la solvabilité actuelle de M. Delorme, débiteur de la créance de douze mille quatre cents francs entrée dans leurs lots ; mais cette garantie ne pourra s'exercer que jusqu'à l'échéance des six mois qui suivront l'exigibilité de cette créance; de sorte que si, à cette époque, M. Jean Marchand et Mme Dubois n'ont point fait les diligences nécessaires pour arriver au remboursement, leur action en garantie ne sera plus recevable.

Il n'est aucunement dérogé aux dispositions des art. 884 et suivants du Code Napoléon pour raison des autres valeurs partagées.

Etat des bâtiments. — Contenance des immeubles. (N° 2084.)

Les copartageants prendront les immeubles entrés dans leurs lots dans l'état où ils se trouvent avec leurs dépendances, et sans garantie tant du bon état des bâtiments que de la contenance indiquée au terrain; ils ne pourront donc exercer aucune réclamation à ce sujet les uns envers les autres, quelque différence qu'il y ait entre les contenances réelles et celles qui sont indiquées.

---

(1) Chabot, 884, 5; Toullier, IV, 565; Duranton, VII, 534; Roll., *Partage*, n° 352; Marcadé, 884, 2; Massé et Vergé, § 392, note 16; Demolombe, XVII, 317.

(2) Demante, III, 228 bis; Demolombe, XVII, 367.

(3) En argent et non en biens héréditaires. — Dutruc, n° 567; Demolombe, XVII, 360; Trib. Saint-Marcellin, 19 janvier 1859; contra Vazeille, 885, 1 et 2.

(4) Chabot et Belost-Jolimont, 884, 10; Toullier, IV, 564; Duranton, VII, 546; Dalloz, *Succession*, n° 2169; Taulier, III, p. 388; Dutruc, n° 508; Roll., *Partage*, n° 347; Zach., § 622; Demante, III, 228 bis; Demangeat, *Rev. prat.*, 1857, II, p. 272; contra Massé et Vergé, § 392; note 13; Trib. Saint-Marcellin, 19 janv. 1859.

(5) Vazeille, 885, 1; Roll., *Partage*, n° 346; Mourlon, II, p. 209; contra Demante, III, 231 bis; Dutruc, n° 567; Demolombe, XVII, 359.

(6) Duranton, VII, 541; Duvergier sur Toullier, IV, 568; Taulier, III, p. 390; Demante, III, 230 bis; Massé et Vergé, § 392, note 11; Demolombe, XVII, 381; Roll., *Partage*, n° 353; contra Poujol, 886, 3.

(7) Marcadé, 886, 2; Demante, III, 230 bis; Demolombe XVII, 388, contra Toullier, IV, 568.

(8) Roll., *Partage*, n° 349; Demolombe, XVII, 333, 342; Demante, III, 226 bis; Massé et Vergé, § 392, note 7; Cass., 8 nov. 1826; Bordeaux, 16 mars 1829.

2085. La stipulation que les copartageants supporteront les servitudes pouvant grever les immeubles entrés dans leurs lots a seulement pour effet d'excepter de la garantie les servitudes qui étaient connues à l'époque du partage; s'ils viennent à être troublés par l'existence de servitudes inconnues, la clause n'empêche pas l'action en garantie, *supra* n° *2079.*

2086. L'action en garantie du partage, amiable ou judiciaire (1), se porte devant le tribunal du lieu de l'ouverture de la succession (*C. N., 822*). Elle se prescrit par trente ans du jour du trouble ou de l'éviction, *supra* n° *2080.*

§ 2. — EFFETS DU PARTAGE.

2087. Tout partage, de succession, de communauté, de société, de biens acquis en commun (2), etc., qu'il soit de la totalité des biens ou d'une partie (3), est seulement *déclaratif* de propriété; de sorte que chaque copartageant est censé avoir succédé seul et immédiatement à tous les effets compris dans son lot, et n'avoir jamais eu la propriété des autres effets de la succession (*C. N., 883*), ou de la communauté, de la société, etc.; chacun d'eux est donc propriétaire des biens à lui échus : en cas de partage de succession, comme s'il les avait recueillis seul au jour du décès; en cas de partage de société, de communauté, comme s'il en était devenu seul propriétaire au jour où ils sont entrés eu société ou en communauté ; en cas d'acquisition en commun, de même que s'il les avait seul acquis, etc... Il s'ensuit que les droits et les hypothèques conférés par ses copropriétaires sur les biens entrés dans son lot, s'éteignent de plein droit par l'effet du partage (4); mais si les droits et les hypothèques ont été conférés par celui à qui les biens sont échus, ou par le mari pendant la communauté et par le gérant autorisé pendant la société (5), ils continuent de produire leur effet.

2088. La fiction de l'art. 883 s'applique aussi bien aux créances qu'aux immeubles ; il est vrai qu'elles se divisent entre les héritiers dès l'instant de l'ouverture de la succession; mais si le partage ne conserve pas cette division aliquote, chaque copartageant est censé avoir succédé seul et immédiatement

---

Servitudes. (N° 2085.)

Les copartageants supporteront les servitudes passives, apparentes ou occultes, continues ou discontinues, pouvant grever les immeubles entrés dans leurs lots, sauf à s'en défendre et à profiter de celles actives, s'il en existe, le tout à leurs risques et périls.

Jouissance. — Subrogation. — (N°ˢ 2087 à 2989.)

Les copartageants, conformément aux dispositions de l'art. 883 du Code Napoléon, se trouvent propriétaires des objets compris dans leurs lots respectifs, à partir rétroactivement de l'instant du décès de M. Marchand.

Et ils en auront la jouissance, savoir : des immeubles non loués, par eux-mêmes à compter d'aujourd'hui, et des immeubles affermés ainsi que des valeurs mobilières, par la perception à leur profit des fermages et des fruits, intérêts et arrérages, le tout à partir du jour du décès de M. Marchand.

Par suite, chacun des copartageants se trouve bénéficiaire de tous les droits résolutoires, privilégiés et hypothécaires garantissant les créances et valeurs entrées dans son lot ; et, en tant que besoin, les copartageants subrogent : 1° M. Paul Marchand dans tous les droits d'hypothèque et dans l'effet de l'inscription contre M. Duhamel à raison de la rente perpétuelle formant l'article deux de la masse qui lui est échue ; 2° et M™ᵉ Dubois et M. Jean Marchand, chacun pour moitié, dans tous les droits d'hypothèque et dans l'effet de l'inscription contre M. Delorme à raison de la créance, article six de la masse, à eux échue dans cette proportion.

---

(1) Marcadé, *art. 822;* Bloche, *Partage,* n° 96; contra Duranton VII, 136.
(2) Grenier, *Hyp.,* II, 399; Duranton, VII, 522; Marcadé, *883,* 2, Demante, III, 225 *bis;* Demolombe, XVII, 266; Zach., Massé et Vergé, § 279, note 27; Dict. not., *Partage,* n° 60 ; Roll., *Licitation,* n° 98; Grenoble, 28 août 1847 et 12 mars 1849; Lyon, 14 fév. 1853; Cass., 28 avril 1840, 29 mars 1854.

(3) Demolombe, XVII, 276. V. Cass., 28 fév. 1866 ; J. N., 18483.
(4) Duranton, VII, 522; Grenier. *Hyp.,* n° 399; Marcadé, *883,* 2; Demolombe, XVII, 304 ; Lyon, 14 février 1853 ; Toulouse, 2 avril 1855; Cass., 25 janv. 1899, 6 nov. 1827, 28 avril 1840.
(5) Troplong, *Contrat de mariage,* n° 1672; *Société,* n° 1055.

aux créances entrées dans son lot, et n'avoir jamais eu de droits sur les autres créances; en sorte que, si l'un des cohéritiers a transmis des droits sur une créance qui ne lui est pas échue par le partage, ou si sa part dans cette créance a fait l'objet d'une saisie-arrêt, la transmission et la saisie sont sans effet (1).

2089. Aucune subrogation n'a donc besoin d'être exprimée au profit de l'héritier abandonnataire d'une créance; mais si la créance est hypothécaire, il peut être utile de l'énoncer pour éviter toute difficulté si l'héritier voulait faire mentionner la subrogation en marge de l'inscription.

§ 3. — CONDITIONS ACCESSOIRES DU PARTAGE.

2090. Les portraits de famille, les armes et armoiries, les croix de chevalerie, médailles d'honneur ou autres signes de distinction du gouvernement ou de sociétés autorisées, obtenues par le père ou ses ancêtres, les livres annotés de la main du père ou des ancêtres, lorsqu'ils ne constituent point une propriété littéraire, sont remis, à titre de dépôt ou de garde, à celui des héritiers dont les parties conviennent ou qui est désigné par le juge, si les parties ne peuvent s'entendre, pour les représenter à la famille à toute réquisition; l'aîné de la famille, qui sera le plus ordinairement choisi, ne peut cependant exiger qu'ils lui soient remis à l'exclusion des autres; l'on ne peut non plus en désigner le dépositaire par la voie d'un tirage au sort (2). Si la succession est divisée en deux branches, chaque branche prend les portraits de sa famille. Le portrait du conjoint prédécédé est laissé à l'autre conjoint pendant sa vie; après son décès, il est remis à la famille du prédécédé, qui en confie le dépôt à l'un de ses membres, ainsi qu'il vient d'être dit. Il n'y a donc jamais lieu au partage des portraits, armes, armoiries (3), etc. Jugé cependant que les portraits de famille constituent une valeur successorale susceptible d'être licitée entre les cohéritiers sans admission d'étrangers; sauf à donner à ceux des cohéritiers non adjudicataires un délai suffisant pour en faire prendre copie à leurs frais (4).

2091. Quant aux portraits des héritiers, ils doivent être remis à ceux dont ils représentent les traits.

M. Jean MARCHAND reconnaît qu'il a été mis de suite en possession des quatre mille neuf cent quatre francs de numéraire composant l'article cinq de la masse, entrés dans le troisième lot qui lui est échu.

Enfin chacun des copartageants a touché de suite la somme qui lui est échue dans le produit de la vente mobilière compris sous l'article premier de la masse.

Impôts.

Les copartageants acquitteront séparément les impôts de toute nature des immeubles entrés dans leurs lots, à partir du jour du décès de M. MARCHAND.

Portraits de famille. (N°s 2090 et 2091.)

Parmi les objets de la succession figurent des portraits de famille, savoir : le portrait du père de M. MARCHAND, *de cujus*, ceux de M. et Mme MARCHAND père et mère des copartageants, et le portrait de chacun de ceux-ci.

Le portrait de M. MARCHAND, aïeul, et ceux de M. et Mme MARCHAND, père et mère, ont été remis, du consentement des parties, à M. Jean MARCHAND qui les accepte, à la charge de les représenter à ses cohéritiers à toute réquisition; et si ceux-ci, ou l'un ou plusieurs d'entre eux, en désirent des copies, les frais des copies seront supportés pour moitié par chacun de ceux qui en feront la demande, et pour le surplus, par tiers entre les trois autres cohéritiers.

Chacun des quatre cohéritiers se reconnaît en possession du portrait qui le représente.

---

(1) Massé et Vergé, § 387, note 2, et § 392, note 6; Roger, *Saisie-arrêt*, n° 451; Rodière et Pont, *Contr. de mar.*, 4, 337; Marcadé, 883, 5; Roll., *Partage*, n°s 8 et 326; Demolombe, XVII, 295, Douai, 27 mars 1852; Cass., 24 janv. 1837, 20 déc. 1848, 10 déc. 1851; J. N. 18585; CONTRA Duranton, VII, 163 et 519; Mourlon, II, p. 230; Bourges, 8 août 1828; Paris, 19 janv. 1831 et 20 janv. 1845; Grenoble, 8 juin 1847; Cass., 9 nov. 1847; Limoges, 19 juin 1863; Cass., 23 fev. 1863 4 déc. 1806; Jur. N., 12738, 13208; J. N., 18761.

(2) Demolombe, XV, 701; CONTRA Caen, 12 mai 1830; Paris, 24 nov. 1846.

(3 Demolombe, XV, 700, 701; Roll., *Partage*, n° 281, 285; Trib Rambouillet, 21 juin 1861; J. N. 17220; CONTRA Dutruc, n° 456.

(4) Lyon, 20 déc. 1861; J. N. 17332.

2092. Les copartageants peuvent ne point comprendre dans le partage tous les biens de la succession, ce qui n'empêche pas ce partage partiel d'être définitif au regard des biens qui y sont compris (1). On peut laisser en commun les biens qui ne peuvent pas être commodément partagés et que les copartageants n'ont pas voulu comprendre dans un des lots; sauf ensuite à les vendre ou liciter. On laisse aussi en commun les rentes, créances, valeurs, etc., d'un recouvrement douteux.

2093. Ordinairement un seul des copropriétaires est chargé de gérer et administrer les biens laissés en commun; on lui donne par le partage les pouvoirs nécessaires à cet effet (2).

2094. Après le partage, remise est faite à chacun des copartageants des titres particuliers aux objets qui lui sont échus. (*C. N*, *842.*)

2095. Les titres d'une propriété divisée restent à celui qui a la plus grande part, à la charge d'en aider ceux de ses copartageants qui y ont intérêt, à toute réquisition. (*Même article.*)

2096. Les titres communs à toute l'hérédité sont remis à celui que tous les héritiers ont choisi pour

---

Objets laissés en commun; — *Pouvoirs pour les administrer.* (N°s 2092 et 2093.)

Les copartageants laissent en commun entre eux, comme dépendant de la succession de M. MARCHAND :

1° Une maison située à. . . . ., rue. . . . ., n° . . . . ; dont ils disposeront ultérieurement ainsi qu'ils le jugeront convenable ;

2° Une rente perpétuelle de. . . ., au capital de. . . . ., due par M. . . demeurant à. . ., dont le recouvrement est incertain ;

3° Et les créances diverses de la succession, pour fournitures faites par M. MARCHAND alors qu'il était négociant, et dont le recouvrement est désespéré.

MM. Jean et Paul MARCHAND et M. et Mme DUBOIS donnent à M. Edgar MARCHAND, qui accepte, les pouvoirs de gérer et administrer les biens laissés en commun; en conséquence : louer la maison pour le temps, et aux prix, charges et conditions que bon lui semblera; résilier tous baux, avec ou sans indemnité; signifier et accepter tous congés; faire toutes réparations; recevoir tous loyers; toucher les arrérages de la rente; recevoir même le capital, s'il est offert ou devient exigible; toucher les créances en capitaux, intérêts et autres accessoires; faire toutes remises; exercer toutes poursuites; traiter, transiger, composer; donner mainlevée avec désistement de tous privilèges et hypothèques, et consentir la radiation de toutes inscriptions, saisies, oppositions et autres empêchements, le tout avant comme après payement; substituer; donner tous pouvoirs; élire domicile; passer et signer tous actes; et généralement faire tout ce qui sera utile et nécessaire.

Titres. (N°s 2094 à 2097.)

Les copartageants ont fait la division entre eux des titres de propriété des biens partagés, conformément aux dispositions de l'art. 842 du Code Napoléon ;

En conséquence remise a été faite :

A M. Paul MARCHAND : 1° Des titres de la rente perpétuelle composant l'article deux de la masse ;

2° Et des titres de propriété des immeubles articles. . . . . de la masse (*si les titres sont communs*), à la charge de les communiquer à M. . . . . , à toute demande sans frais, mais sous récépissé.

A Mme DUBOIS : 1°. . . . . etc. . . . .

---

(1) Duvergier sur Toullier, IV, 412; Dutruc, n° 47; Demolombe, XV, 615; Bordeaux, 16 août 1827; Paris, 4 fév. 1837 et 3 juill. 1848; Cass., 3 déc. 1851.

(2) Massé, *Parfait notaire*, liv. 10, chap. 23; Dict. not., *Partage*, n° 279.

en être le dépositaire, à la charge d'en aider ses copartageants à toute requisition; s'il y a difficulté sur ce choix, il est réglé par le juge. (C. N., 842.)

2097. Celui des copartageants qui est porteur de titres communs doit en aider ses copartageants à toute réquisition; à défaut par lui de les représenter, il peut y être contraint en justice, et condamné à fournir une nouvelle expédition des actes et contrats (1).

2098. Les frais du partage forment une dette commune entre les copartageants qui doit être supportée entre eux, chacun à proportion de sa part dans les biens mis en partage. Les frais applicables aux soultes sont à la charge de ceux qui les font.

SECTION VI. — DE LA RESCISION EN MATIÈRE DE PARTAGE.

2099. Les partages, amiables et judiciaires (2), qu'ils soient totaux ou partiels (3), qu'ils aient fait cesser l'indivision d'une manière absolue entre tous les cohéritiers ou seulement à l'égard de l'un ou de

---

A M. Jean MARCHAND : 1°. . . . . etc. . . . .
Et à M. Edgar MARCHAND : 1°. . . :, etc. . . . .

En outre Mme DUBOIS et MM. Jean et Edgar MARCHAND se reconnaissent en possession des actions au porteur du chemin de fer du Nord dont ils ont fait le prélèvement ainsi qu'on le voit sous le paragraphe premier du chapitre trois; et M. Edgar MARCHAND se reconnaît en possession des trois actions de surplus entrées dans le quatrième lot qui lui est échu.

Enfin les titres et pièces de famille et ceux relatifs aux biens restés en commun, ont été remis, du consentement des parties, à M. Edgar MARCHAND, à la charge de les communiquer à chacun de ses cohéritiers à toute demande, sans frais, mais sous récépissé.

Réquisition de délivrance de certificat de propriété. (N° 686.)

Me DORLAN, l'un des notaires soussignés, est requis de délivrer à Mme DUBOIS et à MM. Jean et Edgar MARCHAND, le certificat de propriété nécessaire pour faire immatriculer en leurs noms, dans la proportion de leurs droits, le titre de dix-huit cents francs de rente, trois pour cent, dont ils ont opéré le prélèvement *(voir chap. 3°, § 1er).*

Frais. (N° 2098.)

Les frais et droits des présentes, d'une expédition (*ou d'un extrait*) pour chaque copartageant, et du certificat de propriété dont il vient d'être question, seront supportés par les copartageants, chacun pour un quart.

Election de domicile. (N° 883 ET FORM. 176.)

Dont acte.
Fait et passé, etc.

FORMULE 324. — Ratification d'un partage susceptible de rescision pour cause de dol. (N°s 2099 à 2107.)

PAR DEVANT Me DORLAN et l'un de ses collègues, notaires à . . . . ., soussignés,
A COMPARU Mlle Louise LEBAS, rentière, demeurant à . . . . . ;
Laquelle, pour arriver à la ratification faisant l'objet des présentes, a exposé ce qui suit :

---

(1) Chabot, 842, 3; Toullier, IV, 432; Duranton VII 171; Roll., *Partage*, n° 289; Demolombe, XV, 697.
(2) Chabot, 888, 3; Duranton, VII, 581; Roll., *Lésion*, n° 90; Zach., § 393, note 9; Demante, III, 231 *bis* ; Demolombe, XVII, 385, 425 ; Mourlon, II, p. 242.
(3) Demolombe, XVII, 427, 428.

plusieurs d'entre eux (1), peuvent être rescindés : 1° pour cause de dol ou de violence (*C. N.*, *887*), quand même il n'en serait résulté aucun préjudice envers celui contre qui la violence ou le dol a été pratiqué (2); 2° pour cause d'erreur, mais seulement lorsque l'erreur frappe sur les droits des copartageants dans les biens partagés (3); 3° lorsque l'un des cohéritiers établit, à son préjudice, une lésion de plus du quart, en estimant les objets suivant leur valeur à l'époque du partage (*C. N.*, *887*, *890*); encore que l'acte faisant cesser l'indivision soit qualifié de vente, échange, transaction (4), ou de toute autre manière ; cependant la transaction, faite après le partage ou l'acte qui en tient lieu et sur des difficultés réelles, quoiqu'il n'y ait pas encore de procès commencé, ne donne point lieu à l'action en rescision (*C. N.*, *888*). L'erreur dans l'évaluation des lots ne peut être une cause de rectification ni de rescision, si elle ne continue pas une lésion de plus du quart (5).

2100. L'action en rescision pour lésion n'est pas admise contre une vente de droits successifs faite sans fraude à l'un des cohéritiers, à ses risques et périls, par ses autres cohéritiers ou par l'un d'eux (*C. N.*, *889*). Il n'est pas nécessaire que l'acte mentionne expressément cette condition ; il suffit qu'il en résulte que, dans l'intention des parties, la cession a été faite aux risques et périls du cessionnaire (6); d'un autre côté, bien que l'acte mentionne formellement que la cession a eu lieu aux risques et périls du cessionnaire, la rescision serait néanmoins admissible si réellement, lors de la vente, il n'y avait pas de risque à courir (7).

2101. L'action en rescision du partage amiable ou judiciaire (8), pour cause de dol, violence, erreur, lésion, se porte devant le tribunal civil du lieu de l'ouverture de la succession. (*C. N.*, *822*.)

2102. Elle se prescrit par dix ans (*C. N.*, *1304*), qui courent : pour la violence, du jour où elle a cessé ; pour le dol, du jour où il a été découvert ; pour l'erreur, du jour où elle a été reconnue ; pour la lésion, du jour du partage (9). A l'égard des mineurs, la prescription ne court que du jour de leur majorité (10).

Aux termes d'un acte passé devant M° Dorlan, l'un des notaires soussignés, qui en a gardé minute, et son collègue, le . . . . . ; Mlle Lebas, comparante, et M. Léon Lebas, son frère, fabricant de peignes, demeurant à . . . . ., ont procédé au partage, en deux lots et par voie d'attribution, des biens dépendant de la succession de M. Pierre Lebas, leur père, en son vivant propriétaire, demeurant à . . . . ., où il est décédé le . . . . .

Le lot qui a été attribué à Mlle Lebas consiste en :

1° Une maison située à . . . . ., rue . . . . ., n° . . . . ;

2° Une rente perpétuelle de . . . . ., au capital de . . . . ., due par M. . . . .

3° Et une soulte de cinq mille francs que M. Lebas, son frère, s'est obligé de lui payer dans le délai de dix années du jour du partage, avec intérêt sur le pied de cinq pour cent par an, sans retenue, à partir du même jour.

Mlle Lebas était sur le point de demander la rescision de ce partage pour cause de

---

(1) Demolombe, XVII, 430; Demante, III, 232 bis; Duvergier sur Toullier, IV, 576; Toulouse, 6 déc. 1834, et 23 janv. 1841 ; Limoges, 3 déc. 1840, et 1er juill. 1841 ; Cass., 2 mars 1837, 10 mars 1844, 28 juin 1859 ; contra Dutruc, n°* 36 et 609 ; Montpellier, 6 mars 1831, et 9 juin 1853; Cass., 15 déc. 1832, et 27 avril 1841 ; J. N. 10098.

(2) Duranton, VII, 565; Zach., Massé et Vergé, § 373, note 2; Larombière, *1116*, 8; Demolombe, XVII, 410; contra Chabot, *887*. 2; Roll., *Partage*, n° 303; Toullier, III, p. 391; Dutruc, n° 598.

(3) Chabot et Belost-Jolimont, *887*, 4; Marcadé, *887*, 2; Toullier, VI, 65; Duranton, VII, 552; Roll., *Erreur*, n° 49; Zach., Massé et Vergé, § 395, note 5; Demolombe, XVII, 388, 392; Lyon, 6 août 1857 ; Cass., 12 mars 1845, 17 nov. 1858 ; Seine, 21 fév. 1860 ; J. N. 12539, 16163, 18158.

(4) Voir Cass., 26 fév. 1842 ; J. N. 11236.

(5) Paris, 21 mars 1839 ; J. N. 16601.

(6) Duvergier sur Toullier, IV, 579 ; Massé et Vergé, § 393, note 25; Dutruc, n° 616; Demante, III, 281 bis; Demolombe, XVII, 448; Cass.,

3 juin 1840, et 7 déc. 1847 ; Lyon, 3 déc. 1828 ; Nîmes, 2 janv. 1855 ; contra Chabot, *art. 889*; Troplong, *Vente*, n° 790 ; Bordeaux, 26 fév. 1851. V. Cass., 16 et 30 janv. 1856 ; J. N. 18459.

(7) Toullier, IV, 579 ; Dict. not., *Lésion*, n° 16; Massé et Vergé, § 393, note 25 ; Angers, 22 mai 1847 ; Lyon, 2 avril 1819, 5 déc. 1828, 29 janv. 1836 ; Pau, 2 août 1837 ; Limoges, 3 déc. 1840; Cass., 9 juill. 1839, 20 mars 1844 ; J. N. 11044, 11993.

(8) Marcadé, *art. 882* Mourlon, II, p. 158; Paris 4 juill. 1839 ; Cass., 21 fév. 1860 ; contra Duranton, VII, 136.

(9) Duranton, VII, 506; Demante, III, 238 bis; Zach., Massé et Vergé, § 393, note 27; Larombière, *1304*, 27; Demolombe, XVII, 477; Dict. not., *Lésion*, n° 130; Cass., 16 juill. 1856 ; J. N. 15838.

(10) Marcadé, *892*, 3; Zach., Massé et Vergé, § 393, note 27; Dutruc, n° 635; Larombière, *1304*, 26; Demolombe, XVII, 478; Cass., 30 mars 1830.

2103. Elle n'est plus recevable pour dol ou violence, de la part du cohéritier qui a aliéné volontairement (1), à titre gratuit (2) ou onéreux, tout ou partie de son lot, lorsque l'aliénation est postérieure à la découverte du dol ou à la cessation de la violence (C. N., 892); mais l'aliénation ne fait point obstacle à la rescision pour cause de lésion (3); cependant il appartient aux tribunaux de décider si l'héritier en aliénant a entendu confirmer le partage, auquel cas l'action en rescision pour lésion ne serait plus admissible (4).

2104. L'action en rescision pour dol et violence est donc susceptible d'être couverte par une ratification tacite, et à plus forte raison par une ratification expresse (5) [Form. 324]; et il en est de même de la rescision pour lésion (6). La ratification expresse n'est valable qu'autant qu'on y trouve : 1° la substance de l'acte sujet à rescision; 2° la mention du motif de l'action en rescision; 3° l'intention de réparer le vice sur lequel cette action est fondée. (C. N., 1338.)

2105. Le défendeur à la demande en rescision pour cause de lésion (7) ou ses créanciers, comme exerçant les droits de leur débiteur (8), et les tiers possesseurs, peuvent en arrêter le cours et empêcher un nouveau partage, même après que le jugement prononçant la rescision a acquis la force de chose jugée (9), en offrant et en fournissant au demandeur le supplément de sa portion héréditaire, soit en numéraire avec l'intérêt du jour de la demande en rescision (10), soit en nature avec les fruits à partir du même jour. (C. N., 891.)

2106. Lorsque le partage est rescindé pour une cause quelconque, les choses sont remises dans le même état que s'il n'y avait pas eu de partage; d'où il suit que les droits conférés à des tiers par aliénation, hypothèque, etc., se trouvent résolus par le fait de la rescision, et qu'il y a lieu à un nouveau partage, comme si les biens étaient toujours restés indivis (11).

2107. La simple omission d'un objet de la succession ne donne ouverture ni à l'action en rescision, ni à l'action en révision du partage (12), mais seulement à un supplément de partage. (C. N., 887.)

---

dol, par le motif qu'elle n'a accepté l'attribution des biens compris dans son lot qu'à la suite de manœuvres dirigées contre elle dans le but de la tromper sur la valeur réelle de ces biens.

Mais à la suite d'explication et de justifications qui lui ont été fournies par son frère, elle a résolu, pour éviter un procès, de renoncer à demander la rescision du partage.

En conséquence, Mlle Lebas déclare approuver, confirmer et ratifier purement et simplement le partage susrelaté, renonçant à l'attaquer par la suite pour quelque cause que ce soit.

Mlle Lebas consent que ces présentes soient mentionnées sur toutes pièces où besoin sera.

Dont acte.
Fait et passé, etc.

---

(1) Il n'en est pas de même si l'aliénation a été forcée, par suite d'expropriation pour cause d'utilité publique. — Demolombe, XVII, 488; Grenoble, 8 mai 1835.

(2) Massé et Vergé, § 393, note 4; Demolombe, XVII, 491.

(3) Toullier, IV, 583; Duranton, VII, 589; Belost-Jolimont, art. 892, obs. 1; Demante, III, 237 bis; Mourlon, II, p. 114; Dict. not., Lésion, n° 190; Roll., ibid, n° 145; Massé et Vergé, § 393, note 2; Marcadé, 892, 1; Bordeaux, 6 juill. 1826, 26 juill. 1838, 30 juill. 1849; Toulouse, 21 nov. 1832; Agen, 24 janv. 1836, 12 juin 1849; Nîmes, 15 janv. 1839; Cass., 24 janv. 1833, et 4 déc. 1830; J. N. 7970, 14259; contra Chabot, 892, 2; Poujol, 892, 1; Poitiers, 10 juin 1830; Grenoble, 17 juin 1831.

(4) Duvergier sur Toullier, IV, 583; Duranton, VII, 589; Larombière, 1338, 46; Demolombe, XVII, 497; Cass., 17 fév. 1830, 24 janv. 1833, 4 déc. 1850, 18 fév. 1851, 22 fév. 1854, 9 mai 1855, Paris, 21 juin 1831; Nîmes, 22 avril 1835; J. N. 14259, 15299, 17905.

(5) Demolombe, XVII, 479; Dict. not., Lésion, n° 214; Lyon, 6 août 1857; J. N. 16165.

(6) Duranton, VII, 587, et XVI, 436, 437; Toullier, IV, 505, 506; Troplong, Vente, n° 798; Larombière, 1338, 26, 34, 35; Demolombe, XVII, 481; Cass., 29 oct. 1814; contra Demante, III, 237 bis; Marcadé, art. 692; Mourlon, II, p. 217; Zach., Massé et Vergé, § 393, note 28.

(7) Et non pas pour cause de dol, violence, erreur. — Chabot, 891, 4; Toullier, IV, 752; Marcadé, art. 891; Zach., Massé et Vergé, § 393, note 21; Demante, III, 236 bis; Demolombe, XVII, 411; Cass., 10 nov. 1847, et 21 août 1848; contra Poujol, 891, 11; Taulier, III, p. 398.

(8) Toullier, IV, 574; Massé et Vergé, § 393, note 22; Roll. Lésion, n° 120; Demolombe, XVII, 461; Caen, 13 nov. 1840.

(9) Taulier, III, p. 398; Demante, III, 236 bis; Demolombe, XVII, 459; contra Duranton, VII, 583; Roll., Lésion, n° 132.

(10) Chabot, 891, 3; Toullier, IV, 572; Taulier, III, p. 399; Demante, III, 239 bis; Demolombe, XVII, 467; Dict. not., Lésion, n° 183.

(11) Chabot, 887, 4 et 5; Toullier, IV, 572; Taulier, III, p. 409; Dutruc, n° 637; Demolombe, XVII, 505; Marcadé, art. 892; Massé et Vergé, § 393, note 20; Dict. not., Partage, n° 691; Roll., ibid, n° 317.

(12) Douai, 7 juin 1848.

APPENDICE AU CHAPITRE SIXIÈME

§ 1. — OPPOSITION A PARTAGE.

2108. Les créanciers d'un copartageant, et tous ayants cause intéressés à surveiller les opérations du partage (1), pour éviter que le partage ou les rapports ne soient faits en fraude de leurs droits, peuvent (2), par exploit d'huissier signifié tant à leur débiteur (3) qu'à tous ses copropriétaires (4), s'opposer à ce qu'il y soit procédé hors leur présence; conséquemment ils ont le droit d'intervenir au partage, mais à leurs frais (5). (C. N., *865, 882*.)

2109. La saisie-arrêt et la saisie immobilière pratiquées avant le partage sur les créances et les immeubles de la succession par les créanciers de l'un des cohéritiers équivalent à l'opposition à partage si

---

FORMULE 325. — **Partage d'immeubles par attribution; — Soulte; — Présence d'un créancier opposant.** (Nos 2108 à 2117.)

Par-devant Me . . . . .
Ont comparu :
M. Honoré Lair, cultivateur demeurant à . . . . . ;
Et M. Eloi Blard, charron, et Mme Héloïse Lair, son épouse de lui autorisée, demeurant ensemble à . . . . .
M. Lair et Mme Blard, seuls héritiers chacun pour moitié de M. Pierre Lair, leur père, en son vivant, propriétaire, demeurant à . . . . ., où il est décédé le . . . . ., ainsi que le constate un acte de notoriété à défaut d'inventaire reçu par M^e . . . . .; etc. . . . .
En présence de M. Louis Richard, propriétaire, demeurant à . . . . ,
Créancier personnel de M. Honoré Lair, ayant fait défense à ce dernier ainsi qu'à M. et Mme Blard de procéder hors sa présence au partage de la succession de M. Pierre Lair, suivant exploit du ministère de M^e . . . . . huissier à . . . . , en date du . . . . .
Lesquels ont, par ces présentes, procédé au partage en deux lots, des biens immeubles dépendant de la succession de M. Pierre Lair, et du rapport à effectuer par Mme Blard.

Masse.

Art. 1er. Une maison située à . . . . ., rue . . . . ., etc.
Art. 2. Une pièce de terre labourable, située, etc . . . .
Art. 3. Un verger. . . . ., etc.
Art. 4. Une prairie. . . . ., etc. . . . .
Art. 5. Une pièce de terre plantée d'arbres fruitiers, située . . . . . etc. . . . .
Art. 6. La somme de douze cents francs, montant du trousseau donné à Mme Blard par M. Lair, son père, aux termes du contrat de mariage de M. et Mme Blard, passé devant M^e. . . . ., etc. . . . .

---

(1) Duranton, VII, 503; Chabot, *882*, 6; Zach., § 393, note 29; Demolombe, XVII, 226; Nimes, 8 déc. 1806, et 3 juill. 1848; Cass., 14 août 1840; Douai, 11 janv. 1854.

(2) L'opposition à partage faite par l'un des créanciers ne profite pas aux autres. — Massé et Vergé, § 393; note 31; Demolombe, XVII, 234, Bordeaux, 3 mai 1833; Cass., 6 juill. 1858.

(3) Bordeaux, 30 octobre 1840; J. N. 10055; voir cependant Paris, 19 juill. 1830; Cass., 6 juill. 1858, 19 fév. 1862; J. N. 16391.
(4) Chabot, *882*, 2; Duranton, VII, 536; Demolombe, XVII, 231; Dict. not., *Partage*, n° 563; Roll., *Oppos. à part.*, n° 5; Bordeaux, 30 oct. 1840; Cass., 24 janv. 1837, et 19 fév. 1858.
(5) Les frais des contestations soulevées par les créanciers sont aussi à leur charge. — Orléans, 28 mars 1843.

elles ont été dénoncées à tous les cohéritiers (1); il en est de même de l'opposition à la levée des scellés formée par le créancier de l'un des héritiers (2), mais non de la simple réquisition d'apposition de scellés (3).

2110. Lorsque les héritiers sont tous présents, majeurs et capables, l'opposition à partage de la part des créanciers de l'un d'eux ne fait point obstacle à ce que le partage ait lieu amiablement; il suffit que les créanciers y aient été appelés par exploit d'huissier ; et le partage ainsi fait est définitif, quand même les créanciers sommés ne se seraient point présentés (4).

2111. S'il est procédé au partage ou à la licitation (5) des biens indivis, ou si le débiteur cède ses droits successifs (6), sans avoir égard à l'opposition, les créanciers peuvent, si leur intérêt l'exige, demander la nullité de ce qui a été fait (*C. N.*, *882*); cependant si, sur la licitation, un étranger se rend acquéreur, les créanciers ne peuvent critiquer son acquisition, la défense de procéder au partage n'entraînant point celle de vendre (7).

Origine de propriété.

Attributions.

M. LAIR.

Pour remplir M. LAIR de sa moitié dans les biens compris en la masse, M. et Mme BLARD lui abandonnent à titre de partage :
1° Les immeubles portés sous les articles quatre et cinq de la masse;
2° La somme de douze cents francs dont Mme BLARD a effectué le rapport sous l'article six.
3° Et la somme de mille francs à toucher de Mme BLARD, à titre de soulte.

Mme BLARD.

Pour remplir Mme BLARD de sa moitié dans les mêmes biens, M. LAIR lui abandonne à titre de partage :
Les immeubles faisant l'objet des articles un, deux et trois de la masse;
A la charge de payer à titre de soulte, pour plus-value de son lot, à M. LAIR une somme de mille francs.

Acceptation.

Chacun des copartageants accepte les objets à lui attribués, Mme BLARD avec l'autorisation de son mari; et tous abandonnements nécessaires sont consentis.

Conditions.

1° Jouissance (*voir page* 106).
2° Impôts (*voir page* 107).
3° Non garantie de contenance (*voir page* 105).

---

(1) Demolombe, XVII, 233 et 234; Zach., Massé et Vergé, § 393, note 31, Toulouse, 11 juill. 1829 ; Bourges, 27 août 1832; Agen, 11 nov. 1854; Pau, 3 fév. 1855; Cass., 24 janv. 1837, 11 nov. 1841; J. N. 9533, 10383, Grenoble, 16 fév. 1851.
(2) Chabot, *882*, 2; Demolombe, XVII, 232; Cass., 9 juill. 1838 ; Paris, 10 juin 1858; J. N., 10129, 16340.
(3) Cass , 6 juill. 1838, J. N. 16391.
(4) Pigeau, *Proc.*, II, p. 434; Carré, *Proc.*, n° 3213; Massé et Vergé, § 390, note 7; Chauveau, *Form. proc.*, II, p. 614; Roll., *Oppos. à part.*, n° 44; Demolombe, XV, 604, XVII, 239; Dutruc, n° 238; Boutry, *Revue crit.*, 1856, IX, 1; Lyon, 20 déc. 1831; Bordeaux, 30 nov. 1840;

Poitiers, 18 juin 1851; Cass., 3 janv. 1843; CONTRA Toullier, IV, 410; Zach., § 390, note 3. Voir Metz, 19 déc. 1866; Jur. N. 18661.
(5) Proudhon, *Usuf.*, n° 2388; Chabot, *882*, 5; Roll., *Oppos. à part.*, n° 5; Demolombe, XVII, 249 ; Paris, 2 mars 1812; Cass., 10 mars 1825.
(6) Demolombe, XVII, 238 ; Aix, 19 janv. 1832 ; Metz, 20 fév. 1834, Paris, 19 janv. 1843, 18 fév. 1853, 10 juin 1858 ; Riom, 30 juill. 1858; Cass., 9 juill. 1838, 19 janv. 1841, 11 juin 1846; J. N., 10129, 10892; 10346; CONTRA Douai, 24 mai 1850.
(7) Chabot, *882*, 5; Demolombe, XVII. 249; Roll., *Oppos. à part.*, n° 7 ; Paris, 2 mars 1812 ; Cass., 10 mars 1825.

2112. Lorsque l'opposition n'est faite qu'après le partage consommé (1) résultant d'un acte ayant date certaine (2), elle est sans effet (*C. N.*, *882*); en serait-il encore de même s'il y avait eu collusion ou fraude entre le débiteur et ses cohéritiers? C'est une question vivement controversée (3). Pour nous, nous pensons qu'en pareil cas l'opposition serait recevable (*arg. C. N.*, *1167*).

2113. Si le partage a été simulé dans le but de frauder les créanciers d'un copartageant, il peut être attaqué par tout créancier même non opposant (4); le partage, même sérieux et réel, peut encore être attaqué s'il y a eu impossibilité de former opposition par suite de la précipitation avec laquelle les héritiers se sont concertés pour accomplir un partage frauduleux (5).

§ 2. — PRIVILÉGE DE COPARTAGEANT.

2114. Les copartageants ont un privilége sur les immeubles partagés, pour la garantie des partages faits entre eux et des soultes ou retours de lots (*C. N.*, *2103*, *3°*); mais ils n'ont point l'action résolutoire à défaut de payement de la soulte (6), à moins qu'elle n'ait été stipulée (7).

2115. Le privilége, même pour la simple garantie du partage (8), doit être inscrit : dans les soixante jours, pour la conservation du droit de préférence ; et dans les quarante-cinq jours pour la conservation du droit de suite (*C. N.*, *2109 et loi 23 mars 1855 art. 6*); il est donc prudent de ne pas laisser écouler le délai de quarante-cinq jours sans prendre l'inscription (9).

2116. Le délai de quarante-cinq ou soixante jours court : s'il s'agit d'un partage amiable, du jour de sa date, quand même il serait sous seings privés, et alors même qu'on se serait porté fort pour un mineur, s'il a ensuite ratifié, puisque la ratification rétroagit au jour du partage (10); s'il s'agit d'un partage sujet à homologation, aussi du jour du partage et non du jour de l'homologation ; s'il y a eu tirage au sort de lots, du jour du tirage (11).

4° Servitudes (*voir page* 106).
5° Garantie du partage (*voir page* 104).
6° M. et Mme BLARD s'obligent, solidairement entre eux, à payer à M. LAIR les deux mille deux cents francs dont Mme BLARD est débitrice envers lui pour rapport et soulte, ainsi qu'on le voit aux attributions ci-dessus, dans le délai de deux ans de ce jour, le tout avec intérêt sur le pied de cinq pour cent par an sans retenue, à partir du jour du décès de M. LAIR père, payable chaque année en un seul terme, le . . . . . ;

Ces payements en principal et intérêt auront lieu au domicile à cet effet élu à . . . . . , ou l'étude de Me DORLAN, l'un des notaires soussignés, et ne pourront être effectués qu'en espèces d'or ou d'argent et non autrement.

A la sûreté et garantie du payement du capital et de tous intérêts, frais et autres accessoires, les immeubles composant le lot échu à Mme BLARD demeurent affectés par privilége spécial au profit de M. LAIR; ce privilége sera inscrit au bureau des hypothèques de . . . . . , dans le délai de quarante-cinq jours (n°s 2114 à 2116).

Si l'on n'inscrit pas, le membre de phrase précédent est remplacé par l'énonciation suivante :

2117. On a jugé que le notaire rédacteur de l'acte de partage est tenu, sous sa responsabilité personnelle, même en dehors d'un mandat spécial, de prendre l'inscription du privilège de copartageant (1). Bien que cette décision soit contestable (2), il nous paraît prudent, si le créancier de la soulte ne veut pas inscrire, de constater qu'il a dispensé le notaire de prendre inscription.

§ 3. — PARTAGE PROVISIONNEL.

2118. Le partage provisionnel est celui qui a pour seul objet la jouissance des biens. [FORM. 326.]

2119. Ainsi le partage fait par le mari sans le concours de sa femme, de biens propres à la femme, mais dont il a la jouissance soit comme chef de la communauté, soit comme administrateur en cas de non-communauté ou de soumission au régime dotal, est un partage provisionnel (C. N., 818).

2120. De même le partage fait au nom d'un mineur, d'un interdit ou d'un autre incapable, sans l'accomplissement des formalités judiciaires prescrites par la loi, est un partage provisionnel (C. N. 840).

2121. Le partage peut être provisionnel seulement à l'égard de la femme, du mineur, de l'interdit ou autre incapable; ou l'être aussi à l'égard des majeurs.

2122. Si le partage a eu lieu entre majeurs et mineurs, sans formalités judiciaires; si le mari se porte fort pour sa femme avec promesse de ratification; si le représentant légal des incapables se porte fort pour eux aussi avec promesse de ratification, sans qu'il soit exprimé que le partage ne s'applique qu'à la jouissance, ou qu'il n'est que provisionnel, on doit considérer qu'il a porté sur la propriété même des biens; dès lors il est définitif en ce qui concerne les majeurs, en ce sens qu'ils ne peuvent le critiquer en dehors des cas de rescision prévus par la loi, ni demander un nouveau partage (3); quant à la femme et aux incapables, il ne produit que les effets d'un partage provisionnel, et ils peuvent toujours provoquer le partage définitif, même sans demander la nullité du partage provisionnel (4). Si la femme ou les

---

M⁰ DORLAN a averti M. LAIR de l'utilité de faire inscrire ce privilège au plus tard avant l'échéance de quarante-cinq jours; mais M. LAIR a dit qu'il n'avait pas, quant à présent, l'intention d'inscrire, et qu'il se réservait de prendre lui-même l'inscription, soit dans les quarante-cinq jours, soit plus tard, ainsi qu'il le jugera à propos (n° 2117).

7° Les copartageants déclarent qu'ils ont fait amiablement entre eux la division du mobilier de la succession de M. LAIR, qui était d'une valeur de huit cents francs, et qu'ils ont acquitté en commun les dettes qui s'élevaient à cinq cents francs.

8° Titres (voir page 108).

9° Les frais des présentes seront acquittés par moitié, à l'exception cependant des frais applicables à la soulte qui seront à la charge de Mme BLARD (n° 2098).

10° Pour l'exécution des présentes, etc. . . . . (voir formule 176)

Dont acte.

Fait et passé, etc.

FORMULE 326. — **Partage provisionnel.** (N°s 2118 à 2127.)

PAR-DEVANT M⁰. . . . .

ONT COMPARU :

M. Charles AUBÉ, propriétaire-cultivateur, demeurant à . . . . ;

Et M. Louis CARRÉ, propriétaire, demeurant à . . . . .

---

(1) Paris, 13 juin 1834; Cass., 14 fév. 1835; J. N. 15243, 15471.
(2) Pont, Priv., n° 902.
(3) Chabot, 840, 7; Marcadé, art. 466; Poujol, 840, 3; Taulier, III, p. 295; Demolombe, XV, 693; Roll., Part. prov., n° 23 ; Lyon, 4 avril 1816; 23 mai 1867; Agen. 12 nov. 1823; Bordeaux, 16 mai 1834; Montpellier, 16 août 1812; Orléans, 21 juillet 1858 ; Cass., 3 août 1813, 24 juill. 1845, 13 fév. 1860; J. N. 17055; CONTRA Duranton, VII, 119; Vazeille, 840, 6; Toulouse, 7 avril 1834; Cass., 24 juin 1839.
(4) Chabot, art. 840; Toullier, IV, 307; Duranton, VII, 178; Vazeille, 840, 3; Poujol, 840, 4; Marcadé, art. 466; Demolombe, XV, 693; Roll., Part. prov., n° 24; CONTRA Demante, III, 17 bis; Taulier, III, p. 225; Belost-Jolimont, 840, obs.

incapables devenus capables le ratifient, il devient aussi définitif à leur égard, et ils ne peuvent plus l'attaquer en dehors des cas de rescision. Il en est de même si trente ans s'écoulent : à l'égard de la femme, du jour de la dissolution du mariage, et à l'égard de l'incapable, du jour où il est devenu capable; le partage devient alors définitif par l'effet de la prescription.

2123. Mais s'il est énoncé dans l'acte que le partage n'a pour objet que la jouissance, il est seulement provisionnel à l'égard de tous ; il est donc permis à chacun, de provoquer ensuite un partage définitif sans qu'il soit besoin de demander la nullité du partage provisionnel.

2124. En ce cas, la possession étant purement précaire entre les mains des héritiers, le droit d'intenter l'action en partage ne se prescrit pas, même par le laps de trente années ; le partage provisionnel forme un obstacle perpétuel à la prescription, en tant du moins que le titre et la cause de la possession n'ont pas été intervertis (1).

2125. Chacun des copartageants perçoit à son profit les fruits des biens entrés dans son lot, pendant toute la durée du partage provisionnel, sans être tenu à aucune restitution (2).

2126. Bien que le partage ne soit déclaré applicable qu'à la jouissance, il sera toujours utile d'expliquer qu'il a le caractère provisionnel à l'égard de tous, et de stipuler la durée de ses effets.

Ce dernier agissant au nom et comme tuteur naturel et légal de Mlle Louise CARRÉ, sa fille mineure, issue de son mariage avec Mme Léonie AUBÉ, décédée.

Lesquels ont dit :

M. Pierre AUBÉ, en son vivant propriétaire, demeurant à. . . . ., est décédé en son domicile, le . . . . .

Il a laissé pour seuls héritiers, chacun pour moitié, M. AUBÉ, son fils, et Mlle CARRÉ, sa petite-fille, par représentation de Mme CARRÉ, sa mère, décédée fille de M. Pierre AUBÉ, ainsi que le constate l'intitulé de l'inventaire après le décès de ce dernier, dressé par M^e. . . . , qui en a gardé minute, et son collègue, notaires à . . . . ., le . . . .

Les biens dépendant de la succession de M. AUBÉ sont restés indivis.

Les parties voulant s'éviter les frais d'un partage en justice, et cependant jouir séparément de leurs droits, ont fait de la manière suivante le partage provisionnel des immeubles :

Masse des biens à partager.

Art. 1er. Une pièce de terre labourable, située commune de. . . . , lieu dit. . . . ., de la contenance d'un hectare, section A, n° 17, bornant. . . . ., etc.

Art. 2. Une autre de pareille nature, située même commune, lieu dit . . . . ., de la contenance de trois hectares, section B, n° 66, bornant. . . . ., etc.

Composition des lots ; — tirage au sort.

Les parties ont formé deux lots :

Premier lot. Il est composé de :

1° La pièce de terre, article premier de la masse ;

2° Le tiers de la pièce de terre, article deux, à prendre du côté attenant à. . . .

Second lot. Il est composé de :

Les deux tiers formant le complément de la pièce de terre article deux, à prendre du côté attenant à. . . . .

Les parties ont tiré les lots au sort ; il en est résulté qu'ils sont échus :

Le premier à la mineure CARRÉ ;

Et le deuxième à M. AUBÉ.

---

(1) Chabot, 815, 4; Duranton, VII, 49, 76; Demolombe, XV, 517, 542; Roll., *Partage*, n° 49; Cass., 15 fév. 1813, 31 juin 1838, 5 juin 1839; — CONTRA Dict. not., *Partage*, n° 77; Cass., 2 août 1841; J. N. 11092. (2) Demolombe, XV, 588, 690. V. Poitiers, 27 janv. 1864; J. N. 18013.

2127. Le partage simplement provisionnel étant plutôt dans l'intérêt de l'incapable que des majeurs, il sera toujours conforme à cet intérêt de lier ces derniers en leur faisant consentir la suspension temporaire du partage définitif, *supra* n° 1971.

§ 4. — PARTAGE JUDICIAIRE.

2128. Nous avons vu *supra* n°s 1976 à 1983, quand le partage doit être judiciaire et par qui la demande en partage peut être formée.

I. — *Formes du partage judiciaire.*

2129. La demande en partage devant les tribunaux se forme de la manière suivante :

2130. Celui qui intente l'action en partage (*C. pr.*, 966) appelle ses cohéritiers devant le juge de paix du lieu du domicile du défunt, pour se concilier, s'il y a lieu, sur la demande en partage (*C. pr.*, 50, 3°); mais il n'en est ainsi que si toutes les parties sont majeures, *infra* n° 2140, ou si la demande n'est formée que contre deux héritiers, toute instance contre plus de deux parties étant dispensée du préliminaire de conciliation.

MM. AUBÉ et CARRÉ, ce dernier au nom de sa fille, acceptent les lots qui viennent de leur échoir.

Conditions.

1° Les copartageants ne pourront exercer de réclamations l'un envers l'autre, pour raison de la différence en plus ou en moins. . . . ., etc. . . .
2° Ils prendront la jouissance séparée des immeubles qui viennent de leur échoir, à partir du. . . .
3° Ils en acquitteront séparément les impôts, à compter du. . . . .
4° Ils supporteront les servitudes passives, et profiteront de celles actives, s'il en existe, à leurs risques et périls.

Effet provisoire du partage. (N°s 2126 et 2127.)

Il est bien entendu que le présent partage, ne s'appliquant qu'à la jouissance, est seulement provisionnel aussi bien à l'égard de M. AUBÉ qu'à l'égard de la mineure CARRÉ; en conséquence il ne fera point obstacle à ce que chacun d'eux demande un partage définitif de la succession de M. AUBÉ. Cependant M. AUBÉ s'interdit formellement de demander le partage avant quatre années à compter d'aujourd'hui; à l'expiration duquel temps Mlle CARRÉ sera devenue majeure.

Les frais des présentes seront acquittés par moitié.
Election de domicile. . . . .
    Dont acte.
    Fait et passé, etc. . . . .

II. — PARTAGES JUDICIAIRES.

FORMULE 327. — **Procès-verbal d'ouverture des opérations lorsqu'il y a eu sommation.** (N°s 2128 à 2142.)

L'an mil huit cent soixante. . . ., le . . . ., à midi,
A. . . . ., rue. . . . ., en l'étude de Me DORLAN, notaire.
PAR-DEVANT ledit Me DORLAN, notaire à. . . . ., soussigné, commis à l'effet des présentes.

A COMPARU M. Jean DELORD, mécanicien, demeurant à. . . . .,

2131. Après le préliminaire de conciliation, le poursuivant assigne ses cohéritiers devant le tribunal civil du lieu de l'ouverture de la succession, s'il s'agit du partage d'une hérédité (1) (*C. N.*, 882; *Pr.* 59); s'il s'agit de la division de quelques biens indivis comme ayant été laissés en commun par le partage, ou comme ayant été acquis en commun, l'action en partage est *mixte* et peut être portée soit devant le tribunal du lieu du domicile des défendeurs, soit devant le tribunal du lieu de la situation des biens (2).

2132. Sur cette assignation une instance s'engage, et le tribunal ordonne la liquidation et le partage de la succession devant un notaire qu'il commet (*C. pr. 969, 970*); ou, avant de faire droit, ordonne l'expertise des immeubles. A cet effet les héritiers doivent faire immédiatement le choix d'experts ; à défaut par eux de s'entendre, le tribunal nomme d'office un ou trois experts (*C. N. 824*; *Pr. 304, 971*).

2133. Les experts ont pour mission de visiter les biens, afin de savoir s'ils sont ou non partageables eu égard aux droits des parties ; en cas d'affirmative, le déclarer, indiquer la valeur des biens, leur mode de division ; dans le cas contraire, indiquer le mode le plus avantageux pour la vente, composer les lots, fixer les mises à prix (*C. pr., 502*).

Assisté de M⁰. . . . . , son avoué.

Lequel a exposé ce qui suit :

M. Pierre DELORD, en son vivant propriétaire, est décédé à. . . . , en son domicile; le. . . . . , laissant pour héritiers chacun pour un tiers ses trois enfants : 1° M. Jean DELORD, comparant ; 2° M. Paul DELORD, médecin, demeurant à . . . . . ; 3° et Mme Louise DELORD, épouse de M. Charles DUMONT, propriétaire, avec lequel elle demeure à . . . . .

Sur la demande en partage introduite par le comparant contre ses cohéritiers, il est intervenu le. . . . . , un jugement du tribunal civil de. . . . . ordonnant qu'aux requête, poursuite et diligence de M. Jean DELORD, en présence des défendeurs ou eux dûment appelés, il serait, par le ministère de M. DORLAN, l'un des notaires soussignés, procédé aux opérations de compte, liquidation et partage de la succession de M. Pierre DELORD.

Suivant exploit du ministère de. . . . . , huissier à, en date du. . . . . , M. DELORD. . . . . , comparant, a signifié ce jugement à M. Paul DELORD et à M. et Mme DUMONT, avec sommation de se trouver ce jourd'hui, heure présente, au lieu où il est procédé, pour assister au procès-verbal d'ouverture des opérations, remettre au notaire commis les titres et pièces, et lui fournir les documents qui peuvent être nécessaires pour ces opérations; leur ayant déclaré qu'il y serait procédé en leur absence comme en leur présence.

Le comparant a requis M⁰ DORLAN de lui donner acte de sa comparution ; de prononcer défaut contre les parties sommées, s'ils ne comparaissent pas, ni personne pour eux, et de procéder tant en leur absence qu'en leur présence aux opérations du partage.

L'original de l'exploit est demeuré ci-joint après que dessus mention de l'annexe a été apposée.

Après lecture, M. Jean DELORD a signé avec M⁰. . . . . , son avoué.

(Signatures.)

A cet instant se sont présentés : M. Paul DELORD et M. et Mme DUMONT, susnommés, qualifiés et domiciliés ; Mme DUMONT, autorisée de son mari.

Assistés de M⁰. . . . . , leur avoué.

Lesquels ont dit comparaître pour satisfaire à la sommation, et requérir eux-mêmes M⁰ DORLAN de procéder aux opérations de compte, liquidation et partage de la succession de M. Pierre DELORD, en exécution du jugement qui l'a commis ; offrant de

---

(1) Sans que les copartageants puissent, en aucun cas, être distraits de cette juridiction; ainsi, sur une contestation entre héritiers, la Cour impériale doit renvoyer les parties devant le tribunal de première instance pour qu'il y soit procédé au partage. — Bioche, *Appel*, n° 670 ; Bordeaux, 6 fév. 1829, 2 juin 1831, 3 août 1841 ; Limoges, 20 mai 1833 ; Besançon, 24 juill. 1844 ; Cass., 12 juin 1800, 17 nov. 1840, 20 déc. 1841, 18 janv. 1853 ; CONTRA Cass., 28 mars 1849. Mais si une séparation de corps ou de biens est prononcée par une cour d'appel par suite de l'infirmation d'un jugement de première instance, la cour peut ordonner devant elle le partage de la communauté ou la liquidation des reprises. — Cass., 25 nov. 1840 et 8 fév. 1853.

(2) Voir Demolombe, XV, 633.

PARTAGE JUDICIAIRE — PROC.-VERB. D'OUVERTURE — FORMULE 328

2134. Sur une sommation à eux faite (*C. pr.*, *307*), les experts prêtent serment devant le président du tribunal, ce que constate un procès-verbal dressé au greffe contenant fixation du jour de l'expertise (*C. pr.*, *315*).

2135. L'expertise a lieu en présence des parties ou elles dûment appelées (*C. pr.*, *315*) ; le rapport d'experts mentionne leur présence ou leur absence, et présente sommairement les bases de l'estimation, sans entrer dans le détail descriptif des biens à partager ou à liciter (*C. pr.*, *971*) ; mais il doit indiquer si l'objet estimé peut être commodément partagé ; de quelle manière ; et fixer enfin, en cas de division, chacune des parts qu'on peut en former, et leur valeur (*C. N.*, *824*).

2136. La minute du rapport est déposée au greffe du tribunal qui a ordonné l'expertise, sans nouveau serment de la part des experts (*C. pr.*, *319*) ; le poursuivant demande ensuite l'entérinement du rapport par un simple acte de conclusions d'avoué à avoué (*C. pr.*, *971*).

2137. Si des immeubles ne peuvent être partagés commodément (1), il y a lieu à une licitation, qui

---

remettre au notaire liquidateur tous les titres et toutes les pièces qu'ils peuvent avoir aux mains, et de lui fournir tous les documents en leur pouvoir concernant la succession.

Après lecture, ils ont signé avec leur avoué.

(Signatures.)

Mᵉ Dorlan, déférant aux réquisitions qui précèdent, déclare ouvertes les opérations de compte, liquidation et partage de la succession de M. Pierre Delord.

Il procédera à ces opérations à l'aide des titres, pièces et documents qui lui seront fournis, pour ensuite son travail être soumis aux parties.

De tout ce que dessus il a été dressé le présent procès-verbal qui a été fait et rédigé dans le lieu susindiqué ; les jour, mois et an susdits.

Après lecture, M. Delord, M. et Mᵐᵉ Dumont, et leurs avoués ont signé avec les notaires.

(Signatures.)

Si les parties sommées (ou l'une d'elles) ne se présentent pas, le procès-verbal est ainsi modifié depuis l'endroit ou leur intervention est constatée :

Attendu qu'il est trois heures de relevée, et que M. Paul Delord, ni M. et Mᵐᵉ Dumont n'ont point comparu et ne se sont pas fait représenter, Mᵉ Dorlan a prononcé défaut contre eux, a donné acte à M. Jean Delord de ses dire et réquisition ; et a déclaré ouvertes, à la requête de M. Jean Delord, les opérations de compte, liquidation et partage de la succession de M. Pierre Delord.

Il procédera à ces opérations. . . . ., etc. (*Le surplus comme dessus.*)

FORMULE 328. — Même procès-verbal lorsqu'il n'y a pas eu de sommation.
(Nᵒˢ 2128 à 2142.)

L'an mil huit cent soixante. . . . ., le. . . . . ., à midi.

A. . . . ., rue. . . . :, en l'étude de Mᵉ Dorlan, notaire.

Par-devant ledit Mᵉ Dorlan, notaire à. . . . ., soussigné, commis à l'effet des présentes.

Ont comparu :

1° M. Jean Delord, mécanicien, demeurant à. . . . ., assisté de Mᵉ, ..., son avoué;

2° M. Paul Delord, médecin, demeurant à. . . . .

---

(1) Voir Riom, 2 fév. 1843; Paris, 8 mars 1867; J. N. 11879, 18970.

peut être amiable si tous les intéressés sont majeurs et capables et qui doit être judiciaire, s'il y a des mineurs ou autres incapables (*C. N.*, *827, 839*).

2138. Le jugement qui entérine le rapport d'experts, commet en même temps un notaire pour procéder au partage, et un juge pour surveiller les opérations (*C. N.*, *823; Pr.*, *969*). Si le jugement omet de désigner le notaire, il peut y être suppléé par le président du tribunal, sur simple requête (1). En supposant que deux notaires puissent être commis pour procéder au partage, il faut qu'ils aient une même résidence (2).

2139. Les parties, si elles sont majeures et capables, peuvent à l'unanimité faire le choix du notaire (3); si elles ne sont pas d'accord, ou si parmi elles il y a des incapables, c'est aux juges seuls, *supra n° 2138*, qu'il appartient de faire le choix du notaire (4). En cas d'appel, la Cour impériale peut commettre un autre notaire (5). (*C. N.*, *828*).

2140. Les formalités indiquées *supra n°s 2130 à 2132*, ne sont applicables que si les intéressés sont tous présents, majeurs et capables ; s'il y a des mineurs, des interdits, des aliénés, des absents, des grevés de substitution, ou autres incapables, les formes à suivre reçoivent quelque modification, ainsi : il n'y a pas lieu au préliminaire de conciliation (6) (*C. pr.*, *49*); l'exploit d'assignation est communiqué au ministère public (7) ; le ministère public est entendu sur l'instance en partage, et sur toutes les contestations qui peuvent survenir ; les experts sont nommés d'office (8).

2141. Après le jugement ordonnant le partage, le poursuivant, par exploit signifié à personne ou domicile et non par acte d'avoué (9), appelle les défendeurs devant le notaire commis, afin de donner au notaire tous les renseignements relatifs à la succession, et lui fournir les documents nécessaires pour faire son travail (*C. pr.*, *976*), ce que le notaire constate par son procès-verbal d'ouverture des opérations

---

3° Et M. Charles DUMONT, propriétaire, et Mme Louise DELORD, son épouse, de lui autorisée, demeurant ensemble à . . . . .

Assistés de M^e . . . . ., leur avoué.

MM. DELORD et Mme DUMONT, seuls héritiers, chacun pour un tiers, de M. Pierre DELORD, leur père, en son vivant propriétaire, demeurant à . . . . ., où il est décédé le . . . . ., ainsi que le constate l'intitulé de l'inventaire après son décès, dressé par M^e . . . . .

Lesquels, en exécution d'un jugement rendu par le tribunal civil de première instance de . . . . ., le . . . . ., ordonnant qu'aux requête, poursuite et diligence de M. Jean DELORD, contre ses cohéritiers ou eux dûment appelés, il sera procédé par le ministère de Me DORLAN, notaire soussigné, aux opérations de compte, liquidation et partage de la succession de M. Pierre DELORD.

Ont requis Me DORLAN de procéder aux opérations dont il s'agit, en exécution du jugement qui l'a commis ; offrant de lui remettre tous les titres et toutes les pièces et de lui fournir tous les documents en leur pouvoir, concernant la succession.

Me DORLAN, déférant à cette réquisition, déclare ouvertes les opérations. . . . ., etc.
(*Le surplus comme en la formule* 327.)

FORMULE 329. — État liquidatif. (N°s 2145 à 2146.)

ETAT des opérations de compte, liquidation et partage de la succession de M. Pierre DELORD, en son vivant propriétaire, demeurant à . . . . ., où il est décédé le . . . .

---

(1) Trib. Seine, 4 mai 1861 ; J. N. 17133.
(2) Douai, 8 janv. 1853 ; J. N. 14951.
(3) Vazeille, *828*, 2 ; Roll., *Part. judic.*, n° 41.
(4) Vazeille, *828*, 2 ; Roll., *Part. judic.*, n° 41 ; Riom, 13 juin 1846 ; Nancy, 3 mars 1853 ; Jur. N. 7609, 10080.
(5) Chauveau sur Carré, *Quest.* 2504 Caen, 29 août 1854 ; Jur. N. 10044. Voir Bordeaux, 13 juill. 1864 ; J. N, 18167.

(6) Pigeau II, p. 675 ; Bioche, *Partage*, n° 30 ; Roll., *Part. judic.*, n° 29.
(7) Pigeau, II, p. 680 ; Roll., *Part. judic.*, n° 32.
(8) Vazeille, *824*, 2 ; Belost-Jolimont sur Chabot, *824*, obs. 2 ; Massé et Vergé, § 391, note 4.
(9) Chauveau, *Formulaire*, II, p. 594, note 1.

[Form. 327 et 328]. On a contesté l'utilité de ce procès-verbal, mais c'est à tort, il oblige les parties à s'expliquer sur le jugement ordonnant le partage ; puis leur comparution à ce procès-verbal équivaut à acquiescement (1).

2142. L'avoué qui a occupé dans une instance en partage n'a pas capacité pour représenter son client devant le notaire, s'il ne justifie d'un mandat spécial, le ministère de ces officiers publics n'étant pas admis devant le notaire; si donc les parties, dans les opérations devant le notaire, sont assistées de leurs avoués, ce n'est qu'à titre de conseils; et si un avoué se présente au nom de son client absent, sans mandat spécial de celui-ci, sa comparution n'empêche pas de prononcer défaut contre son client (2).

II. — *Etat liquidatif.*

2143. Le notaire commis procède seul, sans l'assistance d'un second notaire ni de témoins aux opérations de compte, liquidation et partage (*C. pr.*, 977, *supra* n° 309).

2144. L'état liquidatif [Form. 329] énonce d'abord la commission du notaire, *supra* n° 2138, l'indication des noms des parties et de leurs qualités.

2145. Puis le notaire, sur les pièces, renseignements, notes, documents, etc., fournis par les parties, *supra* n° 2137, fait un exposé, sous le titre *d'observations préliminaires*, de tous les faits, actes, documents, etc., concernant la succession. Cet exposé, s'il est présenté avec clarté et méthode, tend à faire ressortir les résultats à constater plus tard dans les opérations, dont il est ainsi une utile préparation.

2146. L'exposé comprend, sous forme d'analyse, les énonciations qui suivent :

Dressé par M° Dorlan, notaire à. . . . ., soussigné, commis à cet effet suivant jugement rendu par le tribunal civil de. . . . ., le. . . . .

Ces opérations ont lieu entre :

1° M. Jean Delord, mécanicien, demeurant à. . . . .,

Demandeur, ayant pour avoué M°. . . . .

2° M. Paul Delord, médecin, demeurant au même lieu ;

3° Et M. Charles Dumont, propriétaire, et Mme Louise Delord, son épouse, de lui autorisée, demeurant ensemble à. . . . .,

Défendeurs, ayant pour avoué M°. . . . .

M. Delord et Mme Dumont, seuls héritiers, chacun pour un tiers, de M. Pierre Delord, leur père, ainsi que le constate l'intitulé de l'inventaire après son décès, relaté sous la deuxième observation.

Exposé préliminaire.

Pour l'intelligence des opérations, M° Dorlan fait l'exposé préliminaire qui suit :

PREMIÈRE OBSERVATION.

Donation à Mme Dumont sujette à rapport. (N° 2146, 1°.)

Par le contrat de mariage de M. et Mme Dumont, passé devant M°. . . . ., qui en a gardé minute, et l'un de ses collègues, notaires à. . . . ., le. . . . ., M. Pierre Delord a fait donation à Mme Dumont, sa fille, de :

---

(1) Roll, *Part. judic.*, n° 56; Dict. not., *Liquidation*, n° 10; Colmar, 19 janv. 1832; Lyon, 17 fév. 1833; J. N. 8049, 8152.

(2) Roll., *Part. judic.*, n° 103; Riom, 14 janv. 1812; Trib. Tours 14 janv. 1850; J. N. 11265, 13956.

1° Les actes, pièces, faits desquels il résulte des avantages sujets à rapport, *supra n°* *1992 à 2052*, et des libéralités à des étrangers ou par préciput à des successibles, afin de déterminer la portion disponible (*infra au titre des Donations et Testaments*).

2° Le décès de la personne dont on partage la succession ; les scellés s'il en a été apposé ; l'inventaire (*supra n°* *1889 à 1896*).

3° Le testament du défunt, l'envoi en possession, la délivrance des legs.

1° Un Trousseau estimé cinq mille francs, ci.	5,000 fr. »
2° Et dix mille francs en numéraire, ci.	10,000 »
Le tout stipulé payable le jour du mariage, dont la célébration en vaudrait quittance.	
Ensemble quinze mille francs rapportables à la succession, ci. . . .	15,000 »

Nota. Il n'a été fait à MM. Jean et Paul Delord aucun avantage sujet à rapport.

2° OBSERVATION.

Décès de M. Delord ; — Inventaire. (N° 2146, 2°.)

M. Pierre Delord est décédé en son domicile, à . . . . . , le . , . . .

L'inventaire après son décès a eu lieu à la requête de MM. Delord et de M. et Mme Dumont, par le ministère de Me Dorlan, notaire soussigné, qui en a gardé minute, et son collègue, à la date des . . . . . ;

La prisée des objets mobiliers a été faite par M^e. . . . . , commissaire-priseur à. . . . .

Le montant de cette prisée s'est élevé à sept mille francs, ce qui est indiqué seulement pour ordre, le mobilier ayant été vendu, ainsi qu'on le verra sous la troisième observation.

Les papiers ont été inventoriés sous quinze cotes ;

Il résulte de l'inventorié des papiers et des déclarations :

Premièrement, que l'actif de la succession se compose, outre les objets mobiliers, de :

1° Divers immeubles, qui seront désignés plus loin ;

2° Une somme de deux mille trois cents francs trouvée dans le cours de l'inventaire, et dont le dépôt a eu lieu aux mains de Me Dorlan, notaire soussigné, qui en est comptable.

3° Un titre de rente de quinze cents francs, trois pour cent sur l'Etat français, dont le dernier trimestre d'arrérages avait été reçu par M. Delord père.

4° Une créance au capital de vingt mille francs sur M. Thouin ; plus pour intérêt depuis le . . . . . , cinq cents francs.

5° Pour fermages des immeubles courus jusqu'au jour du décès, douze cents francs.

Deuxièmement, et qu'il est dû par la succession :

1° Une somme de trois mille francs à M. Legris ; plus pour intérêt jusqu'au jour du décès, douze francs.

2° A diverses personnes pour travail, fournitures, soins, inhumation, une somme de quatre mille cinq cents francs :

4° La vente du mobilier dépendant de la succession et le compte de l'officier public qui y a procédé (*supra n°s 1897, 1898 et 1901 à 1910.*)

5° La demande en partage ; le jugement qui a ordonné l'expertise ; les formalités de l'expertise ; le jugement qui a ordonné le partage, *supra n°s 2130 à 2141* ; la licitation des immeubles, s'il y a été procédé.

6° Le compte de celui des héritiers qui a été chargé de la gestion des biens depuis l'ouverture de la succession, en distinguant, lorsqu'il y a lieu, *infra n° 2149*, les recettes en fonds et en fruits, et les dépenses à la charge des fonds et des fruits.

7° Enfin tout ce qui peut concerner la succession et faciliter la marche des opérations.

3° OBSERVATION.

Vente du mobilier ; — compte du commissaire-priseur. (N° 2146, 4°.)

Les objets mobiliers dépendant de la succession de M° DELORD ont été vendus aux enchères, par le ministère de M° LOUVET, commissaire-priseur à. . . . ., ainsi que le constate le procès-verbal qu'il en a dressé les. . . . . ;

Le montant de cette vente, recouvré par M° LOUVET, s'est élevé à six mille deux cent vingt francs, ci. . . . . | 6,220 fr. »

On en déduit deux cent vingt francs pour frais de vente, ci. . . . . | 220 »

M° LOUVET reste comptable de six mille francs, ci. . . . . | 6,000 »

4° ET DERNIÈRE OBSERVATION.

Demande en partage ; — expertise ; — jugement ordonnant le partage. (N° 2146, 5°.)

Par exploit du ministère de. . . . ., huissier à. . . . ., en date du. . . . ., M. Jean DELORD a formé contre ses cohéritiers la demande en partage de la succession de M. DELORD.

Par jugement du tribunal civil de. . . . ., en date du. . . . ., le tribunal a donné acte de la demande en partage, et avant de faire droit a ordonné que par M. Louis DELORME, propriétaire, M. Jean DELAS, entrepreneur, et M. Julien LOT, marchand de bois, tous demeurant à. . . . ., experts nommés d'office, à défaut par les parties de s'être entendues sur le choix, les biens immeubles dépendant de la succession de M. DELORD seraient vus et visités, à l'effet de savoir s'ils sont ou non partageables, eu égard aux droits des parties ; indiquer la valeur des biens, et leur mode de division, s'ils sont partageables.

Les experts, après avoir prêté serment, ont vu et visité les immeubles et les ont estimés, ce que constate le rapport qu'ils ont dressé à la date du. . . . ., et déposé au greffe du tribunal civil de. . . . ., le. . . . .

Ce rapport constate qu'une usine à usage de filature de coton, située à. . . . ., n'est pas partageable commodément, et qu'il devra y avoir lieu à la licitation de cet immeuble.

Après les formalités d'expertise et à la date du. . . . ., il est intervenu un jugement du tribunal civil de. . . . ., aux termes duquel le tribunal a entériné le rapport d'experts susénoncé ; a ordonné qu'aux requête, poursuite et diligence de M. Jean DELORD, en présence de ses cohéritiers, ou eux dûment appelés, il serait procédé aux opérations de compte, liquidation et partage de la succession de M. DELORD ; a commis M° DORLAN, notaire soussigné, pour y procéder ; a ordonné l'emploi des dépens en frais privilégiés de partage.

2147. Après l'exposé, le notaire fait connaître le plan des opérations ; il fixe l'époque de la jouissance divise en indiquant si, dans les masses, les fonds seront distingués des fruits, comme il est d'une bonne pratique de le faire (*infra n° 2149*).

2148. Les *fonds* ou *capitaux* comprennent tout ce qui se trouvait composer la succession à l'époque du décès en principal et en intérêts, arrérages, loyers, fermages et autres fruits courus jusqu'au jour du décès. Les *fruits* sont les intérêts, arrérages, loyers, fermages et généralement tous les fruits civils, naturels et industriels, *supra n° 1428*, courus ou recueillis depuis le décès.

2149. Il y a nécessité de distinguer les fonds des fruits, toutes les fois qu'ils ont une destination différente, ce qui arrive principalement : 1° lorsqu'un ou plusieurs des copartageants sont mariés sous un régime qui attribue à la société conjugale ou au mari seul les fruits des biens des époux ; 2° lorsque le père ou la mère de l'un des copartageants a la jouissance légale de ses biens ; 3° lorsque la succession est grevée d'un usufruit.

2150. Comme le passif à la charge des fruits est une charge de la société conjugale, ou du mari ou de la jouissance légale, ou de l'usufruit, les mêmes causes commandent de distinguer le passif à la charge des fonds de celui à la charge des fruits.

Plan des opérations. (N°s 2147 à 2152.)

Les présentes opérations comprendront la liquidation mobilière de la succession de M. DELORD, et conséquemment l'établissement de la masse active mobilière et de la masse passive; la fixation des droits des parties; les abandonnements pour le fournissement de ces droits et pour l'acquit des dettes; enfin les conditions accessoires.

La jouissance divise est fixée au premier juin mil huit cent soixante. . . . .

En raison de la communauté réduite aux acquêts existant entre chaque héritier et son conjoint, l'on distinguera dans les masses les fonds des fruits et les charges des fonds de celles des fruits.

L'opération sera terminée par l'établissement de la masse immobilière partageable.

CHAP. Ier. — **Établissement des masses.** (N°s 2153 et 2154.)

§ 1. — MASSE ACTIVE.

ART. 1er. — SOMME DÉPOSÉE A Me DORLAN.

	FONDS.	FRUITS.
La somme de deux mille trois cents francs étant aux mains de Me DORLAN, notaire soussigné, comme faisant le montant du numéraire trouvé à l'inventaire mentionné sous la deuxième observation, ci.	2,300 »	
ART. 2. — RENTES SUR L'ÉTAT.		
Quinze cents francs de rente trois pour cent sur l'Etat français, en une inscription portée au nom de M. Pierre DELORD, sous le n° . . . . . de la. . . . . série, d'une valeur, d'après le cours de la bourse du. . . . ., étant de soixante-neuf francs, de trente-quatre mille cinq cents francs.		
A reporter. . . .	2,300 »	» »

2151. Il peut se faire que le passif à la charge des fruits soit supérieur à l'actif en fruits ; dans ce cas, afin de simplifier les opérations, l'on fait un emprunt à l'actif en fonds. Nous donnerons un exemple de cela dans la liquidation de communauté, *au titre du Contrat de mariage*.

2152. Il faut aussi distinguer les biens meubles et les biens immeubles dans divers cas : si, par exemple, il y a un donataire ou un légataire des biens meubles, ou si l'un des héritiers est marié sous le régime de la communauté légale, de sorte que sa part dans les biens meubles tombe en communauté, le notaire dresse deux masses distinctes ; puis, après avoir indiqué les dettes, il fixe la part contributive à la charge des biens meubles et celle à la charge des immeubles (*C. N.*, 1414).

2153. Si cette distinction n'est pas nécessaire, le notaire ne fait qu'une seule masse du tout ; il constate les rapports à faire à la masse et les prélèvements à opérer, *supra* nos 2033 à 2054 ; il fixe les droits des parties, la contribution aux dettes, *supra* nos 2066 à 2078 ; puis il énonce que les parties seront appelées devant lui pour prendre communication de l'état liquidatif, indiquer les biens qui feront l'objet des prélèvements et choisir l'un des copartageants ou un expert pour former les lots (*infra* n° 2157).

2154. Quand l'opération est divisée, comme dans notre Form. 329, ce qui est le cas le plus fréquent, le notaire établit la masse active mobilière, la masse passive, fait la balance, fixe les droits des parties et leur fait des abandonnements pour le fournissement de leurs droits et l'acquit du passif ; si ensuite le travail est approuvé par les parties, le partage ultérieur est restreint aux biens immeubles.

	FONDS.	FRUITS.
Report....	2,300 »	
Cette somme est à porter dans la colonne des fruits pour les arrérages courus depuis le premier avril dernier jusqu'au jour de la jouissance divise, soit deux cent cinquante francs, ci....		250 »
Et dans la colonne des fonds, pour les trente-quatre mille deux cent cinquante francs de surplus, ci................	34,250 »	
ART. 3. — ARRÉRAGES ÉCHUS DE CETTE RENTE.		
La somme de onze cent vingt-cinq francs, montant de trois trimestres de cette rente non touchés, échus les.....; laquelle somme est à porter dans la colonne des fonds pour ceux courus antérieurement au décès, soit cent vingt-un francs, ci................	121 »	
Et dans celle des fruits pour mille quatre francs, ci................		1,004 »
ART. 4. — CRÉANCE SUR M. LOUVET.		
La somme de six mille francs formant le reliquat du produit de vente mobilière, étant aux mains de Me Louvet, ainsi qu'il est établi sous la troisième observation, ci..........	6,000 »	
ART. 5. — CRÉANCE SUR M. THOUIN.		
La somme de quatorze mille francs due par M. Nicolas Thouin, cultivateur, demeurant à..., pour le montant de l'obligation, etc. (*Voir Formule* 259, 2°.) ci................	14,000 »	
A reporter....	56,671 »	1,254 »

	FONDS.	FRUITS.
Report.	56,671 »	1,254 »

Plus treize cent vingt-cinq francs pour intérêt couru du....., au jour de la jouissance divise; laquelle somme est à porter dans la colonne des fonds pour cinq cents francs, ci..... 500 »

Et dans celle des fruits pour huit cent vingt-cinq francs, ci................ 825 »

ART. 6. — FERMAGES.

La somme de dix-huit cents francs pour l'année de fermage représentative de la récolte de mil huit cent soixante....., payable les.....; laquelle somme est à porter dans la colonne des fonds pour douze cents francs, ci...... 1,200 »

Et dans celle des fruits pour six cents francs, ci............................ 600 »

Plus douze cents francs pour fermage couru du....., jour de la prise de possession annuelle, au jour de la jouissance divise, à prendre sur l'année de fermage représentative de la récolte de la présente année, qui sera payable les....., ci.................. 1,200 »

ART. 7. — RAPPORT PAR Mme DUMONT.

La somme de quinze mille francs dont Mme DUMONT fait le rapport à la masse, pour la cause exprimée sous la première observation, ci... 15,000 »

Plus douze cent trente-six francs pour l'intérêt de cette somme couru du jour du décès de M. DELORD à celui de la jouissance divise, ci... 1,236 »

Montant de la masse active mobilière :
En fonds, soixante-treize mille trois cent soixante-onze francs, ci............ 73,371 »
En fruits, cinq mille cent quinze francs, ci... 5,115 »
Réunion, soixante-dix-huit mille quatre cent quatre-vingt-six francs, ci............. 78,486 »

§ 2. — MASSE PASSIVE.

	CHARGES DES	
	FONDS.	FRUITS.

ART. 1er. — CRÉANCE DE M. LEGRIS.

La somme de trois mille francs due à M. Charles LEGRIS, rentier, demeurant à....., pour prêt qu'il a fait à M. Pierre DELORD, ci........ 3,000 »

Plus cent cinquante-six francs pour l'intérêt de cette somme couru du....., au jour de la jouissance divise, laquelle somme est à la charge des fonds pour douze francs, ci......... 12 »

A reporter... 3,012 » » »

PARTAGE JUDICIAIRE — ETAT LIQUIDATIF — FORMULE 329

	CHARGES DES	
	FONDS.	FRUITS.
Report.	3,012 »	» »
Et à celle des fruits pour cent quarante-quatre francs, ci.		144 »

ART. 2. — FRAIS D'INVENTAIRE.

Trois cents francs dus à M⁰ DORLAN, notaire soussigné, pour les frais de l'inventaire, ci.	300 »	

ART. 3. — DETTES DIVERSES.

Quatre mille cinq cents francs, dus à divers pour travail, fournitures, soins, inhumation ; savoir :
1° A M. MONNET, boulanger, cent francs, ci. . . . . . 100 »
2° A M. . . . ., etc. . . . .

Somme égale. . . 4,500 »	4,500 »	

ART. 4. — FRAIS DE PARTAGE.

Les frais de demande en partage, et ceux de partage, sont portés pour mémoire seulement, et comme tels devront être acquittés par tiers, ci.	Mémoire.	
Montant de la masse passive :		
A la charge des fonds, sept mille huit cent douze francs, ci.	7,812 »	
A la charge des fruits, cent quarante-quatre francs, ci.		144 »
Réunion, sept mille neuf cent cinquante-six francs, ci.	7,956 »	

§ 3. — BALANCE.

La masse active se monte :		
En fonds, à soixante-treize mille trois cent soixante-onze francs, ci.	73,371 »	
En fruits, à cinq mille cent quinze francs, ci.		5,115 »
La masse passive est :		
A la charge des fonds de sept mille huit cent douze francs, ci.	7,812 »	
A la charge des fruits, de cent quarante-quatre francs, ci.		144 »
Reliquat actif :		
En fonds, soixante-cinq mille cinq cent cinquante-neuf francs, ci.	65,559 »	
En fruits, quatre mille neuf cent soixante-onze francs, ci.		4,971 »
A reporter.	65,559 »	4,971 »

	CHARGE DES	
	FONDS.	FRUITS.
Reports. . . .	65,559 »	4,971 »
Dont le tiers pour chaque copartageant est :		
En fonds, de vingt-un mille huit cent cinquante-trois francs, ci.	21,853 »	
En fruits, de seize cent cinquante-sept francs, ci.		1,657 »
Réunion, vingt-trois mille cinq cent dix francs, ci.	23.510 »	

CHAP. II. — **Fixation des droits des parties.** (Nos 2153 et 2154.)

Les parties ont droit, savoir :

M. Jean DELORD, à vingt-trois mille cinq cent dix francs, ci.	23,510 fr.	»
M. Paul DELORD, à même somme, ci.	23,510	»
Mme DUMONT, à pareille somme, ci.	23,510	»
Les dettes à acquitter se montent à sept mille neuf cent cinquante-six francs, ci.	7,956	»
Somme égale à la masse active brute, soixante-dix-huit mille quatre cent quatre-vingt-six francs, ci.	78,486	»

CHAP. III. — **Attributions.** (Nos 2153 et 2154.)

M. JEAN DELORD.

Pour remplir M. Jean DELORD de la somme de vingt-trois mille cinq cent dix francs, montant de ses droits, il lui est attribué :

1° Cinq cent cinquante francs de rente trois pour cent, à prendre sur le titre de rente porté sous l'article deux, pour douze mille six cent cinquante francs, ci	12,650	»
2° Huit cent neuf francs à prendre sur les onze cent vingt-cinq francs d'arrérages, compris sous l'article trois, ci.	809	»
3° Huit mille francs sur les quatorze mille francs, capital de la créance sur M. THOUIN, portée sous l'article cinq, ci.	8,000	»
4° Mille cinquante-un francs à prendre sur les treize cent vingt-cinq francs d'intérêt, compris sous le même article, ci.	1,051	»
5° Et mille francs sur les trois mille francs d'arrérages faisant l'objet de l'article six, ci.	1,000	»
Somme égale à ses droits.	23,510	»

M. PAUL DELORD.

Pour remplir M. Paul DELORD de pareille somme, montant de ses droits, il lui est attribué :

1° Neuf cent cinquante francs de rente trois pour cent faisant le complément du titre de rente composant l'article deux, pour vingt-un mille huit cent cinquante francs, ci. . . . . 21,850 fr. »

2° . . . . , etc.

Mme DUMONT.

Pour remplir Mme Dumont aussi de pareille somme de vingt-trois mille cinq cent dix francs, montant de ses droits, il lui est attribué :

1° Seize mille deux cent trente-six francs, montant du rapport qu'elle a effectué sous l'article sept de la masse active, et dont elle fera confusion en elle-même, ci.	16,236	»
2° Six mille francs faisant le complément du capital de la créance sur M. Thouin, portée sous l'article cinq, ci.	6,000	»
3° . . . . . etc.		

Acquit des dettes.

Pour l'acquit des dettes s'élevant à sept mille neuf cent cinquante-six francs, il est affecté par les parties pareille somme, composée comme il suit :

1° Dix-neuf cent cinquante-six francs à prendre sur les deux mille trois cents francs étant aux mains de Me Dorlan, et compris sous l'article premier, ci.	1,956	»
2° Et les six mille francs dus par M. Louvet, pour le reliquat du compte de vente mobilière, portés sous l'article quatre, ci.	6,000	»
Somme égale.	7,956	»

Tous pouvoirs sont donnés à M. Jean Delord pour le recouvrement de ces deux sommes et le payement du passif.

Chap. IV. — Conditions.

1° Chacun des copartageants sera propriétaire des valeurs à lui attribuées, au moyen tant des présentes que de leur approbation par les parties ou de leur homologation par le tribunal, et il aura droit aux intérêts et arrérages dont ils sont productifs, à partir du premier juin. . . . . , jour fixé pour la jouissance divise.

En conséquence, chacun d'eux se trouvera bénéficiaire des droits de toute nature attachés aux créances entrées dans son lot, spécialement M. Jean Delord et Mme Dumont se trouveront subrogés dans les droits hypothécaires et dans l'effet de l'inscription garantissant la créance sur M. Thouin, qui leur a été attribuée (n° 2089).

2° Il y aura lieu entre les copartageants à la garantie de droit ; de sorte que si, lorsque ces présentes deviendront définitives par l'approbation des parties ou par l'homologation du tribunal, la rente sur l'Etat attribuée à MM. Jean et Paul Delord se trouve, par l'effet de l'augmentation ou de la baisse du cours de la Bourse, d'une valeur supérieure ou inférieure à celle fixée sous l'article deux de la masse, les parties se tiendront respectivement compte de l'excédant ou du déficit, sans que cette stipulation nuise au droit de MM. Jean et Paul Delord à la propriété de la totalité de la rente, chacun pour la portion qui lui a été attribuée.

3° Mme Dumont, à qui a été attribuée la somme dont elle a effectué le rapport, s'en trouvera libérée par l'effet de la confusion.

4° Lors de l'approbation par les parties ou de l'homologation par le tribunal, il sera fait remise à chacun des copartageants des titres et pièces concernant les sommes et valeurs qui lui ont été attribuées.

Les papiers de famille et les titres communs seront remis à M. Jean Delord, qui sera tenu de les communiquer à chacun de ses cohéritiers, à toute demande sans frais, sous récépissé.

2155. Dans ce cas, le notaire, avant de clore l'état liquidatif, établit la masse des immeubles à partager et énonce que les copartageants seront appelés devant lui pour convenir du choix de l'un d'eux ou d'un expert pour composer les lots.

2156. Sous *le titre du Contrat de mariage* nous donnerons plusieurs formules de liquidations, ce qui nous procurera l'occasion d'aborder beaucoup de questions qui n'ont pu trouver ici leur place.

2157. Lorsque tous les copropriétaires ou cohéritiers sont majeurs, jouissant de leurs droits civils, présents ou dûment représentés, ils peuvent s'abstenir des voies judiciaires, *supra* n° 1979; s'ils y ont eu recours, ils peuvent les abandonner en tout état de cause, et s'accorder pour procéder de telle manière que bon leur semble (*C. pr.*, 985). C'est ainsi que, lors du procès-verbal de lecture, ils peuvent approuver l'état liquidatif [Form. 330], et, à ce moyen, rendre le partage définitif (1). Si, au contraire, il s'élève des difficultés, le notaire en dresse procès-verbal et renvoie les parties devant le juge-commissaire (*C. N.*, 837 ; *Pr.*, 977).

CHAP. V. — **Masse immobilière partageable.** (N°ˢ 2154 à 2156.)

Voici la désignation des immeubles dépendant de la succession de M. DELORD que les experts ont reconnu être partageables, avec l'estimation des experts.

COMMUNE DE N....

Art. 1er. Une maison....., etc., estimée vingt-quatre mille francs, ci...	24,000 »
COMMUNE DE G....	
Art. 2. Un bois...., estimé quatre mille francs, ci........	4,000 »
Art. 3. Un verger...., estimé six mille francs, ci.........	6,000 »
Art. 4. Une pièce de terre...., estimée quinze mille francs, ci..	15,000 »
Art. 5. Une autre...., estimée quatorze mille francs, ci.....	14,000 »
Total, soixante-trois mille francs, ci....	63,000 »
Dont le tiers pour chacun des copartageants est de vingt-un mille francs, ci...	21,000 »

Il dépend en outre de la succession de M. DELORD, une usine à usage de filature de coton, située à....., que les experts ont déclaré être impartageable, et qui sera licitée.

Origine de propriété des immeubles.

Les immeubles susdésignés appartenaient à M. Pierre DELORD....., etc.

Renvoi pour l'approbation et la formation des lots. (N° 2155.)

Conformément aux prescriptions des articles 834 du Code Napoléon, et 978 du Code de Procédure, les copartageants seront appelés devant Mᵉ DORLAN, notaire soussigné, pour prendre communication du présent travail, l'approuver ou le contester; puis pour convenir du choix de l'un d'eux ou d'un expert pour faire les lots, faute de quoi ils seront renvoyés devant qui de droit.

Clôture.

Le présent état, fait et rédigé par Mᵉ DORLAN, a été signé par lui, en son étude, ce jourd'hui.....

---

(1) Dans ce cas le notaire doit être assisté d'un collègue ou de témoins. — Chauveau, *Formulaire*, p. 648.

2158. Quand il y a des mineurs, il y a toujours lieu de renvoyer les parties devant le juge-commissaire, même lorsqu'il n'y a pas de difficultés, puisque alors le partage doit être soumis à l'homologation du tribunal (1).

III. — *Composition des lots; — tirage au sort.*

2159. Les lots sont faits par l'un des cohéritiers s'ils sont tous majeurs, s'ils peuvent s'entendre entre eux à l'unanimité sur le choix, et si celui qu'ils choisissent accepte la commission, ou par un expert dont les cohéritiers conviennent aussi à l'unanimité. Lorsque les parties ne peuvent s'entendre, le notaire, sans qu'il soit besoin d'aucune autre procédure, les renvoie devant le juge-commissaire, et celui-ci nomme un expert (*C. N., 834; Pr., 978*).

FORMULE 330. — **Procès-verbal d'approbation (N° 2157); — désaccord sur le choix d'un expert.** (N°ˢ 2158 et 2159.)

L'an mil huit cent soixante....., le.....
A....., rue....., en l'étude de Mᵉ DORLAN.
PAR-DEVANT Mᵉ DORLAN et l'un de ses collègues, notaires à....., soussignés,
ONT COMPARU :
1° M. Jean DELORD, mécanicien, demeurant à.....;
2° M. Paul DELORD, médecin, demeurant à.....;
3° Et M. Charles DUMONT, propriétaire, et Mᵐᵉ Louise DELORD, son épouse, de lui autorisée, demeurant ensemble à.....
Assistés de Mᵉˢ....., leurs avoués.
Lesquels ont dit qu'ils se présentent, sur l'invitation amiable qui leur en a été faite, pour entendre la lecture et prendre communication de l'état des opérations de compte, liquidation et partage de la succession de M. Pierre DELORD, père de MM. DELORD et de Mᵐᵉ DUMONT, dressé à la date de ce jour par Mᵉ DORLAN, notaire soussigné, commis à cet effet suivant jugement rendu par le tribunal civil de....., le.....
Et à l'instant Mᵉ DORLAN, notaire soussigné, a donné lecture de l'état liquidatif dont il s'agit.
Les parties, après en avoir pris une nouvelle connaissance par elles et leurs conseils, ont déclaré l'approuver dans tout son contenu et vouloir qu'il reçoive sa pleine et entière exécution.
A ce moyen la liquidation mobilière de la succession de M. DELORD est devenue définitive.
L'état liquidatif, non encore enregistré, mais devant l'être avant ou avec ces présentes, est écrit sur six feuilles de papier au timbre de un franc cinquante centimes, et contient l'approbation de..... renvois et de..... mots rayés comme nuls; il est demeuré ci-joint après avoir été des parties signé *ne varietur* et que dessus mention de l'annexe a été apposée.

Désaccord sur le choix de l'un des copartageants ou d'un expert, pour former les lots. (N°ˢ 2158 et 2159.)

Les copartageants n'ont pu s'entendre sur le choix de l'un d'eux ni d'un expert pour composer les lots;
En conséquence Mᵉ DORLAN les renvoie devant qui de droit, à fin de nomination d'un expert.
De tout ce que dessus il a été dressé le présent procès-verbal....., etc.

---

(1) V. ir cependant trib. Metz, 26 janv. 1830 et août 1855; J. N., 9979, 12528.

2160. Si parmi les cohéritiers il se trouve des mineurs ou autres incapables, l'expert ne peut plus être choisi (1) ; il doit être désigné d'office par le juge-commissaire (C. N., *854*; Pr:, *978*).

2161. Lorsque l'expert est désigné par le juge-commissaire, sa nomination a lieu sur requête lorsqu'il y a des mineurs ou autres incapables, et sur la production du procès-verbal du notaire constatant que les parties n'ont pu s'entendre si tous les intéressés sont majeurs et capables (C. N., *837*; Pr., *977*).

2162. Le cohéritier choisi par les parties, ou l'expert nommé pour la formation des lots, en établit la

---

FORMULE 331. — **Rapport d'expert contenant la composition des lots.**
(N°ˢ 2160, 2161.)

L'an mil huit cent soixante. . . ., le. . . . .,
A. . . . ., rue. . . . . ., en l'étude de M° DORLAN, notaire.
PAR-DEVANT ledit M° DORLAN . . . .
A COMPARU :
M. Louis DELORME, propriétaire, demeurant à. . . . .,
Expert nommé d'office par M. le juge-commissaire à la demande en partage de la succession de M. DELORD, suivant ordonnance en date du. . . . ., à l'effet de former trois lots, entre : 1° M. Jean. . . ., 2° M. Paul. . . . ., 3° et Mme Louise. . . . ., des biens immeubles provenant de la succession de M. Pierre DELORD, leur père, désignés en un état liquidatif dressé par M° DORLAN, notaire soussigné, le. . . . ., et annexé à la minute d'un procès-verbal d'approbation dressé le même jour et auquel ces présentes font suite.
Lequel a composé de la manière suivante trois lots des immeubles en question :

L'état liquidatif énonce que ces immeubles ont été estimés à soixante-trois mille francs, ci.	63,000 »
Le tiers est de vingt-un mille francs, ci.	21,000 »

Composition des lots.

PREMIER LOT.

Il est composé de :

La maison désignée sous l'article premier de la masse pour vingt-quatre mille francs, ci.	24,000 »
Les droits de chacun des copartageants étant de vingt-un mille francs, ci.	21,000 »
Ce lot a en trop trois mille francs qui seront payés à titre de soulte par celui des copartageants à qui il écherra, ci.	3,000 »

SECOND LOT.

Il est composé de :

1° Le bois désigné sous l'article deux de la masse, pour quatre mille francs, ci.	4,000 »
2° La pièce de terre formant l'article quatre, pour quinze mille francs, ci.	15,000 »
3° Et deux mille francs à toucher à titre de soulte de celui des copartageants à qui écherra le premier lot, ci.	2 000 »
Somme égale au tiers.	21,000 »

---

(1) Chabot, *854*, 2; Demante, III, 165 *bis*; Demolombe, XV, 668.

composition, *supra nos 2052 et suiv.*, par un rapport qui est reçu et rédigé par le notaire [FORM. 331], à la suite des opérations précédentes (*C. pr.*, 979).

2163. Avant de procéder au tirage des lots, chaque copartageant est admis à proposer ses réclamations contre leur formation (*C. N.*, 835); s'il s'élève des contestations, le notaire dresse procès-verbal des difficultés et des dires respectifs des parties [FORM. 332] et les renvoie devant le juge-commissaire nommé pour le partage (*C. N.*, 837). Le procès-verbal du notaire est par lui remis au greffe du tribunal et y est retenu (*C. pr.*, 977).

TROISIÈME LOT.

Il est composé de :

1° Le verger, article trois de la masse, pour six mille francs, ci. .	6,000 »
2° La pièce de terre, article cinq, pour quatorze mille francs, ci. .	14,000 »
3° Et mille francs à toucher à titre de soulte de celui des copartageants à qui écherra le premier lot, ci.	1,000 »
Somme égale au tiers.	21,000 »

Si des immeubles ont été divisés, il y a lieu d'insérer les clauses de division et de distance des arbres. (Voir *supra, pages 99 et 100.*)

De tout ce que dessus il a été dressé le présent. . . ., etc.

FORMULE 332. — **Procès-verbal de difficultés sur la composition des lots**
(N° 2163.)

L'AN. . . . .
A. . . . .
PAR-DEVANT. . . . .
A COMPARU :

M. Jean DELORD, mécanicien, demeurant à. . . . ., assisté de Me. . . . ., son avoué.
Lequel a dit :

Suivant exploit du ministère de. . . . ., huissier à. . . . ., en date du. . . . ., sommation a été faite à : 1° M. Paul DELORD, médecin, demeurant à. . . . .; 2° M. Charles DUMONT, propriétaire, et Mme Louise DELORD, son épouse, demeurant ensemble à. . . . ., de se trouver cejourd'hui, heure présente, au lieu où il est procédé, pour prendre communication du rapport de M. Louis DELORME, propriétaire, demeurant à. . . . ., rédigé par Me DORLAN, notaire soussigné, le. . . . ., contenant formation de lots des immeubles dépendant de la succession de M. Pierre DELORD, et pour approuver ou contester cette formation de lots.

M. Jean DELORD requiert acte de sa comparution et défaut contre les sommés, s'ils ne comparaissent pas ni personne pour eux.

L'original de l'exploit est demeuré ci-joint après que dessus mention de l'annexe a été apposée.

Après lecture M. Jean DELORD a signé avec son avoué.

(Signatures.)

A cet instant sont intervenus M. Paul DELORD et M. et Mme DUMONT, assistés de Me. . . ., leur avoué,

Lesquels ont dit comparaître pour obéir à la sommation qui leur a été faite.
Après lecture, ils ont signé avec leur avoué.

(Signatures.)

2164. Lorsque les lots ont été fixés et que les contestations sur leur formation, s'il y en a eu, ont été jugées, le poursuivant fait sommer les copartageants à l'effet de se trouver, à jour indiqué, en l'étude du notaire, pour assister à la clôture de son procès-verbal [FORM. 333], en entendre lecture et le signer avec lui, s'ils le peuvent et le veulent (*C. pr.*, *980*).

2165. Le notaire remet l'expédition du procès-verbal de partage à la partie la plus diligente pour en poursuivre l'homologation par le tribunal ; sur le rapport du juge-commissaire, le tribunal, en audience publique (1), homologue le partage, s'il y a lieu, les parties présentes ou appelées, si toutes n'ont pas comparu à la clôture du procès-verbal, et sur les conclusions du procureur impérial dans le cas où la qualité des parties requiert son ministère (*C. pr.*, *981*). (2).

2166. Les parties qui, dûment appelées, n'ont comparu ni devant le notaire ni devant le tribunal,

---

Puis les parties ont requis Me DORLAN, notaire soussigné, de leur donner lecture et communication du rapport d'experts contenant la composition des lots.

Me DORLAN a donné de suite cette lecture ;

M. Jean DELORD a déclaré approuver la composition des lots telle qu'elle a été faite par l'expert ;

Quant à M. Paul DELORD et M. et Mme DUMONT, ils l'ont contestée par les motifs suivants :

(*Copier le dire et faire signer.*)

M. Jean DELORD a répondu :

(*Copier aussi le dire et faire signer.*)

Attendu les contestations des parties et les difficultés existant entre elles, Me DORLAN les renvoie à se pourvoir devant qui il appartiendra.

De tout ce que dessus il a été fait et rédigé le présent procès-verbal. . . . . etc.

FORMULE 333. — Procès-verbal de clôture. (N° 2164.)

Aujourd'hui. . . . .
A. . . . .
PAR-DEVANT. . . . .
A comparu M. Jean DELORD, mécanicien, demeurant à. . . . .
Assisté de M^e. . . . ., son avoué.
Lequel a dit :

Suivant jugement rendu par le tribunal civil de. . . . . le. . . . ., le tribunal a déclaré mal fondée la contestation soulevée par M. Paul DELORD et M. et Mme DUMONT, et a ordonné que les lots comprendraient tous les immeubles, ainsi que cela a été fait par l'expert.

Ce jugement a été signifié aux défendeurs par exploit de. . . . ., huissier à. . . . ., en date du. . . . ., avec sommation de se trouver ce jourd'hui, heure présente, au lieu où il est procédé, pour assister à la clôture du partage, en entendre la lecture et signer le procès-verbal qui constatera cette clôture; leur ayant déclaré qu'en leur absence comme en leur présence il y serait procédé, et qu'en cas d'absence, défaut serait prononcé contre eux.

M. Jean DELORD requiert acte de sa comparution, et défaut contre les parties sommées si elles ne se présentent pas, ni personne pour elles.

L'original de l'exploit est demeuré ci-joint. . . . ., etc.

Après lecture, M. Jean DELORD a signé avec son avoué.

(Signatures.)

A cet instant est intervenu M. Paul DELORD, médecin, demeurant à. . . . ., assisté de M^e. . . . ., son avoué.

---

(1) Et non en la chambre du conseil : Dict. not., *Partage*, n° 470 ; Chauveau sur Carré. *Quest. 2307* ; Paris, 16 janv. 1855 ; J. N. 15464.

(2) V. Paris, 10 janv. 1863, 20 avril 1866; Cass., 26 mars et 9 avril 1866 ; J. N., 18188, 18501, 18514, 18524.

ne peuvent former opposition au jugement d'homologation, puisque ce jugement n'intervient en réalité que sur un incident de la demande en partage, ce qui le rend non susceptible d'opposition (1); mais il est susceptible d'appel (2).

2167. Le jugement d'homologation ordonne le tirage des lots, soit devant le juge-commissaire, soit devant le notaire (*C. pr.*, 982).

2168. Pour y arriver, le poursuivant fait sommation à ses copartageants de se trouver devant le notaire commis, ou les parties se présentent volontairement, et il est procédé au tirage [Form. 334].

2169. Lorsque le partage est judiciaire, la distribution des lots ne peut avoir lieu par voie d'attribution (3), ils doivent toujours être tirés au sort, *supra* n° 2062, à moins que tous les copartageants ne soient majeurs, présents et capables et qu'ils ne consentent aux abandonnements, *supra* n° 2063.

Lequel a dit comparaître pour obéir à la sommation à lui faite.
Après lecture, il a signé avec son avoué.

(Signatures.)

Attendu qu'il est..... heures, et que M. et Mme Dumont n'ont point comparu, ni personne pour les représenter, il est prononcé défaut contre eux.

Me Dorlan, à la réquisition des parties présentes, a donné lecture de l'état liquidatif du....., et du rapport d'experts du.....

M. Jean Delord a déclaré approuver le partage.

Quant à M. Paul Delord, il a dit qu'en raison de l'absence de M. et Mme Dumont, le travail devra être soumis à l'homologation du tribunal; et que, par ce motif, il refuse son approbation, se réservant de faire ultérieurement telle contestation qu'il jugera à propos.

Attendu le désaccord entre les parties présentes et l'absence de quelques-uns des copartageants, Me Dorlan renvoie les parties devant qui de droit (n°^{s} 2165, 2166).

De tout ce que dessus il a été dressé, etc.

FORMULE 334. — **Procès-verbal de tirage au sort des lots après homologation.**
(N°^{s} 2167 à 2172.)

Aujourd'hui.....
A.....
Par-devant Me Dorlan et l'un de ses collègues.....,
Ont volontairement comparu :
1° M. Jean Delord, mécanicien, demeurant à.....;
2° M. Paul Delord, médecin, demeurant à.....;
3° Et M. Charles Dumont, propriétaire, et Mme Louise Delord, son épouse, de lui autorisée, demeurant ensemble à.....

Lesquels ont exposé que, suivant jugement rendu par le tribunal civil de....., le....., le tribunal a homologué purement et simplement le rapport d'experts en date du....., dont la minute précède, et a renvoyé les parties devant Me Dorlan, pour qu'il soit procédé au tirage au sort des lots des immeubles dépendant de la succession de M. Delord.

En exécution de ce jugement, ils se sont présentés devant Me Dorlan pour faire ce tirage.

Ce qui a eu lieu de la manière suivante :

Tirage au sort. (N° 2169.)

D'abord un tirage a eu lieu pour fixer l'ordre du tirage des lots; il en est résulté que

---

(1) Dalloz, *Succ.*, n° 1834; Bioche, *Partage*, n° 487; Roll., *Part. judic.*, n° 203; Dict. not., *Liquid.*, n° 65; Paris, 15 juin 1837, 25 juin et 22 déc. 1838, 30 déc. 1846, 27 nov. 1847, 26 mars 1857, 13 déc. 1864, 6 mars 1892; J. N., 9832, 10238, 12924, 17372. Voir aussi Orléans, 12 juin 1855; J. N. 19015. Contra Riom, 2 fév. 1867.
(2) Paris, 23 nov. 1825, 23 juill. 1840.

(3) A moins qu'il y ait des mineurs ou interdits, que l'attribution n'ait lieu à titre de transaction dans la forme réglée par l'art. 467 C. N. — Chabot, *834*, 5; Toullier, IV, 428; Vazeille, *834*, 2; Marcadé, *art. 831*; Massé et Vergé, § 591, note 14; Cass., 30 août 1815.

2170. Le notaire fait aux partageants la délivrance des lots aussitôt après le tirage (*C. pr.*, *982*).

2171. Les partages faits conformément aux règles ci-dessus, lorsqu'il y a des mineurs ou autres incapables, sont définitifs; ils ne sont que provisionnels, *supra* n° *2120*, si ces règles n'ont pas été observées (*C. N.*, *840*).

2172. Le notaire est tenu de délivrer tels extraits, en tout ou en partie, du procès-verbal de partage, que les parties intéressées requièrent (*C. pr.*, *983*).

Mme Dumont devait tirer la première, M. Jean Delord le deuxième, et M. Paul Delord le troisième.

Puis il a été procédé au tirage des lots : trois bulletins portant : *premier lot*, *deuxième lot*, *troisième lot*, ont été faits sur des morceaux de papier d'une semblable grandeur et d'une même forme. Ces bulletins ont été pliés d'une manière égale, mis dans un chapeau et remués; Mme Dumont a tiré la première et a pris le bulletin portant *deuxième lot*; M. Jean Delord a tiré le deuxième et a pris le bulletin portant *troisième lot*; M. Paul Delord a tiré le troisième et a pris le bulletin portant *premier lot*.

En conséquence les lots sont échus :
Le premier à M. Paul Delord;
Le deuxième à Mme Dumont;
Et le troisième à M. Jean Delord.

Me Dorlan a fait la délivrance aux copartageants des lots qui leurs sont échus (n° 2170).

Et par suite la division des titres de propriété, entre les copartageants, a eu lieu conformément aux dispositions, etc.. (*Voir page* 108.)

M. Paul Delord a payé à l'instant, en bonnes espèces, la soulte de trois mille francs mise à la charge du lot qui lui est échu, savoir :
A M. et Mme Dumont, deux mille francs ;
Et à M. Jean Delord, mille francs;

En conséquence, il s'en trouve libéré, et il lui en est donné quittance par M. et Mme Dumont et M. Jean Delord.

M. et Mme Dumont ont représenté une expédition de leur contrat de mariage, passé devant M^e....., notaire à....., le.....; il en résulte qu'ils sont mariés sous le régime de la communauté, sans aucune condition de remploi ni d'emploi.

Les copartageants requièrent Me Dorlan, notaire soussigné, de faire la délivrance d'un extrait à chacun d'eux (n° 2172).

De tout ce que dessus il a été dressé....., etc.....

FORMULE 335. — **Tirage au sort de lots lorsque des immeubles seuls sont à partager.** (N° 2173.)

L'an mil huit cent soixante....., le....., à midi.
A....., rue....., en l'étude de M^e....., notaire.
Par-devant ledit M^e....., notaire à....., soussigné, commis à l'effet des présentes opérations.

Ont comparu :
1° M. Charles Delattre, cultivateur, demeurant à.....
2° M. André Delattre, aussi cultivateur, demeurant à.....
3° Et M. Vincent Hauduc, cultivateur, demeurant à.....

Ce dernier, en qualité de subrogé tuteur de Mlle Louise Delattre, mineure, sous la tutelle de M. Charles Delattre, susnommé; nommé à cette fonction, qu'il a acceptée suivant délibération du conseil de famille de la mineure, prise sous la présidence de M. le juge de paix du canton de....., ainsi qu'il résulte du procès-verbal que ce magistrat en a dressé, assisté de son greffier, le.....

Et, en cette qualité, agissant à cause de l'opposition d'intérêt existant entre M. Charles Delattre et la mineure Delattre, sa pupille.

Lesquels, préliminairement au tirage au sort de lots faisant l'objet des présentes, ont fait l'exposé suivant :

2173. Si la demande en partage n'a eu pour objet que la division d'un ou plusieurs immeubles sur lesquels les droits des intéressés ont déjà été fixés, les experts en procédant à l'estimation composent les lots ainsi qu'il est prescrit par les art. 466 et 831 du Code Nap.; et après que leur rapport a été entériné les lots sont tirés au sort, soit devant le juge-commissaire, soit devant le notaire déjà commis par le tribunal (*C. pr.*, 975) [Form. 335].

[EXPOSÉ.

M. Pierre DELATTRE, en son vivant cultivateur, est décédé célibataire, en son domicile à. . . . ., le. . . . ., laissant pour héritiers, savoir : MM. DELATTRE, comparants, ses deux frères, chacun pour un tiers ; et la mineure DELATTRE, sa nièce, pour le dernier tiers, par représentation de M. Louis DELATTRE, son père, décédé, frère de M. DELATTRE, *de cujus*, ainsi que le constate l'intitulé de l'inventaire après le décès de M. Pierre DELATTRE, dressé par Me. . . . ., qui en a gardé minute, et l'un de ses collègues, notaires à. . . . ., le. . . .

MM. DELATTRE ont intenté contre M. HAUDUC, subrogé tuteur de la mineure DELATTRE, l'action en partage de la succession de M. Pierre DELATTRE. Sur cette instance, il est intervenu le. . . . ., un jugement du tribunal civil de. . . . , aux termes duquel le tribunal a ordonné la liquidation et le partage de la succession de M. DELATTRE, et a commis Me. . . notaire soussigné, pour y procéder ; en ce qui concerne les immeubles, le tribunal a nommé MM. Louis DUMONT et Léon DELAS, cultivateurs à. . . . ., qui ont été chargés de visiter les immeubles, les estimer et en composer trois lots.

Les experts ont rempli leur mission, ainsi qu'il résulte du rapport qu'ils ont rédigé à la date des. . . . ., déposé au greffe du tribunal civil de. . . . ., suivant acte dressé le. . . .

Aux termes d'un jugement rendu le. . . . ., le tribunal civil de. . . . ., a entériné le rapport d'experts susrelaté, et a renvoyé les parties devant Mr. . . . . ., notaire soussigné, pour qu'il soit procédé devant ce notaire au tirage au sort des lots ; duquel jugement une expédition, précédée de celle du rapport d'experts, est demeurée ci-jointe après que dessus mention de l'annexe a été apposée.

Il résulte du rapport d'experts que les immeubles à partager consistent en :

1° Une maison située à. . . ., estimée deux mille francs, ci. . . .	2,000	»
2° Une pièce de terre labourable, située à. . . ., de la contenance de. . . ., estimée quatre mille francs, ci.	4,000	»
Ensemble, six mille francs, ci.	6,000	»
Dont le tiers est de deux mille francs, ci.	2.000	»

Et que les lots sont composés :

Le premier, de la maison, article premier, pour deux mille francs, ci	2,000	»
Le deuxième, de la moitié de la pièce de terre, article deux, à prendre du côté de. . . ., pour deux mille francs, ci.	2,000	»
Et le troisième de l'autre moitié de la même pièce, à prendre du côté de. . . ., aussi pour deux mille francs, ci.	2,000	»

Les conditions relatives aux délimitations sont exprimées au rapport d'experts.

Les immeubles appartenaient à M. DELATTRE, etc. . . . . (*Établir l'origine de propriété*.)

La liquidation mobilière de la succession de M. Pierre DELATTRE a été dressée par Mr. . . . . . à la date du. . . . .

Ces faits exposés, il est procédé au tirage au sort.

Tirage au sort.

D'abord un tirage a eu lieu. . . . ., etc. (*Le surplus comme en la formule* 334.)

APPENDICE AU TITRE PREMIER

DE L'INVENTAIRE.

SOMMAIRE

CHAP. Ier. — DE L'INVENTAIRE; QUAND IL EST NÉCESSAIRE.

Qu'est-ce qu'un inventaire? n° 2174.
Quand il doit avoir lieu, n°s 2175 à 2177.

CHAP. II. — DE CEUX QUI PEUVENT REQUÉRIR L'INVENTAIRE ET DE CEUX QUI DOIVENT Y ÊTRE PRÉSENTS.

Par qui l'inventaire peut être requis, n°s 2178 et 2184.
En présence de qui il doit être fait, n°s 2179 à 2181.
Héritiers : mineurs, interdits, prodigues, faillis, enfant conçu, femme dont le mari est absent, successible contesté, héritier d'un adoptant exerçant le retour, enfant naturel, n°s 2182 à 2190.
Héritier intervenant dans le cours de l'inventaire, n° 2191.
Absents, non présents, aliénés non interdits, n°s 2192 à 2201.
Successibles défaillants, n°s 2202, 2203.
Exécuteur testamentaire, n° 2204.
Donataires, légataires, grevés de restitution, n°s 2205 à 2210.
Enfant naturel, conjoint, État, n° 2211.
Succession vacante, n° 2212.
Conjoint survivant, n°s 2213 à 2217.
Créanciers opposants, n°s 2218 à 2224.

CHAP. III. — DES FORMALITÉS DE L'INVENTAIRE.

§ 1. — **Intitulé.**

Ce que contient l'intitulé, n° 2225.
Jour, heure et lieu, n°s 2226 à 2236.
Parties requérantes et présentes, n°s 2237 à 2243.
Fonctionnaires publics qui ont le droit d'y procéder n°s 2244 à 2255.
Avertissement du serment à prêter, n°s 2256 et 2257.
Officiers priseurs, n°s 2258 à 2268.
Signature de l'intitulé, n° 2269.

§ 2. — **Prisée.**

Description et estimation, n°s 2270 à 2273.
Livres, bibliothèque, n°s 2274 et 2275.
Bijoux, joyaux, tableaux, objets d'art, meubles précieux, etc., n° 2276.
Objets inventoriés et prisés par distinction, n°s 2277 et 2278.
Linge, vêtements, n°s 2279 et 2280.
Grains, liquides, farines, n° 2281.
Argenterie, vaisselle, n°s 2282 à 2284.
Armes, portraits de famille, n°s 2285 et 2286.
Manuscrits, propriété littéraire, n° 2287.
Objets étrangers à la succession, n° 2288.
Deniers comptants, n° 2289.
Fonds de commerce, marchandises, achalandage, n°s 2290 à 2296.

Mobilier de ferme, n° 2297.
Croît des animaux, n°ˢ 2298 et 2299.
Objets immeubles par destination, n°ˢ 2300 à 2302.
Pigeons, lapins, poissons, n° 2303.
Pailles, fumiers, échalas, n°ˢ 2304 et 2305.
Matériaux, n° 2306.
Pépinière, n° 2307.
Arbustes, oignons de fleurs, n°ˢ 2308 et 2309.
Fruits naturels et industriels, labours et semences, n°ˢ 2310 à 2319.

§ 3. — Inventorié des papiers.

Les papiers doivent être cotés, paraphés et analysés, n°ˢ 2320 à 2327.
Contrat de mariage, n°ˢ 2328 et 2329.
Donation entre époux, testament, n° 2330.
Titres des biens propres aux époux, n°ˢ 2331 et 2332.
Titre des acquêts, n° 2333.
Titres des créances, n° 2334.
Billets, timbre, n°ˢ 2335 à 2338.
Rentes sur l'Etat et autres valeurs nominatives, n° 2339.
Titres au porteur, n°ˢ 2340 et 2341.
Actes non enregistrés, n°ˢ 2342 à 2344.
Baux, n°ˢ 2345 et 2346.
Papiers divers, n° 2347.
Livres et registres de commerce, n°ˢ 2348 et 2349.
Découverte d'un testament, n°ˢ 2350 à 2358.
Paquets cachetés, n° 2359.
Papiers étrangers à la succession, n° 2360.
Lettres confidentielles, n° 2361.
Rapports, n° 2362.
Don manuel, 2363.
Pièces inventoriées par récolement, n°ˢ 2364 à 2366.

§ 4. — Déclarations.

Objet des déclarations, n° 2367.
Déclarations générales, n° 2368.
Déclarations actives, n°ˢ 2369 à 2376.
Déclarations passives, n° 2377 à 2385.

§ 5. — Interpellations, protestations, réserves.

Interpellation au tuteur de déclarer s'il est créancier de son pupille, n°ˢ 2386 à 2389.
Protestations et réserves, n°ˢ 2390 à 2392.

§ 6. — Clôture.

Qu'est-ce que la clôture? n° 2393.
Affirmation de la veuve, n°ˢ 2394 à 2396.
Prestation de serment, n°ˢ 2397 à 2399.
Remise des effets et papiers, n°ˢ 2400 à 2405.

CHAP. IV. — DE L'INVENTAIRE APRÈS SCELLÉS.

Apposition des scellés, n°ˢ 2406 à 2420.
Opposition aux scellés, n°ˢ 2421 à 2423.
Levée des scellés, n°ˢ 2424 à 2432.

CHAP. V. — DES DIFFICULTÉS ET DES RÉFÉRÉS.

Contestations, n°ˢ 2433 et 2434.
Mesures conservatoires, n° 2435.
Référé, n°ˢ 2436 à 2439.

CHAP. VI. — DE QUELQUES INVENTAIRES PARTICULIERS.

Inventaire des biens d'un absent, n°ˢ 2440 et 2441.
Inventaire des biens d'un interdit judiciairement, n° 2442.
D'un interdit légalement, n° 2443.
Inventaire sur demande en séparation de corps, n° 2444.
Inventaire après séparation de biens, n° 2445.
Inventaire après le décès d'un notaire, n° 2446.

FORMULES

§ 1. — Parties requérantes ou présentes à l'inventaire.

Form. 336. Héritiers; femme représentée par son mari; mineur émancipé; mineur non émancipé; interdit; prodigue; enfant naturel; présence de subrogés-tuteurs.
Form. 337. Femme enceinte au décès de son mari; curateur au ventre; présence d'héritiers présomptifs.
Form. 338. Intervention dans le cours de l'inventaire d'un héritier plus proche en degré.
Form. 339. Non présent; absent; aliéné non interdit.
Form. 340. Procès-verbal de comparution lorsque des sommations ont été faites.
Form. 341. Exécuteur testamentaire; père, mère, frère et sœur; mineur représenté par son père administrateur légal.
Form. 342. Frère légataire universel; charge de rendre; présence du tuteur à la substitution.
Form. 343. Enfant naturel; conjoint survivant; l'Etat.
Form. 344. Succession vacante; curateur.

Form. 345. Conjoint survivant : femme commune, avec attribution de communauté et faculté de conserver un fonds de commerce ; donataire, légataire ; créancière pour reprises ; usufruitière à titre de jouissance légale.

Form. 346. Femme non commune : séparée de biens ; mariée sans communauté ; sous le régime dotal sans société d'acquêts.

Form. 347. Créanciers opposants.

§ 2. — **Formules d'inventaire.**

Form. 348. Inventaire après dissolution de communauté : femme survivante ; mineurs ; ajournements ; mandataire constitué à la clôture d'une séance ; inventorié de mobilier de maison, d'objets d'un commerce et d'objets garnissant une ferme.

Form. 349. Inventaire après apposition de scellés.

Form. 350. Contestations ; référé.

§ 3. — **Divers inventaires particuliers.**

Form. 351. Inventaire des biens d'un absent.

Form. 352. Inventaire des biens d'un interdit judiciairement.

Form. 353. Inventaire des biens d'un interdit légalement.

Form. 354. Inventaire sur demande en séparation de corps.

Form. 355. Inventaire après séparation de biens.

Form. 356. Inventaire après le décès d'un notaire.

CHAPITRE PREMIER

DE L'INVENTAIRE ; QUAND IL EST NÉCESSAIRE.

2174. L'inventaire est un acte conservatoire qui a pour objet d'établir, par une description du mobilier et des papiers, la consistance des biens d'une communauté, d'une succession, etc., à l'effet de maintenir les droits des parties intéressées. Il est assujetti à toutes les formalités des actes devant notaire ; en outre, il est soumis à des règles particulières qui seront rapportées plus loin (*C. pr.*, 943).

2175. Il y a lieu à la confection d'un inventaire notamment dans les cas : 1° d'ouverture de succession ; 2° de dissolution de communauté ou de société d'acquêts ; 3° d'absence ; 4° de demande en séparation de corps ; 5° d'interdiction ; 6° de faillite.

2176. L'inventaire est obligatoire : 1° si parmi les héritiers il se trouve des absents, *supra* n° 907, des non présents, *supra* n° 898, des mineurs, des interdits, *supra*, n°s 1176, 5° et 1279 ; 2° quand une personne a droit en qualité de donataire ou de légataire à l'usufruit de la totalité ou d'une quote-part de la succession, *supra* n° 1497 ; 3° lorsque la succession est dévolue pour le tout à un enfant naturel, au conjoint survivant, à l'Etat, *supra* n° 1796 ; 4° lorsque les héritiers ont accepté la succession sous bénéfice d'inventaire ou qu'ils ont le projet de l'accepter dans cette forme, *supra* n° 1889 ; 5° lorsque la succession a été déclarée vacante, *supra* n° 1964 ; 6° lorsque le défunt a nommé un exécuteur testamentaire, *infra* n° 2204 ; 7° lorsqu'un légataire est chargé de rendre à ses enfants nés et à naître tout ou partie de l'hérédité, *infra* n° 2210 ; 8° lorsque les scellés ont été apposés et ne peuvent être levés sans description, *infra* n° 2436 ; 9° lorsqu'une hérédité échoit à un époux marié en communauté ou sous le régime dotal avec société d'acquêts, afin de constater les reprises ou indemnités (*C. N.*, 1415, 1504) ; 10° pour la femme survivante ou les héritiers de la femme prédécédée, afin de conserver la faculté de renoncer à la communauté ou le privilège de n'être tenus des dettes que jusqu'à concurrence de leur émolument (*C. N.*, 1456, 1483) ; 11° pour le survivant des époux mariés en communauté, afin de lui conserver la jouissance légale des biens de ses enfants mineurs (*C. N.*, 1442).

2177. En dehors des cas exprimés au numéro précédent, l'inventaire est facultatif ; il en est ainsi notamment lorsque tous les intéressés à une succession sont majeurs et capables, et qu'aucun d'eux n'est soumis à un régime matrimonial conférant au mari l'administration des biens de la femme.

CHAPITRE DEUXIÈME

DE CEUX QUI PEUVENT REQUÉRIR L'INVENTAIRE, ET DE CEUX QUI DOIVENT Y ÊTRE PRÉSENTS.

2178. L'inventaire peut être requis : 1° par tous ceux qui prétendent droit dans la succession ou dans la communauté (*C. pr.*, *909 et 941*), tels sont les héritiers légitimes ou contractuels, les légataires universels et ceux à titre universel, les successeurs irréguliers, le conjoint survivant commun en biens, etc. ; 2° par tous créanciers fondés en titre exécutoire ou autorisés par une permission, soit du président du tribunal de première instance, soit du juge de paix du canton où le scellé doit être apposé (*ibid.*) ; 3° par l'exécuteur testamentaire (*C. N.*, *1031*) ; 4° par le curateur à la succession vacante (*C. N.*, *813*; *Pr.*, *1000*).

2179. Quels que soient ceux qui requièrent l'inventaire, il doit être fait en présence des personnes ci-après indiquées, ou elles dûment appelées, *voir toutefois n°* 2180 : 1° le conjoint survivant ; 2° les héritiers présomptifs, c'est-à-dire ceux qui sont désignés par la loi pour recueillir la succession et qui n'ont pas encore pris qualité ; 3° les donataires et légataires universels ou à titre universel, soit en propriété, soit en usufruit (*C. pr.*, *942*).

2180. Cependant il n'est pas nécessaire d'appeler les intéressés demeurant au delà de cinq myriamètres ; il est nommé par le président du tribunal de première instance, un notaire pour les représenter (*C. pr.*, *931*, *942*).

2181. A côté des parties requérantes, il y en a d'autres qui ont le droit d'assister à l'inventaire et qui reçoivent le nom de *parties présentes*. Ce sont celles qui ont intérêt à exercer un contrôle sur l'opération, comme : le conjoint survivant non commun en biens ni donataire, les légataires particuliers, ou les créanciers lorsqu'ils sont opposants.

2182. Si parmi les héritiers il y a des femmes mariées, les maris, dans tous les cas où ils ont l'administration de leurs biens, c'est-à-dire sous le régime de la communauté ou de l'exclusion de communauté, ou sous le régime dotal avec constitution en dot des biens de l'hérédité, peuvent les représenter comme maîtres de leurs droits et actions mobiliers et possessoires (*C. N.*, *1414*, *1428*) ; mais il n'en est plus de même si la femme a l'administration de ses biens, c'est-à-dire si elle est séparée de biens ou si les biens de l'hérédité font partie de ses paraphernaux, car alors le mari est sans qualité pour requérir l'inventaire ; cependant il a le droit d'y assister (*C. pr.*, *942*) (1).

---

§ 1. — DES PARTIES REQUÉRANTES ET PRÉSENTES A L'INVENTAIRE. (Nos 1278 et suiv.)

FORMULE 336. — **Héritiers; femme représentée par son mari; mineur émancipé; mineur non émancipé; interdit; prodigue ayant un conseil judiciaire; enfant naturel; présence de subrogés tuteurs.** (Nos 2182 a 2191.)

L'an mil huit cent soixante . . . . . , le . . . . . , à . . . . . , heures du matin.

A . . . . . , rue . . . . . , n° . . . . . , en la maison où était le domicile de M. Charles MESNARD, en son vivant propriétaire, et où il est décédé le . . . . .

A la requête de :

1° M. Éloi MESNARD, fabricant de papier, demeurant à . . . . . ,

2° M. Charles LEFORT, carrossier, et Mme Thérèse MESNARD, son épouse, de lui autorisée, demeurant ensemble à . . . . . ,

Ou bien,

---

(1) CONTRA DIJON, 15 fév. 1844, J. N. 12039.

2183. Si des héritiers sont en état de minorité ou d'interdiction, l'inventaire est fait à la requête du tuteur en présence du subrogé tuteur (1), *supra n° 1279.* Si un même tuteur représente plusieurs mineurs et qu'ils aient entre eux des intérêts opposés, on doit, pour l'inventaire, leur donner à chacun un tuteur spécial (2). Le mineur qui a ses père et mère est représenté par son père administrateur légal ; la présence d'un subrogé tuteur n'est pas nécessaire, puisqu'il n'y en a pas dans l'administration légale, *supra n° 1183 ;* mais il y a lieu de faire nommer à l'enfant par le tribunal un administrateur légal *ad hoc* si ses intérêts et ceux de son père sont opposés, *supra n° 1188.*

2° M. Charles LEFORT, carrossier, demeurant à . . . . . ,

« Au nom et comme maître des droits et actions mobiliers et possessoires de Mme Thé-
» rèse MESNARD, son épouse ; leur union étant soumise au régime de la communauté ré-
» duite aux acquêts, aux termes de leur contrat de mariage passé devant M^e . . . . , qui
» en a gardé minute, et son collègue, notaires à . . . . . , le . . . . . , dont une expédition a été
» représentée aux notaires soussignés, qui l'ont de suite rendue, — *ou* leur union étant
» soumise au régime de la communauté légale, comme s'étant mariés sans avoir fait de
» contrat de mariage, ainsi que l'énonce leur acte de mariage dressé à la mairie de . . . . . ,
» le . . . . . , dont une expédition a été représentée aux notaires soussignés, qui l'ont de
» suite rendue. »

3° M. Désiré MESNARD, étudiant en médecine, domicilié à . . . . . ,

« Mineur né à . . . . . , le . . . . . , émancipé suivant délibération de son conseil de famille,
» prise sous la présidence de M. le juge de paix du canton de . . . . . , ainsi qu'il résulte du
» procès-verbal que ce magistrat en a dressé, assisté de son greffier, le . . . . .
» Assisté de M. Henri LEBLÉ, horloger, demeurant à . . . . . , son curateur, nommé à
» cette fonction, qu'il a acceptée, par la délibération qui vient d'être relatée. »

4° M. Honoré MESNARD, sans profession, demeurant à . . . . . ,

» Assisté de M. Léon LESAGE, propriétaire, demeurant à . . . . . son conseil judiciaire,
» nommé à cette fonction suivant jugement rendu par le tribunal civil de première in-
» stance de . . . . . , le . . . . . »

5° M. Charles GERMAIN, géomètre, demeurant à . . . . . ,

« Agissant au nom et comme tuteur de M. Vincent MESNARD, sans profession, domicilié
» à . . . . . , interdit suivant jugement rendu par le tribunal civil de . . . . . , le . . . . . ; nom-
» mé à cette fonction qu'il a acceptée, suivant délibération du conseil de famille de l'inter-
» dit, prise sous la présidence de M. le juge de paix du canton de . . . . . , ainsi qu'il
» résulte du procès-verbal que ce magistrat en a dressé, assisté de son greffier le . . . . . »

6° M. Honoré SÉCARD, rentier, demeurant à . . . . . ,

« Agissant au nom et comme tuteur naturel et légal de M. Louis SÉCARD, son fils mi-
» neur, né à . . . . . , le . . . . . , issu de son mariage avec Mme Henriette MESNARD, dé-
» cédée à . . . . . , le . . . . . »

Si la tutelle est testamentaire, légitime ou dative. (*Voir formules* 221 *à* 231.)

En présence de M. Aimé MESNARD, orfèvre, demeurant à . . . . . ,

« Enfant naturel de feu M. MESNARD, reconnu suivant acte passé, en présence de témoins,
» devant M^e . . . . . , notaire à . . . . . , qui en a gardé minute, le . . . . . »

En présence aussi de :

1° M. Vincent DELARUE, rentier, demeurant à . . . . . ,

« Agissant en qualité de subrogé tuteur de M. Vincent MESNARD, interdit, nommé à

---

(1) De Belleyme, *Ordonn.*, II, 428 ; Dict. not., *Invent.*, n°s 88, 115 ; Roll., *ibid.*, n° 94.   (2) Dict. not., *Invent.*, n° 117, Roll., *ibid.*, n° 95.

2184. Le successible mineur émancipé, et celui qui a un conseil judiciaire requièrent eux-mêmes l'inventaire avec l'assistance, le premier de son curateur (1), le second de son conseil judiciaire (2).

2185. L'héritier failli est représenté à l'inventaire par son syndic (3), mais il peut aussi y assister personnellement.

2186. Lorsque le mari est décédé laissant sa femme enceinte, l'inventaire doit être fait non-seulement à la requête de la femme et du curateur au ventre, mais aussi à celles des héritiers qui seraient appelés si l'enfant ne naissait pas viable (4) [Form. 337].

» cette fonction, qu'il a acceptée, suivant délibération du conseil de famille de l'interdit,
» prise sous la présidence de M. le juge de paix du canton de . . . . . , ainsi qu'il résulte
» du procès-verbal que ce magistrat en a dressé, assisté de son greffier le . . . . . , »

2° M. Charlemagne MERCIER, négociant, demeurant à . . . . .

« Agissant en qualité de subrogé tuteur du mineur Louis SÉCARD, nommé à cette fonc-
» tion, qu'il a acceptée, suivant délibération du conseil de famille de ce mineur, etc. (*Le
» surplus comme ce qui précède.*)

» MM. Éloi, Désiré, Honoré, Vincent MESNARD, et Mme LEFORT, habiles à se dire et
» porter héritiers, chacun pour un sixième, dans la moitié dévolue à la succession
» régulière de feu M. Charles MESNARD, leur frère germain, conséquemment ayant
» droit chacun à un douzième dans le tout.

« Le mineur SÉCARD habile à hériter pour une pareille quotité de M. Charles MES-
» NARD, son oncle, à la représentation de Mme SÉCARD, sa mère, décédée, sœur ger-
» maine de feu M. MESNARD.

« Enfin M. Aimé MESNARD, habile à se dire et porter seul successeur à la moitié dé-
» volue à la succession irrégulière de M. Charles MESNARD, son père naturel. »

Voir pour l'établissement des qualités héréditaires des descendants, form. 280 et 281 ; *des enfants adoptifs,* form. 210 ; *des frères, sœurs, neveux, nièces,* form. 282 à 284 ; *des ascendants,* form. 285 à 289 ; *des collatéraux autres que frères et sœurs,* form. 290 et 291 ; *des enfants naturels,* form. 293 à 295.

Sans que les qualités ci-dessus prises puissent nuire ni préjudicier à qui que ce soit ;
Il va être, par Me . . . . . , et l'un de ses collègues, notaires à . . . . . , soussignés,
Procédé à l'inventaire fidèle et description exacte . . . . . , etc . . . . . (*Le surplus comme en la formule* 348.)

FORMULE 337. — **Femme enceinte au décès de son mari ; curateur au ventre ; présence d'héritiers présomptifs.**

L'An . . . . . , .
A la requête de :
Mme Thérèze BELIARD, sans profession, demeurant à . . . . . , veuve de M. DUTAND, susnommé.

« Agissant : 1° à cause de la communauté . . . . (*Voir formule* 345.)
» 2° Comme habile à se porter donataire . . . . (*ibid.*)
» 3° à cause des créances et reprises . . . . (*ibid.*)
» 4° Comme devant avoir la jouissance légale des biens de l'enfant dont elle est en-
« ceinte, s'il naît viable.
» 5° Enfin comme devant être sa tutrice légale.

---

(1) Pigeau, *Proc.*, II, 616 ; Carré, n° 3112 ; Dict. not., *Invent.*, n° 121 ; Roll., *ibid.*, n° 98 ; contra Chauveau, n° 3143 *bis*.
(2) Pigeau, *Proc.*, II, 616, Carré, n° 3112 ; Dict. not., *Invent.*, n°121 ; contra Roll., *Cons. judic.*, n° 34 ; Chauveau, n° 3143 *bis* ; Rouen, 19 avril 1847 ; Jur. N., 7836.

(3) De Belleyme, II, 426 ; Bioche, *Invent.*, n° 124 ; Dict. not., *ibid.*, n° 122 ; Paris, 7 juill. 1832.
(4) Dict. not., *Invent.*, n° 80 ; Roll., *ibid.*, n° 79 ; Bioche, *ibid.*, n° 75.

2187. Lorsqu'il échoit une succession à une femme mariée dont le mari est absent, il n'y a point lieu de nommer un notaire pour le représenter ; mais la femme doit obtenir en justice l'autorisation de faire procéder de son chef à l'inventaire (1).

2188. Tout individu qui se présente à l'inventaire en prétendant être héritier présomptif, doit prouver sa qualité d'héritier (2) ; si son admission est contestée, il en est référé au président du tribunal, lequel peut ordonner, vu l'urgence, de l'admettre à l'inventaire, sauf aux contestants à faire des réserves et à porter le débat devant le tribunal après la confection de l'inventaire (3).

2189. L'héritier de l'adoptant qui prétend exercer, dans la succession de l'adopté et contre le légataire universel de celui-ci, le droit de retour autorisé par l'art. 351 (C. N.) a le droit de requérir l'apposition des scellés et l'inventaire (4).

En présence de :

Premièrement, M. Jean LEBEL, propriétaire, demeurant à . . . . .,

« Agissant en qualité de curateur au ventre de l'enfant dont Mme veuve DUTAND est en-
» ceinte ; nommé à cette fonction, qu'il a acceptée, suivant délibération du conseil de fa-
» mille, prise sous la présidence de M. le juge de paix du canton de . . . . ., ainsi qu'il
» résulte du procès-verbal que ce magistrat en a dressé, assisté de son greffier, le. . . . .,

« Cet enfant, s'il naît viable, habile à se porter seul et unique héritier de M. DUTANT,
» son père.

Deuxièmement, M. Manuel DUTANT, propriétaire, demeurant à . . . . . ;

Troisièmement, et M. Séraphin MOISET, vigneron, demeurant à . . . . . ;

« M. Manuel DUTANT, habile à hériter pour la moitié afférente à la ligne paternelle
» de M. Pierre DUTANT, son petit-fils.

» Et M. MOINET, habile à hériter pour l'autre moitié afférente à la ligne maternelle,
» de M. Pierre DUTANT, son cousin au cinquième degré.

» Mais pour le cas seulement où l'enfant dont Mme DUTANT est enceinte ne naîtrait
» pas viable. »

A la conservation des droits et intérêts, etc . . . . . (*Voir pour le surplus formule* 348.)

Si l'enfant vient à naître dans le cours de l'inventaire, la vacation qui suit sa naissance commence ainsi :

A la requête de Mme veuve DUTANT, ci-dessus nommée, qualifiée et domiciliée,

« Agissant de son chef dans les mêmes qualités qu'en l'intitulé se trouvant en tête des
» présentes, et, en outre, au nom et comme tutrice naturelle et légale de Louise DUTANT,
» sa fille mineure dont elle était enceinte lors du décès de son mari, née depuis, le. . . .,
» et inscrite sur les registres de l'état civil de la ville de . . . . ., le . . . . .,

En présence de M. LEBEL, déjà nommé, qualifié et domicilié.

« Subrogé tuteur de plein droit de la mineure DUTANT, en vertu de l'art. 393 du Code
» Nap., comme ayant été nommé curateur au ventre par la délibération du conseil de fa-
» mille relatée dans l'intitulé se trouvant en tête des présentes.

» La mineure DUTANT, habile à se porter seule et unique héritière de feu M. DUTANT,
» son père.

Et en l'absence de MM. Manuel DUTANT et MOINET, qui sont désormais sans droit sur la succession de M. Pierre DUTANT, en raison de l'existence de l'enfant dont Mme DUTANT était enceinte lors du décès de son mari,

Il va être . . . . ., etc. . . . . ,

---

(1) De Belleyme, II, p. 332 ; Dict. not., *Invent.*, n° 79 ; Bloche, *ibid.*, n° 75.
(2) De Belleyme, II, page 230 ; Dict. not., *Invent.*, n°s 127, 128 ; Roll. *ibid.*, n° 99.
(3) Pigeau, II. 695 ; Chauveau, n° 3145 *quater* ; Dict. not., *Invent.*, n° 146 ; Roll., *ibid.*, n° 100.
(4) Bordeaux, 4 janv. 1851 ; J. N. 14394.

2190. L'enfant naturel reconnu qui concourt avec des héritiers légitimes peut faire des actes conservatoires, ce qui lui donne le droit d'être présent à l'inventaire et même de le requérir (1).

2191. Lorsque, pendant le cours d'un inventaire, il se présente des héritiers plus proches en degré ou de même degré que ceux qui l'ont requis, on doit le constater, puis interrompre l'inventaire jusqu'à ce que les droits du nouvel héritier aient été vérifiés ; et si, en effet, il concourt avec les autres héritiers ou les exclut, l'inventaire doit être continué à la requête de cet héritier en concours avec les autres ou à leur exclusion [Form. 338]. Dans les deux cas il y a lieu d'établir de nouveau les qualités de tous les ayants droit, et d'en faire mention en marge de l'intitulé se trouvant en tête de l'inventaire, afin que l'extrait à délivrer de l'intitulé de l'inventaire puisse être conforme aux nouvelles qualités (2).

2192. L'absent [Form. 339] est représenté à l'inventaire par un notaire, *supra n° 897*. Par *absent* l'on

FORMULE 338. — **Intervention dans le cours de l'inventaire d'un héritier plus proche en degré.** (N° 2191.)

En cet endroit de l'inventaire, s'est présenté M. Charles Lubin, forgeron, demeurant à . . . . ., qui a dit être parent au cinquième degré de feu M. Deschamps, ce qui le rendrait héritier de la moitié dévolue à la ligne maternelle dans la succession de M. Deschamps, à l'exclusion de MM. A.. . . . .et B. . . . ., susnommés, qui sont seulement au sixième degré.
Après lecture, M. Lubin a signé.

(Signature.)

A la réquisition des parties, et afin de vérifier les droits de M. Lubin, la vacation pour la continuation du présent inventaire est ajournée au. . . . .
Il a été vaqué, etc. . . . .

Reprise de la vacation.

Et aujourd'hui. . . . .,
A la requête de : 1° M. Louis Deschamps ;
2° M. Léon Deschamps,
« Prénommés, qualifiés et domiciliés en la vacation du. . . . . » ;
3° M. Charles Lubin, forgeron, demeurant à. . . . .,
En l'absence de MM. A. . . . . et B. . . . ., qui, après avoir requis le présent inventaire et y avoir assisté jusques et y compris la vacation du. . . . ., en qualité de parents au sixième degré de feu M. Deschamps, se sont depuis retirés comme étant exclus par M. Lubin, parent au cinquième degré.

« MM. Deschamps habiles à hériter conjointement pour la moitié dévolue à la
» ligne paternelle, soit séparément chacun pour un quart, de M. Pierre
» Deschamps, leur cousin au quatrième degré.
» Et M. Lubin habile à hériter pour l'autre moitié dévolue à la ligne mater-
» nelle de feu M. Deschamps, son cousin au cinquième degré. »

Sans que les qualités ci-dessus prises puissent nuire ni préjudicier à qui que ce soit.
Il va être par M*e*. . . . .,
Procédé à la continuation de l'inventaire après le décès de M. Deschamps.

FORMULE 339. — **Non-présent, absent, aliéné non-interdit..** (N°s 2192 à 2201.)

L'an. . . . .,
A la requête de :

entend ici le successible dont l'existence était certaine lors de l'ouverture de la succession, quoique son domicile soit inconnu; mais si, lors de l'ouverture, il était déjà disparu depuis assez longtemps pour que son existence ne fût pas reconnue, il ne serait pas nécessaire de l'appeler ni de le faire représenter, puisque la succession serait dévolue à ceux qui auraient concouru avec lui ou qui l'auraient recueillie à son défaut (1), *supra* n° 928; toutefois si le successible absent était militaire lors de sa disparition, l'on doit, si son absence n'a pas été déclarée, le faire représenter à l'inventaire par un curateur (2), *supra* n° 932.

2193. Sont considérés comme simplement *non présents*, ceux dont l'existence est certaine, mais qui sont éloignés de plus de cinq myriamètres du lieu du domicile du défunt; ils peuvent ne pas être appelés à l'inventaire; et il suffit de faire nommer un notaire pour les représenter (*C. pr.*, 931, 942). Si le non-présent est un enfant naturel, comme il n'a pas le titre d'héritier, il n'est pas nécessaire qu'il soit représenté (3), quoique cela soit préférable.

2194. Si le non-présent est un tuteur, un subrogé tuteur, un exécuteur testamentaire, il doit, comme l'héritier, être représenté par un notaire (4) (*arg. C. pr.*, 931).

2195. Par exception, les parties demeurant à une distance moindre de cinq myriamètres peuvent être représentées par un notaire, lorsqu'il est reconnu par ordonnance du président qu'il y a urgence de lever les scellés et de faire l'inventaire avant l'expiration des trois jours qui suivent l'inhumation, *infra* n° 2226 (*C. pr.*, 928) (5).

2196. Le même notaire peut représenter les absents et les non-présents, à moins qu'il n'y ait entre eux contradiction d'intérêt (6).

1° M. Charles MARTEL, propriétaire, demeurant à . . . . . ;
2° M° Paul DORLAN, notaire, demeurant à . . . . . ,
« Agissant au nom de M. Léon MESNARD, armateur, demeurant à Cette (Hérault) (7);
» commis à l'effet de représenter M. Léon MESNARD au présent inventaire, suivant ordon-
» nance sur requête rendue par M. le président du tribunal civil de première instance
» de . . . . . , le . . . . . , dont l'original est demeuré ci-annexé après que dessus il a été ap-
» posé une mention d'annexe signée des notaires. »

Si le notaire représente un individu qui a disparu depuis l'ouverture de la succession.

« Agissant au nom de M. . . . . , ayant demeuré à . . . . . , aujourd'hui sans résidence
» ni domicile connus, et n'ayant pas donné de ses nouvelles depuis le . . . . . , consé-
» quemment présumé absent; commis à l'effet de le représenter au présent inventaire,
» suivant jugement du tribunal civil de . . . . . , en date du . . . . . , dont la grosse est de-
» meurée ci-annexée après que dessus il a été apposé une mention d'annexe.»

Si le notaire représente un aliéné non interdit, voir formule 253.

« MM. MARTEL habiles à hériter . . . . . , etc. . . . . ,

FORMULE 340. — **Procès verbal de comparution lorsque des sommations ont été faites.** (N°s 2202 et 2203.)

L'an . . . . . ,
A . . . . . , rue . . . . . , n° . . . . . , au domicile où demeurait et où est décédé le . . . . . ,
M. Pierre DOUBLET, en son vivant . . . . . ,
PAR DEVANT M° . . . . . et l'un de ses collègues, notaires à . . . . . , soussignés,
A COMPARU :
« Mme Louise DELORME, sans profession, demeurant à . . . . . , veuve de M. DOUBLET,
« Agissant : 1° à cause, etc. . . . . » (*Voir formule 345*).
Laquelle a dit :

---

(1) Dict. not., *Invent.*, n° 132. Il faut en effet combiner l'art. 113 C. N. avec l'art. 136; l'art. 113 ne s'applique évidemment qu'à l'absent non encore disparu ou dont on avait encore des nouvelles à l'époque de l'ouverture de la succession.
(2) Dict. not., *Invent.*, n° 133.
(3) Dict. not., *Invent.*, n° 101; Roll., *ibid*, n° 123.
(4) De Belleyme, II, p. 232; Roll., *Invent.*, n° 124.
(5) Roll., *Invent.*, n°s 42 et 130.
(6) Voir Dict. not., *Invent.*, n°s 172 à 174; Roll., *ibid.*, n° 139.
(7) On suppose ce lieu distant de plus de 5 myriamètres de celui du décès, n° 2193.

PARTIES REQUÉRANTES ET PRÉSENTES — FORMULE 341

2197. Le notaire chargé de représenter les absents et les non-présents est commis par le président du tribunal de première instance du lieu où l'inventaire doit être fait (*C. pr.*, *931*), par ordonnance rendue à la suite de la requête présentée à cet effet, ou, s'il y a eu scellé, sur un référé introduit par le juge de paix (1).

2198. Si le notaire commis ne se présente point sur la sommation à lui faite d'assister à l'inventaire, il est prononcé défaut contre lui et l'on procède en son absence sans qu'il soit besoin d'appeler un autre notaire (2).

2199. Le notaire commis est investi d'un mandat en vertu duquel il doit défendre les intérêts de la personne qu'il représente, et même plaider au nom de cette personne sur les incidents relatifs à la régularité de l'inventaire (3); il est responsable des suites de sa négligence; ainsi: s'il n'a pas veillé à ce que les pièces fussent cotées et paraphées, ou s'il a fait défaut et qu'il en soit résulté un préjudice pour l'héritier qu'il représente (4).

2200. L'ordonnance du président qui commet le notaire s'annexe, s'il y a eu apposition de scellés, au procès-verbal du juge de paix qui en constate la levée, sinon à l'inventaire (5).

2201. Un notaire est aussi commis pour représenter les aliénés non interdits placés dans un établissement d'aliénés lorsqu'il ne leur a pas été nommé d'administrateur provisoire, *supra* n° *1396 et form. 255*.

2202. Les héritiers présomptifs résidant à une distance moindre de cinq myriamètres doivent être appelés à l'inventaire, sauf dans le cas exceptionnel prévu n° 2193. S'ils refusent de comparaître, il n'y a pas lieu de faire nommer un notaire pour les représenter; il suffit qu'ils aient été sommés par exploit

---

Que, voulant faire procéder à l'inventaire après le décès de M. Doublet, son mari, elle a, par exploit du ministère de. . . . . , huissier à . . . . ., en date du. . . . . , dont l'original est demeuré ci-annexé, fait sommation à :
1° M. Louis Doublet;
2° M. Amédée Doublet. . . . .
« En leur qualité d'habiles à hériter, chacun pour moitié, de M. Pierre Doublet, leur frère germain, »
De se trouver ce jourd'hui, à ces lieu et heure, pour procéder, conjointement avec elle, ou pour être présents à l'inventaire des meubles, objets mobiliers, argent comptant, titres, papiers et documents de toute nature, dépendant tant de la communauté ayant existé entre elle et M. Doublet, son mari, que de la succession de ce dernier.
Avec déclaration que s'ils ne se présentaient pas, ni personne pour les représenter, il serait prononcé défaut contre eux et procédé en leur absence.
En conséquence Mme veuve Doublet requiert les notaires soussignés de prononcer défaut contre eux s'ils ne comparaissent pas et de passer outre.
Et après lecture, elle a signé.

(Signature.)

LES PARTIES SOMMÉES FONT DÉFAUT.

Attendu qu'il est. . . . . heure, et que MM. Doublet n'ont pas comparu, ni personne pour les représenter, il est prononcé défaut contre eux.
Et obtempérant à la réquisition de Mme Doublet,
A la requête de cette dame,
Et en l'absence de MM. Doublet, qui, quoique régulièrement appelés, n'ont point comparu :
Il va être, par M^e. . . . ., etc. (*Voir formule 348.*)

Si quelques-uns des sommés ont comparu, on constate leur comparution et on prononce défaut contre les autres.

---

(1) De Belleyme, II, p. 207; Roll., *Invent.*, n° 69 *bis* et 128.
(2) De Belleyme, I, p. 135; Dict. not., *Invent.*, n° 108; Roll., *ibid.*, n° 128.
(3) Colmar, 11 nov. 1831; J. N. 7640.
(4) Paris, 7 nov. 1839; J. N. 10548.
(5) Roll., *Invent.*, n° 129 et *Annexe de pièces*, n° 82.

d'huissier de se trouver au lieu et à l'heure fixés pour l'inventaire; s'ils ne s'y trouvent point, on passe outre après avoir prononcé défaut contre eux (1) [Form. 340].

2203. L'original de la sommation faite au défaillant s'annexe au procès-verbal du juge de paix constatant la levée des scellés, et à l'inventaire si les scellés n'ont pas été apposés (2).

2204. Lorsqu'il existe un exécuteur testamentaire, il peut requérir l'inventaire (*C. N.*, *1031*), qui se fait tant à sa requête qu'à celle des héritiers (3); si cependant ceux-ci offrent à l'exécuteur testamentaire somme suffisante pour l'acquit des legs, il perd le droit d'assister à l'inventaire (4) [Form. 341].

2205. Les donataires contractuels et légataires de l'universalité de la succession, en l'absence d'héritiers réservataires, ont la saisine dès l'instant du décès; c'est donc à eux de faire procéder à l'inventaire (5), même lorsque la donation ou le testament sont attaqués; mais, dans ce cas comme dans celui

---

LES PARTIES SOMMÉES COMPARAISSENT.

A l'instant sont intervenus :
1o M. Louis Doublet,
2o M. Amédée Doublet.

« En leurs qualités ci-dessus exprimées, d'habiles à se dire et porter héritiers chacun » pour moitié de M. Pierre Doublet, leur frère germain. »

Lesquels ont dit qu'ils comparaissent au désir de la sommation susénoncée à l'effet d'assister à l'inventaire qu'ils requièrent également.

En conséquence, à la requête de :
1o Mme veuve Doublet ;
2o M. Louis Doublet ;
3o Et M. Amédée Doublet,
Agissant chacun dans les qualités déjà énoncées.
Il va être, par M^e....., etc...... (*Voir formule 348*.)

FORMULE 341. — **Exécuteur testamentaire; père, mère, frère et sœur; mineur représenté par son père, administrateur légal; sœur légataire à titre universel.**
(N°s 2204, 2183.)

L'an....., etc.....
A la requête de :
1o M. François Quidet, rentier, demeurant à.....,
« En qualité d'exécuteur testamentaire de M. Hua, susnommé, et ayant la saisine pen- » dant l'an et jour, de la totalité du mobilier dépendant de la succession, aux termes de » son testament fait sous la forme olographe, en date à....., du....., déposé au » rang des minutes de M^e....., notaire à....., le..... en vertu d'une ordonnance » de M. le président du tribunal civil de....., contenue en son procès-verbal d'ouver- » ture et de description du testament, en date du.... ; »
2o M. Vincent Hua, propriétaire, et Mme Héloïse Benoit, son épouse, de lui autorisée, demeurant ensemble à.....
« Agissant en leurs noms personnels ;
» En outre, M. Hua, agissant en qualité d'administrateur légal des biens de Mlle Laure » Hua, sa fille mineure, née à....., le....., issue du mariage d'entre lui et la dame » son épouse, et comme ayant la jouissance légale de ses biens. »

---

(1) Dict. not., *Invent.*, n°s 156, 157; Roll., *ibid.*, n° 132; Cass., 17 av. 1828.
(2) Roll., *Invent.*, n° 136.
(3) Dict. not., *Invent.*, n° 99; Roll., *ibid.*, n°s 86, 87; CONTRA Bruxelles, 9 août 1808; selon cet arrêt, l'inventaire doit être fait à la requête des héritiers, l'exécuteur testamentaire ne peut qu'y assister.

(4) Chauveau, n° 3141 ; Bruxelles, 16 mars 1811.
(5) Riom, 31 déc. 1827 ; Cass., 16 av. 1839; Grenoble, 2 juill. 1866; J. N. 10350, 17080.

où le légataire universel n'a pas encore obtenu l'envoi en possession de son legs, les héritiers ont le droit d'y être présents (1) [Form. 342].

2206. Le légataire universel qui veut accepter sous bénéfice d'inventaire n'est pas tenu non plus d'appeler à l'inventaire les héritiers présomptifs non réservataires (2).

2207. Les donataires et légataires universels en présence d'héritiers à réserve, et les donataires ou légataires à titre universel, ont le droit d'être présents à l'inventaire, alors même que les légataires n'auraient pas encore obtenu la délivrance de leurs legs, ou que le testament serait attaqué (3) ; on doit le décider ainsi, surtout lorsque ce n'est pas par sa faute que le légataire universel n'a pas encore obtenu l'envoi en possession, comme si c'est un établissement public qui ait besoin d'autorisation (4).

3° M. Dominique HUA, manufacturier, demeurant à . . . . .

4° Et M. Léon MOREL, avocat, et Mme Thérèse HUA, son épouse, de lui autorisée, demeurant ensemble à . . . . .

> « M. et Mme Vincent HUA, habiles à se dire et porter héritiers conjointement
> » pour moitié, soit chacun pour un quart, de M. Pierre HUA, leur fils.
> » M. Dominique HUA, Mme MOREL et Mlle HUA, habiles à se dire et porter héri-
> » tiers conjointement pour l'autre moitié, soit chacun pour un sixième, du
> » feu sieur Pierre HUA, leur frère.
> » De plus Mme MOREL habile à recueillir le legs à titre universel que M. Pierre
> » HUA lui a fait des biens meubles dépendant de sa succession, aux termes
> » de son testament susrelaté. »

A la conservation des droits et intérêts, etc. (*Voir formule 336.*)

FORMULE 342. — **Frère légataire universel; charge de rendre; présence du tuteur à la substitution.** (N°s 2205 A 2210.)

L'an. . . . :, etc. : . . . .

A la requête de M. Louis ABÉ, propriétaire, demeurant à. . . . .

> « En qualité de légataire universel de M. Pierre ABÉ, son frère, avec la charge de ren-
> » dre tous les biens, meubles et immeubles, faisant l'objet de ce legs, à ses enfants nés
> » et à naître, au premier degré seulement, aux termes du testament de M. Pierre ABÉ,
> » reçu par M^e. . . . ., notaire à. . . . ., en présence de quatre témoins, le. . . . . ; étant fait
> » observer que M. Louis ABÉ s'est trouvé saisi de plein droit de la succession de son
> » frère, celui-ci n'ayant laissé aucun héritier à réserve, ainsi que le constate un acte de
> » notoriété reçu par M^e. . . . ., qui en a gardé minute, et son collègue, notaires à. . . . .,
> » le. . . . ., (ou si le testament est olographe : aux termes du testament de M. Pierre
> » ABÉ, fait sous la forme olographe, en date du. . . . ., du . . . ., déposé au rang des mi-
> » nutes de Me A. . . . ., notaire à. . . . ., le. . . . ., en vertu d'une ordonnance de
> » M. le président du tribunal civil de. . . . ., contenue en son procès-verbal de des-
> » cription, en date du. . . . . ; étant fait observer que M. Louis ABÉ a été envoyé en
> » possession de la succession de M. Pierre ABÉ, suivant ordonnance sur requête rendue
> » par le même magistrat, le. . . . ., M. Pierre ABÉ n'ayant point laissé d'héritiers à
> » réserve, ainsi que le constate un acte de notoriété reçu par M^e. . . . ., qui en a gardé
> » minute, et l'un de ses collègues, notaires à. . . . ., le. . . .

En présence de M. Gervais LENOIR, avocat, demeurant à . . . . .

---

(1) De Belleyme, II, p. 230; Pigeau, II, p. 574; Dict. not., *Invent.*, n°s 83, 94; Roll., *ibid*, n° 84, 102, 104; Paris, 1er décembre 1808 et déc. 1829; Caen, 30 juin 1824.
(2) Demolombe, XV, 142, Cass., 16 janv. 1839.

(3) Pigeau, II, 574; Dict. not., *Invent.*, n° 426; Paris, 1er décembre 1808.

(4) De Belleyme, II, page 231; Dict. not., *Invent.*, n° 123.

2208. S'il n'y avait que la possibilité de l'existence d'un testament, celui qui se prétendrait légataire serait sans droit pour être présent à l'inventaire (1).

2209. Les donataires et légataires à titre particulier ne sont pas compris parmi ceux qui, en vertu de l'art. 942 C. pr., doivent être appelés à l'inventaire; s'ils veulent s'assurer de l'exactitude de l'inventaire, c'est à eux de requérir l'apposition des scellés ou de se faire opposants à leur levée (2).

2210. Lorsque le défunt a disposé à titre universel avec la charge de conserver et de rendre, l'inventaire prescrit par l'art. 1058 C. N. se fait à la requête du grevé de restitution en présence du tuteur nommé pour l'exécution (*C. N.*, *1059*); à défaut du grevé, il y est procédé à la requête du tuteur nommé pour l'exécution; et, à défaut de celui-ci, à la diligence soit des appelés s'ils sont majeurs, soit de leur tuteur s'ils sont mineurs ou interdits, soit de tout parent des appelés majeurs, mineurs ou interdits, ou même d'office à la diligence du procureur impérial près le tribunal de première instance du lieu où la

« Tuteur chargé de l'exécution de la condition de rendre les biens de la succession de
» M. Pierre Abé aux enfants nés et à naître de M. Louis Abé, légataire universel; nommé
» à cette qualité par le testament de M. Pierre Abé, susrelaté (*ou* nommé à cette fonc-
» tion, par délibération du conseil de famille des enfants nés et à naître de M. Louis
» Abé, prise sous la présidence de M. le juge de paix du canton de....., ainsi qu'il
» résulte du procès-verbal que ce magistrat en a dressé, assisté de son greffier,
» le .....)»

A la conservation des droits et intérêts....., etc. . (*Voir formule 348.*)

FORMULE 343. — Enfant naturel; conjoint survivant; l'État. (N° 2211.)

L'an..... etc......
A la requête de :

ENFANT NATUREL.

M. Charles Duplan, coiffeur, demeurant à.....,
» Enfant naturel de M. Pierre Duplan, reconnu par son acte de naissance dressé à la
» mairie de..... le.....; et en cette qualité habile à recueillir, à défaut d'héritiers au
» degré successible, la totalité des biens meubles et immeubles dépendant de la succes-
» sion de M. Duplan, son père. »

CONJOINT SURVIVANT.

M. César Duval, cultivateur, demeurant à.....
« Habile à recueillir, à défaut d'héritiers au degré successible et d'enfants ou autres
» parents naturels, la totalité des biens meubles et immeubles dépendant de la succes-
» sion de Mme Virginie Doré, son épouse. »

L'ÉTAT.

En exécution d'un arrêté de M. le préfet du département de..... en date du.....
A la requête de M....., directeur général de l'enregistrement et des domaines, demeurant à Paris, rue..... n°....., poursuites et diligences de M. Louis Buchez, vérificateur de l'enregistrement et des domaines à la résidence de.....; désigné à cet effet par M. le directeur de l'enregistrement et des domaines du département de....., suivant autorisation en date du....., portant le n°....., qu'il a représentée et qui lui a été de suite rendue.

---

(1) Pigeau, II, 627; Dict. not., *Invent*, n° 123; Roll., *ibid.*, n° 103; Bruxelles, 18 mai 1807.

(2) Pigeau, II, 597; Dict. not., *Invent.*, n° 124; Roll., *ibid.*, n° 105.

succession est ouverte, dans tous les cas en y appelant le grevé ou son tuteur et le tuteur nommé pour l'exécution (C. N., 1057, 1060, 1061).

2211. L'enfant naturel, le conjoint survivant et l'État, lorsqu'ils réclament la succession à défaut d'héritiers légitimes, sont tenus de faire procéder à l'inventaire sous peine d'être considérés comme possesseurs de mauvaise foi, *supra* n°s 1796 et 1799 [Form. 343].

2212. Le curateur à une succession vacante est tenu avant tout d'en faire constater l'état par un inventaire, *supra* n° 1964 [Form. 344].

2213. Lorsqu'il y avait communauté entre le défunt et son conjoint survivant, l'inventaire doit se faire à la requête de l'époux survivant conjointement avec les héritiers du prédécédé (1). [Form. 345 et 346.]

» M. Buchez agissant au nom de l'Etat français, appelé à recueillir, à titre de déshé-
» rence, la succession de Mme Thérèze Pinson, veuve Dundla susnommée, à défaut de
» parents au degré successible, d'enfant ou autres parents naturels et de conjoint survi-
» vant, et autorisé à remplir les formalités prescrites par l'art. 769 du Code Nap., sui-
» vant un jugement sur requête rendu par le tribunal civil de première instance de....
» le...., enregistré.
A la conservation des droits et intérêts des parties....., etc. (*Voir formule 336.*)

FORMULE 344. — Succession vacante; curateur.

L'an.....
A la requête de M. Godefroy Lenoir, employé, demeurant à.....
» En qualité de curateur à la succession réputée vacante de M....., nommé à cette
» fonction aux termes d'un jugement déclarant cette succession vacante, rendu en au-
» dience publique par le tribunal civil de première instance de....., le....., fonction
» acceptée par M. Lenoir, suivant acte passé au greffe du même tribunal, le....., en-
» registré. »
A la conservation des droits et intérêts....., etc. (*Voir formule 336.*)

FORMULE 345. — Conjoint survivant : femme commune, avec attribution de communauté et faculté de conserver un fonds de commerce; donataire; légataire; créancière pour reprises; usufruitière à titre de jouissance légale. (N°s 2213 à 2217.)

L'an......, etc......
A la requête de :
Premièrement, Mme Elise Guilbert, sans profession, demeurant à.....rue.....n°...,
veuve de M. Duclair.
« Agissant :
» 1° A cause de la communauté réduite aux acquêts qui a existé entre elle et M. Duclair,
» son mari, aux termes de leur contrat de mariage passé devant M^e....., qui en a gardé
» minute, et l'un de ses collègues, notaires à...., le....., et qu'elle se réserve d'ac-
» cepter ou de répudier.
Ou bien :
» A cause de la communauté légale qui a existé entre elle et M. Duclair, son mari, à
» défaut de contrat qui ait réglé les conditions civiles de leur mariage, célébré à la mai-
» rie de..... le ......, et qu'elle se réserve d'accepter ou de répudier.
» *Ou si les époux étaient mariés sous le régime dotal avec société d'acquêts* : à cause de

---

(1) Dict. not., *Invent.*, n° 77; Boll., *ibid.*, n° 76.

2214. Quand le conjoint survivant a le droit de conserver toute la communauté à titre de convention matrimoniale en vertu d'une clause du contrat de mariage, l'inventaire peut ne comprendre que les biens de la succession du premier mourant; cependant il y a lieu de comprendre aussi l'actif et le passif de la communauté dans les cas suivants : 1° si c'est la femme qui a survécu et qu'elle veuille se conserver le droit de renoncer à la communauté, ou le bénéfice de n'être tenue aux dettes que jusqu'à concurrence de son émolument; 2° si la clause d'attribution est contestée par les enfants d'un premier lit du conjoint prédécédé en prétendant qu'elle constitue un avantage supérieur à la quotité disponible (1). L'attribution de communauté doit être mentionnée dans l'inventaire avec l'indication de la cause pour laquelle les objets de la communauté sont ou ne sont pas inventoriés.

2215. Si l'époux survivant n'était pas commun en biens avec le prédécédé, et s'il n'a dans la succession aucun droit de donataire ni de légataire, il est sans capacité pour requérir l'inventaire; il a seulement le droit d'y assister pour veiller à ce que les objets lui appartenant ne soient pas inventoriés (2).

» la société d'acquêts qui a existé entre elle et M. Duclair, son mari, aux termes de leur
» contrat de mariage, portant adoption du régime dotal avec société d'acquêts, passé de-
» vant M°...., etc.; société d'acquêts que Mme Duclair se réserve d'accepter ou de ré-
» pudier;
   » 2° Comme ayant le droit de profiter, si bon lui semble, de la stipulation de ce
» contrat de mariage portant que la communauté (*ou société d'acquêts*) appartiendra au
» survivant des époux, conformément à l'art. 1525 du Code Napoléon ;
   » 3° Comme ayant, en vertu du même contrat de mariage, le droit de conserver, si
» bon lui semble, le fonds de commerce de....., exploité au jour du décès de M. Du-
« clair, ensemble les marchandises et ustensiles de ce fonds de commerce, et la jouis-
» sance locative des lieux nécessaires à son exploitation et à l'habitation, à la charge de
» tenir compte aux héritiers de M. Duclair, de leurs droits dans la valeur du tout d'après
» l'estimation qui en serait faite dans l'inventaire, et sous la condition de signifier son
» option aux héritiers de son mari, dans les trois mois du décès ;
   » 4° Comme habile à se porter donataire en usufruit, avec dispense de fournir caution,
» de la moitié des biens meubles et immeubles dépendant de la succession de son mari,
» en vertu de la donation contenue en leur contrat de mariage (*ou en vertu d'un acte de
» donation passé, en présence de témoins, devant M°...., notaire à....., qui en gardé
» minute le.....; donation que Mme Duclair se réserve d'accepter ou de répudier*);
   » 5° Comme habile à se porter légataire à titre universel d'un quart en pleine propriété
» des biens dépendant de la succession de son mari, aux termes du testament de ce der-
» nier, reçu, en présence de quatre témoins, par M°....., notaire à....., qui en a gardé
» minute, le..... (*ou aux termes du testament de ce dernier, fait sous la forme olographe
» en date à..., du..... déposé au rang des minutes de M°...., notaire à..., en vertu
» d'une ordonnance de M. le président du tribunal civil de....., contenue en son pro-
» cès-verbal de description en date du.....; ainsi qu'il résulte d'un acte de dépôt reçu
» par M°..... le.....*);
   « 6° A cause des créances et reprises qu'elle peut avoir à exercer contre la communauté
» ou la succession de son mari;
   « 7° Comme usufruitière à titre de jouissance légale des biens de Mme Louise Duclair, sa
» fille, âgée de moins de dix-huit ans ; usufruit qu'elle se réserve d'accepter ou de répudier.
   » Puis agissant au nom et comme tutrice légale....., etc.....» (*Voir pour le surplus
formule* 348.)

Lorsque la femme survivante a droit de conserver toute la communauté à titre de convention matrimoniale et qu'elle ne sait si elle acceptera ou si elle répudiera, et que d'ailleurs il y a un enfant du premier lit, il peut y avoir lieu aux dires suivants:

Procédé à l'inventaire fidèle..... etc..:... (*Voir formule* 348.)

---

(1) De Madre, *Invent.*, p. 8.
(2) Pigeau, II, p. 595; Dict. not., *Invent.*, n° 78; Roll., *ibid.*, n° 77.

2216. La femme survivante non commune et qui n'est ni donataire ni légataire, mais qui a des créances et reprises à exercer contre la succession de son mari prédécédé qui a eu l'administration de ses biens, peut requérir l'inventaire en qualité de créancière, pourvu qu'elle soit munie d'un titre exécutoire ou d'une autorisation du juge (1). Si l'inventaire est requis par les héritiers, la femme a le droit d'y être présente sans qu'il lui soit nécessaire de recourir à l'autorisation du juge.

2217. Lorsque la femme survivante, dans l'inventaire auquel elle fait procéder après le décès de son mari, déclare qu'elle agit tant comme commune que comme donataire contractuelle en usufruit des biens de son mari, elle fait acte d'acceptation de la donation et doit, en conséquence, acquitter les droits de mutation par décès sur cet usufruit, quoiqu'elle y ait renoncé par un acte postérieur à l'inventaire (2). Il est donc utile de la faire agir comme habile à recueillir le don et d'ajouter qu'elle se réserve de le répudier.

Mme . . . . ., déclare :

Qu'ayant droit, d'après l'art. . . . . de son contrat de mariage, à la totalité de l'actif de la communauté, elle pourrait s'opposer à ce que l'inventaire constatât autre chose que l'actif et le passif de la succession de M. . . . .

Mais que, ne sachant encore le parti qu'elle prendra, elle ne s'oppose pas, sous la réserve de ses droits, à ce que l'inventaire comprenne aussi l'actif et le passif de la communauté.

S'il y a un héritier du premier lit, il peut répondre ainsi :

Sur quoi M. . . . . a répondu :

Qu'en sa qualité d'enfant du premier lit, la clause d'attribution de la totalité des bénéfices de communauté ne peut lui être opposable au delà de la quotité disponible entre époux en cas de second mariage ;

Qu'il est donc nécessaire de fixer l'importance de la communauté ;

Et que par ces motifs, différents de ceux formulés par Mme. . . . ., il demande que l'inventaire comprenne l'actif et le passif des communauté et succession dont il s'agit.

En conséquence des dires qui précèdent et sous la réserve des droits respectifs de chacune des parties, il va être procédé à l'inventaire des communauté et succession.

Sur la représentation qui sera faite du tout par. . . . ., etc. . . . . (*Voir formule* 348.)

FORMULE 346. — **Femme non commune; séparée de biens, ou mariée sans communauté, ou sous le régime dotal sans société d'acquêts.** (N° 2216.)

En présence de Mme. . . . .,

« Agissant :

» 1° A cause des créances et droits matrimoniaux qu'elle peut avoir à exercer sur la suc-
» cession de M. . . . ., son mari, d'avec lequel elle était séparée quant aux biens aux
» termes de leur contrat de mariage passé devant M^e. . . . ., qui en a gardé minute, et
» l'un de ses collègues, notaires à . . . . ., le. . . . (*ou suivant jugement rendu par le*
» *tribunal de première instance de*. . . . ., *le*. . . . ., *signifié, publié et exécuté, ainsi qu'elle*
» *le déclare.* — *Ou en cas de non communauté* : avec lequel elle était mariée sans commu-
» nauté aux termes de leur contrat de mariage passé devant M^e . . . . ., etc. . . . . — *Ou*
» *en cas de régime dotal sans société d'acquêts* : avec lequel elle était mariée sous le régime
» dotal sans société d'acquêts, aux termes de leur contrat de mariage passé devant M^e. . .,
» etc. . . . . »)

---

(1) Pigeau, II, p. 505; Dict. not., *Invent.*, n° 79; Roll., *ibid*, n° 78.

(2) Trib. Blois, 18 déc. 1852; Béthune, 8 juill. 1850; J. N. 14932 et 16043; Voir aussi Cass., 4 avril 1849; J. N. 13703.

2218. Lorsque des scellés ont été apposés, les créanciers de la succession et autres intéressés ont le droit de former opposition à leur levée et conséquemment à l'inventaire *(C. pr., 934, infra n° 2424).* Si les scellés n'ont pas été apposés, ils ne conservent pas moins le droit d'être présents à l'inventaire, pourvu que, par un acte extra judiciaire, ils aient déclaré qu'ils s'opposent à ce qu'il y soit procédé hors leur présence (1) [Form. 347].

2219. Les opposants sont appelés au domicile par eux élu *(C. pr., 927, 934, infra n° 2423),* même lorsqu'ils demeurent au delà de la distance de cinq myriamètres; il n'y a donc pas lieu dans ce cas de faire commettre un notaire pour les représenter (2).

2220. Si les opposants régulièrement appelés ne comparaissent pas, il est prononcé défaut contre eux et l'on procède en leur absence (3).

2221. Les opposants, lorsqu'ils comparaissent, ne peuvent assister, soit en personne, soit par un mandataire, qu'à la première vacation; ils sont tenus de se faire représenter aux vacations suivantes par un seul mandataire pour tous, dont ils conviennent; sinon il est nommé d'office par le juge. Si parmi ces mandataires se trouvent des avoués du tribunal de première instance du ressort, ils justifient de leurs pouvoirs par la représentation du titre de leur partie; et l'avoué le plus ancien, suivant l'ordre du tableau, des créanciers fondés en titre authentique, assiste de droit pour tous les opposants; si aucun des créanciers n'est fondé en titre authentique, l'avoué le plus ancien des opposants fondés en titre privé assiste. L'ancienneté est définitivement réglée à la première vacation *(C. pr., 932).*

2222. Le mandataire peut être commis sur le procès-verbal de levée des scellés; si les scellés n'ont pas été apposés il est commis sur l'inventaire (4).

2223. Si l'un des opposants a des intérêts différents de ceux des autres, ou des intérêts contraires, il peut assister en personne, ou par un mandataire particulier à ses frais *(C. pr., 933);* ainsi, si parmi les opposants il y a des légataires d'objets différents, chacun a intérêt d'assister en personne ou par un mandataire particulier; il en est de même si l'un des créanciers opposants a une créance contestée par les autres créanciers, ou s'il veut contester les leurs, ou s'il veut revendiquer des objets que ceux-ci soutiennent appartenir à la succession (5).

« 2° Comme habile à se porter donataire en usufruit, etc. (*Voir la formule précédente.*)

En cas de séparation contractuelle, il peut y avoir lieu à la réquisition suivante :

Avant qu'il soit procédé à la prisée des objets, Mme . . . . . fait observer qu'il a été stipulé par l'article . . . . . de son contrat de mariage, que le linge à la marque de son mari, l'argenterie portant son chiffre et tous les objets à son usage personnel, seraient de plein droit réputés lui appartenir, sans qu'il fût obligé d'en constater la propriété par aucun titre; mais, qu'à l'égard de tous autres objets, le mari serait tenu, pour en établir la propriété, de justifier des factures et quittances des marchands ou fournisseurs; que tous les autres objets seraient censés appartenir à la femme.

En conséquence, Mme . . . . . requiert les notaires soussignés de ne comprendre dans le présent inventaire que les objets mobiliers dépendant, d'après cette distinction, de la succession de son mari.

FORMULE 347. — Créanciers opposants. (N°⁸ 2218 à 2224.)

Lorsqu'il y a des créanciers opposants et qu'il n'y a point eu de scellés, après l'énonciation des qualités des parties l'on ajoute :

En présence de :

1° M. A . . . . .; 2° M. B . . . . .; 3° M. C . . . .

« Créanciers de la succession de M . . . . ., et comme tels ayant formé opposition à ce

---

(1) Roll., *Inv.*, n° 146.
(2) Carré, *sur l'art. 931*; Dict. not., *Invent.*, n° 187; Roll, *ibid.*, n° 149.
(3) Dict. not., *Invent.*, n° 186; Roll., *ibid.*, n° 150.

(4) Pigeau, II, p. 584; Dict. not., *Invent.*, n° 189; Roll., *ibid.*, n° 152.
(5) Pigeau, II, p. 586; Dict. not., *Invent.*, n°⁸ 199 et 200; Roll., *ibid.*, n° 153.

2224. Les créanciers des présomptifs héritiers qui sont opposants à la levée des scellés ou à l'inventaire, pour la conservation des droits de leur débiteur, ne peuvent assister à la première vacation ni à celles ultérieures, ni concourir au choix d'un mandataire commun pour les autres vacations (*C. pr.*, 934), c'est-à-dire que leur opposition a seulement pour effet de faire obstacle à ce qu'il soit procédé au partage hors leur présence, *supra n° 2109*.

CHAPITRE TROISIÈME

DES FORMALITÉS DE L'INVENTAIRE.

1. — INTITULÉ.

2225. L'intitulé d'inventaire [Form. 348] contient l'indication : 1° des jour, heure et lieu où il est procédé ; 2° des parties requérantes et présentes et de leurs qualités ; 3° des officiers publics qui y procèdent ; 4° de l'avertissement donné aux requérants ou aux gardiens du serment à prêter lors de la clôture ; 5° de l'officier priseur ; 6° de la signature des parties. Il est nécessaire que l'intitulé soit complet et qu'il mentionne d'une manière exacte les noms, prénoms et qualités des héritiers ; car il a pour effet d'établir leurs droits à l'hérédité, et dans ce but il en est délivré des extraits particuliers.

2226. *Jour et heure.* L'inventaire, lorsqu'il n'y a pas eu d'apposition de scellés, ne peut être fait que

» qu'il fût procédé au présent inventaire hors leur présence, suivant trois exploits du
» ministère de....., huissier à....., en date des..... (*Si les créanciers n'ont pas de*
» *titres l'on ajoute* : et autorisés à former cette opposition par ordonnance de M. le pré-
» sident du tribunal civil de....., le.....»)
A la conservation des droits et intérêts, etc. (*Voir formule 348.*)

Nomination, à la fin de la première séance, d'un seul mandataire pour tous les créanciers opposants :
Les créanciers opposants, ne pouvant assister qu'à la première vacation, choisissent M. C...., l'un d'eux, auquel ils donnent pouvoir à l'effet de les représenter aux vacations ultérieures et pendant le cours des opérations faire tous dires, déclarations, réquisitions, protestations et réserves ; produire toutes pièces ; introduire tous référés ou défendre, et généralement faire le nécessaire.

Lorsque des scellés ont été apposés, c'est sur le procès-verbal de levée des scellés, rédigé par le juge de paix, que l'intervention des créanciers a lieu ; dans ce cas l'inventaire en fait seulement mention :
Il est fait observer que M....., se prétendant créancier de M....., a formé opposition à la levée des scellés et à l'inventaire, et qu'il est présent aux opérations, ainsi que le constate le procès-verbal de levée de scellés dressé par M. le juge de paix. — (*Ou bien* : et que M....., quoique sommé, n'a pas comparu, et qu'il a été prononcé défaut contre lui, ainsi que le constate le procès-verbal de levée de scellés dressé par M. le juge de paix.

§ 2. — FORMULES D'INVENTAIRES.

FORMULE 348. — **Inventaire après dissolution de communauté : femme survivante ; mineurs ; ajournements ; mandataire constitué à la clôture d'une séance ; inventorié de mobilier de maison, d'objets d'un commerce et d'objets garnissant une ferme.** (N°ˢ 2226 à 2405.)

L'an mil huit cent soixante....., le....., à huit heures du matin (n°ˢ 2226 à 2231),

trois jours après l'inhumation ; si les scellés ont été apposés, ils ne peuvent être levés et l'inventaire ne peut être fait que trois jours après l'inhumation lorsque l'apposition des scellés est antérieure à l'inhumation, et trois jours après l'apposition si elle a été faite depuis l'inhumation, à peine de nullité des procès-verbaux de scellés et inventaire, et de dommages et intérêts contre ceux qui les ont faits et requis : le tout, à moins que, pour des causes urgentes et dont il est fait mention dans son ordonnance, il n'en soit autrement ordonné par le président du tribunal de première instance (*C. pr.*, *928*), supra n° 2195.

2227. L'inventaire doit être fait dans les trois mois du jour du décès, sauf la prorogation de ce délai par le juge, *supra* n°ˢ *1890 à 1894*.

2228. En tête de l'intitulé l'on indique la date du jour où il est procédé à l'inventaire, et aussi l'heure du commencement, et à la fin de la séance l'heure de la clôture, en raison de ce que cet acte se rétribue par vacation (*décret, 10 brum. an XIV*) (1).

2229. Lorsque les scellés ont été apposés, c'est au juge de paix qu'il appartient de fixer le jour et l'heure des opérations de levée de scellés et d'inventaire.

2230. L'inventaire ayant un caractère judiciaire ne peut être fait un jour férié (2).

2231. Lorsque l'inventaire n'est pas achevé en une seule séance ou en un seul jour, l'on renvoie la continuation à un autre jour ou à une autre heure de la même journée ; il en est fait mention dans l'acte qui est signé sur-le-champ par l'officier priseur, les parties et les notaires (*décret, 10 brum. an XIV, art. 2*); cet ajournement suffit pour que l'inventaire soit continué en dehors de la présence de ceux des intéressés qui ne se représenteraient pas ; cependant l'usage est de faire consentir par les parties requérantes et présentes qu'il y soit procédé en leur absence comme en leur présence (3).

2232. *Lieu.* L'inventaire doit contenir l'indication des lieux où il est fait (*C. pr.*, *943*, *2°*), et, comme conséquence, relater successivement les diverses pièces de la maison ou de l'appartement dans lequel on procède.

A...., rue...., n°...., au domicile de M. Pierre Duval, en son vivant négociant et agriculteur, où il est décédé le vingt mai mil huit cent soixante-trois. — [*Ou s'il n'est pas décédé en son domicile*, décédé à...., le......] (n°ˢ 2232 à 2236).

A la requête de (n°ˢ 2237 à 2243) :

Premièrement, Mᵐᵉ Julie Vernier, propriétaire, demeurant à....., veuve de M. Duval,

« Agissant :

» 1° A cause de la communauté, etc. (*voir formule 345, 1°*);

» 2° Comme ayant, en vertu de son contrat de mariage, le droit de conserver, si bon lui semble, etc. (*ibid., 3°*);

» 3° Comme habile à se porter donataire en usufruit, etc. (*ibid., 4°*);

» 4° A cause des créances et reprises, etc. (*ibid., 6°*);

» 5° Comme usufruitière à titre de jouissance légale, etc. (*ibid., 7°*);

» Puis au nom et comme tutrice légale de Mˡˡᵉ Louise Duval, née à...., le....., mineure, issue de son mariage avec M. Duval ; »

Deuxièmement, M. Jean Duval, négociant, demeurant à.....

Troisièmement, M. Charles David, pharmacien, et Mᵐᵉ Laure Duval, son épouse, de lui autorisée, demeurant ensemble à..... ;

Quatrièmement, M. Paul Duval, capitaine au.... régiment de ligne, en garnison à....,

« Non présent, mais représenté par M. Louis Tournier, propriétaire, demeurant à...,
» son mandataire (n° 2238), en vertu de la procuration qu'il lui a donnée suivant acte
» passé devant Mᵉ..... et son collègue, notaires à....., le....., dont le brevet

---

(1) V. Lyon, 19 janv. 1865; Paris, 20 nov. 1866; J. N., 18293, 18635.
(2) Massé, liv. I, chap. xvi; Berriat Saint-Prix, p. 89; Roll., *Fête*, n° 18, et *Invent.*, n° 15.

(3) Dict. not., *Invent.*, n° 169; Roll., *ibid.*, n°ˢ 133, 134.

2233. Il ne peut être valablement fait que dans les lieux où sont renfermés les objets mobiliers ; il serait donc irrégulier et nul vis-à-vis des incapables s'il était dressé dans l'étude du notaire sur un état présenté par les parties intéressées ou par un estimateur (1).

2234. Néanmoins les papiers à inventorier, si les parties y consentent, peuvent être transportés en l'étude du notaire, où celui-ci en fait la description (2).

2235. Lorsqu'il y a des meubles à différents endroits, il faut se rendre où ils sont pour les décrire et estimer (3). Si des meubles sont dans divers pays et qu'ils soient représentés par différentes personnes, l'on doit à chaque endroit indiquer par qui la représentation et la prisée seront faites, et avertir du serment (4).

2236. *Date du décès.* La date du jour du décès doit être exprimée à l'inventaire ; nous conseillons de porter cette date en tête de l'intitulé de l'inventaire après l'indication du lieu où il est procédé, afin qu'elle soit en évidence (5).

2237. *Parties requérantes ou présentes.* L'inventaire doit contenir les noms, professions et demeures des requérants, des comparants, des défaillants et des absents s'ils sont connus, du notaire appelé pour les représenter, des commissaires-priseurs et experts, et la mention de l'ordonnance qui commet le notaire pour représenter les absents et les défaillants (C. pr., 943, 1°).

2238. Le conjoint, l'exécuteur testamentaire, les héritiers, les légataires universels et ceux à titre universel, peuvent assister à toutes les vacations de la levée du scellé et de l'inventaire, en personne ou par un mandataire (C. pr., 932) ; il en est de même du tuteur et du subrogé tuteur (6), pourvu qu'ils aient chacun un mandataire particulier. En ce qui concerne les créanciers opposants, *voir supra* n°s 2224 et suiv.

» original, enregistré et légalisé, est demeuré ci-joint (n° 2240), après avoir été de
» M. TOURNIER certifié véritable et que dessus il a été apposé une mention d'annexe
» signée de M. TOURNIER et des notaires. »
En présence de M. Rémy DUVAL, propriétaire, demeurant à. . . . .
» En qualité de subrogé tuteur de la mineure DUVAL, sa nièce, élu à cette fonction
» qu'il a acceptée, suivant délibération du conseil de famille de cette mineure, prise sous
» la présidence de M. le juge de paix du canton de. . . . ., ainsi qu'il résulte du procès-
» verbal que ce magistrat en a dressé, assisté de son greffier, le. . . . . »

Si le subrogé tuteur est représenté par un mandataire (n° 2238).

En présence de M. Charles LUBIN, marchand mercier, demeurant à. . . . .
« Agissant au nom et comme mandataire de M. Rémy DUVAL, propriétaire, demeu-
» rant à. . . . ., en vertu de la procuration qu'il lui a donnée, etc.
» M. Rémy subrogé-tuteur de la mineure DUVAL, élu. . . . ., etc.

» M. Jean DUVAL, M. Paul DUVAL, Mme DAVID et Mlle DUVAL, seuls enfants de
» M. Pierre DUVAL, tous issus de son mariage avec Mme Julie VERNIER ;
» et, en cette qualité, seuls habiles à se dire et porter héritiers, chacun pour
» un quart, de M. Pierre DUVAL, leur père.

Si les enfants sont issus de plusieurs mariages, on modifie ainsi :

« . . . . . Seuls enfants de M. Pierre DUVAL, issus savoir : M. Jean DUVAL de son
» mariage avec Mme Rosalie MOREL, décédée, sa première épouse ; —
» Mme DAVID et M. Paul DUVAL, de son mariage avec Mme Nelly BOUZARD,
» décédée, sa seconde épouse ; — et Mlle DUVAL de son troisième mariage
» avec Mme Julie VERNIER, restée sa veuve ; et en cette qualité seuls habiles
» à hériter, etc. »

---

(1) Dict. not., *Invent.*, n° 308 ; Roll., *ibid.*, n°s 225, 226.
(2) Roll., *Invent.*, n° 246.
(3) Dict. not., *Invent.*, n° 309 ; Roll., *ibid.*, n° 227.
(4) De Madre, *Invent.*, p. 5.

(5) Harel-Delanoe, *Cours élém. du notar.*, n° 896.
(6) Pothier, *Communauté*, n° 797 ; Chauveau, n° 3145 ; de Bellcyrme, p. 233 ; Dict. not., *Invent.*, n° 142 ; Roll., *ibid.*, n° 110 ; CONTRA Pigeau, II, p. 597 ; Carré, *sur l'art. 942* ; Prudhon, *Usuf.*, n° 165.

2239. La procuration peut être contenue dans l'inventaire lui-même; habituellement elle est donnée à la clôture d'une vacation.

2240. La procuration donnée séparément doit, en cas de scellés, être annexée à l'inventaire, et non au procès-verbal de levée de scellés. Il en est de même des pièces justificatives des qualités des parties (1).

2241. L'on ne peut dans un inventaire se porter fort pour un successible, il faut ou qu'il ait un mandataire, ou qu'il ait été dûment appelé s'il est dans la distance de cinq myriamètres, ou qu'il soit représenté par un notaire s'il demeure au delà de cette distance; cependant si l'un des héritiers se porte fort pour un cohéritier l'inventaire, est valable par la ratification de celui-ci (2).

2242. Après l'énonciation des noms, professions et demeures des parties requérantes et présentes, on indique les qualités qui leur donnent le droit d'agir.

2243. Si le défunt était titulaire d'un *majorat*, il est enjoint au notaire de se faire représenter le certificat constatant la notification du décès au garde des sceaux et d'en faire mention dans l'intitulé de l'inventaire, à peine de destitution (*décret, 4 mai 1812; ordonn., 31 oct. 1830; supra* n° 144, 7°).

2244. *Fonctionnaires publics qui ont le droit de procéder à l'inventaire.* C'est aux notaires exclusivement qu'il appartient de procéder aux inventaires après décès, absence, interdiction, dissolution de communauté, etc. (*arg. C. pr., 943*); il y a seulement exception pour les inventaires après faillite qui se font par les syndics avec l'assistance du juge de paix (*C. comm., 480*), mais sans qu'il y ait d'exclusion pour les notaires, qui peuvent aussi y procéder (3).

2245. Le conjoint commun en biens, les héritiers, l'exécuteur testamentaire et les légataires universels ou à titre universel, peuvent convenir du choix d'un ou deux notaires, et d'un ou deux commissaires-priseurs ou experts; s'ils n'en conviennent pas, il est procédé, suivant la nature des objets, par un ou deux notaires, commissaires priseurs ou experts nommés d'office par le président du tribunal de première instance (*C. pr., 935*), du lieu de l'ouverture de la succession, sur un référé introduit sur requête devant ce magistrat (4); s'il y a eu apposition de scellés, le juge de paix peut en référer sur le procès-verbal de scellés (5).

2246. La question de savoir sur quels notaires, parmi ceux présentés par les parties, doit tomber le choix du président, a fait l'objet d'une controverse; voici les solutions auxquelles on s'est arrêté en dernier lieu : lorsqu'il n'y a ni époux survivant ni exécuteur testamentaire et que les intérêts ne sont pas différents, les deux notaires plus anciens excluent les autres. S'il y a deux intérêts différents, le choix doit se fixer sur le plus ancien de chacun des deux côtés (6).

2247. Le notaire de l'époux survivant commun en biens, quoique plus jeune en réception, concourt à l'inventaire avec le notaire le plus ancien de ceux choisis par les héritiers (7), et même l'exclut si le dissentiment a pour objet la nomination d'un des notaires présentés, l'un par la veuve, l'autre par les héritiers (8).

A la conservation des droits et intérêts des parties, et de tous autres qu'il appartiendra, sans que les qualités ci-dessus prises puissent nuire ni préjudicier à qui que ce soit, mais au contraire sous toutes réserves.

Il va être, par M°....., et l'un de ses collègues, notaires à....., soussignés (n°^{os} 2244 à 2253) — (*ou* par M°....., notaire à....., soussigné, assisté de M....., et M....., témoins instrumentaires requis),

Procédé à l'inventaire fidèle et à la description exacte de tous les meubles meublants, objets mobiliers, argent comptant, titres, papiers, documents et renseignements de toute nature, dépendant tant de la communauté ayant existé entre M. Pierre Duval et Mme Julie Vernier, restée sa veuve, que de la succession de M. Duval — (*ou s'il n'y a pas de communauté:* dépendant de la succession de M. Duval.)

---

(1) Circ., chamb. not. Paris, 29 déc. 1813; déc. min. just., 3 avril 1827 et 28 avril 1832; Dict. not., *Invent.*, n° 144; Roll., *Invent.*, n° 113, et *Annexe*, n° 18; contra Pigeon, II, p. 384.
(2) Dict. not., *Invent.*, n° 145; Roll., *ibid.*, n° 114.
(3) Dict. not., *Invent.*, n° 208; Roll., *ibid.*, n° 59.
(4) Dict. not., *Invent.*, n° 254; Roll., *ibid.*, n°s 67 et 68; Orléans, 19 mai 1808.

(5) Carré, sur *l'art. 935.* Voir cependant de Belleyme, II, p. 237
(6) Roll., *Concurr. entre not.*, n°s 4 et 13.
(7) Règl. Not. Paris, 27 avril 1847, art. 34; Dict. not., *Invent.*, n° 234; Roll., *ibid.*, n° 14; Paris, 5 octobre 1808; Colmar, 11 nov. 1831; J. N. 7640. Versailles, 6 déc. 1865; J. N. 18419.
(8) Paris, 19 mars 1850; J. N. 14021.

2248. L'inventaire après séparation de biens est fait par le notaire commis par le tribunal pour procéder à la liquidation de la communauté (1).

2249. La garde de la minute de l'inventaire, en cas de concours de plusieurs notaires, appartient au notaire choisi par le plus grand nombre d'intéressés, bien qu'il soit le moins ancien en réception (2).

2250. Toutefois la veuve non commune, mais donataire particulière, n'ayant que le droit d'assister à l'inventaire, *supra* n° 2215, ne peut concourir pour le choix d'un notaire; si donc elle se fait assister par son notaire c'est à ses frais; et ce dernier, même plus ancien que le notaire des héritiers, n'a pas droit à la garde de la minute (3).

2251. S'il y a un exécuteur testamentaire, son notaire a le droit de concourir avec celui du conjoint survivant ou des héritiers, mais la minute reste au notaire de ceux-ci, encore qu'il soit moins ancien (4).

2252. Lorsque le défunt a institué un donataire ou légataire universel et qu'il n'y a pas d'héritiers à réserve, le notaire des héritiers du sang est exclu, à moins, dans le cas où le testament est olographe ou mystique, que le légataire ne se soit pas encore fait envoyer en possession (5).

2253. Nous avons dit, *supra* n° 1762, note 6, que l'enfant naturel, quoique n'étant pas héritier légitime, a un droit héréditaire, et nous pensons qu'il a, surtout en présence d'ascendants ou de collatéraux, le droit de concourir avec les héritiers au choix du notaire (6).

2254. Le subrogé tuteur, le curateur d'un mineur émancipé, le conseil judiciaire d'un prodigue n'ont pas le droit de concourir dans le choix du notaire, à moins, en ce qui concerne le subrogé tuteur qu'il ne remplace le tuteur ou qu'il ne procède contradictoirement avec lui (7), *supra* n° 2190.

2255. Au surplus, sur toutes les questions se rattachant au choix du notaire et à la garde de la minute, on doit prendre en considération le règlement de la compagnie des notaires du lieu, quoique sur ce point il ne serve pas de règle absolue pour les tribunaux.

2256. *Avertissement du serment à prêter.* Il est d'usage de mentionner dans l'intitulé, quoique cela ne soit pas prescrit par la loi: 1° l'avertissement donné aux requérants et spécialement à ceux qui ont gardé le mobilier du serment qu'ils auront à prêter à la clôture de l'inventaire de n'avoir rien détourné, vu détourner ni su qu'il ait été rien détourné des objets à inventorier; 2° la promesse qu'ils font de montrer et indiquer tout ce qui à leur connaissance dépend de la communauté et de la succession (8).

2257. Cet usage nous vient de l'ancien droit qui exigeait que le serment fût prêté au commencement de l'inventaire (9).

2258. *Indication de l'officier priseur.* Après l'avertissement dont il vient d'être question, on énonce que la prisée des meubles susceptibles d'estimation va avoir lieu par un officier priseur ou par un expert, *supra* n° 2257.

Sur la représentation qui sera faite du tout par Mme veuve Duval, laquelle avertie du serment qu'elle aura à prêter à la clôture des présentes, de n'avoir détourné, vu ni su qu'il ait été détourné directement ni indirectement aucun des objets devant être compris au présent inventaire, promet de s'y conformer (n°s 2256 et 2257).

La prisée des objets qui en sont susceptibles va être faite par M^e....., l'un des commissaires-priseurs de la ville de....., y demeurant rue....., n°..... — (*ou* par M.., greffier de la justice de paix du canton de....., *ou* par M.., huissier près le tribunal civil de....., à la résidence de.....), qui promet de priser les objets à leur juste valeur, d'après le cours actuel et sans crue (n°s 2258 à 2268).

---

(1) Paris, 3 oct. 1839; J. N. 10629.
(2) Colmar, 11 nov. 1834; Paris, 5 oct. 1803, 26 août 1836, 28 oct. 1841, 26 août 1844, 17 janv. 1845, 19 mars 1850, 11 déc. 1630; J. N. 7640, 9830, 11177, 12078, 12279, 14024, 16994; contra Règl. Not. Paris, 27 avril 1847; Colmar, 30 juillet 1827; Paris, 22 août 1831, 13 juill. 1832, 4 janv. 1833; Bordeaux, 19 avril 1835; Nancy, 24 août 1835; Bourges, 24 nov. 1845; J. N. 8957, 9099, 9587, 12624, 12752; selon lesquels elle appartient au plus ancien.
(3) Dict. not. *Invent.*, n° 235; Roll., *ibid.*, n° 15; Règl. not. Paris 27 avril 1847, art. 40, 5°.

(4) Pigeau, II, 587; Carré, *sur l'art. 935*; Dic. not., *Invent.*, n° 233, Règlem. Not., Paris, 27 avril 1847, art. 37; Bordeaux, 15 avril 1835; contra Toullier, V, 58; Duranton, IX, 405; Roll., *Concurr. entre not.*, n° 18; Paris, 16 fév. 1836.
(5) Règlem. Not., Paris, 27 avril 1847, art. 40. 2°.
(6) Voir cependant Dict. not., *Invent.*, n° 216; Roll., *Concurr. entre not.*, n°s 19 à 22; Règlem. Not., Paris, 27 avril 1847, **art. 35**.
(7) Règlem. Not., Paris, 27 avril 1847, art. 43
(8) Roll., *Invent.*, n° 308.
(9) Pigeau, II, p.556; Roll., *Invent.*, n° 307.

2259. Le droit de procéder à la prisée des meubles et objets mobiliers dans un inventaire appartient : dans la commune de la résidence d'un commissaire priseur à cet officier public à l'exclusion de tous autres ; et dans tous autres lieux aux commissaires priseurs, notaires, greffiers et huissiers concurremment entre eux. (*Lois 17 sept. 1793, art. 1; 25 vent., an IX, art. 1; 28 avril 1816; art. 89; C. pr., 935*).

2260. Il est défendu à toutes autres personnes de s'immiscer dans ces espèces d'opérations (*mêmes lois*); ainsi l'art. 935 *C. pr.*, en supposant que des experts peuvent être choisis ou nommés, ne déroge pas au droit exclusif des officiers priseurs ; ces experts ne doivent être appelés que pour aider les officiers établis par la loi pour des estimations spéciales, comme s'il s'agit de bijoux, d'une bibliothèque, de marchandises, de bestiaux, etc. (1). Quant à l'expert à choisir par le subrogé tuteur dans le cas prévu par l'art. 453 du C. N., *supra n° 1248*; il doit être pris parmi les officiers priseurs désignés par la loi (2).

2261. Un greffier de justice de paix, qui rédige le procès-verbal de levée des scellés, peut en même temps faire la prisée des meubles (3).

2262. Un notaire peut, dans les lieux où il n'y a pas de commissaires-priseurs, faire lui-même la prisée des meubles qu'il inventorie (4); il est préférable même qu'il agisse ainsi, dans le but d'éviter les frais lorsque la succession est de peu d'importance. Le notaire en faisant lui-même la prisée peut se faire aider des avis d'un expert.

2263. Le choix de l'officier priseur se règle de la même manière que celui du notaire, *supra n°s 2245 et suiv*.

2264. Le choix des experts qui doivent aider l'officier priseur appartient aux parties et non à cet officier; en cas de désaccord, le choix a lieu de la même manière que pour l'officier priseur.

2265. Une femme peut être appelée conjointement avec l'officier priseur, pour estimer les objets à l'usage du sexe féminin (5).

Si l'officier priseur a été choisi par le subrogé tuteur conformément à l'article 453 Code Nap. (N° 2260.)

La prisée des choses qui en seront susceptibles va être faite par M° ....., choisi par le subrogé tuteur, et agréé par M. ....; qui promet de faire cette prisée ....., etc,

Si la prisée est faite par un expert. (N° 2260.)

La prisée des objets qui en sont susceptibles va être faite à leur juste valeur, d'après le cours actuel et sans crue par M. ....., propriétaire, demeurant à ....., expert choisi par les parties, qui a préalablement prêté serment devant M. le juge de paix du canton de..., de s'acquitter fidèlement de cette mission ; ainsi que le constate un procès-verbal dressé par ce magistrat, assisté de son greffier, le ....

Si la prisée est faite par le notaire. (N° 2262.)

La prisée des objets qui en sont susceptibles va être faite par M°. ....., l'un des notaires soussignés, à leur juste valeur, d'après le cours actuel et sans crue.

Si la prisée est faite par un officier public, assisté d'experts. (N°s 2260 à 2263.)

La prisée des objets qui en sont susceptibles va être faite à leur juste valeur, selon le

---

(1) Dict. not., *Prisée*, n°s 38, 108 ; Roll., *ibid.*, n°s 14, et 89 à 97; Bourges, 8 juin 1832; Trib. Bourbon-Vendée, 6 avril 1835; J. N. 8882; Cass., Bruxelles, 2 mai 1839; J. N. 4599.

(2) Dict. not., *Prisée*, n°s 21 et 31; Roll., *ibid.*, n° 15; Trib. Bourbon-Vendée, 6 avril 1835; Cass. Belgique, 2 mai 1839; Trib. paix Melizey, 3 juill. 1851; M. T., 1862, p. 684; contra Rennes, 14 janv. 1835; Nîmes, 22 fév. 1837; Grenoble, 5 déc. 1839; J. N. 8396, 9656, 10732.

(3) Dict. not., *Invent.*, n° 218 et *Prisée*, n° 20 ; Roll., *Prisée* n° 16; Bioche, *Greffier*, n° 71 ; et Journ. proc., *art. 5659*; Grenoble, 5 déc. 1839; J. N. 8396.

(4) Dict. not., *Invent.*, n°s 214 à 217; Roll., *Prisée*, n° 17; Douai, 26 août 1835; Orléans, 22 août 1837; Cass., 19 déc. 1838; Grenoble 5 déc. 1839; J. N. 9058, 9833, 10240, 10732.

(5) Carré, *sur l'art. 935* ; Dict. not., *Prisée*, n° 43; Roll., *Prisée*, n° 21

2266. L'expert appelé pour donner son avis à l'officier priseur prête serment entre les mains du notaire, s'il n'y a pas eu d'apposition de scellés, et entre les mains du juge de paix si les scellés ont été apposés, ou si le père ou la mère usufruitier légal garde les meubles pour les remettre en nature (1) (C. pr., 935).

2267. L'officier priseur doit estimer les effets à leur juste valeur et sans crue (C. pr., 943, 5°).

2268. Avant le Code, dans certains pays, ceux qui devaient rendre la valeur des meubles étaient tenus, outre le montant de la prisée, à une augmentation ou supplément de prix qu'on appelait *crue*, de sorte que la prisée des meubles se faisait au-dessous de leur valeur jusqu'à concurrence de la crue, à moins qu'il ne fût dit que la prisée se faisait sans crue ; mais cet usage a été abrogé par le Code.

2269. *Signature de l'intitulé.* L'intitulé de l'inventaire est signé séparément et sur-le-champ par les parties, l'officier priseur, le notaire et les témoins. Ce n'est qu'après cette signature, qu'il est procédé à la prisée des meubles.

§ 2. — PRISÉE.

2270. L'inventaire doit contenir la description des effets mobiliers et leur estimation (C. pr., 943, 5°).

2271. Il ne s'agit ici que des effets matériels, et non des meubles incorporels, tels que créances, actions, etc., qui ne sont pas soumis à l'estimation.

2272. Les objets sont décrits et estimés au fur et à mesure qu'ils sont aperçus ou représentés ; habituellement on commence dans la cuisine, et, si c'est à la campagne, dans la principale pièce d'habitation ; on continue dans les autres pièces au rez-de-chaussée ; puis, aux étages supérieurs s'il y en a, dans la cave, dans les bâtiments ruraux, dans la cour et dans les champs s'il y a lieu.

2273. Au cours de l'opération, il peut surgir certaines questions sur lesquelles il nous paraît utile de donner quelques explications.

---

cours actuel et sans crue, par M°....., sur l'avis de M....., et M....., experts choisis par les parties, qui ont prêté serment entre les mains des notaires soussignés de donner leur avis en conscience.

Et après lecture, les parties requérantes, M. Duval, subrogé tuteur, et M....., officier priseur, ont signé avec les notaires (*ou* avec les témoins et le notaire) sans aucune approbation préjudiciable et sous toutes réserves. (N° 2269.)

(Signatures.)

PRISÉE. (N°ˢ 2270 à 2319.)

Dans la cuisine ayant son entrée par un vestibule et éclairée par deux fenêtres sur la cour.

1° Trois pelles à feu, une pincette, un soufflet, deux chenets en fonte, trois chevrettes, un gril, un trépied, une saunière, une bouillotte en cuivre, le tout prisé....., ci... | » | »

2° Une marmite économique, estimée....., ci | » | »

3° Quatorze casseroles, trois plats, une bassinoire, deux bassines, une poissonnière, le tout en cuivre rouge, estimé....., ci............... | » | »

4° ....., etc.....

Dans la salle à manger ayant son entrée par le vestibule, éclairée par deux fenêtres sur la cour.

5° Deux chenets en fonte, avec boules en cuivre, deux pelles, une pincette,

A reporter..... | » | »

---

(1) Dict. not., *Prisée*, n°ˢ 45, 46 ; Roll., *Prisée*, n° 22 ; Douai, 26 août 1835 ; J. N., 9058.

2274. *Livres, bibliothèque.* Lorsque le mari est survivant et qu'il s'est réservé par le contrat de mariage le droit de reprendre, à titre de préciput, sa bibliothèque et les livres qu'elle renferme, on ne doit pas en général les décrire ni les estimer dans l'inventaire; il suffit de constater que le mari en a opéré le prélèvement en vertu de la clause de préciput. Il en serait autrement si la communauté était mauvaise, si la clause de préciput était contestée, ou dans d'autres cas analogues, *infra n° 2277*.

2275. Lorsqu'il y a lieu à estimation, si la bibliothèque comprend un grand nombre d'ouvrages où s'il s'y trouve des livres rares, des autographes et autres curiosités de prix, il est d'usage que l'officier priseur s'adjoigne un ou deux experts.

2276. *Bijoux, objets d'art.* Ce qui est dit au numéro précédent s'applique aux bagues, pierreries, joyaux, galeries de tableaux, statues, objets d'art, meubles précieux, etc.

Report. . . . . » »
un garde cendre en cuivre, un balai de crin, un soufflet, estimés . . . . ., ci. » »
6° Sur la cheminée : une pendule à sujet en cuivre doré du nom de . . . ., avec son globe, une lampe Carcel, deux chandeliers en bronze, estimés..., ci. » »
7° Une table ronde . . ., etc. . . . .,

Dans le salon ayant sa porte d'entrée en face de celle de la salle à manger, éclairé par trois fenêtres sur la rue et trois autres sur la cour.

8° Deux chenets en fonte avec boules en cuivre, un garde-cendre en cuivre, pelle et pincette surmontées d'anneaux en cuivre, un balai de crin, estimés. . . . ., ci. » »
9° Un écran de cheminée en soie, cinq écrans à main, dont trois en tapisserie et deux en papier, deux vases à fleur en porcelaine de Sèvres, estimés . . .,ci. » »
10° Deux flambeaux en cuivre argenté avec bobèches en cristal, deux dessous de flambeaux en tapisserie, le tout estimé . . . . ., ci. . . . . . » »
11° Une pendule en marbre à sujet en bronze sous globe, portant le nom de . . . ., estimée . . ., ci. . . . . » »
12°. . . .

Dans un cabinet de travail ouvrant sur la cour et éclairé par une fenêtre sur la cour.

13° Un calorifère en fonte, estimé . . ., ci . . . . » »
14° Un bureau en acajou, un fauteuil et six chaises en acajou avec fond en canne, estimés . . . . ., ci. . . . . » »
15° Un corps de bibliothèque en acajou à douze tablettes et deux battants fermant à clef, estimés . . . ., ci . . . . » »

LIVRES (N°s 2274 et 2275.)

16° L'histoire de France, par Martin, en treize volumes, demi-reliure, estimée . . . . ., ci. . . . . » »
17° L'histoire du Consulat et de l'Empire, par Thiers, en quinze volumes, demi-reliure, estimée . . . . ., ci . . . . » »
18° . . . . .

Si la prisée des livres est faite de l'avis d'un expert.

La prisée des livres va être faite avec l'avis de M. . . . ., libraire, demeurant à . . . . ., ici présent et à ce intervenant, expert choisi par les parties, qui a prêté serment entre les mains des notaires soussignés de donner son avis en conscience.

Et après lecture M . . . . .a signé :

(Signature de l'expert.)

A reporter. . . . . » »

2277. *Objets inventoriés et prisés par distinction.* Lorsque parmi les objets trouvés il en est qui sont réclamés par l'époux survivant ou les héritiers du prédécédé, en raison de ce qu'ils peuvent être repris en nature ou prélevés à titre de préciput, *supra* n° 2274, ou parce qu'il n'y avait pas de communauté, la réclamation ne fait pas obstacle à leur estimation; mais le montant en est porté par distinction dans une colonne particulière, car il est possible que la réclamation ne soit pas justifiée (1).

2278. De même, lorsque le défunt a fait différents legs d'objets mobiliers en nature, il est nécessaire de les rechercher et de les constater séparément dans la prisée, afin de faciliter ultérieurement la délivrance des legs et le payement particulier des droits de mutation afférents à ces objets (2).

Report..... » »

16° L'histoire de France..... etc.....
Et après lecture, M..... a signé et s'est retiré.

(Signature.)

OBJETS D'ART. (N° 2276.)

Si des experts doivent donner leur avis (voir ci-dessus).

19° Une cassette en marquetterie avec coins et ferrure en acier, fermant avec une serrure à secret, estimée....., ci..., ... » »

Dans cette cassette :

20° Vingt pièces d'or romaines à diverses effigies, du poids de....., estimées...., ci.......... » »

21°..............

Dans une chambre au premier étage, à droite de l'escalier, éclairée par deux fenêtres sur la rue.

OBJETS INVENTORIÉS ET PRISÉS PAR DISTINCTION. (N° 2277.)

Mme Veuve Duval déclare que dans cette pièce il se trouve un grand nombre d'objets mobiliers faisant partie du trousseau dont elle a fait l'apport en mariage; et comme, d'après son contrat de mariage, elle a le droit de les reprendre en nature ou en argent, à son choix, elle demande que ces objets soient décrits et prisés par distinction, se réservant d'en effectuer la reprise en nature ou en argent, selon qu'elle avisera par la suite.

	OBJETS PRISÉS PAR DISTINCTION		
22° Deux chenets en fonte avec boules en cuivre, une pelle à feu, une pincette, un garde-cendre en cuivre, un soufflet, estimés...., ci.	»	»	»	»
23° Une pendule en marbre à colonnes, deux flambeaux en bronze, deux écrans, estimés....., ci..........	»	»	»	»
24° Quatre fauteuils et six chaises en acajou, foncés en velours d'Utrech rouge, estimés....., ci..........	»	»	»	»
25° Une couchette en acajou à bateau et à dos droit, estimée..., ci	»	»	»	»
A reporter.......	»	»	»	»

---

(1) Dict. not., *Invent.*, n°s 337, 348.

(2) De Madre, *Invent.*, p. 36; Dict. not., *Invent.*, n°s 335, 349; Binche, *ibid.*, n° 216.

2279. *Linge, vêtements.* Les linge et vêtements à l'usage de l'époux survivant doivent être compris dans l'inventaire des biens de la communauté; on en excepte habituellement un habillement complet. Si le survivant est homme d'épée ou de robe, on lui laisse l'épée qu'il a coutume de porter ou sa robe de cérémonie (1).

2280. On ne comprend pas dans l'inventaire les linge et vêtements des enfants, ni les divers objets qui ont pu leur être donnés manuellement, s'ils sont de valeur minime (2).

Report. . . . .

26° Un sommier en crin, deux matelas de laine, un lit de plumes, un traversin, deux oreillers, deux couvertures en laine, un dessus de lit blanc en coton, un édredon, estimés. . . . ., ci . . .

27° Un tapis, deux descentes de lit, estimés. . . . ., ci. . . .

28° Une armoire à glace en acajou, estimée. . . . ., ci . . . . .

29° *Dans cette armoire* : trente-cinq paires de draps en toile, estimés. . . . ., ci. . . . .

30°. . . . . .

LINGE, VÊTEMENTS. (N°s 2279 et 2280.)

Linge et vêtements à l'usage de Mme Duval.

31° Soixante-douze chemises de toile fine, cent quarante-quatre autres en toile commune, estimées. . . . . . ,ci. . . . .

32° Vingt-quatre jupons blancs, estimés. . . . ., ci . . . .

33°. . . . . .

Linge et vêtements à l'usage de feu M. Duval.

34° Quatre-vingt-quatre chemises de toile, trente-six autres en cretonne, estimées. . . . ., ci . . . .

35° Six caleçons en laine, douze autres en coton, trente-six camisoles de flanelle, vingt-quatre paires de bas de laine, douze autres en coton, estimés. . . . . , ci. . . . .

36° Un habit de drap noir, une redingote. . . ., etc.

Dans la cave. (N° 2281.)

37° Un tonneau de la capacité de trois hectolitres plein de cidre boisson, estimé, fût et jus . . . . . , ci. . . . . . .

38° Un autre tonneau de la capacité de deux hectolitres plein de vin de Bordeaux, récolte de l'année . . . . ., estimé, fût et jus. . . . ., ci . . . .

39° Deux cents bouteilles de Bordeaux vieux, estimées . . . ., ci.

40°. . . . .

Total de la prisée des objets inventoriés ce jour. . .

AJOURNEMENT. (N° 2231.)

Attendu qu'il est cinq heures de relevée, il est renvoyé pour la continuation de l'inven-

---

(1) Merlin, *Invent.*, § 4, n° 2.   (2) Roll., *Invent*, n° 182.

2281. *Grains, liquides, farines.* Les objets qui se vendent ordinairement au nombre, au poids ou à la mesure doivent être pesés, comptés et mesurés; ainsi on doit mesurer les grains, jauger les liquides, peser les farines, compter les gerbes de grains, les bottes de fourrages, etc. Autant que possible les grains, les fourrages, les liquides doivent être prisés d'après les mercuriales ou les prix courants des marchés les plus voisins (1).

---

taire à demain..... de ce mois, huit heures du matin; jour et heure où les parties promettent de se trouver au lieu où il est procédé sans qu'il soit besoin de leur faire de sommation; au surplus elles consentent qu'il y soit procédé en leur absence comme en leur présence.

Ou bien, attendu qu'il est cinq heures de relevée, il est renvoyé pour la continuation de l'inventaire aux jour, lieu et heure qui seront ultérieurement indiqués par les parties.

Les objets inventoriés et ceux restant à l'être ont été laissés, du consentement des parties, en la garde et possession de Mme veuve Duval, qui s'en charge, pour les représenter quand, à qui et ainsi qu'il appartiendra.

Il a été vaqué à tout ce que dessus depuis huit heures du matin jusqu'à cinq heures du soir par triple vacation (n° 2228).

CONSTITUTION D'UN MANDATAIRE. (N° 2239.)

En cet instant, M. David a constitué pour sa mandataire Mme David, son épouse, à laquelle il a donné pouvoir et autorisation à l'effet de : le représenter à la continuation du présent inventaire; en conséquence, assister aux vacations subséquentes, y faire tous dires, réquisitions, protestations et réserves; consentir à la remise des objets compris dans l'inventaire, et des titres, papiers et registres entre les mains de telles personnes qu'il lui conviendra choisir, accepter le dépôt qui pourrait être confié au constituant; donner ou accepter tous pouvoirs pour administrer; demander toute autorisation pour agir sans attribution de qualité; introduire tous référés, y défendre, signer tous procès-verbaux; substituer, donner tous pouvoirs, et généralement faire le nécessaire.

Après lecture, les parties ont signé avec l'officier priseur et les notaires, sans aucune approbation préjudiciable et sous toutes réserves.

(Signatures.)

CONTINUATION DE L'INVENTAIRE.

Et aujourd'hui.....
A.... rue..... n°......, au domicile où est décédé M. Duval, susnommé.
En conséquence de l'ajournement indiqué dans la clôture de la dernière vacation.

Ou si c'est à des jour et heure autres que ceux convenus : En conséquence de l'indication donnée par les parties d'un commun accord, à ces jour et heure, par modification de celle contenue dans l'ajournement consigné à la clôture de la précédente vacation.

Aux mêmes requête, présence et qualité, qu'en l'intitulé de l'inventaire, à l'exception cependant de M. David, représenté par Mme David, son épouse, à laquelle il a donné pouvoir et autorisation nécessaire en la clôture de la séance du.....

Il va être, par M^e....., et l'un de ses collègues, notaires à....., soussignés,
Procédé à la continuation de l'inventaire après le décès de M.....

---

(1) Roll., *Invent.*, n°s 85, 86.

2282. *Argenterie.* L'argenterie est inventoriée par la désignation de ses qualités, poids et titre (*C. pr.*, 943, 4°).

2283. *Vaisselle; matières d'or ou d'argent.* La vaisselle et les matières d'or ou d'argent sont pesées, et l'estimation en est faite, sans tenir compte des façons, à raison de 2 fr. 25 c. le gramme pour les matières d'or, et de 208 fr. le kilogramme pour les matières d'argent (1).

2284. *Ustensiles d'étain, de cuivre et de gros fer.* — Il en est de même des ustensiles d'étain, de cuivre et de gros fer lorsque le poids en est considérable ; l'estimation en est faite à raison de *tant* le kilogramme.

2285. *Armes; portraits de famille.* Les portraits de famille, les armes ou armoiries du père ou des ancêtres, les croix de chevalerie, médailles d'honneur, etc., accordées par le gouvernement ou par des sociétés autorisées, au père ou à ses ancêtres, appartiendraient, suivant certains auteurs, à l'aîné de la famille, et conséquemment ne devraient être ni inventoriés ni prisés (2). Mais cette opinion, qui n'était qu'une tradition des temps féodaux, semble abandonnée ; et en général on décide que ces objets doivent être remis à titre de dépôt à celui des héritiers dont les parties conviennent ou qui est nommé par le juge en cas de désaccord, à la charge de les représenter à la famille à toute réquisition (3). Il a même été jugé

Dans une chambre à gauche de l'escalier, éclairée par deux fenêtres sur la rue et deux autres sur la cour.

Continuer l'inventorié et la prisée des objets mobiliers.

OBJETS LÉGUÉS. (N° 2278.)

Par son testament, énoncé en l'intitulé, M. DUVAL a fait divers legs particuliers d'objets mobiliers.

Afin de faciliter la délivrance de ces objets et le payement des droits de mutation y afférents, ils vont être inventoriés et prisés par distinction :

Legs à M.....

41° Un secrétaire en acajou, etc. ....., estimé. ....., ci. . . | » | »

Legs à Mlle .....

42° Une commode en acajou, à dessus de marbre, etc. ....., estimée. ....., ci. .... | » | »

ARGENTERIE ET BIJOUX. (N°^s 2282 et 2283.)

43° Dix-huit couverts à filet, une cuiller à potage et une cuiller à ragoût, aux initiales G. V., pesant ensemble. .... grammes, estimés à raison de deux cent huit francs le kilogramme. ....., ci. . . . . | » | »

44° Quinze autres couverts à filet, sans initiale, pesant ensemble. ....., estimés. ....., ci. . . | » | »

45° Douze cuillers à café, sans initiale, pesant ensemble. ....., estimées. ....., ci. . . . . | » | »

46° Une timbale marquée des initiales J. V., du poids de. ....., estimée. ....., ci. . . . . | » | »

A reporter. . . . . | » | » | » | »

---

(1) Tarif des commissaires-priseurs.
(2) Dict. not., *Invent.*, n° 336, et *Prisée*, n° 51 ; Dutruc, *Partage*, n° 406 ; Roll., *Invent.*, n° 183, et *Prisée*, n°^s 26, 27 ; Harel Delanoe. Cours élém. du not., n° 896.

(3) Demolombe, XV, 705 et 701 ; Trib. Rambouillet, 21 juin 1864 ; J. N., 17220.

que ces objets, constituant une valeur successorale, doivent être partagés ou licités entre les héritiers (1).

2286. Le second de ces trois systèmes est celui que nous avons enseigné *supra* n° *2090*; il nous semble donc qu'une description très-exacte de ces objets doit être faite dans l'inventaire, mais sans prisée.

2287. *Manuscrits; propriété littéraire.* Les manuscrits trouvés dans le cours de l'inventaire et les ouvrages publiés ou en cours de publication, qu'ils soient l'œuvre du défunt ou du conjoint survivant, constituent une propriété littéraire assujettie à des règles spéciales (*voir au titre de la Vente*); l'appréciation de ces sortes de valeurs présentant de grandes difficultés, il y a lieu seulement de décrire avec beaucoup de soin les manuscrits et ouvrages, et aucune estimation ne doit en être faite (2).

2288. *Objets étrangers à la succession.* S'il est trouvé des objets étrangers à la succession et réclamés par des tiers qui justifient de leurs droits, ils leur sont remis; s'ils ne peuvent être remis à l'instant et qu'il soit nécessaire d'en faire la description, elle est faite sur le procès-verbal des scellés s'il en a été apposé, et non sur l'inventaire (*C. pr.*, *959*). Lorsqu'il y a lieu de priser ces objets, la prisée en est portée dans une colonne particulière.

Report. . . . . » »   » »

47° Douze cuillers à café en vermeil, aux initiales G. V., pesant ensemble. . . . ., estimées à raison de vingt-cinq centimes le gramme. . . . ., ci..   » »

48° Une tabatière en or du poids de. . . . ., estimée à raison de deux francs vingt-cinq centimes le gramme. . . . ., ci. . . . .   » »

49° Une montre en or, à répétition, avec quatre trous en rubis, échappement à cylindre, portant sur la boîte le numéro 6542, une chaîne et sa clef en or, le tout estimé. . . . ., ci. . . . .   » »

ARMES, PORTRAITS DE FAMILLE. (N°s 2285 et 2286.)

50° Une épée d'honneur, garde en argent doré et lame d'acier, avec incrustations, offerte à M. DUVAL, père du défunt, par la garde nationale de. . . . ., alors qu'il était commandant de cette garde nationale; non estimée, attendu sa nature.

51° Un portrait signé de. . . . ., représentant M. DUVAL, père du défunt, en uniforme de commandant de garde nationale, avec cadre en cuivre doré; aussi non estimé, attendu sa nature.

52°. . . . .

MANUSCRIT. (N° 2287.)

53° Un manuscrit sur papier pot, petit in-folio, avec couverture en papier bleu, ayant deux cent dix pages toutes écrites de la main de M. Pierre DUVAL, *de cujus*, portant le titre d'*Histoire de la ville de X*. . .; ce manuscrit, attendu sa nature, n'a pas été estimé.

OBJETS ÉTRANGERS A LA SUCCESSION. (N° 2288.)

54° Dans une chambre, au premier étage, éclairée par. . . . .,

A reporter. . . . .   » »   » »

---

(1) Lyon, 20 déc. 1864; J. N., 17332.

(2) Dict. not., Invent., n° 343, et *Prisée*, n° 64; Roll., *Invent.*, n°s 186, 187, et *Prisée*, n° 40; Bloche, *Invent.*, n° 202.

2289. *Deniers comptants.* L'inventaire doit contenir la désignation des espèces en numéraire (*C. pr.*, 943, 5°), et celle des billets de banque.

2290. *Fonds de commerce, marchandises, achalandage.* Le matériel et les marchandises d'un fonds de commerce doivent être décrits et estimés (1).

2291. Lorsque le fonds soumis à un usufruit n'est pas vendu, il devient fongible, *supra* n° *1446, note 5*, par l'estimation qui en est faite et qui sert de base pour la restitution à faire à l'extinction de l'usufruit (2). L'estimation est également nécessaire si, en vertu d'une clause du contrat de mariage ou d'un acte de donation, le survivant a la faculté de conserver le fonds de commerce en toute propriété à la charge d'en précompter la valeur sur ses droits dans la communauté ou dans la succession du prémourant. Dans ces deux cas, l'achalandage, bien que constituant un objet incorporel, doit être compris dans l'estimation (3), à moins qu'il n'ait été stipulé que le survivant aurait droit au fonds de commerce sans tenir compte de la valeur de l'achalandage.

2292. Lorsque le fonds de commerce doit être vendu, on peut se dispenser de priser l'achalandage; il suffit d'en constater l'existence (4).

Report.	» »		» »
il s'est trouvé un canapé en acajou, recouvert en velours d'Utrech rouge, et quatre fauteuils aussi en acajou, recouverts en velours d'Utrech rouge; ces objets ont été réclamés par N. Louis Morel, tapissier, demeurant à . . . . . , ici présent et à ce intervenant, qui déclare en être propriétaire et en avoir fait le dépôt dans la maison de M. Duval, ce qui est reconnu par les parties; pourquoi ces objets n'ont été ni inventoriés ni prisés, et ils ont été rendus à M. Morel, qui le reconnaît et a signé après lecture. (Signature.)			
ARGENT COMPTANT. (N° 2289.)			
55° Dans le cours du présent inventaire il a été trouvé une somme de dix-huit cents francs en :			
Un billet de banque de cinq cents francs, ci . . .	500 »		
Une pièce d'or de cent francs, ci	100 »		
Deux pièces d'or de cinquante francs, ci	100 »		
Dix pièces d'or de vingt francs, ci	200 »		
Quarante pièces d'or de dix francs, ci	400 »		
Cent pièces d'argent de cinq francs, ci	500 »		
Somme égale, ci	1.800 »		1.800 »
Total de la prisée des objets inventoriés ce jour, y compris les deniers comptants, ci		» »	» »

AJOURNEMENT POUR CONTINUER DANS UN AUTRE LIEU. (N° 2235.)

Attendu qu'il est six heures de relevée, et qu'on a inventorié tous les meubles et objets mobiliers garnissant le domicile où M. Duval est décédé, il est renvoyé à demain . . . . . de ce mois, à huit heures du matin, pour continuer le présent inventaire en une maison située en cette ville, rue . . . . . , n° . . . . . , dont M. Duval était locataire, dans laquelle il exploitait le fonds de commerce de marchand de nouveautés, et où se trouvent le matériel et les marchandises dépendant de ce fonds de commerce.

---

(1) Roll., *Prisée*, n° 190.
(2) Dict. not., *Invent.*, n° 339, et *Prisée*, n° 60.
(3) Roll., *Invent.*, n° 193; Dict. Not., *Prisée*, n°s 57, 58.
(4) Dict. not., *Prisée*, n° 59; Roll., *Invent.*, n° 192.

2293. Si, en vertu du contrat de mariage ou d'une donation faite par l'époux prédécédé, le fonds de commerce appartient au conjoint survivant, et qu'il n'y ait ni héritiers à réserve ni créanciers, on peut se dispenser de le décrire et de le priser (1).

2294. Lors de la prisée des marchandises et de l'achalandage il est utile d'appeler des marchands exerçant un commerce pareil pour aider l'officier priseur (2), *supra n° 2260.*

2295. Si le survivant a le droit de conserver le fonds de commerce d'après une estimation à faire par deux experts choisis, l'un par le survivant, l'autre par les héritiers du conjoint prédécédé, la prisée a lieu de cette manière, et il est d'usage que les experts prêtent serment entre les mains du juge de paix si les scellés ont été apposés, ou du notaire s'il n'y a pas eu d'apposition de scellés; mais cet usage n'a rien d'obligatoire.

2296. La déclaration, faite dans l'inventaire par le survivant, qu'il entend user de la faculté réservée par le contrat de mariage de demeurer propriétaire du fonds de commerce pour le montant de l'estimation, dont il fera compte à la communauté, est l'exécution d'une convention matrimoniale, et ne donne pas lieu au droit de vente de meubles sur la moitié de la valeur estimative (3).

Les meubles, objets mobiliers et argent comptant ci-dessus inventoriés sont restés, du consentement des parties, en la garde et possession de Mme veuve DUVAL, qui s'en charge, pour les représenter quand, à qui, et ainsi qu'il appartiendra.

Il a été vaqué à tout ce que dessus depuis. . . . .

Et après lecture les parties ont signé. . . . .

(Signatures.)

INVENTORIÉ ET PRISÉE D'UN FONDS DE COMMERCE ET DES MARCHANDISES ET USTENSILES EN DÉPENDANT.
(N°^{s} 2290 à 2296.)

Et aujourd'hui. . . . ., à huit heures du matin.

A. . . . ., rue. . . . ., n°. . . . ., dans une maison où M. DUVAL exploitait le fonds de commerce de marchand de nouveautés (n° 2235).

Ou si la réquisition de transport n'a pas été précédemment énoncée :

Dans une maison située à. . . . ., rue. . . . . n°. . . . ., où M. DUVAL exploitait le fonds de commerce de marchand de nouveautés, et où les notaires, l'officier priseur et les parties se sont exprès transportés pour inventorier les objets et marchandises s'y trouvant, et qui dépendent des communauté et succession dont il s'agit.

Aux mêmes requête, présence et qualités qu'en l'intitulé des présentes,

Il va être, par M^e. . . . ., et l'un de ses collègues, notaires à. . . . ., soussignés,

Procédé à l'inventaire des marchandises dépendant du fonds de commerce, des effets mobiliers et ustensiles servant à son exploitation, et de l'achalandage.

Sur la représentation qui sera faite du tout par Mme veuve DUVAL, et par M. Ulysse LEBEL, gérant du fonds de commerce, à ce intervenant, lequel averti du serment qu'il aura à prêter à la clôture des présentes de n'avoir rien détourné, vu ni su qu'il ait été rien détourné, directement ou indirectement, promet de s'y conformer (n° 2235).

La prisée des objets à inventorier sera faite par M^e. . . . ., commissaire-priseur, de l'avis de : 1° M. Louis MONNET, marchand de nouveautés, demeurant à. . . . ., rue. . . . ., n°. . . . .; 2° et M. Réné NOUVEL, aussi marchand de nouveautés, demeurant en la même ville, rue. . . . ., n°. . . . ., choisis, le premier par Mme DUVAL, le second par les héritiers de M. DUVAL ; experts qui ont à l'instant prêté serment, ès mains des notaires

---

(1) Dict. not., *Prisée*, n° 56 ; Roll., *Invent.*, n° 191.
(2) Dict. not., *Prisée*, n° 61.

(3) Trib. Lille, 27 août 1853 ; Cass., 7 avril 1856 ; J. N., 15152, 15777; CONTRA Trib. Seine, 4 juin 1856 ; J. N., 15848.

2297. *Mobilier de ferme.* Les chevaux, bestiaux, instruments aratoires, récoltes, fourrages, etc., garnissant un corps de ferme sont décrits et estimés comme il est dit *supra n° 2272*; les chevaux, vaches,

---

soussignés, de donner leur avis sur la prisée, en leur âme et conscience et eu égard au cours du jour (n°ˢ 2260, 2266, 2294).

Après lecture, ils ont signé.

(Signatures des experts.)

Si le survivant a le droit de conserver le fonds et les marchandises et ustensiles, l'on ajoute :

Avant qu'il soit procédé à l'inventorié des marchandises, ustensiles et achalandage, Mme veuve Duval déclare qu'aux termes de son contrat de mariage relaté en tête des présentes, et en sa qualité de survivante, elle a le droit de conserver pour son compte et à son profit : 1° le fonds de commerce de marchand de nouveautés dont il s'agit, ensemble les marchandises en dépendant et tous les objets mobiliers et ustensiles servant à son exploitation, pour le montant de l'estimation qui en serait faite par deux experts, avec faculté de s'en adjoindre un troisième en cas de désaccord, et à la charge de faire connaître son intention aux héritiers du mari dans les trois mois de son décès ; 2° et le bail des lieux dans lesquels le fonds de commerce est exploité, à la charge d'en payer seule les loyers et d'exécuter les conditions du bail, à partir du jour du décès de son mari.

Et qu'elle se réserve de faire connaître son intention à cet égard dans le délai ci-dessus rappelé

Ou si elle accepte au moment de l'inventaire (n° 2296) :

Qu'elle entend user de ce droit et conserver pour son compte le fonds de commerce, ensemble les marchandises, ustensiles et objets mobiliers en dépendant, aux conditions relatées en son contrat de mariage.

Et qu'elle manifeste ici sa volonté à cet égard, afin d'être dispensée de la notification que son contrat de mariage l'oblige à faire aux héritiers de son mari dans les trois mois du décès.

Après lecture, elle a signé.

(Signature.)

Les héritiers de M. Duval, et M. Rémy Duval, en sa qualité de subrogé tuteur de la mineure Duval, se tiennent pour notifiée la déclaration passée par Mme Duval.

Après lecture, ils ont signé.

(Signatures.)

A la suite de ces déclaration et reconnaissance, il est passé à l'inventaire et à la prisée des marchandises, ustensiles et achalandage.

Dans un magasin au rez-de-chaussée éclairé sur la rue.

56° Un comptoir en bois d'acajou, une banquette en même bois, à élastiques, couverte en velours d'Utrech marron, quatre autres comptoirs en chêne, douze chaises en merisier foncées en canne, huit mètres suspendus, une caisse avec casiers, le tout estimé . . . . . ., ci. . . . .| » »
57° Neuf cent soixante mètres de drap fantaisie, estimés. . , ., ci. . . .| » »
58° Deux cents mètres de drap noir, estimés. . . . ., ci. . . . .| » »
59° Trois mille mètres fantaisie pour robes, estimés. . . . ., ci. . . . .| » »
60°. . . . .

Total de la prisée des marchandises, effets mobiliers et ustensiles. . . . .| » »

ACHALANDAGE. (N° 2294.)

M•. . . . ., commissaire-priseur, et MM. Monnet et Nouvel, experts, après avoir exa-

bœufs, mulets, ânes, etc., sont décrits par l'indication de leur âge, de leur espèce et de la couleur de leur robe; les troupeaux par l'espèce et le nombre des têtes.

miné les livres de commerce, s'être rendu compte du chiffre d'affaires par chaque année, et ayant égard à la situation de la maison de commerce et au temps restant encore à courir du bail, ont estimé l'achalandage du fonds de commerce à la somme de. . . . ., non compris les marchandises, objets mobiliers et ustensiles dont la prisée a eu lieu séparément, ci. . . . . » »

Après lecture, les experts ont signé et se sont retirés.

(Signatures des experts.)

Et M. Lebel, gérant de la maison de commerce, a affirmé, par serment prêté aux mains des notaires soussignés, qu'il a été compris au présent inventaire tout ce qui à sa connaissance dépend des communauté et succession, sans qu'il ait rien détourné, vu ni su qu'il ait été rien détourné directement ou indirectement.

RÉQUISITION DE TRANSPORT A UNE FERME. (N° 2235.)

Les parties déclarent :

Que M. Duval, *de cujus*, exploitait les terres dépendant d'une ferme située en la commune de. . . . ., appelée la ferme de. . . . .;

Que le corps de ferme appartenait à M. Duval, et que les terres appartenaient tant à M. et à Mme Duval en propre, qu'à la communauté existant entre eux; qu'en outre ils avaient rattaché à cette ferme diverses pièces de terre tenues à location;

Que les objets mobiliers, instruments aratoires, bestiaux, grains, fourrages, garnissant le corps de ferme dépendent de la communauté d'entre M. et Mme Duval;

Qu'il y a lieu d'inventorier et de priser tous ces objets, et qu'il sera utile de rapporter au domicile mortuaire les registres, titres et papiers, afin de les réunir à ceux qui s'y trouvent et de ne faire du tout qu'un même classement;

En conséquence, les parties requièrent les notaires soussignés et l'officier priseur, lors de la prochaine vacation, de se transporter à. . . . ., au corps de ferme sus indiqué, pour la continuation du présent inventaire.

Et la vacation pour la continuation du présent inventaire a été ajournée à lundi. . . . . de ce mois, à huit heures du matin; jour et heure où les parties promettent de se trouver au corps de ferme sus indiqué sans qu'il soit besoin de leur faire de sommation; consentant à ce qu'il y soit procédé en leur absence comme en leur présence;. . .

Les objets mobiliers, ustensiles et marchandises inventoriés à la maison de commerce, ont été laissés, du consentement des parties, en la garde et possession de M. Lebel, qui s'en charge pour les représenter quand, à qui et ainsi qu'il appartiendra.

Il a été vaqué à tout ce que dessus. . . . .,

Après lecture, les parties, M. Lebel et l'officier priseur ont signé avec les notaires, sans aucune approbation préjudiciable et sous toutes réserves.

(Signatures.)

INVENTORIÉ ET PRISÉE DE MOBILIER, INSTRUMENTS ARATOIRES, GRAINS, BESTIAUX, RÉCOLTES, LABOURS ET SEMENCES
(N° 2297.)

Et aujourd'hui, lundi. . . . ., à huit heures du matin,

A la ferme de. . . . ., située commune de. . . . . (N° 2235.)

En conséquence de la réquisition contenue en la vacation qui précède,

Aux mêmes requête, présence et qualités qu'en l'intitulé des présentes,

Il va être, par M^e. . . . ., et l'un de ses collègues, notaires à. . . . ., soussignés,

2298. *Croît des animaux.* Le croît des animaux, lorsque la mère a mis bas avant le décès, doit être décrit et estimé dans l'inventaire.

Procédé à l'inventaire des meubles meublants, objets mobiliers, instruments aratoires, grains, fourrages, chevaux, bestiaux, garnissant la ferme de....., et dépendant tant de la communauté ayant existé entre M. et Mme Duval, que de la succession de M. Duval.

Sur la représentation qui sera faite du tout par M. Jérôme Caillard, gérant de la ferme, où il demeure, lequel averti du serment..... (*comme plus haut* [n° 2235]).

La prisée des choses qui en sont susceptibles sera faite par M....., commissaire-priseur, de l'avis de MM. Louis Benoit et Charles Duhamel, cultivateurs, demeurant à....., choisis, le premier par Mme Duval, et le second par les héritiers de M. Duval ; experts qui ont à l'instant prêté serment ès mains des notaires soussignés, de donner leur avis sur la prisée en leur âme et conscience, eu égard aux cours du jour. (N°s 2260 et 2266.)

Après lecture, ils ont signé.

(Signatures des experts.)

Dans la cuisine ayant son entrée sur la cour, et éclairée par deux fenêtres sur la cour.

61° Au foyer : deux chenets, porte-broche, une pelle à feu, une pincette, un soufflet, un gril, un trépied en fer, estimés....., ci........................ » »

62° Un grand chaudron, un autre plus petit, trois grandes casseroles, le tout en fonte, estimé....., ci........................ » »

63°.....

Dans la salle à manger ouvrant sur la cuisine, et éclairée par une fenêtre sur la cour.

64° Une table ronde pliante en merisier à six pieds et deux ralonges, estimée....., ci........................ » »

65°.....

Dans une chambre à droite de la cuisine, ouvrant sur la cuisine et éclairée par une fenêtre sur la cour.

66° Un lit composé de : une couchette en noyer, une paillasse, deux matelas, un lit de plumes, un traversin, deux oreillers remplis de plumes, une couverture de laine, une courte-pointe, une paire de draps, baldaquin, tour de lit et rideaux en indienne, estimés....., ci........................ » »

67° Six chaises en merisier foncées de paille, une table ronde, estimées....., ci........................ » »

68°.....

Dans une autre chambre à gauche de la cuisine, ayant son entrée par la cour et éclairée par une fenêtre sur le jardin.

69° Un lit composé de....., estimé....., ci........................ » »

70° Une commode en merisier à trois compartiments, avec dessus de marbre, estimée....., ci........................ » »

71°.....

Dans l'étable à vaches.

72° Une vache sous poil noir, âgée de quatre ans, estimée....., ci........................ » »

73° Une autre vache sous poil rouge, âgée de cinq ans ; cette vache était pleine lors du décès de M. Duval, depuis elle a mis bas, et elle est estimée selon la valeur de bête pleine qu'elle avait lors du décès (n° 2298.) à....., ci........................ » »

A reporter...... » »

2299. Si la mère qui était pleine lors du décès a mis bas depuis, elle doit être prisée selon la valeur de bête pleine qu'elle avait au jour du décès; quant aux petits, ils sont considérés comme fruits, et si on les estime ce doit être par distinction (1).

	Report.	»	»
74° Un veau sous poil....., âgé de quinze jours, né de la vache qui vient d'être inventoriée (n° 2299); ce veau, étant considéré comme fruit, est estimé par distinction à....., ci...................		»	»
75° Une autre vache sous poil....., etc.			

Dans l'écurie.

76° Un cheval sous poil gris, âgé de six ans, estimé....., ci........	»	»
77° Un cheval sous poil rouge, âgé de huit ans, estimé....., ci.......	»	»
78° Un poulain sous poil noir, âgé de huit mois, estimé....., ci.....	»	»
79°.......		

Dans une bergerie à côté de l'écurie.

80° Deux cent quatre-vingts moutons de différents âges, estimés....., ci..	»	»
81° Cent dix agneaux de lait, estimés....., ci...............	»	»
82° Deux chiens de berger, estimés....., ci................	»	»
83° Une cabane de berger, montée sur roues, estimée...., ci.......	»	»

Sous un chartil faisant suite à la bergerie.

84° Une voiture à quatre roues, montée sur essieux en fer, estimée....., ci.	»	»
85° Une autre voiture......		

Sous un autre chartil en face de celui qui précède.

86° Deux charrues en fer avec trains, arrière-trains et coutres, estimées....., ci.................	»	»
87° Cinq herses en fer, deux herses en bois, un rouleau, estimés....., ci	»	»

Dans une grange à côté du chartil qui précède.

88° Une machine à battre, avec ses accessoires, estimée....., ci....	»	»
89° Deux moulins à vanner et leurs accessoires, quatre cribles, estimés....., ci..................	»	»
90° Douze cents gerbes de blé, estimées....., ci............	»	»
91° Seize cents gerbes d'orge, estimées....., ci............	»	»
92° Trois mille gerbes d'avoine, estimées....., ci...........	»	»
93°......		

Dans le pressoir. (N° 2302.)

94° Un grand pressoir à roue, avec ses accessoires, comprenant deux fortes visses en bois, quinze planches, une grande cuve à vin, une autre grande cuve à cidre, deux autres petites cuves, deux cuviers, trois brocs, trois pelles en bois, le tout non estimé comme étant immeuble par destination.

Dans un autre bâtiment à côté.

95° Un petit pressoir à auge avec ses accessoires, comprenant : une selle en

	A reporter......	»	»

(1) Roll., *Prisée*, n° 84,

2300. *Objets immeubles par destination.* Il n'est pas utile de priser : 1° les objets que le propriétaire d'un fonds donné à ferme a livrés au fermier ou métayer pour la culture, *supra* n° 1400, 1°, lorsqu'ils sont désignés dans le bail, puisqu'ils doivent être rendus comme le fonds à la fin du bail avec la valeur qu'ils auront alors; mais on doit avoir soin de les indiquer lors de l'analyse du bail; 2° les effets mobiliers attachés au fonds à perpétuelle demeure, c'est-à-dire scellés à chaux, plâtre ou ciment ou faisant corps avec la boiserie et qu'on ne pourrait enlever sans détérioration, *supra* n° 1400; 3° les objets immeubles par destination dont l'enlèvement peut s'opérer sans laisser de traces, comme les statues placées dans des niches ou sur des piédestaux; mais ces objets doivent être décrits sans estimation (1).

2301. Quant aux objets que le propriétaire d'un fonds y a placés pour le service et l'exploitation du fonds, *supra* n° 1400, 2°, et qui n'auraient pas été livrés sur description à un fermier ou locataire tenu de les rendre à la fin de son bail, ils doivent être décrits, car ils pourraient être facilement enlevés et rendus à la classe des meubles; et on doit même les priser par distinction en indiquant leur destination, afin que dans la liquidation on les fasse entrer dans la masse des biens immeubles (2).

2302. Les pressoirs, immeubles par destination, sont ceux à arbre ou à roue, ou qui sont scellés ou autrement attachés et font corps avec le bâtiment; on doit seulement les décrire et surtout bien indiquer les accessoires qui s'en détachent, mais sans estimation; quant aux petits pressoirs à auge qui peuvent être facilement transportés, ils sont meubles et doivent être décrits et prisés (3).

2303. Les pigeons, lapins et poissons, immeubles par destination, tels que les pigeons des colombiers, les lapins des garennes, les poissons des étangs (524 C. N.), ne sont pas compris dans l'inventaire; quant aux pigeons dans une volière, aux lapins dans un clapier, aux poissons dans un vivier, ils sont meubles et ils doivent être décrits et prisés (4).

2304. *Pailles et engrais.* Les pailles et engrais sont *meubles* et doivent être décrits et prisés lorsque l'usage du père de famille est de les vendre (5); mais il en est autrement s'ils ont été placés par le propriétaire pour le service et l'exploitation du fonds (C. N., 524).

2305. *Échalas.* Les échalas sont toujours destinés à la culture des vignes; ils en sont donc un accessoire perpétuel, et il suffit d'en dire le nombre sans prisée (6).

Report. . . . . | » »

bois, une cuve de moyenne grandeur, deux autres cuves plus petites, deux brocs, deux pelles en fer (n° 2302), estimés . . ., ci . . . . | » »

Dans un petit bâtiment à côté.

96° Six lapins, au-dessus trois couples de pigeons (n° 2303), estimés. . . ., ci. . . . . | » »

Dans la cour.

97° Une meule de mille bottes de paille de blé (n° 2304), estimée. . . ., ci. | » »
98° Le fumier de la cour (n° 2304), estimé. . . ., ci. . . . . | » »
99° Un tas d'échalas pour vignes, comprenant environ mille échalas, non estimés en raison de leur nature d'immeubles par destination (n° 2305).
100° Un tas de briques en comprenant environ deux mille (n° 2306), estimé. . . ., ci . . . . | » »
101° Deux fenêtres, chacune à trois carreaux, momentanément détachées du bâtiment à usage de laiterie se trouvant au fond de la cour, et destinées à y être replacées prochainement, pourquoi elles ne sont pas estimées (n° 2306).

A reporter. . . . . | » »

---

(1) Dict. not., *Prisée*, n° 65; Roll., *ibid.*, n° 41.
(2) Dict. not., *Prisée*, n° 66; Roll., *ibid.*, n° 42.
(3) Dict. not., *Prisée*, n° 69; Roll., *ibid.*, n° 46.
(4) Dict. not., *Prisée*, n° 68; Roll., *ibid.*, n° 45.
(5) Roll., *Prisée*, n° 47.
(6) Roll., *Prisée*, n° 48.

2306. *Matériaux.* Nous avons vu, *supra* n° 1404, 3°, que les matériaux provenant de la démolition d'un édifice, et ceux assemblés pour en construire un nouveau sont meubles; on doit donc les décrire et priser (1). Il n'en n'est pas de même des matériaux qui ne sont séparés de la construction que momentanément; ils continuent d'être immeubles, *supra* n° 1399, 5°, et on doit seulement les décrire (2).

2307. *Pépinières.* Les arbres d'une pépinière provenus du semis que le propriétaire a fait sur son propre fonds sont immeubles, *supra*, n° 1400, 5°, et ne doivent être ni décrits ni estimés; au contraire ils sont meubles et doivent être décrits et prisés, lorsque les arbres ont été arrachés et conservés pour être vendus, alors même qu'ils auraient été transplantés dans un autre lieu en attendant la vente; ils sont meubles dans tous les cas au regard du fermier, qui a le droit de les enlever à la fin de son bail (3), et ils doivent être prisés dans l'inventaire après le décès du fermier.

2308. *Arbustes, oignons de fleurs.* Il en est de même des arbustes et oignons de fleurs plantés en pleine terre; ils sont immeubles pour le propriétaire du fonds et ne doivent être ni inventoriés ni prisés, à moins qu'ils n'aient été provisoirement retirés de la terre; alors, comme ils sont susceptibles d'être détournés, ils doivent être décrits, mais sans estimation, puisqu'ils conservent leur nature d'immeubles. En ce qui concerne le locataire, qu'ils soient dans le sein de la terre ou qu'ils en aient été retirés, ils sont toujours meubles et ils doivent être décrits et estimés (4).

2309. Les arbustes et fleurs plantés dans des pots ou des caisses sont meubles comme les pots et les caisses, et doivent être décrits et estimés (5).

2310. *Fruits naturels et industriels; labours et semences.* Les productions de la terre venues sans culture (fruits naturels), ou avec la culture (fruits industriels), sont immeubles tant qu'elles sont pendantes par racines ou branches, *supra* n° 1399, 2°; elles suivent donc l'immeuble auquel elles sont incorporées, et pas plus que lui, elles ne doivent être prisées dans l'inventaire (6).

2311. Ainsi lorsque l'inventaire ne comprend que les biens d'une succession, c'est-à-dire quand le décès n'a pas donné lieu à une dissolution de communauté, on ne doit faire aucune prisée ni des labours et semences, ni des récoltes non détachées, alors même que l'époque de leur maturité serait prochaine; si une partie des récoltes était coupée lors du décès, cette partie serait seule meuble, *supra* n° 1399, 2°, et devrait seule être prisée dans l'inventaire.

Dans le jardin.

Report. . . . . | » »

102° Deux mille jeunes pommiers et poiriers, récemment arrachés, se trouvant encore dans un carré du jardin cultivé en pépinière, et destinés à être vendus (n° 2307), estimés. . ., ci. . . . . | » »

103° Divers arbustes et fleurs à oignons non décrits ni estimés en raison de leur nature d'immeubles par destination (n°s 2308 et 2309).

Montant de l'estimation des objets inventoriés à la vacation de ce jour . . | » »

Dans les champs.

LABOURS, ENGRAIS, SEMENCES, RÉCOLTES. (N°s 2310 à 2319)

I. — *Terres propres à feu M. Duval sur la commune de N....* (N°s 2315 et 2316.)

104° Les labours, engrais et semences en blé faits et jetés sur:
Quatre hectares lieu dit le Val, section D, n° 56 partie, estimés. . . . ., ci. | » »
Six hectares lieu dit . . . . ., estimés. . . . . ., ci. . . . . | » »

A reporter. . . . . | » »

---

(1) Dict. not., *Prisée*, n° 73; Roll., *Prisée*, n° 52.
(2) Toullier, III, 49; Roll., *Prisée*, n° 50;
(3) Dict. not., *Prisée*, n°s 79, 81; Roll., *Prisée*, n°s 55 à 57.
(4) Dict. not., *Prisée*, n° 82; Roll., *Prisée*, n° 58.
(5) Dict. not., *Prisée*, n° 83; Roll., *Prisée*, n° 59.
(6) Voir cependant Dict. not., *Invent.*, n° 344.

2312. Avant le Code, quelques coutumes déclaraient meubles les récoltes non détachées lorsque leur maturité était prochaine; ainsi, dans certains pays, cette époque était fixée pour les blés, les orges et les avoines au 23 juin, pour le raisin au 22 juillet, pour les pommes à cidre au 31 août; d'un autre côté, l'art. 626 C. Pr. permet, avec les formes prescrites pour les meubles, la saisie des récoltes sous le nom de *saisie-brandon* dans les six semaines qui précèdent leur maturité, ce qui doit être sans aucune influence sur leur nature légale. Néanmoins, soit par une fausse interprétation de cet article, soit par une réminiscence de l'ancien droit, l'usage existe dans quelques contrées de priser les récoltes lorsque leur maturité est prochaine(1); cet usage, en désaccord avec les véritables principes de la loi moderne, ne se justifie d'ailleurs par aucun caractère d'utilité: lorsque les récoltes non détachées lors du décès sont plus tard recueillies, elles constituent des fruits de succession et figurent dans la liquidation ou le compte de fruits, non selon leur valeur au jour du décès, mais selon ce qu'elles ont réellement produit par suite de la vente faite sur pied ou après qu'elles ont été recueillies; leur estimation à tous égards est sans objet, car les intempéries de l'air peuvent modifier les prévisions et rendre fausses les évaluations des quantités et de la qualité (2); elle peut même avoir cet inconvénient d'exposer aux réclamations de la régie qui pourrait prétendre, bien à tort, que le droit de mutation est dû sur toute la prisée, y compris celle des récoltes (3).

2313. Cependant, comme il est utile d'indiquer l'état exact de la succession, et de préparer les éléments du compte des fruits, on doit désigner les immeubles qui contiennent les récoltes par leur superficie, leur situation et l'espèce de récoltes ou de fruits qui y sont pendants par branches ou par racines (4).

2314. Si depuis le décès, des récoltes ont été détachées ou des fruits coupés, il suffit de les décrire sommairement; et si l'on croit devoir en faire la prisée, on la porte dans une colonne particulière en énonçant que les objets prisés sont seulement considérés comme des fruits (5).

Report.	»	»
105° Les labours et semences en orge sur :		
Deux hectares lieu dit. . . . ., section. . . . ., n°. . . . ., estimés. . . . ., ci.	»	»
Un hectare lieu dit. . . . ., estimé. . . . ., ci.	»	»
106° Les labours et semences en avoine sur :		
Trois hectares lieu dit. . . . ., section. . . . ., n°. . . . ., estimés. . . . ., ci.	»	»
Quatre hectares lieu dit. . . . ., section. . . . ., n°. . . . ., estimés. . ., ci.	»	»
107° Les labours, engrais et ensemencements en luzerne sur :		
Deux hectares cinquante ares lieu dit. . . . ., section. . . . ., n°. . . . ., estimés. . . . ., ci.	»	»
Quatre hectares	»	»
108°		
Total de l'estimation des labours, engrais et semences sur les propres de M. DUVAL.	»	»

II. — *Terres propres à Mme veuve Duval sur la commune de N.* . . . (N°s 2315 et 2316.)

Faire une pareille indication et désignation pour les labours, engrais et semences en blé, avoine, orge, seigle, luzerne, etc., sur les terres propres à la veuve.

III. — *Terres dépendant de la communauté sur la commune de N...* (N° 2317.)

Pour ordre, l'on indique ici celles des terres de labour dépendant de la communauté qui sont chargées de récolte :
109° *Récolte en blé* : quatre hectares lieu dit. . . . ., section. . . . ., n°. . . . ., du plan cadastral ;

---

(1) Cet usage est encore enseigné comme règle par quelques auteurs : Dict. not., *Prisée*, n° 92; Roll., *ibid.*, n° 65; Harel-Delanoe, *Cours élém. de notar.*, n° 896.
Dict. not., *Prisée*, n° 93; Roll., *ibid.*, n°s 71 à 73.

(3) Paultre, *Rev. not.*, art. 53.
(4) Paultre, *Rev. not.*, art. 53.
(5) Dict. not., *Prisée*, n° 97.

2315. Lorsque l'inventaire a lieu après la dissolution par décès d'une communauté ou société d'acquêts, on ne prise pas les récoltes non détachées, ni les fruits non recueillis sur les immeubles propres des époux (1), car chacun d'eux les reprend dans l'état où ils se trouvent (*C. N.*, *1470*); mais comme les époux ne peuvent s'enrichir aux dépens de la communauté et doivent l'indemniser des frais de culture (*C. N.*, *1437*), l'inventaire comprend l'estimation des labours, engrais et semences qui ont été faits sur les terres chargées de récoltes, en distinguant les propres du mari de ceux de la femme. Cette estimation est faite par des cultivateurs du lieu, connaissant bien la nature des terres, et reste étrangère à l'officier chargé de la prisée des meubles (2). Lorsque les récoltes sont de peu de valeur, une déclaration faite par les parties d'accord peut suffire.

2316. L'estimation des labours, engrais et semences, sur les propres, doit être faite même en présence d'un usufruitier de tout ou partie des biens laissés par le *de cujus*, quoiqu'il ne soit pas tenu de les payer (*C. N.*, *585*) (3); mais la succession du prédécédé en doit compte à la communauté, et c'est en raison de cela que l'estimation est nécessaire.

2317. Lorsqu'il existe des récoltes non coupées et des fruits non détachés sur les immeubles de la communauté, il n'y a pas lieu, même lorsque leur maturité est très-prochaine, de les estimer dans l'inventaire, ni d'estimer les frais de labours, engrais et semences; car les immeubles sur lesquels ils se trouvent sont compris dans l'actif de la communauté, selon leur état au jour de sa dissolution, et la valeur des récoltes recueillies postérieurement est portée au compte des fruits, *supra* nos 2312, 2313 et 2314. Cette estimation n'est pas utile non plus en présence d'un usufruitier total ou partiel des biens du prédécédé, puisque d'une part il a droit aux fruits existants sans payer les frais de culture (*C. N.*, *585*), et que, d'ailleurs, la succession n'est pas tenue de ces frais qui sont à la charge de la communauté.

Trois hectares lieu dit....., section....., n°.....
110° Récolte en seigle....., etc.....

Terres tenues à location sur la commune de N..... (N° 2318.)

Si l'on admet le premier système du n° 2318, on indique celles des terres qui sont chargées de récoltes, ainsi que nous venons de le faire pour les biens de communauté. — Si l'on admet le second système, il faut estimer les labours, engrais et semences, lorsque la maturité des récoltes est éloignée de plus de six semaines, — ou les récoltes, lorsque l'on est dans la période des six semaines qui précèdent leur maturité; dans ce cas, on procède de la manière suivante :

111° La récolte en blé à faire sur une pièce de terre en labour, sise commune de....., lieu dit....., de la contenance de....., section....., n°....., estimée, ci... » »
112° La récolte en avoine à faire....., etc., ci.............. » »
Total de l'estimation des récoltes....., ci................. » »

Récoltes coupées. (N° 2314.)

113° La récolte en luzerne provenant de la coupe faite avant le décès sur une pièce de terre située commune de....., lieu dit....., de la contenance de....., section....., n°..... du plan cadastral, tenue à ferme de M....., et gisant en veillottes sur cette pièce de terre, formant environ quatre mille bottes, estimées....., ci.   » »
114° La récolte en trèfle provenant de la coupe faite depuis le décès sur une pièce de terre en labour située commune de....., lieu dit....., de la contenance de....., section....., n°..... du plan cadastral, dépendant de la communauté d'entre M. et Mme Duval, et gisant à l'état de récolte fauchée sur cette pièce de terre, formant environ deux mille cinq cents bottes, estimées..., ci.   » »
115° La récolte en....., etc., ci............................. » »
Total de l'estimation des récoltes coupées, ci.............. » »

---

1) Dict. not., *Prisée*, nos 85, 86; Roll., *Prisée*, n° 61.
2) Dict. not., *Prisée*, nos 94, 95; Roll., *ibid.*, nos 68 à 74.
(3) Douai, 20 déc. 1848; J. N. 13940.

2318. Si l'inventaire a lieu après le décès d'un fermier de biens ruraux, la question est plus délicate : le droit au bail est une chose mobilière, et en pareil cas les récoltes pendantes sont nécessairement meubles (1); aussi la régie émet-elle la prétention qu'elles doivent être estimées pour être assujetties au droit de mutation par décès, lorsque leur maturité est prochaine (2). En serait-il de même au regard des droits des parties ? La solution de cette question peut être présentée de deux manières : selon un *premier système* on dit : les récoltes, étant des fruits industriels qui ne s'acquièrent que du jour où ils sont matériellement détachés (C. N., 585), il n'y a pas lieu de les estimer, leur produit devant seulement figurer dans le compte des fruits, *supra* n° 2317, sans qu'il y ait à faire tenir compte, par la masse des fruits à la masse des fonds, des frais de culture, qui doivent être considérés comme une dépense définitivement consommée. A plus forte raison, en serait-il ainsi en présence d'un usufruitier ; car c'est le droit au bail lui-même qui est soumis à l'usufruit, et non pas seulement les bénéfices à obtenir sur le bail; ces bénéfices sont définitivement acquis à l'usufruitier et ne sont pas sujets à restitution (3); or, c'est un principe qui paraît général et applicable aussi bien à l'usufruit d'une chose mobilière qu'à l'usufruit d'un immeuble, que l'usufruitier a droit aux fruits existants au moment où s'ouvre l'usufruit, sans récompense des labours, engrais et semences (Arg. C. N., 584 et 585). — D'après un *second système*, les récoltes mises dans le fonds affermé y sont à titre de dépôt et, comme toutes les autres choses mobilières, constituent un actif en fonds selon leur valeur au jour du décès ; elles doivent donc être estimées dans l'inventaire pour le montant des frais de labours, engrais et semences, *supra* n° 2315, si elles ne sont pas encore appréciables en raison de ce que l'époque de leur maturité est éloignée de plus de six semaines (Arg. C. pr., 626)., ou pour ce qu'elles valent comme récoltes à détacher si l'on est dans la période des six semaines qui précèdent leur maturité. Lorsque le droit au bail passe à un usufruitier, il y a la même

Récapitulation des prisées.

Prisée de la vacation du	»	»
Prisée de la vacation du	»	»
Argent comptant.	»	»
Estimation des engrais, labours et semences sur les biens de la succession.	»	»
Estimation des engrais, labours et semences sur les propres de Mme Duval.	»	»
Estimation des récoltes ou des engrais, labours et semences sur les terres tenues à location.	»	»
Prisée des récoltes coupées, ci	»	»
Réunion	»	»

CLOTURE A LA FERME.

Il a été vaqué à tout ce que dessus, depuis huit heures du matin jusqu'à cinq heures de l'après midi, par triple vacation.

Et attendu que dans les bâtiments et dépendances du corps de ferme il ne s'est plus rien trouvé à inventorier, M. Caillard a affirmé, sous serment prêté aux mains des notaires soussignés, qu'il a fait comprendre au présent inventaire tout ce qui à sa connaissance peut dépendre de la communauté d'entre M. et Mme Duval et de la succession de M. Duval, sans qu'il ait rien détourné, vu ni su qu'il ait été rien détourné directement ou indirectement.

Tous les objets inventoriés dans le corps de ferme et ses dépendances sont restés en la garde et possession de M. Caillard qui le reconnaît et s'en charge, pour en faire la représentation quand, à qui et ainsi qu'il appartiendra.

Pour la continuation du présent inventaire, il est renvoyé, du consentement des parties, au . . . . ., jour et heure où les parties promettent de se trouver, à . . . . . rue . . . . . ,

---

(1) Demolombe, IX, 156 et suiv.; Demante, II, 343; Mourlon, I, 1351.
(2) Dict. not., Succ. n° 582; Roll., *Mutations (droit de)* n° 93, 4°; Championnière et Rigaud, n° 3674; Inst. 31 décemb. 1828; trib. Napoléon-Vendée, 22 déc. 1858; J. N. 6756, 16930. Voir cependant Garnier, n°⁸ 12909 12910, selon lequel le droit ne devrait être perçu que sur le montant des frais de labours, engrais et semences.
(3) Cass. 19 janv 1857; J. N. 16039; contra Demolombe, n° 330.

raison pour l'estimation, car l'art. 585 n'est plus applicable: en effet, il suppose que les biens ensemencés sont eux-mêmes soumis à l'usufruit, tandis que dans l'espèce il n'y a que le droit au bail, chose incorporelle, qui y soit sujet (1); l'usufruitier ne doit donc profiter des récoltes qu'à la charge de tenir compte à la cessation de son usufruit, selon les cas, ou de l'estimation des labours, engrais et semences, ou de la prisée des récoltes; et, si le bail n'est pas expiré à la fin de l'usufruit, il a un pareil droit sur les récoltes alors pendantes (*Arg.*, *loi* 23 *mess. an* III).

2319. Si lors du décès une coupe est commencée sur un bois propre à l'un des époux, ou une tonte sur un troupeau également propre à l'un des époux, on ne doit priser comme actif de communauté que le bois ou les toisons qui étaient coupés lors du décès; quant à ceux coupés depuis et avant l'inventaire il n'y sont indiqués que sommairement comme fruits de succession, *supra* n° 2314. Si le bois ou le troupeau appartient au conjoint survivant, il n'est fait aucune description des coupes et des tontes postérieures au décès (2).

§ 3. — INVENTORIÉ DES PAPIERS.

2320. Les papiers doivent être cotés par les indications suivantes : S'il n'y a qu'une seule pièce dans une cote, *pièce unique de la cote*...; s'il y en a plusieurs, *pièce 1re ou 2e*... *ou 5e et dernière de la cote*... Puis l'un des notaires appose son paraphe au-dessous de la cote (*C. pr.*, *943*, *6°*).

2321. En outre, quoique la loi ne le prescrive pas textuellement, le notaire analyse sommairement les papiers pour en faire ressortir l'actif et le passif de la communauté ou de la succession, les reprises des époux sur la communauté, et les indemnités dues par eux à la communauté.

2322. Les papiers sont inventoriés au domicile du *de cujus*. Toutefois voir *supra* n° 2234.

---

n°....., au domicile mortuaire de M. Duval, sans qu'il soit besoin de leur faire de sommation; consentant à ce qu'il y soit procédé en leur absence comme en leur présence.

Et après lecture, etc.....

RETOUR AU DOMICILE MORTUAIRE.

Et aujourd'hui.....,
A....., rue....., n°....., au domicile où est décédé M. Duval,
En conséquence de l'ajournement contenu en la clôture de la vacation précédente,

Aux mêmes requête, présence et qualités.....,
Il va être, par Me.....,
Procédé à la continuation de l'inventaire après le décès de M. Duval.

CLASSEMENT DES PAPIERS

Les titres, papiers et registres trouvés pendant le cours des opérations au domicile mortuaire, au lieu du siège de l'établissement de commerce et dans le corps de ferme, ont été réunis pour être classés.
Me....., l'un des notaires soussignés, s'est livré à l'examen et au classement de ces titres, papiers et registres.
Il a été vaqué à ce travail depuis..... jusqu'à.....
Tous ces papiers ont été laissés en la garde et possession de Mme veuve Duval, qui s'en charge pour les représenter à l'ouverture de la prochaine séance.
Les parties se sont ajournées, pour la continuation de l'inventaire, au.....
Et après lecture....., etc.

CLÔTURE D'UNE VACATION PORTANT RENVOI A L'ÉTUDE POUR L'INVENTORIÉ DES PAPIERS. (N° 2234 et 2322.)

Pour la continuation du présent inventaire il est renvoyé au....., jour et heure où

---

(1) Roll., *Prisée*, n° 80.

(2) Roll., *Usufruit*, n° 240. Voir aussi la décision de la régie et le jugement de Napoléon-Vendée précités.

2323. Si des papiers se trouvent dans d'autres lieux que celui où l'inventaire se fait, ou s'il en est qui soient en la possession de personnes tierces, tout intéressé peut exiger qu'ils soient rapportés au lieu où il est procédé, et, s'ils ont été remis en nantissement, qu'ils soient dégagés, si cela est possible. En cas de désaccord, il est statué par voie de référé (1).

2324. Lorsque le dépositaire des papiers refuse de les remettre, on ne peut, sans son consentement se transporter chez lui pour en faire l'inventorié, le domicile des citoyens étant inviolable (2).

2325. Un tiers dépositaire de papiers peut comparaître pour les faire inventorier ou pour en opérer la remise, ce que l'inventaire constate ; si les papiers doivent lui être rendus, ils sont inventoriés en sa présence. Il signe la partie de l'inventaire où l'on constate sa comparution et son objet (3).

2326. C'est au notaire qu'il appartient exclusivement de constater et décrire les titres et papiers ; le

---

les parties promettent de se trouver à....., en l'étude de M^e....., l'un des notaires soussignés, où les titres, papiers et registres seront transportés pour y être inventoriés.

OUVERTURE DE VACATION EN L'ÉTUDE.

A....., rue....., en l'étude de M^e....., notaire, où les parties ont jugé convenable de faire transporter les titres, papiers et registres qui vont être inventoriés.

En conséquence....., etc.

ANALYSE DES PAPIERS. (N°s 2320 à 2366.)

Contrat de mariage. (N°s 2328 et 2329.)

COTE PREMIÈRE, trois pièces.

La première est l'expédition sur parchemin d'un contrat passé devant M^e....., qui en a gardé minute, et l'un de ses collègues, notaires à....., le....., contenant les clauses et conditions civiles du mariage alors projeté entre M. DUVAL et Mme Julie VERNIER, restée sa veuve.

Aux termes de ce contrat :

Sous l'article premier, les futurs époux ont adopté le régime de la communauté.

Sous l'article deux, il a été dit que les dettes personnelles des futurs époux antérieures à la célébration du mariage, ensemble celles dont pourraient être grevés les biens et droits dont ils deviendraient respectivement propriétaires pendant le mariage, seraient acquittées par celui des époux qui les aurait créées ou du chef duquel elles seraient provenues, sans que l'autre époux ni la communauté en fussent aucunement chargés.

Sous l'article trois, le futur époux a déclaré faire l'apport, comme provenant de ses gains et épargnes :

1° Des vêtements, linge et bijoux à son usage personnel, d'une valeur de quinze cents francs ;

2° D'une somme de quatre mille francs en numéraire ;

3° D'une somme de huit mille francs en créances sur divers, d'un recouvrement certain ;

4° Du fonds de commerce de....., qu'il exploitait alors, avec les marchandises le garnissant, le matériel et divers objets mobiliers, le tout estimé sept mille francs ;

5° D'une somme de onze mille francs due par M. Charles HOUEL, marchand de toiles, demeurant à....., pour le prix de la vente que M. DUVAL lui avait faite d'une

---

(1) F^e Belleyme, 11, 236; Dict. not. Invent., n° 353; Roll., ibid., n°s 171, 243.
(2) Billard, Bénéf. d'invent., n° 146; Roll., Invent., n°s 172, 244.
(3) Dict. not., Invent., n° 355 ; Roll., Invent., n° 245.

juge de paix ne peut ni ne doit en prendre lecture, même sous le prétexte de rechercher un testament ou autre pièce (1).

2327. Afin de procéder par ordre, il faut avant tout classer les papiers ; s'agit-il de l'inventaire d'une communauté et d'une succession, le classement se fait de la manière suivante : 1° le contrat de mariage, s'il y en a un ; 2° le testament ou autre acte de disposition ; 3° les titres relatifs aux propres des époux ; 4° les titres des immeubles acquêts ; 5° les titres de créance ; 6° les livres de commerce ; 7° les papiers divers.

2328. *Contrat de mariage.* L'analyse porte sur le régime, les apports des époux, les droits de survie, les stipulations relatives à la dissolution du mariage, et les donations mutuelles entre époux.

---

maison située à. . . . ., rue. . . . ., n°. . . . ., suivant contrat passé devant M^e. . . . ., notaire à. . . . ., le. . . . . ; plus l'intérêt de cette somme à cinq pour cent par an, depuis le. . . . .

Le futur époux a déclaré que son apport était grevé d'une somme de sept mille francs, dont il était débiteur envers plusieurs personnes.

Sous l'article quatre, M. et Mme DUVAL, père et mère du futur époux, lui ont fait donation, par avancement d'hoirie, d'une somme de trente mille francs en numéraire, stipulée payable le jour du mariage, dont la célébration, devant l'officier de l'état civil, en vaudrait quittance.

Sous l'article cinq, la future épouse a déclaré faire l'apport :

Premièrement, des vêtements, linge, dentelles et bijoux à son usage personnel, d'une valeur de trois mille francs, provenant de ses épargnes.

Deuxièmement, des objets dont l'indication suit, formant le lot qui lui est échu pa le partage fait entre elle et son frère, suivant acte passé devant M^e. . . . ., notaire à. . . . ., le. . . . ., des biens dépendant de la succession de M. Jules VERNIER, leur père, décédé à. . . . ., le. . . . ., dont ils étaient héritiers chacun pour moitié :

1° Une somme de dix-sept cents francs en deniers comptants ;

2° Une créance de huit mille francs sur M. et Mme. . . . ., montant de l'obligation pour prêt qu'ils avaient souscrite au profit de M. VERNIER, suivant acte passé devant M^e. . . . ., notaire à. . . . ., le. . . . ., plus l'intérêt à cinq pour cent de cette somme depuis le. . . . . ;

3° Un titre de quatre cents francs de rente trois pour cent sur l'État français, porté sur le grand-livre de la dette publique, au nom de la future épouse, n°. . . . ., de la. . . . série ; plus les arrérages de cette rente depuis le. . . . . ;

4° Une prairie de la contenance de. . . . ., située à. . . . ., lieu dit. . . . ., section. . . . ., n°. . . . . ;

5° Une pièce de terre labourable, contenant. . . . ., situé à. . . . ., lieu dit. . . . . ; section. . . . ., n°. . . . . ;

6° Et un bois de la contenance de. . . . ., situé à. . . . ., lieu dit. . . . ., section. . . . ., n°. . . . .

Sous l'article six, Mme veuve VERNIER, mère de la future épouse, lui a fait donation, par avancement d'hoirie :

1° D'un trousseau composé de linge de ménage et d'objets mobiliers pour une valeur de huit mille francs ;

2° Et d'une somme de trente mille francs en numéraire.

Le trousseau a été stipulé livrable le jour du mariage, dont la célébration en vaudrait quittance.

Quant à la somme de trente mille francs, elle a été stipulée payable un an après la célébration du mariage.

---

(1) Dict. not., *Invent.*, n° 359; Roll., *ibid.*, n° 247; Aix, 8 juill. 1830; J. N. 7264; Voir aussi Caen, 10 août 1847; J. N. 13080.

2339. A la suite de l'analyse du contrat de mariage, on énonce sous forme de déclarations par les parties : 1° la date de la célébration du mariage, afin de faire connaître le jour où la communauté a commencé et de constater que le contrat est antérieur à la célébration; 2° la réalisation des apports des

Sous l'article sept, les futurs époux se sont réservé propres et ont exclu de la communauté tant leurs apports en mariage et les objets dont il leur a été fait donation que les biens meubles et immeubles dont ils deviendraient respectivement propriétaires pendant le mariage par succession, donation, legs ou autrement.

Sous l'article huit, il a été dit que le survivant des époux prélèverait, à titre de préciput, sur les biens meubles de la communauté, avant tout partage, tels des objets mobiliers et valeurs que bon lui semblerait, jusqu'à concurrence de trois mille francs, d'après la prisée de l'inventaire, ou cette somme en deniers comptants, à son choix;

Qu'en outre, la future épouse, si elle survivait, prélèverait encore, à titre de préciput, l'accroissement qui serait survenu dans les vêtements, linge, bijoux et dentelles à son usage personnel, et dans ses instruments, cahiers et albums de musique.

Que la future épouse survivante aurait droit à ces préciput et augment de préciput, en acceptant la communauté comme en y renonçant; et qu'en cas d'insuffisance des biens de la communauté, elle les prélèverait sur les biens du futur.

Sous l'article neuf, il a été expliqué que, sur la masse des biens qui existeraient lors de la dissolution de la communauté, les époux ou leurs héritiers et représentants prélèveraient, conformément à la loi : 1° les apports en mariage des futurs époux ci-dessus constatés; 2° les biens dont ils deviendraient propriétaires pendant le mariage, par successions, donations, legs ou autrement; 3° les récompenses qui pourraient être dues aux époux par la communauté. Le tout sous la déduction des indemnités dont les époux pourraient être débiteurs envers la communauté.

Que ce qui resterait, après le prélèvement des reprises dont il vient d'être question ainsi que des préciput et augment de préciput, composerait les bénéfices de communauté, qui seraient partageables par moitié entre les futurs époux ou entre le survivant d'eux et les héritiers et représentants du prédécédé.

Que la future épouse, en acceptant la communauté comme en la répudiant, exercerait le prélèvement de ses reprises franc et quitte des dettes et charges de la communauté, et que si elle s'y trouvait personnellement tenue envers les créanciers à raison des engagements qu'elle aurait contractés ou des condamnations prononcées contre elle, elle en serait, comme de droit, garantie ou indemnisée par le futur époux ou sa succession.

Sous l'article dix, il a été accordé au survivant des époux la faculté de conserver, pour son compte et à son profit, le fonds de commerce qu'ils pourraient faire valoir lors du décès du premier mourant, ensemble les marchandises en dépendant et tous les effets mobiliers servant à son exploitation, sous la condition de prendre les marchandises et effets mobiliers d'après la prisée de l'inventaire, et l'achalandage d'après l'estimation qui en serait faite par deux experts choisis par les parties, avec faculté de s'en adjoindre un troisième, en cas de désaccord.

A cet égard il a été stipulé :

Que le survivant imputerait la valeur des marchandises, effets mobiliers et achalandage sur les sommes qui lui reviendraient en propriété ou en usufruit dans la communauté et dans la succession du prédécédé, et que, pour s'acquitter envers les héritiers de celui-ci des sommes qu'il pourrait encore leur devoir, il aurait terme et délai de deux années du jour du décès du prémourant, à la charge d'en servir l'intérêt à cinq pour cent à partir du même jour, mais sans être tenu de fournir caution.

Et que le survivant, en exerçant la faculté dont il s'agit, aurait seul droit au bail des lieux dans lesquels s'exploiterait le fonds de commerce et où les époux auraient leur habitation, à la charge d'en payer seul les loyers, et d'en exécuter les charges et conditions à compter du premier jour du terme qui suivrait le décès; le tout de manière que les héritiers du prédécédé ne fussent point inquiétés ni recherchés.

époux et des dots qui leur ont été constituées; 3° l'existence en nature des biens apportés en mariage ou la vente qui en aurait été faite; 4° les emplois qui auraient été faits des capitaux ou des prix de vente.

Enfin, sous l'article onze, les futurs époux ont fait donation l'un à l'autre et au profit du survivant d'eux, de l'usufruit de l'universalité des biens meubles et immeubles qui composeraient la succession du premier mourant, sans aucune exception ni réserve; avec condition qu'au cas arrivé d'existence d'enfant, cette donation serait réduite à la moitié aussi en usufruit des mêmes biens meubles et immeubles.

Il a été dit que, dans ces deux cas, le survivant jouirait de l'usufruit donné pendant sa vie, à compter du jour du décès du premier mourant, sans être tenu de fournir caution ni de faire emploi des valeurs mobilières, mais à la charge de faire faire inventaire.

À la suite de cette expédition et sur le même papier se trouve l'expédition d'un acte passé devant M°....., notaire à....., le....., contenant quittance par M. et Mme Duval à Mme Vernier des trente mille francs, montant de la donation que cette dame a faite à Mme Duval, sa fille, par le contrat de mariage dont l'analyse précède.

La deuxième pièce est un bulletin délivré par M. le maire de la ville de....., constatant que le mariage de M. et Mme Duval a été célébré à la mairie de cette ville, le.....

La troisième est un bordereau délivré par M....., agent de change à la bourse de Paris, constatant que la rente de quatre cents francs trois pour cent, apportée en mariage par Mme Duval a été transférée le....., au taux de soixante-douze francs, pour un capital de neuf mille six cents francs....., ci............... | 9,600 fr. » c.
De quoi il a déduit, pour frais de courtage et timbre, quinze francs, ci. | 15 »
Il est resté neuf mille cinq cent quatre-vingt-cinq francs, ci. . | 9,585 »
Sur cette somme, la communauté avait droit aux arrérages courus depuis le....., soit soixante-cinq francs, ci............ | 65 »
Il est resté pour le compte de Mme Duval, neuf mille cinq cent vingt francs, ci........................... | 9,520 »

Ces pièces ont été cotées et paraphées par M°....., l'un des notaires soussignés, et inventoriées sous la cote première....., ci............. **Première.**

« Mme Duval fait les déclarations suivantes :

» 1° Les onze mille francs dus par M. Houel, faisant partie des apports de son mari, ont été payés ainsi que le constate une quittance passée devant M°....., notaire à....., le.....;

» 2° Les sept mille francs montant des dettes dont M. Duval a déclaré être grevé ont été intégralement payés pendant le mariage ;

» 3° La créance de huit mille francs apportée par Mme Duval a été remboursée à M. et Mme Duval, suivant quittance passée devant M°....., notaire à....., le.....;

» 4° Le bois compris sous le numéro six des apports de Mme Duval a été vendu par M. et Mme Duval à M. Denis Reculé, négociant, demeurant à....., par contrat passé devant M°....., notaire à....., le....., moyennant trente mille francs payés comptant, et sur lesquels douze mille francs ont été employés en acquisition d'immeubles au nom de Mme Duval, ainsi qu'on le verra sous la cote neuvième;

» 5° La prairie formant le numéro quatre des apports de Mme Duval a été échangée ainsi qu'on le verra sous la cote dixième.

« 6° Les autres immeubles existent toujours en nature. »

2330. *Donation entre époux; testament.* L'analyse des donations entre époux, des testaments et codiciles, doit faire connaître les dispositions y contenues. Si ces dispositions ont eu lieu en la forme olographe, l'usage est de les transcrire littéralement.

Testament de M. Duval. (N° 2330.)

COTE DEUXIÈME. Une pièce qui est l'original représenté par M°. . . . ., l'un des notaires soussignés, du testament de feu M. DUVAL, fait sous la forme olographe, en date à. . . . ., du. . . . ., déposé au rang des minutes de M°. . . . ., en vertu d'une ordonnance de M. le président du tribunal civil de. . . . .,contenue en son procès-verbal de description, en date du. . . . ., ainsi que le constate un acte de dépôt reçu par ce notaire, le. . . . .; aux termes duquel testament, M. DUVAL a fait les dispositions suivantes, transcrites littéralement :

« Je lègue, etc. »

Cette pièce a été reprise par M°. . . . ., et conséquemment n'a été ni cotée, ni paraphée.

PROPRES DE M. DUVAL. (N°⁸ 2331 et 2332.)

Partage de la succession de M. Duval père.

COTE TROISIÈME. Dix-sept pièces :

La première est l'expédition d'un acte passé devant M°. . . . ., notaire à. . . . ., qui en a gardé minute, et son collègue, le. . . . ., contenant partage entre : 1° M. Pierre DUVAL; 2° M. Remy DUVAL; 3° et Mme Charlotte DUVAL, épouse de M. Éloi DENISE, avocat, demeurant à. . . . ., des biens immeubles dépendant de la succession de M. Julien DUVAL, leur père, décédé à. . . . ., le. . . . ., duquel ils se sont trouvés héritiers chacun pour un tiers, sans charge d'usufruit, Mme Hortense DELLYS, veuve de M. Julien DUVAL, ayant renoncé à tous ses droits de donataire sur la succession de son mari, suivant déclaration passée au greffe du tribunal civil de. . . . ., le. . . . .

M. Pierre DUVAL a fait le rapport à la masse de la somme de quinze mille francs, formant moitié de la dot qui lui a été constituée par ses père et mère, aux termes de son contrat de mariage, analysé sous la première cote.

La masse partageable s'est élevée :

En fonds, à cent quatre vingt-treize mille cinq cents francs, ci	193,500 »	
Et en fruits, à quinze cents francs, ci		1,500 »
Dont le tiers pour chacun des enfants était :		
En fonds, de soixante-quatre mille cinq cents francs, ci.	64,500 »	
En fruits, de cinq cents francs, ci		500 »
Réunion soixante-cinq mille francs, ci	65,000	»

Le passif, dans lequel on a compris les frais de liquidation et partage, s'est élevé :

A la charge des fonds, à vingt-sept mille six cents francs, ci.	27,600 »	
A la charge des fruits, à neuf cents francs, ci. .		900 »
Dont le tiers contributif de chaque enfant était :		
A la charge des fonds, de neuf mille deux cents francs, ci.	9,200 »	
A la charge des fruits, de trois cents francs, ci .		300 »
Réunion, neuf mille cinq cents francs, ci	9,500	»

ANALYSE DES PAPIERS — FORMULE 348

2331. *Propres des époux.* L'on doit analyser non-seulement les titres et pièces relatifs aux biens du conjoint prédécédé, mais aussi tous ceux qui s'appliquent aux biens du conjoint survivant, pour constater les reprises et les indemnités réciproques. L'analyse de la liquidation ou du partage d'une succession

---

Pour remplir M. Pierre Duval des soixante-cinq mille francs, montant de ses droits, il lui a été attribué :

1° Neuf mille cinq cents francs, faisant partie des quinze mille francs dont il a effectué le rapport, ci.	9,500 »
2° Divers objets mobiliers, estimés deux mille cinq cents francs, ci.	2,500 »
3° Une maison située à. . . . ., rue. . . . ., n°. . . . ., estimée douze mille francs, ci.	12,000 »
4° Une pièce de terre labourable, située commune de. . . ., lieu dit. . . . .,section. . . . .,n°. . . . .,de la contenance de. . . . .,estimée trente mille francs, ci	30,000 »
5° Et une pièce de terre en labour et friche, de la contenance de. . . . ., située à. . . . ., lieu dit. . . . ., section. . . . . ., n°. . . . ., estimée onze mille francs, ci.	11,000 »
Somme égale aux droits de M. Pierre Duval	**65,000** »

Les cinq mille cinq cents francs, formant le complément du rapport de M. Pierre Duval, ont été attribués à Mme Denise, sa sœur, avec la condition que cette somme serait payée dans le délai d'un an, avec intérêt à cinq pour cent par an.

Il a été dit que M. Pierre Duval payerait diverses dettes s'élevant à neuf mille cinq cents francs, pour l'acquit de sa part dans le passif.

Nota. Des annotations mises en marge de l'expédition constatent que ces neuf mille cinq cents francs ont été payés aux créanciers y dénommés, suivant trois quittances passées devant M^e. . . . .,notaire à. . . . ., les. . . . .

La deuxième pièce est l'expédition d'un acte passé devant M^e. . . . .,notaire à. . . . ., qui en a gardé minute, et l'un de ses collègues, le. . . . ., contenant quittance par M. et Mme Denise à M. Duval des cinq mille cinq cents francs qu'il a été chargé de payer à Mme Denise sur le montant de son rapport.

Les six pièces suivantes sont relatives à diverses mitoyennetés et servitudes concernant la maison attribuée à M. Duval.

Les autres pièces sont les titres et anciens titres de propriété des immeubles échus à M. Duval par le partage qui vient d'être analysé.

Ces pièces ont été cotées, paraphées et inventoriées sous la cote troisième, ci. . . . . *Troisième.*

« Mme Duval fait les déclarations suivantes :

» 1° Il a été payé par M. Pierre Duval, pour droits de mutation à sa charge après le décès
» de son père, deux cent vingt-trois francs ;

» 2° La pièce de terre désignée sous le numéro cinq a été vendue à M. Claude Belin, pro-
» priétaire, demeurant à. . . . ., suivant contrat passé devant M^e. . . . ., notaire à. . . . .,
» le. . . . ., moyennant dix-sept mille cinq cents francs, qui ont été payés depuis, ainsi que
» le constate une quittance passée devant le même notaire, le. . . . . ;

» 3° Les autres immeubles provenus du partage qui vient d'être analysé existent encore
» en nature. »

Succession de Mme Duval, née Dellys.

Cote quatrième. Vingt-huit pièces :

échue à l'un des époux doit faire connaître l'importance de ses droits en fonds et en fruits, les attributions qui lui ont été faites en biens meubles et en biens immeubles, les dettes qu'il a été chargé d'acquitter, les

La première est l'expédition de l'inventaire après le décès arrivé à . . . . ., le . . . . ., de Mme Hortense Dellys, veuve de M. Julien Duval, dressé par M^e . . . . ., qui en a gardé minute, et l'un de ses collègues, notaires à . . . . ., le . . . . . à la requête de : 1° M. Pierre Duval ; 2° M. Remy Duval ; 3° et Mme Denise, ci-dessus nommés, ses enfants et seuls héritiers chacun pour un tiers. La succession de Mme Duval, née Dellys, ayant été liquidée ainsi qu'il va être dit, il est inutile de faire l'analyse de cet inventaire.

La deuxième est l'expédition d'un acte passé devant M^e . . . . ., qui en a gardé minute, et l'un de ses collègues, notaires à . . . . ., le . . . . ., contenant entre MM. Duval et M. et Mme Denise, la liquidation et le partage . . . . ., etc. . . . .

Faire l'analyse de cette pièce et des autres comprises dans la cote ; puis énoncer les déclarations. (Voir à cet égard la cote précédente.)

Donation par Mme Drouet.

Cote cinquième. Quatre pièces :

La première est l'expédition d'un acte passé, en présence de témoins, devant M^e . . . . ., notaire à . . . . ., le . . . . . ; aux termes duquel Mme Adélaïde Duval, propriétaire, demeurant à . . . . ., veuve de M. Alexis Drouet, a fait donation par préciput et hors part à M. Pierre Duval, son neveu, d'une maison située à . . . . ., rue . . . . ., n° . . . . ., sous réserve d'usufruit, au profit et pendant la vie de la donatrice, et à la charge par M. Duval de servir et payer à Mme Drouet, pendant sa vie, une rente viagère de six cents francs, payable chaque année en deux termes les . . . . . Une mention au bas de cette expédition constate qu'elle a été transcrite au bureau des hypothèques de . . . . ., le . . . . ., vol. . . . . ., n° . . . . .

La deuxième est l'expédition d'un autre acte passé aussi devant M^e . . . . ., qui en a gardé minute, et son collègue, le . . . . . ; par lequel Mme Drouet a cédé à M. Duval son droit d'usufruit sur la maison donnée, moyennant une somme de . . . . ., payée comptant.

Les troisième et quatrième sont les anciens titres de propriété de la maison.

Ces pièces ont été cotées, paraphées et inventoriées sous la cote cinquième. ci. . . . . *Cinquième*

« Mme veuve Duval fait les déclarations suivantes :
» 1° La rente viagère créée au profit de Mme veuve Drouet est toujours servie ; il était
» dû, lors du décès de M. Duval, le prorata d'arrérages couru depuis le . . . . ., soit . . . ;
» 2° Il a été payé, pour les frais de l'acte de donation, onze cent vingt francs, et pour
» les frais de l'acte de renonciation à usufruit, cent douze francs. »

propres de Mme duval. (N°s 2231 et 2232.

Succession de M. Vernier.

Cote sixième. Dix-sept pièces.

La première est l'extrait littéral d'un acte passé devant M^e . . . . ., notaire à . . . . ., le . . . . ., contenant entre : 1° Mme Duval, alors non mariée ; 2° et M. Charles Vernier, étudiant en médecine, demeurant à . . . . ., le partage de la succession de M. Barnabé Vernier, leur père, en son vivant propriétaire, demeurant à . . . . ., où il est décédé le . . . . . : par lequel acte, le deuxième lot échu à Mlle Vernier, depuis Mme Duval, a été composé des objets dont Mme Duval a fait l'apport sous l'article quatre de son contrat de mariage, analysé cote première, et dont une partie a été aliénée, ainsi qu'elle l'a déclaré à la suite de cette cote.

soultes actives ou passives, les biens laissés en commun, etc... L'analyse d'un testament en faveur de l'un des conjoints porte sur l'importance du legs et les charges imposées. Si des immeubles propres ont été

Les autres pièces sont les anciens titres de propriété des immeubles entrés dans le lot échu à Mme Duval.
Ces pièces ont été cotées, paraphées et inventoriées sous la cote sixième, ci. . *Sixième*.

Succession de Mme Vernier.

Cote septième. Trente-deux pièces.
La première est l'extrait littéral d'un acte passé, en présence de témoins, devant M^e. . . ., notaire à. . . ., qui en a gardé minute, le. . . . .; aux termes duquel Mme Léonce Judas, propriétaire, demeurant à. . . . ., veuve de M. Barnabé Vernier, a fait le partage anticipé de ses biens entre Mme Duval et M. Charles Vernier, ses deux enfants et seuls présomptifs héritiers ;
Les donataires ont effectué à la masse le rapport des dons et avantages qui leur avaient été faits par leur mère.
Il a été attribué à Mme Duval, pour la remplir de ses droits dans la masse :
1° La somme de trente-huit mille francs qu'elle y avait rapportée pour le montant de la dot qui lui avait été constituée par sa mère, aux termes de son contrat de mariage analysé cote première.
2° Une maison située à. . . . .;
3° Une pièce de terre en labour de la contenance de. . . . ., située à. . . . .;
4° Une prairie de la contenance de. . . . ., située à. . . . .;
5° Un clos planté de vignes, entouré de haies, contenant. . . . ., situé. . . . .;
6° Un bois taillis de la contenance de. . . . ., situé. . . . .;
7° La somme de six mille francs à toucher de M. Vernier, son frère, sur le montant du rapport qu'il a effectué.
Les donataires ont été chargés, chacun pour moitié, de servir à Mme veuve Vernier, pendant sa vie, une rente viagère de. . . . .
« Nota. Mme veuve Duval fait les déclarations suivantes :
» 1° Les cinq mille francs attribués sur M. Vernier ont été payés à M. et Mme Duval, » ainsi que le constate une quittance passée devant M^e. . . . ., notaire à. . . . ., le . . . .;
» 2° Il a été payé, pour la moitié à la charge de Mme Duval, dans les frais du partage anticipé, trois cent douze francs;
» 3° La rente viagère stipulée au profit de Mme Vernier s'est éteinte par son décès, qui » va être mentionné ;
» 4° Le clos désigné sous le numéro cinq a été vendu par M. et Mme Duval à M. Pierre-» François Girard, propriétaire, demeurant à. . . . ., suivant contrat passé devant » M^e. . . . ., notaire à. . . . ., le. . . . ., moyennant huit mille francs, sur lesquels trois » mille francs ont été payés comptant; les cinq mille francs de surplus sont encore dus, » ils ont été stipulés payables le. . . . ., et productifs d'intérêts à cinq pour cent par an, » payables le. . . . . de chaque année. Ils sont garantis par le privilége de vendeur inscrit » d'office au bureau des hypothèques de. . . . ., le. . . . . ., vol. . . . ., n°. . . . .;
» 5° A l'époque du décès de M. Duval, il était dû le prorata d'intérêt de ces cinq mille » francs, couru depuis le. . . . ., soit une somme de. . . . .;
» 6° Les autres immeubles existent encore en nature.
La deuxième pièce est l'expédition d'un acte passé devant M^e. . . . ., qui en a gardé minute, et son collègue, notaires à. . . . ., le. . . . ., aux termes duquel Mme Duval et

échangés ou s'ils ont été vendus, puis remplacés, on inventorie les contrats d'échange ou d'acquisition en remploi.

M. Vernier ont procédé au partage de la succession purement mobilière de Mme Vernier, leur mère, décédée à....., le.....

Ce partage, ayant eu lieu très-peu de temps après le décès, il n'a pas été fait de distinction des fonds et des fruits.

La masse partageable, déduction faite du passif, s'est élevée à huit mille trois cent soixante-quatre francs, ci...................	8,364	»
Dont la moitié pour Mme Duval était de quatre mille cent quatre-vingt-deux francs, ci...................	4,182	»
Pour remplir Mme Duval de cette somme, il lui a été attribué :		
1° Divers meubles et objets mobiliers, estimés huit cent soixante-deux francs, ci...................	862	»
2° Une créance de trois mille francs sur M. Désir Plumet....., montant de l'obligation pour prêt qu'il a souscrite au profit de Mme Vernier, suivant acte passé....., etc...; plus quatre-vingt-cinq francs pour l'intérêt de cette somme couru jusqu'au jour du décès de M. Vernier, ci...................	3,085	»
3° Et deux cent trente-cinq francs en deniers comptants, ci...	235	»
Somme égale...................	4,182	»

« Nota. M. Duval déclare :

» Que la créance sur M. Plumet a été remboursée, ainsi que le constate une quittance » passée devant M^e....., notaire à....., le....;

» Et qu'il a été payé en l'acquit de Mme Duval, pour droit de mutation après le décès de » Mme Vernier, soixante-trois francs. »

Les autres pièces sont les anciens titres de propriété des immeubles attribués à Mme Duval par le partage anticipé qui vient d'être analysé.

Ces pièces ont été cotées, paraphées et inventoriées sous la cote septième, ci.. *Septième.*

Legs par M. Judas.

Cote huitième. Deux pièces :

La première est l'expédition du testament de M. Honoré Judas, en son vivant propriétaire, demeurant à....., où il est décédé le....., reçu, en présence de témoins, par M^e....., notaire à....., qui en a gardé minute, le....; par lequel testament M. Judas a légué à Mme Duval, sa nièce : 1° une somme de douze mille francs, qui a été stipulée payable dans l'année du décès du testateur, sans intérêt ; 2° et un jardin enclos de murs, planté d'arbres en espaliers et à haut vent, situé à....., lieu dit....., de la contenance de....., grevé d'un droit de passage exercé par le propriétaire d'une maison située à côté, portant le n°....., appartenant à M. Claude Fortier.

La deuxième est l'expédition d'un acte reçu par M^e....., qui en a gardé minute, et son collègue, notaires à....., le....., aux termes duquel M. et Mme Duval ont racheté de M. Claude Fortier, moyennant huit cents francs, payés comptant, le droit de passage dont il vient d'être question. Ce contrat a été transcrit au bureau des hypothèques de....., le...., vol....., n°....

Ces deux pièces ont été cotées, paraphées et inventoriées sous la cote huitième, ci.................................... *Huitième.*

2332. Cette analyse est complétée par des déclarations qui ont pour but d'indiquer si les créances attribuées ont été touchées, si les soultes ont été payées ou reçues, si les dettes ont été acquittées, si les

« Mme Duval fait les déclarations suivantes :

» 1° Les douze mille francs légués à Mme Duval ont été payés à M. et Mme Duval, ainsi que le constate un acte de délivrance de legs passé devant M^e....., notaire à...., le.....;

« 2° Il a été payé, pour droit de mutation à raison de ce legs, huit cent trente-sept francs.

» 3° Le jardin légué à Mme Duval n'a pas été aliéné. »

Acquisition en remploi de M. Doncey.

COTE NEUVIÈME. Onze pièces :

La première est l'expédition d'un contrat passé devant M^e....., qui en a gardé minute, et son collègue, notaires à....., le.....; aux termes duquel M. Célestin Doncey, négociant, demeurant à....., a vendu à Mme Duval une pièce de terre, partie en labour, et le surplus planté de vignes, de la contenance de...., située commune de....., lieu dit....., section....., n°....., du plan cadastral, moyennant douze mille francs payés comptant; avec déclaration que les deniers employés à solder ce prix étaient personnels à Mme Duval, comme faisant partie des trente mille francs payés par M. Reculé, pour le prix de la vente d'un bois situé à....., propre à Mme Duval, relaté sous la cote première. Une mention se trouvant à la suite de cette expédition constate qu'elle a été transcrite au bureau des hypothèques de....., le....., vol....., n°.....

Les cinq pièces suivantes sont relatives aux formalités de purge d'hypothèque légale remplies sur l'acquisition qui vient d'être énoncée.

La septième pièce est un certificat sur transcription et purge délivré par M. le conservateur des hypothèques de....., le....., constatant que l'immeuble vendu à Mme Duval était grevé d'une inscription prise le....., vol....., n°....., au profit de...., pour sûreté de.....

La huitième est un certificat délivré par le même conservateur, le....., constatant que l'inscription dont l'énonciation précède a été définitivement radiée.

Les neuvième, dixième et onzième pièces sont les anciens titres de propriété de l'immeuble vendu à Mme Duval.

Ces pièces ont été cotées, paraphées et inventoriées sous la cote neuvième, ci.. *Neuvième.*

« Mme Duval déclare qu'il a été payé en son acquit, pour les frais de cette acquisition, » onze cent quatre-vingts francs. »

Echange avec M. Moinet.

COTE DIXIÈME. Cinq pièces :

La première est l'expédition d'un contrat passé devant M^e....., qui en a gardé minute, et son collègue, notaires à....., le....., transcrit au bureau des hypothèques de....., le....., vol....., n°....., contenant échange entre M. et Mme Duval et M. Athanase Moinet, cultivateur, demeurant à....., par lequel M. et Mme Duval ont cédé, à M. Moinet, une prairie de la contenance de...., située commune de...., lieu dit....., désignée sous le numéro quatre des apports en mariage de Mme Duval, mentionnés sous la cote première; et M. Moinet a cédé à Mme Duval une prairie de la contenance de...., située commune de...., lieu dit....., section....., n°..., du plan cadastral. Une soulte de cinq mille francs a été mise à la charge de M. Moi-

immeubles et rentes existent encore en nature, ou s'ils ont été aliénés; en cas d'aliénation, si les prix ont été reçus ou s'ils sont encore dus, etc., quels sont les intérêts échus au jour du décès sur les sommes encore dues, et enfin ce qui a été payé pour droits de mutation, ou pour frais d'actes par la communauté à la décharge de l'époux.

2333. *Titres des acquêts.* L'inventorié des titres relatifs aux acquêts immobiliers est fait de manière à indiquer tous les immeubles qui dépendent de la communauté ou société d'acquêts, le payement des prix, ou ce qui en reste dû en principal et intérêts; si quelques-uns des immeubles compris dans une acquisition ont été revendus, il en est fait une déclaration qui porte également sur le prix des reventes.

NET, elle a été stipulée payable le....., et productive d'intérêts à cinq pour cent par an, à partir du....., payables le....., de chaque année.

La deuxième est un certificat délivré par M. le conservateur des hypothèques de..., le....., constatant que les immeubles cédés de part et d'autre n'étaient point grevés d'inscriptions.

Les trois autres pièces sont les anciens titres de propriété de l'immeuble cédé à Mme DUVAL.

Ces pièces ont été cotées....., etc.....

« M DUVAL déclare :
» 1° Que la soulte de cinq mille francs a été payée à elle et à son mari, suivant quittance
» passée devant M^e....., notaire à....., le.....;
» 2° Qu'il a été payé deux cent quarante francs pour la part à sa charge dans les frais
» d'échange. »

TITRES ET PIÈCES CONCERNANT LA COMMUNAUTÉ.

Acquisition de M. Doublet. (N° 2333.)

COTE ONZIÈME. Quinze pièces :

La première est l'expédition d'un contrat passé devant M^e....., qui en a gardé minute, et son collègue, notaires à....., le....., transcrit au bureau des hypothèques de....., le....., vol....., n°....., contenant vente par M. Jean DOUBLET, propriétaire, demeurant à....., à M. DUVAL, de quatre pièces de terre en nature de labour, situées commune de.....; la première, de la contenance de....., lieu dit....., section....., n°.....; la deuxième, de la contenance de.....; la troisième....; la quatrième....., moyennant quarante-cinq mille francs, sur lesquels trente mille francs ont été payés comptant; quant aux quinze mille francs de surplus, ils ont été stipulés payables le....., et productifs d'intérêts à cinq pour cent par an, payables chaque année, le.....

Les cinq pièces suivantes constatent l'accomplissement des formalités de purge d'hypothèque légale.

La septième est un certificat sur transcription et purge, délivré par M. le conservateur des hypothèques de....., le....., constatant qu'il n'existait pas d'inscription sur les immeubles vendus à M. DUVAL.

La huitième est un autre certificat du même conservateur, en date du même jour; il en résulte qu'il n'existait pas d'autres transcriptions de mutation que celle de la vente à M. DUVAL,

La neuvième est l'expédition d'un acte passé devant M^e....., qui en a gardé minute, et son collègue, le -...., duquel il résulte que M. DUVAL a payé à M. DOUBLET la somme de cinq mille francs, à valoir sur le prix de l'acquisition qui vient d'être mentionnée.

2334. *Titres de créances.* Sous cette dénomination générique, nous comprenons les créances et autres droits incorporels, tels que rentes, obligations, actions, etc. L'analyse de ces titres doit en révéler la valeur nominale, et, s'il y a lieu, la valeur réelle, les noms des débiteurs, ou des compagnies industrielles, le taux des intérêts, les époques d'échéance, les garanties, etc.; puis les parties déclarent quels sont les dividendes et arrérages dus au jour du décès.

2335. *Billets, timbre.* Les notaires peuvent, sans contravention, décrire les titres et billets sur papier non timbré (1).

Les six pièces suivantes sont les anciens titres de propriété des immeubles vendus à M. Duval.

Ces pièces ont été cotées, etc.....

« Mme veuve Duval déclare qu'il reste dû à M. Doublet, sur le prix de l'acquisition
» qui précède, une somme de dix mille francs; et que, lors du décès de M. Duval, il
» était dû le prorata d'intérêt couru depuis le...:., soit une somme de..... »

Créance sur les époux Thouin. (N° 2334.)

COTE DOUZIÈME. Quatre pièces :

La première est la grosse d'un acte passé devant M^e....., qui en a gardé minute, et son collègue, notaires à....., le....., par lequel M. Nicolas Thouin, cultivateur, et Mme Eugénie Barbet, son épouse, demeurant à....., se sont reconnus débiteurs pour prêt envers M. Duval, d'une somme de dix-huit mille francs, qui a été stipulée remboursable le....., et productive d'intérêts à cinq pour cent par an, à partir du jour de l'obligation, payables chaque année, en deux termes égaux, les.....; et pour garantir le remboursement du capital et le payement de tous intérêts et autres accessoires, M. et Mme Thouin ont hypothéqué une maison, située à....., rue....., n°.....; plus douze pièces de terre en labour, situées commune de....., d'une contenance réunie de...:.

La deuxième est le bordereau de l'inscription conservatrice de cette créance, prise au bureau des hypothèques de....., le....., vol....., n°.....

La troisième est un certificat délivré par M. le conservateur des hypothèques, le....., constatant que les immeubles hypothéqués n'étaient grevés d'aucune autre inscription que celle qui vient d'être relatée.

La quatrième est l'original d'un exploit du ministère de..... huissier à....., en date du....., contenant, à la requête de M. Duval, signification à la compagnie d'assurance la....., du transport que M. et Mme Thouin ont consenti à son profit par l'acte d'obligation, de l'indemnité qui leur serait allouée, en cas de sinistre.

Ces pièces ont été cotées....., etc...

« Mme veuve Duval déclare que, lors du décès de M. Duval, il était dû par M. et
» Mme Thouin, le prorata d'intérêt de cette somme, depuis le....., soit une somme
» de..... »

Créance par billet sur M. Denisard. (N°s 2335 à 2338.)

COTE TREIZIÈME. Une pièce.

Cette pièce est une reconnaissance souscrite le....., par M. Jacques Denisard, négociant, demeurant à....., au profit de M. Duval, d'une somme de neuf mille cinq cents

---

(1) Sol. régie, 15 mars 1807 et 17 juin 1822.

2336. Selon l'art. 49 de la loi du 5 juin 1850, lorsqu'un effet, certificat d'action, titre, livre, bordereau, police d'assurance, et tout autre acte sujet au timbre et non enregistré, est mentionné dans un acte public et ne doit pas être représenté au receveur lors de l'enregistrement de cet acte, le notaire est tenu de déclarer expressément dans l'acte si le titre est revêtu du timbre prescrit, et d'énoncer le montant du droit de timbre payé, à peine d'une amende de dix francs par chaque contravention.

2337. Mais cette prescription a été édictée pour le cas seulement où, en vertu de l'art. 24 de la loi du 22 frimaire an VII, il est défendu aux notaires *d'agir* sur des actes ou effets de commerce non écrits sur papier timbré ou non visés pour timbre. Elle ne concerne donc que les actes rédigés en vertu ou en conséquence d'actes assujettis au timbre et ne s'étend pas dès lors aux descriptions de titres et de papiers faites dans les inventaires (1).

2338. Lors même que l'inventaire énoncerait que des actes, titres ou billets sont écrits sur du papier non timbré, cette énonciation ne suffirait pas pour autoriser la régie à poursuivre contre les parties, les droits et amendes de timbre, car elle doit administrer la preuve de la contravention par un procès-verbal auquel les actes et billets doivent être joints, conformément aux articles 31 et 32 de la loi du 13 brumaire an VII non abrogés par l'art. 49 de la loi du 5 juin 1850 (2); au surplus cette question demeure sans intérêt si les notaires s'abstiennent (3) d'énoncer dans les inventaires si les titres et billets y décrits sont ou non timbrés, *supra* n° 2337,

---

francs pour prêt, stipulée exigible le. . . . ., et productive d'intérêts à cinq pour cent par an, payables chaque année en deux termes égaux, les. . . . .

Cette pièce a été cotée, paraphée et inventoriée comme pièce unique de la cote treizième, ci. . . . . *Treizième.*

« Mme DUVAL déclare que, lors du décès de son mari, il était dû le prorata d'intérêt
» de cette créance couru depuis le. . . . ., soit une somme de. . . . . »

Billets à ordre. (N°* 2335 à 2338.)

COTE QUATORZIÈME, deux pièces:

La première est un billet à ordre, souscrit le. . . . ., par M. . . . ., au profit de feu M. Duval, de la somme de. . . . ., stipulée payable le. . . . .

La deuxième est un autre billet à ordre, en date du. . . . ., souscrit à l'ordre de M. . . . . par M. . . . ., de la somme de. . . . ., payable le. . . . ., et passé à l'ordre de feu M. Duval.

Ces pièces ont été cotées. . . . ., etc. . . . .

Titre nominatif de rente sur l'État. (N° 2339.)

COTE QUINZIÈME. Deux pièces :

La première est un certificat d'inscription de neuf cents francs de rente trois pour cent sur l'État français, inscrits au nom de M. Pierre DUVAL, au grand-livre de la dette publique, n°. . . . . de la. . . . . série. Une estampille au verso constate que les arrérages ont été touchés jusques et y compris le trimestre échu le. . . . .

La deuxième est un bordereau de M. . . . ., agent de change, à Paris, constatant l'achat du titre de rente qui vient d'être inventorié.

Ces pièce ont été cotées. . . . ., etc. . . . .

---

(1) Décis. min. fin., 2 fév. 1853; Instr. régie, 16 du même mois, n° 1934; J. N. 14890. Voir aussi trib. Vannes, 18 déc. 1851; Mortagne 5 mars 1852; J. N. 14542, 14632.

(2) Dict. not., *Invent.*, n° 588; Décis. min. fin., 21 nov. 1850; trib. Fontainebleau, 2 juin 1852; J. N. 14216, 14750; CONTRA, décis. régie, 18 juin 1851; trib. Montauban, 2 juin 1852; J. N. 14407, 14710.

(3) Il est même préférable que cette énonciation ne soit pas faite, afin d'échapper à la controverse indiquée en la note précédente.

2339. *Valeurs nominatives.* Les rentes sur l'État nominatives, et toutes autres valeurs nominatives doivent être cotées et paraphées par le notaire, de la même manière que les autres papiers de la succession (1), à peine par le notaire qui négligerait d'accomplir cette formalité d'être responsable du préjudice qui en résulterait (2).

2340. *Valeurs au porteur.* Si les titres au porteur transmissibles par simple tradition portaient une mention d'inventorié, cette mention pourrait être un obstacle à leur libre transmission, et le notaire doit s'en abstenir (3) ; car s'ils étaient achetés par un agent de change auquel cette formalité n'aurait pas été signalée, on ne pourrait le contraindre à les recevoir (4) ; pour concilier l'obligation de la cote et du paraphe avec l'intérêt des parties, *le notaire se borne à les analyser en énonçant qu'ils n'ont été ni cotés ni paraphés attendu leur nature,* et l'on a recours à l'une des garanties suivantes :

2341. Ou les valeurs sont déposées au nom du défunt, soit dans la caisse de la Banque de France, soit dans celle de toute autre administration publique recevant de pareils dépôts, et le récépissé est coté et paraphé comme tenant lieu de ces actions ; — ou bien les parties se pourvoient en référé devant le président du tribunal civil pour que le dépôt soit fait dans les mains de l'une d'elles ou d'un tiers désigné (5).

Actions nominatives des chemins de fer de l'Ouest. (N° 2339.)

COTE SEIZIÈME. Une pièce qui est un certificat de la compagnie des chemins de fer de l'Ouest, portant le n_o ....., et la date du ....., constatant que M. DUVAL était propriétaire de vingt actions nominatives des chemins de fer de l'Ouest, portant les n^{os}. .... Une estampille au verso de ce certificat constate que les intérêts et dividendes ont été touchés jusques et y compris le semestre échu le. ....

Cette pièce a été cotée, paraphée et inventoriée comme pièce unique de la cote seizième, ci. . . . . *Seizième.*

Rentes et actions au porteur. (N°^{s} 2340 et 2341.)

COTE DIX-SEPTIÈME. Onze pièces :

La première est un titre au porteur de deux cents francs de rente trois pour cent sur l'État français, portant le n°. .... de la. .... série ; les coupons duquel titre de rente sont détachés jusques et y compris le trimestre échu le .....

Les dix pièces suivantes sont autant d'actions au porteur des chemins de fer de l'Ouest, n ..... ; les coupons desquelles actions sont détachés jusques et y compris celui échu le.....

Ces pièces ont été inventoriées sous la cote dix-septième du présent inventaire, mais n'ont été ni cotées ni paraphées à la réquisition expresse des parties, attendu leur nature de valeurs au porteur et afin d'éviter la dépréciation qu'entraînerait cette formalité.

Ou si les titres ont été déposés à la Banque (ou à une autre caisse).

COTE DIX-SEPTIÈME. Une pièce qui est un récépissé de la Banque de France en date du ...., portant le n°. ...., constatant qu'il a été remis en dépôt : 1° un titre au porteur de. ....; 2° dix actions au porteur .....

Ce récépissé tenant lieu des valeurs au porteur a été coté, paraphé et inventorié sous la cote dix-septième, ci . . . . *Dix-septième.*

---

(1) Paris, 12 juill. 1861 ; J. N. 17398.
(2) Roll., *Invent.*, n° 258 ; Dict. not., *ibid.*, n° 372 ; Paris, 7 nov. 1839 ; J. N. 10548.
(3) Dict. not., n° 375 ; Paris, 28 janv. 1859 ; Cass., 15 avril 1861 ; J. N. 16519, 17120 ; Voir cependant Roll., *Invent.*, n° 257.
(4) Mollot, *Bourses de Comm.*, n° 344 ; Trib. Comm. Paris, 27 nov. 1849.
(5) Dict. not., *Invent.*, n° 376 ; De Madre, *ibid.*, p. 55 ; Paris, 11 mai 1857 ; J. N. 16147.

2342. *Actes non enregistrés.* Les notaires peuvent faire mention, dans les inventaires qu'ils rédigent, des actes sous-seings privés trouvés dans les papiers de la succession sans les faire préalablement enregistrer, sauf aux préposés de la régie à suivre le recouvrement des droits de ceux de ces actes dont il résulterait une transmission de jouissance, d'usufruit ou de propriété d'immeubles (1).

2343. Ainsi, alors même que l'acte a été fait entre les parties présentes à l'inventaire, s'il n'en résulte pas une transmission de jouissance, d'usufruit ou de propriété d'immeubles, l'analyse qui en est faite dans l'inventaire n'autorise pas la régie à réclamer le droit d'enregistrement (2).

2344. Mais si l'acte sous seings privés porte transmission de propriété, d'usufruit ou de jouissance d'immeubles, l'énonciation qui en est faite dans l'inventaire établit son existence, lui donne date certaine (C. N., 1328), et la régie peut poursuivre contre les parties le recouvrement du droit, et, s'il y a lieu, du double droit d'enregistrement sur la transmission (3) ; s'il s'agit d'un bail, même expiré, les droits sont néanmoins exigibles (4).

Créance sur M. Doré pour prix de meubles; acte sous seings privés non enregistré. (N°s 2342 à 2344.)

COTE DIX-HUITIÈME. Une pièce qui est l'un des doubles non enregistrés, d'un acte sous seings privés, en date du. . . . ., par lequel feu M. DUVAL a vendu à M. Charles DORÉ, marchand de meubles, demeurant à. . . . ., divers objets mobiliers, moyennant cinq cents francs, stipulés payables le. . . . . sans intérêt.

Cette pièce a été cotée. . . . . etc.

« Mme DUVAL déclare que ces cinq cents francs sont toujours dus.

BAUX. (N°s 2345 et 2346.)

Bail d'immeubles propres à Mme Duval.

COTE DIX-NEUVIÈME. Une pièce qui est la grosse d'un acte passé devant M^e . . . ., qui en a gardé minute, et son collègue, notaires à . . . ., le . . . . ., aux termes duquel M. DUVAL a donné à bail pour neuf années qui ont commencé à courir le onze novembre mil huit cent soixante. . . . ., à M. Claude LANGLET, cultivateur, demeurant à . . . . ., quatre pièces de terre en labour situées commune de. . . ., de la contenance réunie de dix hectares, propres à Mme DUVAL, moyennant, outre la charge des impôts, un fermage annuel de huit cents francs, payable en deux termes égaux, les vingt-cinq décembre et vingt-quatre juin qui suivent chaque récolte.

Cette pièce a été cotée, etc.

« Mme DUVAL déclare que, lors du décès de son mari, il était acquis à la communauté
» le solde de l'année de fermage représentative de la récolte de mil huit soixante-deux
» plus sur le fermage représentatif de la récolte de mil huit cent soixante-trois, le prorata
» couru du onze novembre (5) mil huit cent soixante-deux au jour du décès, soit six mois
» quinze jours ; en conséquence la communauté a droit
» 1° Au semestre de fermage à échoir le vingt-quatre juin mil huit cent soixante-trois,
» étant de quatre cents francs, ci. 400   »
» 2° Au semestre de fermage à échoir le vingt-cinq décembre mil
» huit cent soixante-trois, étant de même somme, ci. 400   »
» 3° Et à quinze jours sur le semestre à échoir le vingt-quatre juin
» mil huit cent soixante-quatre, soit trente-trois francs, ci. 33   »

» Ensemble, huit cent trente-trois francs, ci. 833   »

---

(1) Arrêté direct. exéc., 22 vent. an VII ; Circ. régie, 9 flor. an VII, n° 1334.
(2) Dict. not., *Invent.*, n°s 564 et suiv.; Délib. régie, 3 mai 1826, 1er avril 1835.
(3) Cass., 31 août 1808, 21 août 1814, 28 août 1816, 6 mars 1822, 18 mai 1847; J. N., 13118.
(4) Cass., 6 mars 1822, 18 mai 1847 ; Trib. Epinal, 4 juill., 1848, J. N., 13118, 13593.
(5) Epoque de la prise de possession annuelle dans un ass grand nombre de départements.

2345. *Baux.* L'énonciation dans l'inventaire d'un bail verbal ou d'un bail par tacite réconduction ne donne pas lieu à la perception d'un droit d'enregistrement, le bail verbal n'en étant pas passible (1). Est considérée comme l'énonciation d'un bail verbal l'analyse d'une pièce relative ou *qui paraît relative* à la location verbale d'un objet pour un temps expirant à une époque déterminée, moyennant un loyer payable à des termes indiqués (2). Mais lorsque toutes les conditions d'un bail énoncé comme verbal sont rapportées en détail dans l'inventaire, et semblent impliquer l'existence matérielle d'un acte écrit, les droits d'enregistrement peuvent devenir exigibles (3); en outre si le notaire a analysé cet acte comme n'étant qu'une simple note se référant à un bail verbal, il est possible d'une peine disciplinaire (4).

2346. L'inventorié d'un bail comprend l'énonciation des biens loués ou affermés, le nom du fermier ou locataire, la durée du bail, les conditions, le montant du fermage ou loyer, et les époques de payement ; puis les parties déclarent le chiffre des fermages ou loyers courus jusqu'au jour du décès, *supra* n° 1481.

Bail verbal de biens propres à M. Duval.

Mme DUVAL déclare que quatre pièces de terres en labour, situées commune de....., de la contenance de six hectares, dépendant de la succession de M. DUVAL, sont affermées verbalement à M....., pour un temps qui expirera le onze novembre mil huit cent soixante....., moyennant, outre la charge des impôts, un fermage annuel de six cents francs, payable en un seul terme le vingt-cinq décembre qui suit chaque récolte; et que, lors du décès de son mari, il était dû le prorata du fermage représentatif de la récolte de mil huit cent soixante-trois, couru du onze novembre mil huit cent soixante-deux au jour du décès, soit trois cent vingt-cinq francs.

A l'appui de cette déclaration, Mme DUVAL a représenté trois pièces qui ont été cotées, paraphées et inventoriées sous la cote vingtième, ci............. *Vingtième.*

Biens tenus à location.

COTE VINGT-UNIÈME. Une pièce qui est l'un des doubles d'un acte sous seings privés en date à...... du....., enregistré à....., le....., folio....., case....., par M....., qui a perçu....., aux termes duquel M. Christian WEBER, propriétaire, demeurant à....., a donné à bail pour douze années, qui ont commencé à courir le...., et expireront le....., à M. DUVAL, quinze pièces de terre en labour, vigne et prairie, sises commune de....., d'une contenance réunie de quarante hectares, moyennant, outre la charge des impôts, un fermage annuel de trois mille francs, payable en deux termes égaux les vingt-cinq décembre et vingt-cinq mars qui suivent chaque récolte.

Cette pièce a été cotée.....

« Mme DUVAL déclare que, lors du décès de son mari, l'année de fermage représentative
» de la récolte de mil huit cent soixante-trois était entièrement soldée, de sorte que la
» communauté doit seulement le prorata couru du onze novembre mil huit cent soixante-
» deux au jour du décès, soit seize cent vingt-cinq francs, dont quinze cents francs for-
» mant le semestre à échoir le vingt-cinq décembre mil huit cent soixante-trois, et
» cent vingt-cinq francs sur le semestre à échoir le vingt-cinq mars mil huit cent
» soixante-quatre. »

---

(1) Dict. Not., *Bail verbal*, n°s 4 et 5; Cass., 12 et 17 juin 1811; Instr. régie, 25 nov. 1811, n° 530.
(2) Trib. Compiègne, 26 nov. 1835; Clermont (Oise), 19 mars 1854; Seine, 9 janv. 1858, 24 nov. 1860, 12 janv. 1861 ; J. N., 9204, 16305, 17079.
(3) Trib. Epinal, 4 juill. 1848 ; Meaux, 5 juin 1850; Seine, 20 nov. 1850, 30 août 1854, 5 mai et 17 nov. 1860, 18 nov. 1861, 2 et 7 juillet 1866; J. N. 13593, 14289, 15372, 16905, 17079.
(4) Trib. Montdidier, 15 juill. 1853; J. N., 15025.

2347. *Papiers divers.* On termine l'inventorié des papiers par les avertissements et quittances de contributions, les polices d'assurances, les reçus, factures et mandats acquittés, lettres missives, etc. Les éléments d'actif et de passif qui en résultent sont constatés et, au besoin, complétés par les déclarations des parties.

2348. *Livres et registres de commerce.* S'il y a des livres et registres de commerce, l'état en est constaté par l'indication de leur format, de la manière dont ils sont reliés ou cartonnés, de l'usage du re-

---

Avertissements, polices d'assurance. (N° 2347.)

COTE VINGT-DEUXIÈME. Quatre pièces :

La première est un avertissement des contributions pour l'année....., des biens situés commune de....; il en résulte que le montant des impôts est de.....

La deuxième est une quittance de....., pour les trois premiers douzièmes de ces impôts.

Les troisième et quatrième sont d'anciens avertissements.

Ces pièces ont été cotées....., etc.....

« Mme veuve DUVAL déclare qu'au décès de son mari, il était dû, pour prorata d'impôts depuis le....., une somme de..... »

COTE VINGT-TROISIÈME. Six pièces.

La première est l'original d'une police d'assurance contre l'incendie à la compagnie....., portant la date du.....; il en résulte que M. DUVAL a assuré contre les risques de l'incendie les maisons et bâtiments situés à....., pour une durée de dix années à partir du....., moyennant une prime annuelle de....., payable le.....

La deuxième est l'original d'une police d'assurance contre la grêle à la compagnie..., portant la date du....., par laquelle M. DUVAL a assuré contre la grêle, pour une durée de....., à partir du....., toutes ses récoltes sur la commune de....., moyennant une prime annuelle de....., payable le.....

Les autres pièces sont des mandats acquittés de ces assurances.

Ces pièces ont été cotées. . . . etc.

« Mme DUVAL déclare qu'au décès de son mari, il était dû le prorata de ces primes depuis le....., soit une somme de..... »

COTE VINGT-QUATRIÈME. Cent quarante-deux pièces qui sont quittances, reçus, factures et mandats acquittés.

Ces pièces, pouvant servir de renseignements, ont été cotées... etc.

LIVRES ET REGISTRES DE COMMERCE. (N°^{s} 2348 et 2349.)

Livre-journal.

COTE VINGT-CINQUIÈME. Un registre relié en basane verte avec bas et haut des dos et les coins en cuivre. Ce registre est intitulé *Journal C*, il sert à inscrire jour par jour les ventes et achats de marchandises au comptant ou à terme.

Ce registre contient..... feuillets paraphés du premier au dernier par M. le président du tribunal de commerce de....., qui a mis son visa sur la première page à la date du.....

Les pages jusques et y compris le recto du...... feuillet sont entièrement écrites sans lacune ni intervalle; le reste du registre est en blanc.

Les opérations journalières y sont portées depuis le..... jusqu'au....., jour où le présent inventaire a été commencé et où tous les comptes ont été arrêtés, pour présenter un état de situation régulier.

gistre, du titre qu'il porte, du jour où il a été commencé et de celui où il a été terminé, du nombre des feuillets, du nombre des pages écrites et de celles restées en blanc, des feuillets manquants, de ceux déchirés. On bâtonne les blancs se trouvant dans les pages écrites; si le registre n'est point terminé, on l'arrête à la dernière page. Si les feuillets n'ont point déjà été cotés et paraphés, le notaire les cote et paraphe; s'ils l'ont déjà été, le notaire cote et paraphe le registre à la première page seulement (*C. pr.*, *943, 6°*). Puis on l'analyse en donnant le relevé de l'actif ou du passif qui en résulte; l'actif se divise, suivant les déclarations des parties, en créances bonnes, créances douteuses, créances mauvaises.

Tous les articles du livre-journal sont reportés sur le *grand-livre* ci-après inventorié aux divers comptes qu'ils concernent.

En conséquence, il n'a pas été fait plus ample description de ce registre; les feuillets n'en ont point été cotés ni paraphés par M°. . . . ., attendu qu'ils l'ont été, comme il est dit ci-dessus, par M. le président du tribunal de commerce; et il a été inventorié comme pièce unique de la cote vingt-cinquième, ci. . . . . *Vingt-cinquième.*

Grand-livre.

COTE VINGT-SIXIÈME. Un registre in-folio, cartonné et couvert en basane verte, intitulé *Grand-livre C*, contenant, d'après le relevé du journal C correspondant, le compte par *doit* et *avoir* de chaque débiteur ou créancier de M. DUVAL, et les divers autres comptes nécessités par ses opérations commerciales.

Ce registre a deux cents feuillets numérotés de 1 à 199, la première page du registre et la dernière ne portant pas de numéros; les deux pages en regard l'une de l'autre ont le même numéro et sont destinées, la première à l'*avoir*, la seconde au *doit*.

Le registre est employé jusques et y compris le feuillet portant le n° 142, le surplus est en blanc. Les pages employées étant destinées à des reports successifs, sont en partie écrites et en parties laissées en blanc.

Tous les comptes ont été arrêtés et balancés au. . . . ., date de l'ouverture du présent inventaire.

Il est fait observer que tous les comptes réglés de part et d'autre par effets de commerce sont balancés et ne présentent aucun reliquat sur le grand-livre, mais le relevé du registre d'échéance ci-après inventorié fait connaître ce qui est dû à M. DUVAL ou ce qu'il doit à cet égard.

Dépouillement fait de ce grand-livre, il en résulte qu'il est dû à la communauté les créances ci-après qui seront divisées en bonnes, douteuses et mauvaises, d'après les déclarations de Mme DUVAL, savoir :

BONNES CRÉANCES.

1° Par. . . .

CRÉANCES DOUTEUSES.

1° Par. . . . .

MAUVAISES CRÉANCES.

1° Par. . . . .

Après que tous les blancs existants dans les pages écrites de ce registre ont été bâtonnés et que chaque feuillet écrit a été paraphé par M°. . . . ., il a été inventorié comme pièce unique de la cote vingt-sixième, ci. . . . . *Vingt-sixième.*

Table alphabétique.

COTE VINGT-SEPTIÈME. Un petit registre cartonné avec dos et coins en basane verte, contenant la table alphabétique des noms portés au grand-livre, avec l'indication des folios des différents comptes.

Ce registre a été coté, paraphé et inventorié comme pièce unique de la cote vingt-septième, ci. . . . . *Vingt-septième.*

2349. La loi oblige les commerçants d'avoir des livres de commerce; nous rapportons ici les articles du Code de commerce qui règlent cette matière :

« Art. 8. Tout commerçant est tenu d'avoir un livre journal qui *présente*, jour par jour, ses dettes actives et passives, les opérations de son commerce, ses négociations, acceptations ou endossements d'effets, et généralement tout ce qu'il reçoit et paye, à quelque titre que ce soit, et qui *énonce*, mois par mois, les sommes employées à la dépense de sa maison ; le tout indépendamment des autres livres usités dans le commerce, mais qui ne sont pas indispensables. — Il est tenu de mettre en liasse les lettres missives qu'il reçoit, et de copier sur un registre celles qu'il envoie.

Art. 9. Il est tenu de faire, tous les ans, sous seing privé, un inventaire de ses effets mobiliers et im-

---

Registre des inventaires.

Cote vingt-huitième. Un registre cartonné avec dos et coins en parchemin, contenant. . . . feuillets, paraphés par M. le président du tribunal de commerce de. . . . , qui a mis son visa sur la première page le. . . . .

Les pages, jusques et y compris la. . . . ., sont écrites en entier; le reste est en blanc.

Ce registre contient la copie des inventaires faits chaque année par M. Duval de la situation de ses affaires ; il commence par l'inventaire de l'année. . . . . et finit par celui dressé le. . . . .

Ce dernier inventaire constate un actif net de. . . . .

Duquel registre il n'a été fait plus ample description, mais il a été coté, paraphé et inventorié sous la cote vingt-huitième, ci . . . . *Vingt-huitième.*

Registre copie de lettres.

Cote vingt-neuvième. Un registre cartonné avec dos et coins en parchemin, renfermant cent cinquante feuillets numérotés à chaque page de un à trois cents.

Ce registre, destiné à recevoir la copie de toutes les lettres écrites par M. Duval pour affaires de commerce, est employé, depuis la première page jusqu'aux deux tiers de la cent trente-cinquième, sans blancs ni lacunes.

Après que le blanc existant à la dernière page écrite a été bâtonné, ce registre a été coté, paraphé et inventorié comme pièce unique de la cote vingt-neuvième, ci. . . . . *Vingt-neuvième.*

Livre d'échéances.

Cote trentième. Un petit registre cartonné et couvert en maroquin rouge, intitulé livre d'échéances, contenant le relevé, pour chaque mois, des effets de commerce que M. Duval avait à toucher et de ceux qui étaient à payer par lui pour affaires de son commerce.

Ce registre est composé de soixante feuillets, les quarante premiers sont écrits.

Tous les billets acquittés sont marqués à la marge du mot *payé* et ceux passés dans le commerce du mot *négocié*.

Après que tous les blancs existants dans les pages écrites ont été bâtonnés, ce registre a été coté, paraphé et inventorié comme pièce unique de la cote trentième.

Il résulte du relevé fait de ce registre, qu'il est dû à M. Duval, pour effets à recevoir, la somme de. . . . ., composée des différents effets compris ci-dessus sous la cote quatorzième.

Et qu'il est dû par M. Duval les différents effets et règlements ci-après énoncés, savoir :

mobiliers, de ses dettes actives et passives, et de le copier, année par année, sur un registre spécial à ce destiné.

Art. 10. Le livre journal et le livre des inventaires sont paraphés et visés une fois par année. — Le livre de copies de lettres n'est pas soumis à cette formalité. — Tous sont tenus par ordre de dates, sans blancs, lacunes, ni transports en marge.

Art. 11. Les livres dont la tenue est ordonnée par les art. 8 et 9 sont cotés, paraphés et visés soit par un des juges des tribunaux de commerce, soit par le maire ou adjoint, dans la forme ordinaire et sans frais. Les commerçants sont tenus de conserver ces livres pendant dix ans. »

2350. *Découverte d'un testament.* Si les scellés ont été apposés et que, lors de leur levée, il soit trouvé un testament olographe ou mystique, c'est au juge de paix qu'il appartient d'en faire la présentation au président du tribunal, qui en ordonne le dépôt (1) (*C. Pr.*, *916 à 920*).

A M. . . . . la somme de. . . . . payable le. . . . .
A M. . . . . etc.

Livre de caisse.

COTE TRENTE-UNIÈME. Un registre petit format cartonné et composé de soixante feuillets dont les trente premiers sont entièrement écrits et tous les autres sont en blanc.

Ce registre, intitulé *Livre de caisse*, contient le détail, jour par jour, des entrées et sorties de fonds dans la caisse de M. DUVAL, et la balance de compte à la fin de chaque mois.

La dernière balance, arrêtée au. . . . . ., date de l'ouverture du présent inventaire, constate qu'à cette époque il existait en caisse, en billets de banque et espèces de monnaie, la somme de . . . . ci-après déclarée.

Après que les blancs existants dans les pages écrites de ce registre ont été bâtonnés, il a été coté, paraphé et inventorié sous la cote trente-unième, ci. . . . . *Trente-unième.*

Registres anciens.

COTE TRENTE-DEUXIÈME. Quatre registres anciens entièrement écrits, comprenant les opérations antérieures au. . . . ., date du commencement des registres précédemment inventoriés.

Le premier est intitulé *Journal A ;* le second *Grand-livre A ;* le troisième *Journal B ;* le quatrième *Grand-livre B.*

Attendu que tous les reliquats actifs ou passifs de ces registres ont été portés à nouveau au grand-livre C, ci-devant inventorié, il n'en est fait plus ample description, et ils ont été simplement cotés, paraphés et inventoriés sous la cote trente-deuxième, ci. . . . . *Trente-deuxième.*

Lettres missives.

COTE TRENTE-TROISIÈME. Une liasse de. . . . ., pièces qui sont lettres missives, reçues par M. DUVAL à l'occasion de son commerce.

Ces lettres, pouvant servir de renseignements, ont été cotées, paraphées et inventoriées sous la cote trente-troisième, ci. . . . . *Trente-troisième.*

DÉCOUVERTE D'UN TESTAMENT. (Nos 2350 à 2358.)

1° *Si le testament est cacheté.* (N° 2351.)

En procédant à l'inventorié des objets se trouvant dans le secrétaire, les notaires

---

(1) Voir ordonn. président, trib. Lombez, août 1856 ; J. N., 5898.

2351. S'il n'y a pas eu de scellés ou s'ils ont été levés sans description et que le notaire en procédant découvre un testament olographe ou mystique, il procède comme le juge de paix en cas de scellés (1) : le testament est-il cacheté, le notaire en constate la forme extérieure, le sceau et la suscription s'il y en a, paraphe l'enveloppe avec les parties présentes si elles le savent ou le peuvent, et indique les jour et heure où le paquet sera par lui présenté au président du tribunal de première instance; il fait mention du tout sur son procès-verbal, lequel est signé des parties, sinon mention est faite de leur refus (*C. pr.*, 916).

2352. Aux jour et heure indiqués, sans qu'il soit besoin d'aucune assignation, les paquets trouvés cachetés sont présentés au président du tribunal de première instance, lequel en fait l'ouverture, en constate l'état, et en ordonne le dépôt si le contenu concerne la succession (*C. pr.*, 918).

2353. Si le testament trouvé cacheté ou non est celui d'un tiers, le notaire doit remplir les mêmes formalités que si le testament émanait du défunt (2).

2354. Le notaire qui, en procédant, trouve un testament cacheté, ne peut en faire l'ouverture sans s'exposer à une infraction qui le rendrait passible d'une peine disciplinaire (3), alors même que la suscription lui en donnerait l'autorisation, car c'est par mesure d'ordre public que l'ouverture doit être faite par le président (4).

---

soussignés ont découvert un paquet cacheté paraissant renfermer le testament de M..... Ce paquet est clos par une enveloppe de papier blanc, scellé avec de la cire rouge par une seule empreinte portant les initiales P. D. en lettres gothiques; l'enveloppe porte cette suscription : « Ceci est mon testament (*signé*) ..... »

Les parties et les notaires ont paraphé l'enveloppe; puis les parties ont requis M*e*..... de se transporter demain....., de ce mois, à onze heures du matin, au palais de justice du tribunal civil de première instance de....., pour présenter le testament à M. le président de ce tribunal, qui en fera l'ouverture et en ordonnera le dépôt.

La vacation pour la continuation du présent inventaire est ajournée à un jour qui sera ultérieurement fixé, pour avoir lieu à la requête et en présence de telles personnes qu'il appartiendra (n° 2357).

Il a été vaqué..... etc.

2° *Si le testament est ouvert.* (N° 2355.)

En procédant à l'inventorié des objets se trouvant dans le secrétaire dont il vient d'être question, les notaires soussignés ont trouvé un papier ouvert, qui paraît être le testament de M....., écrit sur une feuille au timbre de cinquante centimes : la première page est entièrement écrite; elle commence par ces mots..... et finit par ceux-ci.....; la deuxième page est à moitié écrite, l'autre moitié est en blanc ; elle commence par ces mots....., et finit par la signature de M....., ainsi apposée.....

Les parties et les notaires ont paraphé ce testament, puis les parties ont requis, etc. (*Le surplus comme ci-dessus.*)

3° *Si les scellés sont levés en même temps qu'il est procédé à l'inventaire.* (N° 2356.)

En procédant à l'inventorié des objets....., il a été trouvé un paquet cacheté qui paraît être le testament de M....., et dont M. le juge de paix s'est saisi pour en faire la présentation à M. le président du tribunal civil de première instance de....., afin que ce magistrat en ordonne le dépôt.

---

(1) Pigeau, II, p. 601; Roll., *Depôt de test.*, n° 27.
(2) De Belleyme, *Ordonn.*, II, p. 206; Roll., *Invent.*, n° 262.
(3) Trib. Chartres, 8 avril 1842; J. N., 11291.

(4) De Belleyme, II, p. 205; Dict. not.; *Invent.*, n° 396; Roll., *ibid.* n° 275.

2355. Si le testament est trouvé ouvert, le notaire en constate la forme extérieure et observe ce qui est prescrit *supra* n° *2351 (C. pr., 920).*

2356. Lorsqu'une personne tierce dépositaire du testament vient le présenter pendant le cours de l'inventaire, le notaire en constate la remise et procède comme dans le cas où le testament est trouvé parmi les papiers [1].

2357. Lorsque le testament émané du défunt renferme un legs universel ou à un titre universel au profit de personnes non présentes à l'inventaire, il doit être sursis à la continuation de l'inventaire, pour ensuite le continuer avec les nouveaux intéressés [2].

2358. On doit donc appeler ces nouveaux intéressés lors de la continuation, et alors il y a lieu à la rectification de l'intitulé, *supra* n° *2191*. Si les nouveaux intéressés résident hors de la distance de cinq myriamètres, on peut se dispenser de les appeler en faisant nommer un notaire pour les représenter.

2359. *Paquets cachetés.* Les paquets cachetés trouvés au domicile du défunt, et non découverts lors de l'apposition des scellés, doivent être présentés au président du tribunal, qui procède à leur ouverture et à leur description en présence des intéressés, et, s'il y a lieu, de la personne qui serait indiquée par la suscription comme en étant propriétaire ou devant les recevoir (*C. pr., 919*).

En conséquence, la vacation pour la continuation....., etc..... *(Le surplus comme au n° 1er.)*

Continuation de l'inventaire aprs l'ouverture du testament. (N° **2358.**)

Et aujourd'hui.....
Il va être, aux mêmes requête, présence et qualités qu'en l'intitulé des présentes,
Et en outre en présence de M......
En qualité d'habile à recueillir le legs que M....., lui a fait du quart des biens meubles et immeubles qui composent sa succession, aux termes de son testament fait sous la forme olographe en date....., etc.....,
Procédé par Me.....
A la continuation de l'inventaire après le décès de M.....

Si les qualités sont entièrement modifiées :

Il va être à la requête de :
1° M.....

Enoncer les noms et les qualités de même qu'en l'intitulé, et mentionner le changement en marge du premier intitulé.

Procédé par Me.....
A la continuation de l'inventaire après le décès de M.....

PAQUETS CACHETÉS. (N° 2359.)

Parmi les objets renfermés dans le secrétaire, il a été trouvé un paquet clos avec une feuille de papier blanc, ficelé et cacheté, ne portant aucune suscription; les parties et les notaires l'ont paraphé sur la couverture; puis les parties ont requis Me..... de se transporter demain....., au palais de justice du tribunal civil de première instance de....., pour présenter ce paquet à M. le président de ce tribunal qui en fera l'ouverture et ordonnera ce que de droit.

---

[1] Pigeau, II, p. 589; Roll., *Invent.*, n° 203.

[2] Pigeau, II, p. 589; De Belleyme, II, p. 239; Dict. not., *Invent.* n° 400; Roll., *ibid.*, n° 265.

2360. *Papiers étrangers à la succession.* S'il est trouvé des papiers étrangers à la succession et réclamés par des tiers, ils sont remis à qui il appartient; s'ils ne peuvent être remis à l'instant, et qu'il soit nécessaire d'en faire la description, elle est faite sur le procès-verbal des scellés, et non sur l'inventaire (*C. pr., 939*); s'il s'élève des difficultés sur la remise demandée, il en est référé au président du tribunal (1).

2361. *Lettres confidentielles.* Parmi les papiers trouvés au domicile du défunt, il peut se trouver des lettres confidentielles, c'est-à-dire devant, dans la pensée de celui qui les a écrites, rester secrètes; celui qui reçoit de telles lettres n'y a qu'un droit personnel non susceptible de transmission, et qui, conséquemment, ne passe pas aux héritiers; la personne qui les a écrites peut donc en demander la remise et s'opposer à ce qu'elles soient inventoriées; si les héritiers contestent le caractère de ces lettres et soutiennent qu'elles doivent rester à la succession, les tribunaux peuvent, soit ordonner l'apport des lettres en la chambre du Conseil pour en vérifier le contenu, soit permettre aux héritiers, en présence du juge de paix, d'en faire

---

PAPIERS ÉTRANGERS A LA SUCCESSION. (N° 2360.)

Dans le secrétaire, il s'est trouvé une liasse de neuf pièces renfermées dans une couverture portant cette suscription : « Ces papiers appartiennent à M. Désir Valin, pro-
» priétaire, demeurant à. . . . , qui me les a confiés. »

A la réquisition des parties ces papiers ont été remis à M. Valin, ici présent, qui le reconnaît et en décharge la succession.

Après lecture, M. Valin a signé.

(Signature.)

LETTRES CONFIDENTIELLES. (N° 2361.)

Dans le secrétaire, il s'est trouvé un paquet de lettres renfermé dans une couverture et ficelé; la couverture porte cette suscription : « Lettres à moi adressées par M. Charles
» Lebon, fabricant à. . . . . »

M. Lebon, ici intervenant, a déclaré que ces lettres, destinées à rester secrètes, ne donnaient à feu M. Duval qu'un droit personnel non susceptible de transmission, et en a réclamé la remise.

Les parties ont déclaré ne pas s'y opposer; en conséquence, cette liasse de lettres a été remise à M. Lebon, qui le reconnaît et en décharge la succession.

Après lecture, M. Lebon a signé.

(Signature.)

AVANTAGES SUJETS A RAPPORT FAITS AUX ENFANTS. (N° 2362.)

Contrat de mariage de M. Jean Duval.

Cote trente-quatrième. Une pièce qui est l'expédition, représentée par M. Jean Duval, d'un contrat passé devant M°. . . . . , qui en a gardé minute, et l'un de ses collègues, notaires à. . . . . , le. . . . . , contenant les clauses et conditions civiles du mariage d'entre lui et Mᵐᵉ Héloïse Drancey; aux termes duquel contrat M. et Mᵐᵉ Duval ont fait donation, par avancement d'hoirie sur leurs successions futures, chacun pour moitié, à M. Jean Duval, leur fils, d'une somme de vingt mille francs, stipulée payable : dix mille francs le jour du mariage, dont la célébration en vaudrait quittance ; et les dix mille francs de surplus dans le délai de deux ans du jour de la célébration du mariage, avec l'intérêt à cinq pour cent par an, à partir du même jour.

Les parties déclarent que dix mille francs ont été payés à M. Jean Duval lors de son mariage, et que les dix mille francs de surplus ont été payés à l'époque d'échéance.

Cette pièce a été de suite reprise par M. Jean Duval, en conséquence elle n'a été ni ni cotée, ni paraphée, mais elle a été inventoriée sous la cote trente-quatrième, ci. . . . . *Trente-quatrième.*

---

(1) Roll., *Invent.*, n° 268.

prendre connaissance par un mandataire choisi parmi eux ou parmi les avocats, notaires ou avoués, et dire que ce mandataire indiquera parmi les lettres celles qu'il jugera non confidentielles pour être transmises sous enveloppe cachetée par le juge de paix au tribunal, qui en fera l'appréciation. Les autres lettres seront replacées sous le scellé (1).

2362. *Rapports.* L'inventaire, devant contenir tous les éléments de la liquidation ultérieure, il est nécessaire d'y constater les rapports que les héritiers sont tenus de faire à la succession du défunt, *supra* n°s 2005 et suiv.; à cet effet le notaire se fait représenter par les héritiers les contrats de mariage, donations ou autres actes desquels les libéralités résultent, et il les inventorie comme pièces représentées et de suite rendues, c'est-à-dire sans les coter ni parapher. A défaut de pièces représentées, les parties font des déclarations sur la nature et l'importance des rapports à effectuer.

Donation à M. Paul Duval.

COTE TRENTE-CINQUIÈME. Deux pièces représentées par M. TOURNIER, mandataire de M. Paul DUVAL :

La première est l'expédition du contrat de mariage d'entre M. Paul DUVAL et Mme Téréza DAMIENS, passé devant M^e . . . ., qui en a gardé minute, et l'un de ses collègues, notaires à. . . ., le. . . .; ce contrat ne contient aucune donation ni aucun avantage en faveur de M. Jean DUVAL.

La deuxième est l'expédition d'un acte passé, en présence de témoins, devant M^e . . . ., notaire à. . . ., qui en a gardé minute, le. . . ., aux termes duquel M. DUVAL, *de cujus*, a fait donation entre-vifs, en avancement d'hoirie, à M. Paul DUVAL, son fils, d'une pièce de terre labourable, située commune de. . . . . lieu dit. . . . ., de la contenance de. . . . ., section . . . ., n°. . . . . du plan cadastral, et a mis à la charge de M. Jean DUVAL le payement d'une somme de mille francs due à M. . . . ., en vertu d'une obligation reçue par M^e. . . ., notaire à. . . ., le. . . .

M. TOURNIER ès dit nom déclare :

Que M. Paul DUVAL a vendu l'immeuble dont son père lui a fait donation à M. . . . ., suivant contrat passé devant M^e. . . ., notaire à. . . ., le. . . ., de sorte que ce rapport sera effectué en moins prenant;

Et qu'il a payé les mille francs dont il a été chargé, suivant quittance passée devant M^e. . . ., notaire à. . . ., le. . . ., ce qui diminue d'autant son rapport.

Ces pièces ont été de suite reprises par M. TOURNIER, pourquoi elles n'ont été ni cotées ni paraphées, mais elles ont été inventoriées sous la cote trente-cinquième, ci. . . . . *Trente-cinquième.*

Contrat de mariage de Mme David.

COTE TRENTE-SIXIÈME. Une pièce qui est la copie informe du contrat de mariage d'entre M. et Mme DAVID reçu, avec l'assistance de témoins, par M^e. . . ., notaire à. . . ., qui en a gardé minute, le. . . ., aux termes duquel M. et Mme DUVAL ont fait donation, par avancement d'hoirie sur leurs successions futures, chacun pour moitié, à Mme DAVID, leur fille :

1° D'un trousseau se composant de linge de toilette et de ménage, et de divers objets d'ameublement, le tout estimé quatre mille francs, ci.	4,000	»
2° Et d'une somme de seize mille francs en numéraire, ci. . . .	16,000	»
Ensemble vingt mille francs, ci.	20,000	»

---

(1) Rouen, 1er août 1864; Mon. Trib., 1862, p. 116; voir aussi De Belleyme, II, p. 222; Dict. not., *Invent.*, n° 393; Paris, 10 nov. 1852; Bordeaux, 13 déc. 1855; J. N., 14895, 15820.

2363. *Don manuel.* La déclaration ou la reconnaissance d'un don manuel, faite dans un inventaire par le donataire ou ses représentants, est passible du droit proportionnel de donation (1) (*loi 18 mai 1850, art. 6*), mais seulement lorsque le don manuel est postérieur à cette loi, car s'il résulte des circonstances que le don a été réellement fait à une époque antérieure, la déclaration ou reconnaissance ne donne pas lieu à la perception du droit (2).

2364. *Pièces inventoriées par récolement.* Il y a lieu à la confection d'un inventaire par récolement : 1° lorsque après le décès de l'un des époux il a été procédé à un inventaire de la communauté et que peu de temps après le conjoint survivant vient à mourir, afin d'examiner si tous les objets et papiers existent encore en nature et d'énoncer ce que sont devenus ceux qui ne se retrouvent pas ; 2° lorsque pendant le mariage l'un des époux a recueilli la totalité d'une succession dont l'importance a été constatée par un inventaire, afin de constater quels sont les objets existant encore et dont la reprise peut s'effectuer en nature, et quel a été le sort de ceux n'existant plus, dans le but de déterminer la reprise en deniers.

2365. Les papiers qui existent encore en nature ne sont ni cotés ni paraphés, puisqu'ils l'ont été lors du premier inventaire ; les papiers manquants sont portés en déficit.

Le tout stipulé livrable et payable le jour du mariage, qui en vaudrait quittance.
Cette pièce a été cotée..... etc.
Les parties déclarent que le trousseau et la somme donnés à Mme David lui ont été livrés et payés le jour de son mariage.
Toutefois M. et Mme David font observer que sur le trousseau donné à Mme David pour une valeur de quatre mille francs, ci............... | | | 4,000 | »
Il ne leur a pas été livré :
1° Six paires de draps, estimées deux cent quarante francs, ci............	240	»		
2° Un matelas, estimé quatre-vingts francs, ci	80			
3° Une armoire à glace, estimée trois cents francs, ci..	300	»		
Ensemble, six cent vingt francs, ci......	620	»	620	»

Ce qui réduit son rapport, pour cette cause, à trois mille trois cent quatre-vingts francs, ci.................... | 3,380 | »

Les autres parties font toutes réserves contre cette déclaration.

Don manuel à M. Jean Duval. (N° 2363.)

M. Jean Duval déclare qu'il lui a été donné manuellement par son père :
1° Le six avril mil huit cent quarante-huit, une somme de deux mille francs, qu'il a employée le huit du même mois à payer le prix de son remplacement au service militaire, ci.............. | 2,000 | »
2° Et une autre somme de six mille francs, le premier juin mil huit cent cinquante-deux, ci...................... | 6,000 | »
Ensemble, huit mille francs, ci........... | 8,000 | »

RÉCOLEMENT D'INVENTAIRE. (N°s 2364 à 2366.)

Cote..... Une pièce.
Cette pièce est l'expédition de l'inventaire après le décès arrivé à..... le....., de

---

(1) Voir Cass., 13 août 1850 ; Trib. Pontoise, 21 nov. 1864 ; J. N., 16922, 17580 ; Paris, 1er fév. 1864 ; J. N., 17926.
(2) Trib. Epernay, 12 octobre 1850 ; Vassy, 30 mars 1855 ; Senlis,
30 juill. 1857 ; J. N., 14255, 15538, 16217 ; contra trib. Nevers, 26 mars 1851 ; Seine, 31 août 1854 ; J. N., 15538, 16217.

DÉCLARATIONS — FORMULE 348

2366. S'il existe des objets et des papiers autres que ceux compris dans le précédent inventaire, ils sont inventoriés en la manière ordinaire.

§ 4. — DÉCLARATIONS.

2367. L'analyse des papiers est presque toujours insuffisante pour faire connaître l'état de la communauté ou de la succession ; car des reprises ou des récompenses peuvent ne point résulter des pièces inventoriées, de même qu'il existe le plus souvent quelques dettes actives ou passives en dehors de ces pièces ; elle doit donc être complétée par les déclarations des parties (*C. pr.* 943, 7°).

2368. *Déclarations générales.* Les déclarations générales embrassent les faits arrivés pendant le mariage et qui ne résultent point de l'inventorié des papiers ; ainsi, elles ont pour objet de faire connaître : dans le cas de communauté ou société d'aquêts, si des successions sont échues aux époux, s'il leur a été fait des donations ou des legs, ce qu'ils en ont retiré ; et, dans le cas de communauté légale, ce qui est provenu à l'un ou à l'autre en mobilier et en immeubles (1) ; ou si des dettes ont été payées en l'acquit des époux, quelle en est l'importance, si ces dettes s'appliquaient aux meubles ou aux immeubles ; si des constructions,

---

M.. . ., en son vivant propriétaire, demeurant à. . . . ., dressé par M°. . . . qui en a gardé minute, et l'un de ses collègues, notaires à. . . . ., le. . . . ., à la requête de M. et Mme. . . . ; Mme. . . . ., en qualité de seule et unique héritière de M. . . . ., son frère.
La prisée du mobilier a été faite par M°. . . . . commissaire-priseur à. . . . . ; elle s'est élevée à. . . . .
« NOTA. Mme. . . . . déclare que ce mobilier a été vendu à l'encan, par le ministère de
» M°. . . . ., commissaire-priseur à. . . . ., et que le produit de cette vente s'est
» élevé à. . . . . »
Il a été constaté qu'il existait en deniers comptants une somme de. . . . ., dont M. . . . . s'est saisi.
Les papiers ont été inventoriés sous six cotes :
La première renferme six pièces qui se retrouvent en nature ; elles sont relatives à l'acquisition que M. . . . avait faite d'une maison située à. . . . ., rue. . . . ., n°. . . . ., moyennant un prix payé, et qui est encore en la possession de Mme. . . . .
La cote deuxième était composée de trois pièces qui avaient pour objet une créance de. . . . ., sur un sieur. . . . .
Ces pièces sont en déficit, la créance ayant été remboursée ainsi que Mme. . . . . le déclare.
La cote troisième comprend. . . . . etc. . . . .
Continuer ainsi le dépouillement des papiers.
Il a été déclaré qu'il était dû à la succession de M. . . . . diverses sommes s'élevant à. . . . ; Et que cette succession était grevée de diverses dettes se montant à. . . . .
« NOTA. Mme. . . . . déclare que les sommes comprises dans les déclarations actives et
» passives ont été reçues ou payées ;
» Qu'en outre, il a été payé à M°. . . ., une somme de. . . . ., pour les frais de l'in-
» ventaire ;
» Et au bureau de l'enregistrement de. . . . ., une somme de. . . . ., pour l'acquit des
» droits de mutation. »

DÉCLARATIONS. (N° 2367.)

Déclarations générales. (N° 2368.)

Mme veuve DUVAL déclare :

---

(1) Dict.not.; *Invent.* n° 409 ; Roll., *ibid.*, n° 283.

grosses réparations, plantations et autres impenses ont été faites sur les biens propres aux époux; si des ventes d'immeubles propres aux époux ont été faites, en vertu de quels actes et pour quels prix; enfin s'il a été fait d'autres acquisitions que celles résultant des pièces inventoriées, ou des échanges d'immeubles; si des soultes ont été reçues ou payées.

2369. *Déclarations actives.* L'énumération détaillée des créances actives qui ne résulte point de titres ni de billets, ou qui résultent de titres ou de pièces que le défunt n'avait point en sa possession, doit être faite sur la déclaration des parties.

2370. S'il y avait communauté ou société d'acquêts et que le défunt ait laissé des créances personnelles, on doit les distinguer sous un titre à part de celles de la communauté ou société d'acquêts.

2371. Dans les deux cas, les intérêts des créances sont calculés jusqu'au jour du décès du *de cujus*, car jusque-là ils appartiennent à la masse des fonds de la communauté. Il en est de même des fermages et loyers des biens, *supra* n°ˢ 2334, 2346.

2372. Chaque créance doit être désignée par les nom, prénoms, qualité et demeure du débiteur, le chiffre et la cause de la créance (1) (*arg. C. pr.*, 943, 7°).

2373. Les déclarations actives portées en l'inventaire ne peuvent être opposées aux tiers (2).

2374. Mais, en cas de communauté ou société d'acquêts, elles peuvent être opposées à l'époux survivant qui les a faites, et s'il prétend qu'il y a eu erreur, il doit le prouver : ainsi il fait comprendre une créance active dans l'inventaire, et plus tard, en rendant compte de son administration, il prétend que cette créance n'était point due, c'est à lui de faire la preuve de l'erreur (3).

2375. Les déclarations d'un ou de plusieurs héritiers qui se reconnaissent débiteurs, soit envers la succession, soit envers un ou plusieurs de leurs cohéritiers, leur sont opposables, car elles constituent de véritables reconnaissances obligatoires (4).

2376. La déclaration des créances actives étant une conséquence nécessaire de l'inventaire, les déclarations suivantes faites dans un inventaire ne donnent pas lieu au droit d'enregistrement de titre : 1° déclaration par un héritier présent qu'il est débiteur envers la succession (5); 2° déclaration par un mandataire chargé de la liquidation d'une communauté ou d'une société, ou par un exécuteur testamentaire, qu'il est débiteur du reliquat de son compte (6); 3° déclaration par le tuteur d'un héritier qu'il est débiteur envers la succession par suite de compte (7); 4° déclaration par la veuve commune en biens que

---

1° Qu'outre les successions et les dons et legs par elle recueillis et mentionnés sous les cotes sixième, septième et huitième, elle a recueilli la succession de Mlle Rose VERNIER, sa tante, décédée à . . . . . le . . . . . . , dont elle s'est trouvée héritière pour un quart; que cette succession se composait seulement de meubles et objets mobiliers qui ont été vendus à l'encan par le ministère de M^e . . . . , commissaire-priseur à . . . . . , le . . . . . , et qu'il lui est revenu de cette succession une somme nette de . . . . . , ainsi que le constate la décharge donnée à cet officier public par acte de son ministère en date du . . . . . ;

2° Qu'elle n'a recueilli aucune autre succession et qu'il ne lui a été fait aucun autre don ni legs que ceux mentionnés ci-dessus ;

3° Que feu M. DUVAL, son mari, n'a point recueilli d'autres successions, et qu'il ne lui a point été fait de don ni legs autres que ceux dont il est question aux cotes troisième, quatrième et cinquième ;

4° Qu'il n'a point été fait d'autres ventes ni échanges de propres que ceux indiqués à la suite de l'analyse du contrat de mariage et des titres des propres;

5° Que, dans le courant de l'année . . . . , il a été fait au corps de ferme situé à . . . . . , propre à feu M. DUVAL, la reconstruction d'un gros mur entier qui menaçait ruine; reconstruction nécessaire et conséquemment donnant lieu à une indemnité sur la succession en faveur de la communauté du montant des dépenses, qui a été de . . . . ;

---

(1) Pigeau, II, p. 601; Carré, *sur l'art. 943*; Dict. not., *Invent.* n° 405; Roll., *ibid.*, n° 281.
(2) Toullier, IX, 66; Dict. not., *Invent.*, n° 409; Roll., *Invent.*, n° 283.
(3) Roll., *Invent.*, n° 287; Cass., 19 janv. 1811.
(4) Roll., *Invent.*, n° 289.

(5) Délib. régie, 2 oct. 1822; J. N., 4263; voir aussi trib. Valenciennes, 27 août 1847; J. N., 13191.
(6) Cass. 22 mars 1814; trib. Cambrai, 14 juill. 1842; J. N., 2174, 11464.
(7) Délib. régie, 9 janv. 1851; J. N., 14250.

des sommes empruntées par elle et son défunt mari suivant des actes notariés l'ont été en réalité pour le compte de deux de leurs enfants qui les ont reçues directement des prêteurs, ce que ces enfants reconnaissent en déclarant que le remboursement de ces sommes est leur affaire personnelle, et que leurs père et mère ne sont vis-à-vis d'eux que les cautions de leur dette (1).

2377. *Déclarations passives.* Sous ce titre, figurent les dettes passives qui ne résultent pas des pièces inventoriées, comme celles dont les titres sont entre les mains des créanciers, les mémoires des marchands, des fournisseurs, les frais de dernière maladie, de funérailles, etc. (2).

2378. S'il y a des dettes de l'association conjugale et des dettes à la charge personnelle du défunt, on doit les porter sous des titres distincts.

2379. Les dettes de maison faites avant le décès, même celles relatives aux frais de dernière maladie, sont à la charge de la communauté ou société d'acquêts; celles faites depuis le décès, comme les frais d'inhumation et autres, sont à la charge de la succession du défunt.

2380. Si les héritiers du défunt sont des mineurs et que leur père ou leur mère ait la jouissance légale de leurs biens, les frais de dernière maladie et ceux des funérailles sont une charge de la jouissance légale, *supra* n° 1174, 5°; et comme tels doivent être portés distinctement, ou même peuvent être complètement omis.

2381. Chaque dette doit être énoncée par l'indication de son importance, du nom du créancier et de sa cause (3). (*Arg. C. pr.*, 943, 7°).

2382. Les intérêts et arrérages des dettes et rentes passives sont calculés jusqu'au jour du décès, parce que, jusqu'à cette époque, ils sont une charge des fonds de l'association conjugale ou de la succession du défunt. Il en est de même des loyers et fermages qui peuvent être dus.

2383. Les tiers en faveur desquels des déclarations de dettes sont faites en l'inventaire par l'époux survivant ou par les héritiers du défunt ne peuvent s'en prévaloir; car ces déclarations ont pu être faites sur des renseignements inexacts; on ne doit donc considérer ces déclarations que comme faites sous toutes réserves (4), à moins qu'elles n'aient eu lieu expressément pour valoir reconnaissance (5).

2384. Dans tous les cas, la déclaration de la veuve ne peut lier les héritiers du mari prédécédé; elle ne peut même leur être opposée comme commencement de preuve par écrit (6).

6° Qu'il a été fait dans la même propriété, en l'année. . . . . , la construction de la grange longeant la rue; que cette construction ayant été utile à la propriété, la succession doit indemniser la communauté de la plus-value qu'elle lui a procurée ; plus value qu'il y aura lieu d'estimer ultérieurement ;

7° Qu'il n'est point à sa connaissance qu'il soit arrivé d'autres faits susceptibles de donner lieu à reprises ou à indemnités.

Déclarations actives. (N°s 2369 à 2376.)

Mme veuve Duval déclare qu'outre l'actif résultant des pièces inventoriées, il est dû à la communauté ayant existé entre feu son mari et elle :
1° Par. . . . . . etc. . . . .

Enumérer tout l'actif en relatant les noms, prénoms et demeures des débiteurs, le chiffre, la cause des créances, et le montant des intérêts courus jusqu'au jour du décès; si les créances se divisent en bonnes, douteuses et mauvaises, les distinguer, ainsi qu'on le voit sous la cote vingt-sixième.

Déclarations passives. (N°s 2377 à 2385.)

Mme veuve Duval déclare qu'il est réclamé à la communauté ayant existé entre elle et son mari :
1° Par. . . . . , etc. . . . .

---

(1) Cass., 24 mars 1862; J. N., 17377.
(2) Roll., Invent., n° 282.
(3) Pigeau, II, p. 601; Carré, sur l'art, 943; Roll. Invent., n° 284.
(4) Roll., Invent., n° 285; Cass., 16 mars 1825.
(5) Roll., *Reconn. de dette*, n° 4; Bourges, 24 avril 1839.
(6) Toullier, IX, 65; Durantou, XIII, 351; Roll., *Invent.*, n° 286; Bourges, 24 avril 1839.

DE L'INVENTAIRE

2385. Les déclarations de dettes passives, ayant pour objet de donner un aperçu des charges de la communauté ou succession, elles sont aussi une conséquence de l'inventaire et ne donnent pas ouverture au droit d'enregistrement de titre (1).

§ 5. — INTERPELLATIONS, RÉSERVES.

2386. *Interpellation au tuteur de déclarer s'il est créancier de son pupille.* Lorsque l'inventaire est fait à la requête d'un tuteur, même légal (2), le notaire doit le requérir de déclarer s'il lui est dû quelque chose par le mineur, *supra* n° *1282*; l'inventaire doit faire mention de cette requisition et de la réponse du tuteur (C. N., *451*).

2387. Il semble résulter des termes de l'art. 451 C. N., que cette interpellation n'est exigée que vis-à-vis du tuteur datif entrant en fonctions; mais l'usage est de la faire dans tous les cas où un tuteur figure à un inventaire au nom de son pupille, car elle a pour but de faire connaître la position du mineur à l'égard de son tuteur, alors que de nouveaux biens vont augmenter son patrimoine, ce qui donne à l'interpellation une véritable utilité lors de chaque inventaire (3).

2388. Si le tuteur ne veut point répondre à l'interpellation qui lui est faite par le notaire ou s'il déclare qu'il ne lui est rien dû, il est déchu de sa créance contre son pupille, lors même qu'elle serait constatée par un titre authentique (4). Il n'en est pas de même s'il n'a point déclaré sa dette, parce que le notaire a omis de l'en requérir (5); mais dans ce cas le notaire peut être responsable, *supra* n° *1282*.

2389. Le tuteur doit indiquer sa créance contre son pupille avec le plus de précision possible; si cependant il ne se rappelle pas la quotité de sa créance, il lui suffit d'en indiquer la cause et l'importance approximative. La déclaration faite vaguement par le tuteur qu'il lui est dû ne suffit point. Mais s'il y a compte à faire entre le tuteur et le mineur et que le tuteur ignore absolument s'il lui sera dû quelque chose par son pupille, il suffit qu'il en fasse la déclaration (6).

2390. *Protestations et réserves.* Les personnes présentes à l'inventaire, même celles qui le re-

---

Enumérer les dettes avec l'énonciation des noms, prénoms et demeures des débiteurs, du chiffre des dettes en principal et intérêts, et de leurs causes.

Qu'en outre il est réclamé à la succession de M. Duval, les frais funéraires se composant de :

1°. . . . .

A l'appui des déclarations passives, Mme Duval a représenté quinze pièces qui sont des notes et factures; ces pièces n'ont pas été autrement décrites à la réquisition des parties, mais elles ont été cotées, paraphées et inventoriées sous la cote. . . .

Déclaration par Mme Duval que sa fille mineure ne lui doit rien. (N°s 2386 à 2389.)

Les notaires soussignés, en conformité des dispositions de l'article 451 du Code Napoléon, ont interpellé Mme Duval pour qu'elle ait à faire connaître s'il lui est dû quelque chose par Mlle Duval, sa fille mineure; et Mme Duval a répondu que sa fille ne lui doit rien autre chose que le coût de la délibération du conseil de famille qui a élu M. Rémy Duval subrogé tuteur.

---

(1) Décis. min. fin., 30 flor., an XI ; instr. régie, 3 fruct., an XIII, n° 290, § 18 ; Délib. régie, 1er oct. 1833.
(2) Bioche, *Invent.*, n° 253 ; Dict. not., *ibid.*, n° 422 ; voir cependant Roll., *Invent.*, n° 296.
(3) Dict. not., *Invent.*, n° 415 ; Roll., *ibid.*, n°s 292, 293.
(4) Toullier, II, 1194 ; Duranton, III, 539 ; Dict. not., *Invent.*, n° 416 ; Roll., *ibid.*, n° 294.
(5) Pau, 6 août 1834.
(6) Dict. not., *Invent.*, n°s 419 à 421 ; Roll., *ibid.*, n°s 297 à 299.

quièrent si les déclarations n'ont point été faites par elles, font d'une manière générale toutes réserves et protestations contre les déclarations contenues en l'inventaire.

2391. Si l'inventaire a lieu à la requête de l'époux survivant, tant en son nom que comme tuteur de quelques-uns de ses enfants encore mineurs, les protestations et réserves sont faites par le subrogé tuteur au nom des mineurs, et par les majeurs pour ce qui les concerne; s'il a lieu à la requête des héritiers présomptifs en présence de créanciers opposants, d'un exécuteur testamentaire, de donataires, légataires, etc., les protestations et réserves sont faites par ces derniers.

2392. Les protestations et réserves ont souvent lieu aussi dans le cours de l'inventaire; ainsi une déclaration est faite par l'un des requérants, un autre requérant trouve qu'elle est inexacte, ou qu'elle lui préjudicie, il fait à la suite toutes protestations et réserves, en énonçant ses motifs, s'il le juge à propos, *infra n°s 2433 et 2434.*

§ 6. — CLOTURE.

2393. La clôture de l'inventaire est cette partie du procès-verbal qui termine l'opération et qui constate l'affirmation de la veuve, la prestation du serment, la remise des effets et papiers et les autorisations s'il y a lieu.

2394. *Affirmation de la veuve.* Lorsque la veuve commune fait procéder à l'inventaire après le décès de son mari, cet inventaire doit être par elle affirmé sincère et véritable, lors de sa clôture devant l'officier public (*C. N., 1456*).

2395. Cette affirmation n'étant prescrite qu'aux veuves qui ont été communes ou en société d'acquêts, les autres, de même que les maris survivants, en sont dispensés (1).

2396. L'omission de cette affirmation par la veuve survivante n'entraîne pas la nullité de l'inventaire; mais il peut être facilement considéré comme entaché d'inexactitude et d'infidélité, sauf pourtant toutes preuves ou présomptions contraires (2).

2397. *Prestation de serment.* Ceux qui ont été en possession des objets avant l'inventaire, ou qui ont habité la maison dans laquelle sont les objets, doivent affirmer par serment, lors de la clôture de l'inventaire, qu'ils n'en ont détourné, vu détourner ni su qu'il en ait été détourné aucun; et mention doit être

---

Protestations et réserves. (N°s 2390 à 2392.)

M. Jean Duval, M. Tournier, mandataire de M. Paul Duval; M. et Mme David et M. Remy Duval, subrogé-tuteur de la mineure Duval, déclarent faire toutes réserves et protestations contre les déclarations de Mme Duval, en ce qu'elles pourraient être préjudiciables aux droits et intérêts des héritiers.

CLOTURE.

Ne se trouvant plus rien à faire comprendre ni déclarer au présent inventaire, il est demeuré clos et arrêté, après avoir été de Mme veuve Duval certifié sincère et véritable. (N°s 2393 à 2396.)

Et de suite Mme veuve Duval a affirmé, sous serment prêté entre les mains de M^e...., l'un des notaires soussignés, qu'elle a représenté et fait comprendre au présent inventaire tout ce qui, à sa connaissance, peut dépendre tant de la communauté ayant existé entre elle et son défunt mari que de la succession de ce dernier; qu'elle n'en a rien détourné, vu ni su qu'il en ait été rien détourné directement ni indirectement. (N°s 2397 à 2399.)

S'il y a des domestiques. (N° 2397.)

A cet instant sont intervenus :

---

(1) Dict. not., *Invent.*, n° 427; Roll., *ibid.*, N° 303.   2) Roll., *Invent.*, n° 304; Bordeaux, 24 fév. 1829.

faite de ce serment (*C. pr.*, *945, 8°*). Les domestiques sont compris parmi ceux qui ont habité la maison et doivent aussi prêter le serment.

2398. Le serment est prêté entre les mains du notaire, même quand il y a eu scellés. Le juge de paix ne serait point apte à le recevoir (1).

2399. Si celui à qui le serment est prescrit refuse de le prêter, il y a lieu à référé devant le président du tribunal (2) (*C. pr.*, *944*).

2400. *Remise des effets et papiers.* La remise des papiers et des effets est faite entre les mains de la personne dont les parties conviennent, ou qui, à défaut, est nommée par le président du tribunal; mention en est faite dans l'inventaire (*C. pr.*, *945, 9°*).

2401. Lorsqu'il y a un époux survivant, c'est à lui que sont confiés le plus souvent les papiers et effets, surtout s'il était commun en biens; il en est de même si c'est une veuve non commune, mais qui a des répétitions à exercer contre la succession de son mari (3). Cependant s'il est à craindre que le survivant ne divertisse quelque effet, on peut lui refuser la garde de certains objets, comme les papiers, l'argenterie, les bijoux, et autres effets précieux; dans ce cas, les objets qui viennent d'être indiqués sont remis, soit à l'un des héritiers, soit à un tiers, selon que les parties en conviennent; les papiers peuvent aussi être déposés au notaire, l'argenterie et les bijoux à l'officier public qui doit procéder à la vente du mobilier; quant à tous autres objets d'un usage journalier et dont le divertissement est plus difficile, ils sont laissés au survivant, à moins que les soupçons élevés contre lui ne soient extrêmement graves (4).

2402. S'il n'y a point de conjoint survivant, les héritiers conviennent entre eux de celui qui sera chargé de la garde des effets et papiers; sinon le gardien est nommé, sur référé, par le président du tribunal.

1° M. Jean MARQUET, cocher;
2° Mlle Antoinette....., cuisinière;
3° Mlle Marie....., femme de chambre;
Tous trois au service de Mme.....

Lesquels ont prêté serment, chacun séparément, de n'avoir pris, caché ni détourné aucun des objets devant être compris au présent inventaire, vu ni su qu'il en ait été pris, caché ni détourné par qui que ce soit.

Après lecture, ils ont signé et se sont retirés.

(Signatures.)

Les meubles, objets mobiliers, argent comptant, titres et papiers ci-dessus inventoriés ont été, du consentement des parties, mis (*ou* laissés) en la garde et possession de Mme veuve DUVAL, qui s'en charge, pour les représenter, quand, à qui et ainsi qu'il appartiendra. (N°^{s} 2400 à 2405.)

Il a été vaqué à tout ce que dessus, depuis huit heures du matin jusqu'à cinq heures du soir, par triple vacation. (N° 2228.)

Après lecture, les parties, sous toutes réserves, ont signé avec les notaires.

FORMULE 349. — **Inventaire après apposition de scellés.** (N°^{s} 2406 à 2432.)

L'an.....,
A la requête de.....,
Et en présence de.....,
Il va être procédé.....,

. . . .

Sur la représentation qui sera faite du tout par M. Noël YVART, valet de chambre au service de feu M....., gardien des scellés dont il sera question ci-après; lequel averti

---

(1) Bioche, *Invent.*, n° 178, Dict. not. *ibid.*, n° 433; Rol., *ibid.* n° 311; J. N., 13680.
(2) Dict. not., *Invent.*, n° 437; Roll., *ibid.*, n° 312; Cass., 23 fév. 1836.
(3) Pigeau, II, p. 602; Roll., *Invent.*, n° 314.
(4) Pigeau, II, p. 602; Dict. not., *Invent.*, n° 440; Roll. *ibid.* n° 315.

2403. Lorsque le défunt a nommé un exécuteur testamentaire à qui il a accordé la saisine du mobilier, c'est à lui que doit être confiée la garde des effets mobiliers, à moins que les legs n'aient été acquittés ou qu'il ne lui ait été remis somme nécessaire pour les acquitter; dans tous les cas, l'exécuteur testamentaire ne peut réclamer la garde que des effets mobiliers et des titres concernant les legs; quant aux titres des immeubles, la garde peut lui en être refusée (1) (*arg. C. N.*, 1026).

2404. Si la succession est grevée de dettes, les créanciers opposants peuvent contester la remise des papiers et effets à l'exécuteur testamentaire, les créanciers ayant un droit antérieur à celui des légataires; dans ce cas, si les créanciers le requièrent, les objets de la succession sont confiés à un gardien (2).

2405. Si des difficultés s'élèvent sur la remise de l'argent comptant entre les mains d'un gardien, et qu'on ne puisse s'entendre sur le choix d'un tiers, le président du tribunal devant lequel il en est référé peut ordonner le dépôt de l'argent à la caisse des consignations, et le récépissé délivré par la caisse est inventorié avec les autres papiers de la succession (3) (*ordonn. 5 juill. 1817, art. 2, 7°*).

CHAPITRE QUATRIÈME.

DE L'INVENTAIRE APRÈS SCELLÉS.

§ 1.— APPOSITION DES SCELLÉS.

2406. L'apposition des scellés est une mesure conservatoire qui a pour objet d'empêcher le détournement du mobilier.

---

du serment qu'il aura à prêter, à la clôture des présentes, de n'avoir rien détourné, vu ni su qu'il ait été rien détourné, promet de s'y conformer.

Il sera procédé, au fur et à mesure que les scellés, apposés par M. le juge de paix du canton de....., suivant son procès-verbal en date du....., auront été reconnus sains et entiers, et comme tels levés par ce magistrat. — *Si les scellés sont levés en vertu d'une ordonnance, l'on ajoute :* En conséquence de son ordonnance en date du....., enregistrée, étant en suite du procès-verbal d'apposition.

La prisée des objets qui en seront susceptibles sera faite....., etc.

Et après lecture.....

Clôture de vacation.

Il a été vaqué à tout ce que dessus.....

Tous les objets ci-dessus inventoriés et ceux restant à l'être ont été laissés en la garde et possession de M. YVART, gardien des scellés, qui le reconnaît et s'en charge, pour en faire la représentation quand, à qui et ainsi qu'il appartiendra.

Reprise de vacation.

Il va être, par M^e.....,

Procédé à la continuation de l'inventaire après le décès de M....., toujours au fur et à mesure que les scellés apposés par M. le juge de paix du canton de....., auront été par ce magistrat reconnus sains et entiers, et comme tels levés.

Clôture de l'inventaire.

Ne se trouvant plus rien à faire comprendre ni déclarer au présent inventaire, il est demeuré clos et arrêté.

---

(1) Pigeau, II, p. 603; Dict. not., *Invent.*, n° 441; Roll., *ibid.*; n° 316.
(2) Pigeau, II, p. 603; Roll., *Invent.*, n° 317.
(3) Bioche n° 17; Roll., *Invent.*, n° 320.

2407. Lorsqu'il y a lieu à l'apposition de scellés, il y est procédé par le juge de paix du lieu, ou, à son défaut, par l'un de ses suppléants (*C. pr.* 907, 912), avec l'observation des formes prescrites par les art. 913 et 914 C. pr.

2408. Les scellés sont des bandes placées sur les ouvertures des meubles et portes, et rendues adhérentes aux deux extrémités avec de la cire sur laquelle est empreint le sceau de la justice de paix (*C. pr.* 908); il est fait une description sommaire des objets sur lesquels le scellé ne peut être mis, ou qui sont nécessaires à l'usage des personnes qui restent dans la maison (*C. pr.*, 914, 8° et 924).

2409. Il y a lieu à l'apposition de scellés sur la demande des parties intéressées (*C. pr.*, 909, 910) : 1° après le décès, mais jamais auparavant, même sous le prétexte d'empêcher des divertissements imminents, à moins que la réquisition de les apposer ne soit faite par le malade lui-même (1) ; 2° quand un individu a disparu laissant des biens à l'abandon (*C. N.*, 114), *supra* n° 894 ; 3° en cas de demande en séparation de corps ou de biens (*C. N.*, 270, 1443) ; 4° en cas d'interdiction ; 5° en cas de mise en faillite (*C. comm.*, 455).

2410. Le scellé est apposé soit à la diligence du ministère public, soit sur la déclaration du maire ou adjoint de la commune, et même d'office par le juge de paix : 1° si le mineur est sans tuteur et que le scellé ne soit pas requis par un parent ; 2° si le conjoint, ou si les héritiers ou l'un d'eux sont absents ; 3° si le défunt était dépositaire public ; mais seulement pour raison du dépôt et sur les objets qui le composent (*C. pr.* 911) ; 4° si le défunt était fonctionnaire, et que par la nature de ses fonctions il eût dû être dépositaire de secrets de l'Etat ou de titres appartenant au gouvernement ; mais seulement sur ses papiers, à l'effet de rechercher s'il n'en est pas qui appartiennent à l'Etat (2) ; 5° si le défunt était officier général ou officier supérieur chef de corps ou de service ; mais seulement sur les papiers, cartes, plans et mémoires militaires, autres que ceux dont le décédé est l'auteur (3) ; 6° si le défunt, lors de son décès était titulaire d'un office de notaire ; mais seulement sur ses minutes et répertoires, *infra* n° 2446 ; 7° si le défunt était dépositaire de deniers de l'Etat ; mais seulement sur la caisse et les papiers.

2411. Le titulaire d'un office de notaire, qui prétend que son prédécesseur a retenu dans ses mains une partie des minutes de l'étude, peut être autorisé à faire apposer les scellés sur un meuble par lui indiqué comme renfermant ces papiers (4).

2412. Les héritiers légitimes non réservataires ont-ils, en présence d'un légataire universel, le droit de requérir l'apposition des scellés ? Il faut distinguer :
1° Lorsque le testament est authentique ou s'il s'agit d'un don contractuel, le donataire ou légataire universel est saisi de plein droit et les héritiers ne peuvent faire apposer les scellés (5), à moins qu'ils n'at-

---

Et M. Yvart, gardien des scellés, a affirmé sous serment prêté entre les mains de M^e . . . . ., l'un des notaires soussignés, qu'il a représenté et fait comprendre en l'inventaire tout ce qui, à sa connaissance, dépend de la succession de M. . . . ., sans avoir rien détourné, vu ni su qu'il ait été rien détourné directement ou indirectement.

Tous les meubles meublants et objets mobiliers décrits en l'inventaire ont été, du consentement de toutes les parties, laissés en la garde et possession de M. Yvart, gardien des scellés, qui le reconnaît et s'en charge, pour les représenter quand, à qui et ainsi qu'il appartiendra.

Quant aux titres, papiers et registres, ils ont été, aussi du consentement de toutes les parties, remis à M^e . . . . ., l'un des notaires soussignés, qui le reconnaît et s'en constitue dépositaire et gardien.

Il a été vaqué . . . . . etc.

---

(1) Carré et Chauveau, *Quest. 3076*; Pigeau, II, p. 694 ; Thomine, 3° 1070.
(2) Chauveau, *Quest. 2073 bis*; Roll., *Scellé* n° 9 ; Paris, 8 mai 1829.
(3) Arrêté, 13 niv. an 10 ; instr. min. guerre, 13 fév. 1848 ; Jur. N., 11202.

(4) Bourges, 10 août 1836.
(5) Rouen, 14 déc. 1851 et 13 fév. 1852 ; J. N., 14762 ; voir Grenoble 3 juill. 1860 ; J. N., 17080.

taquent comme nul l'acte duquel la disposition résulte ; dans ce cas ils doivent en référer au président du tribunal, qui refuse l'autorisation (1) si la mesure lui paraît purement vexatoire ;

2° Si le legs a été fait par un testament olographe ou mystique non suivi d'envoi en possession, les héritiers peuvent requérir l'apposition des scellés (2), sauf au légataire à les appeler en référé devant le président du tribunal, pour faire ordonner qu'il y sera sursis jusqu'à l'envoi en possession, si d'ailleurs le légataire justifie qu'il n'a pas eu le temps nécessaire pour le demander (3) ;

3° Même en cas d'envoi en possession, les héritiers sont encore admis à requérir l'apposition des scellés, s'ils déclarent ne pas reconnaître les écriture et signature ; s'ils attaquent le testament ou l'ordonnance d'envoi en possession en prétendant que le legs a été mal à propos qualifié universel ; s'ils attaquent le testament comme révoqué (4).

2413. Lorsque les héritiers, au lieu d'attaquer le testament, élèvent la prétention qu'il doit exister, au domicile du défunt, un testament postérieur qui révoque le premier testament ou contient d'autres legs, ou des papiers les intéressant, il n'y a point lieu à l'apposition des scellés, mais seulement à une perquisition au domicile (5).

2414. Dans tous les cas où les scellés ont été apposés à la requête d'héritiers non réservataires qui ont contesté sans droit la validité du testament ou de l'envoi en possession, les frais d'apposition et ceux de référé sont à leur charge ; mais si les scellés ont été apposés avant l'envoi en possession ou à défaut de la représentation du testament, ils sont à la charge de la succession (6).

2415. Les clefs des meubles sur lesquels les scellés ont été apposés sont remises au greffier et restent entre ses mains jusqu'à leur levée ; pendant ce temps le juge ni lui ne peuvent aller dans la maison où est le scellé, à peine de destitution, à moins qu'ils n'en soient requis ou que leur transport n'ait été précédé d'une ordonnance motivée (*C. pr.*, 915).

2416. Si lors de l'apposition des scellés il est trouvé un testament cacheté ou non, ou un paquet cacheté, le juge de paix procède conformément aux art. 916 à 920 du C. pr.

2417. Si le juge de paix rencontre des obstacles à l'apposition des scellés, ou s'il s'élève des difficultés, il peut établir une garnison extérieure, même intérieure si le cas y échet ; et il en est référé au président du tribunal, à moins qu'il n'y ait péril dans le retard, alors le juge de paix peut statuer par provision, sauf à en référer ensuite au président du tribunal (*C. pr.*, 921, 922).

2418. Lorsque l'inventaire a été clos et n'est pas attaqué, les scellés ne peuvent être apposés ; mais s'il a été seulement commencé, ils peuvent être apposés sur les objets non inventoriés (*C. pr.*, 923).

2419. S'il n'y a aucun effet mobilier, le juge de paix dresse un procès-verbal de carence (*C. pr.*, 924).

Retraite du gardien des scellés durant l'inventaire.

M. Yvart, gardien des scellés, a fait observer qu'il doit quitter dès ce soir les lieux où il est procédé pour entrer au service de M....., propriétaire, demeurant à....., rue.., n°..., ce qui le met dans l'impossibilité de conserver sa charge de gardien ; il a demandé son remplacement et la décharge de sa responsabilité.

En conséquence, et du consentement des parties, M. Yvart a affirmé sous serment prêté entre les mains de Mᵉ....., l'un des notaires soussignés, qu'il a fidèlement représenté et fait comprendre au présent inventaire tout ce qui, à sa connaissance, dépend de la succession de M....., sans avoir rien détourné, vu ni su qu'il ait été rien détourné directement ou indirectement.

Mention de ce serment a été consignée dans le procès-verbal de levée de scellés qui,

---

(1) De Belleyme, I, p. 444 ; Pigeau, II, p. 616 ; Chauveau, *Quest. 3064 ter* ; Amiens, 7 mai 1806.
(2) Pigeau, *art. 909* ; Bioche, *Scellé*, n° 9 ; Roll., *Invent.*, n° 82. Nîmes, 27 déc. 1810.
(3) De Belleyme, I, p. 443.
(4) De Belleyme, II, p. 390 ; Pigeau, *Proc.* art. 909 ; Bruxelles, 20 nov. 1810 et 9 mars 1811 ; Bordeaux, 15 déc. 1828 ; Rennes, 11 août 1858, Jur. N., 14327 ; Rouen 13 janv. 1862. M. T., 1863 ; p. 436.
(5) De Belleyme, II, p. 390 ; Bordeaux, 15 déc. 1828 ; Grenoble, 3 juill. 1860 ; J. N., 17080, contra Douai, 28 mai 1815 ; J. N., 1257 ; voir aussi Douai, 20 déc. 1847 ; J. N., 13372.
(6) Pigeau, *art.* 909 ; Bruxelles, 9 mai 1811 ; Douai, 28 mai 1815 et 20 déc. 1847 ; J. N., 12578, 13372. V. Versailles, 25 juill. 1867 ; G. Trib., 23 oct.

2420. Le juge de paix établit, pour la garde des scellés, un gardien présenté par les parties, s'il a les qualités requises; s'il ne les a pas, ou s'il n'en est pas présenté, il en est établi un d'office par le juge de paix (*C. pr.*, 914, 10).

§ 2. — OPPOSITION AUX SCELLÉS.

2421. Tout créancier de la succession peut s'opposer à ce qu'il soit procédé à la levée des scellés hors sa présence.

2422. Les oppositions aux scellés peuvent être faites, soit par une déclaration sur le procès-verbal de scellés, soit par un exploit signifié au greffier du juge de paix (*C. pr.*, 926).

2423. Toutes oppositions à scellés doivent contenir, à peine de nullité, outre les formalités communes aux exploits : 1° élection de domicile dans le ressort de la justice de paix du lieu de l'apposition si l'opposant n'y demeure pas; 2° l'énonciation précise de la cause de l'opposition (*C. pr.*, 927).

§ 3. — LEVÉE DES SCELLÉS.

2424. Ainsi que nous l'avons dit *supra* n° 2226, le scellé, sauf le cas d'urgence, ne peut être levé que trois jours après l'inhumation s'il a été apposé auparavant, et trois jours après l'apposition si elle a été faite depuis l'inhumation (*C. pr.*, 928); voir aussi, *supra* n° 2195.

2425. Si parmi les héritiers il se trouve des mineurs non émancipés, ils doivent, avant la levée des scellés, être pourvus de tuteurs ou émancipés (*C. pr.*, 929).

2426. Les scellés sont levés à la requête et en présence des mêmes personnes que celles voulues pour la confection de l'inventaire, *supra* n°s 2178, 2221 à 2224, 2258.

2427. Les formalités pour parvenir à la levée des scellés, sont : 1° une réquisition à cet effet consignée dans le procès-verbal du juge de paix; 2° une ordonnance du juge indicative des jour et heure où la levée sera faite; 3° une sommation d'assister à cette levée faite à tous ceux qui doivent y être présents, s'ils ne consentent pas à s'y trouver sur une simple invitation. S'ils demeurent au delà de cinq myriamètres, ils y sont représentés par un notaire commis, *supra* n° 2195. Les opposants sont appelés aux domiciles par eux élus (*C. pr.*, 931).

2428. Le procès-verbal de levée de scellés est dressé selon les formes prescrites en l'art. 936 C. pr.

---

en outre, énonce que M. Yvart a été déchargé de ses fonctions de gardien de scellés et que M. Louis Fouchard, concierge, demeurant dans la maison où il est procédé, a été constitué gardien des scellés en remplacement de M. Yvart.

FORMULE 350. — Contestations; référé. (N°s 2433 à 2439.)

1° Réclamation faite dans le cours de l'inventaire. (N°s 2433 et 2434.)

Mme veuve..... déclare qu'il résulte d'un contrat passé devant M°....., notaire à...., le....., qu'une pièce de terre à elle propre, située commune de....., lieu dit....., de la contenance de....., section... n°.., du plan cadastral, a été vendue à M..., moyennant un prix de..... payé comptant.

Mais qu'une partie du prix a été dissimulée; que ce prix était réellement de..... qui ont été payés comptant.

Et que le montant de sa reprise, pour raison de cette vente, doit être du prix réel, soit .....

Après lecture, elle a signé.

(Signature.)

Le juge de paix a le droit, soit lors de l'apposition des scellés, soit lors de l'inventaire, de faire toutes les interpellations nécessaires pour constater les valeurs qui dépendent de la succession (1).

2429. Les scellés sont levés par le juge de paix successivement, et à fur et mesure de la confection de l'inventaire, après qu'il les a reconnus sains et entiers ; ils sont réapposés à la fin de chaque vacation (*C. pr.*, *936*, *937*) [Form. 349].

243 . On peut réunir les objets de même nature pour être inventoriés successivement suivant leur ordre ; ils sont dans ce cas replacés sous les scellés (*C. pr.*, *938*).

2431. S'il est trouvé des objets ou papiers étrangers à la succession et réclamés par des tiers, voir *supra* n°s *2288* et *2360*.

2432. Si la cause de l'apposition des scellés cesse avant qu'ils soient levés ou pendant le cours de leur levée, ils sont levés sans description (*C. pr. 940*). Il en est ainsi, par exemple, lorsque l'absent est de retour, et lorsque le mineur est pourvu d'un tuteur (2) ou émancipé (3).

CHAPITRE CINQUIÈME

DES DIFFICULTÉS ET DU RÉFÉRÉ.

2433. Lorsque l'une des parties a des réclamations à faire, il est utile de les formuler dans l'inventaire comme élément de la liquidation ou du partage ultérieur ; les autres parties peuvent y répondre et en présenter elles-mêmes. Le notaire se borne à reproduire ces diverses déclarations.

2434. Lorsque les difficultés portent sur des prétentions qui n'intéressent que le partage, elles constituent seulement des réserves qu'il suffit de constater dans l'inventaire [Form. 350 1°].

2435. Mais si elles ont pour objet des mesures conservatoires, comme la nomination d'un administrateur provisoire, ou la manière de procéder à l'inventaire, elles doivent être immédiatement résolues ; les parties peuvent d'accord, et si elles ne craignent pas de prendre qualité, trancher elles-mêmes les difficultés, fixer la marche des opérations, convenir du choix d'un administrateur provisoire, lui donner tous pouvoirs, etc. [Form. 350, 2°].

MM. . . . . . (*les autres parties*) déclarent que la prétention de Mme . . . . . n'est aucunement justifiée et qu'ils se réservent de la repousser.
Après lecture, ils ont signé.

(Signatures.)

2° *Autorisation d'administrer donnée à l'un des héritiers.* (N° 2435.)

Avant la clôture du présent inventaire, les parties ont reconnu la nécessité, dans l'intérêt de tous, de confier à une seule personne la gestion et l'administration des biens et affaires de la succession (*ou* du fonds de commerce de . . . . . exploité à . . . . .), et d'un commun accord elles ont nommé administrateur M. . . ., l'un des héritiers, auquel elles ont donné tous pouvoirs à l'effet de : (*énumérer tous les pouvoirs donnés à l'administrateur*).

3° *Demande d'un administrateur des biens de l'hérédité.* (N° 2436.)

En procédant, Mme veuve. . . . . a dit que provisoirement et en attendant la liqui-

---

(1) Trib. Seine, 17 fév. 1857 ; J. N., 16079.
(2) Roll., *Scellé*, n° 63 ; Bruxelles, 16 mars 1821 ; Aix, 28 juill. 1830 ; Douai, 18 mai 1847 ; J. N., 13325.
(3) Grenoble, 5 avril 1863 ; Mon. trib., 1863, p. 500 ; contra Metz 18 mars 1832 ; J. N., 14636.

2436. Dans le cas contraire, il en est référé au président du tribunal; le référé a lieu, lorsque les scellés n'ont pas été apposés, sur le procès-verbal d'inventaire où sont mentionnés les dires motivés des parties(1)[Form. 250, 3°, 4°, 6°]; et s'ils l'ont été, sur le procès-verbal de levée de scellés dressé par le juge de paix; dans ce dernier cas, le notaire se borne à exprimer que sur les contestations nées entre les parties, le juge de paix les a délaissées à se pourvoir devant qui de droit (2).

2437. Le mode d'introduction du référé sur l'inventaire est réglé de la manière suivante par l'art. 944 C. pr. : « Si, lors de l'inventaire, il s'élève des difficultés ou s'il est formé des réquisitions pour l'administration de la communauté ou de la succession, ou pour autres objets, et qu'il n'y soit déféré par les autres

dation des communauté et succession dont il s'agit, il est urgent, dans l'intérêt de tous, qu'une seule personne soit chargée de gérer et administrer les biens et affaires des communauté et succession, de recevoir les loyers, fermages et revenus.... etc....; qu'elle pense que c'est à elle qu'il est le plus convenable d'accorder les autorisations nécessaires à cet effet, comme étant celle des parties qui représente le plus grand intérêt, et qui est le plus en état de suivre cette administration; requérant que ces autorisations lui soient conférées par ces présentes.

Et elle a signé après lecture.

(Signature.)

4° Réponses et contestations contraires par les autres parties. (N° 2436.)

Les autres parties ont répondu que les autorisations demandées par Mme veuve..... ne leur paraissent pas indispensables quant à présent, puisqu'elles sont toutes présentes pour signer les quittances nécessaires; qu'au surplus elles se réservent de consentir ultérieurement ces autorisations, si alors elles le jugent convenable.

Elles ont signé après lecture.

(Signatures.)

Mme veuve.... a répliqué qu'elle persiste dans ses demandes et réquisitions pour qu'il y soit fait droit sur-le-champ, attendu qu'il est urgent de pourvoir à l'administration des immeubles, et qu'il est impossible, pour chaque acte de cette administration, de réunir le consentement et la signature de toutes les parties.

Après lecture, Mme..... a signé.

(Signature.)

5° Renvoi des parties en référé. (N° 2437.)

Sur quoi les parties n'ayant pu se mettre d'accord (*ou* attendu la nature des demande et réquisition de Mme.....), les notaires soussignés ont délaissé les parties à se pourvoir en référé devant M. le président du tribunal civil de première instance de...., à l'effet d'être ordonné par lui ce qu'il appartiendra.

Lorsque le notaire doit se transporter lui-même en référé, on l'exprime ainsi:

Sur quoi les parties n'ayant pu se mettre d'accord, il en sera référé par M°....., l'un des notaires soussignés, à M. le président du tribunal civil de première instance de....., à l'effet d'être ordonné ce qu'il appartiendra; pour lequel référé il a été pris assignation au.... (*ou* au jour le plus prochain où se tiendra l'audience des référés.)

---

(1) Dict. not., *Invent.*, n° 295.

(2) Massé, liv. 10, chap. 13; Dict not., *Invent.*, n° 294; Roll., *ibid.*, n° 342.

parties, les notaires délaissent les parties à se pourvoir en référé devant le président du tribunal de première instance [Form. 350, 5°]; ils peuvent en référer eux-mêmes, s'ils résident dans le canton où siège le tribunal; dans ce cas, le président met son ordonnance sur la minute du procès-verbal. » Il résulte de là que le notaire se présente seul et sans les parties devant le président du tribunal, auquel il communique la minute de l'inventaire contenant les dires des parties; que le président met et signe son ordonnance à la suite de la vacation, sans qu'il soit nécessaire de dresser procès-verbal du transport ni de la comparution devant le juge (1) [Form. 350, 7°, 8°].

2438. L'art. 944 C. pr. étant rédigé en termes généraux, le référé sur l'inventaire peut avoir pour

---

Il a été vaqué à tout ce que dessus.....
Et après lecture.....

6° Demande d'autorisation pour agir sans attribution de qualité. (Nos 2438.)

Avant la clôture du présent inventaire, Mme veuve..., a fait observer qu'il est de l'intérêt de toutes les parties, ainsi que des créanciers, de faire procéder dans le plus court délai : 1° à la vente du mobilier inventorié ci-dessus; 2° à la vente du fonds de commerce de.... que son mari faisait valoir, ensemble les marchandises et effets mobiliers en dépendant; que d'ailleurs la plupart de ces objets sont susceptibles de dépérir ou dispendieux à conserver.

Pourquoi elle requiert M^e....., l'un des notaires soussignés, de se transporter devant M. le président du tribunal civil de première instance de..... aux jour et heure qu'il lui plaira de choisir (*ou* le.....), pour voir dire qu'il sera, par M. le président, ordonné qu'à la requête, poursuite et diligence de Mme..... en présence des autres parties où elles dûment appelées, il sera procédé : 1° à la vente du mobilier compris au présent inventaire, par M^e..... commissaire-priseur, qui en a fait la prisée, et en observant les formalités prescrites par la loi; 2° et à la vente du fonds de commerce avec ses accessoires et les marchandises qui en dépendent, en l'étude et par le ministère de M^e....., l'un des notaires soussignés, après les publications et annonces nécessaires, et aux charges, clauses et conditions qui seront insérées au cahier de charges à en dresser.

Comme aussi que Mme veuve..... pourra toucher et recevoir le prix de ces ventes, payer les dettes échues, régler tous comptes, notamment **celui du commissaire-priseur**, lui donner décharge.

Le tout sans attribution de qualité.
Après lecture, Mme veuve..... a signé.

(Signature.)

MM..... ont dit que, sous toutes réserves, ils consentent au référé, comme aussi à ce que les autorisations demandées par Mme veuve..... lui soient accordées.
Et ils ont signé après lecture.

(Signatures.)

En conséquence de tout ce que dessus, nous, notaires soussignés, faisant droit à la réquisition de Mme veuve....., et attendu le consentement de toutes les parties, disons que M^e....., l'un de nous, se transportera en référé devant M. le président du tribunal civil de première instance de....., en son cabinet, au palais de justice, le..... à..... heures du matin (*ou* l'un des plus prochains jours d'audience), pour, sur son rapport à M. le président, être, par ce magistrat statué ce qu'il appartiendra sur les demandes et conclusions de Mme veuve.....

Il a été vaqué à tout ce que dessus.....

---

(1) Massé, liv. 10, chap. 14; Chauveau n° 3153; Bioche, *Invent.*, n° 277.

objet de vendre les effets mobiliers sans attribution de qualité (*C. pr. 956*), et particulièrement ceux qui sont susceptibles de dépérir ou dispendieux à conserver, (*C. N., 796*), *supra* n° *1897*. Le référé devient encore nécessaire si l'héritier ou le conjoint veut, sans perdre le droit de renoncer à la communauté ou à la succession, être autorisé à faire des actes urgents d'administration provisoire; dans ce cas, le président confère au conjoint survivant ou à l'un des héritiers les pouvoirs nécessaires pour agir sans attribution de qualité, mais il en limite ordinairement l'effet à un ou deux mois (1). Si l'administration provisoire doit durer après l'acceptation, c'est la chambre du conseil qui statue.

2439. Le ministère des avoués peut être admis pour le référé, mais il n'est pas nécessaire (2).

7° *Ordonnance de référé contenant l'autorisation à l'une des parties de gérer et administrer.* (N° 2438.)

Nous....., président du tribunal civil de première instance de....., vu la réquisition portée en la vacation qui précède, de l'inventaire fait après le décès de M....., dont la minute nous a été présentée par M°..... notaire à.....; au principal, renvoyons les parties à se pourvoir; et cependant, par provision, vu l'urgence, autorisons Mme veuve..... à gérer et administrer pendant deux mois les biens et affaires de ces communauté et succession; en conséquence, faire toutes locations pour la durée ordinaire des baux sans écrit; donner et accepter tous congés; recevoir tous loyers, fermages et revenus échus et à échoir; signer tous états de lieux; donner toutes quittances et décharges; exercer au besoin toutes poursuites, contraintes et diligences nécessaires; aux effets ci-dessus, passer et signer tous actes; le tout sans attribution de qualité, et à la charge par Mme..... de rendre compte exact, quand et à qui il appartiendra.

Fait à....., au palais de justice, le.....

8° *Ordonnance de référé pour autoriser à agir sans attribution de qualité.* (N° 2438.)

Nous....., président du tribunal civil de première instance de.....

Après avoir pris communication, sur la minute à nous représentée par M°....., notaire à....., des déclarations et réquisitions contenues dans l'inventaire fait après le décès de M....., par M°..... et son collègue, le.....

Attendu qu'il est de l'intérêt de toutes les parties et de celui des créanciers qu'il soit, dans le plus court délai, procédé à la vente : 1° du fonds de commerce de....., que M..... faisait valoir, ensemble des marchandises et ustensiles en dépendant; 2° et des effets mobiliers compris en l'inventaire;

Attendu que la plupart de ces objets sont susceptibles de dépérir ou dispendieux à conserver;

Attendu qu'il est urgent de pourvoir à l'administration provisoire de la succession de M..... et de la communauté qui a existé entre lui et la dame aujourd'hui sa veuve;

Attendu d'ailleurs le consentement donné par toutes les parties;

Autorisons Mme veuve..... à faire procéder, en présence des héritiers de son mari ou eux dûment appelés, à la vente publique : 1° des effets mobiliers compris en l'inventaire susénoncé par le ministère de M°....., commissaire-priseur qui a fait la prisée; 2° et du fonds de commerce de....., que M..... faisait valoir, ensemble les marchandises et ustensiles en dépendant, en l'étude et par le ministère de M°.... notaire, à....., sur une seule publication, aux charges, clauses et conditions qui seront insérées au procès-verbal d'enchères à dresser à cet effet.

---

(1) De Belleyme, p. 207; Roll, *Referé*, n° 25; Dict. not., *Invent.*, n° 291.

(1) Billard, *Bénéf. d'Invent.*, n° 49; Dict. not., *Invent*, n° 299; Roll, *ibid.*, n° 348.

CHAPITRE SIXIÈME

DE QUELQUES INVENTAIRES PARTICULIERS.

2440. *Inventaire des biens d'un absent* [Form. 351]. Les héritiers présomptifs d'un **absent**, après

---

Comme aussi autorisons Mme veuve... à gérer pendant deux mois les biens et affaires des communauté et succession; en conséquence à toucher et recevoir le prix de ces vente et adjudication, ainsi que toutes les sommes qui peuvent être dues aux communauté et succession; payer les dettes exigibles ; entendre et arrêter tous comptes, notamment celui du commissaire-priseur ; donner et accepter tous congés.

Donner quittance et décharge de toutes les sommes reçues, faire mainlevée de toutes inscriptions, oppositions et saisies ; remettre tous titres et pièces.

A défaut de payement, ou en cas de difficultés et contestations, exercer toutes poursuites et contraintes nécessaires, citer et comparaître devant tous juges et tribunaux ; obtenir tous jugements et arrêts, les faire mettre à exécution par tous les moyens et voies de droit.

Aux effets ci-dessus, passer et signer tous actes.

Le tout sans qu'il puisse en résulter pour les veuve et héritiers de M..... aucune attribution de qualité.

La présente ordonnance sera exécutée par provision, nonobstant appel, et sans y préjudicier.

Fait au palais de justice, à...., le.....

§ 3. — DIVERS INVENTAIRES PARTICULIERS.

FORMULE 351. — **Inventaire des biens d'un absent.** (N°s 2440 et 2441.)

L'an.... le.....

A....., rue..... n°....., dans la maison qu'habitait M. Charles BENOIT, propriétaire, qui a disparu le....., sans donner depuis de ses nouvelles, et dont l'absence a été déclarée ainsi qu'on va le dire.

A la requête de :

1° M. Charlemagne BENOIT, mécanicien, demeurant à.....;

2° M. Philippe LORMIER, propriétaire, et Mme Thérèse BENOIT, son épouse, de lui autorisée, demeurant ensemble à.....

« M. BENOIT et Mme LORMIER envoyés en possession provisoire, chacun pour moitié, des
» biens de M. Charles BENOIT, leur frère, déclaré absent suivant jugement rendu par le
» tribunal civil de première instance de..... le.....

» En présence de M..... juge de paix du canton de.....demeurant à.....

» Requis à cet effet par M. le procureur impérial près le tribunal civil de première
» instance de....., suivant ordonnance en date du....., étant à la suite d'une requête
» présentée à cet effet. »

qu'ils ont obtenu l'envoi en possession provisoire, doivent, en présence du procureur impérial ou d'un juge de paix requis par lui, faire procéder à l'inventaire du mobilier et des titres de l'absent, *supra* n° 907.

2441. L'époux présent qui a opté pour la continuation de la communauté, *supra* n° 915, est aussi tenu de faire procéder, en la présence du procureur impérial ou d'un juge de paix requis, à l'inventaire tant du mobilier et des titres de son conjoint absent, que du mobilier et des titres de la communauté, *supra* n° 907.

S'il y a un conjoint présent et qu'il ait opté pour la continuation de la communauté :

A la requête de Mme Louise VIMARD, propriétaire, épouse de M. Charles BENOIT susnommé, demeurant dans la maison où il est procédé.

« Mme BENOIT ayant opté pour la continuation de la communauté qui existe entre elle
» et son mari, aux termes de leur contrat de mariage passé devant M^e . . ., notaire à . . . .
» le . . . ., et ayant pris l'administration des biens de son mari absent ; ainsi que le tout
» résulte du jugement déclarant l'absence, rendu par le tribunal civil de première
» instance de . . . ., le . . . ., et d'une déclaration passée au greffe du même tribunal, le . . .

En présence de :
1° M. Charlemagne BENOIT . . . . .,
2° M. Philippe LORMIER. . . . ., et Mme Thérèse BENOIT . . . . ;

« M. BENOIT et Mme LORMIER, seuls présomptifs héritiers, chacun pour moitié de
» M. Charles BENOIT, leur frère.

En présence aussi de M. . . . . juge de paix du canton de . . . . ., demeurant à . . . . .

» Requis à cet effet, etc. . . . . (*comme ci-dessus*).

Sans que les qualités ci-dessus prises puissent nuire ni préjudicier à qui que ce soit.

Il va être, par M^e . . . . . et l'un de ses collègues, notaires à . . . . ., soussignés.

Procédé à l'inventaire fidèle et à la description exacte des meubles, objets mobiliers, titres, papiers, argent comptant, documents et renseignements de toute nature appartenant à M. Charles BENOIT, — *ou bien* tant des meubles . . . . . appartenant à M. Charles BENOIT que de ceux dépendant de la communauté d'entre lui et la dame son épouse.

Sur la représentation qui sera faite du tout, etc . . . . . (*Le surplus comme en la formule* 348.)

FORMULE 352. — Inventaire des biens d'un interdit judiciairement. (N° 2442).

L'an . . . ., le . . . . .

A . . . . . rue . . . . ., n° . . . . ., dans la maison qui formait l'habitation de M. Denys NOIROT, ci-devant maître d'hôtel, aujourd'hui pensionnaire à l'asile des aliénés de . . . . ., interdit pour cause d'aliénation mentale, suivant jugement rendu par le tribunal civil de première instance de . . . ., le . . . . .

A la requête de M . . . . .

« Agissant au nom et comme tuteur de M. Denys NOIROT; nommé à cette fonction, qu'il a
» acceptée, suivant délibération du conseil de famille de l'interdit, prise sous la prési-
» dence de M. le juge de paix du canton de . . . . ., ainsi qu'il résulte du procès-verbal que
» ce magistrat en a dressé, assisté de son greffier, le . . . . . »

2442. *Inventaire des biens d'un interdit judiciairement* [Form. 352]. L'interdit étant assimilé au mineur pour sa personne et pour ses biens, le tuteur de l'interdit est tenu, dans les dix jours de son entrée en fonctions, de faire procéder à l'inventaire de ses biens, en présence du subrogé-tuteur, *supra* nos 1279 et 1373.

2443. *Inventaire des biens d'un interdit légalement* [Form. 353]. Ce qui est dit au numéro précédent s'applique à l'interdit par suite de condamnation à une peine afflictive et infamante, *supra* n° 1390.

2444. *Inventaire sur demande en séparation de corps* [Form. 354]. La femme commune en biens

En présence de M......

« Agissant en qualité de subrogé tuteur de M. Noirot; nommé à cette fonction par la délibération du conseil de famille qui vient d'être relatée.

A la conservation des droits et intérêts de M. Denys Noirot et de tous autres qu'il appartiendra.

Il va être par M°.....

Procédé à l'inventaire fidèle et description exacte des meubles, objets mobiliers, etc... appartenant à M. Noirot, interdit.

Sur la représentation qui sera faite.... (*Le surplus comme en la formule 348.*)

FORMULE 353. — Inventaire des biens d'un interdit légalement. (N° 2443.)

L'an..... le...:.

A...., rue...., n°....., dans la maison qui formait l'habitation de M. Vincent Kraine, ci-devant aubergiste, y demeurant, interdit légalement par suite de la condamnation prononcée contre lui par arrêt de la cour d'assises de...., en date du.....

A la requête de..... (*Le surplus comme en la formule 352.*)

FORMULE 354. — Inventaire sur demande en séparation de corps. (N° 2444.)

L'an...., le.....,

A....., rue...., n°....., au domicile de M. Paul Deliez, brasseur de bière.

A la requête de M. Ladislas Auboin, agent d'affaires, demeurant à....

« Agissant au nom et comme mandataire de Mme Héloïse Duval, épouse de M. Deliez susnommé, sans profession, résidant à...., chez M. Duval, son père; aux termes de la procuration qu'elle lui a donnée, etc...., »

Lequel a exposé :

Que Mme Deliez a formé contre son mari une demande en séparation de corps;

Qu'à sa réquisition, les scellés on été apposés sur les effets de la communauté par M. le juge de paix du canton de...., suivant son procès-verbal en date du.....

Que, par exploit du ministère de...., huissier à...., en date du...., Mme Deliez a fait sommation à son mari de se trouver cejourd'hui, à huit heures du matin, au lieu où il est procédé, pour être présent à l'inventaire des effets mobiliers de la communauté, avec déclaration qu'il y serait procédé en son absence comme en sa présence.

M. Auboin, en sa qualité de mandataire, requiert acte de sa comparution, et défaut contre M. Deliez, pour le cas où il ne comparaîtrait pas ni personne pour lui.

Après lecture il a signé.

(Signature.)

M. Deliez, à ce intervenant, déclare qu'il ne s'oppose pas à ce qu'il soit procédé à l'inventaire.

Et il a signé après lecture.

(Signature.)

demanderesse ou défenderesse en séparation de corps peut, pendant le cours de l'instance, faire apposer les scellés sur les effets mobiliers de la communauté; les scellés ne sont levés qu'en faisant inventaire avec prisée, et à la charge par le mari de représenter les choses inventoriées ou de répondre de leur valeur comme gardien judiciaire (C. N., 270), *supra* n° 1085.

2445. *Inventaire après séparation de biens* [FORM. 355]. La séparation de corps entraîne la séparation de biens, *supra* n° 1091; en conséquence, après la séparation de corps prononcée, ou lorsque la séparation de biens a été seule prononcée, il y a lieu à un inventaire si la femme veut accepter la communauté ou si elle a fait apposer les scellés (1).

En conséquence, à la requête de M. AUBOIN, mandataire de Mme DELIEZ,
Et en présence de M. DELIEZ,
Il va être par M^e.....
Procédé à l'inventaire fidèle et description exacte des meubles meublants, objets mobiliers, argent comptant, titres, papiers et documents de toute nature, dépendant de la communauté existant entre M. et Mme DELIEZ, aux termes de leur contrat de mariage passé devant M^e...., qui en a gardé minute, et l'un de ses collègues, notaires à .....le.....
Sur la représentation du tout, qui sera faite ...., etc..... (*Voir formule* 349.)

FORMULE 355. — *Inventaire après séparation de biens.* (N° 2445.)

L'an.... le.....
A....., rue ...., n°....., en la maison formant la demeure et le domicile de M. Jean LECHÊNE, papetier, et Mme Olympe BORNEZ, sa femme.
A la requête de Mme LECHÊNE, née BORNEZ, susnommée, assistée de M^e....., avoué près le tribunal civil de.....

« Agissant : 1° comme ayant été déclarée séparée, quant aux biens, d'avec M. BORNEZ,
» son mari, suivant jugement rendu par le tribunal civil de première instance de....,
» le...., sur la demande qu'elle avait formée, avec l'autorisation de M. le président de
» ce tribunal, par exploit du ministère de...., huissier à....., en date du....

» 2° A cause de la communauté réduite aux acquêts qui a existé entre elle et M. LE-
» CHÊNE son mari, aux termes de leur contrat de mariage passé devant M^e...., qui en a
» gardé minute, et son collègue, notaires, à ..., le ....., communauté qu'elle se ré-
» serve d'accepter ou de répudier.

» 3° Enfin comme créancière de la communauté, et même de son mari, pour raison
» de ses créances et reprises. »

En présence de M. LECHÊNE, susnommé, qualifié et domicilié.
A la conservation des droits et intérêts de Mme LECHÊNE, et de tous autres qu'il appartiendra.
Il va être par ...,
Procédé à l'inventaire fidèle et description exacte des meubles meublants, objets mobiliers, argent comptant, titres, papiers et documents de toute nature, dépendant de la communauté qui a existé entre M. et Mme LECHÊNE et pouvant servir à l'établissement des droits et reprises de Mme LECHÊNE.
Sur la représentation du tout qui sera faite par M. LECHÊNE, lequel averti, etc. (*Le surplus comme en la formule* 348.)

S'il y a eu sommation, l'on modifie ainsi :

A la requête de Mme..... assistée de.".....

---

(1) Duranton, II, 613; Toullier, XIII, 63; Dict. not., *Invent.*, n° 25, Voir Paris, 21 mars 1867; J. N. 18868.

2446. *Inventaire après le décès d'un notaire* [Form. 356]. Les notaires sont soumis, de la part des préposés de l'administration de l'enregistrement, à l'exercice d'un droit de contrôle et de vérification qui a pour objet spécial la conservation des minutes et répertoires (*Loi 22 frim. an VII, art. 54*); c'est pourquoi, selon l'art. 64 de la loi du 25 vent. an XI, les scellés sont apposés sur les minutes et répertoires d'un notaire décédé, et un préposé de l'enregistrement doit assister à l'inventaire; mais ce préposé n'a pas le droit d'exiger la communication des pièces, actes et titres confiés au notaire sans actes de dépôt ni inscription au répertoire. Après l'inventorié des minutes et répertoires, il ne peut donc assister à la suite des opérations de levées de scellés et d'inventaire dans l'étude et dans le cabinet du notaire (1).

Ayant agi : 1°....; 2°.....; 3°....

Laquelle a dit :

Que, suivant exploit du ministère de ...., huissier à ...., en date du ...., Mme Lechéne a signifié à son mari le jugement de séparation de biens ci-dessus relaté, et lui a fait sommation de se trouver cejourd'hui, à huit heures du matin, au lieu où il est procédé, pour être présent à l'inventaire des biens dépendant de la communauté qui a existé entre eux ; avec déclaration que s'il ne se présente pas, il sera prononcé défaut contre lui et procédé en son absence.

Mme Lechéne requiert acte de sa comparution et défaut contre son mari, s'il ne se présente pas ni personne pour lui.

Après lecture, elle a signé avec M^e ..... son avoué.

(Signature.)

A cet instant est intervenu M. Lechéne, ci-dessus nommé, qualifié et domicilié.

Lequel a dit comparaître pour obéir à la sommation qui lui a été faite, et consentir à ce qu'il soit procédé à l'inventaire en sa présence.

Après lecture, il a signé.

(Signature.)

En conséquence il va être, par .....

Procédé, etc. ....

Si le mari fait défaut.

Attendu qu'il est dix heures du matin et que M. Lechéne n'a pas comparu ni personne pour le représenter, il est prononcé défaut contre lui.

Et de la réquisition de Mme Lechéne, il va être par .....

Procédé en l'absence de M. Lechéne, à l'inventaire.....

Sur la représentation du tout qui sera faite par Mme Lechéne, laquelle avertie, etc. ....

FORMULE 356. — Inventaire après le décès d'un notaire. (N° 2446.)

L'an ...., le .....,

A la requête de ...

En présence de M. ....

« Agissant en qualité de receveur de l'enregistrement et des domaines à la résidence
» de ...., et comme délégué par M. le directeur de l'enregistrement et des domaines du
» département de ...., suivant son autorisation en date du ....., portant le n°. ....,
» à l'effet d'assister à l'inventaire et au dépouillement des actes publics et des répertoires
» de l'étude de M^e ..... décédé dans l'exercice des fonctions de notaire.

A la conservation des droits et intérêts, etc. ....

---

(1) Dict. not. Communic., n° 54; Roll. ibid., n° 34; Douai, 20 déc. 1832 et 10 déc. 1861; Metz, 5 oct. 1853, 27 mai 1864; Cass., 4 août 1811 et 14 août 1854; trib. Mâcon, 11 fév. 1862; Rennes, 12 mars 1866, Cass., 3 nov. 1866; J. N., 14905, 15085, 15218, 17311, 17384, 18024, 18437, 18571, 18624; contra trib. Épinal, 30 déc. 1847; Sarreguemines, 13 déc. 1850; Avesne, 31 juill. 1851; Brioude, 7 fév. 1860; trib Bar-le-Duc, 10 août 1865; J. N., 14357, 14563, 16843, 16595.

TITRE DEUXIÈME

DES DONATIONS ENTRE-VIFS ET DES TESTAMENTS

SOMMAIRE

CHAP. Ier DISPOSITIONS GÉNÉRALES.

Comment on peut disposer de ses biens à titre gratuit, n° 2447.

CHAP. II. — DES DISPOSITIONS ENTRE-VIFS.

SECTION I. — DE LA DONATION ENTRE-VIFS.

Qu'est-ce que la donation entre vifs ? n° 2448.
Formes de la donation, n°s 2449 à 2451.
Capacité de disposer par donation, n°s 2452 à 2461.
Capacité de recevoir par donation, n°s 2462 à 2465.
Objets donnés, n°s 2466 à 2469.
Réserve d'usufruit, n°s 2470 et 2471.
Garantie, n° 2472.
Effets de la donation, n° 2473.
Conditions, n°s 2474 à 2477.
Transcription des donations, n°s 2478 à 2488.
Donation d'objets mobiliers ; état estimatif, n°s 2489 à 2498.

SECTION II. — DE DIVERSES AUTRES FORMES DE LIBÉRALITÉ.

Donation à cause de mort, n°s 2499 à 2506.
Donation onéreuse, n°s 2507 à 2518.
Donation rémunératoire, n°s 2519 à 2523.
Donation par avancement d'hoirie, n°s 2524 à 2526.
Donation par préciput, n°s 2527 à 2532.
Consentement à une aliénation à rente viagère ou avec réserve d'usufruit, en faveur d'un successible, n°s 2533 à 2539.
Donation avec réserve du droit de retour, n°s 2540 à 2549.
Donation conditionnelle, n°s 2550 à 2564.
Donation déguisée, n°s 2565 et 2566.
Don manuel, n°s 2567 à 2571.

SECTION III. — DE L'ACCEPTATION DES DONATIONS.

Effets de l'acceptation, n°s 2572 et 2573.
Par qui elle doit être faite, n°s 2574 à 2588.

Acceptation par acte séparé, n°s 2589 et 2590.
Notification au donateur, n°s 2591 à 2593.
Acceptation par un tiers au profit duquel une charge a été imposée, n°s 2594 à 2596.

SECTION IV. — DE LA RÉVOCATION DES DONATIONS.

Révocation d'une donation non acceptée, n° 2597.
Autres cas de révocation, n°s 2598 à 2600.
Révocation : — pour cause d'inexécution des conditions, n°s 2601 à 2604 ; — d'ingratitude, n°s 2605 à 2607 ; — de survenance d'enfant, n°s 2608 à 2611.
Effets de la révocation, n°s 2612 à 2614.

SECTION V. — DE LA DONATION (ET DES LEGS) AUX ÉTABLISSEMENTS PUBLICS.

Les établissements publics autorisés peuvent recevoir par donation et testament, n°s 2615 à 2621.
Autorisation à obtenir, n°s 2622 à 2632.
Acceptation de la libéralité, n°s 2633 à 2635.

CHAP. III. — DES DISPOSITIONS TESTAMENTAIRES.

SECTION I. — DES TESTAMENTS.

Qu'est-ce que le testament ? n°s 2636 à 2638.
Diverses formes de testament, n°s 2639 à 2640.

§ 1. **Du testament par acte public.**

Préambule, n°s 2641 à 2649.
Capacité de disposer par testament, n°s 2650 à 2659.
Dictée du testament, n°s 2660 à 2662.
Capacité de recevoir par testament, n°s 2663 à 2666.
Ecriture du testament, n°s 2667 à 2672.
Interpellation au testateur et aux témoins, n° 2673.
Lieu et date, n° 2674.
Lecture et signature, n°s 2675 à 2690.

§ 2. Du testament olographe.

Qu'est-ce que le testament olographe? n°s 2691, 2692.
Ses formes, n°s 2693 à 2697.
Testament par lettre missive, n° 2698.

§ 3. Du testament mystique.

Qu'est-ce que le testament mystique? n 2699.
Pour disposer dans cette forme, il faut savoir lire, n°s 2700, 2701.
Formes du testament, n°s 2702 à 2706.
Acte de suscription, n°s 2707 à 2715.

§ 4. De certaines formes de testament.

Testament militaire, n°s 2716 à 2718.
Testament fait dans un lieu intercepté par la peste ou autre maladie contagieuse, n°s 2719 à 2722.
Testament fait sur mer, n°s 2723 à 2733.
Règles communes aux trois formes de testament qui précèdent, n°s 2734, 2735.
Testament fait à l'étranger, n°s 2736, 2737.

SECTION II. — DES LEGS.

Diverses espèces de legs, n° 2738.
Legs universel, n°s 2739 à 2746.
Legs à titre universel, n°s 2747 à 2753.
Legs particulier, n°s 2754 à 2764.
Modalités des legs, n°s 2765 à 2775.
Accroissement de legs, n°s 2776 à 2781.

SECTION III. — DE L'EXÉCUTION DES TESTAMENTS.

Dépôt de testament, n°s 2782 à 2785.
Saisine du légataire universel, n° 2786.
Envoi en possession, n°s 2787 à 2789.
Vérification d'écriture, n°s 2790 à 2793.
Délivrance de legs, n°s 2794 à 2801.

SECTION IV. — DES EXÉCUTEURS TESTAMENTAIRES.

Mission de l'exécuteur testamentaire, n°s 2802 à 2809.
Saisine de l'exécuteur testamentaire, n°s 2810 à 2812.
Capacité requise pour être exécuteur testamentaire, n°s 2813 à 2815.
Administration de l'exécuteur testamentaire, n°s 2816 à 2826.
Compte d'exécution testamentaire, n°s 2827 à 2834.

SECTION V. — DE LA RÉVOCATION DES TESTAMENTS; DE LEUR CADUCITÉ, ET DE LA RENONCIATION A UN LEGS.

Révocation de testament, n°s 2835 à 2845.

Révocation d'un acte révocatoire, n°s 2846 à 2848.
Caducité de legs, n°s 2849 à 2851.
Renonciation à un legs, n°s 2852 à 2855.

CHAP. IV. — DES SUBSTITUTIONS.

Substitution prohibée, n°s 2856 à 2858.
Charge de rendre ce qui restera, n°s 2859 à 2860.
Substitution vulgaire, n°s 2861 à 2869.
Substitution autorisée par la loi, n°s 2870 à 2876.
Transcription, n°s 2877 à 2879.
Droit de propriété du grevé, n°s 2880 à 2884.
Emploi imposé au grevé, n° 2885.
Quand s'ouvrent les droits des appelés? n°s 2886 et 2887.
Quand les substitutions finissent? n° 2888.
Tuteur à la substitution, n°s 2889 à 2893.
Mission du tuteur, n°s 2894 à 2901.
Charge de rendre imposée par testament, n°s 2902 à 2904.

CHAP. V. — DU PARTAGE D'ASCENDANTS.

SECTION I. — DU PARTAGE PAR LES PÈRE ET MÈRE.

Entre quelles personnes il peut être fait et dans quelle forme, n°s 2905 à 2911.
Quels biens il doit comprendre, n°s 2912 à 2914.
Lésion; rescision, n°s 2915 à 2921.
Condition de partager; lotissement, n°s 2922 à 2925.
Réserve d'usufruit; rente viagère, n°s 2926 à 2931.
Conditions diverses, n°s 2932 à 2943.

SECTION II. — DU PARTAGE PAR LE SURVIVANT DES PÈRE ET MÈRE.

Le survivant des père et mère, en faisant le partage anticipé de ses biens, peut y comprendre ceux de son conjoint prédécédé, et les rapports à effectuer par les enfants, n°s 2944, 2945.
Formes du partage, n° 2946.
Réserve d'usufruit; rente viagère, n°s 2947, 2948.

SECTION III. — PARTAGE TESTAMENTAIRE.

Ses formes, n°s 2949 à 2951.
Peut-il comprendre les biens de la communauté? n°s 2952 à 2954.
Cas où l'un des enfants vient à mourir après le partage, n° 2955.
Survenance d'enfant, n° 2956.
Clause pénale, n° 2957.
Partage testamentaire fait en plusieurs séances, n°s 2958, 2959.

CHAP. VI. — DES DONATIONS FAITES PAR CONTRAT DE MARIAGE AUX ÉPOUX ET AUX ENFANTS A NAITRE DU MARIAGE.

Donations par contrat de mariage, n°ˢ 2960 à 2962.
Institution contractuelle, n°ˢ 2963 à 2980.
Donation cumulative de biens présents et à venir, n°ˢ 2981 à 2987.
Dispositions communes à ces trois formes de libéralité, n°ˢ 2988 à 2993.
Promesse d'égalité, n° 2994.

CHAP. VII. — DES DISPOSITIONS ENTRE ÉPOUX.

SECT. I. — DES DONATIONS ENTRE ÉPOUX PAR CONTRAT DE MARIAGE.

Donations que les époux peuvent se faire par contrat de mariage, n° 2995.
Donation de biens présents, n°ˢ 2996 à 2998.
Donation de biens à venir; quotité disponible entre époux, n°ˢ 2999 à 3010.
Quid lorsque l'un des conjoints a des enfants d'un autre lit? n°ˢ 3011 à 3016.
Donation entre époux lorsque l'un des futurs est mineur, n°ˢ 3017, 3018.
Résolution en cas de second mariage, n°ˢ 3019 à 3021.

SECTION II. — DES DONATIONS ENTRE ÉPOUX PENDANT LE MARIAGE.

Donation de biens à venir, n°ˢ 3022 à 3026.
Donation des bénéfices de communauté, n° 3027.
Donation de biens présents, n°ˢ 3028 à 3031.
Donation indirecte, déguisée, ou par personne interposée, n° 3032.

SECTION III. — RÉVOCATION DE DONATION ENTRE ÉPOUX.

Formes de la révocation, n°ˢ 3033, 3034.
La survenance d'enfant n'est pas une cause de révocation, n° 3035.

SECTION IV. — RENONCIATION A DONATION.

Le donataire peut-il renoncer à une donation? n° 3036.
Quid s'il s'agit d'une donation entre époux? n°ˢ 3037, 3038.

CHAP. VIII. — DE LA PORTION DE BIENS DISPONIBLE ET DE LA RÉDUCTION.

SECTION I. — QUOTITÉ DISPONIBLE; RÉSERVE LÉGALE.

Qu'est-ce que la quotité disponible et la réserve? n°ˢ 3039, 3040.
Quels héritiers ont droit à la réserve? n° 3041.
Quotité disponible et réserve en cas d'existence d'enfants légitimes ou naturels, n°ˢ 3042 à 3047; — d'ascendants, n°ˢ 3048 à 3052.
Quid à défaut d'ascendants et de descendants? n° 3053.
Donations imputables sur la quotité disponible, n°ˢ 3054, 3055.

SECTION II. — RÉDUCTION DES DONATIONS.

Quelles donations sont réductibles? Quelles personnes peuvent demander la réduction? n°ˢ 3056 à 3062.
Formes de la demande, n°ˢ 3063, **3064**.
Masse à former, n°ˢ 3065 à 3072.
Calcul de la réserve et de la quotité **disponible**, n°ˢ 3073 à 3080.
Réduction, n°ˢ 3081 à 3093.

SECTION III. — RÉDUCTION DES LEGS.

Legs réductibles; préférence, n°ˢ 3094 à 3098.
Réduction lorsque la disposition est d'un usufruit ou d'une rente viagère, n°ˢ 3099 à 3102.
Réduction de legs faits par un mineur âgé de plus de seize ans, n°ˢ 3103 à 3107.

SECTION IV. — RÉDUCTION DES DONATIONS ET LEGS ENTRE ÉPOUX.

Calcul de la quotité disponible, n°ˢ 3108 à 3118.
Don indirect ou déguisé, n°ˢ 3119 à 3123.
Evaluation en capital d'un usufruit, n° 3124.
Réduction des dons et legs faits à une même époque au conjoint et à un étranger, n°ˢ 3125 à 3129.

FORMULES

§ 1ᵉʳ. — **Donations entre-vifs.**

Form. 357. Donation entre-vifs d'immeubles et de créances.
Form. 358. Donation d'objets mobiliers.
Form. 359. Etat estimatif de mobilier par acte notarié
Form. 360. Etat estimatif par acte sous seings privés.
Form. 361. Donation d'une somme payable après le décès du donateur.
Form. 362. Donation onéreuse.
Form. 363. Etat de dettes.
Form. 364. Donation rémunératoire.
Form. 365. Donation par avancement d'hoirie.

Form. 366. Donation sujette à rapport même en cas de renonciation.
Form. 367. Dispense de rapport en nature.
Form. 368. Donation par préciput.
Form. 369. Préciput stipulé par acte postérieur.
Form. 370. Consentement des cosuccessibles à une vente à rente viagère faite à un successible.
Form. 371. Donation avec réserve du droit de retour.
Form. 372. Renonciation au droit de retour.
Form. 373. Donation conditionnelle.
Form. 374. Acceptation de donation.
Form. 375. Acceptation d'une donation faite à une personne étant sous le puissance d'autrui.
Form. 376. Acceptation de donation à un sourd-muet.
Form. 377. Acceptation de donation par acte séparé.
Form. 378. Dispense de notification par acte séparé.
Form. 379. Acceptation par un tiers d'une charge imposée à son profit dans une donation.
Form. 380. Révocation d'une donation entre-vifs non acceptée.
Form. 381. Donation nouvelle après révocation pour cause de survenance d'enfant.
Form. 382. Donation à un établissement public.
Form. 383. Acceptation au nom d'un établissement public.

§ 2. — Dispositions testamentaires.

I. TESTAMENTS.

Form. 384. Cadre d'un testament par acte public.
Form. 385. Testament olographe.
Form. 386. Testament par lettre missive.
Form. 387. Testament mystique; — acte de suscription par un testateur sachant lire et écrire; papier présenté clos et scellé.
Form. 388. Acte de suscription par un testateur qui ne sait signer ou n'a pu signer son testament; papier clos et scellé en présence des notaire et témoins.
Form. 389. Acte de suscription par un testateur qui ne peut parler.
Form. 390. Testament militaire.
Form. 391. Testament fait dans un lieu intercepté par la peste ou autre maladie contagieuse.
Form. 392. Testament fait sur mer.
Form. 393. Testament fait à l'étranger.

II. LEGS.

Form. 394. Legs universel.
Form. 395. Legs à titre universel.
Form. 396. Legs particulier.

Form. 397. Legs avec clause pénale.
Form. 398. Legs par préciput ou hors part.
Form. 399. Accroissement de legs.
Form. 400. Dépôt de testament olographe.
Form. 401. Dépôt de testament par le greffier.
Form. 402. Légataire universel en vertu d'un testament public.
Form. 403. Légataire universel en vertu d'un testament olographe ou mystique.
Form. 404. Délivrance de legs.
Form. 405. Décharge de legs.
Form. 406. Acceptation de legs fait à un établissement public.

III. EXÉCUTEUR TESTAMENTAIRE.

Form. 407. Nomination d'exécuteur testamentaire.
Form. 408. Nomination d'exécuteur testamentaire avec pouvoir de vendre les immeubles.
Form. 409. Compte d'exécution testamentaire.
Form. 410. Décharge d'exécution testamentaire.

IV. RÉVOCATION DE TESTAMENT; RENONCIATION A UN LEGS.

Form. 411. Révocation par testament postérieur.
Form. 412. Révocation par déclaration devant notaire.
Form. 413. Révocation de l'acte révocatoire d'un testament.
Form. 414. Renonciation à un legs.

§ 3. — Substitutions.

Form. 415. Charge de rendre ce qui restera.
Form. 416. Donation entre-vifs avec substitution vulgaire.
Form. 417. Substitution vulgaire contenue dans un testament.
Form. 418. Substitution vulgaire contenue dans une institution contractuelle.
Form. 419. Donation de l'usufruit à l'un et de la nue propriété à l'autre.
Form. 420. Legs d'usufruit à plusieurs successivement.
Form. 421. Charge de rendre les biens donnés et ceux donnés antérieurement.
Form. 422. Acte postérieur portant nomination de tuteur à la substitution.
Form. 423. Tuteur nommé après le décès du disposant.
Form. 424. Charge de rendre contenue dans un testament.

§ 4. — Partage d'ascendants.

Form. 425. Partage par père et mère.
Form. 426. Partage par le survivant des père et mère.
Form. 427. Partage testamentaire.
Form. 428. Partage testamentaire en plusieurs séances.

§ 5. — Donations par contrat de mariage.

Form. 429. Donation par contrat de mariage.
Form. 430. Donation en faveur du mariage.
Form. 431. Institution contractuelle par le père de la quotité disponible.
Form. 432. Institution contractuelle de l'universalité par une tante.
Form. 433. Institution contractuelle de quotité par un étranger.
Form. 434. Institution contractuelle d'une somme fixe.
Form. 435. Donation cumulative de biens présents et à venir.
Form. 436. Promesse d'égalité.

§ 6. — Dispositions entre époux.

DONATIONS ENTRE ÉPOUX PAR CONTRAT DE MARIAGE.

Form. 437. Donation de biens présents.
Form. 438. Donation universelle en pleine propriété, réductible à la portion disponible ; usufruit de la réserve des ascendants.
Form. 439. Donation de l'universalité en usufruit, réduite à moitié.
Form. 440. Donation de l'universalité en usufruit, avec conversion si elle est demandée en donation d'un quart en propriété et un quart en usufruit.
Form. 441. Donation de la pleine propriété des biens meubles et de l'usufruit des biens immeubles.
Form. 442. Donation d'une somme d'argent et d'une rente viagère.
Form. 443. Donation entre époux lorsque l'un d'eux a des enfants d'un précédent mariage.
Form. 444. Donation entre époux lorsque l'un des futurs est mineur.
Form. 445. Résolution de donation en cas de second mariage.

II. DONATIONS ENTRE ÉPOUX PENDANT LE MARIAGE.

Form. 446. Donation par le mari à la femme.
Form. 447. Donation par la femme au mari.
Form. 448. Donation en toute propriété des bénéfices de communauté, et en usufruit des biens propres.
Form. 449. Donation de biens présents.
Form. 450. Révocation de donation entre époux.
Form. 451. Renonciation à une donation.

§ 7. — Réduction de donations et legs.

Form. 452. Fixation de la réserve des enfants légitimes et de celle des enfants naturels ; réduction de donation.
Form. 453. Réserve des ascendants ; réduction de legs.
Form. 454. Réduction de legs faits par un mineur.
Form. 455. Réduction de donations faites à un conjoint et à un enfant (ou un étranger).
Form. 456. Réduction de legs ou de dons faits à une même époque à un conjoint et à des étrangers.

CHAPITRE PREMIER

DISPOSITIONS GÉNÉRALES.

2117. On ne peut disposer de ses biens, à titre gratuit que par donation entre-vifs ou par testament dans les formes ci-après établies (*C. N. 893*).

CHAPITRE DEUXIÈME

DES DISPOSITIONS ENTRE-VIFS.

2448. La donation entre-vifs [Form 357] est un acte (1) par lequel le donateur se dépouille actuellement (2) et irrévocablement de la chose donnée, en faveur du donataire qui l'accepte (*C. N.*, *894*); c'est là une application du principe: *donner et retenir ne vaut* (3).

2449. *Formes de la donation.* Tout acte portant donation entre-vifs doit, sous peine de nullité, être passé dans la forme ordinaire des contrats, en minute, (*C. N.*, *931*,) devant deux notaires, ou un notaire en présence de deux témoins (*Loi 21 juin 1843, art. 2* ; *supra n° 363*).

2450. La procuration(4), *infra* n° *2461*, et l'autorisation maritale (5), *infra* n° *2456*, à l'effet de faire une donation, doivent aussi, pour la validité de la donation, être passées dans la même forme. Suivant une opinion qui semble dominante, elles peuvent être délivrées en brevet (6) ; mais l'usage est d'en conserver minute.

2451. Quant aux libéralités entre-vifs faites autrement que par un acte de donation, elles ne sont pas soumises à ces formes (7) ; telles sont : 1° la donation qui est l'accessoire d'un contrat onéreux (*C. N.*, *1121*, *1973*); 2° celle qui est déguisée sous la forme d'un contrat à titre onéreux, *infra* n° *2565*; 3° le don manuel, *infra* n° *2567*.

2452. *Capacité de disposer et de recevoir par donation.* Selon le droit commun, chacun peut disposer et recevoir par donation ou testament ; ce n'est donc qu'en vertu d'un texte positif de loi qu'une personne peut en être déclarée incapable (*C. N.*, *902*). Ainsi, le concubin n'est pas frappé d'incapacité par la loi, et une donation, même déguisée, faite par un concubin à sa concubine est valable, à plus forte raison si elle est rémunératoire (8), le cas de suggestion et de captation (9) étant, bien entendu, réservé.

§ 1er. — DES DONATIONS ENTRE-VIFS.

FORMULE 357. — **Donation entre-vifs d'immeubles et de créances** (N°s 2448 à 2488).

Par-devant Me Dorlan et Me Morel, tous les deux notaires à X....., soussignés.

Ou bien :

Par-devant Me Dorlan, notaire à X....., département de....., soussigné,

En présence des témoins ci-après nommés,

A comparu : M. Louis-Eugène Dumont, colonel en retraite, officier de la Légion d'honneur, demeurant à..... (N°s 2452 à 2455);

Lequel a, par ces présentes, fait donation entre-vifs, par principut et hors part, conséquemment avec dispense de rapport à sa succession.

---

(1) Malgré le texte de la loi qui donne à la donation entre-vifs la dénomination d'acte, on doit la ranger dans la classe des contrats: Grenier, I, 76 à 82; Toullier, V, 4; Duranton, VIII, 13; Coin-Delisle, *894*, 7; Marcadé, *894*, 1; Troplong, *Don.*, n° 58; Zach., Massé, et Vergé, § 415, note 2e ; Demante, IV, 4 *bis*; Mourlon, II, p. 254; Demolombe, XVIII, 21 ; Dict. not., *Donat.*, n° 65; Saintespès, I, 18.
(2) Voir Cass., 6 juill. 1863, J. N. 17814 ; **Paris, 10 fév. 1868.**
(3) Demolombe, XVIII, 25.
(4) Troplong, n° 1081; Demante, IV, 72 *bis*; Saintespès, II, 574 ; Demolombe, XX, 30; Dict. not. *Donat.*, n° 258; Dijon, 15 janv. 1840; Douai, 10 août 1840; Cass., 19 avril 1843, 1er déc. 1816; J. N. 10583, 11615, 12825, 12905.
(5) Troplong, n° 1085; Dict. not., *Donat.*, n° 291; Cass , 1er déc. 1846; J. N. 12905; contra, Demolombe, IV, 194, et XX, 32.
(6) Saintespès, III, 575; Demolombe, XX, 31; Bordeaux, 3 juin 1836; Cass., 21 juin 1837; J. N. 9330, 9680; contra, Bayle-Mouillard, II, 459; Dalloz, n° 1423.
(7) Toullier, V, 172; Coin-Delisle, *893*, 12; Marcadé, *931*, 2 ; Troplong, n° 1059; Zach., Massé, et Vergé, § 428, note 10; Dict. not., *Don.* n° 257; Roll., *ibid.*, n° 265, 290; Cass., 23 mai 1822; Bordeaux, 19 juill. 1831.
(8) Troplong, n° 569; Toullier, VII, 749; Saintespès, I , 169; Zach., Massé et Vergé, § 418, note 6; Demante, IV, 29 *bis*; Demolombe, XVIII. 396 et 566; Mourlon, II, p. 214; Dict. not., *Donat.*, n° 460; Roll., *ibid.*, n° 450 ; Riom, 11 août 1846; Agen. 7 mai 1851; Lyon, 11 janv. 1859, Paris, 15 fév. 1860; Cass., 19 janv. 1830, 26 mars 1860; Bordeaux, 20 mars 1862; J. N., 16681, 17420. V. Cass., 2 juill. 1866; J. N., 18576.
(9) Demolombe, XVIII, 396; Paris, 31 janv. 1814; Cass., 30 mai 1826; Lyon, 25 mai 1835; Grenoble, 30 avril 1858; Jur. N., 11184.

2453. La capacité de disposer par donation doit exister au jour de la donation, si l'acceptation a été faite par l'acte même ; et à la fois au jour de la donation, au jour de l'acceptation et au jour de la notification au donateur, *infra n° 2591*, si la donation et l'acceptation du donataire ont eu lieu à des époques différentes (1).

2454. La loi déclare *incapables de disposer* par donation entre-vifs (2) :

1° Celui qui n'est pas sain d'esprit (3), *infra n° 2651*, 1° (*C. N.*, *901*) ;

2° Le mineur (*C. N.*, *903*), si ce n'est par son contrat de mariage au profit de son conjoint (*C. N.*, *1095*) ;

3° L'ex-mineur au profit de celui autre qu'un ascendant, qui a été son tuteur, si le compte définitif de la tutelle n'a été préalablement rendu et apuré, *infra n° 2657*.

4° Le condamné à une peine afflictive perpétuelle (4), à moins que le gouvernement ne l'ait relevé de l'incapacité, *supra n°s 810 à 821* ;

5° L'interdit (*C. N.*, *502*), même pendant un intervalle lucide (5) ;

6° La femme mariée sous le régime dotal, si ce n'est pour l'établissement de ses enfants (*C. N.*, *1555*, *1556*) ;

7° L'individu pourvu d'un conseil judiciaire non assisté de son conseil (6) (*C. N.*, *499*, *513*) ; mais, avec l'assistance de son conseil, il peut faire une donation entre-vifs si d'ailleurs il est sain d'esprit (7).

8° Les religieuses en faveur de l'établissement dont elles font partie, ou des membres de l'établissement au delà du quart de leurs biens, à moins que le don n'excède pas dix mille francs, et sauf les exceptions indiquées *infra n° 2617*.

[*Si c'est une femme mariée qui est donatrice.* (N°s 2456 à 2458.)]

A COMPARU : Mme Désirée LELOUTRE, épouse assistée et autorisée de M. Jacques BERTIN, propriétaire, avec lequel elle demeure à . . . . . (*Si la femme est autorisée par son mari ou par justice, voir formule 197*).

Laquelle a, par ces présentes, fait donation, etc.

Si le donateur est un sourd-muet. (N°s 2459 et 2460.)

A COMPARU : M. Louis-Vincent BANCE, rentier, demeurant à . .

Sourd-muet de naissance, etc. (*Voir formule 17.*)

Lequel a, par ces présentes, fait donation, etc.

Si le donateur est représenté par un mandataire. (N° 2461.)

A COMPARU : M. Charles LEROUX, propriétaire, demeurant à . . . . .

Agissant au nom et comme mandataire de M. Jérôme ASSIRE, propriétaire, demeurant à . . . . ., aux termes de la procuration, etc. (*Voir formule 15.*)

Lequel, au nom de son mandant, a par ces présentes fait donation, etc.]

A M. Désiré-Joseph DUMONT, son neveu, étudiant en médecine, domicilié à . . . . ., résidant à Paris, rue . . . . ., n° . . . . . (N°s 2462 à 2464).

---

(1) Toullier, V, 96, 243 ; Duranton, VIII, 418 ; Coin-Delisle, 932, 8 ; Troplong, n° 440 ; Zach., § 419 ; Mourlon, II, p. 280 ; Demolombe, XVIII, 700 ; Dict. not., *Donat.*, n° 125.

(2) Par le décret du *18 fév. 1809*, art. 9 et 10, les religieuses hospitalières étaient frappées de l'incapacité absolue de disposer entre-vifs, mais la loi du *24 mai 1825* a abrogé cette disposition : Bayle-Mouillard, I, p. 590 ; Troplong, n° 607 ; Demolombe, XVIII, 575 ; Roll., *Dom.*, n° 228 ; CONTRA, Coin-Delisle, *910*, 9, *à la note*.

(3) La donation par contrat de mariage peut être attaquée pour insanité d'esprit, sans qu'il soit nécessaire d'attaquer le mariage lui-même : Cass., 28 déc. 1856 ; Paris, 8 nov. 1858 ; J. N. 15982, 16436. voir Demolombe, XVIII, 358 *bis*.

(4) Il est incapable même de faire une donation par contrat de mariage : Troplong, n° 523.

(5) Toullier, V, 47 ; Troplong, n° 464 ; Bayle-Mouillard, I, 463 ; Taulier, IV, p. 21 ; Saintespès, I, 149 ; Demante, IV, 17 *bis* ; Demolombe, XVIII, 374 ; Massé et Vergé, § 447, note 4 ; Coin-Delisle, *901*, 10 ; Marcadé, *901* 2 ; Mourlon, II, p. 264 ; CONTRA, Valette, *explic., somm.*, p. 361, 364.

(6) Troplong, n°s 466, 532 ; Saintespès, I, 150 ; Demolombe, VIII, 736 à 740 ; XVIII, 575 ; Zach., Massé et Vergé, § 447, note 8 ; Dict. not. *Donat.*, n° 132.

(7) Duranton, VIII, 170 ; Taulier, IV, p. 22, 23 ; Coin-Delisle, *901*, 10 ; Demolombe, XVIII, 376 ; Massé et Vergé, § 447, note 8.

artificieuses s'y trouvent réunies, *infra* n° 2651, 2°, *et la note*.

2456. La femme mariée ne peut donner entre-vifs sans l'assistance ou le consentement spécial de son mari, ou sans y être autorisée par justice (*C. N.*, 217, 219, 905; *C. pr.*, 861 *et suiv*; *supra* n°s 1048 *et suiv*).

2457. La capacité de la femme mariée n'est pas la même selon qu'elle est autorisée par son mari ou par justice : dans le premier cas, elle peut donner la pleine propriété de ses biens; dans le second cas, si elle est mariée sous un régime qui donne au mari le droit de percevoir le revenu de ses biens, elle ne peut donner que la nue propriété des biens dont la jouissance appartient à son mari (2).

2458. La femme séparée de biens, quoique pouvant aliéner son mobilier sans l'autorisation de son mari ou de justice (*C. N.*, 1449), ne peut le donner entre-vifs (3), même par don manuel (4) ou par une donation déguisée sous la forme d'un contrat onéreux (5).

2459. Le sourd-muet sachant lire et écrire peut faire une donation entre-vifs (6) (*arg. C. N.*, 936); et alors même qu'il ne sait ni lire ni écrire, sa capacité est aujourd'hui assez généralement reconnue, pourvu qu'il puisse manifester sa volonté par des signes intelligibles. C'est ainsi qu'on a validé une donation faite par un sourd-muet illettré assisté de son frère, de sa nièce, en présence du curé, d'un voisin et de deux témoins, tous ayant, par leurs relations avec le sourd-muet, l'habitude de comprendre ses volontés, alors surtout que le notaire a constaté que l'acte a été lu et qu'on l'a fait comprendre par signes au donateur qui a manifesté son assentiment par des signes très-intelligibles (7).

Ici présent, et acceptant expressément (N° 2465),
Des biens dont la désignation suit :

Désignation (N°s 2466 à 2469).

1° Une ferme appelée la ferme de *Belle-Vue*, située sur la commune de : . . . ., canton de . . . . ., consistant en : corps de ferme, bâtiments accessoires, pavillon, cour, jardin, verger, terres de labour, prés et bois, à divers lieux dits, de la contenance de . . . . ., portés au plan cadastral de la commune de . . . . ., section . . . . . ., n°s : . . . .

2° Une pièce de terre labourable, plantée de deux rangées d'arbres fruitiers, située commune de . . . . ., lieu dit . . . . . de la contenance de . . . . ., etc.

3° Une maison, située à . . . ., rue . . . . ., n° . . . . ., construite en pierres et briques, couverte en ardoises, etc. (*Voir formule 254, 6°.*)

4° Une créance de deux mille francs en principal, due à M. Dumont, donateur, par M. Denis Lecœur, etc. (*Voir formule 259.*)

5° Un titre de deux cents francs de rente trois pour cent sur l'État français, inscrit sur le grand-livre de la dette publique au nom de M. Dumont, donateur, à la date du . . . . ., et portant le n° . . . . . de la . . . . . série.

6° Et une somme de trois mille francs en numéraire, que le donateur a versée à l'instant au donataire qui le reconnaît.

Dans l'état où se trouvent les immeubles donnés et avec toutes leurs dépendances,

---

(1) Toullier, V, 701; Dict. not., *Donat*, n° 153; Demolombe, XVIII, 378, 403.
(2) Mourlon, II, p. 267.
(3) Vazeille, 905, 3; Duranton, VIII, 208, et XIV, 425; Troplong, n° 594; Marcadé, 1449, 4; Rodière et Pont. *Contr. de mar.*, II, 881; Demolombe, XVIII, 443; Mourlon, II, p. 266 : CONTRA, Taulier, V, p. 137; Guillon, n° 425.
(4) Troplong, n° 594; Demolombe, XVIII, 443; Pau, 28 janv. 1851.

(5) Demolombe, XVIII, 447; Pau, 10 mars, 1831.
(6) Coin-Delisle, 936, 7; Marcadé, 936, 2; Roll. *Donat.*, n° 90; Troplong, n°s 139 et 1137; Demolombe, XX, 25.
(7) Toulouse, 16 août 1841; Cass., 30 janv. 1844; Bordeaux, 9 déc. 1856; J. N. 11888, (6009); CONF., Vazeille, 901, 11 et 936, 1; Pont. *Rev. de légist.*, XIX, p. 613; Troplong, n°s 539, 1137; Saintespès, I, 107 et III, 669; Demolombe, XX, 95; CONTRA, Grenier, *Don.* n° 283; Coin-Delisle, 936, 7; Marcadé, 936, 2; Roll., *Don.*, n° 90; Liège, 12 mai 1809.

2460. Cependant si le notaire n'obtenait que des réponses par signes faites par un donateur dans l'impuissance de prononcer une parole, et dont, au surplus, les facultés seraient affaiblies, la donation pourrait être annulée (1).

2461. Le donateur peut se faire représenter à l'acte de donation par un mandataire en vertu d'une procuration expresse et spéciale, *supra n° 2450*, renfermant tous les éléments constitutifs de la donation, à savoir : l'indication du donataire, la désignation des biens donnés, et les modalités, conditions, charges ou termes qui doivent accompagner la donation (2).

2462. Sont *incapables de recevoir* par donation entre-vifs :

1° Ceux qui ne sont pas conçus au moment de la donation, *V. toutefois infra n° 2465*, ou qui, étant conçus, ne naissent pas viables (*C. N.*, *906* ; V. *supra n° 1686*, 2°) ;

2° Le condamné à une peine afflictive perpétuelle, si ce n'est pour aliments, à moins que le gouvernement ne l'ait relevé de son incapacité, *supra n°s 810 à 821*.

3° Le tuteur, autre qu'un ascendant, à l'égard de son ex-pupille, si le compte de tutelle n'a été préalablement rendu et apuré (*C. N.*, *907 et infra n° 2657*);

4° Les enfants naturels reconnus, *supra n° 1106*, et les enfants adultérins et incestueux, au delà de ce qui leur est accordé au titre des successions (*C. N.*,*908*); de sorte que si la disposition excède leurs droits, elle est réductible, à moins d'acquiescement ou de ratification de la part de ceux qui auraient le droit de s'en prévaloir (3) ; toutefois l'enfant naturel, incestueux ou adultérin n'est pas incapable vis-à-vis de son aïeul (4), mais à l'inverse, leurs enfants légitimes ou illégitimes sont incapables comme eux relativement au père ou à la mère (5), *infra n° 2464*, quoique, cependant la jurisprudence ait une tendance à reconnaître leur capacité ;

---

sans autre exception que l'usufruit qui va être réservé ; comme aussi sans garantie, tant de la mesure exprimée que du bon état des bâtiments.

Origine de propriété.

Établir l'origine de propriété aussi régulièrement que possible. Voir au titre : De la vente.

Réserve d'usufruit (n°s 2470 et 2471).

Le donateur réserve l'usufruit à son profit et pendant sa vie, **avec dispense de fournir caution** et de dresser l'état exigé par l'art. 600 du Code Napoléon :

1° Du pavillon avec ses dépendances, faisant partie de la ferme de Belle-Vue, désignée sous le numéro premier, actuellement occupé par le donateur ;

2° Et de la totalité de la maison composant le numéro trois des biens donnés.

Garantie (N° 2472).

Cette donation est faite avec garantie de tous troubles, évictions et **autres empêchements** quelconques, M. Dumont, donateur, s'y obligeant expressément.

Transmission de propriété, jouissance (N° 2473).

Le donataire aura la propriété des objets donnés à partir d'aujourd'hui, et il en prendra la jouissance :

Des immeubles dont l'usufruit n'est pas réservé, par la perception à son profit des loyers et fermages, à compter du . . . . . ;

---

(1) Paris, 4 fév. 1854.
(2) Demolombe, XX, 28; Demante, IV, 72 *bis*; Dalloz, n° 1422.
(3) Cass., 16 août 1841 ; J. N., 11080. V. Amiens, 14 janv. 1864 ; Paris, 11 août 1866; Cass., 7 fév. 1865, 22 janv. 1867 ; J. N., 18137, 18239, 18714.
(4) Toullier, V, 71; Marcadé, *art. 908*, et *Revue crit.*, 1852, p. 209; Saintespès, n° 221; Troplong, n° 632; Massé et Vergé, § 418, note 22;

Demolombe, XIV, 83 et 88 ; XVIII, 562 ; Dict. not., *Port. dispon.*, n° 90 Roll., *Succ.*, n° 181 ; Rouen, 10 mars 1851 ; J. N. 14399.
(5) Duranton, VIII, 247. Belost-Jolimont sur Chabot, *759*, obs. 3; Marcadé, *908* et 911; Vazeille, *908*, 5; Demolombe, XIII, 95, et XVIII, 561; Mourlon, II, p. 276; Paris, 26 déc. 1862. contra Saintespès, II, 328; Zach., Massé et Vergé, § 418, note 23; Colmar, 31 mai 1825; Douai, 9 mai 1836; Cass., 13 avril 1840.

5° Les docteurs en médecine ou en chirurgie, les officiers de santé et les pharmaciens qui ont traité une personne pendant la maladie dont elle est morte, à l'égard des dispositions entre-vifs ou testamentaires qu'elle aurait faites en leur faveur pendant le cours de cette maladie (C. N., 909); il faut ajouter les empiriques, les charlatans(1), mais non les gardes-malades(2) ni les sages-femmes(3), à moins qu'elles n'aient exercé un véritable traitement médical ou chirugical (4). Les médecins qui ont seulement assisté à une consultation, les pharmaciens qui ont seulement fourni des médicaments ne sont pas non plus compris dans la prohibition (5). Dans tous les cas, sont exceptées de la prohibition : 1° les dispositions rémunératoires faites à titre particulier (6), eu égard, aux facultés du disposant et aux services rendus (7), *infra n° 2519*; 2° les dispositions même universelles dans le cas de parenté (8) jusqu'au quatrième degré inclusivement (9), pourvu toutefois que le décédé n'ait pas laissé d'héritiers en ligne directe, à moins que celui au profit de qui la disposition a été faite ne soit lui-même du nombre de ces héritiers (C. N., 909); on excepte aussi les dispositions faites en faveur du médecin, pharmacien, etc., qui serait l'époux de la personne qui a disposé pendant la maladie dont elle est morte (10), sauf le cas de fraude, par exemple si le médecin a épousé une femme pendant sa maladie, dans le but d'échapper à la prohibition de l'art. 909 (11) ;

6° Les ministres du culte, dans les cas et sauf les exceptions indiquées au n° 5 qui précède (12) (C N. 909) ;

7° Les établissements publics ou religieux existant sans autorisation, *infra n° 2615*.

8° Les personnes qui, en vertu d'une loi, sont privées du droit de posséder des biens en France; ainsi les membres des anciennes familles royales (13) (*loi 10 avril 1832 et décret 27 janvier 1852*).

2463. Pour recevoir par donation, il suffit d'être capable au jour où la libéralité reçoit sa perfection

---

Des autres immeubles, à partir du jour du décès du donateur ;
De la créance comprise sous le numéro quatre, par la perception des intérêts, à compter du . . . . .
Et de la rente sur l'Etat faisant l'objet du numéro cinq, par la perception des arrérages, à partir du . . . . .
M. Dumont, donateur, subroge le donataire dans tous ses droits, et notamment dans l'effet de l'inscription prise à son profit contre M. Lecoeur, au bureau des hypothèques de . . . . ., le . . . . ., vol. . . . . ., n° . . . . .

(*Cette énonciation est utile pour faire opérer la subrogation en marge de l'inscription.*)

Impôts.

Le donataire acquittera les impôts de toute nature des immeubles donnés, même de ceux dont le donateur a réservé l'usufruit, à partir du . . . . .

---

(1) Toullier, V, 68; Duranton, VIII, 251; Taulier, IV, p. 31; Massé et Vergé, § 418, note 26; Marcadé, *909*, 4; Saintespès, I, 244; Troplong, n° 647; Demolombe, XVIII, 511; Dict. not., *Don.*, n° 209; Roll, ibid., n° 454; Paris, 9 mai 1820; Grenoble, 6 fév. 1830; Caen, 10 août 1841; CONTRA, Coin-Delisle, *909*, 6; Demante, IV, 30 bis; voir aussi Cass., 24 juill. 1832.
(2) Coin-Delisle, *909*, 7; Saintespès, I, 244; Troplong, n° 648; Dalloz. n° 359; Mourlon, II, p. 271; Demolombe, XVIII, 509; Dict. not , *Donat.*, n° 212.
(3) Coin-Delisle, *909*, 7; Saintespès, I, 242; Dalloz, n° 360; Demolombe, XVIII, 510; Roll., *Donat.*, n° 157; Troplong, n° 648; Massé et Vergé, § 418, note 26 , CONTRA, Vazeille, *909*, 10; Poujol, *909*, 5; Marcadé, *909*, 4; Mourlon. II, p. 274; Dict. not., *Donat.*, n° 214; Grenoble, 6 fév. 1830.
(4) Bayle-Mouillard, I, 428; Troplong, n° 648; Demolombe, XVIII, 510. V. Cass., 11 juill. 1866 ; Paris, 8 mars 1867 ; J. N., 18765.
(5) Toullier, V, 69; Coin-Delisle, *909*, 8; Saintespès, II, 248, Troplong, n° 645; Demante, IV, 30 bis; Demolombe, XVIII, 506, 507; Mourlon, II. p. 271; Dict. not , *Donat.*, n° 204; Zach., Massé et Vergé, § 418, note 27; Cass., 12 oct. 1812, 9 avril 1835; Montpellier, 31 août 1832; J. N., 15181.
(6) Si les dispositions étaient universelles ou à titre universel, elles seraient nulles et non pas seulement réductibles: Coin-Delisle, *909*, 13; Demante, IV, 60 bis; Demolombe, XVIII, 541; Grenoble, 6

fév. 1830, Lyon, 22 mars 1813; Caen, 31 mars 1846; Cass., 2 mars 1846, CONTRA, Troplong, n° 638; Bayle-Mouillard, I, 127.
(7) Voir Coin-Delisle, *909*, 12 et 13; Marcadé, *909*, 4; Saintespès, I, 253; Troplong, n° 637; Demolombe, XVIII, 534; Massé et Vergé § 418, note 29; Cass., 13 août 1811 et 10 déc. 1831; J. N. 12171, 14551.
(8) L'alliance ne suffit pas : Duranton, VIII, 255; Coin-Delisle, *909*, 15; Troplong, n° 641; Zach., § 418, note 30; Demolombe XVIII, 512 Saintespès, I, 234 ; Cass., 12 oct. 1812.
(9) Au-dessous du quatrième degré la libéralité tombe sous la prohibition de l'art. 909, lors même que le médecin, prêtre. etc., serait l'un des héritiers du testateur : Demante, IV, 30 bis; Marcadé, *909* 5; Bordeaux, 12 mai 1862; Cass., 7 avril 1863 , J. N. 17707.
(10) Grenier I, 127; Toullier, V, 68; Duranton, VIII, 257, Saintespès, I, 250; Massé et Vergé, § 418, note 34; Taulier, III, 66; Coin-Delisle, *909*, 4 ; Marcadé, *909*, 3; Troplong, n° 642; Mourlon, II, p. 274 ; Demante, IV, 30 bis, Demolombe, XVIII, 543; Dict not., *Donat* , n° 218; Roll., ibid., n° 177; Turin, 19 avr 1806; Cass., 30 août 1803; Trib. Seine, 7 mars 1861,Paris, 11 novembre 1834 ; J. N 14608.
(11) Duvergier sur Toullier, V; 68; Coin-Delisle, *909*, 10; Saintespès, I, 251; Troplong, n° 643; Mourlon, II, p. 274; Demolombe, XVIII, 545 ; Dict., not., *Donat.*, n° 218; Cass., 11 janv. 1830 et 21 août 1822.
(12) Voir Marcadé, *909*, 2; Demolombe, XVIII, 507 à 525; Riom, 2 fév. 1852; J. N., 14639; Toulouse, 12 janv. 1864 ; J. N., 17987.
(13) Amiens, 1er août 1851 ; Cass., 6 août 1852; J. N. 17538.

par l'acceptation du donataire ; ainsi il suffit, pour la validité d'une donation faite à un enfant à naître, qu'il soit conçu au moment de l'acceptation qui en est faite pour lui (1).

2464 Toute disposition, même par don manuel (2), au profit d'un des incapables énumérés *supra* n° 2462, est nulle ; il en est de même de toute donation déguisée sous la forme d'un contrat onéreux (3) ou d'un fidéi-commis (4), ou à l'aide de personnes interposées ; sont réputées personnes interposées les père et mère, les enfants et descendants et l'époux (5), même séparé de corps et de biens (6) de la personne incapable (*C. N.*, *911*). Cette présomption s'applique aussi aux père et mère ou enfants naturels (7) ou adultérins (8), aux père et fils adoptifs (9) et aux père et mère du conjoint de l'incapable en prouvant l'interposition (10) ; mais elle ne s'applique pas à la personne que l'incapable doit épouser prochainement (11), à moins que la donation ne lui ait été faite par son contrat de mariage (12), ni aux ascendants autres que les père et mère (13), aux alliés (14) et aux collatéraux (15) ; elle ne s'applique pas non plus aux dispositions purement rémunératoires (16), ni aux conventions faites avec les parents du successible, telle que l'aliénation d'un immeuble à charge de rente viagère faite en faveur d'un gendre veuf avec enfants (17).

2465. La donation doit être acceptée par le donataire ou en son nom (*Voir infra* n°s 2572 et *suiv.*).

2466. *Objets donnés.* La donation entre-vifs ne peut comprendre que les biens présents du donateur; si elle comprend les biens à venir, elle est nulle à cet égard (*C. N.*, *943*). Il y a exception pour les donations entre époux et les institutions contractuelles (*C. N.*, *947* ; *infra* n°s 2963, 2999).

2467. Par biens présents l'on entend tous ceux dont le donateur a actuellement la propriété, et qui lui sont acquis, encore bien qu'il ne les possède pas ; ainsi la nue propriété de biens, une récolte future sur des biens déterminés appartenant au donateur, le bénéfice à réaliser dans une association actuellement formée (18), une créance éventuelle, un bien qui adviendra un jour au donateur par l'effet d'un titre existant au moment de la donation (19).

Servitudes.

Le donataire supportera les servitudes passives, apparentes ou occultes, continues ou discontinues, pouvant grever les immeubles donnés, sauf à s'en défendre et à profiter de celles actives, s'il en existe, à ses risques et périls, sans que cette stipulation puisse conférer à des tiers plus de droits que ceux qu'ils pourraient avoir en vertu de la loi ou de titres réguliers non prescrits.

Réserve de disposer d'un droit de passage (N°s 2475 à 2477).

Le donateur, pour le cas seulement où, avant son décès, une maison serait construite

---

(1) Duranton, VIII, 923; Toullier, V, 95; Demante, IV, 26 *bis*; Troplong, n° 617; Mourlon, II, p. 281 ; Massé et Vergé, § 418, note 3; Taulier, IV, p. 28 ; Saintespès, I, 196 ; Marcadé, *906*, 2; Dict. not., *Donat.*, n° 128; contra, Coin-Delisle, *906*, 2 ; Demolombe, XVIII, 579, 703.

(2) Bayle-Mouillard, I, p. 608; Troplong, n° 725 ; Demolombe, XVIII, 637 *bis*. V. Bordeaux, 16 nov. 1884; J. N. 18284.

(3) C'est au demandeur en nullité qu'incombe le fardeau de la preuve : Troplong, n° 729 ; Coin-Delisle, *911*, 7 ; Saintespès, I, 89 ; Dalloz, n° 436; Demolombe, XVIII, 633.

(4) Cass., 6 août 1862 ; J. N. 17538.

(5) Lorsque la femme du médecin est parente du donateur ou testateur au degré déterminé par l'art. 907, elle n'est pas réputée personne interposée, et le don ou legs à elle fait doit recevoir son exécution : Demolombe, XVIII, 649; Toulouse, 9 décembre 1839 ; J. N. 16819.

(6) Duranton, VIII, 273; Coin-Delisle, *911*, 15; Marcadé, *911*, 2; Troplong, n° 721 ; Massé et Vergé, § 418, note 45; Saintespès, I, 276 ; Demolombe, XVIII, 658.

(7) Toullier, V. 79; Duranton, VIII, 272 ; Coin-Delisle, *911*, 15; Marcadé, *911*, 2; Demolombe, XVIII, 655 ; Troplong, n°s 708, 724 ; Paris, 5 avril 1843. V. Seine, 9 mai 1855; J. N., 18311.

(8) Toullier, V. 80; Duranton, VIII, 272 ; Saintespès, I, 278; Troplong, n° 708; Demolombe, XVIII, 656 ; Cass., 13 juill. 1813.

(9) Duranton, VIII, 274; Coin-Delisle, *911*, 15 ; Troplong, n° 723 ; Saintespès, I, 277 ; Demolombe, XVIII, 654.

(10) Grenier, I, 133 ; Cass., 30 janv. 1815; J. N. 15446; voir cependant Demolombe, XVIII, 670.

(11) Toullier, V. 81; Dalloz, n° 640 ; Coin-Delisle, *911*, 16; Troplong, n° 718 ; Saintespès, I, 288 ; Demolombe, XVIII, 658.

(12) Lyon 24 nov. 1860 ; J. N. 17290.

(13) Duranton, VIII, 274 ; Coin-Delisle, *911*, 15 ; Taulier, IV, p. 38; Demolombe, XVIII, 632.

(14) Duranton, VIII, 275 ; Troplong, n° 708; Demolombe, XVIII, 660.

(15) Troplong, n° 708; Demolombe, XVIII, 661; Grenoble, 16 avril 1806.

(16) Vazeille, *911*, 5 ; Taulier, IV, p. 38, Dalloz, n° 443 ; Saintespès, I, 270; Massé et Vergé, § 418, note 47; Rouen, 25 janv. 1808; Paris, 6 mai 1834; J. N. 15399; contra, Troplong, n° 708 ; Cass. 13 juill. 1813, V. aussi Demolombe, XVIII, 675.

(17) Cass., 7 déc. 1837 ; J. N. 16259.

(18) Duranton, VIII, 449; Coin-Delisle, *943*, 4 ; Marcadé, *943*, 1; Zach., Massé et Vergé. § 415, note 10 ; Saintespès, III, 751 ; Troplong, n° 1203; Demante, IV, 85 *bis*; Demolombe, XX, 384; Dict. not., *Donat.*, n° 109; Cass., 27 janv. 1819.

(19) Demolombe, XX, 382; Cass., 25 nov. 1830.

2468. Il a été décidé qu'un office ministériel, bien que cessible, ne peut faire l'objet d'une donation entre-vifs, par le motif que l'acte de donation est de sa nature irrévocable et ne peut engager le gouvernement (1). Cette décision nous parait contestable et semble devoir être difficilement suivie (2).

2469. Lorsqu'une donation comprend des meubles incorporels, elle doit, pour produire son effet à l'égard des tiers, être signifiée au débiteur conformément à l'art. 1690 C. N. (3).

2470. *Réserve d'usufruit.* Le dépouillement actuel prescrit pour la validité de la donation peut ne comprendre que la nue propriété d'un bien, *supra* n° 2467; il est donc permis au donateur de faire la réserve à son profit, ou de disposer au profit d'un autre, de la jouissance ou de l'usufruit des biens meubles et immeubles donnés (*C. N.*, *949*); si la réserve est faite au profit du donateur, il est dispensé, de plein droit, de fournir caution, *supra* n° *1501 bis*, mais non de faire dresser, conformément à l'art. 600 C. N., un état des immeubles dont il s'est réservé l'usufruit (4). Si le donateur avec réserve d'usufruit a fait des améliorations au fonds, elles appartiennent au donataire (*C. N.*, *555*, *supra* n° *1511*). Quant aux augmentations ou constructions nouvelles, on peut considérer qu'il y a également droit par une sorte d'accroissement (5).

2471. En cas de donation d'effets mobiliers avec réserve d'usufruit, le donataire est tenu, à l'extinction de l'usufruit, de prendre les effets donnés qui se retrouvent en nature dans l'état où ils sont, et il a action contre le donateur ou ses héritiers pour raison des objets non existants, jusqu'à concurrence de la valeur qui leur a été donnée dans l'état estimatif (*C. N.*, *950*), sauf à ceux-ci à prouver, conformément à l'art. 589 C. N., que ces objets ont péri par cas fortuit (6) ou vétusté.

2472. *Garantie.* Le donateur ne recevant aucun équivalent de la chose qu'il donne est présumé ne la donner que comme elle lui appartient et en tant qu'elle lui appartient; il ne doit donc aucune garantie pour cause d'éviction (7); cependant, par exception, le donataire doit être garanti dans les cas suivants : 1° si le donateur s'est obligé à la garantie (8); 2° si la donation est faite à l'un des futurs par contrat de

---

par M. Joachim MORIN, fabricant, demeurant à . . . . ., sur un terrain appartenant à ce dernier, se trouvant à côté du corps de ferme compris sous le numéro premier des biens donnés, se réserve de concéder à M. MORIN, soit gratuitement, soit pour un prix à revenir au donateur, un passage à pied, cheval et voiture, qui sera pris à l'extrémité ouest de la cour de la ferme; mais si la construction n'a pas eu lieu au décès du donateur, la réserve sera éteinte au profit du donataire.

Formalités de transcription et de purge (N°s 2478 à 2488).

Le donataire fera transcrire une expédition des présentes au bureau des hypothèques, de . . . . .; il remplira de plus, s'il le juge à propos, les formalités prescrites par la loi, pour la purge des hypothèques légales, le tout à ses frais (*lorsque la donation a lieu avec garantie, on ajoute :*) Si l'état qui sera délivré sur l'accomplissement de ces formalités fait connaître l'existence d'inscriptions, le donateur s'oblige d'en rapporter mainlevées et certificats de radiation à ses frais, dans le mois de la demande amiable qui lui en sera faite au domicile ci-après élu.

A cet effet le donateur déclare :

---

(1) Décis. min. just., juin 1852; J. N. 14703.
(2) Voir dissert. J. N. 14703; Nîmes, 20 mars 1855; Cass., 27 nov. 1855; J. N. 15588, 15694. Déc. min. 20 mars 1844; J. N. 12010.
(3) Grenier, II, 174; Toullier, V, 183; Demolombe, XX, 228; Mourlon, II, p. 336.
(4) Troplong, n° 1257.
(5) Vazeille, *949*, 4; Massé et Vergé, § 481, note 1; CONTRA, Grenier, n° 317.
(6) Duranton, VIII, 470; Vazeille, *950*, 4; Coin-Delisle, *950*, 1; Marcadé, *art.* 950; Troplong, n° 1260; Saintespès, III, 809; Demante.

IV, 92 bis.; Demolombe, XX, 494; Mourlon, II, p. 351. CONTRA, Proudhon, *Usuf.*, n° 2644.
(7) Toullier, V, 207; Grenier et Bayle-Mouillard, I, 97; Duranton, VIII, 525; Coin-Delisle, *938*, 8; Demolombe, XX, 543 à 545; Roll., *Donat.*, n° 425; Dict. not., *ibid*, n° 439; Mourlon, II, p. 334; Zach., Massé et Vergé, § 481, note 3; Grosse, *Transc.*, n° 360.
(8) Duranton, VIII, 526; Coin-Delisle, *938*, 10; Grenier, I, 97; Toullier, V, 207; Dalloz, n° 1100. Demolombe, XX, 546; Toulouse, 24 mars 1866; Besançon, 25 juin 1856; Jur. N., 13076, 13132.

mariage (1) *(arg. C. N.*, *1440, 1547)*; 3° si l'éviction a lieu par le fait du donateur, par exemple s'il ne paye pas les dettes hypothécaires (2), ou si, en raison du défaut de transcription, il dispose de l'objet donné ou l'hypothèque (3); 4° si le donateur est de mauvaise foi, par exemple s'il savait que la chose donnée ne lui appartenait pas; dans ce cas, il doit rendre le donataire indemne en lui remboursant les frais de l'acte et toutes les dépenses qu'il a faites à l'occasion de l'objet donné (4); 5° si la donation est onéreuse, jusqu'à concurrence des sommes dont le donataire a été chargé, et pour lesquelles il a l'action en répétition contre le donateur (5); 6° si la donation est rémunératoire, jusqu'à concurrence aussi des services appréciables à prix d'argent (6).

2473. *Effets de la donation.* La donation dûment acceptée, *infra* n° 2572, est parfaite par le seul consentement des parties, et la propriété des objets donnés est transférée au donataire, sans qu'il soit besoin d'autre tradition (7) *(C. N., 938)*. Il peut donc poursuivre contre le donateur l'exécution du contrat, c'est-à-dire la délivrance des biens donnés avec leurs accessoires (8).

2474. *Conditions.* Le donateur peut apposer à la donation telles conditions qu'il juge à propos, pourvu qu'elles soient possibles et ne soient pas contraires aux lois et aux mœurs, sous peine d'être réputées non écrites, *infra* n°s *2550 et suiv.*; et par application du principe: *donner et retenir ne vaut*, si ce sont des conditions dont l'exécution dépend de la seule volonté du donateur, la donation est nulle *(C. N., 944, 1170).*

2475. En cas que le donateur se soit réservé la liberté de disposer d'un effet compris dans la donation ou d'une somme fixe sur les biens donnés, s'il meurt sans en avoir disposé, l'effet ou la somme appartient aux héritiers du donateur, nonobstant toutes clauses et stipulations contraires *(C. N., 946)*; c'est encore là une application de la règle: *donner et retenir ne vaut.*

2476. Il n'en est pas de même si le donateur ne se réserve la liberté de disposer que pour un cas déterminé et sous une condition indépendante de sa volonté; par exemple, si telle personne vient à se marier, si telle personne construit sur un terrain déterminé (9).

2477. Les règles établies n°s 2474 et 2475 ne s'appliquent point aux donations faites à titre d'institution contractuelle ou entre époux *(C. N., 947, 1086).*

2478. *Transcription.* Lorsqu'il y a donation de biens susceptibles d'hypothèque, la transcription des actes contenant la donation, l'acceptation et la notification de l'acceptation, si elle a lieu par acte séparé, doit être faite au bureau des hypothèques de la situation des biens *(C. N., 939)*; cette formalité est exigée pour la validité de la donation à l'égard des tiers (10); elle est obligatoire même lorsque l'objet donné consiste en un droit réel non susceptible d'hypothèque, comme un droit d'usage ou d'habitation,

---

1° Qu'il est célibataire;
2° Qu'il n'est et n'a jamais été tuteur de mineurs ou d'interdits, ni comptable de deniers publics.

Si l'on ne fait pas transcrire, on modifie ainsi la clause:

Non transcription (N° 2488).

M* DORLAN, notaire soussigné, a averti le donataire de la nécessité de faire transcrire une expédition de cette donation au bureau des hypothèques de . . . . ., pour qu'elle

---

(1) Duranton, VIII, 528; Troplong, *Donat.*, n° 2342, et *Cont. de mar.*, n° 1247; Zach., Massé et Vergé, § 481, note 4; Demolombe, XX, 546; Dict. not., *Donat.*, n° 443; Roll., *Don. en fav. de m r.*, n° 27; Cass. 22 niv. an X; Rouen, 3 juill. 1828.
(2) Grenier, I, 97; Duranton, VIII, 527; Coin-Delisle, *938*, 13; Zach., Massé et Vergé, § 481, note 5; Demolombe, XX, 550.
(3) Coin-Delisle, *938*, 14; Dict. not., *Donat.*, n° 442; Demolombe, IX, 551.
(4) Duranton, VIII, 529; Coin-Delisle, *938*, 9; Dalloz, n° 1705; Zach., Massé et Vergé, § 481, note 6; Mourlon, II, p. 335; Demolombe, XX, 550, 552; Dict. not., *Donat.*, n° 440; Roll., *ibid.*, n° 432.
(5) Duranton, VIII, 531; Coin-Delisle, *938*, 12; Bayle-Mouillard, I, 97; Demolombe XX, 548; voir cependant Grenier, I, 97; Vazeille, *638*, 6; Besançon, 2 juill. 1828.
(6) Grenier, I, 97; Vazeille, *938*, 9, Troplong, *Vente*, n° 8; Coin-Delisle, *938*, 11; Dalloz, n° 1708; Zach., Massé et Vergé, § 481, note 8; Demolombe, XX, 549; Dict. not., *Don. remuner.*, n° 16; Roll., *ibid.* n° 36.
(7) V. Demolombe, XX, 224 à 228.
(8) Duranton, VIII, 497; Coin-Delisle, 938, 4; Demolombe, XX, 542; Dict. not., *Don.*, n° 432.
(9) Grenier, I, 17; Toullier, V. 226; Massé et Vergé, § 413, note 13, Coin-Delisle. *946*. 5 et 6; Marcadé, *946*, 2; Taulier, IV, p. 86; Demante, IV, 88 *bis*; Demolombe, XX, 470; Dict. not., *Reserve de disp.* n° 6; Roll., *ibid.*, n° 6; CONTRA, Vazeille, art. *946*; Troplong n° 1225.
(10) Proudhon, *Usuf.*, n° 91; Duranton, VIII, 502; Troplong. *Hyp.*, n° 901, et *Don.*, n° 1154; Coin-Delisle, *939*, 7; Duvergier sur Toullier, V, 237; Marcadé, *939*, 3; Demante, IV, 82 *bis*; Taulier IV, p. 64; Dalloz, n°s 1545 à 1558; Demolombe, XX, 243; Cass., 4 janvier 1830.

de passage, de vue ou toute autre servitude; en effet une servitude n'est constituée qu'aux dépens d'un bien susceptible d'hypothèque, dont la valeur est ainsi diminuée, ce qui doit être porté à la connaissance des tiers; la loi du 23 mars 1855, art. 2, 1°, soumet la transmission de ces divers droits à la formalité de la transcription (1).

2479. En cas de donation à des personnes qui sont sous la puissance d'autrui, la transcription doit être faite par ceux qui les représentent, ainsi: 1° le mari pour la donation faite à sa femme; 2° les tuteurs pour les mineurs et les interdits; 3° les curateurs pour les sourds-muets; 4° les administrateurs des établissements publics pour ces établissements (C. N., 940); 5° le père administrateur légal pour ses enfants mineurs (2); 6° le curateur pour le mineur émancipé (3); 7° l'ascendant qui a accepté pour son enfant mineur (4). La femme et le mineur peuvent remplir eux-mêmes la formalité à défaut par le mari, tuteur, curateur, ascendant, etc. de le faire (5).

2480. Les mineurs, les interdits, les femmes mariées, les sourds-muets, etc., ne sont point restituables contre le défaut d'acceptation ou de transcription des donations, sauf leur recours contre leurs tuteurs, curateurs, maris, etc., s'il y échet, c'est-à-dire s'il y a eu faute appréciable (6); la restitution n'a pas lieu dans le cas même où ceux-ci se trouveraient insolvables (C. N., 942).

2481. En cas de recours contre les maris ou tuteurs, la femme, le mineur ou l'interdit ont une hypothèque légale qui prend date, contre le mari, du jour du mariage, et contre le tuteur, du jour de l'ouverture de la tutelle (7).

2482. Le défaut de transcription empêche la mutation de s'opérer au regard des tiers. Il peut être opposé par toute personne ayant intérêt (C. N., 941), notamment: 1° par un tiers acquéreur à titre onéreux (8), lors même qu'il n'aurait pas non plus fait transcrire son titre d'acquisition (9); 2° par les créanciers hypothécaires antérieurs ou postérieurs à la donation (10); 3° et aussi par les créanciers chirographaires antérieurs ou postérieurs à la donation (11), quand même, dans tous les cas, les tiers auraient eu connaissance de la donation lorsqu'ils ont contracté (12).

2483. La transcription de la donation ne peut être remplacée vis-à-vis des tiers par la transcription du contrat de vente consenti par le donataire, alors même que la donation y serait mentionnée (13). — Mais si le donateur vend ou hypothèque l'immeuble donné conjointement avec le donataire, son intervention a-t-elle pour objet de couvrir le défaut de transcription? L'affirmative de cette question n'a jamais fait de doute (14); en effet, le donateur au regard des tiers n'a pas cessé d'être propriétaire, *supra* n° 2482; et si l'acheteur ou le créancier hypothécaire exige le concours simultané du donateur et du donataire, il obtient à la fois le consentement de celui qui est réputé propriétaire au regard des tiers (le

produise son effet à l'égard des tiers; mais le donataire a dit qu'il n'avait pas, quant à présent, l'intention de remplir cette formalité, et qu'il se réservait de faire transcrire lui-même plus tard, s'il le juge à propos.

---

(1) Grenier, II, 162; Vazeille, *939*, 4; Coin-Delisle, *939*, 11 à 17; Mourlon, II, p. 317 et *Rev. prat.*, 1838, II, p. 151; Troplong, *Transc.*, n° 112; Grosse, *ibid.*, n° 352; Flandin, *ibid.*, I, 681; Demante, IV, 80 *bis*; Demolombe, XX, 338; Dict. not., *Transc. des don.*, n° 6; Roll. *ibid.*, n° 6; Riom, 23 mai 1812; Cass., 10 mars 1840; Caen, 19 mai 1853; Amiens, 18 août 1858, J. N. 10531, 10781; contra, Duranton, VIII, 501; Bayle-Mouillard, II, 162; Marcadé, *939*, 4; Rivière et Huguet, *Transc.*, n° 431; Massé et Vergé, § 480, note 4; Saintespès, III, 701; Mourlon, *Transc.*, n°s 112, 113.

(2) Demolombe, XX, 275.

(3) Marcadé, 942, 2; Coin-Delisle, *942*, 3; Demante, IV, 82 *bis*; Dalloz, n° 1585; Flandin, I, 721, 726; Massé et Vergé, § 480, note 13; Demolombe, XX, 276; contra, Mourlon, II, p. 338; Rivière et Huguet, *Quest.*, n° 158.

(4) Coin-Delisle, *942*, 10; Bayle-Mouillard, II, 165; Flandin, I, 737.

(5) Troplong, n° 1175; Demolombe, II; Dict. not., *Transc. des don.*, n° 6; Roll.

(6) Troplong, n° 1193; Coin-Delisle, *942*, 9; Massé et Vergé, § 480, note 11; Demolombe, XX, 284.

(7) Troplong, n° 1171, 1190; voir aussi Demolombe, XX, 329.

(8) Grenier, n° 167; Duranton, VIII, 513; Poujol, *941*, 3; Coin-Delisle, *941*, 3; Demolombe, XX, 291; Dict. not., *Transc. des don.*, n° 23; Amiens, 14 avril 1815; Nancy, 18 mai 1838; Poitiers, 4 mai 1825; Nimes, 27 juin 1812; J. N. 11181.

(9) Coin-Delisle, *941*, 4; Lesenne, *Transc.*, n° 166; Demolombe, IX, 337; contra, Flandin, II, 852.

(10) Grenier, n° 167; Duranton, VIII, 513; Poujol, *941*, 2; Coin-

Delisle, *941*, 5; Demolombe, XX, 291; Dict. not., *Transc. des don.* n° 22; Nancy, 18 mai 1838; Rouen, 21 nov. 1852; J. N. 10508, 14719 Paris, 2 mai 1860; M. T. 1860, p. 276.

(11) Duranton, VIII, 517; Grenier, I, 167; Enault, *Faill.*, I, 1941. Poujol, *941*, 2; Demolombe, XX, 300, et *Revue crit.*, 1854, p. 406. Mourlon, II, p. 347; Taulier, IV, p. 76, 77; Demante, IV, 82 *bis*; Troplong, n° 1183; Massé et Vergé, § 480, note 20; Dict. not., *Transc. des don.*, n° 23; Amiens, 11 juin 1814; Nancy, 18 mai 1838; Limoges, 9 mars 1843; Grenoble, 9 déc. 1850; Bordeaux, 21 fév. 1851; Rouen, 24 déc. 1852; Cass., 7 avril 1841, 23 nov. 1859; J. N. 10308, 10995, 14513, 14917, 16781; contra, Grenier, *Hyp.*, II, 309; Coin-Delisle, *941*, 9 à 14; Marcadé, *941*, 4; Grosse, *Transc.*, n° 355; Persil, 2182, 4; Saintespès, III, 720; Dalloz, n° 1568, Flandin, II, 936; Grenoble, 17 juin 1822; Amiens, 3 août 1814; J. N. 12103.

(12) Duranton, VIII, 517, Saintespès III, 728; Bayle-Mouillard, II 167; Troplong, n° 1184; Demolombe, XX, 313; Mourlon, II, p. 341; Dict. not., *Transc. des don.*, n° 36; Grenoble, 11 juill. 1824; Nimes, 16 mai 1839 et 9 mars 1843; Nimes, 27 juin 1812; Montpellier, 9 mars; 1843, Caen, 28 déc. 1815; Grenoble, 9 déc. 1850; J. N. 11484, 14513; Paris, 2 mai 1860; M. T., 1830, p. 276; voir cependant Coin-Delisle, *941*, 21.

(13) Cass., 21 fév. 1828; J. N. 6541.

(14) Bordeaux, 12 janv. 1854; Amiens, 18 août 1858; J. N. 13168, 16781; Paris, 2 mai 1860; M. T., 1860, p. 276, et 29 janv. 1863, *Jur. not.*, 12318. Voir aussi Paris 3 fév. 1855; J. N. 15427.

donateur), et de celui qui est propriétaire au regard du donateur (le donataire); donc la vente ou l'hypothèque, qui serait parfaite si elle était consentie par le donateur seul, l'est à plus forte raison par l'accession du donataire; aussi nous croyons qu'il ne faut pas s'arrêter à l'opinion contraire récemment émise dans un recueil spécial, encore bien qu'elle ait reçu l'assentiment d'un éminent jurisconsulte, qui, toutefois, n'est entré dans aucun développement (1), *infra*, au titre *de la vente*.

2184. Ne peuvent opposer le défaut de transcription :

1° Ceux qui sont chargés de faire faire la transcription ou leurs ayants cause (*C. N.*, *941*); ainsi : leurs héritiers et autres successeurs universels et à titre universel (2), leurs créanciers (3), et aussi, bien que la question soit controversée, les tiers acquéreurs à titre onéreux; par exemple, celui que la loi charge de faire transcrire est lui-même donateur et ne remplit pas la formalité; tout au contraire, il vend ou il hypothèque l'immeuble, l'acquéreur ou le créancier hypothécaire sont considérés, non pas comme des tiers, mais comme des ayants cause du donateur, et comme tels ne peuvent opposer le défaut de transcription (4);

2° Le donateur (*C. N.*, *941*)

3° Les héritiers du donateur, ses légataires et donataires, universels ou à titre universel (5), ni leurs créanciers (6);

4° Le donataire ni ses créanciers (7);

5° Le donataire postérieur à titre particulier (8);

6° Le légataire à titre particulier (9);

7° Celui qui a acheté du donateur le bien donné dans le but de frauder le donataire (10) ou ses créanciers (11).

Titres.

Le donateur a remis au donataire qui le reconnaît :

1° Les titres de propriété des immeubles donnés;

2° Les titres de la créance sur M. Lecœur;

3° Et le certificat d'inscription de la rente sur l'Etat portant au dos plusieurs estampilles, dont la dernière indique que les arrérages ont été touchés jusques et y compris le trimestre échu le . . . . .

Réquisition de délivrance de certificat de propriété (N° 686).

Les parties requièrent M° Dorlan, notaire soussigné, de délivrer le certificat de propriété nécessaire pour faire immatriculer la rente au nom du donataire.

---

(1) Revue du notariat, *art. 388*; Demolombe, XX, 314 *bis*.
(2) Demolombe, XX, 322.
(3) Paris, 2 janv. 1854, J. N. 15120; Massé et Vergé, § 480, note 23; Demolombe, XX, 325.
(4) Grenier et Bayle-Mouillard, II, 167, 169; Coin-Delisle, *941*, 24; Marcadé, *941*, 2; Mourlon, II, p. 341; Dalloz, n° 1593; Demante, IV, 82 *bis*; Flandin, II, 977; Cass., 4 juin 1823; Angers, 31 mars 1830; Agen, 13 janv. 1836; contra, Demolombe, XX, 327; Cass., 4 janv. 1830 et 10 mars 1840; J. N. 10641.
(5) Grenier et Bayle-Mouillard, II, 167; Persil, *2182*, 4, Duranton, VIII, 548; Coin-Delisle, *941*, 15; Marcadé, *941*, 3; Troplong, n° 1177; Zach., § 480, note 21; Demangeat, *Dissert. insérée dans Mourlon*, II, p. 345; Taulier, IV, p 79; Saintespès, III, 724; Flandin, II, 930; Demolombe, XX, 307, 309; Dict. not., *Transc. des don.*, n° 30 à 32; Toulouse, 20 mars 1808, 14 avril 1809, 8 mai 1817; Cass., 12 déc. 1810, 4 août 1814; Paris, 21 nov. 1840; Bordeaux, 1er fév. 1849; Besançon, 5 juin 1854; J. N. 13801; contra, Mourlon, II, p. 342 et *Transc.*, II, 427.
(6) Troplong, n° 1177; Dalloz, n° 1574; Flandin, II, 934; Demolombe, XX, 311; Paris, 21 nov. 1840.
(7) Massé et Vergé, § 480, note 25; Demolombe, XX, 312; Flandin,
II, 969; Poitiers, 18 juin 1851; Toulouse, 28 juill. 1853; Paris, 2 janv. 1854; Orléans, 31 mars 1860; Cass., 1er mai 1861; J. N. 17478.
(8) Grenier et Bayle-Mouillard, II, 168 *bis*; Marcadé, *941*, 4; Troplong, n° 1179, Massé et Vergé, § 480, note 26; Demante, IV, 82 *bis*; Dict. not., *Transc. des don.*, n° 34; Nîmes, 1er déc. 1826; Montpellier, 2 juin 1831; Toulouse, 8 mai 1847; Besançon, 6 juin 1854; J. N., 13206; Bordeaux, 28 août 1863. M. T. 1864, p. 174; contra, Duranton, VIII. 545; Mourlon, II, p. 346 et *Transc.*, II ,429; Coin-Delisle, *941*, 18; Duvergier sur Toullier, V, 139; Flandin, II, 938; Demolombe, XX, 293; Colmar, 6 juill. 1848; Bordeaux, 1er fév. 1849; Nîmes, 31 déc. 1850; Grenoble, 17 janv. 1807; J. N. 18912.
(9) Duranton, VIII, 540; Coin-Delisle, *941*, 20, Troplong, n° 1178; Marcadé, *941*, 4; Bayle-Mouillard, II, 167; Demante, IV, 82 *bis*; Demolombe, XX, 310; Dict. not., *Transc. des don.*, n° 35; Roll., *ibid.*, n° 38; Caen, 27 janv. 1843; contra, Flandin, II, 947; Toulouse, 28 juill. 1853.
(10) Massé et Vergé, § 480, note 18; Demolombe, XX, 314; Cass., 4 juin 1823; Angers, 31 mars 1830.
(11) Riom, 17 juill. 1846; J. N., 12866.

2485. Une donation d'immeubles faite par une personne depuis tombée en faillite a pu être utilement transcrite après l'époque de la cessation des payements, l'art. 448 Code comm. n'édictant une nullité qu'en ce qui concerne les inscriptions (1); mais il n'en est plus de même après le jugement déclaratif de la faillite, la faillite ayant pour effet de dessaisir le failli de ses biens au profit de ses créanciers qui les prennent dans l'état où ils sont (2).

2486. Dès que la donation est transcrite, elle est opposable à tous ceux qui n'avaient pas encore, lors de la formalité, un intérêt ouvert à en méconnaître l'existence (3).

2487. Lorsque l'extrait littéral d'un partage d'ascendant, en ce qui concerne un lot d'immeubles non évalués séparément dans l'acte, est présenté à la transcription, on est admis dans l'usage, pour la perception du droit proportionnel de transcription, à faire, par une déclaration spéciale au pied de l'extrait, la ventilation de l'évaluation donnée en bloc dans le contrat (4).

2488. Le notaire n'est pas responsable du défaut de transcription d'une donation immobilière, à moins qu'il n'ait accepté un mandat exprès à cet effet (5); cependant il agira toujours avec prudence, lorsque la donation ne doit pas être transcrite par ses soins, d'énoncer qu'il a fait connaître aux parties l'utilité de la transcription.

2489. *Donation d'objets mobiliers; état estimatif.* Tout acte de donation entre-vifs d'effets mobiliers [Form. 358] n'est valable que pour les effets dont un état estimatif signé du donateur et du donataire, ou de ceux qui acceptent pour lui, est annexé à la minute de l'acte de donation (*C. N.*, 948); si la donation comprend des effets décrits et estimés et d'autres effets non décrits ou non estimés, la donation est valable à l'égard des premiers et nulle à l'égard des seconds (6).

Évaluation pour l'enregistrement.

Pour la perception du droit d'enregistrement les parties évaluent :
1° Les immeubles donnés à un revenu annuel, impôts compris, de . . . . .
2° Et la rente sur l'État d'après le cours de la Bourse d'hier étant de . . . . . à un capital de . . . . .

Élection de domicile (N° 883 et form. 176).

Dont acte, aux frais du donataire.
Fait et passé, etc. (*Voir formules 27 et 38 à 43.*)

FORMULE 358. — *Donation d'objets mobiliers* (N°s 2489 à 2493).

Par-devant M° . . . . ., etc. (*Voir formule 357.*)
A comparu M. Charles Labbé, cultivateur, demeurant à . . . . .
Lequel a, par ces présentes, fait donation entre-vifs par avancement sur sa succession future, et conséquemment à la charge de rapport,
A M. Louis Labbé, son fils, aussi cultivateur, demeurant à . . . . ., ici présent, et acceptant expressément,

---

(1) Troplong, n°s 1139 à 1161; Saintespès, n° 723; Dalloz, n° 1156; Massé et Vergé, § 480, note 11; Demolombe, XX, 304; Amiens, 3 août 1844; Cass., 24 mai 1848; Rouen, 7 avr. 1859; J. N., 12160, 13425, 16014; contra, Esnault, *Faill.*, I, 194; Bayle-Mouillard, II, 168 bis; Amiens 18 août 1858; Cass., 23 nov. 1859; J. N., 16781.
(2) Coin-Delisle, *941*, 14; Troplong, n° 1162; Demolombe, XX, 303; Bayle-Mouillard, II, 168 bis; Montpellier, 27 avr. 1810.
(3) Demolombe, XX, 242, 331, 332; Massé et Vergé, § 480, note 10; Rennes, 22 juin 1851; M. T., 1863, p. 112.

(4) Délib. Régie, 19 août 1845; J. N., 12487.
(5) Bordeaux, 26 mars 1844; Dijon, 3 déc. 1810; Riom, 7 déc. 1818; Paris, 28 juin 1851 et 26 juin 1852; Lyon, 13 août 1852 et 30 nov. 1854; Rouen, 24 nov. 1852; Cass., 2 juin et 14 juill. 1817, 14 fév. 1855; J. N., 14399, 14795, 14917, 15474; voir cependant Amiens, 29 janv. 1863; M. T., 1863, p. 388.
(6) Coin-Delisle, *948*, 20; Demante, IV, 90 *bis*; Bayle-Mouillard, II, 171; Saintespès, III, 801; Demolombe, XX, 365; Limoges, 28 nov. 1826; Lyon, 17 déc. 1862; M. T., 1863, p. 233.

2490. L'état estimatif est exigé pour toutes donations de meubles présents, aussi bien pour celles *par contrat de mariage* que pour les autres, même celles entre époux lorsqu'elles ont pour objet des meubles présents (1), et aussi bien pour les donations à titre universel de meubles présents (2) que pour celles d'objets mobiliers distincts; il est exigé aussi pour les donations de droits incorporels, tels que : créances, rentes, etc. (3), à moins que les créances ne soient indéterminées, par exemple les reprises, récompenses et indemnités d'une femme sur la communauté ou sur la succession de son mari (4); cependant il est toujours utile de faire connaître le montant des reprises, si cela est possible. Le don manuel se faisant de la main à la main, sans écrit, *infra* n° 2567, est par cela même dispensé de l'état estimatif (5).

2491. On peut suppléer à l'état estimatif en renvoyant à un acte notarié, un inventaire par exemple (6).

2492. La nullité résultant du défaut d'état est couverte par la tradition volontaire (7) de la part du donateur; dans ce cas si le don n'est pas valable comme donation entre-vifs, il l'est comme don manuel (8), mais seulement relativement aux meubles livrés; quant à ceux qui n'auraient pas été livrés, ils restent sous le coup de la nullité résultant du défaut d'état (9).

2493. L'action en nullité pour défaut d'état se prescrit par dix ans du jour de l'acte de donation (10) (C. N., *1304*).

2494. Au lieu de faire un acte séparé pour l'état, on peut décrire et estimer les objets dans l'acte même de donation (11).

Des meubles et objets mobiliers décrits et estimés à la somme de ....., en un état dressé, suivant acte passé devant M•....., notaire soussigné et l'un de ses collègues, cejourd'hui, dont l'original, non encore enregistré, mais devant l'être avant ou en même temps que ces présentes, est demeuré ci-joint, après que dessus il a été apposé une mention de l'annexe signée des notaire et témoins (*ou si l'état est sous seings-privés* en un état dressé par les parties à la date de ce jour, lequel, devant être enregistré en même temps que ces présentes, est demeuré ci-joint, après avoir été certifié véritable par les parties, et que dessus il a été apposé une mention le constatant signée des parties, des notaire et témoins).

Ou si les objets sont décrits dans l'acte même de donation (N° 2494).

Des meubles et objets mobiliers dont la description suit :

1° Une pelle à feu, une pincette, un soufflet, un garde-cendre, deux chenets, estimés . . . . ci.	»	»
2° Six chaises en merisier, foncées de paille, estimées. . . . . ci.	»	»
3° Un table ronde en bois de noyer, estimée. . . . . ci.	»	»
4° Etc.	»	»
Montant de l'estimation.	»	»

---

(1) Toullier, V, 917; Coin-Delisle, *948*, 12; Marcadé, *948*, 1; Troplong, n° 1251; Massé et Vergé, § 429, note 2; Demolombe, XX, 351; Roll., *Etat estim.*, n° 11; Rouen, 7 fév. 1816; Cass., 16 juill. 1817; contra, Duranton, VIII, 410.

(2) Coin-Delisle, *948*, 6; Marcadé, *948*, 1; Troplong, n° 1253; Massé et Vergé, § 429, note 2; Roll., *Etat estimatif*, n° 11; Cass., 16 juill. 1817; contra, Toullier, V, 817; Duranton, VIII, 412.

(3) Coin-Delisle, *948*, 7; Grenier et Bayle-Mouillard, n° 171, 172; Troplong, n° 1244; Zach., Massé et Vergé, § 429, note 11; Demolombe, XX, 346; Roll., *Etat estim.*, n° 5; Limoges, 28 nov. 1826 et 13 juin 1859; Bordeaux, 16 août 1831 et 19 juill. 1853; J. N., 15060, 16644.

(4) Troplong, n° 1247; Bayle-Mouillard, II, 169; Demolombe, XX, 348; Bordeaux, 19 juill. 1853; Cass., 11 avril 1854; J. N., 15060.

(5) Coin-Delisle, *932*, 8; Demolombe, XX, 74, 343; Massé et Vergé, § 429, note 2; Cass., 30 juin 1857; J. N., 16174.

(6) Troplong, n° 1241; Massé et Vergé, § 429, note 5; Bayle-Mouillard, II, 170; Demolombe, XX, 362; Limoges, 28 nov. 1826; Bordeaux, 19 juill. 1853; Cass., 11 juill. 1831 et 11 avr. 1854; J. N., 15060; contra, Vazeille, *948*, 2; Coin-Delisle, *948*, 19; Marcadé, *948*, 2; Saintespès, III, 800; Riom, 15 juillet 1820 et 22 janv. 1835.

(7) Si la tradition avait été forcée, elle constituerait une simple exécution de l'acte, et serait insuffisante pour couvrir la nullité résultant du défaut d'état estimatif Demolombe, XX, 75, 364.

(8) Toullier, V, 180; Duranton, VIII, 405; Coin-Delisle, *948*, 23; Marcadé, *948*, 3; Dict. not., *Don.*, n° 306; Massé et Vergé, § 429, note 9; Larombière, *1339*, 5; Dalloz, n° 1610; Demolombe, XX, 75; Mourlon, II, p. 330; contra Grenier, n° 169; Chabot, *868*, 8; Troplong, n° 1058, 1234.

(9) Demolombe, XX, 76, Larombière, *1340*, 6.

(10) Troplong, n° 1238; Bordeaux, 26 janv. 1841.

(11) Grenier, n° 170; Toullier, V, 181; Duranton, VIII, 409; Marcadé, *948*, 2; Troplong, n° 1233; Demolombe, XX, 353; Dict. not., *Etat estim.*, n° 3; Roll., *ibid.*, n° 12.

2495. L'état estimatif n'est pas nécessaire pour les choses qui sont immeubles par destination, *supra* n° *1400*; toutefois, il devrait être fait si le donateur se réservait l'usufruit, afin de fixer les droits du donataire à l'époque de l'extinction de l'usufruit (1).

2496. L'état estimatif [Form. 359] doit être dressé en même temps que la donation; fait par acte postérieur, il ne rendrait pas la validité à la donation, puisque la nullité d'une donation pour vice de forme ne peut être réparée après coup (C. N., *1339*) (2).

2497. Il peut être fait sous seings privés (3) [Form. 360], mais il est préférable de lui donner la forme authentique lorsqu'il est rédigé dans l'étude du notaire; cela devient même nécessaire lorsque l'une ou plusieurs des parties ne savent signer (4).

2498. La description et l'estimation des meubles et objets mobiliers doit être faite article par article et non en bloc (5); cependant il est d'usage de décrire et estimer en un même article les objets de même nature.

SECTION II. — DE DIVERSES AUTRES FORMES DE LIBÉRALITÉS.

§ 1er. — DONATION A CAUSE DE MORT.

2499. La disposition à titre gratuit ne pouvant avoir lieu que de deux manières, par donation entre-vifs ou par testament, *supra* n° *2447*, on ne peut, sous forme de donation, disposer d'une chose pour le temps où l'on n'existera plus; un pareil don fait en vue de l'avenir (C. N., *943*) n'entraînerait pas le dépouillement actuel et irrévocable (C. N., *894*), et serait nul comme constituant une donation à cause de mort (6).

Le donataire se reconnaît en possession des meubles et objet mobiliers donnés.
Dont acte, fait et passé, etc.

FORMULE 359. — État estimatif du mobilier par acte notarié (N°s 2496 à 2498).

Par-devant M^e....
Ont comparu : M....., et M.....
Lesquels ont dressé ainsi qu'il suit l'état descriptif et estimatif des meubles et objets mobiliers dont M..... se propose de faire donation à M.....
1° Une pelle à feu, une pincette, un soufflet, estimés...........| » »
2° Six chaises, etc..................................| » »

        Montant de l'estimation................| » »

Dont acte. Fait et passé, etc.

FORMULE 360. — État estimatif par acte sous seing privé (N° 2497).

Les soussignés :
M.....
Et M.....
Dressent ainsi qu'il suit l'état drescriptif, etc. (*Le surplus comme en la formule 359.*)
Fait à ....., le.....

                           (Signatures.)

FORMULE 361. — Donation d'une somme payable après le décès du donateur (N°s 2499 à 2506).

Par-devant M^e.....

---

(1) Toullier, V, 184; Marcadé, *948*, 3; Grenier, I, 171, 172; Duranton, VIII, 407; Saintespès, III, 797; Demolombe, XX, 349; Dict. not., *État estim.*, n° 16; Roll., *ibid*, n° 8; Troplong, n° 124; Massé et Vergé, § 429, note 7; Blom, 22 janv. 1825; Paris, 11 nov. 1859.

(2) Bayle-Mouillard, I, 170; Saintespès, III, 803; Troplong, n° 1242; Massé et Vergé, § 429, note 6; Demolombe, XX, 360; contra, Coin-Delisle, *948*, 2.

(3) Grenier, II, 171; Toullier, V, 184; Marcadé, *948*, 2; Troplong, n° 1239; Demolombe, XX, 361, Dict. not., *État estim.*, n° 6.

(4) Toullier, V, 184; Marcadé, *948*, 2; Troplong, n° 1239; Massé et Vergé, § 429, note 6; Dict. not., *État estim.*, n° 6.

(5) Toullier, V, 180; Duranton, VIII, 404; Troplong, n° 1240; Massé et Vergé, § 429, note 8; Demolombe, XX, 358, 359; Dict. not., *État estim.*, n° 4; Roll., *ibid*., n° 13; Bordeaux, 3 juin 1810; Cass., 17 mai 1848; J. N. 10751, 13429; Lyon, 17 déc. 1832; M. T. 1863, p. 235.

(6) Duranton, VIII, 6; Coin-Delisle, *893*, 3; Marcadé, *893*, 2; Saintespès, I, 8; Troplong, I, 36; Zach., Massé et Vergé, § 412, note 1; Bauby, *Revue crit.*, 1856, I, 232; Demolombe, XVIII, 39; Dict. not., *Don. à cause de mort*, n° 5; contra, Toullier, V, 11.

2500. Ainsi, lorsque la donation est d'une somme à prendre sur les biens de la succession du donateur ou sur les plus clairs deniers de sa succession, il n'y a aucun dépouillement actuel, puisque le donateur peut toujours disposer de ses biens, même à titre gratuit; il s'est préféré au donataire, a donation est à cause de mort (C. N., 943), et se trouve viciée de nullité (1).

2501. Cependant si la somme est actuellement donnée, et que son exigibilité seule soit reculée à une époque déterminée, même jusqu'au décès du donateur [Form. 361], il y a dessaisissement actuel et le donataire en devient propriétaire dès l'instant de la donation, qui est parfaite, bien qu'il ne soit pas certain qu'à l'époque fixée le payement puisse avoir lieu (2). Entre cette hypothèse et la précédente il n'y aura souvent qu'une nuance délicate; et l'intention des parties devra être recherchée par les tribunaux dans les termes de l'acte, dans les clauses accessoires ou dans les circonstances.

2502. Le terme apposé à la donation ne nuisant pas au droit de propriété du donataire sur la chose donnée, il en résulte les conséquences suivantes : 1° le donataire peut faire des actes conservatoires (3); 2° il peut, comme tout autre créancier, réclamer son payement avant l'échéance du terme en cas de déconfiture ou de faillite de son débiteur (4); 3° il a le droit de concourir avec les créanciers chirographaires et de se faire payer au marc le franc (5); il les prime même s'il a un droit d'hypothèque (6).

2503. Le donateur ne peut porter atteinte à l'irrévocabilité de la donation ni au principe selon lequel la donation la plus récente doit être réduite la première; de sorte que si, ayant fait une première donation de somme payable à son décès, il a donné ultérieurement une autre somme payable aussi à l'époque de son décès et que sa succession soit insuffisante pour les acquitter toutes les deux, on doit payer de préférence la première donation en date, bien que la seconde donation soit garantie par une hypothèque (7).

A COMPARU : M. Charles Lejeune, rentier, demeurant à . . . . .

Lequel a, par ces présentes, fait donation entre-vifs, par préciput et hors part, et conséquemment avec dispense de rapport à sa succession,

A M. Léon Lejeune, son neveu, libraire, demeurant à . . . . ., ici présent, et ce acceptant expressément,

De la somme de quinze mille francs que le donateur s'oblige et oblige ses héritiers et représentants, solidairement entre eux, de payer au donataire, dans les six mois du décès du donateur, sans intérêt (ou avec intérêt au taux de cinq pour cent par an, sans retenue, à partir d'aujourd'hui, payable chaque année en deux termes égaux, de six mois en six mois, les . . . . .).

Le payement de la somme donnée (et des intérêts) aura lieu au domicile à cet effet élu à . . . . . en l'étude de M^e . . . . ., notaire soussigné ou de ses successeurs, et ne pourra être effectué qu'en bonnes espèces d'or ou d'argent.

M. Lejeune, donataire, a, dès ce jour, la pleine propriété de la somme donnée; à cet effet, le donateur entend s'en constituer créancier et s'en dépouiller irrévocablement.

Si l'on confère hypothèque.

A la garantie du payement de la somme donnée et de tous accessoires, M. Lejeune, donateur, affecte et hypothèque :

---

(1) Marcadé, *894*, 2. et *943*, 1; Troplong, n° 1208; Massé et Vergé, § 445, note 8; Mourlon, II, p. 254; Grenier et Bayle-Mouillard, I, 7; Duranton, VIII, 458; Coin-Delisle, *943*, 7; Taulier, IV, p. 82; Saintespès, III. 733; Demante, IV, 85 *bis*; Demolombe, XX, 404, et *Rev. crit.*, 1854, p. 712; Dict. not., *Don.*, n°s 89 et suiv. Cass., 7 vent. an XIII, 1er mars 1821, 24 janv. 1822, 7 avril 1823, 29 déc. 1823, 12 juin 1832, 20 nov. 1833, 15 juill. 1835, 25 juin 1839, 23 mars 1840, 27 déc. 1859; Metz, 5 août 1819; Rouen, 5 mars 1834; Agen, 11 juin 1834; Paris, 31 déc. 1857 et 14 juill. 1859; Besançon, 15 mai 1854 et 9 juin 1862; J. N. 10438, 16643, 17636.

(2) Duranton, VIII, 23 et 457; Coin-Delisle, *894*, 3; Marcadé, *894*, 2, *943*, 1; Zach., Massé et Vergé, § 445, note 8; Demolombe, XX, 392, et *Rev. crit.*, 1854, p. 712; Troplong, n°s 73 et 1200; Saintespès, II, 750; Dict. not., *Don.*, n°s 76, 142; Boll *ibid.*, 334, n°s 363; Cass.,

22 avril 1817, 8 juill. 1822, 15 mars 1825, 17 avril 1826, 8 déc. 1831, 28 janv. 1839, 11 déc. 1844; Paris, 27 déc. 1834; Bordeaux, 5 juill. 1839; Toulouse, 20 mars 1854; Agen, 9 juill., 1847 et 10 juin 1854; trib. Chatellerault, 27 août 1851; J. N. 11037, 12203, 14514, 14456; voir aussi Cass., 19 nov. 1901; Poitiers, 26 août 1863; J. N. 17398. CONTRA, Gabriel Demante, *Rev. crit.*, 1852, p. 556; 1859, p. 300; 1830, p. 489.

(3) Demante, IV, 85 *bis*; Demolombe, XX, 395; Toulouse, 20 mars 1841.

(4) Demante, IV, 85 *bis*; Demolombe, XX, 393; Agen, 9 juill. 1847; Trib. Chambéry, 6 déc. 1862, M. T. 1863, p. 452.

(5) Demolombe, XX, 397; voir cependant Limoges, 18 juin 1839.

(6) Demolombe, XX, 398.

(7) Limoges, 18 juin 1859; Cass., 7 mars 1860; J. N. 10830; Cass., 28 fév. 1865; Jur. N., 12877, CONTRA Demolombe, XX, 401, 402.

2504. La réserve du droit de retour ne vicie pas la donation, car, loin d'être contradictoire avec l'idée de dépouillement, elle n'est possible qu'à cette condition (1).

2505. L'hypothèque conférée pour assurer le payement de la somme donnée, semble mieux consommer le dépouillement (2) ; ce n'est pourtant qu'une garantie accessoire n'ajoutant pas à la validité de la donation (3).

2506. Bien que la jurisprudence valide les donations de sommes payables au décès du donateur, il sera toujours convenable que le notaire rédacteur fasse connaître aux parties l'état de la question et que les termes de l'acte impliquent la connaissance de la difficulté.

§ 2. — DONATION ONÉREUSE.

2507. Nous avons vu, *supra* n° 2470, que le donateur peut disposer au profit d'un tiers de l'usufruit des biens donnés.

2508. En outre, la donation peut être faite sous des charges imposées par le donateur, soit à son profit, soit au profit d'un tiers qu'il indique (4), comme aussi à la charge d'acquitter les dettes du donateur (C. N., 945) ; mais, selon le principe : *donner et retenir ne vaut*, toute donation entre-vifs est nulle si elle est faite sous la condition d'acquitter d'autres dettes ou charges que celles existantes à l'époque de la donation, ou qui seraient exprimées soit dans l'acte de donation, soit dans un état qui y demeure annexé (C. N., 945) ; il y a exception pour les donations entre époux et les institutions contractuelles (C. N., 947).

2509. La donation faite sous des charges imposées au donataire s'appelle *donation onéreuse* [Form. 362].

Une maison, etc.
Pour l'exécution des présentes, etc. (*Voir formule 176.*)
Dont acte. Fait et passé, etc.

FORMULE 362. — *Donation soumise à des charges* (N°s 2507 à 2517).

Par-devant Me . . . . .
A comparu : M. Louis Galet, vigneron, demeurant à . . . . .
Lequel a, par ces présentes, fait donation entre-vifs,
A M. Honoré Havard, aussi vigneron, demeurant au même lieu, ici présent, et acceptant expressément.
Des immeubles dont la désignation suit :
1° Une maison située à . . . . , rue . . . . ., comprenant, au rez-de-chaussée, etc. . . . .
2° Un pré, situé même commune, lieu dit . . . . , de la contenance de . . . . ., etc.
3° Un enclos planté de vignes, situé aussi commune de . . . . ., lieu dit . . . . ., de la contenance de . . . . ., etc.
4° Une pièce de terre labourable, située même commune, lieu dit . . . . ., etc.
Dans l'état où se trouvent ces immeubles, avec toutes leurs dépendances, et sans garantie de la mesure exprimée, ni du bon état des bâtiments.
Les immeubles donnés appartiennent au donateur . . . . ., etc. . . . . . (*Etablir l'origine de propriété.*)

---

(1) Cass., 17 avril 1826, 6 août 1827, 11 déc. 1844; Riom, 25 fév. 1825; Bourges, 1er juin 1829.
(2) Arrêts de Cass., Riom et Bourges, précités; contr., Grenier, I, 7; Toullier, IV, p. 81.
(3) Duranton, VIII, 457; Troplong, n° 1201; Massé et Vergé, § 413 note 8; Marcadé, 943, 2; Demolombe, XX, 391.
(4) Toullier, V, 185; Demolombe, XX, 90; Paris, 11 nov. 1850. Voir Colmar, 16 août 1864; Lyon, 8 fév. 1867; J. N. 18119, 18798.

2510. La donation onéreuse est soumise aux formes des dispositions entre-vifs (1), et conserve le caractère de donation entre-vifs (2) ; cependant si la valeur des charges appréciables en argent, est équivalente à celle des objets donnés, l'acte, quoique qualifié donation, est considéré comme un contrat commutatif (3).

2511. Le donataire peut être contraint à l'acquit des charges qui lui ont été imposées, *infra* n° 2517, et il n'aurait pas le droit de s'en décharger en répudiant la donation (4). Il en serait ainsi même de la donation faite à un mineur, si elle a été acceptée par son tuteur ou par un ascendant, dûment autorisés à cet effet, suivant une délibération du conseil de famille homologuée par le tribunal, *infra* n° 2581.

2512. Le donataire peut être chargé d'acquitter des dettes futures lorsque le chiffre en est exprimé soit dans l'acte de donation, soit dans un état qui y demeure annexé ; l'effet de cette condition est d'obliger le donataire à payer la somme aux créanciers, ou, s'il n'y en a pas, à la succession du donateur, conformément à l'art. 946 ; de sorte que la donation est en tous cas diminuée jusqu'à concurrence de la charge imposée (5).

2513. La charge de payer les frais funéraires du donateur, imposée par une donation de biens présents, ne vicie donc pas la donation, surtout si l'on a la précaution d'en fixer le chiffre (6).

Réserve d'usufruit au profit de M. Duval.

M. GALET, donateur, réserve l'usufruit au profit et pendant la vie de M. Théodore DUVAL, domestique à son service, demeurant avec lui, de la totalité de la maison et ses dépendances, composant le numéro premier des biens donnés;

M. DUVAL jouira de cet usufruit à partir du ....., aux charges auxquelles les usufruitiers sont tenus, mais avec dispense de fournir caution.

Charge de servir une rente à M. Duval.

Comme condition de la donation, M. GALET charge le donataire, qui s'y oblige, de servir à M. DUVAL une rente annuelle et viagère de cinq cents francs, qui commencera à courir le ....., et sera payable à M. DUVAL, en sa demeure, pendant sa vie, chaque année, en deux termes égaux, les ..... pour faire le payement du premier semestre le .....

M. DUVAL ne sera pas tenu de justifier de certificats de vie pour toucher les arrérages de cette rente.

Charge de payer une somme au donateur.

Aussi, comme condition de la donation, le donataire, qui s'y oblige; sera tenu de payer au donateur, en la demeure de ce dernier et à toute réquisition, après un avertissement de quinze jours, une somme de deux mille francs sans intérêt.

Charge de payer les dettes du donateur et d'exécuter son testament.

Encore comme condition de la donation, M. GALET, donateur, charge le donataire, qui s'y oblige :

---

(1) Toullier, V, 185; Roll., *Don. onéreuse*, n° 29.
(2) Coin-Delisle, *894*, 17, 18; Demolombe, XX, 52; Roll., *Don. onéreuse*, n° 7; Cass., 28 janv. 1818; Bordeaux, 19 mai 1836; Paris, 11 nov. 1839; CONTRA, Toullier, V, 105; Duranton, X, 73, selon lesquels elle contient vente jusqu'à concurrence des charges, et donation pour le surplus.
(3) Toullier, V, 185; Troplong, *Vente*, n° 9; Coin-Delisle, *894*, 14; Championnière et Rigaud, n° 2249; Roll., *Don. onéreuse*, n° 6; Dict. not., *ibid.*, n° 2, Colmar, 6 août 1845; Douai, 11 nov. 1844 et 2 fév. 1850.

(4) Grenier, I, 76; Toullier, V, 185 et 283; Duranton, VIII, 17; X, 73, Dalloz, n° 1805; Taulier, IV, p. 93; Saintespès, I, 21; Troplong, n° 69; Zach., § 415, note 5, et § 477, note 6; Demolombe, XX, 575; Roll., *Don. onéreuse*, n° 46; CONTRA, Demante, IV, 96 bis.
(5) Grenier, I, 49; Coin-Delisle, *945*, 3; Marcadé, *945*, 1; Massé et Vergé, § 474, note 5; Demolombe, XX, 440; Dict. not., *Don.*, n° 396; Roll., *ibid.*, n°s 389 et suiv.; Mourlon, II, p. 349; CONTRA, Toullier, V, 225; Dalloz, n° 1379.
(6) Coin-Delisle, *945*, 5; Troplong, n° 1221; Mourlon, II, p. 349; Demolombe, XX, 444; Roll., *Don.*, n° 393.

2514. Est valable la donation de biens présents faite à la charge d'exécuter le testament du donateur fait ou à faire, pourvu que l'importance des legs à acquitter par le donataire soit exprimée dans l'acte de donation (1) ; si les legs viennent à être révoqués ou diminués, la somme exprimée ou la différence en moins appartiennent à la succession du donateur, *supra* n° 2475.

2515. Lorsque l'acte de donation est muet sur la question de savoir si le donataire est tenu d'acquitter les dettes du donateur, voir *infra* n° 2933.

2516. Le donataire, pour l'exécution des charges qui lui ont été imposées, est soumis aux voies ordinaires de contrainte (2). Si le donateur poursuit l'expropriation des biens donnés, il n'a aucun privilége, pas même d'hypothèque sur ces biens, et ne peut réclamer à l'ordre ouvert sur le prix qu'en qualité de créancier chirographaire, alors même que le conservateur des hypothèques, en transcrivant la donation, aurait inscrit d'office à son profit (3); il est donc utile de faire consentir une hypothèque par le donataire sur les biens donnés, et de prendre inscription.

2517. Mais le donateur, outre le droit de forcer le donataire à l'exécution des charges, à l'action en révocation dont il sera parlé *infra* n° 2601, et peut exercer, à son choix, l'une ou l'autre de ces actions (4).

Premièrement. D'acquitter les dettes actuelles du donateur, qui se composent de :
1° Quatre mille francs dus, pour prêt, à M. Vincent Dulong, rentier, demeurant à....., en vertu d'une obligation passée devant M°....., qui en a gardé minute, et l'un de ses collègues, notaires à....., le....., exigibles le....., et productifs d'intérêts à cinq pour cent par an, payables le....., de chaque année ;
2° Une rente annuelle et viagère de quatre cents francs, payable le..... de chaque année, constituée à prix d'argent, par le donateur, au profit sur la tête et pendant la vie de Mlle Louise Denis, rentière, demeurant à....., suivant acte passé devant M°....., qui en a gardé minute, et l'un de ses collègues, notaires à....., le..... ;
3° Et les diverses dettes courantes du donateur, s'élevant ensemble à six mille cinq cents francs, détaillés en un état dressé par les parties à la date de ce jour; lequel non encore enregistré mais devant l'être en même temps que ces présentes, est demeuré ci-joint après avoir été certifié véritable par les parties et que dessus mention de l'annexe a été apposée.

Le donataire sera tenu d'acquitter toutes les dettes dont il vient d'être chargé, celles échues au fur et à mesure des demandes, et celles non échues à leurs époques d'échéance, et d'en servir les intérêts et arrérages à partir du....., le tout de manière que le donateur ne soit aucunement inquiété ni recherché.

Deuxièmement. De payer aux divers créanciers que le donateur pourra avoir à l'époque de son décès, au fur et à mesure des demandes qui lui en seront faites, les dettes du donateur existantes à cette époque, pourvu qu'elles ne s'élèvent pas à une somme supérieure à cinq mille francs; si elles sont inférieures à cinq mille francs, le donataire les acquittera intégralement, et l'excédant appartiendra, conformément à l'art. 946 du C. N., à ceux qui recueilleront la succession du donateur.

Troisièmement. De payer les frais funéraires du donateur, dont les parties fixent ici l'importance à six cents francs.

Quatrièmement. Enfin d'acquitter les divers legs particuliers se montant à six mille francs, que le donateur déclare avoir faits aux termes de son testament reçu, en présence de quatre témoins, par M°....., notaire à....., qui en a gardé minute, le..... ; si les legs viennent à être révoqués ou diminués, ou s'ils sont caducs, le montant des legs ou la somme réduite appartiendra à la succession du donateur.

---

(1) Grenier, I, 49; Duranton, VIII, 483 ; Coin-Delisle, *945*, 5; Dict. not., *Don.*, n° 399; voir Demolombe, XX, 443, 445.
(2) Duranton, VIII, 544; Zach., Massé et Vergé, § 482, note 3; Demolombe, XX, 575; Roll., *Révoc. de don.*, n° 36.
(3) Grenier, *Priv.*, II, 391; Persil, *2103*, 10; Troplong, *Priv.*, n° 216 et *Don.*, n° 1302; Mourlon, *Priv.*, n° 152; Grosse, *Transcr.*, n° 349; Massé et Vergé, § 482, note 2; Demolombe, XX, 576; Roll.,

Priv. n° 240; Larombière, *1251*, 10; Douai, 18 nov. 1846 et 6 juillet 1852; Orléans. 26 mai 1848 ; Agen, 4 juny, 1851 ; Nîmes, 29 nov. 1854; J. N. 13037, 13404, 13705; contra Pont, *Priv.*, n° 188; Demante, IV, 96 bis; Bordeaux, 26 juin 1832; Cass., 27 déc. 1853; voir aussi Cass, 13 juill. 1844 ; J. N. 11407.
(4) Mourlon, II, p. 354; Caen, 21 avr. 1845; Cass., 11 nov. 1845 J. N. 12598.

2518. L'état des dettes [Form. 363], *supra* n° *2508*, peut, de même que l'état estimatif, être fait par acte sous seing privé, à moins que l'une ou plusieurs des parties ne sachent signer, *supra* n° *2497*.

§ 3. — DONATION RÉMUNÉRATOIRE.

2519. La donation rémunératoire [Form. 364] est celle faite pour récompenser une personne des soins qu'elle a donnés au donateur, des services qu'elle lui a rendus, des secours qu'elle lui a portés, des bienfaits qu'elle lui a procurés (1) ; dans ces divers cas, l'acte n'est pas purement gratuit, car il a pour objet l'acquit d'une dette naturelle.

2520. Cependant la donation rémunératoire est une libéralité (2), et comme telle elle est soumise aux règles spéciales des donations, à moins qu'elle ne soit faite en payement de services appréciables à prix d'argent, et susceptibles de donner naissance à une obligation civile; alors elle constitue une dation en payement (3), et et elle n'est plus assujettie aux formes des donations (4), ni conséquemment à l'acceptation prescrite par l'art. 932 (5).

2521. Si la chose donnée excède notablement la valeur du service rendu, il y a, pour l'excédant, une libéralité sujette aux règles des donations (6).

2522. Si l'objet donné est une somme ou pension pour aliments, la somme ou pension est de plein droit insaisissable, malgré le silence de l'acte (*C. pr.*, *581*); cependant elle peut être saisie pour cause

---

Action révocatoire; — hypothèque.

A défaut par le donataire d'exécuter les conditions de la présente donation, le donateur pourra, comme de droit, en faire prononcer la révocation;

En outre, pour garantir le payement des charges imposées et l'exécution des conditions de la donation, M. Havart, donataire, affecte et hypothèque spécialement les immeubles donnés, sur lesquels il consent qu'il soit pris inscription au profit de M. Galet.

Garantie.

Cette donation est faite avec garantie, etc. . . . . .
(*Le surplus de la formule comme en la formule 337.*)

FORMULE 363. — Etat de dettes (N° 2518).

Les soussignés :
M. Louis Galet, vigneron, demeurant à. . . . . ,
Et M. Honoré Havart, aussi vigneron, demeurant au même lieu,
Ont dressé, ainsi qu'il suit, l'état des dettes courantes de M. Galet, pour être annexé à la donation qu'il se propose de faire à M. Havart de divers biens immeubles (*ou* de tous ses biens présents et à venir. . . . . de tous ses biens présents) :

1° Trois cents francs dus à M. Lubin, épicier à . . . . ., pour fournitures, ci	300 »
2° Quatre cent dix francs dus à M. Lebas, tonnelier à. . . . ., pour travail et fournitures, ci.	410 »
3° Etc.	» »
Montant des dettes.	» »

Fait à. . . . ., le. . . . .

---

(1) Coin-Delisle, *894*, 4; Troplong, n°* 1073 et suiv.; Dict. not., *Don. rémunératoire:* Colmar, 18 juill. 1809; Paris, 12 nov. 1810, Bordeaux, 21 mars 1835 et 7 juin 1841.
(2) Grenier, I, 188; Toullier, V, 186; Troplong, n° 1073; Demolombe, XX, 49; Dict. not., *Don. rémun.*, n° 3.
(3) Toullier, V, 186; Duranton, VIII, 567; Troplong, n° 1074; Coin-Delisle, *894*, 20; Dict. not., *Don. rémun.*, n° 15; Roll., *ibid.*, n° 10.

(4) Toullier, V, 185; Grenier, I, 188; Coin-Delisle, *894*, 20, Demolombe, XX, 36 à 40; Dict. not., *Don. rémun.*, n° 4; Roll., *ibid.*, n°* 11, 26; Caen, 19 mai 1841; Cass., 3 fév. 1845; Douai, 2 juill. 1847; J. N. 13168.
(5) Roll., *Don. rémun.*, n° 31; Dict. not., *Accept. de don.*, n° 20.
(6) Toullier, V, 186; Coin-Delisle, *894*, 23; Dict. not., *Don. rémun.*, n° 11.

d'aliments (1); elle peut l'être aussi par les créanciers postérieurs à l'acte de donation ou à l'ouverture du legs, en vertu de la permission du juge et pour la portion qu'il détermine (C. pr., 582).

2523. Les sommes et pensions constituées pour aliments ne sont pas de plein droit incessibles (2); mais le disposant peut les rendre telles par une clause expresse (3).

§ 4. — DONATION PAR AVANCEMENT D'HOIRIE.

2524. La donation à un héritier présomptif est réputée faite en avancement des droits du donataire dans la succession du donateur, et le donataire doit faire le rapport à la succession de l'objet donné, selon les règles tracées *supra* n°s 1992 et suiv., à moins de stipulation expresse que le don est fait à titre de préciput ou hors part, *infra* n° 2527; cependant il est utile, pour éclairer les parties, d'énoncer l'avancement d'hoirie et l'obligation du rapport [FORM. 365].

2525. Nous avons vu, *supra* n° 1874, que l'héritier renonçant peut retenir le don entre-vifs jusqu'à concurrence de la quotité disponible, et même, suivant une opinion longtemps admise, de sa réserve légale; en tous cas l'héritier renonçant peut être tenu au rapport de l'intégralité du don si le donateur a mis pour condition expresse à sa libéralité que le donataire devrait remettre, à tout événement, l'objet donné dans sa succession, sans pouvoir s'en affranchir en renonçant [FORM. 366]; dans ce cas, la donation se trouve résolue par le fait de la renonciation (4).

FORMULE 364.—Donation rémunératoire; clause d'incessibilité et d'insaisissabilité.
(N°s 2519 à 2523).

PAR-DEVANT M°. . . . .
A comparu M. Jean LUBIN, propriétaire, demeurant à. . . . .
Lequel, en reconnaissance des services que le sieur Denis LECLERC, son domestique, lui a rendus depuis qu'il est entré dans sa maison, et, pour le récompenser,
A, par ces présentes, fait donation entre-vifs à titre rémunératoire,
A M. LECLERC, domicilié à. . . . ., maison du donateur, ici présent et acceptant expressément,
D'une rente annuelle et viagère de six cents francs, au profit, sur la tête, et pendant la vie de M. LECLERC; cette rente prendra cours du jour du décès du donateur et sera payable au donataire, en sa demeure, chaque année en quatre termes égaux de trois mois en trois mois et par avance, pour faire le payement du premier trimestre le jour du décès du donateur; celui du second trois mois après, et ainsi de suite jusqu'au décès du donataire.
M. LUBIN, donateur, s'oblige et oblige ses héritiers et représentants, solidairement entre eux, au service de cette rente viagère, aux époques et de la manière ci-dessus exprimées.
Le donataire ne sera pas tenu de justifier de certificats d'existence pour toucher les arrérages de la rente, tant qu'il les recevra lui-même.
La rente faisant l'objet de cette donation sera incessible par le donataire et insaisissable sur lui, attendu qu'elle est donnée à M LECLERC pour lui servir de pension alimentaire (a).
Les frais et droits des présentes seront acquittés par le donateur.
Dont acte. Fait et passé, etc.

FORMULE 365. — Donation par avancement d'hoirie (N° 2524).

PAR-DEVANT. M°. . . . .
A comparu M. . . . .

(a) Pour que cette clause soit insérée, il faut que la libéralité soit gratuite; si les services étaient appréciables en argent, la donation serait un payement, et la clause ne produirait pas d'effet.

(1) Durauton, II, 426; Carré, *art. 582*, Pr.; Berriat St-Prix, *Proc.* p. 110.
(2) Troplong, *Vente*, n° 227; Cass ,31 mai 1826 22 fév. 1831; CONTRA,
Duranton, XVI, 165; Duvergier, *Vente*, n° 214.
(3) Dict. not., *Pension alim.*, n° 29.
(4) Demolombe, XVI, 203; XIX, 69.

2526. Nous allons voir que le donateur peut dispenser son successible du rapport de l'objet donné, à plus forte raison le donateur d'un immeuble peut accorder au donataire la faculté de retenir l'immeuble en payant à sa succession sa valeur ou une somme à déterminer ; ou exprimer la volonté que l'immeuble ne soit en aucun cas rapporté en nature, mais que le donataire soit chargé de rapporter une somme fixe et déterminée à forfait [Form. 367] : dans le premier cas, c'est toujours l'immeuble qui fait l'objet du rapport, et. s'il vient à périr par cas fortuit, le donataire est déchargé de l'obligation du rapport; dans le second cas, au contraire, c'est la somme qui est rapportable, et la perte de l'immeuble par cas fortuit n'affranchit pas le donataire de l'obligation du rapport (1).

§ 5. — DONATION PAR PRÉCIPUT.

2527. On verra, *infra*, n° *3058*, que les dons et legs faits aux successibles en ligne directe ou collatérale sont imputables sur la quotité disponible lorsqu'ils ont été faits expressément à titre de préciput ou hors part.

2528. La déclaration que le don ou le legs est à titre de préciput ou hors part peut être faite : soit par l'acte qui contient la disposition (C. N. *919*) [Form. 368].

Lequel a, par ces présentes, fait donation entre-vifs, par avancement sur sa succession future, et en conséquence à la charge de rapport,
A M. . . . .

FORMULE 366. — *Donation sujette à rapport même en renonçant* (N° 2525).

Par-devant M°. . . . .
A comparu M. . . . .
Lequel a, par ces présentes, fait donation entre-vifs, par avancement sur sa succession future, et avec la condition expressément imposée que le donataire sera tenu au rapport de l'objet donné, même en cas de renonciation à la succession du donateur, renonciation dont l'effet serait de résoudre la présente donation,
A M. . . . .

FORMULE 367. — *Dispense de rapport en nature* (N° 2526).

Après avoir établi l'origine de propriété de l'immeuble donné l'on ajoute :

DISPENSE DE RAPPORT EN NATURE.

Le donateur accorde au donataire la faculté de conserver en nature l'immeuble donné en faisant le rapport à sa succession de la somme de . . . . . (*ou* de la valeur qui sera alors donnée à cet immeuble).

Ou bien : la volonté formelle du donateur est que l'immeuble donné ne soit, en aucun cas, rapporté en nature à sa succession ; en conséquence le donataire en a la propriété incommutable dès ce jour, et le donateur lui impose la condition de faire le rapport de la somme de . . . . ., à laquelle il fixe, dès à présent et d'une manière invariable, la valeur rapportable de cet immeuble, qui demeure à ses risques et périls.

FORMULE 368. — *Donation par préciput* (N°s 2527 à 2530).

Par-devant M°. . . . .
A comparu M. . . . . .

---

(1) Duranton, VII, 392 ; Demante, III, 177 *bis* ; Demolombe XVI, 225, 527 ; Cass., 9 fév. 1830.

2529. Soit postérieurement par un acte dans la forme des dispositions entre-vifs ou testamentaires (*même art.*) [Form. 369].

2530. La déclaration de préciput ou hors part doit être expressément énoncée; cependant elle peut être remplacée par des expressions équipollentes (1), par exemple : si un père a légué à l'un de ses enfants tout ce dont la loi lui permet de disposer (2), ou si, en faisant une libéralité à l'un de ses enfants, il l'a grevée de substitution au profit de ses enfants nés ou à naître (3), ou encore s'il a imposé au donataire la condition de ne pouvoir lui demander compte de l'administration de ses biens (4) ; de même l'institution universelle ou à titre universel faite à l'un ou plusieurs des héritiers, emporte par elle-même dispense de rapport jusqu'à concurrence de la portion disponible (5). Mais la donation d'une somme d'argent faite à l'un des successibles à prendre sur les biens que le donateur laissera à son décès, n'est qu'un avancement d'hoirie rapportable à sa succession (6).

2531. Lorsque la dispense du rapport a été faite par un acte postérieur, elle ne peut nuire à la donation par préciput ou hors part, faite dans l'intervalle au profit d'un autre successible (7).

2532. La dispense de rapport faite par acte entre-vifs postérieur doit avoir lieu et être expressément acceptée dans la forme des donations (8).

2533. On considère aussi comme donnée par préciput ou hors part la valeur (9) en pleine propriété

Lequel a, par ces présentes, fait donation entre-vifs, par préciput et hors part, conséquemment avec dispense de rapport à sa succession,
A M. . . . .

FORMULE 369. — **Préciput stipulé par acte postérieur** (N°s 2529 à 2532).

Par-devant M°. . . . :
A comparu M. Denis Lejard, négociant, demeurant à . . . . .
Lequel a, par ces présentes, déclaré dispenser M. Charles Lejard, son fils, docteur en médecine, demeurant à. . . . ., ici présent et acceptant, du rapport à sa succession de la somme de vingt mille francs qu'il a donnée à M. Charles Lejard, aux termes du contrat de mariage de ce dernier, passé devant M° . . . . ., qui en a gardé minute, et l'un de ses collègues, notaires à. . . . ., le . . . . .;
Voulant que cette donation soit considérée comme si elle avait été faite par préciput et hors part.
Mention des présentes est consentie pour avoir lieu sur toutes pièces où besoin sera.
Dont acte. Fait et passé, etc. (*présence réelle des témoins*).

FORMULE 370. — **Consentement des cosuccessibles à une vente à rente viagère faite à un successible** (N°s 2533 à 2539).

Par-devant M°. . . . .
Ont comparu :
M. Honoré Besnard, charron, demeurant à. . . . .,

---

(1) Toullier, IV, 455; Duranton, VII, 249; Chabot et Belost-Jolimont, 843, 17; Troplong, n° 882; Zach., § 401, note 4; Marcadé, 843, 1; Demante, III, 177 bis; Demolombe, XVI, 242; Dict. not., Préciput (hors part), n°s 12 à 27 ; Roll.; ibid.; Paris, 28 juill. 1825 et 31 déc. 1851; Caen, 2 déc. 1847 et 16 déc. 1850; Cass., 9 fév. 1830, 23 fév. 1831, 7 juill. 1835, 3 août 1841, 10 juin 1846, 14 mars 1853 ; J. N. 14572, 14958.
(2) Grenier, n° 468; Troplong, n° 883 ; Dict. not., Préciput, n° 25; Bordeaux, 17 juin 1843; Caen, 16 déc. 1850; Paris, 31 déc. 1851; Cass. 14 mars 1853 ; J. N. 41767, 14572, 14958; voir cependant Demolombe, XVI, 243.
(3) Demolombe, XVI, 244; Douai, 27 janv. 1819; Cass., 16 juin 1830,

23 fév. 1831. Contra, Duranton, VII, 221 bis.
(4) Cass., 5 avr. 1854; J. N. 15355.
(5) Grenier, I, 485; Toullier, IV, 461 ; Troplong, n° 883; Saintespès, II, 415 ; Demolombe, XVI, 242; Roll., Préciput, n° 21; Cass., 25 août 1812, 16 juin 1830, 7 juill. 1835; Paris, 8 mai 1847; J. N. 13065.
(6) Cass., 9 juill. 1840; J. N. 10725.
(7) Dict. not., Préciput (hors part), n° 43.
(8) Duranton VII, 222; Vazeille, 843, 3; Demolombe, XVI, 227; Dict. Not., Préciput (hors part), n° 41 ; Roll., ibid., n° 32.
(9) Au jour du décès du vendeur : et non à celui de la vente. Troplong, n° 870; Bordeaux, 17 juill. 1845.

des biens (1) aliénés (2) soit à la charge de rente viagère (3), soit à fonds perdu (4) ou avec réserve d'usufruit (5); [Form. 370], à l'un des successibles en ligne directe, descendant ou ascendant (6), elle est donc imputable sur la quotité desponible (7), et l'excédant, s'il y en a, est rapporté (8) à la masse (*C. N.*, *918*), sans que le successible puisse rien réclamer pour les sommes versées, qui sont réputées de plein droit n'avoir pas été payées (9); toutefois il a été décidé : 1° que si une aliénation sous réserve d'usufruit a lieu moyennant une rente viagère et un prix en capital, le contrat est considéré comme une véritable vente pour cette dernière partie, et dès lors l'imputation sur la quotité disponible ne s'applique qu'à la différence entre ce prix et la valeur de l'immeuble (10); 2° que si la vente a eu lieu moyennant un prix payable partie aux créanciers et partie aux vendeurs et que cette dernière partie du prix a été ensuite, par un acte séparé, convertie en une rente viagère, il n'y a pas lieu à l'imputation sur la quotité disponible (11); 3° que si l'aliénation est faite avec réserve de l'usufruit d'une partie seulement des biens aliénés, le contrat doit être considéré comme une véritable vente pour la portion dont l'acquéreur est de suite mis en jouissance, et l'on ne doit imputer sur la portion disponible que la partie sur laquelle l'usufruit a été réservé (12).

2534. L'imputation et le rapport, dans le cas du numéro précédent, peuvent être demandés par les autres successibles en ligne directe, légitime ou naturelle (13), à moins qu'ils n'aient consenti à ces aliénations soit par l'acte même, soit par un acte ultérieur (14); [Form. 370]; mais les successibles en ligne collatérale n'ont dans aucun cas le même droit (*C. N.*, *918*).

2535. Si quelques successibles seulement ont consenti à l'aliénation, ou si, après le consentement donné par les seuls successibles existant au jour de l'aliénation, il est survenu d'autres enfants, le

---

Et M. Vincent Besnard, menuisier, demeurant au même lieu,

Présomptifs héritiers, chacun pour un tiers de M. Claude Besnard, leur père, ancien charron, demeurant à....,

Lesquels ont dit ce qui suit :

Aux termes d'un contrat passé devant M^e ....., qui en a gardé minute, et l'un de ses collègues, notaires à ....., le....., M. Claude Besnard a vendu à M. Achille Besnard, son autre fils et son présomptif héritier pour le dernier tiers :

1° Une maison située à....., rue....., n°....., consistant en....., e.;

2° Une pièce de terre labourable, située même commune, lieu dit....., section....., n°....., de la contenance de....., etc.

M. Besnard père a réservé l'usufruit à son profit, et pendant sa vie, d'une partie de la maison, comprenant : une chambre à feu à côté de la cuisine, grenier au-dessus, bûcher

---

(1) Meubles ou immeubles, corporels ou incorporels, la loi ne distingue pas : Grenier II, 639; Duranton, VII, 3:2 ; Coin-Delisle, *918*, 3; Saintespès, II, 391 ; Troplong, n° 859; Dalloz, n° 963; Zach., Massé et Vergé, § 455, note 11; Demolombe, XIX, 508; Dict. not., *Port. disp*., n° 420; Cass., 7 août 1833 ; J. N. 8174.

(2) Par vente ou donation : Grenier I, 639; Coin-Delisle , *918*, 2; Saintespès, II, 394; Dalloz, n° 981; Zach., Massé et Vergé, § 455; note 10; Demante, IV, 56 *bis*; Demolombe, XIX, 506; Douai, 20 déc. 1843; Cass , 7 fév. 1848 ; contra, Marcadé, *918*, 1; Toullier et Duvergier, IV, 132.

(3) Mais non si la rente est perpétuelle : Toullier, V, 131; Coin-Delisle, *918*, 4; Saintespès, II, 382; Troplong, n° 858; Dalloz, n° 986; Zach., Massé et Vergé, § 455, note 6; Demolombe, XIX, 500; contra, Duranton, VII, 334.

(4) L'aliénation est à fonds perdu, indépendamment de la rente viagère, lorsque le père de famille cède à l'un de ses successibles un bien en échange d'un droit d'usufruit, Demolombe, XIX, 498.

(5) Même lorsque la rente ou l'usufruit sont préservés au profit d'un tiers : Troplong, n° 860; Demante, IV, 56 *bis*; Massé et Vergé, § 455, note 9 ; Demolombe, XIX, 501; Dict. not., *Port. disp*., n° 421 ; Angers, 1825 ; Cass., 7 août 1833 ; J. N. 8174; contra, Grenier et Bayle-Mouillard, II, 639; Coin-Delisle, *918*, 5; Saintespès II, 392; Marcadé, *918*, 6; Dalloz, n° 988; Cass., 27 avr. 1808; Paris, 3 mars 1803 ; Sirey, 1833, II, p. 91.

(6) Vazeille, *918*, 2; Coin-Delisle, *918*, 7; Marcadé, *918*, 2; Massé et Vergé, § 455, note 12; Dalloz, n° 1003 ; Saintespès, II, 390;

Troplong, n° 868; Demolombe, XVI, 403; XIX, 513; Dict. not., *Port. disp*., n° 429.

(7) Voir Bayle-Mouillard , IV, 643; Demolombe, XIX, 516.

(8) Ce rapport a lieu en argent, et non en nature, quand même il n'y aurait pas, dans la succession, d'autres immeubles que ceux aliénés : Coin-Delisle, *918*, 13; Saintespès, II, 399 ; Zach., Massé et Vergé, § 455, note 14; Troplong, n° 872; Orléans, 2 avril 1824 ; contra, Paris, 9 juill. 1825.

(9) Grenier, et Bayle-Mouillard , IV, 643 ; Toullier, V, 133 ; Coin-Delisle, *918*, 11 ; Zach., Massé et Vergé, § 455, note 13 : Saintespès, II, 408 ; Demante, IV, 56 *bis* ; Demolombe, XIX, 317, 318 ; Mourlon, II, p. 298 ; Marcadé, *918*, 5; Troplong, n° 873; Roll., *Port. disp*., n° 365 ; Paris, 9 juill. 1825 ; Poitiers, 23 mars 1839 ; Rouen, 31 juill. 1843 ; Cass., 26 janv. 1836 et 19 août 1847, contra, Duranton, VII, 337 ; Amiens, 20 août 1840.

(10) Guilhon, I, 428; Demolombe, XIX, 502; Cass., 13 fév. 1861 ; J. N. 17091, contra Troplong, n° 861; Vernet, p. 433; Rouen, 31 juill. 1843 ; Cass., 25 nov. 1839; J. N. 10554.

(11) Caen, 29 nov. 1861 ; Sirey, 1862, p. 518.

(12) Bayle-Mouillard, IV, 614 ; Guilhon, II, 428; Demolombe, XIX, 503; contra Troplong, n° 861; Poitiers 26 mars 1825 ; Cass., 25 nov. 1839. Voir Cass., 6 juin 1846 ; J. N. 1896; J. N., n° 18554.

(13) Zach., Massé et Vergé, § 455, note 16 ; Dict. not., *Port. disp*., n° 459 ; Troplong, n° 875; Agen, 29 nov. 1847.

(14) Marcadé, *918*, 6; Coin-Delisle, *918*, 48; Saintespès, II, 401, Troplong, n° 855; Dalloz, n° 1015; Zach., § 445, note 17; Demolombe, XIX, 530, 531; Montpellier, 6 janv. 1829; Cass., 19 août 1817.

consentement n'est opposable qu'à ceux qui l'ont donné, et non aux successibles qui n'ont pas consenti(1) ni à ceux qui sont nés depuis (2).

2536. Si celui au profit de qui l'aliénation a été consentie n'était pas successible au moment de l'acte, mais l'est devenu à l'époque du décès, l'art. 918 ne lui est pas applicable, et l'on ne peut exiger de lui ni imputation ni rapport (3), à moins de prouver que l'aliénation a eu pour but de simuler un avantage à l'aide d'une interposition de personne (4).

2537. Lorsque le successible acquéreur ne vient pas à la succession, soit parce qu'il est décédé avant le donateur, sans laisser de descendant pour le représenter, soit parce qu'il a renoncé, l'art. 918 cesse d'être applicable (5).

2538. Si l'aliénation a été faite en faveur des père et mère, ascendants ou époux du successible en ligne directe, elle ne tombe pas sous l'application de l'art. 918, et conséquemment ne doit pas être imputée sur la portion disponible, cette imputation n'ayant lieu que pour les aliénations au profit d'un successible (6).

2539. L'aliénation faite à l'un des successibles en ligne directe, lorsqu'elle n'est ni à charge de rente viagère, ni avec réserve d'usufruit, constitue une aliénation ordinaire pour laquelle la présomption de libéralité n'existe plus, et le consentement donné par les autres successibles ne leur serait pas strictement opposable, car il ressemblerait à un pacte sur une succession future, nul en vertu des art. 791 et 1130 (7).

§ 6. — DONATION AVEC RÉSERVE DU DROIT DE RETOUR.

2540. Le donateur peut stipuler le droit de retour des objets donnés [Form. 371] soit pour le cas

---

à la suite, moitié de la cave du côté du nord, la moitié du jardin du côté du sud et la communauté de la cour et de la pompe.

Cette vente a été faite moyennant une rente annuelle et viagère de cinq cents francs, au profit, sur la tête et pendant la vie de M. Besnard père, payable en deux termes égaux, les ..... de chaque année.

Ceci exposé, MM. Besnard comparants ont reconnu que la vente faite à M. Achille Besnard, leur frère, est réelle et sincère, et ils y donnent leur entier assentiment ; en conséquence ils consentent que cette vente reçoive sa pleine et entière exécution, de manière que M. Besnard, acquéreur, soit dispensé de toute imputation et de tout rapport à la succession de M. Besnard père, pour raison des immeubles vendus.

Mention des présentes est consentie pour avoir lieu sur toutes pièces où besoin sera.
Dont acte. Fait et passé ....., etc.

FORMULE 371. — **Donation avec réserve du droit de retour** (Nos 2540 à 2548).

Par-devant M*....., etc. (*Voir formule 357.*)

Avant l'énonciation de la transcription on insère l'une des clauses suivantes :

I. — *Réserve de retour (prédécès du donataire seul)* (N° 2542).

Le donateur réserve à son profit le droit de retour des biens compris en la présente

---

(1) Duranton, VII, 328; Coin-Delisle, 918, 9 ; Saintespès, II, 406; Vernet, p. 443; Marcadé, 918, 6; Grenier et Bayle-Mouillard, II, 644; Toullier, V, 132; Troplong, n° 852; Zach., § 455, note 16; Dict. not., Port. disp., n° 449; Roll., ibid., n°s 355, 427.

(2) Duvergier sur Toullier, V, 132; Poujol, 918, 4; Vazeille, 918, 3; Massé et Vergé, § 455, note 15; Troplong, n° 833; Demolombe, XIX, 527; Mourlon, II, p. 299; Poitiers, 25 mars 1839; Rouen, 34 juill. 1813; Cass, 25 nov. 1839; Agen, 29 nov. 1847; J N 10554, 11810; contra, Grenier et Bayle-Mouillard, IV, 642; Toullier, V, 131, 132; Coin-Delisle, 918, 9 et 20; Saintespès, II, 397, 497; Dalloz, n° 1007; Marcadé, 918, 2 et 6; Dict. not., Port. disp , n° 445.

(3) Grenier et Bayle-Mouillard, IV, 642; Toullier, V, 132; Coin-Delisle, 918, 9; Marcadé, 918, 2; Saintespès, II. 397; Dalloz, n° 998;

Massé et Vergé, § 455, note 12; Demante, IV, 56 bis; Demolombe, XIX, 542, contra, Vazeille, 918, 3 ; Poujol, 918, 4; Vernet, p. 436.

(4) Troplong, n° 876.

(5) Demolombe, XIX, 510, 511; Demante, IV, 56 bis.

(6) Coin-Delisle, 918, 6; Saintespès, II, 395 ; Troplong, n° 875. Dalloz, n° 4000; Massé et Vergé, § 455, note 12; Bayle-Mouillard, IV; 644 Demante , IV, 56 bis; Demolombe XIX, 544; Cass , 7 déc. 1837, J. N., 16259.

(7) Marcadé, 919, 6; Coin-Delisle, 918, 15 ; Zach., § 455, note 46; Saintespès, II, 404; Troplong, n° 850; Demolombe, XIX, 534; Dict. not., Port. disp., n° 440; Cass., 12 nov. 1827; Grenoble, 25 mars 1834.

du prédécès du donataire seul, soit pour le cas du prédécès du donataire et de ses descendants; — ce droit ne peut être stipulé qu'au profit du donateur seul (*C. N. 951*); s'il était stipulé au profit d'un tiers ou même des héritiers du donateur, il serait considéré comme une substitution, ce qui entraînerait la nullité de la donation (1).

2541. La stipulation du droit de retour doit être faite en termes exprès; elle ne résulterait pas de la clause d'avancement d'hoirie dont l'objet est seulement de rappeler la condition de rapport apposée à la libéralité (2).

2542. Le donateur, en stipulant le droit de retour pour le cas du prédécès du donataire [Form. 371 1°], préfère le donataire à lui-même, mais il se préfère à tous les héritiers du donataire; le retour s'exerce donc même lorsque le donataire laisse des enfants (3); cependant il n'est pas inutile de le stipuler, dans le double but d'éviter la controverse et d'éclairer les parties.

2543. Lorsque le donateur stipule le droit de retour pour le cas du prédécès du donataire sans enfants [Form. 371 2°], il préfère à lui-même le donataire et sa postérité, mais il se préfère aux autres héritiers du donataire; dans ce cas le prédécès du donataire avec enfant éteint de suite et irrévocablement, le droit de retour, lors même que l'enfant ne survivrait au donataire que quelques instants (4) ou qu'il renoncerait à sa succession (5).

2544. Lorsque le donateur a stipulé le droit de retour pour le cas du prédécès du donataire et de sa postérité (6) [Form. 371 3°], ce droit ne s'ouvre que par le prédécès de tous les enfants et descendants du donataire, sans exception; de sorte que si l'un ou plusieurs des descendants viennent à mourir sans enfants, les autres descendants continuent de faire obstacle à l'ouverture du droit de retour, lors même que les prédécédés auraient d'autres héritiers que leurs frères et sœurs, neveux ou oncles issus comme eux du donataire (7).

---

donation, pour le cas de prédécès du donataire, et alors même que ce dernier laisserait des enfants ou autres descendants. (*Si les biens sont donnés par contrat de mariage et que le droit de retour ne doive pas nuire aux donations mutuelles entre époux, on ajoute*: sans cependant que cette réserve de droit de retour nuise à la donation en usufruit que les futurs époux se feront ci-après en faveur du survivant.)

II. — *Réserve de retour (prédécès du donataire sans postérité)* (N° 2543).

Le donateur réserve à son profit le droit de retour des biens compris en la présente donation, pour le cas du prédécès du donataire sans descendants légitimes; étant bien entendu que l'existence à ce moment d'un seul descendant légitime du donataire sera une cause d'extinction du droit de retour (*même observation*).

III. — *Réserve de retour (prédécès du donataire et de sa postérité* (N° 2544).

Le donateur réserve à son profit le droit de retour des biens compris en la présente donation, pour le cas de prédécès du donataire et de sa postérité légitime (*même observation*).

IV. — *Hypothèque légale sur les biens soumis au retour* (N°ˢ 2547 et 2548).

Si les biens sont donnés par contrat de mariage et qu'ils doivent faire retour affranchis de l'hypothèque légale de la femme on ajoute après la réserve de retour:

---

(1) Coin-Delisle, *951*, 23, 25, 28; Marcadé, *951*, 4; Troplong, n° 1268; Mourlon, II, p. 352; Dalloz, *Subst.*, n° 259; Zach., Massé et Vergé, § 475, note 7; Demolombe, XVIII, 110 à 112; Dict. not., *Subst.*, n° 105; Cass., 22 juin 1812, 22 janv. 1839; 18 avril 1842, 27 fév. 1843; J. N. 10300.

(2) Coin-Delisle, *951*, 4; Troplong, n° 1276; Massé et Vergé, § 475, note 2; Demolombe, XX, 512 à 514; Dict. not., *Retour conv.*, n° 7; Nîmes, 14 mai 1819; Grenoble, 8 avril 1829; Bordeaux, 19 juill. 1831; Montpellier, 4 déc. 1835; Limoges, 16 janvier 1841; J. N. 7382, 8166, 11436; contra, Montpellier, 19 nov. 1830, J. N. 7647.

(3) Toullier, V, 286; Coin-Delisle, *951*, 7; Marcadé, *951*, 2; Troplong, n° 1275; Demolombe, XX, 499; Dict. not., *Retour conv.*, n° 14;

contra, Grenier et Bayle-Mouillard, I, 32; Vazeille, *951*, 2; Duranton, VIII, 491.

(4) Toullier, V, 286; Duranton, VIII, 491; Dalloz, n° 1765; Troplong, n° 1275; Coin-Delisle, *951*, 15, 16; Marcadé, *951*, 2; Zach., Massé et Vergé, §, 475, note 4; Demolombe, XV, 501, contra, Vazeille, *951*, 4.

(5) Guilhon, n° 874; Bayle-Mouillard, I, 31; Demolombe, XX, 502; contra, Demante, IV, 93 *bis*; Massé et Vergé, § 475, note 4.

(6) Ou pour le cas du prédécès du donataire *et de ses enfants*: Coin-Delisle, *951*, 8; Demolombe, XX, 505.

(7) Demolombe, XX, 504; voir cependant, Demante IV, 93 *bis*.

2545. Le donateur peut aussi stipuler le droit de retour soit pour le cas du prédécès du donataire et de ses enfants au premier degré, soit pour le cas de prédécès du donataire et de ses enfants mâles, ou même de son fils aîné, ou de celui de ses enfants dont le donateur est le parrain, etc. (1).

2546. Les enfants qui font obstacle au retour, lorsqu'il a été stipulé pour le cas du prédécès du donataire sans enfants ou du donataire et de ses enfants, sont les enfants légitimes et les enfants légitimés par le mariage subséquent, que la légitimation soit antérieure ou postérieure à la donation ; les enfants adoptifs ni les enfants naturels reconnus ne font point obstacle au retour (2), à moins qu'il ne soit établi que le donateur, lors de la donation, avait connaissance de l'adoption ou de la reconnaissance antérieure et qu'il a entendu les comprendre parmi les enfants (3) ; il est donc prudent d'exprimer la pensée des parties à cet égard en se servant des mots, *enfants légitimes*, ... *descendants légitimes*.

2547. L'effet du droit de retour est de résoudre toutes les aliénations des biens donnés, et de faire revenir ces biens au donateur, francs et quittes de toutes charges, aliénations, hypothèques, sauf néanmoins l'hypothèque de la dot et des conventions matrimoniales, si les autres biens de l'époux donataire ne suffisent pas, et dans le cas seulement où la donation lui a été faite par le même contrat de mariage duquel résultent ces droits et hypothèques (*C. N. 952*)

2548. Toutefois on peut stipuler que le retour aura lieu même avec affranchissement de l'hypothèque légale de la femme, ou au contraire, que l'hypothèque sera maintenue, non-seulement pour la dot et les conventions matrimoniales, mais encore pour les créances et reprises qui pourraient naître pendant le mariage [Form. 371, 4°].

2549. Le donateur peut de son vivant renoncer au droit de retour ; cette renonciation doit être expresse et faite dans la forme des donations [Form. 372]. Nous pensons qu'elle ne peut être tacite (4).

Si le droit de retour réservé par le donateur vient à être exercé, non-seulement il aura pour effet de résoudre les aliénations des biens donnés et de faire revenir ces biens au donateur, francs et quittes de toutes charges et hypothèques, mais encore ils reviendront au donateur affranchis de l'hypothèque de la dot et des conventions matrimoniales de la future épouse, quand même les autres biens du futur époux seraient insuffisants.

Au contraire, si l'on veut augmenter la garantie de la femme :

Si le droit de retour réservé par le donateur vient à être exercé, les biens donnés reviendront au donateur grevés de l'hypothèque légale de la future épouse, non-seulement pour la dot et les conventions matrimoniales, mais aussi pour toutes les créances et reprises de la future épouse qui pourront naître dans le cours du mariage ; toutefois, la future épouse n'exercera son hypothèque légale sur les biens qui feront retour au donateur qu'en cas d'insuffisance des autres biens laissés par le donataire.

FORMULE 372. — **Renonciation au droit de retour (N° 2549).**

Par-devant M°. . . . .
Ont comparu :
M. Louis Aubin, propriétaire, demeurant à. . . . . ,
Et M. Charles Durand, libraire, demeurant à. . . . .

---

(1) Coin-Delisle, *951*, 9; Zach., Massé et Vergé, § 475, note 4; Demolombe, XX, 506.
(2) Duranton, III, 320 et VIII, 488, 489 ; Poujol, *951*, 2 et 3 ; Coin-Delisle, *951* 13 et 14; Zach., Massé et Vergé, § 475, note 4 ; Troplong, n°* 1273, 1274; Mourlon, II, p. 352; Demolombe, XX, 509, 510.

Dict., not., *Retour conv.*, n°* 12, 13; Roll., *ibid.*, n°* 14, 15 ; Cass. 27 juin 1822.
(3) Coin-Delisle, *951*, 13, 14; Troplong, n° 1274; Demante, IV, 93 *bis*; Duranton, VIII, 488; Demolombe, XX, 509, 510.
(4) Angers, 22 juin 1859; Cass., 30 juill. 1860 ; J. N. 17003; voir cependant Cass., 19 janv. 1836; J. N. 9136; voir aussi Larombière, *1310*, 19.

DES DONATIONS ENTRE-VIFS ET DES TESTAMENTS.

Jugé à cet égard que lorsque le donateur avec réserve du droit de retour consent à la vente de l'immeuble donné, il n'est pas censé renoncer à son droit de retour sur le prix ; son concours à la vente a seulement pour objet de garantir l'acquéreur contre le retour de l'immeuble en nature (1).

§ 7. — DONATION CONDITIONNELLE.

2550. En principe, celui qui fait une libéralité est libre d'y apposer telles conditions qu'il juge convenables [FORM 373]; toutefois, dans toute disposition entre-vifs ou testamentaire, les conditions impossibles, celles qui sont contraires aux lois ou aux mœurs sont réputées non écrites (*C. N. 900*). (1 bis).

2551. Il est quelquefois difficile de reconnaître si une condition est licite ou illicite, et dans certains cas les termes pourraient avoir une importance décisive, comme le fait remarquer M. Demolombe, t. 18, n° 320 : « Les différences, dit-il, sont parfois si peu tranchées, et les nuances si délicates entre celles qui doivent être considérées comme illicites, et celles qui peuvent être considérées comme licites, que les termes de la formule employée pour les exprimer y sont toujours d'une grande importance, à ce point qu'il n'est pas impossible que la même condition, eu égard à la tournure plus ou moins habile, qui lui aura été donnée, revête, suivant les cas, un caractère différent, et soit considérée comme licite dans tel acte, et comme illicite dans tel autre ! ».

2552. Une condition est impossible lorsqu'il n'est pas au pouvoir de l'homme de l'exécuter; ainsi : aller de Paris à Rome en deux heures; ne pas toucher le ciel du doigt (2).

2553. Les conditions contraires aux lois ou aux mœurs peuvent se présenter sous des aspects divers.

2554. *Le mariage* donne lieu à des conditions qui sont illicites dans certains cas et licites dans certains autres ; ainsi sont illicites les conditions suivantes :

Lesquels ont dit :
Aux termes d'un acte passé, en présence de témoins, devant M°....., notaire à....., qui en a gardé minute, le....., M. AUBIN a fait donation entre-vifs à M. DURAND, d'une maison située à....., avec réserve du droit de retour en faveur du donataire, pour le cas de prédécès du donataire et de sa postérité.

Aujourd'hui la volonté de M. AUBIN est que M. DURAND ait la pleine et entière disposition de l'immeuble donné ; en conséquence, il déclare renoncer formellement, en faveur de M. DURAND, qui accepte, au droit de retour dont il a fait la réserve aux termes de l'acte de donation susénoncé.

Voulant que cette réserve soit considérée comme non avenue et ne produise aucun effet.

Dont acte. Fait et passé, etc. (*présence réelle des témoins*).

FORMULE 373. — **Donation conditionnelle** (N°s 2550 à 2564).

Nous donnons ici les formules de quelques-unes des conditions qui peuvent être apposées aux donations

1° *Condition d'épouser une personne déterminée, (n° 2555, 4°).*

Cette donation est faite à la condition que le donataire épousera, dans le délai de six mois de ce jour, mademoiselle Laure BOITEL, demeurant à....., que le donataire a déclaré être enceinte de ses œuvres. Si, à l'expiration de ce délai, le mariage du donataire avec mademoiselle BOITEL n'a pas été célébré par le refus du donataire ou de cette

---

(1) Blom, 14 août 1852; J. N. 14846. V. Demolombe, XX, 519.
(1 bis) V. Bordeaux, 14 avril 1863; Paris, 30 avril 1867; J. N. 18002, 18838.

(2) Troplong, n° 225, Massé et Vergé id. 464 note 3; Demolombe XVIII, 222, Larombière, 1128, 5.

1° De ne pas se marier (1), à moins que le donataire n'ait atteint un âge avancé (2) ; mais le don d'un usufruit, d'une rente viagère ou d'une pension pour durer tant que le donataire restera célibataire, est valable (3);

2° De ne pas consentir au mariage de l'un de ses enfants (4) ;

3° De ne point se marier sans le consentement d'un tiers (5) non appelé par la loi à y consentir; mais est considérée comme licite la condition que l'enfant arrive à l'âge où il lui suffit de requérir le conseil de ses ascendants, *supra* n° 955, ne pourra cependant pas se marier sans leur consentement (6);

2555. Sont au contraire considérées comme licites les conditions :

1° De se marier (7);

2° De ne point se marier avec une certaine personne ou même une personne d'une certaine ville ou d'un certain lieu (8), à moins qu'une raison de décence publique ne rende le mariage moralement obligatoire, par exemple en cas de grossesse (9) ;

3° De ne pas se remarier ou de garder viduité, lorsqu'elle est apposée à une libéralité faite à un veuf ou à une veuve, ayant ou n'ayant pas d'enfant; que la condition ait été imposée par son conjoint, par l'un des parents de son conjoint ou même par un tiers (10);

4° De se marier avec une certaine personne désignée (11) [Form. 373 4°], si d'ailleurs cette personne n'est pas indigne de ce mariage (12) et si le mariage avec elle n'est pas prohibé; lorsque des dispenses peuvent être obtenues, la condition n'est réputée non écrite qu'autant qu'elles ont été refusées (13); si le mariage est impossible parce que la personne indiquée est morte avant l'ouverture du testament, la condition est réputée accomplie (14). Il doit en être de même en cas de refus de la part de cette personne d'épouser le gratifié (15), pourvu que le refus n'ait pas été provoqué par lui ;

5° De n'épouser qu'une personne noble ou d'une condition égale à celle du gratifié (16);

6° D'épouser une personne d'une religion autre que celle du gratifié (17).

2556. *Capacité des personnes.* Sont réputées illicites les conditions :

1° De ne pas exercer ses droits civiques ou politiques (18) ;

---

demoiselle, la présente donation sera de plein droit considérée comme non avenue et ne produira aucun effet.

Il n'en sera pas de même si le mariage se trouve impossible par le décès de Mlle Boitel avant l'expiration du délai fixé; dans ce cas, la donation conservera tout son effet.

(5° *Condition qu'une chose donnée ne tombera pas en communauté* (art. 1401, 1° C. N.)

Comme condition expresse de la donation, les objets mobiliers donnés à Mme . . . . ., lui resteront propres, et, conséquemment, ne feront pas partie de la communauté légale, à défaut de contrat de mariage existant entre elle et son mari.

4° *Réserve d'usufruit et condition d'inaliénabilité* (n°s 2560 et 2561).

Le donateur réserve l'usufruit à son profit et pendant sa vie des immeubles donnés;

---

(1) Toullier, V, 225; Duranton, VIII, 128; Troplong, n°238; Demante, III, 16 *bis*; Coin-Delisle, 900, 30; Saintespès, I, 126; Demolombe, XVIII, 248; Dict. not., *Cond. de mar.*, n° 13. Larombière, 1172, 28

(2) Taulier, IV, p. 323; Demolombe, XVIII, 240; Paris, 1er avril 1862; J. N. 17375.

(3) Roll., *Cond. de ne pas se marier*, n° 8; Troplong, n° 237; Demolombe, XVIII, 241 ; Larombière, 1172, 34; Liège, 8 janv. 1806.

(4) Toullier, V, 256; Demolombe, XVIII, 287.

(5) Toullier, V, 258; Duranton, VIII, 124; Coin-Delisle, 900, 34; Troplong, n° 240, ; Demolombe, XVIII, 241; Larombière 1172, 33, Paris, 7 juin 1849 ; J. N. 13734.

(6) Coin-Delisle, 900, 31; Saintespès, I, 127; Demolombe, XVIII, 246; Dict. not., *don.*, n° 367; Bordeaux, 15 fév. 1849; J. N. 13747.

(7) Dalloz, n° 133; Cass. 20 déc. 1831, contra, Demolombe, XVIII, 251 ; Larombière, 1172, 27.

(8) Toullier, V, 258 ; Duranton, VIII, 124; Coin-Delisle, 900, 34; Troplong, n° 240; Demolombe, XVIII, 248; Larombière, 1172, 32, Poitiers, 14 juin 1838; contra, Dalloz, n° 133; Bruxelles, 6 mars 1809.

(9) Demolombe, XVIII, 249; Troplong, n° 239; Larombière, 1172, 32; Bruxelles, 6 mai, 1809

(10) Toullier, V, 259; Coin-Delisle, 900, 39; Saintespès, I, 135 ; Troplong, n° 248; Demolombe, XVIII, 249; Larombière, 1172, 29;

Cass., 18 juill. 1822; 21 janv. 1823; Toulouse, 25 avril 1826; Lyon, 22 déc. 1829; Rouen, 16 juill. 1834; Poitiers, 14 juill. 1835; Montpellier, 14 janv. 1839, 14 juill. 1858, Paris, 21 déc. 1844 ; Douai, 11 janv. 1849; J. N. 16535; contra, Dalloz, n° 156; Taulier, IV, p. 323; voir aussi Duranton, VIII, 628; Vazeille, 900, 5; Demante, III, 16 *bis*; Limoges, 31 juill. 1839.

(11) Coin-Delisle, 900, 35; Saintespès, I, 132; Troplong, n° 243; Demolombe, XVIII, 252; Contra, Taulier, IV p. 335; Bastia, 2 juin 1828.

(12) Toullier, V, 251; Duranton, VIII, 125; Coin-Delisle, 900, 35; Saintespès, I, 132; Troplong, n° 245; voir cependant Demolombe, XVII, 255; voir aussi Larombière, 1172, 31.

(13) Coin-Delisle, 900, 38; Troplong, n° 247; Demolombe, XVIII, 153; Dict. not., *Cond. de mar.*, n° 6 ; Larombière, 1172, 12.

(14) Troplong, n° 230 ; Larombière, 1175, 23

(15) Larombière, 1178,16, p. 153.

(16) Coin-Delisle, 900, 36, Saintespès I, 133; Troplong, n° 238; Demolombe, XVIII, 257 ; contra, Toullier, V, 234, Duranton, VIII, 126; Marcadé, 900, 3; Dalloz, n° 141 ; Cass., 13 mai 1813.

(17) Duranton, VIII, 125; Coin-Delisle, 900, 37; Demolombe, XVIII, 258.

(18) Toullier, V, 266; Duranton, VIII, 139 ; Demante, III, 16 *bis*; Demolombe, XVIII, 337; Larombière, 1172, 26.

2° De ne pas exercer ses droits ou de ne pas remplir ses devoirs de famille, tels que : la puissance maritale, la puissance paternelle, la tutelle, etc.; toutefois la condition d'émanciper pourrait être considérée comme licite s'il était de l'intérêt évident de l'enfant que l'émancipation lui fût accordée pour qu'il se mît à la tête d'un établissement légué par le défunt (1).

2557. *Etat; profession.* On considère comme illicites les conditions :
1° De se faire prêtre, lorsque l'inclination du gratifié est contraire (2);
2° De changer ou de ne pas changer de religion (3);
3° D'élever les enfants dans telle ou telle religion (4);
4° De ne prendre aucun état (5); mais la condition de ne pas prendre un certain état est licite (6).

2558. Sont licites les conditions :
1° De ne pas se faire prêtre (7);
2° De changer de nom ou d'ajouter un autre nom au sien; la condition est réputée non écrite si le gratifié n'en obtient pas l'autorisation du gouvernement (8).

2559. *Renonciation à succession.* La condition de renoncer à une succession échue est licite (9); mais non de renoncer à d'une succession à échoir, car ce serait un pacte sur une succession future (10).

2560. *Inaliénabilité.* Est illicite la condition de ne pas aliéner, imposée d'une manière absolue et indéfinie, la transmissibilité des biens étant de l'essence même du droit de propriété et par conséquent d'ordre public (11); toutefois est valable la condition de ne pas aliéner imposée au gratifié dans le but de garantir l'exercice d'un droit réservé par le disposant [Form. 373 3°], à son profit ou au profit d'un tiers; il en est ainsi de la défense imposée par un époux au légataire de la nue propriété de ses biens, de les aliéner tant que vivra son conjoint survivant auquel il en a laissé l'usufruit (12).

2561. Il a été décidé aussi que la prohibition d'aliéner pendant sa vie, imposée par l'ascendant donateur dans un partage de ses biens fait entre ses enfants, est valable et rend nulles les aliénations faites par les donataires, nonobstant cette clause (13), notamment lorsque la prohibition a pour cause une réserve d'usufruit, ou si elle a pour but d'assurer le retour légal et le service d'une rente viagère (14). La défense d'aliéner comprenant celle de vendre, d'échanger, d'hypothéquer, de disposer par donation ou testament (15), il est utile d'exprimer les modes d'aliénation ou de disposition qui sont interdits.

2562. *Aliénation sans formalité de justice.* Est réputée non écrite comme contraire à la loi, la clause d'un testament portant que des immeubles légués à des mineurs seront vendus par simple adjudication devant notaire, sans l'accomplissement de formalités judiciaires (16). Cependant l'opinion contraire a des partisans recommandables. *Infra* n°ˢ 2805, 2806.

---

et pour plus de sûreté dans l'exercice de son droit d'usufruit, il impose formellement au donataire la condition de ne pas aliéner par vente, échange, donation, hypothèque, les immeubles donnés, pendant la durée de l'usufruit réservé, sous peine de nullité des actes d'aliénation ou d'hypothèque et de résolution de la présente donation (*voir une pareille clause* formule 425).

---

(1) Demolombe, XVIII, 238; voir cependant Duranton, VIII, 142; Saintespès, I, 142.
(2) Voir Coin-Delisle, 900, 41 ; Troplong, n° 242; Demolombe, XVIII, 259; Dict. not., *Condition*, n° 53; Larombière, 172, 22; Grenoble, 11 août 1847.
(3) Toullier, V, 264; Grenier, I, 154; Taulier, IV, p. 324; Coin-Delisle, 900, 40. Voir cependant Troplong, n° 225; Demolombe, XVIII, 261.
(4) Demolombe, XVIII, 262.
(5) Duranton, VIII, 135; Taulier, IV, p. 324; Coin-Delisle, 900, 26; Dict. not., *Don.*, n° 375, et *Condition*, n° 60; Larombière, 172, 24.
(6) Troplong, n° 254; Demolombe, XVIII, 267.
(7) Grenier, I, 154; Toullier, V, 265; Duranton, VIII, 136; Coin-Delisle, 900, 42; Dict. not., *Condition*, n° 54; Demolombe, XVIII, 260; Larombière, 172, 22; contra, Marcadé, 900, 45; Demante, III, 16 bis.
(8) Roll., *Nom*, n°ˢ 75 à 82; Troplong, n° 256; Demolombe, XVIII, 274; Larombière, 172, 22; Cass., 16 nov. 1834, 4 juill. 1836.
(9) Cass., 16 août 1843.
(10) Dalloz, n° 476; Duranton, VIII, 146; Vazeille, 900, 2; Roll., *Condition*, n° 131; Saintespès, I, 144; Demolombe, XVIII, 277; Cass.

16 janv. 1838. Voir cependant Toullier, V, 269; Troplong, n° 259; Coin-Delisle, 900, 20.
(11) Toullier et Duvergier, V. 488; Zach., Massé et Vergé, § 464 note 12; Dalloz, n° 479 ; Troplong, n°ˢ 135, 136; Demolombe, XVIII 290 à 300: Larombière, 133, 24; Paris, 11 mars 1836 et 11 mai 1852; Montpellier, 6 mai 1844; Cass., 6 janv. 1853; J. N., 14870.
(12) Toullier, V, 488; Demolombe, XVIII, 302; Cass., 27 juill. 1863.
(13) Angers, 29 juin 1842; J. N., 11476; voir aussi Troplong, n° 271; Orléans, 17 janv. 1846; contra, Demolombe, XVIII, 300; Douai, 29 déc. 1847.
(14) Toullier, V, 488; Zach., Massé et Vergé, § 464, note 12; Demolombe, XVIII, 294 à 297; Larombière, 133, 22; Paris, 26 mai 1826, 26 janv. 1848, 15 avril 1858, 4 mars 1863, 15 mai 1866; Cass., 20 avril 1858, 27 juill. 1863, 12 juill. 1865; Grenoble, 25 janv. 1860; Rennes, 22 mars 1862; Cass., 27 juill. 1863; J. N., 13281, 16308, 17001, 17836, 18259, 18338.
(15) Demolombe, XVIII, 298, 299; Bourges, 14 déc. 1852; Paris, 15 avril 1858; J. N. 16308; contra, Cass., 2 janv. 1838.
(16) Bayle-Mouillard, I, p. 608; Roll., *Test.*, n° 439; Paris, 13 avril 1819; J. N., 13811; contra, Demolombe, XVIII, 315; Troplong, n° 279.

2563. *Insaisissabilité.* Lorsque des sommes ou objets disponibles ont été, par le donateur ou testateur, déclarés insaisissables [Form. 373, 4°], ils ne peuvent être saisis par les créanciers antérieurs à l'acte de donation ou à l'ouverture du legs, et les créanciers postérieurs ne peuvent les saisir qu'en vertu de la permission du juge et pour la portion qu'il détermine (*C. pr., 581 582*). La déclaration d'insaisissabilité n'a pas pour effet de rendre inaliénables les sommes et objets donnés (1), puisque le donateur n'en aurait pas le pouvoir, *supra, n° 2560* (2).

2564. La condition d'insaisissabilité n'est pas restreinte aux sommes et objets mobiliers; elle peut aussi être apposée à un don ou à un legs d'immeubles (3).

§ 8. — DONATION DÉGUISÉE.

2565. La donation déguisée est la disposition gratuite dissimulée sous la forme d'un contrat onéreux, *supra n° 2021.*

2566. Cette disposition, si elle est faite en faveur de personnes capables, est valable (4), même lorsqu'elle a lieu au moyen du transfert d'une rente sur l'État ou d'actions et obligations nominatives (5), ou au moyen d'un billet sous seing privé causé pour prêt non effectué (6), pourvu cependant qu'il soit écrit de la main du disposant ou revêtu de l'approbation d'écriture exigée par l'art. 1326 (7); mais la disposition doit toujours avoir les apparences d'un contrat onéreux, car si elle est soumise à une condition qui implique la gratuité, elle constitue un don, et l'acte n'est pas valable s'il n'est pas revêtu de la forme des donations entre-vifs (8).

§ 9. — DON MANUEL.

2567. Le don manuel est celui qui a lieu de la main à la main, sans acte écrit, de sommes d'argent, de valeurs au porteur, (9) de billets à ordre et lettres de change endossés en blanc (10), d'objets mobiliers, d'un manuscrit (11), etc. Une créance purement civile et non susceptible de cession par endossement, une rente ou valeur industrielle, nominatives ne peuvent pas être l'objet d'un don manuel (12).

2568. Ce don, lorsqu'il a lieu entre personnes capables, même entre époux (13), est valable et rend le gratifié propriétaire de l'objet donné.

2569. Des charges peuvent être apposées au don manuel, par exemple, celle de servir une pension

---

4° *Condition d'insaisissabilité* (n°s 2563 et 2564).

Le donateur, usant de la faculté contenue en l'art. 581 du Code de procédure civile, et désirant assurer au donataire des moyens d'existence, déclare insaisissables les biens faisant l'objet de la présente donation, et en cas d'aliénation ou de recouvrement, ceux qui en seront le remplacement (*voir une autre clause d'insaisissabilité formule 425*).

alimentaire au donateur, si d'ailleurs elles sont avouées ou prouvées légalement de toute autre manière (1).

2570. Le don manuel ne peut être fait à cause de mort, *supra* n° 2499; il peut cependant avoir lieu par l'entremise d'un tiers; mais alors l'objet donné doit être remis au gratifié avant le décès du donateur, autrement le tiers ne pourrait plus s'acquitter de sa mission et la chose serait restituable aux héritiers du donateur (2).

2571. Lorsqu'une personne a entre les mains une valeur mobilière excédant 150 fr., qu'elle déclare lui avoir été remise à titre de don manuel, elle doit en général être crue sur sa déclaration (C. N. 1924), et l'on ne saurait considérer la remise comme ayant eu lieu à titre de dépôt (3) ou de mandat (4), sauf pourtant l'appréciation des circonstances par les tribunaux.

SECTION III. — DE L'ACCEPTATION DES DONATIONS.

2572. La donation entre-vifs n'engage le donateur et ne produit d'effet que du jour où elle est acceptée en termes exprès (C. N. 932). L'expression formelle de l'acceptation est de rigueur; l'exécution volontaire ne pourrait la suppléer (5), à moins qu'il ne s'agisse d'une donation d'objets mobiliers corporels accompagnés de la tradition, car la mise en possession équivaut au don manuel (6). En cas de nullité pour défaut de mention expresse de l'acceptation, le notaire peut être déclaré responsable (7).

2573. A défaut d'acceptation, la donation est comme non avenue et nulle à l'égard du donateur et de ses héritiers; mais cette nullité se prescrit, en vertu de l'art. 1304, par dix années du jour du décès du donateur (8).

2574. Si le donataire est majeur et capable, l'acceptation [Form. 374] doit avoir lieu soit par lui-même, soit en son nom (9), par un mandataire ayant pouvoir d'accepter la donation (10), ou un pouvoir général d'accepter toutes donations faites ou à faire (C. N. 933). La procuration doit être passée

---

FORMULE 374. — **Acceptation de donation.** (N°s 2572 à 2577.)

A M. Charles Dubois, quincaillier, demeurant à. ..., ici présent et acceptant.

Si le donataire est représenté par un mandataire :

A M. Charles Dubois, quincaillier, demeurant à.....;

Ce qui est accepté expressément pour lui, par M. Louis Leroy, carrossier, demeurant à. ..., ici présent, son mandataire spécial, aux termes de la procuration qu'il lui a donnée, suivant acte passé, en présence de témoins, devant M*....., notaire à ...., qui en a gardé minute, le ....., et dont une expédition signée et légalisée, est demeurée ci-jointe après avoir été de M. Dubois certifiée véritable et que dessus il a été apposé une mention d'annexe signée de M. Dubois, des notaire et témoins.

---

(1) Demolombe, XX, 78; Montpellier, 6 mars 1828; Paris, 12 janv. 1835 et 8 déc. 1851.
(2) Grenier et Bayle-Mouillard, II, 77; Duranton, VIII, 395; Coin-Delisle, 932, 24 ; Troplong, n° 1053; Zach., Massé et Vergé, § 428, note 10; Demolombe, XX, 62, 65, 67; Dict. not., *Don manuel*, n° 23; Roll., *ibid.*, n° 50; Paris, 4 mai 1816, 9 mars 1829, 14 mai 1853; Bordeaux, 5 fév. 1827 et 8 août 1853; Montpellier, 25 fév. 1862; J. N., 18524, 17469. V. Paris, 22 déc. 1864; Cass., 22 mai 1867; J. N., 18170. 18091.
(3) Troplong, n° 1042; Massé et Vergé, § 428, note 10; Dict. not., *Don manuel*, n° 9; Demolombe, XX, 80, 81; Paris, 20 fév. 1832; J. N., 14605; Caen, 28 nov. 1861.
(4) Troplong, n° 1054; Massé et Vergé, § 428, note 10; Paris, 8 déc. 1851.
(5) Grenier et Bayle-Mouillard, I, 57; Duranton, VIII, 389; Duvergier sur Toullier, V, 189; Coin-Delisle, 932, 4; Zach., Massé et Vergé, § 427, note 2; Marcadé, 932 2;. Troplong, n°s 1088, 1090;

Demolombe, XX, 122; Demante, IV, 71 *bis*; Dict. not., *Accept. de don.*, n° 143; Roll., *ibid.*, n° 127; Douai, 7 mai 1819; Rouen, 10 juill. 1824; Bourges, 30 août 1831; Nancy, 2 fév. 1838; Rennes, 4 août 1841, Cass.. 6 juin 1824 ; 27 mars 1839; Bordeaux, 22 mai 1851; contra, Toullier, V, 189 et VIII, 526.
(6) Marcadé, *art. 932*; Bastia, 2 mars 1835.
(7) Rennes, 20 mars 1844; J. N., 11071.
(8) Toullier, XII, 538; Troplong, n° 1086; Riom, 16 juin 1843; Bastia, 10 avril 1834; Bordeaux, 14 janv. 1837; Toulouse, 27 avril 1861; Cass, 5 mai 1862; J. N., 17234, 17441; voir cependant Larombière, 1304, 02.
(9) Le droit d'accepter une donation est tout personnel au donataire; il ne peut être exercé par ses créanciers, même en vertu de l'art. 1166 : Toullier, V, 241 ; Bayle-Mouillard, I, 56; Troplong, n° 1100; Demolombe, XX, 135; Cass., 16 nov. 1836.
(10) Voir Cass., 4 juill. 1848; J. N., 13494.

devant notaire, en minute (1) et une expédition reste annexée à la minute de la donation ou à la minute de l'acceptation lorsqu'elle est faite par acte séparé (*même article*).

2575. Une personne ne peut accepter au nom d'un donataire en se portant fort pour lui, ni en vertu d'une procuration sous seing privé (2) ; une pareille acceptation serait considérée comme non avenue, et la donation ne produirait d'effet que par la ratification du donataire contenant acceptation expresse (3), et suivie de la notification au donateur.

2576. Les femmes mariées non autorisées, les mineurs, les interdits, les sourds-muets illettrés étant incapables d'accepter par eux-mêmes les donations à leur profit, leur acceptation serait considérée comme non avenue, ce qui rendrait la donation absolument nulle et non pas seulement annulable ou profit de l'incapable (4).

2577. Les mineurs, les interdits, les femmes mariées et tous autres incapables ne sont point restitués contre le défaut d'acceptation, sauf leur recours contre leurs tuteurs, maris, ou autres personnes chargées d'accepter pour les incapables (5), s'il y échet, sans que la restitution puisse avoir lieu dans le cas même où les tuteurs, maris, etc., se trouveraient insolvables (*C. N. 942*).

2578. La femme mariée ne peut accepter une donation [Form. 375, 1°] sans le consentement de son mari, ou en cas de refus du mari, sans autorisation de justice (*C. N. 217, 219, 222, 224, 225, 934, et supra n°s 1084 et suiv.*).

2579. La donation faite à un mineur non émancipé ou à un interdit, que l'interdiction soit judiciaire ou légale, doit être acceptée par son tuteur spécialement autorisé par le conseil de famille (6) (*C. N. 463, 935*) [Form. 375, 2°]. Si le tuteur est ascendant, il peut accepter pour son pupille mineur [ou interdit (7),] sans l'autorisation du conseil de famille (8), *infra n° 2584*.

2580. Lorsque la donation au mineur est faite par son tuteur, elle ne peut, à peine de nullité, être

---

FORMULE 375. — **Acceptation d'une donation faite à une personne étant sous la puissance d'autrui.**

1° Acceptation par une femme mariée (n° 2578).

A Mme Désirée LELOUTRE, épouse de M. Gervais BERTIN, propriétaire, avec lequel elle demeure à. . . . ., ici présente, et acceptant expressément avec l'autorisation et le consentement de son mari aussi présent.

Si la femme mariée est autorisée de justice, voir formule 497.

2° Acceptation par un tuteur au nom d'un mineur ou d'un interdit (n° 2579 à 2584).

A M. Charles LAMBERT, mineur (ou interdit), sans profession, domicilié à. . . . . , chez son tuteur ci-après nommé.

Ce qui est accepté expressément pour lui par M. Théodore OURY, ici présent.

acceptée par le subrogé tuteur, qu'avec l'autorisation du conseil de famille (1) ; mais comme le tuteur est responsable du défaut d'acceptation régulière, il ne peut se prévaloir de l'irrégularité (2).

2581. Lorsqu'une donation à un mineur, faite avec des charges, a été régulièrement acceptée par le tuteur avec l'autorisation du conseil de famille, le mineur est tenu de les accomplir, puisque suivant l'art. 463, elle a, à l'égard du mineur, le même effet qu'à l'égard du majeur (3), pourvu cependant que la charge imposée n'entraîne pas l'aliénation de la propriété ou de l'usufruit d'immeubles appartenant au mineur, car alors il faudrait en outre l'homologation du tribunal (4).

2582. Le mineur émancipé peut accepter avec l'assistance de son curateur (C. N. 935) [Form. 375, 3°], sans que l'autorisation du conseil de famille soit nécessaire (5), si ce n'est cependant lorsque la donation est faite à titre onéreux, comme, par exemple, avec l'obligation de servir une rente au donateur (6).

2583. L'individu pourvu d'un conseil judiciaire peut accepter seul et sans l'assistance de son conseil les donations purement gratuites qui lui sont faites ; mais si elles l'obligent à des charges, il doit, pour la validité de la donation, être assisté de son conseil (7).

2584. Les père et mère (8) du mineur émancipé ou non émancipé, ou les ascendants, même du vivant des père et mère (9), quoique n'étant ni tuteurs ni curateurs du mineur, peuvent accepter pour lui, sans qu'ils aient besoin d'autorisation du conseil de famille (C. N. 935). [Form. 375 4°]. La mère

---

propriétaire, demeurant à....., tuteur datif du mineur Lambert, son neveu (ou tuteur de l'interdit); autorisé spécialement à l'effet d'accepter la présente donation, par le conseil de famille de ce mineur (ou de l'interdit), suivant délibération prise sous la présidence de M. le juge de paix du canton de....., ainsi qu'il résulte du procès-verbal que ce magistrat en a dressé, assisté de son greffier, le....., et dont une expédition délivrée par le greffier est demeurée ci-jointe après avoir été de M. Oury certifiée véritable, et que dessus mention de l'annexe a été apposée.

3° *Acceptation par un mineur émancipé (n° 2582).*

A M. Charles Lambert, étudiant en droit, domicilié à....., ici présent,

Mineur émancipé suivant délibération de son conseil de famille prise sous la présidence de M. le juge de paix du canton de....., ainsi qu'il résulte du procès-verbal que ce magistrat en a dressé, assisté de son greffier, le....., et acceptant expressément la présente donation, avec l'assistance de M. Vincent Loyer, négociant, demeurant à....., ici présent, son curateur, nommé par la délibération qui vient d'être énoncée.

4° *Acceptation par un ascendant (n°s 2584 à 2586).*

A M. Charles Lambert, mineur, sans profession, domicilié à....., chez ses père et mère.

Ce qui est accepté expressément pour lui, par M. Jacques Lambert, son aïeul

---

(1) Grenier, I, 66 bis; Troplong, n° 1133; Coin-Delisle, *942*, 5; Demante, IV, 74 bis; Demolombe, XX, 197; Massé et Vergé, § 425, note 9; Caen, 8 mai 1854.
(2) Massé et Vergé, § 425, note 10; Troplong, n° 1135; Cass., 9 décembre 1829; Grenoble, 14 juill. 1836; Bordeaux, 14 avril 1839; J. N. 16745; Metz, 18 juin 1863; Jur. N., 12435; contra, Toullier et Duvergier, V, 202. Grenier, I, 66; Coin-Delisle, *935*, 7, 8; Demante, IV, 74 bis; Saintespès, III, 736; Demolombe, XX, 214; Dict. not., *Accept. de don.*, n° 243.
(3) Duranton, VIII, 444; Demolombe, XX, 178.
(4) Demolombe, XX, 179; voir aussi Cass., 25 mars 1861; J. N. 17107.
(5) Troplong, n° 1124; Demante, IV, 74 bis; Demolombe, XX, 174; contra, Bayle-Mouillard, I, 64.
(6) Bayle-Mouillard, I, 64; Demolombe, XX, 175.
(7) Toullier, V, 195; Poujol, *935*, 4; Coin-Delisle, *935*, 4; Demolombe, XX, 175 bis; Roll., *Accept. de don.*, n° 44.
(8) Même naturels: Toullier, V, 199; Grenier, I, 67; Duranton, VIII, 440; Troplong, n° 1131; Coin-Delisle, *934*, 10; Zach., Massé et Vergé, § 425, note 5; Demolombe, XX, 193; Dict. not., *Accept. de don.*, n° 79; contra, Demante, IV, 74 bis.
(9) Marcadé, *935*, 2; Mourlon, II, p. 326; Roll., *Accept. de don.*, n°s 63, 64.

et les autres ascendantes peuvent accepter sans l'autorisation de leur mari (1), même en cas de refus du mari, et malgré lui (2); décidé aussi que la donation faite par le père et la mère conjointement à l'enfant commun peut être acceptée par le père pour la part des biens que donne la mère, et par celle-ci pour la part du mari donateur (3). — L'acceptation faite par un ascendant est sujette à la critique du tuteur ou du père administrateur légal, qui peut, s'il prétend que l'intérêt de l'enfant exige un refus, s'adresser à la justice pour faire annuler l'acceptation (4).

2585. L'acceptation par un ascendant ne peut avoir pour objet qu'une donation purement gratuite et non une donation avec des conditions onéreuses susceptibles d'obliger le mineur personnellement (5); en conséquence sont nulles et emportent nullité de la donation entière, l'hypothèque et l'aliénation d'usufruit imposées comme condition de la donation, si elles n'ont point été autorisées par une délibération du conseil de famille homologuée par le tribunal (6).

2586. Le curateur au ventre n'a pas capacité pour accepter la donation à l'enfant; l'acceptation doit être faite par la mère ou tout autre ascendant, ou par un tuteur *ad hoc* nommé par le conseil de famille (7).

2587. Le sourd-muet qui sait écrire et qui, d'ailleurs, est majeur et capable, peut accepter lui-même ou par un fondé de pouvoir (C. N., 936) [FORM. 376 1°]; pour les formes à suivre, voir *supra* n° 325.

2588. Si le sourd-muet ne sait pas écrire, l'acceptation doit être faite par un curateur nommé à cet effet par le conseil de famille du sourd-muet (C. N., 936) [FORM. 376, 2°], ce qui ne s'applique qu'au

paternel, propriétaire, demeurant à....., ici présent, agissant en sa qualité d'ascendant, en vertu des dispositions de l'art. 935 du Code Napoléon.

FORMULE 376. — Acceptation d'une donation faite à un sourd-muet.
(N°ˢ 2587 et 2588.)

Sachant lire et écrire.

A M. Eloy Davont, menuisier, demeurant à....., sourd-muet de *naissance, mais sachant lire et écrire*, ici présent et acceptant expressément.

Ne sachant pas écrire.

A M. Eloy Davont, menuisier, demeurant à....., sourd-muet de naissance et ne sachant ni lire ni écrire.

Ce qui est accepté expressément pour lui par M. Charles Bulard, ici présent, lithographe, demeurant à...., son curateur *ad hoc*, à l'effet d'accepter la présente donation; nommé par délibération du conseil de famille du sourd-muet, prise sous la présidence de M. le juge de paix du canton de....., ainsi qu'il résulte du procès-verbal que ce magistrat en a dressé, assisté de son greffier, le...... dont une expédition est demeurée ci-jointe après avoir été de M. Bulard certifiée véritable, et que dessus mention de l'annexe a été apposée.

---

(1) Toullier, V, 186; Bayle-Mouillard, I, 64; Coin-Delisle, 935, 7; Marcadé, 935, 2; Zach., § 434, note 35; Troplong, n° 1129; Demante, IV, 74 bis; Demolombe, XX, 189; Dict. not., Accept. de don., n° 71; Boll., ibid., n° 66; Cass., 12 avril 1832; CONTRA, Grenier, I, 64.
(2) Bayle-Mouillard, I, 64; Demante, IV, 71 bis; Demolombe, XX, 188; Mourlon, II, p. 326.
(3) Duranton, IX, 623; Saintespès, III, 654. Demolombe, XX, 189 Paris, 23 juin 1849; J. N., 13751; Caen, 3 mars 1855; Metz, 18 juin 1863; Jur. N. 10734, 12435.
(4) Marcadé, 935, 2; Demante, IV, 74 bis; Demolombe, XX, 190.
(5) Coin-Delisle 935, 4; Marcadé, 935, 3; Bayle-Mouillard, I, 64; Demolombe, XX, 185; Cass., 25 mars 1861; J. N., 17107; CONTRA, Duranton, VIII, 437 et 444; Boll. Don. onéreuse, n° 48; Metz, 18 juin 1863, Jur. N. 12435.
(6) Grenier, I, 83; Demolombe, XX, 185; Dict. not., Accept. de don., n° 251; Cass., 25 mars 1861; J. N., 17107.
(7) Grenier et Bayle-Mouillard, I, 83; Toullier, V, 197; Demante, IV, 74 bis; Troplong, n° 1132; Coin-Delisle, 935, 11; Marcadé, 935, 4; Massé et Vergé, § 425, note 6; Demolombe, XX, 209; Dict. not., Accept. de don., n° 203. CONTRA, Roll., ibid., n° 74.

sourd-muet majeur ou mineur émancipé; quant au sourd-muet mineur non émancipé ou interdit, c'est l'art. 933 qui lui est applicable. Lorsque le sourd-muet illettré est majeur ou mineur émancipé, fût-il marié ou pourvu d'un curateur, eût-il la faculté de s'exprimer par signes mimiques, il y a toujours lieu à la nomination d'un curateur spécial pour faire l'acceptation (1).

2589. Il n'est pas nécessaire que l'acceptation de la donation ait lieu par l'acte même de donation; elle peut être faite du vivant du donateur par acte postérieur et authentique dont il reste minute (*C. N. 932*); cet acte, de même que la donation, *supra n° 563*, doit être reçu en la présence réelle du notaire en second ou des témoins (2) [Form. 377].

2590. L'acceptation par acte postérieur n'a d'effet à l'égard du donateur que du jour où l'acte qui constate cette acceptation lui a été notifié (*C. N. 932*); si, après l'acceptation, mais avant la notification, le donateur vient à décéder, la notification ne peut être faite à ses héritiers, et la donation est nulle (3); il en est de même si dans l'intervalle de l'acceptation à la notification le donateur est devenu incapable de disposer soit de droit, soit de fait (4).

2591. Si c'est le donataire qui vient à décéder avant la notification, l'acceptation qu'il a passée profite à ses héritiers, acquéreurs et autres ayants cause, et la notification peut être utilement faite par eux (5).

FORMULE 377. — **Acceptation de donation par acte séparé.** (N°⁵ 2589 à 2592.)

Par-devant M°.....

A comparu M. Desiré-Joseph Dumont, étudiant en médecine, domicilié à....., résidant à Paris, rue....., n°.....

Lequel, ayant pris communication par la lecture que lui en a donnée M°....., notaire soussigné, d'un acte passé devant ce notaire, qui en a gardé minute, en présence de témoins, le....., aux termes duquel M. Louis-Eugène Dumont, propriétaire, ancien négociant, demeurant à....., a fait donation à M' Dumont, comparant, son neveu, de 1° une ferme appelée la Ferme de Belle-Vue, sise commune de....., etc. (*Indiquer sommairement les biens donnés, la réserve d'usufruit et les charges de la donation.*)

A, par ces présentes, déclaré accepter expressément la donation ci-dessus relatée sous les conditions imposées par le donateur, à l'exécution desquelles M. Dumont, comparant, s'oblige formellement.

Pour faire notifier ces présentes à M. Dumont, donateur, tout pouvoir est donné au porteur d'une expédition.

Ou bien :

A ces présentes est intervenu M. Louis-Eugène Dumont, propriétaire, ancien négociant, demeurant à.....

Lequel, après que lecture lui a été donnée par M°....., notaire soussigné, de l'acceptation qui précède, a déclaré avoir cette acceptation pour agréable, se la tenir pour bien et dûment notifiée, et, en conséquence, dispenser M. Desiré-Joseph Dumont de lui en faire faire la notification par huissier.

---

(1) Marcadé, *936*, 4; Coin-Delisle *936*, 6; Troplong, n° 1138; Massé et Vergé, § 425, note 43; Demante, IV, 75 *bis*; Demolombe, XX, 108; Dict. not., *Accept., de don.*, n° 52; Toulouse, 16 août 1842; Cass., 30 janv. 1814; J. N., 11888.
(2) Saintespès, III, 617; Demolombe, XX, 126.
(3) Grenier et Bayle-Mouillard, I, 58; Demante, IV, 78 *bis*; Troplong, n° 1104; Coin-Delisle, *932*, 13, 15; Marcadé, *932*, 6; Massé et Vergé, § 425, note 4; Demolombe, XX, 142 à 146; contra, Toullier, V, 212; Vazeille, *932*, 3; Duranton, VIII, 420.
(4) Grenier, I, 381 *bis*; Duranton, VIII, 420; Coin-Delisle, *932*, 15;

Marcadé, *932*, 6; Trolong, n° 1102; Massé et Vergé, § 426, note 4; Mourlon, II, p. 231; Taulier, IV, p. 63; Demante, IV, 71 *bis*; Saintespès, III, 620; Demolombe XX, 149; Dict. not., *Accept. de don.*, n° 204; Agen, 28 nov. 1855; Besançon, 2 mai 1860, Cass., 16 nov. 1851; J. N., 17319.
(5) Toullier et Duvergier, V, 213; Duranton, VIII, 105; Coin-Delisle, *932*, 8; Troplong, n° 1102; Demolombe, XX, 150; contra, Grenier, I, 138 *bis*; Demante, IV, 71 *bis*; Dalloz, n° 1454; Massé et Vergé, § 423, note 4.

2592. La notification de l'acceptation n'est sujette à aucune forme rigoureuse ou sacramentelle; ainsi il a été jugé qu'elle peut résulter de toute preuve établissant que le donateur a eu connaissance de l'acceptation (1); il est cependant préférable de la faire par huissier, à moins que le donateur ne dispense le donataire de la notification, soit par l'acte même d'acceptation soit par un acte postérieur (2), qui doit être reçu dans la forme authentique (3) [Form. 378] ; mais la présence réelle du notaire en second ou des témoins n'est plus prescrite sous peine de nullité (4).

2593. L'acceptation par acte séparé et la notification qui en est faite au donateur ou la dispense de notification de la part de celui-ci, doivent être transcrits lorsque les biens donnés sont susceptibles d'hypothèque, *supra* n° 2478.

2594. Lorsque le donateur a chargé le donataire de souffrir l'usufruit en faveur d'un tiers ou de payer une somme ou une rente viagère à un tiers, l'acceptation du donataire a pour effet de valider à son égard la libéralité au profit du tiers, et de l'obliger à l'exécution de la charge, quand même le tiers n'aurait pas accepté (5).

2595. Mais tant que le tiers n'a pas accepté la libéralité accessoire, le donateur peut la révoquer (C. N., 1121); s'il la révoque, la charge imposée au donataire profite au donateur. Le droit de révocation est personnel au donateur, et s'il n'en use pas de son vivant, la donation devient irrévocable par son décès, et le tiers peut ensuite accepter malgré l'opposition des héritiers du disposant (6).

Une expédition des présentes sera transcrite au bureau des hypothèques de......
Dont acte. Fait et passé, etc. (*Présence réelle des témoins.*)

FORMULE 378. — **Dispense de notification par acte séparé.** (N° 2593).

Par-devant M°......

A comparu M. Louis-Eugène Dumont, propriétaire, ancien négociant, demeurant à......

Lequel, ayant pris communication par la lecture que lui a donnée M°......, notaire soussigné, d'un acte reçu par ce notaire, qui en a gardé minute, en présence de témoins ; le......, aux termes duquel M. Désiré-Joseph Dumont, étudiant en médecine, demeurant à......, a accepté expressément la donation que M. Dumont, comparant, son oncle, lui a faite suivant acte passé aussi devant M°......, qui en a gardé minute, en présence de témoins, le......

A déclaré avoir pour agréable cette acceptation, se la tenir pour bien et dûment notifiée, et, en conséquence, dispenser le donataire de lui en faire faire la notification par huissier.

Mention des présentes est consentie pour avoir lieu sur toutes pièces où besoin sera.

Dont acte.

Fait et passé, etc.

---

(1) Paris, 31 juill. 1849; J. N., 13919.

(2) Marcadé, 932, 6; Demolombe, XX, 152; Roll., *Accept. de don.*, n° 152.

(3) Dict. not., *Accept. de don.*, n° 172; Poujol, 932, 7; Bayle-Mouillard, I, 58 bis; Demolombe, XX, 153; Caen, 8 juill. 1828; Bordeaux, 22 mai 1861. contra, Coin-Delisle, 932, 12; Troplong, n° 1103; Saintespès, III, 621; Zach., Massé et Vergé, § 426, note 2, selon lesquels un acte sous seing privé est suffisant.

(4) Massé et Vergé, § 426, not. 2; Troplong, n° 1103; Coin-Delisle, 932, 12; Marcadé, 932 6; contra, Bayle-Mouillard, I, 68.

(5) Toullier, V, 216; Dict. not., *Accept., de don.*, n° 25; Angers, 8 avril 1808; Cass., 28 juin 1837; J. N., 9693.

(6) Grenier et Bayle-Mouillard, I, 74; Toullier, V, 216; Duranton, VIII, 447; Demante, IV, 3 bis; Troplong, n° 1105; Massé et Vergé, § 426, note 4; Larombière, 1121, 7; Demolombe, XX, 91; Roll., *Accept. de don.*, n° 14; Toulouse, 19 nov. 1832; Cass., 25 avril 1833, Paris, 11 juin 1844, 6 déc. 1866; J. N., 13077, 18033.

2596. L'acceptation par le tiers est dispensée des formes de la donation, et peut résulter même d'un acte extrajudiciaire (1); l'exécution donnée à la stipulation, ainsi la réception des arrérages de la rente viagère, formerait aussi une acceptation suffisante (2). Toutefois, il est préférable que le tiers accepte par acte notarié notifié au donateur (3) [Form. 379].

SECTION IV. — DE LA RÉVOCATION DES DONATIONS.

2597. Nous avons vu, *supra* n° 2572, que la donation entre-vifs n'engage le donateur et ne produit d'effet que du jour où elle est acceptée; jusque-là elle constitue simplement une offre, une promesse, que le donateur peut retirer, soit en disposant de la chose donnée par vente ou autrement, soit en déclarant par un acte qu'il révoque la donation (4) [Form. 380].

2598. Si la donation a été acceptée, le donateur s'est trouvé dépouillé de la chose en faveur du donataire; cependant la donation peut encore être révoquée, mais dans trois cas seulement : 1° pour cause d'inexécution des conditions sous lesquelles elle a été faite (5); 2° pour cause d'ingratitude; 3° pour cause de survenance d'enfant (*C. N. 953*); dans les deux premiers cas la révocation doit être prononcée par jugement et n'a jamais lieu de plein droit (*C. N. 956*); le donateur ou son ayant cause peuvent renoncer à l'exercer (6); — dans le troisième cas, elle a lieu de plein droit, *infra* n° 2609.

2599. La donation faite sous des conditions onéreuses est également sujette à révocation dans les mêmes cas, mais seulement jusqu'à concurrence de l'excédant des charges (7); toutefois lorsque les

---

FORMULE 379. — **Acceptation par un tiers d'une charge imposée à son profit dans une donation.** (N°s 2594 à 2596.)

Par-devant M°. . . . .

A comparu, M. Théodore Duval, domestique au service de M. Galet, chez lequel il demeure à . . . . .

Lequel ayant pris connaissance par la lecture que lui en a donnée M°. . . . ., notaire soussigné, d'un acte passé devant M°. . . . ., qui en a gardé minute, en présence de témoins, le. . . . ., contenant donation entre-vifs par M. Louis Galet, vigneron, demeurant à. . . . ., à M. Honoré Havard, aussi vigneron, demeurant au même lieu, de divers immeubles, notamment d'une maison située à . . . rue. . . ., n°. . . . consistant en . . ., etc., à la charge par M. Havard : 1° de laisser à M. Duval comparant, l'usufruit pendant sa vie, à partir du . . . . ., de la maison qui vient d'être désignée, aux charges auxquelles les usufruitiers sont tenus, mais avec dispense de fournir caution; 2° de servir à M. Duval, pendant sa vie, une rente annuelle et viagère de cinq cents francs, qui prendra cours le. . . . ., et sera payable à M. Duval, en sa demeure, chaque année en deux termes égaux; les. . . . ., pour faire le payement du premier semestre, le. . . . .

A déclaré accepter expressément l'usufruit réservé et la rente viagère stipulée à son profit par l'acte de donation qui vient d'être relaté.

A ces présentes est intervenu

M. Galet, susnommé, qualifié et domicilié,

Lequel, après que lecture lui a été donnée, etc. (*Le surplus comme en la formule 377.*)

---

(1) Grenier et Bayle-Mouillard, 1, 74; Troplong, n° 1107; Larombière, 1121, 8; Massé et Vergé, § 426, note 4; Demolombe, XX, 93; Cass., 5 nov. 1818, 20 janv. 1819; Toulouse, 17 nov. 1832. Caen, 23 nov. 1840, 17 déc. 1847, 2 juin 1849; contra, Marcadé, 1121, 3; Saintespès, III, 015, Cass., 15 mai 1827; Bordeaux, 24 juill. 1827.
(2) Grenier, I, 74; Dict. not., *Accept. de don.*, n°s 30 et suiv.; Cass., 5 nov. 1818, et 25 avril 1833; J. N., 15077.
(3) Grenier, I, 74; Duranton, VIII, 417; Coin-Delisle, 932, 24; Marcadé, 1121, 23; Roll., *Accept. de don.*, n°s 27, 28; Cass., 5 nov. 1818.
(4) Dict. not., *Accept. de don.*, n°s 9 et 202; Demolombe, XX, 128 à 135; voir aussi Rouen, 8 mai 1851; J. N., 14508.

(5) Voir Demolombe, XX, 503, 582; Poitiers, 6 janv. 1837; Riom, 17 fév. 1841. Caen, 21 avril 1841; Rouen, 22 juill. 1843; Bordeaux, 26 juin 1852; Cass., 3 mai 1852, 13 juill. 1857; J. N., 10990, 11804, 14729, 14812, 16174; Pau, 6 août 1861; Lyon, 5 mars 1862; M. T., 1863, p. 602.
(6) Demolombe, XX, 591; Caen, 28 avril 1841; Grenoble, 28 juillet 1862.
(7) Duranton, VIII, 592; Coin-Delisle, 960, 9; Troplong, n°s 1318, 1396; Dict. not., *Révoc. de don.*, n° 5; Roll., *ibid.*, n° 6; Douai, 11 nov. 1844; Paris, 1er avril 1851.

charges sont équivalentes à la valeur des biens donnés, la donation a le caractère d'un contrat commutatif et n'est plus révocable (1).

2600. La donation rémunératoire est sujette à révocation, mais le donataire doit être indemnisé de la rémunération qui lui est due (2).

2601. *Révocation pour cause d'inexécution des conditions.* Elle est prononcée sur la demande du donateur, de ses héritiers (3), ou même de ses créanciers, conformément à l'art. 1166 (4), à moins que le donataire ou ses ayants cause (5), avant la prononciation du jugement, ne fassent cesser la cause de la demande en exécutant les conditions (6).

2602. Les juges peuvent accorder au donataire un délai pour l'exécution des conditions (7), toutefois cette faculté cesse s'il a été stipulé que la révocation aurait lieu de plein droit par le seul défaut d'exécution dans un temps convenu (8) (C. N. 1656).

2603. Lorsque le donataire a été obligé à des charges envers des tiers, le donateur ou ses héritiers peuvent demander la révocation de la donation pour cause d'inexécution ; quant aux tiers, ils ne le peuvent pas, mais ils ont le droit de poursuivre le donataire pour l'exécution des charges (9).

2604. La prescription de l'action en révocation pour cause d'inexécution des conditions est de trente ans en vertu de l'art. 2262, et non pas de dix ans d'après l'art. 1304 (10).

FORMULE 380. — **Révocation d'une donation entre-vifs non acceptée.** (N° 2597.)

Par-devant M^e. . . . .

A comparu M. Charles LEJEUNE, propriétaire, demeurant à. . . . .

Lequel a dit :

Aux termes d'un acte passé devant M^e. . . . ., notaire soussigné, qui en a gardé minute, en présence de témoins, le. . . . ., M. LEJEUNE, comparant, a fait donation à M. Chrysostome LEJEUNE, son neveu, marchand mercier, demeurant à. . . . ., de : 1°, etc. (*Désigner sommairement les objets, sommes ou valeurs donnés.*)

M. LEJEUNE, donataire, n'est point intervenu à cet acte de donation, et ne l'a pas encore accepté ;

Aujourd'hui la volonté de M. LEJEUNE, comparant, est que cette donation ne produise aucun effet ; en conséquence il déclare la révoquer purement et simplement, voulant qu'elle soit considérée comme nulle et non avenue.

Mention des présentes sera faite sur toutes pièces où besoin sera, notamment en marge de l'acte de donation susrelaté.

Dont acte. Fait et passé, etc. . .

---

(1) Duranton, Coin-Delisle, Dict. not., Roll., *loc. cit.*; Douai, 11 nov. 1844 ; Bordeaux, 19 mai 1846 ; Cass., 25 mai 1830, 2 avril 1849.
(2) Grenier, 1, 218 ; Coin-Delisle, 960, 10 ; Troplong, n°s 1318, 1397; Demolombe, XX, 583 ; Mourlon, II, p. 369 ; Dict. not., *Révoc. de don.*, n° 6 ; Rennes, 25 fév. 1829 ; Cass., 17 août 1831 et 25 mai 1836 ; Bordeaux, 10 avril 1843, 10 juin 1863 ; *Journal du not.*, 1863, p. 309.
(3) Duranton, VIII, 554 ; Coin-Delisle, 954, 7 ; Marcadé, 954, 2 ; Troplong, n° 1300 ; Dalloz, n° 1809 ; Massé et Vergé, § 483, note 1.
(4) Duranton, VIII, 540 ; Dalloz, n° 1811 ; Massé et Vergé, § 483, note 1 ; Marcadé, 954, 2 ; Mourlon, II, p. 388 ; Troplong, n° 1300 ; Demolombe, XX, 592, 593 ; l'au. 2 janv. 1827 ; Toulouse, 9 fév. 1832 ; Aix, 21 mai 1855 ; Grenoble, 28 juill. 1862 ; CONTRA, Coin-Delisle, 954, 11.
(5) Les ayants cause ne le peuvent pas lorsque les charges doivent être remplies par le donataire lui-même, par exemple si elles consistent en des prestations en nature, comme la condition de loger, nourrir, soigner : Limoges, 28 janv. 1841 ; Bordeaux 7 juill. 1863 ; *Journ. du not.*, 1863, p. 309.

(6) Demante, IV, 95 *bis* ; Demolombe, XX, 603, 604 ; Limoges, 28 janvier 1844.
(7) Toullier et Duvergier, V, 278 ; Coin-Delisle, 956, 3 ; Marcadé, 956, 1 ; Dalloz, n° 1802 ; Zach., § 483, note 3 ; Troplong, n° 1295 ; Demante, IV, 96 *bis* ; Mourlon, II, p. 357 ; Demolombe, XX, 598, 605 ; Dict not., *Révoc. de don.*, n° 39 ; Bordeaux, 7 déc. 1829 ; Cass., 14 mai 1836 ; Bourges, 10 fév. 1813 ; Riom, 2 juill. 1860 ; J. N., 17028 ; voir cependant Douai, 26 nov. 1861 ; J. N., 17336.
(8) Bayle-Mouillard, II, 210 ; Troplong, n° 1290 ; Demante, IV 96 *bis* ; Demolombe, XX, 606 ; CONTRA, Coin-Delisle, 956, 4 ; Saintespès, III, 889.
(9) Coin-Delisle, 954, 12 ; Massé et Vergé, § 483, note 1 ; Taulier, IV, p. 95 ; Bayle-Mouillard, II, 210. Saintespès, III, 860 ; Demolombe, XX, 597 ; Larombière, 1121, 9 et 11 ; Cass., 19 mars 1855 ; voir cependant Vazeille, 954, 4.
(10) Demante, IV, 96 *bis* ; Saintespès, III, 868 ; Mourlon, II, p. 353 ; Demolombe, XX, 603 ; voir cependant Marcadé, art. 957.

2605. *Révocation pour cause d'ingratitude.* Elle doit être formée dans l'année (1) à compter du jour du délit imputé par le donateur au donataire, ou du jour que le délit a pu être connu par le donateur : dans aucun cas elle ne peut être demandée après la mort du donateur, ni même continuée contre ses héritiers si elle a été demandée avant son décès (2); et après la mort du donateur elle ne peut être demandée contre le donataire, à moins que l'action n'ait été intentée par le donateur ou qu'il ne soit décédé dans l'année du délit (C. N. 957) ou du jour où le délit a pu être connu du donateur (3); elle ne peut non plus être intentée par le donateur, s'il a pardonné l'offense (4) ou s'il a exécuté la donation après avoir connu les faits d'ingratitude dont il se plaint (5).

2606. Il y a ingratitude pouvant donner lieu à la révocation dans les trois cas suivants seulement : 1° si le donataire a attenté (6) à la vie du donateur (7); 2° s'il s'est rendu coupable envers lui de sévices, délits ou injures graves (8); 3° s'il lui refuse des aliments (9) (C. N. 955). Cette dernière disposition établit évidemment en principe que le donataire doit des aliments au donateur qui se trouve dans le besoin, même lorsque la donation a été faite par contrat de mariage (10).

2607. Les donations faites en faveur du mariage (11) par des tiers aux époux ou à l'un d'eux, étant censées faites en faveur tant des époux que des enfants à naître, ne sont pas révocables pour cause d'ingratitude (C. N. 959), mais les donations entre époux faites par contrat de mariage ou depuis peuvent être révoquées pour cause d'ingratitude (12); et si la séparation de corps vient à être prononcée (13), l'époux défen-

---

FORMULE 381. — **Donation nouvelle après révocation pour cause de survenance d'enfant** (N°s 2598 à 2614).

PAR-DEVANT M°.....

Ont comparu M. Charles GENEVOIX, avocat, demeurant à.....

D'une part,

Et M. Charles LAGRANGE, son neveu, capitaine au 82° régiment de ligne en garnison à... où il demeure,

D'autre part ;

Lesquels, pour l'intelligence de la donation faisant l'objet des présentes, ont exposé ce qui suit :

I. Aux termes d'un acte passé devant M°....., notaire à....., qui en a gardé minute, en présence de témoins, le....., M. GENEVOIX a fait donation entre-vifs, par préciput et hors part, à M. LAGRANGE, son neveu, de :

deur perd de plein droit, conformément à l'art. 299 C. N., tous les avantages que son conjoint lui a faits soit par leur contrat de mariage, soit depuis (1), même lorsque la libéralité a été faite par testament (2).

2608. *Révocation pour cause de survenance d'enfant.* Toute donation entre-vifs, quelle que soit sa nature, à quelque titre qu'elle ait été faite et de quelque valeur qu'elle soit, fût-elle même mutuelle, ou manuelle (3), ou déguisée sous la forme d'un contrat onéreux (4), d'une remise de dette, ou d'une renonciation à des droits acquis (5), ou faite en faveur de mariage par d'autres que par les ascendants au conjoint (6), ou par les époux (7) entre eux (8), est révoquée de plein droit par la survenance d'un enfant légitime du donateur, même d'un posthume, ou par la légitimation (9) par mariage subséquent d'un enfant naturel né depuis la donation (10), si le donateur n'avait point d'enfants ou de descendants légitimes actuellement vivants dans le temps de la donation (*C. N. 960*), encore bien que l'enfant fût conçu au temps de la donation (*C. N. 961*); en conséquence l'existence au temps de la donation d'un enfant naturel reconnu (11) ou d'un enfant adoptif (12) ne fait pas obstacle à la révocation.

2609. La révocation, dans ce cas, ayant lieu de plein droit, la donation ne peut revivre ou avoir son effet, ni par la mort de l'enfant du donateur, ni par aucun acte confirmatif ; et si le donateur veut donner les mêmes biens au même donataire, avant ou après la mort de l'enfant par la naissance duquel la donation a été révoquée, il ne peut le faire que par une nouvelle disposition (13) (*C. N. 964*). [Form. 381.]

1° Une maison située à. . . . ., rue. . . . ., n°. . . . ., composée au rez-de-chaussée de magasin, arrière-magasin, etc. . . . (*La désigner.*)

2° Une rente annuelle et viagère de mille francs, au profit, sur la tête et pendant la vie de M. Lagrange, qui a pris cours le. . . . ., et a été stipulée payable à M. Lagrange, au domicile à cet effet élu à. . . . ., en l'étude de M°. . . . ., notaire, chaque année en deux termes égaux, les. . . . .

M. Lagrange a été mis en possession de la maison donnée dès le jour de la donation ; et les arrérages de la rente lui ont été servis à partir du jour où ils ont commencé à courir.

2610. Toute clause ou convention par laquelle le donateur aurait renoncé à la révocation de la donation pour survenance d'enfant est regardée comme nulle, et ne peut produire aucun effet (*C. N. 965*).

2611. Si le donataire a été mis en possession des biens donnés et y a été laissé par le donateur depuis la survenance d'enfant, la donation n'est pas moins révoquée, mais le donataire n'est tenu de restituer les fruits par lui perçus, de quelque nature qu'ils soient, si ce n'est du jour que la naissance de l'enfant ou sa légitimation par mariage subséquent lui a été notifiée par exploit ou autre acte en bonne forme; alors il y est tenu quand même la demande pour rentrer dans les biens donnés n'aurait été formée que postérieurement à cette notification (*C. N. 962*). Cependant si la possession par le donataire, ses héritiers ou ayants cause ou par tous autres détenteurs a duré trente années (1) du jour de la naissance du dernier enfant du donateur même posthume, sans interruption ni suspension (2), le possesseur peut opposer la prescription et ainsi faire valoir la donation révoquée par survenance d'enfant (*C. N. 966*).

2612. *Effets de la révocation.* La révocation pour cause d'ingratitude ne préjudicie ni aux aliénations onéreuses ou gratuites (3), faites par le donataire, ni aux charges et hypothèques dont il a grevé les biens donnés, pourvu que la transcription des actes d'aliénation ou constitutifs de charges, et que les inscriptions des hypothèques (4), soient antérieures à la transcription de la demande en révocation, mais le donataire doit restituer la valeur des objets donnés eu égard au temps de la demande (5), et les fruits à compter du jour de cette demande (*C. N., 958*).

2613. Dans le cas de révocation pour cause d'inexécution des conditions, les biens rentrent dans les mains du donateur libres de toutes aliénations, charges, hypothèques, etc., du chef du donataire; et le donateur a contre les tiers détenteurs des immeubles donnés, et aussi des meubles incorporels, tels que

---

Une expédition de cette donation a été transcrite au bureau des hypothèques de. . . . . , le. . . ., vol. . . . ., n°. . . . .

II. M. Genevoix n'était pas marié à l'époque de cette donation; depuis il a épousé Mlle Elise Guilbault.

De ce mariage il est issue une enfant : Marie Genevoix, née le. . . . .

Par le fait de cette survenance d'enfant, la donation ci-dessus relatée s'est trouvée révoquée de plein droit, conformément aux dispositions de l'art. 960 du Code Napoléon.

L'intention de M. Genevoix est de faire revivre la donation.

Ces faits exposés,

M. Genevoix fait de nouveau donation entre-vifs, et s'il y a lieu par préciput et hors part, conséquemment avec dispense de rapport à sa succession,

A M. Lagrange, qui accepte :

1° De la maison située à. : . . ., rue. . . . ., n°. . . . ., désignée en l'exposé qui précède.

2° Et d'une rente annuelle et viagère de mille francs, en remplacement de celle primitivement donnée, dont le service a toujours continué, et qui, de même que la première, sera payable à M. Lagrange, au domicile à cet effet élu à. . . . ., en l'étude de M^e. . . . ., notaire soussigné, chaque année en deux termes égaux, les. . . . ., pour faire le payement du premier semestre, le. . . . .

M. Lagrange ne sera pas tenu de justifier de certificats d'existence pour toucher les arrérages de la rente, tant qu'il les recevra lui-même.

---

(1) La prescription de dix ou vingt ans, même avec titre et bonne foi, n'est pas applicable : Grenier, I, 267, Troplong, n° 1423 ; Zach., Massé et Vergé, § 485, note 32; Mourlon, II, p. 389 ; Demolombe, XX, 809 ; Cass., 6 nov. 1832; Paris, 1er avril 1851 ; J. N., 14382.

(2) Marcadé, *art. 960* ; Troplong, n° 1425; Zach., Massé et Vergé, § 485, note 33; Coin-Delisle, *966*, 43; Saintespès, III, 966; Dalloz, n° 1937 ; Demante, IV, 100 *bis*; Demolombe, XX, 310; Dict. not., *Rev. de don.*, n° 130.

(3) Marcadé, *art. 958*; Troplong, n° 1343; Massé et Vergé, § 484, note 16; Demolombe, XX, 702 ; contra, Zach., § 484, note 16.

(4) Arg. de la loi du 23 mars 1855 ; Grosse, *sur cette loi*, n° 367 ; voir cependant Demolombe, XX, 703.

(5) Et non par les prix des objets aliénés : Demolombe, XX, 707, 708.

des rentes (1), tous les droits qu'il aurait contre le donataire lui-même (2) (*C. N. 954*). Le donataire doit restituer les fruits des biens donnés à partir seulement du jour de la demande, puisque jusque-là il était propriétaire en vertu d'un titre valable de propriété (3).

2614. De même en cas de révocation de plein droit pour cause de survenance d'enfant, les biens compris dans la donation rentrent dans le patrimoine du donateur, libres de toutes charges, aliénations, hypothèques, etc., du chef du donataire, sans qu'ils puissent demeurer affectés, même subsidiairement, à la restitution de la dot de la femme de ce donataire, de ses reprises ou autres conventions matrimoniales ; ce qui a lieu quand même la donation aurait été faite en faveur du mariage du donataire et insérée dans le contrat, et que le donateur se serait obligé comme caution, par la donation, à l'exécution du contrat de mariage (*C. N. 963*).

SECTION V. — DE LA DONATION ET DES LEGS AUX ÉTABLISSEMENTS PUBLICS.

2615. Les églises, archevêchés, évêchés, chapitres, grands et petits séminaires, cures, succursales, fabriques, pauvres, hospices, lycées, collèges, communes, départements, et en général tous établissements d'utilité publique, toute association religieuse, reconnus par la loi, c'est-à-dire établis avec l'autorisation du gouvernement, peuvent recevoir par donation entre-vifs [Form. 381], ou par testament (4) (*C. N. 910 ; loi 2 janvier 1817*), et même par don manuel lorsque la libéralité est purement gratuite et que la destination n'est pas déterminée par le bienfaiteur ; sinon le don manuel doit être transformé en donation par acte notarié (5). Quant aux établissements publics ou associations religieuses non autorisés, ils ne

---

L'origine de la propriété de la maison donnée est régulièrement établie dans le premier acte de donation ; il y est renvoyé à la réquisition des parties.

M. Lagrange a la pleine propriété de la maison donnée à partir de ce jour. Il est en jouissance de cette maison depuis la date de la première donation, et cette jouissance n'a point subi d'interruption, aucune notification de la naissance de l'enfant de M. Genevoix n'ayant été faite au donataire.

Une expédition des présentes sera transcrite au bureau des hypothèques de. . . . .

M. Lagrange se reconnaît en possession des titres de propriété de la maison donnée.

Les frais et droits des présentes seront supportés par M. Lagrange.

Pour l'exécution des présentes, etc.

Dont acte. Fait et passé, etc.

FORMULE 382. — **Donation à un établissement public.** (Nos 2615 à 2632.)

Par-devant Me. . . . .

A comparu M. Barthélemy Ango, propriétaire, demeurant à. . . . .

Lequel a, par ces présentes, fait donation entre-vifs,

A l'hospice civil et militaire de la ville de. . . . ., sauf acceptation par les membres composant la commission administrative de cet hospice, lorsqu'ils auront obtenu l'autorisation nécessaire,

---

(1) Caen, 21 avril 1841.
(2) V. Bordeaux, 26 juin 1852, 8 fév. 1866; J. N., 11729; Jur. N., 13164.
(3) Vazeille, *954*, 3; Coin-Delisle, *953*, 22; Bayle-Mouillard, II, 210; Saintespès, III, 806; Demolombe, XX, 611; contra, Durauton, VIII, 543; Troplong, n° 295; Mourlon, II, p. 378, selon lesquels le donataire doit restituer les fruits du jour où il s'est trouvé en faute pour n'avoir pas exécuté les conditions.
(4) Pourvu que la libéralité soit directe, car si elle a été faite par une personne interposée, elle est nulle en raison de ce que la forme employée aurait eu pour but d'éluder le contrôle et l'autorisation du gouvernement : Demante, IV, 32 *bis*; Dalloz, n° 476; Demolombe, XVIII, 631; Troplong, n° 724; Massé et Vergé, § 418, note 43; Montpellier, 3 mars 1853 et 24 août 1854: Cass., 17 nov. 1852, Paris, 10 janv. 1863; M.T., 1863, p. 86.
(5) Décis. minist., 18 oct. 1863: *Journ. du not.*, 1863, p. 319.

peuvent acquérir à titre gratuit ni à titre onéreux (1); en conséquence les dons et legs à leur profit sont nuls (2), lors même qu'ils auraient été faits par personnes interposées (3), ou par dons manuels (4), ou sous forme de contrats à titre onéreux (5); l'autorisation ultérieure de l'établissement serait insuffisante pour valider la disposition, même faite sous la condition expresse de se faire autoriser (6); mais rien ne s'oppose à ce qu'une disposition soit faite pour la création d'un établissement d'utilité publique, d'une communauté religieuse, d'un hospice, lorsqu'elle peut être considérée comme faite au profit d'une personne morale déjà existante, telle qu'une commune, un bureau de bienfaisance, ou comme la charge d'une libéralité faite à un autre gratifié (7).

2616. Les établissements religieux ne peuvent recevoir des dons et legs qu'à titre particulier (8) (*loi 24 mai 1825, art. 4, § 1*).

2617. Toute personne religieuse, postulante, novice ou professe, faisant partie d'un établissement

---

1° D'une pièce de terre labourable située commune de....., lieu dit....., de la contenance de quinze hectares trente ares, section A, n° 28 du plan cadastral, bornant d'un côté....., etc.

2° D'une somme de dix mille francs en numéraire, que le donateur s'oblige à verser au receveur de l'hospice, lors de l'acceptation de la présente donation.

L'immeuble ci-dessus désigné est donné dans son état actuel, avec toutes ses dépendances, sans aucune exception ni réserve, comme aussi sans garantie de la mesure exprimée.

L'immeuble donné appartient à M. ANGO, donateur, etc. (*Etablir l'origine de propriété.*)

La pièce de terre donnée est affermée à M. Charles LEBEL, cultivateur, demeurant à....., pour neuf années qui expireront par la récolte de....., moyennant, outre la charge des impôts, un fermage de mille francs, payable chaque année en deux termes égaux, les....., suivant bail reçu par M^e....., qui en a gardé minute, et son collègue, notaires, à....., le......

L'hospice de..... aura la pleine propriété de l'immeuble donné à compter d'aujourd'hui, et il en prendra la jouissance par la perception à son profit des fermages, à partir de ceux représentatifs de la récolte de l'année....., pour toucher le semestre à échoir le....., et tous ceux ultérieurs.

L'hospice acquittera les impôts de toute nature à la charge de l'immeuble donné, à partir du....., sauf à les faire supporter par le fermier.

Il supportera les servitudes passives, apparentes ou occultes, continues ou discontinues pouvant grever cet immeuble, sauf à s'en défendre et à profiter de celles actives, s'il en existe, à ses risques et périls, et sans que cette stipulation puisse conférer à des tiers plus de droits que ceux qu'ils pourraient avoir en vertu de la loi ou de titres réguliers et non prescrits.

---

(1) Paris, 10 janv. 1863; Angers, 23 fév. 1859; Cass., 15 déc. 1856, 9 nov. 1859, 3 juin 1861; J. N., 17090, 16742, 17170. V. Paris, 22 janv. 1861; Seine 23 août 1861; J. N. 17956, 18121.
(2) Coin-Delisle, *910*, 5; Marcadé, *art. 910*; Saintespès, I, 258; Massé et Vergé, § 418, note 10; Demolombe, XVIII, 586; Clamageran, Rev. prat., III, p. 2; Troplong, n° 689; Caen, 31 mars 1846; Cass., 15 nov. 1847, 14 août 1866.
(3) Saintespès, II, 258; Troplong, n° 688; Demante, IV, 31 *bis*; Massé et Vergé, § 418, note 9; Demolombe, XVIII, 642; Douai, 29 mars 1820; Colmar, 14 avril 1829; Nîmes, 22 nov. 1839; Toulouse, 21 janv. 1841; Agen, 12 août 1842; Caen, 31 mars 1846; Paris, 20 mai 1851, 17 avril 1863; Angers, 23 fév. 1859; Montpellier, 25 fév. 1862; Cass., 8 août 1826, 27 avril 1830, 5 juill. 1842, 15 nov. 1847, 23 fév. 1849, 23 fév. 1859, 3 juin 1861; J. N., 11401, 11543, 14363, 17170; M. T., 1862, p. 204, 1863, p. 368.
(4) Paris, 22 janv. 1850.
(5) Paris, 27 juin 1850.
(6) Demol, XVIII, 588, 589; Cass., 5 juill. 1842; 14 août 1866; Douai, 30 juin 1871; CONTRA, Troplong, n° 612. V. Cass., 12 mars 1866; J. N., 18480.
(7) Demolombe, XVIII, 590; Troplong, n° 612; Cass., 7 nov. 1859.
(8) Si le legs est universel ou à titre universel, il n'est pas seulement réductible, il est nul: Troplong, n° 602; Bayle-Mouillard, I, 430 *bis*; Demolombe, XVIII, 569; Lyon, 24 mars 1843; Caen, 31 mars 1846; Cass., 2 mars 1846.

religieux de femmes dûment autorisé (1), ne peut disposer par acte entre-vifs ou par testament, soit en faveur de cet établissement, soit au profit de l'un de ses membres, au delà du quart de ses biens, à moins que le don ou le legs n'excède pas dix mille francs (2). Cette prohibition cesse d'avoir lieu relativement aux membres de l'établissement, si la légataire ou donataire est héritière en ligne directe de la testatrice ou donatrice. En outre la prohibition n'est pas applicable aux dons ou legs faits à l'établissement ou aux membres dans les six mois du jour où l'établissement a été autorisé (3) (*loi 24 mai 1825, art 5*).

2618. Les dons faits à des établissements ecclésiastiques ou aux communautés religieuses de femmes, ne peuvent avoir lieu sous réserve d'usufruit au profit du donateur (4) (*loi 14 janv. 1831, art. 4*).

2619. Tout notaire, devant lequel un don ou un legs en faveur d'un établissement public a été fait, doit en donner avis à cet établissement par l'entremise du ministre de l'intérieur (5) : s'il s'agit d'un don, aussitôt après l'acte de donation ; s'il s'agit d'un legs, aussitôt après l'ouverture ou la publication du

---

Cette donation est faite aux conditions suivantes :

1° Il sera établi, à partir du. . . . ., et à perpétuité, dans les salles de l'hospice, trois lits destinés à recevoir les malades de la commune de. . . . ;

2° L'hospice soignera les malades qui seront envoyés par la commune de. . . . ., pour occuper les trois lits, les fera visiter par des médecins et chirurgiens, et leur fournira les médicaments, la nourriture, les vêtements, le linge qui leur seront nécessaires, le tout gratuitement ;

3° L'hospice payera les frais et droits des présentes ainsi que ceux d'acceptation et de notification.

Une expédition des présentes sera transcrite au bureau des hypothèques de. . . . .; si l'état qui sera délivré sur l'accomplissement de cette formalité fait connaître l'existence d'inscriptions, le donateur s'oblige à en rapporter mainlevée et certificat de radiation, à ses frais, dans le mois de la demande amiable qui lui en sera faite au domicile ci-après élu.

Le donateur déclare qu'il est célibataire et qu'il n'est et n'a jamais été chargé de fonctions entraînant hypothèque légale ;

Il s'oblige à remettre les titres de propriété de l'immeuble donné lors de l'acceptation de la donation.

Pour la perception du droit d'enregistrement, le donateur déclare que l'immeuble donné est passible d'un impôt foncier annuel de. . . . ., ainsi que le constate l'avertissement délivré pour cette année.

Pour l'exécution des présentes, le donateur élit domicile à. . . . ., en l'étude de M°. . . . ., notaire soussigné.

Dont acte.

Fait et passé, etc.

---

(1) Il en est autrement lorsque l'établissement religieux n'est pas autorisé ; dans ce cas les membres conservent toute leur capacité de disposer et de recevoir, sauf le cas d'interposition de personne : Demolombe, XVIII, 576; Grenoble, 13 janv. 1811; Cass., 26 avril 1812, 15 mai 1850.
(2) Dans ce cas, le legs peut être universel ou à titre universel, sauf réduction au quart ou à 10,000 fr. : Demolombe, XVIII, 573;
Dict. not., *Don.*, n° 254; Roll., *ibid.*, n° 242; Lyon, 21 mars 1843; Orléans, 21 juin 1834; Cass., 2 déc. 1845; J. N., 12121, 12387; CONTRA, Troplong, n° 694; Bayle-Mouillard, I, p. 589.
(3) Voir cass ; 22 déc. 1851 ; J. N., 14511.
(4) Voir circ. min. intérieur, 5 déc. 1863 ; J. N., 17887.
(5) Monit. judic. Lyon, juin 1855 ; Jur. not., 10447.

testament (*arrêté, 4 pluv. an* xii; *décrets 30 déc. 1809 et 6 nov. 1813; ordonn. roy., 16 juin 1814; et 2 avril 1817, art. 5; circ. min. just., 4 mai 1853*).

2620. Indépendamment de l'avis à donner aux légataires, tout notaire dépositaire d'un testament contenant un ou plusieurs legs au profit des communes, des pauvres, des établissements publics ou d'utilité publique, des associations religieuses et des titulaires énumérés dans l'art. 2 de l'ordonn. roy. du 2 avril 1817, *supra* n° 2615, est tenu de transmettre au préfet du département, sans délai, après l'ouverture du testament, un état sommaire de l'ensemble des dispositions de cette nature insérées au testament (*décret 30 juill. 1863; circ. min. int., 18 août 1863*).

2621. En *Algérie*, le notaire dépositaire d'un testament contenant des dispositions au profit d'un établissement public, doit en donner avis au procureur impérial dans le mois de l'ouverture du testament (*arrêté minist., 30 déc. 1842, art. 28*). *Voir décret 13 août 1864*).

2622. Selon les art. 910 et 937 du Code Nap., les dispositions par dons ou legs faites aux établissements publics, aux communes, etc., n'ont d'effet qu'autant qu'elles sont autorisées conformément aux lois (1), et ne peuvent être acceptées par les administrateurs des établissements, communes, etc., qu'après y avoir été dûment autorisés. — Pour cela il faut que la disposition ait été faite directement à un établissement public; si le testateur a disposé de tous ses biens pour être employés en prières et nommé un exécuteur testamentaire à cet effet, sa disposition n'étant pas une libéralité en faveur d'une église, d'une fabrique ou d'un corps moral, n'a pas besoin de l'autorisation administrative (2).

2623. De ce qu'un legs universel fait à un établissement public est sans effet tant qu'il n'a pas été autorisé, il s'ensuit que jusque-là l'héritier conserve toutes les actions utiles de l'hérédité et a le droit de les exercer (3); voir cependant, *infra* n° 2632.

2624. Lorsqu'un legs a été fait à un établissement public avec la condition que, si pour une cause quelconque, la libéralité ne reçoit pas sa pleine et entière exécution, un tiers demeure substitué aux lieu et place de l'établissement, le legs n'a rien de contraire à la loi et ne peut être annulé comme contenant virtuellement un obstacle à l'exercice du droit de l'autorité supérieure d'autoriser seulement en partie l'acceptation du legs (4).

2625. La demande d'autorisation d'un legs au profit d'un établissement ecclésiastique ou d'une communauté religieuse de femme ne peut être faite qu'autant que les héritiers du testateur ont été appelés par acte extrajudiciaire à prendre connaissance du testament, donner leur assentiment à son exécution ou produire leurs moyens d'opposition. Si les héritiers ne sont pas connus, extrait du jugement est affiché de huitaine en huitaine et à trois reprises consécutives au chef-lieu de la mairie du domicile du testateur, et inséré dans le journal judiciaire du département, avec invitation d'adresser leurs réclamations au préfet dans ce délai (*ordonnance 14 janv. 1831; conseil d'État, 23 nov. 1863, 2 février et 1er mars 1866*).

2626. C'est à l'Empereur qu'il appartient d'autoriser l'acceptation d'un don ou d'un legs (*C. N. 910; ordonn. roy., 2 avril 1817*); mais le pouvoir du chef de l'État peut être délégué; ainsi, les préfets peuvent autoriser : 1° tous dons et legs faits aux sociétés de charité maternelle, de toute sorte de biens, lorsqu'il n'y a pas réclamation des familles (*décret 25 mars 1852, tableau A., n°s 7, 29, 42*); 2° tous

---

FORMULE 383. — **Acceptation par les administrateurs de l'hospice.** (N°s 2633 à 2635.)

Par-devant M°.....

Ont comparu :

1° M. Anatole d'Arblay, maire de la ville de....., où il demeure,

Président de la commission administrative de l'hospice civil et militaire de.....

---

(1) Voir Paris, 10 janv. 1863, 16 déc. 1864; J. N., 18226.
(2) Massé et Vergé. § 418, note 13; Bordeaux, 24 nov. 1857; Cass. 19 juill. 1859; Rennes, 22 août 1864; J. N., 16236, 16687, 17393; voir cependant Cass., 26 nov. 1826.

(3) Lyon, 8 fév. 1854; J. N., 15167.
(4) Cass., 25 mars 1863; J. N., 17706; Amiens, 24 juill. 1843; contra, Lyon, 29 janv. 1864. Voir Seine, 26 déc. 1866. M. T. 1867, p. 65.

dons et legs d'argent ou d'objets mobiliers faits à tous établissements publics, lorsque leur valeur n'excède pas 300 fr. (*ordonn. roy.*, *2 avril 1817, art. 1er*); 3° aux fabriques des églises, lorsque leur valeur n'excède pas 1,000 fr. (*décret 15 fév. 1862*); 4° aux sociétés de secours mutuels, lorsque leur valeur n'excède pas 5,000 fr. (*décret 26 mars 1852, art. 8*); 5° aux établissements de charité et de bienfaisance, lorsque leur valeur n'excède pas 3,000 fr., et qu'ils ne donnent pas lieu à réclamation (*ordonn. roy., 6 juill. 1844, art. 4*). Quant aux dons ou legs aux départements ou aux communes, lorsqu'ils ont été faits sans charges, conditions ni affectation immobilières, et qu'ils ne donnent pas lieu à réclamation, ils sont acceptés : ceux aux départements par les préfets autorisés par une délibération du conseil général (*L. 18 juill. 1866, art. 1er, 5°*), et ceux aux communes par les maires, autorisés par une délibération du conseil municipal, et sauf l'approbation du préfet en cas de désaccord entre le maire et le conseil municipal (*L. 24 juill. 1867, art. 1er*). Dans tous les autres cas, les dons ou legs ne peuvent être autorisés que par décret de l'Empereur, le conseil d'État entendu et sur l'avis préalable des préfets (*ordonn. roy., 2 avril 1817, art. 1er*).

2627. Lorsque une libéralité est complexe, c'est-à-dire contient deux dispositions dont l'acceptation est soumise l'une à l'autorisation de l'Empereur, l'autre à celle du préfet, c'est à l'Empereur seul qu'il appartient de statuer sur le tout (1).

2628. Le maire à l'égard des dons ou legs faits aux communes et aux établissements communaux, et en vertu de la délibération du conseil municipal; le président de la commission des hospices et hôpitaux, à l'égard des dons et legs faits aux hospices et aux hôpitaux, et en vertu de la délibération de la commission ; et les gérants et administrateurs des sociétés de secours mutuels à l'égard des dons et legs faits à ces sociétés, peuvent toujours accepter les dons ou legs, à titre conservatoire (2). La décision de l'autorité qui intervient ensuite a effet du jour de cette acceptation (*lois 18 juill. 1837, art. 48; 15 juill. 1850, art. 7; 7 août 1851, art. 2*); l'acceptation provisoire a donc pour effet de rendre la donation irrévocable, quand même le donateur décéderait avant le décret ou l'arrêté d'autorisation, et lorsqu'il s'agit d'un legs elle a pour effet de faire courir les fruits ou intérêts de la chose léguée (3).

2629. Hors les cas où la loi permet l'acceptation provisoire, la donation ne devient irrévocable que par l'acceptation intervenue en vertu d'une autorisation régulière, et c'est de ce moment seulement que courent les fruits et intérêts de la chose léguée (4).

2630. La nécessité de l'autorisation du gouvernement pour l'acceptation des dons et legs faits aux établissements publics est une condition d'ordre public, et l'exécution volontaire par le donateur ou ses héritiers ne ferait pas obstacle à la demande en nullité pour défaut d'autorisation (5).

2631. L'acceptation d'un don manuel fait à un établissement public est aussi soumise à l'autorisation du gouvernement (6); cette autorisation peut être obtenue après le décès du donateur (7).

2632. Lorsqu'un legs universel a été fait à un établissement public par un testateur qui ne laisse pas d'héritiers à réserve, la saisine et les fruits et intérêts lui appartiennent du jour du décès, de même qu'à tout autre légataire, de sorte que l'acceptation après autorisation obtenue rétroagit au jour du décès (8). Dans ce cas, le legs conserve toujours son effet de legs universel, même lorsque l'autorisation d'accepter n'a été accordée qu'avec la réduction d'une quote-part en faveur des héritiers du sang (9).

2633. Après l'autorisation obtenue, l'acceptation est faite [Form. 383] : 1° par les évêques lorsque

---

2° M. François Cauchoix, propriétaire ;

3° M. Vincent Dumont, fabricant ;

---

(1) Avis conseil d'État, 27 déc. 1855; Circ. min. int., 25 janv. 1853 et 18 août 1863. V. avis conseil d'État, 12 juill. 1864.
(2) Voir Cass., 12 nov. 1862, 12 nov. 1866 ; J. N., 18560.
(3) Troplong, n° 678 ; Paris, 19 mai 1851 ; J. N. 14519.
(4) Massé et Vergé, § 418, note 15 ; Troplong, n° 678 ; Paris, 27 janv. 1851 ; Cass. 45 nov. 1849, 21 mars 1852 ; J. N. 14668.
(5) Cass., 24 juill. 1854.
(6) Vuillefroy, *Admin. du Culte cathol.*, p. 282 ; Massé et Vergé, 418, note 13 ; Demolombe, XVIII, 603 ; Poitiers, 14 janv. 1827 ; Angers, 20 janv. 1848 ; Paris, 20 janv. 1850, 7 déc. 1852 ; J. N. 13957,

14882; contra, Foucard, *Droit public*, III, p. 125; Saintespès, n° 269, Vazeille, *937*, 9; Bourges, 20 nov. 1831 ; Cass., 26 nov. 1833 ; voir aussi décis. minist. 18 oct. 1863 ; *Journ. du Not.*, 1863, p. 319.
(7) Demolombe, XX, 63; Cass., 26 nov. 1833; Paris, 7 déc. 1832 ; J. N. 14882 ; contra, Trib. Tours, 7 juill. 1859.
(8) Demolombe, XVIII, 601 ; Pont, *Rev. Crit.*, 1853, p. 1 ; Voir aussi, Bordeaux, 9 mars 1859 ; Caen, 20 juill. 1859.
(9) Demolombe, XVIII, 602 ; Amiens, 8 mars 1860 ; Bordeaux, 20 fév. 1865 ; Jur. N., 12905; Cass., 1er déc. 1866 ; M. T., 67, p. 282.

les dons ou legs ont pour objet leur évêché, leur cathédrale ou leurs séminaires; 2° par les doyens des chapitres si les dispositions sont faites au profit des chapitres; 3° par le curé ou desservant lorsqu'il s'agit de dons ou legs faits à la cure ou succursale, ou pour la subsistance des ecclésiastiques employés à la desservir; 4° par les trésoriers des fabriques lorsque les donateurs ou testateurs ont disposé en faveur des fabriques ou pour l'entretien des églises et le service divin; 5° par le supérieur des associations religieuses lorsqu'il s'agit de libéralités faites au profit de ces associations; 6° par les consistoires lorsqu'il s'agit de legs faits pour la dotation des pasteurs ou pour l'entretien des temples; 7° par les administrateurs des hospices, bureaux de charité et de bienfaisance (1) lorsqu'il s'agit de libéralités en faveur des hôpitaux et autres établissements de bienfaisance; 8° par les administrateurs des lycées ou collèges, quand les dons ou legs ont pour objet les collèges ou des fondations de bourses pour les étudiants, ou de chaires nouvelles; 9° par les maires des communes lorsque les dons ou legs sont faits au profit de la généralité des habitants, ou pour le soulagement et l'instruction des pauvres de la commune; 10° et enfin par les administrateurs de tous les autres établissements d'utilité publique légalement constitués, pour tout ce qui est donné ou légué à ces établissements (*ordonn. roy.*, *2 avril 1817, art. 3; cons. d'Etat, 11 janv. 1803*).

2634. Lorsque la personne désignée comme devant accepter les donations faites aux établissements publics est elle-même donatrice, elle est remplacée pour la formalité de l'acceptation : 1° l'évêque, par le premier vicaire général si la donation concerne l'évêché, par le supérieur du séminaire s'il s'agit d'une libéralité au profit de cet établissement, et par le trésorier de la fabrique cathédrale si la donation profite à la cathédrale; 2° le doyen du chapitre, par le plus ancien chanoine après lui; 3° le curé et le desservant, par le trésorier de la fabrique; 4° le trésorier, par le président; 5° le supérieur, par l'ecclésiastique destiné à le suppléer en cas d'absence; 6° et la supérieure, par la religieuse qui vient immédiatement après elle dans le gouvernement de la communauté (*Ordonn. roy.*, *7 mai 1826, art. 1er*).

2635. La donation ne produit effet à l'égard du donateur que du jour où l'acte d'acceptation lui a été notifié, *supra n° 2591*, ou bien du jour où par acte authentique il se l'est tenu pour signifié, *supra n° 2593*. La notification du décret ou de l'arrêté d'autorisation ne remplacerait pas utilement celle de l'acceptation (2).

4° M. Auguste Michonet, juge près le tribunal civil de. . . . .;
5° Et M. Amand Delisle, avocat.

  Ces quatre derniers, membres de la commission administrative du même hospice, demeurant tous à. . . . .

  Autorisés à accepter la donation dont il sera ci-après question, suivant décret impérial en date du. . . . ., dont une copie conforme, délivrée par M. le préfet du département de. . . . ., est demeurée ci-jointe, après que dessus mention de l'annexe a été apposée.

  Lesquels, ayant pris communication, tant par eux-mêmes que par la lecture que leur en a donnée Mᵉ. . . . ., notaire soussigné, d'un acte reçu par Mᵉ. . . . ., qui en a gardé minute, en présence de témoins, le. . . . .; aux termes duquel M. Barthélemy Ango, propriétaire, demeurant à. . . . ., a fait donation entre-vifs, à l'hospice de. . . . ., d'une pièce de terre labourable, située commune de. . . . ., lieu dit. . . . ., de la contenance de quinze hectares, trente ares, section A, n° 28 du plan cadastral ; et d'une somme de dix mille francs en numéraire; aux charges suivantes : 1° d'établir à perpétuité, dans les salles de l'hospice, trois lits destinés à recevoir des malades de la commune de. . . . .: 2° de soigner les malades qui seront envoyés de cette commune pour occuper les trois lits, de leur fournir ce qui sera nécessaire, le tout gratuitement ; 3° et de payer les frais de donation, d'acceptation et de notification.

---

(1) Lorsqu'un legs est fait au profit des pauvres directement, ou par l'intermédiaire d'un légataire, c'est le bureau de bienfaisance de la commune qui doit être considéré comme légataire et qui doit accepter le legs: Troplong, n° 557; Zach., Massé et Vergé.

§ 418, note 9 ; Demolombe, XVIII, 612 à 614; Douai, 11 fév. 1845 et 23 juin 1846 ; Bordeaux, 26 juin 1845.
(2) Grenier, n° 71; Duranton, VIII,450; Roll., *Accept. de don.*, n° 105; contra, Coemenin : Voir *Fabrique*.

CHAPITRE TROISIÈME

DES DISPOSITIONS TESTAMENTAIRES

SECTION I. — DU TESTAMENT.

2636. Le testament est un acte par lequel le testateur dispose, pour le temps où il n'existera plus, de tout ou partie de ses biens, et qu'il peut révoquer (*C. N., 895*). Nous avons vu, *supra* n° *1676*, que la succession *ab intestat* est la volonté présumée du défunt; le testament est sa volonté exprimée.

2637. Toute personne peut disposer par testament, soit sous le titre d'institution d'héritier, soit sous le titre de legs, soit sous toute autre dénomination propre à manifester sa volonté (*C. N., 967*).

2638. Le testament doit être l'œuvre du testateur seul, l'expression de sa volonté dégagée de toute idée de réciprocité, afin qu'il conserve librement la faculté de le révoquer; un testament, même olographe (1), ne peut donc être fait dans le même acte par deux ou plusieurs personnes, soit au profit d'un tiers, soit à titre de disposition réciproque et mutuelle (*C. N. 968*); mais, deux testaments faits en contemplation l'un de l'autre ne sont pas nuls (2), alors même que les deux testaments ont été écrits sur la même feuille de papier, l'un au recto, l'autre au verso (3).

2639. Un testament peut être olographe, ou fait par acte public, ou dans la forme mystique (*C. N., 969*); et il est assujetti aux formalités énoncées : pour le testament par acte public, *infra* n°s *2644*

Ont, par ces présentes, déclaré accepter expressément la donation ci-dessus relatée sous les conditions imposées par M. ANGO, à l'exécution desquelles l'hospice de..... demeurera obligé.

Pour faire notifier ces présentes à M. ANGO, tout pouvoir est donné au porteur d'une expédition.

Ou bien :

A ces présentes est intervenu M. ANGO, nommé, qualifié et domicilié plus haut;

Lequel, après que la lecture lui a été donnée par M°...., notaire soussigné, de l'acceptation qui précède, a déclaré avoir cette acceptation pour agréable se la tenir pour notifiée, et, en conséquence, dispenser l'hospice de....., de lui en faire la notification par huissier.

M. ANGO a remis à M. Stanislas BUQUET, receveur de l'hospice de....., demeurant à....., ici présent :

1° La somme de dix mille francs, dont il a fait donation à l'hospice de....., ainsi qu'on l'a dit ci-dessus;

2° Et les titres de propriété de la pièce de terre donnée, comprenant....., etc.....

M. BUQUET donne décharge à M. ANGO de la somme et des titres remis.

Dont acte.

Fait et passé, etc.....

---

(1) Coin-Delisle, *968*, 5 Demolombe XXI, 17; Bruxelles, 18 juill. 1822. Voir Paris, 24 déc. 1856; J. N., 18710.
(2) Grenier, I, 224; Poujol, *969*, 3; Demolombe, XXI, 14, Zach.,
§ 431; Dict. not., *Test.*, n° 116; Roll. de Vill., *Test.*, n° 88; Cass., 2 mai 1842; J. N. 11341.
(3) Poitiers, 27 nov. 1850; Cass., 21 juill. 1851; J. N. 14453.

à 2690 ; — pour le testament olographe, *infra* n°s 2691 à 2698 ; — et pour le testament mystique, *infra* n°s 2699 à 2714. Ces formalités doivent être observées, à peine de nullité (C. N., 1001).

2620. Le testament doit être écrit ; les dispositions verbales, même au-dessous de 150 fr., ne peuvent donc être prouvées ni par témoins, ni par aucun autre genre de preuve (1). Cependant, en vertu de l'art. 1348, on peut, dans le but de se faire allouer des dommages-intérêts, être admis à prouver que l'héritier du sang a empêché le défunt de tester (2) ; de même l'on peut prouver par témoins la suppression ou destruction volontaire ou fortuite d'un testament olographe, et les dispositions qu'il contenait (3).

§ 1. — DU TESTAMENT PAR ACTE PUBLIC

2621. *Préambule* [Form. 384, 1°]. Le testament par acte public (4) est celui qui est reçu, en minute (5), par deux notaires (6), *supra* n° 295, en présence de deux témoins, ou par un notaire en présence de quatre témoins (C. N., 971) ; les notaires et témoins doivent tous être continuellement présents pendant la durée de la confection du testament (7), à peine de nullité (8), tellement que si l'un d'eux a besoin de sortir un instant on doit suspendre pendant son absence (9).

2622. De même que pour les actes ordinaires, *supra* n° 295, le notaire ne peut, à peine de nullité (10), recevoir un testament s'il contient un legs à son profit (11) ; il en est de même si le testateur ou l'un des légataires est son parent ou allié, en ligne directe à tous les degrés, et en ligne collatérale jusqu'aux degrés d'oncle ou de neveu inclusivement (12). Un notaire peut recevoir le testament fait par son parent collatéral au quatrième degré, ou contenant un legs en faveur de ce parent (13).

2623. Les témoins appelés pour être présents aux testaments doivent, à peine de nullité du testament, être mâles, majeurs, Français (14) et jouir de leurs droits civils ; *supra* n° 298 (C. N., 980).

§ 2. DES DISPOSITIONS TESTAMENTAIRES.

I. — Testaments.

FORMULE 384. — **Cadre d'un testament par acte public.** (N° 2641 à 2690).

1° *Préambule* (n°s 2641 à 2649).

Un notaire et quatre témoins.

Par-devant Me Auguste Dorlan, notaire à N....., département de....., soussigné. En présence des témoins instrumentaires dont les noms suivent :

1° M. Honoré Anglard, propriétaire ;

2° M. Germain Blin, marchand ;

---

(1) Duranton, IX, 11 ; Vazeille, 969, 2 ; Marcadé, *art.* 969 ; 11, Zac. § 416 ; Demol. XXI 26 ; Cass., 18 janv. 1813. Voir Paris, 13 juill. 1866.

(2) Vazeille, 969, 2 ; Grenier et Bayle Mouillard, I, 147 ; Masse et Vergé. § 416, note 7 ; Dict. not., *Test.*, n 137 et 138 ; Demol. XXI, 27.

(3) Toullier, IX, 218 ; Duranton. IX, 48 ; Tropl., n° 1451 ; Massé et Vergé, § 416, note 7 ; Demol., XXI, 32 à 35 ; Metz, 15 juill. 1813 ; Cass. 3 oct. 1816 ; Toulouse, 12 août 1862 ; J, N., 17552 ; voir Orléans, 13 déc. 1862 ; J. N., 17652. Bordeaux, 14 mars 1865 ; Jur. N., 12837.

(4) Le testament par acte public de l'Empereur est reçu par le ministre d'Etat assisté du président du conseil d'Etat ; il est écrit sous la dictée de l'Empereur par le président du conseil d'Etat, en présence de deux témoins, sur le registre de l'état-civil de la famille impériale. *Statut 21 juin* 1853, *art* 21.)

(5) Et non en brevet à peine de nullité ; Grenier et Bayle-Mouillard, I, 277 ; Augan, I, p. 126 ; Roll., *Test.*. n° 131 ; Dict. not. *ibid.*, n° 197 ; Duranton, IX, 61 ; Poujol, 971, 8 ; Coin-Delisle, 971, 10 ; Troplong, n°s 1509 et 2114 ; Avis cons. d'Etat, 7 avril 1824 ; trib. Amiens, 27 nov. 1857 ; contra, Favart, *Acte not.*, § 3 ; Toullier, V. 639 ; Masse, liv. 1er. chap. 26 ; Trib. Clamecy, 14 juill. 1836.

(6) Jugé qu'en *Algérie*, dans les pays où il n'y a pas de notaire, et en vertu de l'art. 57 de l'arrêté du 30 déc. 1842, *supra* n° 152. renvoi, les testaments peuvent être reçus par les secrétaires des commissariats civils : Alger, 22 fév. 1858 ; J. N. 17652.

(7) Cependant le préambule ou intitulé du testament peut être écrit d'avance par le notaire : Duranton, IX, 66 ; Coin-Delisle, 972, 10 ; Marcadé, 977, 2 ; Zach., § 419, note 25 ; Dict. not., *Test.*, n°s 220, 235 ; Angers, 16 juin 1836 ; Cass., 14 juill., 1837 et 4 mars 1840 ; Bordeaux, 6 août 1855 ; voir Cass., 27 avril 1857 ; J. N. 16049.

9678, 10621, 15691, 16656. Voir aussi Cass., 19 mars 1861, J. N., 17937.

(8) Troplong, n° 1522 ; Demol. XXI 239, 257. Riom, 13 août 1856 ; Cass., 27 avril 1857 ; Bordeaux, 8 mai 1860 ; Dijon, 9 janv. 1863 ; Cass, 18 janv. 1864 ; J. N. 16096. 16870. 17704. 17930.

(9) Roll., *Test.* n°s 140 141, Dict. not. *ibid.*, n°218, Nancy, 24 juill. 1835 ; Bordeaux, 8 mai 1860 ; Dijon, 9 janv. 1863 ; J. N., 8156, 16870. 17704 ; Pau, 24 avril 1866 ; Jur. N., 1312-1.

(10) Du testament entier. Dem., XXI, 174. Arg. Cass. 11 juill. 1859.

(11) Toullier, V. 588 ; Grenier, 1, 249 ; Troplong, n°s 1517, 1610. Massé et Vergé, § 439, note 23 ; Dict. not., *Test.*, n° 177 ; Roll., *Test.*, n° 126 ; Coin-Delisle, 971, 8. Douai, 29 mars 1810 et 17 mars 1815 ; Lyon, 29 avril 1823 ; Cass. 20 juin 1827 ; Bourges, 30 juin 1829, Paris, 25 mai 1846 ; voir Cass. 3 mai 1840, 27 mai 1845 ; J. N. 10664, 12459.

(12) Dict. not. *Test.* n° 180 ; Lyon, 2° avril 1822 ; Cass., 20 juin 1827 ; Paris, 25 mai 1846 ; J. N. 5799, 6300, 12771.

(13) Grenier, I, 259 ; Coin-Delisle, 975, 11 ; Marcadé, 977, 2 ; Riom, 4 déc. 1827 ; Douai, 22 janv. 1850 ; Grenoble, 11 fév. 1850 ; J. N. 13068. 13997, 14246.

(14) L'é ranger, même admis à la jouissance des droits civils, *supra* n° 762, ne peut être témoin : Toullier et Duvergier, V. 395 ; Duranton, IX, 105 ; Poujol, 975, 4 ; Coin-Delisle, 975, 7 ; Marcadé, 980. 1 ; Grenier et Bayle-Mouillard, 1, 247 bis ; Trop'o ng, n° 1574 ; Dict. not. *Témoin*, n° 85 ; Zach., Massé et Vergé. § 439 note 9 ; Rennes, 11 août 1809 ; Colmar, 13 fév. 1818 et 26 déc. 1860 ; Toulouse, 10 mai 1826 ; Cass., 23 janv. 1811 et 23 avril 1828 ; contra, Vazeille, 980, 11 ; Turin, 10 avril 1809.

En *Algérie*, la qualité de Français n'est pas exigée pour être témoin ; il suffit d'être Européen *supra*, n° 309.

2644. De plus, et sous la même peine, ne peuvent être pris pour témoins :

1° Ceux qui n'ont pas la capacité intellectuelle ou physique, tels sont : les fous, les aveugles, les sourds, les sourds-muets, *supra* n° 298 ;

2° Les clercs (même ceux non inscrits au registre de stage (1)) des notaires par lesquels les actes sont reçus (C. N., 975), ni, à plus forte raison, leurs domestiques (2) ; l'on ne doit pas considérer comme clerc un individu ayant une profession déterminée, et qui, en dehors de son travail, emploie accidentellement une partie de son temps dans l'étude du notaire (3) ;

3° Les légataires, à quelque titre qu'ils le soient, ou leurs conjoints (4), ni leurs parents ou alliés (5) jusqu'au quatrième (6) degré inclusivement (C. N., 975) ; peu importe, dans les deux cas, que le légataire ne soit pas nommé, par exemple lorsque le legs est fait en termes généraux à des filleuls (7), à des débiteurs (8) ; ou que la disposition soit faite sous forme de reconnaissance de dette (9) ou de rémunération (10), ou comme charge d'un legs (11), ou simple délai accordé par le testateur à ses débiteurs, ou aux cautions de ceux-ci (12), pour les libérer après sa mort ; ou sous toute autre forme, quelque modique que soit la disposition (13), ne fût-elle même que de l'obligation de garder un domestique pendant un temps ou de lui payer une somme déterminée (14).

2645. Mais peuvent être témoins, bien qu'il soit préférable d'éviter leur témoignage afin de se mettre en garde contre toute idée de captation : 1° les marguilliers, administrateurs, maires, adjoints, etc., dans les testaments en faveur des églises, communes, hospices, etc. ; 2° les ecclésiastiques dans les testaments en faveur de la paroisse à laquelle ils sont attachés, même lorsque, à raison de leurs fonctions, ils doivent en profiter (15) ; 3° l'exécuteur testamentaire lorsqu'il n'est pas gratifié (16).

2646. Lorsque, à raison de l'incapacité de l'un des témoins, un testament se trouve annulé, le notaire rédacteur en est responsable (17), à moins qu'il n'ait pas commis de faute ; par exemple si, les

3° M. Vincent CHANU, fabricant ;

4° Et M. César DELHOME, avocat,

Tous les quatre demeurant à N. . . . .,

Majeurs, Français, jouissant de leurs droits civils ; en un mot réunissant, pour être témoins au présent testament, les qualités voulues par les art. 975 et 980 du Code Napoléon, dont M° DORLAN, notaire soussigné, a donné lecture à l'instant ; ainsi affirmé par les témoins susnommés et par le testateur (*si le testateur les a choisis lui-même on ajoute :*) qui d'ailleurs les a choisis lui-même.

Deux notaires et deux témoins.

PAR-DEVANT M° Auguste DORLAN et M° Charles ZIMMER, tous les deux notaires à N. . . ., département de. . . . ., soussignés.

---

(1) Coin-Delisle, 980, 34 ; Bruxelles, 12 avril 1810 ; Rennes, 23 juin 1856 ; Cass., 23 janv. 1838 ; J. N. 460, 16247.
(2) Grenier et Bayle-Mouillard, I, 253 ; Toullier, V, 402 ; Poujol, 975, 14 ; Duranton, IX, 115 ; Troplong, n° 1605 ; Dict. not., *Témoin*, n° 112. Voir cependant Coin-Delisle, 980, 38 ; Marcadé, 975, 2.
(3) Grenier, I, 253 ; Coin-Delisle, 980, 34 ; Bruxelles, 20 mars 1811 ; Agen, 18 août 1824 et 31 juill. 1851 ; Grenoble, 7 avril 1827 ; Colmar, 4 nov. 1857 ; Voir cependant Bruxelles, 12 avril 1810 ; Paris, 13 mars 1832 ; J. N. 15347.
(4) Duranton, IX, 114 ; Marcadé, 975, 1 ; Massé et Vergé, § 439, note 18
(5) Peu importe que l'époux qui produisait l'affinité fût décédé sans postérité lors de la réception du testament : Demolombe, III, 117 ; Coin-Delisle, 780, 33 ; Massé et Vergé, § 439, note 18 ; Dijon, 6 janv. 1827 ; Nîmes, 28 janv. 1831 ; Cass., 6 juin 1834 ; Bordeaux, 14 mars 1843 ; Agen, 22 nov. 1853 ; Bourges, 10 août 1857 ; Montpellier, 17 avril 1863, J. N. 11753, 16193, 17857, CONTRA, Duranton, III, 458 ; Paris, 12 mars 1830.
(6) Pour les actes autres que les testaments, l'incapacité n'existe que jusqu'au troisième degré, *supra* n° 298.
(7) Voir cependant Zach., § 439, note 17 ; Cass. 31 juill. 1834 et 23 déc. 1847 ; J. N. 13262. V. Cass., 18 juin 1866 ; J. N., 1857.

(8) Riom, 27 juill. 1828.
(9) Troplong, n° 1608 ; Roll. ; *Témoin*, n° 67 ; Bordeaux, 3 avril 1841 ; J. N. 10963.
(10) Agen, 3 juin 1846 ; J. N. 12479 ; CONTRA, Lyon, 28 déc. 1853 ; J. N, 13763.
(11) Duranton, IX, 118, Dict. not., *Témoin*, n° 99 ; Roll., *ibid.*, n° 71 ; Zach., § 439, note 15 ; Metz, 10 mars 1832.
(12) Riom, 23 mai 1855 ; J. N. 15971.
(13) Coin-Delisle, 980, 34 ; Marcadé 975, 1 ; Troplong, n° 1559 ; Riom, 13 fév. 1843 ; Cass., 15 janv. 1835, 13 nov. 1847 ; J. N. 11245.
(14) Cass., 14 août 1851 ; J. N. 14451 ; voir aussi Cass., 10 août 1853 ; J. N. 15015.
(15) Marcadé, 975, 1 ; Dict. not., *Témoin*, n°s 96 à 98 ; Liège, 23 juill. 1806 ; Angers, 13 août 1807 ; Cass., 11 sept., 1809.
(16) Toullier, V, 401 ; Grenier, I, 254 ; Coin-Delisle, 980, 32 Troplong, n° 1604 ; Dict. not., *Témoin*, n° 116.
(17) Paris, 27 fév. 1835 ; Douai, 12 juill. 1838 et 2 juill. 1851 ; Lyon, 3 janv. 1812 et 16 juin 1841 ; Caen, 31 mai 1842 ; Bordeaux, 14 mars 1843 ; Riom, 8 juin 1844 ; Nîmes, 17 janv. et 7 nov. 1848 ; Agen. 22 nov. 1853 ; Cass., 15 janv. 1835 et 7 juill. 1847 ; J. N. 11307, 11469, 11754, 12073, 13087, 13645.

témoins ayant été choisis par le testateur, *infra n° 2647*, il l'a constaté dans le testament ; ou, mieux encore, si, sur son interpellation, le testateur et les témoins lui ont affirmé que les personnes présentes réunissent les qualités voulues par la loi pour être témoins aux testaments (1). Jugé, à cet égard, que si un témoin, sur l'interpellation à lui faite, a affirmé être Français et réunir les qualités voulues pour être témoin, et que le testament soit ensuite annulé par le motif qu'il est étranger, ce témoin est responsable vis-à-vis du légataire du préjudice que lui a causé la nullité du testament (2).

2647. Pour les actes ordinaires, les témoins doivent être choisis par le notaire sous sa responsabilité (3) ; mais en ce qui concerne le testament, ils peuvent être choisis ou par le notaire ou par le testateur (4).

2648 Les dispositions rapportées, *supra nᵒˢ 2641 à 2643*, dérogent à la loi du 25 ventôse, an XI, *supra n° 298*, en ce qui concerne la capacité des témoins ; en conséquence peuvent être témoins aux testaments : les parents, alliés et serviteurs du testateur (5), les parents et alliés du notaire (6), les serviteurs des légataires (7) ; et il n'est pas nécessaire que les témoins soient domiciliés dans l'arrondissement communal où le testament est passé (8). Cependant, autant que possible, il vaudra mieux se conformer à la loi du 25 ventose an XI.

2649. Si le nombre des témoins est supérieur à celui prescrit par la loi, cette circonstance ne vicie pas le testament, *supra n° 294, renvoi 2*, alors même que quelques-uns des témoins seraient incapables, pourvu qu'il en reste un nombre suffisant de capables (9).

2650. *Capacité pour disposer par testament* [Form. 384, 2°]. La capacité de tester est de droit commun ; toutes personnes peuvent donc disposer par testament excepté celles que la loi en déclare incapables *(C. N., 902)*. La capacité est requise à l'époque de la confection du testament (10) ; elle est requise à l'époque du décès du testateur, dans le cas de condamnation à une peine afflictive perpétuelle, *supra n° 810*.

En présence des témoins instrumentaires dont les noms suivent :

1° M. Honoré Anglard, propriétaire ;

2° M. Germain Blin, marchand ;

Tous les deux demeurant à N....,

Majeurs, Français, jouissant de leurs droits civils, etc. (*Le surplus comme au numéro précédent.*)

2° Testateur (nᵒˢ 2650 à 2652.)

A comparu : M. Louis-Théodore Dubin, propriétaire, vivant de ses revenus, demeurant à N....., rue....., n°.....

« Sain d'esprit, ainsi qu'il est apparu au notaire et aux témoins. »

---

(1) Jur. not. de Roll. de Vill., *art.* 7449 ; Metz, 30 avril 1833 et 23 mars 1852; Toulouse, 23 juill. 1838 ; Nimes, 13 nov. 1856; Nancy, 7 mars 1857 ; Lyon, 12 juin 1857 ; Colmar, 26 déc. 1860 ; J. N. 10159. 16097, 17018. Voir cependant Lyon, 3 janv. 1812 ; J. N. 11307.

(2) Colmar, 26 déc. 1860 ; J. N. 17018.

(3) Il ne peut dans ce cas se faire décharger de la responsabilité par l'interpellation dont il est question au n° 2645; l'opinion contraire émise par M. de Madre dans le *Formulaire de Clerc*, p. 459, nous paraît une erreur.

(4) Grenier, I, 247; Troplong, n° 1099.

(5) Vazeille, 775, 9 ; Poujol, 974, 16 ; Coin-Delisle, 980, 36 ; Duranton, IX, 115 ; Grenier, I, 253 ; Toullier, V. 402 ; Zach., § 439, note 24 ; Dict. not., *Témoin*, n° 109 ; Roll., *Témoin*, n° 161 ; Marcadé, 975, 2 ; Troplong, n° 1603 ; Rouen, 13 mars 1840 ; Cass., 3 août 1814 ; J. N. 10680, 11179.

(6) Vazeille, 975, 9 ; Coin-Delisle, 975, 38 ; Marcadé, 975, 3 ; Troplong, n° 1605; Zach.. Massé et Vergé, § 4039, note 24; contra, Duranton, IX, 115 ; Grenier, I, 253; Toullier, V, 402; Poujol, 974, 14 ; Roll.,*Témoin*, n° 59 ; Dict. not., *Témoin*, n° 111.

(7) Vazeille, 975, 9 ; Coin-Delisle, 980, 37 ; Marcadé, 975, 3 ; Troplong, n° 1604 ; Dict. not., *Témoin*, n° 109 ; contra, Duranton, IX, 115 ; Poujol, 974, 14 ; Roll., *Témoin*, n° 60.

(8) Grenier, I, 247; Poujol, 974, 7; Duranton, IX, 112; Coin-Delisle, 980, 19 ; Troplong, n° 1681; Marcadé, 980, 4 ; Massé et Vergé, § 439, note 9; Dict. not., *Témoin*, n° 88; Roll., *Témoin*, n° 56; Bruxelles, 13 déc. 1808 et 19 fév. 1819; Limoges, 7 déc. 1809; Douai, 27 avril 1812; Caen, 19 août 1812 ; Paris, 18 avril 1814; Rouen, 16 nov. 1818 et 18 août 1840; Bordeaux, 17 mai 1824 et 18 août 1823 ; Orléans, 11 août 1823 ; Cass., 17 août 1824, 10 mai 1825. 4 janv. 1826, 3 août 1841 ; J. N. 10680, 11179; voir aussi Larombière, 1317, 34; contra, Toullier, V, 397 ; Bruxelles, 13 avril 1811 ; Colmar, 1ᵉʳ fév. 1812.

(9) Coin-Delisle, 972, 40 et 980, 42; Zach., § 433, note 5; Dict. not., *Test.*, n° 216 ; Cass., 6 avril 1809.

(10) Coin-Delisle 902, 3 ; Zach., § 419, Troplong, n° 430 ; Mourlon, II, p. 277 ; Demante, IV, 36; Grenier et Bayle-Mouillard, I, 439 ; Demolombe, XVIII, 711; Cass. 30 août 1820 et 26 nov. 1850.

2651. Sont incapables de disposer par testament :

1° Celui qui n'est pas sain d'esprit (*C. N., 901*), c'est-à-dire qui est en état d'imbécillité, de démence, de fureur (*C. N. 489*), de délire (1), de monomanie (2), d'ivresse (3), ou sous l'empire d'une passion violente qui lui a troublé momentanément les facultés mentales (4). Mais la colère, et la haine dont le disposant est animé envers ses successibles ne sont pas des causes d'incapacité ni de nullité, à moins de dol et de fraude de la part du gratifié, par exemple s'il l'a excité au moyen de manœuvres perfides ou d'insinuations calomnieuses (5). En outre, et encore bien que le testateur soit dans un état habituel de démence, le testament peut cependant être déclaré valable si le légataire prouve (6) qu'il a testé pendant un intervalle lucide (7);

2° Celui qui est sous l'empire de la suggestion et de la captation, mais seulement lorsque le dol ou les menées artificieuses s'y trouvent réunies (8);

3° Le mineur âgé de moins de seize ans accomplis (*C. N. 903*), *infra n° 2654*;

4° Le condamné à une peine afflictive perpétuelle, à moins que le gouvernement ne l'ait relevé de l'incapacité, *supra n° 816*; quant au condamné à temps à une peine afflictive ou infamante, *supra n° 787*, il est capable de tester (9).

5° L'interdit, *supra n° 1578*; toutefois, suivant une opinion qui nous paraît contestable, le testament peut être déclaré valable si le légataire apporte la preuve que l'interdit l'a fait pendant un intervalle lucide (10). L'individu pourvu d'un conseil judiciaire est capable de tester, si d'ailleurs il est sain d'esprit, *supra n° 1587*;

6° Les religieuses en faveur de l'établissement dont elles font partie, ou des membres de l'établissement, au delà du quart de leurs biens, à moins que le don n'excède pas dix mille francs, et sauf les exceptions indiquées *supra n° 2617*;

7° L'individu complètement sourd et illettré, *infra n° 2685*; les sourds-muets et les muets ne pouvant dicter sont incapables de disposer par testament public (11); mais ils peuvent faire un testament olographe ou mystique (12).

Si le testateur est malade :

« Malade de corps, mais étant sain d'esprit, ainsi qu'il est apparu au notaire et aux
» témoins. »

Si le testateur, en état habituel de démence ou interdit, est dans un intervalle lucide, et que le notaire juge possible la réception du testament :

« M. Dubin, ayant été en état de démence (*ou* interdit pour cause de démence, suivant
» jugement rendu par le tribunal civil de. . . . ., le. . . . .), mais ayant en ce moment
» toute sa lucidité d'esprit, et conséquemment étant sain d'esprit, ainsi qu'il est apparu
» au notaire et aux témoins. »

---

(1) Coin-Delisle, *901*, 3; Demolombe, XVIII,, 343; Dict. not., *Test.* n° 38.

(2) Troplong, n°s 431, 437; Sacaze, *Rev. lég.* 1850, II, p. 212; Massé et Vergé, § 417; note 4; Bordeaux, 1er avril 1836, 4 avril 1848 et 27 mai 1852; J. N. 13443, 14726; Voir cependant Demolombe, XVIII, 339, 340.

(3) Duranton, VIII, 153; Duvergier sur Toullier, III, 159; Coin-Delisle, *901*, 3; Demante, IV, 17 *bis*; Grenier et Bayle-Mouillard, I, 162; Troplong, n° 506; Zach., § 417, note 9; Dict. not., *Test.*, n° 40; Demolombe, XVIII, 544; Rennes, 10 avril 1812; Caen, 9 janv. 1823.

(4) Coin-Delisle, *901*, 4; Demolombe, XVIII, 345; Liège, 12 fév. 1812. Voir Paris, 9 fév. 1867; Jur. N., 43238.

(5) Toullier et Duvergier, V, 717; Grenier, I, 146; Coin-Delisle, *901*, 15; Marcadé, *901*, 4; Zach., Massé et Vergé, § 417, note 4; Saintespès, I, 148; Demante, IV, 17 *bis*, Demolombe, XVIII, 357, 348, Dict. not., *test.*, n° 42; Mourlon, II, p. 253; Aix, 18 janv. 1808; Lyon, 23 juin 1816; Angers, 27 août 1824; contra, Vazeille, *901*,16; Troplong, n° 479; Limoges, 31 août 1810.

(6) Coin-Delisle, *901*, 9, 10; Marcadé, *991*, 3; Zach., § 417, note 4; Demolombe, XVIII, 362; Caen, 20 nov. 1826.

(7) Grenier et Bayle-Mouillard, I, 103; Troplong, n°s 458 à 462; Coin-Delisle, *901*, 9; Marcadé, *901*, 4, Dict. not., *Test.*, n° 20; Demolombe, XVIII, 633 et XVIII, 374; Bordeaux, 14 avril 1836; voir aussi Douai, 21 juill., 1841; J. N. 41162.

(8) Duranton, VIII, 151; Toullier, V, 713; Coin-Delisle, *901*, 16, Marcadé, *901*, 4; Grenier, et Bayle-Mouillard, I, 143; Zach., Massé et Vergé, § 422, note 4; Demante, IV, 17 *bis*; Demolombe, XVIII, 386; Bruxelles, 21 avril 1808; Paris, 31 janv. 1814; Cass., 6 janv. 1814, 18 mai 1825, 14 nov. 1831, 22 déc. 1841; Agen, 17 juin 1812 et 7 mai 1851; Angers, 1er août 1851; voir aussi Cass., 8 avril 1857, 30 avril et 15 mai 1861. J. N. 16015; Colmar, 20 janv. 1863.

(9) Chauveau et Elie, *C. pén.*, I, p 211; Ortolan, *Droit pén.*, n° 1557; Zach., Massé et Vergé, § 417, note 13; Demolombe, I, 402 et XVIII; 462; Bayle-Mouillard, I, 143; Dict. not., *Test.*, n° 167; Rouen, 28 déc. 1822; Montpellier, 16 juin 1835; Colmar, 1er avril 1836; J. N. 9142, 12856; contra, Carnot, *art. 29 C. pén.*, Duranton, VIII, 181; Coin-Delisle *932*, 5; Boitard, *C. pén.*, p. 488; Duvergier, *Vente*, I, p. 214.

(10) Coin-Delisle, *901*, 10; Merlin, *Test.*. sect. 1re; Dalloz, *Disp. entre-vifs*, chap. 2, sect. 2; Massé et Vergé, § 417, note 4; Demolombe, VIII, 633 et XVIII, 374; Valette. *Explic. somm.*, p. 363, 364, contra, Troplong, n°s 461, 462; Bayle-Mouillard, I, 103; Taulier, IV, p. 24; Saintespès, I, 149; Demante, IV, 17 *bis*; Toullier, V, 57; Duranton, IX, 463; Vazeille, *901*, 5; Marcadé, *901*, 2; Mourlon, II, p. 264.

(11) Grenier, I, 283; Duranton, IX, 69; Solon, *Null.*, I, 53; Coin-Delisle, *979*, 7; Dict. not., *Test.*, n° 52; Roll., *Test.*, 31; Troplong, n°s 537, 4449; Massé et Vergé, § 436, note 1.

(12) Grenier, I, 284; Dict. not., *Test.*, n° 52; Roll., *Test.*, n°s 35, 36; Coin-Delisle, *979*, 2; Troplong, n°s 537, 4439; Duranton, IX, 424; Saintespès, I, 167; Massé et Vergé, § 417, note 11; Colmar, 17 janv. 1815; Bordeaux, 16 août 1836; Rouen, 26 mai 1851; Pau, 23 déc. 1851; J. N. 14437, 14836.

2652. Le notaire est obligé d'apprécier l'état mental du disposant : — car s'il reconnaît qu'il n'est pas sain d'esprit, il doit refuser son ministère (1); — s'il a des doutes sur le véritable état des facultés intellectuelles du disposant, il doit recevoir l'acte, mais en s'abstenant de parler de la sanité d'esprit; — enfin, si le disposant, lui paraît certainement sain d'esprit, il peut déclarer qu'il l'a effectivement trouvé tel (2); par là il constate seulement sa propre appréciation ; en effet, il n'est pas juge de la capacité du testateur, et la preuve contraire peut être faite sans qu'il soit nécessaire de s'inscrire en faux (3). Cependant la voie de l'inscription de faux serait permise contre l'énonciation du notaire que le testateur a dicté le testament, si on offrait de prouver, en vue d'établir son imbécillité ou son insanité d'esprit, qu'il pouvait à peine articuler des mots qui fussent entendus (4).

2653. Comme conséquence du principe établi, *supra* n° *2638*, la femme mariée n'a besoin ni du consentement de son mari ni de l'autorisation de justice pour disposer par testament (C. N., 226, 905).

2654. Le mineur âgé de moins de seize ans, émancipé ou non, ne peut tester; quant au mineur parvenu à l'âge de seize ans *révolus* (5), qu'il soit émancipé ou non (6), il ne peut disposer, même en faveur de son conjoint (7), que par testament (8), et jusqu'à concurrence seulement de la moitié des biens dont la loi permet au majeur de disposer (C. N., 904); si, après avoir ainsi disposé, il décède après son âge de majorité, la disposition ne doit produire son effet qu'à raison de la capacité au jour du testament (9).

2655. Si le mineur âgé de seize ans faisait une disposition en faveur de son conjoint dans la forme d'une donation entre-vifs entre époux, elle serait nulle (10) et non pas seulement révocable.

2656. Le mineur, quoique parvenu à l'âge de seize ans, ne peut, même par testament, disposer, soit directement, soit au moyen d'une personne interposée, *supra* n° *2464*, au profit de son tuteur (C. N., 907), ou d'un cotuteur (11), d'un tuteur officieux, protuteur (12), tuteur de fait (13); — et si, étant âgé de plus de seize ans, il a disposé en faveur de celui qui depuis est devenu son tuteur, le legs est également nul (16).

2657. Le mineur parvenu à sa majorité ne peut non plus disposer par donation entre-vifs ou testament au profit des mêmes personnes si le compte définitif de la tutelle n'a été préalablement rendu et

---

Si le testateur est une femme mariée (n° 2653).

A COMPARU : Mme Julie LENOIR, épouse de M. Jean FLOT, etc.

Si le testateur est un mineur âgé de plus de seize ans (n°s 2654 à 2659).

A COMPARU : M. Joseph-Désiré LAROCHE, étudiant en droit, domicilié à N....., chez M. Vincent Karl, son oncle et tuteur, résidant de fait à Paris, rue....., n°....

« Mineur âgé de plus de seize ans, étant né à N....., département de....., le....., » ainsi qu'il le déclare.

---

(1) Demolombe, XVIII, 367; Bordeaux, 5 août 1841; Douai, 3 mai 1851; J. N., 11159, 14260. V. Cass., 2 juill. 1866; J. N., 18558.
(2) Grenier, I, 103; Coin-Delisle, *904*, 19; Zach., § 417, note 7; Demolombe, XVIII, 367.
(3) Toullier, VIII, 443; Grenier, I, 103; Duranton, VIII, 437; Coin-Delisle, *901*, 19; Marcadé, *901*, 3 et *art. 1319*; Bonnier, *Preuves*, n° 391; Troplong, n° 472; Massé et Vergé, § 417, note 7; Demolombe, XVIII, 365; Roll., *Act. authent.* n° 66; Dict. not., *ibid*, n° 30; Cass., 22 nov. 1810, 18 juin 1816, 27 fév. 1821; Caen, 19 janv. 1824; Bordeaux, 5 août 1841; Bourges, 26 fév. 1855.
(4) Larombière, *1319*, 7; Cass., 1er déc. 1851 ; J. N. 14584.
(5) Marcadé, *904*, 1; Troplong, n° 569; Duranton, VIII, 186; Mourlon, II, p. 264, Coin-Delisle, *903*, 5; Bayle-Mouillard, I, 408; Saintespès, I, 177; Zach., § 417, note 17; Demolombe, XVIII, 408; Cass., 19 janv. 1810.
(6) Duranton, VIII, 482; Grenier, II, 461; Troplong, n° 590; Coin-Delisle, *903*, 34; Zach., Massé et Vergé, § 417, note 13; Marcadé, 904, 3; Demolombe, XVIII, 410; Paris, 11 déc. 1812; Limoges, 15 janv. 1822; Caen, 18 août 1838; CONTRA, Taulier. IV, p. 27; Saintespès, I, 173.
(7) Toullier, III, 925; Duranton, VIII, 187; Grenier, I, 461; Troplong, II, 590; Coin-Delisle, *904*, 7; Massé et Vergé, § 417, note 19; Demolombe, XVIII, 421; Paris, Limoges, Caen précités, CONTRA, Saintespès, I, 178.
(8) Authentique, olographe ou mystique.
(9) Toullier, V, 88; Duranton, VIII, 175, 188; Vazeille, *903*, 2; Demante, IV, 22 *bis*; Saintespès, I, 179; Coin-Delisle, *904*, 11; Bayle-Mouillard, I, 583; Marcadé, *904*, 1; Zach., Massé et Vergé. § 419, note 18; Mourlon, II, p. 265; Demolombe, XVIII, 425; Troplong, n° 591; Dict. not., *Test..* n° 56; Orléans, 7 avril 1818; Cass., 30 août 1820. V. Rennes, 2 janv. 1864; J. N., 18242.
(10) Toullier et Duvergier. V, 925; Duranton, VIII, 184; Grenier, II, 461; Poujol. *904*, 4 et *1095*, 3; Troplong. n° 887; Coin-Delisle, 904, 16; Marcadé, *904*, 1; Levasseur. *Port. dispon.*, n° 63; Dalloz. *Disp. entre-vifs*, n° 281; Zach., Massé et Vergé, § 417, note 19; Demolombe, XVIII, 417; Roll.. *Donat. entre époux*, n° 8. et *Port. disp.*, n° 139; Paris, 10 nov. 1820; Limoges. 15 janv. 1822; Caen, 18 août 1838; Cass., 12 avril 1843; J. N., 14619, CONTRA, Guilhon. n° 1050; Saintespès, I, 173; Vazeille, *901*, 2.
(11) Vazeille, *904*, 9; Marcadé, *907*, 4; Coin-Delisle. *907*, 16; Zach., § 416, note 7; Roll.. *Don.*, n° 34; Dict. not., *ibid*., n° 194. Troplong. n°s 625 et 636; Demolombe, XVIII. 485; Metz, 16 janv. 1812; Limoges. 14 mars 1822; Cass., 14 oct. 1830; Montpellier, 21 déc. 1837; J. N. 9503, 10200 V. Cass., 11 mai 1864; J. N., 18018.
(12) Coin-Delisle. *907*, 10; Marcadé, *907*, 4; Demolombe. XVIII, 485; Dict. not., *Don.*, n° 193; Cass, 27 nov. 1818; J. N., 13589.
(13) C'est-à-dire celui qui, sans être tuteur, a géré comme s'il l'était : Vazeille, *907*, 6; Duvergier sur Toullier. V, 65; Troplong, n° 635; Bayle-Mouillard, I, 122; Saintespès, I, 214; Demolombe, XVIII. 485; Metz, 18 janv. 1821; Cass., 14 nov. 1836; Montpellier, 21 déc. 1837.
(14) Coin-Delisle. *902*, 8; Bayle-Mouillard, I, 141; Demolombe, XVIII 726; CONTRA. Demante, IV, 39 *bis*.

apuré (1) (C. N. 907), ou si la prescription de dix ans résultant de l'art. 475, *supra* n° 1266, ne s'est trouvée préalablement accomplie (2).

2658. Mais ces prohibitions ne concernent pas les ascendants des mineurs, qui sont ou ont été leurs tuteurs (C. N., 907).

2659. L'incapacité résultant de l'art. 907 est spéciale au tuteur du mineur; elle ne s'étend pas, après son décès, à ses héritiers (3), et elle ne s'applique pas au tuteur de l'ex-interdit (4), ni au tuteur *ad hoc* (5), ni au subrogé tuteur, ni au curateur (6), ni à l'ex-tuteur qui a cessé ses fonctions, soit parce qu'il s'est fait excuser et a été remplacé, soit parce que le mineur a été émancipé, si d'ailleurs le compte de tutelle a été rendu et apuré (7), et si le tuteur ne s'est pas fait remplacer ou n'a pas fait émanciper le pupille dans le seul but de le faire disposer en sa faveur (8).

2660. *Dictée* [Form. 384, 3°]. Le testament doit être dicté par le testateur, en présence des témoins, au notaire s'il est reçu par un notaire et quatre témoins, et aux notaires s'il est reçu par deux notaires et deux témoins; il doit être fait mention de cette dictée (C. N. 972).

2661. Le testament doit, à peine de nullité, être écrit sous la dictée du testateur [Form. 384, 3°], et il serait nul dans chacun des cas suivants : 1° s'il était rédigé après coup sur les instructions reçues par le notaire (9); 2° s'il était écrit dans un appartement séparé de celui du testateur après avoir reçu ses instructions (10); 3° si le notaire n'avait procédé que par interrogation (11). Cependant le notaire peut, au fur et à mesure de la dictée, provoquer de la part du testateur des explications sur l'étendue et les conséquences des dispositions; par exemple, en interrogeant le testateur sur le point de savoir s'il entend ou non assurer aux légataires des garanties pour le payement de leurs legs; s'il a fait d'autres testaments; s'il les maintient ou les révoque (12).

2662. Le notaire peut écrire la dictée sur un brouillon, et la transcrire ensuite sur son acte (13); le testateur peut aussi s'aider dans sa dictée de notes préparées à l'avance, soit par lui-même, soit par un tiers (14), pourvu, dans tous les cas, qu'il y ait bien dictée; car si le notaire copiait seulement sur les notes ou sur un projet, le testament serait nul (15).

« M. Laroche, étant sain, etc. » (*Voir* n° 2).

5° Dictée (n°ˢ 2660 à 2662)

A un seul notaire.

Lequel a dicté à Mᵉ Dorlan, notaire soussigné, en présence des quatre témoins ci-dessus nommés, son testament ainsi qu'il suit:

A deux notaires.

Lequel a dicté à Mᵉ Dorlan et à Mᵉ Zimmer, notaires soussignés, en présence des deux témoins ci-dessus nommés, son testament ainsi qu'il suit :

---

(1) Mais il n'est pas nécessaire que le reliquat soit payé : Toullier, V, 65; Grenier, I, 119; Troplong, n° 622; Duranton, VIII, 199; Coin-Delisle, 907, 13; Zach., Massé et Vergé, § 418, note 10; Demante, IV, 27 bis; Demolombe, XVIII, 382.

(2) Toullier, V, 63; Grenier, I, 110; Duranton, VIII, 199; Coin-Delisle, 907, 13; Demante IV. 27 bis; Demolombe, XVIII, 489; Marcadé, 907, 2; Mourlon II. p. 209; Colmar, 19 janv. 1832.

(3) Grenier et Bayle-Mouillard, I, 121; de Fréminville, Minor., II, 985; Demolombe. XVIII,497; Dict. not. Don., n° 129; voir cependant Massé et Vergé. § 418, note 18.

(4) Marcadé, 907. 5; Demante, IV, 27; Dalloz. n° 355; Demolombe, XVIII, 488; contra. Coin-Delisle, 907, 12; Guillon, n° 79; Roll., Don. n° 133, Dict. not., *ibid*, n° 181, Taulier, IV, p. 30; Rennes, 11 août 1838.

(5) Coin-Delisle, 907, 10; Marcadé, 907, 1; Demante, IV, 27 bis; Troplong. n° 624; Demolombe, XVIII, 489; contra, Massé et Vergé, § 221 note 5.

(6) Marcadé, 907, 1; Coin-Delisle 907, 9; Demolombe, XVIII, 490, 491; Dict. not., *Don.*, n° 196.

(7) Marcadé. 907, 2; Coin-Delisle, 907, 13, note; Zach., Massé et Vergé, § 418, note 18; Demante. IV, 27 bis. 1°; Demolombe, XVIII, 476; Troplong. n° 621; Aix, 14 mai 1869; J. N., 13781 17309; contra, Roll., Don, n° 132; Bayle-Mouillard, I, 118; Saintespès, I, 269; Bruxelles

14 déc. 1814; Metz, 18 janv. 1821. Voir Bordeaux, 29 juill. 1857; J. N., 16101.

(8) Coin-Delisle, 907, 5; Demolombe, XVIII, 478.

(9) Marcadé. 972. 2; Coin-Delisle, 972. 5; Orléans, 20 fév. 1833; Cass. 12 août 1834; J. N. 8899.

(10) Marcadé. 972. 1; Coin-Delisle. 972. 5; Dict. not., *Test*, n° 250; Cass.. 20 janv. 1840; J. N. 10502.

(11) Toullier, V, 410; Duranton, IX, 69; Coin-Delisle. 972. 4; Massé et Vergé. § 439, note 25; Dict. not., *Test.*, n° 150; Marcadé. 972. 4; Roll., *Test.*, n°ˢ 90 et 152; Troplong. n° 1521; Nancy. 24 juill. 1833; Vau. 23 déc. 1836; Cass.; 12 mars 1838. J. N. 9090. Voir cependant Grenoble. 7 déc. 1841; Riom. 7 janv. 1857; J-N. 14319. 16045.

(12) Coin-Delisle, 972. 9, Demol., XXI, 246, 247; Rouen, 17 août 1859, Cass. 19 mars 1861. 13 janv. 1856; J. N., 17104; 18172.

(13) Dict. not. *Test.*, n° 286. Rennes. 26 nov. 1817; Paris. 2 fév. 1857; Rouen, 17 août 1859; Cass. 4 mars 1840 20 juill. 1843, 11 juin 1849, 19 mars 1861; J. N. 10521, 15694. 6 719, 17191.

(14) Toullier, V. 347. Grenier I, 214. Duranton, IX 8. Coin-Delisle; 972. 12; Dict. not., *test.*, 124, Roll., Test., n°ˢ 92, 155; Cass., 14 juin 1837; J. N. 9578.

(15) Duranton. IX. 69; Coin-Delisle. 972. 5; Massé et Vergé. § 439. note 25; Poitiers. 30 juin 1836; Lyon. 4 juill. 1840; Cass.. 27 avril 1857; J. N. 12938, 16096. Voir cependant Bordeaux, 6 août 1855; J. N. 15091.

2663. *Capacité pour recevoir par testament* [Form. 384, 4°]. Toutes personnes peuvent recevoir par testament, excepté celles que la loi en déclare incapables (*C. N.*, *902*).

2664. Sont incapables de recevoir par testament : 1° ceux qui ne sont pas conçus à l'époque du décès du testateur (*C. N.*, *906*), même lorsque le legs est conditionnel ou soumis à une condition suspensive (1) voir cependant *infra* n° 2763 ; 2° ceux qui, bien que conçus à l'époque du décès du testateur, ne naissent pas viables (*C. N.*, *906*, *supra* n° *1714*) ; 3° toutes les autres personnes énumérées *supra* n° *2462*.

2665. Il suffit que le légataire soit nommé de manière à pouvoir être connu (2), ne fût-il indiqué que sous son prénom, ou avec sa qualification seulement, ou par un surnom (3). Cependant il est toujours préférable de bien le désigner de manière à ne pas laisser place au doute ; jugé à cet égard que la preuve testimoniale n'est pas admissible pour établir que le testateur a voulu instituer non la personne indiquée par ses nom et prénom, mais un autre parent portant le même nom et auquel il aurait cru, par erreur, que le prénom indiqué appartenait (4).

2666. Le legs doit, à peine de nullité, être fait à une personne certaine dont la capacité puisse être vérifiée. Ainsi, par exemple, sont nuls : 1° le legs à une personne désignée pour être employé par elle, suivant les intentions du testateur qui les lui a confiées secrètement (5) ; 2° la disposition portant que l'exécuteur testamentaire fera emploi des biens en œuvres pies et services religieux (6), voir cependant *infra* n° 2764 ; 3° le testament au profit de deux enfants naturels, qui seraient pris dans l'un des établissements d'un département et choisis par la sœur supérieure de l'un de ces établissements (7).

2667. *Ecriture* [Form. 384, 5°]. Le testament reçu par un notaire, en présence de quatre témoins, est écrit en entier (8) par le notaire, de sa main, tel qu'il lui est dicté (9), *supra* n° *2660* ; s'il est reçu par deux notaires en présence de deux témoins, il est écrit par l'un de ces notaires tel qu'il est dicté (*C. N.*, *972*), sans qu'il soit nécessaire d'indiquer celui des deux notaires qui l'a écrit, si d'ailleurs il constate qu'il l'a été de la main de l'un d'eux (10). Dans ce dernier cas, il peut même être écrit en partie de la main d'un des notaires, et en partie de la main de l'autre (11).

4° Légataire (n°s 2663 à 2666).

Je lègue à M. Louis-Germain LAPORTE, étudiant en médecine, demeurant à. . . . ., rue. . . . ., n°. . . . . , l'universalité des biens meubles et immeubles. . . . . (*Placer ici les diverses dispositions testamentaires selon les formules 394 à 397.*)

5° Ecriture (n°s 2667 à 2670).

Lorsqu'il n'y a qu'un notaire.

Le présent testament a été écrit en entier par M° DORLAN, notaire soussigné, de sa main, tel qu'il lui a été dicté par le testateur ; puis M° DORLAN l'a lu au testateur, qui a déclaré qu'il contient bien ses volontés et qu'il y persiste ; le tout en présence des quatre témoins.

Lorsqu'il y a deux notaires.

Le présent testament a été écrit en entier par M° DORLAN, l'un des notaires soussignés,

---

(1) Toullier, V. 92; Troplong, n° 607 ; Demante, IV. 38 *bis* ; Zach. § 449, note 9; Demolombe, XVIII. 580, 581 ; Coin-Delisle, *906*, 4; Mourlon, II, p. 279.

(2) Le legs fait à des neveux doit aussi s'entendre des nièces, surtout si le testateur a ajouté : *Mes héritiers naturels*. Bordeaux, 14 juin 1859 ; J. N. 16077.

(3) Dict. not., *legs*, n° 410 ; Coin-Delisle, *1002*, 9; Metz, 21 mars 1822; Lyon, 19 avril 1861, Voir Cass., 22 janv. 1851 ; J. N. 14288.

(4) Paris. 26 mars 1862 ; J. N. 17418; Cass., 23 fév. 1863; Sirey, 1863, I, p. 70.

(5) Toullier, V, 351 et 606, VIII; Duranton, IX. 408; Bayle-Mouillard, 1, 430; Troplong, n°s 549, 555; Demante, IV, 26, *bis*; Zach., Massé et Vergé, § 418, note 8; Demolombe, XVIII, 609; Dict. not., *Legs*, n° 130; Aix, 5 juin 1809 ; Cass., 12 août 1811, 8 août 1826, Besançon, 6 fév. 1827; Limoges, 20 déc. 1830; Lyon, 13 fév. 1836.

(6) Toullier, V, 354 ; Marcadé, *1031*, 5, Demolombe, XVIII, 610; Troplong, n° 553; Bordeaux, 6 mars 1841 ; Douai, 15 déc. 1848; Culmar, 22 mai 1850 ; Riom, 29 juin 1859; Cass., 12 août 1841, 18 août 1826, 13 janv. 1857; 28 mars 1859; trib. St-Brieuc, 25 fév. 1862. Voir cependant Cass., 1er juill. 1864 ; Bordeaux, 24 nov. 1857; J. N. 16236; Metz, 13 mai 1864; Nîmes, 23 mai 1865 ; J. N., 16327.

(7) Agen, 25 nov. 1861 ; Cass., 12 août 1863 ; J. N. 17829.

(8) Y compris le préambule et la clôture : Dict. not., *Test.*, n° 181; Caen, 15 fév. 1842. Voir cependant Coin-Delisle, *972*, 18 ; Marcadé, *972*, 2.

(9) Et conséquemment à la première personne ; cependant on décide que les dispositions peuvent êtres reproduites à la troisième personne : Toullier, V, 418; Grenier, I, 216 ; Coin-Delisle, *972*, 40, *note*, Cass., 18 janv. 1809; Nîmes, 29 avril 1806; Bruxelles, 8 mai 1897; Angers, 13 août 1807 ; Riom, 17 nov. 1808; Bourges, 26 fév. 1853 ; J. N. 15016.

(10) Dict. not., *Test.*, n° 289; Douai, 21 juill. 1841 ; Cass., 26 juill. 1842; J. N. 11402, 11453 ; contra, Toullier, V, 423.

(11) Toullier, V, 492 ; Coin-Delisle, *972*, 16 ; Marcadé, *972*, 2; Dict. not., *Test.*, n° 283 ; Roll., *Test.*, n° 171; Troplong, n° 1531 ; Zach., Massé et Vergé, § 439, note 24.

2668. Par ces mots : *tel qu'il lui est dicté*, on entend que le notaire doit énoncer la volonté du testateur telle qu'elle est exprimée, en redressant toutefois les expressions du testateur s'il y avait des fautes de français, des expressions impropres, des tournures bizarres (1).

2669. Il doit être fait mention que le testament a été *écrit* tel qu'il a été dicté (2) (*C. N.*, 972). Le testament serait entaché de nullité s'il y était dit que le notaire a *rédigé* les volontés dictées par le testateur (3).

2670. Le Code n'exige pas que le testament par acte public soit rédigé en un seul contexte et sans divertir à d'autres actes (4); mais cela est préférable pour éviter dans l'intervalle des séances des révélations qui pourraient provoquer des captations et suggestions (5).

2671. Lorsque le testateur est étranger et ne sait pas parler français, ou est Français, mais parle un idiome et ne connaît pas la langue française [Form. 284, 6°], les dispositions testamentaires doivent être dictées par le testateur dans sa langue maternelle, et le notaire écrit en français les idées qu'on lui exprime dans l'autre langue (6); puis le notaire, sans cependant y être obligé, *supra* n° 318, traduit à mi-marge dans la langue du testateur (*Arrêté 25 prairial an II*, *art.* 1er et 2); mais, pour qu'un pareil testament puisse avoir lieu, il faut que le notaire connaisse la langue de l'étranger, car la volonté du testateur doit être dictée au notaire par le testateur lui-même, seul et sans le secours d'un interprète (7). Toutefois à l'égard des testaments reçus par les notaires d'*Algérie*, voir *supra* n° 373.

2672. Selon quelques auteurs (8), les témoins aussi doivent connaître et la langue du testateur et la langue française. Cette opinion ne nous paraît pas devoir être suivie, car elle aurait pour effet de rendre souvent impossible la réception du testament par acte public dans les pays où se parle un ancien patois, et dans ceux qui avoisinent les frontières. Il suffit donc que les témoins connaissent la langue parlée par le testateur (9); mais, dans ce cas, il est du devoir du notaire d'écrire à mi-marge une traduction textuelle du testament dans la langue parlée par le testateur et les témoins (10), parce que si on venait à décider que le testament écrit en français n'est pas valable en raison de ce que les témoins ne connaissaient pas cette langue, il resterait le testament écrit dans la langue du testateur et des témoins.

---

de sa main, tel qu'il a été dicté aux deux notaires par le testateur; puis M° **Dorlan** l'a lu au testateur, qui a déclaré qu'il contient bien ses **volontés** et qu'il y persiste; le tout en présence de M° **Zimmer** et des deux témoins.

6° *Dictée et écriture lorsque le testateur parle un idiome ou une langue étrangère* (n°s 2671 et 2672).

Lequel a dicté en l'idiome du pays (*ou* en langue anglaise), que les notaires et témoins comprennent tous, à M° **Dorlan**, etc. (*Le surplus comme en la formule n° 6.*)

. . . .

Le présent testament a été écrit en entier par M° **Dorlan**, notaire soussigné, de sa main, tel qu'il lui a été dicté par le testateur, d'abord en français, puis à mi-marge en l'idiome parlé par le testateur (*ou* en langue anglaise); ensuite M° **Dorlan** a lu le tout au testateur qui a déclaré que le testament contient bien ses volontés et qu'il y persiste, le tout en présence des quatre témoins ci-dessus nommés.

---

(1) Toullier, V, 419; Duranton, IX, 77; Coin-Delisle, 972, 14; Marcadé, 972, 2; Massé et Vergé, § 439, note 25; Troplong, n° 1523, 1524; Roll, *Test.*, n° 153; Dict. not., *Test.*, n° 238; Cass., 4 mars 1810, 19 janv. 1811, 22 juin 1813, 15 janv. 1845; Bordeaux, 6 août 1855; J. N. 40321, 15691.

(2) La mention des mots: *tel qu'il a été dicté*, n'est pas prescrite à peine de nullité: Toullier, V, 424; Grenier, I, 328; Troplong, n° 1548; Dict. not., *Test.*, n° 298; Turin, 16 avril 1806; Cass., 3 déc. 1807, 26 juill. 1808; Riom, 26 mars 1810; Douai, 18 fév. 1812, 28 nov. 1814.

(3) Marcadé, 972, 4; Troplong, n°s 1540 et 1543; Roll., *Test.*, n° 170; Turin, 22 fév. 1806; Besançon, 27 nov. 1806; Cass., 27 mai 1807 et 4 fév. 1898; Colmar, 11 fév. 1815, contra Vazeille, 972, 10 et 12; Coin-Delisle, 972, 42; Liége, 5 janv. 1833; J. N. 8241.

(4) Marcadé, 972, 4; Duranton, IX, 59; Coin-Delisle, 969, 10; Troplong, n° 1537; Dict. not., *Test.*, n° 203; Bordeaux, 17 mai 1833; Limoges, 14 déc. 1842; J. N. 8200, 11793.

(5) Troplong, n° 1507; Dict. not., *Test.*, n° 210.

(6) Toullier, V, 438; Grenier. I. 255; Duranton, IX, 78; Vazeille, 972, 4; Troplong, n° 1520; Marcadé, 972, 9; Zach.. Massé et Vergé, § 434, note 9; Liége, 23 juill. et 24 nov. 1836; Cass., 4 mai 1807; Douai, 2 mars 1812.

(7) Duranton, IX, 80; Poujol, 972, 13; Coin-Delisle, 972, 7; Marcadé, 972, 2; Massé et Vergé, § 434, note 9; contra, Dict. not., *Langue franç.*, n° 20.

(8) Toullier, V, 383; Grenier, I, 255; Duranton, IX, 79; Poujol, 974, 3; Vazeille, 980, 5; Zach., § 434.

(9) Coin-Delisle, 980, 25 à 27; Marcadé, 972, 2; Troplong, n° 1523; Massé et Vergé, § 439, note 9; Dict. not., n° 303; Bruxelles, 9 janv. et 6 mai 1813; Liége, 24 nov. 1806 et 31 janv. 1817; Metz, 19 déc. 1810; Douai, 15 janv. 1834.

(10) Marcadé, 972, 2; Coin-Delisle, 972, 6; Massé et Vergé, § 434 note 9.

En effet, bien que les testaments publics, de même que les autres actes des notaires, dussent être écrits en français, *supra* n° 324, ils ne seraient pas nuls pour avoir été écrits en patois on en langue étrangère (1).

2673. *Interpellation* [Form. 384, 7°]. Nous avons dit, *supra* n° 2646, l'utilité de faire déclarer que les témoins réunissent les qualités voulues par la loi pour être témoins aux testaments; mais, lors du préambule, les témoins sont censés ignorer les dispositions du testament, et ils ne peuvent dès ce moment affirmer leur non-parenté avec les légataires. Une seconde interpellation est donc à faire au testateur et aux témoins après la dictée du testament pour qu'ils aient à déclarer si les témoins ne sont ni parents ni alliés au degré prohibé, *supra* n° 2644, d'aucun des légataires; il est utile de relater dans le testament cette interpellation et la réponse. Cette précaution met le notaire à l'abri contre toute action en responsabilité, en cas de nullité du testament pour parenté ou alliance d'un témoin avec l'un des légataires, si d'ailleurs l'interpellation a été réellement faite; car l'inscription de faux contre la mention serait toujours admissible (2). En cas de fausse déclaration de la part d'un témoin, voir *supra* n° 2646, *in fine*.

2674. *Lieu, date* (Form. 384, 8°). Le testament public, de même que les autres actes notariés, *supra* nos 338 *et suivants*, doit, à peine de nullité, contenir non-seulement l'indication de l'année et du jour, mais aussi celle du lieu où il est passé (3). — Habituellement, on indique aussi l'heure.

2675. *Lecture signature* [Form. 384, 9°]. Il doit être donné lecture du testament au testateur en présence des témoins, ce que le testament doit expressément mentionner (4) (*C. N.*, 972). Afin de bien se conformer à cette prescription rigoureuse, il est essentiel de mettre la mention de la lecture à la fin de l'acte. De là, il résulte suffisamment que le notaire a lu non-seulement le testament, mais aussi la mention de signature, ou la déclaration de ne savoir ou de ne pouvoir signer. Après cette mention de lecture, on ajoute ces mots : *le tout en présence des témoins*, pour bien constater que les témoins ont été présents non-seulement à la lecture du testament et conséquemment des mentions dont nous venons de parler (5),

---

7° *Interpellation au testateur et aux témoins* (n° 2673).

Sur l'interpellation que leur a faite Me DORLAN, notaire soussigné, le testateur et les quatre témoins ont déclaré individuellement que les témoins ne sont parents ni alliés, soit du testateur, soit de la personne (*ou d'aucune des personnes*) en faveur de laquelle (*ou desquelles*) il a été ci-dessus fait des dispositions testamentaires. (*Si l'un des témoins est parent ou allié à un degré non prohibé, on modifie ainsi*) : que MM. . . . ., ne sont parents ni, etc., et que M. . . . . est parent du testateur, mais au. . . . . degré seulement.

8° *Lieu et date* (n° 2674).

Dont acte,

Fait et passé à. . . . ., rue. . . . ., n°. . . . ., au domicile du testateur, dans une chambre du premier étage, éclairée par deux fenêtres sur le jardin, où le testateur a été trouvé alité.

L'an mil huit cent soixante. . . . ., le. . . . ., à. . . . . heures de l'après-midi.

9° *Lecture, signature* (nos 2675 à 2688).

Le testateur signe (n° 2677).

Et le testateur a signé avec les quatre témoins et le notaire, après lecture complète

---

(1) Toullier, V, 459; Grenier, I, 285 *bis*; Vazeille, 972, 4; Marcadé, 972, 2; Coin-Delisle, 969, 20, 21; Bruxelles, 13 déc. 1808.

(2) Paris, 13 déc. 1861.

(3) Coin-Delisle, 971, 21; Toullier, V, 451, 453; Duranton, IX, 55; Lyon, 18 janv. 1832; Caen, 16 mars 1850; J. N. 7799, 14057; voir Nancy, 25 fév. 1834; Limoges, 14 déc. 1842; J. N. 8751 (1797.

(4) Voir : Montpellier, 30 déc. 1841; Riom, 6 juin 1842; Bordeaux, 7 fév. 1848; Cass., 5 déc. 1846, 20 mars 1851, 18 août 1836; J. N. 11390, 11419, 12803, 13461, 15350, 15887; Toulouse, 22 juin 1861; Cass. 8 août 1867.

(5) Toutefois le défaut d'énonciation que la déclaration relative à la signature a été lue au testateur *en presence des témoins* n'est pas une cause de nullité: Coin-Delisle, 972, 24; Marcadé, *Rev. crit.*, 1852, p. 337; Dalloz, 52, II, 179; Roll., *Jurisp. not.*, art 10459; Dict. not., *Test.*, n° 371; Douai, 6 mars 18.43 et 24 mai 1853, Aix, 16 fév. 1853; Dijon, 2 mars 1853; Angers. 3 janv. 1855; Lyon, 28 déc. 1855. Cass., 3 juill. 1831, 24 mai 1853, 8 mai 1855, 4 juin 1855, 24 janv. 1866; J. N., 14611, 14963, 15031, 15522, 15763; *contra*, Troplong, n° 1594; Paris, 14 juill. 1831; J. N., 11109.

2676. La loi n'exige pas que la lecture du testament soit faite par le notaire; cependant il est préférable qu'il le lise lui-même (2).

2677. Le testament doit être signé, *supra n° 553*, par le testateur, les témoins (toutefois voir *infra n° 2688*) et les notaires, et contenir l'énonciation de ces signatures (3). Si le testateur déclare qu'il ne sait ou ne peut signer, il est fait dans l'acte mention expresse de sa déclaration, ainsi que de la cause qui l'empêche de signer (C. N., 973, 974). Lorsque le testateur ne sait signer, on doit mentionner sa déclaration de ne savoir *écrire ni signer*, et non pas seulement sa simple déclaration de ne savoir *écrire* (4), car la pratique révèle que beaucoup de personnes entièrement illettrées ont cependant l'usage de signer.

2678. Ainsi, lorsque le testateur ne signe pas, il faut énoncer : 1° sa déclaration à cet égard ; 2° la cause qui l'empêche de signer. Il ne suffirait pas de dire : *le testateur ne signe pas parce qu'il ne le sait pas, ou à cause de son état de faiblesse... de paralysie* ; il faut dire : *le testateur a* DÉCLARÉ *ne savoir signer... ou ne pouvoir signer à cause...* (5).

2679. Si le testateur, après avoir signé ou avoir déclaré ne le savoir ou ne le pouvoir, vient à décéder avant que les témoins et le notaire aient tous signé, le testament est nul comme n'ayant pas reçu sa confection entière du vivant du testateur (6) ; mais comme le notaire n'est pas juge de la validité de l'acte, il est prudent, pour mettre sa responsabilité à couvert, qu'il achève le testament par la constatation du fait, et qu'il le signe avec les témoins (7).

2680. Il ne suffit pas que le testateur déclare ne savoir signer, il faut réellement qu'il ne sache signer. Si donc le testateur sait signer et qu'il déclare ne le savoir, sa déclaration est erronée ou mensongère, et le testament est entaché de nullité (8), à moins cependant que le testateur, après avoir signé autrefois bien ou mal, n'en ait perdu l'habitude; alors sa déclaration de ne savoir signer est suffi-

donnée par M° DORLAN au testateur ; le tout en présence des témoins (*ou* le tout en présence de M° ZIMMER et des deux témoins.)

Le testateur ne sait signer (n°ˢ 2677 à 2679).

Et le testateur, sur l'interpellation à lui faite par M° DORLAN, a déclaré ne savoir écrire ni signer ; les quatre témoins et le notaire ont seuls signé, après lecture donnée, etc.

Le testateur ne peut signer (n°ˢ 2677 à 2679).

Et le testateur, sur l'interpellation à lui faite par M° DORLAN, a déclaré savoir signer, mais ne le pouvoir à cause de la paralysie dont il est atteint au bras droit; les témoins et le notaire ont seuls signé, après lecture donnée....., etc.

Le testateur a su signer, mais il ne le sait plus (n°ˢ 2680 à 2682)

Et le testateur, sur l'interpellation à lui faite par M° DORLAN, a déclaré avoir su signer autrefois, mais ne plus le savoir maintenant, en ayant totalement perdu l'habitude ; les témoins et le notaire ont seuls signé, après lecture....., etc.

---

(1) Dict. not., *Test.* n° 330.
(2) Coin-Delisle, 972, 2°; Marcadé, 972, 3; Bordeaux, 5 juill.1855; J. N., 15591. Voir Pau, 9 janv. 1857. M. T., 1567, p. 424.
(3) Grénier, n° 243 ; Toullier, V, 434 ; Duranton, IX, 93; Poujol, 973, 25; Troplong, n° 1581 ; Turin, 11 nov. 1812 ; CONTRA, Marcadé, 973, 4; Coin-Delisle, 973, 4 ; avis conseil d'état, 16 juin 1810.
(4) Mourlon, II, p. 350 Toutefois il a été décidé que la mention de la déclaration de ne savoir écrire équivaut à celle de ne savoir signer : Bruxelles, 15 mars 1810 ; Colmar, 22 déc. 1812; Liége, 22 avril 1813; Cass., 1ᵉʳ fév 1859 et 23 déc. 1861; J. N. 17365.
(5) Troplong, n° 1587 ; Massé et Vergé, § 439, note 3; Marcadé, 973, 2 ; Limoges, 17 juin 1808 et 4 déc. 1821; Liége, 24 nov. 1809 et 29 juin 1821; Caen, 11 déc. 1812; Cass., 15 avril 1835 ; Bordeaux, 17 juill.

1845; J. N. 12485. Voir cependant Toullier, V, 438 ; Coin-Delisle, 973, 6 ; Toulouse, 27 avril 1813; Colmar, 13 nov. 1813 ; Bordeaux, 12 juill. 1855 ; Cass., 10 déc. 1861 ; J. N. 15592.
(6) Toullier, V, 444 ; Troplong, n°ˢ 1590, 1595; Coin-Delisle, 974, 4 ; Roll., *Test.*, n° 222; Gand, 5 avril 1831.
(7) Caen, 17 déc. 1857 ; Cass., 28 avril 1862 ; J. N. 17424.
(8) Toullier, V, 439 ; Duranton, IX, 99; Zach., § 439, note 33; Coin-Delisle, 973, 3 ; Troplong, n° 1585 ; Marcadé, 973, 4 ; Mourlon, II, p. 390; Dict. not., *Sign.*, n° 437; Roll.. *ibid*, n° 68 ; Grenoble, 25 juill. 1810 ; Trèves, 18 nov. 1812 ; Limoges 26 nov. 1823 ; Montpellier 27 juin 1834; Arg. Cass., 23 janv. 1810 ; J. N. 10619; Lyon, 16 août 1851; Sirey, 1862, II, p. 474. Voir cependant Riom, 12 août 1850; Cologne, 9 mai 1860, J. N. 16144.

sante (1). Toutefois, il est préférable d'énoncer sa déclaration d'avoir signé autrefois, mais de ne plus le savoir.

2681. Le notaire qui a interpellé le testateur de déclarer s'il sait signer, et qui a mentionné dans le testament sa réponse négative, ne peut être déclaré responsable des conséquences de la déclaration mensongèrement faite par le testateur qu'il ne sait signer (2).

2682. Lorsque le notaire, après la signature du testament par le testateur et les témoins, vient à s'apercevoir de l'insanité d'esprit du testateur, il peut ne pas le compléter, en refusant d'y apposer sa propre signature (3).

2683. Lorsque le testateur a essayé de signer, mais n'a pu tracer que des traits sans suite ou des caractères informes, on laisse subsister la mention de signature ainsi que les traits sans suite ou les caractères informes, au-dessous desquels on fait une nouvelle mention énonçant l'essai de signer et l'empêchement pour *telle* cause, puis la *déclaration* du testateur de ne pouvoir signer et la cause (4).

2684. Jugé, à cet égard, que la signature du testateur, irrégulière, incomplète et même illisible, est suffisante si elle ne diffère pas essentiellement de celle qu'il apposait sur les actes faits par lui à la même époque ; et que, par conséquent, la mention surabondante faite par le notaire de l'impossibilité où s'est trouvé le testateur de signer plus lisiblement, ne saurait vicier le testament, parce que le testateur n'aurait pas déclaré lui-même la cause de cette impossibilité (5).

2685. Lorsque le testateur est atteint de quasi-surdité, il est utile de constater que le notaire a lu à très-haute voix et que le testateur a déclaré avoir entendu, *supra* n° 334 ; mais, si la surdité est complète, rien n'empêche de lui donner le testament à lire, pourvu qu'il le lise de manière à être bien entendu des témoins, ce que le testament doit constater (6). Conséquemment, celui qui est atteint d'une surdité complète et ne sait ni lire ni écrire ne peut faire un testament (7).

Le testateur a essayé de signer, mais il ne l'a pu (n°s 2683 et 2684).

(*Sous les caractères tracés par le testateur, on ajoute la mention suivante*) :

Le testateur a essayé de signer, ce qui a donné lieu à la mention de signature qui précède ; mais, à raison du grand état de faiblesse que lui cause la maladie dont il est atteint, il n'a pu tracer que des caractères informes, et il a déclaré savoir signer, mais ne le pouvoir à cause de sa maladie ; les témoins et le notaire ont seuls signé, après nouvelle lecture de tout le contenu au présent testament, donnée, etc.

Lecture par le testateur lui-même, à cause de sa surdité (n°s 2685 et 2686).

Et le testateur a signé avec les témoins et le notaire, après lecture donnée par M° Dorlan, au testateur à très-haute voix, et après que le testateur, à cause de la surdité dont il a déclaré être atteint, en a eu lui-même fait lecture à haute et intelligible voix ; le tout en présence des témoins.

Lecture lorsque le testateur parle un idiome ou une langue étrangère (n° 2687).

Et le testateur a signé avec les témoins et le notaire, après lecture donnée par M° Dorlan, au testateur, d'abord en langue française, puis en l'idiome dont il parle (*ou* en langue anglaise), le tout en présence des témoins.

---

(1) Coin-Delisle, 973, 3 ; Marcadé, 973, 1 ; Dict. not. *Sing.*, n° 139 ; Roll., *ibid.*, n° 62 ; Caen, 5 mai 1829 ; Cass., 5 mai 1834 ; Montpellier, 27 juin 1834 ; Bordeaux 18 janv. 1837 et 22 juill. 1841 ; Cass. 26 janv. 1840 ; J. N. 9560, 10519, 11180.
(2) Lyon, 16 août 1861 ; Sirey, 1862, II, p. 471.
(3) Bordeaux, 5 août 1841 ; J. N., 11159.
(4) Troplong, n° 1586 ; Cass., 21 juill. 1806, 18 juin 1816 et 31 déc. 1850 ; Bordeaux, 2 mai 1861.

(5) Cass., 19 juill. 1842, 31 déc. 1850 ; Bordeaux, 2 mai 1861 ; J. N., 11417, 14265, 17247. V. Lyon, 30 nov. 1864 ; J. N. 18174.
(6) Coin-Delisle, *972*, 2 ; Bayle-Mouillard, I, 282 ; Zach., § 439, note 27 ; Marcadé, *972*, 3 ; Roll., *Test.*, n° 32 ; Montpellier, 1er déc. 1852 ; Cass., 10 avril 1854 ; Bordeaux, 5 juill. 1855 ; J. N., 14862, 15230 ; Pau, 9 janv. 1867 ; CONTRA, Massé et Vergé, § 439, note 27.
(7) Duranton, IX, 82 ; Mourlon, II, p. 395 ; Roll., *Test.*, n° 31 ; Dict. not., *Test.*, n° 54.

2686. Dans tous les cas, lorsque le notaire mentionne avoir donné lecture du testament au testateur et que celui-ci a déclaré y persister, il n'apprécie pas seulement la capacité du testateur, il constate surtout un fait matériel qui ne peut être combattu que par la voie de l'inscription de faux. Il ne suffit donc pas, pour détruire la preuve authentique résultant du testament, de demander à prouver par les voies ordinaires que la surdité du testateur ne lui a pas permis d'entendre la lecture, et que, ne sachant pas lire, il n'a pu prendre lui-même lecture de l'acte (1).

2687. Lorsque le testateur parle un idiome ou une langue étrangère, *supra* n° 2674, la lecture du testament doit être faite et dans la langue française et dans la langue du testateur, au moyen d'une traduction aussi exacte que possible de ce qu'il a écrit (2); cependant si le testateur ni les témoins n'entendent pas la langue française, il suffit que la lecture soit donnée par le notaire de la traduction, que dans ce cas il a dû faire à mi-marge, *supra* n° 2672.

2688. Bien que le testament, de même que les autres actes, doive être signé par les témoins, *supra* n° 2677, il suffit dans les campagnes qu'un des deux témoins signe si le testament est reçu par deux notaires, et que deux des quatre témoins signent s'il est reçu par un notaire (*C. N.* 974).

2689. La question de savoir si le lieu où un testament est passé est une campagne est laissé à l'appréciation du juge (3).

2690. On mentionne que les témoins ne signent pas et la déclaration qu'ils ne savent ou ne peuvent le faire, sans cependant que le défaut de cette mention entraine la nullité du testament (4).

§ 2. — DU TESTAMENT OLOGRAPHE.

2691. Le testament olographe [Form. 385] est celui qui est écrit de la main du testateur. Le Français peut tester en cette forme dans quelque pays et en quelque lieu qu'il se trouve (5) (*C. N.* 999); l'étranger appartenant à un pays où cette forme de testament n'est point permise peut cependant l'employer valablement en France à l'égard des biens situés sur le territoire français (6).

Deux témoins sur quatre (ou un sur deux) ne savent signer (n°s 2688 à 2690).

Et MM....., deux des quatre témoins (*ou* M....., l'un des deux témoins), ayant déclaré, sur l'interpellation à eux faite individuellement (*ou* à lui faite), par M° Dorlan, ne savoir écrire ni signer, le testateur a signé avec MM..... (*ou* avec M.....), témoins sachant signer, et le notaire, après lecture donnée....., etc.

FORMULE 385. — **Testament olographe.** (N°s 2691 à 2697.)

Je, soussigné, Théodore Aulnais, propriétaire, demeurant à....., département de....

Ai fait mon testament ainsi qu'il suit :

Je lègue à M. Charles Aulnais, avocat, demeurant à....., mon neveu, l'universalité de mes biens meubles et immeubles, sans aucune exception; en conséquence, je l'institue pour mon légataire universel.

(*Ou placer ici les diverses autres dispositions testamentaires, selon les formules 394 à 397.*)

Ecrit et signé de ma main, à....., le.....

(Signature.)

---

(1) Poitiers, 20 fév. 1857; J. N., 16078.
(2) Troplong, n° 1534; Dict. not., *Test*, n° 308; Metz, 19 déc. 1816; Douai, 2 mars 1812; J. N. 11512.
(3) Grenier, I. 215; Toullier, V, 445; Duranton, IX, 102; Coin-Delisle, 974, 5; Troplong, n° 1594; Marcadé, *art. 974*; Douai, 1er juin 1812; Poitiers, 13 déc. 1815 et 19 fév. 1823; Cass., 10 juin 1817 et 10 mars 1829; Lyon, 29 nov. 1828; Bordeaux, 29 avril 1829; Grenoble, 22 mars 1832.
(4) Coin-Delisle, 974, 7; Marcadé, *art. 974*; Troplong, n° 1598;

Dict. not. *Sign.*, n° 199; contra, Duranton, IX, 93 et 103; Zach., § 439, note 35.
(5) Dict. not., *Test.*, n° 165; voir Cass., 3 juill. 1834; J. N. 15285.
(6) Fœlix, *Droit international*, n° 55; Troplong, n° 1736; Zach., Massé et Vergé, § 430, note 4; Dict. not., *Test.*, n° 166; Paris, 21 juin 1850, 25 mai 1852; Orléans, 5 août 1858; Cass., 9 mars 1853, 19 avril 1859; J. N., 14095, 14924, 16075; contra, Marcadé, *999*, 2. Pour l'indigène en Algérie, voir Cass., 29 mai 1865; J. N., 18310.

2692. Le testament olographe doit être l'œuvre exclusive du testateur, et il n'est point valable s'il n'est écrit en entier, daté et signé de sa main ; il n'est assujetti à aucune autre forme (1) (*C. N. 970*).

2693. Écrit : en français, ou en toute autre langue (2), sur une ou plusieurs feuilles de papier, dont la dernière seule peut être signée, s'il règne entre toutes les feuilles une liaison nécessaire (3), avec de l'encre, du sang ou toute autre matière, même un crayon (4) ; de la main du testateur seul (5) : un mot (6) écrit par une autre main donnerait lieu à la nullité du testament ; toutefois si des mots avaient été écrits par une main étrangère à l'insu du testateur, le testament resterait valable (7).

2694. Daté : par l'indication en toutes lettres ou simplement en chiffres (8) des jour, mois et an (9) ; il convient, sans que cela soit de rigueur, de placer la date à la fin du testament, et avant la signature (10) ; quoiqu'il ne soit pas nécessaire d'indiquer le lieu où il a été rédigé (11), l'usage est de le mentionner. Le renvoi en marge ou à la suite du testament olographe, quoique non daté, est valable s'il est signé ou paraphé, et s'il a une corrélation évidente et nécessaire avec le corps de l'acte (12) ; mais s'il est reconnu que le testateur a ajouté ce renvoi postérieurement, on doit le considérer comme une disposition nouvelle, et il n'est valable qu'autant qu'il a été écrit, daté et signé par le testateur (13).

2695. Lorsque le testateur a mis une fausse date, par exemple, si l'on prouve que le papier timbré sur lequel est écrit le testament n'a été mis en circulation par l'administration des domaines qu'à une époque postérieure à la date du testament (14) ; ou si, par erreur, il a daté son testament d'une époque postérieure à son décès, et que, dans les deux cas, les juges soient dans l'impossibilité de rectifier la date à l'aide des énonciations du testament (15), la fausseté ou l'erreur de date équivaut à l'absence de date et le testament est nul (16).

FORMULE 386. — Testament par lettre missive. (N° 2698.)

A M. Charles Dumont, rue Saint-Honoré, n° 74, à Paris,

Mon cher ami, pour vous donner une preuve de mon affection, je vous lègue la maison que je possède à . . . ., rue . . . ., n° . . . ., avec tous les meubles meublants qui la garnissent ; vous aurez la propriété et la jouissance du tout à partir du jour de mon décès.

Votre bien affectionné. Théodore Beaurian.

A . . . ., le . . . . mil huit cent soixante. . . . .

---

(1) Voir Dict. not., *Test.*, n°ˢ 444 et suiv.; Troplong, n° 4478; Demolombe, XXI, 64; Paris, 10 janv. et 25 juill. 1857; Cass., 5 fév. 1833, 24 mars 1833, 4 août et 4 nov. 1857 ; J. N., 15994, 16113, 16157, 16218. Voir Bordeaux, 24 juill. 1863; Paris, 6 juin 1866. Jur. N. 13092.

(2) Troplong, n° 1503; Zach., Massé et Vergé, § 434, note 7; Dict. not., *Test.*, n° 509; Bordeaux, 26 janv. 1829.

(3) Troplong, n° 4473; Massé et Vergé, § 437, note 6; Dict. not., *Test.*, n° 484; Paris, 22 janv. 1857; Rennes, 24 déc. 1849; Cass., 24 juin 1842, 3 déc. 1850, 24 juin 1852; J. N. 14365, 13949, 14239. Voir aussi Besançon, 21 juin. 1857; Paris, 40 janv. et 21 juill. 1857 ; Cass., 4 août et 4 nov. 1857 ; J. N. 45288, 15994, 16113, 16157, 16218.

(4) Coin-Delisle, *970*, 23; Troplong, n° 4472; Dict. not., *Test.*, n° 482; Roll., *Test.*, n° 304; Aix, 27 janv. 1846; J. N. 12897.

(5) Si le testateur est atteint de cécité ou d'un tremblement nerveux, son testament olographe n'en est pas moins valable, quand même une assistance étrangère l'aurait aidé dans la disposition matérielle de son écriture sur le papier : Dict. not., *Test.*, n° 484; Troplong, n° 4470; Nancy, 19 fév., 1840; Paris, 21 avril 1848 ; Cass., 18 mars 1850, 28 juin 1847; J. N. 13484.

(6) Grenier, I. 228; Toullier, V. 357; Duranton, IX. 27 ; Troplong, n° 1467; Zach., § 437, note 2; Marcadé, *970*, 2; Coin-Delisle, *970*, 11; Dict. not., *Test.*, n° 473; Trib. Seine, 7 mai 1863; J. N. 17737,

(7) Grenier, I. 228; Duranton. IX. 7 ; Toullier, V. 358 ; Marcadé, *970*, 2; Troplong, n° 1468; Massé et Vergé, § 437, note 2; Roll., *Test.*, n° 299; Dict. not., *Test.*, n° 476; Mourlon, II. p. 384; Lyon, 17 août 1855; Cass., 22 juin 1857; J. N. 15038, 16141.

(8) Grenier, I. 226; Toullier, V. 305; Duranton, IX. 31 ; Troplong, n° 4481; Zach., § 434, note 5; Dict. not., *Test.*, n° 507; Nîmes 20 janv. 1810.

(9) Grenier, I, 226; Toullier, V. 362; Demol., XXI, 75, 80; Massé et Vergé. § 437, note 3; Cass., 3 mars 1846; J N., 12718; contra, Coin-Delisle. *970*, 8, selon lequel l'indication des mois et an peut suffire.

(10) Duranton, IX, 42; Marcadé, *970*, 3; Troplong, n° 4491 ; Massé et Vergé, § 437, note 3; Roll., *Test.*, n° 318; Dict. not., *Test.*, n° 514; Demol. XXI, 145, 446; Paris, 13 août 4814 et 22 avril 4828 ; Bordeaux, 12 janv. 1825; Rennes, 11 fév. 1830; Cass., 9 mai 1825 et 14 mai 1831 ; Poitiers, 6 janv. 1864: *Journ. du Not.*, 1864, p. 94; voir cependant. Toullier. V, 375; Grenier, 1, 228. V.Seine. 5 juin 1865 ; J. N., 18337,

(11) Duranton, IX, 23; Toullier, V. 368 ; Grenier, I, 228, notes 3 et 11; Coin-Delisle, *970*, 29; Troplong, n° 4480; Demolombe. XXI, 78. Cass., 6 janv. 1814 ; Bordeaux, 26 janv. 1829.

(12) Demolombe. XXI, 135, Cass., 18 août 1862; J. N., 17536; voir Orléans. 3 juill. 1858 : Paris, 7 mars 1767 ; J. N., 16357, 1883*1*.

(13) Coin-Delisle, *970*, 34; Marcadé, *970*, 5 ; Demol. XXI, 434; Caen, 21 juin 1860; Lyon, 11 déc. 1860; Besançon, 49 juill. 1851; Dijon, 24 juill. 1861; Amiens, 6 fév. 1862 ; Cass., 27 juin 1860, 16 déc. 1861 ; J. N., 16895, 17051. 17147, 17218; voir Orléans, 3 juill. 1858; Cass., 28 mars 1864; Nîmes, 7 mars 1865; J. N., 16337, 18010, 18261.

(14) Demolombe. XXI, 96; Amiens, 2 fév. 1860 ; Cass., 4 janv. 1847, 18 nov. 1856, 31 janv. 1859 ; J. N., 12237, 43976, 15938, 16516, 10873; Montpellier, 5 janv. 1864; Cass.. 11 mai 1864 ; J. N. 18002.

(15) Demolombe, XXI, 89; Rouen, 21 nov. 1854; Cass., 8 mai 1855, 6 août 1856, 18 janv. 1858; Lyon, 22 fév. 1859; J. N., 15569, 15890, 16232, 16597, V. Paris, 3 juin 1867. Metz 4 juillet 1867 ; M. T. 1857, 654.

(16) Troplong, n° 1434; Coin-Delisle, *970*, 39; Demolombe, XXI, 87; Paris, 19 mai 1848; Amiens, 19 fév. 1856; Lyon, 22 juill. 1857 et 22 fév. 1859; Cass., 18 nov. 1856, 31 janv. 1859, 18 août 1859, 20 fév. 1860, 31 juill. 1860, 14 mai 1867; J. N., 10185, 15516, 16913, 16944, 18856.

2696. Signé : par l'apposition de la signature habituelle du testateur, *supra n° 553*. Les ratures ne sont soumises à aucune formalité d'approbation, pourvu qu'elles soient l'œuvre du testateur (1).

2697. Le testament olographe n'étant assujetti à aucune autre forme peut donc être fait sur papier libre, sur des notes, sur un carnet, en marge d'un livre imprimé, sur un registre de compte (2), ou même sur du bois, du carton, du linge, une ardoise, etc., pourvu, dans tous les cas, qu'il indique avec certitude la volonté de faire une disposition de dernière volonté.

2698. Il peut aussi résulter d'une lettre missive [Form. 386], en écrivant à une personne qu'on lui fait tel legs; mais la volonté de léguer doit être certaine ; si la lettre n'énonçait que l'intention de faire un legs, elle ne vaudrait pas comme testament; l'appréciation des termes sera laissée aux tribunaux (3).

§ 3. — DU TESTAMENT MYSTIQUE.

2699. Le testament *mystique* ou *secret* est celui qui est écrit par le testateur ou pour lui par une autre personne, mais signé par lui-même, s'il sait ou peut signer, et qui est clos, scellé et présenté à un notaire qui en dresse l'acte de suscription.

2700. Pour faire un testament mystique, il faut non-seulement avoir la capacité de tester, *supra* n°⁸ 2650 *et suiv.*, mais encore savoir et pouvoir lire; en conséquence ceux qui ne le savent ou ne le peuvent (4) sont privés de disposer dans cette forme (*C. N., 978*); ainsi, l'aveugle est incapable de faire un testament mystique (5).

2701. Si le testateur sait lire l'écriture moulée ou imprimée, il peut, selon quelques auteurs, faire faire ainsi son testament et lui donner la forme mystique (6).

2702. Lorsque le testateur veut faire un testament mystique (7) [Form. 387] il écrit ses dispositions

---

FORMULE 387. — **Testament mystique.—Acte de suscription par un testateur sachant lire et écrire, papier présenté clos et scellé.** (N°⁸ 2699 à 2710)

Par-devant M⁰ Dorlan, notaire à. . . . ., soussigné.
En présence de : 1° M. Vincent Vimy, officier en retraite ; 2° M. Théodore Noel, négociant ; 3° M. Vincent Beaurain, docteur en médecine ; 4° M. Louis Laville, propriétaire ; 5° M. Jean Lheureux, avocat ; 6° et M. Stanislas Marchand, libraire, demeurant tous les six à. . . . ., témoins instrumentaires.
A comparu, M. Charlemagne Lagrange, rentier, demeurant à. . . . .
Lequel a présenté à M⁰ Dorlan et aux six témoins, le présent papier plié en forme de lettre, clos et scellé à deux endroits avec de la cire verte et un cachet ayant pour empreinte A. D., en caractères gothiques (*ou* le présent papier clos à l'entour avec un ruban blanc et scellé aux quatre coins du recto et du verso avec de la cire rouge, et un cachet ayant pour empreinte les lettres C. V. entrelacées).
Et il a déclaré que le présent papier est l'enveloppe dans laquelle est contenu son testament écrit et signé par lui (*ou* signé par lui, mais écrit par M. . . . .).
En conséquence, M⁰ Dorlan a écrit de sa main le présent acte de suscription sur le papier servant d'enveloppe au testament.
Fait et passé à. . . . ., dans le cabinet de M⁰ Dorlan,
L'an mil huit cent soixante. . . . , le. . . . .

---

(1) Coin-Delisle, *970*, 20; Grenier, I, 228; Toullier, V. 350; Duranton, IX, 28; Massé et Vergé, § 431, note 4; Dict. not., *Test.*, n° 487; Cass., 15 janv. 1831; Trib., Lyon, 28 nov. 1850.
(2) Toullier, V, 361; Grenier, I, 228; Duranton, IX, 23; Coin-Delisle, *970*, 23; Zach., § 437, note 9; Dict. not., *Test.*, n° 499; Nîmes, 20 janv. 1810; Paris, 44 août 1800.
(3) Grenier, I, 224; Toullier, V, 378; Marcadé, *870*, 5; Massé et Vergé, § 437, note 8; Demolombe, XXI, 125; Paris, 25 mai 1832; Bourges, 8 fév. 1839. V. Cass., 13 juin 1860; J. N., 18 52.
(4) C'est à celui qui prétend que le testateur ne pouvait lire lors de la confection du testament, à en apporter la preuve : Troplong, n° 1662; Massé et Vergé, § 440, note 25; Demolombe, XXI, 396; Douai,
25 juill. 1845; Besançon, 27 août 1851; Cass., 23 juin 1852; J. N., 12701, 14742; Cass.,28 avril 1863. Voir Cass., 7 mai 1806; Pau, 19 juin 1865; Paris, 30 nov. 1866; J. N., 18398, 18350, 18729.
(5) Toullier, V, 478; Troplong, n° 1686; Demolombe, XXI, 395.
(6) Coin-Delisle *978*, 2; Marcadé, *976*, 2; Massé et Vergé, § 440, note 24; Sainteqpès, IV, 1169; Demolombe, XXI, 393, 394 ; contra, Duranton, IX, 435; Troplong, n° 1661.
(7) Si l'Empereur dispose par testament mystique, l'acte de suscription est dressé par le ministre d'Etat et inscrit par le président du Conseil d'Etat : ils signent l'un et l'autre avec l'Empereur et les six témoins qu'il a indiqués. Le testament mystique est déposé au Sénat par le ministre d'Etat. (*Statut, 21 juin 1853, art. 22.*)

ou les fait écrire par une autre personne, et les signe (*C. N.*, *976*), sans qu'il soit nécessaire de les dater, le testament prenant la date de l'acte de suscription (1).

2703. Les dispositions peuvent être écrites en partie par une personne et en partie par une autre (2); elles peuvent aussi l'être par le notaire qui reçoit l'acte de suscription (3), même lorsqu'elles contiennent un legs à son profit (4), ou par un légataire (5) qui ensuite peut être témoin à l'acte de suscription (6); il n'est pas nécessaire de mentionner dans l'acte de suscription quelle personne les a écrites (7).

2704. Cependant il est préférable de ne pas faire écrire le testament par des personnes intéressées (8) et de nommer la personne qui a écrit les dispositions; tel est l'usage.

2705. Le papier contenant les dispositions, ou celui qui sert d'enveloppe s'il y en a une, doit être clos d'une manière quelconque, par exemple, au moyen d'une enveloppe qui est scellée (*C. N.*, *976*), avec de la cire et l'apposition d'un cachet portant une empreinte (9).

2706. Le papier peut être clos et scellé par un autre que le testateur, mais s'il est présenté aux notaire et témoins non clos ni scellé, il est préférable qu'il le soit par le notaire.

2707. Le testateur présente (10) son testament au notaire (11) et à six témoins au moins (12), sachant tous signer (13), ayant les qualités requises par la loi de ventôse (14), *supra* n° *298*, mais qui peuvent

Et M. Lagrange a signé avec les six témoins et le notaire, après lecture des présentes donnée par M° Dorlan au testateur, en présence des témoins.

Le tout fait de suite et sans divertir à d'autres actes (n° 2709).

Si le testateur ne peut signer par suite d'un empêchement survenu depuis la signature du testament (*n° 2710*) :

M. Lagrange, sur l'interpellation de signer que lui a faite M° Dorlan, a déclaré que, par suite de la paralysie dont il a été atteint depuis la signature de son testament, il ne peut signer; les six témoins et le notaire ont seuls signé, après lecture des présentes donnée par M° Dorlan au testateur, en présence des témoins.

Le tout fait de suite et sans divertir à d'autres actes.

FORMULE 388. — **Acte de suscription par un testateur qui ne sait ou n'a pu signer son testament; papier clos et scellé en présence des notaire et témoins** (N° 2711).

Par-devant M° Dorlan, notaire à....., soussigné,

En présence de : 1°.....; 2°.....; 3°.....; 4°.....; 5°.....; 6°.....; 7° et M. Gervais Delarue, pharmacien, demeurant tous les sept à.....; étant fait observer que l'adjonction du septième témoin a eu lieu sur la déclaration faite

TESTAMENT MYSTIQUE — FORMULE 389

être les légataires ou leurs parents et alliés, les légataires du testament secret étant inconnus (1) ; il le fait clore et sceller en leur présence s'il ne l'a été antérieurement et il déclare (2) que le contenu en ce papier est son testament écrit et signé de lui, ou écrit par un autre et signé de lui ; le notaire en dresse l'acte de suscription qui est écrit sur ce papier ou sur la feuille qui sert d'enveloppe ; cet acte est signé par le testateur, le notaire et les témoins. Tout ce que dessus se fait de suite et sans divertir à d'autres actes (3) (*C. N.*, 976).

2708. L'acte de suscription doit être écrit de la main du notaire, à peine de nullité (4), ce qu'il est prudent de mentionner dans l'acte, encore bien que la loi ne l'exige pas (5).

2709. La mention d'*unité de contexte* n'est pas exigée dans l'acte de suscription (6).

2710. En cas que le testateur, par un empêchement survenu depuis la signature du testament, ne puisse signer l'acte de suscription, il est fait mention de la déclaration qu'il en a faite, sans qu'il soit besoin, en ce cas, d'augmenter le nombre des témoins (*C. N.*, 976).

2711. Si le testateur ne sait signer, ou s'il n'a pu le faire lorsqu'il a fait écrire ses dispositions, il est appelé à l'acte de suscription [Form. 388] un témoin, outre le nombre porté en l'art 976, lequel signe l'acte avec les autres témoins ; et il est fait mention de la cause pour laquelle ce témoin a été appelé (*C. N.*, 977).

---

par le testateur ci-après nommé, de ne savoir écrire ni signer (*ou de n'avoir pu signer lorsqu'il a fait écrire son testament, à cause de la paralysie du bras droit dont il est atteint*), mais qu'il sait lire.

A comparu M. Edouard Duval, propriétaire, demeurant à. . . . .

Lequel a fait clore et sceller par M⁰ Dorlan (n° 2706), en présence des sept témoins, son testament renfermé dans l'enveloppe sur laquelle est écrit le présent acte, et a présenté à M⁰ Dorlan et aux sept témoins, le présent papier plié en forme de lettre, clos et scellé à deux endroits avec de la cire rouge et un cachet ayant pour empreinte A. D., en caractères gothiques (*ou le présent papier clos à l'entour avec un ruban blanc et scellé aux quatre coins du recto et du verso avec de la cire rouge et un cachet ayant pour empreinte les lettres A. D., en caractères gothiques*).

Et il a déclaré que le présent papier est l'enveloppe dans laquelle est renfermé son testament, écrit par M. . . . ., et non signé du comparant, par les motifs indiqués plus haut.

En conséquence, M⁰ Dorlan a écrit de sa main, le présent acte de suscription, sur le papier servant d'enveloppe au testament.

Fait et passé à. . . . ., en la demeure du comparant,

L'an mil huit cent soixante. . . . :, le. . . . .

Et M. Duval a déclaré ne savoir écrire ni signer (*ou savoir signer, mais ne le pouvoir à cause de la paralysie de son bras droit*), les sept témoins et le notaire ont seuls signé, après lecture des présentes, donnée par M⁰ Dorlan au testateur, en présence des témoins.

Le tout fait de suite et sans divertir à d'autres actes.

---

(1) Marcadé, *976*, 5; Troplong, n°⁸ 1609, 1633; Bordeaux, 6 avril 1854; J. N., 15253.
(2) La déclaration doit être mentionnée à peine de nullité : voir les autorités citées page 290, note 10, et Orléans, 17 juillet 1847; J. N. 13489.
(3) Voir Bordeaux, 14 nov. 1839 ;J. N. 10621.
(4) Grenier, I. 271; Toullier, V, 481; Zach., Massé et Vergé, § 440; note 13; Coin-Delisle, *996*, 35; Marcadé, *976*, 8; Troplong, n° 1637,

Dict. not., *Acte de susc.*, n° 77 ; Roll., *ibid.*, n° 32 ; contra Duranton, IX, 127 ; Vazeille. *976*, 17.
(5) Grenier, I, 272; Toullier, V, 481 ; Duranton, IX. 127; Coin-Delisle, *976*, 41; Zach., § 440, note 13; Troplong, n° 1645; Dict. not., *Acte de susc.*, n° 78 ; Roll., *ibid.*, n° 83.
(6) Duranton, IX, 130; Coin-Delisle, *976*, 41 ; Marcadé, *976*, 1; Bayle-Mouillard, I, 263; Troplong, n° 1651; Dict. not., *Acte de susc.*, n° 94; Roll., *ibid.*, n° 100; Cass., 8 fév. 1820.

2712. Si le testateur ne peut parler, mais qu'il puisse écrire [Form. 389], il peut faire un testament mystique, pourvu que le testament soit entièrement écrit, daté et signé de sa main, qu'il le présente au notaire et aux témoins, et qu'au haut de l'acte de suscription il écrive en leur présence que le papier qu'il présente est son testament ; après quoi le notaire écrit l'acte de suscription dans lequel il est fait mention que le testateur a écrit ces mots en présence du notaire et des témoins ; au surplus on observe tout ce qui est prescrit par l'art. 976 (*C. N., 979*).

2713. Si le testateur est sourd-muet ou s'il parle, mais qu'il soit atteint d'une surdité complète, on doit lui donner l'acte à lire (1).

2714. Le notaire peut remettre au testateur l'acte de suscription et le testament qu'il renferme en se faisant donner une décharge (2).

2715. Un testament nul comme testament mystique, en raison de l'inobservation des formes de l'acte de suscription, est valable comme testament olographe, s'il est entièrement écrit, daté et signé de la main du testateur (3).

§ 4. — DE CERTAINES FORMES DE TESTAMENTS.

1. Testament militaire.

2716. Les testaments des militaires [Form. 390], et des individus employés dans les armées [c'est-à-dire attachés aux armées en vertu d'une commission du gouvernement, ou même remplissant à l'armée un office quelconque qui les fasse assimiler aux militaires (4),] peuvent, en quelque pays que ce soit, être reçus : 1° par un chef de bataillon ou d'escadron, ou par tout autre officier d'un grade supérieur, en

---

FORMULE 389. — Acte de suscription par un testateur qui ne peut parler.
(Nos 2712 et 2713.)

Écriture en haut de l'acte de suscription de la main du testateur :

Le papier que je présente est mon testament entièrement écrit, daté et signé de ma main.

(Signature.)

Par-devant Me Dorlan, notaire à. . . . ., soussigné.
En présence de : 1° M. . . . ., etc. (*le surplus comme en la formule 387*).
A comparu M. Jacques Goujon, rentier, demeurant à. . . . .,
Lequel a présenté à Me Dorlan, notaire soussigné, et aux six témoins, le présent papier, etc. (*le surplus de la phrase comme en la formule 387*).
Comme le testateur ne peut parler, il a écrit en tête des présentes, en présence du notaire et des six témoins, que le papier qu'il présente est son testament entièrement écrit, daté et signé de sa main.
En conséquence, Me Dorlan a écrit de sa main le présent acte de suscription sur le papier servant d'enveloppe au testament.
Fait et passé, etc. . . . . (*le surplus comme en la formule 387*).

FORMULE 390 — Testament militaire. (Nos 2716 à 2718, 2734, 2735)

Devant M. Charles de Boumard, chef de bataillon au sixième régiment de ligne, premier bataillon, en garnison à Puébla (Mexique).

---

(1) Dict. not., *Test.*, nos 402, 403; voir aussi Coin-Delisle, *979*, 2, (2) Merlin, *Notaire*, § 5; Toullier, V, 659; Duranton, IX, 470, *note*; Vazeille, *1095*, 6; Massé, *Parf. not.*, liv. 3. chap. xvii, Troplong, no 1653; Carré et Chauveau, *Pr.*, art. 916, 917; Zach., Massé et Vergé, § 440, note 13; Coin-Delisle, *976*, 20; Trib. Clamecy, 14 juill. 1836; Cass., Bruxelles, 26 mai 1826; Paris, 10 juin 1848; J. N. 13406. Contra, délib. chamb. not. Paris, 6 fév. 1823; Grenier, I, 277; Poujol, *976*, 22; Roll., *Acte de susc.*, no 107; Dict. not., *ibid.*, no 33, *Minute*, no 233, *Test.*, no 433; Amiens, 29 nov. 1837.

(3) Grenier, I, 276 *bis*; Toullier, V, 480; Duranton, IX, 438; Troplong, no 1651; Zach., Massé et Vergé, § 440, note 23; Mourlon, II, p. 393; Demante, IV, 421 *bis*; Marcadé *976*, 1; Dict. not., *Acte de susc.*, no 103; Roll., *ibid.*, nos 4, 7; Aix, 18 janv. 1808; Bastia, 14 mars 1822; Nîmes, 30 mai 1823; Caen, 20 janv. 1826; Dijon, 28 fév. 1827; Cass., 23 déc. 1828; contra, Coin-Delisle, *976*, 15, 16; Poitiers, 28 mai 1824.

(4) Troplong, no 1696; Coin-Delisle, *982* 2; Dict. not., *Test.* no 575.

présence de deux témoins; 2° par un intendant ou un sous-intendant militaire en présence de deux témoins; 3° par deux intendants ou par deux sous-intendants sans assistance de témoins (C. N., 981); 4° ou si le testateur est malade ou blessé, par l'officier de santé en chef, assisté du commandant militaire chargé de la police de l'hospice, sans qu'il soit besoin de témoins (C. N., 982).

2717. Le testament ne peut être fait dans ces formes exceptionnelles qu'autant que le testateur est en expédition militaire, ou en quartier, ou en garnison hors du territoire français, ou prisonnier chez l'ennemi ; sans que ceux qui sont en quartier ou en garnison dans l'intérieur puissent en profiter, à moins qu'ils ne se trouvent dans une place assiégée, ou dans une citadelle et autres lieux dont les portes soient fermées et les communications interrompues à cause de la guerre (C. N., 983).

2718. Le testament fait dans la forme ci-dessus établie est nul six mois après que le testateur est revenu dans un lieu où il a la liberté d'employer les formes ordinaires (C. N., 984).

II. Testament fait dans un lieu intercepté par la peste ou autre maladie contagieuse.

2719. Les testaments dans un lieu avec lequel toute communication est interceptée à cause de la peste ou de tout autre maladie contagieuse [Form. 391], peuvent être faits soit devant le juge de paix ou son suppléant, soit devant l'un des officiers municipaux de la commune, et dans tous les cas en présence de deux témoins (C. N., 985).

2720. Cette disposition a lieu tant à l'égard de ceux qui sont attaqués de ces maladies, que de ceux qui se trouvent dans les lieux qui en sont infectés, encore qu'ils ne soient pas actuellement malades (C. N., 986).

En présence de Désiré Lapierre et Auguste Bravard, tous les deux sergents, même régiment et bataillon, aussi en garnison à Puébla, témoins requis,
A comparu M. Eugène Dumont, soldat au sixième régiment de ligne, premier bataillon, troisième compagnie, en garnison à Puébla.
Lequel a dicté à M. de Boumard, en présence des témoins susnommés son testament ainsi qu'il suit :
« Je lègue....., etc.....
Ce testament a été écrit par M. de Boumard, en présence des témoins, tel qu'il a été dicté par le testateur, puis lu au testateur, qui a dit bien le comprendre et y persévérer.
Fait et passé à Puébla, dans la salle du conseil,
L'an mil huit cent soixante....., le.....
Et le testateur a signé avec M. de Boumard et les témoins, après lecture des présentes, le tout en présence des témoins.

FORMULE 391. — **Testament fait dans un lieu intercepté par la peste ou autre maladie contagieuse** (N°ˢ 2719 à 2722, 2734, 2735.)

Devant M. Vincent Laboulaye, maire de la commune de....., dont la communication avec les communes voisines est interceptée à cause du typhus pestilentiel qui y règne,
En présence des sieurs Jérôme Langlois et Gervais Lebon, tous les deux cultivateurs, demeurant à....., témoins requis,
A comparu M. Denis Elmard, charron, demeurant à.....
Lequel a dicté à M. Laboulaye, en présence des témoins susnommés, son testament ainsi qu'il suit :
« Je lègue....., etc..... »
Ce testament a été écrit par M. Laboulaye, tel qu'il a été dicté par le testateur, puis lu au testateur qui a dit bien le comprendre et y persévérer.
Fait et passé à....., dans la salle de la mairie, le.....
Et le testateur a déclaré ne savoir écrire ni signer, de ce interpellé, les témoins ont seuls signé avec M. Laboulaye, après lecture du tout faite au testateur en présence des témoins,

2721. Dans les lazarets et autres lieux réservés ou sequestrés pour cause de maladie contagieuse, les testaments des personnes qui s'y trouvent en quarantaine sont reçus par l'un des membres des autorités sanitaires en présence de deux témoins (*Loi 2 mars 1822, art. 19*).

2722. Les testaments dans les trois cas qui précèdent deviennent nuls six mois après que les communications ont été rétablies dans le lieu où le testateur se trouve, ou six mois après qu'il a passé dans un lieu où elles ne sont point interrompues (*C. N., 987*).

III. Testament fait sur mer.

2723. Les testaments faits sur mer pendant le cours d'un voyage, peuvent être reçus, savoir : à bord des vaisseaux et autres bâtiments de l'Etat, par l'officier commandant le bâtiment, ou, à son défaut, par celui qui le supplée dans l'ordre du service, l'un ou l'autre conjointement avec l'officier d'administration ou avec celui qui en remplit les fonctions [Form. 392 1°]. — Et à bord des bâtiments de commerce, par l'écrivain du navire, ou celui qui en fait les fonctions, l'un ou l'autre conjointement avec le capitaine, le maître, ou, le patron, ou à leur défaut, par ceux qui les remplacent [Form. 393, 2°], — Dans tous les cas, ces testaments doivent être reçus en présence de deux témoins (*C. N., 988*).

2724. Sur les bâtiments de l'Etat, le testament du capitaine, ou celui de l'officier d'administration, et sur les bâtiments de commerce, celui du capitaine, du maître ou patron, ou celui de l'écrivain peuvent être reçus par ceux qui viennent après eux dans l'ordre du service, en se conformant pour le surplus aux dispositions du numéro précédent (*C. N., 989*).

2725. Il est fait un double original du testament mentionné aux deux numéros précédents (*C. N., 990*).

2726. Si le bâtiment aborde dans un port étranger, dans lequel se trouve un consul de France, ceux qui ont reçu le testament sont tenus de déposer l'un des originaux clos ou cacheté, entre les mains de ce consul, qui le fait parvenir au ministre de la marine; et celui-ci en fait faire le dépôt au greffe de la justice de paix du lieu du domicile du testateur (*C. N., 991*).

2727. Au retour du bâtiment en France, soit dans le port de l'armement, soit dans un autre port que celui de l'armement, les deux originaux du testament, également clos et cachetés, ou l'original qui reste, si, conformément à l'art. 991, l'autre a été déposé pendant le cours du voyage, sont remis au bureau du préposé de l'inscription maritime; ce préposé les fait passer sans délai au ministre de la marine qui en ordonne le dépôt au greffe de la justice de paix du lieu du domicile du testateur (*C. N., 992*).

FORMULE 392. — **Testament fait sur mer.** (N°⁸ 2723 à 2735.)

1° *A bord d'un navire de l'Etat.*

Devant M. Alfred d'Aulnay, lieutenant de vaisseau, commandant la frégate la *Sans-Pareille*, soussigné,

Et M. Georges Dumber, officier d'administration de cette frégate.

En présence des sieurs Gustave Delvau, contre-maître d'équipage, et Jean Durnel, matelot, tous les deux à bord de la frégate.

A comparu, le sieur Antoine Gervais, matelot attaché à l'équipage de la frégate la *Sans-Pareille*.

Lequel, a dicté à MM. d'Aulnay et Dumber, en présence des témoins, son testament ainsi qu'il suit :

« Je lègue. . . . ., etc. . . . .

Ce testament a été écrit par M. d'Aulnay (*ou* M. Dumber), tel qu'il a été dicté, puis lu au testateur, qui a dit bien le comprendre et y persévérer.

Fait et passé en doubles originaux, à bord de la frégate la *Sans-Pareille*, dans la salle de l'infirmerie, où le sieur Gervais est alité, étant en pleine mer dans la Méditerranée, par. . . . . degrés de longitude (ou de latitude). L'an. . . . ., le. . . . .

Et le testateur, ainsi que le sieur Durnel, l'un des témoins, ayant déclaré ne savoir

2728. Il est fait mention sur le rôle du bâtiment, à la marge, du nom du testateur, de la remise qui a été faite des originaux du testament, soit entre les mains du consul, soit au bureau d'un préposé de l'inscription maritime (*C. N.*, *993*).

2729. Après le décès connu du testateur, le juge de paix doit remettre le testament au président du tribunal, qui en dresse procès-verbal et ordonne le dépôt au rang des minutes d'un notaire, conformément à ce qui est dit *infra* n° 2782 (1).

2730. Le testament n'est point réputé fait en mer, quoiqu'il l'ait été dans le cours du voyage, si, au temps où il a été fait, le navire avait abordé une terre, soit étrangère, soit de la domination française, où il y a un officier public français; auquel cas, il n'est valable qu'autant qu'il a été dressé suivant les formes prescrites en France, ou suivant celles usitées dans le pays où il a été fait (*C. N.*, *994*).

2731. Les dispositions ci-dessus sont communes aux testaments faits par les simples passagers qui ne font point partie de l'équipage (*C. N.*, *995*).

2732. Le testament fait sur mer, en la forme prescrite par l'art. 988, *supra* n° 2723, n'est valable qu'autant que le testateur est mort en mer, ou dans les trois mois après qu'il est descendu à terre, et dans un lieu où il a pu le refaire dans les formes ordinaires (*C. N.*, *996*).

2733. Le testament fait sur mer, même dans la forme olographe (2), ne peut contenir aucune disposition au profit des officiers du vaisseau, s'ils ne sont parents du testateur (*C. N.*, *997*); la nullité de cette dispositions n'entraîne pas celle du testament entier (3).

IV. Règles communes aux trois formes de testament qui précèdent.

2734. Les testaments reçus dans les trois formes qui précèdent sont signés par le testateur et par ceux qui les reçoivent. Si le testateur déclare qu'il ne sait ou ne peut signer, il est fait mention de sa déclaration, ainsi que de la cause qui l'empêche de signer. Dans les cas où la présence de deux témoins est requise, le testament est signé au moins par l'un d'eux, et il est fait mention de la cause pour laquelle l'autre n'a pas signé (*C. N.*, *998*). Ces formalités doivent être observées à peine de nullité (*C. N.*, *1001*); mais la loi n'en prescrivant pas d'autres, il n'est pas nécessaire de s'astreindre aux règles établies pour les testaments notariés sur l'écriture, la dictée (4) etc.; si le testament est fait sur mer, il n'est pas nul pour ne pas avoir été fait en doubles originaux (5), ni parce qu'on aurait omis de faire la mention de remise prescrite par l'art. 993 (6).

écrire ni signer, de ce interpellés individuellement, MM. d'Aulnay, Dumber et l'autre témoin ont signé, après lecture du tout faite par M. d'Aulnay, au testateur, en présence de M. Dumber et des témoins.

2° *A bord d'un navire de commerce.*

Devant M. Léopold Jacquart, écrivain du brick de commerce le *Coureur*.
Et M. Victor Poussin, capitaine du même navire.
En présence des sieurs Louis Durand et Pascal Duval, tous les deux matelots à bord de ce navire.
A comparu M. Auguste Loriot, négociant, domicilié à Marseille, actuellement passager à bord du navire.
Lequel, a dicté à MM. Jacquart et Poussin, en présence des témoins, son testament ainsi qu'il suit :
« Je lègue......, etc.....
Ce testament a été écrit par M. Jacquart, etc..... (*le surplus comme en la formule précédente.*).

---

(1) Marcadé, *art. 992.*
(2) Marcadé, *art. 997*; Coin-Delisle, *997*, 5; Troplong, n° 1726.
(3) Vazeille, *997*, 1; Coin-Delisle, *997*, 2; Marcadé, *art. 997*; Demante et Colmet de Santerre, IV, 135 *bis*; Troplong, n° 1727; contra Duranton, IX, 168; Poujol, *997*, 5.
(4) Grenier, I, 278; Duranton, IX, 450; Coin-Delisle, p. 426, n° 7; Marcadé, *998*, 2; Troplong, n° 1730.
(5) Coin-Delisle, *990*, 1; Marcadé, *art. 990*; Troplong, n° 1717.
(6) Coin-Delisle, p. 427, n° 17; Troplong, n° 1731; Mourlon II, p. 398.

2735. Les testaments faits dans ces formes ne peuvent être mutuels (*C. N.*, *967*). Les témoins doivent avoir les capacités requises par l'art. 980 (1).

V. Testament fait a l'étranger.

2736. Un Français qui se trouve en pays étranger peut faire ses dispositions testamentaires dans l'une des formes suivantes :

1° En la forme olographe, établie par l'art. 970, *supra* n°ˢ *2691 et suiv.*;

2° Par acte authentique, dans l'une des formes usitées dans le lieu où l'acte est passé (*C. N.*, *999*), quelles que soient ces formes (2).

3° Devant le chancelier de France, dans l'étendue du consulat (3), [Form. 393], qui le reçoit en présence du consul et de deux témoins qui signent avec le consul et le chancelier (*ordonn. sur la marine, août 1681, liv. 1ᵉʳ chap.* ix, *art. 24*); si le testament est mystique, il peut être reçu par le chancelier, assisté du consul, en se conformant aux art. 976, 977, 978 et 979 C. N. (*Circ. min. aff. étrang.*, 22 mars 1854).

2737. Les testaments faits en pays étranger dans la forme authentique, ne peuvent être exécutés sur les biens situés en France, qu'après avoir été enregistrés au bureau du domicile du testateur, s'il en a conservé un, sinon au bureau de son dernier domicile connu en France; et si le testament contient des dispositions d'immeubles qui soient situés en France, il doit être, en outre, enregistré au bureau de la situation de ces immeubles, sans qu'il puisse être exigé un double droit (*C. N.*, *1000*).

SECTION II. DES LEGS.

2738. Les dispositions testamentaires sont ou universelles, ou à titre universel, ou à titre particulier; chacune de ces dispositions, soit qu'elle ait été faite sous la dénomination d'institution d'héritier, soit qu'elle ait été faite sous la dénomination de legs, produit son effet, suivant les règles ci-après établies pour les legs universels, pour les legs à titre universel et pour les legs particuliers (*C. N.*, *1002*).

FORMULE 393. — Testament fait à l'étranger (Nᵒˢ 2736, 2737).

Devant M. Louis Dumaine, chancelier du consulat de France, à la résidence de Constantinople (Turquie).

En présence de M. Louis Dubois, consul de France à Constantinople.

Et aussi, en présence de MM. Louis Lemoine, avocat, et Charles Lesieux, négociant, tous les deux Français, majeurs, résidant à Constantinople, quartier de Péra, témoins requis.

A comparu M. Charles Delorme, commis de négociant, résidant à Constantinople;

Lequel, a dicté à M. Dumaine, en présence du consul et des témoins susnommés, son testament ainsi qu'il suit :

« Je lègue....., etc. ....

Ce testament a été écrit par M. Dumaine, tel qu'il lui a été dicté, puis lu au testateur qui a dit le bien comprendre et y persévérer.

Fait et passé à Constantinople, au palais du consulat, le. . . .

Et le testateur a signé avec M. Dumaine, le consul et les témoins, après lecture des présentes, le tout en présence du consul et des témoins.

---

(1) Marcadé, *art. 993*; Coin-Delisle, *ibid.*
(2) Marcadé. *999*, 3; Coin-Delisle, *998*, 7. Troplong, n° 1734; Demolombe, XXI, 475; Rouen, 21 juill. 1840; Cass., 30 nov. 1831 et 6 fév. 1843; Paris, 19 avril 1853; Pau, 26 juill. 1853.
(3) Voir les décrets suivants portant conventions consulaires avec : Venezuela, 12 août 1857, art 6; Brésil, 7 mars 1851, art. 6; Espagne, 18 mars 1862, art. 19; Italie, 21 sept. 1862, art. 8; Autriche, 19 déc. 1866, art. 9. V. aussi Marcadé, *999*, 4; Troplong, n° 1738; Duranton, IX, 460; Coin-Delisle, *999*, 8 à 15; Demolombe, XXI, 477.

§ 1. DU LEGS UNIVERSEL.

2739. Le legs universel [Form. 394], est la disposition testamentaire par laquelle le testateur donne à une ou plusieurs personnes, soit l'universalité des biens qu'il laissera à son décès (*C. N., 1003*), soit tout ce dont il peut disposer (1), soit, après l'indication de divers legs particuliers, le reste des biens qu'il laissera à son décès (2). La présence d'héritiers à réserve n'ôte pas au legs son caractère de legs universel (3).

2740. Le légataire universel, sauf le cas où il existe des héritiers à réserve, *infra* n° 3045, est saisi de plein droit de l'universalité des biens et charges de la succession dès le décès du testateur, *infra* n° 2786; il remplace l'héritier légitime et comme lui est tenu *ultra vires* à l'acquit des dettes de la succession (4), même lorsqu'il est obligé de demander la délivrance aux héritiers réservataires (5); mais il peut accepter le legs sous bénéfice d'inventaire (6).

2741. Le légataire universel en concours avec un héritier à réserve est tenu des dettes et charges de la succession du testateur, personnellement pour sa part et portion et hypothécairement pour le tout; et il est tenu d'acquitter tous les legs, sauf le cas de réduction, *infra* n° 3098 (*C. N., 1009*).

2742. Lorsque le legs universel est fait à plusieurs personnes [Form. 394, 2°], il doit avoir lieu sans indication de parts; s'il est fait avec indication de parts, quoique qualifié d'universel, il ne constitue en général qu'un legs à titre universel (7); cependant il est possible que le testateur n'ait voulu indiquer les parts que dans le but de prévenir les difficultés du partage ou d'exprimer une idée d'égalité ou de proportionnalité entre les légataires; s'il a dit par exemple, je lègue à mes trois neveux l'universalité de mes biens pour être partagés entre eux par tiers (8).

2743. Si le legs universel fait avec indication de parts établit le droit d'accroissement, *infra* n° 2776, pour le cas où l'un ou plusieurs des légataires ne le recueilleraient pas [Form. 394. 3°], il conserve sa nature de legs universel (9).

II. — LEGS

FORMULE 394. — Legs universel.

1° *A une personne* (n°s 2738 à 2741).

J'institue pour mon légataire universel, M. Dominique Gervais, mon neveu, négociant, demeurant à . . . . ., auquel je lègue l'universalité de mes biens meubles et immeubles, sans aucune exception; desquels biens il aura la pleine propriété et la jouissance dès l'instant de mon décès.

2° *A plusieurs personnes* (n° 2742).

J'institue pour mes légataires universels, MM. Dominique Gervais, Jérôme Gervais et

---

(1) Toullier, V, 679; Grenier, I, 289; Duranton, IX, 182; Marcadé, *1003*, 4; Coin-Delisle, *1003*, 9; Troplong, n° 1774; Zach., Massé et Vergé, § 478, note 5; Cass., 25 mai 1814. Voir Demolombe, XXI, 540; Saintespes, IV, 4320; Mourlon, II, p. 407; Douai, 26 août 1847; J. N., 13159; Chambéry, 17 janv., 1865; Jur. N., 12948.

(2) Duranton, IX, 179; Coin-Delisle, *1003*, 8; Vazeille, *1003*, 4; Demolombe, XXI, 535, 542, 543; Dict. not., *Legs*, n° 37; Douai 26 août 1847; Cass., 25 nov. 1818, 5 mai 1852; 9 août 18.8; J. N., 13159, 14693, 16403, 16500. Voir cependant Troplong, n° 1781; Dalloz, n° 3588; Orléans 31 août 1831; Cass., 25 avril 1860; J. N., 7731, 16907.

(3) Dict. not., *Legs*, n° 26; Demol., XXI, 536; Agen, 28 nov. 1827.

(4) Bellost-Jolimont, 774, obs. 3; Toullier et Duvergier, V., 556; Taulier, IV, p. 450, 454; Demante, III, 24 bis; Bilhard, *Bén. d'inv.*, n° 27; Grenier et Bayle-Mouillard, I, 316; Coin-Delisle, *1009*, 4; Chauveau sur Carré, *Proc.*, II, quest. 755; Roll., *Legs*, n° 393; Nicias-Gaillard, *Rev.crit.*, 1852, p. 344; Troplong, n° 1836; Demolombe, XIII, 160; XV, 117, 118; Massé et Vergé, § 496, note 8; Turin, 14 août 1849; Toulouse, 9 juin 1852; Cass., 16 avril 1839, 13 août 1851; Angers, 1er mai 1857; J. N., 14484, 16837; Marcadé, *art. 871*, *1002*, 2; *Rev. crit.*, 1852, p. 197; Berriat St-Prix, *Rev. crit.*, 1852, p. 167, 465;

Bugnet sur Pothier, VIII, p. 243; Tambour, *Bén. d'inv.*, p. 424; Mourlon, II, p. 408.

(5) Bellost-Jolimont, 774, 14, obs. 3; Grenier et Bayle-Mouillard, I, 313; Taulier, IV, p. 450; Carré, *Proc.*, II, quest. 755; Troplong, n°s 1838 et 1840; Nicias-Gaillard, *Rev. crit.*, 1852, p. 344; Roll., *Jur. N.*, 7281; Cass., 13 août 1851; Toulouse, 9 juin 1852 J. N., 14484; contra Coin-Delisle, *1009*, 1.

(6) Toullier, IV, 395; Bilhard, *Bén. d'inv.*, n° 28; Troplong, n° 1836; B llost-Jolimont, 774, obs. 3; Roll, *Bén. d'inv.*, n° 27; Cass., 13 août 1851; Roll., J. N. 14484; contra, Chabot, 774, 14; Duranton, VII, 14; Marcadé, *art. 871*.

(7) Grenier, I, 288; Toullier, V, 505; Zach., § 487, note 8; Mourlon, II, p. 484; Dict. not., *Legs.*, n° 22; Roll., *Legs.* n° 39; Demolombe, XXI, 537; Cass., 18 nov. 1809; Paris, 23 fév. 1806.

(8) Troplong, n° 1769; Massé et Vergé, § 487, note 8; Marcadé, *art. 1003*; Dalloz, n° 3572; Dict. not., *Legs*, n° 23; Cass., 14 mars 1815, 11 avril 1838, 22 fév. 1841, 8 août 1848; Bordeaux, 27 § v. 1814; Douai, 26 août 1847.

(9) Coin-Delisle, *1003*, 10.

2744. Il est préférable que l'accroissement soit stipulé sous la forme d'une substitution vulgaire, *infra* n° 2864 et form. 415.

2745. Le légataire universel non saisi n'a droit aux fruits du jour du décès qu'autant qu'il a obtenu la délivrance de son legs ou formé sa demande en délivrance dans l'année, *infra* n° 2795; si le testateur veut qu'il ait, dans tous les cas, droit aux fruits du jour du décès, il doit l'exprimer [Form. 394, 4°].

2746. Lorsque le testateur, au lieu de procéder par voie d'institution directe, c'est à dire au lieu de faire directement un legs, procède par voie d'exclusion, [Form. 394, 5°], la disposition profite aux parents non exclus; ainsi, s'il exclut tous ses parents dans une ligne, c'est une disposition implicite en faveur des parents de l'autre ligne; ou si, ayant des ascendants, il exclut tous ses parents collatéraux ce sont les ascendants qui se trouvent institués (1). Mais il vaut toujours mieux préciser la volonté du testateur.

§ 2. — DU LEGS A TITRE UNIVERSEL.

2747. Le legs à titre universel [Form. 395] est celui par lequel le testateur lègue une quote-part des biens dont la loi lui permet de disposer, telle qu'une moitié, un tiers, ou tous ses immeubles, ou tout son mobilier (*C. N. 1010*).

2748. Le légataire à titre universel est tenu des dettes et charges de la succession du testateur personnellement pour sa part et portion, mais hypothécairement pour le tout (*C. N. 1012*), et aussi *ultra vires* (2), sauf l'acceptation bénéficiaire.

2749. Le légataire à titre universel d'une quotité, par exemple un quart, qui est chargé de l'acquit d'un legs particulier, ne doit pas moins contribuer au payement des dettes à proportion de cette quotité, et non pas seulement de son émolument (3).

Louise GERVAIS, mes neveux et nièce, demeurant à . . . . ., auxquels je lègue l'universalité de mes biens, etc. . . . . (*le surplus comme en la formule précédente*).

3° *A plusieurs, avec indication de parts et accroissement* (n°s 2743, 2744).

J'institue pour mes légataires universels, Dominique GERVAIS, Jérôme GERVAIS et Louise GERVAIS, mes neveux et nièce, auxquels je lègue l'universalité de mes biens, etc. . . . . (*le surplus comme au n° 1er*).

Chacun d'eux aura droit à un tiers dans ce legs; mais, si un ou plusieurs des légataires décèdent avant moi, ou sont incapables de recueillir le legs ou y renoncent, il y aura accroissement de leur part en faveur des autres légataires.

4° *Legs du disponible* (n°s 2739, 2745).

Je lègue à M. Dominique GERVAIS, mon neveu, négociant, demeurant à . . . . ., toute la portion de mes biens meubles et immeubles dont la loi me permet la libre disposition; en conséquence, je l'institue mon légataire universel.

5° *Legs du disponible par l'exclusion de successibles* (n° 2746).

Je déclare expressément exclure de ma succession, tous mes parents de la ligne paternelle qui existeront au jour de mon décès (*ou* tous mes parents collatéraux qui existeront à l'époque de mon décès); ma volonté étant que ma succession soit recueillie pour le tout par mes parents de la ligne maternelle existant au jour de mon décès (*ou* par mes ascendants), dans l'ordre où la loi les appellera à ma succession. A cet effet, je les institue pour mes légataires universels.

---

(1) Coin-Delisle, 895, 4; Massé et Vergé, § 419, note 13; Colmar, 22 juin 1831; Cass., 7 juin 1832; Bordeaux, 28 août 1850; J. N. 14292. Voir aussi Rennes, 27 fév. 1860; Cass., 30 déc. 1861; J. N. 16792, 17414; Cass., 16 déc. 1862; Sirey, 1863, I, p. 203; Cass., 17 nov. 1863; J. N. 17911.

(2) Voir les autorités citées note 4 de la page 297.

(3) Chabot, *art. 871*; Duvergier sur Toullier, V, 522; Niclas-Gaillard, *Rev. crit.*, 1852, p. 355; Demolombe, XVII, 33; CONTRA Toullier, V, 520; Duranton, VII, 433; Troplong n° 1858; Demante, III, 205.

2750. Le légataire à titre universel qui absorbe la portion disponible est tenu de l'acquit des legs particuliers (1) ; si son legs n'est que d'une quotité de la portion disponible, il est tenu d'acquitter les legs particuliers par contribution avec les héritiers naturels (C. N. 1013), qui contribuent à proportion de ce qui leur reste du disponible (2).

2751. Le légataire à titre universel n'ayant droit aux fruits qu'à partir du jour de la demande en délivrance de legs ou de la délivrance amiablement consentie, *infra* n° 2797, il faut pour qu'il y ait droit du jour du décès, que cela soit exprimé dans le testament, *infra* n° 2768.

2752. Lorsque le testateur a légué une quotité des biens *qu'il laissera à son décès*, sans autre désignation, le legs se calcule sur les seuls biens existants à l'époque de son décès, et conséquemment, sans y réunir fictivement ceux dont il a disposé entre-vifs, même par avancement d'hoirie (3).

2753. Si le testateur a légué soit la quotité disponible, soit une portion de la quotité disponible, soit une somme fixe ou un objet déterminé, soit même une quotité des biens lui appartenant, le calcul de la quotité disponible se fera sur une masse composée tant des biens existant au décès que de ceux dont il aura disposé entre-vifs [Form. 395; 3°], (4), mais le legs ne se prend réellement que sur les biens existants au décès, puisque, selon l'art. 857, le rapport ne se fait jamais aux légataires.

§ 3. — DU LEGS PARTICULIER.

2754. Tout legs qui ne donne point droit à la totalité, ni à une quote-part de la succession, ni à tous les immeubles ou à tout le mobilier, ne forme qu'une disposition particulière [Form. 396] (C. N 1010) ; ainsi, celui qui lègue, même en masse, toutes ses terres de labour, ou toutes ses maisons, etc..., ou tous les immeubles qu'il possède dans une commune, dans un département, ou tous les biens composant *telle* succession à lui échue, ou tous les meubles existants dans une maison désignée (5), ou le restant du

---

FORMULE 395 — Legs à titre universel.

1° Quote-part des biens (n°s 2747 à 2751).

Je lègue à M....., le tiers de mes biens meubles et immeubles, sans exception.

2° Legs de tous les biens immeubles, — ou de tous les biens meubles, — ou d'une quotité des uns ou des autres (n°s 2747 à 2751).

Je lègue à M....., tous les biens immeubles (*ou* tous les biens meubles) que je laisserai à mon décès, et qui se trouveront dans ma succession, sans aucune exception. (*Ou si le legs est d'une quotité*) la moitié des biens immeubles — *ou* des biens meubles — que je laisserai....., etc.....

3° Quote part des biens ; réunion fictive des dons (n°s 2752, 2753).

Je lègue à M....., le quart des biens meubles et immeubles qui formeront la masse de ma succession, y compris les dons que j'aurai faits de mon vivant, qui seront rapportés fictivement pour le calcul de la quotité léguée ; mais, comme de droit, le quart légué ne sera pris que sur les biens dont je serai propriétaire à l'époque de mon décès.

FORMULE 396. — Legs particulier. (N°s 2754 à 2774.)

1° Immeuble.

Je lègue à M....., une maison située à....., rue....., n°....., etc,.... (*la désigner, voir formule 254, 6°.*)

---

(1) Marcadé, art. 1013.
(2) Grenier, I, 310; Depret, Rev. de droit franç. et étrang., II, p. 881; Roll., Jur. N. 7191.
(3) Duranton, VII, 293; Roll., Port. disp., n° 393; Paris, 7 mars 1840. V. Lyon, 46 mai 1867; J. N., 19072.

(4) Grenier, I, 597 bis; Duranton, VII, 294; Coin-Delisle, 919, 9 Troplong, n° 981; Roll., Port. disp., n° 399; Cass., 8 juill. 1826 13 mai 1829, 19 août 1829; 8 janv. 1834, 2 mai 1838; Paris, 17 mars 1840; Colmar, 21 fév. 1855; contra, Toullier, IV, 465; Chabot, 857, 4.
(5) Rouen, 21 fév. 1842; J. N. 11353.

mobilier défalcation, faite d'objets légués à titre particulier (1), ne fait qu'un legs à titre particulier, quand même il ne posséderait pas d'autre biens (2). De même le legs de l'usufruit d'une quotité ou même de l'universalité des biens, ne constitue qu'un legs à titre particulier (3)

2755. Les héritiers du testateur ou autres débiteurs d'un legs, sont personnellement tenus de l'acquitter, chacun au prorata de la part et portion dont il profite dans la succession (4). Ils en sont tenus hypothécairement pour le tout, jusqu'à concurrence de la valeur des immeubles de la succession dont ils sont détenteurs (*C. N. 1017*). Jugé que le legs particulier d'une rente viagère imposé à plusieurs légataires conjointement et à la charge de fournir des sûretés pour le payement, constitue une obligation solidaire et indivisible (5).

2756. Les légataires particuliers, si le contraire n'a été exprimé par le testateur (6), peuvent prendre inscription sur la totalité des immeubles de la succession en vertu tant de l'art. 1017 que des art. 878 et 2111 du C. N., le privilège de la séparation des patrimoines étant indépendant de l'hypothèque légale résultant de l'art. 1017 (7).

2757. La chose léguée à titre particulier doit être délivrée dans l'état où elle se trouve au jour du décès du testateur, et avec les accessoires nécessaires (*C. N. 1018*); comme, les clefs d'une maison, les

---

2° *Créance.*

Je lègue à M....., une créance au capital de trois mille francs, qui m'est due par M....., etc..... (*la désigner, voir formule 259*).

3° *Numéraire* (n° 2755).

Je lègue à M....., une somme de quatre mille francs, qui lui sera payée dans l'année de mon décès, sans intérêt.

4° *Rente alimentaire* (n° 2756).

Je lègue à M....., une rente annuelle et viagère, à titre d'aliments, de quinze cents francs par an, qui sera payable au légataire, en sa demeure, de trois mois en trois mois, à partir du jour de mon décès ; avec condition qu'il devra se contenter de la garantie personnelle de mes héritiers, et ne pourra prendre aucune inscription sur les biens de ma succession.

5° *Legs indéterminé* (n° 2760).

Je lègue à M....., deux hectolitres de vin de Bordeaux en fût, huit hectolitres de cidre aussi en fût, et quatre hectolitres de blé ; le tout, d'une qualité moyenne, sera livré à M....., dans les trois mois de mon décès.

6° *Legs à un créancier* (n° 2761).

Pour reconnaître les bontés de M....., envers lequel je suis débiteur de six mille francs pour prêt, suivant obligation passée devant M^e....., notaire à....., le....., je lui lègue une somme de trois mille francs qui lui sera payée par mes héritiers, dans le délai de trois mois du jour de mon décès, sans intérêt.

7° *Legs à un domestique* (n° 2762 et 2850).

Je lègue à Marie LUBIN, ma cuisinière, si elle est encore à mon service lors de mon

---

(1) Cass., 20 juin 1854; J. N. 15208.
(2) Toullier, V, 450; Marcadé, *1010*, 3; Coin-Delisle. *1003*, 14; Zach., § 487, note 10; Dalloz, n° 3576; Mourlon, II, p. 406; Dict. not, *Legs*, n°s 53 à 61; Roll., *Legs*, n°s 53 à 56.
(3) Proudhon, *Usufr.*, n° 475; Duvergier sur Toullier, V. 432; Coin-Delisle. *1003*, 11 et 17; Marcadé, *1010*, 3; Demolombe, X, 258; Mourlon, II, p. 406; Bordeaux, 19 fév. 1853; Riom, 26 juill. 1802 : Nîmes, 10 avril et 21 déc. 1866; Agen, 19 déc. 1866; J. N., 17097, 18544; CONTRA, Troplong, n° 1818; Paris, 21 fév. 1826; Rouen, 2 mars 1853; Poitiers, 22 juill. 1861; Cass., 7 août 1827, 8 déc. 1862; J., N., 14941, 17097.
(4) Déduction faite des dettes : Marcadé, *1017*, 2; Demante, III,

24 *bis*, V, 103 *bis* et 124 *bis*; Bugnet sur Pothier, VIII, p. 210; Mazerat sur Chabot, *873*, 32, note 1; Tambour, *Ben. d'inv.*, p. 280; Dict. not., *Legs*, n° 330; Cass., 13 août 1851 ; CONTRA , Toullier et Duvergier, V, 556; Duranton, VI, 402; Grenier. I, 313; Taulier, III, p. 234 et IV, p. 149; Troplong, n° 1843; Demolombe, XIII, 522; Niclas-Gaillard, *Rev. crit.*, 1852, p. 355.
(5) Paris, 7 août 1841 ; J N. 11121.
(6) Angers, 22 nov. 1850
(7) Troplong, *Priv.*, II, 432 *bis*; Mourlon, *Exam. crit. priv.*, n° 306; Demolombe, XVII. 217; CONTRA Grenier, *Don.*, I. 311 ; Duranton, IX, 386, selon lesquels les deux droits se confondent dans la séparation des patrimoines

titres de propriété, de créance, le passage pour accéder à la portion de terre léguée lorsqu'elle fait partie d'une plus grande pièce (1).

2758. Lorsque celui qui a légué la propriété d'un immeuble l'a ensuite augmenté par des acquisitions, ces acquisitions fussent elles contiguës, ne sont pas censées, sans une nouvelle disposition, faire partie du legs. Il en est autrement des embellissements, ou des constructions nouvellement faites (2) sur le fonds légué, ou d'un enclos dont le testateur a augmenté l'enceinte (C. N. 1019) en reculant les clôtures.

2759. Lorsque le testateur a légué la chose d'autrui, le legs est nul, soit que le testateur ait connu ou non qu'elle ne lui appartenait pas (C. N. 1021) ; cependant le legs peut porter sur des objets indéterminés, du numéraire ; ainsi, le legs de mille francs, d'un cheval, d'une pièce de vin, etc., est valable, bien qu'il n'y ait dans la succession ni argent, ni cheval, ni vin (3).

2760. Lorsque le legs est d'une chose indéterminée [Form. 396, 5°], l'héritier n'est pas obligé de la donner de la meilleure qualité et il ne peut l'offrir de la plus mauvaise (C. N. 1022), à moins que le testateur n'ait accordé le choix au légataire, qui peut choisir la meilleure (4), ou à l'héritier, qui alors peut donner la chose la plus mauvaise (5).

2761. Le legs fait au créancier [Form. 396, 6°] n'est pas censé en compensation de sa créance (C.

décès (n° 2850), et en outre des gages qui lui seront dus, une somme de mille francs, qui lui sera payée dans les trois mois de mon décès.

8° *Legs à une ville pour doter des jeunes filles pauvres* (n°s 2763 et 2764).

Je lègue à la ville de X....., une rente de mille francs, trois pour cent, sur l'État français, portée en mon nom au grand-livre de la dette publique, sous le n° 48654 de la septième série, dont cette ville sera propriétaire avec droit aux arrérages, à partir du jour de mon décès. Comme condition de ce legs, chaque année, au jour anniversaire de mon décès, la ville de X..... emploiera une somme de huit cents francs à doter une jeune fille pauvre, habitant cette ville. La désignation de la jeune fille et le mode de décerner la dot, seront fixés par le conseil municipal de la ville de X.....

9° *Legs conditionnel* (n° 2765).

M..... a des intérêts dans le chargement du navire *le Plongeur*, qui a dû partir de....., à destination de Marseille, le.....; si ce navire n'arrive pas à Marseille par suite de naufrage, je lègue à M....., une somme de....., qui lui sera payée par mes héritiers dans les trois mois du jour où l'on connaîtra la perte du navire, ou, si cette perte a lieu pendant mon existence, dans les trois mois du jour de mon décès; dans les deux cas sans intérêt.

10° *Jouissance* (n°s 2766 à 2768).

Les légataires auront la propriété des objets légués à compter du jour de mon décès.
Et ils auront droit aux fruits, intérêts et arrérages, savoir :

M....., de la créance à lui léguée, à partir du jour de mon décès, sans qu'il soit besoin de former de demande en délivrance ;

M...., de la rente alimentaire faisant l'objet de son legs, à partir, comme de droit, du jour de mon décès.

Et mes autres légataires, à partir, conformément à la loi, du jour de la demande en délivrance de leurs legs, ou de la délivrance volontairement consentie.

---

(1) Marcadé, *art. 1018*.
(2) C'est-à-dire des constructions ajoutées à d'autres existant à l'époque du testament, ou en remplacement : Vazeille, *1017*, 5 ; Poujol, *1017*, 4 ; Marcadé, *1017*, 2 ; contra Toullier, V, 534 ; Coin-Delisle, *1020*, 10 ; selon eux, il s'agit de toutes constructions nouvelles, même celles faites sur un terrain nu.
(3) Marcadé, *1021*, 1 ; Coin-Delisle, *1021*, 8 ; Roll., *Legs*, n° 152.
(4) Toullier, V, 328 ; Duranton, IX, 261 ; Coin-Delisle, *1022*, 3 ; Troplong, n° 1963 ; Massé et Vergé, § 495, note 3.
(5) Coin-Delisle, *1022*, 4 ; Massé et Vergé, § 495, note 2.

N. 1025), sauf stipulation contraire, par exemple si le testateur dit : — « Je lègue à N... les six mille francs que je lui dois. » La reconnaissance de dette faite dans un testament n'ouvre pas d'action judiciaire contre le testateur, à plus forte raison si le testateur est mineur (1).

2762. Le legs fait au domestique [FORM. 396, 7°] n'est pas censé non plus en compensation de ses gages (*C. N. 1025*).

2763. Nous avons vu, *supra*, n° *2664*, que pour être capable de recevoir par testament il faut être conçu à l'époque du décès du testateur; cependant il peut arriver qu'une personne non conçue à l'époque du décès du testateur, profite des dispositions qu'il a faites, c'est ce qui a lieu en cas de legs à une ville ou à une corporation autorisée, d'une somme ou une rente destinée à doter tous les ans des jeunes filles pauvres, à récompenser de bonnes actions, ou des travaux distingués (2) [FORM. 396, 8°.]

2764. Nous avons dit aussi, *supra* n° *2666*, que le legs doit être fait à une personne certaine; cependant, dans les divers cas prévus au numéro précédent, comme dans le cas d'un legs fait aux pauvres, les légataires ne sont point connus, ce qui n'empêche pas le legs d'être valable; c'est là une dérogation aux règles rappelées sous le n° 2666 (3); on a aussi considéré comme valable la disposition testamentaire portant que tout ce que le testateur possédera au jour de sa mort sera vendu et employé à faire prier Dieu pour lui, s'il meurt sans enfant (4).

2765. Les legs peuvent être faits sous telles conditions que le disposant juge convenables [FORM. 396, 9°]; si elles sont impossibles ou contraires aux lois ou aux mœurs, elles sont réputées non écrites (*C. N.*, *900*), voir à cet égard *supra* n°° *2550 à 2564*. Lorsqu'une condition est suspensive, le legs est caduc si le légataire, bien qu'ayant survécu au testateur, vient à décéder avant qu'elle soit accomplie (5).

2766. Tout legs pur et simple donne au légataire, du jour du décès du testateur, un droit à la chose léguée, droit transmissible à ses héritiers ou ayants cause (*C. N.*, *1014* [FORM. 396, 10°]).

2767. Néanmoins le légataire particulier ne peut s'en mettre en possession et n'a droit aux fruits qu'autant qu'il a demandé ou obtenu la délivrance de son legs, *infra* n° *2798*.

2768. Que le legs soit universel, à titre universel ou particulier, les intérêts ou fruits de la chose léguée courent au profit du légataire dès le jour du décès, et sans qu'il ait formé sa demande en justice : 1° lorsque le testateur a expressément déclaré sa volonté à cet égard dans le testament (6); 2° lorsqu'une rente viagère ou une pension a été léguée à titre d'aliments (*C. N.*, *1015*); 3° lorsqu'au décès du testateur le légataire était déjà en possession de la chose léguée (7); 4° si la demande en délivrance a été retardée par le dol des héritiers qui auraient caché l'existence du testament (8).

2769. Les droits d'enregistrement (ce qui signifie ici les droits de mutation après décès), sont dus

11° *Droits de mutation* (n°° 2769 à 2771).

M..... sera indemne de tous droits de mutation, pour raison de la rente alimentaire que je viens de lui léguer. Ces droits seront acquittés par mes héritiers, sans recours contre lui.

12° *Hypothèque grevant un immeuble légué* (n°° 2772 à 2774).

Si la maison léguée à M....., se trouve grevée d'hypothèque à l'époque de mon décès, ceux qui recueilleront ma succession seront tenus de la dégager, et, en conséquence, de rapporter au légataire, mainlevée des hypothèques et radiation des inscriptions dans le mois de la demande qu'il leur en fera.

---

(1) Troplong, n° 2090; Dict. not., *Test.*, n° 658; Bordeaux 14 déc. 1840; J. N. 13986.
(2) Troplong, n°° 547, 614, 615; Coin-Delisle, *906*, 6 ; Demolombe XVIII, 582.
(3) Troplong, n° 557; Zach., Massé et Vergé, §418, note 10; Demolombe, XVIII, 612. V. Cass., 4 avril 1865 ; J. N., 18269.
(4) Cass., 13 juill. 1859 ; Rennes. 22 août 1861 ; Caen, 28 nov. 1865.
(5) Metz, 21 mai 1861; J. N., 17294; V. Paris, 30 avril 1867.

(6) Troplong, n° 1856, Dict. not., *Déliv. de legs.*, n° 64.
(7) Grenier, I. 304 ; Toullier. V. 541 ; Proud'hon, *Usuf.*, n° 386 ; Coin-Delisle *1015*. 27; Marcadé, *1015*. 2 ; Zach., Massé et Vergé, § 493, note 3; Dict. not., *Déliv. de legs*, n° 9; Limoges, 24 fév. 1839 et 5 juin 1846; Bourges, 27 nov. 1838; Paris. 9 janvier 1845; CONTRA, Duranton, IX, 272; Toulouse, 29 juill. 1829.
(8) Grenier, I. 297 ; Duranton, IX, 192; Coin-Delisle, *1015*, 12.

par le légataire s'il n'en a été autrement ordonné par le testament [Form. 396, 11°]; chaque légataire peut acquitter séparément les droits à sa charge (C. N., 1016.)

2770. Si le testateur déclare le légataire indemne des droits de mutation, ces droits sont à la charge de sa succession, sans cependant qu'il puisse en résulter de réduction de la réserve légale. Le légataire d'une rente viagère est indemne de ces droits lorsque le testament porte que la rente sera franche de toute espèce de retenue, sous quelque dénomination que ce puisse être (1).

2771. La loi, en mettant les droits de mutation à la charge du légataire, sous-entend que tous les autres frais quelconques incombent à l'héritier universel ou à l'héritier naturel; c'est donc à ceux-ci de payer l'honoraire proportionnel dû au notaire rédacteur ou dépositaire du testament (2).

2772. Le légataire à titre particulier n'est point tenu des dettes de la succession (3), sauf la réduction du legs, *infra n° 3098*, et sauf l'action hypothécaire des créanciers (C. N., 1024); dans ce dernier cas, s'il paye ou s'il est exproprié il a son recours contre les héritiers ou autres successeurs (4). Si l'immeuble légué a été affecté comme caution à la garantie de la dette d'un tiers sans engagement personnel de la part du testateur, comme alors la succession ne doit rien, c'est le légataire particulier qui est tenu d'acquitter la dette, et non l'héritier ou le légataire universel (5).

2773. Le légataire particulier peut être chargé par le testateur de l'acquit des dettes de la succession ou d'une partie; si le legs est d'une succession échue au testateur, le légataire, en prenant les biens de cette succession, est tenu de plein droit d'en payer les dettes, à moins que le legs ne soit des biens provenus de la succession (6).

2774. Si avant le testament ou depuis, la chose léguée a été hypothéquée pour une dette de la succession, ou même pour la dette d'un tiers, ou si elle est grevée d'un usufruit, celui qui doit acquitter le legs n'est point tenu de la dégager, à moins qu'il n'ait été chargé de le faire par une disposition expresse du testateur (C. N., 1020) [Form. 396, 12°]. Néanmoins la dette hypothécaire est à la charge du légataire universel ou de l'héritier (7), sauf toutefois ce qui est dit, *supra n° 2772*.

2775. Le testateur peut apposer une clause pénale à sa disposition testamentaire [Form. 397], spécialement il peut imposer la condition de ne pas attaquer son testament, sous peine de déchéance du legs (8); mais si la clause pénale a pour objet de priver l'héritier réservataire de sa légitime, elle est réputée non écrite (9); il en est de même si elle tend à faire valoir un testament nul pour vice de forme (10) ou susceptible d'être annulé pour cause de captation (11); ou une substitution prohibée (12), ou une condition réputée non écrite comme contraire aux lois et à l'ordre public (13).

FORMULE 397. — Legs avec clause pénale. (N° 2775.)

Je lègue à . . . . ., etc. . . . . . (*le surplus comme en la formule 394, 1°*).

Comme condition expresse du legs universel à lui fait, M. . . . . ne pourra critiquer aucune des autres dispositions contenues au présent testament; et si, contre mon attente, il vient à attaquer une ou plusieurs de ces dispositions pour quelque cause que ce soit, il sera déchu de son legs universel.

---

(1) Paris, 17 janv. 1853; J. N., 14839.
(2) Décis. min. intérieur, avril 1859 et juill. 1867; J. N., 16684; Jur. N. 13336; contra. Dict. not., *Test*., n° 771 et *Legs*, n° 250; trib. Réole, 20 mars 1835; J. N., 8825; v. trib. Brignoles, 3 août 1856; J. N., 15901.
(3) Cependant les dettes peuvent l'atteindre indirectement lorsque les biens de la succession sont insuffisants pour acquitter les legs; notamment lorsque la succession a été acceptée sous bénéfice d'inventaire, *supra n° 1913 et infra n° 3093*.
(4) Grenier, I. 318; Chabot, *874*. 3; Toullier, V. 538; Duranton, IX, 237; Coin-Delisle. *1020*, 3; Marcadé. *art. 1020*; Troplong, n° 1988; Roll. *Legs*, n° 339; Bordeaux, 31 janv. 1850.
(5) Duranton, XVIII, 296; Roll., *Affect. hypot*., n° 9; Cass., 25 nov. 1812, 10 août 1814; Bordeaux, 31 août 1850; contra, Troplong, *Cautionn*., n° 416; Ponsot, *ibid*., n° 22; Bruxelles, 2 avril 1819.
(6) Marcadé, *art. 1024*; Proudhon, *Usuf*., n° 1485, Duranton, IX, 230; Troplong, n° 1984; Zach., § 497.
(7) Grenier, I, 318 Chabot. *874*. 3; Toullier, V. 533; Duranton,
IX. 237; Coin-Delisle, *1020*, 3; Roll., *Legs*, n° 339; Bordeaux, 31 janv. 1850; v. Seine, 19 déc. 1867, G. T., 29 déc.; contra, Marcadé, *art. 1020*.
(8) Troplong, n° 261; Dalloz, n° 183; Zach., Massé et Vergé. § 461, note 14; Larombière, *1226*, 3; Amiens, 17 déc. 1846; Cass., 22 déc. 1835, 10 juill. 1819, 18 janv. 1838 29 juill. 1861; J. N., 12603, 13834 16232.
(9) Demolombe, XVIII, 282; Roll., *Legs*, n° 303; Paris, 28 janv. 1853 Cass., 6 déc. 1862; Colmar, 17 avril 1867; J. N., 14912, 17623, 18037.
(10) Troplong, n° 263, Grenier, I, 153; Massé et Vergé, § 464 note 14; Demolombe, XVIII, 285; Roll., *Legs*, n° 304; Arg. Cass., 29 juill. 1861.
(11) Demolombe, XVIII, 286; Cass., 27 mars 1855.
(12) Coin-Delisle. *896*. 30; Roll., *Subst*., n° 343; Troplong, n° 265; Demolombe, XVIII, 187; Larombière, *1226*, 3; Cass., 14 déc. 1825; 30 juill. 1827; Bordeaux, 30 juill. 1852.
(13) Troplong, n° 261; Demolombe, XVIII, 217, 281; Larombière, *1226*, 3; Paris, 11 mai 1852; Cass., 9 déc. 1862; J. N., 14870, 17623.

§ 4. — DE L'ACCROISSEMENT DE LEGS.

2776. Lorsqu'un legs est fait à plusieurs conjointement et que l'un ou plusieurs d'entre eux ne le recueillent pas, parce qu'ils sont incapables (1), ou qu'ils renoncent, ou qu'ils sont décédés avant le testateur, il y a lieu à accroissement en faveur de celui ou ceux qui le recueillent, et qui, ainsi, ont seuls droit à la totalité du legs (*C. N. 1044*)

2777. Le legs est réputé fait conjointement lorsqu'il a lieu par une seule et même disposition et que le testateur n'a pas assigné la part de chacun des colégataires dans la chose léguée, (*C. N. 1044*); toutefois v. *infra* n° 2779. Il n'est donc pas nécessaire d'énoncer que le legs est conjoint ni qu'il donne lieu à l'accroissement; cependant il est d'usage de l'exprimer (Form. 399).

2778. Si un testateur, après divers legs particuliers, lègue le surplus de ses biens à ses deux frères par moitié, cette disposition renferme deux legs distincts, et il n'y a pas lieu à l'accroissement de parts (2).

2779. Si l'assignation de parts est non dans l'institution mais dans l'exécution, comme si le testateur a dit : je donne tous mes biens à Pierre et à Paul, pour qu'ils en fassent le partage entre eux par moitié, il y a lieu à accroissement (3); toutefois nous conseillons de toujours exprimer l'accroissement pour éviter toute incertitude (4).

2780. Le legs est encore réputé fait conjointement quand une chose non susceptible d'être divisée sans détérioration a été donnée par le même acte à plusieurs personnes, même séparément (*C. N. 1045*) [Form. 399, 1°] c'est à dire par des dispositions séparées (5).

2781. Lorsqu'un usufruit est légué à deux personnes conjointement [Form. 399, 5°], si l'une d'elles ne recueille pas le legs, *supra* n° 2776, il y a lieu à accroissement en faveur de l'autre ; mais si le legs est recueilli par les deux, au décès du premier mourant, l'usufruit s'éteint pour moitié en faveur du nu-propriétaire et conséquemment n'accroît pas au survivant (6), à moins d'une clause de reversibilité stipulée dans le testament

FORMULE 398. — Legs par préciput et hors part.

Je lègue par préciput et hors part, conséquemment avec dispense de rapport à ma succession, à M. . . . ., mon neveu. . . . ., etc. . . . .

FORMULE 399. — Accroissement de legs. (N°s 2776 à 2781.)

1° *Legs universel.*

Je lègue à MM. . . . ., conjointement, l'universalité de mes biens meubles et immeubles ; en conséquence, je les institue pour mes légataires universels ; et si l'un d'eux me prédécède, ou refuse le legs, ou est incapable de le recueillir, j'entends que sa part soit recueillie par l'autre, à titre d'accroissement.

2° *Legs à titre universel.*

Je lègue à MM. . . . ., conjointement, et avec droit d'accroissement entre eux, tous les biens meubles que je laisserai à mon décès, et qui se trouveront dans ma succession, sans aucune exception. En conséquence si l'un d'eux, etc. . . . ., (*comme au n° 1er*).

---

(1) L'indignité donne lieu à l'accroissement : Proudhon, *Usuf.*, n° 688; Demolombe, XIII, 301; Dict. not., *Accrois.*, n° 29; Roll., *ibid.*, n° 47; Bordeaux, 6 mars 1854; Pau, 17 août 1854; Cass., 22 juin 1847 et 13 nov. 1855.
(2) Dict. not., *Accroiss.*, n° 22; Cass., 19 janv. 1830, 19 fév. 1818; J. N. 17072. Voir aussi Cass., 3 juin 1861; J. N. 17493.
(3) Coin-Delisle, *1044*, 6 à 8: Aix, 14 déc. 1832; Bordeaux, 28 juin 1861; Douai, 22 janv. 1856; Paris, 5 mars 1861; Cass., 19 oct. 1808, 14 mars 1815, 9 mars 1857, 12 fév. 1862 ; J. N., 7354, 16025, 17055, 17380.
(4) Coin-Delisle, *1044*, 8. V. Versailles, 23 mars 1866; J. N. 18579.

(5) Grenier, I, 380; Toullier, V, 688; Duranton, IX, 509 510; Coin-Delisle, *1045*, 11; contra, Proudhon, *Usuf.*, n° 734 selon lequel les mots : *même séparément*, veulent dire : *même avec assignation de parts*.
(6) Grenier, I, 353; Toullier, V, 699; Proudhon, *Usuf.*, n° 675; Dict. not., *Accroiss.*, n° 48; Bugnet sur Pothier, VIII, p. 825; Dijon, 21 janv. 1845; J. N. 12420 ; contra, Coin-Delisle, *1044*, 10; Mercadé, *1044*, 5; Troplong, n° 2184; Aix, 11 juill. 1838, Cass., 1er juill. 1844; J. N. 11296.

SECTION III. DE L'EXÉCUTION DES TESTAMENTS.
§ 1er. DU DÉPÔT DES TESTAMENTS.

2782. Tout testament olographe doit, avant d'être mis à exécution, être présenté au président du tribunal civil de première instance du lieu de l'ouverture de la succession (1) ; le testament est ouvert (2) s'il est cacheté. Le président dresse procès-verbal de la présentation, de l'ouverture et de l'état du testament, dont il ordonne le dépôt entre les mains du notaire par lui commis. Si le testament est dans la forme mystique, sa présentation, son ouverture, sa description et son dépôt sont faits de la même manière ; mais l'ouverture ne peut se faire qu'en présence de ceux du notaire et des témoins, signataires de l'acte de suscription, qui se trouvent sur les lieux ou eux dûment appelés (C. N., 1007) ; s'ils ne se présentent pas, le procès-verbal doit constater qu'ils ont été appelés par exploit d'huissier (3).

2783. Dans l'usage, le testament est présenté par le notaire, qui assiste à l'opération d'ouverture et de constatation, et remise immédiate lui en est faite avec commission (4) de le déposer au rang de ses minutes ; le notaire opère le dépôt par un acte de son ministère [Form. 400]. A Paris on simplifie même cette forme: le notaire commis se contente de mentionner sur le testament le dépôt en son étude et de le porter sur son répertoire sans dresser d'acte (5) ; mais, suivant une décision du ministre des finances du 20 janv. 1852, les notaires doivent dresser acte du dépôt (6).

2784. Le décret du 1er juin 1854 portant fixation des émoluments des greffiers accorde aux greffiers des tribunaux civils, « pour opérer le dépôt d'un testament olographe ou mystique, non compris le voyage, s'il y a lieu, 6 fr. : » mais on aurait tort d'en conclure que le président doit commettre le greffier pour faire le dépôt au rang des minutes du notaire, lorsque le notaire est présent à l'ouverture ; dans ce dernier cas, le notaire peut recevoir le testament, et aucun émolument n'est dû au greffier (7).

2785. Lorsque le testament a été adressé au président par une personne tierce, ou qu'il lui a été

3° *Legs particulier.*

Je lègue à MM....., conjointement et avec droit d'accroissement entre eux, une pièce de terre située à....., et une maison située à.....; en conséquence si l'un d'eux, etc. (*comme au n° 1er*).

4° *Legs d'un objet indivisible* (n° 2780).

Je lègue à MM....., la statue en marbre de Jupiter se trouvant dans ma galerie, pour chacun d'eux en être propriétaire dans la proportion de moitié. Si l'un d'eux, etc. (*comme au n° 1er*).

5° *Legs d'un usufruit* (n° 2781).

Je lègue à MM. Stanislas et Théodore DUJARDIN, conjointement et avec droit d'accroissement entre eux, l'usufruit pendant leur vie et celle du survivant d'eux, d'une pièce de terre en labour, contenant....., située à....., lieu dit.....; en conséquence, si l'un d'eux, etc. (*comme au n° 1er*) (8).

(8) NOTA. Il ne faut pas confondre l'accroissement avec la reversibilité de l'usufruit total, qui peut aussi être stipulée au profit du survivant, mais dans la prévision où tous deux auraient survécu au testateur et recueilli le legs, *infrà*, n° 2869.

---

(1) Si le décès a lieu hors du domicile du testateur et que le testament soit trouvé sur lui ou dans ses papiers, la présentation peut être faite au président du tribunal civil du lieu du décès : Arg., C. pr., 916 ; Coin-Delisle, 1007, 5 ; Dict. not., *Dépôt de test.*, nos 33 à 36 ; Roll., *ibid.*, n° 30 ; Cass., 22 fév. 1847 ; Douai, 12 nov. 1852 ; CONTRA, Pigeau, II, p. 557 ; Carré, *art. 917, Proc.*

(2) Le testament cacheté ne peut être ouvert que par le président du tribunal : — Coin-Delisle, 1007, 6. — Le notaire qui en ferait l'ouverture avant de le présenter au président serait passible d'une peine disciplinaire. — Trib. Chartres, 8 avril 1842 ; J. N. 11291.

(3) Dict. not., *Dépôt de test.*, nos 24 à 28 ; Roll., *ibid.*, nos 37, 39.

(4) L'ordonnance du président du tribunal commettant un notaire pour recevoir le dépôt d'un testament olographe peut être réformée en appel : Cass., 18 avril 1833 ; Montpellier, 8 avril 1839 ; J. N. 8949, 10135.

(5) Debelleyme, *Ordon.*, p. 222 ; Roll., *Dépôt de test.*, n° 64.

(6) CONFORME, instr. régie, 17 mars 1852 ; tribunaux : Compiègne, 8 mars 1855 ; Boulogne-sur-Mer, 28 mars 1856 ; Dax, 27 janvier 1851 ; J. N. 14612, 15788, 16010 ; CONTRA, décis. min. just., 9 sept. 1812 ; tribunaux, Blanc (Indre), 8 mars 1853 ; Seine, 26 mai 1853 ; Lyon, 6 juin 1855 ; Périgueux, 11 mai 1860 ; Cass., 14 juill. 1823 ; 5 déc. 1860 ; J. N. 14009, 15082, 16743, 16987.

(7) J. N. 15344 ; Jur. N. 16349 ; Chauveau, *Journ. des avoués*, art. 2018.

remis par un juge de paix ou même par le notaire, et que celui-ci n'est pas présent à la rédaction du procès-verbal, le président doit alors commettre le greffier ou l'un de ses commis assermentés pour faire le dépôt du testament au rang des minutes du notaire (Form. 401).

§ 2. DE LA SAISINE DU LÉGATAIRE ; DE L'ENVOI EN POSSESSION ET DE LA VÉRIFICATION D'ÉCRITURE.

2786. Lorsqu'au décès du testateur il n'y a pas d'héritiers à réserve, ou s'ils ont renoncé à la succession (1), le légataire universel est saisi de plein droit par la mort du testateur, sans être tenu de demander la délivrance (*C. N. 1006*) [Form. 402] ; il lui suffit, lorsque le testament est authentique, de faire constater par un acte de notoriété, la non-existence d'héritiers à réserve, *supra* n°s 649 à 653.

2787. Si le testament est olographe ou mystique, le légataire universel est tenu de se faire envoyer en possession [Form. 403] par une ordonnance du président mise au bas d'une requête à laquelle sont joints l'acte de dépôt (*C. N. 1008*), et un acte de notoriété constatant qu'il n'y a pas d'héritiers à réserve (2). Un établissement public peut requérir l'envoi en possession avant d'avoir obtenu de l'administration supérieure l'autorisation d'accepter le legs (3).

2788. Lorsque le testament est nul pour vice de forme évident, ou s'il ne contient pas une disposition universelle, ou si la non-existence d'héritiers à réserve n'est pas suffisamment justifiée, le président refuse l'envoi en possession (4) ; mais si le testament ne peut être critiqué que sous le rapport de vices intrinsèques ou non palpables, par exemple s'il contient une substitution prohibée, le président ne peut se constituer juge du mérite de la disposition et il doit ordonner l'envoi en possession, sauf aux héritiers à se pourvoir par action en nullité du testament (5).

FORMULE 400. — Dépôt par le notaire d'un testament olographe. (N°s 2782 à 2784.)

L'an mil huit cent soixante....., le.....
Me....., notaire à....., soussigné,
    Commis suivant ordonnance de M. le président du tribunal civil de....., en date du....., contenue en son procès-verbal de présentation du testament ci-après énoncé,
A, par ces présentes, déposé au rang de ses minutes à la date de ce jour :

1° Le testament sous la forme olographe de M. Louis Dumont, en son vivant propriétaire, demeurant à....., où il est décédé le.....; ce testament en date à....., du....., écrit sur une feuille de papier au timbre de....., contresigné pour ne pas varier, par M. le président du tribunal civil de....., n'est pas enregistré, mais il sera présenté à cette formalité avant ou avec ces présentes ;

2° La feuille de papier libre qui servait d'enveloppe à ce testament, aussi contresignée par M. le président ;

3° Une expédition délivrée par M. le greffier du tribunal civil de....., de l'ordonnance de dépôt ci-dessus relatée.
    Ces pièces sont demeurées ci-jointes après que, sur chacune d'elles, mention de l'annexe a été apposée.
Fait et signé par Me....., en son étude, les jour, mois et an susdits.

FORMULE 401. — Dépôt de testament par le greffier. (N° 2785.)

Par-devant Me....., et l'un de ses collègues, notaires à....., soussignés,
A comparu M. Prosper Leplard, greffier du tribunal civil de....., demeurant à....,
    Commis suivant ordonnance de M. le président du tribunal civil de....., en

---

(1) Debelleyme, *Ordonn.*, I, p. 428 ; Roll., *Envoi en poss.*, n° 144 ; Coin-Delisle, *1006*, 3.
(2) De Belleyme, *Ordon.*, I, p. 32 et 121 ; Coin-Delisle, *1008*, 16 ; Dict. not., *Envoi en poss.*, n°s 14 ; Roll., *ibid.*, n° 14.
(3) Caen, 20 juill. 1839 ; J. N. 16836.
(4) Coin-Delisle, *1008*, 14, 15 ; Zach., Massé et Vergé, § 403, note 4 ; Orléans, 31 août 1832.
(5) Coin-Delisle, *1008*, 14 ; Troplong, n°s 1828, 1829 ; Dict. not., *Envoi en poss.*, n°s 17 à 21 ; Rouen, 27 mai 1807 ; Agen, 26 août 1856 ; Cass., 26 nov. 1856 ; J. N. 15925, 15944.

2789. Si l'ordonnance d'envoi en possession a été rendue mal à propos, c'est-à-dire en dehors des cas prévus au numéro qui précède, nous croyons qu'elle n'est néanmoins susceptible d'aucune voie de recours (1) quoique la question ait été diversement résolue : suivant les uns, les héritiers peuvent se pourvoir contre l'envoi en possession par la voie d'appel devant la Cour impériale (2) ; suivant d'autres, a voie d'opposition devant le tribunal serait seule ouverte (3); mais, suivant l'opinion la plus suivie en pratique, l'ordonnance subsiste, sauf aux héritiers à agir en nullité devant le tribunal et à demander provisoirement en référé la nomination d'un séquestre (4).

2790. Si les héritiers, après l'envoi en possession, prétendent que l'écriture ou la signature du testament olographe n'est pas celle de leur auteur, on décide assez généralement que ce n'est pas au légataire envoyé en possession à prouver la sincérité de son titre, mais bien à ceux qui la contestent (5).

2791. Toutefois la preuve de l'écriture doit être faite par le légataire, lorsqu'il y a des motifs graves de suspicion contre lui (6).

2792. Toute difficulté cesse lorsque le légataire est en présence d'héritiers à réserve, ou d'héritiers non réservataires, mais qui se sont opposés à l'envoi en possession; dans le premier cas, le légataire doit demander la délivrance de son legs ; dans le second cas il est en présence d'héritiers saisis par la loi qui contestent son titre et s'opposent à sa saisine. Il est demandeur dans les deux cas, et comme tel il est tenu de faire preuve de la sincérité de l'écriture (7).

2793. Lorsque l'écriture est déniée par les héritiers légitimes avant l'envoi en possession du lé-

---

date du....., contenue en son procès-verbal de présentation et de constatation du testament ci-après énoncé.

Lequel a, par ces présentes, déposé à M°....., l'un des notaires soussignés, pour être mis au rang de ses minutes à la date de ce jour :

1° Le testament, etc. *(le surplus comme en la formule 400).*

FORMULE 402. — **Légataire universel en vertu d'un testament public.** (N° 2786.)

M. Dominique GERVAIS, docteur en chirurgie, demeurant à....,

« Légataire universel de M. Louis DUMONT, son oncle, en son vivant docteur en médecine, demeurant à....., où il est décédé le....., aux termes de son testament, reçu, en présence de quatre témoins, par M°....., notaire à....., qui en a gardé minute, le.....; duquel legs universel M. GERVAIS s'est trouvé saisi de plein droit, M. DUMONT n'ayant laissé aucun héritier à réserve, ainsi que le constate un acte de notoriété reçu par M°....., qui en gardé minute, et l'un de ses collègues, notaires à....., le..... »

FORMULE 403. — **Légataire universel en vertu d'un testament olographe ou mystique.** (N°s 2787 à 2793.)

M. Isidore LEDUC, filateur, demeurant à.....

gataire, le juge peut, jusqu'après la vérification, n'accorder l'administration des biens héréditaires ni aux héritiers ni au légataire, mais en ordonner le séquestre (1).

§ 3. DE LA DÉLIVRANCE DE LEGS.

2794. Lorsqu'au décès du testateur il y a des héritiers à réserve, ils sont saisis de plein droit de tous les biens de la succession, et le légataire universel est tenu de leur demander la délivrance des biens compris dans le testament (*C. N., 1004*).

2795. Néanmoins, dans les mêmes cas, le légataire universel a la jouissance des biens compris dans le testament, à compter du jour du décès, si la demande en délivrance a été faite dans l'année, depuis cette époque; sinon, et sauf stipulation contraire, *supra* n° *2768*, cette jouissance ne commence que du jour de la demande formée en justice, ou du jour que la délivrance a été volontairement consentie (*C. N., 1005*) [FORM. 404], mais il n'est tenu de supporter les intérêts des dettes que du jour où il a la jouissance.

2796. Les légataires à titre universel et les légataires particuliers ne sont jamais saisis de plein droit; ils sont tenus de demander la délivrance aux héritiers à réserve; à leur défaut, aux légataires universels; et à défaut de ceux-ci, aux héritiers appelés dans l'ordre établi au titre des successions (*C. N., 1011, 1014*). A défaut d'héritiers légitimes et de légataires universels, si la succession est dévolue à des successeurs irréguliers (enfants ou autres parents naturels, conjoint survivant, etc.), c'est à ceux-ci que la délivrance doit être demandée s'ils ont été envoyés en possession; mais s'ils ne l'ont pas été, le léga-

» Légataire universel de M. Léon DENIS, son oncle, en son vivant négociant, demeurant
» à. . . . ., où il est décédé le. . . . .; aux termes de son testament fait sous la forme
» olographe, en date à. . . . ., du. . . . ., déposé au rang des minutes de M°. . . . ., no-
» taire à. . . . ., à la date du. . . . ., en vertu d'une ordonnance de M. le président du
» tribunal civil de. . . . ., contenue au procès-verbal d'ouverture dressé au greffe de ce
» tribunal, le. . . . .; duquel legs universel M. LEDUC a été envoyé en possession, par suite
» de la non-existence d'héritiers à réserve, suivant ordonnance sur requête rendue par
» M. le président du tribunal civil de. . . . ., le. . . . ., (*où, si le testament est mystique*),
» aux termes de son testament, sous la forme mystique, en date du. . . . ., présenté en
» présence de six témoins, à M°. . . . ., notaire à. . . . ., qui en a dressé l'acte de suscrip-
» tion, le. . . . . ., et déposé, avec l'acte de suscription, au rang des minutes de. . . ., etc. . . .). »

FORMULE 404. — **Délivrance de legs.** (N°s 2794 à 2799.)

PAR-DEVANT M°. . . . .

A comparu, M. Elie DUMONT, filateur, demeurant à. . . ,

« Seul et unique héritier de M. Louis DUMONT, son père, en son vivant propriétaire,
» demeurant à. . . . ., où il est décédé le. . . , ainsi que le constate l'intitulé de l'inventaire
» après son décès, dressé par M°. . . . ., qui en a gardé minute, et l'un de ses collègues,
» notaires à. . . . ., le. . . . . »

Lequel, pour arriver à la délivrance de legs faisant l'objet des présentes, a exposé ce qui suit :

Aux termes de son testament, reçu en présence de quatre témoins, par M°. . . . ., notaire à. . . . ., qui en a gardé minute, le. . . . ., M. DUMONT, père du comparant, a fait les dispositions suivantes rapportées textuellement :

« Je lègue à Marie CASSEL, ma cuisinière, si elle est encore à mon service lors de
» mon décès : 1° une maison située à. . . . ., rue. . . . ., n°. . . . .; 2° et une somme
» de six mille francs en numéraire, payable dans le mois de mon décès.

» Je lègue à Léon LEPEYRE, mon cocher, s'il est encore à mon service lors de mon

---

(1) Bourges, 18 déc. 1824; Montpellier, 19 juill. 1827; Douai, 23 juill. 1844; J. N. 12106.

taire doit faire nommer un curateur à la succession vacante, afin de diriger son action contre lui (1). La délivrance d'un legs ne peut être demandée par un établissement public avant d'avoir obtenu de l'administration supérieure l'autorisation d'accepter (2).

2797. Le légataire à titre universel, sauf ce qui est dit *supra* n° 2768, n'a droit aux fruits et intérêts qu'à compter du jour de la demande en délivrance ou de la délivrance amiablement consentie (3), et il n'est tenu de l'intérêt des dettes à la charge de son legs qu'à compter du même jour ; cependant si le légataire est un héritier à réserve, il a droit aux fruits du jour de l'ouverture de la succession, car il ne peut être astreint à former contre lui-même une demande en délivrance (4).

2798. Le légataire particulier ne peut se mettre en possession de la chose léguée, ni en prétendre les fruits ou intérêts qu'à compter aussi du jour de sa demande en délivrance ou du jour auquel cette délivrance lui a été amiablement consentie (*C. N.*, 1014), sauf les exceptions exprimées *supra* n° 2768.

2798 bis. La délivrance de legs consentie par l'héritier est une exécution du testament et elle emporte renonciation à en demander ultérieurement la nullité, si d'ailleurs l'héritier avait connaissance du vice opérant la nullité (5).

2799. Les frais de la demande en délivrance, s'il n'en a été autrement ordonné par le testateur, sont à la charge de la succession, sans néanmoins qu'il puisse en résulter de réduction de la réserve légale (*C. N.*, 1016).

2800. Le payement au légataire particulier de la somme ou autre chose léguée peut être fait, soit par l'acte même de délivrance, soit par un acte ultérieur [Form. 405].

» décès : une somme de deux mille francs en numéraire ; plus les objets mobiliers dont
» la description suit : un lit composé de. . . . ., etc. »
» Je lègue aux pauvres de la ville de X. . . . une somme de cinq mille francs, payable
» dans les trois mois de mon décès. »

Ceci exposé, M. Dumont comparant déclare consentir l'exécution pure et simple du testament ci-dessus relaté, et faire délivrance à Mlle Cassel, à M. Lepeyre et aux pauvres de la ville de X. . . . ., des legs y contenus.

A ces présentes est intervenue Mlle Marie Cassel, cuisinière, demeurant à. . . . .,
Laquelle déclare accepter le legs qui lui a été fait et la délivrance qui en est consentie en sa faveur.

Elle reconnaît que M. Elie Dumont l'a mise en possession de la maison, et lui a payé à l'instant, en bonnes espèces, la somme de six mille francs ; le tout formant l'importance de son legs.

En conséquence elle s'en reconnaît entièrement remplie et donne décharge à M. Dumont.

Les parties consentent que ces présentes soient mentionnées partout où besoin sera.
Dont acte aux frais de M. Dumont.
Fait et passé, etc. . . . .

FORMULE 405. — Décharge de Legs. (N° 2800.)

Par-devant M^e. . . . .

A comparu M. Léon Lepeyre, cocher, demeurant à. . . . .,

« Légataire particulier de M. Louis Dumont, en son vivant propriétaire, demeurant

---

(1) Toullier, V, 551 ; Duranton, IX, 209 ; Coin-Delisle, 1014, 8 ; Dict. not., *Déliv. de legs*, n° 32 ; Roll., *ibid.*, n° 26.
(2) Caen, 20 juill. 1859 ; J. N. 16836.
(3) Dalloz, n° 3728 ; Coin-Delisle, 1015, 11 ; Massé et Vergé, § 499, note 4 ; Marcadé, 1006, 2 ; Troplong, n° 1835 ; Dict. not., *Déliv. de legs*, n° 66 ; Bourges, 1er mars 1821 ; Trib. Seine, 6 avril 1827 ; contra, Grenier, I, 297 ; Toullier, V, 545 ; Demante et Colmet de Santerre, IV, 154 *bis* ; Duranton, IX, 211 ; Roll., *Déliv. de legs*, n° 50, selon lesquels le légataire à titre universel a, en ce qui concerne les fruits, les mêmes droits que le légataire universel, *supra* n° 2795.
(4) Grenier et Bayle-Mouillard, I, 301 ; Toullier, V, 541 ; Proudhon, *Usuf.*, n° 366 ; Coin-Delisle, 1015, 30 ; Massé et Vergé, § 493, note 3 ; Troplong, n° 1803 ; Nîmes, 5 janv. 1838 ; Bourges, 27 avril 1838 ; Limoges, 21 fév. 1839 ; Riom, 11 avril 1856 ; Montpellier, 23 mai 1858.
(5) Grenier, I, 325 ; Zach., Massé et Vergé, § 501, note 5 ; Toullier VIII, 506 ; Duranton, XIII, 277 ; Nîmes, 28 janv. 1831 ; Montpellier, 22 avril 1831 ; Caen, 15 fév. 1842 ; Rennes, 12 mai 1851 ; Cass., 9 nov. 1814 ; 12 mars 1834 ; Lyon, 2 août 1866. V. Cass., 11 mai 1867 ; J. N., 18829.

2801. La demande en délivrance de legs faite au nom d'un établissement public avant l'autorisation d'accepter ne fait courir les fruits que dans les cas où l'acceptation provisoire est permise, *supra* n°s 2728 et 2729 [FORM. 406].

SECTION IV. DES EXÉCUTEURS TESTAMENTAIRES.

2802. Le testateur peut, par son testament (1), ou même par un testament ultérieur, qui ne contiendrait aucune autre disposition (2), nommer un ou plusieurs exécuteurs testamentaires (*C. N.*, 1025) [FORM. 407].

2803. La nomination d'un exécuteur testamentaire est nécessaire, surtout lorsque le testateur, en instituant un légataire universel, fait des dispositions relatives à son inhumation, au monument à élever sur sa tombe, à des aumônes ; car s'il n'y a pas d'héritiers du sang, ou s'ils sont indifférents aux recommandations d'un parent qui les a exclus de sa succession, elles seraient exposées, à défaut d'un surveillant spécial, à ne pas être exécutées.

» à. . . . ., où il est décédé le. . . . .; aux termes de son testament reçu, en présence de
» témoins, par M°. . . . ., notaire à. . . . ., qui en a gardé minute, le. . . . .

Lequel a exposé ce qui suit :

Aux termes de son testament, M. Louis DUMONT a légué au comparant une somme de deux mille francs, plus les objets mobiliers dont la description suit : (*les décrire*).

Suivant acte passé devant M°. . . . ., notaire soussigné, qui en a gardé minute, et son collègue, le. . . . ., M. Elie DUMONT, filateur, demeurant à. . . . ., fils et seul héritier de M. Louis DUMONT, a consenti l'exécution de ce testament, et a fait délivrance à M. LEPEYRE du legs y contenu en sa faveur.

CECI EXPOSÉ, M. LEPEYRE déclare accepter le legs à lui fait par M. Louis DUMONT et la délivrance qui en a été consentie par M. Elie DUMONT.

Il reconnaît que M. Elie DUMONT lui a payé à l'instant la somme de deux mille francs, et lui a remis aujourd'hui les objets mobiliers ci-dessus décrits; le tout faisant l'importance de son legs.

En conséquence il s'en reconnaît entièrement rempli, et en donne décharge à M. Elie DUMONT.

Dont acte. Fait et passé, etc.

FORMULE 406. — **Acceptation du legs fait à un établissement public.** (N° 2034.)

PAR-DEVANT, M°. . . . .

Ont comparu : MM. Théodore VASSARD, Charles DUBOIS, Eloi DELAS et Jean DOUIN, tous les quatre propriétaires, demeurant à. . . . .

« Agissant en qualité d'administrateurs du bureau de bienfaisance de la ville de X. . . .,
» et comme autorisés à accepter le legs dont il sera ci-après question, suivant décret
» impérial en date du. . . . ., dont une copie délivrée par M. le préfet du département
» de. . . ., est demeurée ci-jointe après que dessus mention de l'annexe a été apposée. »

Lesquels, ayant une parfaite connaissance du testament de M. Louis DUMONT, en son vivant propriétaire, demeurant à. . . . ., où il est décédé le. . . . ., reçu, en présence de quatre témoins, par M°. . . . ., notaire à. . . . ., qui en a gardé minute, le. . . . .; aux termes duquel M. DUMONT a légué aux pauvres de la ville de X. . . . ., une somme de cinq mille francs.

Ont déclaré accepter ce legs, ainsi que la délivrance qui en a été consentie par M. Elie DUMONT, filateur, demeurant à. . . . ., en qualité de seul héritier de M. DUMONT testateur, son père, suivant acte passé devant M°. . . . ., notaire soussigné, qui en a garde minute, et son collègue, le. . . . .

---

(1) L'exécuteur testamentaire ne peut être nommé que par acte dans la forme testamentaire : Marcadé, *art. 1025*; Dalloz, n° 4027.

Zach., § 491, p. 256; Coin-Delisle, p. 486, n° 6; Roll., *Exéc. test.*, n° 3

(2) Coin-Delisle, p. 486, n° 6; Roll., *Exéc. test.*, n°s 4, 5.

2804. Les exécuteurs testamentaires ont pour mission de veiller à l'exécution du testament (*C. N. 1031*) ; en cette qualité ils sont mandataires du testateur (1), et comme tels responsables des fautes qu'ils commettent dans leur gestion, surtout s'ils perçoivent un honoraire (2).

2805. Lorsque le testateur a simplement nommé un exécuteur testamentaire, la loi fixe les limites de son mandat, *infra* n°s *2816 et suiv.* ; mais le testateur peut élargir le cercle du mandat, par exemple, en donnant à l'exécuteur testamentaire le pouvoir de vendre tout ou partie des immeubles de sa succession [FORM. 408) lorsqu'il n'a pas d'héritiers à réserve, ou s'il en a, jusqu'à concurrence de la quotité disponible, pour faire servir les prix à acquitter les dettes et les legs particuliers, et remettre le surplus aux héritiers ou légataires universels (3).

2806. Le mandat de vendre les immeubles, conféré à l'exécuteur testamentaire, ne fait pas obstacle à la transmission du droit de propriété sur la tête des héritiers ou autres successeurs universels; et ceux-ci ont la faculté de faire cesser le mandat en offrant de remettre à l'exécuteur testamentaire, somme suf-

---

Et de suite, M. Elie DUMONT, ici présent, a payé à M. Vincent LEBEL, receveur du bureau de bienfaisance de la ville de X....., y demeurant, à ce intervenant, la somme de cinq mille francs faisant l'importance de ce legs ; et M. LEBEL en donne quittance et décharge à M. Elie DUMONT, sans réserve.

Mention des présentes est consentie pour avoir lieu sur toutes pièces où besoin sera. Dont acte. Fait et passé, etc.

III. EXÉCUTEUR TESTAMENTAIRE.

FORMULE 407. — **Nomination d'exécuteur testamentaire.** (N°s 2802 à 2804.)

Je nomme pour mon exécuteur testamentaire M. François QUIDET, rentier, demeurant à....., et je lui donne la saisine de mon mobilier pendant une année du jour de mon décès. Je prie M. QUIDET de vouloir bien accepter, comme gage de ma reconnaissance et de mon amitié, un diamant de la valeur de trois mille francs, qui lui sera payé par préférence à tous autres legs.

FORMULE 408. — **Nomination d'exécuteur testamentaire avec pouvoir de vendre les immeubles.** (N°s 2805 et 2806.)

Je nomme pour mon exécuteur testamentaire M. François QUIDET, rentier, demeurant à..... Je lui donne la saisine de mon mobilier pendant une année du jour de mon décès ; en outre je le charge de vendre quatre pièces de terre que je possède sur la commune de....., d'une contenance réunie de....., pour en employer les prix à l'acquit des dettes de ma succession et au payement des divers legs particuliers que je viens de faire ; en conséquence, indépendamment du droit que la loi lui confère de vendre le mobilier, d'en toucher le produit et de recevoir les créances, je lui donne tous pouvoirs à l'effet de vendre, soit par adjudication, soit de gré à gré, en totalité ou par lots, à telles personnes et aux prix, charges et conditions qu'il jugera à propos, les quatre pièces de terre qui viennent d'être indiquées ; recevoir les prix de vente ; les employer avec le produit de la vente du mobilier et des autres valeurs mobilières au payement des dettes et des legs ; donner et retirer toutes quittances et décharges ; donner mainlevée de toutes inscriptions d'office ou autres ; et généralement faire le nécessaire ; le tout sans le concours de mes héritiers, mais sauf à ceux-ci à empêcher la vente en remettant à l'exécuteur testamentaire une somme suffisante pour l'acquit des dettes et des legs.

Je prie M. QUIDET d'accepter comme gage, etc. (*Le surplus comme en la formule précédente.*)

---

(1) Coin-Delisle, p. 480, n° 4; Troplong, *Mandat*, n° 728 et *Don.*, n°s 1991 à 1993; Marcadé, *art. 1025* ; Zach., Massé et Vergé, § 491, notes 3 et 10; Dalloz, n° 4023.
(2) Massé et Vergé, § 491, note 3 ; Paris, 7 fév. 1850; Cass., 27 août 1855 ; Trib. Seine, 24 mars 1858 ; J. N. 13951, 15619, 16131.
(3) Toullier, V, 582; Duranton, IX, 414 ; Troplong, n° 2026; Massé et Vergé, § 464, note 13, et § 491, note 39; Dict. not., *Exéc. test.*, n° 72 Roll., *ibid.*, n° 414, et *Test.*, n° 438: Bruxelles, 2 août 1809 et 16 mars 1811 ; Trib. Seine, 19 avril 1842; Douai, 26 août 1847 ; Cass., 8 août 1848, 17 avril 1855; Orléans, 19 juill. 1854 ; Paris, 8 juill. 1856; Rennes, 22 août 1860; J. N. 13158, 13533; CONTRA, Zach., § 491, p. 264 niom, 21 juin 1839.

fisante pour l'acquit des dettes et des legs (1); l'exécuteur testamentaire ne doit procéder à la vente qu'en présence des héritiers ou autres successeurs universels, ou eux dûment appelés (2); il n'est pas tenu de vendre judiciairement, alors même que les héritiers ou légataires auraient accepté sous bénéfice d'inventaire (3), à moins que parmi eux il n'y ait des mineurs ou autres incapables (4).

2897. L'exécuteur testamentaire n'est pas tenu d'accepter la mission qui lui est confiée (5), mais s'il

FORMULE 409. — Compte d'exécution testamentaire. (Nos 2807 à 2834.)

Par-devant Mᵉ.....
Ont comparu :
M. François Quidet, rentier, demeurant à.....
« Exécuteur testamentaire de M. Louis Dumont, en son vivant propriétaire, demeu-
» rant à....., où il est décédé le....., et ayant eu la saisine de son mobilier, ainsi
» qu'on le dira sous la première observation, »

D'une part ;

Et M. Dominique Gervais, ingénieur civil, demeurant à.....
« Légataire universel de M. Louis Dumont, son oncle, aux termes de son testament
» qui va être relaté, »

D'autre part ;

Lesquels, pour arriver au compte d'exécution testamentaire dont il s'agit, ont fait l'exposé préliminaire qui suit :

EXPOSÉ PRÉLIMINAIRE.

1ʳᵉ Observation.

Décès de M. Dumont. — Testament. (Nᵒˢ 2810 à 2815.)

M. Dumont est décédé à....., le.....

Aux termes de son testament reçu, en présence de quatre témoins, par Mᵉ....., notaire à....., qui en a gardé minute, le....., M. Dumont a fait les dispositions suivantes :

Premièrement. Il a institué pour son légataire universel M. Gervais, comparant ;

Deuxièmement. Il a légué à titre particulier :

A M. Benoit, propriétaire, demeurant à....., sa bibliothèque, plus une somme de huit mille francs ;

A Mᵐᵉ Boulnois, sa domestique, six mille francs en numéraire, ou une rente viagère de six cents francs, au choix de Mᵐᵉ Boulnois.

A M. le curé de la cathédrale de X....., mille francs.

Aux pauvres de la commune de X....., cinq mille francs.

Troisièmement. Il a exprimé le vœu que son enterrement fût fait avec pompe, et qu'il fût distribué à chaque pauvre de la ville, quatre kilogrammes de pain.

Quatrièmement. Enfin, il a nommé pour son exécuteur testamentaire M. Quidet, comparant, lui a donné la saisine de son mobilier, et l'a prié d'accepter un diamant de la valeur de trois mille francs.

---

(1) Duranton, IX, 397; Troplong, nº 2006; Dict. not., *Exéc. test.*, nº 76; Roll., *ibid*, nº 67.
(2) Dict. not., *Exéc. test.*, nº 72; Douai, 26 août 1847; Cass., 8 août 1848; Paris, 8 juill. 1856; J. N. 13158, 13333. Voir cependant Rennes, 22 août 1866
(3) Trib. Tours, 11 mai 1854, Orléans, 19 juill. 1854; Cass., 17 avril 1855; Paris, 8 juill. 1856.
(4) Roll., *Test.*, nº 439; Trib. Tours, 8 juill. 1816; Paris, 13 août 1849; J. N. 13811; contra, Troplong, nº 270; Paultre, *Revue not.*, I, p. 264 et suiv.
(5) Grenier, I, 327; Toullier, V, 577; Duranton, IX, 391; Dalloz, nº 4030; Coin-Delisle, p. 487, nº 11; Massé et Vergé, § 491, note 4; Dict. not., *Exéc. test.*, nº 13; Roll., *ibid.*, nº 33.

EXÉCUTEUR TESTAMENTAIRE — FORMULE 409 343

l'a acceptée, il ne peut se dispenser de l'accomplir en entier, à moins qu'elle ne lui porte un préjudice notable (1).

2808. S'il y a plusieurs exécuteurs testamentaires qui aient accepté, ou si quelques-uns d'eux seulement ont accepté (2), un seul peut agir à défaut des autres, et les acceptants sont solidairement responsables du mobilier qui leur a été confié, à moins que le testateur n'ait divisé leurs fonctions et que chacun d'eux ne se soit renfermé dans celle qui lui a été attribuée (C. N., 1033).

2ᵉ Observation.
Scellés. — Inventaire (Nᵒˢ 2846 à 2819.)

Le jour même du décès, M. QUIDET, en sa qualité d'exécuteur testamentaire, a fait apposer les scellés au domicile de M. DUMONT, ainsi que le constate un procès-verbal dressé par M. le juge de paix du canton de....., assisté de son greffier, le.....

L'inventaire, après le décès de M. DUMONT, a eu lieu au fur et à mesure de la levée des scellés, à la requête de M. QUIDET, exécuteur testamentaire, et de M. GERVAIS, légataire universel, suivant procès-verbal dressé par Mᵉ....., notaire soussigné, qui en a gardé minute, et son collègue, à la date des.....

La prisée du mobilier inventorié s'est élevée à quatorze mille francs.

Il a été constaté qu'il existait en deniers comptants une somme de huit mille cinq cents francs.

Et qu'il était dû à la succession :

1° Par M. DELARUE, propriétaire à....., deux mille francs pour prêt; plus les intérêts à partir du.... ;

2° Par M. SECHEL, marchand à....., treize mille francs pour prix de vente; plus les intérêts à partir du.... ;

3° Par M. LUNOIS, cultivateur à....., une rente perpétuelle de deux cent cinquante francs au capital de cinq mille francs; plus les arrérages à partir du.... ;

4° Par M. CHEMIN, cultivateur à....., douze cents francs pour une année de fermage échue le.....; plus les fermages courants.

Enfin que la succession de M. DUMONT était débitrice de diverses dettes courantes qui figureront ci-après aux dépenses du compte de M. QUIDET.

Par la clôture de l'inventaire, l'argent comptant, le mobilier et les titres de créance ont été confiés à M. QUIDET qui s'en est chargé.

3ᵉ Observation.
Vente du Mobilier. (Nᵒ 2820.)

Les deniers comptants étant insuffisants pour l'acquit des legs, M. QUIDET a fait procéder, en présence et du consentement de M. GERVAIS, à la vente aux enchères du mobilier dépendant de la succession de M. DUMONT, par le ministère de M. LEDUC, commissaire-priseur à....., qui en a dressé procès-verbal à la date des.....

Le montant de cette vente s'est élevé à une somme de seize mille huit cent cinquante francs, que M. QUIDET a reçue comptant.

4ᵉ Observation.
Délivrance de legs: — Remise et payement. (Nᵒˢ 2821 à 2824.)

Suivant acte reçu par Mᵉ....., qui en a gardé minute, et l'un de ses collègues, notaires à...., le....., M. GERVAIS, en sa qualité de légataire universel, a consenti

---

(1) Grenier, I, 328; Toullier, V, 577; Duranton, IX, 392; Zach., Massé et Vergé, § 491, note 5; Mourlon II. q. 432; Dict. not., *Exéc. test.*, nᵒ 14; Roll., *ibid.*, nᵒ 35, 36.

(2) Marcadé, *1033*, 2; Troplong, nᵒ 2043; Dalloz, nᵒ 4106; Dict. not., *Exéc. test.*, nᵒ 64; Roll., *ibid.*, nᵒ 19; CONTRA, Duranton, IX, 423.

2809. La mission de l'exécuteur testamentaire est gratuite comme celle du mandataire, mais il est d'usage que le testateur, en témoignage de reconnaissance, lui fasse un legs rémunératoire, qu'on appelle *diamant,* et qui est caduc si la mission est refusée (1).

2810. Le testateur peut donner aux exécuteurs testamentaires la saisine de tout ou seulement d'une

l'exécution pure et simple du testament relaté sous la première observation, et à fait délivrance en faveur de M. Benoit, Mlle Boulnois, M. le curé de la cathédrale de X...., les pauvres de la ville de X....., et M. Quidet, des legs y contenus ; en conséquence, a autorisé M. Quidet à remettre les objets légués en nature, et à payer les legs en argent aux ayants droit.

Et de suite, ainsi que le constate le même acte, M. Quidet, exécuteur testamentaire, a remis à M. Benoit, les objets composant la bibliothèque à lui léguée, et a payé les legs, savoir.

1° A M. Benoit, huit mille francs en numéraire ;

2° A Mlle Boulnois, six mille francs; cette demoiselle ayant opté pour le capital.

3° Et à M. le Curé de la cathédrale de X....., mille francs.

Par autre acte passé aussi devant M*....., qui en a gardé minute, et son collègue, le....., M. Quidet, a payé au receveur du bureau de bienfaisance de X....., cinq mille francs, montant du legs fait aux pauvres de X....., ce legs ayant été accepté, par le même acte, en vertu d'un décret impérial en date du.....

5ᵉ Observation.

Administration de M. Quidet. (Nᵒˢ 2825 et 2826.)

M. Quidet, ayant eu la saisine du mobilier a reçu le remboursement de la créance sur M. Delarue et de la rente sur M. Lunois, ainsi que le payement des fermages dus par M. Chemin.

Il a payé les dettes courantes portées en l'inventaire, les frais d'inhumation, de scellés, d'inventaire.

Le tout figurera ci-après dans les recettes et les dépenses.

Cet exposé terminé, il est procédé au compte faisant l'objet des présentes.

COMPTE. (Nᵒˢ 2827, 2828.)

Chap. 1ᵉʳ. — **Recettes.** (Nᵒ 2829.)

M. Quidet porte en recette les sommes suivantes :

1° Huit mille cinq cents francs, montant de l'argent comptant constaté en l'inventaire analysé sous la deuxième observation, ci................ 8,500

2° Seize mille cinq cent quatre-vingts francs, touchés de Mᵉ Leduc, pour le produit de la vente mobilière énoncée sous la troisième observation, ci..... 16,580

3° Douze cents, francs touchés de M. Chemin, le..... pour l'année de fermage échue le..................... ci................ 1,200

4° Douze cents francs, touchés du même, le....., pour une autre année de fermage échue le..................... ci................ 1,200

5° Deux mille cent francs, touchés de M. Delarue, par quittance passée devant M*....., notaire à....., le....., dont deux mille francs pour le capital de la créance énoncée sous la deuxième observation, et cent francs pour une année d'intérêt, ci........................... 2,100

A reporter.......... 29,580

---

(1) Toullier, V, 580; Duranton, IX, 395; Coin-Delisle, p. 488, nᵒ 12, Marcadé *art. 1025*; Dict. not., *Exéc. test.,* nᵒ 10; Roll., *ibid.* nᵒˢ 39, 40.

partie de son mobilier ; mais elle ne peut durer au delà de l'an et jour à compter de son décès; s'il ne la leur a pas donnée, ils ne peuvent l'exiger (*C. N.*, *1026*). Le testateur ne peut étendre la saisine à une durée plus longue que l'an et jour (1) ; mais ce délai ne court pas tant que l'exécuteur testamentaire n'a pas eu connaissance du testament, ni pendant les contestations élevées par l'héritier contre l'exécution du testament (2).

Report..........	29,580
6° Cinq mille deux cent cinquante francs touchés de M. Lunois, suivant quittance passée devant M°...., notaire à..... le ..... dont cinq mille francs pour le capital de la rente énoncée sous la même observation, et deux cent cinquante francs pour une année d'arrérages, ci.............	5,250
Montant des recettes, trente quatre mille huit cent trente francs.......	34,830

CHAP. II. — Dépenses (Nos 2830 à 2833.)

M. Quidet, porte en dépense les sommes suivantes qu'il a payées.......	
1° Deux cent soixante-trois francs, au percepteur, ci. :.............	263
2° Cinq cent quarante francs, à M....., médecin, pour soins et visites au défunt, ci..	540
3° Deux cent soixante-six francs, à M......, pharmacien pour médicaments, ci......................................	266
4° Cent quarante francs, à Mme...., garde-malade.............	140
5° Huit cent trente-deux francs, à M. le Curé de X...., pour inhumation, ci.	832
6° Douze cents francs, à M....., boulanger, pour le pain des pauvres. ci.	1,200
7° Quinze cents francs, à M....., marbrier à....., pour monument funèbre, ci.................................	1,500
8° Cent dix francs, à M....., greffier de la justice de paix de...., pour apposition et levée de scellés, ci........................	110
9° Treize cent trente-sept francs, à M°...., notaire soussigné, pour les frais d'inventaire, de testament, de délivrance de legs et du présent compte, ci....	1,337
10° Huit mille francs, à M. Benoit, pour le montant de son legs en numéraire, ci..	8 000
11° Six mille francs, à Mlle Boulnois, pour le montant de son legs, ci....	6,000
12° Mille francs, à M. le Curé de X....., pour le montant de son legs, ci.	1,000
13° Cinq mille francs, à M. le Receveur du bureau de bienfaisance de X...., pour le montant du legs fait aux pauvres de X......, ci.............	5,000
14° Et trois mille francs, à M. Quidet, rendant, pour le diamant à lui légué, ci.......................................	3,000
Montant des dépenses, vingt-neuf mille cent quatre-vingt-huit francs, ci...	29,188

CHA. III. — Balance (Nos 2834.)

Les recettes se montent à trente-quatre mille huit cent trente francs....	34,830
Et les dépenses à vingt-neuf mille cent quatre vingt-huit francs.......	29,188
Reliquat en recettes, cinq mille six cent quarante-deux francs, ci......	5 642

---

(1) Marcadé, *1026*, 2; Zach., Massé et Vergé, § 491, note 35; Mourlon, II, p. 433; Demante et Colmet de Santerre, IV, 171 *bis*; Troplong, n° 2060; Roll., *Exéc. test.*, n° 63; Cass., 20 mai 1807 ; J. N., 18990; contra, Duranton, IX, 400; Vazeille, *1026*, 2.

(2) Grenier, I, 330; Toullier, V, 594; Dalloz, n° 4063; Duranton, IX, 399; Massé et Vergé, § 491, note 34; Marcadé, *1026*, 2; Troplong, n° 1999; Bastia, 1er juin 1822.

2811. La saisine de fait des exécuteurs testamentaires ne diminue pas la saisine de droit de l'héritier ou du légataire universel, qui peuvent toujours faire cesser cette saisine provisoire, en offrant de remettre aux exécuteurs testamentaires somme suffisante pour le payement des legs mobiliers, ou en justifiant de ce payement (*C. N.*, *1027*); [Form. 410].

2812. Lorsque les exécuteurs testamentaires n'ont plus la saisine par l'expiration de l'an et jour, ils ne conservent pas moins leurs fonctions tant qu'il reste des legs à acquitter; leur mandat ne finit que lorsque le testament a été exécuté dans toutes ses dispositions (1).

2813. Pour être exécuteur testamentaire, il faut avoir la capacité de s'obliger (*C. N.*, *1028*); ainsi ne peuvent être exécuteurs testamentaires : 1° le mineur, même avec l'autorisation de son tuteur ou curateur (*C. N.*, *1030*); 2° la femme commune en biens si elle n'est autorisée de son mari; 3° la femme séparée de biens contractuellement ou judiciairement, ou mariée sous le régime dotal avec réserve de paraphernaux (2), si elle n'est autorisée de son mari ou, à son refus, de justice (*C. N.*, *1029*); un étranger peut être nommé exécuteur testamentaire (3).

2814. On peut être incapable de recevoir un legs, et néanmoins être nommé exécuteur testamentaire (4); ainsi, un témoin au testament (5), le notaire qui le reçoit (6), le médecin qui a soigné le testateur pendant sa dernière maladie, le ministre du culte qui lui a donné des soins religieux (7); pourvu, à l'égard des témoins et du notaire, que la fonction soit gratuite, autrement le testament serait entaché de nullité (8), *supra* n°s *2641*, *2645*, *5°*.

2815. Les pouvoirs de l'exécuteur testamentaire ne passent pas à ses héritiers (*C. N.*, *1032*), et il ne peut conférer sa mission à un autre (9), si le testateur ne lui en a donné le droit (10); cependant il peut constituer un mandataire pour le représenter (11).

2816. Les exécuteurs testamentaires saisis font apposer les scellés, s'il y a des héritiers mineurs, interdits (12), ou absents (*C. N.*, *1031*); s'ils n'ont pas la saisine, ils ont seulement le droit de requérir les scellés contre les héritiers ou légataires universels (13), *supra* n° *2204*.

M. Quidet a remis à l'instant, à M. Gervais, qui le reconnaît :

1° La somme de cinq mille six cent quarante-deux francs formant le reliquat en recettes du compte qui précède;

2° Les titres de la créance sur M. Séchelle, relatée sous la deuxième observation et restant à recouvrer;

3° Et les titres et pièces dont il a été constitué dépositaire lors de la clôture de l'inventaire.

Par suite M. Gervais décharge M. Quidet de ses fonctions d'exécuteur testamentaire, ainsi que de tout ce qu'il a fait en vertu de la mission qui lui a été confiée.

Dont acte. Fait et passé.. etc.....

FORMULE 410. — **Décharge d'exécution testamentaire.** (N° 2811.)

Par-devant Me.....

Ont comparu :

---

(1) Coin-Delisle, p. 488. n° 15; Troplong, n° 2024; Marcadé, art. *1031*; Dalloz, n° 4132; Massé et Vergé, § 491, note 33.
(2) Duranton, IX, 394; Troplong, n° 2015; Dalloz, n° 4638; Massé et Vergé, § 419, note 16; Dict. not., *Exéc. test.*, n° 20.
(3) Troplong, n° 2000; Dalloz, n° 4046; Massé et Vergé, § 491, note 14; Dict. not., *Exéc. test.*, n° 23; Roll., *ibid.*, n° 14; Colmar, 8 nov 1821.
(4) Grenier, I, 335; Toullier, V, 580; Dalloz, n° 4048; Zach., § 491, note 17; Coin-Delisle, p. 487, n° 9; Troplong, n°s 653 et 2010; Dict. not , *Exéc. test.*, n° 25; Roll., *ibid.*, n° 28; Pau, 24 août 1825.
(5) Duranton, IX, 395; Poujol, *1028*, 5; Coin-Delisle. p. 487, n° 9; Massé et Vergé. § 491, note 17; Dict. not. *Exéc. test.*, n° 32; Roll., *ibid.*, n° 31.
(6) Toullier, V, 401; Dict. not., *Exéc. test.*, n° 31; Roll., *ibid.*, n° 30.
(7) Massé et Vergé, § 491, note 17; Pau, 24 août 1825.

(8) Massé et Vergé, § 491, note 14; Dalloz, n° 4032; Dict. not., *Exéc. test.*, n° 33; Roll., *ibid.*, n° 32; Douai, 15 janv. 1834; Paris, 5 fév. 1833; J. N. 8002, 8353.
(9) Grenier, I, 329; Toullier, V, 396; Coin-Delisle. art. *1024*; Troplong, n° 2038; Zach., Massé et Vergé, § 491, note 4; Dict. not., *Exéc. test.*, n° 8; Roll., *ibid.*, n° 11.
(10) Grenier, I, 329; Toullier, V, 396; Dalloz, n° 4026; Zach., § 491, note 3.
(11) Zach., § 491, note 31; Dict. not., *Exéc. test.*, n° 8; Roll., *ibid.*, n° 12; Cass., 26 mai 1829.
(12) Même lorsque les mineurs ou interdits sont pourvus de tuteurs : Troplong, n° 2020; Dalloz, n° 4069; contra, Pigeau, *Proc.*, II, p. 579.
(13) Marcadé, *1031*, 2.

2817. Les exécuteurs testamentaires saisis font procéder, en présence de l'héritier présomptif ou lui dûment appelé, à l'inventaire des biens de la succession (*C. N.*, *1031*); s'ils ne sont pas saisis, ils ne peuvent que le requérir contre les héritiers (1), *supra n° 2204*.

2818. Les exécuteurs testamentaires qui ont la saisine touchent les deniers comptants trouvés pendant le cours de l'inventaire (2).

2819. Si le testateur a dispensé les exécuteurs testamentaires de faire faire inventaire, les héritiers ou légataires ont néanmoins le droit de le requérir, quand même le défunt aurait formellement imposé la condition de ne pas en faire (3).

2820. Les exécuteurs testamentaires provoquent la vente du mobilier à défaut de deniers suffisants pour acquitter les legs (*C. N.*, *1031*); ils en touchent le produit et donnent décharge (4).

2821. Les exécuteurs testamentaires veillent à l'exécution du testament et ils peuvent, en cas de contestation, intervenir pour en soutenir la validité (*C. N.*, *1031*); jugé cependant qu'ils sont sans qualité pour contredire à l'action tendant à faire annuler ou valider la condition imposée à un legs, cette action n'intéressant que les héritiers (5).

2822. La demande en délivrance de legs ne peut être dirigée contre les exécuteurs testamentaires seuls ; elle doit être formée et contre eux et contre les héritiers légitimes ou institués (6).

2823. Les exécuteurs testamentaires ne doivent acquitter les legs qu'après la délivrance ordonnée en justice ou amiablement consentie, autrement ils s'exposeraient à supporter le payement des legs s'ils étaient annulés ou réduits (7).

2824. Si le mobilier est insuffisant pour l'acquit des legs, les exécuteurs testamentaires peuvent contraindre les héritiers à fournir ce qui manque (8), et, en cas de refus, poursuivre jusqu'à due concurrence la vente des immeubles de la succession (9).

2825. Les exécuteurs testamentaires avec saisine du mobilier touchent les créances, reçoivent le

---

1° M. Dominique GERVAIS, ingénieur civil, demeurant à.....

« Légataire universel de M. Louis DUMONT, son oncle, en son vivant propriétaire,
» demeurant à....., où il est décédé le....; aux termes de son testament reçu en pré-
» sence de témoins, par M°..., notaire à..., qui en a gardé minute, le...., D'une part;

2° Et M. François QUIDET, rentier, demeurant à......,
» Exécuteur testamentaire de M. DUMONT, nommé par le testament qui vient d'être
» énoncé,   D'autre part. »

Lesquels ont dit et arrêté ce qui suit :

Aux termes de son testament, M. DUMONT a fait divers legs particuliers de sommes d'argent et d'objets mobiliers.

M. GERVAIS a justifié à M. QUIDET, qu'il a payé toutes les sommes et qu'il a remis tous les objets mobiliers légués par M. DUMONT aux différents légataires qui lui en ont donné décharge, suivant actes passés devant M°....., notaire soussigné, les.....

Et il a requis M. QUIDET de cesser les fonctions d'exécuteur testamentaire que lui a conférées M. DUMONT.

M. QUIDET a obtempéré à cette demande ; en conséquence, sa saisine ayant cessé à partir

---

(1) Marcadé, *1031* 2.
(2) Toullier, V, 585; Dict. not., *Exéc. test.*, n° 51; Roll., *ibid.*, n° 92.
(3) Grenier, I, 337; Vazeille, *1031*, 14; Marcadé, *1031*, 3; CONTRA, Toullier, V, 604; Duranton, IX, 406; Roll., *Exéc. test.*, n° 195.
(4) Toullier, V, 585; Dict. not., *Exéc. test.*, n° 51; Roll., *ibid.*, n° 93.
(5) Lyon, 16 mars 1834; J. N. 15341.
(6) Grenier, I, 338; Poujol, *1031*, 7; Massé et Vergé, § 491, note 29; Dict. not., *Exéc. test.*, n° 57.
(7) Toullier, V, 589; Coin-Delisle, *1031*, 8; Duranton, IX, 413; Troplong, n° 2003; Mourlon, II, p. 435; Demante et Colmet de Santerre, IV, 176 *bis*; Massé et Vergé, § 491, note 29; Dict. not., *Exéc. test.*, n°s 58, 65; Roll., *ibid.*, n° 99.
(8) Toullier, V, 593; Dict. not., *Exéc. test.*, n° 71; Roll., *ibid.*, n° 100.
(9) Toullier, V, 593; Troplong, n° 2025; Zach., Massé et Vergé, § 491, note 25; Dict. not., *Exéc. test.*, n° 69; Roll., *ibid.*, n° 101; Pau, 24 août 18.5; CONTRA, Coin-Delisle, *1031*, 7; Dalloz, n° 4088.

remboursement des rentes perpétuelles offertes ou exigibles, poursuivent le recouvrement des créances, le tout pendant l'an et jour de la gestion (1).

2826. Ils n'ont pas à payer les dettes du défunt; cependant les créanciers peuvent les mettre en cause en poursuivant contre l'héritier (2) le recouvrement de leurs créances (3) ; s'ils obtiennent un jugement commun, ils sont préférables aux légataires, et doivent être payés avant l'acquit des legs (4). Toutefois les exécuteurs testamentaires pourraient payer avant toute poursuite, mais en se concertant avec l'héritier, pour ne pas être exposés à une contestation avec lui, sur l'existence ou la quotité de la dette.

2827. Les exécuteurs testamentaires, qui ont la saisine, sont tenus de rendre compte de leur gestion à l'expiration de l'année du décès du testateur (*C. N.*, *1031*) [FORM. 409]; ils ne peuvent être dispensés de cette charge par le testateur (5), si ce n'est à titre de legs de ce qui leur resterait du mobilier après l'acquit des legs (6). Le compte est rendu aux héritiers ou légataires universels et, si la succession est vacante, au curateur (7).

2828. Le compte d'exécution testamentaire se divise en un chapitre pour les recettes, un autre pour les dépenses, et, s'il y a lieu, l'on en fait un troisième pour les objets à recouvrer.

2829. Les recettes comprennent : les deniers comptants trouvés lors de l'inventaire, *supra* n° *2818*, le produit de la vente de meubles, *supra* n° *2820*, les créances recouvrées, les rentes remboursées, *supra* n° *2825*, et généralement toutes les sommes que l'exécuteur testamentaire a reçues pour le compte de la succession; on y comprend aussi les fruits et revenus des immeubles de la succession, échus pendant la durée de la saisine (8).

2830. Les dépenses comprennent les sommes employées à l'acquit des legs mobiliers; et, aussi, les frais de scellés, d'inventaire, de garde, de dépôt de testament, de délivrance de legs, de compte; les frais funéraires, ceux de dernière maladie, les droits de mutation autres que ceux dus par les légataires, les dettes qui auraient été payées, *supra* n° *2826*, et généralement toutes les sommes payées sur les deniers dont les exécuteurs testamentaires étaient comptables (*Arg. C. N.*, *1034*);

---

d'aujourd'hui, il a remis à M. GERVAIS, qui lui en donne décharge, tous les meubles, objets mobiliers, argenterie, bijoux, ainsi que tous les papiers compris dans l'inventaire après le décès de M. DUMONT, dressé par M^e..... le....., dont il avait été chargé en qualité d'exécuteur testamentaire.

M. GERVAIS fait toute réserve pour raison du compte que M. QUIDET aura à lui rendre, des recouvrements qu'il a pu effectuer jusqu'à ce jour, et des payements qu'il a faits.

Mention des présentes est consentie pour avoir lieu sur toutes pièces où besoin sera.

Dont acte. Fait et passé etc.

IV. RÉVOCATION — RENONCIATION.

FORMULE 411. — **Révocation par testament postérieur.** (N°s 2835 à 2845.)

1° *Révocation générale*.

Je révoque tous testaments et toutes autres dispositions à cause de mort que j'ai pu faire avant le présent testament, qui sera seul exécuté comme contenant mes dernières volontés.

2° *Révocation d'un legs*.

Je révoque le legs de dix mille francs que j'ai fait à M. Charles DUHAMEL, propriétaire, demeurant à . . . . ., aux termes de mon testament sous la forme olographe, en date du . . . . .

---

(1) Toullier, V, 386, 588; Duranton, IX, 412; Demolombe, XXII, 56; Massé et Vergé, § 491, note 27; Troplong, n° 2002 ; Dict. not., *Exéc. test.*, n°s 52, 54. V. Cass., 15 avril 1867 ; J. N., 18572.

(2) Troplong, n° 2005; Mourlon, II, p. 433; Demante et Colmet de Santerre, IV, 178 *bis*; Cass., 48 août 1823.

(3) Marcadé, *1031*, 2; Coin-Delisle, *1031*, 6; Troplong, n° 2001.

(4) Troplong, n° 2004; Dict. not., *Exéc. test*., n° 56; Roll., *ibid.*, n° 105.

(5) Marcadé, *1031*, 3; Demolombe, XXII, 118; Dict. not., *Compte d'exéc. test.*, n° 11 ; contra, Nîmes, 23 mai 1865 ; Jur. N., 12812.

(6) Toullier, V, 604; Duranton, IX, 407; Marcadé, *1031*, 3; Massé et Vergé § 491, note 9; Troplong, n° 2028 ; Dict. not., *Exéc. test.* n° 81 ; Roll., *ibid.*, n° 126.

(7) Toullier, V, 599; Duranton, IX, 422; Dalloz, n° 4112.

(8) Toullier, V, 587; Duranton, IX, 412; Troplong, n° 2001; Dict. not., *Compte d'exéc. test.*, n° 18; Roll., *Exéc. test.*, n° 58; contra, Coin-Delisle, *1027*, 4.

2831. On y comprend également les frais des contestations dans lesquelles les exécuteurs testamentaires ont été parties, s'ils n'ont pas été condamnés personnellement; les honoraires des conseils, etc. (1).

2832. Les exécuteurs testamentaires y font aussi figurer les legs ou présents d'usage que le testateur leur a faits, si d'ailleurs ils ne sont pas susceptibles de réduction (2).

2833. Il a été jugé que le *diamant* légué à un exécuteur testamentaire doit être considéré comme la rémunération d'un service rendu, et qu'alors il constitue une charge de la succession qui doit être acquittée comme dette à défaut d'héritier *ab intestat* et par préférence aux legs particuliers (3).

2834. Les exécuteurs testamentaires sont tenus de remettre le reliquat de leurs comptes à l'héritier ou au légataire universel, sans pouvoir retenir les legs non encore échus (4).

SECTION V. DE LA RÉVOCATION DES TESTAMENTS, DE LEUR CADUCITÉ ET DE LA RENONCIATION A UN LEGS.

2835. *Révocation.* Les testaments peuvent être révoqués en tout ou en partie, mais seulement par un testament postérieur [FORM. 411], ou par un acte devant notaires, en minute (5) [FORM. 412], portant déclaration du changement de volonté (*C. N., 1035*).

2836. Toute clause par laquelle le testateur renoncerait à révoquer son testament serait nulle, comme contraire à sa liberté et à l'ordre public (6).

2837. La révocation peut résulter d'un testament postérieur en la forme publique, olographe ou mystique, alors même qu'il ne contiendrait aucune disposition de biens (7).

2838. La révocation par un acte devant notaire portant déclaration du changement de volonté, peut être insérée dans tout acte quelconque, pourvu qu'il soit reçu en la présence de deux témoins avec les formes prescrites par la loi du 21 juin 1843, *supra n° 365*.

2839. La révocation exprimée dans un testament ou dans un acte de changement de volonté, constitue la *révocation expresse*.

FORMULE 412. — Révocation par déclaration devant notaire. (Nos 2835 à 2845)

PAR-DEVANT Me. . . . .
A comparu M. Louis DUMONT, propriétaire, demeurant à. . . . .
Lequel a, par ces présentes, déclaré révoquer purement et simplement tous testaments et autres dispositions à cause de mort qu'il a pu faire antérieurement à ce jour, notamment le testament qu'il a dicté à Me. . . . .,notaire soussigné, en présence de quatre témoins, le. . . .
Voulant que ces testaments et autres dispositions à cause de mort soient considérés comme non avenus et ne produisent aucun effet.

Si le testateur ne révoque qu'une partie de son testament.

Lequel a, par ces présentes, déclaré révoquer le legs de. . . . ., par lui fait à M. . . . ., dans son testament reçu en présence de quatre témoins par Me. . . . ., notaire soussigné, qui en a gardé minute, le. : . . .; entendant que son testament soit sans effet à l'égard de ce legs, mais qu'il continue de subsister et reçoive son exécution pour toutes les autres dispositions qu'il renferme.
Dont acte. Fait et passé etc. (*Présence réelle de témoins*).

---

(1) Toullier, V, 600, 601; Duranton, IX, 422; Dalloz, n° 4119; Zach., Massé et Vergé, § 491, note 7; Dict. not., *Compte d'exéc. test.*, n°s 21, à 24.
(2) Toullier, V, 602; Duranton, IX, 421; Roll., *Compte d'exéc. test.*, n° 17.
(3) Rouen, 4 janv. 1854; Jur. N., 10132.
(4) Dict. not., *Compte d'exéc. test.*, n° 28.
(5) Troplong, n° 2052; Dict. not., *Révoc. de test.*, n° 22; CONTRA, Coin-Delisle, *1035*, 4.

(6) Toullier, V, 607; Duranton, IX, 425; Marcadé, *1035*, 1; Troplong, n° 2045; Roll., *Révoc. de test.*, n° 2.
(7) Grenier, I, 342; Toullier, V, 633; Duranton. IX, 431; Dalloz, n° 4135; Zach., § 502, note 2; Coin-Delisle, *1035*, 7; Troplong, n° 2051; Demante et Colmet de Santerre, IV, 162 *bis*; Dict. not., *Révoc. de test.*, n° 49; Roll., *ibid.*, n° 11; Cass., 17 mai 1814 et 7 juin 1832; Paris, 5 juill. 1813; Colmar, 22 juin 1831; Bordeaux, 27 mars 1846; J. N. 7859, 12698; CONTRA, Marcadé, *1035*, 2; Massé et Vergé, § 502, note 2.

2840. La *révocation tacite* a lieu :

1° Lorsque les dispositions contenues dans les testaments postérieurs (ne portant point la mention de révocation expresse) sont incompatibles avec les précédents ou y sont contraires (*C. N.*, *1036*), ce qui est laissé à l'appréciation du juge (1); mais le testament antérieur n'est annulé qu'en ce qui concerne les dispositions incompatibles ou contraires (*même art.*) : ainsi, en principe, un legs particulier ne révoque pas le legs universel fait par un testament antérieur (2), et le legs particulier ou à titre universel (3) n'est pas révoqué par un legs universel postérieur (4); le legs d'une somme d'argent n'est point révoqué, ni par le legs d'une autre somme, ni par le legs d'objets mobiliers ou de prestations en nature, contenus dans un testament postérieur et faits à la même personne, et ces divers legs doivent être exécutés cumulativement (5); mais le legs d'une somme d'argent peut être considéré comme révoqué par la donation entre-vifs de la même somme faite postérieurement au légataire (6);

2° Lorsque le testateur (7) aliène (8), même par vente avec faculté de rachat (9), ou par échange par donation (10), tout ou partie de la chose léguée (11), encore que l'aliénation postérieure soit nulle et que l'objet soit rentré dans la main du testateur; mais le legs n'est révoqué que pour ce qui a été aliéné (*C. N.*, *1038*);

3° Lorsque le testateur brûle, déchire ou rature son testament (12); si la rature ne porte que sur une disposition, les autres restent valables (13).

2841. La révocation soit expresse, soit tacite, résultant d'un testament postérieur a tout son effet, quoique ce nouvel acte reste sans exécution par l'incapacité de l'héritier institué ou du légataire, par leur refus de recueillir (*C. N.*, *1037*), par leur prédécès (14), leur indignité (15), ou par une substitution

---

FORMULE 413. — **Révocation de l'acte révocatoire d'un testament.** (Nos 2846 à 2848*)

Par-devant Me. . . . .

En présence de. . . etc. (*Voir formule*, 384 1°).

A comparu M. Louis Dumont, propriétaire, demeurant à. . . . .

Lequel a dicté à Me. . . . ., notaire soussigné, en présence des quatre témoins ci-dessus nommés, son testament ainsi qu'il suit :

» Aux termes de mon testament reçu par Me. . . . ., notaire à. . . . ., le. . . . ., j'ai
» légué 1° : à. . etc. (*énoncer sommairement les legs*).

---

(1) Marcadé, *1036*, 2, et *Revue crit.*, 1854, p. 453 ; Troplong, n° 2069 ; Dict. not., *Révoc. de test.*, n° 49 ; Roll., *ibid.*, n° 37 ; Cass., 25 juin 1828, 22 juin 1831, 29 mai 1832, 8 juill. 1845, 30 mars 1841, 10 mars 1851 ; Riom, 11 mars 1856 ; Grenoble, 26 mars 1859 ; Paris, 25 avril 1844, 7 nov. 1862, 23 déc. 1867 ; J. N., 7541, 8970, 12916, 15928, 17599.

(2) Angers, 21 mars 1821 ; voir Cass., 2 juill. 1867 ; J. N., 18942.

(3) Lorsqu'un legs universel est fait sous la simple forme de l'institution d'un légataire universel, les juges peuvent décider qu'il ne révoque pas le legs universel antérieur, et donner effet aux deux legs : Toullier, V, 646 ; Poujol, Coin-Delisle, *1036*, 5 ; CONTRA, Duranton, IX, 413 ; Vazeille, *1036*, 4. Voir Cass., 1er sept. 1812 ; Bordeaux, 28 avril 1830.

(4) Coin-Delisle, *1036*, 6 ; Duranton, IX, 447 ; Douai, 26 déc. 1838 ; Paris, 25 avril 1844 ; Riom, 11 mars 1856 ; J. N., 10536, 12066, 15928 ; Cass., 7 févr. 1866 ; CONTRA, Demolombe, XXII, 177 ; Grenoble, 22 mai 1827, V. Cass., 4 juin 1867 ; J. N. 18903.

(5) Coin-Delisle *1036*, 8 ; Demolombe, XXII, 197 ; Grenoble, 22 mai 1827 ; Bordeaux, 26 janv. 1842 ; J. N. 8970, 11354 ; CONTRA, Cass., 8 juill. 1833 ; J. N. 8970 ; voir aussi Limoges, 6 mars 1840 ; Trib. Château-roux, 13 juill. 1846 ; J. N. 10746, 12759.

(6) Paris, 29 avril 1851 ; Cass., 27 avril 1852 ; J. N. 14337 ; CONTRA, Limoges, 12 juin 1852 ; J. N. 14830. Voir aussi Bordeaux, 6 juill. 1863 ; J. N. 17910.

(7) Lorsque l'aliénation est forcée, par exemple si elle a lieu par suite de saisie ou par expropriation pour cause d'utilité publique, elle n'entraîne pas moins la révocation : Toullier, V, 650 ; Coin-Delisle, *1038*, 3 ; Duranton, IX, 450 ; Troplong, n° 2095 ; Dalloz, n° 4245 ; Zach., Massé et Vergé, § 502, note 19.

(8) Que l'aliénation soit faite par le testateur ou par son représentant ; ainsi, un testateur lègue un immeuble, ultérieurement il est interdit et le tuteur aliène régulièrement et avec l'accomplissement des formalités judiciaires, le testament est révoqué, mais il devient caduc par le retranchement de la chose léguée des biens de la succession, et le légataire ne peut obtenir au lieu et place de l'immeuble le prix non encore payé : Duranton, IV, 460 ; Dict. not.,

Révoc. de test., n° 102, Paris, 30 juill. 1860 ; Cass., 19 août 1862 ; J. N. 16093, 17541 ; voir cependant Troplong, n° 2096 ; Angers, 29 mars 1838.

(9) Ou par vente avec condition résolutoire : Coin-Delisle, *1038*, 4 ; Marcadé, art. *1038* ; Massé et Vergé, § 502, note 20 ; Troplong, n° 2099. — Il n'en est pas de même si la vente a eu lieu sous une condition suspensive qui ne s'est pas accomplie : Toullier, V, 653 ; Vazeille, *1038*, 7 ; Troplong, n° 2099 ; Caen, 25 nov. 1847 ; CONTRA Duranton, IX, 450 ; Coin-Delisle, *1038*, 4 ; Dict. not., *Rév. de test.*, n° 97.

(10) Quand même la donation serait nulle pour vice de forme : Aubry et Rau sur Zach., V, p. 527 ; CONTRA, Troplong, n° 2092. — Ou pour incapacité du donataire : Dalloz, n° 4450 ; Troplong, n° 2088 ; Cass., 25 avril 1825 ; Lyon, 7 fév. 1827. — Mais le testament n'est pas révoqué par la donation postérieure des biens légués, si cette donation était soumise à une condition suspensive qui ne s'est pas réalisée : Toullier, V, 653 ; Marcadé, art. *1038* ; Troplong, n° 2093 ; Massé et Vergé, § 522, note 17 ; Caen, 25 nov. 1847 ; Paris, 13 mai 1856 ; Cass., 15 mai 1860 ; J. N. 13599, 16872 ; CONTRA, Duranton, IX, 459 ; Coin-Delisle, *1038*, 4 ; Zach., § 502, note 19.

(11) On ne peut pas considérer comme aliénation le recouvrement à échéance de capitaux légués, surtout lorsque le testateur en a fait emploi. Grenoble, 19 juin 1846 ; J. N., 12871. Voir Dict. not., *Rév. de test.*, n° 105 ; Demolombe, XXII, 237 ; Paris, 25 août 1866 ; J. N., 18603.

(12) Grenier, I, 347 ; Toullier, V, 657 et 632 ; Duranton, IX, 446 ; Coin-Delisle, *1035*, 15 ; Dalloz, n° 4281 ; Zach., Massé et Vergé, § 502, note 7 ; Marcadé, *1038*, 3 ; Troplong, n°s 2102, 2207 ; Dict. not., *Rév. de test.*, n°s 126, 131 ; Demolombe, XXII, 248 ; Cass., 24 fév. 1837 ; 5 mai 1812 ; Bordeaux, 15 juin 1858 ; Jur. N., 11203. Voir Paris, 22 janv. 1850, 10 juin 1852 ; J. N., 13949, 14778.

(13) Duranton, IX, 467 ; Demol., XXII, 251 ; Troplong, n° 2111 ; Massé et Vergé, § 502, note 8 ; Limoges, 12 juin 1852 ; J. N., 14830.

(14) Troplong, n° 2084 ; Demol., XXII, 205 ; Besançon, 23 janv. 1867.

(15) Coin-Delisle, *1037*, 1 ; Troplong, n° 2084 ; Demol., XXII, 205.

qui rend nuls les legs contenus au testament (1) ; mais si le testament est nul pour vice de forme, la révocation se trouve viciée de la même cause de nullité (2).

2842. Il en est de même de la révocation contenue dans une donation entre-vifs annulée pour vice de forme ; mais si la donation est annulée pour incapacité du donataire ou pour défaut d'acceptation, la révocation conserve tout son effet (3).

2843. Les dispositions testamentaires peuvent aussi être révoquées judiciairement sur la demande de toute personne y ayant intérêt (4) : 1° Si le légataire n'exécute pas les conditions du legs ; 2° s'il a attenté à la vie du testateur ; 3° s'il s'est rendu coupable envers lui de sévices, délits (5) ou injures graves (C. N., 1046, 1047 et supra n°s 2606, 2613). La demande en révocation pourrait même être fondée sur une injure grave faite à la mémoire du testateur, mais elle devrait être intentée dans l'année à compter du jour du délit (C. N., 1047).

2844. Le testament peut encore être révoqué par la naissance d'un enfant posthume du donateur, lorsque le testateur est décédé sans avoir connu la grossesse de sa femme ; dans ce cas on présume que le testateur l'aurait révoqué s'il avait connu la grossesse, de sorte qu'il n'a laissé subsister le testament que par erreur (6).

2845. Les dispositions testamentaires d'un époux au profit de son conjoint sont révoquées de plein droit par la séparation de corps prononcée sur la demande de l'époux testateur, supra n° 2607 in fine.

2846. Lorsqu'un testament contenant la révocation d'un précédent testament (7) est ensuite révoqué, [Form. 443], cette révocation fait-elle revivre de plein droit le premier testament ? L'affirmative est enseignée par quelques auteurs (8) ; mais l'on décide plus généralement que la révocation du second testament ne fait revivre le premier qu'autant qu'elle exprime l'intention formelle du testateur d'y revenir (9).

2847. Pour faire revivre le premier testament, il n'est pas nécessaire de refaire les dispositions dans la forme testamentaire (10), il suffit d'une indication de volonté manifestée dans l'acte révocatoire.

« Par un autre testament passé devant le même notaire, le. . . . . , j'ai fait
» d'autres dispositions, et par suite j'ai révoqué purement et simplement mon premier
» testament.

» Aujourd'hui, mon intention étant de faire revivre mon premier testament en date
» du. . . . , je révoque purement et simplement celui du. . . . . , ainsi que la révocation y
» insérée ; voulant que ce dernier testament et la révocation qu'il renferme soient
» considérés comme non avenus et ne produisent aucun effet. En conséquence mon
» premier testament en date du. . . . , se trouve revivre dans toutes ses dispositions, et
» je maintiens expressément les legs y contenus.

Le présent testament a été écrit par Me. . etc.

(*Voir pour le surplus la formule 384.*)

---

(1) Dict. not., *Révoc. de test.*, n° 20 ; Demolombe XXII. 495 ; Nîmes, 7 déc. 1821 ; Poitiers, 9 mai 1847 ; Cass., 25 juill. 1849 ; 23 juill. 1857, J. N., 13051, 13790, 19044 ; voir cependant Cass., 5 juill. 1858 ; Paris, 23 mars 1859 et 10 juill. 1860 ; J. N., 16363. 16565. 16893.
(2) Grenier et Bayle-Mouillard. I. 342 ; Dalloz, n° 4462 ; Zach., Massé et Vergé, § 502, note 3 ; Troplong, n°s 2059. 2092 ; Coin-Delisle, *1035*, 2 ; Demante et Colmet de Santerre, IV. 184 bis ; Dict. not., *Révoc. de test.*, n° 25 ; Roll., *ibid.*, n° 22 ; Demolombe, XXII. 155 ; Toulouse, 12 août 1831 ; Aix, 5 avril 1834 ; Bordeaux, 23 août 1832 ; Cass., 4 nov. 1811, 20 fév. 1821, 2 mars 1836, 10 avril 1855, 11 mai 1864 ; J. N., 9186, 15530, 19016 ; contra, Duranton, IX, 438 ; Taulier, IV, p. 171 ; Marcadé, *1037*, 3 ; Cass. 23 janv. 1810.
(3) Marcadé, *1035*, 3 ; Coin-Delisle, *1035*, 5 ; Troplong, n° 2088, Demolombe. XXII. 228 ; Cass., 25 avril 1825 ; Lyon, 7 fév. 1827.
(4) Coin-Delisle. *1046*. 10 ; Troplong, n° 2194 ; Z ch., Massé et Vergé, § 504, note 3 ; Demolombe, XXII, 292 ; Cass., 14 déc. 1819 et 29 mai 1832 ; Grenoble, 10 mai 1842.

(5) Voir Limoges, 13 déc. 1853 ; J. N., 15123 ; Paris, 28 nov. 1855.
(6) Troplong, n° 2200 ; Grenier et Bayle-Mouillard ; I. 341 ; Douai, 30 janv. 1843 ; Limoges, 8 mars 1843 ; Cass., 31 juill. 1861 ; J. N. 11362, 17285 ; contra, Toullier, V. 670 ; Duranton, IX, 474 ; Zach., Massé et Vergé, § 485, note 1 ; Mourlon, II, p. 454 ; Dict. not., *Révoc. de test.*, n° 106.
(7) Ou une déclaration devant notaire contenant révocation d'un testament.
(8) Duranton, IX, 441 ; Zach., § 502, note 5 ; Coin-Delisle, *1035*, 12 ; Mourlon, II, p. 343 ; Grenoble, 14 juin 1810.
(9) Toullier. V. 635 ; Grenier, I. 347 ; Pont, *Rev. de législ.*, III, p. 104 Troplong, n° 2055 ; Marcadé. *Art. 1037* ; Douai, 3 nov. 1836 ; Caen, 21 avril 1841 ; Grenoble, 28 nov. 1842 ; Lyon, 18 mai 1847 ; Cass., 22 mars 1837 et 7 fév. 1843 ; Metz, 12 déc. 1866 ; J. N., 18941.
(10) Pont. *Rev. de législ.*, III, p. 104 ; Troplong, n° 2065 ; Dict. not., *Révoc. de test.*, n° 18 ; Cass., 22 mars 1837 ; Dijon, 8 mars 1838 ; J. N., 9607, 9946.

2848. Toutefois, il est prudent de rappeler sommairement dans cet acte les dispositions du testament que le testateur fait revivre; cette énonciation aurait pour effet de le faire valoir en tous cas comme testament nouveau (1).

2849. *Caducité.* Les dispositions testamentaires peuvent se trouver sans effet en devenant caduques, ce qui arrive :

1° Lorsque le légataire n'a pas survécu au testateur (*C. N.*, 1039); cependant jugé que le legs d'une rente viagère fait avec condition de réversibilité totale ou partielle sur la tête d'une autre personne, peut être considéré comme équivalent à deux legs distincts, dont l'un est valable malgré la caducité de l'autre (2);

2° Lorsque le légataire est décédé avant l'accomplissement de la condition, si la disposition a été faite sous une condition dépendante d'un événement incertain, et telle, que, dans l'intention du testateur, la disposition ne doive être exécutée qu'autant que l'événement arrivera ou n'arrivera pas (*C. N.*, 1040); mais la condition qui, dans l'intention du testateur, ne fait que suspendre l'exécution de la disposition, n'empêche pas le légataire d'avoir un droit acquis et transmissible à ses héritiers (*C. N.*, 1041);

3° Lorsque la chose léguée a totalement péri pendant la vie du testateur (*C. N.*, 1042);

4° Lorsque la chose léguée a péri totalement depuis la mort du testateur, sans le fait ni la faute de l'héritier, quand même celui-ci aurait été mis en demeure de la délivrer, si elle eût également dû périr entre les mains du légataire (*même article*);

5° Lorsque le légataire répudie la disposition, *infra* n° 2852, ou se trouve incapable de la recueillir (*C. N.*, 1043);

6° Lorsque les valeurs de la succession sont épuisées par la réserve légale, *infra* n° 3086.

2850. Le legs est caduc lorsque, ayant été fait à un domestique pour le cas où il serait encore au service du testateur lors de son décès, il n'y est plus à cette époque. Jugé qu'une domestique est réputée ne plus être au service du testateur lorsqu'elle est devenue sa femme (3).

2851. Les legs répudiés ou caducs profitent au légataire universel, à l'exclusion de l'héritier à réserve (4).

2852. *Renonciation.* Nul n'étant tenu d'accepter un bienfait, tout légataire, même une femme mariée sous le régime dotal (5), en faveur de qui une disposition testamentaire a été faite peut y renoncer (6) (*C. N.*, 1043), sauf à ses créanciers à attaquer la renonciation faite à leur préjudice et à se faire autoriser à accepter le legs au lieu et place de leur débiteur (7). La renonciation à un legs n'entraîne pas nécessairement la caducité d'un sous-legs mis à la charge du légataire renonçant (8).

2853. La renonciation peut se faire par acte notarié [Form. 414] ou sous seings privés (9), mais alors elle n'est opposable qu'aux héritiers ou autres successeurs; pour être opposable aux tiers, elle doit être

---

FORMULE 414. — **Renonciation à un legs.** (N°s 2852 à 2855)

Par-devant M°.....

A comparu M. Dominique Girard, professeur, demeurant à.....

Lequel, ayant pris communication tant par lui-même que par la lecture que lui en a donnée M°...., l'un des notaires soussignés, du testament de M. Louis Dumont, son oncle, en son vivant propriétaire, demeurant à....., où il est décédé le....., reçu en présence de quatre témoins par M°...., qui en a gardé minute, le.....; aux termes duquel M. Dumont a institué pour son légataire universel M. Girard comparant.

---

(1) Massé et Vergé, t. 410, note 10; Cass., 7 nov. 1853; J. N., 16265.
(2) Cass., 19 nov. 1860; Nimes, 16 août 1865; J. N., 17665, 18412.
(3) Rouen, 23 déc. 1841; J. N., 11272. V. Paris, 6 août 1864; J. N., 18003.
(4) Demol. XXI. 832; Troplong, n° 1781; Dalloz, n° 4376; Dict. not. Legs, n° 29, 407 et *Accroiss.*, n° 32; Cass., 11 avril 1828; J. N., 10005.
(5) Caen, 28 janv. 1852; J. N., 17396; Cass., 15 déc. 1863.

(6) Une fois que le légataire a accepté, il ne peut plus renoncer notamment lorsque le legs a été fait sous des conditions onéreuses Troplong. n° 2310; Demolombe, XX, p. 542; Pau, 6 août 1861.
(7) Troplong, n° 2159.
(8) Coin-Delisle, 1046. 11; Pau, 24 juin 1862; Sirey, 1863, II. p. 134.
(9) Caen, 28 janv. 1852; Cass., 15 déc. 1853; *Journ. du Not.*, 1659 p. 366.

passée au greffe du tribunal civil dans la forme des renonciations à succession (1). Cependant lorsqu'elle est faite par acte notarié, elle est opposable à la régie qui réclame les droits de mutation (2).

2854. L'acte de renonciation doit énoncer que le légataire a une parfaite connaissance du testament, afin qu'il ne soit pas admis plus tard à prétendre qu'il ne l'a pas connu (3).

2855. Le légataire ne peut à l'égard du fisc diviser sa renonciation en acceptant le legs pour une partie et en y renonçant pour le surplus; cette renonciation, bien que valable au regard des héritiers ou autres successeurs, n'est pas opposable au fisc (4); à moins cependant que le legs ne renferme deux dispositions distinctes, comme la pleine propriété des biens meubles et l'usufruit des biens immeubles, alors sa renonciation à l'une des dispositions le dispense de l'acquit des droits de mutation sur cette disposition (5).

CHAPITRE QUATRIÈME.

DES SUBSTITUTIONS

§ 1er. — SUBSTITUTIONS PROHIBÉES

2856. Sous l'ancien droit, il était permis, en faisant une libéralité, d'imposer au donataire la condition de conserver les biens donnés et de les rendre après son décès à une autre personne, qui à son tour devait les conserver pour les rendre à une seconde personne, celle-ci à une troisième, et ainsi à l'infini; c'est ce qu'on appelait *substitution* ou *fidéi-commis graduel*. Les biens ainsi donnés étaient inaliénables et hors du commerce; aussi, longtemps avant le Code Napoléon, avait-on déjà limité l'effet des substitutions. Suivant le Code, les substitutions sont prohibées; toute disposition par laquelle le donataire, l'héritier institué ou le légataire serait chargé de conserver et de rendre à un tiers est nulle, même à l'égard du donataire, de l'héritier institué ou du légataire (C. N., 896), et conséquemment est nulle aussi la disposition principale. Toutefois il a été fait une exception pour les petits-enfants et les enfants de frères et de sœurs, *infra* n°s 2870, 2871 (C. N., 897).

2857. Pour que la substitution soit prohibée, c'est-à-dire affectée de nullité (6), il faut la réunion des charges suivantes imposées au donataire ou légataire: 1° de conserver; 2° de conserver jusqu'à son décès (7); 3° de rendre (C. N., 896). Si le donateur ou testateur stipule la charge de rendre, non pas à l'époque du décès du donataire ou légataire, mais après l'expiration d'un temps déterminé, ou pour le cas où une condition viendrait à s'accomplir, la stipulation ne constitue point une substitution

---

A, par ces présentes, déclaré renoncer purement et simplement au legs **universel à lui** fait par M. Dumont, aux termes du testament qui vient d'être relaté.

Il se réserve de réitérer cette déclaration au greffe du tribunal civil qu'il appartiendra.

Dont acte. Fait et passé, etc.

---

(1) Dict. not., *Renonc. à un legs*, n° 12; Bordeaux, 4 avril 1855; Cass., 24 nov. 1857; J. N., 10205. Voir Riom, 26 juill. 1862; Agen, 19 déc. 1860; J. N., 17698; Demolombe, XXII, 327.
(2) Cass., 24 nov. 1857; J. N., 16200.
(3) Roll., *Renonc. à un legs*, n° 11.
(4) Troplong, n° 2153; tribunaux Béthune, 9 mai 1834; Nancy, 26 fév. 1835; Seine, 18 avril 1857; Cass., 10 nov. 1817; J. N., 13211; 15139, 15483, 16086. Voir aussi Cass., 17 août 1853.
(5) Cass., 5 mai 1856; J. N., 15792.

(6) En voir des exemples: Demolombe, XVIII, 91, 100; Dict. not., *Subst.*, n°s 9 et suiv.; Roll., *Subst.*, n°s 1er et suiv.; Poitiers, 6 mai 1817; Limoges, 6 juin 1848; Riom, 13 juill. 1857; Rennes, 12 mai 1830; Cass., 21 juill. 1841, 24 août 1841, 2 mai 1842, 25 juill. 1849, 5 mars 1851, 9 juill. 1851, 22 janv. 1852, 28 fév. 1853, 9 juill. 1856, 7 mai 1862, 6 janv. 1863, 1er août 1864, 31 mai 1865, 21 août 1866; J. N., 11475, 14610, 14940, 15830, 16202, 17031, 17310, 17384, 17657, 18143, 18343, 18670.
(7) Roll., *Subst.*, n° 57; Toullier, V, 72; Proudhon, *Usuf.*, n° 113; Duranton, VIII, 77 à 84; Coin-Delisle, *896*, 21; Troplong, n° 102.

prohibée (1); par exemple: je lègue ma ferme du *Bel-Air* à Paul, en le chargeant de rendre la moitié à Pierre dans le délai de dix ans, du jour de mon décès; ce legs a pour effet de rendre Pierre propriétaire de sa moitié dès l'instant de mon décès, la délivrance seule est suspendue, et, selon les termes de la disposition, Paul sera considéré à l'égard de cette moitié ou comme un usufruitier à terme, ou comme simple héritier fiduciaire tenu de rendre compte de son administration. Par exemple encore, je lègue ma ferme du *Bel-Air* à Paul, en le chargeant de rendre moitié à Pierre, s'il revient du service militaire; dans ce cas la disposition est suspendue jusqu'après l'accomplissement de la condition; jusque-là la propriété réside sur la tête de Paul, qui a seul la possession et fait les fruits siens; mais si la condition arrive, il doit rendre à Pierre l'objet donné exempt de toute charge (*arg. C. N., art. 1121*) (2). Au contraire, lorsqu'un legs est fait à la condition que si le légataire, encore en bas âge, vient à mourir sans enfant ou avant sa majorité, la chose léguée sera recueillie par un tiers, il renferme une substitution prohibée (3).

858. Le simple vœu, ou le désir exprimé par le testateur, que celui qu'il institue légataire universel dispose en faveur d'un tiers des biens légués, ne contient point formellement la charge de conserver ni celle de rendre, et ne suffit pas pour constituer une substitution prohibée (4).

§ 2. — CHARGE DE RENDRE CE QUI RESTERA

2859. Si l'on stipule que le légataire rendra ce qui restera à son décès, des biens à lui légués, [FORM. 415], comme il n'est pas chargé de conserver, puisqu'il peut aliéner, léguer, et qu'il doit seulement rendre les biens dont il n'aura pas disposé, il n'y a pas substitution prohibée; car il y a: 1° legs

§ 3. — DES SUBSTITUTIONS.

FORMULE 415. — Charge de rendre ce qui restera. (N°s 2856 à 2860)

Je lègue à Mme Louise LABBÉ, mon épouse, tous mes biens meubles et immeubles, sans aucune exception; en conséquence, je l'institue pour ma légataire universelle.

Je fais ce legs sous la condition qu'au décès de ma légataire, tous les biens meubles et immeubles qui resteront de ceux par elle recueillis dans ma succession, seront rendus aux héritiers qui auraient été appelés à recueillir ma succession, si je n'en avais pas disposé (*ou* seront rendus à M. Vincent DUHAMEL, mon neveu, cultivateur, demeurant à . . . . .; à cet effet je lui en fais don et legs).

Dans le cas où, contre mon attente, la condition de rendre qui précède viendrait à être annulée comme illicite et entachant la disposition principale faite en faveur de mon épouse, j'entends que cette disposition principale soit maintenue sans restriction; à cet effet et pour ce cas, je lui lègue, sans condition, tous les biens meubles et immeubles qui composeront ma succession.

FORMULE 416. — Donation entre-vifs avec substitution vulgaire. (N°s 2861 à 2863.)

PAR-DEVANT M^e. . . . .

A comparu : M. Louis DENIS, rentier, demeurant à . . . . .

Lequel a, par ces présentes, fait donation entre-vifs, par préciput ou hors part, et en conséquence avec dispense de rapport,

A M. Jean DENIS, son neveu, libraire, demeurant à . . . . ., pourvu qu'il accepte cette donation dans le délai d'un mois de ce jour.

---

(1) Troplong, n°s 103 et suiv.; Demolombe, XVIII, 86 et suiv; V. Metz, 9 fév. 1865; Cass., 23 janv. 1865, 31 juill. 1866, 15 avril 1867; J. N., 18221, 18236, 18622, 18872.
(2) Toullier, V, 31 et suiv.; Grenier. I, 9 et 11; Dict. not., *Subst.*, n°s 45, 58 et suiv.; Troplong, n°s 103 à 106; Demolombe, XVIII, 143, à 172. V. Nimes, 5 déc. 1865; Paris, 28 mars 1867; J. N. 18463, 18868.
(3) Cass., 22 nov. 1842, 13 août 1856; Bordeaux, 1er mars 1859; J. N., 11521, 15236, 17510.

(4) Roll. *Subst.*, n° 173; Toullier, V, 27; Saintespès, I, 86; Troplong, n° 111; Zach., § 465, note 21; Demolombe, XVIII, 142; Aix, 9 fév. 1817, Caen, 18 nov. 1858; Cass., 8 juill. 1831, 20 janv. 1840, 19 mars 1855, 11 juin 1860, 13 déc. 1864. 4 avril, 4 déc. 1865, 19 juin 1867; J. N. 11060, 16906, 18195, 18446, 18975; voir Coin-Delisle, 896. 40.

pur et simple à un premier légataire; 2° legs à un second légataire sous la condition suspensive que le premier légataire n'aura pas aliéné ou légué ; les deux legs sont donc valables et doivent être exécutés (1).

2860. On peut stipuler le maintien de la disposition principale pour le cas où la condition de rendre serait annulée (2); ce n'est point là une clause pénale qui elle-même serait nulle comme la disposition qu'elle voudrait protéger, mais bien une disposition principale, qu'au surplus, et pour éviter toute équivoque, il est bon de reproduire en disant que, dans ce cas, elle a lieu sans condition.

§ 3. — SUBSTITUTION VULGAIRE

2861. L'art. 898 C. N. permet de stipuler que si le donataire, l'héritier institué, ou le légataire ne recueille pas le don, l'hérédité, ou le legs, une autre personne le recueillera à sa place ; c'est ce qu'on appelait en droit romain, la *substitution vulgaire* (3).

2862. La substitution vulgaire peut avoir lieu dans une donation entre-vifs de biens présents, en disposant que si le donataire n'accepte pas dans un délai déterminé, un autre recueillera le don à sa place (4) [Form. 416].

2863. Est valable, comme ne contenant qu'une substitution vulgaire, soumise à une condition à la fois suspensive et résolutoire, la donation entre-vifs de biens présents faite au profit d'une personne, si elle se marie dans un délai déterminé, et si elle ne se marie pas dans ce délai, au profit d'une autre personne (5); la donation peut et doit être acceptée par les deux donataires.

2864. La substitution vulgaire est le plus ordinairement stipulée par testament [Form. 417]; dans

---

Et dans le cas où la donation ne serait pas acceptée par M. Jean Denis dans le délai qui vient d'être indiqué,

A M. Théodore Denis, son autre neveu, pharmacien, demeurant à. . . . .

D'une maison, etc. . . . .

FORMULE 417. — Substitution vulgaire contenue dans un testament.
(Nos 2864 et 2865.)

Je lègue tous les biens meubles et immeubles qui composeront ma succession, sans aucune exception, à M. Théodore Hamelin, mon neveu, fabricant de papier, demeurant à. . . . .

Et à M. Honoré Hamelin, mon autre neveu, propriétaire, demeurant à. . . . .; en conséquence, je les institue mes légataires universels.

Si l'un de mes légataires susnommés ne recueille pas sa part dans ce legs par suite de répudiation, prédécès ou toute autre cause, je lui substitue ses enfants et autres descendants légitimes qui la recueilleront selon les règles tracées par la loi pour le cas de représentation ; mais s'il n'a pas de postérité ou qu'elle ne recueille pas non plus le legs, sa part accroîtra à l'autre légataire ou à ses descendants s'il est lui-même prédécédé.

Enfin, si MM. Hamelin ni leurs descendants ne recueillent ce legs, j'institue pour mon légataire universel, M. Théodore Duhamel, mon cousin germain, propriétaire cultivateur, demeurant à. . . . ., auquel, pour ce cas, je lègue l'universalité des biens meubles et immeubles qui composeront ma succession.

---

(1) Toullier, V. 38; Roll., *Subst. proh.*, n° 265; Duranton, VIII. 74; Coin-Delisle, *896*, 27 ; Saintespès- I, 89; Dalloz. *Subst.*, n° 66: Troplong, n°s 129 à 132; Zach., Massé et Vergé, § 465, note 23; Demolombe, XVIII, 123; Marcadé, *896*, 3; Caen, 16 nov. 1830; Rouen, 28 janv. 1831 ; Orléans, 7 juin 1834; Rennes, 31 juill. 1858, 29 mai 1861 ; Cass., 14 mars 1832, 17 fév. 1836, 27 fév. 1843, 28 nov. 1849, 4 juill. 1853, 24 avril 1860, 11 fév. 1863, 2 mars et 11 août 1864; J. N., 17078, 18110, 18153, 18463.
(2) Coin-Delisle *896*, 31; Marcadé, *896*, 6; Bayle-Mouillard, I, p. 252; Demolombe, XVIII, 188; Roll., *Subst. proh.*, n°s 292 et 340; Paris, 3 mars 1820; Grenoble, 20 mai 1833 ; Cass., 8 juill. 1834, 11 fév. 1863, 5 déc. 1865 ; J. N., 17678 18430; contra, Taulier, I°r, p. 40.
(3) Voir Demolombe, XVIII, 74 et suiv.; Mourlon, II, p. 461 ; Dict. not., *Subst.*, n° 324; Cass., 26 mars 1851, 29 fév. 1864; J. N., 14343.
(4) Marcadé, *art. 898* ; Demolombe, XVIII, 80.
(5) Duranton, VIII, 37 ; Demolombe, XVIII, 80; Jur. N., 8294; Poitiers, 3 avril 1818; Riom, 25 fév. 1825.

ce cas elle se produit pour trois causes : 1° lorsque l'institué est prédécédé, 2° lorsqu'il refuse le legs, 3° lorsqu'il se trouve incapable (1) de le recueillir. Afin de ne pas laisser place au doute, ces divers cas doivent être exprimés dans le testament (2).

2865. On a vu, *supra n° 2665*, que les légataires peuvent n'être pas nommément indiqués ; le testateur stipule donc valablement que les descendants de ceux des légataires qui décéderont avant le testateur recueilleront la part destinée à leur auteur, selon les règles prescrites pour la représentation (3).

2866. La substitution vulgaire s'adapterait également à une institution contractuelle ; il serait donc licite de disposer de cette manière au profit d'une personne, pour le cas où la personne en faveur de laquelle une précédente institution contractuelle a été faite ne la recueillerait pas (4) [Form. 418].

2867. On ne considère pas comme une substitution la disposition entre-vifs ou testamentaire par laquelle l'usufruit est donné à l'un et la nue propriété à l'autre (*C. N., 899, 949*) [Form. 419].

2868. Le don ou le legs d'un usufruit à plusieurs personnes successivement [Form. 420] ne constitue point la charge de conserver et de rendre, car chacune d'elles tient sa libéralité du donateur ou testateur directement ; après le décès du premier usufruitier, l'usufruit s'éteint, et un autre usufruit s'ouvre immédiatement au profit du deuxième usufruitier pour s'éteindre à l'époque de son décès, et un autre usufruit s'ouvrir au profit du troisième légataire, et ainsi de suite ; ce n'est donc pas le même usufruit qui se continue (5).

FORMULE 418. — **Substitution vulgaire contenue dans une institution contractuelle.**
(N° 2866.)

M. Firmin Ducoté, oncle du futur époux, fait observer que par le contrat de mariage de M. Louis Ducoté, son autre neveu, passé, en présence de témoins, devant M⁰. . . ., notaire à. . . . ., qui en a gardé minute, le . . . . ., il lui a fait donation de tous les biens meubles et immeubles qui composeront sa succession, et, en conséquence, l'a institué pour son héritier contractuel.

Si ce don, par suite de renonciation, prédécès ou toute autre cause, n'est pas recueilli par M. Louis Ducoté, ni par ses enfants ou leurs descendants, M. Firmin Ducoté, pour ce cas, fait donation entre-vifs

A M. Charles Ducoté, futur époux, son neveu, qui accepte :

De tous les biens meubles et immeubles qui composeront sa succession, sans aucune exception, et, en conséquence, il l'institue pour son héritier contractuel.

FORMULE 419. — **Donation de l'usufruit à l'un, et de la nue propriété à l'autre.**
(N° 2867.)

Par-devant M⁰. . . . .

A comparu M. Charles Letourneur, propriétaire, demeurant à. . . . .

Lequel a, par ces présentes, fait donation entre-vifs

A M. Honoré Letourneur, son frère, rentier, demeurant à. . . . ., ici présent et ce acceptant expressément.

De l'usufruit pendant la vie de ce dernier, avec dispense de fournir caution ;

Et à M. Victor Letourneur, son neveu, marchand épicier, demeurant à. . . . ., aussi présent et ce acceptant expressément :

---

(1) Par exemple, s'il s'est déclaré indigne : Troplong, n° 180; Demolombe, XIII, 304 ; XVIII, 84; Cass., 22 juin 1847, 15 nov. 1855.
(2) Troplong, n° 177; Demolombe, XVIII, 84 ; Nîmes, 5 déc. 1865.
(3) Voir Cass., 12 et 13 août 1851 ; J. N., 14444; Douai, 11 mai 1863; *Journ. du Not.*, 1863, p. 390 ; Paris, 8 avril 1865 ; J. N., 18077.

(4) Roll., *Inst. contrac.*, n° 83; Bourges, 29 août 1832.
(5) Proudhon, *Usuf.*, n° 422 ; Zach., § 465, note 18; Marcadé, 617, 2, et 899, 3 ; Troplong, n° 133; Demolombe, XVIII, 123 ; Mourlon, I, 1619; Dict. not., *Subst.*, n° 89 à 94, et *Usuf.*, n° 58; Roll., *Usuf.*, n° 92; Paris, 24 fév. 1832. V. Paris, 4 mars 1864 ; J. N., 18015.

2869. On ne doit pas non plus voir une substitution dans la disposition entre-vifs ou testamentaire de l'usufruit en faveur de deux personnes chacune pour moitié, mais avec accroissement au survivant d'eux; dans ce cas, la moitié du premier mourant accroît au survivant, et l'usufruit total s'éteint au décès de ce dernier (1).

§ 4. — SUBSTITUTIONS AUTORISÉES PAR LA LOI

2870. *Charge de conserver et de rendre.* Les biens dont les père et mère ont la faculté de disposer, c'est-à-dire ceux formant la quotité disponible, *infra* n° *5044*, peuvent être par eux donnés en tout ou en partie, à un ou plusieurs de leurs enfants, par acte entre-vifs ou testamentaire, avec la charge de rendre ces biens aux enfants légitimes (2) nés et à naître au premier degré seulement des donataires (C. N., *1048*) [FORM. 421]. Cette disposition constitue une exception à la prohibition qui frappe les substitutions, et elle ne peut s'étendre aux aïeuls; en conséquence, ceux-ci ne peuvent imposer à leurs petits-enfants, même lorsqu'ils sont leurs présomptifs héritiers (3), la charge de conserver et de rendre.

2871. Est valable, en cas de mort sans enfant (4), la disposition que le défunt a faite par acte entre-vifs ou testamentaire, au profit d'un ou plusieurs de ses frères ou sœurs, de tout ou partie des biens qui ne sont point réservés par la loi dans sa succession, avec la charge de rendre ces biens aux enfants nés et à naître au premier degré seulement des frères ou sœurs donataires (C. N., *1049*).

2872. Les dispositions permises par les art. *1048* et *1049*, *supra* n°ˢ *2870 et 2871*, ne sont vala-

---

De la nue propriété pour y réunir l'usufruit au jour du décès de M. Honoré LETOURNEUR, son père,

De l'immeuble dont la désignation suit :

Une maison....., etc.....

FORMULE 420. — **Legs d'usufruit à plusieurs successivement.** (Nᵒˢ 2868 et 2869.)

Je lègue, par préciput et hors part, à :

1° M. Jules LEROY, mon oncle, propriétaire, demeurant à. . . . .;

2° M. Théodore LEROY, son fils, négociant, demeurant à. . . . .;

3° Et M. Vincent LEROY, son petit-fils, mineur, domicilié à. . . ., chez son **père**.

L'usufruit d'une maison située à. . . . ., etc. . . . .

Les légataires jouiront successivement de cet usufruit, savoir : M. Jules LEROY, pendant sa vie, à partir du jour de mon décès; M. Théodore LEROY, aussi pendant sa vie, à partir du décès de M. Jules LEROY; et M. Vincent LEROY, également pendant sa vie, à partir du décès de M. Théodore LEROY.

FORMULE 421.—Charge de rendre les biens donnés, et ceux donnés antérieurement, contenue dans un contrat de mariage. (Nᵒˢ 2870 à 2889.)

En considération du mariage, M. CROISY père fait donation entre-vifs, par préciput et hors part,

A M. Charles CROISY, son fils, futur époux, qui accepte expressément, tant pour lui que pour ses enfants légitimes à naître, en faveur desquels la charge de rendre va être stipulée :

Premièrement. D'une pièce de terre en nature de labour, située commune de. . . . . ,

---

(1) Marcadé, *899*, 3; Cass., 22 juill. 1835; V. Caen, 14 déc. 1864.

(2) Et non aux enfants naturels, à peine de nullité de la substitution, même au regard des enfants légitimes. Caen, 2 décembre 1847.

(3) Toullier, V, 723; Roll., *Subst.*, n° 115; Bayle-Mouillard, III, 61; Coin-Delisle, *1048*, 2; Zach., Massé et Vergé, § 468. note 2; Colmet de Santerre, IV, 209 *bis*; Mourlon, II, p. 464; Marcadé, *1048*, 1, et *Rev. crit.*, 1851, p. 464; Troplong, n° 2213; Paris, 23 août 1850; Cass.,

29 juin 1853; Besançon, 2 déc. 1853; J. N., 14116, 15039; CONTRA, Durantin, IX, 525; Vazeille, *1048*, 3; Dalloz, *Subst.*, n° 292.

(4) La seule présence d'un enfant adoptif est une cause de nullité de la disposition : Marcadé, *1049*, 2; CONTRA, Coin-Delisle, *1048*, 9; Troplong, n° 2218. Mais l'existence d'un enfant naturel ne ferait point obstacle à l'efficacité de la disposition. Roll. *Subst.*, n° 115; Coin-Delisle, *1048*, 9; Troplong, n° 2216; Dalloz, *Subst.*, n° 297; Zach., § 468. note 4.

bles qu'autant que la charge de restitution est au profit de tous les enfants nés et à naître du grevé, au premier degré seulement, c'est-à-dire au profit des petits-enfants du donateur (1), et sans exception ni préférence d'âge ou du sexe (C. N., 1050).

2873. Si le grevé de restitution meurt laissant des enfants au premier degré et des descendants d'un enfant prédécédé, ces derniers recueillent par représentation la portion de l'enfant prédécédé (C. N., 1051); mais si les enfants au premier degré sont tous décédés avant le grevé, la représentation n'est plus admise et la charge de rendre est éteinte (2).

2874. Lorsqu'une donation est faite avec charge de rendre, le donataire, en acceptant la donation, accepte irrévocablement, tant pour lui que pour les appelés, et le donateur ne peut, par une convention avec le donataire (3), effacer après coup la charge de rendre (4). Si la charge de rendre est apposée à un legs et que le légataire renonce, voir *infra*, n° 2904.

2875. Si l'enfant, le frère ou la sœur auxquels des biens ont été donnés par un acte entre-vifs, sans charge de restitution, acceptent une nouvelle libéralité faite par acte entre-vifs ou testamentaire, sous la condition que les biens précédemment donnés demeureront grevés de cette charge, il ne leur est pas permis de diviser les deux dispositions et de renoncer à la seconde pour s'en tenir à la première, quand même ils offriraient de rendre les biens compris dans la seconde disposition (C. N. 1052); mais toutefois cette charge de rendre ne devra jamais entamer la réserve du donataire (5), ni nuire aux droits acquis par des tiers sur les biens donnés en premier lieu, alors qu'ils étaient libres aux mains du donataire (6); en conséquence, la femme conserve son hypothèque légale sur ces biens pour tout ce qui lui était dû par son mari au jour où ils se sont trouvés soumis à la charge de rendre.

---

lieu dit....., de la contenance de....., figurée au plan cadastral, section B, n°..... bornant d'un côté, etc.....

Appartenant au donateur, etc. ... (*Etablir l'origine de propriété.*)

Le donataire aura la propriété de l'immeuble donné à partir d'aujourd'hui; il en prendra la jouissance le.....; le tout sous la condition de rendre dont il va être parlé.

Deuxièmement. Du cinquième de tous les biens meubles et immeubles qui composeront la succession du donateur, sans aucune exception; en conséquence, et conformément aux dispositions des art. 1082 et 1083 du Code Nap., M. Croisy père, institue le futur époux donataire du cinquième de ses biens.

Charge de rendre les biens donnés.

M. Croisy, futur époux, sera tenu de conserver et de rendre à ses enfants légitimes à naître au premier degré, tant la pièce de terre ci-dessus désignée que tous les biens meubles et immeubles qu'il recueillera dans la succession du donateur, en vertu des dispositions qui précèdent.

Charge de rendre les biens antérieurement donnés. (N°s 2875 et 2876.)

En outre, M. Croisy, futur époux, sera tenu de conserver et de rendre à ses enfants légitimes à naître au premier degré, une maison située à....., rue....., n°....., consistant en....., etc....., dont M. Croisy père a fait donation entre-vifs, par pré-

---

(1) Toullier, V, 726; Coin-Delisle, 1050, 4; Marcadé, 1050, 3; Troplong, n° 2222; Dict. not., *Subst.*, n° 172; Roll., *ibid.*, n° 115; Paris, 23 août 1850; Cass., 29 juin 1853; J. N., 14416, 13839; contra. Grenier, n° 809; Duranton, IX, 526; Vazeille, 1048, 4. Selon ces auteurs, si le donateur n'a plus d'enfants, mais des petits-enfants seulement, la charge de rendre peut être établie au profit de leurs enfants, arrière-petits enfants du disposant.

(2) Marcadé, *art. 1051*; Toullier, V, 727; Duranton, IX, 348; Coin-Delisle, 1048, 4 et 5; Zach., § 466, note 18; Taulier, IV, p. 497; Mourlon, II, p. 463; Dict. not., *Subst.*, n° 343; Roll., *ibid.*, n° 129; Rouen, 29 juin 1848.

(3) La formule de *Révocation de testament*, insérée dans le *Formulaire* de M. Edouard Clerc, p. 495, est donc sans application.

(4) Toullier, V. 733; Coin-Delisle, 1048, 44; Marcadé, 1051, 4; Roll., *Accep. de don.*, n° 13; Zach., Massé et Vergé, § 466, note 16; Mourlon, II, p. 408; contra, Vazeille, 1048, 5.

(5) Coin-Delisle, 1052, 2; Vazeille, 1052, 4; Troplong, n° 2232; contra, Toullier, V, 732; Grenier et Bayle-Mouillard, n° 364.

(6) Toullier, V, 733; Duranton, IX, 556; Coin-Delisle, 1052, 3; Marcadé, *art. 1052*; Troplong, n° 2235; Dalloz, *Subst.*, n° 324; Zach., Massé et Vergé, § 466, note 21.

2876. Lorsqu'une donation a été faite à titre d'institution contractuelle, l'institué a un droit irrévocablement acquis, *infra n° 2974*, et l'instituant ne peut ultérieurement lui imposer la condition de rendre les biens qu'il recueillera en vertu de l'institution (1).

2877. *Transcription.* Les dispositions entre-vifs ou testamentaires à charge de restitution sont, à la diligence, soit du grevé, soit du tuteur nommé pour l'exécution, rendues publiques; savoir, quant aux immeubles par la transcription des actes au bureau des hypothèques du lieu de la situation, et quant aux sommes placées avec privilège sur des immeubles, *infra n° 2888*, par l'inscription sur les biens affectés au privilège (*C. N.*, *1069*) ;

2878. Le défaut de transcription de l'acte contenant la disposition peut être opposé par les créanciers et tiers acquéreurs, même aux mineurs ou interdits, sauf le recours contre le grevé et contre le tuteur à l'exécution, et sans que les mineurs on interdits puissent être restitués contre ce défaut de transcription, quand même le grevé et le tuteur se trouveraient insolvables (*C. N.*, *1070*).

2879. Le défaut de transcription ou d'inscription (2) ne peut être suppléé ni regardé comme couvert par la connaissance que les créanciers ou les tiers acquéreurs pourraient avoir eue de la disposition, par d'autres voies que celle de la transcription (*C. N.*, *1071*) ; cependant les donataires, les légataires, ni même les héritiers légitimes de celui qui a fait la disposition, ni pareillement leurs donataires, légataires ou héritiers, ne peuvent, en aucun cas, opposer aux appelés le défaut de transcription ou inscription. (*C. N.*, *1072*).

2880. *Droit de propriété du grevé; emploi.* Nonobstant la charge de rendre, le grevé est propriétaire des biens donnés; il peut les vendre, aliéner, hypothéquer; ils peuvent être saisis par ses créan-

---

ciput et hors part, à son fils, futur époux, aux termes d'un acte passé, en présence de témoins, devant M°....., notaire à....., qui en a gardé minute, le.....

Trancription. (N°ˢ 2877 à 2879.)

M. Croisy, donataire, sera tenu de faire transcrire le présent acte de donation et conséquemment la charge de rendre, au bureau des hypothèques de.... :, et de justifier au donateur de l'accomplissement de cette formalité dans le délai d'un mois de ce jour.

Hypothèque légale de la future épouse. (N°ˢ 2882 et 2883.)

La future épouse aura hypothèque légale sur les immeubles faisant l'objet de la présente donation, mais seulement pour raison des capitaux dont l'apport va être constaté, et en cas d'insuffisance des autres immeubles du donataire qui devront être préalablement discutés.

Emploi. (N°ˢ 2884 et 2885.)

M. Croisy, donataire, sera tenu de faire emploi, en acquisition de rentes trois pour cent sur l'État français, avec l'indication de la charge de rendre, en présence et à la diligence du tuteur à la substitution, des deniers qu'il recueillera avec la charge de rendre dans la succession du donateur, savoir : des deniers comptants et de ceux à provenir du produit de la vente des meubles, dans les six mois du jour de la clôture de l'inventaire ; et des deniers qu'il touchera pour le recouvrement des créances actives et pour le remboursement des rentes, dans les trois mois du jour où il les aura reçus.

Nomination de tuteur à la charge de rendre. (N°ˢ 2889.)

M. Croisy, donateur, nomme pour tuteur à la substitution, M. Eléonore Leroy, oncle du donataire, propriétaire, demeurant à....., qu'il charge de l'exécution de la condition de rendre ci-dessus exprimée.

---

(1) Coin-Delisle, *1083*, 7; Roll. *Inst. contract.*, n° 67; Douai, 28 mars 1865.   (2) Troplong, n° 2289.

ciers (1). Mais s'il existe des appelés à son décès, les ventes, aliénations, hypothèques, expropriations, etc., se trouvent résolues de plein droit en faveur des appelés; à moins qu'ils n'acceptent la succession du grevé purement et simplement (2).

2881. Le trésor trouvé sur le fonds par le grevé lui appartient, moitié comme inventeur et l'autre moitié comme propriétaire, sauf restitution de cette moitié aux appelés.

2882. Les femmes des grevés ne peuvent avoir, sur les biens à rendre, de recours subsidiaire en cas d'insuffisance des biens libres, que pour le capital des deniers dotaux, et dans le cas seulement où le disposant l'a expressément ordonné (C. N., 1054).

2883. Cette disposition est d'ordre public; il s'ensuit que le disposant ne peut autoriser le grevé à étendre l'hypothèque légale de sa femme aux intérêts des deniers dotaux, au prix de ses propres, ou autres reprises, ni à donner un recours subsidiaire à d'autres créanciers que la femme (3).

2884. Le grevé a capacité pour toucher, sans l'assistance du tuteur à la substitution, les sommes grevées de substitution (4), même celles dont il a été fait emploi (5); cependant il est préférable d'appeler le tuteur à la quittance, surtout si elle contient mainlevée d'inscription, pour éviter des difficultés avec le conservateur.

2885. Le grevé est tenu de faire emploi en présence et à la diligence du tuteur, nommé pour l'exécution, dans la forme prescrite par le disposant, s'il l'a indiquée (6), sinon en acquisition d'immeubles ou avec privilège sur des immeubles (C. N., 1067, 1068); ou en acquisition de rentes trois pour cent sur l'État, conformément à l'art. 46 de la loi du 2 juillet 1862 (7); savoir : des deniers comptants, de ceux provenant du prix des meubles et effets vendus, et de ce qui a été reçu des effets actifs dans le délai de six mois du jour de la clôture de l'inventaire, délai qui peut être prorogé s'il y a lieu (C. N., 1065); et des deniers provenant des effets actifs recouvrés ensuite, et des remboursements de rente, dans trois mois au plus tard après que le grevé les a reçus (C. N., 1066).

2886. *Ouverture des droits des appelés; fin de la substitution.* Les droits des appelés sont ouverts à l'époque où, par quelque cause que ce soit, celui de l'enfant, du frère ou de la sœur, grevés de restitution se trouve éteint (C. N., 1053); ainsi : 1° par la mort du grevé; 2° par sa déchéance pour

---

FORMULE 422. — **Acte postérieur portant nomination du tuteur à la substitution.**
(N°s 2889 à 2901.)

PAR DEVANT M°. . . . .
A comparu M. Honoré CROISY, propriétaire, demeurant à. . . . .
Lequel a dit ce qui suit :
Par le contrat contenant les clauses et conditions civiles du mariage d'entre M. Charles CROISY, vigneron et Mme Ernestine DANOIS, passé en présence de témoins, devant M°. . . . . notaire à. . . . ., qui en a gardé minute, le. . . . ., M. CROISY comparant a fait donation par préciput et hors part, au futur époux, son fils : 1° d'une pièce de terre en labour, située commune de. . . . ., lieu dit. . . . ., de la contenance de. . . . ., figurée au plan cadastral, section B, n°. . . . .; 2° et du cinquième des biens meubles et immeubles qui composeront la succession du donateur, avec la charge de rendre à ses enfants à naître au premier degré, tant la pièce de terre ci-dessus désignée, que les biens qu'il recueillera comme donataire d'un cinquième, ainsi qu'une maison située à. . . . ., consistant, etc. . . . . dont M. CROISY, son père, lui a précédemment fait donation.

---

(1) Troplong, *Vente*, n°s 242, 233 et *Don.*, n° 2237; Zach., Massé et Vergé, § 470 ; Roll., *Subst.*, n° 252; Marcadé, *1053*, 1 ; Paris, 23 juill. 1850; Cass., 5 mai 1830, 20 janv. 1840; CONTRA, Vazeille, *1053*, 49; Dict. not., *Subst.*, n° 279; Paris, 12 janv. 1847; J. N., 12956.
(2) Mourlon, II, p. 469.
(3) Greuier, n° 378; Duranton, VIII, 575 ; Massé et Vergé, § 470, note 14; Coin-Delisle, *1054*, 4 ; Duvergier sur Toullier, V, 745 ; Pont, *Priv.*, n° 520; Marcadé, *art. 1054*; Troplong, n° 2253; CONTRA, Toullier, V, 745 ; Roll., *Subst.*, n° 261.

(4) Toullier, V, 761 ; Duranton, IX, 572 ; Dict. not., *Subst.*, n° 272, Roll., *ibid.*, n° 241; CONTRA, Vazeille, *art. 1068*; voir aussi Mourlon, II, p. 470.
(5) Toullier, V, 761; Roll., *Subst.*, n° 228 ; CONTRA, Vazeille, *art. 1068*.
(6) Si le disposant a indiqué les placements hypothécaires comme mode d'emploi, l'emploi peut être valablement effectué en obligations nominatives du Crédit foncier de France : Dijon, 16 août 1861; M. T. 1864, p. 659.
(7) Trib. Seine, 31 janv. 1863; J. N., 17647.

défaut de nomination d'un tuteur à la substitution (*C. N.*, *1057*) ; 3° par l'abandon volontaire (1) des droits du grevé au profit des appelés (2), pourvu qu'il ne lui naisse plus d'autres enfants, et sans que cet abandon puisse préjudicier aux créanciers du grevé antérieurs à l'abandon (*C. N.*, *1055*), ni aux tiers acquéreurs (3) ; 4° en cas de legs avec charge de rendre, par la renonciation du légataire, *infra* n° *2904* ; 5° par l'arrivée du terme ou l'accomplissement de la condition, si l'institué a été chargé de rendre à une époque déterminée avant sa mort, ou à l'avènement d'une condition (4). Ils ne s'ouvrent pas par l'abus de jouissance du grevé (5) qui donne seulement lieu à des dommages-intérêts et à la mesure conservatoire du séquestre ou d'une caution ; mais il en est autrement en cas de révocation pour inexécution des conditions, indignité ou ingratitude du grevé (6) (Arg. *C. N.*, *1053*) ; si les appelés étaient encore à naître, les biens grevés ne retourneraient que provisoirement au donateur.

2887. L'appelé, jusqu'à l'ouverture de ses droits, a une espérance et il peut la transférer (7).

2888. Les substitutions finissent : 1° par la non-existence d'appelés au jour du décès du grevé ; 2° par le refus des appelés de recueillir la substitution ; 3° par la perte de la chose, pourvu qu'elle arrive sans la faute du grevé ; 4° par la révocation de la donation pour cause de survenance d'enfant. Dans les deux premiers cas, les biens se trouvent libres dans la succession du grevé.

2889. *Tuteur à l'exécution de la charge de rendre.* Le disposant à charge de rendre peut, par l'acte même contenant la charge de rendre, ou par un acte postérieur en forme authentique, c'est-à-dire devant notaire [Form. 422], ou par déclaration devant le juge de paix assisté de son greffier, ou même par testament, nommer un tuteur chargé de l'exécution de la charge de rendre ; ce tuteur ne peut être dispensé que pour une des causes exprimées *supra* n°s *1251 à 1257* (*C. N.*, *1055*).

2890. A défaut de tuteur nommé par le disposant, soit parce que le disposant n'a pas fait de choix, soit parce que le tuteur nommé est incapable ou dispensé, il en est nommé un à la diligence du grevé ou de son tuteur s'il est mineur, dans le délai d'un mois à compter du jour du décès du donateur ou testateur, ou du jour que, depuis cette mort, l'acte contenant la disposition a été connu (*C. N.*, *1056*) ; cette nomination a lieu par un conseil de famille formé par le juge de paix du domicile de l'ouverture de la succession du disposant (8), et composé de parents ou d'alliés des appelés pris, par moitié, du côté de leur père et du côté de leur mère, ou du côté du grevé seul, s'il n'est pas marié (9) [Form. 423].

M. Croisy, donateur, a nommé pour tuteur à la substitution M. Eléonore Leroy, propriétaire, demeurant à. . . . .

M. Leroy étant depuis décédé, M. Croisy, donateur, déclare nommer pour tuteur à la substitution, en remplacement de M. Leroy, M. Léon Dupuy, avocat, demeurant à. . . . ., qu'il charge de l'exécution de la condition de rendre susénoncée.

Dont acte. Fait et passé, etc.

FORMULE 423. — **Tuteur nommé après le décès du disposant.** N° 2890.

M. Désiré Delorme, manufacturier, demeurant à. . . . .

« Agissant en qualité de tuteur à la substitution exprimée dans le contrat de mariage
» d'entre M. Charles Croisy, vigneron, et Mme Ernestine Danois, passé, en présence de
» témoins, devant Me. . . . ., notaire à. . . . ., qui en a gardé minute, le. . . . ., aux
» termes duquel M. Honoré Croisy, en son vivant propriétaire, demeurant à. . ., où il est
» décédé le. . . . ., a fait une donation à M. Charles Croisy, son fils, avec la charge de
» rendre les biens donnés à ses enfants légitimes à naître au premier degré ; nommé à

---

(1) Sous forme de donation, car le grevé étant propriétaire des biens, la propriété ne peut en être transférée aux appelés que par un acte de transmission : Roll., *Abandon anticipé*, n° 3.
(2) Toullier, V, 801 ; Marcadé, *1053*, 10 ; Coin-Delisle, *1053*, 9 ; Troplong, n° 2241 ; Dalloz, *Subst.*, n° 453. Caen, 31 janv. 1860.
(3) Toullier ; V, 786 ; Troplong, n° 2245 ; Dict. not., *Subst.*, n° 294.
(4) Coin-Delisle, *1053*, 6 ; Zach., § 471, p. 203 ; Demolombe, XVIII, 403. Voir aussi Duranton, IX, 607.
(5) Vazeille, *1053*, 6 ; Coin-Delisle, *1053*, 4 ; Marcadé, *1053*, 6 ; Colmet de Santerre, IV, 212 *bis* ; Mourlon, II, p. 474 ; Massé et Vergé,

§ 471, note 7 ; contra, Toullier et Duvergier, V, 782 ; Duranton, IX, 603 ; Zach., § 471, p. 203 ; Troplong, n° 2238 ; Dict. not., *Subst.*, n° 306 ; Roll., *ibid.*, n° 277.
(6) Coin-Delisle, *1053*, 4, 5 ; Vazeille, *1053*, 8 : Troplong, n°s 2238, 2240 ; contra, Duranton, IX, 600, 601 ; Marcadé, *1053*, 7.
(7) Toullier, V, 804 ; Marcadé, *1053*, 1 ; Roll., *Subst.*, n° 250.
(8) Roll., *Subst.*, n° 471 ; Angers, 12 août 1832 ; Jur. not., 2870.
(9) Toullier, V, 748 ; Duranton, IX, 562 ; Roll., *Subst.*, n° 471 ; Marcadé, art. *1056*.

2891. Si le grevé n'a pas fait nommer un tuteur dans le délai qui vient d'être indiqué, il est déchu (1) du bénéfice de la disposition, et, dans ce cas, le droit peut être déclaré ouvert au profit des appelés, à la diligence soit des appelés, s'ils sont majeurs, soit de leur tuteur ou curateur, s'ils sont mineurs ou interdits, soit de tout parent des appelés majeurs, mineurs ou interdits, ou même d'office à la diligence du procureur impérial près le tribunal de première instance du lieu de l'ouverture de la succession (C. N., 1057).

2892. Cette déchéance a lieu même lorsqu'il n'existe point encore d'appelés ; dans ce cas les héritiers du disposant prennent les biens et les restituent aux appelés, s'il vient à en naître, ou les gardent définitivement s'il n'en naît pas (2).

2893. Le tuteur nommé pour l'exécution de la charge de rendre n'est pas grevé d'hypothèque légale et il ne lui est pas donné de subrogé tuteur (3).

2894. *Mission du tuteur.* Lorsque la disposition avec charge de restitution a été faite par testament ou par institution contractuelle, le grevé de restitution doit, après le décès du disposant et dans le délai de trois mois (4), faire procéder selon les formes ordinaires, en présence du tuteur nommé pour l'exécution, à l'inventaire de tous les biens et effets de la succession, excepté néanmoins le cas où il ne s'agit que d'une disposition à titre particulier. Cet inventaire contient la prisée à juste prix des meubles et effets mobiliers ; les frais en sont pris sur les biens compris dans la disposition (C. N. 1058, 1059).

2895. Si l'inventaire n'a pas été fait à la requête du grevé dans le délai ci-dessus, il y est procédé dans le mois suivant, à la diligence du tuteur nommé pour l'exécution, en présence du grevé ou de son tuteur (C. N., 1060).

2896. Si le grevé ni le tuteur à l'exécution n'ont pas fait faire inventaire, il y est procédé à la diligence des personnes indiquées en l'art. 1057, *supra* n° 2891, en y appelant le grevé ou son tuteur et le tuteur à l'exécution (C. N., 1061).

2897. Le grevé de restitution est tenu de faire procéder à la vente par affiches et enchères (5) de tous les meubles et effets compris dans la disposition (C. N. 1062), à l'exception néanmoins : 1° des meubles meublants et autres objets mobiliers que le disposant aurait imposé la condition expresse de conserver en nature ; ils doivent être rendus dans l'état où ils se trouvent lors de la restitution (C. N., 1063) ; 2° des bestiaux et ustensiles servant à faire valoir les terres, et qui sont censés de plein droit compris dans les donations entre-vifs ou testamentaires de ces terres ; le grevé est seulement tenu de les faire priser et estimer, pour en rendre une égale valeur lors de la restitution (C. N., 1064).

2898. Les dépenses qui sont à la charge des fruits, notamment les réparations d'entretien, sont dues par le grevé ; quant aux autres, comme les grosses réparations, elles sont prélevées sur les fonds qui sont diminués d'autant, en prenant des capitaux, s'il y en a, ou en vendant des biens (6), ou en empruntant avec hypothèque sur les immeubles grevés, avec l'intervention du tuteur et l'observation des formes prescrites pour les mineurs (7), *supra* n°s 1309 et suiv.

» cette fonction, qu'il a acceptée, suivant délibération du conseil de famille des appelés,
» prise sous la présidence de M. le juge de paix du canton de. . . . ., ainsi qu'il résulte
» du procès-verbal que ce magistrat en a dressé, assisté de son greffier, le. . . . . »

FORMULE 424. — Charge de rendre, stipulée par testament. (N°s 2902 à 2904.)

Je lègue à Luc BRICE, mon frère, rentier, demeurant à. . . . ., tous les biens meubles et immeubles qui composeront ma succession, sans aucune exception ; en conséquence je l'institue mon légataire universel, et le charge de rendre tous les biens meubles et im-

---

(1) La déchéance n'est pas seulement facultative, elle est rigoureuse : Duranton, IX, 508; Coin-Delisle, 1057. 3; Roll, *Subst.*, n° 174; Marcadé, *art.* 1057; Colmar, 14 août 1840; Paris, 29 mai 1844 ; Cass., 17 avril 1843; Riom, 4 juin 1847; Jur. N., 5230, 7889; CONTRA, Grenier, n° 386; Troplong, n° 2361. Voir aussi Mourlon, II, p. 476.
(2) Coin-Delisle, 1057, 5; Marcadé, *art.* 1057; Mourlon, II, p. 477.
(3) Marcadé, *art.* 1055; Duranton, IX, 503 ; Dalloz, *Subst.*, n° 360; Zach., § 469, notes 3 et 10 ; Roll., *Subst.*, n° 172; Troplong, n° 2291.
(4) Vazeille, *art.* 1059; Marcadé, *ibid.*, Troplong, n° 2268; Mourlon,
II, p. 478. Dict. not., *Subst.*, n° 266; Roll., *ibid.*, n° 181 ; CONTRA, Toullier, V, 754, selon lequel le délai est de 3 mois et 40 jours.
(5) Sans formalité de justice, et conséquemment sans ordonnance du président : Coin-Delisle, 1062, 3; Dalloz, *Subst.*, n° 384; Zach. § 469, note 14; Troplong, n° 2273.
(6) Toullier, V, 775; Coin-Delisle, 1053, 28 ; Marcadé, 1053, 4; Troplong, n° 2237.
(7) Marcadé, 1053, 2 ; Roll., *Subst.*, n° 246.

2899. Les transactions concernant les biens grevés de restitution peuvent être faites avec l'accomplissement des formalités prescrites pour les mineurs (1), *supra* n° *1307*.

2900. Le tuteur nommé pour l'exécution est personnellement responsable s'il ne s'est pas en tout point conformé aux règles établies pour constater les biens, pour la vente du mobilier, pour l'emploi des deniers, pour la transcription et l'inscription, et en général s'il n'a pas fait toutes les diligences nécessaires pour que la charge de restitution soit bien et fidèlement exécutée (*C. N.*, *1073*).

2901. Si le grevé est mineur, il ne peut, dans le cas même de l'insolvabilité de son tuteur, être restitué contre l'inexécution des règles qui lui sont prescrites (*C. N.*, *1074*.)

2902. *Charge de rendre imposée par testament* (Form. 424). Lorsque la charge de rendre a été imposée par testament, si le légataire grevé de restitution vient à décéder avant le testateur, le legs profite aux appelés comme venant prendre la place du grevé (2); cependant il est préférable de stipuler la substitution vulgaire.

2903. Si le légataire survit, ne serait-ce qu'un instant, il y a lieu à la substitution, quand même il n'aurait pas accepté (3).

2904. Lorsque le légataire grevé de restitution renonce au legs, sa renonciation ne peut nuire aux appelés; s'il a des enfants, le droit s'ouvre donc immédiatement à leur profit, sauf à ceux-ci à fournir les parts des enfants qui naîtraient par la suite; s'il n'en a point, les biens faisant l'objet du legs restent aux héritiers, à la charge toutefois de les restituer aux enfants du légataire renonçant, s'il vient à en naître (4).

CHAPITRE CINQUIÈME

DU PARTAGE D'ASCENDANTS.

SECTION Ire. — PARTAGE D'ASCENDANTS PAR PÈRE ET MÈRE.

2905. Les père et mère et autres ascendants peuvent faire, entre leurs enfants et autres descendants, la distribution et le partage de leurs biens (*C. N.*, *1075*). On donne à l'acte qui constate ces distribution et partage, le nom de *partage anticipé* ou de *partage d'ascendants* [Form. 425].

2906. Pour faire un partage d'ascendants, il faut être capable de donner, *supra* n^{os} *2454 et suiv.* Ainsi, la femme mariée sous le régime dotal ne peut faire le partage anticipé de ses biens entre ses en-

meubles qu'il recueillera en vertu du présent legs à ses enfants légitimes, nés et à naître au premier degré. Si Luc Brice me prédécède, je lui substitue ses enfants et autres descendants qui recueilleront le legs universel à sa place et par représentation, mais sans charge de substitution.

§ 4. DU PARTAGE D'ASCENDANT.

FORMULE 425. — **Partage d'ascendant par des père et mère.** (N°s 2905 à 2943.)

Par-devant M^e....,
Ont comparu M. Louis Buhot, propriétaire-cultivateur, et Mme Rosalie Daguin, son épouse de lui autorisée, demeurant ensemble à.....

---

(1) Marcadé, *1053*, 2.
(2) Toullier, V. 394; Roll., *Subst.*, n° 294; Duranton, IX, 601, 602; Coch., § 471, note 1; contra, Marcadé, *1052*, 5.
(3) Grenier, n° 377; Coin-Delisle *1052*, 17; Marcadé, *1052*, 3.

(4) Coin-Delisle, *1053*, 11; Toullier, V. 793, 794; Roll., *Subst.*, n° 292; Troplong, n° 2247; contra, Marcadé. *1053*, 8, selon lequel la renonciation du légataire a pour effet d'éteindre la substitution, par le motif qu'il ne peut y avoir de substitution sans legs.

fants (1), à moins que la libéralité ne soit faite dans le but de leur procurer un établissement dans les termes de l'art. 1556 (2).

2907. Le partage anticipé n'est permis qu'aux ascendants, au profit de leurs descendants, présomptifs héritiers; il ne pourrait donc être fait entre des héritiers présomptifs en ligne collatérale ou du moins, alors, il ne constituerait qu'une libéralité sujette aux seules règles des donations ; ainsi, les biens donnés seraient rapportables, à moins que la clause de préciput ou hors part n'ait été stipulée, ce qui aurait pour effet de rendre la disposition irrévocable; mais la distribution entre les parents ne saurait être attaquée pour ne pas avoir été faite entre tous les héritiers présomptifs, ni rescindée pour cause de lésion de plus du quart (3), à moins, si la donation leur a été faite collectivement, que les donataires n'en aient ensuite fait le partage entre eux (4).

2908. Une personne ayant son fils pour présomptif héritier, ne peut faire le partage anticipé de ses biens entre ses petits-enfants, en réservant l'usufruit à leur père; un tel acte, nul comme partage anticipé, ne vaudrait même pas comme donation (5), si ce n'est jusqu'à concurrence de la portion disponible.

2909. Le partage anticipé se fait le plus ordinairement par acte entre-vifs; dans cette forme il ne peut avoir pour objet que les biens présents, et il est soumis aux formalités, conditions et règles prescrites pour les donations entre-vifs (C. N., 1076); notamment il doit être accepté par les donataires dans la forme prescrite pour les acceptations de donations (6). Lorsque les enfants sont mineurs, l'acceptation doit être faite ainsi que nous l'avons dit *supra* n°s 2579 à 2585; un seul tuteur *ad hoc* peut accepter pour plusieurs enfants sans qu'il soit besoin, comme pour les partages ordinaires, que chaque mineur soit représenté par un tuteur (7).

Mariés sous le régime de la communauté (n° 2906), aux termes de leur contrat de mariage passé devant M°....., qui en a gardé minute, et son collègue, notaires à..... le.....

Lesquels ont, par ces présentes, fait donation entre-vifs, à titre de partage anticipé, conformément aux dispositions des articles 1075 et suivants du Code Napoléon.

A : 1° M. Charles Buhot, cultivateur, demeurant à..... ;

2° Et Mme Charlotte Buhot, épouse de M. Léon Dupas, cultivateur, avec lequel elle demeure à.....

M. Buhot fils et Mme Dupas, seuls enfants (n° 2907 à 2911) et présomptifs héritiers chacun pour moitié de M. et Mme Buhot, donateurs, ici présents, et ce acceptant expressément, Mme Dupas avec l'autorisation de son mari aussi présent,

De leurs biens immeubles dont la désignation suit :

DÉSIGNATION. (N°s 2912 et 2913.)
Propres de M. Buhot.

Art. 1er. Une maison située à.... rue..... consistant en bâtiments d'habitation et d'exploitation, cour, jardin et verger, d'une contenance, y compris l'emplacement des bâtiments, de....., section A, n°....., du plan cadastral, bornant d'un côté....., etc.....

Art. 2. Une pièce de terre labourable située commune de ...., lieu dit....., section D, n°....., de la contenance de....., bornant....., etc.

---

(1) Grenier, n° 402; Massé et Vergé, § 509, note 2; Demolombe, XXIII, 73 ; Genty, *Part. d'asc.*, n° 14 ; Dict. not., *ibid.*, n° 24; Roll., *ibid.*, n° 21; Caen, 19 juin 1844; Cass., 18 avril 1861; J. N., 18044.
(2) Mêmes auteurs et même arrêt; ajoutez : Agen, 10 juill. 1830; Jur. N., 0081; Nîmes, 18 mars 1861; M. T., 1863, p. 541.
(3) Marcadé, *art. 1075*; Duranton, IX, 618; Taulier, IV, p. 214; Dict. not., *Part. d'asc.*, n° 20; Roll., *ibid.*, n° 12; Caen, 2 déc. 1847; Jur. N., 8492.
(4) Dict. not. *Part. d'asc.*, n° 22; Roll., *ibid.*, n° 14.

(5) Duranton, IX, 017; Taulier, IV, p. 214; Marcadé, *art. 1075*; Zach., § 509, note 5; Dict. not., *Part. d'asc.*, n° 27; Roll., *ibid.*, n° 16; Douai, 10 nov. 1853; Jur. N., 10209.
(6) Genty, *Part. d'asc.*, n° 34; Dict. not., *ibid.*, n° 47; Roll., *ibid.*, n° 63 ; Troplong, n° 2309; Riom, 11 août 1821 ; Bordeaux, 5 déc. 1848; Cass., 27 mars 1850; Nîmes, 20 fév. 1854; Jur. N., 10211. Voir Nîmes, 18 mars 1861; M. T., 1863, p. 541.
(7) Besançon, 16 janv. 1846; Jur. N., 7814.

2910. Si le partage anticipé n'a pas été fait entre tous les enfants (1) existants à l'époque du décès et les descendants de ceux prédécédés (2), ou si l'un ou plusieurs d'entre eux ne l'ont pas accepté (3), le partage est nul pour le tout, même lorsque la portion disponible a été réservée par le donateur pour apportionner l'enfant omis et qu'il lui en a été fait ensuite donation par préciput (4). Il en peut être provoqué un nouveau dans la forme légale, après le décès de l'ascendant donateur et pendant trente ans (5), soit par les enfants ou descendants qui n'y ont reçu aucune part, soit même par ceux entre qui le partage a été fait (C. N., 1078), à moins que les descendants omis ne ratifient le partage expressément ou tacitement (6). Si le partage anticipé entre-vifs a été fait à la condition que dans le cas où il ne serait pas accepté par tous les enfants, ceux d'entre eux qui l'auraient accepté garderaient leur lot par préciput (7); cette condition est valable et doit être exécutée.

2911. Le droit de demander la nullité du partage d'ascendants pour les causes exprimées au numéro précédent n'appartient qu'aux enfants; il ne pourrait être exercé par l'ascendant donateur (8).

2912. Les père et mère peuvent comprendre dans la donation à titre de partage anticipé, tant leurs biens personnels que ceux dépendant de la communauté, cela n'a jamais fait de doute dans la pratique (9); ils peuvent aussi y comprendre des sommes d'argent, même payables à terme (10).

2913. Le partage anticipé peut ne comprendre qu'une partie des biens de l'ascendant donateur (11); dans ce cas comme dans celui où après avoir donné tous ses biens il en a acquis d'autres, ses héritiers, lors de son décès, partagent conformément à la loi ceux de ses biens qui n'ont pas été compris dans le partage anticipé (C. N., 1077).

Propres de Mme Buhot.

Art. 3. Une prairie, située commune de....., lieu dit......, de la contenance de..., section B, n°....., bornant....., etc.....
Art. 4. Une pièce de terre plantée de vignes....., etc....

Acquêts.

Art. 5. Un verger enclos de haies; planté d'arbres fruitiers, situé commune de....., lieu dit....., section C, n°....., de la contenance de....., bornant....., etc.....
Art. 6. Un bois situé commune de....., lieu dit....., de la contenance de....., section D, n°....., bornant....., etc.....

ORIGINE DE PROPRIÉTÉ.

Propres de M. Buhot.

Les immeubles compris sous les articles premier et deux appartiennent à M. BUHOT, donateur, comme les ayant recueillis dans la succession de M....., etc....., (*Voir l'origine de propriété au titre de la vente.*)

Propres de Mme Buhot.

Les immeubles désignés sous les articles trois et **quatre** appartiennent à Mme BUHOT donatrice....., etc.....

---

(1) L'omission d'un enfant naturel n'entraîne pas la nullité du partage; le droit de cet enfant se borne à réclamer contre les descendants légitimes la part qui lui est assignée par la loi: Duranton, IX, 635; Poujol, *1078*, 3; Genty, *Part. d'asc.*, p. 101; Troplong, n° 2324; Zach., Massé et Vergé, § 506. note 3; CONTRA, Vazeille, *1078*, 3.

(2) Venant à la succession, car si l'enfant omis renonce ou est indigne, le partage doit être maintenu: Marcadé, *art. 1078*; Zach., § 506, note 3.

(3) Duranton, IX, 639, 640; Genty, *Part. d'asc.*, n° 34; Dict. not., *ibid.*, n° 35; Riom, 11 août 1821; Bordeaux, 15 fév. 1812 et 5 déc. 1818; J. N., 11326, 13655; Cass., 27 mars 1850; Nîmes, 20 fév. 1854; Jur. N., 10211.

(4) Limoges, 1 mars 1843, Bordeaux, 5 déc. 1846; J. N., 13655; voir cependant Bordeaux, 15 fév. 1812; J. N., 11326.

(5) Demolombe, XXIII, 168; Roll., *Part. d'asc.*, n° 141; Troplong, n°s 2321 à 2325. V. Cass., 11 juill. 1856; J. N., 18587.

(6) Bastia, 24 avril 1854; J. N., 15490.

(7) Poitiers, 19 juin 1841; Cass., 17 nov. 1840; J. N., 12887.

(8) Moniteur tribunaux. 1862, p. 45.

(9) Roll. *Part. d'asc.*, n° 37; Massé et Vergé, § 509, note 2; Paris, 23 juin 1849; Cass, 31 juill. 1857; J. N., 13781, 19063.

(10) Délib. légis. oct. 1861; mai 1862; 5 sept. 1862. 22 juin 1853; J. N., 17280, 17422, 17929; voir cependant, Cass., 5 avril 1852, 10 déc. 1855; J. N., 14043, 15685.

(11) Grenier, n° 396; Troplong, n° 2209; Dict. not., *Part. d'asc.*, n° 60; Roll., *ibid.*, n° 35.

2914. Par l'effet du partage anticipé, chacun des enfants est propriétaire des biens composant son lot; il peut les aliéner à titre gratuit ou onéreux, les hypothéquer, etc.; et si, du vivant du donateur, l'un deux vient à décéder laissant des enfants, ils recueillent les biens provenus du partage, ou ce qui en reste (1). S'il ne laisse pas de descendants, les biens reviennent à l'ascendant donateur à titre de retour légal (2).

2915. Le partage fait par l'ascendant peut être attaqué pour cause de lésion de plus du quart (*C. N.*, *1079*), même lorsque celui qui prétend être lésé a été présent au partage anticipé et l'a accepté (3), pourvu qu'il ne l'ait pas exécuté volontairement après le décès de l'ascendant, par exemple en recevant de son copartageant ou en lui payant une somme à titre de soulte (4); mais l'aliénation de tout ou partie de son lot n'y ferait pas obstacle (5). Le partage anticipé peut aussi être attaqué, dans le cas où il résulte du partage et des dispositions faites par préciput, que l'un des copartagés (6) a un avantage plus grand que la loi ne le permet (*C. N.*, *1079*).

2916. Ainsi, l'héritier qui a sa réserve ne peut attaquer le partage s'il n'établit une lésion de plus du quart à son préjudice; cette lésion s'établit, lorsqu'il y a eu plusieurs partages anticipés, en faisant d'abord une masse de tous les biens partagés, puis en réunissant les biens attribués au réclamant par les différents partages (7). Si l'héritier n'a pas sa réserve, il peut toujours attaquer le partage, quelque minime que soit l'inégalité (8), mais il n'a que l'action en réduction (9). L'action n'est pas recevable, dans les deux cas qui précèdent, si, le partage étant seulement partiel, il reste en dehors, des biens héréditaires suffisants pour réparer l'inégalité (10).

2917. Pour apprécier la lésion de plus du quart, les biens doivent être estimés d'après leur état au jour du partage et leur valeur au jour du décès de l'ascendant donateur, époque de l'ouverture de la succession et des droits des héritiers (11).

2918. L'action en rescision ou en réduction disparaîtrait conformément à l'art. 891 *C. N.* si, dans le premier cas, on offrait à celui qui a moins que trois quarts, le supplément nécessaire pour parfaire sa portion, et si, dans le second cas, celui qui est trop avantagé offrait de restituer ce qu'il a au delà de ce que la loi permet (12).

Acquêts.

Les immeubles faisant l'objet des articles cinq et six dépendent de la communauté existant entre M. et Mme Buhot, donateurs, au moyen de l'acquisition que M. Buhot en a faite:

L'article cinq, de....., etc.....

Et l'article six, de....., etc.....

Partage. (N°s 2914 à 2925.)

Et de suite M. et Mme Buhot, donateurs, avec l'assentiment des donataires, ont fait la division des biens donnés entre ces derniers.

---

(1) Vazeille, *1077*, 4; Marcadé, *art. 1078*; Troplong, n° 2322; Dict. not., *Part. d'asc.*, n° 38; Roll., *ibid.*, n° 28; Montpellier, 7 fév. 1850; Bordeaux, 1er mai 1865; Jur. N., 9082, 11667.
(2) Toullier, V, 814; Grenier, n° 398; Zach., Massé et Vergé, § 506, note 4 · Marcadé, *art. 1078*; Dict. not., *Part. d'asc.*, n° 40; Roll., *ibid.*, n° 29; Lyon, 2 avril 1841; Douai, 14 mai 1851; Jur. N., 9366.
(3) Duranton, IX, 645; Troplong, n° 2336; Zach., Massé et Vergé, § 511, note 15; Grenoble, 8 mai 1835; Toulouse. 23 déc. 1835; 5 déc. 1844; Cass. 26 juin 1846, 2 juill. 1866, 18 juin 1867; J. N., 18600. 18933.
(4) Limoges, 26 avril 1853; Cass., 22 fév. 1854; J. N., 15311.
(5) Cass., 18 février 1851; J. N., 14352; Poitiers, 5 mars 1862; M. T., 12, p. 672; contra, Agen, 6 juin 1833.
(6) Ce principe ne peut être invoqué par l'enfant avantagé de la quotité disponible, si la lésion par lui éprouvée est de moins du quart: Toulouse, 10 juill. 1862; N. T., 1862, p. 583.
(7) Roll., *Part. d'asc.*, n° 434; Troplong, n° 2338; Zach., Massé et Vergé, § 511, note 5; Cass., 18 déc. 1854; J. N., 15428; contra, Larombière, *1304*, p. 73.

(8) Grenier, n°s 393 et 399; Toullier, V, 810; Duranton, IX, 649, 650; Troplong, n° 2327; Dict. not., *Part. d'asc.*, n° 163; Roll., *ibid.* n°s 119, 120.
(9) Roll., *Part. d'asc.*, n° 135; Zach., § 511, note 9; Riom, 17 fév. 1843; Caen, 31 janv. 1848; Cass., 30 juin 1847 et 30 juin 1852; J. N., 14736; contra, Genty, *Part., d'asc.*, n° 50; Duranton, IX, 650; Troplong, n° 2333; Grenoble, 30 juin 1839.
(10) Cass., 17 août 1863; *Journ du Not.* 1863, p. 326.
(11) Cass., 30 juin 1847, 2 août 1848, 10 juill. 1849, 18 fév. 1851, 14 juill. 1852, 31 janv. 1853, 19 déc. 1859, 4 juin 1862; Agen, 21 août 1859 et 30 juill. 1862; Poitiers, 5 mars 1862; Bordeaux, 6 juin 1863; Cass., 27 juin et 29 août 1864, 18 juin 1867; J. N., 16506, 16773, 17488, 18104, 18933; contra, Nîmes. 21 déc. 1849; Agen, 10 mai et 12 déc. 1860.
(12) Marcadé, *art. 1079*; Grenier, n° 401; Toullier, V, 804; Demol., XXIII, 181; Troplong, n° 2437; Zach., Massé et Vergé, § 511. note 9; Roll., *Part. d'asc.*, n° 132; Grenoble, 25 nov. 1824; Toulouse, 11 juin 1836; Cass., 24 juill. 1828; Bordeaux, 27 août 1862; Jur. N., 12345; contra. Riom, 25 avril 1818; Toulouse, 21 août 1833.

2919. Le partage anticipé peut encore être attaqué, ainsi que nous le disons *infra* n° 2924, lorsque les lots ne sont pas également composés d'une pareille quantité de meubles et d'immeubles.

2920. L'action du donataire à l'effet d'attaquer le partage anticipé pour les causes exprimées *supra* n°ˢ 2915 à 2919, ne s'ouvre que par le décès de l'ascendant donateur ou du survivant, si le partage a été fait par le père et la mère (1); avant cette époque, le partage anticipé ne peut donc être ni attaqué pour cause de nullité ou de lésion (2), ni ratifié, même par transaction sur procès (3); et c'est seulement du jour du décès de l'ascendant donateur que commence à courir la prescription de dix ans réglée par l'art. 1304 C. N. (4), alors même que le partage aurait été fait cumulativement par l'époux survivant, tant de ses biens personnels que de ceux de son conjoint prédécédé (5).

2921. L'enfant qui, pour une des causes exprimées en l'art. 1079, attaque le partage fait par l'ascendant doit faire l'avance des frais (6) de l'estimation, et il les supporte en définitive, ainsi que les dépens de la contestation, si la réclamation n'est pas fondée (C. N. 1080). L'avance n'est plus exigée si l'enfant attaque le partage pour une cause autre que celles exprimées en l'art. 1079, par exemple pour dol, fraude ou violence (7).

2922. Le partage anticipé doit contenir la condition de partager imposée aux donataires; si le partage n'a pas lieu immédiatement, les donateurs doivent se réserver de faire eux-mêmes plus tard la division des biens ou, du moins, d'y être présents (8).

2923. Il est préférable, lorsque le partage anticipé ne comprend que des biens donnés, que la division et les attributions soient faites par les donateurs; et cela est même nécessaire, si parmi les donataires il y a des mineurs ou autres incapables.

2924. Il convient de faire entrer dans chaque lot, s'il se peut, la même quantité de meubles, d'immeubles, de droits ou de créances de même nature et valeur (C. N. 832); et serait annulable le partage anticipé par lequel un ascendant aurait attribué à l'un ou à plusieurs de ses enfants tous ses immeubles ou la presque totalité, en ne laissant aux autres qu'une somme d'argent ou une rente viagère, alors sur-

Premier lot. — M. Buhot fils.

Pour remplir M. Buhot fils de sa moitié dans les biens donnés, M. et Mᵐᵉ Buhot donateurs, avec l'assentiment de M. et Mᵐᵉ Dupas, lui attribuent à titre de partage :

1° Les immeubles composant les articles un et cinq de la masse;

2° Et la moitié de la prairie comprise sous l'article trois, à prendre du côté attenant à M. . . . .

A la charge de payer, à titre de soulte pour plus-value de son lot, à Mᵐᵉ Dupas, sa sœur, une somme de deux mille francs.

Deuxième lot. — Mᵐᵉ Dupas.

Pour remplir Mᵐᵉ Dupas de sa moitié dans les mêmes biens, M. et Mᵐᵉ Buhot, donateurs, avec l'assentiment de M. Buhot fils, lui attribuent à titre de partage :

1° Les immeubles faisant l'objet des articles deux, quatre et six de la masse;

2° L'autre moitié de la pièce de terre article trois, à prendre du côté attenant à M. . .

3° Et la somme de deux mille francs à toucher de M. Buhot fils, à titre de soulte.

tout qu'il était possible d'en former des lots d'égale valeur (1) ; mais cette nullité serait couverte par la ratification expresse ou tacite de ceux des enfants qui n'ont pas eu leur part en nature, par exemple s'ils avaient exécuté le partage en connaissance de cause par des ventes, quittances, traités ou autres actes (2). Elle ne serait pas évitée par l'offre de compléter ou de fournir le lot de l'enfant demandeur (3).

2925. Si les immeubles dont l'ascendant dispose ne sont pas susceptibles de division entre tous les enfants, il peut, de sa seule volonté et par une sorte de licitation entre tous les enfants, attribuer les immeubles à l'un ou à quelques-uns de ses enfants, en les chargeant de remettre aux autres leur part en argent (4).

2926. Les partages anticipés contiennent très-souvent la réserve que font les donateurs, pour eux et le survivant, de l'usufruit de la totalité des biens donnés ; pendant longtemps, on n'a vu dans cette réserve qu'une condition de la donation imposée par chaque époux aux donataires, et ne constituant dès lors aucune libéralité entre époux (5) ; mais il a été jugé qu'une pareille réserve constitue une *donation mutuelle* entre époux faite par le même acte, comme telle nulle (6), et même, ce qui en tous cas nous semble inadmissible, entraînant la nullité du partage anticipé (7).

2927. D'un autre côté, le fisc s'emparant de cette doctrine nouvelle, exige aujourd'hui le droit fixe de donation sur la clause de réserve et le droit de mutation, après le décès du premier mourant, sur l'usufruit de ses biens propres laissé au survivant (8), et même sur l'usufruit de la part du prédécédé dans les biens de la communauté (9).

2928. N'est-il pas possible de trouver une formule qui fasse prédominer et accepter l'idée de condition, en excluant celle de libéralité mutuelle ? Le partage anticipé par un père et une mère comprend en

ACCEPTATION.

Chacun des donataires accepte les objets compris dans son lot, Mme DUPAS avec l'autorisation de son mari, et tous abandonnements nécessaires sont consentis

CONDITIONS DE LA DONATION ET DU PARTAGE.

1° Condition de souffrir l'usufruit (n° 2926 à 2929).

Chacun de M. et Mme BUHOT, donateurs, fait la réserve à son profit et pendant sa vie de l'usufruit de la part pouvant lui appartenir dans les biens donnés et partagés ;

Et celui d'entre eux qui survivra à l'autre impose formellement aux donataires, qui y consentent, la condition de lui laisser la jouissance, à titre d'usufruit pendant sa vie, à compter du jour du décès du premier mourant, aux charges de droit, mais avec dispense de fournir caution, de toute la part pouvant appartenir à ce dernier, dans les mêmes biens.

Ces réserves et conditions sont imposées par chacun des donateurs, personnellement et séparément, comme charge de son concours à la donation ; elles ne pourront donc, dans aucun cas, être considérées comme donnant lieu à une libéralité entre époux.

réalité deux donations, l'une par le père, l'autre par la mère (1), et chacun d'eux peut apposer à sa propre libéralité telles conditions que bon lui semble ; pourquoi ne pourrait-il stipuler à son profit, non une réserve qui en effet semble indiquer le consentement de son conjoint, mais la condition imposée aux donataires de le laisser jouir, à titre d'usufruitier, des biens donnés par son conjoint s'il lui survit? Ainsi il ne tiendrait pas cet usufruit de son conjoint, mais des donataires seuls, et on ne saurait voir dans une telle condition une donation mutuelle entre époux, nulle comme étant faite par un même acte, entachant de nullité la condition elle-même et le partage anticipé, et assujettie à un droit fixe d'abord, et plus tard proportionnel (2).

2929. Cette formule a été critiquée par un auteur estimé (3), selon lequel la stipulation, qu'elle soit sous forme de réserve ou de condition, contient toujours une donation mutuelle entre époux, nulle comme résultant d'un même acte.

2930. Le même auteur (4) enseigne que le seul moyen d'assurer au survivant l'usufruit des biens du prémourant, c'est qu'ils se fassent d'abord la donation de cet usufruit par deux actes séparés, ainsi que le prescrit l'art. 1097 ; puis, que, par le partage anticipé, ils se réservent cet usufruit jusqu'au décès du survivant, en se référant expressément aux actes de donation qu'ils déclareraient maintenir. Nous donnons une formule selon ce système, quoique, à notre avis, il n'atteigne nullement le but cherché ; en effet, la donation entre époux n'est-elle pas révocable, et à la supposer non révoquée, les héritiers du prédécédé ne pourront-ils pas la faire réduire comme excédant la portion disponible? Le survivant invoquerait en vain l'obligation prise par les donataires de souffrir cette libéralité ; on lui répondrait que cette obligation constitue un pacte sur une succession future dans le sens des art. 791, 1130 et 1600 du C. N., et comme telle est réputée non écrite.

2931. Quant à la réserve d'une rente viagère au profit des père et mère, réversible au profit du

---

Ou bien :

Réserve d'usufruit (n° 2650).

Les donateurs font la réserve, pendant leur vie et celle du survivant, de l'usufruit de la totalité des immeubles donnés. A cet égard, ils font observer que, suivant deux actes passés, en présence de témoins, devant M°. . . . ., notaire à . . . ., le. . . ., ils se sont fait mutuellement, en faveur du survivant, donation de l'usufruit de l'universalité des biens meubles et immeubles du premier mourant, desquelles donations, celle qui produira son effet par le prédécès du conjoint donateur, sera enregistrée dans les trois mois de son décès, conformément à la loi.

Comme condition expresse de la présente donation, les donataires, qui s'y soumettent formellement, seront tenus d'exécuter dans son entier la donation faite par celui des époux qui prédécèdera, et conséquemment de souffrir que le survivant des donateurs jouisse pendant sa vie, avec dispense de fournir caution, de l'usufruit de l'intégralité des biens compris en la masse ci-dessus établie.

2° Rente viagère (n° 2931).

Les donateurs imposent aux donataires, qui s'y obligent chacun pour moitié, M. et Mme Dupas, solidairement entre eux, la condition de leur servir, et au survivant d'eux, sans réduction, une rente annuelle et viagère de cinq cents francs, qui prendra cours le. ., et sera payable aux donateurs, en leur demeure, chaque année, en deux termes égaux, les. . . . ., pour faire le payement du premier semestre le. . . . ., celui du second le. . . . et ainsi de suite jusqu'au jour du décès du dernier mourant des donateurs.

Les donateurs ne seront pas tenus de justifier de certificats d'existence pour toucher les arrérages de cette rente, tant qu'ils les recevront eux-mêmes.

---

(1) Paris, 23 juin 1849 ; J. N., 13751.
(2 Trib. Mortagne, 29 août 1851 ; J. N., 17246 ; trib. Rambouillet, 21 déc. 1863 ; J. N. 17969 ; contra, trib. St-Quentin, 9 août 1864 et 14 fév. 1863 ; J. N., 17233 ; et Rev. not., art. 84 et 517 : Cass., 14 nov.
1865 ; J. N., 18431 ; trib. Rambouillet, 15 fév. 1867 ; Journ. du Not., 1867, p. 149.
(3) Roll. Jur. N., 10538.
(4 Voir aussi une note dans le Form de Clerc, 1. p. 484.

survivant, elle est censée n'être qu'une condition de chacune des donations ; elle ne constitue donc pas une libéralité entre époux et ne donne lieu ni au droit d'enregistrement de donation entre époux, ni à un droit de mutation au décès du premier mourant.

2932. Les donataires peuvent être chargés de l'acquit des dettes présentes des ascendants donateurs, *supra* n° 2508.

2933. Si le partage anticipé n'oblige pas les donataires à l'acquit des dettes, en sont-ils tenus de plein droit comme charge de la démission de biens faite à leur profit ? Il faut décider la négative : le partage anticipé est soumis aux règles des donations entre-vifs (*C. N. 1076*), et, comme le simple donataire entre-vifs, ils ne peuvent y être contraints s'ils ne s'y sont pas obligés (1) ; cependant si la donation comprend en réalité l'universalité des biens, ce que le juge doit apprécier, on décide que les donataires sont tenus des dettes existantes au jour de la donation (2). Mais en raison de la controverse, le notaire agira prudemment en faisant expliquer clairement les parties à ce sujet.

2934. Les ascendants donateurs peuvent, dans certains cas, imposer la prohibition d'aliéner les biens donnés pendant leur vie, *supra* n°s *2560*, *2561*.

2935 Les biens compris dans le partage anticipé doivent-ils, lors du décès de l'ascendant donateur, être rapportés fictivement à la masse de sa succession, *infra, n° 3068*, pour le calcul de la quotité disponible ?

3° *Payement des dettes des donateurs (n° 2932 et 2933).*

Les donataires, qui s'y obligent chacun pour moitié, M. et Mme Dupas solidairement entre eux, seront tenus de payer en l'acquit de M. et Mme Buhot, donateurs, et à l'époque d'échéance, une somme de trois mille francs, que les donateurs doivent, pour prêt, à M. Jean Colas, rentier, demeurant à....., en vertu d'une obligation reçue par M^e...., qui en a gardé minute, et son collègue, notaires à....., le.....; cette somme a été stipulée exigible le....., et productive d'intérêts sur le pied de cinq pour cent par an, sans retenue, payables chaque année en un seul terme, le..... Les intérêts seront à la charge des donataires à partir du.....

4° *Hypothèque ; action révocatoire.*

(Voir formule 362, page 246.)

5° *Interdiction d'aliéner (n° 2934).*

Les donateurs, en raison de la rente viagère et de la réserve d'usufruit ci-dessus stipulées à leur profit, interdisent formellement aux donataires, qui s'y soumettent, de vendre, aliéner ou hypothéquer, pendant la vie des donateurs et celle du survivant, tout ou partie des biens compris dans leurs lots, à peine de nullité des ventes, aliénations ou hypothèques et de révocation des présentes.

6° *Réserve de disposer des biens restant aux donateurs (n°s 2935 et 2936).*

M. et Mme Buhot, donateurs, se réservent la libre disposition de leurs biens meubles, ainsi que des autres biens dont ils pourront devenir propriétaires par la suite ; et s'ils viennent à disposer de tout ou partie de ces biens, soit en faveur d'un non-successible, soit par préciput en faveur d'un ou de plusieurs de leurs successibles, les biens faisant l'objet de la disposition seront imputables sur la quotité disponible, qui devra être calculée sur une masse composée tant des biens existants que de ceux précédemment donnés, même de ceux faisant l'objet du présent partage anticipé, qui seront rapportés fictivement pour ce calcul.

---

(1) Toullier, V, 817, 818 ; Duranton, IX, 630 ; Demante, IV, 87 *bis* ; Coin-Delisle, *945*, 7 ; Demolombe, XX, 454 ; Massé et Vergé, § 510, note 4 ; Dict. not., *Part. d'asc.*, n° 87 ; Roll., *ibid.*, n° 99 ; Troplong, n° 1214 ; Douai, 12 fév. 1840 ; Agen, 11 juin 1858 ; Bordeaux, 18 janv. 1858 ; Jur. N., 11121 ; contra, Grenier, n° 395 ; Taulier, IV, p. 83 ; Marcadé, *art. 1076*.

(2) Duranton, Grenier, Marcadé, *loc. cit.*; Dict. not., *Part. d'asc.*, n° 89 ; Roll., *ibid.*, n° 100 ; Troplong, n° 2310 ; Clermont-Ferrand, 26 déc. 1860 ; Bordeaux, 7 juin 1860 ; Agen, 14 juin 1847 ; Toulouse, 29 juin 1839 ; Arg. Cass., 19 fév. 1824 ; J. N., 10576, 10961 ; contra, Genty, p. 231 ; Massé et Vergé, § 510, note 4 ; Chambéry, 25 janv. 1861 ; J. N., 17052. Voir aussi Demolombe, XX, 462, XXIII, 128.

Cette question est vivement controversée : les uns (1) décident que le rapport fictif doit avoir lieu, pour établir, conformément à l'art. 922, une masse générale composée tant des biens existants que de tous ceux donnés, même lorsque des charges ont été imposées aux enfants donataires (2), mais pourvu que le don ou le legs soient prélevés sur les seuls, biens existants au décès et ne le soient jamais sur ceux donnés qui ne sont joints que fictivement à la masse ; c'est aussi notre avis. En effet l'art. 922 pose une règle générale, et l'art. 1076, loin d'y apporter une exception, dit que les partages anticipés sont soumis aux conditions et règles prescrites pour les donations. D'autres autorités (3) décident au contraire que le partage anticipé constitue une démission de biens, une abdication qui a pour objet de faire sortir les biens du patrimoine de l'ascendant; que ces biens forment une succession à part régie par les art. 1075 et suiv., de sorte qu'il y a deux espèces de successions, l'une partagée conformément à la volonté paternelle, l'autre conformément à la loi ; et que c'est sur cette dernière succession, c'est-à-dire sur les seuls biens existants au décès, que doit être calculée la valeur de la portion disponible. En présence de cette controverse, il est du devoir du notaire de mentionner l'intention des parties à cet égard (4).

2936. Si le partage anticipé contient la stipulation que les enfants n'auront aucun compte à se demander ni aucun rapport à exiger lors de l'ouverture de la succession, pour raison des biens y compris, cette stipulation suppose la volonté du disposant de ne se réserver la portion disponible que sur les biens restés en ses mains, et dès lors elle ne doit être calculée que sur les seuls biens existants au décès (5).

7° Jouissance.

Les donataires auront la nue propriété des biens entrés dans leurs lots, à partir d'aujourd'hui ; ils en prendront la jouissance au jour du décès du survivant des donateurs, époque de l'extinction de l'usufruit.

8° Impôts.

Ils acquitteront les impôts de toute nature des immeubles entrés dans leurs lots, à compter du jour de leur entrée en jouissance.

9° État des bâtiments; contenance des immeubles.

(Voir formule 323, p. 105.)

10° Servitudes.

(Voir même formule, p. 106.)

11° Bornage; arbres.

Dans le délai d'un mois de ce jour, il sera fait le mesurage et la division en deux portions égales de l'immeuble article trois de la masse ; la séparation entre les deux portions sera constatée par des bornes que les copartageants feront planter, à frais communs, sur la ligne de division.

Les arbres qui, par suite de la division de cet immeuble, se trouveront à une distance de la ligne séparative moindre que celle voulue par la loi, continueront d'exister ainsi ; mais s'ils viennent à être arrachés ou à périr pour quelque cause que ce soit, ils ne pourront être remplacés qu'à la distance prescrite.

---

(1) Roll., Part. d'asc., n° 36, et Jur. N., 7818 ; Vazeille, 1077, 3 ; Genty, Part. d'asc., n° 241; Beautemps-Beaupré, Port. disp., n° 679; Bayle-Mouillard, III. p. 244; Demante et Colmet de Santerre, V, 245 bis; Bellaigne, Rev. prat., 1860. IX. p. 296; Demolombe, XIX. 321 ; Dict. not., Port. disp., n° 325; Poitiers, 7 août 1833; Agen, 11 avril 1842, 17 avril 1850; Caen, 26 juin 1846, 23 mars 1847, 10 mai 1852 ; Lyon, 23 juin 1849; Montpellier, 24 juillet 1843, 27 août 1849; Douai 21 mai 1851, 12 fév. 1857, 26 janv. 1861; Angers, 22 juill. 1852 ; Colmar, 24 déc. 1852, 21 fév. 1855, 24 mars 1857, 28 mai 1861 ; Paris, 19 janv. 1854 ; Bourges, 21 fév. 1854; Bordeaux, 6 avril 1854; Grenoble, 4 juill. 1854, 12 fév. 1860; Besançon, 7 août 1854 ; Amiens, 12 juill. 1855 ; Riom, 3 mai 1862; Cass., 13 déc. 1843, 13 fév. 1860, 24 avril 1861; J. N., 15203, 15755, 16809, 17574 ; Rouen, 30 nov. 1866.

(2) Besançon, 8 août 1860 ; Cass., 24 avril 1861 ; M. T., 1861, p. 354.

(3) Dalloz, n° 1113; Massé et Vergé, § 455, note 3 ; Coin-Delisle, Rev. crit., VII. p. 16; Troplong, n° 964; Larombière, 1304, p. 78; Douai, 24 mai 1825; Agen, 26 juill. 1832; Dijon, 11 mai 1841; Cass., 4 fév. 1845 ; Angers, 25 avril et 2 juill. 1846; Bordeaux, 12 avril 1851, et 23 déc. 1852 ; Rouen, 25 avril 1853 et 25 janv. 1855 ; J. N., 12415, 15755.

(4) Troplong, n° 965; Cass., 13 déc. 1843.

(5) Rouen, 24 juin 1856; Cass., 19 avril 1857 ; Jur. N., 10272. Voir aussi Montpellier, 7 janv. 1862; Cass., 7 janv. 1863. CONTRA: Bordeaux 9 juin, 1863, Jur. N., 12478.

2937. La garantie des lots, en matière de partage d'ascendants, a lieu comme pour le partage de succession (1), *supra n° 2079*, à moins que les copartageants n'y aient renoncé (2).

2938. Le privilége accordé aux copartageants par l'art. 2103, 3°, du C. N., pour le payement des soultes, est applicable aux partages d'ascendants (3); le délai pour l'inscrire est de quarante-cinq et soixante jours, *supra n° 2115*, qui courent du jour du partage anticipé s'il a eu lieu par acte entre-vifs (4), ou du jour du décès de l'ascendant s'il a eu lieu par partage testamentaire (5).

2939. Le privilége de copartageant même inscrit dans le délai de la loi, lorsqu'il résulte d'un partage anticipé non transcrit, n'est pas opposable aux créanciers du donateur inscrits sur les immeubles donnés en vertu d'hypothèques consenties postérieurement à la donation, car le partage anticipé est sans effet au regard des tiers, lorsqu'il n'a pas été rendu public par la transcription (6), *supra n° 2482*.

2940. Si les enfants entre lesquels a lieu le partage anticipé ont reçu antérieurement de leurs père et mère des avantages inégaux en avancements d'hoirie, il y a lieu de leur faire rapporter le montant de leurs dons et de les comprendre dans la masse à partager, *infra n° 2945*. Si les enfants ont été également avantagés, il est utile de le constater et d'énoncer que cette égalité les dispense de tout rapport.

12° Garantie (n° 2937).

Les donataires seront garants l'un envers l'autre de tous troubles et évictions, conformément à la loi.

13° Payement de la soulte; privilége (n° 2938 et 2939).

M. Buhot, fils s'oblige à payer à Mme Dupas, les deux mille francs montant de la soulte attribuée à cette dame, dans les six mois du jour du décès du survivant des donateurs, sans intérêt.

Ce payement aura lieu à. . . . ., en l'étude de M^e. . . ., notaire soussigné, et ne pourra être effectué qu'en espèces d'or ou d'argent, et non autrement.

A la sûreté et garantie du payement de cette soulte avec tous accessoires, les immeubles composant le lot échu à M. Buhot, etc. . . . . (*Le surplus de la condition comme au n° 6 de la page 114.*)

14° Egalité d'avantages (n° 2940).

Les copartageants reconnaissent qu'ils ont été avantagés d'une manière égale par leurs père et mère; en conséquence ils déclarent qu'ils ne se devront aucun rapport aux décès des donateurs, pour raison des libéralités que ceux-ci ont pu leur faire antérieurement à ce jour.

15° Donation éventuelle d'excédant de lots (n° 2941).

Pour le cas où l'un des lots serait d'une valeur supérieure à l'autre, M. et Mme Buhot père et mère, font donation, par préciput, et hors part, de l'excédant à celui des donataires dans le lot duquel il se trouvera exister, ce qui est expressément accepté par chacun d'eux.

16° Condition de ne pas attaquer le partage (n° 2942).

Les donateurs imposent expressément aux donataires, qui s'y soumettent, la condition de ne pas attaquer le présent partage. Si cependant ce partage vient à l'être, pour quelque motif que ce soit, par l'un des donataires, M. et Mme Buhot déclarent priver de

---

(1) Grenier, n° 394; Toullier, V, 807; Duranton, IX, 633; Zach., Massé et Vergé, § 510, note 2; Dict. not., *Part. d'asc.*, n° 47; Roll., *ibid.*, n° 106; Grenoble, 8 janv. 1851.

(2) Cass., 3 mars 1856; J. N., 15765.

(3) Grenier, *Hyp*, n° 407; Persil, *2103*, § 3, n° 4; Troplong, *Priv.*, n° 815; Duranton, IX, 289; Zach., § 510, note 3; Roll., *Part. d'asc.*,

n° 107 et *Priv.*, n° 280; Limoges, 8 janv. 1847; Cass., 4 juin 1849; Montpellier, 19 fév. 1853; Jur. N., 10569.

(4) Troplong, *Priv.*, n° 345; Pont, *ibid.*, n° 294; Roll., *ibid.*, n° 367, *bis*; Montpellier, 19 fév. 1853; Cass., 28 août 1839; Jur. N., 40559, 14566.

(5) Pont, *Priv.*, n° 294; Montpellier, 19 fév. 1853.

(6) Paris, 2 mai 1860.

2941. Les ascendants donateurs, en prévoyant le cas où l'un ou plusieurs des lots seraient d'une valeur supérieure aux autres, peuvent faire donation par préciput ou hors part de l'excédant à celui ou à ceux dans les lots desquels il se trouvera, dans le but d'éviter l'action en rescision pour cause de lésion, *supra* n° *2916*; il y a seulement lieu, de la part de ceux qui en souffrent, à l'action en réduction s'ils ne sont pas remplis de leur réserve (1).

2942. L'ascendant, qu'il fasse seulement la division de ses biens entre ses enfants ou qu'il impose la condition d'y réunir ceux de son conjoint prédécédé, peut déclarer qu'il prive de toute part dans la quotité disponible l'enfant qui attaquera le partage, et, pour ce cas, donner la quotité disponible aux autres. Cette clause n'a rien d'illicite et doit être exécutée (2), à moins qu'elle n'ait pour but d'assurer des dispositions contraires à l'ordre public, comme une substitution prohibée.

2943. Nous avons vu, *supra* n°s *2563 et 2564*, que le donateur peut déclarer insaisissables les sommes, objets et immeubles formant la quotité disponible; la déclaration peut porter sur un objet déterminé ou sur une quotité, et, à ce moyen, atteindre les capitaux à provenir du remboursement des créances ou de l'aliénation de biens déclarés insaisissables. Cette clause, assez rare dans la pratique, est susceptible d'être insérée dans les partages anticipés.

---

toute part dans la quotité disponible celui qui se refusera à son exécution; et, pour ce cas, ils font donation, par préciput ou hors part, de la quotité disponible à celui des donataires contre lequel l'action sera intentée, ce qui est accepté par les donataires.

17° Clause d'insaisissabilité (1) (n° 2943),

M. et Mme Buhot, donateurs, usant de la faculté contenue en l'art. 781 du Code de proc. civ., et désirant assurer à leurs enfants des moyens d'existence, déclarent insaisissable le tiers des biens qu'ils viennent de leur donner en partage, comme formant la portion disponible dont ils auraient pu les priver.

En conséquence il est expressément stipulé :

1° Que les créanciers personnels des donataires, ni ceux de leurs conjoints, ne pourront saisir utilement soit les arrérages, intérêts, revenus, soit le fonds ou capital de . . . . ., (*désigner les biens que l'on veut déclarer insaisissables*), formant environ la quotité disponible pour chaque donataire;

2° Qu'en cas d'aliénation ou de remboursement de . . . . . (*les choses déclarées insaisissables*), le capital qui en proviendra et que les donataires seront libres d'employer de telle manière, en tels biens et sous tel mode que bon leur semblera, sera également insaisissable, tant en fonds que pour les revenus, sur la seule mention de la présente déclaration dans les contrats ou actes auxquels ils donneront lieu.

18° Titres (n° 2094 à 2097).

Les copartageants ont fait la division entre eux des titres de propriété, conformément aux dispositions de l'art. 842 du Code Napoléon.

En conséquence remise a été faite :

A M. Buhot fils, de : 1°... etc.

Et à M. et Mme Dupas de : 1°... etc.

TRANSCRIPTION.

Les donataires feront transcrire... etc. . (*Voir formule* 357, *page* 235.)

(1) Formule communiquée par M. Letteron, clerc de notaire à Coulommiers (Seine-et-Marne).

---

(1) Toullier. V. 812; Troplong. n° 2306; Roll., *Part. d'asc.*, n° 124; Dijon, 14 mai 1844.
(2) Grenier, n° 399; Roll., *Part. d'asc.*, n° 87; Demolombe, XVIII, 279, 280; Larombière, 1226, 3; Lyon, 6 mars 1829; Cass., 1er mars 1830; 22 déc. 1845; Bordeaux, 22 mai 1844; Besançon, 14 janvier 1816; Caen 31 janv. 1848; Bordeaux, 22 fév. 1858; Grenoble, 20 déc. 1858; Rouen, 21 fév. 1863; Jur. N., 567, 815, 7223, 6929, 10247, 11132; voir Bordeaux, 6 juin 1863; Caen, 12 mars 1866; Jur. N., 12478, 13155

DES DONATIONS ENTRE-VIFS ET DES TESTAMENTS

SECTION II. — DU PARTAGE D'ASCENDANT PAR LE SURVIVANT DES PÈRE ET MÈRE.

2944. Le survivant des père et mère, en faisant à ses enfants ou autres descendants, la donation à titre de partage anticipé de ses biens, peut leur imposer la condition de réunir aux biens donnés ceux provenus de la succession de son conjoint prédécédé et de faire un seul partage du tout [Form. 426]; mais il faut que ses enfants et autres descendants soient tous majeurs et capables, car si parmi eux il se trouve des mineurs ou des interdits, la distribution des biens de l'ascendant donateur est seule possible; quant

Evaluation pour l'enregistrement.

Pour la perception du droit d'enregistrement, les immeubles donnés sont évalués à un revenu annuel, impôts compris, de. . . . .

Frais.

Les frais et droits des présentes, et ceux auxquels elles donneront ouverture, y compris transcription, inscription, grosse pour les donateurs et une expédition (*ou un extrait*) pour chaque donataire, seront supportés par les donataires, chacun par moitié.

Election de domicile (n° 183 et form. 176).

Dont acte. Fait et passé, etc. (*Présence réelle des témoins, voir formule 38 à 43*).

FORMULE 426. — **Partage d'ascendant par le survivant des père et mère.**
(N°s 2944 à 2948.)

Par-devant M°. . . . .

Ont comparu :

1° Mme Césarine Leloutre, cultivatrice, demeurant à. . . . ., veuve de M. Jacques Dalet, en son vivant cultivateur, demeurant à. . . . ., où ils est décédé le. . . . .

» Donataire de moitié en usufruit des biens meubles et immeubles dépendant de la
» succession de M. Dalet, son mari, aux termes de leur contrat de mariage reçu par
» M°. . . . ., qui en a gardé minute, et son collègue, notaires à. . . . ., le. . . . .

Ou, si la veuve a renoncé :

» Etant fait observer que Mme Dalet n'a aucun droit de survie à exercer dans la succes-
» sion de son mari, cette dame ayant renoncé à tous dons, legs et avantages de survie que
» son mari lui aurait faits, suivant déclaration passée au greffe du tribunal civil de. . . . .,
» le. . . . (*ou suivant acte passé devant M°*. . . ., qui en a gardé minute, et son collè-
» gue, notaires à. . . . ., le. . . .),

D'une part ;

2° M. Louis Dalet, cultivateur, demeurant à. . . . . :

3° M. Léon Dalet, marchand épicier, demeurant à. . . . .

4° M. Théodore Blot, foulonnier, et Mme Thérèze Dalet, son épouse, de lui autorisée, demeurant ensemble à. . . . .

» MM. Dalet et Mme Blot, seuls enfants et présomptifs héritiers, chacun pour un tiers,
» de Mme Veuve Dalet comparante.

» Et, seuls héritiers, chacun pour un tiers, de M. Jacques Dalet, leur père, ainsi que le
» constate l'intitulé de l'inventaire après son décès dressé par M°. . . . ., qui en a gardé
» minute, assisté de témoins, le. . . . .,

D'autre part ;

Lesquels, préalablement à la donation par Mme veuve Dalet de ses biens à ses enfants, et au partage entre ceux-ci tant des biens donnés que de ceux provenant de la succession de leur père, ainsi que des rapports à effectuer par quelques-uns d'eux, ont établi ainsi qu'il suit la masse des biens à y comprendre :

MASSE.

Propres de Mme veuve Dalet.

Art. 1er. Une pièce de terre labourable. . . . ., etc.

Art. 2. Une autre, plantée de vignes. . . . ., etc.

à ceux du conjoint prédécédé, ils donnent lieu à un partage de succession qui doit être judiciaire, *supra* n° 1981.

2945. Le partage anticipé peut valablement comprendre les biens que l'ascendant a précédemment donnés à ses enfants par avancement d'hoirie, et dont ils effectuent le rapport à la masse, comme s'il y avait eu décès (1), *supra* n° 2940 ; dans ce cas, la règle qui prescrit de faire entrer dans chaque lot la même quantité de meubles et d'immeubles de pareille nature n'est plus applicable. Ainsi lorsque, par suite de dons en argent ou de prêts (2) faits antérieurement à quelques-uns des enfants, ils sont à peu

Immeubles de la communauté.
Art. 3. Une maison, située à. . . . ., etc.
Art. 4. Un verger. . . . ., etc.
Art. 5. Une prairie. . . . ., etc.

Propres de feu M. Dalet.
Art. 6. Un bois taillis. . . . ., etc.
Art. 7. Une pièce de terre labourable. . . . ., etc.
Art. 8. Une autre en labour plantée, située. . . . ., etc.

Rapport par M. Louis Dalet.
Art. 9. Un terrain en cour et verger, situé dans le village de. . . . ., etc.
Art. 10. Une pièce de terre labourable. . . . ., etc.
Art. 11. Une somme de mille francs en numéraire.
Ces deux immeubles et les mille francs, ont fait l'objet de la donation par avancement d'hoirie que M. et Mme Dalet père et mère ont faite à M. Louis Dalet, aux termes de son contrat de mariage passé devant M^e. . . ., qui en a gardé minute, et son collègue, notaires à. . . . ., le. . . . .

Rapport par Mme Blot.
Art. 12. La somme de cinq mille huit cents francs, montant de la valeur du trousseau et du numéraire, dont M. et Mme Dalet ont fait donation par avancement d'hoirie, à Mme Blot, leur fille, aux termes de son contrat de mariage passé aussi devant M^e. . . . ., qui en a gardé minute, et son collègue, notaires à. . . . ., le. . . . .

ORIGINE DE PROPRIÉTÉ.
(*Voir formule* 425, *page* 335.)
La masse ainsi établie, il est passé à la donation et au partage :

DONATION.

Mme veuve Dalet fait donation entre-vifs, à titre de partage anticipé, conformément aux art. 1075 et suivants du Code Napoléon :
A MM. Dalet et Mme Blot, ses trois enfants, qui acceptent expressément, Mme Blot avec l'autorisation de son mari :
1° Des immeubles propres à Mme Dalet compris sous les articles un et deux de la masse ;
2° De la moitié appartenant à Mme Dalet dans les immeubles de la communauté désignés sous les articles trois, quatre et cinq ;
3° Et de l'usufruit auquel Mme Dalet a droit, comme donataire de son mari, de la moitié des immeubles de M. Dalet, comprenant ses immeubles propres désignés sous les articles six, sept et huit et sa moitié dans ceux des immeubles de la communauté faisant l'objet des articles quatre et cinq ; quant à l'immeuble article trois, Mme Dalet en réserve l'usufruit.

(*Si la veuve a renoncé à ses droits d'usufruit ou si elle en fait la réserve, le dernier paragraphe doit être supprimé.*)

Cette donation est faite aux charges, clauses et conditions qui seront exprimées ci-après ; et, en outre, à la condition que les donataires procéderont immédiatement, sous la médiation de la donatrice, au partage en trois lots, tant des biens donnés que de ceux

---

(1) Dict. not., *Part. d'asc.*, n° 59 ; Cass., 9 juill. 1840 ; J. N., 10720. Nancy, 27 juill. 1865 ; J. N., 18356. V. Colmar, 3 avril 1865 ; J. N., 18648 ; Paris, 1er mai 1863, Nimes, 1er juin 1866 ; Jur. H., 12811, 13563 ; Demolombe, XXIII, 77.
(2) Dict. not., *Part. d'asc.*, n° 138.

près remplis de leurs parts héréditaires, l'ascendant peut compléter leurs lots en immeubles, et ne comprendre que des immeubles dans les lots des autres (1); comme aussi il peut attribuer des immeubles à ceux des enfants tenus au rapport, et les sommes rapportées aux autres enfants (2).

2946. Tout ce qui est dit *supra* n°* 2915 à 2925, s'applique au partage d'ascendant fait par le conjoint survivant.

2947. Lorsque le survivant des père et mère, donataire ou légataire de l'usufruit de tout ou partie des biens laissés par son conjoint prédécédé, a renoncé purement et simplement par acte notarié à la donation ou au legs, ce qui a eu pour effet de rendre la libéralité caduque, et que par autre acte du

---

provenant de la succession de M™° DALET, ainsi que des objets rapportés par M. Louis DALET et M™° BLOT.
Il est de suite procédé à ce partage :

PARTAGE.

Premier lot. — M. Louis Dalet.

Pour remplir M. Louis DALET de son tiers dans les biens compris en la masse, M. Léon DALET et M. et M™° BLOT lui abandonnent, à titre de partage :
1° Les deux immeubles et les mille francs d'argent, faisant l'objet du rapport que M. Louis DALET a effectué sous les articles neuf, dix et onze de la masse ;
2° Et les immeubles compris sous les articles deux et six de la masse.

Deuxième lot. — M. Léon Dalet.

Pour remplir M. Léon DALET de son tiers dans les mêmes biens, M. Louis DALET et M. et M™° BLOT lui abandonnent, à titre de partage :
1°. Les immeubles faisant l'objet des articles 3, 4 et 8 de la masse ;
2° Et la somme de quinze cent soixante francs à toucher de M™° BLOT, sur les cinq mille huit cents francs dont elle a effectué le rapport sous l'article douze de la masse.

Troisième lot. — M™° Blot.

Pour remplir M™° BLOT de son tiers dans les mêmes biens, MM. DALET lui abandonnent, à titre de partage :
1° Les immeubles désignés sous les articles un, cinq et sept de la masse ;
2° Et la somme de quatre mille trois cents francs sur les cinq mille huit cents francs dont M™° BLOT a effectué le rapport sous l'article douze de la masse ; de laquelle somme M™° BLOT fait confusion sur elle-même.

ACCEPTATION.

Chacun des copartageants accepte les objets compris dans son lot, et tous abandonnements nécessaires sont consentis.

CONDITIONS DE LA DONATION ET DU PARTAGE :

1° M™° veuve DALET réserve l'usufruit à son profit et pendant sa vie, avec dispense de fournir caution, de la totalité de l'immeuble faisant l'objet de l'article trois de la masse, entré dans le lot de M. Léon DALET.

(*Si la donatrice réserve l'usufruit du tout:*
1° M™° veuve DALET impose aux donataires, qui s'y soumettent, la condition de la laisser jouir, à titre d'usufruitière, pendant sa vie, avec dispense de fournir caution, de la totalité, tant des immeubles par elle donnés que de ceux dépendant de la succession de son mari, le tout compris en la masse sous les articles un à huit inclusivement.)
La donatrice ne pourra donner à bail l'objet (*ou les objets*) dont elle vient de réserver

---

(1) Angers, 10 mai 1838 ; J. N., 10194.   (2) Cass., 11 déc. 1855 ; J. N., 15663.

même jour il a fait, entre ses enfants, le partage anticipé de ses biens en leur imposant la condition de le laisser jouir, à titre d'usufruitier pendant sa vie, de la totalité de ses biens et de ceux de la succession de son conjoint prédécédé, cette condition n'a pas pour objet de faire revivre la libéralité en usufruit, et la régie ne peut exiger le droit de mutation par décès entre époux, alors même qu'elle prétendrait que la renonciation n'était pas sérieuse (1).

2948. Il en est de même, à plus forte raison, si, au lieu de réserver l'usufruit, l'ascendant a stipulé une rente viagère à son profit comme charge de la donation.

SECTION III. — DU PARTAGE TESTAMENTAIRE.

2949. Le partage anticipé peut être fait par acte testamentaire [Form. 427] avec les formalités, con-

---

l'usufruit, pour une durée excédant l'époque du onze novembre qui suivra le jour de son décès.

2° Comme condition de la donation, les donataires, qui s'y obligent, seront tenus de servir et de payer à Mme veuve Dalet, donatrice, pendant sa vie, une pension annuelle et viagère composée de :
Deux cents francs en argent, payables chaque année en deux termes égaux, les premier janvier et premier juillet, pour faire le payement du premier semestre le premier janvier prochain;
Six hectolitres de blé froment, livrables chaque année en trois termes égaux, les premier octobre, premier février et premier juin, pour faire la première livraison le premier octobre prochain;
Dix hectolitres de pommes à cidre, livrables le onze novembre de chaque année, pour faire la première livraison le onze novembre prochain;
Et douze stères de bois de cotret, plus cent bourrées; le tout livrable le premier août de chaque année, pour faire la première livraison le premier août prochain.
M. Louis Dalet et Mme Blot contribueront chacun par moitié au payement des deux cents francs en argent, M. Léon Dalet ne devant y contribuer pour aucune somme, en raison de ce qu'il est obligé de souffrir l'usufruit de Mme Dalet sur l'immeuble article trois de la masse, entré dans son lot.
MM. Dalet et Mme Blot acquitteront les faisances chacun par tiers.
Il y aura solidarité entre M. et Mme Blot pour le payement de la part à la charge de Mme Blot, dans la pension viagère en argent et faisances.
Les payements et livraisons auront lieu en la demeure de Mme Dalet; cette dame pour les recevoir, ne sera pas tenue de justifier de certificat d'existence.
A la sûreté et garantie du service de cette pension viagère, chacun des donataires hypothèque la totalité des immeubles compris dans son lot; sur lesquels il consent qu'il soit pris inscription.
En outre, Mme Dalet aura l'action en révocation de la donation.
3° Les copartageants ont la propriété des immeubles entrés dans leurs lots, savoir : à compter d'aujourd'hui pour ceux donnés par Mme Dalet; et du jour du décès de M. Dalet pour ceux provenant de sa succession. Ils en prendront la jouissance à compter d'aujourd'hui, à l'exception de l'immeuble article trois de la masse attribué, à M. Léon Dalet, dont celui-ci n'aura la jouissance que du jour du décès de Mme Dalet, donatrice.
4° Ils acquitteront les impôts de toute nature des immeubles à eux attribués à partir d'aujourd'hui; toutefois Mme veuve Dalet reste tenue, pendant sa vie, des impôts de l'immeuble article trois, dont elle est usufruitière.
5° Ils ne pourront exercer de réclamations les uns envers les autres pour raison soit de mauvais état des bâtiments, soit de la différence en plus ou en moins entre la mesure

---

(1) Tribunaux. Rambouillet, 12 déc. 1845 ; Saint-Quentin, 1er juill. 1846; Saumur, 9 avril 1859; Nancy, 17 fév. 1862; Senlis, 20 janv. 1863; J. N., 12612, 12750, 16574, 17368, 17676; contra, Trib., Mortagne, 22 juill. 1817; J. N. (17701; Trib. Mans, 26 mars 1863; Journ. du Not 1863, p. 322.

ditions et règles prescrites pour les testaments (*C. N. 1076*) ; conséquemment il peut être olographe, public ou mystique (*C. N. 969*), et il est révocable (*C. N. 1035*).

2950. Un ascendant, en faisant le partage testamentaire de ses biens entre ses enfants, ne peut, sous peine de nullité, y comprendre les biens de son conjoint prédécédé (1) ; mais il peut valablement y faire figurer les biens qu'il a donnés par avancement d'hoirie à quelques-uns de ses enfants, dont il constate le rapport à la masse et qu'il fait entrer dans les lots de ceux-ci, afin que tous ses enfants soient égalisés (2).

2951. Le partage testamentaire, de même que tout autre testament (*C. N. 968*), ne peut être fait par deux ascendants ensemble dans un même acte.

2952. Cette prohibition produit des effets rigoureux (3), car elle est un obstacle au partage testamentaire par les père et mère des biens de la communauté, dont la propriété sur la tête de chacun d'eux ne peut être fixée d'une manière irrévocable que par un partage fait à la dissolution de la communauté ; si à cette époque il y a des incapables, si des difficultés naissent, un partage judiciaire devient nécessaire, ce que l'on aurait pu éviter par un partage testamentaire s'il eût été permis.

---

réelle et celle susexprimée à chaque immeuble, quand même cette différence serait de plus d'un vingtième.

6° Ils supporteront les servitudes passives, apparentes ou occultes, continues ou discontinues pouvant grever les immeubles entrés dans leurs lots, sauf à s'en défendre et à profiter de celles actives s'il en existe, à leurs risques et périls.

7° Ils seront garants les uns envers les autres de tous troubles et évictions, conformément à la loi.

8° M. et Mme Blot s'obligent, solidairement entre eux, de payer à M. Léon Dalet, les quinze cents francs qui lui ont été attribués sur le rapport de Mme Blot, dans les six mois du jour du décès de Mme Dalet, donatrice, avec intérêt à cinq pour cent par an, à partir seulement du jour de ce décès.

Ce payement aura lieu, en bonnes espèces de numéraire, à. . . . . ., en l'étude de M^e. . . . ., notaire soussigné.

A la garantie de ce payement, M. et Mme Blot hypothèquent les immeubles entrés dans le lot de Mme Blot, sur lesquels ils consentent qu'il soit pris inscription.

9° Les parties déclarent s'être réglées amiablement entre elles, relativement aux biens meubles qui dépendaient de la communauté d'entre M. et Mme Dalet et aux reprises respectives des époux. Elles se reconnaissent quittes et renoncent à se faire des réclamations à ce sujet.

10° Les donataires feront transcrire une expédition des présentes au bureau des hypothèques de. . . . .,

Si l'on ne fait pas transcrire, voir formule 357, page 235.

11° Les copartageants ont fait entre eux la division des titres, etc. (*Voir formule précédente.*)

12° Les frais et droits des présentes, etc. (*Ibid.*)

Pour la perception du droit d'enregistrement, les immeubles donnés sont évalués à un revenu annuel, impôts compris, de...

Pour l'exécution des présentes, etc...

Dont acte. Fait et passé, etc. (*Présence réelle des témoins, voir formules 38 à 43.*)

FORMULE 427. — Partage testamentaire (N°s 2949 à 2957.)

Par-devant M^e. . . . etc... (*Le surplus comme en la formule 384.*)

A comparu M. Zacharie Lamare, propriétaire, demeurant à....

Sain d'esprit... etc. (*Voir formule 384.*)

---

(1) Bordeaux, 22 mai 1845 ; J. N., 12101 ; Besançon, 16 janv. 1846 ; Jur. N., 7814.
(2) Cass. 9 juill. 1840 ; J. N., 10729.
(3) Marcadé, art. 1076.

2953. Deux systèmes ont été proposés dans le but d'obvier à cette difficulté. *Premier système.* Les père et mère font par un acte la division entre eux des biens de la communauté, ensuite chacun d'eux fait le partage testamentaire entre les enfants, tant de ses biens propres que de ceux entrés dans son lot, et après le décès du premier mourant, le survivant ratifie la division des biens de la communauté, ce qui aurait pour effet de le valider et de rendre le partage testamentaire inattaquable (1). Mais la femme ne peut, avant la dissolution de la communauté, faire aucun acte susceptible d'entraîner l'acceptation ou la répudiation de la communauté; la division entre les époux des biens de la communauté n'étant d'ailleurs permise par aucun texte de loi, n'est donc valable ni comme partage définitif, ni comme partage provisionnel, et dès lors la ratification par le conjoint survivant n'est pas opposable aux enfants (2). *Deuxième système.* Un père, par acte testamentaire, fait la division entre sa femme et lui des biens de la communauté par l'attribution d'un lot à chacun d'eux, et il réunit son lot à ses biens personnels pour faire le partage testamentaire du tout entre ses enfants; après le décès du mari, la femme ratifie et accepte son lot (3). Ce système est, encore plus que le premier, contraire à la loi, et un pareil partage ne peut être maintenu (4).

Lequel a dicté à Me...., notaire soussigné, en présence des quatre témoins, son testament ainsi qu'il suit :

« Mes présomptifs héritiers chacun pour un tiers sont : 1° Louis LAMARE, mon fils,
» cultivateur, demeurant à...; 2° Léon LAMARE, mon autre fils, marchand tapissier,
» demeurant à.....; 3° et Louise-Eugénie LAVILLE, ma petite-fille, mineure, de-
» meurant à...., chez son père, par représentation de ma fille Charlotte LAMARE,
» sa mère, décédée épouse de M. Charles LAVILLE.

» Pour éviter après mon décès le partage judiciaire auquel pourrait donner lieu la
» minorité de ma petite-fille, et aussi pour éviter toutes contestations qui pour-
» raient naître, je fais, ainsi qu'il suit, la division et le partage de mes biens entre mes
» présomptifs héritiers.

Masse de mes biens.

» Art. 1er Une maison....., etc.
» Art. 2. Une pièce de terre labourable....., etc.
» Art. 3. Une autre plantée de vignes....., etc.
» Art. 4. Une autre en labour....., etc.
» Art. 5. Une autre en prairie....., etc.
» Art. 6. Une autre en labour....., etc.
» Art. 7. Une créance de trois mille francs, sur M....., etc.
» Art. 8. Une rente de deux cents francs, trois pour cent sur l'État français, inscrite en
» mon nom au grand-livre de la dette publique, n° 121341 de la série troisième.

» *Origine de propriété.*

» Les immeubles ci-dessus désignés m'appartiennent....., etc.

» PARTAGE.

» *Premier lot.—M. Louis Lamare.*

» Pour remplir Louis LAMARE, mon fils, de son tiers dans les biens compris en la masse,
» je lui lègue :
» 1° Les immeubles compris sous les articles un et trois de la masse;
» 2° La créance de trois mille francs faisant l'objet de l'article sept.

» *Deuxième lot.— M. Léon Lamare.*

» Pour remplir M. Léon LAMARE, mon autre fils, de son tiers dans les mêmes biens, je
» lui lègue :

---

(1) Duranton, IX, 624; Roll. *Part. d'asc.*, n° 60; Douai, 10 fév. 1828 et 3 août 1846; J. N,. 12811.
(2) Bordeaux, 8 déc. 1831; Cass., 13 nov. 1849; J. N., 13911. Voir aussi Bordeaux, 26 fév. 1863; Rev. not. 653.
(3) Amiens, 9 déc. 1847; Bourges, 13 fév. 1860; J. N., 13272, 17365.
(4) Roll. *Part. d'asc.*, n° 61; Bordeaux, 8 août 1850; Rouen, 20 fév. 1857; Cass., 13 nov. 1849 et 23 déc. 1861; J. N., 13901, 14238, 17395.

2954. Le partage anticipé des biens de la communauté, tant qu'elle existe, ne peut donc être fait par acte testamentaire (1).

2955. Lorsque, après le partage testamentaire et du vivant de l'ascendant testateur, l'un des enfants vient à mourir, ses descendants succèdent par représentation à la part qui lui a été assignée et le partage est maintenu (2). Si l'enfant prédécédé ne laisse pas de descendants, le testament est caduc en ce qui le concerne, sa part se partage entre les héritiers existants au jour du décès, et le partage testamentaire conserve son effet à l'égard des autres enfants (3). Cependant il vaut mieux prévoir ces deux circonstances dans l'acte testamentaire.

2956. Lorsque le partage testamentaire est suivi d'une survenance d'enfant, il devient sans effet, comme le partage anticipé entre-vifs qui n'a pas été fait entre tous les enfants, *supra* n° *2910*, et il doit être fait un nouveau partage (4).

2957. La clause du partage testamentaire portant que celui des enfants qui l'attaquera sera privé de

» Les immeubles composant les articles cinq et six de la masse.

» *Troisième lot.—Mineure Laville.*

» Et pour remplir la mineure LAVILLE, ma petit-efille, de son tiers dans les mêmes biens, je lui lègue :

» 1° Les immeubles désignés sous les articles deux et quatre de la masse;

» 2° Et les deux cents francs de rente sur l'État, faisant l'objet de l'article huit.

» CONDITIONS.

» Si l'un ou plusieurs de mes descendants, entre lesquels je fais le présent partage,
» viennent à me prédécéder laissant des enfants ou autres descendants, ceux-ci recueille-
» ront par représentation la part assignée à leur auteur. S'ils ne laissent pas de descen-
» dants, la disposition à leur égard sera caduque, et la part que je leur ai assignée fera
» partie de ma succession, pour être partagée entre mes héritiers ; mais les dispositions
» en faveur des survivants conserveront tout leur effet.

» Chacun des légataires aura la pleine propriété et la jouissance des biens entrés dans
» son lot, à partir du jour de mon décès ;

» Il acquittera à compter du même jour, les impôts de toute nature des immeubles entrés
» dans son lot ;

» Il supportera les servitudes passives, apparentes ou occultes, continues ou discon-
» tinues pouvant les grever; sauf à lui à s'en défendre et à profiter de celles actives, s'il en
» existe, à ses risques et périls.

» Les légataires ne pourront exercer de réclamations les uns envers les autres, pour la
» différence en plus ou en moins entre la contenance réelle des immeubles et celle sus-
» exprimée, quand même cette différence serait de plus d'un vingtième.

» Ils feront entre eux, après mon décès, la division des titres de propriété conformément
» à l'art. 842 du Code Napoléon.

» Dans le cas où l'un ou plusieurs des lots seraient d'une valeur supérieure aux autres
» lots, je lègue par préciput et hors part l'excédant à ceux des légataires dans les lots
» desquels il se trouvera exister.

» J'impose expressément à mes héritiers la condition de ne pas attaquer le présent par-
» tage; si, nonobstant ma défense, il vient à l'être, pour quelque cause que ce soit, par un
» ou plusieurs d'entre eux, je déclare priver de toute part dans la quotité disponible ceux
» qui l'attaqueront ; et, pour ce cas, je lègue par préciput et hors part la quotité dispo-
» nible à ceux de mes héritiers qui auront respecté mes dispositions.

---

(1) Marcadé, *art. 1076*; Toullier, V, 815; Grenier, n° 402; Vazeille, *1076*, 2; Poujol, *1075*, 4; Bordeaux, 8 août 1850; J. N., 14238.

(2) Duranton, IX, 644; Zach., Massé et Vergé § 503, note 2. Dict. not., *Part. d'asc.*, n° 38; Troplong, n°s 2303, 2326; Genty, *Part. d'asc.*, n°s 269, 285; Roll., *ibid*. n° 28; Marcadé, *1078*, 2; Riom. 26 nov. 1828;

Limoges. 29 février 1832; Jur. N. 8366; CONTRA, Bordeaux, 2 mars 1832 Agen, 23 déc. 1847; Jur. N. 8366.

(3) Duranton, IX, 641; Zach. Massé et Vergé, § 502, note 2 et 506 note 4; Mourlon II, p. 488; Dict. not., *Part. d'asc.*, n° 48, CONTRA Troplong, n° 2349.

(4) Troplong, n° 2322.

toute part dans la quotité disponible de la succession du disposant produit son effet, *supra* n° *2942*, même lorsque le testament est annulé pour y avoir compris tant les biens du testateur que ceux de son conjoint prédécédé (1) ; mais la clause peut être écartée par le juge, si le partage est attaqué par un juste motif tel que la lésion prouvée, et si, d'après ses termes, il est permis de croire que le testateur a eu pour seul but de s'opposer à l'esprit de chicane (2).

2958. Lorsque les biens faisant l'objet du partage testamentaire comprennent une grande quantité de parcelles, la désignation des biens et le lotissement peuvent être tellement longs que l'opération en une seule séance soit matériellement impossible, pour les témoins comme pour le notaire, *supra* n° *2670* ; et il a été jugé que l'ascendant peut d'abord établir, par un acte notarié ordinaire, la masse et le lotissement de ses biens, puis, par son testament, distribuer les lots entre ses enfants, en se référant à l'acte de lotissement (3). Le *Journal des notaires* a accueilli ce mode de procéder et il conseille de l'employer (4) ; cependant une décision contraire a été rendue depuis (5), et il nous paraît qu'il est plus prudent de s'abstenir de l'emploi de cette forme.

Le présent testament a été ainsi dicté etc. » (*Le surplus comme en la formule 384.*)

FORMULE 428. — **Partage testamentaire en plusieurs séances** (N° 2958 et 2959.)

1re SÉANCE. — ETABLISSEMENT DE LA MASSE.

PAR-DEVANT Me....., etc. (*Voir formule 384.*)
A COMPARU M.....
Lequel a dicté, etc. (*Le surplus comme en la formule précédente.*)
« Mes héritiers présomptifs sont : etc. (*Ibid.*)
» Pour éviter après mon décès, etc. (*Ibid.*)

» *Masse de mes biens.*

» Art. 1er.....; art. 2.....; art. 3.....; art. 4.....; etc.....

» *Origine de propriété.*

» Les immeubles que je viens de désigner m'appartiennent, etc. (*Établir succinctement l'origine de propriété.*)

» *Renvoi pour la continuation.*

» Le lotissement, l'attribution des lots et les conditions du partage devant demander un
» temps assez long, je me borne aujourd'hui à l'opération qui précède et je remets la con-
» tinuation du partage à demain (*ou* à un jour ultérieur).
Ce testament a été ainsi dicté etc..... (*Voir formule 384.*)

2e SÉANCE. — COMPOSITION DES LOTS.

Et aujourd'hui.....
PAR-DEVANT M°.....
A COMPARU M.....
Lequel, après que Me....., notaire soussigné, lui a donné une nouvelle lecture de la première partie du présent partage, en date du..., dont la minute précède, a dicté à Me.., notaire soussigné, en présence des quatre témoins, la suite de son partage testamentaire :
« Je maintiens l'établissement de la masse de mes biens et l'origine de propriété contenus en la première partie de mon partage testamentaire en date du.....;
» Je continue ainsi qu'il suit le partage de mes biens :

Composition des lots.

» *Premier lot.* Je le compose de :
» 1°.....; 2°.....; 3°.....; 4°.....; etc.

---

(1) Cass., 1er mars 1830; Bordeaux, 22 mai 1844; J. N., 12167.
(2) Cass., 18 mai 1831 ; J. N., 7649.
(3) Orléans, 20 juin 1845; Cass., 7 avril 1847; J. N ; 13007, 17815.
(4) Dict. not., *Test.*; et *Dissertation*, J. N., 17815.
(5) Trib. Belfort, 15 mai 1862; M. T., 1863, p. 216. Voir aussi Coin-Delisle, *967*, 9, et Journ. not., *Dissertation*, art. 19031.

2959. Nous préférons, pour ce cas, un testament sous la forme mystique lorsque le testateur sait lire, et dans le cas contraire un partage testamentaire fait en plusieurs séances ou vacation, *supra* n° 2670 [Form. 428].

CHAPITRE SIXIÈME

DES DONATIONS FAITES PAR CONTRAT DE MARIAGE AUX ÉPOUX ET AUX ENFANTS A NAITRE DU MARIAGE.

2960. *Donation par contrat de mariage* [Form. 429]. Toute donation entre-vifs de biens présents, quoique faite par contrat de mariage, aux époux ou à l'un d'eux, est toujours soumise aux règles générales prescrites pour les donations faites à ce titre. Elle ne peut avoir lieu au profit des enfants à naître (1), si ce n'est dans les cas énoncés *supra* n°s 2870 *et suiv.* (*C. N. 1081*).

» *Deuxième lot.* Je le compose de:
» 1°. . . . . ; 2°. . . . . ; 3°. . . . . ; 4°. . . . . . ; etc.
» *Troisième et dernier lot.* Je le compose de :
» 1°. . . . . ; 2°. . . . . ; etc. . . . .
» Je borne mes dispositions testamentaires de ce jour aux opérations qui précèdent et j'en remets à un jour ultérieur la continuation et l'achèvement.
» Ce testament a été ainsi dicté., etc. » (*Voir formule 384.*)

3° ET DERNIÈRE SÉANCE. — ATTRIBUTION ; CONDITION.

Et aujourd'hui,
PAR-DEVANT M^e . . . .
A COMPARU M. . . . .
Lequel, après qu'une nouvelle lecture lui a été donnée par M^e. . . . ., notaire soussigné, des deux premières parties du présent partage testamentaire, en date des. . . . ., dont la minute précède, a dicté à M^e. . . . ., en présence des quatre témoins, la suite de son partage testamentaire :
» Je maintiens l'établissement de la masse de mes biens et le lotissement que j'en ai » fait par les deux actes testamentaires qui viennent d'être énoncés.
» Je termine ainsi qu'il suit le partage de mes biens :

« *Attributions.*

» J'attribue et je lègue à. . . . . le premier lot de mes biens tel que je l'ai composé dans » l'acte testamentaire du. . . . .
» J'attribue et je lègue à. . . . . le second lot de mes biens, aussi tel que, etc. . . . .
(*Voir pour le surplus, la formule 427.*)

§ 5. — DES DONATIONS PAR CONTRAT DE MARIAGE.

FORMULE 429. — Donation par contrat de mariage. (N°s 2960 et 2961.)

En considération du mariage, M. HUARD, comparant, fait donation entre-vifs, par préciput et hors part,
Au futur époux, son neveu, qui accepte :
D'une somme de cinq mille francs, qu'il s'oblige à lui payer le jour du mariage en projeté, dont la célébration devant l'officier de l'état civil en vaudra quittance au donateur.
(*Voir diverses autres formules de donation par contrat de mariage, au titre* du contrat de mariage.)

---

(1) Duranton, IX, 664 ; Paris, 30 avril 1846 ; J. N., 13109.

2961. Ainsi, les règles relatives à la réduction, *infra n° 3062*, la révocation pour survenance d'enfant, *supra n° 2608*, l'état estimatif, *supra n° 2489*, la transcription (1), *supra n° 2478*, le dessaisissement et l'irrévocabilité (2), *supra n° 2448*, s'appliquent aux donations de biens présents faites par contrat de mariage; les seules différences sont celles rappellées *infra n°s 2988 à 2992*.

2962. La donation en faveur du mariage peut être faite par un acte étranger aux conventions matrimoniales, si d'ailleurs il est antérieur à la célébration du mariage. Cet acte est assujetti aux formes des donations, comme aussi à la formalité de l'acceptation formelle (3) et à la présence réelle des témoins ou d'un second notaire ; mais, s'il exprime d'une manière non douteuse que la libéralité est faite en considération d'un mariage en projet [FORM. 430], il participe aux priviléges exceptionnels des donations faites par contrat de mariage, *infra n°s 2988 à 2992*, et la libéralité est soumise à la condition que le mariage s'ensuivra (4).

2963. *Institution contractuelle.* Les pères et mères, les autres ascendants, les parents collatéraux des

---

FORMULE 430. — **Donation en faveur du mariage.** (N° 2962.)

PAR-DEVANT M^e.....

A COMPARU M. Léon DUTHUIT, négociant, demeurant à....,

Lequel, en considération du mariage que M. DUTHUIT, son neveu, ci-après nommé, doit prochainement contracter avec Mlle ANNA COLLET, sans profession, domiciliée à....., chez ses père et mère,

A, par ces présentes, fait donation entre-vifs, par préciput ou hors part,

A M. Louis DUTHUIT, son neveu, docteur en médecine, demeurant à....., ici présent et ce acceptant,

De....., etc..... (*Le surplus comme en la formule 357.*)

La présente donation est soumise à la condition du mariage projeté entre M. DUTHUIT, donataire, et Mlle COLLET, et sera caduque si ce mariage ne s'ensuit pas.

Dont, acte, etc., (*Présence réelle des témoins.*)

FORMULE 431. — **Institution contractuelle par le père, de la quotité disponible.**
(N°s 2963 à 2980, et 2988 à 2993.)

En considération du mariage et conformément aux articles 1082 et 1083 du Code Napoléon. M. LEBON, comparant, fait donation entre-vifs, par préciput et hors part,

A la future épouse, sa fille, qui accepte,

De toute la portion de biens dont la loi permettra la libre disposition au donateur, à l'époque de son décès, à prendre dans les biens meubles et immeubles qu'il laissera à son décès;

En cas de prédécès de la donataire, ses descendants à naître du mariage projeté recueilleront la libéralité, s'ils survivent au donateur.

Le donateur se réserve de disposer gratuitement, par telles voies et en faveur de telles personnes que bon lui semblera, d'une valeur de deux mille francs sur la portion disponible; il s'interdit formellement de faire aucune autre disposition au préjudice de la donataire. S'il n'use pas de la faculté qu'il vient de réserver, la donataire en profitera comme de droit.

---

(1) Troplong, n° 2341; Cass., 2 avril 1821 et 23 juill. 1822.
(2) Ainsi les père et mère ne peuvent la révoquer, même sous le prétexte qu'elle n'a été consentie qu'en vue d'un mariage auquel ils ont cru devoir plus tard former opposition, et dont la célébration ne peut avoir lieu qu'après l'accomplissement d'actes respectueux. Trib. Seine, 24 déc. 1863; *Journ. du Not.*, 1863, p. 370.

(3) Duranton, IX, 607; Coin-Delisle, *1081*, 8; Troplong, n° 2476 Dict. not., *don. en fav. du mar.*, n° 4; Roll., *ibid.*, n° 5; Arg., Nîmes; 4 janv. 1850.
(4) Toullier, V., 829 ; Grenier, n° 407; Dict. not., *Don. en fav. du mar.*, n°s 2 et 3.

époux et même les étrangers peuvent, par contrat de mariage, disposer de tout ou partie des biens qu'ils laisseront au jour de leur décès, tant au profit des époux qu'au profit des enfants à naître de leur mariage, dans le cas où le donateur survivrait à l'époux donataire. Pareille donation, quoique faite au profit seulement des époux ou de l'un d'eux, est toujours, dans le cas de survie du donateur, présumée faite au profit des enfants et descendants à naître du mariage (C. N. 1082) [For. 431, 432, 433].

2964. Cette disposition reçoit, dans la pratique, la dénomination d'*institution contractuelle*.

2965. Elle ne peut être faite que par contrat de mariage, ou par contre-lettre au contrat de mariage, dans le sens des art. 1396 et 1397. C. N. (1).

2966. Elle peut comprendre non-seulement l'universalité ou une quote-part des biens que le donateur laissera à son décès, mais aussi des biens déterminés donnés à titre particulier, comme une somme d'argent, à prendre sur la succession du donateur (2) [Form. 434].

2967. Le mineur parvenu à l'âge de seize ans, bien que pouvant disposer par testament, *supra* n° 2654, n'a pas la capacité de faire une institution contractuelle (3), la capacité de disposer par donation étant requise pour cette forme de disposition.

2968. De même, la femme mariée, bien que pouvant tester sans autorisation, *supra* n° 2655, ne peut faire une institution contractuelle sans l'autorisation de son mari ou de justice (4).

2969. Il en est de même de celui qui est pourvu d'un conseil judiciaire ; il peut tester sans l'assistance de son conseil, *supra* n° 1587, et cependant il ne peut, sans cette assistance, faire une institution contractuelle (5).

2970. La femme mariée sous le régime dotal a-t-elle la capacité, avec l'autorisation de son mari, de disposer de ses biens par voie d'institution contractuelle au profit de toute personne, dans les termes de l'art. 1082, de même qu'elle le peut par testament? Cette question est vivement controversée (6) ; dans le doute, il est préférable de s'abstenir. Mais la femme dotale ne peut faire une donation cumulative de biens présents et à venir (7), cette donation étant susceptible de se transformer en une donation de biens présents, *infra* n° 2987, qu'elle est incapable de faire autrement que pour l'établissement de ses enfants.

2971. L'institution contractuelle peut être faite dans le même contrat par plusieurs conjointement,

---

FORMULE 432. — **Institution contractuelle de l'universalité par une tante.**
(N°s 2963 à 2980, et 2988 à 2993.)

En considération du mariage, et conformément aux articles 1082 et 1083 du Code Napoléon, Mlle d'Aunay, comparante, fait donation par préciput ou hors part,

Au futur époux, son neveu, qui accepte,

De l'universalité des biens meubles et immeubles qui composeront la succession de la donatrice, sans exception ; en conséquence elle institue le futur époux son héritier unique et universel.

En cas de prédécès du donataire, ses descendants à naître du mariage projeté recueilleront la libéralité, s'ils survivent à la donatrice.

La donatrice s'interdit formellement toute disposition par acte entre-vifs ou testamentaire, au préjudice du donataire, si ce n'est pour sommes modiques, à titre de récompense ou autrement.

---

(1) Duranton, IX, 672 ; Coin-Delisle, *1082*, 18 ; Marcadé, *1082*, 11 ; Troplong, n° 2360 ; Zach., Massé et Vergé, § 517, note 6 ; *Inst. contract.*, n° 69 ; Roll., *ibid.*, n° 13. Nîmes, 8 janv. 1850 ; contra, Toullier, V, 830.

(2) Coin-Delisle, *1082*, 14 à 18 ; Marcadé, *1082*, 1 ; Troplong, n° 2364 ; Zach., Massé et Vergé, § 517, note 3 ; Dict. not., *Inst. contract.*, n° 9 ; Roll., *ibid.*, n° 10 ; Rouen, 5 mars 1831 ; Cass., 1er mars 1824, 13 juill. 1835 ; Besançon, 9 juin 1862 ; J. N., 17636 ; contra, Duranton, IX, 676, 730 ; Roll., *Don. en fav. du mar.*, n° 41.

(3) Grenier, n° 431 ; Coin-Delisle, *1082*, 19 ; Zach., Massé et Vergé, § 517, note 10 ; Troplong, n° 2368 ; Mourlon, II, p. 494 ; Dict. not., *Inst. contract.*, n° 30.

(4) Duranton, IX, 723 ; Coin-Delisle, *1082*, 11 ; Troplong, n° 2371.

(5) Pau, 31 juill. 1853 ; J. N., 15725.

(6) Affirmative: Duranton, IX, 724 ; Tessier, *Dot.*, 1, p. 340, note 557, Dict. not., *Inst. contract.*, n° 54 ; Vazeille, *1082*, 16 ; Cubain, *Droit des femmes*, n° 364 ; Zach., § 517, note 12 ; Troplong, n° 2371 ; Grenoble, 11 juin 1851 ; Rouen, 18 nov. 1854 ; J. N., 14725 ; Nîmes, 1er fév. 1867 ; J. N., 18842. — Négative. Rodière et Pont, *Contr. de mar.*, II, 491 ; Odier, *ibid.*, n° 1248 ; Dalloz, *ibid.*, n° 3466 ; Pont, *Rev. crit.*, 1853, p. 146 ; Demolombe, XXIII, 284 et *Revue crit.*, 1854, p. 418 ; Nîmes, 18 fév. 1834 ; Caen, 16 août 1842 et 28 mars 1843 ; Agen, 28 janv. 1856 ; Trib. Pau, 8 déc. 1860 ; M. T., 1861, p. 213.

(7) Grenier, n° 436 ; Roll., *Don. en fav. du mar.*, n° 37.

la défense édictée par l'art. 968, en ce qui concerne le testament, *supra* n° 2638, ne s'étendant pas aux donations (1).

2972. L'institution contractuelle ne peut être faite qu'aux époux et aux enfants à naître du mariage en faveur duquel elle a lieu ; les enfants issus d'un mariage antérieur ou d'un subséquent mariage ne peuvent donc jamais y être appelés, même par une clause formelle (2).

2973. L'institution contractuelle ne peut être faite directement aux enfants à naître du mariage ; elle doit, à peine de nullité, s'adresser en premier lieu aux époux, puis, en cas de prédécès à leurs descendants (3) ; mais elle peut contenir la stipulation qu'elle sera caduque en cas de prédécès, du donataire laissant des enfants ; ceux-ci alors sont exclus de la donation (4). Les descendants appelés à recueillir la libéralité, en cas de prédécès du donataire, sont les enfants du mariage ou leurs descendants, selon les règles de la représentation admises pour les successions *ab intestat* (5). Si l'un des enfants renonce, sa part accroît aux autres (6).

2974. L'institué, comme l'héritier, a la saisine du jour du décès, sans être tenu de demander la délivrance (7), et il est tenu *ultra vires* au payement des dettes et charges de la succession (8), sauf acceptation bénéficiaire.

2975. L'institution contractuelle est irrévocable, en ce sens seulement que le donateur ne peut plus disposer (9) à titre gratuit, même manuellement (10) ou par actes déguisés sous la forme de contrats onéreux (11), ni par contrat de mariage (12), des objets compris dans la donation, si ce n'est pour sommes modiques, à titre de récompense (13) ou autrement (*C. N.*, *1083*) ; pourvu, dans ce cas, que la disposition soit faite à titre particulier, car si elle avait lieu pour une quote-part, même très-minime, elle serait nulle (14).

2976. L'instituant ne peut s'interdire de disposer pour sommes modiques (15).

2977. L'instituant peut se réserver de disposer des biens compris en l'institution jusqu'à concurrence d'une valeur ou même d'une quotité déterminée (16). Si l'instituant a fait des dispositions supé-

---

FORMULE 433. — **Institution contractuelle de quotité par un étranger.**
(Nos 2963 à 2980, et 2988 à 2993.)

En considération du mariage et conformément aux articles 1082 et 1083 du Code Napoléon, M. Lorin, comparant, fait donation entre-vifs, par préciput ou hors part,
Au futur époux qui accepte,
Du quart des biens meubles et immeubles qui composeront la succession du donateur, sans exception ; en conséquence il institue le futur époux son héritier pour cette portion.
En cas de prédécès du donataire, etc., (*Voir la formule précédente.*)

FORMULE 434. — **Institution contractuelle d'une somme fixe.**
(Nos 2966 et 2988 à 2993.)

En considération du mariage...., etc.

---

(1) Duranton, IX, 675 ; Coin-Delisle, *1082*, 12.
(2) Grenier, n° 421 ; Toullier, V, 851 ; Coin-Delisle, *1082*, 36 ; Duranton, IX, 722 ; Marcadé, *1082*, 2 ; Troplong, n° 2557 ; Mourlon, II, p. 494 ; Dict. not., *Inst. contract.*, n° 37, 42 ; Roll., *ibid.*, n° 100 ; Bourges, 19 déc. 1821.
(3) Toullier, V, 852 ; Duranton, IX, 729 ; Coin-Delisle, *1082*, 27 ; Massé et Vergé, § 517, note 15 ; Mourlon, II, p. 494 ; Marcadé, *1082*, 2 ; Troplong, nos 2360, 2440 ; Dict. not., *Inst. contract.*, n° 30 ; Paris, 25 mai 1849 ; J. N., 13808.
(4) Grenier, n° 421 ; Duranton, IX, 677 ; Vazeille, *1082*, 5 ; Marcadé, *1082*, 2 ; Massé et Vergé, § 517, note 4 ; Roll., *Inst. contract.*, n° 32 ; contra, Coin-Delisle, *1082*, 29 à 35.
(5) Grenier, n° 419 ; Toullier, V, 843 ; Duranton, IX, 686 ; Coin-Delisle, *1082*, 4 ; Marcadé, *art. 1082* ; Zach., Massé et Vergé, § 517, note 13.
(6) Duranton, IX, 687 ; Coin-Delisle, *1082*, 45.
(7) Troplong, n° 2366 ; Dict. not., *Inst. contract.*, n° 39 ; Roll., *ibid.*, n° 7 et 94 ; Trib. Seine, 27 fév. 1831 ; contra, Marcadé, *1082*, 3 ; Massé et Vergé, § 517, note 27.

(8) Grenier, n° 433 ; Toullier, V, 817 ; Vazeille, *1085*, 3 ; Troplong, n° 2365 ; Massé et Vergé, § 517, note 27 ; Roll., *Inst. contr.*, n° 90, 94 ; contra, Marcadé, *1082*, 3.
(9) Lyon, 12 déc. 1862 : M. T., 1863, p. 192.
(10) Grenier, n° 412 ; Toullier, V, 835 ; Coin-Delisle, *1083*, 5 ; Roll., *Inst. contract.*, n° 6.
(11) Grenier, Toullier, Coin-Delisle, *loc. cit.*; Duranton, IX, 703 ; Zach., § 517, note 21 ; Dict. not., *Inst. contract.*, n° 7 ; Roll., *ibid.*, n° 68.
(12) Lyon, 28 janv. 1855 : J. N., 13728.
(13) Paris, 18 avril 1859, J.-N., 16615.
(14) Grenier, n° 413 ; Duranton, IX, 705 ; Coin-Delisle, *1083*, 10 ; Vazeille, *1083* ; Marcadé, *art. 1083* ; Dict. not., *Inst. contract.*, n° 16 ; Roll., *ibi*., n° 74 ; Cass., 23 fév. 1818 et 2 fév. 1819.
(15) Duranton, IX, 712 ; Zach., § 517, note 25 ; Coin-Delisle, *1083*, 17 ; Cass., 4 déc. 1810 ; contra, Roll., *Inst. contract.*, n° 79.
(16) Duranton, IX, 743 ; Dict. not., *Inst. contract.*, n° 17 ; Roll., *Don. en fav. de mar.*, n° 96.

rieures, elles sont sujettes à retranchement en commençant par les donations les plus récentes et en remontant, s'il est nécessaire, jusqu'aux plus anciennes (1).

2978. L'institué ne peut donc, du vivant de l'instituant, renoncer au bénéfice de l'institution (2); mais il peut y renoncer après le décès de l'institué, si d'ailleurs il n'a pas fait acte d'héritier (3).

2979. L'interdiction de disposer à titre gratuit des biens compris dans l'institution est d'ordre public, et ne pourrait être validée par le consentement de l'institué, qui ne saurait produire plus d'effet qu'une renonciation à une succession future (4).

2980. L'instituant conserve la faculté d'aliéner à titre onéreux (5) les biens compris dans la disposition, même à rente viagère, pourvu que ce soit sans fraude (6). La clause par laquelle le donateur s'interdirait la faculté d'aliéner serait nulle en exécution de l'art. 1130 du Code Nap. (7).

2981. *Donation cumulative de biens présents et à venir* [FORM. 435]. La donation par contrat de mariage peut être faite cumulativement des biens présents et à venir, en tout ou en partie, pourvu qu'il soit annexé à l'acte un état des dettes et charges du donateur existantes (8) au jour de la donation; auquel cas il est libre au donataire, lors du décès du donateur, de s'en tenir aux biens présents, en renonçant au surplus des biens du donateur (C. N. 1084). Si l'état dont il vient d'être question n'a point été annexé à l'acte contenant donation des biens présents et à venir, le donataire est obligé d'accepter ou de répudier cette donation pour le tout. En cas d'acceptation, il ne peut réclamer que les biens qui se trouvent existants au jour du décès du donateur, et il est soumis au payement de toutes les dettes et charges de la succession (C. N. 1085); en conséquence il ne peut critiquer les ventes faites par le donateur, puisqu'en sa qualité de successeur et comme tenu des dettes, il est obligé de garantir ces ventes (9).

2982. La donation cumulative des biens présents et à venir ne dessaisit pas le disposant de ses biens présents (10), puisqu'il conserve la faculté de les aliéner à titre onéreux (11). Mais, à la différence de l'institution contractuelle qui est indivisible, le simple donataire peut, après le décès du donateur, si l'état des dettes a été annexé, diviser la donation et renoncer aux biens à venir pour s'en tenir aux biens présents; de cette manière, la disposition se transforme en une donation de biens présents dont l'effet remonte au jour de la donation; alors c'est du jour de l'acte que le donataire est réputé propriétaire, et toutes aliénations, même à titre onéreux, toutes hypothèques consenties par le donateur, postérieurement à la transcription de la donation, *infra* n° 2986, sont nulles à l'égard du donataire et ne peuvent lui être opposées (12).

D'une somme de quatre mille francs sur les plus clairs biens que le donateur laissera à son décès, et qu'il obligé ses héritiers ou autres successeurs à payer au futur époux, au domicile à cet effet élu à. . . . ., en l'étude de M°. . . . ., notaire soussigné, dans les trois mois du décès du donateur, sans intérêt.

En cas de prédécès du donateur, etc. (*Le surplus comme en la formule* 432.)

FORMULE 435. — Donation cumulative de biens présents et à venir.
(N° 2981 à 2993.)

En considération du mariage, et conformément aux art. 1084 et suivants du Code Napoléon, M. LORIN, comparant, fait donation entre-vifs par préciput ou hors part,

---

(1) Troplong, n° 2463; Cass., 7 juin 1808.
(2) Coin-Delisle, 1086, 9; Troplong, n° 2355; Massé et Vergé, § 517, note 29; Larombière, 1130, 20; Dict. not., *Inst. contract.*, n° 47; Roll., *ibid.*, n° 105; Riom, 30 avril 1841; Lyon, 16 janv. 1838; Toulouse, 15 avril 1842; Cass., 28 juill. 1818, 3 fév. 1835, 16 août 1841; J. N., 10243, 11082, CONTRA, Grenoble, 15 mars 1820.
(3) Troplong, n° 2356; Massé et Vergé, § 517, note 29; Cass., 11 janv. 1853.
(4) Grenier, n° 416; Roll., *Inst. contract.*, n° 83; Troplong, n° 2355.
(5) Grenier, n° 412; Marcadé, *art. 1083*; Coin-Delisle, 1083, 1; Troplong, n° 2349; Roll., *Inst. contract.*, n° 59.
(6) Duranton, IX, 711; Coin-Delisle, 1083, 2; Troplong, n° 2354; Zach., Massé et Vergé, § 517, note 21; Dict not., *Inst. contract.*, n° 11; Roll., *ibid.*, n° 61; Riom, 4 déc. 1810; Cass. 15 nov. 1836, 16 août 1841, 31 juill. 1867; J. N., 11082, 18998.
(7) Marcadé, *art. 1083*; Vazeille, 1083, 8; Roll., *Inst. contract.*,

n° 63. Voir cependant Troplong, n° 2349; Dict. not., *Inst. contract.*, n° 20; Coin-Delisle, 1083, 3.
(8) Si des dettes résultent d'un compte courant, la donation doit mentionner le solde de ce compte au débit du donateur : Montpellier, 7 déc. 1860; Cass., 13 nov. 1861; J. N., 17242, 17307.
(9) Troplong, n° 2391.
(10) Grenier, n° 434; Duranton, IX, 735; Troplong, n° 2405; Coin-Delisle, 1084, 0; Marcadé, 1085, 2; Roll, *Don. en fav. de mar.*, n° 23; Cass., 1er déc. 1829; Bordeaux, 19 juill. 1831 et 16 juill. 1863; Journ. du Not., 1863, p. 341; V. Toulouse, 30 juill. 1839; J. N., 16729.
(11) Mais non à titre gratuit : Vazeille. 1084, 3; Coin-Delisle, 1084, 6; Zach., § 518, note 7; Troplong, n° 2415; Cass., 27 fév. 1821, 31 mars 1840.
(12) Coin-Delisle, 1084, 6; Marcadé. 1085, 2; Zach., Massé et Vergé, § 518, note 7; Troplong, n°s 2391, 2401; Roll., *Don. en fav. de mar.*, n° 63.

INSTITUTION CONTRACTUELLE — FORMULE 435

2983. Il ne faut donc pas voir dans la donation de biens présents et à venir deux dispositions, l'une de biens présents produisant les mêmes effets que la donation entre-vifs ordinaire, l'autre de biens à venir soumise aux règles des institutions contractuelles ; cependant, si le donataire use de la faculté de renoncer aux biens à venir, elle se transforme, au décès du donateur, ainsi qu'on vient de le dire, en une donation de biens présents (1). Du reste, les parties sont libres de diviser la disposition, si elles veulent éviter la donation cumulative de biens présents et à venir, en faisant : 1° une donation de biens présents, soumise à toutes les règles des donations entre-vifs, avec réserve du droit de retour, *supra* n° *2540* ; 2° une institution contractuelle pour les biens que le donateur laissera à son décès, *supra* n° *2963*.

2984. La donation de biens présents et à venir pouvant se transformer en une donation de biens présents, *supra* n° *2982*, doit contenir la désignation des biens présents et l'état estimatif du mobilier (2), *supra* n° *2490*.

2985. Si le donataire renonce aux biens à venir pour s'en tenir aux biens présents, et que les dettes portées en l'état aient été acquittées par le donateur, le donataire en doit compte à sa succession (3).

2986. Il n'y a nécessité de faire transcrire la donation de biens présents et à venir que dans la prévision de la transformation en une simple donation de biens présents, afin qu'elle soit opposable aux tiers (4), *supra* n° *2982*. Pour le mode et les effets de la transcription, voir *supra* n°* *2478 et suiv.*

2987. Si le donataire est décédé avant le donateur, ses enfants deviennent donataires à sa place, *supra* n° *2973*, et s'ils renoncent aux biens à venir pour s'en tenir aux biens présents, la disposition remonte au jour de la donation, *supra* n° *2982*, alors même qu'ils auraient renoncé à la succession de leur auteur (5).

2988. *Dispositions communes aux trois formes de libéralités qui précèdent.* La donation par contrat de mariage, qu'elle soit de biens présents seulement (6), *supra* n° *2960*, ou des biens à venir, ou à la fois des biens présents et à venir, en faveur des époux et, en cas de prédécès, des enfants à naître de leur mariage, peut être faite, à condition de payer indistinctement toutes les dettes et charges de la succession du donateur, ou sous d'autres conditions dont l'exécution dépendrait de sa volonté, par quelque personne que la donation soit faite ; le donataire est tenu d'accomplir ces conditions, s'il n'aime mieux renoncer à la donation, (C. N., *1086*).

2989. Lorsque le donateur, par contrat de mariage, s'est réservé la liberté de disposer d'un effet compris dans la donation de ses biens présents, ou d'une somme fixe à prendre sur ces mêmes biens,

Au futur époux, son neveu, qui accepte,
De l'universalité des biens meubles et immeubles présents et à venir du donateur, sans aucune exception ;
Les biens présents du donateur consistent dans :
Premièrement. Les meubles et objets mobiliers. . . . . , etc. (*Le surplus comme en la formule 358.*)
Deuxièmement. Une créance de. . . . . , etc. (*Voir formule 259.*)
Troisièmement. Et les biens immeubles dont la désignation suit :
1° Une maison. . . . . , etc. (*Désigner les immeubles*).
Les dettes actuelles du donateur s'élèvent à six mille deux cents francs et sont détaillées en un état dressé par les parties à la date de ce jour, sur une feuille de papier au timbre de un franc ; lequel devant être enregistré avant ou avec ces présentes, est demeuré ci-joint, après avoir été des parties certifié véritable par une mention d'annexe signée d'elles et des notaires.
Lors du décès du donateur, il sera loisible au donataire de s'en tenir aux biens présents, en renonçant au surplus des biens ; ce qui aura pour objet de transformer la présente

---

(1) Coin-Delisle, *1084*, 4 ; Marcadé, *1085*, 2 ; Zach., Massé et Vergé, § 518, note 3.
(2) Toullier, V, 854 ; Duranton, IX, 733 ; Marcadé, *1085*, 3 ; Roll., *Don. en fav. de mar.*, n° 44 ; CONTRA, Grenier, n° 435 ; Troplong, n° 2414.
(3) Marcadé, *1085*, 3.
(4) Grenier, n° 447 ; Duranton, IX, 737 ; Coin-Delisle, *939*, 18 ; *1084*, 7 ; Zach., § 518, note 14 ; Marcadé, *1084*, 2 ; Troplong, n° 1409 ;
Dict. not., *Don. par contr. de mar.*, n° 68 ; Roll., *Don. en fav. de mar.*, n° 46.
(5) Grenier, n° 434 ; Duranton, IX, 736 ; Marcadé, *1085*, 4 ; Troplong, n° 2409 ; Massé et Vergé, § 518, note 13 ; Dict. not., *Don. par contr. de mar.*, n° 45 ; Roll., *Don. en fav. de mar.*, n°* 73, 74.
(6) Grenier, n° 408 ; Toullier, V, 825 ; Duranton, IX, 669, 741 ; Roll., *Don. en fav. de mar.*, n° 86 ; Cass., 27 déc. 1815, 17 août 1841 ; CONTRA, Coin-Delisle, *1086*, 4.

supra n° **2475**, l'effet ou la somme, s'il meurt sans en avoir disposé, sont censés compris dans la donation et appartiennent au donataire ou aux enfants issus du mariage (C. N., *1086*).

2990. Les donations faites par contrat de mariage ne peuvent être attaquées, ni déclarées nulles, sous prétexte de défaut d'acceptation (C. N. *1087*). Elles ne sont pas révocables pour cause d'ingratitude (C. N. *959*).

2991. Toute donation faite en faveur du mariage est caduque si le mariage ne s'ensuit pas (C. N. *1088*), ou si, ayant été célébré, il est annulé (1).

2992. Les donations faites à l'un des époux dans les termes des art. *1082*, *1084* et *1086*, *supra* n°* *2965*, *2981*, *2988*, *2989*, deviennent caduques si le donateur survit à l'époux donataire et à sa postérité (C. N. *1089*) issue du mariage en faveur duquel la libéralité a été faite; quant à la donation de biens présents, *supra* n° *2960*, contenant la réserve de disposer d'un objet ou d'une somme, elle est également caduque en ce qui concerne l'objet ou la somme, si le donataire et sa postérité décèdent avant le donateur (2).

2993. Toutes donations faites aux époux par leur contrat de mariage sont, lors de l'ouverture de la succession du donateur, réductibles à la portion dont la loi lui permet la disposition (C. N. *1090*). Cette réduction a lieu à la date du contrat de mariage (3), mais avant les dons ou legs modiques, à titre de récompense ou autrement, que l'instituant aurait mis à la charge de l'institué dans les termes de l'art. *1083*, *supra* n° *2975*; comme aussi, avant les dons ou legs que le donateur aurait faits des objets ou sommes dont il se serait réservé la disposition (4), *supra* n°* *2977*, *2989*.

2994. *Promesse d'égalité* [FORM. 436]. Est considérée comme institution contractuelle la disposition par laquelle les père et mère font une promesse d'égalité en faveur de leur enfant, c'est-à-dire s'interdisent de faire aucun don ou legs susceptible de diminuer sa portion héréditaire dans leurs successions; cette disposition ne profite qu'à l'enfant en faveur duquel elle a été faite, et les père et mère conservent la faculté de disposer de la quotité disponible sur les parts de leurs autres enfants (5). Il a été jugé qu'il y a promesse d'égalité de la part du père qui, dans le contrat de mariage de son fils, déclare consentir qu'après son décès son fils s'empare de sa succession et le partage avec sa sœur, dans l'état qu'elle se trouvera et par moitié entre eux (6).

---

donation en une donation de biens présents dont l'effet remontera à cejourd'hui, et le donataire ne sera tenu que des dettes actuelles qu'il payera aux créanciers ou qu'il remboursera aux héritiers du donateur si elles ont été acquittées par lui.

Le donataire aura la jouissance du tout à partir du décès du donateur.

Une expédition de la présente donation sera transcrite au bureau des hypothèques de..., afin d'être opposable aux tiers, si, par suite de la renonciation aux biens à venir, elle se transforme en une donation de biens présents.

En cas de prédécès du donataire, ses descendants à naître du mariage projeté recueilleront la libéralité s'ils survivent au donateur, et, comme lui, ils auront la faculté de s'en tenir aux biens présents en renonçant à ceux à venir.

FORMULE 436. — Promesse d'égalité. (N° 2994.)

En considération du mariage, M. et Mme DUHAMEL, père et mère de la future épouse, s'interdisent de faire aucune disposition par acte entre-vifs ou testamentaire, en faveur de qui que ce soit, au préjudice de leur fille future épouse, ou, si elle prédécède, de ses enfants à naître du mariage projeté; en conséquence ils leur garantissent l'intégralité de la portion héréditaire de la future épouse dans leurs successions.

---

(1) Troplong, n° 2423; Zach., § 515, note 5.
(2) Grenier, n°* 408, 438, 439; Toullier, V, 825, 830; Duranton, IX, 741; Dict. not., *Don par contr. de mar.*, n°99 ; Roll., *Don en fav. de mar.*, n°* 89, 90.
(3) Troplong, n°* 2505, 2506 ; Mourlon, II, p. 501.
(4) Troplong, n°* 2509, 2510 ; Grenier, n° 609 ; Coin-Delisle, *1090*, 5 et 6.
(5) Duranton, IX, 655, 698, 699; Zach., Massé et Vergé, § 517, note 21; Coin-Delisle, *1082*, 65; *1083*, 19; Troplong, n°* 2358, 2376; Roll., *Inst. contract.*, n° 50; Paris, 26 janv. 1833, 28 janv. 1853; Douai, 28 mars 1835; Limoges, 20 fév. 1844, 23 juill. 1862; Besançon, 11 juin 1844; Cass., 11 mars 1834, 26 mars 1845; Bordeaux, 15 déc. 1848, 14 juin 1859, 20 janv. 1863; J. N., 13470, 14615, 16652; Sirey, 1863, II, p. 93.
(6) Bordeaux, 22 mai 1861, 28 janv. 1863; voir aussi Pau, 18 mai 1863; M. T., 1863, p. 380; Jur. N., 12422.

CHAPITRE SEPTIÈME

DES DISPOSITIONS ENTRE ÉPOUX.

SECTION I. — DES DONATIONS ENTRE ÉPOUX PAR CONTRAT DE MARIAGE.

2995. Les époux peuvent, par contrat de mariage, se faire réciproquement, ou l'un des deux à l'autre, telles donations qu'ils jugent à propos, sous les modifications ci-après (C. N. 1091).

2996. Toute donation entre-vifs de biens présents faite entre époux par contrat de mariage [Form. 437] n'est point censée faite sous la condition de survie du donataire, si cette condition n'est formellement exprimée; et elle est soumise à toutes les règles et formes prescrites pour ces sortes de donations (C. N. 1092).

2997. Lorsque la donation, faite par le futur à la future, avec ou sans condition de survie, comprend une somme d'argent ou même une rente viagère [Form. 442], la future épouse a hypothèque légale sur les biens de son mari du jour du mariage, s'il résulte des termes de la donation qu'il y ait dessaisissement actuel, quoique subordonné à la survie de la donataire (1). La donation d'une somme à prendre sur les plus clairs deniers de la succession n'est qu'une donation de biens à venir, ne donnant pas lieu à l'hypothèque légale de la femme (2).

2998. La donation de biens présents faite entre époux par contrat de mariage est irrévocable, et doit être transcrite au bureau des hypothèques, si elle comprend des immeubles (3).

2999. La donation de biens à venir ou de biens présents et à venir, faite entre époux par contrat de mariage, soit simple, soit réciproque, est soumise aux règles établies à l'égard des donations pareilles

§ 6. — DES DISPOSITIONS ENTRE ÉPOUX.
I. — DONATIONS ENTRE ÉPOUX PAR CONTRAT DE MARIAGE.

FORMULE 437. — *Donations de biens présents.* (N°⁸ 2995 à 2998.)

En considération du mariage, M. . . . ., futur époux, fait donation entre-vifs, avec dessaisissement actuel,
À Mlle . . . . ., future épouse, qui accepte,
1° D'une pièce de terre labourable, située. . . . ., etc. ;
2° D'une somme de quarante mille francs, qui sera payée à la future épouse dans l'année du décès du futur époux, sans intérêt ;
3° Et d'une rente viagère de cinq cents francs par an, sur la tête et pendant la vie de la future épouse, qui prendra cours du jour du décès du futur époux, et sera payable en la demeure de la future épouse, chaque année, en deux termes égaux, de six mois en six mois.
La pièce de terre donnée appartient. . . . ., etc. (*Etablir l'origine de propriété.*)
La future épouse sera propriétaire dès ce jour des objets donnés, mais sous la condition de survie ci-après exprimée, et elle en prendra la jouissance lors du décès du futur époux.
Cette donation est subordonnée à la condition de survie de la future épouse, et conséquemment sera sans effet si la future épouse vient à décéder avant son mari.
Une expédition des présentes sera transcrite, etc. . . . .

---

(1) Toulouse, 24 mai 1855; J. N., 15635.
(2) Pont., *Hyp.*, n° 438; Riom, 4 déc. 1810; Metz, 5 août 1819 et 29 juin 1839, Cass., 3 janv. 1854; Rouen, 1er juill. et 20 déc. 1856; Cass., 12 fév. 1817; 15 nov. 1846, 16 mai 1853; J. N., 15635, 16816; Bordeaux, 1er juin 1863; v. Grenoble, 23 août 1857; Journ. du N., 1857, p. 350.

(3) Grenier, n° 445; Duranton, VIII, 505; Coin-Delisle, 1092, 7; Troplong n° 1109; Demolombe, XXIII, 414, Cass., 4 janv. 1830, 10 mars 1840. Il n'en est pas de même de la donation de biens à venir. Cass., 4 fév. 1867; *Journ. du not.*, 1867, p. 118.

qui leur sont faites par un tiers, *supra* n°s *2960 et suiv*. [FORM. 438]; sauf qu'elle n'est point transmissible aux enfants issus du mariage, en cas de décès de l'époux donataire avant l'époux donateur (*C. N. 1093*).

3000. L'époux peut, soit par contrat de mariage, soit pendant le mariage, disposer en faveur de son conjoint : s'il ne laisse point d'héritiers à réserve, de la totalité de ses biens; — s'il laisse des enfants ou autres descendants, d'un quart en propriété et d'un quart en usufruit, ou de la moitié en usufruit de la totalité des biens; — enfin, s'il ne laisse point d'enfants ou autres descendants, mais qu'il laisse des ascendants venant à sa succession, *infra* n° *3030*, en propriété de toute la portion disponible, *infra* n° *3048*, et en outre en usufruit, de la totalité de la portion dont la loi prohibe la disposition au préjudice des ascendants (*C. N., 1094*).

3001. La quotité disponible entre époux, en cas d'existence d'enfants, à la différence de la quotité disponible ordinaire, ne varie pas selon le nombre des enfants ; elle ne peut s'étendre lorsqu'il n'y a qu'un enfant à la quotité disponible ordinaire, qui dans ce cas est de moitié en pleine propriété (1).

3002. Lorsqu'un époux a donné à son conjoint la pleine propriété de la totalité de ses biens, sans fixer la réduction légale, s'il y a lieu, ou en se bornant à dire que la libéralité sera réduite conformément à la loi, la disposition est réduite à la quotité disponible la plus large entre époux, c'est-à-dire, en cas d'existence d'enfants, à un quart en propriété et un quart en usufruit ; et en cas d'existence d'ascendants, à la propriété de la quotité disponible et à l'usufruit de la réserve des ascendants (2).

3003. S'il a donné de la même manière l'usufruit de l'universalité des biens [FORM. 439], il est à présumer que l'époux ne voulait donner à son conjoint qu'un usufruit ; d'où il suit qu'en cas d'existence

---

FORMULE 438. — **Donation universelle entre époux en pleine propriété, réductible à la portion disponible ; usufruit de la réserve des ascendants.** (N°s 2999 à 3002.)

En considération du mariage, les futurs époux se font donation entre-vifs au profit du survivant, ce qui est accepté par chacun d'eux,

De l'universalité des biens meubles et immeubles qui composeront la succession du premier mourant, sans aucune exception.

Le survivant aura la pleine propriété du tout au jour du décès du premier mourant.

En cas d'existence d'enfants du mariage, lors de sa dissolution, ou de descendants d'eux, la présente donation sera réduite à la portion disponible la plus large entre époux, c'est-à-dire à un quart en toute propriété et un quart en usufruit.

S'il n'y a point d'enfants ou d'autres descendants, mais qu'il existe un ou plusieurs ascendants auquel la loi accorde une réserve, le survivant, indépendamment de la portion disponible en pleine propriété, aura l'usufruit des biens composant la réserve.

Le survivant jouira de l'usufruit pendant sa vie, à compter du jour du décès du premier mourant, sans être tenu de fournir caution ni de faire emploi des valeurs mobilières, mais à la charge de faire faire inventaire.

FORMULE 439. — **Donation de l'universalité en usufruit ; réduction à moitié.**
(N°s 3003 à 3006.)

En considération du mariage, les futurs époux se font donation entre-vifs au profit du survivant, ce qui est accepté par chacun d'eux,

De l'usufruit de l'universalité des biens meubles et immeubles qui composeront la succession du premier mourant, sans aucune exception.

Cette donation ne subira aucune réduction en cas d'existence d'ascendants ; mais s'il

d'ascendants, la donation n'est pas réductible, et qu'en cas d'existence de descendants, elle est réductible à la quotité disponible la plus large en usufruit, soit à moitié (1) ; *voir toutefois infra n° 3009.*

3004. Il est toujours préférable, dans le but d'éclairer les parties, de déterminer la réduction par l'acte qui renferme la libéralité.

3005. La donation de l'usufruit de l'universalité des biens que le donateur laissera à son décès, comprend l'usufruit éventuel des biens dont le donateur n'a, lors de son décès, que la nue propriété (2).

3006. L'usufruitier peut être dispensé de fournir caution, même lorsque son usufruit frappe sur la réserve des héritiers, ascendants ou descendants, *supra* n° 1502.

3007. On a vu, *supra* n° 3003, que la donation de l'usufruit de tous les biens se réduit à l'usufruit disponible ; mais on peut stipuler qu'elle sera convertie en cas d'enfants, en une donation d'un quart en propriété et un quart en usufruit ; cette conversion peut aussi être imposée à titre de clause pénale, à défaut par les enfants de laisser au survivant l'usufruit de l'universalité des biens (3) [Form. 440].

3008. C'est une question très-controversée que de savoir si les reprises des époux sont mobilières dans tous les cas, ou si elles sont mobilières ou immobilières selon qu'elles sont prélevées sur des meubles ou des immeubles ; dans le premier cas, le conjoint donataire des biens meubles aurait droit à la totalité des prélèvements opérés, même sur les immeubles ; tandis que dans le deuxième cas, il n'aurait droit qu'à ceux effectués sur les biens meubles, *infra, au titre du contrat de mariage.* Afin d'éviter la difficulté, il est utile d'exprimer la volonté des parties à cet égard [Form. 441] ; les parties peuvent

---

existe des enfants du mariage projeté ou des descendants d'eux, elle sera réduite à la moitié aussi en usufruit des mêmes biens meubles et immeubles.

Le survivant jouira de l'usufruit donné pendant sa vie, à compter du jour du décès du premier mourant, sans être tenu de fournir caution ni de faire emploi des valeurs mobilières, mais à la charge de faire faire inventaire.

FORMULE 440. — **Donation de l'universalité en usufruit, avec conversion, si elle est demandée, en donation d'un quart en propriété et un quart en usufruit.** (N° 3007.)

En considération du mariage....., etc.
De l'usufruit de l'universalité....., etc.
En cas d'existence d'enfants du mariage lors de sa dissolution, ou de descendants d'eux, si un ou plusieurs des enfants ou autres descendants exigent la réduction de cette donation à la portion disponible, le survivant aura droit à un quart en propriété et un quart en usufruit des biens formant la part héréditaire de ceux des enfants ou autres descendants qui exigeront la réduction.
Le survivant jouira de l'usufruit....., etc. *(Voir la formule précédente.)*

FORMULE 441. — **Donation de la pleine propriété des biens meubles et de l'usufruit des biens immeubles.** (N°s 3008 et 3009.)

En considération du mariage....., etc.,
De la pleine propriété des biens meubles et de l'usufruit des biens immeubles qui composeront la succession du premier mourant, sans aucune exception ; étant fait observer que les prélèvements du survivant sur la communauté, pour raison de ses reprises, seront considérés comme mobiliers, en tant qu'ils s'exerceront sur des biens meubles, et comme immobiliers en tant qu'ils s'exerceront sur des immeubles.

---

(1) Proudhon, *Usuf.*, n° 326 ; Coin-Delisle, 1094. 8 ; Marcadé, 1098, 2 ; Troplong, n° 2569 ; Dalloz, n° 824 ; Demolombe, XIX, 462 ; Dict. not., *Port. disp.*, n° 328 ; Amiens, 15 fev. 1827 ; Bourges, 2 mars 1839 ; Angers, 8 juill. 1840 ; J. N., 10743 ; Caen, 26 mars 1843 et 24 déc. 1862 ; Lirey, 1863, II, p. 127 ; contra, Benech, *Quot. disp.*, p. 430, 445 ; Poitiers, 20 mars 1020 ; Rouen, 6 avril 1859.

(2) Roll., *Port. disp.*, n° 131 ; Schneider, J. N., 15427 ; Rouen, 20 déc. 1852 ; Rennes, 10 mai 1863 ; Bordeaux, 16 juin 1863. Trib. La Châtre. 27 août 1863 ; Cass., 4 mai 1865 ; J. N., 14896, 17853, 18322 ; contra, *Dissertation.* J. N., 13795 ; Trib., Lisbonne, 9 déc. 1862 ; J. N., 17593.

(3) Demolombe, XVIII, 281.

mobiliser la totalité des reprises en déclarant que la donation les comprendra toutes, qu'elles s'exercent sur du mobilier ou des immeubles.

3009. La donation entre époux des biens meubles en propriété et des biens immeubles en usufruit, à défaut de stipulations à cet égard, est, en cas d'existence d'enfants, réductible à la quotité disponible la plus large en pleine propriété sur les biens meubles, et en usufruit tant sur les biens meubles que sur les biens immeubles. — *Premier exemple* : les biens meubles sont d'une valeur supérieure au quart de la succession, le conjoint donataire a droit au quart en propriété à prendre sur les biens meubles (1), puis au quart en usufruit à prendre, tant sur les meubles restants que sur les immeubles (2). — *Deuxième exemple* : la succession est d'une importance de 100,000 fr., les biens meubles sont d'une valeur de 10,000 fr., le conjoint donataire les prélève pour son don en pleine propriété, et il a l'usufruit sur les immeubles pour une valeur de 40,000 fr.

3010. Lorsque le don est d'une rente viagère excédant ou paraissant excéder la quotité disponible entre époux, les héritiers ont l'option (*C. N.*, 917), ou d'exécuter la disposition, ou d'abandonner au conjoint donataire la quotité disponible la plus large en propriété et en usufruit (3) ; jugé cependant que la rente doit être réduite au disponible le plus fort entre époux, c'est-à-dire à l'équivalent du quart en propriété et du quart en usufruit (4). En présence de cette controverse, il faut, dans l'acte qui renferme la libéralité, prévoir la réduction et la régler.

3011. L'homme ou la femme qui, ayant des enfants d'un autre lit (5), contracte un second ou subséquent mariage, ne peut donner à son nouvel époux [FORM. 443] qu'une part d'enfant légitime le moins prenant, calculée à raison du nombre de tous les enfants (6) du défunt, de quelque mariage qu'ils soient issus (7), et sans que, dans aucun cas, la donation puisse excéder le quart des biens (*C. N. 1098*) ; si elle excède cette quotité, elle y est réductible (8).

3012. Lorsqu'il existe un seul enfant du précédent mariage, quoique la quotité disponible ordinaire

---

En cas d'existence d'enfants du mariage, lors de sa dissolution, ou de descendants d'eux, la présente donation sera réduite à la moitié en usufruit des mêmes biens meubles et immeubles. — *Ou bien* : sera réduite à un quart en propriété et un quart en usufruit. Le quart en propriété sera prélevé sur les biens meubles, et le quart en usufruit d'abord sur les biens meubles, s'il en reste, et subsidiairement sur les immeubles. Si les biens meubles ne s'élèvent point au quart de l'importance de la succession, la donation en pleine propriété sera réduite aux biens meubles, et le survivant aura l'usufruit des immeubles jusqu'à concurrence du surplus de ce quart, et d'un autre quart de la succession totale.

S'il existe des héritiers ascendants, leur réserve sera prise sur les immeubles et, en cas d'insuffisance, sur les biens meubles ; dans les deux cas, le survivant aura l'usufruit de leur réserve.

Le survivant aura la pleine propriété des biens donnés en propriété, dès l'instant du décès du premier mourant ; quant à l'usufruit, il en jouira pendant sa vie, aussi du jour du décès du premier mourant, sans être tenu de fournir caution ni de faire emploi des valeurs mobilières, mais à la charge de faire inventaire.

FORMULE 442. — **Donation d'une somme d'argent et d'une rente viagère.**
(Nos 2997.)

En considération du mariage, les futurs époux se font donation entre-vifs au profit du survivant, ce qui est accepté par chacun d'eux :

---

(1) Et non pas seulement sur les immeubles, comme le dit à tort Roll., *Port. disp.*, n° 129.
(2) Cass., 28 mai 1862; M. T., 1862, p. 566.
(3) Proudhon, *Usuf.*, n° 345; Coin-Delisle. *1094.* 9; Dict. not., *Part. disp.*, n° 333; Roll., *ibid.*, n° 289; Douai, 22 mars 1856.
(4) Rouen, 9 avril 1853; J. N., 14987 ; CONF., Troplong. n° 2573 ; CONTRA, Dalloz. n° 968
(5) Ce qui ne s'applique pas à des enfants adoptifs : Troplong.

n° 2701; Massé et Vergé. § 461, note 4 ; CONTRA, Zach., § 461, p. 162.
(6) Si les enfants ont prédécédé laissant de la postérité, les petits-enfants, même venant de leur chef, sont comptés seulement pour celui qu'ils représentent ou à la place duquel ils viennent ; Grenier, n° 705; Toullier, V, 877 ; Duranton, IX, 893; Coin-Delisle, *1098*, 16; Marcadé. *1098*, 2, Troplong, n° 2717.
(7) Marcadé. *1098*, 2; Dalloz, 895; Roll., *Noces (secondes)*, n° 79.
(8) Vazeille, *1098*, 17; Ancelot sur Grenier, IV, 708 ; Coin-Delisle *1098*, 13. Voir cependant Troplong, n° 2706, 2707.

soit de moitié, le conjoint ne peut recevoir qu'un quart. S'il y a plus de trois enfants, on ajoute le conjoint au nombre des enfants (1), et il prend une part égale à celui des enfants qui reçoit le moins ; *exemple* : succession de 80,000 fr., quatre enfants; le *de cujus* a disposé de 5,000 fr. par préciput en faveur de l'un de ses enfants (2) ; il reste 75,000 fr., dont le cinquième pour le conjoint et pour chacun des enfants est de 15,000 fr. (3).

3013. La réduction peut être demandée aussi bien par les enfants issus du mariage en faveur duquel la donation a eu lieu (4) que par ceux du précédent mariage (5), pourvu cependant qu'à l'époque du décès du donateur, il existe des descendants du précédent mariage venant à la succession (6).

3014. Lorsque le don est de l'usufruit d'une fraction supérieure au quart, ou même de l'universalité des biens, les enfants du premier lit ne peuvent exiger que la donation soit réduite à l'usufruit de la quotité disponible; ils doivent, conformément à l'art. 917, offrir la portion disponible en pleine propriété (7). Si le don est d'une rente viagère, voir *supra* n° *3013*.

3015. La quotité disponible en secondes noces ne peut être donnée qu'une fois ; ainsi un époux, en se mariant en secondes noces, fait à sa femme une donation de biens présents sans condition de survie, jusqu'à concurrence de la quotité disponible ; si sa femme vient à décéder et qu'il se remarie, il ne pourra plus rien donner à sa nouvelle épouse (8), à moins que la quotité disponible ne soit venue à augmenter par le décès de l'un des enfants sans postérité ; alors il pourra disposer de la différence.

3016. Tout ce que nous avons dit *supra* n°s *2999 à 3015*, relativement à la quotité disponible entre époux est applicable, que la libéralité ait été faite par contrat de mariage, par acte de donation pendant le mariage, ou par testament.

3017. Le mineur ne peut, par contrat de mariage, donner à l'autre époux, soit par donation simple, soit par donation réciproque, qu'avec le consentement et l'assistance de ceux dont le consentement est

1° D'une somme de quatre mille francs qui sera payable au survivant dans les six mois du jour du décès du premier mourant ;

2° D'une rente viagère de six cents francs par an, sur la tête et pendant la vie du survivant, qui prendra cours du jour du décès du premier mourant et sera payable au survivant, en sa demeure, chaque année, en deux termes égaux, de six mois en six mois.

Les héritiers et représentants du premier mourant demeureront obligés solidairement au payement des quatre mille francs et au service de la rente viagère de six cents francs; et pour garantir au survivant le service des arrérages de la rente viagère, ils seront tenus, soit de consentir, à son profit, une affectation hypothécaire sur des immeubles libres de toute charge et d'une valeur vénale de dix-huit mille francs au moins, soit d'acquérir six cents francs de rente trois pour cent sur l'État français, qu'ils feront immatriculer, pour la nue propriété en leurs noms, et pour l'usufruit au nom du survivant. Ils auront pour faire cette option six mois du jour du décès du premier mourant, sans que ce délai fasse obstacle au droit du survivant de demander la séparation des patrimoines.

Les frais que nécessiteront ces formalités seront supportés par les héritiers du premier mourant.

En cas d'existence d'héritiers à réserve, si cette donation est critiquée comme excédant la quotité disponible et que la réduction en soit demandée, les futurs époux, pour ce cas, se font donation entre-vifs, au profit du survivant, de la quotité disponible la plus large

---

(1) Grenier, n° 700; Toullier, V, 884; Dalloz, n° 899; Duranton IX, 824 ; Coin-Delisle, *1098*, 13; Troplong, n° 2705 ; Zach., Massé et Vergé, § 461, note 24 ; Roll., *Noces (secondes)*, n° 92.

(2) Voir Duranton, IX, 815 ; Troplong, n°s 2708, 2727.

(3) Que le don par préciput à l'enfant ait été fait avant ou après celui fait au conjoint : Troplong, n° 2742; Paris, 19 juill. 1833. — Si le don à l'enfant est rapportable, il est réuni fictivement à la masse, pour calculer la part d'enfant du conjoint sur la masse totale : Coin-Delisle, *1098*, 15 ; Troplong, n° 2710 ; Paris, 27 fév. 1809.

(4) Grenier, n° 698; Toullier, V, 879; Duranton IX, 817; Vazeille, *1098*, 3; Coin-Delisle, *1098*, 8 ; Zach., § 461, note 20; Mourlon, II,

p. 514; Roll., *Noces (secondes)*, n° 109 ; contra, Marcadé, *1098*, 5; Troplong, n° 2723 ; Massé et Vergé, § 461, note 20.

(5) Voir Grenoble, 14 avril 1859 ; M. T., 1859, p. 342.

(6) Coin-Delisle, *1098*, 9, 10.

(7) Benech, *Quot. disp.*, p. 440; Proudhon, *Usuf.*, n° 349; Demolombe, XIX, 462 ; Dic. not., *Port. disp.*, n° 330 ; Cass., 1er avril 1844 ; Douai, 22 mars 1836, 14 juin 1852; Orléans, 16 août 1853 ; Bordeaux, 3 juill. 1855 ; J. N., 15022 ; contra, Poitiers, 27 mai 1851. Voir aussi Caen, 10 déc. 1859 ; J. N., 17046.

(8) Toullier, V, 882 ; Grenier, n° 712; Dalloz, n° 873 ; Zach., Massé et Vergé, § 461, note 33; Marcadé, *1098*, 3; Roll., *Noces (secondes)*, n° 23 ; Troplong, n° 2720. Voir cependant Duranton, IX, 804.

requis pour la validité de son mariage, *supra* nos 945 *et suiv*. [FORM. 444], et, avec ce consentement, il peut donner tout ce que la loi permet à l'époux majeur de donner à l'autre conjoint (*C. N. 1095*).

3018. Il n'est point indispensable que ceux dont le consentement est nécessaire assistent le mineur en personne; ils peuvent se faire représenter par un mandataire (1) muni d'une procuration authentique (2) relatant sommairement les clauses et conditions du contrat de mariage, et aussi les donations à faire entre époux, le tout sous peine de nullité, *infra, au titre du contrat de mariage*.

3019. On peut apposer à une libéralité entre époux la condition que le donataire ne se remariera pas [FORM. 445]; en conséquence est valable la stipulation que la donation sera résolue par le fait d'un second mariage (3), *supra* n° 2555, 2°.

3020. A plus forte raison on peut stipuler que l'usufruit donné entre époux s'éteindra par le fait d'un second mariage; c'est apposer à l'usufruit un terme conditionnel, *supra* n° 1514, 10°.

---

en pleine propriété et en usufruit sur la part héréditaire de celui ou de ceux qui demanderaient la réduction, sans que, pour jouir de l'usufruit, le survivant soit tenu de fournir caution ni de faire emploi des valeurs mobilières, ce dont il est dispensé, mais à la charge de faire faire inventaire.

FORMULE 443. — **Donation entre époux lorsque l'un d'eux a des enfants d'un précédent mariage.** (Nos 3011 à 3015.)

En considération du mariage, les futurs époux se font donation entre-vifs, au profit du survivant, ce qui est accepté par chacun d'eux,

De l'usufruit de l'universalité des biens meubles et immeubles qui composeront la succession du premier mourant, sans aucune exception.

Cette donation ne subira aucune réduction en cas d'existence d'ascendants; mais s'il existe des descendants, elle subira la réduction suivante :

Si le premier mourant laisse seulement des enfants du mariage projeté ou des descendants d'eux, elle sera réduite à la moitié aussi en usufruit des mêmes biens meubles et immeubles.

Mais si c'est le futur époux qui prédécède, et qu'il existe des enfants de son précédent mariage ou des descendants d'eux, elle sera réduite à une part d'enfant légitime le moins prenant en pleine propriété (*ou* en usufruit), sans que cette part puisse excéder un quart des biens.

Ou bien à la place de la phrase précédente :

Si c'est le futur époux qui prédécède et qu'il existe des enfants de son précédent mariage ou des descendants d'eux, la présente donation sera également réduite à moitié en usufruit; mais si, nonobstant cette stipulation, la réduction à la quotité disponible vient à être exigée, la future épouse aura droit à la quotité disponible la plus large en pleine propriété sur la part de celui ou de ceux des enfants qui auront exigé la réduction, le futur époux lui en faisant donation entre-vifs, pour ce cas.

Le survivant, dans tous les cas, jouira de l'usufruit donné, pendant sa vie, à compter du jour du décès du premier mourant, sans être tenu de fournir caution ni de faire emploi des valeurs mobilières, mais à la charge de faire faire inventaire.

FORMULE 444. — **Donation entre époux lorsque l'un des futurs est mineur.**
(Nos 3017, 3018.)

En considération du mariage, les futurs époux, la future avec le consentement et l'assistance de ses père et mère en raison de sa minorité, se font donation entre-vifs, au profit. . . . : ., etc.

---

(1) Troplong, *Contr. de mar.*, n° 282 et *Don.*, n° 2625; Duranton, IX, 765; Coin-Delisle, *1095*, 1; Zach., Massé et Vergé, § 549, note 1. Voir Cass., 19 mars 1838.
(2) Troplong, n° 2626.
(3) Toullier, V, 259; Grenier, n° 157; Proudhon, *Usuf.*, n° 409;

Duranton, VIII, 128; Coin-Delisle, *900*, 39; Saintespès, I, 135; Zach., Massé et Vergé, § 464, note 9; Rodière et Pont, *Contr. de mar.*, 1, 52; Troplong, *ibid.*, n° 42; Toulouse, 25 avril 1839; Lyon, 22 déc. 1829; Limoges, 31 juill. 1839; Cass., 8 janv. 1849; Douai, 19 juill. 1851; J. N., 10818, 13003, 17224; CONTRA, Pezzani, n° 135; Dalloz, n° 150.

3021. On peut aussi stipuler que l'usufruit donné ne s'éteindra par le fait d'un second mariage, ou que la donation en pleine propriété ne sera résolue par le fait du second mariage, qu'autant que, lors du second mariage, il existera des enfants ou autres descendants légitimes du donateur.

SECTION II. — DES DONATIONS ENTRE ÉPOUX PENDANT LE MARIAGE.

3022. Les époux peuvent se faire l'un à l'autre, pendant le mariage, les mêmes donations que celles qui leur sont permises par contrat de mariage [Form. 446]; mais 1° les donations entre époux faites pendant le mariage, quoique qualifiées entre-vifs, sont toujours révocables (*C. N.*, *1096*); 2° un époux mineur ne peut faire de dispositions par acte entre-vifs en faveur de son conjoint, *supra n° 2655*; 3° les époux ne peuvent, pendant le mariage, se faire, ni par acte entre-vifs, ni par testament, aucune donation

FORMULE 445. — Résolution de donation en cas de second mariage. (N° 3019.)

En cas de convol à de secondes noces de la part du survivant, la présente donation sera résolue de plein droit par le fait seul du second mariage et à partir du jour de sa célébration civile ; et, comme conséquence, les biens qui auront été recueillis par le survivant en vertu de cette donation, reviendront dans la succession du premier mourant pour être partagés entre ses héritiers ou autres représentants.

Ou si la donation est d'un usufruit (n° 3020) :
En cas de convol à de secondes noces de la part du survivant, l'usufruit donné s'éteindra de plein droit, par le fait seul de ce second mariage, à partir du jour de sa célébration civile.

Ou bien encore (n° 3021) :
L'usufruit donné ne subira aucune extinction ni réduction en cas de convol à de secondes noces de la part du survivant, si lors de ce convol il n'existe point d'enfants ou autres descendants du mariage projeté; mais si, au contraire, il existe des enfants ou autres descendants, l'usufruit donné s'éteindra de plein droit par le fait seul du second mariage et à partir du jour de sa célébration civile.

II. — DONATION ENTRE ÉPOUX PENDANT LE MARIAGE.

FORMULE 446. — Donation par le mari à la femme. (N°⁸ 3022 à 3024.)

Par-devant M°. . . . .

A comparu M. Léon Huet, négociant, demeurant à. . . . .,

Lequel a, par ces présentes, fait donation entre-vifs, mais seulement pour le cas de survie de la donataire,

A Mme Laure Biot, son épouse, demeurant avec lui, ici présente et ce acceptant, avec l'autorisation de son mari,

De l'universalité des biens meubles et immeubles qui composeront la succession du donateur, sans aucune exception.

La donataire, si elle survit à son mari, aura la pleine propriété du tout à partir du jour du décès du donateur.

En cas d'existence d'enfants du mariage, lors de sa dissolution, ou de descendants d'eux, cette donation sera réduite à la quotité disponible la plus large entre époux, c'est-à-dire à un quart en propriété et un quart en usufruit.

Si, à défaut de postérité, il existe un ou plusieurs héritiers ascendants, la donataire, indépendamment de la portion disponible en pleine propriété, aura l'usufruit des biens composant la réserve des ascendants.

La donataire, dans tous les cas, jouira de l'usufruit donné pendant sa vie, à compter du jour du décès du donateur, sans être tenue de fournir caution ni de faire emploi des valeurs mobilières, mais à la charge de faire faire inventaire.

M. et Mme Huet font observer qu'ils se sont mariés à la mairie de. . . . ., le. . . . ., sans avoir fait précéder leur union d'un contrat de mariage.

mutuelle et réciproque par un seul et même acte (*C. N. 1097*), *supra* n° *2638* ; ainsi, pourrait être critiquée la clause par laquelle deux époux communs en biens stipulent dans un contrat d'acquisition que la chose acquise restera au survivant d'eux (1). Voir toutefois *supra* n° *2926*. Mais les donations mutuelles par deux actes distincts peuvent être faites à une même date (2).

3023. La donation entre époux pendant le mariage constitue une disposition entre-vifs (3) ; à ce titre elle est soumise pour sa forme aux règles générales des donations. Ainsi : elle doit être faite par acte notarié en minute ; elle doit être expressément acceptée (4) ; elle n'est réductible, lors du décès du donateur, qu'à sa date, c'est-à-dire après le retranchement des legs et des dons postérieurs (5).

3024. L'époux donataire de son conjoint, même par acte entre-vifs pendant le mariage, est saisi par la nature de son titre des biens qui lui ont été donnés, et il n'est pas astreint, comme le légataire, à faire une demande en délivrance aux héritiers du donateur (6).

3025. La femme, pour faire pendant le mariage une donation à son mari, doit être autorisée par lui (7) [Form. 447].

(*Ou bien* : M. et Mme HUET font observer qu'ils se sont mariés à la mairie de...., le..; que, par leur contrat de mariage passé devant M^e....., qui en a gardé minute, et son collègue, notaires à....., le...., ils se sont fait donation, au profit du survivant, de l'usufruit de l'universalité des biens meubles et immeubles du premier mourant, avec réduction à moitié en cas d'existence d'enfants, et que la présente donation a lieu pour ajouter à celle contenue en leur contrat de mariage.)

Dont acte. Fait et passé (*Présence réelle des témoins.*)

FORMULE 447. — Donation par la femme au mari.
(N°s 3025, 3026.)

PAR-DEVANT M^e.....

A COMPARU Mme Laure BIOT, épouse assistée et autorisée de M. Louis HUET, négociant, avec lequel elle demeure à....,

Laquelle a, par ces présentes, fait donation entre-vifs, mais seulement pour le cas de survie du donataire,

A M. HUET, son mari, qui accepte.

De l'universalité...., etc. (*Le surplus comme en la formule précédente.*)

FORMULE 448. — Donation en toute propriété des bénéfices de communauté et en usufruit des biens propres. (N° 3027.)

PAR-DEVANT M^e.....

A COMPARU M. Louis CLAYE, négociant, demeurant à....,

Lequel a, par ces présentes, fait donation entre-vifs, mais seulement pour le cas de survie de la donataire,

A Mme Téréza VALIN, son épouse, demeurant avec lui, ici présente et ce acceptant, avec l'autorisation de son mari,

De la pleine propriété de la totalité des biens meubles et immeubles qui formeront la

---

(1) Lyon, 28 juill. 1849 ; J. N., 13908.
(2) Grenier, II, 462 ; Toullier, V, 916 ; Duranton, IX, 798 ; Coin-Delisle, *1097*, 1 ; Marcadé, *1097* ; Troplong, n° 2692 ; Zach., § 524, note 5 ; Cass., 22 juill. 1807.
(3) Demolombe, *Rev. crit.*, I, p. 82 ; Mourlon, II. p. 506.
(4) Grenier, n° 458 ; Toullier, V., 917, 921 ; Duranton, IX, 774 ; Coin-Delisle, *1096* 1, 10 ; Zach., Massé et Vergé, § 524, note 2 ; Troplong, n°s 2651, 2653 ; Demolombe, *Rev. crit.*, 1854, p. 405 ; Dict. not., *Donat. entre époux*, n° 77 ; Roll. *ibid.*, n° 64 ; Cass., 5 avril 1836 ; Rennes, 20 mars 1844 ; J. N., 11073.

(5) Grenier. n° 452 ; Toullier, V, 919 ; Marcadé, *1096*, 4 ; Coin-Delisle, *923*, 6 ; Zach., § 457, note 7 ; Saintespès, II, 509 ; Mourlon, II, p. 312 ; Dict. not., *Don. entre époux*. n° 57 ; Roll., *ibid.*, n° 57 ; Cass., 5 avril 1838. Voir cependant Duranton, VIII, 357 ; Troplong, n° 2664.
(6) Grenier, n° 453 ; Toullier, V, 921 ; Coin-Delisle, *1096*, 4 ; Troplong, n°s 2429, et 2659 ; Zach, § 522, note 14 ; Dict. not., *Don. entre époux*, n° 56 ; Roll., *ibid.*, n° 69 ; Paris, 29 août 1834 ; Cass., 5 avril 1836 ; Toulouse, 28 janv. 1843.
(7) Dict. not., *Don. entre époux* ; n° 9 ; Roll., *ibid.*, n° 13.

3026. La femme soumise au régime dotal a capacité pour faire à son mari, pendant le mariage, une donation avec condition de survie (1).

3027. Le contrat de mariage peut contenir la stipulation que les bénéfices de communauté appartiendront au survivant des époux, et cette stipulation n'est point réputée un avantage sujet aux règles des donations (*C. N. 1520, 1525*). Pendant le mariage, il n'en est plus de même : l'avantage constitue une libéralité sujette aux formes des donations [Form. 448] et à la réduction si elle excède la quotité disponible.

3028. La donation entre époux pendant le mariage peut être de biens présents [Form. 449]; alors, à moins qu'elle ne soit faite par don manuel (2), elle est soumise, pour les meubles, à la nécessité d'un état ou d'une description dans l'acte (3), *supra n° 2490*, et pour les immeubles à la transcription, *supra n° 2478*; mais elle reste toujours révocable; en conséquence le donateur conserve le droit d'aliéner les biens à titre onéreux ou gratuit, de les hypothéquer, les grever de servitude, etc...

3029. Si la donation n'a pas été révoquée, la translation de l'objet donné sur la tête du donataire s'opère au jour du contrat, et le donataire est considéré comme en ayant été propriétaire *ab initio* (4); elle est donc, dès qu'elle a été transcrite, opposable aux créanciers du donateur, qui voudraient saisir l'immeuble donné, ou faire valoir sur cet immeuble une hypothèque judiciaire (5).

---

part de M. Claye, donateur, dans les bénéfices de la communauté existant entre eux, en vertu de leur contrat de mariage passé devant M^e....., qui en a gardé minute, et son collègue, notaires à....., le.....,

Et de l'usufruit des biens meubles et immeubles propres, y compris les reprises sur la communauté, qui dépendront de la succession du donateur, sans aucune exception.

En cas d'existence d'enfants....., etc....., (*Le surplus comme en la formule 446.*)

FORMULE 449. — Donation de biens présents. (N°s 3028 à 3032).

Par-devant M^e.....

A comparu M. Louis Loré, propriétaire, demeurant à....,

Lequel a, par ces présentes, fait donation entre-vifs

A Mme Louise Leviez, son épouse, demeurant avec lui, ici présente et ce acceptant avec l'autorisation de son mari,

D'une pièce de terre....., etc. (*La désigner.*)

Elle appartient au donateur....., etc. (*Établir l'origine de propriété.*)

La donataire aura la propriété de l'immeuble donné dès ce jour; elle en prendra la jouissance lorsque son mari n'aura plus le droit d'en jouir comme chef de la communauté.

. . . .

La présente donation n'est point subordonnée à la condition de survie de la donataire; si donc Mme Loré vient à décéder avant son mari, l'immeuble donné dépendra de sa succession.

(*Ou bien* : Cette donation est subordonnée à la condition de survie de la donataire et, comme telle, sera caduque si Mme Loré vient à prédécéder.)

Une expédition des présentes sera transcrite au bureau des hypothèques de.....

Dont acte. Fait et passé....., etc.

---

(1) Grenier, n° 452 *bis*; Duranton, XV, 536; Tessier, *Dot*, I, p. 313; Zach., § 522, note 9; Troplong, n° 2647; Roll., *Don. entre époux*, n° 11; Caen, 2 juill. 1823; Cass., 1er déc. 1824; Riom, 5 déc., 1825. Voir Demolombe, *R. v. crit.*, 1854, p. 415; Rodière et Pont, II. 491.
(2) Orléans 21 juill. 1865; Paris, 18 mai 1867; J. N., 18361, 18934.
(3) Demolombe, XXIII, 448; Zach., Massé et Vergé, § 524, note 3;
Troplong, n° 2654; Demolombe, *Rev. crit.*, 1851, p. 405; Cass., 16 juill. 1817, 18 juin 1830, contra Duranton, VIII, 540.
(4) Troplong, n°^s 2642, 2655; Cass., 31 août 1853; J. N., 13050.
(5) Marcadé, *1096*, 1; Coin-Delisle, *1096*, 11; Troplong, n° 2657; Dict. not., *Transc. des don.*, n° 11; Roll., *Don. entre époux*, n° 53; Cass., 10 avril 1848.

3030. La donation de biens présents faite pendant le mariage par un conjoint à l'autre sans stipulation de condition de survie n'est pas caduque par le prédécès du donataire, et la propriété des objets donnés passe à ses héritiers comme faisant partie de sa succession (1), sauf au donateur à empêcher la transmission aux héritiers, en déclarant qu'il révoque la donation (2).

3031. Il importe d'énoncer toujours dans la donation si elle est soumise ou non à la condition de survie du donataire.

3032. Lorsqu'une donation entre époux a été faite indirectement, sous une forme déguisée ou par personnes interposées, voir *infra n°s 3122 et 3125*.

SECTION III. — DE LA RÉVOCATION DES DONATIONS ENTRE ÉPOUX.

3033. Nous avons dit *supra n° 3022*, que la donation entre époux faite pendant le mariage est toujours révocable. La révocation s'opère par un testament postérieur ou par acte devant notaire, en minute, portant déclaration du changement de volonté (3), *supra n° 2835* [FORM. 450].

3034. La révocation peut être faite par la femme sans être autorisée par le mari ni par justice (*C. N. 1096*).

3035. La révocation pour survenance d'enfant, *suprà n° 2608*, n'a point lieu pour les donations faites entre époux pendant le mariage (*C. N., 1096*).

SECTION IV. — DE LA RENONCIATION AUX DONATIONS.

3036. Le donataire ne peut, après l'avoir acceptée, renoncer à une donation entre-vifs actuelle, irrévocable, de biens présents; car il a été saisi immédiatement de l'objet donné, et il ne peut, en renonçant à la donation, abdiquer son droit de propriété (4); à plus forte raison en est-il ainsi lorsque la donation, ayant été faite avec des charges, a la nature d'un contrat onéreux, *supra n° 2507*.

3037. Mais lorsque la donation ne doit recevoir son exécution qu'au décès du donateur, comme l'institution contractuelle et la donation entre époux par contrat de mariage ou pendant le mariage, elle confère seulement un droit éventuel, et le donataire peut y renoncer après le décès du donateur (5) [FORM. 451] ; si sa renonciation était faite avant le décès, elle serait nulle (6).

3038. Lorsque la renonciation a lieu avant l'acquit des droits de mutation après décès, sur la question de savoir si elle a pour effet de dispenser le donataire de leur acquit, voir *supra*, *n°s 2855 et 2928*.

FORMULE 450. — Révocation de donation entre époux. (N°s 3033 à 3035.)

PAR-DEVANT M^e. . . . .

A COMPARU Mme Laure PIOT, épouse de M. Léon HUET, négociant, avec lequel elle demeure à. . . . . ,

Laquelle a, par ces présentes, déclaré révoquer purement et simplement la donation entre-vifs, pour le cas de survie, qu'elle a faite à M. HUET, son mari, suivant acte passé, en présence de témoins, devant M^e. . . ., qui en a gardé minute, et son collègue, notaires à. . . . ., le. . . . . ,

Voulant que cette donation soit considérée comme nulle et non-avenue, et ne produise aucun effet.

Mention des présentes est consentie pour avoir lieu sur toutes pièces où besoin sera.

Dont acte. Fait et passé. . . . . (*Présence réelle des témoins*).

---

(1) Toullier, V, 918; Grenier, n° 454; Duranton, IX, 777; Massé et Vergé, § 522, note 8; Marcadé, *1096*, 3; Troplong, n° 2659; Roll.- *Don. entre époux*, n° 74 ; Limoges, 1er fév., 1840; Cass. 18 juin 1845; Angers, 27 janv. 1848 ; J. N., 10787, 12106, 13156 ; CONTRA, Coin-Delisle, *1096*, 6, Aix, 21 mars 1832.

(2) Coin-Delisle, *1096*, 8; Troplong, n° 2659; Massé et Vergé, § 522. note 8.

(3) Grenier, n° 462; Demolombe., XXIII, 478; Marcadé, *1096*, 4, Troplong. n° 2365; Cass., 28 août 1865; J N., 18454.

(4) Voir cependant Troplong, n° 64; Demolombe, XVIII, 21; XX, 574; Demante, IV, 93 *bis*.

(5) Agen, 22 avril 1844, 15 déc. 1866; Cass. 20 fév. 1855; Jur. N., 13360.

(6) Cass. 10 août 1840, 14 janv. 1853; J. N., 10774, 14894; CONTRA, Trib. Oléron Sainte-Marie, 17 déc. 1859; M. T., 1860, p. 18.

CHAPITRE HUITIÈME.

DE LA PORTION DE BIENS DISPONIBLE ET DE LA RÉDUCTION.

SECTION I. — DE LA PORTION DISPONIBLE ET DE LA RÉSERVE LÉGALE.

3039. En vertu de la loi naturelle suivant les uns, et du droit civil suivant d'autres, le patrimoine des père et mère doit, après leur mort, passer à leurs enfants ou autres descendants, comme étant les continuateurs de leurs personnes ; de là, la restriction apportée à la faculté de disposer à titre gratuit de ses biens, lorsque le défunt laisse des enfants ou autres descendants. Par une réciprocité équitable, la même restriction a été admise lorsqu'au lieu de descendants, le défunt laisse des ascendants venant à sa succession.

3040. La portion de biens dont les père et mère peuvent disposer au préjudice de leurs enfants ou autres descendants, et les enfants au préjudice de leurs ascendants, s'appelle *portion disponible* ou *quotité disponible*. La portion réservée par la loi aux enfants ou autres descendants et aux ascendants s'appelle *réserve légale*.

3041. Ont droit à la réserve : 1° les enfants légitimes et leurs descendants (C. N., 913, 914) ; 2° les enfants adoptifs (1) ; 3° les enfants naturels (2), même sur les donations antérieures à la reconnaissance (3) ; 4° les ascendants.

3042. *Enfants.* La quotité disponible et la réserve sont, en cas d'existence d'enfants ou autres descendants, réglées ainsi qu'il suit :

3043. Les libéralités, soit par acte entre-vifs, soit par testament, ne peuvent excéder la moitié des biens du disposant s'il ne laisse à son décès qu'un enfant légitime ; le tiers s'il laisse deux enfants ; le quart s'il en laisse trois ou un plus grand nombre (C. N., 913) ; ce qui s'applique à tous autres descendants légitimes, à quelque degré qu'ils soient ; mais ils ne comptent que pour l'enfant qu'ils représentent dans la succession du disposant (C. N., 914), quand même ils viendraient par tête et sans le secours de la représentation à la succession de leur auteur (4).

FORMULE 451. — **Renonciation à donation.** (N°ˢ 3036 à 3038.)

Par-devant Mᵉ. . . . .

A comparu Mᵐᵉ Charlotte Dolard, rentière, demeurant à. . . ., veuve de M. Louis Benoit, en son vivant propriétaire, demeurant à. . . . ., où il est décédé le. . . . .

Laquelle a, par ces présentes, déclaré renoncer purement et simplement à l'effet de toutes donations et de tous avantages de survie qui ont pu lui être faits par M. Benoit, son défunt mari, notamment de la donation universelle en usufruit que M. Benoit a faite en sa faveur, aux termes de leur contrat de mariage, passé devant Mᵉ. . . . ., qui en a gardé minute, et son collègue, notaires. . . . ., le. . . . . (*ou aux termes d'un acte de donation passé, en présence de témoins, devant Mᵉ. . . . ., notaire à. . . . ., qui en a gardé minute, le. . . . .*)

Voulant que ces donations et avantages de survie soient considérés comme nuls et non avenus, de manière à ne conserver contre la succession de son mari que ses droits de créancière pour raison de ses reprises et indemnités.

Dont acte. Fait et passé, etc. . . . .

---

(1) Coin-Delisle, *913*,13; Zach., § 449, note 3; Valette sur Proudhon, II, p. 222; Dalloz, n° 749; Duvergier sur Toullier, II, 1100; Demolombe, VI, 160, XIX. 82; Troplong, n° 781; Saintespès, II, 316; Marcadé, *350*, 2; *913*, 2; Mourlon, II, p. 285; Dict. not., *Port. disp.*, n° 37; Roll., *ibid.*, n° 19; Montpellier, 8 juin 1823; Paris, 26 mars 1839; Cass., 29 juin 1825; contra, Grenier, nᵒˢ 26 et 40; Toullier, II, 1011.
(2) Richefort, *Paternité*, p. 263; Grenier, II, 658 à 664; Loiseau, *Enf. nat.*, p. 677; Toullier, IV, 263; Duranton, VI. 313 ; Marcadé, *913*, 3; Saintespès, I, 320; Demolombe, XIX, 149, Roll., *Port. dispon.*, n° 53; Toulouse, 15 mars 1834; Paris, 20 avril 1853; Cass., 26 juin 1809, 27 avril 1830, 28 juin 1834, 16 juin 1847 ; J. N., 13126; Paris, 24 nov. 1868; J. N., 18755; contra, Chabot, *756*, 7; Rouen, 3 juill. 1820.
(3) Duranton, VI, 311; Marcadé, *913*, 3; Troplong, n° 771; Mour-lon, II, p 285; Belost-Jolimont, *art.* *756*; Demolombe, XIX, 166; Roll., *Port. disp.*, n° 54; Saintespès, II, 320; Massé et Vergé, § 462, note 12; Vernet, p. 515; Toulouse, 15 mars 1834; Cass., 27 avril, 1830, 28 juin 1834, 16 juin 1847; J. N., 13126; contra, Chabot, *756*, 20; Grenier, II, 665; Toullier, IV, 263; Loiseau, p. 698, Taulier. III, p. 176 ; Zach., § 462, note 12; Richefort, II, 438; Rouen, 27 janv. 1844; voir aussi Orléans, 7 janv. 1860; J. N., 16818.
(4) Grenier et Bayle-Mouillard. II. 558; Toullier et Duvergier, V, 202; Coin-Delisle, *914*. 4; Duranton. VIII, 290; Zach., § 450, note 2; Marcadé. *913*, 4 ; Saintespès, II, 325 ; Demante, IV, 46 *bis*; Demolombe, XIX, 77 ; Mourlon, II, p. 284 ; Dict. not., *Port. dispon.*, n° 60 à 62 ; Roll., *ibid.*, n° 22 ; Dalloz, n° 762; Troplong, n° 797; contra, Levasseur, n° 379.

II.

3044. La réserve de l'enfant naturel a pour type sa portion héréditaire, *supra* n° 1762, *note 6* ; de même que pour l'enfant légitime, elle sera donc, suivant les cas, de la moitié, des deux tiers, des trois quarts ou de la totalité de cette portion, *infra* n°s 3074 à 3080.

3045. Les enfants qui renoncent à la succession ou qui en sont écartés comme indignes, font nombre pour déterminer la quotité disponible et la réserve (1). La part qu'ils auraient eue accroît aux héritiers acceptants (2).

3046. L'enfant absent, dont l'existence n'est pas reconnue au jour du décès de son père ou de sa mère, est exclu de la succession, *supra* n° 928, et ne compte pas pour la fixation de la réserve (3) ; mais s'il a des enfants, ils le représentent (4).

3047. Nous avons rapporté *supra* n° 1874, la controverse établie sur la question de savoir si l'héritier qui renonce pour s'en tenir à son don peut conserver sa réserve ; depuis, un arrêt solennel des chambres réunies de la Cour de cassation (5) a décidé qu'il a seulement le droit de retenir la portion disponible, et non la réserve.

3048. *Ascendants.* Les **père et mère** venant à la succession de leur enfant décédé sans postérité légitime (C. N., *748, 749*), et les autres ascendants venant à la succession d'un descendant à défaut de frères et de sœurs du défunt ou de descendants d'eux (C. N., *746*), ont droit à une réserve, qui est de moitié, si le défunt laisse un ou plusieurs ascendants dans chacune des lignes paternelle et maternelle, et d'un quart s'il ne laisse d'ascendant que dans une ligne ; de sorte que la portion disponible est dans le premier cas de moitié, et dans le second cas de trois quarts (C. N., *915*). La réserve des ascendants est donc égale à leur portion héréditaire lorsqu'ils concourent avec des frères et sœurs ou descendants d'eux ; elle n'est que de moitié de leur portion héréditaire s'il n'en existe pas (6).

3049. Les biens réservés au profit des ascendants sont recueillis par eux dans l'ordre où la loi les appelle à succéder ; ils ont seuls droit à cette réserve dans tous les cas où un partage en concurrence avec des collatéraux ne leur donne pas la quotité de biens à laquelle elle est fixée (C. N., *915*).

3050. Les ascendants n'ont droit à la réserve qu'autant que la loi leur donne la qualité d'héritiers ; si donc le défunt, à défaut de postérité et de père et mère, a laissé des frères et sœurs ou des descendants d'eux, ils ont droit à la succession à l'exclusion des autres ascendants (C. N., *750*) ; et si les frères et sœurs ou leurs descendants sont exclus par un légataire universel, les ascendants ne peuvent arguer de cette exclusion pour prétendre à la réserve (7) ; mais si les frères et sœurs et leurs descendants, même en présence d'un légataire universel, renoncent ou sont déclarés indignes, le droit de successibilité passe aux ascendants qui, alors, ont droit à la réserve (8).

FORMULE 452. — **Fixation de la réserve des enfants légitimes et de celle des enfants naturels ; réduction de donation.** (Nos 3039 à 3093.)

PAR-DEVANT Me . . . .
ONT COMPARU :
1° M. Charles AUBIN, propriétaire, et Mme Désirée VALOIS, son épouse, de lui autorisée, demeurant ensemble à . . . . . ;

---

(1) Grenier et Bayle-Mouillard. II, 564 ; Toullier, V, 109 ; Duranton, VIII, 299 ; Dalloz, n° 757 ; Coin-Delisle, 913, 6 ; Troplong, n°s 781 et 795 ; Saintespès, II, 312 ; Zach., Massé et Vergé. § 450, note 4 ; Dict. not., *Port. dispon.*, n°s 44, 52 ; Roll., *ibid.*, n°s 27, 33 ; Cass., 28 fév. 1818, 13 août 1866, 25 juill. 1867 ; Paris, 19 avril 1856, 11 mai 1865, 18 août 1866 ; Limoges, 28 mars 1853 ; Montpellier, 8 mars 1864 ; Grenoble, 17 janv. 1867 ; J. N., 18292, 18610, 18912 ; Jur. N., 13136 ; CONTRA, Duvergier sur Toullier, V, 109 ; Marcadé, *913*, 5 ; Demolombe, XIX, 99, 101 ; Rennes, 19 août 1863 ; J. N., 17866.

(2) Troplong, n° 783 ; voir cependant Limoges, 28 mars 1853 ; M. T., 1863, p. 397.

(3) Toullier, V, 105 ; Troplong, n° 782 ; Saintespès. II, 323 ; Demolombe. XIX, 92 ; Zach., § 105, note 10 et 449, note 2 ; Dict. not., *Port. disp.*, n° 38 ; Toulouse, 1er mars 1821 ; Bordeaux, 16 mai 1832, 11 janv. 1834.

(4) Grenier, IV, 564 ; Duranton, VIII, 301 ; Troplong, n° 782 ; Zach., § 450, note 8 ; Dict. not., *Port. disp.*, n° 40.

(5) Cass., 27 nov. 1863 ; J. N., 17894 ; Montpellier, 6 mars 1864 ;

Paris, 9 juin 1864, 11 mai 1865. V. Rennes, 19 août 1863 ; J. N., 18292.

(6) Toullier et Duvergier. V. 116 ; Duranton. VIII, 304 ; Saintespès, II, 237, *note* ; Troplong, n° 803 ; Dalloz, n° 777 ; Demante, III, 50 *bis* ; Zach., § 450, note 5 ; Coin-Delisle, *915. 2* ; Marcadé, *915*, 1 ; Mourlon, II, p. 296 ; Demolombe. XIX, 114 ; Dict. not., *Port. disp.*, n° 69 ; Roll., *ibid.*, n° 41.

(7) Grenier n° 572 ; Toullier, V. 114 ; Duranton, VIII, 309, 310 ; Marcadé, *915*, 2 ; *1005*. 3, Troplong, n° 805 ; Mourlon, II, p. 291 ; Demolombe, XIX, 122 : Dict. not., *Port. disp.*, n° 71 ; Seine, 26 fév. 1866 ; J. N., 18491 ; CONTRA. Coin-Delisle, *1006*, 5 ; et Rev. crit., 1859, II, p. 1 et 443 ; Demante, IV, 50 *bis* ; Vernet, p. 365.

(8) Duranton, VIII, 311 ; Coin-Delisle, *915*, 6 ; Marcadé, *915*, 2 ; Troplong, n° 806 ; Taulier, IV, p. 42 ; Saintespès, II, 343 ; Massé et Vergé, § 449, note 5 ; Demolombe, XIX, 116, 122 ; Dict. not., *Port. disp.*, n° 81 ; Paris, 16 juill. 1839 ; Montpellier, 9 nov. 1857 ; Nîmes, 17 fév. 1862 ; Cass., 24 fév. 1863 ; J. N., 10766, 17700 ; CONTRA, Vazeille, *915*, 3 ; Roll., *Port. disp.*, n° 49.

3051. Les père et mère de l'enfant naturel venant à sa succession ont-ils droit à une réserve ? Cette question est vivement controversée : les uns invoquant l'art. 913 qui, selon eux, se réfère à l'art. 765 aussi bien qu'à l'art. 746, leur accordent une réserve égale à celle des père et mère légitimes (1) ; les autres leur refusent tout droit à une réserve, la loi ne l'ayant établie nulle part en leur faveur, d'une manière explicite ni implicite (2).

3052. Les père et mère adoptifs n'étant point héritiers de l'adopté n'ont pas droit à une réserve sur les biens dont ils lui ont fait donation, et qui leur reviendraient à titre de retour légal (3), *supra* n° *1138*.

3053. A défaut d'ascendants et de descendants, les libéralités par acte entre-vifs ou testamentaire peuvent épuiser la totalité des biens (C. N., *916*).

3054. *Donations imputables sur la quotité disponible.* La quotité disponible peut être donnée en tout ou en partie, soit par acte entre-vifs, soit par testament, aux enfants ou autres successibles du donateur, sans être sujette à rapport par le donataire ou légataire venant à la succession, pourvu que la disposition soit faite expressément à titre de préciput ou hors part (C. N., *919*), *supra* n°s *2528 et suiv.*

3055. La donation faite à un non-successible s'impute sur la quotité disponible ; il en est de même de celle faite par avancement d'hoirie à un successible depuis prédécédé, s'il n'a pas laissé de descendants venant à la succession, ou même s'il en a laissé, mais qu'ils viennent à la succession de leur chef (4) ; toutefois l'objet donné est réuni fictivement à la masse pour le calcul de la quotité disponible (5).

SECTION II. — DE LA RÉDUCTION DES DONATIONS.

3056. *Donations réductibles.* Les dispositions soit entre-vifs, soit à cause de mort, qui excèdent la quotité disponible, sont réductibles à cette quotité lors de l'ouverture de la succession (C. N., *920*).

3057. La donation déguisée, *supra* n° *2565*, est, comme toutes les autres libéralités, sujette à réduction à sa date (6), lorsqu'elle excède la quotité disponible.

3058. Le don fait manuellement, *supra* n° *2567*, qui excède la quotité disponible est aussi sujet à réduction à sa date (7).

3059. La réduction des dispositions entre-vifs ne peut être demandée que par ceux au profit desquels la loi fait la réserve, par leurs héritiers ou ayants cause (8) ; les donataires, les légataires ni les créanciers du défunt ne peuvent demander cette réduction ni en profiter (9) (C. N. *921*), sauf en ce qui concerne les créanciers, lorsque les héritiers sont devenus leurs débiteurs par le fait de leur acceptation pure et simple (10).

2° M. Victor Delord, négociant, demeurant à . . . . . ;

3° M. Louis Delord, avocat, demeurant à . . . . .

« Mme Aubin, héritière pour moitié de M. Charlemagne Valois, son père, en son vivant
» propriétaire, demeurant à . . . . ., où il est décédé le . . . . .

» MM. Delord, héritiers conjointement pour l'autre moitié, soit chacun pour un quart,

---

(1) Merlin, *Réserve*, sect. 4, n° 20; Grenier, II, 676; Belost-Jolimont sur Chabot, 1. 052; Vazeille, *765*, 5; Poujol, *765*, 3, Taulier, IV, p. 490; Mourlon, II, p. 290; Troplong, n° 817; Roll.; *Port. disp.*, n° 52; Bordeaux, 21 avril 1834, 20 mars 1837; Trib. Seine, 14 mai 1844; Paris, 14 mars 1845; Cass., 3 mars 1846; Pau, 27 fév. 1856 et 29 nov. 1860; J. N., 8774, 9065, 12048. 12632; M. T., 1861, p. 68.

(2) *Chabot*, 765, 5; Dalloz, n° 385; Richefort, III, 438; Saintespès, II, 333; Marcadé, *765*, 2; *915*, 3; Demante, IV, 51 ; Demolombe, XIV, 430; XIX, 481; Massé et Vergé, § 462, note 13; Nîmes, 11 juill. 1827; Douai, 5 déc. 1840; Paris, 18 nov. 1859; Cass., 24 déc. 1860, 27 janv. 1862; J. N., 10853, 16741, 17001; Bordeaux, 4 fév. 1863.

(3) Grenier, *Adopt.*, n° 41 ; Coin-Delisle, *915*, 3 ; Marcadé, *915*, 3 ; Troplong, n° 816; Mourlon, II, p. 290; Demolombe, XIX, 407, 408 ; Dict. not., *Port. disp.*, n° 65; Roll., *ibid.*, n° 51.

(4) Bayle-Mouillard, II, 129; Demolombe, XIX, 480; Cass., 19 fév., 1843, 23 fév. 1857, 12 nov. 1860, 2 avril 1861 ; J. N., 16123, 16710, 17010.

(5) Demolombe, IX, 479 ; Limoges, 7 janv. 1860 ; Cass., 23 fév. 1857, 12 nov., 1860 ; J. N., 16123, 16710.

(6) Saintespès, II, 484; Dalloz, n° 1089; Massé et Vergé, § 455 note 4 ; Demolombe, XIX, 316, 576 ; Roll., *Réd. de don.*, n° 82; Cass., 6 juill., 1817 ; Rouen, 27 fév. 1832; J. N., 14711.

(7) Troplong, n° 959 ; Demolombe, XIX, 316, 577.

(8) Ainsi : les cessionnaires des héritiers, leurs créanciers personnels. — Grenier, II, 593; Toullier, V, 425; Saintespès, II, 447; Zach., 452, note 11 ; Coin-Delisle, *921*, 2; Marcadé, *921*, 2; Troplong, n° 930; Mourlon, II, p. 301 ; Demolombe, XIX, 209, 210.

(9) Cass., 5 août 1816 ; 21 mai 1867 ; J. N., 12817, 18871.

(10) Toullier, V, 124; Coin-Delisle, *921*, 8; Troplong, n° 913; Saintespès, II, 451, 452; Mourlon, II, p. 303; Demolombe, XIX, 209, 210.

3060. Les enfants naturels, puisqu'ils ont droit à une réserve, *supra n° 3044*, peuvent aussi demander la réduction des dons et des legs (1)

3061. Le réservataire a droit à la réduction, qu'il ait accepté la succession purement et simplement ou sous bénéfice d'inventaire, qu'il ait ou non fait procéder à un inventaire, sauf aux donataires et légataires à faire preuve contre lui de la consistance de la succession, même par commune renommée (2) ; mais le réservataire qui a diverti ou recélé des effets de la succession et s'est mis ainsi dans l'impossibilité d'établir d'une manière certaine l'importance de la succession, ne peut plus la demander (3). Le réservataire qui, après que la succession lui est échue, a renoncé à l'action en réduction est aussi non recevable à l'exercer (4). Cette renonciation ne se présumerait pas facilement et ne résulterait pas, par exemple, de ce que le réservataire aurait accepté le legs que le défunt lui aurait fait, fût-il à peu près l'équivalent de sa réserve (5) ; ni de la délivrance par l'héritier du don ou du legs (6), ni de la simple approbation qu'il aurait donnée à la donation entre-vifs ou au testament (7). L'action en réduction se perd aussi par la prescription, qui est de trente ans du jour de l'ouverture de la succession, et qui serait seulement de dix ans ou de vingt ans au regard des tiers de bonne foi qui auraient acquis depuis le décès les immeubles donnés ou légués (8).

» de M. Valois, leur aïeul, à la représentation de Mme Geneviève Valois, leur mère, décédée à . . . . ., le . . . . ., épouse de M. Théodore Delord et fille de M. Valois.

» En outre, Mme Aubin, légataire à titre particulier de M. Valois, aux termes de son » testament relaté sous la troisième observation.

4° Mme Désirée Valois, propriétaire, demeurant à . . . . ., veuve de M. Jacques Morel ;

5° Mme Rose Valois, modiste, demeurant à . . . . ., **veuve de M. Georges Ducy.**

« Mmes Morel et Ducy, enfants naturelles reconnues de M. Valois, et en cette qualité » ayant droit dans la succession de M. Valois au tiers de ce qu'elles auraient eu si elles » eussent été légitimes, soit chacune à un douzième.

» Toutes ces qualités sont constatées en l'intitulé de l'inventaire qui sera **mentionné** » sous la sixième observation.

D'UNE PART ;

6° M. Louis Moulin, sans profession, demeurant à . . . . ;

» Donataire de M. Valois, et sujet à réduction ;

7° M. Louis Noel, propriétaire, demeurant à . . . . . ;

8° Et M. Charles Aubert, propriétaire, demeurant à . . . . ;

» Acquéreurs de M. Moulin, aussi sujets à réduction.

D'AUTRE PART ;

Lesquels, préalablement à la fixation de la quotité disponible et à la réduction, faisant l'objet des présentes, ont exposé ce qui suit :

EXPOSÉ PRÉLIMINAIRE.

1re Observation. — Dispositions entre-vifs. (N°s 3054 à 3056.)

M. Valois a fait les dispositions dont l'énonciation suit :

Premièrement. Don par préciput à Mme Aubin.

Aux termes du contrat de mariage de M. et Mme Aubin, passé devant M^e. . . . ., qui en

---

(1) Duranton, VI, 268 ; Troplong, n° 774 ; Zach., Massé et Vergé, § 462, note 11 ; Cass., 28 juin 1831, 16 juin 1817 ; J. N., 13126.
(2) Toullier, V, 166 ; Coin-Delisle, 924, 5 ; Saintespès, II, 440 ; Marcadé. 924, 4 ; Troplong, n° 940 ; Dalloz, n° 1190. Demante, IV, 55 bis ; Mourlon, II, p. 304 ; Demolombe, XIX, 232, 233 ; Dict. not., Réduct. de don., n° 17 ; Roll., ibid., n° 12 ; Cass., 14 avril 1820 ;
(3) Troplong, n° 940 ; Demolombe, XIX, 234 ; Cass., 16 janv. 1821.
(4) Demolombe, XIX, 225.

(5) Grenier et Bayle-Mouillard, II, 325 ; Troplong, n° 938 ; Demolombe, XIX, 229 ; Riom, 8 juill. 1819. Voir toutefois Toullier, V, 162.
(6) Toullier, V, 162 ; Demolombe, XIX, 230 ; Paris, 26 mars 1839 ; Lyon, 6 août 1840.
(7) Toullier, V, 163 ; Duranton, VIII, 379 bis ; Demolombe XIX, 231, Cass., 12 juin 1839 ; Nancy, 6 mars 1840.
(8) Duranton, VIII, 378, 379 ; Troplong, n°s 1033 à 1035 ; Demante, IV, 67 bis ; Demolombe, XIX, 239 à 241 ; Rouen, 8 juill. 1835.

2062. Pour réclamer la réserve par voie de demande ou pour la retenir, *supra* n° *5047*, il faut conserver la qualité d'héritier; l'héritier renonçant ne peut donc pas agir contre les donataires ou légataires, lors même qu'il n'y aurait pas d'actif dans la succession (1); il ne recouvrerait pas ce droit en acceptant ensuite dans les termes de l'art. 790 (2).

2063. L'action en réduction s'introduit, comme l'action en partage, devant le tribunal du lieu de l'ouverture de la succession; elle est soumise au préliminaire de conciliation.

2064. Rien n'empêche, au lieu de suivre la voie judiciaire, que les intéressés, s'ils sont tous capables, ne procèdent amiablement à la réduction. Il suffit qu'elle soit régulièrement constatée par acte dans la forme authentique ou sous seing privé [FORM. 452].

2065. *Masse.* Pour la fixation de la quotité disponible et le calcul de la réduction, on forme une masse de tous les biens existants au décès du donateur ou testateur (3) (*C. N.* 922), y compris ceux dont il n'a

---

a gardé minute, et son collègue, notaires à....., le....., M. VALOIS a fait donation, par préciput et hors part, à Mme AUBIN, sa fille, d'une somme de trente mille francs, stipulée payable le jour du mariage, dont la célébration en vaudrait quittance.

Deuxièmement. Don à M. DAMIENS, non successible.

Suivant acte passé, en présence de témoins, devant M^e....., notaire à....., qui en a gardé minute, le....., M. VALOIS a fait donation à M. Louis DAMIENS, propriétaire, demeurant à....., son neveu, d'une maison située à....., rue....., n°.....; à la charge par le donataire de payer en son acquit une somme de trois mille cinq cents francs dont il était débiteur envers M. Léon JOUAN, rentier, demeurant à....., et que M. DAMIENS a payée depuis, ainsi que le constate une quittance reçue par le même notaire, le.....

Troisièmement. Don à M. MOULIN, devenu insolvable ; vente des immeubles donnés.

Par autre acte passé, en présence de témoins, devant M^e....., notaire à....., qui en a gardé minute, le....., M. VALOIS a fait donation à M. MOULIN, comparant, de :
1° une pièce de terre en labour, située....., etc...; 2° une autre située..., etc...;
3° une maison située à....., rue....., n°.....; 4° une prairie située....., etc...;
5° et une somme de six mille francs en numéraire. Le donataire a été de suite mis en possession du tout.

M. MOULIN a vendu trois des immeubles donnés, savoir :

Celui désigné sous le numéro quatre, à M. Jean LIARD, propriétaire à. :...., suivant contrat passé devant M^e....., qui en a gardé minute, et son collègue, notaires à....., le....., moyennant deux mille cinq cents francs payés comptant ;

Celui numéro trois, à M. AUBERT, comparant, par contrat passé devant M^e....., qui en a gardé minute, et son collègue, le....., moyennant quatorze mille francs payés suivant quittance passée devant le même notaire, le.....

Et celui numéro deux, à M. NOEL comparant, aux termes d'un contrat passé devant le même notaire, le....., moyennant quinze cents francs payés comptant.

Quant à l'immeuble désigné sous le numéro premier, M. MOULIN en est resté propriétaire.

En raison de l'état d'insolvabilité notoire de M. MOULIN, l'action en réduction a été dirigée contre les acquéreurs, qui ont dispensé les héritiers de le discuter.

---

(1) Grenier et Bayle-Mouillard, II, 566 *bis;* Demolombe, XIX, 43; Saintespès, II, 415 ; Marcadé, *9.21*, 4; Gabriel Demante, *Rev. crit.*, 1852, p. 158; Cass., 3 mars et 23 juill. 1856. Voir cependant Troplong n°s 914 et 915.

(2) Toullier, V, 164; Demolombe, XIX, 223 ; Montpellier, 25 mars 1834 ; *contra* Grenier, II, 616; Dalloz, n° 1199.

(3) Cass., 28 mars 1866 ; J. N., 18513.

disposé que par testament ou par donation de biens à venir (1); on ajoute à la masse les fruits civils de tous ces biens courus jusqu'au jour du décès; mais on n'y comprend pas les créances irrécouvrables (2), à moins que les donataires ou légataires n'offrent de fournir caution pour en assurer le payement ou de les prendre pour leur compte (3), voir *infra* n°s 3070, 3071; ni les biens qui ne sont pas dans le commerce, tels que les portraits de famille, les insignes des ordres, les médailles d'honneur, l'épée d'un officier (4), les tombeaux de famille, dont la disposition est permise en dehors de la quotité disponible (5).

3066. Les biens compris en la masse sont estimés d'après l'état et la valeur qu'ils présentent au jour du décès (6). S'il s'agit de rentes sur l'Etat, d'actions et obligations négociables à la bourse, elles sont estimées au cours du jour du décès (7).

Quatrièmement. Don par préciput à M. Louis DELORD.

Suivant acte passé, en présence de témoins, devant M°...:., notaire à....., qui en a gardé minute, le....., M. VALOIS a fait donation par préciput et hors part à M. Louis DELORD, son petit-fils, d'une pièce de terre labourable située commune de....., lieu dit... de la contenance de....., dont le donataire a été mis de suite en possession.

2° *Observation.*—*Don déguisé en faveur de M. Louis Delord.* (N° 3057.)

Aux termes d'un contrat passé devant M°....., qui en a gardé minute, et son collègue, notaires à....., le....., M. VALOIS a acquis de M. Louis ROLLÉ, demeurant à....., au nom de M. Louis DELORD, son petit-fils, une pièce de terre labourable située à....., lieu dit....., contenant....., section....., n°....., moyennant deux mille francs payés comptant.

M. Louis DELORD reconnaît que cette somme a été payée avec des deniers de M. VALOIS, son aïeul, ce qui a constitué une donation déguisée dont l'objet sera joint fictivement à la masse, pour le calcul de la quotité disponible.

3° *Observation.*— *Don manuel en faveur de M*me *Aubin.* (N° 3058.)

Vers le....., M. VALOIS a donné manuellement à Mme AUBIN, sa fille, une somme de deux mille francs, qui sera aussi réunie fictivement à la masse.

4° *Observation.* — *Vente avec réserve d'usufruit à M. Victor Delord.* (N°s 2533 à 2539.)

Aux termes d'un contrat passé devant M°....., qui en a gardé minute, et son collègue, notaires à....., le....., M. VALOIS a vendu, sous réserve d'usufruit, à M. Victor DELORD comparant, alors son successible, une pièce de terre labourable située à....., etc. ;....; moyennant cinq mille francs, payés comptant.

Mmes AUBIN, MOREL et DUCY et M. Louis DELORD sont intervenus à ce contrat pour donner leur assentiment à la vente; par suite, il n'y a pas lieu d'imputer l'immeuble acquis sur la quotité disponible.

5° *Observation.* — *Legs à M*me *Aubin.*

Par le testament de M. VALOIS, dicté, en présence de quatre témoins, à M°....., notaire à....., qui en a gardé minute, le....., M. VALOIS a, légué par préciput et hors part, à Mme AUBIN, sa fille, une somme de quatre mille francs, payable dans les trois mois de son décès.

---

(1) Coin-Delisle, 922, 22; Saintespès, II, 479; Dalloz, n° 1088; Demolombe, XIX, 250. V. Cass., 6 fév. 1867.

(2) Si l'insolvabilité est antérieure au décès, car si elle est postérieure, la créance doit être comprise: Demolombe, XIX, 351; Cass., 11 déc. 1854; J. N., 15382.

(3) Duranton, VIII, 331; Troplong, n° 918; Coin-Delisle, 922, 13; Saintespès, II, 461; Dict. not., *Port. disp.*, n° 466; Roll., *ibid.*, n° 37.

(4) Coin-Delisle, 922, 18; Bayle-Mouillard, IV, 602; Saintespès, II 464; Demolombe, XIX, 261.

(5) Cass., 7 avril 1857; J. N., 16062.

(6) Marcadé, 922, 18; Troplong, n° 955; Demolombe, XIX, 353; Dict. not., *Port. disp.*, n° 558.

(7) Coin-Delisle, 922, 20; Massé et Vergé, § 456, note 8; Troplong, n° 955; Demolombe, XIX, 359; Dict. not., *Port. disp.*, n° 473; Aix, 30 avril 1833; Bordeaux, 12 mars 1834; J. N., 8620.

3067. On déduit de cette masse [nous parlons des biens existants, et avant la réunion fictive dont il va être question (1), toutes les dettes de la succession (2) (*C. N.*, 922), auxquelles sont ajoutés les frais de scellés, inventaire, partage, acte de réduction, etc. (3).

3068. A ce qui reste, après cette déduction, on réunit fictivement tous les biens (4) dont le défunt a disposé par acte entre-vifs, d'après leur état à l'époque des donations et leur valeur au temps du décès du donateur (5) (*C. N.*, 922), quand même il se serait écoulé un temps fort long entre le décès et la donation (6). On ajoute les dons faits aux successibles (7), même à titre de partage anticipé, *supra* n° 2935, ou de constitution de dot (8), de prêt (9). La réunion n'a pas lieu lorsque le défunt a simplement légué une quotité des biens qu'il laissera à son décès (10), *supra* n° 2752.

6° Observation. — *Décès de M. Valois. — Inventaire.*

M. VALOIS est décédé à....., le....., et après ce décès, il a été procédé à l'inventaire du mobilier et des titres et papiers dépendant de la succession de M. VALOIS, suivant procès-verbal dressé par M^e....., qui en a gardé minute, et son collègue, notaires à....., les.....

L'actif et le passif constatés seront indiqués ci-après.

7° Observation. —*Instance en réduction des dons et legs.* (N°s 3059 à 3064.)

Les héritiers de M. VALOIS, prétendant que les dispositions qu'il avait faites excédaient la quotité disponible, ont, après les préliminaire de conciliation et suivant exploit du ministère de....., huissier à....., en date du....., intenté contre les donataires et les légataires, l'action en réduction du legs et des dons.

Sur cette instance, il est intervenu le ..., un jugement du tribunal civil de ..., qui a ordonné l'expertise tant des immeubles donnés que de ceux dépendant de la succession de M. VALOIS, et a commis d'office MM......, pour y procéder.

Les experts ont visité les immeubles et les ont estimés, ainsi que le constate leur rapport en date du ...., déposé au greffe du tribunal civil de ...., et entériné par jugement de ce tribunal du ....

Par suite les comparants se sont présentés devant les notaires soussignés, pour fixer l'importance de la quotité disponible et pour opérer les réductions de droit ; ce qui a eu lieu de la manière suivante :

CHAP. 1er. — **Fixation de la quotité disponible et de la réserve.** (N°s 3065 à 3082.).

Les biens dépendant de la succession de M. VALOIS consistent en :

1° Meubles et objets mobiliers prisés en l'inventaire à huit mille cinq cents francs.	8,500
2° Créance de dix mille francs sur M..... etc.	10,000
3° Cinq cents francs de rente trois pour cent sur l'État français, n° ... de la série d'une valeur d'après le cours de la bourse du jour du décès, de douze mille francs.	12,000
A reporter.	30,500

---

(1) Toullier, V, 144 ; Duranton, VIII, 343 ; Zach., Massé et Vergé, § 455, note 2 ; Coin-Delisle. 922. 37 ; Saintespès, II, 469 ; Marcadé, 922, 4 ; Troplong, n° 946 ; Demolombe, XIX, 397 ; Mourlon, II, p. 305 ; Dict. not., *Port. disp.*, n° 591 ; Boll., *ibid.*, n° 475 ; Metz, 13 janv. 1833.

(2) Voir Demolombe, XIX, 399 à 418 : Ploermel, 31 août 1864.

(3) Duranton, VIII, 344 ; Marcadé, 922, 3 ; Coin-Delisle, 922. 38 ; Saintespès, II, 471 ; Dalloz, n° 4156 ; Demolombe, XIX, 418 ; Dict not., *Port. disp.*, n° 595 ; Paris, 1er août 1814. Nîmes, 23 juill. 1865.

(4) Les simples présents d'usage, les dons de sommes modiques par un père de famille sur ses revenus ne sont pas considérés comme des dons rapportables, même fictivement : Demolombe, XIX, 312 ; Bordeaux, 18 juill. 1860 ; Cass., 29 juill. 1861 ; J. N., 17259.

(5) Et non pas la valeur estimative contenue en la donation, pour raison des meubles non fongibles : Troplong, n° 974 ; Marcadé, 922. 2 ; Coin-Delisle, 924. 3 ; Saintespès, II, 492 ; Bayle-Mouillard, IV,

967 ; Massé et Vergé, § 456, note 3 ; Vernet, p. 452 ; Demolombe, XIX, 380 ; Dict. not., *Port. disp.*, n° 580 ; CONTRA. Grenier, n° 637] ; Duranton, VIII, 342.

(6) Duranton VIII, 344 ; Toullier, IV, p. 49 ; Coin-Delisle, 922, 25 ; Bayle-Mouillard, IV, 636 : Troplong, n° 974 ; Demolombe, XIX, 306.

(7) Troplong, n° 990 ; Demante, III, 192 bis ; Coin-Delisle, 919, 18 ; Mourlon, II, p. 306, *note* ; Demolombe, XVI, 290 ; XIX, 309 ; Dict. not., *Port. disp.*, n° 492 ; Cass., 8 juill. 1826, 13 mai 1828, 19 août 1829, 8 janv. 1834, 17 mai 1843 ; Colmar, 21 fév. 1835 ; J. N., 8363, 11074, 13755 ; CONTRA, Chabot, 857, 4 ; Cass., 30 déc. 1816, 27 mars 1822, 17 nov. 1823, 8 déc. 1824, 5 juill. 1825.

(8) Troplong, n° 958 ; Demolombe, XIX, 318 ; Dict. not., *Port. disp.*, n°s 537, 538 ; Paris, 4 juin 1855 ; Cass., 5 et 10 mars 1856 ; J. N. 15792, 15802, 15976.

(9) Troplong, n° 947 ; Demolombe, XIX, 330 ; Paris, 27 juill. 1850.

(10) Demolombe, XVI, 293, 323.

3069. Lorsque la donation a été faite sous une condition onéreuse, il faut, pour la réunion fictive, retrancher de la valeur des biens donnés les sommes que le donataire a été chargé d'acquitter ou l'importance des charges en capital qui lui ont été imposées (1).

3070. Si un donataire qui a reçu une somme d'argent est atteint par la réduction et qu'il soit insolvable (2), on ne réunit pas cette somme aux biens de la succession, *supra n° 3065;* mais si plus tard le donataire insolvable est en état de payer, le donataire antérieur, qui aurait subi une réduction à sa place, et l'héritier réservataire, ont le droit de le poursuivre, chacun à proportion de ce que l'insolvabilité lui a fait perdre (3).

3071. Mais si le donataire insolvable n'est pas atteint par la réduction, ce qui lui a été donné doit figurer dans la masse (4); s'il est atteint en partie, une double opération devient nécessaire : on forme une première masse à laquelle on réunit fictivement la totalité de son don, de manière à faire ressortir ce qu'il conserve et la réduction qu'il subit ; ensuite on établit une seconde masse à laquelle on réunit seulement ce que le donataire insolvable a conservé sur son don, le surplus étant considéré comme perdu (5).

3072. Les biens donnés qui ont péri par cas fortuit, et sans aucune faute imputable aux donataires ou aux tiers détenteurs, n'entrent pas dans la composition de la masse (6).

Report...		30,500
4° Une ferme appelée la ferme de..., située... etc..., estimée par les experts à quatre-vingt-quinze mille francs		95,000
5° Et une maison située à... rue... n°... etc., estimée par les experts à seize mille francs		16,000
Total cent quarante-un mille cinq cents francs		141,500
On en déduit les dettes suivantes :		
Huit mille cinq cents francs dus à divers, pour travail et fournitures	8,500	
Deux cents francs pour les frais de l'inventaire	200	
Et six cents francs pour frais de l'instance en réduction et du present acte	600	
Ensemble, neuf mille trois cents francs	9,300	9,300
Reste un actif net de cent trente-deux mille deux cents francs :		132,200
A quoi on réunit fictivement les biens dont M. Valois a disposé, selon leur état au jour de la donation et leur valeur à l'époque du décès, quant aux immeubles d'après l'estimation des experts :		
1° Don fait à Mme Aubin (1er *obs.*, § 1), trente mille francs		30,000
2° Don fait à M. Damiens (*même obs.*, § 2), une maison située à..., rue..., n°..., estimée vingt-cinq mille cinq cents francs	25,500	
De quoi l'on déduit trois mille cinq cents francs que M. Damiens a payés en l'acquit du donateur	3,500	
Il reste vingt-deux mille francs	22,000	22,000
A reporter...		184,200

---

(1) Troplong, n° 960; Demolombe, XIX, 317; Roll., *Port. dispon.*, n° 424.
(2) La règle n'est pas applicable si l'insolvabilité est postérieure à l'ouverture de la succession : Coin-Delisle. *923*, 8; Demolombe, XIX. 603.
(3) Duranton, VIII, 339 ; Coin-Delisle, *923*, 11; Marcadé, *923*, 3; Saintespès, II, 347; Bayle-Mouillard, II, 632; Taulier, IV, p. 54; Demante, IV, 61 *bis*; Demolombe, XIX, 606; contra, Toullier, V, 137; Grenier, II, 632; Troplong, n° 997; Dict. not., *Port. disp.*, n° 344; Roll., *ibid*, n° 435; Cass., 17 mai 1843, selon lesquels la perte doit tomber en entier sur le dernier donateur réduit. Selon Mourlon, II, p. 310, l'insolvabilité doit être supportée par l'héritier réservataire.
(4) Toullier, V. 137; Duranton, VIII, 332; Troplong, n° 949; Bayle-Mouillard, IV, 602, *note;* Demolombe, XIX, 277, 603; Dict. not., *Port. disp.*, n° 408; Roll., *ibid*, n° 432; Caen, 24 déc. 1862; Sirey, 1853. II, p. 127.
(5) Bayle-Mouillard, IV, 602; Saintespès, II, 462 ; Troplong, n° 950; Demolombe, XIX, 270; Lyon, 11 août 1855; J.N. 15677; contra, Amiens 7 déc. 1852 et 21 nov. 1853.
(6) Demolombe, XIX, 338, 339; Dict. not., *Port. disp.*, n° 547.

3073. *Calcul de la réserve et de la quotité disponible.* Sur le montant de la valeur des biens existants, après déduction des dettes, et des biens fictivement réunis, on calcule, eu égard à la qualité des héritiers que le disposant a laissés, la quotité dont il a pu disposer (C. N., 922); ce qui reste forme la réserve légale.

3074. S'il existe des enfants naturels, le calcul de la réserve et de la quotité disponible se fait de la manière suivante :

3075. La réserve des enfants naturels concourant avec des enfants légitimes se calcule sur leurs droits dans la succession, en raison de leur nombre réuni à celui des enfants légitimes ; ainsi : 1° un enfant naturel et un enfant légitime, la réserve de l'enfant naturel est des deux tiers de sa part et la quotité disponible d'un tiers ; 2° un enfant naturel et deux ou un plus grand nombre d'enfants légitimes, la réserve de l'enfant naturel est des trois quarts de sa part et la quotité disponible d'un quart ; 3° un enfant légitime et deux ou un plus grand nombre d'enfants naturels, la réserve de chaque enfant naturel est également des trois quarts de sa part et la quotité disponible d'un quart.

3076. Ce calcul, en ce qui concerne les enfants naturels, est sans influence au regard des enfants légitimes, dont la réserve est toujours de moitié, de deux tiers ou de trois quarts, selon qu'il en existe un, deux, trois ou un plus grand nombre.

Report.		184,200
3° Don fait à M. Moulin (*même obs.*, § 3) :		
Pièce de terre n° 1er, non vendue, estimée dix-huit cents francs.	1,800	
Pièce de terre n° 2, vendue à M. Noel, estimée quatorze cents francs	1,400	
Maison n° 3, vendue à M. Aubert, estimée douze mille cinq cents francs	12,500	
Pièce de terre n° 4, vendue à M. Liard, estimée deux mille sept cents francs.	2,700	
Et une somme de six mille francs, portée seulement pour mémoire en raison de l'insolvabilité de M. Moulin	*Mémoire.*	
4° Don par préciput à M. Louis Delord (*même obs.*, § 4), une pièce de terre estimée huit mille deux cents francs	8,200	
5° Don déguisé à M. Louis Delord (2e *obs.*), deux mille francs	2,000	
6° Don manuel à Mme Aubin (3e *obs.*), deux mille francs.	2,000	
Montant de la masse, deux cent quatorze mille huit cents francs		214,800
On déduit les droits de Mmes Morel et Ducy, enfants naturelles, étant pour chacune d'elles d'un douzième, soit dix-sept mille neuf cents francs	17,900	
Au regard des enfants naturelles, la portion disponible est d'un quart, soit quatre mille quatre cent soixante-quinze francs	4,475	
Reste une réserve, pour Mme Morel de treize mille quatre cent vingt-cinq francs	13,425	
Et pour Mme Ducy, de pareille somme	13,425	
Ensemble, de vingt-six mille huit cent cinquante francs.	26,850	26,850
Reste pour la succession légitime, cent quatre-vingt-sept mille neuf cent cinquante francs		187,950
Au regard des enfants légitimes, étant au nombre de deux : 1° Mme Aubin, 2° les enfants Delord à la représentation de leur mère, la portion disponible est d'un tiers, soit soixante-deux mille six cent cinquante francs.		62,650
Reste une réserve pour la succession légitime, de cent vingt-cinq mille trois cents francs, ci.		125,300
A reporter.		125,300

3077. Mais par qui est suppportée la réserve des enfants naturels, lorsque la quotité disponible est absorbée par les libéralités du défunt? Une distinction est à faire : s'il existe trois ou un plus grand nombre d'enfants légitimes, la quotité disponible est d'un quart aussi bien au regard des enfants légitimes que des enfants naturels, et peut, sans difficulté, être prélevée sur la masse totale ; les trois quarts de surplus forment la réserve et sont partagés entre les enfants légitimes et les enfants naturels, chacun dans la proportion de ses droits (1).

3078. S'il existe seulement un ou deux enfants légitimes, leur réserve est différente de celle des enfants naturels, et le calcul précédent n'est plus applicable; dans ce cas, la réserve des enfants naturels est à la charge des enfants légitimes et des ayants droit à la quotité disponible, en proportion de ce qu'ils prennent dans la succession légitime; ainsi : 1° un seul enfant légitime, la réserve étant de moitié et la quotité disponible également de moitié, la réserve de l'enfant naturel sera supportée, moitié par l'enfant, et moitié par les ayants droit à la portion disponible ; de sorte que la réserve étant pour l'enfant naturel de 1/9, il reviendra à l'enfant légitime 4/9, et pour la quotité disponible 4/9 ; 2° deux enfants légitimes et un légataire universel, la réserve étant de 2/3 et la quotité disponible de 1/3, la réserve des enfants légitimes et la quotité disponible y contribuent dans ces proportions, de sorte que la réserve est pour l'enfant naturel de 3/36, pour chacun des enfants légitimes de 11/36, et que la quotité disponible est de 11/36 (2).

3079. Si l'enfant naturel est en concours avec des ascendants ou avec des frères et sœurs, la succession se divise en deux hérédités : l'une étant de moitié dévolue à l'enfant ou aux enfants naturels; l'autre étant également de moitié dévolue aux ascendants et aux frères et sœurs, *supra* n° 1772. C'est sur chacune de ces hérédités que se calculent la réserve et la quotité disponible, eu égard au nombre et à la qualité des successibles ; ainsi, selon qu'il y a un, deux, trois, ou un plus grand nombre d'enfants naturels, la quotité disponible est de moitié, du tiers ou du quart de la moitié afférente à la succession irrégulière; quant à la moitié dévolue à la succession légitime, il faut distinguer : s'il n'y a d'ascendants que dans une ligne, leur réserve est du quart de la moitié; s'il y a des ascendants dans les deux lignes, chaque ligne a droit à une réserve d'un quart de la moitié ; enfin, s'il n'y a pas d'ascendants venant à la succession, mais des frères et sœurs, toute la moitié afférente à la succession légitime est disponible (3).

3080. Lorsque l'enfant naturel concourt avec des collatéraux autres que frères et sœurs, le droit d'un ou de plusieurs enfants naturels est de trois quarts de la succession, *supra* n° 1778 ; c'est sur ces trois quarts que se calculent la réserve et la quotité disponible, eu égard au nombre des enfants naturels. Si l'enfant naturel concourt dans une ligne avec des ascendants, et dans l'autre avec des collatéraux autres que frères et sœurs, ses droits sont de 1/2 dans une ligne et de 3/4 dans l'autre, soit de 5/8, *supra* n° 1776 ; c'est sur cette fraction que se calculent la réserve et la quotité disponible.

Report.	125,300
Y joignant la réserve des enfants naturelles	26,850
On trouve une réserve totale de cent cinquante-deux mille cent cinquante francs	152,150
L'importance de la succession de M. VALOIS n'étant que de cent trente-deux mille deux cents francs	132,200
Les donations faites par M. VALOIS excèdent la quotité disponible et doivent être réduites d'une somme de dix-neuf mille neuf cent cinquante francs, nécessaire pour le complément de la réserve.	19,950

Comme conséquence, le legs de Mme AUBIN est caduc.

---

(1). Toullier, V, 265 ; Chabot, 756, 23 à 28 ; Grenier, II, 670, 671 ; Duranton, VI, 316 ; Marcadé. 916, 2 ; Demante, VI 47 *bis* ; Demolombe, XIX, 174 ; Dict. not., *Port. disp.*, n° 107. Voir Belost-Jolimont, 756, obs. 7 ; Troplong, n° 779, selon lesquels la réserve des enfants naturels doit être prélevée sur la masse de la succession comme si c'était une dette.

(2) Demolombe, XIX, 173, 174. Selon Grenier, II, 670 ; Troplong, n° 778 ; Marcadé 916, 1 ; Toullier, V, 265 ; Duranton, X, 315 ; Dict. not., *Port. disp.*, n°s 98 à 104 ; Roll., *ibid.*, n° 64 ; Paris 21 août 1849, la réserve des enfants naturels doit être prélevée comme une dette sur la masse, ce qui est indifférent pour le cas du n° 3078, le résultat étant pareil.

(3) Voir Demolombe, XIX, 176, 177 ; Dict. not., *Port. disp.*, n° 144.

3081. *Réduction.* Si la réserve est supérieure ou égale à la valeur des biens dont le défunt n'a pas disposé, les dons et legs sont maintenus; si elle est inférieure, il y a lieu à la réduction des dons et des legs.

3082. Lorsque la valeur des donations entre-vifs excède ou égale la quotité disponible, toutes les dispositions testamentaires sont caduques (*C. N.*, *925*); il n'y a donc jamais lieu à la réduction des donations entre-vifs qu'après avoir épuisé la valeur de tous les biens compris dans les dispositions testamentaires (*C. N.*, *923*).

3083. Les donations faites par avance de succession à des successibles venant à la succession, sont rapportables, *supra* n° *1992*, elles doivent donc être imputées sur leur réserve et, conséquemment, réduites avant toutes les autres dispositions entre-vifs ou testamentaires faites sur la quotité disponible (1).

3084. Lorsqu'il y a lieu à la réduction des donations, elle se fait en commençant par la dernière donation, et ainsi de suite, en remontant des dernières aux plus anciennes (*C. N.*, *923*). Entre deux donations du même jour, la plus ancienne, c'est-à-dire celle qui a été signée la première, n'est réductible qu'après l'autre (2); si l'on ne peut établir laquelle est la plus ancienne ou si les donations sont comprises dans un même acte, elles sont réduites par contribution (3), à moins de stipulation que l'une d'elles sera affranchie de la réduction proportionnelle (4).

3085. La date dont la priorité détermine l'ordre de la réduction entre les donataires est celle du moment où la donation s'est trouvée parfaite : si elle a été acceptée par l'acte même qui la contient, c'est l'instant de sa passation; mais si l'acceptation a été faite à une date postérieure, c'est l'instant de la notification de l'acceptation au donateur ou de la dispense de signification par le donateur, qui fixe la date pour la réduction (5).

3086. Lorsque l'action en réduction est dirigée contre le donataire possédant encore les biens donnés, qu'il s'agisse de biens meubles ou d'immeubles, le donataire peut être contraint à la restitution en nature, de même que, réciproquement, il peut contraindre l'héritier de les recevoir ainsi; sauf aux parties à s'entendre pour que la restitution se fasse en argent (6).

3087. Lorsque le donataire a aliéné, à titre gratuit ou onéreux (7), les immeubles (8) donnés, l'action en réduction ou revendication peut être exercée par les héritiers contre les tiers détenteurs de ces immeubles, de la même manière et dans le même ordre que contre les donataires eux-mêmes. Cette action doit être exercée suivant l'ordre des dates des aliénations, en commençant par la plus récente (*C. N.*, *930*).

Chap. 2. — **Réduction des donations.** (N°s 3083 à 3093.)

Conformément à la loi, on réduit sur les donations faites par M. Valois :
1° Les deux mille francs donnés manuellement à Mme Aubin, comme étant rapportables 2,000
2° Les deux mille francs montant du don déguisé fait à M. Louis Delord, aussi comme étant rapportables 2,000
3° L'immeuble donné par préciput à M. Louis Delord (*dernière donation*), pour une valeur de huit mille deux cents francs 8,200

A reporter. . . 12,200

---

(1) Grenier, II, 596; Duranton, VIII, 367; Troplong, n° 1012; Demolombe, XIX, 482, 483; Labbé, *Rev. prat.*, 1864, XI, p. 237; Dict. not., *Port. disp.*, n° 374. V. Dijon, 10 avril 1867; J. N., 19004.
(2) Duranton, VIII, 353; Coin-Delisle, *923*, 4; Marcadé, *923*, 1; Zach., § 457, note 8; Saintespès, II, 545; Troplong, n° 1002;
(3) Toullier, V, 446; Duranton, VIII, 352; Coin-Delisle, *923*, 11; Troplong, n° 995; Demolombe, XIX, 584.
(4) Demolombe, XIX, 582.

(5) Duranton, VIII, 354; Vernet, p. 486; Saintespès, II, 543; Demolombe, XIX, 583; Rouen, 27 fév. 1832; Cass., 16 nov. 1861.
(6) Troplong, n° 974; Vernet, p. 487; Demolombe, XIX, 591. V. Montpellier, 27 déc. 1866. — (7) Demolombe, XIX, 630.
(8) La résolution prononcée par l'art. 930 ne concerne que les tiers détenteurs d'immeubles; elle ne s'applique pas aux tiers détenteurs de meubles, même incorporels : Coin-Delisle, *930*, 1; Marcadé, *930*, 1; Demolombe, XIX, 628; contra, Caen, 21 avril 1841.

3088. Toutefois, la réduction ne peut être exercée contre les tiers détenteurs qu'après discussion des biens meubles et immeubles du donataire (1) (*C. N.*, *930*), et seulement pour la somme qui manque après cette discussion.

3089. Le réservataire ne peut donc revendiquer l'immeuble lui-même qu'autant que le donataire, ou, s'il est insolvable, le tiers détenteur, ne lui payent pas la valeur de l'immeuble (2).

3090. Si l'acquéreur a lui même revendu (3), les sous-acquéreurs ne peuvent être attaqués qu'après discussion des biens du donataire et de ceux de leur vendeur; et, entre les sous-acquéreurs, la réduction s'opère aussi par ordre de vente, en commençant par la dernière (4).

3091. Les immeubles à recouvrer par l'effet de la réduction, le sont sans charge de dettes ou hypothèques créées par le donataire (*C. N.*, *929*) et des droits de servitude ou d'usufruit qu'il aurait conférés (5), quand même la donation réduite aurait été déguisée sous la forme d'un contrat onéreux (6).

3092. Le donataire doit restituer les fruits de ce qui excède la portion disponible, à compter du décès du donateur, si la demande en réduction a été faite dans l'année, sinon du jour de la demande (7). (*C. N.*, *928*). Si la réduction s'opère contre le tiers détenteur, pour cause d'insolvabilité du donataire, le tiers ne doit les fruits qu'à compter de la demande en revendication dirigée contre lui (8).

3093. Lorsque la donation entre-vifs réductible a été faite à l'un des successibles, il peut retenir sur

Report. . . .	12,200
4° La pièce de terre n° 1, non vendue, de la donation à M. Moulin (*avant-dernier donataire*), pour une valeur de dix-huit cents francs	1,800
5° Quinze cents francs à payer par M. Noel (*dernier acquéreur*) pour la valeur de l'immeuble que lui a vendu M. Moulin, la réduction frappant contre lui par suite de l'insolvabilité de son vendeur	1,500
6° Et quatre mille quatre cent cinquante francs à payer par M Aubert (*avant-dernier acquéreur*), sur la valeur de la maison que lui a vendue M. Moulin, la réduction l'atteignant aussi pour cause de l'insolvabilité de son vendeur . . .	4,450

Nota. MM. Noel et Aubert, bien qu'ayant dispensé les héritiers Valois de discuter M. Moulin, dont ils reconnaissent l'insolvabilité, font néanmoins toute réserve de recourir contre lui.

Total égal à la réduction, dix-neuf mille neuf cent cinquante francs	**19,950**

Les donations antérieures conservent tout leur effet; il en est de même de celle faite à M. Moulin pour raison de l'immeuble vendu à M. Liard, premier acquéreur, et de l'excédant de valeur de la maison vendue à M. Aubert.

Les parties sur lesquelles la réduction porte consentent tous dessaisissements en faveur des héritiers de M. Valois; en conséquence l'immeuble resté à M. Moulin de ceux à lui donnés se réunit à la masse de la succession sans charge des dettes, hypothèques et autres charges créées par le donataire, et MM. Noel et Aubert s'engagent au payement des sommes pour lesquelles ils contribuent dans la réduction, à toute réquisition, avec l'intérêt, comme de droit, à partir du . . . ., jour de la demande en réduction. M. Louis Delord et Mme Aubin se réservent de retenir les objets dont ils doivent la restitution à valoir sur leurs droits dans la succession de M. Valois.

Dont acte. Fait et passé. . . . . etc.

---

(1) Coin-Delisle, *930*, 10; Saintespès, II, 552; Demolombe, XIX, 635.
(2) Duranton, VIII, 372; Marcadé, *930*, 1; Bayle-Mouillard, IV, 631; Saintespès, II, 566; Troplong, n° 1031; Zach., § 457, note 15; Demolombe, XIX, 636; Roll., *Réduct. de don.*, n° 141.
(3) Ou a donné entre-vifs : Rouen, 31 juill. 1843.
(4) Toullier, V, 150; Marcadé, *930*, 2; Demante, IV, 67 *bis*; Demolombe, XIX, 643; Roll., *Réduct. de don.*, n° 138.

(5) Duranton, VIII, 377; Troplong, n° 1023; Demante, IV, 67 *bis*; Demolombe, XIX, 618.
(6) Coin-Delisle, *930*, 16; Marcadé, *930*, 4; Bayle-Mouillard, IV, 629; Troplong, n° 1025 et *Priv.*, n° 468 *bis*; Saintespès, II, 557; contra, Zach., § 457, note 14; Cass., 14 déc. 1826. Voir Demolombe, XIX, 623.
(7) Demolombe, XIX, 608 à 616.
(8) Grenier et Bayle-Mouillard, II, 633; Duranton, VIII, 376; Dalloz, n° 1251; Coin-Delisle, *928*, 14; Saintespès, II, 552; Troplong, n° 1021; Marcadé, *930*, 3; Demolombe, XIX, 639.

les biens donnés la valeur de la portion qui lui appartiendrait comme héritier dans les biens non disponibles, s'ils sont de même nature (*C. N.*, *924*).

SECTION III. — DE LA RÉDUCTION DES LEGS.

3094. *Legs réductibles.* Lorsque les dispositions testamentaires excèdent soit la quotité disponible, soit ce qui reste de cette quotité après déduction de la valeur des donations entre-vifs, soit l'actif de la succession lorsqu'elle a été acceptée sous bénéfice d'inventaire (1), la réduction [Form. 453] se fait au marc le franc, sans aucune distinction entre les legs universels et les legs particuliers (*C. N.*, *926*), ni entre les legs d'objets divisibles, comme un champ, et les legs d'objets indivisibles, tels qu'une usine, un cheval, une statue (2), ni entre les legs de corps certains et ceux de sommes d'argent (3), ni entre les legs et les sous-legs imposés à certains légataires (4).

3095. Cependant, si le testateur a expressément déclaré qu'il entendait que tel legs fût acquitté de préférence aux autres, cette préférence a lieu; et le legs qui en est l'objet n'est réduit qu'autant que la valeur des autres ne remplit pas la réserve légale (*C. N.*, *927*). Mais il faut une déclaration expresse du testateur, et la préférence ne résulterait pas de ce qu'il aurait fait un legs de pension alimentaire, ou un legs rémunératoire, ou un legs sous forme de restitution (5), ou un legs garanti par hypothèque (6), ni de la circonstance que les legs auraient été faits par plusieurs testaments (7), ou que, faits par un même testament, l'un aurait été écrit avant l'autre (8).

FORMULE 453. — **Réserve des ascendants.** (N°⁵ 3048 à 3052.) — **Réduction de legs.** (N°⁵ 3094 à 3102.)

PAR-DEVANT. M°.....

ONT COMPARU :
1° M. Eloi DULAC, rentier, demeurant à.....,
» Héritier pour la moitié dévolue à la ligne paternelle de M. Luc DULAC, son fils, en son
» vivant, propriétaire, demeurant à....., où il est décédé le.....
2° M. Honoré LEFÈVRE, ancien négociant, et Mme Virginie DAUBE, son épouse, qu'il autorise, demeurant ensemble à.....,
» Héritiers conjointement pour moitié, soit chacun pour un quart, de M. Luc DULAC,
» leur petit-fils susnommé.

D'UNE PART ;

3° M. Henri CATOIS, propriétaire, demeurant à.....;
4° M. Paul MARAIS, marchand épicier, demeurant à.....;
5° M. Isaac VIMOIS, fabricant, demeurant à.....;
6° Et Mlle Louise LAVILLE, rentière, demeurant à.....;
« Ces quatre derniers, légataires de M. Luc DULAC.

D'AUTRE PART ;

Lesquels, pour arriver à la réduction de legs faisant l'objet des présentes, ont exposé ce qui suit :

I. — TESTAMENT DE M. DULAC.

Aux termes de son testament, dicté, en présence de quatre témoins, à M°....., notaire à....., qui en a gardé minute, le....., M. Luc DULAC a légué :

---

(1) Duranton, VI, 462; Demante, IV, 64 *bis*; Demolombe, XVII, 23; XIX, 221, 560; Cass., 28 nov. 1861, 18 juin 1862; J. N., 17327, 17502.
(2) Duranton, VIII, 365; Saintespès, II, 531; Dalloz, n° 1227; Demolombe, XIX, 561.
(3) Duranton, VIII, 365; Toullier, V, 157; Saintespès, II, 544 ; Coin-Delisle, 9.27, 11; Marcadé, 9.27, 3; Demante, IV, 64 *bis*; Demolombe, XIX, 559; Dalloz, n° 3908; Nicias-Gaillard, *Rev. crit.*, 1860, p. 193; Paris, 23 janv. 1851; Cass., 11 janv. 1830, 28 nov. 1861, 18 juin 1862; J. N., 14368, 17327, 17502; Pau, 24 juin 1862; Sirey, 1863, II, p. 134, CONTRA, Nîmes, 11 mai 1841; J. N. 11255.

(4) Demante, IV, 64 *bis*; Demolombe, XIX, 557; Angers, 19 mars 1841; Cass., 18 juin 1862; J. N., 17502.
(5) Duranton, VIII, 365; Dalloz, n° 1129; Coin-Delisle, 9.27, 11; Saintespès, II, 544; Marcadé, *art.* 9.27; Vernet, p. 478; Demolombe, XIX, 564; Orléans, 7 avril 1848; Paris, 23 janv. 1851; CONTRA, Toullier, V, 460; Troplong, n° 1017. V. Paris, 15 nov. 1865; J. N., 18417.
(6) Demolombe, XIX, 565; Lyon, 15 avril 1822.
(7) Duranton, VIII, 349; Marcadé, 9.26, 1; Demolombe, XIX, 565; Riom, 11 mars 1856; J. N., 15928.
(8) Toullier, V, 570; Duranton, IX, 794; Troplong, n° 2697; Dijon, 1er juill. 1846; Cass., 12 juill. 1848.

3096. A défaut de préférence exprimée, les legs sont également réduits. Cette réduction s'opère selon les dispositions des art. 926 et 1009 combinés : s'il y a concours d'un légataire universel, ou de légataires à titre universel, avec des légataires particuliers, on recherche d'abord ce que chacun aurait eu dans la masse entière de la succession, s'il n'y avait pas eu de réserve, et ce premier calcul sert à établir proportionnellement leurs droits dans la portion disponible. Cependant, si les legs particuliers avaient dû absorber la masse des biens, les legs universels seraient caducs (*arg.*, C. N., *1009*), et la portion disponible appartiendrait exclusivement aux légataires particuliers (1).

3097. L'ascendant héritier à réserve, qui est en même temps légataire particulier et en concours avec un légataire universel, a, sauf stipulation contraire, le droit de cumuler son legs et la réserve légale (2).

1° A M. Catois, l'universalité de ses biens meubles et immeubles, et en conséquence, l'a institué pour son légataire universel;

2° A M. Marais, la moitié des biens immeubles qu'il laisserait à son décès;

3° A M. Vimois, une créance de vingt-cinq mille francs sur M. Jean Didier, négociant, demeurant à.....;

4° A Mlle Laville, une rente viagère de trois mille francs par an;

5° Et à M. Julien, son domestique, une somme de cinq mille francs, **avec** stipulation que ce legs serait acquitté, par préférence à tous autres.

II. — IMPORTANCE DE LA SUCCESSION.

Biens meubles.

La succession se compose des biens meubles et immeubles qui suivent :

1° Mobilier prisé en l'inventaire après le décès de M. Dulac, dressé par M^e....., l'un des notaires soussignés, qui en a gardé minute, et son collègue, les....., huit mille six cents francs...	8,600
2° Un titre de deux mille francs de rente trois pour cent sur l'État français, au nom de feu M. Dulac, n°....., de la 4e série, d'une valeur, d'après le cours de la bourse au jour du décès, de quarante-quatre mille francs, ci........	44,000
3° La créance de vingt-cinq mille francs sur M. Didier, léguée à M. Vimois, ci.	25,000
4° Prorata de fermages, intérêt et arrérages au décès, deux mille sept cents francs, ci...	2,700

Biens immeubles.

5° La ferme du....., sise commune de....., comprenant : corps de ferme, labours, prés et bois, le tout de la contenance de....., estimée entre les parties à quatre-vingt-dix mille francs, ci................................	90.000
Montant de la masse, cent soixante-dix mille trois cents francs, ci......	170,300

Ces faits exposés, il est procédé à la fixation de la quotité disponible et à la réduction.

Chap. 1er. — Fixation de la réserve et de la quotité disponible.

L'importance de la succession étant de cent soixante-dix mille trois cents francs, ci...		170,300
La réserve est :		
Pour M. Dulac père, d'un quart s'élevant à quarante-deux mille cinq cent soixante-quinze francs ci...............	42,575	
Pour M. et Mme Lefèvre, aïeuls, conjointement d'un autre quart étant de pareille somme, ci...................	42,575	
Ensemble de quatre-vingt-cinq mille cent cinquante francs, ci.	85,150	85,150
Il reste disponible pareille somme, ci.............		85,150

---

(1) Toullier, V, 160, 161; Duranton, VII, 303; Marcadé, *926*, 2 et 3; Troplong, n° 1015; Coin-Delisle, *926*, [9; Zach., § 437, note 5; Demolombe, XIX, 551 à 554; Roll., *Réduct. de don.*, n°s 63, 66.
(2) Troplong, n° 990; Colmar, 7 août 1861; J. N., 17534.

3098. Entre les donataires et légataires, la rente viagère et l'usufruit donnés ou légués doivent, pour le calcul de la réduction (1), être évalués à une valeur vénale eu égard à l'âge et à la santé du crédi-rentier viager ou de l'usufruit (2).

3099. *Legs d'un usufruit ou d'une rente viagère.* Lorsqu'une disposition entre-vifs ou par testament est d'un usufruit ou d'une rente viagère dont la valeur (c'est-à-dire le taux de la rente ou le revenu de l'usufruit pour chaque année) excède la quotité disponible en jouissance (3), les héritiers au profit desquels la loi fait une réserve ont l'option, ou d'exécuter cette disposition, ou de faire l'abandon de la propriété de la quotité disponible (*C. N.*, 917), abandon qui, toutefois, ne les dispense pas d'acquitter la totalité de la rente viagère, s'ils s'en sont constitués cautions (4). Si une condition a été apposée à la donation en usufruit, par exemple, que le donataire ne se remariera pas, la condition subsiste après l'option qu'a faite l'héritier de délaisser au donataire la pleine propriété de la quotité disponible (5).

Chap. 2. — Réduction des legs.

La quotité disponible étant de.	85,150
On prélève les cinq mille francs montant du legs à M. Julien, à acquitter par préférence, ci.	5,000
Il reste pour les autres légataires, quatre-vingt mille cent cinquante fr., ci	80,150

Pour établir la réduction, on va d'abord indiquer le chiffre des legs selon l'importance qu'ils auraient eue à défaut d'héritiers réservataires.

La succession étant de cent soixante-dix mille trois cents francs, ci. . . .	170,300
On en déduirait les cinq mille francs légués à M. Julien, avec droit de préférence, ci.	5,000
Resterait, pour les autres légataires, cent soixante-cinq mille trois cents francs, ci.	165,300

Cette somme leur appartiendrait, savoir :

A M. Marais, pour quarante cinq mille francs (moitié des immeubles), ci.	45,000
A M. Vimois, pour vingt-cinq mille francs, ci.	25,000
A Mlle Laville, pour trente mille francs, capital amiablement fixé entre les parties, de la rente viagère de trois mille francs à elle léguée, ci.	30,000
Et à M. Catois, légataire universel, pour ce qui resterait, soit soixante-cinq mille trois cents francs.	65,300
Egalité.	165,300

Pour opérer la réduction on répartit entre ces légataires les quatre-vingt mille cent cinquante francs disponibles, en établissant une règle de proportion à raison des chiffres qui viennent d'être fixés, et on trouve que les legs sont réduits :

Celui de M. Catois, à trente-un mille six cent soixante-trois francs, ci . .	31,663
Celui de M. Marais, à vingt-un mille huit cent dix-neuf francs, ci	21,819
Celui de M. Vimois, à douze mille cent vingt deux francs, ci.	12,122
Et celui de Mlle Laville, à quatorze mille cinq cent quarante-six francs, ci.	14,546
Somme égale.	80,150

---

(1) Marcadé, *917*, 3; Roll., *Port. disp.*, n° 296.
(2) Proudhon, *Usuf.*, n° 364; Marcadé, *Rev. crit.*, 1852, p. 453; Cass., 21 juill. 1813; Riom, 25 août 1842; Grenoble, 8 mars 1851; Douai, 14 juin 1852.
(3) Et non pas la valeur de la rente viagère ou de l'usufruit : Grenier, n° 638; Coin-Delisle, *917*, 4, 7; Saintespès, III, 370; Marcadé, *917*, 4; Demolombe, XIX, 440.
(4) Lyon, 30 août 1861; Cass., 15 avril 1862; J. N., 17440.
(5) Angers, 18 fév. 1847; Cass., 8 janv. 1849; Douai, 18 juin 1864; J. N., 17224. Voir cependant Demolombe, XIX, 461.

3100. Pour qu'il y ait lieu à l'option, il faut qu'il soit justifié que la valeur de la rente ou de l'usufruit excède la quotité disponible (1).

3101. Lorsqu'il y a plusieurs héritiers à réserve, chacun d'eux a séparément et pour sa part l'option accordée par l'art. 917 (2).

3102. Si la disposition par acte entre-vifs ou par testament, au lieu d'être d'un usufruit, est de la nue propriété de biens dont la valeur (en estimant la pleine propriété) excède la quotité disponible, l'art. 917 est inapplicable en ce sens que le légataire ne peut obliger le réservataire à opter entre l'exécution de la disposition ou l'abandon de l'usufruit à réunir à la nue propriété jusqu'à concurrence de la quotité disponible en pleine propriété ; dans ce cas, la disposition est réductible à la nue propriété de la quotité disponible (3).

3103. *Legs par un mineur.* [FORM. 454]. Le mineur âgé de plus de seize ans peut disposer par testament de la moitié de ce qu'il est permis au majeur de disposer (*C. N.*, *904*). Cette disposition établit une règle de capacité personnelle produisant son effet au jour du testament (4), *supra* n° 2525.

3104. Si le legs est de l'universalité des biens, la réduction à moitié ne nuit pas à son caractère de legs universel et le légataire a la saisine de la succession (5).

En conséquence, M. CATOIS aura droit à une part des biens de la succession à proportion des trente-un mille six cent soixante-trois francs lui revenant ;

M. MARAIS aura droit à une part des immeubles, à proportion des vingt-un mille huit cent dix-neuf francs lui revenant ;

M. VIMOIS devient propriétaire de douze mille cent vingt-deux francs sur la créance DIDIER.

Enfin Mlle LAVILLE conserve le droit de réclamer aux héritiers DULAC le service de la rente viagère de trois mille francs à elle léguée, sauf la faculté réservée à ceux-ci de s'en décharger, en abandonnant à Mlle LAVILLE la propriété de la somme de quatorze mille cinq cent quarante-six francs, formant la part applicable au legs de Mlle LAVILLE dans la portion disponible.

Dont acte. Fait et passé etc.

FORMULE 454. — Réduction de legs faits par un mineur. (N°s 3103 à 3107.)

PAR-DEVANT M^e.....

ONT COMPARU.

1° M. Jean LUBIN, vigneron, demeurant à.....;
2° M. Joseph COCHIN, charron, demeurant à...;

« M. LUBIN, héritier pour la moitié dévolue à la ligne paternelle de M. Paul LUBIN, son
» fils, en son vivant cultivateur, demeurant à....., où il est décédé le..... ;
» M. COCHIN héritier pour l'autre moitié, dévolue à la ligne maternelle, de M. LUBIN
» fils, son neveu ;
» En outre M. LUBIN père, ayant, en vertu de l'art. 754, l'usufruit du tiers de la moitié
» à laquelle il ne succède pas.

D'UNE PART ;

3° Et Mme Aglaé HAVIN, cultivatrice, demeurant à....., veuve de M. LUBIN fils sus nommé.

---

(1) Demante, IV, 55 *bis* ; Coin-Delisle, *917*, 7 ; Vernet, p. 454 ; Bayle-Mouillard, IV, 638 ; Marcadé, *917*, 4 ; Massé et Vergé, § 456, note 5 ; Saintespès, III, 370 ; Demolombe, XIX, 442. CONTRA, Grenier, IV, 638 ; Toullier, V, 442 ; Proudhon, *Usuf.*, n° 338 ; Duranton, VIII, 345 ; Taulier, IV, p. 44 ; Troplong, n° 836 ; Dict. not., *Port. disp.*, n° 335 ; Roll., *ibid.*, n° 281.

(2) Grenier, n° 638 ; Toullier, V, 443 ; Coin-Delisle, *917*, 44 ; Zach., § 456, note 4 ; Saintespès, II, p. 375 ; Demante, IV, 55 *bis* ; Marcadé, *917*, 2 ; Troplong, n° 840 ; Demolombe, XIX, 454 ; Dict. not. *Port. disp.*, n° 349 · CONTRA, Duranton VIII, 346.

(3) Roll., *Réserve lég.*, n° 24 ; Cass., 7 juill. 1857 ; Caen, 47 mars 1858 ; J. N., 46169 ; Seine, 30 juin 1866, CONTRA, de Caqucray, *Rev. prat.*, 1858, II, p. 482 ; Demolombe, XIX, 471.

(4) Coin-Delisle, *914*, 16 ; Troplong, n° 824 ; Demante, IV, 24 *bis* ; Mourlon, II, p 265 ; Demolombe, XVIII, 426. Voir cependant Bayle Mouillard, IV, 583 ; Bourges, 24 août 1839.

(5) Coin-Delisle, *904*, 14 ; Duvergier sur Toullier, V, 447 ; Massé et Vergé, § 498, note 2 ; Cass., 25 juin 1834. Voir aussi Amiens, 8 mars 1860 ; CONTRA, Demolombe, XVIII, 427.

3105. La réduction se règle d'après le principe de la réserve et de la quotité disponible, eu égard à la qualité des héritiers que le testateur laisse à son décès; si donc le mineur, à l'époque de la confection du testament, avait ses père et mère et des héritiers collatéraux, et que, lors de son décès, il n'ait plus que des parents collatéraux, la quotité dont il a pu disposer est de la moitié du tout (1).

3106. Un mineur laissant pour héritiers son père et un oncle maternel, a disposé en faveur d'un tiers de tout ce dont la loi lui permet de disposer; en raison de la réserve du père qui est d'un quart, la disposition est réduite à la moitié des trois quarts de surplus, soit trois huitièmes; il reste cinq huitièmes indisponibles, qui sont partageables par moitié entre les deux lignes, sauf l'usufruit du père sur le tiers de la part de l'oncle, en vertu de l'art. 754 (2). Mais si le partage égal entre le père et l'héritier collatéral ne donne pas au père sa réserve, la solution est différente; *exemple* : Un mineur laissant ses père et mère et des frères et sœurs a disposé de la quotité disponible; sa succession est de 20,000 fr., la portion dont le mineur a pu disposer est de 5,000 fr., il reste indisponible 15,000 fr.; si les père et mère avaient seulement moitié de cette somme, ils auraient moins que leur réserve, qui est de 10,000 fr., mais comme leur réserve ne peut être entamée, ils ont droit à 10,000 fr., et les frères et sœurs ensemble ont seulement 5,000 fr. (3).

» Légataire universelle de son défunt mari, aux termes de son testament, dicté en pré-
» sence de quatre témoins, à M°....., notaire à....., qui en a gardé minute, le....,
» Étant fait observer qu'à la date de ce testament, M. LUBIN fils était âgé de vingt ans,
» et conséquemment encore mineur, de sorte que ses dispositions testamentaires, en
» vertu de l'art. 904, sont réduites à la moitié dont la loi permet au majeur de disposer,

D'AUTRE PART.

Lesquels ont, par ces présentes, établi l'importance de leurs droits à la succession de M. LUBIN, fils.

Cette succession se compose de :
1°... » «
2°... » «

Total, cinquante mille francs, ci.................	50,000
La réserve pour M. LUBIN père est du quart.............	12,500
La quotité disponible, si le défunt avait disposé étant majeur, aurait été des trois quarts de surplus, soit............	37,500
Mais, en raison de l'état de minorité du disposant, elle est réduite à moitié, soit............	18,750

Par suite, il reste dans la succession *ab intestat* :

1° La réserve de M. LUBIN père..............	12,500
2° la moitié de la quotité disponible dont le défunt n'a pu disposer à cause de son état de minorité.................	18,750
Total trente-un mille deux cent cinquante francs, ci.........	31,250
Dont la moitié, pour chacune des deux lignes, est de........	15,625

A ce moyen la succession de M. LUBIN fils est dévolue dans les proportions suivantes :

---

(1) Demante, IV, 22 bis ; Demolombe, XVIII, 428.
(2) Toullier et Duvergier, V, 117; Grenier et Bayle-Mouillard, IV, 378 ; Duranton, VIII, 494; Coin-Delisle, 945, 16; Marcadé, 916, 2; Troplong, n° 819; Demolombe, XVIII, 432 ; Dict. not., *Port. disp.*, n° 150; Angers, 16 juin 1825; CONTRA, Levasseur, n° 55 ; Poujol, 915, 10; Demante, IV, 22 bis, selon lesquels sur les 5/8 indisponibles le père prend 2/8 pour sa réserve et les 3/8 de surplus se partagent par moitié.
(3) Coin-Delisle, 915, 17; Troplong, n° 820; Demolombe, XVIII, 433; Dict. not., *Port. disp.*, n° 149; Bourges, 20 août 1839; J. N., 10557.

3107. Si le mineur laissant son père et un oncle maternel a légué par préciput la quotité disponible à son père, il est censé n'avoir laissé à son oncle que ce qu'il n'était pas possible de lui enlever ; s'il eût été majeur, il aurait pu le priver de toute sa part ; étant mineur, il n'a pu lui ôter que la moitié de sa part ; donc le père a trois quarts et l'oncle un quart (1), sur quoi le père a encore l'usufruit d'un tiers, en vertu de l'art. 754 (2).

SECTION IV. — DE LA RÉDUCTION DES DONATIONS ET LEGS ENTRE ÉPOUX.

3108. *Calcul de la quotité disponible.* Nous avons établi *supra* n°ˢ *2999 à 3049*, les règles de la quotité disponible entre époux. Il nous reste à parler des rapports de la quotité disponible entre époux avec la quotité disponible ordinaire [FORM. 455].

3109. Il est de règle générale que la quotité disponible entre époux, lorsqu'elle est plus large que la quotité disponible ordinaire, ne peut s'étendre en faveur des étrangers (3) ; ainsi l'époux qui a disposé, en faveur de son conjoint, de biens d'une importance égale à la quotité disponible ordinaire, mais inférieure à la quotité disponible entre époux, ne peut disposer de l'excédant en faveur d'un étranger, quoiqu'il le puisse en faveur de son conjoint.

3110. Et lorsque la quotité disponible entre époux, dont un époux a disposé en faveur de son conjoint, est égale à la quotité disponible ordinaire, l'époux ne peut plus faire de dispositions en faveur d'un étranger ; si elle est inférieure à la quotité disponible ordinaire, l'époux peut disposer de l'excédant en faveur d'un étranger, mais il *ne le peut en faveur de son conjoint.*

A M. LUBIN père, pour quinze mille six cent vingt-cinq francs 15,625
A M. COCHIN, pour même somme, sur quoi M. LUBIN père a droit à l'usufruit du tiers, ci. 15.625
Et à Mme veuve LUBIN, pour dix-huit mille sept cent cinquante francs, ci. . 18,750

Total égal à la masse de la succession 50,000

Dont acte Fait et passé, etc.

FORMULE 455. — **Réduction de dons et legs faits au conjoint et à un enfant.**
(N°ˢ 3108 à 3124.)

PAR-DEVANT M^e. . . . .

ONT COMPARU :

1° Mme Lucie LENOIR, rentière, demeurant à. : . . . ., veuve de M. Louis LORET, en son vivant propriétaire, demeurant à. . . . ., où il est décédé le. . . . .,

« Donataire de son mari en vertu de diverses dispositions rapportées plus loin,

2° M. Jean LORET, négociant, demeurant à. . . .,

3° Mlle Louise LORET, sans profession, demeurant à. . . . .,

« Seuls héritiers, chacun pour moitié, de M. LORET, sus nommé, leur père, ainsi que » le constate un acte de notoriété à défaut d'inventaire, reçu par M^e. . . . ., qui en a gardé » minute, et son collègue, notaires à. . . . ., le. . . . .;

» En outre Mlle LORET, légataire universelle de M. LORET, aux termes de son testament » dicté en présence de quatre témoins, à M^e. . . . ., notaire à. . . . ., qui en a gardé mi- » nute, le. . . . .

Lesquels, préalablement à la fixation de la quotité disponible dans la succession de M. LORET, ont exposé ce qui suit :

---

(1) Grenier, IV, 583; Marcadé, *946*, 2; Saintespès, II, 357; Troplong, II, n° 822; Dalloz, n° 788; Demolombe, XVIII, 435; Dict. not., *Port. disp.*, n° 452; Riom, 15 mars 1824; Bourges, 28 janv. 1831; Aix 9 juill. 1838; Besançon, 19 fév. 1847; J. N., 10232, 12980 ; CONTRA, Coin-Delisle, *945*; 19; Duvergier sur Toullier, V, 117; Bayle-Mouillard, IV, 583; Besançon, 23 nov. 1812; Poitiers, 22 janv. 1828; Toulouse, 22 juill. 1840; selon lesquels, l'oncle, de même que dans le cas du n° 3111, a la moitié de 5/8.

(2) Grenier, IV, 583; Toullier, V, 117; Duranton, VIII, 813; Coin-Delisle, *945*, 19; Saintespès, II, 357; Troplong, n° 823; Dalloz, n° 792; Demolombe, XVIII, 437; Dict. not., *Port. disp.*, n° 453; Poitiers, 22 janv. 1828; Bourges, 28 janv. 1831; Besançon, 19 fév. 1847; J. N., 12980 ; CONTRA, Besançon, 23 nov. 1812; Riom, 15 mars 1824.

(3) Par étranger il faut entendre tout autre que le conjoint, même un enfant.

3111. Pour rendre ces règles plus sensibles, nous allons en faire l'application à diverses espèces.

3112. *Ascendants.* Un époux décède laissant son père héritier réservataire d'un quart; il a donné trois quarts en pleine propriété à un étranger ou même l'a institué donataire ou légataire universel, l'époux a pu encore donner à son conjoint l'usufruit du quart formant la réserve paternelle (1); mais si l'époux a donné à son conjoint trois quarts en pleine propriété, il ne peut ensuite disposer du quart en usufruit en faveur d'un étranger.

3113. *Descendants.* L'époux qui, ayant un enfant, a disposé de moitié en usufruit ou d'un quart en propriété et d'un quart en usufruit en faveur de son conjoint, peut encore disposer en faveur d'un étranger, dans le premier cas, de moitié en nue propriété, et dans le second cas d'un quart en nue propriété (2). Si l'époux a disposé en faveur d'un étranger de moitié en pleine propriété, il ne peut plus rien donner à son conjoint (3); mais s'il a seulement donné à l'étranger 1/3 en pleine propriété, il peut encore donner à son conjoint la différence du 1/3 à la 1/2, soit 1/6 en pleine propriété; enfin s'il a donné 1/6 en propriété à un étranger, il reste 2/6 ou 4/12 disponibles, et le conjoint y a seulement droit pour 1/4 du tout ou 3/12 en pleine propriété, et pour 1/12 de surplus en usufruit (4).

3114. L'époux qui, ayant deux enfants, a disposé de moitié en usufruit en faveur de son conjoint, peut encore disposer en faveur d'un étranger de la différence entre la valeur capitalisée de l'usufruit, *infra n° 3124*, et le montant de la quotité disponible ordinaire (5) [le tiers de la succession (6)]; si la disposition en faveur de son conjoint est d'un quart en propriété et d'un quart en usufruit, il ne peut faire de dispositions en faveur d'un étranger qu'autant que la valeur en capital du quart en propriété et du

---

I. — DONATION ENTRE ÉPOUX PAR CONTRAT DE MARIAGE.

Aux termes du contrat de mariage de M. et Mme LORET, père et mère, reçu par M^e....., qui en a gardé minute, et son collègue, notaires à....., le....., contenant exclusion de communauté, les futurs époux se sont fait donation, au profit du survivant, de l'usufruit de la moitié des biens meubles et immeubles qui composeraient la succession du premier mourant, avec dispense de fournir caution.

II. — DONATION INDIRECTE AU PROFIT DE Mme LORET (Nos 3119 à 3121).

Par contrat passé devant M^e....., qui en a gardé minute, et son collègue, notaires à..., le....., M. Désir DUBOS, cultivateur, demeurant à....., a vendu à Mme LORET, une pièce de terre labourable, contenant....., située commune de....., lieu dit....., moyennant quatre mille francs payés comptant, avec pareille somme personnelle à Mme LORET, provenant de l'aliénation de ses propres.

De l'aveu de Mme LORET, cette acquisition a été faite moyennant sept mille francs, dont trois mille francs non portés au contrat ont été payés avec des deniers de M. LORET, ce qui a constitué au profit de Mme LORET, un don indirect de trois mille francs, imputable sur la quotité disponible.

---

(1) Coin-Delisle, *1094*, 13; Marcadé, *1100*, 2; Troplong, n°s 2588, 2594; Dalloz, n° 808; Zach., § 460, note 10; Dict. not., *Port. disp.*, n° 173; Lyon, 20 janv. 1824, 3 fév., 1853; Cass., 3 janv. 18.6, 18 nov. 1810, 20 déc. 1847, 21 avril 1854. Voir Caen, 28 mai 1858; J. N. 16463 CONTRA, Duranton, IX, 786.
(2) Troplong, n° 2581; Dict. not., *Port. disp.*, n° 197.
(3) Coin-Delisle, *1094*; (4; Cass, 21 juill. 1813, 2 fév. 1819.
(4) Coin-Delisle, *1094*, 15.
(5) Si la moitié en usufruit est évaluée à un quart en pleine propriété, il reste un douzième; mais comme ce douzième ne peut se prendre qu'en nue propriété, à raison de l'usufruit du conjoint, il y a lieu de le doubler en évaluant la nue propriété sur le même taux que l'usufruit et d'attribuer à l'étranger deux douzièmes en nue propriété; Paris, 31 mai 1864; J. N., 17161.
(6) En règle générale, il n'y a pas lieu au cumul de la quotité disponible ordinaire avec la quotité disponible entre époux; en conséquence, on décide: 1° que l'époux ayant deux enfants qui a donné moitié en usufruit à son conjoint ne peut donner un tiers en nue propriété à un étranger; 2° que l'époux ayant trois enfants qui a donné moitié en usufruit à son

conjoint ne peut donner un quart en nue propriété à un étranger; Dans ces deux cas, l'usufruit doit être évalué (note 3 ci-dessus), et l'étranger n'a droit qu'à la différence entre la valeur capitalisée de l'usufruit, et le tiers ou le quart en toute propriété: Coin-Delisle, *1094*, 14; Duranton, IX, 786; Bayle-Mouillard, IV, 118; Massé et Vergé, § 460, note 12; Proudhon, *Usuf.*, I, 360; Saintespès, V, 1980; Troplong, n°s 2581, 2603; Dict. not., *Port. disp.*, n° 231; Roll., *ibid.*, n° 242; Riom, 6 mai 1816, 20 mai 1802, Besançon, 13 fév. 1840; Paris, 17 fév. 1818, 21 mars 1857; Orléans, 28 déc. 1819; Aix, 23 mai 1851 Toulouse, 9 janv. 1849, 23 nov. 1853; Agen, 10 juill. 1854; Cass., 7 janv. 1824, 22 mars 18.7, 22 juill. 1839, 21 nov. 1812, 22 nov. 1843, 21 août 1816, 27 déc. 1848, 7 mars 1859, 11 janv. et 2 août 1853; Paris, 10 déc. 1864, 9 juill. et 9 nov. 1867; J. N., 12848, 13616, 13714, 13881, 13923, 14894, 15178, 16081, 18031, 19004; CONTRA Marcadé, *1100*, 2. et *Rev. crit.*, 1852, p. 532; Bensch, *Port. disp.*, n° 300 à 433; Pont, *Rev. de lég.*, XIX, p. 260; Colmet. IV, 281 *bis*; Taulier, IV, p. 242; Agen, 27 août 1810, 14 déc. 1849, 30 juill. 1851; Toulouse, 28 janv. 1843, 12 août 1814, 13 fév. 1846, Grenoble, 15 juill. 1845; Paris, 10 nov. 1843, 8 janv. 1848; J. N., 12882, 15219.

quart en usufruit est moindre que la quotité disponible ordinaire; si l'époux a disposé d'un tiers en pleine propriété en faveur d'un étranger, il peut encore donner à son conjoint un sixième en usufruit (1).

3115. L'époux qui, ayant trois enfants, a disposé de moitié en usufruit en faveur de son conjoint, ne peut faire de dispositions en faveur d'un étranger qu'autant que la valeur en capital de l'usufruit est moindre que la quotité disponible ordinaire (2) (un quart de la succession (3)). Si la disposition en faveur de son conjoint est d'un quart en propriété, il ne peut disposer du quart en usufruit en faveur d'un étranger (4), quoiqu'il le puisse en faveur de son conjoint, *supra* n° *3114*.

3116. L'époux qui, ayant trois enfants, a donné un quart en pleine propriété à un étranger peut encore donner un quart en usufruit à son conjoint (5).

3117. Un époux, par son contrat de mariage, a fait à son conjoint une donation universelle en propriété ou en usufruit, sans prévoir la réduction ; il décède laissant un enfant et un légataire universel, l'enfant entend ne pas critiquer la disposition en faveur du conjoint survivant : quels sont les droits du légataire ? Ils sont de la différence entre la quotité disponible ordinaire et celle entre époux, c'est-à-dire d'un quart en nue propriété en cas de don universel en pleine propriété au conjoint, ou de moitié, aussi en nue propriété, en cas de don universel en usufruit, le don au conjoint se réduisant, dans le premier cas, à un quart en pleine propriété et un quart en usufruit, et dans le second cas, à moitié en usufruit. Il est vrai que, selon l'art. 921, les donataires ni les légataires ne peuvent demander la réduction des dispositions entre-vifs ni en profiter, mais cette disposition est inapplicable lorsque deux quotités disponibles sont en présence ; il appartient à l'étranger dont la quotité disponible est plus élevée dans l'espèce, de réduire le conjoint à sa quotité disponible moindre, afin de profiter de l'excédant (6).

3118. Par les mêmes motifs, lorsqu'un époux a donné un tiers ou l'équivalent du tiers de ses biens

III. — DONATION DÉGUISÉE AU PROFIT DE Mme LORET. (N° 3122 et 3123).

Le contrat de mariage de M. et Mme LORET, ci-dessus relaté, constate l'apport en mariage de la part de Mme LORET, d'une somme de dix mille francs en argent, dont M. LORET, devait se trouver saisi par le fait de la célébration civile du mariage; Mais M. et Mlle LORET déclarent et Mme veuve LORET reconnaît que cette somme n'a pas été versée, de sorte que la reconnaissance de l'apport constitue une donation déguisée, et comme telle est nulle.

IV. — VALEUR DE L'USUFRUIT DE Mme LORET. (N° 3124.)

En raison de l'âge de Mme veuve LORET, étant de soixante huit ans, les parties, pour la fixation de la quotité disponible à l'égard de Mlle LORET, évaluent la valeur de son usufruit à un tiers du capital.

Ces faits exposés, il est procédé à la fixation de la quotité disponible.

L'importance de la succession de M. LORET est de cent vingt mille francs, ci. 120,000

On y joint fictivement trois mille francs montant du don indirect fait à Mme LORET, (§ 3), ci. 3,000

Montant de la masse, cent vingt-trois mille francs, ci. 123,000

La quotité disponible ordinaire est du tiers, soit quarante un mille francs. 41,000

A reporter. . . 41,000

---

(1) Coin-Delisle, *1094*, 15.
(2) Voir note 5 de la page 387.
(3) Voir note 6 de la page 387.
(4) Benech, *Quot. disp.*, p. 260 ; Proudhon, *Usuf.*, I, 358 ; Coin-Delisle, *1094*, 16 ; Marcadé, *art. 1100* ; Troplong, n°s 25:0, 2599 ; Bayle-Mouillard, IV, p. 422 ; CONTRA, Toullier, V, 871 ; Zach., § 400, note 12 ; Dict. not., *Port. disp.*, n° 251.
)Toullier, V, 871 ; Duranton, IX, 764 ; Troplong, n° 2597 ; Massé et Vergé, § 460, note 12 ; Coin-Delisle, *1094*, 15 ; Proudhon, *Usuf.* I, 300 ; Roll., *Port. disp.*, n° 210 ; Toulouse, 20 juin 1809 ; Riom, 12 août 1842 ; Cass., 9 nov. 1840 ; J. N., 11454, 12883.
(6) Duranton, VIII, 327 ; Troplong, n° 2585 ; Demante. IV, 59 *bis* ; Vernet, p 469, 470 ; Demolombe, XIX, 215 ; Toulouse, 1er fév. 1827 ; Grenoble, 19 mai 1830 ; Orléans, 4 août 1849 ; Cass., 12 janv. 1853 ; Paris, 10 déc. 1864 ; CONTRA, Grénier, II,707 ; Coin-Delisle, *1094*, 16 ; Bordeaux, 2 avril 1852 ; J. N., 14709.

à un étranger, et qu'il décède laissant trois enfants et son conjoint survivant donataire ou légataire de la quotité disponible entre époux, celui-ci peut faire réduire à un quart la libéralité de l'étranger, afin de prendre un quart en usufruit (1).

3119. *Don indirect.* Les époux, soit en premières noces, soit en secondes ou subséquentes noces, ne peuvent se donner indirectement au delà de ce qui leur est permis par les art. 1094 et 1098 (C. N., 1099).

3120. Si le don indirect excède la quotité disponible entre époux, il est seulement réductible à cette quotité, mais il n'est pas annulable (2).

3121. En conséquence l'acte par lequel une femme consent, sans stipulation de prix, qu'un brevet de maître de poste (ou un office) qu'elle a recueilli par succession soit conféré à son mari qui en devient titulaire, constitue un don indirect réductible à la quotité disponible ; dès lors les héritiers non réservataires de la femme ne peuvent l'attaquer (3).

3122. *Don déguisé.* Quant au don entre époux fait sous une forme déguisée ou à l'aide de personnes interposées, il n'est pas seulement réductible, il est nul (4) (C. N., 1099), mais la nullité n'en peut être demandée que par les héritiers réservataires; les héritiers collatéraux ne le peuvent donc pas (5), ni l'époux donateur, même après le décès de son conjoint (6), ni ses créanciers (7), à moins qu'ils ne soient antérieurs à la donation, car alors elle est présumée faite en fraude de leurs droits (8). La demande en nullité de la part des héritiers réservataires ne peut être formée qu'après la dissolution du mariage; jusque-là leurs droits se bornent à faire des actes conservatoires (9).

3123. Sont réputées faites à personnes interposées les donations de l'un des époux aux enfants ou à l'un des enfants (10) de l'autre époux, issus d'un précédent mariage (11), et celles faites aux parents

Report. . . .		41,000
La quotité disponible entre époux est de moitié en usufruit s'élevant à soixante-un mille cinq cents francs, ci.	61,500	
On en déduit trois mille francs, montant du don indirect en pleine propriété fait à Mme Loret, ci.	3,000	
Reste, en usufruit, cinquante-huit mille cinq cents francs, ci. .	58,500	
La valeur en capital de cet usufruit se calcule à raison d'un tiers (§ 4), soit à dix neuf mille cinq cents francs, ci	19,500	
Y joignant trois mille francs donnés indirectement à Mme Loret, ci.	3,000	
On trouve que les dons faits à Mme Loret, s'imputent sur la quotité disponible pour une valeur de vingt-deux mille cinq cents francs, ci.	22,500	22,500
Reste, pour le legs fait à Mlle Loret une valeur de dix-huit mille cinq cents francs, qui est à prendre en nue propriété seulement, par suite de l'usufruit de Mme Loret, ci		18,500

Dont acte. Fait et passé, etc.

---

(1) Troplong, n° 2598.
(2) Marcadé, *1099*, 1 ; Roll., *Don. entre epoux*, n° 86 ; Agen, 31 mars 1852 ; Cass., 3 juin 1854.
(3) Cass., 12 juin 1854 ; J. N., 13332.
(4) Grenier, n° 890 ; Toullier, V, 901 ; Dalloz, n° 942 ; Troplong, n° 2743, *1099*, 2 ; Larombière *1132*, 11 ; Roll., *Don. entre époux*, n° 101 ; Paris, 14 août 1835, 28 mars 1851 ; Toulouse, 13 mai 1835 ; Limoges, 28 fév. 1839, 6 juillet 1842 ; Caen, 6 janv. 1815, 30 avril 1853 ; Agen, 5 déc. 1840 ; Rouen, 15 fév. 1851 ; Cass., 30 nov. 1831, 17 nov. 1834, 20 mai 1838, 16 avril 1850, 2 mai 1855, 11 mars 1862 ; Orléans, 21 juill. 1865 ; J. N., 14203, 15529, 16361 ; CONTRA Duranton, IX, 831 ; Coin-Delisle, *1099*, 14 à 26 ; Bourges, 9 mars 1836 ; Paris, 21 juin 1837. Voir Cass., 7 fév. 1849, 16 août 1853 ; J. N., 13659, 15157.
(5) Dict. not., *Don. déguisée*, n° 23 ; Cass., 20 oct. 1812, 1er avril 1819 ; Bourges, 9 mars 1836 ; Troplong, n° 2749 ; CONTRA, Boutry, n° 513 Dalloz, n° 948.
(6) Troplong, n° 2746 ; Paris, 28 mars 1851 ; CONTRA, Cass., 16 avril 1850 ; J. N., 14204.
(7) Cass., 2 mai 1855 ; J. N., 15529.
(8) Dijon, 11 août 1858 ; J. N., 16415.
(9) Troplong, n° 2748 ; Riom, 9 août 1843 ; Cass., 2 mai 1855 ; J. N. 15529.
(10) Ou petits-enfants : Troplong, n° 2753 ; Massé et Vergé, § 461, note 6 ; Caen, 8 janv. 1815. V. aussi Cass., 5 août 1857.
(11) Et aussi les donations de l'un des époux à l'enfant naturel de l'autre époux : Troplong, n° 2754 ; Marcadé, *1101*, 1 ; Massé et Vergé, § 461, note 16 ; Amiens, 22 déc. 1838 ; CONTRA, Vazeille, *1100*, 5 ; Dalloz n° 957.

dont l'autre époux était héritier présomptif au jour de la donation, encore que ce dernier n'ait point survécu à son parent donataire (*C. N.*, *1100*); mais la présomption d'interposition n'existe plus lorsque la disposition par sa nature ne profite pas au conjoint du donateur, ce qui a lieu, par exemple, quand l'époux donne à l'enfant de son conjoint une rente viagère qui ne prendra cours que du jour du décès du conjoint du donateur (1).

3124. *Évaluation en capital d'un usufruit.* Lorsqu'une quotité de biens a été donnée en usufruit à un conjoint ou à un étranger, on doit en fixer la valeur en capital pour l'imputer sur la portion disponible. Il n'y a pas lieu, comme en matière d'enregistrement, à toujours évaluer l'usufruit en capital à moitié de la pleine propriété; il faut pour le fixer avoir égard à l'âge et à l'état de santé de l'usufruitier (2) au jour où il prend naissance, ce qui est établi par les parties elles-mêmes, ou par experts.

FORMULE 456. — Réduction de legs faits à une même époque à un conjoint et à des étrangers. (N°s 3125 à 3129.)

Par-devant M^e. . . . .
Ont comparu :
1° M. Louis Lucas, propriétaire, demeurant à. . . . . ;
2° M. Léon Lucas, négociant, demeurant à ;
« Seuls héritiers chacun pour moitié de M. Charles Lucas, leur père, en son vivant rentier, demeurant à. . . ., où il est décédé le. . . .
» En outre, M. Léon Lucas, légataire par préciput de son père, ainsi qu'on le dira en l'exposé :
3° Mme Georgine Leroy, rentière, demeurant à. . . . ., veuve de M. Charles Lucas ;
4° Et M. Benoit Jamet, sans profession, demeurant à. . . . .
« Mme Lucas et M. Jamet, légataires de feu M. Lucas, ainsi qu'il va être dit ;
Lesquels, pour arriver à la fixation de la quotité disponible et à la réduction des legs faits par M. Lucas, ont exposé ce qui suit :
Aux termes du testament de M. Lucas, dicté, en présence de quatre témoins, à M^e. . ., notaire à. . . ., qui en a gardé minute, le. . . . ., le testateur a légué :
1° A Mme Lucas, restée sa veuve, un quart en propriété et un quart en usufruit des biens meubles et immeubles composant sa succession;
2° A M. Léon Lucas, son fils, par préciput et hors part, un tiers en pleine propriété des mêmes biens;
3° Et à M. Jamet, son neveu, une somme de vingt mille francs.

Ces faits exposés, il est procédé à la fixation de la quotité disponible et à la réduction :
L'importance de la succession de M. Lucas est de cent vingt mille francs, ci. 120,000
La quotité disponible ordinaire est d'un tiers, quarante mille francs, ci. . 40,000
La quotité disponible entre époux est de :
Un quart en propriété, trente mille francs, ci. 30,000
Un quart en usufruit capitalisé à moitié, quinze mille francs, ci . 15.000

Ensemble, quarante-cinq mille francs, ci. 45,000

La quotité disponible entre époux étant supérieure, c'est sur elle que se calcule la réduction.
Pour établir ce calcul, on va indiquer ce qu'auraient été les legs s'il n'y avait pas eu d'héritiers à réserve :

---

(1) Troplong, n° 2755; Caen, 13 nov. 1847.
(2) Proudhon, *Usuf.*, n° 364 ; Duranton, IX, 795 ; Massé et Vergé, § 460, note 14 ; Marcadé, *1100*, 2, et *Rev. crit.*, 1852, p. 453 ; Troplong, n° 975 ; Benech, *Quot. disp.*, p. 37 ; Dict. not., *Port. dispon.*,
n° 224 ; Demolombe, XXIII, 547 ; Paris, 17 fév. 1848, 21 mars 1857, 10 déc. 1864, 9 juill. 1867 ; Toulouse, 23 nov. 1853 ; Cass., 24 juill. 1839, 27 déc. 1848, 7 mars 1849, 28 mars 1866 ; Agen, 12 déc. 1866 ; J. N., 14487, 15178, 16081, 18513, 18934 ; conra, Amiens, 5 mars 1840 ; Jur. N., 13365.

3125. *Dons et legs faits à une même époque au conjoint et à un étranger* [Form. 456]. Une question gravement controversée est de savoir comment doivent être réduits les dons et legs faits à une même époque au conjoint et à un étranger, lorsque réunis ils excèdent la quotité disponible la plus large, et que, d'ailleurs, le défunt n'a exprimé aucun droit de préférence. La réduction doit se faire sur la quotité disponible la plus large (1), au marc le franc du montant de chaque legs (*arg. C. N.*, 926), sans distinction ni préférence entre l'époux et l'étranger, mais pourvu que celui-ci ne reçoive pas plus que ce qui lui est attribué par l'art. 913 (2);

3126. Plusieurs autres systèmes de réduction sont présentés; nous nous bornerons à indiquer les deux suivants :

3127. Un auteur (3) enseigne qu'on doit faire concourir les deux donataires entre eux jusqu'à

Importance de la succession, cent vingt mille francs, ci.	120,000
On en déduit le legs particulier fait à M. Jamet	20,000
Reste cent mille francs, ci.	100,000
Le legs fait à M. Léon Lucas d'un tiers en propriété, est de trente-trois mille trois cents trente trois francs, ci.	33,333
Le legs fait à Mme Lucas est de : un quart en propriété, vingt-cinq mille francs, ci. . . . . . . , ... 25,000	
Un quart en usufruit, capitalisé à moitié, douze mille cinq cents francs, ci. 12,500	
Ensemble, trente-sept mille cinq cents francs, ci. 37,500	37,500
On y ajoute les vingt mille francs légués à M. Jamet , ci.	20,000
Réunion des legs, quatre-vingt-dix mille huit cent trente-trois francs, ci.	90,833

On établit une règle de proportion, à raison de ces chiffres, sur les quarante-cinq mille francs montant de la quotité disponible, et on trouve que les legs sont réduits :

Celui de M. Léon Lucas, à seize mille cinq cent treize francs, ci.	16,513
Celui de Mme veuve Lucas, à dix-huit mille cinq cent soixante-dix-neuf francs, ci.	18,579
Et celui de M. Jamet, à neuf mille neuf cent huit francs, ci.	9,908
Somme égale à la quotité disponible.	45,000

Pour connaître les droits de Mme Lucas, en propriété et usufruit, on établit les distinctions suivantes :

La quotité disponible entre époux étant de quarante-cinq mille francs, excède celle ordinaire de cinq mille francs, qui s'appliquent à l'usufruit de Mme Lucas.

Ainsi, du legs de Mme Lucas réduit à dix-huit mille cinq cent soixante-dix-neuf francs, ci.	18,579
On retranche cinq mille francs s'appliquant à l'usufruit, ci.	5,000
Et on trouve que son legs est en pleine propriété, de treize mille cinq cent soixante dix-neuf francs, ci.	13,579
Et en usufruit de dix mille francs, représentant le capital de cinq mille francs affecté à l'usufruit, ci.	10,000

Dont acte. Fait et passé, etc.

---

(1) Troplong. n° 2606; Coin-Delisle, *1094*, 17; Dict. not., *Port. disp.*, n° 208; Cass., 9 nov. 1846, 23 août 1847, 12 juill. 1848; 2 mai 1854, J. N., 12583, 13164, 13500, 15033.
(2) Toullier, V, 572; Grenier, n° 585 · Duranton, IX, 797 ; Coin-Delisle. *1094*, 18; Troplong, n° 2617; Dict. not., *Port. dispon.*, n° 208; contra, Marcadé, *1100*, 3 ; Riom, 20 mai 1861; J. N., 17639.
(3) Delvincourt, II, p. 465.

concurrence de la quotité disponible la moins large, et attribuer le surplus à celui en faveur duquel la plus grande disponibilité est établie.

3128. Suivant un autre auteur (1), on doit « prendre momentanément comme base de la réduction le disponible le plus faible pour toutes les libéralités, même pour celles qui ont droit au disponible le plus fort, en ayant soin d'imprimer momentanément aussi, à ces dernières libéralités, une diminution proportionnelle à celle que l'on donne à leur disponible ; quand la réduction est opérée sur cette base entre toutes les libéralités, le résultat définitif pour ceux qui n'ont droit qu'au plus petit disponible est provisoire seulement pour les autres, et se complète en partageant entre ces derniers la part de disponible qui ne se trouve pas encore employée. »

3129. Ces deux systèmes nous paraissent en désaccord avec l'esprit de la loi : le premier aurait pour effet de ne donner presque rien au conjoint concourant avec des enfants d'un précédent mariage, et de donner trop au conjoint concourant avec des enfants du mariage ; le second oblige à des opérations compliquées que la loi a entendu éviter en fixant les règles invariables tracées par les art. 923 et 926.

TITRE TROISIEME.

DES CONTRATS OU DES OBLIGATIONS CONVENTIONNELLES EN GÉNÉRAL.

SOMMAIRE

CHAP. Ier. — DISPOSITIONS GÉNÉRALES.

Qu'est-ce qu'une convention ? n° 3130.
Diverses natures de contrats, n°s 3131 à 3140.

CHAP. II. — DES CONDITIONS ESSENTIELLES POUR LA VALIDITÉ DES CONVENTIONS.

Quatre conditions, n° 3141.
Première condition. Consentement, n°s 3142 à 3144.
Erreur, violence, dol, lésion, n°s 3145 à 3151.
Stipulation pour autrui, n°s 3152 et 3153.
Porte fort, n°s 3154, 3155.
Deuxième condition. Capacité de contracter, n°s 3156 à 3158.
Troisième condition. Un objet certain, n°s 3159 à 3161.
Quatrième condition. Une cause licite, n°s 3162, 3163.

CHAP. III. — DE L'EFFET DES CONVENTIONS.

Dispositions générales, n°s 3164, 3165.
Interprétation des conventions, n°s 3166 à 3174.
Convention de transférer la propriété, n°s 3175 à 3178.

Obligation de veiller à la conservation de la chose, n°s 3179.
Obligation de faire ou de ne pas faire, n°s 3180 à 3183.
Effet des conventions à l'égard des tiers, n°s 3184 à 3190.
Inexécution des obligations, n°s 3191 à 3195.
Dommages et intérêts, n°s 3196, 3197.
Intérêts de capitaux, n°s 3198 à 3202.

CHAP. IV. — DES DIVERSES ESPÈCES D'OBLIGATIONS.

SECTION. I. — DES OBLIGATIONS CONDITIONNELLES.

Diverses espèces de conditions, n°s 3202 à 3206.
Condition suspensive, n°s 3207, 3208.
Condition résolutoire, n°s 3209, 3210.

SECTION. II. — DES OBLIGATIONS A TERME.

Du terme, n°s 3211 à 3213.
A qui il profite, n°s 3214, 3215.

SECTION. III. — DES OBLIGATIONS, ALTERNATIVES ET FACULTATIVES.

Obligations alternatives, n°s 3216 à 3222.
Obligations facultatives, n° 3223.

---

(1) Marcadé. 1100, 8

DES CONTRATS OU DES OBLIGATIONS CONVENTIONNELLES

SECTION IV. — DES OBLIGATIONS SOLIDAIRES.

Divers modes de s'obliger, nos 3224 à 3227.
Solidarité entre créanciers, nos 3228, 3229.
Solidarité entre débiteurs, nos 3230 à 3245.

SECTION V. — DES OBLIGATIONS DIVISIBLES ET INDIVISIBLES.

Quand l'obligation est divisible ou indivisible nos 3246 à 3248.
Effets de l'obligation divisible, nos 3249, 3250.
Effets de l'obligation indivisible, nos 3251 à 3254.

SECTION VI. — DES OBLIGATIONS AVEC CLAUSE PÉNALE.

Qu'est-ce que la clause pénale ? nos 3255.
Ses effets, nos 3256 à 3262.

CHAP. V. — DE L'EXTINCTION DES OBLIGATIONS.

SECTION I. — DU PAYEMENT.

§ 1. — Du payement en général.

Qu'est-ce que le payement ? nos 3264, 3265.
A qui doit-il être fait ? nos 3266 à 3270.
Par qui il peut être fait ? nos 3271 à 3273.
Quelle chose doit être payée ? nos 3274 à 3277.
Lieu du payement, nos 3278, 3279.
Numération d'espèces, nos 3280 à 3282.
Frais du payement, nos 3283, 3284.
Formes de la quittance, no 3285.
Quittance de prix de vente, nos 3286, 3287.
Quittance de loyers ou fermages non échus, no 3288.

§ 2. — Du payement avec subrogation.

Qu'est-ce que la subrogation ? no 3289.
Ses effets, nos 3290 à 3292.
Subrogation conventionnelle, nos 3293 à 3301.
Subrogation légale, nos 3302 à 3311.

§ 3. — De l'imputation des payements.

Qui peut fixer l'imputation ? nos 3312, 3313.
Imputation légale, no 3314.

§ 4. — Des offres de payement et de la consignation.

Quand il y a lieu ? no 3315.
Offres réelles et consignations de sommes d'argent, nos 3316 à 3324.
Offres et consignations d'objets d'un corps certain, nos 3325, 3326.

§ 5. — De la cession de biens.

Qu'est-ce que la cession de biens ? no 3327.
Cession judiciaire, nos 3328 à 3333.
Cession volontaire, nos 3334 à 3351.
Atermoiement, nos 3352, 3353.

SECTION II. — DE LA NOVATION.

Qu'est-ce que la novation ? no 3354.
Quand elle s'opère ; ses effets ; nos 3355 à 3358.

SECTION III. — DE LA REMISE DE LA DETTE.

Quand elle s'opère ? nos 3359, 3360.
La remise du titre est-elle une preuve de la libération ? nos 3364 à 3365.

SECTION IV. — DE LA COMPENSATION.

Quand il y a lieu, nos 3366, 3367.
Ses effets, nos 3368 à 3375.

SECTION V. — DE LA CONFUSION.

Qu'est-ce que la confusion ? no 3377.
A qui profite-t-elle ? nos 3378 à 3380.

SECTION VI. — DE LA PERTE DE LA CHOSE DUE.

Elle entraîne l'extinction de l'obligation, nos 3381 à 3386.

SECTION VII. — DE L'ACTION EN NULLITÉ OU EN RESCISION DES CONVENTIONS.

Différence entre la nullité et la rescision, nos 3387, 3388.
Délai de l'action en rescision, nos 3389 à 3392.
Lésion à l'égard du mineur, nos 3393 à 3401.
Effets de la restitution, nos 3402.
Quand n'y a-t-il pas lieu à restitution? nos 3403, 3404.

CHAP. VI. — DE LA PREUVE DES OBLIGATIONS ET DE CELLE DE LEUR EXTINCTION.

Qui doit faire la preuve ? nos 3405 à 3407.
Quid s'il s'agit d'un fait négatif ? no 3406.

SECTION I. — DE LA PREUVE LITTÉRALE.

§ 1. — Du titre authentique.

Acte authentique, nos 3408, 3409.
Foi qui lui est due, nos 3410, 3412.
Contre-lettre, nos 3413, 3414.

§ 2. — De l'acte sous seing privé et des écrits privés non signés.

Qu'est-ce qu'un acte sous seing privé ? no 3415.
Sa forme lorsqu'il contient des conventions synallagmatiques, nos 3416, 3417.
Quid s'il est unilatéral ? nos 3418 à 3421.
De quel jour il produit son effet ; no 3422.
Foi qui lui est due, no 3423.
Reconnaissance d'écriture ou de signature, nos 3424 à 3435.
Ecrits privés non signés, nos 3436 à 3440.

§ 3. — Des tailles.

Ce que c'est ; leur objet, nos 3441, 3442.

§ 4. — Des copies des titres.

Foi qui leur est due lorsque le titre original subsiste, nos 3443, 3444.
Quid s'il n'existe plus ? nos 3445 à 3447.

§ 5. — Des actes récognitifs et confirmatifs.

Qu'est-ce qu'un acte récognitif ? n° 3448.
Titre nouvel, nos 3449 à 3457.
Qu'est-ce qu'un acte confirmatif ? nos 3458.
Ratification : 1° D'un acte sujet à rescision, nos 3459 à 3464.
2° D'un acte passé en minorité, nos 3465, 3466.
3° D'une vente faite par une femme dotale, nos 3467, 3468.
4° D'une donation, nos 3469 à 3474.
5° D'actes faits par un porte-fort, nos 3475 à 3479.
6° D'un partage, n° 3480.

SECTION II. — DE LA PREUVE TESTIMONIALE.

Quand n'est elle pas admissible ? nos 3481 à 3484.
Cas où elle est toujours admissible, n° 3485.

SECTION III. — DES PRÉSOMPTIONS.

Ce que c'est ? nos 3486.
Présomptions établies par la loi, nos 3487 à 3490.
Présomptions non établies par la loi, nos 3491.

SECTION IV. — DE L'AVEU DE LA PARTIE.

Qu'est-ce que l'aveu ? nos 3492, 3493.
Il est judiciaire ou extrajudiciaire, nos 3494, 3495.

SECTION V. — DU SERMENT.

Qu'est-ce que le serment ? nos 3496, 3497.
Serment décisoire, nos 3498 à 3503.
Serment complétoire, nos 3504 à 3507.

FORMULES

§ 1 — Porte-fort. — Stipulation d'intérêt.

Form. 457. Porte-fort pour un majeur.
Form. 458. Porte-fort pour un mineur.
Form. 459. Dommages-intérêts (fixation de).
Form. 460. Stipulation d'intérêt.
Form. 460 bis. Stipulation d'intérêt pour le retard dans le payement du capital.
Form. 461. Intérêt des intérêts.
Form. 462. Intérêt de fermages.

§ 2. — Conditions. — Terme. — Obligations alternatives et facultatives.

Form. 463. Condition suspensive stipulée dans une promesse de vente.
Form. 464. Condition résolutoire stipulée dans une vente.
Form. 465. Stipulation de terme.
Form. 466. Legs alternatif d'un capital ou d'une rente.
Form. 467. Legs d'une somme avec faculté de s'en libérer par la délivrance d'un immeuble.

§ 3. — Solidarité. — Indivisibilité. — Clause pénale.

Form. 468. Stipulation de solidarité entre créanciers.
Form. 469. Stipulation de solidarité entre débiteurs.
Form. 470. Legs dont le payement est divisible entre les héritiers.
Form. 471. Legs dont le payement est indivisible entre les héritiers.
Form. 472. Clause pénale stipulée dans une vente.

§ 4. — Actes de libération.

Form. 473. Quittance de somme prêtée.
Form. 474. Quittance de prix de vente.
Form. 475. Quittance d'arrérages de rente, d'intérêts, de fermages.
Form. 476. Quittance de loyers non échus.
Form. 477. Quittance par le créancier à un tiers avec subrogation.
Form. 478. Quittance au débiteur avec subrogation au profit d'un prêteur.
Form. 479. Quittance subrogative à un créancier primé.
Form. 480. Quittance subrogative à un acquéreur par un créancier inscrit.
Form. 481. Quittance subrogative à une caution.
Form. 482. Quittance subrogative à un héritier bénéficiaire.
Form. 483. Quittance énonciative d'une imputation de payement.
Form. 484. Procès-verbal d'offres réelles.
Form. 485. Cession de biens ; contrat d'abandonnement.
Form. 486. Adhésion par un créancier.
Form. 487. Contrat d'atermoiement.
Form. 488. Délégation emportant novation.
Form. 489. Remise de dette.
Form. 490. Compensation.
Form. 491. Acte constatant une confusion de dette dans le but de faire radier une inscription.

§ 5. — Actes sous seings privés.

Form. 492. Cadre d'acte sous seing privé.

Form. 493. Reconnaissance sous seing privé avec cautionnement.
Form. 494. Dépot d'actes sous seings privés, avec reconnaissance d'écriture et de signature.

§ 6. — Actes récognitifs et confirmatifs.

Form. 495. Titre nouvel.
Form. 496. Ratification par un majeur d'une vente qu'il a faite étant mineur.
Form. 497. Ratification d'une vente faite par une femme dotale.
Form. 498. Ratification d'une donation faite par une femme dotale.
Form. 499. Ratification d'une vente faite par un tiers qui s'est porté fort.
Form. 500. Ratification d'une obligation avec hypothèque consentie par un tiers qui s'est porté fort.
Form. 501. Ratification d'un partage fait par le porte-fort d'un mineur.

CHAPITRE PREMIER

DISPOSITIONS GÉNÉRALES

3130. Le contrat est une convention (1) par laquelle une ou plusieurs personnes s'obligent, envers une ou plusieurs autres, à donner, à faire ou à ne pas faire quelque chose (*C. N., 1101*).

3131. Le contrat est *synallagmatique* ou *bilatéral*, lorsque les contractants s'obligent réciproquement les uns envers les autres (*C. N., 1102*).

3132. Il est *unilatéral*, lorsqu'une ou plusieurs personnes sont obligées envers une ou plusieurs autres, sans que, de la part de ces dernières, il y ait engagement (*C. N., 1103*).

3133. Il est *commutatif*, lorsque chacune des parties s'engage à donner ou à faire une chose qui est regardée comme l'équivalent de ce qu'on lui donne ou de ce qu'on fait pour elle. Lorsque l'équivalent consiste dans la chance de gain ou de perte pour chacune des parties, d'après un événement incertain, le contrat est *aléatoire* (*C. N., 1104*).

3134. Le contrat de *bienfaisance* est celui dans lequel l'une des parties procure à l'autre un avantage purement gratuit (*C. N., 1105*).

3135. Le contrat *à titre onéreux* est celui qui assujettit chacune des parties à donner ou à faire quelque chose (*C. N., 1106*).

3136. Ainsi, la vente, le bail, l'échange, la société sont des contrats à la fois *synallagmatiques*, *commutatifs*, *à titre onéreux*; — la vente à charge de rente viagère, la constitution de rente viagère moyennant un prix, le contrat d'assurance, le prêt à la grosse aventure, le jeu et le pari sont des contrats à la fois *synallagmatiques*, *commutatifs*, *aléatoires*, *à titre onéreux*; — la donation, le testament, la constitution de pension alimentaire, le mandat, le dépôt, le prêt, le cautionnement sont des contrats à la fois *unilatéraux* et de *bienfaisance*; s'ils ont lieu sous des charges, ils sont en outre *à titre onéreux* (2), et, sauf le testament, *synallagmatiques*.

3137. On divise encore les contrats en *solennels* et *non solennels*; en *principaux* et *accessoires*

3138. Les contrats *solennels* sont ceux qui sont assujettis à l'accomplissement de formes prescrites par la loi; tels sont les contrats de mariage, donations, testaments, constitutions d'hypothèque, reconnaissances d'enfants naturels, etc., qui ne peuvent avoir lieu que par acte notarié. Les contrats *non solennels* sont ceux qui se forment avec le seul consentement des parties, et se constatent par actes notariés ou sous seings privés, ou par tout autre moyen de preuve, *infra* nos 3481 et suiv.

3139. Les contrats *principaux* sont ceux qui ont leur existence propre. Les contrats *accessoires* sont

---

(1) On appelle *convention* l'accord de volontés entre deux ou un plus grand nombre de personnes: Larombière, 1101, 2.

(2) Troplong, *Donations*, no 64; Larombière, 1102. 2, 7.

ceux qui s'ajoutent à d'autres dans le but d'en assurer l'exécution, tels sont les cautionnements, le nantissement, la constitution d'ypothèque, etc.

3140. Les contrats, soient qu'ils aient une dénomination propre, soit qu'ils n'en aient pas, sont soumis aux règles générales ci-après indiquées. Les règles particulières à certains contrats sont établies sous les titres relatifs à chacun d'eux, et les règles relatives aux transactions commerciales sont établies par les lois relatives au commerce (*C. N.*, *1107*).

CHAPITRE DEUXIÈME

CONDITIONS ESSENTIELLES POUR LA VALIDITÉ DES CONVENTIONS.

3141. *Quatre conditions* sont essentielles pour la validité d'une convention (*C. N.*, *1108*) :

1re CONDITION. — *Le consentement de la partie qui s'oblige* (*C. N.*, 1108 1°).

3142. Le consentement est l'expression de la volonté de s'obliger, ou l'acquiescement à l'offre de s'obliger faite par une autre personne. L'offre de s'engager s'appelle *pollicitation* ; le consentement de celui à qui l'offre est faite s'appelle *acceptation*. L'offre de s'engager ne produit point d'effet tant que la volonté d'accepter n'a point été manifestée.

3143. Si l'offre précède l'acceptation, il suffit pour que le contrat acquière, sa perfection, que les offres soient acceptées, sans qu'il soit nécessaire que l'acceptation soit parvenue à la connaissance du proposant (1). L'acceptant peut révoquer son acceptation tant qu'elle n'est pas parvenue au proposant, pourvu que la révocation lui parvienne avant l'acceptation (2) ; ainsi, vous m'écrivez de Paris pour m'offrir la vente d'un objet, et je vous adresse par la poste une lettre contenant mon acceptation ; après avoir mis ma lettre à la poste, je regrette d'avoir accepté et je vous envoie la révocation de mon acceptation, soit par un messager, soit par une dépêche télégraphique ; si le messager ou la dépêche n'arrive qu'après la réception de ma lettre, ma révocation sera sans effet, car le contrat était devenu parfait auparavant ; mais si le messager ou la dépêche arrive avant la réception de ma lettre, mon acceptation est valablement révoquée.

3144. L'offre de s'engager, comme l'adhésion à l'offre d'autrui, doivent avoir lieu librement ; il n'y a donc point de consentement valable si le consentement n'a été donné que par *erreur*, ou s'il a été extorqué par *violence* ou surpris par *dol* (*C. N.*, *1109*), ce qui doit être prouvé par celui qui prétend avoir été trompé, forcé ou surpris (3).

3145. L'*erreur* (4) est une cause de nullité de la convention, dans le cas seulement où elle tombe sur la substance même de la chose qui en est l'objet ; par exemple : je vous vends la nue propriété d'un immeuble grevé de l'usufruit de Pierre, mais il se trouve, ce que vous et moi nous ignorons, que Pierre

---

FORMULE 457. — **Porte-fort pour un majeur.** (N° 3154.)

M. Louis Danay, propriétaire demeurant à. . . . .

« Agissant au nom de M. Valentin Dubay, négociant demeurant à. . . . ., et comme

---

(1) Pothier, *Vente*, n° 32 ; Duranton, XVI, 45 ; Duvergier, *Vente*, n° 58 ; Zach., § 613, note 6 ; Marcadé, *1108*, 2 ; Championnière et Rigaud, n° 189 ; contra, Toullier, VI, 29 ; Troplong, *Vente*, n° 25, et *Louage*, n° 105 ; Roll., *Contrat*, n° 86 ; Dict. not., *ibid.*, n° 83 ; Larombière, *1101*, 21. V. Paris, 6 mars 1863 ; Demolombe, XXIV, 75.
(2) Troplong, *Vente*, n° 26 ; Marcadé, *1108*, 2 ; Larombière, *1101*, 21. V. cep. Demolombe, XXIV, 75.

(3) Rapp. au Trib., Fenet, XIII, p. 309.
(4) De fait ou même de droit ; Vazeille, *art. 887* ; Boll., *Erreur*, n° 48 ; Toullier, VI, 56 ; Duranton, X, 427 ; Marcadé, *art. 1110* ; Larombière, *1110*, 24 ; Mourlon, II, p. 531 ; Zach., § 613, note 15 , Metz 28 nov 1817 ; Toulouse, 19 janv. 1824 ; Besançon, 1er mars 1827 ; Grenoble, 24 juill. 1838 ; Limoges, 8 déc. 1837 ; Cass., 12 mars 1845.

était décédé au moment de la vente, la vente est nulle pour erreur sur la substance (1). L'erreur n'est point une cause de nullité lorsqu'elle ne tombe que sur la personne avec laquelle on a l'intention de contracter, à moins que la considération de cette personne ne soit la cause principale de la convention (*C. N., 1110*).

3146. La *violence* exercée sur celui qui a contracté l'obligation, ou sur son époux ou son épouse, sur ses descendants, ou sur ses ascendants est une cause de nullité, qu'elle ait été exercée par celui au profit duquel la convention a été faite ou par un tiers (*C. N., 1111 1113*), même à l'insu du premier (2).

3147. Il y a violence lorsque, eu égard à l'âge, au sexe et à la condition de la personne, elle est de nature à faire impression sur une personne raisonnable, et à lui inspirer la crainte d'exposer sa personne ou sa fortune à un mal considérable et présent (*C. N., 1112*) (3), c'est-à-dire imminent, inévitable (4). La seule crainte révérentielle envers le père, la mère ou autre ascendant, sans qu'il y ait eu de violence exercée, ne suffit point pour annuler le contrat (*C. N., 1114*). Il en est de même de l'engagement contracté par un débiteur envers son créancier pour échapper à la saisie, à l'emprisonnement, ou à toute autre voie de contrainte légale dont celui-ci le menaçait (5).

3148. Le contrat argué de violence devient inattaquable, si, depuis que la violence a cessé, ce contrat a été approuvé, soit expressément, soit tacitement, ou si le temps de la restitution fixé par la loi est écoulé (*C. N., 1115*), *infra n° 3389*.

3149. Le *dol* est une cause de nullité de la convention. Il y a dol lorsqu'il est prouvé que les manœuvres pratiquées par l'une des parties (6) sont telles, qu'il est évident que sans ces manœuvres l'autre partie n'aurait pas contracté (*C. N., 1116*).

3150. La convention contractée par erreur, violence ou dol n'est point nulle de plein droit ; elle donne seulement lieu à l'action en nullité ou en rescision dont il sera parlé *infra n° 3388* (*C. N., 1117*). Cette action n'est pas personnelle à celui à qui elle appartient ; ses créanciers peuvent, de son chef et en son nom, l'exercer en vertu de l'art. 1166 (7).

3151. La *lésion* ne vicie les conventions que dans certains contrats, ou à l'égard de certaines personnes, ainsi qu'on le verra *infra n°s 3393 et suiv.* (*C. N., 1118*).

3152. Lorsque dans un contrat on agit, non comme représentant une autre personne, mais pour son propre compte, on ne peut en général s'engager ni stipuler que pour soi-même (*C. N., 1119*) ; en conséquence on est de plein droit présumé avoir stipulé pour soi et pour ses héritiers et ayants cause ; le contraire devrait être exprimé, ou résulter de la nature de la convention (*C. N., 1122*).

3153. Néanmoins, on peut stipuler au profit d'un tiers, lorsque telle est la condition de la stipulation que l'on fait pour soi-même, ou d'une donation que l'on fait à un autre. Celui qui a fait cette stipulation ne peut plus la révoquer si le tiers a déclaré vouloir en profiter (*C. N., 1121*), *supra n° 2595*.

3154. De même, lorsqu'une personne agit comme se portant fort pour un tiers, en promettant le fait de celui-ci, ou, comme on l'énonce ordinairement, en promettant sa ratification dans un délai déterminé [FORM. 457], il y a engagement valable de la part de celui qui contracte, en ce sens que si le tiers ratifie, le contrat conserve sa perfection à la date du jour de sa passation, *infra n° 3476*, ce qui décharge le porte-fort de tous recours contre lui ; au contraire si le tiers refuse de tenir l'engagement, celui avec lequel le porte-fort a contracté a droit contre lui à des dommages et intérêts (*C. N., 1120*), à raison du préju-

» se portant fort pour M. DUBAY, par lequel il s'oblige à faire ratifier ces présentes
» par acte authentique aux frais de ce dernier, dans le délai d'un mois de ce
» jour.

---

(1) Paris, 13 déc. 1856; Cass., 5 mars 1858; J. N., 15985, 16309.
(2) Marcadé, *art. 1112*; Larombière, *1111*, 17.
(3) Voir Trib. Seine, 13 juin 1861; J. N., 17467.
(4) Duranton, X, 80; Marcadé, *art. 1112*; Massé et Vergé, § 614, note 1; Roll., *Violence*, n° 20.
(5) Pothier, n° 26 ; Toullier, VI, 81 ; Duranton, X, 142 ; Marcadé, *art. 1114*; Larombière, *1114*, 10; Dict. not., *Violence*, n° 9; Roll., ibid., n° 23; Paris, 12 fév. 1806; Douai, 14 juill. 1835.

(6) Si le dol émane d'un tiers, il n'y a plus lieu à nullité du contrat, mais la partie trompée a droit à des dommages-intérêts contre le tiers : Toullier, VI, 93; Marcadé, *1116*, 1; Larombière, *1116*, Zach., § 614, note 8; Cass., 18 mai 1835 et 8 août 1837.
(7) Duranton, X, 361 ; Proudhon, *Usuf.*, IV, 2347 ; Troplong, *Hyp.*, n° 462; Larombière, *1166*, 15; Cass., 10 mai 1853; J. N., 14971.

dice qu'il subit (1) ; à moins que le porte-fort ne se soit chargé personnellement d'exécuter le fait du tiers qui refuse de tenir l'engagement (2).

3155. On peut se porter fort pour un mineur [Form. 468] aussi bien que pour un majeur; il n'y a donc pas lieu d'examiner si le tiers est capable de s'engager, ni si sa ratification serait susceptible d'être rescindée, ni même si elle a été rescindée ; car le porte-fort est censé avoir fait une promesse sérieuse, et à défaut d'une ratification valable, il est tenu personnellement (3).

2° CONDITION. — *La capacité de contracter de la personne qui s'oblige* (C. N. 1108.)

3156. La capacité étant la règle générale, toute personne peut contracter si elle n'en est pas déclarée incapable par la loi (*C. N.*, *1123*).

3157. Sont incapables de contracter : 1° les mineurs, *supra n° 1179* ; 2° les interdits, *supra n° 1373* ; 3° les femmes mariées dans les cas exprimés par la loi, *supra n° 1048* ; 4° les interdits légalement, *supra n° 1390* ; 5° les aliénés, *supra n° 1391* ; 6° les individus pourvus d'un conseil judiciaire, sans l'assistance de leurs conseils, mais pour certains actes seulement, *supra n° 1384* ; 7° les personnes en état d'ivresse (4) ; 8° et généralement tous ceux à qui la loi interdit certains contrats (*C. N.*, *1124*). Voir à cet égard, *supra n°s 1296, 1315, 1316, 1329, 2462, 2656, et infra C. N.*, art. *1554, 1595, 1596, 1597, 1840*.

3158. Le mineur, l'interdit et la femme mariée ne peuvent attaquer, pour cause d'incapacité, leurs engagements que dans les cas prévus par la loi, *infra n° 3388*. Les personnes capables de s'engager ne peuvent opposer l'incapacité du mineur de l'interdit ou de la femme mariée avec qui elles ont contracté (*C. N.*, *1125*).

3° CONDITION. — *Un objet certain qui forme la matière de l'engagement* (*C. N.* 1108).

3159. Tout contrat doit avoir pour objet une chose dans le commerce (*C. N.*, *1128*), qu'une partie s'oblige à donner, ou qu'une partie s'oblige à faire ou à ne pas faire (*C. N.*, *1126*). La chose doit être déterminée, au moins quant à son espèce (*C. N.*, *1129*) ; on peut vendre, par exemple, un bœuf, un cheval, sans autre désignation ; la quotité de la chose peut être incertaine, pourvu qu'elle puisse être déterminée (*même article*) ; ainsi : le blé nécessaire pour votre boulangerie pendant un an, les aliments à fournir à une personne (5).

3160. Le simple usage et la simple possession d'une chose peuvent aussi être l'objet d'un contrat (*C. N.*, *1127*), tels sont les droits d'usage, d'habitation, le louage, le dépôt, le prêt, etc.

3161. Les choses futures peuvent être l'objet d'une obligation (*C. N.*, *1130*), ainsi : le poulain qui naîtra de ma jument, tant d'hectolitres de blé de ma prochaine récolte. On ne peut cependant renoncer à une succession non ouverte, ni faire aucune stipulation sur une pareille succession, même avec le consentement de celui de la succession duquel il s'agit (*même article*).

4° CONDITION. — *Une cause licite dans l'obligation* (*C. N.* 1108).

3162. Il importe peu que la cause soit exprimée ou non (6), l'obligation étant également valable dans les deux cas (*C. N.*, *1132*) ; toutefois il est préférable de l'énoncer. Voir *infra n° 3406*.

FORMULE 458. — Porte-fort pour un mineur. (N° 3155.)

M. Charles Leroy, marchand épicier, demeurant à . . . . . ,

« Agissant au nom de M. Léon Leroy, son fils mineur, sans profession domicilié, avec

---

(1) Marcadé, *1120*, 2; Championnière et Rigaud, n° 207; Dict. not., *Domm.-int.*, n° 42; Roll., *Ratif.*, n° 10; Zach., § 617 ; Cass., 1er mai 1815.
(2) Larombière, *1120*, 6.
(3) Larombière, *1120*, 8; Cass., 16 fév. 1814.
(4) Pothier, n° 349; Toullier, VI, 112; Zach., § 613; Chardon, *Dol*,

I, 88; Roll., *Ivresse*, n° 2; Dict. not., *ibid*, n° 3, et *Convention*, n° 21; Demolombe, XXIV, 84; Duranton, X, 103; Marcadé, *1108*, 3; Larombière, *1124*, 14; Rouen, 1er mars 1825; Rennes, 14 juill. 1849; J. N., 14007. V. Caen, 23 avril 1864 ; J. N., 18142.
(5) Larombière, *1129*, 5, 6.
(6) Il y a exception pour les lettres de change et les billets à ordre (*C. comm.*, *110, 187*).

3163. L'obligation sans cause, ou sur une fausse cause (1), ou sur une cause illicite (2) ne peut avoir aucun effet (*C. N.*, *1131*). La cause est illicite quand elle est prohibée par la loi, quand elle est contraire aux bonnes mœurs (3) ou à l'ordre public (*C. N.*, *1133*); ainsi, lorsqu'en matière de vente d'office il a été fait, en dehors du traité ostensible, une contre-lettre pour augmentation de prix, la contre-lettre est nulle et la somme payée pour cette cause est restituable. Voir au titre *de la vente*.

CHAPITRE TROISIÈME.

DE L'EFFET DES OBLIGATIONS.

SECTION I. — DISPOSITIONS DIVERSES.

3164. Les conventions légalement formées tiennent lieu de loi à ceux qui les ont faites, en ce sens qu'elles forment une règle à laquelle les parties sont tenues de se soumettre comme à la loi elle-même (4). Elles ne peuvent être révoquées que du consentement mutuel des parties (5), ou pour les causes que la loi autorise. Elles doivent être exécutées de bonne foi (*C. N.*, *1134*).

3165. Les conventions obligent non-seulement à ce qui est exprimé, mais encore à toutes les suites quel'équité, l'usage ou la loi donnent à l'obligation d'après sa nature (*C. N.*, *1135*).

SECTION II. — DE L'INTERPRÉTATION DES CONVENTIONS.

3166. On doit dans les conventions rechercher quelle a été la commune intention des parties contractantes, plutôt que de s'arrêter au sens littéral des termes (*C. N.*, *1156*).

3167. Lorsqu'une clause est susceptible de deux sens, on doit plutôt l'entendre dans celui avec lequel elle peut avoir quelque effet, que dans le sens avec lequel elle n'en pourrait produire aucun (*C. N.*, *1157*).

3168. Les termes susceptibles de deux sens doivent être pris dans le sens qui convient le plus à la matière du contrat (*C. N.*, *1158*).

3169. Ce qui est ambigu s'interprète par ce qui est d'usage, dans le pays où le contrat est passé (*C. N.*, *1159*).

3170. On doit suppléer dans le contrat les clauses qui y sont d'usage, quoiqu'elles n'y soient pas exprimées (*C. N.*, *1160*).

3171. Toutes les clauses des conventions s'interprètent les unes par les autres en donnant à chacune le sens qui résulte de l'acte entier (*C. N.*, *1161*).

» lui, né à. . . . ., le. . . . ., et comme se portant fort pour ce mineur avec promesse de
» lui faire ratifier ces présentes, par acte authentique, à ses frais, dans les huit jours de
» sa majorité.

---

(1) L'obligation exprimant une fausse cause est valable si la véritable cause est réelle et licite : Toullier. VI. 176 et 177; Duranton, X, 350; Dict. not.; *Obligation*, n° 104; Larombière, *1132*, 8; Mourlon, II, p. 562; Colmar, 10 juin 1814; Rouen, 9 mars 1831; Pau, 11 nov. 1851; Cass., 13 août 1800, 8 juill. 1807, 2 déc. 1812, 19 juin 1832. Voir Angers, 10 mai 1861.
(2) Roll., *Convention*, n° 132; Dict. Not., *Obligation*, n° 64; Rouen, 21 juin. 1860; Trib. Libourne, 11 avril 1861. M. T., 1861, 515.
(3) Ainsi est nulle l'obligation souscrite pour honoraires ou pour courtage au profit d'un entremetteur de mariage, sauf la juste rémunération de ses soins et démarches: Larombière, *1133*, 11; Dalloz. *Oblig.*, n° 629 et 630; Dict. not., *ibid.*, n° 89; Poitiers,

9 mars 1853; Cass., 1er mai 1855; Lyon, 15 mai 1861; Paris, 8 fév., 1862; J. N., 15165, 15534, 17360 ; Seine, 9 fév. 1866.
(4) Marcadé, *1134*.1. V. Larombière, *1134*, 2 ; Cass., 22 nov. 1863,
(5) Ceci n'est rigoureusement vrai qu'en ce qui concerne la convention de faire ou de ne pas faire; quant à la convention de transférer la propriété, elle devient parfaite, et le créancier est propriétaire par le seul fait du consentement des parties, *infra* n° 3176; si ensuite les parties conviennent de ne plus exécuter la convention, on peut éteindre les obligations consenties, replacer la propriété sur la tête de celui qui l'a transférée, mais cela ne fait pas obstacle aux droits acquis par des tiers: Marcadé, *1134*, 2.

3172. Dans le doute, la convention s'interprète contre celui qui a stipulé, et en faveur de celui qui a contracté l'obligation (*C. N.*, *1162*).

3173. Quelque généraux que soient les termes dans lesquels une convention est conçue, elle ne comprend que les choses sur lesquelles il paraît que les parties se sont proposé de contracter (*C. N.*, *1163*).

3174. Lorsque dans un contrat on a exprimé un cas pour l'explication de l'obligation, on n'est pas censé avoir voulu par là restreindre l'étendue que l'engagement reçoit de droit aux cas non exprimés (*C. N.*, *1164*).

SECTION III. — DE L'OBLIGATION DE DONNER.

3175. L'obligation de donner, c'est-à-dire la convention de transférer la propriété (1), emporte celle de livrer la chose et de la conserver jusqu'à la livraison, à peine de dommages et intérêts envers le créancier (*C. N.*, *1136*).

3176. Cette obligation est parfaite par le seul consentement des parties contractantes. Elle rend le créancier propriétaire (2) et met la chose à ses risques dès l'instant où elle a dû être livrée (3) ; encore que la tradition n'en ait point été faite, à moins que le débiteur ne soit en demeure de la livrer ; auquel cas la chose reste aux risques de ce dernier (*C. N.*, *1138*). — Le débiteur est constitué en demeure, soit par une sommation, après le délai qu'elle indique (4), ou par un autre acte équivalent : une assignation, un commandement (5) ; soit par l'effet de la convention, lorsqu'elle porte que sans qu'il soit besoin d'acte, et par la seule échéance du terme, le débiteur sera en demeure (6) (*C. N.*, *1139*), si d'ailleurs, le payement doit se faire dans un lieu autre que le domicile du débiteur ; car dans ce dernier cas ce serait au créancier à se présenter chez le débiteur et à faire constater son refus (7).

3177. Les effets de l'obligation de donner ou de livrer une chose immobilière sont réglés au titre *de la vente* et au titre *des priviléges et hypothèques* (*C. N.*, *1140*).

3178. Si le débiteur s'est obligé à donner ou à livrer une chose purement mobilière à deux personnes successivement, celle des deux qui en a été mise en possession réelle est préférée et en demeure propriétaire, encore que son titre soit postérieur en date, pourvu toutefois que la possession soit de bonne foi (*C. N.*, *1141*), sauf l'action en dommages et intérêts contre le débiteur de la part de la personne qui n'a pas obtenu la livraison.

3179. L'obligation de veiller à la conservation de la chose, soit que la convention n'ait pour objet que l'utilité de l'une des parties, soit qu'elle ait pour objet leur utilité commune, soumet celui qui en est chargé à y apporter tous les soins d'un bon père de famille. Cette obligation est plus ou moins étendue relativement à certains contrats, dont les effets, à cet égard, sont expliqués dans les titres qui les concernent (*C. N.* *1137*). Voir art. *1882*, *1927*, *1928*, *1992*. Dans tous les cas où la loi oblige aux soins d'un bon père de famille, elle soumet celui qui y est tenu à la faute grave et à la faute légère : la *faute grave* c'est une négligence plus grande pour la chose d'autrui que pour sa propre chose ; il n'y a que *faute légère* lorsqu'on omet les soins d'un bon père de famille ordinaire (8). Autrefois on distinguait les fautes en graves, légères, très-légères : la *faute très-légère* consistait à ne pas apporter tous les soins d'un homme extrêmement prudent et soigneux. Aujourd'hui il n'existe plus que deux espèces de fautes : la faute grave et la faute légère (9).

SECTION IV. — DE L'OBLIGATION DE FAIRE OU DE NE PAS FAIRE.

3180. L'obligation de faire s'appelle *obligation positive;* celle de ne pas faire s'appelle *obligation négative* (10).

---

(1) Marcadé, art. *1136* ; Larombière, *1136*, 8; Mourlon, II, p. 565.
(2) Que la chose soit immédiatement livrée ou qu'elle doive l'être plus tard : Troplong, *Vente*, n° 26; Duvergier, *ibid.*, n° 8; Marcadé, art.*1136* ; Massé et Vergé, § 531, n° 5 ; Roll., *Condition*, n° 4 ; Larombière, *1138*, 3.
(3) Autrement dit *dès l'instant de la convention* : Marcadé, art. *1138*. Voir Larombière, *1138*, 26.
(4) Marcadé, art *1139*; Larombière, *1139*, 11.

(5) Marcadé, art. *1139*; Zach., § 547, note 9; Larombière, *1139*, 15, 16; Cass., 14 juin 1814.
(6) Voir Bordeaux, 25 nov. 1841 ; J. N., 11204.
(7) Toullier, VI, 249, 555; Duranton, X, 442; Larombière, *1139*, 10, 13.
(8) Troplong, *vente*, n° 399 ; Larombière, *1137*, 4.
(9) Ducaurroy, *Instituts*, III, 1068; Troplong, *Vente*, n° 362; Marcadé, *1137*, 3 ; Larombière, *1137*, 3, 8, 9. 10 ; CONTRA, Duranton, X, 397; Toullier, VI, 233.
(10) Zach., § 529 ; Roll., *Conditions*, nos 65, 66.

3181. Toute obligation de faire ou de ne pas faire se résout en dommages et intérêts, en cas d'inexécution de la part du débiteur (*C. N.*, 1142). Ainsi, vous vous êtes engagé à me construire une maison dans le délai d'un an; vous ne l'avez pas construite, je ne puis vous y contraindre malgré vous, mais vous me devez des dommages et intérêts.

3182. Néanmoins, le créancier a le droit de demander que ce qui aurait été fait par contravention à l'engagement soit détruit; et il peut se faire autoriser à le détruire aux dépens du débiteur, sans préjudice des dommages et intérêts s'il y a lieu (*C. N.* 1143). *Exemple* : j'ai un droit de passage dans votre propriété, vous élevez un mur qui fait obstacle au passage, je puis me faire autoriser à l'enlever à vos frais, et, en outre, vous me devez des dommages et intérêts pour le préjudice que j'ai souffert pendant le temps que je n'ai pu exercer mon droit de passage.

3183. Le créancier peut aussi, en cas d'inexécution, être autorisé à faire exécuter lui-même l'obligation aux dépens du débiteur (*C. N.*, 1144); par exemple, nous sommes convenus que vous construirez dans le délai de six mois, sur la limite de votre héritage, un mur qui doit me servir de clôture; si vous ne l'avez pas construit, je puis me faire autoriser par justice (1) à construire le mur moi-même, à vos dépens, à moins que je ne préfère me contenter des dommages et intérêts dont vous êtes passible.

SECTION V.—DE L'EFFET DES CONVENTIONS A L'ÉGARD DES TIERS.

3184. Les conventions n'ont d'effet qu'entre les parties contractantes; elles ne nuisent point aux tiers, et elles ne leur profitent que dans le cas prévu par l'art. 1121 (*C. N.*, 1165).

3185. Néanmoins, les créanciers peuvent exercer tous les droits et actions de leur débiteur, à l'exception de ceux qui sont exclusivement attachés à la personne (*C. N.*, 1166). Ainsi, les créanciers peuvent réclamer le payement d'une somme due à leur débiteur, exercer la faculté de réméré qu'il s'est réservée, accepter une succession à lui échue (2), etc.; mais, en tous cas, sous la triple condition : que leur créance soit échue, que le débiteur n'y ait pas satisfait, et qu'ils l'aient mis en demeure d'exercer le droit dans un délai déterminé; après quoi ils peuvent agir eux-mêmes sans autre formalité, et conséquemment sans être astreints à obtenir en justice une subrogation dans les droits de leur débiteur (3). Sont considérés comme attachés exclusivement à la personne : le droit de correction que le débiteur a sur ses enfants, le droit de consentir à leur mariage, de demander l'interdiction d'un de ses

---

FORMULE 459.— Fixation de dommages-intérêts. (Nos 3194 à 3197.)

PAR-DEVANT Me.....
ONT COMPARU M. Désir LAIR, rentier, demeurant à.....,

D'UNE PART,

Et M. Charles NOIR, marchand de nouveautés, demeurant à. . . . ,

D'AUTRE PART,

Lesquels ont dit et arrêté ce qui suit :
Aux termes d'un contrat passé devant Me. . . . ., qui en a gardé minute, et son collègue, notaires à. . . . ., le. . . . ., M. LAIR a vendu à M. NOIR, une maison située à. . . . ., rue. . . . ., n°. . . . ., avec l'engagement de le mettre en jouissance par lui-même, le. . . ., moyennant. . . . francs payés comptant.
Lorsque cette époque est arrivée, le locataire de la maison a justifié qu'il avait encore le droit d'en jouir pendant six mois, de sorte que l'époque d'entrée en jouissance a été reculée de ce temps.
Cette circonstance a fait éprouver à M. NOIR un préjudice, dont M. LAIR est respon-

---

(1) Larombière, 1144, 4.
(2) Voir Larombière, 1166, 20.
(3) Valette sur Proudhon, *Usuf.*, n° 2237; Boileux, *art.* 1166; Bonnier, *Rev. prat.*, I, p. 97; Larombière, 1166, 22, Massé et Vergé

§ 554, note 1 : Bordeaux, 20 janv. 1847; Angers, 25 août 1852; Grenoble, 9 janv. 1858; Bourges, 21 mai 1859; Cass., 23 janv. 1849, 2 juill. 1851; 26 juill. 1854, 18 fév. 1862; CONTRA, Proudhon, *loc. cit.*, Marcadé 1166, 1, et *Rev. crit.*, 1852, p. 341; Dalloz, *Oblig.*, n° 769.

parents, de poursuivre sa séparation de biens ou de corps, d'accepter une donation, de révoquer une donation entre époux..., etc.

3186. L'exercice par les créanciers des droits et actions de leur débiteur, en vertu de l'art. 1166, n'en ôte pas à ce dernier la libre disposition ; il peut donc en disposer, transiger, et même toucher le prix de la transaction, pourvu qu'il ait agi sans fraude (1).

3187. Afin que le débiteur ne puisse soustraire ses biens au droit de gage de ses créanciers (*C. N.*, 2092, 2093), ceux-ci peuvent, en leur nom personnel, attaquer les actes faits par leur débiteur en fraude de leurs droits (*C. N.*, 1167), sous la double condition, toutefois, que ces actes aient été faits dans une intention frauduleuse, et leur portent préjudice (2) ; s'il s'agit d'une aliénation à titre onéreux, il faut qu'il y ait fraude, et de la part du débiteur et de la part du tiers (3) ; s'il s'agit d'une aliénation à titre gratuit, la fraude du débiteur seul suffit (4). Lorsque l'acquéreur à titre onéreux soumis à l'action révocatoire a transmis le bien à un sous-acquéreur de bonne foi, l'action révocatoire peut aussi être exercée contre ce dernier, s'il a acquis à titre gratuit, mais non s'il a acquis à titre onéreux (5). Dans le cas où la fraude s'opère au moyen d'un jugement, les créanciers peuvent attaquer le jugement par la voie de la tierce opposition (6) (*C. pr.*, 474).

3188. L'action de faire révoquer un acte frauduleux s'appelle *action Paulienne*, du nom du préteur qui l'introduisit dans le droit romain. Elle est aussi qualifiée action *directe*, par opposition à l'action indirecte ou *oblique*, résultant de l'art. 1166. Elle ne peut être intentée que par les créanciers antérieurs (7) à l'acte frauduleux (8). Lorsque l'acte frauduleux est révoqué, le bien revient en la possession du débiteur, de même que s'il n'avait jamais été aliéné ; conséquemment, il est le gage de tous ses créanciers, de ceux postérieurs à l'acte frauduleux comme de ceux antérieurs, et ceux qui ont fait prononcer la nullité n'ont pas le privilège de se faire payer sur le bien par préférence aux autres (9).

3189. L'action Paulienne se prescrit par trente ans du jour de l'acte frauduleux (10).

3190. Les créanciers doivent néanmoins quant à leurs droit énoncés au titre des *successions* et au titre du *contrat de mariage et des droits respectifs des époux*, se conformer aux règles qui y sont prescrites (*C. N.*, 1167), supra n°s 2044, 2108.

SECTION VI. — DES DOMMAGES ET INTÉRÊTS RÉSULTANT DE L'INEXÉCUTION DE L'OBLIGATION.

3191. *Dommages et intérêts* [Form. 459]. Lorsque l'obligation est de ne pas faire, celui qui y contrevient doit les dommages-intérêts par le seul fait de la contravention (*C. N.*, 1145 ; *C. pr.*, 128).

sable, et pour lequel il est en droit d'obtenir en justice des dommages-intérêts contre lui.

M. Lair reconnaît le tort qu'il a causé à M. Noir, et, dans le but d'éviter une action en justice, il fixe, d'accord avec M. Noir, le montant des dommages-intérêts dus à ce dernier, à une somme de. . . . ., que M. Lair a payée à l'instant à M. Noir, qui le reconnaît et lui en donne quittance.

Dont acte.

Fait et passé, etc.

---

(1) Larombière, *1166*, 32 ; Cass., 18 fév., 1862 ; contra, Proudhon, *Usuf.*, n° 2555.
(2) Toullier, VI, 348 ; Proudhon, *Usuf.*, n° 2353 ; Marcadé, *1167*, 2 ; Larombière, *1167*, 14, 15 ; Bordeaux, 13 fév. 1826 ; trib., Orange, 12 juill. 1861 ; contra, Duranton, X, 577 ; Zach., § 555, qui, en cas de gratuité enseignent la simple préjudice suffit.
(3) Larombière, *1167*, 30.
(4) Marcadé, *1167*, 4 ; Toullier, VI, 354 ; Duranton, X. 575 ; Larombière, *1167*, 26 ; Cass. 30 janv. 1828 , 30 juill. 1839 ; Paris, 24 déc. 1843.
(5) Proudhon, *Usuf.*, n° 2442 ; Duranton, II, 382 ; Marcadé, *1167*, 4 ; Larombière, *1167*, 46 ; Paris, 11 juill. 1829 ; Cass., 21 mars 1830 et 2 fév. 1852 ; Douai, 20 fév. 1845 ; J. N., 12364.
(6) Marcadé, *1167*, 5 ; Larombière, *1167*, 44. Voir) trib. Orange, 12 juill. 1861 ; M. T., 1861, p. 535.
(7) Les créanciers postérieurs ne seraient point recevables : Toullier, VI, 354 Duranton, X, 573 ; Zach., Massé et Vergé, § 555, note 6 ;

Marcadé, *art. 1167* ; Dict. not., *Fraude*, n° 6 ; Mourlon, *Priv.*, n° 14 ; Pont, *Priv.*, n^s 18, 19 ; Larombière, *1167*, 20 ; Bourges, 14 août 1841 ; Nîmes, 18 déc. 1849 ; Bastia, 29 mai 1855 ; Paris, 6 juin 1826, 7 juin 1864 ; Cass., 25 juill. 1864 ; Grenoble, 21 mars 1867 ; J. N., 17472.
(8) Si l'acte, au lieu d'être frauduleux, est simulé, il est considéré comme n'ayant point d'existence, et il peut être attaqué aussi bien par les créanciers postérieurs que par ceux antérieurs : Larombière, *1167*, 63 ; Cass., 12 fév. 1852.
(9) Duranton, X, 374 ; Taulier, IV, p. 312 ; Marcadé, *1167*, 6 ; Massé et Vergé, § 555, note 14 ; Pont., *Priv.*, n°s 18, 19, et *Rev. crit.*, 11, p. 11 ; Cass., 12 avril 1836, 2 fév. 1852, 14 juill. 1852 ; contra, Mourlon, *Priv.*, n° 14 ; Larombière, *1167*, 62
(10) Proudhon, *Usufr.*, n° 2404 ; Zach., § 555 ; Duvergier sur Toullier, VI, 356 ; Larombière, *1167*, 54 ; Marcadé, *1167*, 7 ; Paris, 11 juill. 1829 ; Toulouse, 15 janv. 1834 ; Biom, 3 août 1840 ; Cass., 24 mars 1830 ; contra, Duranton, N, 585, qui, selon l'art. 1304, fixe le temps de la prescription à dix ans.

3192. Si l'obligation est de donner ou de faire, les dommages et intérêts ne sont dus que lorsque le débiteur est en demeure de remplir son obligation, excepté néanmoins lorsque la chose que le débiteur s'était obligé de donner ou de faire ne pouvait être donnée ou faite que dans un certain temps qu'il a laissé passer (C. N., 1146); par exemple, vous vous êtes engagé à me construire une baraque sur le champ de foire pour le 15 août, jour de la foire, vous ne l'avez pas construite, vous êtes en demeure par le seul fait du retard, et vous me devez des dommages et intérêts.

3193. Le débiteur est condamné, s'il y a lieu, au payement des dommages et intérêts, soit à raison de l'inexécution de l'obligation, soit à raison du retard dans l'exécution, toutes les fois qu'il ne justifie pas que l'inexécution provient d'une cause étrangère qui ne peut lui être imputée, encore qu'il n'y ait aucune mauvaise foi de sa part (C. N., 1147). Ainsi, je me suis obligé à vous transporter par eau des marchandises de Rouen à Paris, de manière à ce qu'elles soient déposées dans vos magasins le 15 février, à huit heures du matin. Je charge vos marchandises à bord de mon bateau, et je pars avec l'intention d'arriver à temps; mais, à Pont-de-l'Arche, une fausse manœuvre fait heurter le bateau contre une des arches du pont, et une voie d'eau se déclare ; je suis obligé de décharger et de réparer mon bateau ; par suite, j'arrive après le délai fixé ; je suis passible de dommages-intérêts bien que je sois de bonne foi, car l'inexécution provient d'une cause qui peut m'être imputée ; c'était à moi de mieux surveiller les manœuvres. Mais si le retard provient de ce qu'un autre bateau m'a abordé, et que je *prouve* avoir pris toutes les précautions possibles pour éviter l'abordage, alors, comme l'inexécution provient d'une cause étrangère qui ne peut m'être imputée, je ne suis passible d'aucuns dommages et intérêts.

3194. Il n'y a lieu à aucuns dommages et intérêts lorsque, par suite d'une force majeure ou d'un cas fortuit, le débiteur a été empêché de donner ou de faire ce à quoi il était obligé, ou a fait ce qui lui était interdit (C. N., 1148). *Exemple* : je me suis obligé à faire le transport par eau de vos marchandises dans un délai déterminé ; une inondation a lieu, qui rend la navigation impossible ; en raison de la force majeure, je ne suis passible d'aucuns dommages et intérêts.

3195. Les dommages et intérêts dus au créancier sont, en général, de la perte qu'il a faite et du gain dont il a été privé, sauf les exceptions et modifications ci-après (C. N., 1149).

3196. Lorsque les obligations n'ont pas pour objet des sommes d'argent, et que ce n'est point par le dol du débiteur que l'obligation n'est pas exécutée, le débiteur n'est tenu que des dommages et intérêts qui ont été prévus, ou qu'on a pu prévoir, lors du contrat (C. N., 1150). Si c'est par son dol, les dommages-intérêts dont il est tenu ne comprennent, à l'égard de la perte éprouvée par le créancier et du gain dont il a été privé, que ce qui est une suite immédiate et directe de l'inexécution de la convention (C. N., 1151). Ainsi, vous m'avez loué pour quinze ans une maison dans laquelle j'ai exercé un commerce ; après huit ans de jouissance, vous êtes évincé de la propriété de cette maison, ce qui amène la cessation de mon bail ; vous me devez des dommages et intérêts. Pour savoir ce que comprennent ces dommages et intérêts, il faut distinguer : si vous pensiez être propriétaire de la maison lorsque vous m'avez loué, vous êtes de bonne foi, il n'y a pas eu dol de votre part, vous m'indemniserez de mes frais de déménagement, et, si le prix des loyers a augmenté dans l'intervalle, du préjudice que peut m'occasionner cette augmentation ; à l'égard de mon commerce, vous ne me devez aucuns dom-

---

FORMULE 460. — Stipulation d'intérêt. (N°s 3198 à 3200).

La somme due, jusqu'à son payement réel et effectif, sera productive d'intérêts au taux de cinq pour cent par an, à partir d'aujourd'hui, payables chaque année en un seul terme, le. . . . .

FORMULE 460 bis. —Stipulation d'intérêt pour le retard dans le payement du capital. (N° 3199.)

La somme due sera payable le. . . . ., sans intérêt jusque-là ; mais à partir de cette époque elle produira des intérêts à cinq pour cent par an, jusqu'au remboursement, que le créancier conservera le droit d'exiger quand bon lui semblera.

mages-intérêts si vous ne saviez pas, lorsque j'ai loué votre maison, que je devais y faire un commerce; mais si vous l'eussiez su, vous me devriez les dommages à raison de la perte subie dans ma clientèle par suite du changement de maison. — Au contraire, si vous saviez ne pas être propriétaire lorsque vous m'avez loué, il y a eu dol de votre part, et vous devez m'indemniser non-seulement des frais de déménagement et d'augmentation de loyer, mais aussi de la perte de clientèle, alors même que lors du bail je n'eusse point eu l'intention de faire un commerce dans la maison. Mes réclamations ne peuvent aller au delà ; par exemple si, en faisant mon déménagement, je perds ou brise des objets précieux, vous n'êtes pas tenu de cette perte, ce n'est plus là une suite directe ni immédiate de l'inexécution.

3197. Lorsque la convention porte que celui qui manquera de l'exécuter payera une certaine somme à titre de dommages et intérêts, il ne peut être alloué à l'autre partie une somme plus forte ni moindre (*C. N*, *1152*), et la faculté pour le juge de modifier la peine, lorsque l'obligation principale a été exécutée en partie (*C. N.*, *1231*), n'existe qu'en l'absence d'une convention exclusive de cette faculté (1).

3198. *Intérêts* [Form. 460]. Dans les obligations qui ont pour objet le payement d'une somme d'argent, les dommages et intérêts résultant du retard dans l'exécution ne consistent jamais que dans la condamnation aux intérêts fixés par la loi, c'est-à-dire à cinq pour cent en matière civile et à six pour cent en matière commerciale (2). (*Loi, 3 sept. 1807, art. 2.*) — Ils sont dus à partir du jour de la demande en justice (3), devant un tribunal compétent (4), d'une condamnation aux intérêts (5), et sans que le créancier soit tenu de justifier d'aucune perte (*C. N.*, *1153*). Dans aucun cas, la régie ne peut être condamnée aux intérêts des sommes indûment perçues, et dont la restitution est ordonnée en justice (6).

3199. Il est des cas où la loi fait courir les intérêts de plein droit (*C. N.*, *1153*). Voir *C. N.*, *art. 455, 456, 609, 612, 856, 1440, 1473, 1548, 1570, 1846, 2001* ; d'autres, où elle dispose qu'ils courront sur une simple mise en demeure (*C. N.*, *474, 1652, 1936, 1996* ; *comm.*, *184*) ; enfin, les parties peuvent stipuler que les intérêts seront dus sur une simple mise en demeure, sommation ou commandement, ou même par le seul fait du retard, et sans qu'il soit besoin de demande (7) [Form. 460 *bis*] ; ainsi, lorsqu'une somme a été stipulée payable à *telle* époque, sans intérêt *jusque-là*, les intérêts sont dus à partir de l'échéance du terme (8).

3200. En outre, la loi trace des règles particulières pour le commerce et le cautionnement (*C. N.*, *1153*) : en matière de commerce, le porteur d'une lettre de change non payée a droit non-seulement à l'intérêt légal, mais aussi au rechange (*C. comm.*, *177 et suiv.*) ; et en matière de cautionnement, la caution qui a payé la dette du débiteur principal peut réclamer non-seulement l'intérêt de la somme payée (9), mais aussi des dommages et intérêts s'il y a lieu (*C. N.*, *2028*).

3201. Les intérêts échus des capitaux peuvent produire des intérêts, ou par une demande judiciaire, ou par une convention spéciale [Form. 461], pourvu que, soit dans la demande, soit dans la

---

FORMULE 461. — **Intérêts des intérêts** (N° 3201.)

De convention expresse, les intérêts qui viennent d'être stipulés produiront eux-mêmes, en cas de retard dans leur payement, cinq pour cent par an, mais seulement lorsque les intérêts dus et échus seront d'une année entière ; ces intérêts courront à partir

---

(1) Cass., 4 juin 1860; Pau (*aud. solenn.*), 18 janv. 1861; M. T., 1861, p. 179.
(2) En *Algérie* le taux de l'argent est complètement libre.
(3) C'est-à-dire du jour de la citation en conciliation suivie dans le mois d'une demande en justice (*C. pr.*, 57) ou du jour de l'exploit introductif d'instance, si la demande est exempte de conciliation : une simple sommation, un commandement même seraient insuffisants pour faire courir les intérêts : Zach., § 547, note 13; Roll., *Intérêt*, n° 79; Marcadé, *1153*, 3; Larombière, *1153*, 19; Dict. not., *Intérêt*, n° 62; Grenoble, 9 mars 1825; Riom, 17 mai 1830; Cass., 10 nov. 1826, 15 avril 1846.
(4) Si la demande était formée devant un tribunal incompétent, elle serait insuffisante pour faire courir les intérêts: Larombière, *1153*, 20; Massé et Vergé, § 547, note 13; Paris, 5 janv. 1837; Cass.,

11 janv. 1847 ; Agen, 3 mars 1849; Paris, 16 avril 1860; CONTRA, Chauveau sur Carré. *Proc.*, p. 277 ; Zach., *loc. cit.*; Paris, 27 juin 1816; Orléans, 6 avril 1838.
(5) La demande en justice du capital ne suffit pas pour faire courir les intérêts: Toullier, VI, 272 ; Duranton, X, n° 503 ; Zach., § 547, note 13; Marcadé, *1153*, 3 ; Roll., *Int.*, n° 78; Larombière, *1153*, 21; Liège, 13 juin 1818 ; Limoges, 4 fév. 1847 ; Bordeaux, 6 mai 1847 ; Jur. N., 7929 ; CONTRA, Cass., 20 nov. 1848 ; Jur. N., 8483.
(6) Cass., 12 mai 1862 ; J N., 17469.
(7) Larombière. *1153*, 39.
(8) Toulouse, 19 janv. 1814 ; J. N., 11977.
(9) Duranton, XI, 246; Zach., Massé et Vergé, § 761 , note 4 ; Ponsot, *Caut.*, n° 240; Troplong, *ibid.*, n° 346; Caen, 7 août 1810; CONTRA, Larombière, *1153*, 37.

convention, il s'agisse d'intérêts dus au moins pour une année entière (C. N., 1154); s'il s'agit d'une convention, il importe peu qu'elle soit faite au moment où l'obligation principale est contractée (1), ou avant l'échéance des intérêts, ou après l'échéance. La production d'intérêts par des intérêts s'appelle *anatocisme*.

3202. Quant aux revenus échus, tels que fermages, loyers, arrérages de rentes perpétuelles ou viagères, ils produisent intérêt du jour de la demande ou de la convention [Form. 462]. La même règle s'applique aux restitutions de fruits et aux intérêts payés par un tiers au créancier en l'acquit du débiteur (C. N., 1155), mais seulement lorsque le tiers a payé en qualité de *negotiorum gestor*, c'est-à-dire sans se faire subroger aux droits du créancier (2).

CHAPITRE QUATRIÈME

DES DIVERSES ESPÈCES D'OBLIGATIONS.

SECTION I. — DES OBLIGATIONS CONDITIONNELLES.

3203. *De la condition en général et de ses diverses espèces.* L'obligation est conditionnelle lorsqu'on la fait dépendre d'un événement futur et incertain, soit en la suspendant jusqu'à ce que l'événement arrive, soit en la résiliant selon que l'événement arrivera ou n'arrivera pas (C. N., 1168) : la condition est *casuelle* lorsqu'elle dépend du hasard et n'est nullement au pouvoir du créancier ni du débiteur (C. N., 1169). La condition est *potestative* lorsqu'elle fait dépendre l'exécution de la convention, d'un événement qu'il est au pouvoir de l'une ou de l'autre des parties contractantes de faire arriver ou d'empêcher (C. N., 1170). La condition est *mixte* lorsqu'elle dépend tout à la fois de la volonté d'une des parties contractantes et de la volonté d'un tiers (C. N., 1171). Ainsi, je vous vendrai mon fonds de commerce si je gagne à telle loterie, la condition est *casuelle*. — Je vous vendrai mon fonds de commerce si, dans le délai de deux ans, M. Benoît, banquier, m'accepte pour caissier, la condition est *mixte*. — J'achèterai votre fonds de commerce si, dans le délai de deux ans, je n'ai pas changé d'avis, la condition est *potestative*. Est nulle l'obligation contractée sous une condition potestative de la part de celui qui s'oblige, comme dans l'exemple précédent, ou dans les suivants; je vous payerai 2,000 fr. si je le juge à propos; je m'oblige à faire *telle* chose si je me concerte avec vous (3) (C. N., 1174).

3204. Toute condition d'une chose impossible, ou contraire aux bonnes mœurs, ou prohibée par la loi est nulle, et rend nulle la convention qui en dépend (C. N., 1172); toutefois, la condition de ne

de l'échéance de chaque année d'intérêt qui se trouvera due, sans qu'il soit besoin de demande en justice.

Cette clause ne fera pas obstacle au droit du créancier d'exiger quand bon lui semblera le payement des intérêts échus.

FORMULE 462. — **Intérêts de fermages.** (N° 3202.)

De convention expresse, les fermages qui viennent d'être fixés produiront, à défaut de payement à leur échéance, et quelque minime que soit la somme due, des intérêts à cinq pour cent par an, à partir de l'échéance de chaque terme, sans qu'il soit besoin de demande en justice.

---

(1) Toullier, VI, 271; Duranton, X, 400 et 500; [Massé et Vergé, § 550, note 16; Roll., *Int.*, n° 104; Dict. not., *ibid.*, n° 81; Montpellier, 20 juin 1839, Cass., 11 déc. 1844; J. N., 10478, 12282; contra, Marcadé, 1154, 3; Zach., *loc. cit.*; Nîmes, 9 fev. 1827; Cass., 14 juin 1837, suivant lesquels la convention, pour être valable, doit être faite après l'échéance des intérêts.

(2) Larombière, 1155, 17.

(3) Paris, 38 janv. 1858; Cass., 19 déc. 1860, Voir cependant Larombière, 1174, 4; Cass., 21 août 1850.

pas faire une chose impossible ne rend pas nulle l'obligation contractée sous cette condition (*C. N.*, *1173*). *Exemple* : je vous vends ma maison si vous arrêtez le soleil, la convention est nulle.—Je vous donne 1,000 fr. si vous renoncez à votre intention de traverser l'Océan à la nage, la convention est valable.

3205. Toute condition doit être *accomplie* de la manière que les parties ont vraisemblablement voulu et entendu qu'elle le fût (*C. N.*, *1175*) : lorsqu'une obligation est contractée sous la condition qu'un événement arrivera dans un temps fixe (si tel navire revient cette année), cette condition est censée défaillie lorsque le temps est expiré sans que l'événement soit arrivé. S'il n'y a point de temps fixe, (si vous vous mariez);— (si vous n'avez pas d'enfant,) la condition peut toujours être accomplie, et elle n'est censée défaillie que lorsqu'il est certain que l'événement n'arrivera pas (*C. N.*, *1176*). Lorsqu'une obligation est contractée sous la condition qu'un événement n'arrivera pas dans un temps fixe (si tel navire ne revient pas cette année), cette condition est accomplie lorsque le temps est expiré sans que l'événement soit arrivé ; elle l'est également, si, avant le terme, il est certain que l'événement n'arrivera pas; par exemple, si le navire a fait naufrage ; et s'il n'y a pas de temps déterminé, elle n'est accomplie que lorsqu'il est certain que l'événement n'arrivera pas (*C. N.*, *1177*). La condition est réputée accomplie lorsque c'est le débiteur qui en a empêché l'accomplissement (1) (*C. N.*, *1178*)

3206. La condition accomplie a un effet rétroactif au jour auquel l'engagement a été contracté. Si le créancier est mort avant l'accomplissement de la condition, ses droits passent à ses héritiers (*C. N.*, *1179*). Le créancier peut, avant que la condition soit accomplie, exercer tous les actes conservatoires de son droit (*C. N.*, *1180*).

3207. *Condition suspensive* [Form. 463]. L'obligation contractée sous une condition suspensive est celle qui dépend ou d'un événement futur et incertain (je vous donnerai mille francs si tel navire revient au Havre), ou d'un événement actuellement arrivé, mais encore inconnu des parties (je vous donne mille francs si tel navire est actuellement arrivé au Havre). Dans le premier cas, l'obligation ne peut être exécutée, c'est-à-dire n'a d'existence qu'après l'événement. Dans le second cas, l'obligation a son effet du jour où elle a été contractée (*C. N.*, *1181*).

3208. Lorsque l'obligation de livrer un corps certain a été contractée sous une condition suspensive, la chose qui fait la matière de la convention demeure (2) aux risques du débiteur qui ne s'est obligé de la livrer que dans le cas de l'événement de la condition. Si la chose est entièrement périe, sans la faute du débiteur, l'obligation est éteinte, c'est-à-dire, n'a pas d'existence (3). Si la chose s'est détériorée sans la faute du débiteur, le créancier a le choix ou de résoudre l'obligation, ou d'exiger la chose dans l'état où elle se trouve, sans diminution de prix. Si la chose s'est détériorée par la faute du débiteur, le créancier a le droit ou de résoudre l'obligation, ou d'exiger la chose dans l'état où elle se trouve avec des dommages et intérêts (*C. N.*, *1182*). *Exemple* : vous me vendez un cheval de quatre ans, moyennant 800 fr., en vous obligeant à me le livrer le 11 novembre, si à cette époque vous cessez de faire valoir la ferme que vous exploitez; dans l'intervalle, et sans votre faute, le cheval est atteint d'une maladie et meurt, l'obligation s'éteint; si la maladie, au lieu d'être suivie de la mort du cheval, diminue sa valeur

---

FORMULE 463. — **Condition suspensive stipulée dans une promesse de vente.**
(N° 3207 et 3208.)

Il est convenu que cette promesse de vente ne produira d'effet et ne rendra l'acquéreur propriétaire de la chose qui en fait l'objet qu'autant que M....., fils du vendeur, sera appelé au service militaire comme conscrit de la classe de l'année....., le prix de la vente étant destiné à son exonération; si M..... est exempté du service militaire, cette promesse de vente sera considérée comme non avenue.

---

(1) Jugé qu'une donation mutuelle entre époux faite au survivant d'eux est ouverte au profit des héritiers de celui qui meurt le premier, si cette mort est le fait criminel de l'autre époux : Caen, 13 déc. 1816; Rouen, 8 mars 1838; Cass., 5 mai 1848.

(2) Sauf convention contraire : Larombière, *1182*, 4, 5

(3) Marcadé, *art. 1182* ; Duranton, XI, 72 Zach ,§ 535, note 3 ; Larombière, *1182*, 4.

qui tombe à 400 fr., je puis à l'événement de la condition, ou résoudre l'obligation sans indemnité de part ni d'autre, ou exiger le cheval en vous payant 800 fr. Mais si c'est par votre faute que le cheval a été atteint de la maladie ; par exemple, si vous lui avez fait faire une course forcée et qu'il soit tombé fourbu, je puis ou résoudre l'obligation, ou exiger le cheval dans l'état où il se trouve, avec des dommages et intérêts.

3209. *Condition résolutoire* [Form. 464]. La condition résolutoire est celle qui, lorsqu'elle s'accomplit, opère la révocation de l'obligation, et qui remet les choses au même état que si l'obligation n'avait pas existé. Elle ne suspend point l'exécution de l'obligation; elle oblige seulement le créancier à restituer lorsqu'il a reçu, dans le cas où l'événement prévu par la condition arrive (*C. N.*, 1183). Ainsi, vous me vendez un cheval moyennant 800 fr., avec la condition que si, dans le courant de l'année, votre fille épouse un cultivateur, la vente sera résolue ; par l'effet de la vente, je suis propriétaire du cheval, j'en use comme de ma chose propre ; mais si la condition vient à s'accomplir, la vente se résout de plein droit (1), et nous sommes tenus, moi de vous restituer le cheval, et vous de me rendre le prix. Si dans l'intervalle, le cheval périt, la vente devient pure et simple, puisque la condition ne peut plus s'exécuter, et la perte retombe sur l'acheteur propriétaire du cheval (2).

3210. La condition résolutoire est toujours sous-entendue dans les contrats synallagmatiques pour le cas où l'une des deux parties ne satisfera point à son engagement. Dans ce cas, le contrat n'est point résolu de plein droit. La partie envers laquelle le contrat n'a point été exécuté a le choix, ou de forcer l'autre à l'exécution de la convention lorsqu'elle est possible, ou d'en demander la résolution avec dommages et intérêts. La résolution doit être demandée en justice, et il peut être accordé au défendeur un délai selon les circonstances (*C. N.*, 1184). Ainsi, vous êtes entrepreneur de constructions ; je vous ai cédé la propriété d'une pièce de terre, sous l'engagement pris par vous de me construire une maison dans un délai déterminé ; le délai est expiré sans que vous ayez fait cette construction ; je puis, ou vous forcer à exécuter votre engagement, et en cas d'inexécution vous faire condamner à des dommages-intérêts, ou demander en justice la résolution de la vente (3), sauf au juge à vous accorder un délai, si les circonstances le permettent. Si nous avons stipulé qu'à défaut d'exécution la vente sera résolue de plein droit, la résolution s'opère par le seul fait de la mise en demeure restée sans effet (4). Si nous avons stipulé que la résolution s'opérera par le seul fait de l'inexécution et sans qu'il soit besoin d'aucune sommation, ni d'aucune mise en demeure, elle a lieu de plein droit (5). La condition résolutoire est opposable aux tiers (6), *infra*, au titre des *priviléges et hypothèques*.

SECTION II. — DES OBLIGATIONS A TERME.

3211. Une obligation est à terme [Form. 465], lorsque le jour de son exécution ou le jour de

FORMULE 464. — Condition résolutoire stipulée dans une vente. (N°s 3209 et 3210.)

La présente vente sera résolue de plein droit et considérée comme non-avenue le....., si, à cette époque, le mariage actuellement projeté entre M..... et Mlle..... n'a pas été contracté ; en conséquence, le cas échéant, l'acquéreur sera tenu de remettre le vendeur en possession de l'objet vendu, et celui-ci de lui en restituer le prix ; les fruits perçus par l'acquéreur (*si la chose en est susceptible*) seront compensés avec les intérêts du prix.

FORMULE 465. — Stipulation de terme. (N°s 3211 à 3215.)

La somme due sera payable le......
Ce terme est stipulé en faveur du débiteur ; mais avec cette condition qu'il ne pourra user de son droit d'anticiper l'époque fixée pour sa libération, qu'à la charge de prévenir le créancier six mois à l'avance.
Ou bien : ce terme est stipulé en faveur de chacune des parties ; en conséquence le

---

(1) Toullier, VI, 550; Troplong, *Vente*, n° 61, 293, 666; Zach., § 536; Larombière, 1183, 29, 36.
(2) Marcadé, 1183. 1; Massé et Vergé, § 536, note 3; contra, Duranton, XI, 91.
(3) Cass. 28 nov. 1843. V. Cass. 29 nov. 1865; J. N., 11871, 18114.

(4) Marcadé, 1184, 2; Cass., 19 août 1824, 27 avril 1840, 2 juill. 1809 J. N., 16909. Voir Larombière. 1184, 55.
(5) Marcadé, *loc. cit*; Paris, 22 nov. 1840.
(6) Marcadé, *loc. cit.*, Cass., 2 déc. 1811.

l'échéance est déterminé à l'avance, et que ce jour n'est pas encore arrivé. Elle est échue lorsque le jour de l'exécution ou de l'échéance est arrivé (1).

3212. Le terme diffère de la condition, en ce qu'il ne suspend point l'engagement dont il retarde seulement l'exécution (*C. N., 1185*). On le distingue en terme de droit et en terme de grâce : le terme de droit est celui qui résulte de la convention même; le terme de grâce est celui accordé par le juge (*C. N., 1244; C. pr., 122 à 124*). Ce qui n'est dû qu'à terme ne peut être exigé avant l'échéance du terme, c'est-à-dire avant que le dernier jour du terme soit écoulé (2); mais ce qui a été payé d'avance ne peut être répété (*C. N., 1186*). *Exemple* : je suis débiteur envers vous de 1,000 francs stipulés payables le 1er janvier; vous ne pouvez les exiger avant que la journée du 1er janvier soit écoulée; mais si je vous paye avant l'époque d'échéance, je ne puis répéter ce que je vous ai payé (3), à moins que le payement d'avance n'ait été fait par erreur (4).

3213. Le créancier peut, nonobstant le délai accordé, faire valablement les actes conservatoires (5) (*C. Pr. 125*).

3214. Le terme est toujours présumé stipulé en faveur du débiteur, à moins qu'il ne résulte de la stipulation ou des circonstances qu'il a aussi été convenu en faveur du créancier (*C. N., 1187*). Ainsi, dans l'exemple du numéro 3212, bien que vous ne puissiez exiger le payement des 1,000 fr. avant le 2 janvier, je puis vous les payer quand bon me semble; mais si la convention dit que le terme est stipulé dans notre intérêt commun, vous ne pouvez exiger le payement ni moi vous forcer à recevoir avant l'échéance. Enfin s'il est dit que le terme est stipulé dans votre intérêt unique, vous pouvez exiger le payement avant l'échéance et quand bon vous semble (6), tandis que moi je ne puis vous forcer à recevoir qu'à l'époque d'échéance.

3215. Le débiteur (7) ne peut réclamer le bénéfice du terme dans chacun des cas suivants : 1° lorsqu'il est tombé en faillite ou en déconfiture (8), que la créance soit chirographaire ou hypothécaire (9); 2° lorsque par son fait il a diminué les sûretés qu'il avait données ou promises (10) par le contrat à son créancier (*C. N., 1188; Pr. 124*), et alors même qu'il en offrirait d'autres (11).

SECTION III. — DES OBLIGATIONS ALTERNATIVES ET FACULTATIVES.

3216. L'obbligation est simple ou composée selon qu'elle a pour objet une ou plusieurs prestations (12).

3217. Parmi les obligations composées figurent celles *alternatives* et *facultatives*.

3218. Une obligation est *alternative* [FORM. 466] lorsqu'elle a pour objet soit une chose, soit une autre; par exemple votre auteur m'a légué un bœuf ou un cheval.

---

débiteur ne pourra anticiper l'époque fixée pour sa libération sans le consentement du créancier.

Ou bien encore : ce terme est stipulé en faveur du créancier seul; mais avec cette condition que pour exiger le payement avant l'époque d'exigibilité, il sera tenu d'en avertir le débiteur six mois à l'avance.

FORMULE 466.—**Legs alternatifs d'un capital ou d'une rente. (Nos 3216 à 3222.)**

Je lègue à M. . . . . , à son choix, soit une somme de dix mille francs qui lui sera payable dans les trois mois du jour de mon décès, sans intérêt, soit une rente viagère de mille

---

(1) Zach., § 537.
(2) Toullier, VI, 681; Marcadé, *art. 1186*; Larombière, *1186*, 17.
(3) Marcadé, *art. 1186*; Zach., § 537; Larombière, *1186*, 34.
(4) Marcadé *art. 1186*; Duranton, XI, 113; CONTRA, Massé et Vergé, § 537, note 6. Voir aussi Larombière, *1186*, 34, 36.
(5) Pigeau, I, p. 49; Toullier, VI, 673; Carré, *art. 125*, Pr.; Roll., *Acte conserv.*, n° 14; Larombière, *1186*, 29.
(6) Larombière, *1186*, 30.
(7) Ni la caution. Ainsi la caution pour le payement du prix d'un office, se trouve privée du bénéfice du terme par le fait de la destitution du titulaire: Larombière, *1188*, 22; Besançon, 20 déc.

1859; Cass., 21 janv. 1861; J. N., 17042. Voir cependant Duranton, XI, 120; Nîmes, 18 mars 1862; J. N., 17878.
(8) Marcadé, *1188*, 1; Toullier, VI, 670; Duranton, XI, 117; Zach., § 537; Larombière, *1188*, 3, 4; Mourlon, II, p. 543; Toulouse, 26 nov. 1835; Cass., 10 mars 1845; Orléans, 30 avril 1846; Nîmes, 18 mars 1862; Paris, 18 mai et 16 août 1867; J. N., 17878, 18931.
(9) Marcadé, *1188*, 2; Bordeaux, 22 août 1827; Rouen, 22 fév. 1814; Cass., 10 mars 1845.
(10) Duranton, XI, 123; Marcadé, *1188*, 1; Zach., § 537; Larombière *1188*, 18; Pau, 3 juill. 1807; Riom, 24 août 1810.
(11) Marcadé, *1188*, 1; Larombière, *1188*, 19.
(12) Zach., § 532; Larombière, *1189*, 1.

3219. Le débiteur d'une obligation alternative est libéré par la délivrance de l'une des deux choses comprises dans l'obligation à son choix, à moins que le choix n'ait été expressément accordé au créancier ; mais le débiteur ne peut forcer le créancier à recevoir et le créancier ne peut forcer le débiteur à délivrer une partie de l'une des deux choses et une partie de l'autre (*C. N.*, *1189, 1190, 1191*). *Exemple* : votre auteur m'ayant légué ou deux chevaux ou une paire de bœufs, sans dire à qui le choix appartient, c'est à vous de choisir et vous êtes libéré de l'obligation en me livrant soit les deux chevaux, soit la paire de bœufs. Si votre auteur m'avait donné le choix, vous vous libéreriez en me livrant les objets sur lesquels mon choix serait tombé.

3220. L'obligation est pure et simple, quoique contractée d'une manière alternative, si l'une des deux choses promises ne pouvait être le sujet de l'obligation (*C. N. 1192*). Ainsi, votre auteur m'a légué ou un morceau de pierre philosophale ou 1,000 fr. ; la prestation de la pierre philosophale étant impossible ne peut former l'objet de l'obligation, et le legs ne porte que sur les 1,000 fr. en argent, ce qui le rend pur et simple.

3221. L'obligation alternative devient pure et simple, si l'une des deux choses promises périt ou ne peut plus être livrée, même par la faute du débiteur. Le prix de cette chose ne peut pas être offert à sa place. Si toutes deux sont péries et que le débiteur soit en faute à l'égard de l'une d'elles, il doit payer le prix de celle qui a péri la dernière (*C. N.*, *1193*). Lorsque, dans les mêmes cas, le choix a été déféré par la convention au créancier : ou l'une des deux choses seulement est périe, et alors, si c'est sans la faute du débiteur, le créancier doit avoir celle qui reste ; si le débiteur est en faute, le créancier peut demander la chose qui reste, ou le prix de celle qui est périe. — Ou les deux choses sont péries, et alors, si le débiteur est en faute à l'égard des deux, ou même à l'égard de l'une d'elles seulement, le créancier peut demander le prix de l'une ou de l'autre à son choix (*C. N.*, *1194*). Dans tous les cas, si les deux choses sont péries sans la faute du débiteur et avant qu'il soit en demeure, l'obligation est éteinte conformément à l'art. 1302. (*C. N.*, *1195*).

3222. Tous les principes ci-dessus, n°ˢ *3218 à 3220*, s'appliquent aux cas où il y a plus de deux choses comprises dans l'obligation alternative (*C. N.*, *1196*).

3223. Nous avons dit ce qu'est l'obligation alternative ; il ne faut pas la confondre avec l'obligation *facultative* [FORM. 467] : celle-ci s'applique à un seul objet, mais avec faculté pour le débiteur de se libérer en faisant une autre prestation. *Exemple* : votre père m'a légué une maison en vous réservant la faculté de vous libérer par le payement d'une somme de 5,000 fr. ; la nature du legs se trouve déterminée par ce qui en est l'objet direct : 1° elle est immobilière, même dans le cas où vous vous libérez par le payement de 5,000 fr., tandis que l'obligation alternative serait mobilière ou immobilière, selon que le choix tomberait sur l'immeuble ou sur la somme : 2° elle n'a qu'un seul objet, en ce sens qu'elle ne comprend que l'immeuble, et s'il vient à périr par cas fortuit, la perte retombe sur moi, sans que vous soyez tenu de me payer les 5,000 fr. ; de plus si elle comprend une chose qui ne peut être l'objet de l'obligation, par exem-

---

francs, sur sa tête et pendant sa vie, qui prendra cours du jour de mon décès et sera payable chaque année en deux termes, de six mois en six mois.

Le légataire devra faire son option dans les trois mois du jour où mon testament lui aura été signifié ; s'il ne la fait pas dans ce délai, le choix appartiendra à mes héritiers, qui en conviendront à la pluralité des voix.

FORMULE 467. — **Legs d'une somme avec faculté de s'en libérer par la délivrance d'un immeuble.** (N° 3223.)

Je lègue à M. . . . . une somme de . . . . ., qui lui sera payable dans les trois mois du jour de mon décès, sans intérêt ; toutefois, mes héritiers auront la faculté de se libérer de cette somme, en donnant en payement à M. . . . . une pièce de terre labourable située commune de. . . . ., lieu dit. . . . ., de la contenance de. . . . ., section. . . , n°. . . . du plan cadastral.

FORMULE 468. — **Stipulation de solidarité entre créanciers.** (N°ˢ 3224 à 3229.)

Il est convenu qu'il y aura solidarité entre les créanciers ; en conséquence chacun d'eux

ple votre auteur m'a légué un morceau de pierre philosophale avec faculté pour vous de vous libérer par le payement d'une somme de 1,000 fr., l'obligation principale étant nulle, celle qui est accessoire a le même sort. V. supra n° 3219, en ce qui concerne l'obligation alternative ; 3° enfin en vous demandant la délivrance du legs je ne puis conclure qu'à la mise en possession de la maison, tandis que si l'obligation était alternative, je devrais (si le choix ne m'avait pas été conféré) conclure au payement de l'un ou de l'autre objet (1).

SECTION IV. — DES OBLIGATIONS SOLIDAIRES.

3224. Il peut y avoir pour une même dette plusieurs débiteurs, ou plusieurs créanciers ; ce sont les effets de cette pluralité que nous devons examiner.

3225. L'obligation est appelée *disjonctive* lorsque, soit plusieurs créanciers, soit plusieurs débiteurs ne sont tels qu'alternativement ; par exemple, vous êtes mon débiteur de 1,000 fr., vous vendez à Pierre un immeuble moyennant un prix de 1,000 fr., en le chargeant de me payer cette somme pour vous libérer envers moi ; tant que je n'aurai pas accepté cette indication de payement en vous déchargeant (C. N., 1271), je puis réclamer le payement de ma créance soit à vous, soit à Pierre (2).

3226. L'obligation *conjonctive* est celle qui, dans le silence du titre, se divise de plein droit en autant de parts égales qu'il y a de créanciers ou de débiteurs ; de sorte que les créanciers et débiteurs ne peuvent poursuivre et être poursuivis que chacun à raison de sa part (3).

3227. L'obligation conjonctive est *solidaire*, quand chacun des créanciers ou des débiteurs individuellement peut recevoir ou est tenu de payer la totalité de la dette, sauf ensuite partage entre les créanciers ou recours entre les codébiteurs (4).

3228. *Solidarité entre les créanciers* [Form. 468]. La solidarité entre créanciers se stipule rarement ; elle existe néanmoins lorsque le *titre* donne *expressément* à chacun d'eux le droit de demander le total de la créance ; alors il est au choix du débiteur de payer à l'un ou à l'autre des créanciers solidaires, tant qu'il n'a pas été prévenu par les poursuites de l'un d'eux ; et le payement fait à l'un des créanciers libère le débiteur, encore bien que le bénéfice de l'obligation soit partageable et divisible entre les divers créanciers ; mais la remise qui n'est faite que par l'un des créanciers solidaires ne libère le débiteur que pour la part de ce dernier (C. N., 1197, 1198). Il en est de même de la compensation, de la confusion (5), *infra* n° 3239, et de la novation (6) ; dans ces différents cas, le débiteur n'est libéré que pour la part du créancier du chef duquel il y a eu ou novation, ou confusion, ou compensation.

3229. Tout acte qui interrompt la prescription à l'égard de l'un des créanciers solidaires profite aux autres créanciers (C. N., 1199) ; mais la suspension de la prescription au profit de l'un des créanciers ne profite pas aux autres (7).

3230. *Solidarité entre les débiteurs* [Form. 469]. La solidarité entre les débiteurs résulte du titre, de la loi, ou d'un acte de dernière volonté ; elle ne se présume jamais (C. N., 1202).

---

aura le droit de recevoir le montant de la créance ainsi que tous intérêts et autres accessoire, comme aussi d'exercer toutes poursuites contre le débiteur pour avoir le payement de la créance.

FORMULE 469. — **Stipulation de solidarité entre débiteurs.** (N°⁵ 3230 à 3245).

1° Solidarité entre les débiteurs.

MM. Durand et Beley s'obligent solidairement entre eux à payer la somme de...., à M. David, le.., et, jusqu'au payement réel et effectif, à en servir à M. David les intérêts à cinq pour cent à partir d'aujourd'hui, payables chaque année le.....

---

(1) Marcadé, *art.* 1196 ; Toullier, VI, 699 ; Duranton, XI, 156 ; Zach., § 332 ; Larombière, 1196, 2, 3.
(2) Marcadé, IV, 592 ; Zach., Massé et Vergé, § 526 ; note 2 ; Toullier, VI, 703 ; Larombière, 1197, 4.
(3) Marcadé, Zach., *loc. cit.*, Larombière, 1197, 6, 8.
(4) Marcadé, IV, 593 ; Zach., *loc. cit.*, Toullier, VI, 715 ; Larombière, 1197, 13, 14.

(5) Marcadé, 1198. Massé et Vergé, § 527, note 7 ; Larombière, 1209, 1 ; contra, Zach., § 327 ; Rodière, n° 46.
(6) Duranton, XI, 535 ; Marcadé, *art* 1198 ; Rodière, n° 21 ; Zach., Massé et Vergé, § 527, note 9.
(7) Troplong, *Presc.*, n° 739 ; Rodière, n° 25 ; Massé et Vergé, 527, note 13 ; Marcadé, *art.* 1199 ; Cass., 30 mai 1814, 5 déc. 1826, 23 fév. 1832 ; contra, Duranton, XI, 180 ; Larombière, 1199, 3.

3231. La solidarité résultant du titre doit être *expressément* stipulée (*C. N., 1202*); la stipulation n'a rien de sacramentel et se trouve clairement exprimée par ces termes : « les débiteurs s'obligent *chacun pour le tout... l'un pour l'autre...*, etc. (1); » cependant il est préférable de dire : « les débiteurs s'obligent *solidairement*. »

3232. La solidarité résulte de la loi dans les cas où elle a lieu de plein droit (*Voir C. N., 395, 396, 1033, 1222, 1442, 1734, 1887, 2002; C. comm., 22, 23, 28, 118, 140, 142, 187; C. pén. 55*). Elle résulte d'un acte de dernière volonté, lorsque le testateur oblige ses héritiers, avec solidarité entre eux, au payement d'un legs (2).

3233. La solidarité étant une exception, doit être renfermée dans les limites de la stipulation : ainsi, Jacques et Jean s'étant obligés solidairement envers moi au payement de 1,000 fr., l'un d'eux décède laissant trois enfants, ceux-ci sont bien tenus, comme l'était leur père, au payement du total de la dette, mais chacun pour un tiers seulement (*C. N., 870*); si je veux que les héritiers et représentants de mon débiteur soient tenus comme lui au payement du total de la dette, il faut que je stipule qu'il y aura aussi solidarité entre eux (Form. 469, 3°).

3234. Il y a solidarité de la part des débiteurs lorsqu'ils sont obligés à une même chose, de manière que chacun puisse être contraint pour la totalité, et que le payement fait par un seul libère les autres envers le créancier (*C. N., 1200*); il s'ensuit : 1° que le créancier d'une obligation contractée solidairement peut s'adresser à celui des débiteurs qu'il veut choisir, sans que celui-ci puisse lui opposer le bénéfice de division (*C. N., 1203*); sauf le droit du débiteur poursuivi d'appeler en garantie ses codébiteurs (3) ; 2° que les poursuites faites contre l'un des débiteurs n'empêchent pas le créancier d'en exercer de pareilles contre les autres (*C. N., 1204*); 3° que les poursuites faites contre l'un des débiteurs solidaires interrompent la prescription à l'égard de tous (*C. N., 1206, 2249*); 4° que la demande d'intérêts formée contre l'un des débiteurs solidaires fait de plein droit courir les intérêts à l'égard de tous (*C. N., 1207*), même à l'égard de ceux qui ne sont obligés que sous condition ou à terme, mais seulement à partir de l'échéance du terme ou de l'accomplissement de la condition (4).

3235. La solidarité a également lieu, quoique l'un des débiteurs soit obligé différemment de l'autre, au payement de la même chose; par exemple, si l'un n'est obligé que conditionnellement, tandis que l'engagement de l'autre est pur et simple, ou si l'un a pris un terme qui n'est pas accordé à l'autre (*C. N., 1201*). Ainsi, Pierre et Paul se sont obligés solidairement à me livrer cent sacs de blé ; Paul sous cette condition que tel navire arrivera : si le navire arrive, Pierre et Paul sont obligés solidairement ; si le navire n'arrive pas, Pierre est seul obligé. De même Louis et Léon se sont obligés solidairement à me payer 1,000 fr., Louis sans terme, et Léon dans trois mois ; chacun d'eux est obligé à la totalité de la dette, avec cette différence que pendant les trois mois je ne puis poursuivre que Louis ; tandis qu'après ce délai, je puis poursuivre l'un ou l'autre, à mon choix.

3236. Si la chose due a péri par la faute ou pendant la demeure de l'un ou de plusieurs des débiteurs solidaires, les autres codébiteurs ne sont point déchargés de l'obligation de payer le prix ; mais

---

2° *Solidarité entre les héritiers du débiteur.*

En cas de décès du débiteur avant sa libération, il y aura solidarité entre tous ses héritiers et représentans, pour le payement de la somme de...., avec tous intérêts et autres accessoires.

3° *Solidarité entre les héritiers de débiteurs solidaires.*

En cas de décès de MM. Durand et Beley ou de l'un d'eux, avant leur libération, il y aura solidarité entre tous leurs héritiers et représentants, comme aussi entre le survivant

---

(1) Toullier, VI, 721; Rodière, n° 45 ; Marcadé, *1202*, 1 ; Massé et Vergé. § 525, note 9; Larombière, *1202*, 4, 5; Grenoble, 20 janv. 1830 Cass., 10 janv. 1838.
(2) Pothier, n° 269; Duranton, XI, 187; Zach., Massé et Vergé, § 526, note 7; Larombière, *1202*, 11.

(3) Marcadé, *art. 1203*; Massé et Vergé, § 528, note 3 ; Rodière, n° 132; Larombière, *1203*; Bordeaux, 19 août 1826.
(4) Marcadé, *art. 1207*; Rodière, n° 92; Massé et Vergé, § 522, note 7; Larombière *1207*, 4.

ceux-ci ne sont point tenus des dommages et intérêts. Le créancier peut seulement répéter les dommages et intérêts tant contre les débiteurs par la faute desquels la chose a péri, que contre ceux qui étaient en demeure (*C. N., 1205*).

3237. Le codébiteur solidaire poursuivi par le créancier peut opposer : 1° toutes les exceptions qui résultent de la nature de l'obligation et celles qui sont communes à tous les codébiteurs (*C. N. 1208*). Par exemple : la non-existence ou la nullité de l'obligation pour défaut de cause ou pour cause illicite, le payement effectué, la remise de la dette, la prescription, l'accomplissement d'une condition, etc. (1) ; 2° et toutes celles qui lui sont personnelles (*C. N., 1208*) : ainsi, l'accomplissemen de la condition qu'il a seul stipulée, la remise que le créancier lui a faite, le payement, ou la novation, ou la dation en payement que le créancier a acceptée pour la part de ce codébiteur, le défaut de consentement pour erreur violence ou dol à l'égard de ce codébiteur, l'incapacité du même codébiteur pour minorité, interdiction, etc. (2).

3238. Mais le codébiteur solidaire poursuivi ne peut opposer les exceptions qui sont purement personnelles à quelques-uns des autres codébiteurs (*C. N., 1208*), supra n° 3237, 2°).

3239. Lorsque l'un des débiteurs devient héritier unique du créancier, ou lorsque le créancier devient l'unique héritier de l'un des débiteurs, la confusion n'éteint la créance solidaire que pour la part et portion du débiteur ou du créancier, *supra* n° 3228 (*C. N., 1209*).

3240. Le créancier peut décharger l'un des débiteurs solidaires de la solidarité ; cette décharge est expresse ou tacite : elle est expresse lorsque le créancier déclare consentir à la division de la dette à l'égard de l'un des codébiteurs ; elle est tacite dans les deux cas suivants : 1° lorsque le créancier reçoit divisément la part de l'un des débiteurs, sans réserver dans la quittance la solidarité ou ses droits en général ; 2° lorsque le créancier reçoit divisément et sans réserve, pendant dix ans consécutifs, la portion de l'un des codébiteurs dans les arrérages ou intérêts de la dette, avec indication, dans la quittance, que c'est pour la part (3) de ce codébiteur (*C. N., 1210, 1211, 1212*). Dans tous les cas, le créancier conserve son action solidaire contre tous les autres codébiteurs, mais sous la déduction de la part et portion de celui qu'il a déchargé de la solidarité (*mêmes articles*).

3241. Le créancier, qui reçoit divisément et sans réserve la portion de l'un des codébiteurs dans les arrérages ou intérêts de la dette, ne perd la solidarité que pour les arrérages ou intérêts échus, et non pour ceux à échoir, ni pour le capital ; à moins, ainsi que nous venons de le dire, que le payement divisé n'ait été continué pendant dix ans consécutifs (*C. N., 1212*).

3242. Le créancier n'est pas non plus censé remettre la solidarité au débiteur lorsqu'il reçoit de lui une somme égale à la portion dont il est tenu, si la quittance ne porte que c'est *pour sa part* (4). Il en est de même de la simple demande formée contre l'un des codébiteurs *pour sa part*, si celui-ci n'a pas acquiescé à la demande, ou s'il n'est pas intervenu un jugement de condamnation (*C. N., 1211*).

---

d'eux et les héritiers et représentans du prédécédé, pour le payement de la somme de....
avec tous intérêts et autres accessoires.

4° *Solidarité exprimée dans un testament.*

Je lègue à Eulalie Comtois, ma domestique, une somme de....., qui sera payable par mes héritiers, solidairement entre eux, dans le délai de six mois de jour de mon décès.

---

(1) Duranton, 220; Marcadé, *1208*, 2; Massé 131, Massé et Vergé, noté 21; Larombière, *1208*, 2; Cass., 8 déc. 1852.

(2) Toullier, 737 ; Marcadé, *1208* 2; Massé, 135; Massé et Vergé, *loc. cit.*,; Duranton, 221 ; Larombière, *1208*, 7.

(3) Marcadé, *art. 1212*; Rodière, n° 131 Larombière, *1212* 1, 5.

(4) Ces mots peuvent être remplacés par des équivalents : Larombière, *1211*, 3, 10.

3243. L'obligation contractée solidairement envers le créancier se divise de plein droit entre les débiteurs, qui n'en sont tenus entre eux que chacun pour sa part et portion (*C. N.*, *1213*); il s'ensuit : 1° que le codébiteur d'une dette solidaire qui l'a payée en entier ne peut répéter contre les autres que les parts et portions de chacun d'eux (*C. N. 1214*), lors même qu'il se serait fait subroger aux droits du créancier (1); mais l'intérêt des sommes qu'il a droit de répéter court de plein droit à son profit, du jour du payement par lui effectué (2) ; 2° que si l'un d'eux se trouve insolvable, la perte qu'occasionne son insolvabilité se répartit, par contribution, entre tous les autres codébiteurs solvables et celui qui a fait le payement (*C. N.*, *1214*). *Exemple :* Jean, Pierre, Paul et Edgar sont débiteurs solidaires de 4,000 fr. ; Jean paye les 4,000 fr., sur quoi 1,000 fr. sont à sa charge, et il peut réclamer 1,000 fr. à chacun des trois autres. Si Paul est insolvable, les 1,000 fr. à sa charge se répartiront entre Jean, Pierre et Edgar, chacun pour un tiers, soit 333 fr. 33 c.

3244. En cas d'insolvabilité d'un ou de plusieurs des débiteurs solidaires, si le créancier a renoncé à l'action solidaire envers l'un des débiteurs, la portion des insolvables est contributoirement répartie entre tous les débiteurs, même entre ceux précédemment déchargés de la solidarité par le créancier (*C. N.*, *1215*). Mais comme celui qui a été déchargé de la solidarité était simplement débiteur de sa part dans la dette et ne devait rien autre chose, sa part contributoire dans la portion de l'insolvable est à la charge du créancier (3); ainsi, dans le cas de l'exemple qui précède, le créancier a renoncé à la solidarité en faveur de Pierre; celui-ci, après avoir contribué pour 1,000 fr. dans le payement de la dette, ne devra plus rien, et les 333 fr. 33 c. formant sa part contributoire dans la portion à la charge de Paul seront supportés par le créancier.

3245. Si l'affaire pour laquelle la dette a été contractée solidairement ne concerne que l'un des coobligés solidaires, celui-ci est tenu de toute la dette vis-à-vis des autres codébiteurs, qui ne sont considérés par rapport à lui que comme ses cautions (*C. N. 1216*).

SECTION V. — DES OBLIGATIONS DIVISIBLES ET INDIVISIBLES.

3246. L'obligation est divisible ou indivisible, selon qu'elle a pour objet, ou une chose qui dans sa livraison, ou un fait qui, dans son exécution, est ou n'est pas susceptible de division, soit matérielle, soit intellectuelle (*C. N.*, *1217*) : ainsi, je m'engage à faire pour vos affaires un voyage à Lyon; ou, je m'oblige à vous livrer le cheval bai de mon écurie, pour que vous puissiez faire, le 15 août, un voyage à X.... Cependant, tel objet, non matériellement divisible, est juridiquement et intellectuellement susceptible de division ; par exemple, vous pouvez avoir la moitié, le tiers.... de la propriété d'un cheval, et vendre, donner, léguer, etc.... cette quotité (4).

3247. L'obligation est indivisible, quoique la chose ou le fait qui en est l'objet soit divisible par sa nature, si le rapport sous lequel elle est considérée dans l'obligation ne la rend pas susceptible d'exécution partielle, c'est-à-dire de division (*C. N.*, *1218*); telle est l'obligation de construire une maison, de faire une journée de travail (5).

FORMULE 470. — **Legs dont le payement est divisible entre les héritiers**
(N°ˢ 3246 à 3249.)

Je lègue à M..... une rente annuelle et viagère de....., sur sa tête, qui prendra cours du jour de mon décès, et lui sera payée pendant sa vie, par mes héritiers ou autres représentants, chacun à proportion de sa part héréditaire, en deux termes égaux, de six mois en six mois.

---

(1) Duranton, XI, 244, et XII, 168; Pothier, n° 281; Marcadé, *art. 1214*, Rodière, n° 133, Massé et Vergé sur Zachariæ, § 528, note 16; Larombière, *1214*, 1; contra, Toullier, VII, 103; Zachariæ, *loc. cit.*

(2) Duranton, XI, 246; Massé, V, 145; Zachariæ, § 528, note 19 ; Larombière, *1214*, 7; Bordeaux, 1ᵉʳ juill. 1830.

(3) Pothier, n°. 275; Toullier, VI, 739 ; Duranton, XI, 224, Zach.,

Massé et Vergé, § 529, note 21; Rodière, n° 128; Larombière, 1215 2, 3; contra, Marcadé, *art. 1215*.

(4) Pothier, n° 288; Toullier, VI, 733; Roll., *Divisibilité*, n° 12 Marcadé, *art. 1217* ; Larombière, *1218*, 6.

(3) Zach., § 333 ; Larombière, *1218*, 6 ; Bruxelles, 28 nov. 1809 ; *Cass.*, 11 janv. 1825.

3248. La stipulation de solidarité ne donne point à l'obligation le caractère d'indivisibilité (C. N., *1219*).

3249. *Effets de l'obligation divisible* [Form. 470]. L'obligation qui est susceptible de division doit être exécutée, entre le créancier et le débiteur, comme si elle était indivisible. La divisibilité n'a d'application qu'à l'égard de leurs héritiers, qui ne peuvent demander la dette, ou qui ne sont tenus de la payer, que pour les parts dont ils sont saisis, ou dont ils sont tenus, comme représentant le créancier ou le débiteur (C. N., *1220*). *Exemple :* Paul est débiteur envers Pierre de 1,000 f., le payement de cette somme ne peut être exigé ni offert partiellement, il doit avoir lieu pour le tout; mais, si Pierre décède laissant trois enfants, la créance se divise de plein droit entre ceux-ci, par tiers; de même si Pierre transporte sa créance à trois personnes, chacune pour un tiers, la créance se divise de plein droit par tiers entre ces trois personnes, et le débiteur est tenu de les payer dans ces proportions. Si c'est Paul qui décède laissant trois enfants, la dette se divise de plein droit entre ses enfants par tiers, *supra n° 2067*. Si de part et d'autre, il y a trois enfants, chaque enfant du créancier ne peut demander à chaque enfant du débiteur que le tiers d'un tiers, et ceux-ci ne peuvent faire des offres que dans la même proportion (1).

3250. Le principe établi au numéro précédent reçoit exception à l'égard des héritiers du débiteur :

1° Dans le cas où la dette est hypothécaire ; ainsi, une succession échoit à Jean, Paul et Edgar, par tiers, elle est grevée d'une dette de 1,000 fr., hypothéquée sur un immeuble qui, par le partage, échoit à Jean, le créancier ne peut réclamer à chaque héritier qu'un tiers de sa créance ; mais s'il exerce l'action hypothécaire, il peut réclamer à Jean, détenteur de l'immeuble hypothéqué, la totalité de sa créance, sauf le recours de celui-ci contre les cohéritiers (C. N., *1221, 1°*); toutefois, ce cas ne constitue pas exactement une exception à l'art. 1220, car l'héritier détenteur de l'immeuble est tenu hypothécairement comme le serait tout autre tiers détenteur, et, comme lui, il peut payer ou délaisser (2).

2° Lorsque la dette est d'un corps certain, par exemple d'un cheval ; si un héritier est possesseur de la chose, par partage ou autrement, on peut la lui demander en entier, sauf son recours contre ses cohéritiers (C. N., *1221, 2°*).

3° Lorsqu'il s'agit de la dette alternative de choses au choix du créancier dont l'une est indivisible. *Exemple :* le défunt me devait 50 ares de terre ou 1,000 fr. à mon choix ; si je choisis le numéraire, la dette se divise de plein droit entre les héritiers ; si, au contraire, je choisis la terre, la dette est indivisible, et je peux la réclamer à celui des héritiers possesseur de l'immeuble, sauf le recours de celui-ci contre ses cohéritiers (C. N., *1221, 3°*).

4° Lorsque l'un des héritiers est chargé seul par le titre (3) de l'exécution de l'obligation. *Exemple :* Paul se reconnaît débiteur envers moi de 1000 fr., et il est stipulé que s'il décède avant sa libération, Jean, l'aîné de ses enfants, sera chargé seul de l'acquit de ma créance ; je peux, après le décès de Paul, réclamer la totalité de ma créance à Jean, sauf le recours de celui-ci contre ses cohéritiers (C. N., *1221, 4°*).

5° Lorsqu'il résulte, soit de la nature de l'engagement (la stipulation qu'il y aura indivisibilité entre les héritiers et représentants [Form. 471]), soit de la chose qui en fait l'objet (la location d'une maison, d'une

---

FORMULE 471. — **Legs dont le payement est indivisible entre les héritiers.**
(N°s 3250 à 3254.)

Je lègue à M. . . . . une rente annuelle et viagère de . . . . ., qui prendra cours du jour de mon décès, et lui sera payée pendant sa vie, chaque année en deux termes, de six mois en six mois.

Il y aura indivisibilité, pour le service des arrérages de cette rente, entre tous mes héritiers et représentants, comme aussi entre les héritiers et représentants de ceux d'entre eux qui décéderont avant le légataire.

---

(1) **Pothier**, n° 317 ; Toullier, VI, 753 ; Roll.. *Divisibilité*, n° 10 ; Larombière, *1220*, 7. V. Paris, 22 juin 1806 ; J. N., 18567.
(2) Marcadé, *1121, 2* ; Massé et Vergé, § 533, note 21.
(3) Par le titre constitutif de la créance ou par un titre postérieur, même par un testament : Larombière, *1221, 21*.

ferme), soit de la fin qu'on s'est proposée dans le contrat (l'emprunt d'une somme pour tirer une personne de prison, pour exercer une faculté de rachat, etc.), que l'intention des contractants a été que la dette ne pût s'acquitter partiellement. Dans ces différents cas chaque héritier peut être poursuivi pour le tout, sauf aussi son recours contre les cohéritiers (C. N., 1221, 5°).

3251. *Effets de l'obligation indivisible* [FORM. 471]. Chacun de ceux qui ont contracté conjointement une dette indivisible en est tenu pour le total, encore que l'obligation n'ait pas été contractée solidairement (C. N., 1222). Il en est de même à l'égard des héritiers de celui qui a contracté une pareille obligation (C. N., 1223); ainsi, chaque débiteur d'une somme indivisible et chaque héritier du débiteur, doit la totalité de la dette et ne peut contraindre le créancier à recevoir partiellement.

3252. Chaque héritier du créancier peut exiger en totalité l'exécution de l'obligation indivisible. Il ne peut seul faire la remise de la totalité de la dette ; il ne peut recevoir seul le prix au lieu de la chose. Si l'un des héritiers a seul remis la dette ou reçu le prix de la chose, son cohéritier ne peut demander la chose indivisible qu'en tenant compte de la portion du cohéritier qui a fait la remise, ou qui a reçu le prix (C. N., 1224).

3253. L'héritier du débiteur assigné pour la totalité de l'obligation peut demander un délai pour mettre en cause ses cohéritiers, à moins que la dette ne soit de nature à ne pouvoir être acquittée que par l'héritier assigné ; par exemple, s'il s'agit d'un droit de passage sur un immeuble entré dans son lot, il peut être condamné seul, sauf son recours en indemnité contre ses cohéritiers (C. N., 1225). Si les cohéritiers ont été appelés en garantie et qu'il y ait refus d'exécuter l'obligation matériellement indivisible, la condamnation aux dommages et intérêts est divisible entre les débiteurs, et chacun d'eux n'en est tenu que pour sa part ; mais si le débiteur assigné est condamné seul à défaut d'avoir appelé ses codébiteurs, il est seul tenu des dommages et intérêts, sauf son recours contre ses cohéritiers ; si la dette ne pouvait être acquittée que par lui, il n'a point de recours contre ses cohéritiers pour raison des dommages et intérêts auxquels il est condamné. Enfin si quelques héritiers seulement contestent l'exécution ceux-ci seuls sont passibles de dommages et intérêts (1).

3254. Lorsque la prescription de l'obligation indivisible est interrompue par l'un des créanciers ou contre l'un des débiteurs, ou suspendue de la part de l'un des créanciers, l'interruption ou la suspension profite à tous les créanciers, car l'on ne peut prescrire partie d'un objet qui n'est pas susceptible de division (2).

SECTION V. — DES OBLIGATIONS AVEC CLAUSES PÉNALES.

3255. La clause pénale [FORM. 472] est celle par laquelle une personne, pour assurer l'exécution d'une convention, s'engage à quelque chose en cas d'inexécution (C. N., 1226) ou de retard dans l'exécution. (C. N., 1229). *Exemple du 1er cas* : je prends l'engagement de vous construire une maison dans le cours de l'année 1864, et si je ne la construis pas, je vous payerai 2,000 fr. — *Exemple du 2e cas* : je prends l'obligation de vous livrer la maison que je construis pour vous le 1er janvier 1865, et si je ne la livre pas à cette époque, je vous payerai 100 fr. par chaque jour de retard.

3256. La nullité de l'obligation principale entraîne celle de la clause pénale (C. N., 1227) ; — *exemple* : je promets de tuer Pierre, et, si je ne le tue pas, je vous payerai 1000 fr. — Mais la nullité de la clause pénale n'entraîne point celle de l'obligation principale (*même article*) ; *exemple* : je construirai votre maison l'année prochaine, et, si je ne la construis pas, je m'interdis l'exercice de mes droits électoraux aux prochaines élections (3).

FORMULE 472. Clause pénale stipulée dans une vente. (N°s 3255 à 3262).

Le vendeur s'oblige d'achever la construction de la maison vendue, de manière à la livrer à l'acheteur entièrement prête à habiter, à l'époque d'entrée en jouissance ci-

---

(1) Marcadé, *1225*, 2 ; Larombière, *1225*, 11.
(2) Marcadé, *1225*, 3 ; Duranton, XI, 259; Larombière, *1225*, 11.

(3) Marcadé, art. *1227* ; Larombière, *1227*, 7.

3257. Le créancier, au lieu de demander la peine stipulée contre le débiteur, peut poursuivre l'exécution de l'obligation principale (*C. N.*, *1228*). Dans le 1er exemple du n° 3255, vous pouvez ou me poursuivre pour que je construise votre maison, ou demander les 2,000 fr. que j'ai promis de vous payer en cas d'inexécution.

3258. La clause pénale étant la compensation des dommages et intérêts que le créancier souffre de l'inexécution de l'obligation principale, il ne peut demander en même temps le principal et la peine, à moins qu'elle n'ait été stipulée pour le simple retard (*C. N.*, *1229*) : dans le premier cas cité n° 3255, vous pouvez exiger ou la construction de votre maison ou les 2,000 fr., mais vous ne pouvez exiger l'un et l'autre ; dans le second cas, vous pouvez exiger, après l'expiration du délai, la livraison de la maison, plus la peine stipulée pour le retard.

3259. Soit que l'obligation primitive contienne, soit qu'elle ne contienne pas un terme dans lequel elle doit être accomplie, la peine n'est encourue que lorsque celui qui s'est obligé, soit à livrer, soit à prendre, soit à faire, est en demeure (*C. N.*, *1230*), *supra* n° *3176*.

3260. La peine peut être modifiée par le juge lorsque l'obligation principale a été exécutée en partie (*C. N.*, *1231*), mais c'est une pure faculté dont l'usage dépendra des circonstances. 1er *exemple* : vous vous êtes obligé à me livrer une maison construite le 1er octobre ou à me payer 1,000 fr., vous me devez la somme entière à l'époque fixée quand même la maison serait à moitié construite, car je ne puis me servir d'une maison inachevée. — 2e *Exemple* : vous vous êtes obligé à labourer pour moi 5 hectares de terre pour le 29 septembre ou à me payer 500 fr., vous n'avez labouré que trois hectares, le juge peut réduire la peine en proportion de ce que l'obligation est inexécutée, soit à 2/5es ou 200 fr. (1). — Toutefois, voir *supra* n° *3196*.

3261. Lorsque l'obligation primitive, contractée avec une clause pénale, est d'une chose indivisible, la peine est encourue par la contravention d'un seul des héritiers du débiteur, et elle peut être demandée, soit en totalité contre celui qui a fait la contravention, soit contre chacun des cohéritiers pour leur part et portion, et hypothécairement pour le tout, sauf leurs recours contre celui qui a fait encourir la peine (*C. N.*, *1232*). *exemple* : Jean s'oblige à ne pas démolir un mur construit sur son terrain qui sert de clôture à Paul, ou, s'il le démolit, à payer à Paul 300 fr. ; Jean décède laissant trois héritiers : Louis, Léon et Marc ; Louis démolit le mur ; Paul peut à son choix exiger la peine de Louis seul, ou l'exiger de Louis, Léon et Marc, chacun pour un tiers, sauf le recours de Léon et Marc contre Jean.

3262. Lorsque l'obligation primitive, contractée sous une peine, est divisible, la peine n'est encourue que par celui des héritiers du débiteur qui contrevient à cette obligation, et pour la part seulement dont il était tenu dans l'obligation principale, sans qu'il y ait d'action contre ceux qui l'ont exécutée. Cette règle reçoit exception lorsque, la clause pénale ayant été ajoutée dans l'intention que le payement ne pût se faire partiellement, un cohéritier a empêché l'exécution de l'obligation pour la totalité. En ce cas, la peine entière peut être exigée contre lui, et contre les autres cohéritiers pour leur portion seulement, sauf leurs recours (*C., N. 1233*). 1er *exemple* : Jean s'oblige à livrer à Paul 60 moutons ou à lui payer 600 francs, puis il décède laissant trois héritiers ; l'obligation se divise par tiers entre ceux-ci ; deux des héritiers se libèrent chacun du tiers à sa charge, le troisième ne se libère pas, il doit le tiers de la peine stipulée, sans qu'il y ait d'action contre les deux autres. 2e *exemple* : Jean s'oblige à livrer son troupeau de moutons à Paul, avec condition que si le troupeau n'est livré qu'en partie, il sera payé 600 fr. à Paul, à titre de peine ; puis Jean décède laissant pour héritiers ses trois enfants : Louis, Léon et Marc ; Louis détruit ou vend une partie des moutons, la peine est encourue pour le tout et peut

dessus fixée ; faute de quoi le vendeur sera tenu de payer à l'acquéreur, à titre de clause pénale, une somme de. . . . ., par chaque jour de retard,
L'indemnité sera acquise à l'acquéreur par le fait seul du retard, sans qu'il soit besoin de mise en demeure.

---

(1) Marcadé, *art. 1231*; Larombière, *1231*, 7.

être exigée des trois héritiers, chacun pour un tiers, sauf le recours de Léon et Marc contre Louis à raison des 200 fr. que chacun d'eux a payés.

CHAPITRE CINQUIÈME
DE L'EXTINCTION DES OBLIGATIONS

3263. Les obligations s'éteignent : 1° par le paiement; 2° par la novation; 3° par la remise volontaire; 4° par la compensation; 5° par la confusion; 6° par la perte de la chose due, ou par tout autre événement rendant l'exécution impossible (1); 7° par la nullité ou la rescision prononcée en justice; 8° par l'effet de la condition résolutoire; 9° par la prescription opposée par le débiteur (*C. N.*, *1234*).

SECTION I. — DU PAIEMENT.
§ I. — DU PAYEMENT EN GÉNÉRAL.

3264. Le mot *paiement*, dans le langage de la loi, a un sens plus étendu que dans le langage habituel; il ne signifie pas seulement la prestation d'une somme d'argent, mais encore l'exécution de toute obligation; ainsi, selon que l'obligation avait pour objet ou une somme d'argent, ou un cheval, ou une maison à bâtir, ou un voyage à faire, la livraison de l'argent, la tradition du cheval, la construction de la maison, la réalisation du voyage constituent le *paiement*, *l'exécution* de l'obligation (1).

3265. Tout paiement suppose une dette; ce qui a été payé sans être dû, c'est-à-dire ce qui a été livré à titre de paiement sans être réellement dû (2), est sujet à répétition. La répétition n'est pas

---

FORMULE 473. — **Quittance de somme prêtée.** (N°ˢ 3263 à 3285.)

PAR-DEVANT Mᵉ......,

A COMPARU M. Charlemagne DOUBLARD, propriétaire, demeurant à......,

Lequel a, par ces présentes, reconnu avoir reçu, en bonnes espèces; — [ou avoir reçu à l'instant, en bonnes espèces de numéraire, comptées et délivrées à la vue des notaires soussignés; — *ou encore* : avoir reçu à l'instant, en bonnes espèces de numéraire et en billets de la Banque de France acceptés pour numéraire, le tout compté et délivré à la vue des notaires soussignés; — *ou enfin* : avoir reçu en bonnes espèces de numéraire, comptées et délivrées : pour..... francs précédemment et hors la vue des notaires soussignés; et pour les..... francs de surplus, ce jourd'hui à la vue des notaires soussignés, (n°ˢ 3280 à 3282).

De M. Honoré DUTHARD, négociant, demeurant à......, ici présent,

La somme de quatre mille deux cents francs, composée de :

Quatre mille francs, montant en principal de l'obligation pour prêt que M. DUTHARD a souscrite au profit de M. DOUBLARD, suivant acte passé devant Mᵉ....., qui en a gardé minute et son collègue, notaires à....., le......, ci.................. 4,000

Et deux cents francs pour un an d'intérêt de cette somme échu aujourd'hui, ci... 200

Somme égale............................. 4,200

---

(1) Marcadé, *1234* 1; Zach., *557*; Larombière, *1235* 1. | (2) Marcadé, *1235*, 1; Paris, 29 juill. 1863. V. Cass., 13 juill. 1864.

admise à l'égard des obligations naturelles qui ont été volontairement acquittées (C. N. *1235*); ainsi, un débiteur paie une dette prescrite ou il acquitte une obligation naturelle, il ne peut répéter ce qu'il a payé; il en est de même de celui qui acquitte une dette de jeu, de celui qui devenu capable se libère d'une dette contractée alors qu'il était incapable (1). Cependant si l'obligation acquittée a été contractée en fraude de .a .oi, elle est contraire à l'ordre public, ainsi : une contre-lettre augmentant le prix d'une cession d'office: dès lors elle ne peut être rangée parmi les obligations naturelles, et la répétition en est permise, *supra* n° *3515*.

3266. Le paiement doit être fait au créancier; à lui-même ou à son fondé de pouvoir, s'il est capable de recevoir; et s'il est incapable, à celui qui justifie avoir l'administration de ses biens ; ainsi : pour le mineur, à son père, administrateur légal, *supra* n° *1180*, ou à son tuteur, *supra* n° *1290* ; pour le mineur émancipé, à lui-même, mais avec l'assistance de son curateur, *supra* n° *1350* ; pour l'interdit judiciairement ou légalement, à son tuteur, *supra* n° *1373*; pour celui qui est pourvu d'un conseil judiciaire, à lui-même, avec l'assistance de son conseil, *supra* n° *1386* ; pour la femme mariée en communauté, même avec la clause de réserve de propres (2), ou sans communauté, ou sous le régime dotal avec constitution en dot de ses biens meubles, ou avec société d'acquêts, à son mari. Les paiements à une succession vacante, à un aliéné non interdit, sont faits à un administrateur autorisé par justice à recevoir (C. N., *1239*).

3267. Le paiment fait à celui qui n'avait pas pouvoir de recevoir pour le créancier est valable, dans les trois cas suivants : 1° si le créancier le ratifie; 2° s'il en a profité (C. N., *1239*); 3° si le paiement a été fait à un possesseur apparent de bonne foi, encore que le possesseur en soit par la suite évincé (C. N., *1240*) ; par exemple, à l'héritier apparent évincé ensuite par un héritier plus proche (3), *supra* n° *929*, ou au donataire en vertu d'une donation révoquée ensuite pour cause de survenance d'enfant, *supra* n° *2608*.

3268. Lorsque le paiement a été fait à un créancier incapable de le recevoir, il n'est pas valable, sauf dans les deux cas suivants : 1° si le débiteur prouve que la chose payée a tourné au profit du créancier (C. N., *1241*); 2° si le créancier devenu capable l'a ratifié.

M. DOUBLARD donne quittance à M. DUTHARD de la somme payée.

Et, par suite, il donne mainlevée pure et simple et consent la radiation entière et définitive d'une inscription prise à son profit contre M. DUTHARD, au bureau des hypothèques de....., le....., vol..... n°.....

En opérant la radiation de cette inscription, M. le conservateur sera déchargé.

M. DOUBLARD a remis son titre de créance à M. DUTHARD, qui le reconnaît et lui en donne décharge.

Ces présentes seront mentionnées partout où besoin sera.

[*Si une partie des fonds a été versée antérieurement :*

Tous reçus qui auraient pu être donnés antérieurement à ce jour, pour raison des..... francs versés précédemment, ne feront qu'une seule et même chose avec ces présentes.]

Dont acte, aux frais de M. DUTHARD.

Fait et passé, etc.

FORMULE 474. — Quittance de prix de vente d'immeuble. (N°s 3264 à 3287.)

PAR-DEVANT Me.....

A COMPARU M. Léon DELORD, propriétaire, demeurant à....,

Lequel a, par ces présentes, reconnu avoir reçu, etc. (*Voir la formule 473*),

De M. Germain BUCAILLE, tapissier, demeurant à....., ici présent,

---

(1) Marcadé, *1235* 2, Zach., § 525, note 9, Larombière, *1235*, 6. (2) Duranton, XIV, 315 ; Rodière et Pont, *Contr. de mar.*, n° 679 ; Troplong, *ibid.*, n° 1936 ; Roll., *Commun.*, 459 et *Paiement*, n° 46; Paris, 13 juin 1828 ; Angers, 26 janv. 1842 ; Cass., 25 juill. 1843.

(3) Pothier, n° 467 ; Toullier, VII, 27 ; Duranton, XII. 70; Zach., § 559; Larombière, *1240*, 1; Dict. not., *Paiement*, n° 83; Paris, 23 juill. 1831 ; Colmar, 18 janv. 1850 ; Cass., 9 nov. 1831. Voir cependant Cass., 27 janv. 1862 ; J. N., 17357.

3269. Celui qui reçoit un paiement doit, s'il n'est pas le créancier primitif, justifier de ses droits à la créance par la représentation : si c'est un héritier, d'un acte de notoriété, *supra* n° 645 ; ou d'un extrait d'intitulé d'inventaire, et, s'il y a lieu, d'un partage ; si c'est un légataire universel, du testament, et de plus, si le testament est authentique, d'un acte de notoriété constatant la non-existence d'héritiers à réserve, *supra* n° 634, et si le testament est olographe, de l'envoi en possession par le président du tribunal, *supra* n° 2787 ; si c'est un légataire à titre universel ou un légataire particulier, du testament, plus de la délivrance de legs, *supra* n° 2794 ; si c'est un cessionnaire, de l'acte de transport ; et généralement de tous les titres établissant les droits de celui qui reçoit le paiement.

3270. Celui qui reçoit en qualité d'administrateur des biens du créancier, *supra* n° 5266, doit justifier de sa qualité par la représentation : si c'est un tuteur datif, de la délibération du conseil de famille qui l'a nommé ; si c'est un mineur émancipé, de la déclaration ou de la délibération du conseil de famille qui l'a émancipé ; si c'est un mari au nom de sa femme, de son contrat de mariage ; si c'est un envoyé en possession des biens d'un absent, du jugement qui l'a envoyé en possession ; si c'est un curateur à une succession vacante, du jugement qui l'a nommé ; si c'est un mandataire, de sa procuration portant pouvoir de toucher (1).

3271. Le paiement peut être fait non-seulement par le débiteur, mais aussi par toute personne qui y est intéressée, telle qu'un coobligé ou une caution. Il peut même être fait par un tiers qui n'y est pas intéressé, même contre le gré du créancier (2), pourvu que ce tiers agisse au nom et en l'acquit du débiteur, ou que, s'il agit en son nom propre, il ne soit pas subrogé aux droits du créancier (3) (C. N. *1236*). Le tiers devient créancier du débiteur pour raison de la somme qu'il paie utilement en son acquit, quand même il aurait payé à son insu, contre sa volonté (4) ; mais c'est une nouvelle créance qui ne jouit pas des priviléges, hypothèques et autres droits de préférence attachés à celle payée, ce qui ne résulterait que d'une subrogation consentie par le créancier, *infra* n° 3294.

La somme de vingt mille francs, formant le prix de la vente que M. Delord a faite à M. Bucaille, d'une maison sise à....., rue...., n°..., suivant contrat passé devant Mᵉ ...., qui en a gardé minute, et son collègue, notaires, à....., le......

M. Delord donne quittance à M. Bucaille, sans réserve.

Et, par suite, il donne mainlevée pure et simple et consent la radiation entière et définitive de l'inscription d'office prise à son profit contre M. Bucaille, au bureau des hypothèques de....., le....., vol.... n°....

En opérant la radiation de cette inscription, M. le conservateur sera déchargé.

Il est fait observer qu'une expédition du contrat de vente susrelaté a été transcrite au bureau des hypothèques de ..... le..... vol..., n°....

L'état sur transcription délivré le même jour ne contient aucune autre inscription que celle d'office dont il a été ci-dessus donné mainlevée.

Un autre certificat délivré le même jour constate qu'il n'a été requis aucune autre transcription de mutation relativement à l'immeuble vendu, ni aucune transcription de saisie.

M. Bucaille n'a point jugé à propos de remplir les formalités de purge d'hypothèque légale, bien que Mᵉ...... l'ait prévenu de l'utilité de l'accomplissement de ces formalités.

Les parties consentent que ces présentes soient mentionnées partout où besoin sera.

Dont acte, aux frais de M. Bucaille.

Fait et passé, etc.

---

(1) La stipulation d'un acte portant qu'une créance sera payable en l'étude du notaire rédacteur, n'autorise pas celui-ci à recevoir le paiement, et si ce paiement a lieu aux mains du notaire, il n'a pas pour effet de libérer le débiteur au regard du créancier, lors même que le notaire aurait fait remise de la grosse : Duranton, XII, 49 bis ; Demolombe, 1. 178 ; Larombière, *1239*, 10 ; Dict. not., *Paiement*, n° 74 ; Roll., *ibid.*, n° 82 ; Cass., 25 nov. 1839, 21 février 1836 ; Douai, 25 févr. 1837, 10 mai 1849 ; Trib. Seine, 4 juill. 1819 ; Poitiers, 5 juin 1854 ; Bordeaux, 11 juill. 1859 ; Lyon, 10 fév. 1860 ; J. N., 9470 ;

(3785, 13950, 14435 ; Jur. N., 11516. Voir cependant Cass., 13 mai 1859 ; J. N., 14062 ; Cass., 7 nov. 1866 ; J. N., 18034.
(2) Marcadé, *1236*, 2 ; Zach., § 558. note 2 ; Mourlon, Rev. prat., III, p. 465 ; Roll., *Paiement*, n° 20 ; Dict. not., *ibid.*, n° 18 ; Larombière, *1236*, 3.
(3) Marcadé, *1236*, 5 ; Larombière, *1236*, 8.
(4) Duranton, XII, 19 ; Marcadé, *art. 1236* ; Massé et Vergé, § 558, note 1ʳᵉ ; Larombière, *1236*, 5 ; Roll., *Paiement*, n° 28 ; Dict. not., *ibid.*, n° 15 ; contra, Toullier, VII, 10.

3272. Cependant l'obligation de faire ne peut être acquittée par un tiers contre le gré du créancier, lorsque ce dernier a intérêt qu'elle soit remplie par le débiteur lui-même (C. N., 1237); ainsi, j'ai fait un marché avec tel peintre pour qu'il me fasse un tableau; il ne peut, contre mon gré, se libérer en me livrant un tableau fait par un autre peintre.

3273. Pour payer valablement, il faut être propriétaire de la chose donnée en paiement, et capable de l'aliéner. Néanmoins, le paiement d'une somme en argent ou autre chose qui se consomme par l'usage, ne peut être répété contre le créancier qui l'a consommée de bonne foi, quoique le paiement en ait été fait par celui qui n'en était pas propriétaire, ou qui n'était pas capable de l'aliéner (C. N., 1238).

3273 bis. Si le débiteur se libère aux mains du créancier, au préjudice d'une saisie ou d'une opposition, le paiement n'est pas valable, à l'égard des créanciers saisissants ou opposants; ceux-ci peuvent, selon leur droit, le contraindre à payer de nouveau, sauf, en ce cas seulement, son recours contre le créancier (C. N., 1242).

3274. Le créancier ne peut être contraint de recevoir une autre chose que celle qui lui est due, quoique la valeur de la chose offerte soit égale ou même plus grande (C. N., 1243); si vous me devez mille francs, vous ne pouvez me contraindre à recevoir en paiement une pièce de terre; mais si j'accepte la pièce de terre, il y a *dation en paiement*, et vous êtes libéré.

3275. Le débiteur ne peut non plus forcer le créancier à recevoir en partie le paiement d'une dette, même divisible, *supra* n° 3249. Néanmoins, les juges peuvent, en considération de la position du débiteur, et en usant de ce pouvoir avec une grande réserve, accorder des délais modérés pour le paiement, et surseoir à l'exécution des poursuites toutes choses demeurant en état (C. N., 1244; C. pr., 122, 123). Ils peuvent donc, non-seulement retarder le paiement, mais aussi le fractionner (1), et cette faculté étant d'ordre public, existe en face d'une stipulation contraire (2), quoique contenue dans un titre exécutoire (3); toutefois, cette faculté cesse, et même les délais accordés deviennent sans effet dans les cas suivants : 1° lorsque les biens du débiteur sont vendus à la requête d'autres créanciers; 2° lorsque le débiteur est en faillite ou en déconfiture (4), ou en état de contumace, ou en prison; 3° lorsqu'il a supprimé ou diminué les sûretés qu'il avait données ou promises à son créancier (C. pr. 124); 4° enfin lorsqu'il s'agit d'effets de commerce négociables (C. comm. 157, 158).

3276. Le débiteur d'un corps certain et déterminé est libéré par la remise de la chose en l'état où elle se trouve lors de la livraison, pourvu que les détériorations qui y sont survenues ne proviennent point de son fait ou de sa faute, ni de celles des personnes dont il est responsable, ou qu'avant ces détériorations il ne fût pas en demeure (C. N., 1245). Après une mise en demeure, le débiteur n'est point responsable des détériorations, s'il est prouvé qu'elles auraient également eu lieu malgré la livraison (C. N., 1302), *infra* n° 3381.

3277. Si la dette est d'une chose qui ne soit déterminée que par son espèce, le débiteur n'est pas

---

FORMULE 475. — **Quittance d'arrérages de rente, d'intérêts, de fermages.**
(N° 3264 à 3287.)

Par-devant Me.....
A comparu M. Pierre Ladisllas, propriétaire, demeurant à.....
Lequel a, par ces présentes, reconnu avoir reçu, en bonnes espèces,
De M. Luc Dinan, cultivateur, demeurant à....., ici présent,
Les sommes suivantes :

---

(1) Toullier, VII. 636; Boncenne, II, p. 517; Zach., Massé et Vergé, § 561, note 4; Larombière, 1244, 25; Marcadé, 1244, 1; Cass., 20 déc. 1842; contra, Duranton, XII, 88; Colmar, 18 août 1816, 3 avril 1867.
(2) Toullier, IV, p. 374; Thomine-Desmasures, Pr. I, 138; Rodière, ibid., I, p. 369; Marcadé, 1244, 2; Demolombe, Rev. crit., I, p. 333; Paris, 2 août 1849; Colmar, 29 juill. 1850; contra, Roll., Terme, n° 45; Toullier, VI, 658; Larombière, 1244, 28; Zach., § 561, note 21; Bordeaux, 18 avril 1830, 23 juill. 1838.
(3) Rodière, Proc., I, p. 376; Taulier, IV, p. 370; Demolombe, Rev. crit., 1851, p. 331; Massé et Vergé, § 564, note 22; Marcadé, 1244, 2;

Larombière, 1244, 22, 23; Aix, 17 déc. 1813; Bordeaux, 28 fév. 1811 et 6 janv. 1837; Metz, 21 juin 1821; Pau, 12 juin 1822; Agen, 6 déc. 1824; Paris, 23 avril 1834 et 2 août 1849; Colmar, 29 juill. 1850; Cass., 1er fév. 1830; contra, Toullier et Duvergier, VI, 660; Duranton, XII, p. 89; Roll., Acte auth, n° 103, et Terme, n° 18; Boncenne, II, p. 512; Pigeau, I, p. 408; Bioche, Délai, p. 55; Zach., § 561, note 21; Paris, 26 nov. 1807; Bruxelles, 18 juin 1812; Colmar, 14 janv. 1815.
(4) Duranton, XI, 117; Marcadé, art. 1244; Massé et Vergé, § 564, note 18; Larombière, 1244, 34.

tenu, pour être libéré, de la donner de la meilleure espèce; mais il ne peut l'offrir de la plus mauvaise (*C. N.*, *1246*); la chose livrée doit donc, dans ce cas, être de qualité moyenne (1).

3278. Le paiement doit être exécuté dans le lieu désigné par la convention. Si le lieu n'y est pas désigné, le paiement, lorsqu'il s'agit d'un corps certain et déterminé, doit être fait dans le lieu où était, au moment où l'on a formé l'obligation, la chose qui en fait l'objet. En dehors de ces deux cas, c'est-à-dire lorsque la convention est muette sur le lieu du paiement et qu'il s'agit de choses indéterminées ou de numéraire, le paiement doit être fait au domicile du débiteur (2) (*C. N.*, *1247*); toutefois le paiement comptant d'un objet vendu doit être fait au lieu où se fait la délivrance de l'objet (*C. N.*, *1651*).

3279. La quittance du capital donnée sans réserve des intérêts en fait présumer le paiement, et en opère la libération (*C. N. 1908*), sauf la preuve contraire (3).

3280. Sous le droit romain, suivi en cela dans les pays de droit écrit, lorsque l'acte duquel résultait un paiement, un prêt, etc., ne constatait pas que les fonds avaient été réellement comptés et délivrés, c'était à celui qui avait versé les fonds à faire la preuve de la numération (4); de là est venu l'usage d'énoncer dans les actes de prêt ou de quittance la numération et la délivrance des espèces. Le Code n'a point reproduit ces dispositions; et c'est à celui qui prétend que les fonds n'ont pas été réellement versés à en apporter la preuve.

3281. Cependant l'usage établi s'est conservé, et il est généralement de style d'énoncer la numération des espèces et de dire si elles ont été délivrées à la vue des notaires. Cette énonciation, qui peu couvrir une donation déguisée ou même des simulations plus graves, peut être contredite par la voie de l'inscription de faux (5).

3282. Si les fonds ont été comptés et délivrés en la présence du notaire, il peut l'énoncer en indiquant la nature des espèces versées. Les locutions *à l'instant*, ou *présentement payé*, ne doivent être employées qu'avec précaution; et il sera toujours utile d'en préciser le sens (6). Les notaires qui énoncent une numération d'espèces qui n'a pas eu lieu, ou qui n'a pas été effectuée sous leurs yeux, s'exposent au moins à une peine disciplinaire (7).

3283. Les frais du paiement sont à la charge du débiteur (*C. N.*, *1248*); ainsi, la quittance constatant le paiement, la mainlevée totale ou partielle d'une inscription prise pour sûreté de l'obligation, sont aux frais du débiteur. De même le transport de l'objet déterminé au lieu fixé pour sa livraison, et la livraison au créancier sont aux frais du débiteur; quant aux frais d'enlèvement de la chose livrée et du transport au domicile du créancier, ils sont aux frais de ce dernier (8).

Arrérages de rente.

Six cents francs, pour six mois d'arrérages échus le....., d'une rente annuelle et viagère de douze cents francs constituée par M. Dinan au profit de M. Ladislas, suivant acte passé devant M⁰....., qui en a gardé minute, et son collègue, notaires à....., le.....

Intérêts.

Cinq cents francs, pour une année d'intérêt échue le....., de dix mille francs, montant de l'obligation pour prêt, que M. Dinan a souscrite au profit de M. Ladislas, suivant acte passé devant M⁰....., qui en a gardé minute, et son collègue, notaires à....., le.....

---

(1) Duranton, XII, 90; Marcadé, *art. 1246*; Zach., § 360, note 6; Larombière, *1246*, 1.
(2) Au domicile que le débiteur a lors du paiement, là où la chose doit lui être demandée, et non pas au domicile qu'il avait lors de la convention : Pothier, n° 513; Marcadé, *art. 1247*; Dict. not., *Paiement*, n° 163; Massé et Vergé, § 561, note 13; contra, Duranton, **I**, 101. Voir Larombière, *1247*-8.
(3) Marcadé, *art. 1247*. V. trib. Gannat, 3 mai 1856; J. N., 18601.

(4) Loysel, *Inst. cout.*, liv. 5, n° 6; Toullier, VIII, 19.
(5) Larombière, *1319*, 5.
(6) Circ. chamb. not., Paris, 25 nov. 1823.
(7) Circ. garde des sceaux, 11 sept. 1823; Trib. Civray, 9 mai 1844; J. N., 12122.
(8) Duranton, XVII, 608; Larombière, *art. 1248*; Roll., *Quittance*, n° 34; Arg. Cass., 3 janv. 1842. V. Paris, 30 nov. 1863; J. N., 17920.

3284. Dans tous les cas, les frais des titres et pièces établissant les droits ou la capacité de recevoir de celui qui réclame le paiement, *supra n° 3269*, sont aux frais du créancier.

3285. La quittance [Form. 473 à 475] doit être passée devant notaire lorsqu'elle contient mainlevée d'inscription ou subrogation. Hors ce cas elle peut être donnée par acte sous seing privé; et, dans cette forme, elle est assujettie au timbre de dimension, à moins qu'il ne s'agisse d'une créance inférieure à dix francs (*Lois 18 brum. an VII, art. 12 ; 18 brum. an VII, art. 16 ; 2 juill. 1862, art. 22*).

3286. Il est utile, dans la quittance d'un prix de vente d'immeuble, d'énoncer l'accomplissement des formalités de transcription et de purge, ainsi que l'état des transcriptions et inscriptions. Les inscriptions sont indiquées par une analyse sommaire, et à la suite on mentionne leur extinction ; le tout afin d'établir que l'acquéreur paie avec toute sécurité.

3287. Si, dans le contrat de vente, le vendeur s'est obligé à quelques justifications, on doit les énoncer dans la quittance et dire si elles ont été fournies. Si une formalité utile à remplir ne l'a pas été, le notaire doit en prévenir la partie et énoncer cet avertissement pour éviter toute action en responsabilité.

3288. Tout acte [Form. 476] ou jugement constatant le paiement ou la cession d'une somme équivalente à trois années, ou plus, de loyers ou fermages non échus, doivent, pour être opposables aux tiers (1), être transcrits au bureau des hypothèques de la situation des immeubles loués ou affermés (*Loi 23 mars 1855, art. 2, 5°*), que le bail en vertu duquel les loyers ou fermages sont dus ait été fait pour dix-huit ans ou pour une durée moindre.

§ II. — DU PAIEMENT AVEC SUBROGATION.

3289. Le paiement avec subrogation est (2) l'extinction d'une créance avec transport de ses garanties sur la créance nouvelle qui vient la remplacer. *Exemple* : Pierre me doit 1,000 fr. avec privilége,

---

Fermages.

Douze cents francs, pour six mois de fermages qui écherront le ....., d'une ferme sise à ....., appelée la ferme de ....., que M. Ladislas a donnée à bail à M. Dinan, par acte passé devant Mᵉ....., qui en a gardé minute, et son collègue, notaires à ....., le .....

M. Ladislas donne quittance à M. Dinan des sommes payées.

Dont acte aux frais de M. Dinan.

Fait et passé, etc.

FORMULE 476. — Quittance de loyers non échus. (N° 3288.)

Par-devant Mᵉ.....

A comparu M. Charles Thorel, rentier, demeurant à .....,

Lequel a, par ces présentes, reconnu avoir reçu, en bonnes espèces,

De M. Jérôme Val, bottier, demeurant à ....., ici présent,

La somme de trois mille francs pour le paiement par avance de trois années de loyer à échoir : la première le ....., la deuxième le ....., et la troisième le ....., d'une maison sise à ....., rue ....., n°....., que M. Thorel a louée à M. Val, pour neuf années qui ont commencé à courir le ....., moyennant un loyer de mille francs stipulé payable chaque année en quatre termes égaux, les premier janvier, premier avril, premier juillet et premier octobre ; ainsi qu'il résulte d'un bail passé devant Mᵉ....., qui en a gardé minute, et son collègue, notaires à ....., le .....

M. Thorel donne quittance à M. Val de la somme payée.

M. Val fera transcrire une expédition des présentes au bureau des hypothèques de ....., afin que le payement qui y est constaté puisse être opposable aux tiers, conformément à la loi.

---

(1) Dont les droits sont postérieurs, quant aux créanciers inscrits antérieurement à la transcription de l'acte constatant le paiement, il ne leur est pas opposable : Riom, 11 déc. 1860 ; Paris, 3 avril 1862 ; J. N., 17208, 17475. V. Cass., 6 mai 1867 ; J. N., 18995.

(2) Marcadé, *art. 1236*. IV, 754 ; Voir cependant Larombière, *1249*, 2 ; *1250*, 25 ; Mourlon, II, p. 700.

action résolutoire, ou hypothèque, je suis remboursé de cette somme par Jean avec subrogation en sa faveur; ma créance s'éteint, une nouvelle créance se forme au profit de Jean; mais, par l'effet de la subrogation, les droits de privilége, d'hypothèque, d'action résolutoire, et les inscriptions qui garantissaient ma créance, sont transportés, jusqu'à concurrence de ce qui m'a été payé, sur la créance de Jean, et continuent de subsister, de même qu'ils subsisteraient en ma faveur si ma créance était encore existante.

3290. La subrogation, lorsqu'elle s'opère, a lieu tant contre les cautions que contre s débiteurs, et elle comprend tous les droits, toutes les garanties attachés à la créance payée; cependant elle ne peut nuire au créancier lorsqu'il n'a été payé qu'en partie; en ce cas, il peut exercer ses droits, pour ce qui lui reste dû, par préférence à celui dont les fonds ont servi à faire le paiement partiel (*C. N.*, *1252*), à moins que la subrogation ne résulte d'une cession faite par le créancier de partie de sa créance; alors, à défaut de stipulation de préférence, il y a concurrence entre le cédant et le cessionnaire (1). Si, après la subrogation opérée partiellement, le créancier cède le surplus de sa créance, le cessionnaire a vis-à-vis du subrogé les mêmes droits que le créancier lui-même (2); mais si après le paiement partiel avec subrogation, un autre paiement ou d'autres paiements successifs ont aussi lieu avec subrogation, comme après chaque paiement il y a extinction de la créance et transport des garanties sur les créances nouvelles, les créanciers ultérieurement subrogés ne succèdent pas au droit de préférence attaché à la créance éteinte; conséquemment, il y a concurrence entre tous les subrogés à diverses dates (3).

3291. Le créancier qui reçoit un paiement avec subrogation n'est tenu à aucune garantie envers celui qui le paye. Si le débiteur est insolvable, ou si le créancier n'avait pas conservé les garanties attachées à sa créance, par exemple, en ne renouvelant pas son inscription, en se laissant forclore à un ordre, etc., c'est à celui qui le paie avec subrogation à en subir les conséquences (4), à moins qu'il n'y ait eu dol de la part du créancier. Mais si le créancier a reçu avec subrogation ce qui ne lui était pas dû, le subrogé a contre lui l'action en répétition résultant de l'art. 1235 (5).

Mention des présentes est consentie pour avoir lieu sur toutes pièces où besoin sera.
Dont acte, aux frais de M. Val.
Fait et passé, etc.

FORMULE 477. — **Quittance par le créancier à un tiers, avec subrogation.**
(N°s 3289 à 3297.)

Par-devant M°. . . . .

A comparu M. Vincent Doublet, propriétaire, demeurant à. . . . .,

Lequel a, par ces présentes, reconnu avoir reçu à l'instant, en bonnes espèces comptées et délivrées. . . . ,

De M. Louis Leriche, rentier, demeurant à. . . . ., ici présent,

M. Leriche payant en l'acquit de M. Théodore Vasseur, cultivateur, demeurant à. . . . ., afin d'être subrogé dans les droits de M. Doublet contre ce dernier,

La somme de deux mille francs, montant en principal de l'obligation, pour prêt, que M. Vasseur a souscrite au profit de M. Doublet, suivant acte passé devant M°. . . . ., qui en a gardé minute, et son collègue, notaires à. . . . ., le. . . . .; aux termes duquel la somme payée a été stipulée exigible le. . . . ., et productive d'intérêts à cinq pour cent par an, payables le. . . . ., de chaque année; elle est garantie par une inscription prise au profit de M. Doublet contre M. Vasseur, au bureau des hypothèques de. . . . ., le. . . . ., vol. . . . ., n°. . . . .

M. Doublet donne quittance à M. Leriche de la somme payée.

---

(1) Marcadé, *1252*, 2; Pont, *Priv.*, n° 239; contra, Troplong, *Priv.*, n° 367; Grenier, *Priv.*, I. 93, selon eux le cessionnaire prime le cédant. Voir aussi Larombière, *1252*, 35.
(2) Toullier, VII. 148; Duranton, XII. 183; Dict. not., *Subrog*, n° 117; Troplong, *Priv.*, n° 379; Pont, *Priv.*, n° 239; Larombière, *1252*, 38; Gauthier, n° 69; Marcadé, *1252*, 2; Paris, 18 mars 1837.
(3) Toullier, VII, 170; Duranton, XII.188; Troplong, *Priv. et Hyp.*, n° 396; Gauthier, n° 68; Marcadé, *1252*, 2; Larombière, *1252*, 36,

37; Massé et Vergé, § 563, note 24; Dict. not., *Subrog.*, n° 115 R ibid., n°s 65, 66; Pont, *Priv.*, n° 240; Metz, 43 juill. 1820; Dijon, 1 janv. 1848; Cass., 28 juill. 1823, 2 août 1820; contra, Mourlon, *Subrog.* p. 39, *Priv.*, n° 330.
(4) Dict. not., *Subr.*, n° 120; Paris, 5 juill. 1854; J. N., 15339.
(5) Duranton, XII, 122 et 138; Troplong, *Priv.*, n° 353 bis; Marcadé, *1250*, 3; Larombière, *1251*, 27, 28, 91; Massé et Vergé, § 563, note 6; Roll., *Subr.*, n° 20; Cass., 4 fév. 1848.

3292. La subrogation dans les droits du créancier, au profit de la tierce personne qui a fourni les deniers pour le payer, est ou conventionnelle ou légale (C. N., *1249*).

I. — *Subrogation conventionnelle.*

3293. La subrogation est conventionnelle dans deux cas :

3294. 1er *cas de subrogation conventionnelle* [Form. 447]. Elle a lieu, par acte authentique ou sous seing-privé (1), lorsque le créancier, recevant son paiement d'une tierce personne, la subroge dans ses droits et actions contre le débiteur ; cette subrogation doit être expresse, consentie par le créancier, qui ne peut y être contraint (2), et faite en même temps que le paiement (C. N., *1250*, 1°), c'est-à-dire par l'acte même qui constate le paiement, et non par acte séparé de la quittance, fût-il du même jour (3) ; mais il est indifférent que les deniers aient été versés à la vue ou hors la vue du notaire (4). — Elle peut s'opérer entre le créancier et un tiers, sans le concours du débiteur.

3295. Lorsque le paiement par un tiers avec subrogation est d'une somme moindre que la créance, la subrogation ne s'opère que pour cette somme (5). Mais comme le subrogé succède à tous les droits du subrogeant, si la créance éteinte produisait des intérêts ou arrérages, celle qui la remplace en produit également (6).

3296. La validité de la subrogation n'est pas assujettie à la remise des titres de la créance (7) ; car cette remise ne pourrait pas toujours avoir lieu ; par exemple, lorsque le paiement n'est que partiel. Si les titres sont remis, il en est donné décharge au créancier.

3297. Il n'est pas nécessaire pour la validité de la subrogation, lorsqu'elle a lieu sans le concours du débiteur, qu'elle soit acceptée par le débiteur ou que signification lui en soit faite (8) ; cette formalité n'est exigée que pour la cession. Néanmoins il vaut mieux l'accomplir en tous cas ; car le débiteur qui

---

Et, par suite, en conformité de l'art. 1250 n° 1er. du Code Napoléon, M. Doublet subroge expressément M. Leriche dans tous ses droits, actions et hypothèques, contre M. Vasseur, et notamment dans l'effet plein et entier de l'inscription ci-dessus relatée ; le tout sans aucune garantie de sa part, restitution de deniers, ni recours quelconques contre lui.

Cette subrogation sera mentionnée en marge de l'inscription.

M. Doublet a remis à M. Leriche, qui le reconnaît, la grosse de l'obligation susénoncée, à laquelle sont joints le bordereau d'inscription et un certificat négatif d'inscription.

M. Vasseur, débiteur, à ce intervenant, déclare avoir pour agréables le payement et la subrogation qui précèdent, et se tenir le présent acte pour signifié. Il déclare de plus qu'il n'existe entre ses mains aucune opposition ni aucun empêchement qui puissent faire obstacle à la subrogation.

Mention des présentes est consentie pour avoir lieu sur toutes pièces où besoin sera.

Dont acte.

Fait et passé, etc.

FORMULE 478. — **Quittance au débiteur avec subrogation au profit d'un prêteur.**

(Nos 3298 à 3304.)

Par-devant Me. . . . .

A comparu M. Charles Richard, rentier, demeurant à. . . . .,

---

(1) Toullier, VII, 116 ; Roll., *Subr.*, n° 17 ; Mourlon, *Subr.*, p. 259 ; Gauthier, *ibid.*, n° 117 ; Massé et Vergé, § 563, note 3 ; Larombière, *1250*, 33 ; Angers, 25 janv. 1849 ; contra, Grenoble, 13 mai 1824.
(2) Pothier, n° 464 ; Troplong, *Priv.* n° 353 ; Duranton, XII, 15 ; Roll., *Paiement*, n° 51 et *Subrog.*, n° 9 ; Dict. not., *Subrog.*, n° 20 ; Marcadé, *1236*, a. Cass., 12 juill. 1813.
(3) Toullier, VII, 116 ; Dict. not., *Subrog.*, nos 18, 29 ; Mourlon, *Subrog.*, p. 245, Roll., *Subrog.*, n° 12 ; Cass., 19 avril 1831, 8 janv. 1845 ; Trib. Dreux, 30 août 1859. Voir Larombière, *1250*, 6 ; Cass. 2 juin 1863 ; J. N. 17789.
(4) Cass., 31 mai 1818, 6 nov. 1834, 2° juill. 1865 ; J. N., 13553,

15388, 18369 ; contra, Cass., 8 janv. 1845. Voir aussi Nimes, 3 août 1854 ; Cass., 13 août 1855, 2 juin 1863 ; J. N., 15627, 17789.
(5) Marcadé, *1250*, 3, et *1252*, 3 ; Larombière, *1250*, 29.
(6) Larombière, *1251*, 9, *1252*, 11.
(7) Marcadé, *1250*, 2 ; Duranton, XII, 126 ; Gauthier, *Subr.*, n° 131 ; Mourlon, *ibid.*, p. 249 ; Dict. not., *ibid.*, n° 44 ; Larombière, *1250*, 43 ; contra, Toullier, VII, 126.
(8) Duranton, XII, 125 et 127 ; Zach., Massé et Vergé, § 563, note 3 ; Roll., *Subrog.*, n° 21 ; Dict. not., *ibid.*, n° 41 ; Larombière, *1250*, 35 ; contra, Toullier, VII, 127 ; Duvergier, *Vente*, II, 137.

paierait de bonne foi dans les mains du créancier primitif, dans l'ignorance du paiement avec subrogation (1), serait valablement libéré, sauf au créancier à justifier par toute espèce de preuve, que le débiteur en avait connaissance (2).

3298. 2ᵉ *cas de subrogation conventionnelle* [FORM. 478]. Elle a lieu lorsque le débiteur emprunte une somme à l'effet de payer sa dette et de subroger le prêteur dans les droits du créancier (3). Il faut, pour la validité de cette subrogation, l'accomplissement des trois formalités suivantes :

1° Que l'acte d'emprunt et la quittance (4) soient passés devant notaire;

2° Que, dans l'acte d'emprunt, il soit déclaré que la somme a été empruntée pour faire le paiement;

3° Et que, dans la quittance, il soit déclaré (5) que le paiement a été fait des deniers fournis à cet effet par le nouveau créancier (*C. N.*, *1250*, 2°); il est donc nécessaire, pour la validité de la subrogation, qu'elle résulte de l'acte même qui constate le paiement (6) ; mais il importe peu qu'il se soit écoulé un temps assez considérable entre cet acte et l'acte d'emprunt (7), pourvu d'ailleurs qu'il ne résulte pas de l'acte de subrogation que les deniers ont été versés antérieurement (8).

3299. Rien de plus n'est exigé; ainsi il n'est point nécessaire d'exprimer dans l'acte d'emprunt que la déclaration sera faite dans la quittance afin d'acquérir subrogation, ni dans la quittance qu'elle est faite par le même motif (9), ni de faire consentir la subrogation par le créancier recevant. Cependant ces trois énonciations sont de style, et nous conseillons de ne pas les omettre.

3300. Le paiement avec subrogation peut être effectué par l'acte même constatant le prêt, avec déclaration que la somme prêtée est destinée à payer la dette, et que le paiement est fait avec les deniers prêtés (10).

3301. Cette subrogation s'opère sans le concours de la volonté du créancier (*C. N.*, *1250*, 2°), et par la seule force de la loi.

Lequel a, par ces présentes, reconnu avoir reçu à l'instant, en bonnes espèces, comptées et délivrées. . . . .,

De M. Louis HODEY, cultivateur, demeurant, à. . . . ., ici présent,

La somme de trois mille francs, formant le prix principal de la vente que M. RICHARD a faite à M. HODEY de un hectare de terre sis commune de. . . . ., lieu dit. . . . ., section A, n° 315, suivant contrat passé devant Mᵉ. . . . ., qui en a gardé minute, et son collègue, notaires à. . . . ., le. . . . ., transcrit, sans charge d'inscription, au bureau des hypothèques de. . . . ., le. . . . ., vol. 720, n° 25, mais sur lequel M. HODEY n'a rempli aucune formalité de purge d'hypothèque légale, bien que Mᵉ. . . . . l'ait prévenu de l'utilité de l'accomplissement de ces formalités.

M. RICHARD donne quittance à M. HODEY de la somme payée.

M. HODEY déclare que la somme de trois mille francs qu'il vient de payer provient de l'emprunt de quatre mille francs qu'il a fait de M. Laurent BENOIT, propriétaire, demeurant à. . . . ., suivant obligation passée devant Mᵉ. . . . ., qui en a gardé minute, et son collègue, notaires à. . . . ., le. . . . .

Cette déclaration est faite pour satisfaire à la promesse contenue en l'acte d'obligation, et, attendu l'origine des deniers, pour que M. BENOIT soit subrogé dans tous les droits, privilége et action résolutoire de M. RICHARD contre M. HODEY, et notamment dans l'effet plein et entier de l'inscription d'office prise au profit de M. RICHARD contre M. HODEY, au bureau des hypothèques de. . . . ., le. . . . ., vol. 428, n° 65.

---

(1) Larombière; *1250*, 39, 40.
(2) Larombière, *1250*, 42.
(3) Voir Paris, 30 juin 1853; J. N., 13021.
(4) Voir cependant Cass., 28 avril 1863; J. N., 17817.
(5) Par celui qui fait le paiement, c'est-à-dire par le débiteur, si les fonds lui ont été remis, ou par le créancier s'il a conservé les deniers pour faire lui-même le paiement: Larombière, *1240*, 74, 75.
(6) Duranton, XII, 132; Roll., *Subrog.*, n° 31, Larombière, *1250*, 72;

Orléans, 10 janv. 1850; Rennes, 3 janv. 1854; Cass., 31 mai 1848; J. N., 13553.
(7) Duranton, XII, 136; Toullier, VII, 132; Gauthier, n°ˢ 171, 172; Pont, *Priv.*, n° 228; Larombière, *1250*, 84; Paris, 30 juin 1853; Orléans, 12 juill. 1854; Cass., 16 mars 1852, 20 nov. 1853; J. N., 13521, 13300. Voir aussi Cass., 6 nov. 1854; J. N., 13588.
(8) Cass., 13 août 1855; J. N., 13627. V. Cass., 14 fév. 1865.
(9) Dalloz, *Priv.*, n° 20; Mourlon, *Subrog.*, p. 260; Pont, *Priv.*, n° 227. Voir Cass., 28 avril 1863; J. N., 17817.
(10) Larombière, *1250*, 77; Cass. 19 janv. 1838; J. N., 10234.

II. Subrogation légale.

3302. La subrogation est légale dans quatre cas :

3303. 1er *cas de subrogation légale* [Form. 479]. Elle a lieu de plein droit au profit de celui qui, étant lui-même créancier, paie un autre créancier qui lui est préférable (1) à raison de ses priviléges ou hypothèques (2) (*C. N.*, *1251*, *1°*), ce qui peut arriver notamment : 1° lorsqu'un créancier, seulement chirographaire, est primé par un créancier ayant privilége ou hypothèque (3) ; 2° lorsqu'un créancier hypothécaire est primé par un créancier ayant privilége ou par un autre créancier ayant hypothèque inscrite avant la sienne; 3° quand un créancier chirographaire se trouve en présence d'un créancier ayant une antichrèse ou un gage (*C. N.*, *2075*, *2085*, *2088*). Cependant, dans ce dernier cas, la subrogation est contestée (4).

3304. Si un créancier a deux créances, l'une primant celle d'un créancier intermédiaire et l'autre primée par ce créancier, celui-ci, s'il veut acquérir la subrogation, ne peut se borner à rembourser la créance qui lui est préférable; il doit les rembourser toutes les deux; car s'il remboursait seulement la créance préférable, il primerait le créancier remboursé par rapport à sa seconde créance, et celui-ci pourrait se faire subroger à son tour et reprendre la créance; ensuite le créancier intermédiaire pourrait recommencer, ce qui donnerait lieu à un circuit d'actions sans résultat (5).

Cette subrogation, qui s'opère par la seule force de la loi, en conformité de l'art. 1250, n° 2, du Code Napoléon, est, au surplus, consentie par M. Richard, mais sans aucune garantie de sa part, restitution de deniers ni recours quelconques contre lui.

La subrogation sera mentionnée en marge de l'inscription.

Dont acte, aux frais de M. Hodey.

Fait et passé, etc.

FORMULE 479. — **Quittance subrogative à un créancier primé.** (N° 3302 à 3305.)

Par-devant Me. . . . .
Ont comparu :
M. Théodore Dumas, rentier, demeurant à. . . . .,
Et M. Vincent Lalouette, aussi rentier, demeurant à. . . . .,
Lesquels, préalablement à la quittance subrogative faisant l'objet des présentes, ont exposé ce qui suit :

Par acte passé devant Me. . . . ., qui en a gardé minute, et son collègue, notaires à. . . . ., le. . . . ., M. Louis Adam, carrossier, demeurant à. . . . ., s'est reconnu débiteur envers M. Dumas d'une somme de deux mille francs, pour prêt, actuellement exigible, et productive d'intérêts à cinq pour cent par an, payables le. . . . ., de chaque année. — A la garantie de ce prêt, M. Adam a hypothéqué une maison sise à. . . . ., rue. . . . ., n° 12, sur laquelle inscription a été prise contre lui au profit de M. Dumas au bureau des hypothèques de. . . . ., le. . . . ., vol. 433, n° 25.

Suivant autre acte passé devant le même notaire, le. . . . ., M. Adam s'est reconnu débiteur, pour prêt, envers M. Lalouette d'une somme de trois mille francs ; et, à la garantie de ce prêt, il a hypothéqué la même maison, hypothèque qui a été inscrite contre lui, au profit de M. Lalouette, au même bureau, le. . . . ., vol. 462, n° 243.

Ceci exposé, M. Lalouette, usant des dispositions de l'art. 1251, n° 1, du Code Napoléon, a payé à l'instant, en bonnes espèces, comptées et délivrées. . . . .,

---

(1) Si le créancier, au lieu d'être préférable, est postérieur ou au même rang, il n'y a pas lieu à subrogation : Toullier, VII, 141; Duranton, XII, 152; Troplong, *Hyp.*, n° 357 ; Gauthier, n° 221 ; Larombière, *1250*, 6, 7. V. Cass., 16 mai 1835 ; J. N., 18289.

(2) Si un créancier inscrit sur un immeuble paie le vendeur qui demande la résolution de la vente, il ne peut exiger que le vendeur le subroge dans son action résolutoire : Cass., 3 juill. 1834 ; J. N., 15280.

(3) Toullier, VII, 140 ; Troplong *Priv.* n° 356 ; Duranton, XII 153 ;

Dict. not., *Subrog.*, n° 89 ; Roll., *Subrog.*, n° 39 ; Marcadé, *1251*, 1; Larombière, *1251*, 5 ; Mourlon, *Rev. prat.*, III, p. 451, *note;* Douai, 20 nov. 1849.

(4) Comp. Marcadé, *1251*. 2 ; Gauthier, n° 222 *bis*; Mourlon, *Subr.* p. 358; Larombière *1151*. 97.

(5) Larombière, *1251*, 7 ; Gauthier, *Subrog.*, n° 256 ; Cass., 20 janv. 1853 ; J. N., 15159. Voir cependant Mourlon, *Rev. prat.*, 1857, III, p. 460 ; Dict. not., *Subrog.*, n° 85.

3305. Un créancier a une hypothèque spéciale qui prime un créancier ayant une hypothèque générale, celui-ci pourrait donc le rembourser par subrogation ; mais, à son tour, ce dernier le prime sur les autres immeubles de leur débiteur ; de sorte que chacun d'eux est préférable à l'autre. On doit décider que le plus diligent des deux peut rembourser l'autre avec subrogation (1).

3306. *2e cas de subrogation légale* [Form. 480]. Elle a lieu de plein droit au profit de l'acquéreur d'un immeuble (2) qui emploie le prix de son acquisition au paiement des créanciers ayant privilége ou hypothèque inscrits sur l'immeuble acquis (*C. N.*, *1251*, *2°*). Si l'acquéreur paie au delà de son prix, il est subrogé pour le tout contre son vendeur ; en effet, jusqu'à concurrence du prix, il paie comme acquéreur (*C. N.*, *1251*, *2°*), et au delà, comme tenu hypothécairement, *conséquemment pour d'autres* au paiement de la dette (3) (*C. N.*, *1251*, *3°*).

3307. La subrogation s'opère, alors même que l'acte d'acquisition imposerait à l'acquéreur l'obligation de payer son prix aux créanciers inscrits sur l'immeuble ; cette obligation n'ayant pas pour effet de le rendre débiteur direct des créanciers (4).

3308. L'acquéreur est subrogé dans tous les droits, privilégiés et hypothécaires du créancier, non-seulement sur l'immeuble acquis, mais aussi sur tous les autres immeubles affectés à la garantie de la dette (5).

A M. Dumas, qui le reconnaît et lui en donne quittance,
La somme de deux mille cent francs, composée de :
Deux mille francs montant en principal de l'obligation souscrite par M. Adam, au profit de M. Dumas, ci . . . . 2,000 »
Et cent francs pour une année d'intérêt de cette somme échue hier, ci. . . 100 »

Somme égale. . . . . 2,100 »

Par suite de ce paiement, M. Lalouette est subrogé de plein droit, conformément aux dispositions de l'art. 1251, § 1, dans tous les droits, actions et hypothèques de M. Dumas contre M. Adam, et notamment dans l'effet plein et entier de l'inscription ci-dessus relatée, mais sans aucune garantie de la part de M. Dumas, restitution de deniers, ni recours quelconques contre lui.
Cette subrogation sera opérée en marge de l'inscription.
A l'appui de la subrogation, M. Dumas a remis ses titres de créance à M. Lalouette, qui le reconnaît.
Les parties consentent que ces présentes soient mentionnées partout où besoin sera.
Dont acte, aux frais de M. Lalouette.
Fait et passé, etc.

FORMULE 480. — Quittance subrogative à un acquéreur par un créancier inscrit.

(Nos 3306 à 3308.)

Par-devant Me. . . . .
Ont comparu :
M. Gervais Mahon, rentier, demeurant à . . . . .,
Et M. Charles Bernet, cultivateur, demeurant à . . . . .,
Lesquels, préalablement à la quittance subrogative faisant l'objet des présentes, ont exposé ce qui suit :
Aux termes d'un contrat passé devant Me. . . . ., qui en a gardé minute, et son collègue,

---

(1) Gauthier, n° 213 ; Larombière, *1251*, 11.
(2) Par vente, échange ou donation : Larombière, *1251*, 3° ; Duranton, XII, 160 ; Gauthier, nos 279 et 365. V. Cass., 29 août 1865.
(3) Marcadé, *1251*, 2 ; Mourlon, *Subrog.*, p. 387 ; Massé et Vergé, § 563, note 14 ; Duranton, XII, 157.
(4) Cass., 24 févr. 1846, 28 déc. 1853 et 7 nov. 1854 ; J. N., 15373 ; Mourlon, *Subrog.*, p. 386, de Caqueray, *Rev prat.*, 1858, II, p. 84 ; Larombière, *1251*, 5, 20.

(5) Grenier, *Priv.*, II, 496 ; Troplong, *Priv.*, 359 ; Toullier, VII, 445 ; Duranton, XII, 161 ; Roll, *Subrog.*, n° 53 ; Marcadé, *1251*, 2 ; Mourlon, *Subrog.*, p. 388 ; Gauthier, *ibid.*, n° 270 ; Dict. not., *Subrog.*, n° 121 ; Martou, *Priv.*, n° 1238 ; Pont, *ibid.*, n° 1134 ; Larombière, *1251*, 23 ; Zach., § 561, note 15 ; Paris, 20 déc. 1834, 19 déc. 1835 ; Cass., 15 janv. 1833, 21 déc. 1836, 15 avril 1841 et 7 nov. 1854 ; Dijon, 12 mai, 1839 ; Cass., 3 avril 1861 ; J. N., 15373, 17108 ; contra Bourges, 10 juill. 1829 ; Paris, 10 juin 1833.

3309. 3° *cas de subrogation légale* [Form. 484]. Elle s'opère de plein droit au profit de celui qui, étant tenu avec d'autres ou pour d'autres au paiement de la dette, avait intérêt de l'acquitter C. N., 1251, 3°); tels sont : 1° un codébiteur solidaire qui acquitte la totalité de la dette, voir *supra* n° 3243; 2° une caution qui paie la dette cautionnée [Form. 484]. Voir C. N., 1214, 2033.

3310. Celui qui n'a cautionné qu'une partie de la dette, et qui a payé le montant de son cautionnement, n'est subrogé au droit du créancier que postérieurement à ce dernier, conformément à l'art. 1252, *supra* n° 3290; il ne peut donc pas venir en concurrence et au même rang que lui sur les biens du débiteur (1).

notaires à. . . ., le. . . . ., M. Louis HERBET, cultivateur, et Mme Louise CARVILLE, son épouse, demeurant à . . . . ., ont vendu à M. BERNET un hectare vingt ares de terre en labour, sis commune de. . . . ., lieu dit. . . . ., section B, n° 86, moyennant quatre mille francs stipulés payables après les formalités de transcription.

Une expédition de ce contrat a été transcrite au bureau des hypothèques de. . . . ., le. . . . ., vol. 403, n° 86, et il a été pris une inscription d'office le même jour, sous le vol. 482, n° 16.

L'état sur transcription a fait connaître diverses inscriptions, parmi lesquelles figure une inscription prise le. . . . ., vol. 549, n° 27, au profit de M. MAHON, comparant, contre M. et Mme HERBET, en garantie de douze cents francs, montant en principal de l'obligation souscrite par ceux-ci au profit de M. MAHON, suivant acte passé devant M^e. . . . ., qui en a gardé minute, et son collègue, notaires à. . . . ., le. . . . .; aux termes duquel la somme prêtée a été stipulée remboursable le. . . . ., et productive d'intérêts à cinq pour cent par an, payables le. . . . . de chaque année.

Afin d'éviter l'action hypothécaire de M. MAHON sur l'immeuble vendu,
M. BERNET, usant des dispositions de l'art. 1251, § 2, du Code Napoléon, a payé à l'instant, en bonnes espèces, comptées et délivrées. . . . .,
A M. MAHON, qui le reconnaît et lui en donne quittance,
La somme de douze cent soixante-douze francs, composée de :
Douze cents francs, montant en principal de l'obligation ci-dessus relatée, ci. **1,200 »**
Et soixante-douze francs, pour intérêts de cette somme courus du. . . . ., à ce jourd'hui. . . . . **72 »**

Somme égale. . . . . **1,272 »**

Par suite de ce paiement, M. BERNET est subrogé de plein droit, conformément aux dispositions de l'art. 1251, § 2, du Code Napoléon, dans tous les droits, actions et hypothèque de M. MAHON contre M. et Mme HERBET, et notamment dans l'effet plein et entier de l'inscription susrelatée, mais sans aucune garantie de la part de M. MAHON, restitution de deniers, ni recours quelconques contre lui.

Cette subrogation sera mentionnée en marge de l'inscription.

A l'appui de la subrogation, M. MAHON a remis ses titres de créance à M. BERNET, qui le reconnaît.

Les parties consentent que ces présentes soient mentionnées partout où besoin sera.
Doit acte, aux frais de M. BERNET.
Fait et passé, etc.

FORMULE 481. — Quittance subrogative à une caution. (N°s 3309, 3310.)

PAR-DEVANT M^e. . . . .,
A COMPARU M. Léon MESNARD, rentier, demeurant à. . . . .,
Lequel a reconnu avoir reçu à l'instant, en bonnes espèces et en billets de la Banque de France acceptés pour numéraire, comptés et délivrés. . . . .,

---

(1) Dijon, 19 déc. 1859.; Cass. 29 janv. 1861 ; J. N., 17073; Cass., 5 déc. 1866.

3311. *4° cas de subrogation légale* [Form. 482]. Elle a lieu de plein droit au profit de l'héritier bénéficiaire qui paie de ses deniers les dettes de la succession (*C. N. 1251, 4°*). En effet, le paiement n'opère aucune confusion, *supra* n° 1938.

§ III. — DE L'IMPUTATION DES PAYEMENTS.

3312. Le débiteur de plusieurs dettes (1) de même nature a le droit de déclarer, lorsqu'il paye, quelle dette il entend acquitter (*C., N. 1253*).

3313. Toutefois, 1° le débiteur d'une dette qui porte intérêt ou produit des arrérages ne peut

---

De M. Charles Devin, négociant, demeurant à. . . . ., ici présent, payant en qualité de caution solidaire,
La somme de. . . . ., composée de. . . . .
1°. . . . ., francs, formant le principal d'une obligation pour prêt souscrite par MM. Louis, Paul et Edgar Vassart, frères, cultivateurs, demeurant à. . . . . avec solidarité entre eux, sous la caution solidaire de M. Charles Devin et de M. Vincent Bœuf, cultivateurs, demeurant à. . . . ., au profit de M. Mesnard comparant, suivant acte passé devant M°. . . . ., qui en a gardé minute, et son collègue, notaires à. . . . ., le. . . . ., ci. . . . . » »
2°. . . . ., francs pour intérêts de cette somme courus du. . . . ., à ce jourd'hui, ci. . . . . » »
3° Et. . . . . francs, pour frais de poursuites. . . . . » »

Somme égale. . . . . » »

M. Mesnard donne quittance à M. Devin de la somme payée.
Par suite de ce payement, M. Devin est subrogé de plein droit, conformément aux dispositions de l'art. 1251, § 3, du Code Napoléon, dans tous les droits, actions et hypothèque de M. Mesnard, et notamment dans l'effet plein et entier de l'inscription prise au profit de M. Mesnard, au bureau des hypothèques de. . . . . . le. . . . ., vol. . . . ., n°. . . . ., mais seulement en ce que le tout milite contre MM. Vassard, débiteurs, et M. Lebœuf, caution ; M. Mesnard, à la réquisition de M. Devin, donnant mainlevée avec désistement d'hypothèque et consentant à la radiation de l'inscription susénoncée, en ce que le tout peut militer contre M. Devin.
Ces subrogation et radiation seront mentionnées en marge de l'inscription, et M. le conservateur en radiant sera déchargé.
A l'appui de la subrogation, M. Mesnard a remis ses titres de créance à M. Devin, qui le reconnaît.
Les parties consentent que ces présentes soient mentionnées partout où besoin sera.
Dont acte, aux frais de M. Devin.
Fait et passé, etc.

FORMULE 482. — **Quittance subrogative à un héritier bénéficiaire. (N° 3311.)**

Par-devant M°. . . . .
A comparu M. Benoît Richard, rentier, demeurant à. . . . .,
Lequel a, par ces présentes, reconnu avoir reçu, à l'instant,
De M. Théodore Vinet, propriétaire, demeurant à. . . . .,
  M. Vinet payant en qualité de seul et unique héritier, mais sous bénéfice d'inventaire seulement, de M. Pierre Vinet, son père, en son vivant propriétaire demeurant à. . . . ., où il est décédé le. . . . .,
La somme de quatre mille deux cent cinquante francs, composée de :
Quatre mille francs, montant en principal de l'obligation pour prêt, que M. Pierre Vinet

---

(1) Echues, si le terme a été stipulé en faveur du créancier : Larombière, *1253, 5*.

point, sans le consentement du créancier, imputer le paiement qu'il fait sur le capital par préférence aux arrérages ou intérêts; et le paiement fait sur le capital et intérêts, mais qui n'est point intégral, s'impute d'abord sur les intérêts (1) (*C. N.*, *1254*) ; ce qui s'applique aussi bien au cas où les dettes sont multiples qu'à celui où il n'y a qu'une dette unique; ainsi le débiteur de plusieurs dettes portant intérêt n'est pas fondé à prétendre que le paiement par lui fait doit s'imputer, aux termes de l'art. 1256, *infra* n° 3314, 1°, sur celle de ces dettes, en capital et intérêts, qu'il a le plus d'intérêt à éteindre; ce paiement doit s'imputer d'abord sur les intérêts de toutes les dettes réunies (2).

2° Lorsque le débiteur de diverses dettes a accepté une quittance par laquelle le créancier a imputé ce qu'il a reçu sur l'une de ces dettes spécialement, le débiteur ne peut plus demander l'imputation sur une dette différente, à moins qu'il n'y ait eu dol ou surprise de la part du créancier (*C. N.*, *1255*).

3314. Si la volonté du créancier ni celle du débiteur n'ont été manifestées, c'est-à-dire lorsque la quittance ne porte aucune imputation [Form. 483], le paiement doit être imputé selon les règles suivantes :

1° Si une dette est échue et que les autres ne le soient pas, le paiement est imputé sur la dette échue, quoique moins onéreuse que celles qui ne le sont point (*C. N.*, *1256*).

---

a souscrite au profit de M. Richard, suivant acte passé devant M^e....., qui en a gardé minute, et son collègue, notaires à....., le....., ci................ 4,000

Et deux cent cinquante francs pour les intérêts de cette somme, courus du.... à cejourd'hui, ci...................... 250

Somme égale........................... 4,250

M. Richard donne quittance à M. Vinet fils de la somme payée.

Par suite de ce paiement, M. Vinet fils est subrogé de plein droit, conformément aux dispositions de l'art. 1252, § 4, du Code Napoléon, dans tous les droits, actions et hypothèques de M. Richard, contre M. Vinet père, et notamment dans l'effet plein et entier de l'inscription prise au profit de M. Richard contre M. Vinet père, au bureau des hypothèques de....., le....., vol. 471, n° 68, mais, sans aucune garantie de la part de M. Richard, restitution de deniers, ni recours quelconques contre lui.

Cette subrogation sera mentionnée en marge de l'inscription.

A l'appui de la subrogation, M. Richard a remis ses titres de créance à M. Vinet fils, qui le reconnaît.

Les parties consentent que ces présentes soient mentionnées partout où besoin sera.

Dont acte, aux frais de M. Vinet.

Fait et passé, etc.

FORMULE 483. — **Quittance énonciative d'une imputation de paiement.**
(N°^s 3312 à 3314.)

Par-devant M^e.....
Ont comparu :
M. Eloi Carré, meunier, demeurant à....,
                                                    D'UNE PART,
Et M. Jean Blin, charron, demeurant à....,
                                                    D'AUTRE PART,
Lesquels ont dit et arrêté ce qui suit.
M. Blin est débiteur envers M. Carré de :
1° Cinq cents francs, montant de l'obligation causée pour règlement de compte, qu'il a souscrite au profit de M. Carré, suivant acte passé devant M^e....., qui en a gardé minute, et son collègue, notaires à....., le.....; cette créance, exigible depuis le....,

---

(1) S'il est dû des frais, le paiement s'impute sur les frais avant les intérêts: Larombière, *1254*, 5.

(2) Cass., 25 nov. 1862; J. N., 1766, 6.

2° Si toutes les dettes sont échues, ou si quelques-unes sont échues, le paiement est imputé sur la dette que le débiteur avait alors le plus d'intérêt d'acquitter parmi celles échues (*même article*). Ainsi, deux dettes étant échues, dont l'une emporte contrainte par corps, le paiement s'impute sur celle-ci; ou l'une produisant des intérêts, l'autre n'en produisant pas, le paiement s'impute sur la première; ou l'une étant hypothécaire, l'autre chirographaire, le paiement s'impute sur la première; ou l'une étant cautionnée, l'autre ne l'étant pas, le paiement s'impute sur la dette cautionnée. En cas de contestations, c'est aux tribunaux de décider quelle dette était plus onéreuse pour le débiteur (1).

3° Si les dettes sont d'égale nature, l'imputation se fait sur la plus ancienne, c'est-à-dire sur celle qui est la plus anciennement échue (2); toutes choses égales, elle se fait proportionellement (*même article*)

§ IV. — DES OFFRES DE PAIEMENT DE LA CONSIGNATION.

3315. Lorsque le créancier refuse ou n'est pas en mesure de recevoir son paiement, le débiteur peut, pour se libérer, lui faire des offres réelles, et, au refus du créancier de les accepter, consigner la somme ou la chose offerte (*C. N.*, *1257*; *Pr.*, *814*). Les offres réelles suivies d'une consignation libèrent le débiteur; elles tiennent lieu à son égard de paiement, lorsqu'elles sont valablement faites, et la chose ainsi consignée demeure aux risques du créancier (*C. N.*, *1257*).

---

est garantie par une inscription prise au bureau des hypothèques de....., le......
vol....., n°....., ci... 500
2° Soixante-quinze francs pour l'intérêt de cette somme pendant trois ans, ci. . 75
3° Et deux cent trente-cinq francs, pour fournitures, ci,............. 235

Ensemble, huit cent dix francs, ci......................... 810
Sur quoi M. Blin a payé à l'instant à M. Carré, qui le reconnaît et lui en donne quittance, une somme de trois cents francs qui, de convention entre les parties, s'impute pour deux cent trente-cinq francs sur la créance chirographaire qui se trouve soldée, et pour soixante-cinq francs sur les intérêts de la créance hypothécaire, ci.. 300

Il reste dû à M. Carré, cinq cent dix francs, ci............... 510

Se composant de : cinq cents francs, principal de la créance hypothécaire; et dix francs restés dus sur l'année d'intérêt échue le.....
Mention des présentes est consentie. . . .
Dont acte.
Fait et passé, etc.

FORMULE 484. — Procès-verbal d'offres réelles. (N°s 3315 à 3326.)

L'an mil huit cent soixante....., le vendredi dix-sept avril, à dix heures du matin, A la requête de M. Honoré Richet, propriétaire, demeurant à....., rue n°.....,
M°....., notaire à....., soussigné, et MM. Louis Lepaule, marchand de meubles, et Denis Lekain, praticien, demeurant tous les deux à....., témoins instrumentaires, aussi soussignés,
Se sont transportés avec M. Richet, requérant, à....., rue....., au domicile de M. Gervais Duval, propriétaire, où étant et parlant à M. Duval, M. Richet a exposé ce qui suit :
Aux termes d'un contrat passé devant M°....., qui en a gardé minute, et son collègue, notaires à....., le....., M. Duval a vendu à M. Richet une maison sise à....., rue....., n°..... moyennant un prix de douze mille francs stipulé payable, savoir : six mille francs aussitôt après l'accomplissement des formalités de transcription et de purge,

---

(1) Larombière, *1256*, 5; Cass., 28 juin 1853, 20 mai 1862; Sirey, 1853, 1, p. 695 et 1853, 1, p. 91. V. Paris, 4 janv. 1857.   (2) Larombière, *1256*, 13.

I. — *Offres réelles et consignations de sommes d'argent.*

3316. *Offres réelles* [Form. 484]. Pour que les offres réelles soient valables, il faut : 1° qu'elles soient faites par un officier ministériel compétent, c'est-à-dire par un huissier, ou même par un notaire (1) ; cependant, comme ces sortes d'actes ont un caractère litigieux, il est préférable, pour les notaires, de se dispenser de les faire lorsque cela leur est possible ; 2° qu'elles soient faites au créancier ayant la capacité de recevoir, ou à celui qui a pouvoir de recevoir pour lui, *supra* n° 5266 ; 3° qu'elles soient faites par une personne capable de payer, *supra* n° 5271 ; un tiers non intéressé au paiement, pouvant acquitter la dette en son nom propre (*C. N.*, *1236*), peut faire des offres (2) ; 4° qu'elles soient de la totalité de la somme exigible, des intérêts ou arrérages dus, des frais liquidés, et d'une somme pour les frais non liquidés, sauf à la parfaire ; 5o que le terme soit échu s'il a été stipulé en faveur du créancier ; 6° que la condition sous laquelle la dette a été contractée soit arrivée ; 7° que les offres soient faites au lieu dont on est convenu pour le paiement, et, s'il n'y a pas de convention, à la personne du créancier, ou à son domicile, ou au domicile élu pour l'exécution de la convention (*C. N.*, *1258*) ; 8° que le procès-verbal d'offres contienne l'énumération et la qualité des espèces offertes (*C. pr.*, *812*) ; 9° que le procès-verbal fasse mention de la réponse, du refus ou de l'acceptation du créancier, et s'il a signé, refusé ou déclaré ne pouvoir signer (*C. pr.*, *813*) (3)

3317. Les offres peuvent, par jugement, être déclarées valables avant que la consignation ait eu lieu ; alors le jugement ordonne que, faute par le créancier d'avoir reçu la somme ou la chose offerte, elle sera consignée ; il prononce la cessation des intérêts du jour de la réalisation (*C. pr.* 816).

3318. *Consignation.* La consignation, qu'elle ait été ou non autorisée par le juge, *supra* n° 3317, est soumise à diverses formalités ; il faut : 1° qu'elle ait été précédée d'une sommation signifiée, par huissier, au créancier, et contenant l'indication du jour, de l'heure et du lieu où la chose offerte sera déposée ; cette sommation peut être faite par le procès-verbal d'offres s'il a lieu par huissier ; 2o que le débiteur se dessaisisse de la chose offerte en la remettant dans le dépôt indiqué par la loi pour recevoir les consignations avec les intérêts jusqu'au jour du dépôt, c'est-à-dire à la caisse des dépôts et consi-

---

et les six mille francs de surplus, dans le délai de deux ans ; le tout avec intérêts à cinq pour cent par an, à partir du jour de la vente.

Une expédition de ce contrat a été transcrite au bureau des hypothèques de. . . . ., le. . . . ., vol. . . . ., n°. . . . . ; et M. le conservateur a inscrit d'office le privilége au profit de M. Duval contre M. Richet à la même date, vol. . . . ., n°. . . .

M. Richet a aussi fait remplir les formalités de purge d'hypothèque légale.

Les certificats d'inscription et de mutation sont négatifs.

Suivant acte passé devant M^e. . . . ., qui en a gardé minute, et son collègue, le. . . . ., M. Richet a emprunté de M. Charles Durand, rentier, demeurant à. . . . ., une somme de six mille francs qu'il s'est obligé d'employer au paiement de pareille somme formant la première fraction du prix de son acquisition susénoncée, de manière à obtenir la subrogation au profit de M. Durand dans les droits privilégiés et résolutoires de M. Duval, et dans l'effet de son inscription d'office, jusqu'à concurrence de six mille francs.

M. Richet a plusieurs fois offert le paiement de cette somme à M. Duval, qui a refusé de recevoir, sous le pretexte que M. Richet devait le payer avec ses deniers personnels, et en tous cas sans subrogation.

M. Richet voulant se libérer nonobstant ce refus, a requis M^e. . . . ., notaire soussigné, de faire à M. Duval offre réelle de la somme dont il s'agit.

Déférant à cette requisition, M^e. . . . a notifié à M. Duval, parlant comme dessus, que M. Richet lui offre réellement la somme de six mille cent quarante francs, composée de :

---

(1) Toullier, VII, 199. 201 ; Carré, n° 2783 ; Zach., § 564, note 5, Marcadé, *art. 1258* ; Larombière, *1258*, 16 ; Lyon. 14 mars 1827 ; Agen, 10 mai 1836 ; contra, Pigeau, *Proc.*, III, 2783 ; Duranton, XII, 219 ; Roll., *Offres réelles*, n° 25 ; Voir Dict. not., *Offres réelles*, n° 39.

(2) Pothier, n° 506 ; Duranton, XII, 16 ; Marcadé, *1236*, 2 ; Larombière, *1257*, 16 ; Paris, 11 août 1805 ; contra, Toullier, VII, 11 ; Roll., *Paiement*, n° 22 ; Dict. not., *Offres réelles*, n° 14.

(3) V. Paris, 26 janv. 1866 ; Cass., 28 janv. 1867.

gnations dont les préposés sont : à Paris, un caissier spécial; aux chefs-lieux de départements, les receveurs généraux; et aux chefs-lieux d'arrondissements, les receveurs particuliers (*Loi 28 avril 1816; Ord. roy.*, *22 mai et 5 juillet même année*); 3° qu'il y ait un procès-verbal dressé par l'officier ministériel, — huissier ou notaire, — de la nature des espèces offertes, du refus qu'a fait le créancier de les recevoir, ou de sa non-comparution, et enfin du dépôt; 4° qu'en cas de non-comparution de la part du créancier, le procès-verbal du dépôt lui soit signifié, avec sommation de retirer la chose déposée (*C. N., 1259; Pr., 814 et 818*).

3319. La demande, soit en validité, soit en nullité des offres ou de la consignation, est formée d'après les règles établies pour les demandes principales; si elle est incidente, elle l'est par requête (*Pr., 815*).

3320. La consignation volontaire ou ordonnée est toujours à la charge des oppositions, s'il en existe, et en les dénonçant au créancier (*C. pr., 817*).

3321. Les frais des offres réelles et de la consignation sont à la charge du créancier si elles sont valables (*C. N., 1260*) ; il en est de même des frais d'offres, lorsque le créancier les accepte immédiatement, pourvu, dans ce cas, que le débiteur prouve, par témoins ou par l'aveu du créancier, qu'il a offert amiablement le paiement au créancier, et que c'est sur le refus de celui-ci que les offres ont été faites; car si le débiteur faisait des offres réelles, sans avoir fait aucune offre antérieure et prouvée, les frais en resteraient à sa charge (1).

3322. Tant que la consignation n'a point été acceptée par le créancier, ni déclarée valable par jugement passé en force de chose jugée, le débiteur peut retirer la somme consignée; et, s'il la retire, ses codébiteurs ou ses cautions ne sont point libérés (*C. N., 1261*).

3323. Mais si la consignation a été acceptée par le créancier ou déclarée valable par jugement passé en force de chose jugée, la créance est éteinte; les codébiteurs et cautions sont définitivement libérés, et les privilèges, hypothèques ou actions résolutoires attachés à la créance se trouvent éteints; les inscriptions doivent être radiées. Alors si le créancier consent que le débiteur retire sa consignation, les droits contre les codébiteurs ou cautions ni les privilèges, hypothèques, actions résolutoires, etc., qui étaient attachés à la créance ne peuvent revivre; c'est une nouvelle créance qui prend naissance, et le créancier n'a plus d'hypothèque ou autres garanties qu'autant que l'acte par lequel il a consenti que la consignation fût retirée, les lui confère expressément dans les formes requises par la loi (*C. N., 1262, 1263*).

Six mille francs, formant la fraction du prix actuellement exigible, ci. . . . 6,000
Et cent quarante francs, pour intérêts de cette somme du jour de la vente à ce jourd'hui, ci. 140

Cette somme se compose de :
Trois cents pièces d'or de vingt francs chacune, formant six mille francs, ci. 6,000
Dix pièces d'or de dix francs chacune, formant cent francs, ci. 100
Et huit pièces de cinq francs en argent, formant quarante francs, ci. 40

Somme égale à celle offerte. 6,140

Ces offres sont faites, avec déclaration à M. Duval, que les six mille francs payés en principal proviennent de pareille somme empruntée de M. Durand, aux termes de l'acte d'obligation sus énoncé; et que cette déclaration est faite pour, attendu l'origine des deniers, que M. Durand soit subrogé dans ses droits privilégiés et résolutoires, et dans l'effet de son inscription d'office, jusqu'à concurrence de cette somme; mais sans que cette subrogation nuise à ses droits, en ce sens que M. Duval aura tout droit de préférence, conformément à l'art. 1252, pour les six mille francs qui lui restent dus, avec tous intérêts et autres accessoires.

(1) Marcadé, *1260*, 2; Larombière, *1260*, 1.

3324. Lorsque le créancier retire les fonds déposés, si la consignation n'a été ni acceptée par lui ni validée par jugement, la quittance doit être donnée par le créancier avec le concours du débiteur déposant; mais si la consignation a été acceptée ou validée par jugement, la caisse des dépôts et consignations étant seule débitrice, le créancier peut, sans le concours du débiteur déposant, recevoir de la caisse et lui donner quittance.

II. — *Offres et consignation d'objets d'un corps certain.*

3325. Si la chose due est un corps certain qui doit être livré au lieu où il se trouve, le débiteur doit faire sommation au créancier de l'enlever, par acte notifié à sa personne, ou à son domicile, ou au domicile élu pour l'exécution de la convention, et contenant la désignation de l'objet offert, afin qu'on ne puisse lui en substituer un autre (*C. pr.*, *812*). Cette sommation faite, si le créancier n'enlève pas la chose et que le débiteur ait besoin du lieu dans lequel elle est placée, celui-ci peut obtenir de la justice la permission de la mettre en dépôt dans quelque autre lieu (*C. N.*, *1264*).

3326. Dans le cas où le corps certain est livrable au domicile du créancier, le débiteur doit l'y transporter; si le créancier refuse de le recevoir, le débiteur fait constater le refus, transporte la chose dans un lieu quelconque de la même localité, et fait sommation au créancier de venir la prendre. Les frais du transport dans la maison tierce et du dépôt sont à la charge du créancier (1), si les offres sont valables.

V. — DE LA CESSION DE BIENS.

3327. La cession de biens est l'abandon qu'un débiteur fait de tous ses biens à ses créanciers lors-

---

Et à la charge par M. Duval de donner quittance.

A quoi M. Duval a répondu qu'il n'accepte pas la somme offerte, parce que, selon lui, le paiement doit être fait sans subrogation.

Requis de signer, il s'y est refusé.

En raison de ce refus de recevoir, M. Richet a retiré les espèces offertes et a déclaré être dans l'intention de se pourvoir par toutes voies de droit, pour faire valider ces offres et en faire ordonner la consignation.

De tout ce que dessus il a été dressé le présent procès-verbal, qui a été fait et rédigé au domicile de M. Duval, les jour, mois et an susdits.

Et à l'instant, M^e...., notaire soussigné, a laissé à M. Duval une copie des présentes signée de lui et des témoins.

Après lecture, M. Richet a signé avec les témoins et le notaire.

FORMULE 485. — **Cession de biens.** — **Contrat d'abandonnement.**
(N°s 3327 à 3354.)

Par-devant M^e....
Ont comparu,
M. Honoré Leroy, fabricant de draps, demeurant à....:
                                                                              d'une part ;

Et 1° M. Germain Lebray, propriétaire, demeurant à....;
2° M. Charles Durand, aussi propriétaire, demeurant à....;
Créanciers hypothécaires de M. Leroy,
                                                                              d'autre part ;

3° M. Henri Marchand, filateur, demeurant à...;
4° M. Désiré Bardel, aussi filateur, demeurant à...;
5° M. Louis Fouché, mécanicien, demeurant à....;
6° M. Grégoire Feret, banquier, demeurant à....;
7° M. Remy Lemoine, contre-maître de fabrique, demeurant à....;

---

(1) Marcadé, *1264* 2, Massé et Vergé, § 564, note 19; Larombière, *1264*, 1

qu'il se trouve hors d'état de payer ses dettes (*C. N., 1265*). Elle est volontaire ou judiciaire (*C. N., 1266*).

3328. *Cession judiciaire.* La cession judiciaire appelée aussi *cession forcée*, est un bénéfice que la loi accorde au débiteur malheureux et de bonne foi, auquel il est permis, pour avoir la liberté de sa personne (1), de faire en justice l'abandon de tous ses biens (2) à ses créanciers, nonobstant toute stipulation contraire (*C. N., 1268*).

3329. La cession judiciaire ne confère point la propriété aux créanciers ; elle leur donne seulement le droit de faire vendre les biens à leur profit, et d'en percevoir les revenus jusqu'à la vente (*C. N., 1269*).

3330. Les créanciers ne peuvent refuser la cession judiciaire si ce n'est dans les cas exceptés par la loi, *infra* n° *3333*. Elle opère la décharge de la contrainte par corps. Au surplus, elle ne libère (3) le débiteur que jusqu'à concurrence de la valeur des biens abandonnés, et, dans le cas où ils auraient été insuffisants ; s'il lui en survient d'autres, il est obligé de les abandonner jusqu'à parfait paiement (*C. N., 1270*).

3331. Les formes de la cession judiciaire sont réglées par les art. 898 à 905 du Code de procédure.

3332. Le jugement qui admet au bénéfice de cession vaut pouvoir aux créanciers à l'effet de faire vendre les biens meubles et immeubles du débiteur ; et il est procédé à cette vente dans les formes prescrites pour le bénéfice d'inventaire (*C. Pr. 904*).

Tous créanciers chirographaires de M. Leroy,

AUSSI D'AUTRE PART ;

Lesquels ont dit est arrêté ce qui suit :
M. Leroy a exposé à ses créanciers qu'ayant éprouvé des pertes considérables dans son commerce, tant par la diminution générale des affaires, que par le grand nombre de faillites qu'il a subies, il se trouve dans l'impossibilité de satisfaire à tous ses engagements, ce qui le conduit à la nécessité de suspendre ses paiements ;
Et qu'en présence d'une pareille position, le parti qui lui paraît le meilleur à prendre, dans l'intérêt de ses créanciers comme dans le sien, pour arriver avec le moins de frais possible à la réalisation de l'actif qui forme leur gage, est de leur offrir la cession de tous ses biens.
Pour justifier de sa situation, il a dressé le bilan de son actif et de son passif, à la date de ce jour ; lequel non encore enregistré, mais devant l'être avant ou avec ces présentes, est demeuré ci-joint après avoir été, de M. Leroy, certifié véritable, et que dessus mention de l'annexe a été apposée.
Les créanciers, après avoir pris communication dudit bilan, ont, d'un commun accord, résolu d'accepter l'offre qui leur est faite.
En conséquence, les conventions suivantes ont été arrêtées :

ABANDONNEMENT.

Art. 1er.

M. Leroy cède et abandonne
A tous ses créanciers actuels, ci-dessus nommés, qui acceptent,
Tous les biens meubles et immeubles dont il est propriétaire, et consistant en :
1° La fabrique de draps qu'il exploite à . . . . ., ensemble les marchandises fabriquées et en cours de fabrication, les matières premières, les métiers, outils, rayons, comptoirs et autres effets mobiliers et ustensiles, sans aucune exception ;
2° Les créances de toute nature par comptes courants, effets de commerce et autres, échues et à échoir, résultant de ses livres de commerce ;

---

(1) Il faut donc, pour l'invoquer, être soumis à la contrainte par corps : Larombière, *1268*, 4 ; Dict. not , *Cession de biens*, n° 3.
 : Excepté toutefois ceux qui sont incessibles et insaisissables ; Voir notamment l'art. 5 de la loi du 18 juin 1850, sur la caisse des retraites pour la vieillesse : Larombière, *1267*, 8 ; Massé et Vergé, § 565, note 6. V. Besançon, 31 déc. 1866.
(3 Comp. Marcadé, IV, 746 ; Zach., Massé et Vergé, § 565, note 22 ; Toullier, VII, 236.

3333. Ne sont pas admis au bénéfice de la cession : 1° les étrangers (1); 2° les stellionataires; 3° les banqueroutiers frauduleux; 4° les personnes condamnées pour cause de vol ou d'escroquerie; 5° les personnes comptables, tuteurs, administrateurs; 6° les dépositaires (*C. pr.*, *905*); 7° les commerçants (*C. comm. 541*); néanmoins un concordat par abandon total ou partiel de l'actif du commerçant failli peut être formé, suivant les règles prescrites par les art. 507 à 526 C. comm. Ce concordat produit les mêmes effets que les autres concordats; il est annulé ou résolu de la même manière. La liquidation de l'actif abandonné est faite conformément aux § 2, 3 et 4 de l'art. 529, aux art. 532, 533, 534, 535 et 536 et aux § 1 et 2 de l'art. 537. Le concordat par abandon est assimilé à l'union pour la perception des droits d'enregistrement (*Loi 17 juillet 1856*).

3334. *Cession volontaire* [Form. 485]. La cession de biens volontaire, appelée aussi *Contrat d'abandonnement*, est celle que les créanciers acceptent volontairement, et qui n'a d'effet que celui résultant des stipulations mêmes du contrat passé entre eux et le débiteur (*C. N.*, *1267*).

3335. La cession volontaire ne résultant que des conventions des parties, peut avoir lieu sous telles conditions que les parties intéressées jugent convenables ; et elle peut être consentie en faveur de personnes déclarées inadmissibles au bénéfice de la cession judiciaire : ainsi un commerçant peut obtenir un contrat de cession volontaire qui le libère de la contrainte par corps (2).

3° Le droit au bail des lieux dans lesquels s'exploite la fabrique, pour tout le temps qui en reste à courir, à partir d'aujourd'hui ; ce bail ayant été fait par M. Paul Delad, propriétaire, demeurant à . . . . ., à M. Leroy, pour neuf années qui ont commencé à courir le. . . . ., moyennant, outre la charge des impôts, un loyer de . . . . ., payable chaque année en deux termes égaux, les premier octobre et premier avril ; ainsi qu'il résulte d'un acte passé devant M°. . . . ., qui en a gardé minute, et son collègue, notaires à . . . . ., le . . . . . ;

4° Une maison située à . . . . ., rue . . . . ., n°. . . . ., consistant : au rez de chaussée en magasin, arrière-magasin, salle à manger, cabinet, cuisine ; au premier étage, en trois chambres à feu, grenier avec mansardes au-dessus ; bâtiments accessoires, cour et jardin, le tout de la contenance de. . . . ., compris au plan cadastral sous la section G, n° 48, bornant, etc.

Cette maison appartient à M. Leroy, etc. (*Établir l'origine de propriété, si la cession emporte transmission de la propriété.*)

5° Et enfin tous autres objets actifs, désignés ou non au bilan ci-annexé, sans exception ni réserve.

En conséquence, du consentement de M. Leroy, les créanciers demeurent saisis, à partir de ce jour, de tous les droits que la cession judiciaire leur aurait conférés, ainsi que de tous les titres de propriété et de créances, registres, papiers et autres documents qui peuvent être de nature à établir la situation de M. Leroy.

(*Ou si les biens sont cédés en pleine propriété* : Les cessionnaires auront la pleine propriété et la jouissance des biens et droits à eux cédés, à partir d'aujourd'hui ; par suite, M. Leroy leur a remis les titres de propriété et de créances, registres, papiers et autres documents qui peuvent être de nature à établir sa situation. En conséquence, les cessionnaires disposeront de ces biens et droits, et en feront la réalisation, pour le produit du tout être distribué entre les divers créanciers, d'après leurs droits de privilége ou d'hypothèque, et par contribution, suivant le mode établi ci-après.)

Art. 2.

Au moyen de cet abandonnement, les créanciers auront l'administration des biens et droits cédés, à partir d'aujourd'hui ; ils en percevront les fruits pour le compte de la

---

(1) Toutefois l'étranger autorisé à établir son domicile en France jouit du bénéfice de la cession de biens. — Toullier, VII, 263 ; Pardessus, n° 1328 ; Pigeau, II, 350 ; Duranton, XII, 270 ; Roll., *Cession de biens*, n° 5 ; Dict. not., *ibid.*, n° 8 ; Massé et Vergé, § 60, note 8 ; Larombière, *1270*. 3.

(2) Duranton, XII, 244 ; Larombière, *1267*, 2. *1270*, 1 ; Roll., *Cess. de biens*, n° 12 ; Cass. 18 avril 1849.

3336. Pour faire une cession de biens il faut être capable d'aliéner.

3337. La cession volontaire doit être acceptée par tous les créanciers; si elle est acceptée par quelques-uns seulement; elle est sans effet (1), à moins qu'il ne soit convenu qu'elle produira son effet à leur égard, même dans le cas où les autres créanciers n'y accéderaient pas (2).

3338. Cette cession ne libère le débiteur que jusqu'à concurrence du produit du prix de la vente des biens cédés et du recouvrement des créances, à moins que les créanciers, par l'acte d'abandon, ne lui fassent remise du surplus de leurs créances (3).

3339. Lorsque la cession ne libère le débiteur que jusqu'à concurrence des biens abandonnés, elle peut être acceptée par un tuteur ou par un administrateur, sans qu'il soit besoin de recourir à l'homologation du tribunal. Mais si l'abandon contient remise du surplus de la créance, le tuteur doit se faire autoriser à le consentir par un avis de parents (5).

3340. A la différence de la cession judiciaire, qui doit comprendre tous les biens du débiteur (6), la cession volontaire peut ne comprendre qu'une partie des biens (7); mais alors elle ne constitue pas une véritable cession de biens, c'est plutôt une dation en paiement (8).

---

masse; ils opéreront le recouvrement des créances, et feront la vente des biens meubles et immeubles du cédant, pour le produit du tout être distribué entre les divers créanciers d'après leurs droits de privilége ou d'hypothèque, et par contribution, suivant le mode établi ci-après.

(*Cet article est inutile lorsque les biens sont cédés en pleine propriété.*)

Art. 3.

Les énonciations faites, tant au bilan qu'aux présentes, ne pourront nuire ni préjudicier à aucun des créanciers, ni les dispenser de la justification de leurs titres de créance, qui restent soumis à toutes discussions et vérifications de droit.

Art. 4.

La présente cession aura pour effet : 1° de libérer M. Leroy envers ses créanciers, jusqu'à concurrence des sommes qui seront constatées leur revenir par les distributions et répartitions ultérieures des deniers réalisés ; 2° de décharger M. Leroy de la contrainte par corps que quelques-uns des créanciers pouvaient exercer contre lui.

M. Leroy restera débiteur envers ses créanciers de toutes les sommes qui ne se trouveront pas payées par l'effet des répartitions ; à raison desquelles sommes ceux-ci font la réserve expresse de tous leurs droits contre M. Leroy, pour les faire valoir sur les biens dont il deviendra propriétaire par la suite, à quelque titre que ce soit.

S'il arrive que les cessionnaires soient tous intégralement payés et qu'il reste un reliquat disponible, ce reliquat appartiendra à M. Leroy, cédant.

(*Ou bien si la cession entraîne libération définitive* : La présente cession a pour effet : 1° de libérer entièrement M. Leroy de toutes les créances en principal, intérêts et autres accessoires dont il peut être débiteur envers les créanciers susnommés, alors même que, par la réalisation des biens cédés, ils ne seraient pas remplis de l'intégralité de leurs créances; 2° de décharger M. Leroy de la contrainte par corps que quelques-uns des créanciers pouvaient exercer contre lui.)

Art. 5.

Les créanciers laissent à M. Leroy, qui le reconnaît:
1° Les vêtements, linge et bijoux à son usage ;

---

(1) Toullier, VII, 252; Duranton, XII, 245; Roll., *Cess. de biens*, n° 14; Paris, 14 mai 1812; Cass., 5 août 1839.
(2) Duranton, XII, 243; Zach., § 565, note 2; Larombière, *1267*, 2; Paris, 12 mai 1812.
(3) Toullier. VII, 241 ; Zach., § 565, Duranton, XII, 247; Larombière, *1267*, 7 ; Roll., *Cess. de biens*, n° 37.
(4) Roll., *Cess. de biens*, n° 19 ; Colmar, 26 févr. 1812.

(5) Roll., *Cess. de biens*, n° 19.
(6) Toullier, VII, 256; Duranton, XIII, 238.
(7) Toullier, VII, 236; Dict. not., *Abandonnement*, n° 5; Roll., *Cess. de biens*, n° 22.
(8) Duranton, XII, 24C; Larombière, *1267*, 4.

3341. La cession volontaire, de même que la cession judiciaire, *supra* n° 3329, ne confère pas aux créanciers la propriété des biens (1) qui continue de résider sur la tête du débiteur, de sorte que s'il vient à décéder, les biens cédés font partie de sa succession et doivent être déclarés à l'enregistrement (2); mais le contraire peut être convenu, et alors les créanciers deviennent propriétaires, à charge de réaliser, pour partager entre eux le produit selon leurs droits de préférence (3).

3342. Les créanciers, lorsqu'ils n'ont pas la propriété des biens cédés, doivent compte au débiteur de leur gestion, et si, après toutes les créances payées, il reste un reliquat, ce reliquat appartient au débiteur (4). Si, au contraire, la propriété des biens passe aux créanciers, ils profitent de l'excédant, de même qu'ils supporteraient le déficit (5), à moins de convention contraire.

3343. Le contrat de cession volontaire est un contrat synallagmatique, et les conventions y contenues, même le pouvoir donné aux commissaires de vendre les biens, ne peuvent être révoqués par le débiteur (6).

3344. Le débiteur, après avoir fait cession de biens, ne peut, surtout s'il a abandonné l'administration de ses biens, les vendre, hypothéquer, etc. (7).

3345. Si la cession amiable ne transfère point la propriété des biens aux créanciers, il n'y a pas

---

2° Les meubles meublants, ustensiles de ménage, vaisselle, argenterie, garnissant l'appartement que M. Leroy occupe à. . . . ., rue. . . . ., n° 40.

Tous ces objets décrits en un état dressé par les comparants à la date de ce jour, lequel état non encore enregistré, mais devant l'être avant ou avec ces présentes, est demeuré ci-joint, après avoir été des comparants certifié véritable, et que dessus mention de l'annexe a été apposée.

Art. 6.

Lorsque la cession est ordinaire, c'est-à-dire ne fait pas passer la propriété des biens sur la tête des créanciers, on insère la clause suivante :

Afin d'être opposable aux tiers, la présente cession sera, dans le délai de trois jours, rendue publique : 1° par extraits apposés dans l'auditoire du tribunal de commerce de. . . . ., et dans le lieu des séances de la maison commune de. . . . ., aux tableaux à ce destinés; 2° et par une insertion dans le journal le. . . . ., qui se publie à. . . . .

Si la cession fait passer la propriété sur la tête des créanciers, on insère la clause suivante :

Afin d'être opposable aux tiers, la présente cession sera dans le délai de trois jours, transcrite sur les registres du bureau des hypothèques de. . . . .,

UNION.
Art. 7.

Les créanciers de M. Leroy, déclarent s'unir pour ne former qu'une seule masse, et agir en nom collectif dans l'intérêt de tous, par l'intermédiaire des commissaires qui vont être nommés, et ils s'interdisent de faire aucune poursuite individuelle, à peine de tous dépens et dommages-intérêts.

A l'égard des saisies, oppositions ou autres actes conservatoires qui auraient été formés antérieurement à ce jour, par quelques-uns des créanciers, ils continueront de subsister, mais au profit de l'union seule, qui se trouve subrogée dans leur effet; la mainlevée ne pourra, en conséquence, en être donnée que par les commissaires.

Art. 8.

MM. Feret et Lemoine, comparants, sont nommés commissaires de l'union, pour en

---

(1) Duranton, XII, 244; Zach., § 565; Larombière, *1267*, 3; Colmar, 20 févr. 1830.
(2) Cass. 3 vent., an XI; 27 juin 1809; 28 juin 1810.
(3) Larombière, *1267*, 4.
(4) Toullier, VII, 245; Larombière, *1267*, 5

(5) Larombière, *1267*, 5.
(6) Toullier, VII. 244; Troplong. *Mandat*, n° 748; Roll., *Cess. de biens*, n° 26; Cass. 3 vent. an XI : contra, Zach., § 565.
(7) Duranton, XII, 244; Roll., *Cess. de biens*, n° 40; Mourlon, *Rep. prat.*, III, p. 496.

nécessité de la faire transcrire au bureau des hypothèques (1); mais, de même que la cession judiciaire, il faut la rendre publique par l'apposition aux tableaux à ce destinés dans l'auditoire du tribunal de commerce du domicile du cédant, ou du tribunal de première instance qui en fait les fonctions, et dans le lieu des séances de la maison commune, et par l'insertion dans le journal d'annonces du lieu du domicile du débiteur, d'un extrait de l'acte de cession, contenant les nom, prénoms, profession et demeure du débiteur (2) (*C. pr.*, 903; *Tarif*, 92).

3346. Si au contraire la cession transfère la propriété aux créanciers, le contrat opère une dation en paiement, et comme tel est soumis à la formalité de la transcription (3) en vertu de la loi du 23 mars 1855.

3347. La cession de biens peut être faite à un seul créancier, puisqu'une seule créance peut être assez forte pour surpasser les facultés du débiteur (4). Si le contrat d'abandonnement se fait avec plusieurs créanciers, il devient nécessaire de régler le mode d'administration et de réalisation des biens, et il est d'usage d'établir par le contrat même, ou par acte séparé, ce qu'on appelle une *union* ou une *direction* de créanciers (5).

3348. Les pouvoirs des commissaires ou syndics désignés par les créanciers sont régis par le contrat, et, à défaut de convention, par les art. 462 et suiv. du Code de commerce.

---

exercer tous les droits, avec les mêmes pouvoirs que ceux conférés par le Code de commerce aux syndics des faillites; mais, bien entendu, sans la surveillance d'un juge-commissaire.

A cet effet, les créanciers confèrent à MM. FERET et LEMOINE tous les pouvoirs nécessaires pour la vente des biens abandonnés, le recouvrement et la répartition de tout l'actif de l'union.

MM. FERET et LEMOINE acceptent les fonctions qui viennent de leur être conférées, mais sous la condition expresse qu'ils ne seront tenus à aucune garantie, soit pour défaut de poursuites, soit pour vices de procédure, et qu'ils seront remboursés par privilège et préférence de tous leurs frais, faux frais et déboursés, sur le simple état qu'ils en fourniront; enfin, qu'ils pourront toujours, et chacun en particulier, se démettre de leurs fonctions, sans avoir besoin d'aucune autorisation ni d'aucun consentement de la part des autres créanciers.

Art. 9.

La vente du fonds de commerce et des immeubles compris dans la cession qui précède aura lieu par adjudication amiable, sans aucune formalité judiciaire, à la requête des commissaires, sans avoir besoin d'y appeler ni le débiteur, ni les autres créanciers.

Art. 10.

Les sommes provenant de la vente des immeubles seront employées, d'abord à rembourser les créanciers ayant sur ces biens des droits de privilège ou d'hypothèque régulièrement conservés; et le surplus, s'il y en a, sera distribué par contribution entre tous les créanciers, avec le prix des meubles et effets mobiliers, et le montant des recouvrements.

Dès que les commissaires auront réuni une somme de cinq mille francs, ils seront tenus d'en faire la distribution entre les créanciers, par voie de contribution amiable.

Il sera procédé à l'égard des créanciers ayant privilège ou hypothèque sur les immeubles, conformément aux règles prescrites par les art. 552 et suivants du Code de commerce.

Art. 11.

Les divers créanciers font réserve expresse de tous les droits de préférence qu'ils

---

(1) Rivière et Huguet, *transc.*, n° 39; Mourlon, *loc. cit.*
(2) Mourlon, *loc. cit.*
(3) Mourlon, *loc. cit.*
(4) Toullier, VII, 234; Roll., *Cess. de biens*, n° 13.
(5) Voir Larombière, *1267*, 12.

3349. Le débiteur peut empêcher ou arrêter l'effet de la cession en payant tous ses créanciers (1).

3350. Les parties peuvent convenir que la vente des biens aura lieu amiablement; mais, à défaut de stipulation à cet égard, les parties sont censées avoir adopté les règles de la cession judiciaire; en conséquence la vente des biens doit être faite judiciairement (2).

3351. La cession de biens ne libère ni les co débiteurs, ni les cautions ou autres coobligés, qui restent tenus des obligations qui leur incombent (3).

3352. *Atermoiement* [Form. 487]. L'atermoiement est un contrat par lequel, sur l'exposé de sa situa-

---

peuvent avoir entre eux, à raison de leurs priviléges ou hypothèques, auxquels il n'est aucunement innové ni dérogé.

De même, il est fait réserve, au profit des divers créanciers, de tous leurs droits, recours et actions en garantie contre les tireurs, accepteurs, endosseurs, codébiteurs solidaires, cautions et autres coobligés du sieur Leroy, pour les exercer et faire valoir, selon qu'il y aura lieu.

Art. 12.

Il sera statué sur tout ce qui n'est pas prévu en ces présentes, par des délibérations en assemblée générale des créanciers convoqués tant par des lettres circulaires que par une insertion faite quinze jours à l'avance, dans le journal le. . . . ., publié à. . . .

Les délibérations seront prises à la majorité formée de la manière indiquée pour le vote du concordat, par les art. 509 et suiv. du Code de commerce.

Art. 13.

Les frais et droits des présentes, et ceux des actes qui en seront la suite ou la conséquence, seront acquittés par les commissaires et prélevés par privilége et préférence sur les premières sommes recouvrées; toutefois, les frais d'ordre, s'il y a lieu, seront imputés sur les prix des immeubles.

Art. 14.

Ces présentes ne deviendront définitives et ne produiront leur effet qu'autant que tous les créanciers de M. Leroy, non ici présents, y auront adhéré dans un mois de ce jour.

Art. 15.

Pour l'exécution des présentes, les parties élisent domicile à. . . . ., en l'étude de Me. . . . ., l'un des notaires soussignés.

Art. 16 et dernier.

Me. . . . est désigné pour recevoir tous les actes de l'union, tels que : vente du fonds de commerce et des immeubles, distribution, répartition, adhésion des créanciers, etc.

Les assemblées de l'union auront lieu en son étude.

Dont acte. Fait et passé, etc.

FORMULE 486. — Adhésion par un créancier.

Et aujourd'hui. . . . .,
Par-devant Me. . . . .
A comparu M. Edouard Didier, négociant, demeurant à. . . . .,
Lequel, ayant pris communication par la lecture que lui a donnée Me. . . . ., l'un des notaires soussignés, de l'acte de cession et d'union passé devant Me. . . . . et son collègue, le. . . . ., dont la minute enregistrée précède, ainsi que du bilan et de l'état du mobilier qui y sont annexés,

---

(1) Toullier, VII, 244; Larombière, *1270*, 4.
(2) Grenier, *Hyp.*, n° 336; Duranton, XII, 244; Larombière, *1267*; 43; Roll., *Cess. de biens*, n°s 49 et 50.
(3) Duranton, XII, 256 Zach., § 565, note 21 ; Roll., *Cess. de biens* n° 112.

tion et de ses pertes, que fait un débiteur malheureux à ses créanciers, ils lui accordent, ou seulement un délai pour les payer, ou tout ensemble, un délai et une remise. Ce contrat diffère essentiellement de la cession de biens, en ce que le débiteur, par ce dernier contrat, est dépouillé de la possession de ses biens, et qu'au contraire, par l'atermoiement, il en reste en possession et continue de les administrer comme auparavant (1).

3353. Les contrats d'atermoiement doivent être consentis par tous les créanciers ; autrement celui d'entre eux qui n'y aurait pas consenti ne serait pas lié, et il pourrait exercer des poursuites contre la personne et sur les biens du débiteur (2).

A déclaré adhérer purement et simplement à l'acte dont il s'agit, et en conséquence, s'obliger à sa pleine et entière exécution, de même que s'il y eût été présent et l'eût signé.

M. DIDIER fait aussi élection de domicile à. . . ., en l'étude de M^e. . . ., l'un des notaires soussignés.

Dont acte. Fait et passé, etc.

FORMULE 487. — Contrat d'atermoiement (N°s 3352, 3353.)

PAR-DEVANT M^e. . . .
ONT COMPARU :
M. Louis-Athanase DUBOIS, cultivateur, demeurant à. . . . .,
D'UNE PART ;

Et 1° M. Honoré LATIRE, banquier, demeurant à. . . . .;
2° M. Eustache LEBLOND, marchand de fer, demeurant à. . . . .;
3° M. Gervais BLONDIN, rentier, demeurant à. . . . .;
4° M. Théodore LACHAUD, maréchal ferrant, demeurant à. . . . .;
5° M. Silvestre GILAIN, grainetier, demeurant à. . . . .;
Tous créanciers de M. DUBOIS,
D'AUTRE PART ;

Lesquels ont dit et arrêté ce qui suit :

M. DUBOIS a exposé à ses créanciers que depuis quelques années plusieurs catastrophes sont venues l'atteindre ; ainsi, en l'année. . . . ., il a éprouvé la perte d'une somme de. . . . ., déposée dans la maison de banque de M. LATOUR, déclaré en état de faillite ; en l'année. . . . ., il a perdu la presque totalité de son troupeau de moutons et de ses bestiaux par une épizootie ; enfin en l'année. . . . ., toutes ses récoltes ont été détruites par la grêle ;

Qu'en raison de ces diverses pertes, il s'est trouvé dans un grand état de gêne, et se voit aujourd'hui dans la pénible impossibilité de remplir ses engagements envers ses créanciers ;

Et qu'il les a réunis devant les notaires soussignés, afin de leur faire la demande d'un délai pour se libérer.

A l'appui de sa demande, il a remis aux créanciers un bilan de son actif et de son passif, duquel il résulte que les biens lui appartenant sont d'une valeur à peu près égale au montant de son passif. Ce bilan, dressé à la date de ce jour, sur une feuille de papier au timbre de cinquante centimes, non enregistré, mais devant l'être avant ou avec ces présentes, est demeuré ci-joint, après avoir été de M. DUBOIS certifié véritable, et que dessus mention de l'annexe a été apposée.

Au surplus, M. DUBOIS offre à ses créanciers le cautionnement de M. DUBOIS, son père, qui interviendra ci-après.

Les créanciers, après avoir pris connaissance du bilan présenté par M. DUBOIS, ont acquiescé à sa demande.

---

(1) Toullier, VII, 240 ; Larombière, *1267*, 11.   (2) Toullier, VII, 252.

SECTION II. — DE LA NOVATION.

3354. La novation, qui est la substitution ou d'une dette à une autre, ou d'un nouveau débiteur à l'ancien, ou d'un nouveau créancier au créancier primitif, doit résulter d'une volonté clairement exprimée, conséquemment elle ne se présume point (*C. N.*, 1273); elle ne peut s'opérer qu'entre personnes capables de contracter (*C. N.*, 1272). Elle a lieu dans les trois cas suivants :

En conséquence, les conventions suivantes ont été arrêtées :

Article 1er.

Un délai de six années, à partir d'aujourd'hui, est accordé à M. Dubois par ses créanciers, pour acquitter par sixième, d'année en année, le premier octobre de chaque année, les sommes dont il est débiteur envers eux, en principal, intérêts et frais, ce à quoi M. Dubois s'oblige.

Par suite, les créanciers font main levée : 1° de la saisie-exécution pratiquée par M. Latire sur les biens meubles de M. Dubois, suivant exploit du ministère de Sergent, huissier à . . . . ., en date du 22 septembre dernier ; 2° de la saisie-arrêt faite par M. Leblond contre M. Dubois, aux mains de M. Ménard, farinier à . . . . , par exploit du ministère du même huissier, en date du 25 du même mois, ainsi que des dénonciations et contre-dénonciations qui ont pu en être faites. Voulant que le tout soit considéré comme nul et non avenu.

Art. 2.

Celles des créances en capitaux qui produisaient des intérêts continueront d'en produire, et celles qui n'en produisaient pas en produiront à partir d'aujourd'hui, le tout sur le pied de cinq pour cent par an.

Art. 3.

Les paiements de chaque sixième, aux époques ci-dessus fixées, s'imputeront d'abord sur les intérêts et subsidiairement sur le capital.

Art. 4.

Les délais ci-dessus sont accordés sous la réserve, pour chaque créancier, de tous les droits, actions, priviléges et hypothèques résultant de son titre de créance, auquel il n'est apporté aucune novation ni dérogation.

Art. 5.

Ces délais sont consentis sous les conditions suivantes, auxquelles M. Dubois s'oblige :

1° Le paiement de chaque fraction d'un sixième aura lieu au domicile à cet effet élu à . . . . ., en l'étude de Me. . . . ., l'un des notaires soussignés, et ne pourra être effectué qu'en bonnes espèces d'or ou d'argent, et non autrement ;

2° Le défaut de paiement d'une seule fraction de l'une des dettes à son échéance entraînera de plein droit l'exigibilité de toutes les sommes capitales qui se trouveront dues aux créanciers, un mois après une simple mise en demeure restée infructueuse, énonçant leur intention d'user du bénéfice de cette clause ;

3° En cas de décès de M. Dubois, avant sa libération, il y aura solidarité et indivisibilité entre tous ses héritiers et représentants pour raison du paiement des sommes qui seront encore dues ; et les significations qui deviendront nécessaires en exécution de l'art. 877 du Code Napoléon auront lieu aux frais de ceux à qui elles seront faites ;

4° M. Dubois perdra le bénéfice des termes qui viennent de lui être accordés, et en conséquence les sommes par lui dues à ses créanciers actuels deviendront exigibles de plein droit, si, dans l'intervalle des six années, il vend tout ou partie de ses biens, ou s'il vient à être saisi mobilièrement ou immobilièrement par des créanciers ultérieurs.

3355. *1er cas.* Lorsque le débiteur contracte envers son créancier une nouvelle dette qui est substituée à l'ancienne, laquelle est éteinte (*C. N.*, *1271*). Comme conséquence, les priviléges et hypothèques de l'ancienne créance ne passent point à celle qui lui est substituée, à moins que le créancier ne les ait expressément réservés (*C. N.*, *1278*); si la novation s'opère entre le créancier et l'un des débiteurs solidaires sans le concours de ses codébiteurs, les priviléges et hypothèques de l'ancienne créance ne peuvent être réservés que sur les biens de celui qui contracte la nouvelle dette (*C. N.*, *1280*). *Exemple :* Vous êtes débiteur envers moi de 2,000 fr. payables à terme et garantis par hypothèque :

Art. 6.

De convention expresse, le présent traité n'aura d'effet que du jour où tous les autres créanciers de M. Dubois y auront adhéré, soit par acte en suite des présentes, soit par acte séparé. Si cette adhésion n'est pas intervenue dans le délai de trois mois de ce jour, le présent acte et les adhésions qui auront pu y être faites dans l'intervalle, seront considérés comme non avenus.

Art. 7.

Dans le mois qui suivra la dernière adhésion des créanciers compris au bilan de M. Dubois, toutes les créances seront vérifiées en l'étude et devant Mᵉ....., l'un des notaires soussignés, les parties prévenues au moins quinze jours à l'avance par lettres de convocation dont elles donneront récépissé. Les difficultés qui pourraient surgir sur cette vérification seront consignées dans un procès-verbal, et jugées en dernier ressort, sans appel ni recours en cassation, par MM. Elie Talbot et Vergniez, avocats à....., en qualité d'arbitres amiables compositeurs.

Immédiatement après cette vérification, ou après la décision des arbitres, le notaire dressera un état des créances contenant : 1° le nom de chaque créancier ; 2° la nature et la date de son titre ; 3° le montant de sa créance, en principal, intérêts et frais.

Art. 8.

Au présent acte est intervenu :

M. Bastien Dubois, propriétaire, demeurant à....., père de M. Dubois, comparant,

Lequel, ayant pris communication du contrat d'atermoiement qui précède et du bilan y annexé, tant par lui-même que par la lecture que lui en a donnée Mᵉ....., l'un des notaires soussignés,

A déclaré se rendre et constituer caution et garant solidaire de M. Dubois son fils, envers tous les créanciers portés au bilan ; et en conséquence s'obliger conjointement et solidairement avec M. Dubois son fils, au paiement exact des dividendes, aux époques d'échéance ci-dessus fixées.

En cas de décès de M. Dubois père avant l'entière libération de son fils, il y aura solidarité et indivisibilité entre tous ses héritiers et représentants, pour raison de l'exécution de son cautionnement.

Le présent cautionnement ne produira son effet qu'autant que le contrat d'atermoiement recevra son exécution par l'adhésion de tous les créanciers ; à défaut de cette adhésion unanime le présent cautionnement sera considéré comme nul, ainsi que l'atermoiement lui-même.

Art. 9.

Les frais et droits des présentes et ceux des actes d'adhésion, vérification de créance, état de créances, etc., seront supportés par M. Dubois fils, sous le cautionnement de M. Dubois père.

Art. 10.

Pour l'exécution des présentes, les parties élisent domicile à....., en l'étude de Mᵉ....., l'un des notaires soussignés, où tous les autres créanciers devront également élire leur domicile.

Dont acte.

Fait et passé, etc.

(*Si des créanciers adhèrent à l'acte d'atermoiement, voir formule* 486).

nous transformons cette créance en une rente viagère de 200 fr., la dette de 2,000 fr. est éteinte, ainsi que l'hypothèque qui la garantissait, et la rente viagère est simplement chirographaire, à moins que je n'aie expressément réservé l'hypothèque, et si vous êtes tenu solidairement avec d'autres au paiement des 2,000 fr., je ne puis réserver l'hypothèque qu'en ce qu'elle grève vos biens (1).

3356. 2° *cas.* Lorsqu'un nouveau débiteur est substitué à l'ancien qui est déchargé par le créancier (*C. N.*, 1271, 2°) [FORM. 488] ; dans ce cas, la novation peut s'opérer sans le concours du premier débiteur (*C. N.*, 1274). Si celui-ci fait une délégation par laquelle il donne au créancier un nouveau débiteur qui s'oblige envers lui, il n'y a novation qu'autant que le créancier accepte le nouveau débiteur et décharge expressément le premier (*C. N.*, 1275); conséquemment la simple indication faite par le débiteur d'une personne qui doit payer à sa place, n'opère point novation (*C. N.*, 1277); mais du moment où le créancier a déchargé le débiteur par qui la délégation a été faite, il n'a point de recours contre lui, si le nouveau débiteur devient insolvable, à moins que l'acte n'en contienne une réserve expresse, ou que le délégué ne fût déjà en faillite ouverte, ou tombé en déconfiture au moment de la délégation (*C. N.*, 1276). Par ce mode de novation, les priviléges et hypothèques primitifs de la créance ne peuvent point passer sur les biens du nouveau débiteur (*C. N.*, 1279). *Exemple*: Vous êtes débiteur envers moi de 2,000 fr., vous vendez un immeuble à Paul moyennant 2,000 fr. que vous me déléguez ; tant que je n'ai pas accepté cette délégation et que je ne vous ai point déchargé de la dette, vous êtes toujours mon débiteur, et je puis réclamer le paiement ou à vous ou à votre acquéreur ; mais si j'accepte la délégation et vous décharge de la dette, je

---

FORMULE 488. — **Délégation emportant novation.**
(N°⁵ 3354 à 3358.)

PAR-DEVANT M°.....

A COMPARU M. Léon LUCAS, herbager, demeurant à.....

Lequel, pour se libérer envers M. Luc DAIX, propriétaire, demeurant à....., de la somme de mille francs, dont il est débiteur envers lui, en vertu de l'obligation pour prêt, qu'il a souscrite à son profit, suivant acte passé devant M°....., qui en a gardé minute, et son collègue, notaires à....., le.....;

A, par ces présentes, délégué, sans autre garantie que celle de sa qualité de créancier de M. VALIN,

A M. DAIX, ici présent, qui accepte,

Pareille somme de mille francs à toucher de M. Jean VALIN, cultivateur, demeurant à....., par préférence au délégant, sur celle de deux mille francs, formant le prix principal de la vente que M. LUCAS a faite à M. VALIN, d'une pièce de terre labourable, située commune de....., lieu dit....., de la contenance de....., section B, n° 15 du plan cadastral, suivant contrat passé devant M°....., qui en a gardé minute, et son collègue, notaires à....., le.....; ce prix a été stipulé payable le....., et productif d'intérêts à cinq pour cent par an, payables chaque année en un seul terme, le....

M. LUCAS a déclaré dans ce contrat qu'il était célibataire, et que l'immeuble vendu n'était grevé d'aucune hypothèque légale ou autre.

Une expédition a été transcrite au bureau des hypothèques de....., le....., vol....., n°.....; et le privilége a été inscrit d'office à cette date, au profit de M. LUCAS, contre M. VALIN, sous le vol....., n°.....

Trois certificats délivrés le....., par M. le conservateur des hypothèques de....., sont négatifs: le premier d'inscriptions, le second de transcription de mutations, et le troisième de transcription de saisie.

---

(1) Comp., Duranton, XII, 299, 303 ; Toullier, VII, 280, 305 ; Troplong, *Vente*, n° 649 ; Larombière, *1273, 9*.

n'ai plus d'action que contre lui, tellement que s'il devient insolvable, je n'ai point de recours contre vous, à moins que je n'en aie fait la réserve ou que votre acquéreur ne fût en faillite ou en déconfiture lors de la délégation ; en outre, ma dette n'est plus garantie par les priviléges et hypothèques que j'avais sur vos biens, mais, bien entendu, je succède à vos droits de privilége et d'action résolutoire sur le bien que vous lui avez vendu. *Exemple de novation sans le concours du premier débiteur* : Paul me doit 2,000 fr.; pour le libérer de cette dette vous vous engagez à me la payer et je vous accepte pour seul débiteur, déclarant en décharger Paul; le consentement de celui-ci n'est pas nécessaire.

3357. 3ᵉ *cas*. Lorsque, par l'effet d'un nouvel engagement, un nouveau créancier est substitué à l'ancien, envers lequel le débiteur se trouve déchargé (*C. N.*, *1271, 3°*); mais la simple indication faite par le créancier d'une personne qui doit recevoir pour lui n'emporte point novation (*C. N. 1277*). *Exemple* : Je suis débiteur envers vous de 5,000 fr., vous me déchargez du paiement de cette somme, parce que je m'oblige à la payer, sur l'ordre que vous m'en donnez, à Pierre, qui devient ainsi mon créancier à votre place.

3358. Par la novation faite entre le créancier et l'un des débiteurs solidaires, les codébiteurs sont libérés. La novation opérée à l'égard du débiteur principal libère les cautions. Néanmoins, si le créancier a exigé, dans le premier cas, l'accession des codébiteurs, ou, dans le second cas, celle des cautions, l'ancienne créance subsiste, si les codébiteurs ou les cautions refusent d'accéder au nouvel arrangement (*C. N., 1281*). (1).

M. Daix disposera comme de chose lui appartenant des mille francs qui lui sont délégués; en conséquence il touchera cette somme de M. Valin ou de tous autres qu'il appartiendra, et il aura droit aux intérêts dont elle est productive, à partir du. . . . .

A l'effet de quoi, M. Lucas met et subroge, par préférence à lui-même et à tous autres, M. Daix, dans ses droits, privilège et action résolutoire contre M. Valin, et notamment dans l'effet de l'inscription d'office susrelatée ; le tout jusqu'à concurrence des mille francs délégués.

Cette subrogation sera opérée en marge de l'inscription d'office.

M. Lucas a remis à M. Daix, qui le reconnaît, la grosse du contrat de la vente faite à M. Valin ; M. Daix promet de l'en aider à toute demande, sous récépissé, et de lui en faire la restitution lorsqu'il aura été remboursé.

Au moyen des présentes, M. Lucas se trouve libéré envers M. Daix, qui déclare expressément l'en décharger, du montant de l'obligation pour prêt sus relaté; par suite M. Daix donne mainlevée pure et simple, avec désistement de ses droits d'hypothèque et consent à la radiation de l'inscription prise à son profit, contre M. Lucas, au bureau des hypothèques de. . . . ., le. . . . ., vol. . . . ., n°. . . . .

En opérant la radiation de cette inscription, M. le conservateur sera déchargé.

M. Daix a remis à M. Lucas, qui le reconnaît, les titres de sa créance.

A ces présentes est intervenu M. Valin, susnommé, qualifié et domicilié.

Lequel ayant pris communication de la délégation qui précède, par la lecture que lui en a donnée Mᵉ. . . . ., l'un des notaires soussignés, a déclaré accepter cette délégation, se la tenir pour signifiée, et en conséquence dispenser M. Daix de lui en faire la signification par huissier. Il déclare, de plus, qu'il n'existe entre ses mains aucune opposition ni aucun empêchement susceptible d'arrêter l'effet de cette délégation.

Pour l'exécution des présentes. . . . ., etc.

Dont acte. Fait et passé, etc.

Si l'acceptation de la part du débiteur a lieu par acte ultérieur, voir infra, au titre de la vente, la formule d'acceptation de transport.)

(1) V. Cass., 18 juill. 1866; J. N., 18630.

SECTION III. — DE LA REMISE DE LA DETTE.

3359. La remise gratuite d'une dette [Form. 489] est une libéralité, et, comme telle, soumise aux règles touchant la capacité de disposer et de recevoir, *supra* n°s *2454, 2462*, la réduction des donations, et le rapport, *supra*, n° *2028*; mais elle n'est pas assujettie aux formes voulues pour les donations (1).

3360. La remise de la dette a lieu expressément ou tacitement. Elle est expresse lorsqu'elle résulte d'un testament (2) ou de tout autre acte, authentique ou sous seing privé; elle peut même avoir lieu verbalement, sauf la preuve à en fournir par les moyens du droit commun, *infra* n°s *3481 et suiv.*; elle doit être acceptée pour éviter la révocation de la part du créancier (3). La remise est tacite lorsqu'elle s'opère par la remise du titre de créance.

3361. Lorsque le titre est sous-seing privé, ou, par analogie, un acte notarié en brevet (4), la remise volontaire de l'original par le créancier au débiteur fait preuve de la libération (*C. N. 1282*); si le créancier allègue que la remise n'ayant pas été volontaire n'entraîne point libération, c'est à lui d'en apporter la preuve, qui peut être établie par tous les moyens (5).

3362. Si le titre est authentique et en minute, la remise de la grosse fait présumer la remise de la dette ou le paiement, mais sans préjudice de la preuve contraire (*C. N. 1283*), qui se fait aussi par tous les moyens. Si la remise de la grosse émane d'un tiers, par exemple du notaire rédacteur de l'acte, n'ayant point de mandat à cet égard, elle ne fait pas présumer la libération du débiteur (6).

3363. Dans tous les cas, si la remise expresse ou tacite a lieu à l'un des codébiteurs solidaires (7), elle produit le même effet au profit de ses codébiteurs (*C. N., 1284*), sans recours de la part du codébiteur déchargé contre ceux-ci, sauf le cas où la remise a été faite à titre onéreux, et seulement, alors, pour la somme qu'il a déboursée (8). La remise ou décharge conventionnelle au profit de l'un des codébiteurs solidaires libère donc tous les autres, à moins que le créancier n'ait expressément réservé ses droits contre ses codébiteurs. Dans ce dernier cas, le créancier ne peut plus répéter la dette que déduction faite de la part de celui auquel il a fait la remise (*C. N., 1285*).

FORMULE 489. — Remise de dette. (N°s 3359 à 3365.)

Par-devant M°......

A comparu M. Eloi Lebon, propriétaire, demeurant à......,

Lequel, en considération de la position malheureuse du sieur André Doublet, journalier, demeurant à......,

A déclaré faire remise pure et simple au sieur Doublet, qui accepte avec reconnaissance :

1° De la somme de deux cents francs, principal de la condamnation qui a été prononcée au profit de M. Lebon contre M. Doublet, suivant jugement rendu par le tribunal civil de....., le.....;

2° Des intérêts de cette somme courus depuis le jour de la condamnation;

3° Et de cent vingt francs montant des frais de poursuites,

En conséquence, M. Lebon renonce à rien réclamer par la suite à M. Doublet, à raison de cette dette.

Par suite, M. Lebon donne mainlevée pure et simple et consent à la radiation entière et définitive de l'inscription prise à son profit contre le sieur Doublet, au bureau des hypothèques de....., le....., vol. 542, n° 25.

---

(1) Duranton, VIII, 395; Marcadé, IV. 787 : Zach., § 428, note 7; Demolombe, XX, 82; Larombière, *1285*, 5; Roll., *Remise de dette*, n° 34; Dict. not., *ibid.*, n° 22; Troplong, *Don*, n° 1076; Caen, 26 fév. 1827; Bordeaux, 4 janv. 1834; Cass., 17 août 1843, 12 nov. 1822, 2 avril 1823; Amiens, 8 fév., 1860; Cass., 2 avril 1862; J. N., 17459.
(2) Larombière, *1285*, 12.
(3) Toullier, VII, 324; Duranton, VIII, 394; XII, 357; Marcadé, IV, 789; Zach., § 569; Larombière, *1285*, 6; Roll., *Remise de dette*, n° 65, Dict. not., *ibid.*, n° 26; contra, Pothier, n°s 574 et 578.
(4) Pothier, n° 572; Toullier, VII, 324; Roll., *Remise de dette*, n° 54; Dict. not., *ibid.*, n° 46; Marcadé, *1283*, 1; Larombière, *1282*, 7.

(5) Duranton, XII, 302; Larombière, *1282*, 11; Cass., 10 avril 1833; 5 mars 1835, 17 avril 1860.
(6) Larombière, *1282*, 8, 9; *1283*, 13; Douai, 13 fév. 1834; 29 nov. 1849; Bordeaux, 11 juill. 1850; Trib. Langres, 16 juin 1859; Cass., 4 avril 1826.
(7) Si la remise a lieu à l'un des débiteurs non solidaires, elle ne profite qu'à lui : Marcadé, *1287*, 4; Larombière, *1284*, 7.
(8) Duranton, XII, 227; Marcadé, *1287*, 8; Zach., § 569, note 12; Larombière, *1284*, 3.

3364. La remise ou décharge conventionnelle accordée au débiteur principal libère les cautions; celle accordée à la caution ne libère pas le débiteur principal; celle accordée à l'une des cautions ne libère pas les autres (*C. N.*, *1287*), qui restent chargés du cautionnement, sous la déduction de la part dont était tenue la caution déchargée (1). Mais ce que le créancier a reçu d'une caution pour la décharge de son cautionnement doit être imputé sur la dette, et tourner à la décharge du débiteur principal et des autres cautions (*C. N.*, *1288*).

3365. La remise de la chose donnée en nantissement, le désistement d'un privilége ou d'une hypothèque, la mainlevée d'une inscription, ne suffisent point pour faire présumer la remise de la dette (*C. N.*, *1286*).

SECTION IV. — DE LA COMPENSATION.

3366. Lorsque deux personnes se trouvent débitrices l'une envers l'autre, il s'opère entre elles une compensation [Form. 490] qui éteint les deux dettes, de la manière et dans les cas ci-après exprimés. (*C. N. 1289*).

3367. La compensation est soumise aux conditions suivantes :

1° Elle n'a lieu qu'entre deux dettes qui ont également pour objet une somme d'argent, ou une certaine quantité de choses fongibles de la même espèce. Ainsi, les prestations en grains ou denrées non contestées, et dont le prix est réglé par les mercuriales, peuvent se compenser avec des sommes d'argent (*C. N.*, *1291*).

2° Il faut que les deux dettes soient également liquides. (*C. N.*, *1291*), c'est-à-dire qu'elles aient l'une et l'autre une existence certaine, que leur quotité soit déterminée, et qu'aucune d'elles ne soit soumise à une condition suspensive (2).

3° Il faut qu'elles soient également exigibles (*C. N.*, *1291*); cependant le terme de grâce, *supra n° 3275*, n'est point un obstacle à la compensation (*C. N.*, *1292*); mais l'exigibilité arrivée par le fait de la mise en faillite du débiteur ne donne pas lieu à la compensation (3) (*C. comm.*, *446*).

En opérant la radiation de cette inscription, M. le conservateur sera déchargé.
Mention des présentes est consentie pour avoir lieu sur toutes pièces où besoin sera.
Dont acte.
Fait et passé, etc.

FORMULE 490. — Compensation. (Nos 3366 à 3376.)

Par-devant M°. . . . .
Ont comparu :
M. Germain Leblond, propriétaire, demeurant à. . . . .,
Et M. Théodore Duret, cultivateur, demeurant à. . . . .,
Lesquels, pour arriver à constater la compensation ci-après énoncée, ont exposé ce qui suit :

I. Aux termes d'une obligation passée devant M°. . . . ., notaire à. . . . ., qui en a gardé minute, et son collègue. le. . . . ., M. Duret s'est reconnu débiteur envers M. Leblond d'une somme de deux mille francs, pour prêt.
En vertu de l'affectation hypothécaire contenue en cet acte, inscription a été prise au profit de M. Leblond contre M. Duret, au bureau des hypothèques de. . . . ., le. . . . ., vol. 632, n° 48.

II. Par contrat passé devant M°. . . . ., qui en a aussi gardé minute, et son collègue, le. . . . ., M. Vincent Masson, cultivateur, demeurant à. . . . ., a vendu à M. Leblond, comparant, une pièce de terre en labour, située commune de. . . . ., lieu dit. . . . ., de la contenance de. . . . ., section B, n° 176, moyennant trois mille francs.

---

(1) Toullier, VII, 334 ; Duranton, XII, 375 ; Marcadé *1387*, 6 ; Gauthier, *Subrog.*, n° 503 ; Mourlon, *ibid.*, p. 513 ; Larombière, *1287*, 3.
(2) Marcadé, *1292*, 3 ; Zach., § 571 ; Larombière, *1291*, 16.
(3) Larombière, *1291*, 27 ; Cass., 12 fév. 1811 et 9 juill. 1860 ; Jur. N., 11690.

4° Il faut que chacun des deux débiteurs soit personnellement créancier de l'autre. Ainsi, le débiteur solidaire ne peut opposer la compensation de ce que le créancier doit à son codébiteur (C. N., *1294*), au delà de la part à la charge de ce dernier dans la dette (1). Le débiteur principal ne peut non plus opposer la compensation de ce que le créancier doit à la caution; mais la caution peut opposer la compensation de ce que le créancier doit au débiteur principal (C. N., *1294*).

3368. La compensation s'opère de plein droit par la seule force de la loi, même à l'insu des débiteurs; les deux dettes s'éteignent réciproquement, à l'instant où elles se trouvent exister à la fois. Si elles sont inégales, elles s'éteignent jusqu'à concurrence de leurs quotités respectives (C. N., *1290*); c'est là une exception à la règle de l'art. 1244, qu'on ne peut se libérer par paiements partiels.

3369. Par suite, et de plein droit également, les priviléges, hypothéques, ou autres garanties attachées aux dettes compensées, s'éteignent, et les cautions sont déchargées, *infra n° 3375*.

3370. La compensation a lieu, quelles que soient les causes de l'une ou l'autre des dettes, sauf cependant dans le cas: 1° de la demande en restitution d'une chose dont le propriétaire a été injustement dépouillé; 2° de la demande en restitution d'un dépôt et d'un prêt à usage; 3° d'une dette qui a pour cause des aliments déclarés insaisissables (C. N., *1293*); 4° d'une obligation annulable non encore annulée, et d'une dette prescrite dont le débiteur n'a pas encore opposé la prescription (2); 5° d'une renonciation faite par avance à opposer la compensation (3).

3371. La compensation s'opère, même lorsque les deux dettes ne sont pas payables dans le même lieu, mais à la charge de faire raison des frais de la remise (C. N., *1296*); ainsi, par exemple, la différence du cours du change (4).

Une expédition de ce contrat a été transcrite au bureau des hypothèques de....., le....., vol. 742, n° 68, et il a été pris une inscription d'office sous le vol. 649, n° 17.

L'Etat sur transcription délivré le même jour ne contient aucune autre inscription que celle d'office.

M. Masson est décédé à. . . ., le. . . . ., laissant pour seul et unique héritier M. Duret, comparant, son neveu, ainsi que le constate un acte de notoriété à défaut d'inventaire reçu par M°. . . . ., notaire à. . . . ., qui en a gardé minute, et son collègue, le. . . . .

Par suite, M. Duret s'est trouvé créancier sur M. Leblond du prix de la vente susrelatée.

De cette situation il résulte ce qui suit :

M. Duret doit à M. Leblond,
Principal de l'obligation, deux mille francs, ci. . . . . 2,000 »
Intérêts de cette somme du. . . . à cejourd'hui, quatre-vingt-quinze francs, ci. . . . . 95 »
Ensemble deux mille quatre-vingt-quinze francs, ci. . . . . 2,095 »

M. Duret doit à M. Leblond,
Prix principal de la vente, trois mille francs, ci. . . . . 3,000 »
Intérêts de cette somme du:. . . . ., à cejourd'hui, douze francs. 12 »

Ensemble trois mille douze francs. . . . . : 3,012 »   3,012 »

La compensation s'opère de plein droit entre les deux mille quatre vingt quinze francs dus par M. Duret, et pareille somme sur les trois mille francs

Report. . . . .   3,012 »

---

(1) Toullier, VII, 377; Duranton, XII, 130; Marcadé, *1294*, 3; Larombière, *1294*, 5; Roll., *Compensation*, n° 81; Cass., 24 déc. 183; contra, Duvergier sur Toullier, VII, 377.
(2) Zach., § 574; Marcadé, *1292*, 4; Troplong, *Prescript.*, n° 24 à 26; Larombière, *1291*, 24, 25.

(3) Zach., §§ 572, 574; Marcadé, *1293*, 5; Larombière, *1293*, 11; Bordeaux, 7 mars 1831; contra, Toullier, VII, 393.
(4) Larombière, *1296*, 2.

3372. Lorsqu'il y a plusieurs dettes compensables dues par la même personne, on suit, pour la compensation, les règles établies pour l'imputation des paiements par l'art. 1256 (*C. N.*, *1297*).

3373. La compensation est opposable au cessionnaire; cependant le débiteur, qui a accepté purement et simplement la cession qu'un créancier a faite de ses droits à un tiers, ne peut plus opposer au cessionnaire la compensation qu'il eût pu, avant l'acceptation, opposer au cédant. A l'égard de la cession qui n'a point été acceptée par le débiteur, mais qui lui a été signifiée, elle n'empêche que la compensation des créances postérieures à cette notification (*C. N.*, *1295*).

3374. Mais la compensation n'a pas lieu au préjudice des droits acquis à un tiers. Ainsi, celui qui, étant débiteur, est devenu créancier (1) depuis la saisie-arrêt faite par un tiers entre ses mains, ne peut, au préjudice du saisissant, opposer la compensation (*C. N.*, *1298*).

3375. Le débiteur qui, sans opposer la compensation, a payé une dette éteinte par cette voie, ou qui a accepté purement et simplement le transport d'une pareille dette (2), reste créancier de la somme qui lui était due, mais c'est une nouvelle créance résultant du paiement indûment fait ou du transport indûment accepté, et pour raison de laquelle il peut agir contre celui qui était son créancier ; toutefois, en exerçant sa créance, il ne peut plus se prévaloir au préjudice des tiers, des privilèges, hypothèques, ou autres garanties qui y étaient attachés, à moins qu'il n'ait eu une juste cause d'ignorer la créance qui devait compenser sa dette (*C. N.*, *1299*) ; par exemple : si je paie une dette dont je suis débiteur envers vous, dans l'ignorance du décès d'une personne dont je suis héritier, et qui est votre créancière (3).

3376. Tout ce qui précède s'applique à la compensation de plein droit ou forcée ; mais il y a aussi la compensation facultative ou volontaire, qui a lieu avec le consentement de celui qui pouvait s'opposer

Report.	3,012 »

dus par M. Leblond; et par suite, M. Duret se trouve entièrement libéré, et M. Leblond est libéré de deux mille quatre-vingt-quinze francs sur la somme par lui due, ci. . . . . 2,095 »

A ce moyen M. Leblond ne doit plus à M. Duret, que neuf cent dix sept francs, ci. . . . . 917 »

M. Leblond a de suite payé cette somme à M. Duret, qui le reconnaît et lui en donne quittance.

Par suite, les privilèges et hypothèques qui garantissaient ces deux créances, se trouvent éteints.

En conséquence, MM. Leblond et Duret donnent mainlevée pure et simple, et consentent la radiation entière et définitive, savoir :

M. Leblond, de l'inscription prise à son profit contre M. Duret, au bureau des hypothèques de. . . . ., le. . . . ., vol. 632 n° 48.

Et M. Duret de l'inscription d'office prise au profit de M. Masson contre M. Leblond, au même bureau, le. . . . ., vol. 649 n° 17.

En opérant la radiation de ces inscriptions, M. le conservateur sera déchargé.

M. Leblond a remis ses titres de créance à M. Duret qui le reconnaît.

Mention des présentes est consentie pour avoir lieu sur toutes pièces où besoin sera.

Dont acte, aux frais de MM. Leblond et Duret, chacun à proportion de sa dette.

Fait et passé. . . . . . etc.

---

(1) Ou si sa créance est devenue compensable : Duranton, XII, 142; Larombière, *1298*. 2.

(2) Marcadé, *1299*. 2; Zach., § 573; Duranton, XII, 434; Larombière, *1299*, 6.

(3) Larombière, *1299*. 7.

à la compensation de plein droit, soit parce que la dette de l'autre débiteur n'était pas liquide et exigible, soit par tout autre motif. La compensation facultative s'opère à l'amiable ou en justice (1).

SECTION V — DE LA CONFUSION.

3377. Lorsqu'un individu, débiteur d'une dette, devient créancier de cette même dette, soit comme héritier ou donataire de son créancier, ou lorsqu'un individu, créancier d'une dette, en devient débiteur comme héritier ou donataire de son débiteur, ou encore lorsqu'un individu succède à la fois au créancier et au débiteur, il se fait une confusion de droits en la même personne qui fait obstacle à l'exercice de la créance, puisqu'elle ne peut se réclamer ni se payer à elle-même (2) ; cette confusion opère de plein droit l'extinction de la dette (*C. N.*, *1300*), et des priviléges et hypothèques qui la garantissaient [FORM. 491].

3378. La confusion ainsi opérée profite à tous ceux qui avaient intérêt à ce que la dette fût acquittée, notamment à ceux qui l'avaient cautionnée. Si la caution devient héritière ou donataire du créancier, le cautionnement s'éteint ; mais cette confusion n'entraîne point l'extinction de l'obligation principale. (*C. N.*, *1301*). Si la caution devient héritière ou donataire du débiteur, le cautionnement s'éteint également, puisqu'elle devient débitrice principale de la dette qui, bien entendu, continue de subsister.

3379. Lorsque la confusion ne s'opère que pour partie, (par exemple : une dette est due par plusieurs solidairement, l'un des codébiteurs succède au créancier, ou bien le créancier succède à l'un des codébiteurs) la confusion opérée à l'égard de l'un des codébiteurs ne profite à ses codébiteurs solidaires que pour la portion dont il était débiteur (*C. N.*, *1209*, *1301*).

3380. Si l'héritier vend à un tiers ses droits successifs, il continue d'être créancier ou débiteur envers la succession, de même que s'il n'avait pas été héritier ; toutefois, comme la cession ne peut nuire aux tiers, les priviléges, hypothèques, cautionnements, etc., éteints de plein droit par la confusion opérée dès l'instant du décès et que l'héritier a révoquée par le fait de la cession, ne peuvent revivre (3).

SECTION VI. — DE LA PERTE DE LA CHOSE DUE.

3381. Lorsque le corps certain et déterminé qui était l'objet de l'obligation vient à périr, est mis hors du commerce, ou se perd de manière qu'on en ignore absolument l'existence, et généralement dans tous les cas où l'accomplissement de l'obligation se trouve matériellement impossible, l'obligation est éteinte si la chose a péri ou a été perdue, ou si l'accomplissement de l'obligation s'est trouvé impossible, sans le fait ni la faute du débiteur, et avant qu'il fût mis en demeure (*C. N.*, *1245*, *1302*), *supra* n° 3276. *1er exemple*. Vous me vendez moyennant 800 fr., *tel* cheval livrable le 1er juin prochain ; dans l'intervalle le cheval tombe malade et meurt sans votre faute ; vous êtes libéré par la perte de la chose, quoique je reste tenu de vous en payer le prix ; car, du jour où vous m'avez vendu, je suis devenu propriétaire, et, de même que j'aurais profité de son accroissement de valeur, de même sa perte retombe sur moi (4).

FORMULE 491. — **Acte constatant une confusion de dette dans le but de faire radier une inscription** (N°s 3377 à 3380).

PAR-DEVANT M°. . . . .
A COMPARU M. Charles LEMAIRE, propriétaire, demeurant à. . . . .
Lequel, pour arriver à constater la confusion ci-après énoncée, a exposé ce qui suit :
Par acte passé devant M°. . . . . qui en a gardé minute, et son collègue, notaires à. . . . , le. . . . , M. LEMAIRE s'est reconnu débiteur envers M. Léon LOLE, rentier, demeurant à. . . . , de deux mille francs, pour prêt ; et, en vertu de l'affectation hypothécaire contenue en cet acte, inscription a été prise au profit de M. LOLE contre M. LEMAIRE, au bureau des hypothèques de. . . . , le. . . . , vol. 482 n° 63.
M. LOLE est décédé à. . . . , le. . . . , laissant pour seul et unique héritier, M. LEMAIRE

---

(1) Larombière, *1293*, 10 ; Dict. not., *Compensation*, n° 69.
(2) Sauf cependant en cas d'acceptation bénéficiaire.
(3) Duranton, XII, 487 ; Marcadé, *1301*,4 ; Massé et Vergé, § 575 ; note 4.

(4) Duranton, XI, 403 ; Marcadé, *1303*, 4 ; Larombière, *1302*, 13 ; Massé et Vergé, § 537, note 5 ; Roll., *Perte de la chose due*, n° 28 ; Dict. not., *ibid.*, n° 9.

2° *exemple*. Vous prenez l'obligation de me faire mon portrait et je m'oblige à vous payer 200 fr.; vous devenez aveugle, l'obligation s'éteint, mais dans ce cas je suis aussi libéré de mon engagement de vous payer les 200 fr. convenus, puisque le portrait n'a point été fait (1).

3382. Lors même que le débiteur est en demeure et s'il ne s'est pas chargé des cas fortuits, l'obligation est éteinte dans le cas où la chose fût également périe chez le créancier si elle lui eût été livrée (*C. N., 1302*) : vous vous êtes obligé à me livrer tel cheval le 1ᵉʳ juin, cette époque se passe sans que vous m'en ayez fait la livraison, et je vous mets en demeure, *supra* n° *3176*, de me la faire; après la mise en demeure le cheval tombe malade et meurt; si vous prouvez que le cheval serait également mort s'il m'avait été livré, la perte retombe sur moi et vous êtes libéré de votre obligation, tandis que je dois toujours vous payer le prix convenu (2) (*Voir C. N., 1787 à 1790*).

3383. Dans tous les cas où le débiteur allègue le cas fortuit, c'est à lui de le prouver (*C. N., 1302*); mais si le créancier prétend que c'est par la faute du débiteur que la chose a péri, c'est à lui d'en faire la preuve (3), et si la preuve est faite, il a droit à des dommages et intérêts contre le débiteur (4).

3384. Toutefois, si le débiteur s'est engagé par une convention particulière à supporter les cas fortuits, la perte, de quelque manière qu'elle ait lieu, retombe sur lui, et il doit des dommages et intérêts (5).

3385. S'il s'agit d'une chose volée, de quelque manière que cette chose ait péri ou ait été perdue, sa perte ne dispense pas celui qui l'a soustraite de la restitution du prix (*C. N., 1302*), quand même la chose eût également péri chez le créancier, si elle fût restée en sa possession (6).

3386. Lorsque la chose vient à périr, à être mise hors du commerce, ou perdue sans la faute du débiteur, il est tenu, s'il a une action en indemnité par rapport à la chose, de la céder à son créancier (*C. N., 1303*). 1ᵉʳ *exemple* : Le cheval mort chez le débiteur est vendu à un équarrisseur pour 20 fr. : ces 20 fr. appartiennent au créancier. 2° *exemple* : Le cheval a été tué par un tiers qui est tenu d'indemniser le propriétaire de la valeur du cheval, cette indemnité appartient au créancier (7).

SECTION VII. — DE L'ACTION EN NULLITÉ OU EN RESCISION DES CONVENTIONS.

3387. Il y a des nullités qui sont d'ordre public et non susceptibles d'être couvertes par une ratification expresse ou tacite; ce qui arrive lorsqu'une convention manque des conditions essentielles à son existence; ainsi : s'il y a eu absence totale de consentement, *supra* n° *3142*, ou si l'obligation n'a pas d'objet, *supra* n° *3159*, ou est sans cause, *supra* n° *3162*, ou a une cause illicite, comme un pacte sur sur une succession future (8); dans ces divers cas et autres analogues, la convention est nulle de plein droit

comparant, son neveu, ainsi que le constate l'intitulé de l'inventaire après son décès, dressé par Mᵉ...., l'un des notaires soussignés, le.....

Ceci exposé, M. Lemaire constate la confusion qui s'est opérée en sa personne, comme seul héritier de M. Lole, de la qualité de débiteur et de celle de créancier, ce qui éteint la dette de plein droit, ainsi que l'hypothèque qui la garantissait.

En conséquence, M. Lemaire donne mainlevée pure et simple, et consent la radiation entière et définitive, avec décharge pour M. le conservateur, de l'inscription ci-dessus relatée.

Mention des présentes et consentie pour avoir lieu sur toutes pièces où besoin sera.

Dont acte. Fait et passé.. etc.....

---

(1) Toullier, VII, 462; Duranton, X,469; Marcadé, *1303*, 4; Zach., § 376, note 13; Larombière. *1302*, 17.
(2) Marcadé, *1302*, 4; Zach., Massé et Vergé,§ 576, note 11; Larombière, *1302*, 11-15.
(3) Marcadé, *1302*,1 ; Larombière, *1148*, 19; Dict. Not., *Perte de la chose due*, n° 20.
(4) Marcadé, *1302*, 1; Roll., *Perte de la chose due*, n° 60.
(5) Marcadé. *1302*. 1; Larombière, *1148*,5.
(6) Pothier, n° 628; Toullier, VII, 468; Marcadé, *1302*, 1 ; Larombière. *1302*, 11 ; Dict. not., *Perte de la chose due*, n° 25; Zach., Massé et Vergé, § 576, note 9; contra, Duranton, XII, 506.
(7) Roll, *Perte de la chose due*, n° 58; Larombière, *1303*, 2.
(8) Vazeille, Presc., II, 547; Troplong, *Vente*, n° 249; Marcadé, *1304*, n° 4; Larombière, *1304*. 56; Zach., Massé et Vergé, § 584, note 6; Limoges, 6 avril 1838; Aix, 2 fév. 1840; Agen, 30 août 1843, Cass., 8 nov. 1842, 14 nov. 1843, 11 nov. 1845; J. N., 10834, 11517, 12335 ; contra, Toullier, VII, 561; Duvergier, *Vente*, I, 230 ; Toulouse. 13 avril 1831, 11 juin. 1834, 10 janv. 1841 ; Cass. 3 août 1829, 11 juill. 1834.

plutôt est réputée *inexistante* et il n'y a pas lieu d'en demander la nullité, car il n'y a pas de prescription qui puisse la valider. Cependant celui qui, à la suite de la convention, se met en possession du bien en faisant l'objet, en devient propriétaire par la prescription, comme le ferait toute personne jouissant sans titre, c'est-à-dire par une possession de 30 ans, non suspendue ni interrompue; mais à aucune époque il ne peut invoquer la convention, et l'autre partie a une exception *perpétuelle* pour la repousser (1). Du reste, toute nullité, même relative, peut être opposée par voie d'exception pendant un temps indéfini : ainsi, un vendeur resté constamment en possession de la chose peut, quel que soit le temps écoulé, opposer à la demande de l'acquéreur l'exception de nullité ou de rescision tirée du dol, de l'erreur, de la violence, de la lésion ou de l'incapacité (2).

3388. Quant aux conventions affectées de nullités susceptibles d'être couvertes par une ratification, et aux conventions sujettes à rescision pour lésion, elles ne sont pas nulles de plein droit, mais seulement annulables sur la demande intentée devant le tribunal, dans la forme ordinaire.

3389. Relativement aux conventions indiquées au numéro précédent, lorsque l'action en nullité ou en rescision n'est pas limitée à un moindre temps par une loi particulière, cette action dure 10 ans (*C. N., 1304*); sauf la suspension et l'interruption (3) dans les cas prévus pour la prescription ordinaire (*C. N., 2251 et suiv.*).

3390. Ce temps ne court, dans le cas de violence, que du jour où elle a cessé; dans le cas d'erreur ou de dol, que du jour où ils ont été découverts; et pour les actes passés par les femmes mariées non autorisées, que du jour de la dissolution du mariage (*C. N., 1304*). Toutefois, dans ce dernier cas, si c'est le mari ou ses héritiers qui ont intérêt à faire annuler l'acte passé par la femme mariée non autorisée, comme ils sont toujours capables, d'agir, le temps court à leur égard, soit du jour de l'acte, soit du jour où le mari en a eu connaissance, s'ils prouvent qu'il ne l'a connu que plus tard (4).

3391. Le délai ne court à l'égard des actes faits par les interdits, que du jour où l'interdiction est levée; à l'égard de ceux faits par les mineurs, que du jour de la majorité (*C. N., 1304*); à l'égard de ceux faits par la personne soumise à un conseil judiciaire, que du jour où cesse la défense de procéder sans conseil (5); à l'égard des personnes placées dans des établissements d'aliénés, *voir l'art. 50 de la loi du 30 juin 1838*.

3392. La prescription de dix ans résultant de l'art. 1304 ne peut plus être invoquée en cas de dol, violence, erreur, si trente ans se sont écoulés depuis la passation de l'acte, lors même qu'on serait encore dans les dix ans de la cessation de la violence, ou de la découverte de l'erreur ou du dol (6).

3393. La simple lésion donne lieu à la rescision en faveur du mineur non émancipé, contre toutes sortes de conventions; et, en faveur du mineur émancipé, contre toutes conventions qui excèdent les bornes de sa capacité, ainsi qu'elle est déterminée au titre *de la minorité, de la tutelle et de l'émancipation* (*C. N., 1305*). Ainsi, lorsqu'un mineur parvenu à l'âge de discernement (7), passe un acte sans l'assistance de son tuteur, ni de son curateur s'il est émancipé, il suffit qu'il ait été simplement lésé pour que la rescision puisse être demandée par son tuteur, ou par lui, dans les dix ans de sa majorité; mais si le mineur n'a souffert aucune lésion, il n'y a point lieu à rescision, à moins qu'il ne s'agisse des actes soumis par la loi à certaines formalités particulières, comme les ventes, les emprunts; ces actes qu'ils soient passés par le mineur ou par son tuteur, sont non pas rescindables, mais annulables pour vice de forme, en

---

(1) Marcadé, IV, 871; *1304*, 4. Voir Demolombe, VII, 387; Demante, III, 221 *bis* 1°; Larombière, *1304*, 54; Paris, 19 juin 1864.
(2) Toullier, VII, 600; Troplong, *Presc.*, n° 827; Larombière, *1304* 31; Paris, 21 avril 1836; Rouen, 9 janv., 1838. Voir cependant Duranton, XII, 549; Marcadé, *1304*, 3.
(3) Vazeille, *Presc.*, II, 572; Solon, *Null.*, II, 498; Massé et Vergé, § 584, note 42; Marcadé, *1304*, 2; Larombière, *1304*, 23, 31, 32; Pau 11 déc. 1835; Limoges, 26 mai 1838 et 4 juill. 1839; Nîmes, 20 juin 1839; Orléans, 27 mai 1842; Agen, 10 janv., 1851; Cass., 8 nov. 1843; contra, Toullier, VII, 615; Duranton, XII, 548; Zach., *loc. cit.*; Roll., *Null.*, n° 69; Angers, 22 mai 1834.
(4) Solon, *Null.*, II, 489; Massé et Vergé, § 584, note 40; Marcadé, *1304*, 1; contra, Toullier, VII, 613; Zach., *loc. cit.* Voir Larombière, *1304*, 23, 51.
(5) Dict. Not., *Conseil judiciaire*, n° 45; Duranton, III, 810; Demolombe, VIII. 766; Larombière, *1304*, 25; contra, Angers, 27 juill. 1859, Cass., 6 juin 1860; J. N., 16704, 16886; selon lesquels le temps court du jour où le pourvu d'un conseil judiciaire a pu attaquer ou ratifier l'acte avec l'assistance de son conseil.
(6) Paris, 22 juill. 1853; contra, Larombière, *1304*, 29.
(7) Si le mineur n'a pas l'âge de discernement, il est incapable de consentir, alors l'acte n'est pas seulement rescindable. Il est radicalement nul pour absence de consentement : Proudhon, *des Pers.*, I, 272; Toullier, VI, 101; Grenier, *Hyp.*, n° 49; Zach., § 579; Larombière, *1304*, 13; Marcadé, *1305*, 4; Cass., 5 oct. 1808.

'absence de toute lésion, et l'action dure dix ans conformément à l'art. 1304; alors même qu'en cas de vente, l'acte a été passé par son tuteur, *infra n° 3401* (1).

3394. Il y a lésion sujette à rescision des conventions faites par le mineur non émancipé : 1° en cas de vente d'un objet que le mineur avait intérêt à garder, quand même il l'aurait vendu à sa valeur et aurait fait bon emploi des fonds; 2° en cas d'acquisition d'un objet qui lui était inutile, quand même il ne l'aurait pas acheté au delà de sa valeur ; 3° lorsque le mineur a fait un mauvais emploi des deniers qui lui sont provenus de la convention, ou les a dissipés en folles dépenses (2) ; 4° lorsqu'il a acheté plus cher que la valeur de l'objet ou a vendu à un prix moindre ; et généralement dans tous les cas où la convention porte directement ou indirectement préjudice au mineur.

3395. Mais les majeurs ne peuvent arguer de l'incapacité du mineur, même lorsqu'il a été lésé, pour demander la rescision des conventions qu'ils ont faites avec lui ; le droit de la demander n'appartient qu'au mineur ou à ses représentants légaux, *supra n° 3158*.

3396. Le mineur n'est pas restituable pour cause de lésion lorsqu'elle ne résulte que d'un événement casuel et imprévu (*C. N., 1306*).

3397. La simple déclaration de majorité, faite par le mineur, ne fait point obstacle à la restitution (*C. N., 1307*); mais si, au lieu de faire une déclaration pure et simple, le mineur trompait l'autre partie sur son âge par des manœuvres frauduleuses, par exemple en lui présentant un faux acte de naissance, il n'y aurait pas lieu à rescision (3).

3398. En effet, le mineur n'est point restituable contre les obligations résultant de son délit ou quasi-délit (*C. N., 1310*); mais s'il transigeait sans l'accomplissement des formalités voulues par la loi, sur les dommages-intérêts auxquels son délit ou quasi-délit donne lieu, et qu'il y eût lésion, il y aurait lieu à rescision de la transaction. Il en serait de même de l'acte par lequel le mineur reconnaîtrait l'existence d'un prétendu délit ou quasi-délit (4).

3399. Le mineur commerçant, banquier, ou artisan, n'est point restituable contre les engagements qu'il a pris à raison de son commerce ou de son art (*C. N., 1308*), à moins qu'il n'exerce un art ou un commerce sans autorisation, *supra n° 1354*.

3400. Le mineur n'est point restituable contre les conventions portées en son contrat de mariage lorsqu'elles ont été faites avec le consentement et l'assistance de ceux dont le consentement est requis pour la validité de son mariage (*C. N. 1309*).

3401. Il n'est plus recevable à revenir contre l'engagement qu'il avait souscrit en minorité, ou qui avait été souscrit en son nom par son tuteur sans l'accomplissement des formes voulues par la loi, lorsqu'il l'a ratifié en majorité, soit que cet engagement fût nul en la forme, *supra n° 3387*, soit qu'il fût seulement sujet à rescision, *supra n° 3388* (*C. N., 1311*). Il en est de même si le mineur a laissé écouler le temps fixé pour la durée de l'action en nullité ou rescision.

402. Lorsque les mineurs, les interdits, les individus pourvus d'un conseil judiciaire, ou les femmes mariées sont admis, en ces qualités, à se faire restituer contre leurs engagements, le remboursement de ce qui aurait été, en conséquence de ces engagements, payé pendant le temps de l'incapacité, ne peut en être exigé (5), à moins qu'il ne soit prouvé que ce qui a été payé a tourné au profit de l'incapable (*C. N., 1312*).

3403. Les majeurs ne sont restitués pour cause de lésion que dans les cas et sous les conditions spécialement exprimés par la loi (*C. N., 1313*).

3404. Lorsque les formalités requises à l'égard des mineurs ou des interdits, soit pour aliénation d'immeubles, soit pour un partage de succession, soit pour une transaction, ont été remplies, ils sont,

---

(1) Solon. *Null.*, II, 468 ; Zach., Massé et Vergé. § 584, note 7 ; Marcadé, *art. 1311* ; Larombière, *1304*, 46 ; 1305, 11, 12 ; Riom, 8 mai 1829 ; Nîmes, 14 janv. 1839 ; Paris, 24 nov. 1840 et 18 août 1847 ; Grenoble, 10 juin 1842 ; Rouen, 17 janv. 1846 ; Lyon, 23 nov. 1850 ; Cass., 24 nov. 1826, 25 nov. 1835 ; 7 juill. 1851 et 25 mars 1851 ; J. N., 17188 ; contra, Duranton, III, 538 et X, 482 ; Grenier, *Hyp.*, 48 ; Roll, *Null.*, n° 20 ; et *Rescision*, n° 48 ; Vazeille, *Presc.*, 550 ; Chardon, *Dol.*, II, p. 286 ; Toulouse, 7 juin 1830 ; Grenoble, 21 mars 1833 ; Metz, 1er juin 1821 ; Bordeaux, 10 janv. 1829 ; Rennes, 1er août 1833 ; Cass., 8 mars 1843 ; Bordeaux, 21 avril 1838. V. Cass., 18 juill. 1864 ; J. N., 18074.

(2) Marcadé, *art. 1306*.

(3) Toullier, VII. 598 ; Duranton, XII, 289 ; Zach., § 582 ; Roll. *Rescision*, n° 45 ; Marcadé, *art. 1307* ; Larombière, *1307*, 3.

(4) Marcadé, *art. 1310* ; Toullier, VII, 587 ; Larombière, *1310*, 6 et 7.

(5) Voir Cass., 28 août 1841 ; J. N., 11239.

relativement à ces actes, considérés comme s'ils les avaient faits en majorité ou avant l'interdiction (*C. N.*, *1514*). En conséquence ils ne peuvent les attaquer pour lésion que dans les cas où les parties majeures le peuvent elles-mêmes.

CHAPITRE SIXIÈME

DE LA PREUVE DES OBLIGATIONS ET DE CELLE DE LEUR EXTINCTION.

3405. Celui qui réclame l'exécution d'une obligation doit la prouver ; réciproquement, celui qui se prétend libéré doit justifier le paiement ou le fait qui a produit l'extinction de son obligation (*C. N.*, *1315*), car c'est toujours à celui qui élève une prétention contre un droit préalable à prouver qu'elle est fondée. *Exemple* : Je suis possesseur d'un cheval, vous prétendez que je me suis obligé à vous le livrer, c'est à vous de le prouver. Si, ne contestant pas votre demande, je prétends qu'elle est éteinte par la mort fortuite du cheval, je dois établir la preuve de l'accident. Si vous alléguez que l'accident est arrivé par mon fait, c'est à vous de prouver ma faute. Si enfin pour échapper aux conséquences de la mise en demeure, je soutiens que l'animal eût également péri s'il vous eût été livré; *supra* n° *3208*, c'est à moi de le prouver (1).

3406. On invoque souvent comme règle de droit, qu'on n'est pas tenu de faire la preuve d'un fait négatif ; ceci doit être entendu dans le sens qu'on n'est pas tenu de prouver la négation qu'on oppose à une réclamation non justifiée. Mais si une négation est opposée à une prétention établie, c'est à celui qui l'oppose à la prouver : Par *exemple*, vous avez souscrit une reconnaissance à mon profit sans exprimer la cause, je vous en réclame le montant, et vous opposez le défaut de cause; à qui incombe la preuve? Ce n'est pas à moi, j'ai un titre qui établit ma prétention ; en alléguant le défaut de cause vous critiquez mon titre, justifiez votre allégation ; c'est donc à celui qui invoque le défaut de cause à en faire la preuve (2).

3407. La loi règle successivement ce qui touche : 1° la preuve littérale, c'est-à-dire la preuve écrite; 2° la preuve testimoniale ; 3° les présomptions ; 4° l'aveu de la partie ; 5° le serment. Ces règles vont être expliquées sous les cinq sections qui suivent (*C. N.*, *1316*).

SECTION PREMIÈRE. — DE LA PREUVE LITTÉRALE.

§ 1. — DU TITRE AUTHENTIQUE.

3408. L'acte authentique (3) est celui qui a été reçu par officiers publics ayant le droit d'instrumenter dans le lieu où l'acte a été rédigé, et avec les solennités requises (*C. N. 1317*), *supra* n°s *294 et suiv*.

3409. L'acte qui n'est point authentique par l'incompétence ou l'incapacité de l'officier, ou par un défaut de forme, vaut comme écriture privée, c'est à dire comme acte sous seing privé, s'il a été signé des parties (*C. N. 1318*), encore bien qu'il n'ait été fait qu'un seul original (4) ; ou, s'il est unilatéral, qu'il n'ait pas été revêtu du *bon pour* ou de l'*approuvé* (5), *infra* n° *3449*, ou qu'il n'ait été reçu qu'en brevet (6). L'acte reçu par le notaire suspendu ou destitué avant la signification du jugement vaut comme acte authentique ; l'acte passé depuis ne vaudrait que comme acte sous seing privé, si les parties

---

(1) Marcadé, *1315*, 1 ; Larombière, *1315*. 8.
(2) Toullier, VI, 175 et IX, 83; Pardessus, *Dr. comm.*, II, 52; Dict. not., *Obligation*. n° 90; Roll., *Cause des oblig.*, n° 63; Bonnier, *Preuves*, n° 557 ; Pomjol, *1131*, 8 ; Massé et Vergé, § 587, note 2 ; Marcadé, *1315*.3, Larombière, *1132*. 4 ; Mourlon, II, p. 559 ; Rennes, 24 août 1810 ; Liège 9 fév. 1824 ; Bourges; 12 fev. 1825 ; Agen, 3 juill. 1830 : Nîmes, 17 déc. 1840. Cass., 16 août 1848 ; J. N., 13518; CONTRA, Duranton, X, 355; Zach., § 587, note 2. et § 615, note 6.
(3) Il y a quatre sortes d'actes authentiques : 1° les actes législatifs émanant du gouvernement ; 2° les actes administratifs éma-

nant des diverses administrations publiques ; 3° les actes judiciaires émanant des tribunaux ; 4° les actes notariés. Ceux-ci seuls font l'objet du présent paragraphe.
(4) Duranton, XIII, 71 ; Bonnier, n° 377 ; Larombière, *1318*, 3 ; Zach., § 589, note 11, Marcadé, *1318*, 1 ; Bruxelles, 17 juin 1812; Paris, 13 avril 1813 ; Cass., 18 mai 1827.
(5) Duranton, XIII, 73 ; Bonnier, n° 377, 378 ; Marcadé, *1318*, 2. Massé et Vergé, § 589, note 10; Larombière, *1318*, 2.
(6) Marcadé, *1318*, 2.

ignoraient le cas d'empêchement (1), mais l'acte renfermant des conventions synallagmatiques, non signé par le notaire (2), ou signé de lui, mais reçu hors de sa présence, même par un clerc (3), ou reçu par lui hors de la présence réelle des témoins, quand la loi la rend obligatoire, *supra* n° 363, ne vaut pas comme acte sous seing privé. S'il y a plusieurs parties contractantes, il suffit qu'une seule n'ait pas signé pour que l'acte n'ait aucune espèce de valeur (4).

3410. L'acte authentique fait pleine foi de la convention qu'il renferme, non-seulement entre les parties contractantes et leurs héritiers ou ayants cause (*C. N., 1319, et loi 25 ventose an XI, art. 19*), mais aussi à l'égard des tiers (5) ; ceux-ci ne pourraient donc le contredire que par la voie de l'inscription de faux, (5 *bis*) sauf les cas de simulation ou de fraude; toutefois l'acte ne peut obliger d'autres personnes que les parties contractantes ou leurs représentants (6).

3411. Néanmoins, en cas de poursuites en faux principal, l'exécution de l'acte argué de faux est suspendue par la mise en accusation ; et, en cas d'inscription de faux faite incidemment, les tribunaux peuvent, suivant les circonstances, suspendre provisoirement l'exécution de l'acte (*C. N. 1319 et loi 25 ventose an XI, art. 19*).

3411 bis. L'acte, soit authentique, soit sous seing privé, fait foi entre les parties, même de ce qui n'y est exprimé qu'en termes énonciatifs, pourvu que l'énonciation ait un rapport direct à la disposition (*C. N. 1320*). Ainsi, dans un titre nouvel, s'il est dit que le débiteur reconnaît devoir la rente et les arrérages à partir de telle époque, cette dernière énonciation, ayant un rapport direct à la disposition, fait pleine foi (7). Quant aux énonciations étrangères à la disposition, elles ne peuvent servir que de commencement de preuve par écrit (*C. N. 1320*) ; par exemple, dans un partage, on porte dans la masse une créance sur l'un des copartageants, avec l'énonciation qu'elle est payable le . . . . . ; cette énonciation étant étrangère à la disposition ne sert que d'un commencement de preuve.

3412. Les énonciations d'un acte concernant des tiers sont sans effet à leur égard ; si dans le contrat de vente d'une maison, on énonce que le mur séparant cette maison d'avec la voisine appartient au fonds vendu, ou est mitoyen, cette énonciation n'a aucun effet à l'égard du propriétaire de la maison voisine et ne peut lui être opposée à aucune époque, quelque ancienne que soit l'énonciation (8).

3413. La contre-lettre, c'est-à-dire l'acte destiné à rester secret, et qui modifie les dispositions d'un acte ostensible (9), ne peut avoir son effet qu'entre les parties contractantes ; elle n'a point d'effet contre les tiers (*C. N., 1321*), et ne peut leur préjudicier, même lorsqu'elle a été faite en la forme authentique (10), ou si, étant sous-seing privé, elle a acquis date certaine (11). Mais les tiers peuvent en profiter, ce qui a lieu lorsqu'une contre-lettre augmente un prix de vente ; alors les créanciers du vendeur, comme exerçant les droits de leur débiteur, peuvent se faire payer, et le prix ostensible, et le montant de la contre-lettre (12).

3414. L'art. 1321, en disposant que les contre-lettres n'ont d'effet qu'entre les parties, modifie (13) la loi du 22 brumaire an VII, art. 40, selon laquelle toute contre-lettre augmentant un prix de vente était nulle ; mais l'amende du triple droit édictée par cette loi a continué d'être due.

§ II. — DE L'ACTE SOUS-SEING PRIVÉ ET DES ÉCRITS PRIVÉS NON SIGNÉS

3415. L'acte sous-seing privé [Form. 492] est celui qui est dressé entre les parties sans l'assistance

---

(1) Marcadé, *1318*. 3; Larombière, *1318*. 4.
(2) Marcadé, *loc. cit.*; Paris, 14 août 1845, 17 déc. 1829; Riom, 13 juin 1835; J. N., 15824. Voir cependant Larombière, *1318*, 2; Riom, 20 janv. 1850; J. N., 14031.
(3) Larombière, *1318*. 5; Cass. 16 avril 1845; Caen, 18 janv. 1845; J. N., 12337, 12627; Nancy, 5 déc. 1857; M. T., 1857, p. 1026.
(4) Bonnier, n° 376; Marcadé, *1318*, 4; Cass., 27 mars 1812, 26 juill. 1832; contra, Toullier, VIII, 129 è 137; Duranton, III, 72. Voir aussi Larombière, *1318*, 8 et suiv.
(5) Toullier, VIII, 148; Marcadé, *1319*, 2; Larombière, *1319*, 15.
(5 *bis*.) V. Besançon, 2 mai 1856; Cass., 8 janv. 1866; Grenoble, 17 janv. 1857; J. N., 18643, 18724.
(6) Larombière, *1319*, 10; Cass., 9 mars 1853; Caen, 27 sept. 1856, Jur. N., 11167.
(7) Pothier, n° 752; Larombière, *1320*, 2.

(8) Duranton, XIII, 98, Marcadé, *1320*. 5 ; Bonnier, n° 394; Larombière,*1320*, 10; Roll., *Énonciation*, n° 10; contra, Toullier, VIII, 164.
(9) Marcadé, *1121*, 1 ; Zach., § 589; Roll., *Contre-lettre*, Larombière, *1321*, 1.
(10) Toullier, VIII. 162; Zach., § 589, note 20; Larombière. *1321*, 9 Dalloz. n° 3198 ; Marcadé, *1321*,1; Dict. not., *Contre-lettre*, n° 6.
(11) Cass.. 20 avril 1803; J. N., 17732.
(12) Bonnier, n° 400. Marcadé. *art. 1131*, Massé et Vergé, § 589, note 21; Dict. Not., *Contre-lettre*. n° 22; Larombière,*1321*. 11.
(13) Chardon, *Dol et fraude*, 51 ; Toullier, VIII, 160 ; Duranton, XIII, 103 ; Bonnier, n° 403; Marcadé, *1321*. 5; Larombière, *1321*, 7; Dict. Not.. *Contre-lettre*. n° 20. Massé et Vergé § 589, note 21. Cass.. 10 janv. 1819: Dijon, 9 juill., 1828; Aix, 21 fév. 1832; Douai, 10 juill., 1844; J. N., 12148; contra, Roll., *Contre-lettre*, n° 13; Zach., *loc. cit.*; Cass., 10 fév. 1809; Bruxelles; 25 mars 1812; Metz, 19 fév. 1818.

d'un notaire. Il n'est assujetti à aucune autre forme que celle d'être signé (1) par les contractants (2); il peut être écrit par une personne non partie à l'acte; il n'est pas nécessaire qu'il contienne l'indication du lieu où il est fait (3); il peut être écrit en idiome ou en langue étrangère (4), même au crayon pourvu que l'écriture soit lisible (5).

3416. Les actes sous-seing privé qui contiennent des conventions synallagmatiques (6) ne sont valables qu'autant qu'ils ont été faits en autant d'originaux qu'il y a de parties (7) ayant un intérêt distinct. Il suffit d'un original pour toutes les personnes ayant le même intérêt (8). Chaque original doit contenir la mention du nombre des originaux qui en ont été faits. Le défaut de mention que les originaux ont été faits doubles, triples, etc., et l'omission d'avoir fait les actes doubles, triples, etc. (9), ne peuvent être opposés par celui (10) qui a exécuté de sa part, ou commencé d'exécuter la convention portée dans l'acte (C. N. 1325); et il est couvert par le dépôt de l'acte opéré par les parties entre les mains d'un notaire (11). Il n'en est pas de même si le dépôt n'a été fait que par quelques-unes des parties (12).

FORMULE 492. — Cadre d'actes sous-seing privé. (Nos 3415 à 3422.)

1° VENTE SOUS-SEING PRIVÉ.

LES SOUSSIGNÉS :
M. Louis LORIN, négociant, demeurant à. . . . .,

D'UNE PART ;

Et M. Charles DIEZ, cultivateur, demeurant à. . . . . .,

D'AUTRE PART ;

Conviennent de ce qui suit :
M. LORIN, vend, en s'obligeant à la garantie, etc. (*le surplus comme en la formule de la vente*).
Fait double à. . . . .

2° PARTAGE SOUS-SEING PRIVÉ.

LES SOUSSIGNÉS :
1° M. Léon MARC, propriétaire, demeurant à. . . . . ;
2° M. Eugène DUBOIS, négociant et Mme Léonie MARC, son épouse, de lui autorisée, demeurant ensemble à. . . . . ;
3° Mlle Marie MARC, majeure, sans profession, demeurant à. . . . . ;
M. MARC, Mme DUBOIS et Mlle MARC, seuls héritiers chacun pour un tiers de M. Pierre MARC, leur père, en son vivant propriétaire, demeurant à. . . . ., où il est décédé le. . . . .
Ont procédé ainsi qu'il suit au partage en trois lots, des biens immeubles dépendant de la succession de M. MARC, leur père.

MASSE.

Etc. . . . .
(*Le surplus comme en la formule 323*).
Fait triple à. . . . ., le. . . . .

(1) Cass., 8 nov. 1842; J. N., 11518.
(2) Il n'est même pas exigé que les signatures de tous les contractants soient apposées sur chaque original; il suffit que chaque original contienne les signatures des parties autres que celles à qui il est remis : Toullier, VIII. 344; Duranton, XIII, 430; Larombière, 1325, 35; Bordeaux, 16 déc. 1844; Nancy, 23 juin 1849.
(3) Toullier, VIII, 259; Duranton, XIII, 427; Larombière, 1325, 1.
(4) Toullier, VIII, 160; Roll., *Acte s.-s. p.*, n° 37; Larombière, 1325.
(5) Roll., *Ecriture*, n° 9., Larombière, 1325, 1.
(6) Voir Larombière, 1325, 11 à 19.
(7) Et que chaque partie ait un original en sa possession: car si tous les originaux sont restés dans les mains d'un seul des contractants, l'acte est nul, comme s'il n'existait qu'un seul original ; Paris, 25 fév. 1859; J. N., 16527.
(8) Voir Larombière, 1325, 23 à 26; Lyon, 27 mai 1862; J. N., 17581.

(9) Toullier, VIII, 333; Duranton, XIII, 164; Larombière, 1325. 30 à 33; Marcadé, *art.* 1325; Donnier, n° 502; Zach., § 590, note 9; Roll., *Double écrit*, n° 62; Bruxelles, 2 déc. 1807 et 23 avril 1811; Gênes, 12 déc. 1810; Paris 23 mars 1811.; Cass., 15 fév. 1814; 17 août 1814; 1er mars 1830, 29 mars 1832; Riom, 13 janv. 1855. Voir cependant Amiens, 26 août 1842; J. N., 11427.
(10) Mais les autres peuvent encore s'en prévaloir : Larombière 1325, 41.
(11) Toullier, VIII, 340; Zach., § 590, note 14; Larombière 1325, 42; Roll., *Double écrit*, n° 56; Paris, 27 janv. 1808; Bordeaux, 23 nov. 1843, Cass., 20 déc. 1830; 29 mars 1852; 7 juill. 1858; J. N 16408.
(12) Larombière, 1325, 42; Roll., *Double écrit*, n° 57; Bordeaux, 13 mars 1829; CONTRA Toullier, VIII, 325.

3417. Du reste, lorsque l'acte n'est pas valable, la convention peut toujours être prouvée (1) par l'aveu de la partie, par l'exécution de l'engagement, et même par la preuve testimoniale, l'acte sous seing privé non valable comme écrit, à défaut d'avoir été fait double, triple, etc., pouvant servir de commencement de preuve par écrit (2).

3418. Le billet ou la promesse sous-seing privé [FORM. 493] par lequel une seule partie s'engage, en qualité de débitrice directe, ou de caution (3), ou de dépositaire (4), ou à tout autre titre, envers l'autre, à lui payer (5) une somme d'argent ou une chose appréciable, doit être écrit en entier de la main de celui qui le souscrit, avec l'indication en toutes lettres, et non en chiffres seulement, de la somme ou de la chose (6); ou du moins il faut qu'outre sa signature, il ait écrit de sa main (7) un *bon* ou un *approuvé* (8) portant en toutes lettres la somme ou la quantité de la chose, ou, si la somme est indéterminée, l'indication que la partie s'oblige pour une somme indéterminée (9); le tout excepté dans le cas où l'acte émane de marchands, artisans, laboureurs (10), vignerons, gens de journée et de service (11), (C. N., *1326*). Sont marchands tous ceux qui exercent un négoce, les banquiers, manufacturiers (12), etc., etc.

FORMULE 493. — **Reconnaissance sous-seing privé avec cautionnement.**

(Nos 3418 à 3422.)

LES SOUSSIGNÉS :

M. Vincent DUBOIS, propriétaire, et Mme Olympe LAVILLE, son épouse de lui autorisée, demeurant ensemble à....., reconnaissent devoir à M. Charles RICHARD, rentier, demeurant à....., la somme de mille francs et deux hectolitres de blé première qualité, le tout pour prêt, qu'ils s'obligent, solidairement entre eux, à rendre à M. RICHARD, en sa demeure, le....., avec intérêt des mille francs à cinq pour cent par an, à partir d'aujourd'hui.

M. Louis LAVILLE, propriétaire, demeurant à....., père de Mme DUBOIS, ici intervenant et aussi soussigné, déclare se rendre caution solidaire de M. et Mme DUBOIS, envers M. RICHARD, pour raison de la somme de mille francs et des deux hectolitres de blé première qualité; en conséquence il s'oblige solidairement avec M. et Mme DUBOIS, à les rendre à l'époque et au lieu sus-exprimés, avec l'intérêt ci-dessus stipulé.

A....., le.....

Bon pour mille francs avec intérêt et deux hectolitres de blé première qualité. — DUBOIS.
Bon pour mille francs avec intérêt et deux hectolitres de blé première qualité. — FEMME DUBOIS, NÉE LAVILLE.
Approuvé le cautionnement solidaire de mille francs avec intérêt et deux hectolitres de blé première qualité. — LAVILLE.

---

(1) Toullier, XIII, 132; Duranton, XIII, n° 161; Larombière, *1325*, 89. Roll., *Double écrit*, n° 69; Bonnier, n° 562; Marcadé, *1325*, 1; Zach., § 340 et 390, notes 10 et 13; Turin 6 mai 1806; Cass., 13 fév. 1812 et 15 fév. 1814 : Bordeaux, 27 juill. 1858; Cass., 16 mai 1859.

(2) Marcadé, *1325*; *1347*, 5; Bonnier, n° 563; Toullier VIII, 361; Troplong, *l'Vente*, n° 33; Larombière, *1325*; 38; Roll., *Double écrit*, n° 72; Mussé et Vergé, § 390, note 12; Bordeaux, 3 mars 1820; Besançon, 12 juin 1828; Grenoble, 2 août 1859; Nîmes, 18 nov. 1851; Colmar, 31 juill. 1864; Cass., 28 nov. 1864; J. N., 18171; CONTRA, Paris, 27 nov. 1814; Colmar, 6 mars 1813; Aix, 23 nov. 1813; Amiens, 15 juill. 1839; Bourges, 29 mars 1834; Bastia, 14 juill. 1846; Bordeaux, 31 juill. 1839; Caen, 4 fév. 1857; Jur. N., 10998; Orléans, 21 déc. 1861.

(3) Duranton, XIII, 175; Roll., *Approb. d'écrit.*, n° 18; Zach., § 590, note 19; Nancy, 9 mars 1848; Paris, 17 fév. 1829; 14 mai 1816; 20 août 1853; 21 mai 1855; Rennes, 14 mai 1845; Bordeaux, 17 juin 1852; Cass., 18 fév. 1822, 21 août 1827, 1er fév. 1836, 13 avril 1850, 1er mars 1853; Lyon, 2 fév. 1860; J. N., 15577, 17040; Nîmes, 22 juin 1864; Orléans, 25 déc. 1864; CONTRA, Paris, 13 mars 1846; Lyon, 12 avril 1832.

(4) Toullier, VIII, 304; Duranton, XIII, 171; Larombière, *1326*, 9; Roll., *Approb. d'écrit.*, n° 15; Cass., 12 brum. an XII et 12 janv. 1844; Toulouse, 13 juill. 1850.

(5) Si l'acte unilatéral constate un paiement, il ne tombe pas sous l'application de l'art. 1326; il n'y a donc pas nécessité qu'il soit écrit de la main de celui qui reçoit ni qu'il soit revêtu du *bon* ou de l'*approuvé*. — Duranton, XIII, 233; Zach., § 390, note 16; Larombière *1326*, 14; Cass., 23 mars 1806.

(6) Marcadé; *1327*, 1; Larombière, *1326*, 8.

(7) Si l'acte contenant un billet ou une promesse émane de plusieurs personnes, chacune d'elles doit écrire de sa main le *bon* ou l'*approuvé*, l'acte serait nul à l'égard de la partie qui aurait omis cette formalité. — Duranton, XIII, 179; Roll., *Approb. d'écrit.*, n° 44 et 41; Toullier, VIII, 309; Marcadé, *art. 1326*; Bonnier, n° 550; Zach., § 390, note 17; Larombière, *1326*, 6; Bruxelles, 23 juill. 1811; Cass., 6 mai 1805; Paris, 1er mars 1865.

(8) Les mots : *Approuvé l'écriture ci-dessus*, ou ceux : *J'approuve l'écriture ci-dessus, vue et lue*, sont insuffisants: Cass., 17 août 1808, 27 janv. 1812, et 18 fév. 1822; Paris, 19 avril 1830; Metz, 28 mars 1833; Caen, 28 nov. 1817; J. N., 13277. V. Rouen, 23 fév. 1865.

(9) Zach., § 390, note 20; Metz, 23 mars 1843; Cass., 1er mars 1853; Paris, 24 mai 1855; J. N., 11577, CONTRA, Agen, 9 nov. 1823; Douai, 35 nov. 1833.

(10) Le propriétaire qui donne la plus grande partie de ses terres à ferme et exploite le surplus, n'est pas considéré comme simple laboureur: Caen, 28 août 1847; J. N., 13277. V. Rouen, 23 fév. 1865.

(11) L'exception ne s'applique pas à leur femme, leur approbation est donc nécessaire. — Larombière, *1326*; Roll., *Approb. d'écrit.*, n° 20; Cass., 17 août 1808, 8 août 1815, 6 mai 1816, 21 avril 1813, 21 août 18.7, 26 fév. 1845, 31 août 1859; Paris, 6 janv. 1860; J. N., 12304; Seine, 30 sept. 1864; Lyon, 12 janv. 1867; CONTRA, Cass., 23 avril 1827. Voir Cass., 9 déc. 1839; J. N., 10706.

(12) Toullier, VIII, 299; Zach., § 390, note 22; Roll., *Approb. d'écrit.*, n° 33; Marcadé, *1327*, 4; Larombière, *1326*, 10; Metz, 21 juin 1845.

3419. La disposition de l'art. 1326 s'applique à tous les cas où une obligation réciproque ne vient pas se soumettre à la formalité d'un double écrit (1) ; ainsi un acte unilatéral fait double, triple, etc., est insuffisant pour échapper à la formalité du *bon* ou de *l'approuvé* (2).

3420. Lorsque l'acte unilatéral n'est point valable, à raison de l'absence du *bon* ou de *l'approuvé*, l'engagement de payer peut être néanmoins établi, prouvé par les modes de preuve réglés par la loi, même par la preuve testimoniale ; l'acte, dans ce cas, valant commencement de preuve par écrit (3).

3421. Lorsque la somme exprimée au corps de l'acte est différente de celle exprimée au *bon*, l'obligation est présumée n'être que de la somme moindre, lors même que l'acte, ainsi que le *bon*, sont écrits en entier de la main de celui qui s'est obligé, à moins qu'il ne soit prouvé de quel côté est l'erreur (C. N., 1327).

3422. Les actes sous-seings privés produisent leur effet à partir du jour de leur date en ce qui concerne les parties (4), leurs héritiers ou autres successeurs généraux et leurs ayants cause (5) qui ne peuvent contester la date, sinon pour dol et fraude (6) ; mais ils n'ont de date contre les tiers que : 1° du jour où ils ont été enregistrés (7) ; ou, 2° du jour de la mort de celui ou de l'un de ceux qui les ont souscrits (8) ; ou, 3° du jour où leur substance est constatée dans des actes dressés par des officiers publics, tels que procès-verbaux de scellés ou d'inventaire (C. N., 1328), sans qu'on puisse suppléer à l'un de ces trois modes ; par exemple, il ne suffit pas, pour prouver la date, que l'un des signataires perde les deux mains, ou devienne paralytique, ou parte pour un long voyage (9) ; il ne suffit pas non plus que l'acte ait reçu son exécution (10), ni qu'il ait été énoncé dans une contrainte émanée de la régie de l'enregistrement (11). Toutefois les quittances d'intérêts, loyers, fermages, arrérages et même de capitaux, qu'il est d'usage de ne pas faire enregistrer, font foi de leur date (12), sauf à celui qui les conteste à prouver l'antidate.

FORMULE 494. — **Dépôt d'actes sous-seings privés avec reconnaissance d'écriture et de signatures.** (Nos 3423 à 3425.)

Par-devant Me.....

Ont comparu :

M. Eloi Touvin, propriétaire, demeurant à.....,

Et M. Louis Chargeau, cultivateur, demeurant à.....,

Lesquel ont, par ces présentes, déposé à Me....., l'un des notaires soussignés, et l'ont requis de mettre au rang de ses minutes, à la date de ce jour, pour qu'il en soit délivré grosse, expédition ou extrait à qui il appartiendra :

1° L'un des originaux d'un acte sous seing privé, fait double à....., le....., aux termes duquel M. Touvin a donné à titre de bail à ferme pour neuf années, qui commenceront à courir le....., à M. Chargeau, quatre hectares de terre en six pièces, situées commune de....., moyennant, outre la charge des impôts, un fermage annuel de trois cents francs, et quatre poulets.

---

(1) Toullier, VIII, 300 ; Duranton, XIII, 179 ; Bonnier, n° 550 ; Marcadé, *1327*, 2 ; Cass., 8 août 1815, 9 mai 1816.

(2) Toullier, VIII, 307 ; Marcadé, *1327*, 2 ; Roll., *App. d'écrit.*, n° 27 ; Larombière, *1326*, 11.

(3) Toullier, VIII, 281 ; Duranton, XIII, 189 ; Roll., *loc. cit.*, n° 63 ; Bonnier, n° 554, Marcadé, *1347*, 5 ; Larombière, *1326*, 28 ; Zach., § 590, note 28 ; Orléans, 14 janv. 1828 ; Lyon, 26 janv. 18 déc. 1828 ; 2 fév. 1860 ; Grenoble, 14 mai 1828 ; Bordeaux, 31 mars 1830 ; Metz 28 mars 1833 ; Caen, 28 août 1847 ; Paris, 14 mai, 1846, 24 mai 1855, 6 janv. 1860 ; Cass., 2 juin 1823, 1er juill. 1828, 4 fév. 1829. 14 mai 1831, 21 mars 1832, 18 nov. 1834, 6 fév. 1839, 20 fév. 1845 ; 13 déc. 1853 ; J. N., 13277, 17010 ; Grenoble, 18 avril 1866.

(4) Quand bien même la partie aurait été représentée à l'acte, soit par un tuteur, Cass., 8 juin. 1859 ; — 2° une femme, par son mari.— Bordeaux, 24 janv. 1827 ; Amiens, 9 avril 1832 ; Cass., 13 mars 1854 ; Jur. N., 10235. — sauf à la femme ou ses héritiers à prouver la fraude. — Troplong, *Contr. de mar.*, n° 1725, Cass., 23 janv. 1825 et 13 mars 1854 ; 3° par un mandataire ; Roll., *Acte s. s. p.*, n° 81 ; Larombière, *1328*, 88 ; Paris, 6 mess., an XI et 17 janv. 1834.

(5) Cass., 15 juin 1843 ; J. N., 11740.

(6) Marcadé, *1328*, 2 ; Paris, 28 janv. 1839 ; Colmar, 30 juill. 1831 Dijon, 17 mars 1835 ; Orléans, 25 août 1837 et 21 mars 1838 ; Cass. 17 mai 1831 et 8 mars 1836.

(7) Voir Cass., 11 janv. 1847 ; J. N., 12930.

(8) Mais non du jour du décès de celui qui a écrit le corps de l'acte, lorsqu'il ne l'a pas signé : Larombière, *1328*, 45 ; Rouen. 14 juill. 1847 ; Cass., 29 déc. 1848 ; J. N., 13574.

(9) Duranton, XIII, 431 ; Larombière, *1328*, 44, 50 : Roll., *Acte s. s.* n° 72 ; Bonnier, n° 573 ; Marcadé, *1328*, 4 ; Cass., 27 mai 1821 ; Toulouse, 7 juill. 1834 ; Grenoble, 9 mai 1823 ; Bordeaux, 4 août 1836 ; Angers, 18 fév. 1837 ; Douai, 11 août 1837 ; Nîmes, 27 mai 1840 ; Augers, 4 déc. 1841.

(10) Cass., 28 juill. 1856.

(11) Cass., 23 nov. 1841 ; J. N., 11100.

(12) Toullier, VIII, 249, 250 ; Duranton, XVI, 504 ; Troplong, *Vente*, n° 290 ; Duvergier, *Vente*, II, 204 ; Bonnier, n° 570 ; Larombière, *1328*, 23 à 27 ; Marcadé, *1328*, 45 ; Besançon, 15 fév. 1827, Bourges, 3 fév. 1836 ; Nîmes, 5 janv. 1837 ; Toulouse, 5 juin 1840 ; Cass., 14 nov. 1836 et 5 août 1839.

3423. L'acte sous seing privé reconnu par celui auquel on l'oppose ou légalement tenu pour reconnu, a, entre ceux qui l'ont souscrit et entre leurs héritiers ou ayants cause, la même foi que l'acte authentique (C. N., 1322) et peut, comme lui, être attaqué par la voie de l'inscription de faux (1). A l'égard des tiers (2), ils ont toujours le droit de prouver la simulation ou la fraude (3).

3424. L'écriture ou la signature d'un acte sous seing privé pouvant être méconnues, la reconnaissance peut en être faite amiablement ou judiciairement de la manière suivante :

3425. *Reconnaissance amiable.* [FORM. 494]. Lorsque tous ceux qui ont été parties à un acte sous seing privé en font le dépôt au rang des minutes d'un notaire, en déclarant reconnaître les écriture et signatures (4), l'acte acquiert l'authenticité de même que s'il avait été passé devant notaire.

3426. Si le dépôt avec reconnaissance n'émane que de quelques-unes des parties, il est insuffisant pour conférer l'authenticité à l'acte sous seing privé (5) ; cependant il en est autrement s'il s'agit d'une obligation unilatérale et si la partie qui reconnaît l'acte est le débiteur ; le créancier peut, en ce cas, se faire délivrer une grosse de l'acte sous seing privé déposé et poursuivre le débiteur (6).

3427. Si les parties ont donné à l'une d'elles le pouvoir de faire le dépôt, le dépôt ainsi fait confère l'authenticité à l'acte sous seing privé (7).

3428. L'acte sous seing privé légalement reconnu devient exécutoire comme acte authentique, et il peut en être délivré une grosse en même temps que de l'acte de dépôt avec lequel il ne fait plus qu'un (8).

3429. Quant aux actes pour lesquels la loi prescrit la forme de l'authenticité, tels que les donations, les contrats de mariage, les reconnaissances d'enfant naturel, les constitutions d'hypothèque, etc., s'ils ont été passés sous seing privé, le dépôt qui en serait fait devant notaire serait impuissant à leur conférer l'authenticité et ils resteraient entachés de nullité (9).

2° Et l'original d'une reconnaissance en date du. . . . . ., souscrite par M. CHARGEAU, au profit de M. TOUVIN, de mille francs. pour prêt, stipulés remboursables le. . . . . ., et productifs d'intérêts à cinq pour cent par an, payables le. . . . .

En outre MM. TOUVIN et CHARGEAU reconnaissent, comme émanant bien d'eux mêmes, les signatures de chacun d'eux apposées au pied de l'acte sous seings privés du. . . . .

Et M. CHARGEAU reconnaît, comme émanant bien de lui, la signature apposée sur la reconnaissance déposée et les mots *bon pour mille francs* qui la précèdent.

Voulant, les comparants, que l'acte et la reconnaissance dont il s'agit, acquièrent l'authenticité de même que s'ils eussent été reçus par un notaire, dans la forme voulue pour les actes notariés.

L'acte sous seings privés dûment enregistré, écrit sur une feuille de papier au timbre de un franc, contenant deux renvois et l'approbation de dix mots rayés comme nuls ; et le billet, écrit sur un timbre proportionnel de 50 cent., sans renvoi ni mot rayé, non encore enregistré, mais devant l'être avant ou avec ces présentes, sont demeurés ci-joints, après avoir été des comparants certifiés véritables, et que sur chacun d'eux, mention de l'annexe a été apposée.

Dont acte. Fait et passé. . . . ., etc.

---

(1) Duranton, XIII. 423 ; Marcadé, *1322,* 2.
(2) Comp. Marcadé, *1322,* 2 ; Larombière. *1322.* 5.
(3) Limoges, 20 mai 1859 ; Cass., 13 mars 1864 ; J. N., 17128.
(4) Toullier, VIII, 200 ; Grenier, *Hyp.,* n° 67 ; toutefois Troplong *Priv.,* n° 506 ; Persil, art. 2127 ; Larombière, *1317,* 40 ; Roll.. *Acte authent.,* n° 49. enseignent que le dépôt suffit pour conférer l'authenticité. Cépendant Roll., n° 50 conseille la reconnaissance.
(5) Toullier, VIII, 200 ; Larombière, *1317,* 40 ; Roll., *acte authent,* n° 44.

(6) Roll.. *Acte authent.,* n° 45 ; Larombière. *1317,* 40 ; Cass., 11 juill.. 1815 ; Bourges, 27 juin 1823.
(7) Troplong, *Hyp.,* n° 506 ; Larombière, *1317,* 40 ; Roll.. *Acte auth.* n° 48 ; Caen, 22 juin 1824 ; trib. Largentière. 23 juin 1834 ; CONTRA, Dict. not., *Dépôt e pièces,* n° 23.
(8) Larombière, *1317,* 40 ; Roll.. *Acte auth.,* n° 59 ; Cass., 27 mars 1824 ; trib. Largentière, 23 juin 1854.
(9) Grenier, *Hyp,* n° 159 ; Toullier, V. 474 ; Duranton, VIII. 384 Coin-Delisle, *931,* 2 ; Demolombe, XX, 13 ; Roll., *Acte auth.,* n°s 51 et 52 ; Dict. not, *Dépôt de pièces,* n° 68. Voir Larombière, *1317* 40.

3430. *Reconnaissance judiciaire.* Celui auquel on oppose un acte sous seing privé est obligé d'avouer ou de désavouer formellement sa signature ou son écriture. Ses héritiers ou ayants cause peuvent se contenter de déclarer qu'ils ne connaissent point l'écriture ou la signature de leur auteur (*C. N.*, *1323*).

3431. Dans le cas où la partie désavoue son écriture ou sa signature, ou si ses héritiers ou ayants cause déclarent ne les point connaître, la vérification en est ordonnée en justice (*C. N.*, *1324*).

3432. La demande en vérification et reconnaissance d'écriture est dispensée du préliminaire de conciliation (*C. pr. 49, 7°*); elle se porte devant le tribunal civil du lieu du domicile du défendeur, et elle est assujettie aux formes tracées par les art. 193 à 213 C. pr.

3433. Cette demande peut avoir lieu avant l'exigibilité de l'obligation (1); mais cependant elle ne doit pas aggraver la position du débiteur; en conséquence il ne peut être pris aucune inscription hypothécaire en vertu du jugement de reconnaissance qu'à défaut de paiement de l'obligation, après son exigibilité, à moins qu'il n'y ait eu stipulation contraire; et les frais relatifs à ce jugement ne peuvent être répétés contre le débiteur que dans le cas où il a dénié sa signature. Quant aux frais d'enregistrement, ils ne sont à la charge du débiteur que dans le cas de dénégation, ou lorsqu'il a refusé de se libérer à l'échéance de la dette (*Loi 5 sept. 1807*).

3434. Le jugement portant reconnaissance d'écriture ou de signature, mais qui ne prononce point de condamnation, n'est pas un *titre exécutoire*; conséquemment, il n'autorise pas à poursuivre, par la voie parée, l'exécution de l'acte (2).

3435. Si, sur la demande en justice, il est prouvé que la pièce est écrite ou signée par celui qui l'a déniée, il est condamné à 150 fr. d'amende, outre les dépens, dommages et intérêts de la partie, et l'exécution de l'acte à laquelle il peut être condamné, même par corps (*C. pr.*, *213*).

3436. *Ecrits privés non signés.* Les registres des marchands régulièrement tenus peuvent être admis par le juge pour faire preuve entre commerçants pour faits de commerce (*C. comm. 12*). Mais à l'égard des personnes non marchandes, ils ne font point preuve des fournitures qui y sont portées (*C. N.*, *1329*); ils constituent seulement un commencement de preuve suffisant pour autoriser le juge à déférer le serment supplétoire (3), mais non à permettre la preuve testimoniale (4).

3437. Les livres des marchands font preuve contre eux; mais celui qui veut en tirer avantage ne peut les diviser en ce qu'ils contiennent de contraire à sa prétention (*C. N.*, *1330*). (4 bis).

3438. Les registres et papiers domestiques ne font point un titre pour celui qui les a écrits. Ils font foi contre lui : 1° dans tous les cas où ils énoncent formellement un paiement reçu; 2° lorsqu'ils contiennent la mention expresse que la note a été faite pour suppléer le défaut du titre en faveur de celui au profit duquel ils énoncent une obligation (*C. N.*, *1331*). *Exemple* : J'écris sur un registre, ou même sur une feuille volante, la note suivante : « M. Petit m'a prêté ce jourd'hui....., 500 francs, sans que je lui en aie donné de reconnaissance, » cette énonciation vaut titre tant qu'elle n'est pas biffée. *Autre exemple* : J'écris la note suivante sur un morceau de papier attaché à un titre au porteur : « Ce titre au porteur » appartient à M. Petit, demeurant à. .; il me l'a confié pour toucher le dividende échu le.... »; cette note vaut aussi titre. (4 *ter*.)

3439. L'écriture mise par le créancier ou son mandataire à la suite, en marge ou au dos d'un titre, (soit d'un acte simple, soit du double qui forme le titre du créancier), qui est toujours resté en la possession du créancier (5) fait foi, quoique non signée ni datée par lui ou son mandataire, lorsqu'elle tend à établir la libération du débiteur (*C. N.*, *1332*); mais il n'en serait plus de même si elle était de la main d'un tiers ou du débiteur (6).

3440. Il en est de même de l'écriture mise par le créancier, ou son mandataire, au dos, ou en marge,

---

(1) Roll., *Reconn. d'écrit.*, n° 10 Dict. not., *ibid.*, n° 6; Larombière, *1323*, 2.
(2) Roll., *loc. cit.*, n° 14; Agen, 18 déc. 1823.
(3) Duranton, XIII, 106; Marcadé, *1329*, 1; Bonnier, n° 634; Zach., § 591, note 5; Larombière, *1329*. 12.
(4) Bonnier, n° 634; Marcadé, *1329*, 2; Larombière, *1329*, 16; Clermont-Ferrand, 28 déc. 1856; contra, Toullier, VIII, 369.
(4 *bis*) V. Paris, 5 janv. 1867; M. T., 1867, p. 137.
(4 *ter*) Paris, 27 déc. 1866, 13 janvier 1867; M. T., 1867 p. 90, 849.

(5) Toullier, VIII, 353; Duranton XIII, 212; Bonnier, n° 639; Larombière, *1332*, 5; contra, Marcadé, *1332*, 2; Massé et Vergé, I 592.
(6) Bonnier, 2° éd., 659, 659; Demante, II, 808, 809; Zach., § 592, note 6; Larombière, *1332*, 3; Colmar, 6 déc. 1816; contra, Toullier Duranton, *loc. cit.*; Roll., *Preuve*, n°s 25, 26, qui distinguent si le titre est resté ou non en la possession du créancier, et ils enseignent pour le premier cas qu'il n'est pas nécessaire que l'écriture soit de la main du créancier, et pour le deuxième cas que cela est nécessaire.

ou à la suite, soit d'une quittance, soit de celui des doubles d'un titre qui appartient au débiteur (1), si cette quittance ou ce double sont en la possession du débiteur (*C. N.*, *1332*) (2).

§ III. — DES TAILLES.

3441. On appelle *taille* (3), un petit baton fendu dans sa longueur en deux moitiés, dont l'une reste aux mains du fournisseur en conservant le même nom de *taille*, tandis que l'autre est remise au consommateur, et prend le nom d'*échantillon* ou contre-taille. A chaque fourniture qui se fait, on rapproche les deux moitiés et on fait sur le tout, des entailles transversales appelées *coches*, dont le nombre indique la quantité des choses fournies. Ce moyen de constatation est surtout en usage chez les boulangers.

3442. Les tailles corrélatives à leurs échantillons font foi entre les personnes qui sont dans l'usage de constater ainsi les fournitures qu'elles font et reçoivent en détail (*C. N.*, *1333*).

§ IV. — DES COPIES DE TITRES.

3443. Les copies d'actes authentiques, lorsque le titre original subsiste, ne font foi que de ce qui est contenu au titre, dont la représentation peut toujours être exigée (*C. N.*, *1334*).

3444. La copie figurée *supra* n° *615*, tenant lieu du titre original *(C. Pr.*, *205)*, fait la même foi que lui (4).

3445. Lorsque le titre original n'existe plus, c'est-à-dire lorsqu'il est constaté qu'il ne se trouve plus au rang des minutes du notaire qui l'a reçu, et que rien n'indique son existence ailleurs (5), les copies font foi, suivant l'art. 1335 C. N., d'après les distinctions suivantes :

1° Les grosses, *supra* n° *554* (6), et les premières expéditions, *supra* n° *487*, font la même foi que l'original ; il en est de même des copies appelées secondes grosses, *supra* n° *570*, qui ont été tirées par l'autorité du magistrat, parties présentes ou dûment appelées, soit sur la minute du titre original soit par forme d'ampliation sur une grosse délivrée (7) (*C. Pr.*, *844*), ou de celles qui ont été tirées en présence des parties ayant capacité de contracter (8) et de leur consentement réciproque.

2° Les copies qui, sans l'autorité du magistrat, ou sans le consentement des parties, et depuis la délivrance des grosses et premières expéditions, ont été tirées sur la minute de l'acte par le notaire qui l'a reçu, ou par l'un de ses successeurs, ou par officiers publics qui, en cette qualité, sont dépositaires des minutes, *supra* n°* *517 et suiv.*, peuvent, en cas de perte de l'original, faire foi quand elles sont anciennes. Elles sont considérées comme anciennes quand elles ont été délivrées depuis plus de trente ans ; si elles ont moins de trente ans, elles ne peuvent servir que de commencement de preuve que par écrit. (8 *bis*.)

3° Lorsque les copies tirées sur la minute d'un acte ne l'ont pas été par le notaire qui l'a reçu, ou par l'un de ses successeurs, ou par officiers publics, qui, en cette qualité, sont dépositaires des minutes (ce qui arrive dans le cas, assez rare, ou un notaire autre que celui qui a reçu l'acte est dépositaire de la minute), elles ne peuvent servir, quelle que soit leur ancienneté, que de commencement de preuve par écrit.

4° Les copies de copies, appelées copies collationnées, *supra* n° *527*, peuvent, suivant les circonstances, être considérées comme simples renseignements ; c'est-à-dire peuvent avoir pour effet d'autoriser le juge à déférer le serment supplétoire (9).

3446. La transcription d'un acte (10) sur les registres publics, à la conservation des hypothèques, ne peut servir que de commencement de preuve par écrit, et il faut même pour cela : 1° qu'il soit constant que toutes les minutes du notaire, de l'année dans laquelle l'acte paraît avoir été fait, soient per-

---

(1) Larombière. *1332*, 8; contra, Toullier et Duranton, *loc. cit.*,
(2) Marcadé, *loc. cit.*, Larombière, *1332*. 8; contra Duranton, Bonnier, *loc. cit.*
(3) Marcadé, *1333*. voir aussi Larombière, *1333*, 1.
(4) Larombière. *1335*. 3.
(5) Marcadé. *1335*, 1 ; Larombière. *1335*, 31 ; Cass., 10 nov. 1830, 19 nov. 1833.
(6) Le texte dit *ou* premières expéditions ; mais les premières expéditions ont la même force probante que les grosses. — Toullier, VIII, 426 ; Boileux, *art. 1335* ; Dalloz, n° 4330 ; Cass., 17 mess. an X. — L'usage d'indiquer par un style si une expédition est *première* serait donc très-utile. — Contra Marcadé, *1335*, 2 ; Bon-

nier, n° 608, suivant lesquels la première expédition n'a cette force probante que pour les actes dont il n'est pas permis de délivrer une grosse exécutoire. — Larombière, *1335*, 1 et suiv., suivant lequel l'art. ne serait applicable qu'aux grosses, le terme premières expéditions ayant été ajouté comme expression synonyme.
(7) Duranton, XIII, 230 ; Marcadé, *art 1335*, 4 ; Larombière, *1335*, 13.
(8) Larombière, *1335*. 7
(8 *bis*) V. Cass., 1er août 1866 ; J. N., 18610.
(9) Marcadé, *1335*, 4. Voir Larombière, *1335*, 21, 22.
(10) Authentique. — Si l'acte est sous seing-privé, la transcription ne peut servir de commencement de preuve par écrit : Duranton, XIII, 255 ; Larombière. *1336*, 6.

dues, ou que l'on prouve que la perte de la minute de cet acte a été faite par un accident particulier; 2° qu'il existe un répertoire en règle du notaire qui constate que l'acte a été fait à la même date. — Lorsque, au moyen du concours de ces deux circonstances, la preuve par témoins est admise, il est nécessaire que ceux qui ont été témoins de l'acte, s'il existent encore, soient entendus (C. N., 1336).

3447. Mais la simple relation de l'acte au bureau de l'enregistrement ne produit pas, comme la transcription, le commencement de preuve par écrit (1).

§ V. — DES ACTES RECOGNITIFS ET CONFIRMATIFS.

3448. *L'acte récognitif* est celui par lequel le débiteur, dans le but d'empêcher la prescription du titre primordial, reconnaît une obligation établie par ce titre, et se soumet de nouveau à son exécution. L'acte récognitif prend le nom de *titre nouvel* [Form. 495].

3449. Le titre nouvel a pour objet le plus ordinairement des rentes perpétuelles qui, n'étant remboursables qu'à la volonté des débiteurs, peuvent durer une longue suite d'années, et seraient prescrites par l'expiration du délai de trente ans du jour du titre (2); c'est pourquoi, après vingt-huit ans de la date du dernier titre, le débiteur d'une rente peut être contraint à fournir à ses frais un titre nouvel (C. N., 2263). Les rentes viagères aussi, sont soumises à la condition du titre récognitif (3).

FORMULE 495. —**Titre-nouvel.** (N°ˢ 3448 à 3457.)

Par-devant M⁰. . . . .
Ont comparu :
M. Vincent Rentard, propriétaire, demeurant à. . . . .,

D'UNE PART;

Et 1° M. Auguste Danton, cultivateur, demeurant à. . . . .,
2° M. Eloi Danton, charron, demeurant à. . . . .,

D'AUTRE PART ;

Lesquels, préalablement au titre nouvel faisant l'objet des présentes, ont exposé ce qui suit :

I. Aux termes d'un contrat passé devant M⁰. . . . ., notaire à. . . . ., qui en a gardé minute, en présence de témoins, le six ventose an sept, M. Benoît Lecerf, laboureur, demeurant. . . . ., a vendu à M. Louis Germain, aussi laboureur, demeurant au même lieu, une maison sise à. . . . ., rue. . . . .,

Cette vente a eu lieu moyennant la création, au profit de M. Lecerf, d'une rente perpétuelle de cent francs, exempte de retenue, payable au domicile du créancier, le six ventose (vingt-cinq janvier) de chaque année, jusqu'au remboursement que le débiteur pourrait en faire par un capital de deux mille francs.

Lors de la transcription de ce contrat, inscription a été prise d'office, au profit de M. Lecerf, contre M. Germain, au bureau des hypothèques de. . . . ., le. . . . ., vol. 42 n° 125.

II. Suivant autre contrat passé devant M⁰. . . . ., qui en a gardé minute, et son collègue, notaires à. . . . ., le deux avril mil huit cent seize, M. Germain a revendu cette maison, à M. Etienne Danton, cultivateur, demeurant à. . . . ., moyennant cinq cents francs payés comptant, plus la charge de servir la rente de cent francs due à M. Lecerf.

III. Par acte passé devant M⁰. . . . ., qui en gardé minute, et son collègue, le. . . . ., M. Danton a passé titre nouvel de cette rente au profit de M. Lecerf.

IV. M. Lecerf, est décédé à. . . . ., le. . . . ., laissant pour seul et unique héritier, M. Eugène Lecerf, son fils, négociant, demeurant à. . . , outre les droits en usufruit

---

(1) Toullier, IX, 72; Bonnier, n° 754; Marcadé, *1336*, n° 2; Larombière, *1336*, 7; Grenoble, 5 juill. 1813; contra, Duranton, XIII, 285.

(2) Et non pas du jour de l'échéance de la première année.—Roll., Rᵉ de, n° 170; Troplong, *Presc.*, n° 840; Fréminville. *Minor.*, I, 485 ;

Taulier, VII, p. 483; Marcadé, *2263*, 2; Pau, 26 juin 1827; Cass., 5 août 1829; contra. Vazeille, *Presc.*, n° 358; Bordeaux, 16 juill. 1851.

(3) Troplong, *Presc.*, n° 182; Duranton, XXI, 318; Roll., *Titre nouvel*, n° 8; Zach., § 585, note 15; Marcadé, *2263*, 3; contra. Metz, 28 avril 1819.

3450. En ce qui concerne les créances ordinaires, la prescription ne courant que du jour de leur exigibilité, et le créancier pouvant alors exiger le paiement ou interrompre la prescription par des poursuites, le créancier ne peut contraindre son débiteur à lui passer titre nouvel (1).

3451. Lorsqu'un immeuble affecté au service d'une rente est vendu, le tiers acquéreur prescrit l'hypothèque par dix ans, ou par vingt ans (*C. N.*, 2265 2266); le créancier peut donc demander non un titre nouvel, mais un acte de reconnaissance d'hypothèque (2). Cependant si le tiers détenteur a été chargé du service de la rente, par le contrat ou par un jugement d'ordre, il en est devenu débiteur direct, et le créancier peut exiger un titre nouvel, mais seulement après que vingt-huit ans se sont écoulés depuis le contrat ou le jugement d'ordre (3).

3452. Une servitude ne se prescrivant que par le non-usage pendant 30 ans, le créancier de la servitude ne pourrait en exiger un titre nouvel, même à ses frais (4).

3453. Pour consentir un titre nouvel, il faut avoir la même capacité que pour s'obliger; toutefois le tuteur peut le consentir au nom de son pupille, mais non le mari pour sa femme (5).

3454. Le titre nouvel doit être exigé dans le lieu où la rente est payable. Il doit relater : 1o le titre constitutif de la rente, *infra* n° 3455; 2° les diverses mutations par suite desquelles la rente est venue aux mains du créancier qui exige le titre; 3° et les successions, donations ou acquisitions par

de Mme Rosalie LAMBERT, restée sa veuve ; ainsi que le constate l'intitulé de l'inventaire après son décès, dressé par M^e . . . . ., qui en a gardé minute, en présence de témoins, le. . . . .

V. Aux termes d'un acte passé devant M^e . . . . ., notaire à . . . . ., qui en a gardé minute, et son collègue, le. . . . ., Mme veuve LECERF et M. Eugène LECERF ont cédé et transporté la rente de cent francs susrelatée, à M. RENTARD comparant, moyennant dix-huit cents francs, payés comptant.

Signification de ce transport a été faite à M. DANTON, suivant exploit du ministère de . . . . ., huissier à . . . . ., en date du. . . . .

VI. M. Etienne DANTON est décédé à . . . . ., le. . . . ., laissant pour seuls héritiers, chacun pour moitié, MM. Auguste et Eloi DANTON, comparants, ses deux fils, qui, en cette qualité, se sont trouvés débiteurs de la rente.

VII. De ce qui précède il résulte que la rente de cent francs ci-dessus relatée est actuellement due par MM. DANTON comparants, chacun pour moitié, à M. RENTARD, aussi comparant.

Le privilège qui la conserve a été inscrit au bureau des hypothèques de . . . . ., en dernier lieu. . . . ., vol. 424, n° 68.

La dernière reconnaissance du titre ayant plus de vingt-huit ans de date, M. RENTARD a demandé à MM. DANTON, une nouvelle reconnaissance du titre.

CES FAITS EXPOSÉS :

MM. DANTON reconnaissent qu'ils sont toujours débiteurs de la rente perpétuelle de cent francs, exempte de retenue, au capital de deux mille francs, due à M. RENTARD, ainsi qu'il est établi en l'exposé, payable au domicile du créancier, le vingt cinq janvier de chaque année.

En conséquence ils s'obligent à continuer, comme par le passé, le service de la rente.

A la garantie de laquelle rente, en principal et arrérages, la maison ci-dessus désignée reste affectée par privilège et action résolutoire.

Il n'est apporté aucune novation ni dérogation au titre primordial de la rente, qui conserve toute sa force et vertu.

---

(1) Marcadé, *2263*, 3. Paris, 12 juin 1866; Jur. N., 13094.
(2) Troplong, *Presc.*, n° 842; Roll., *Titre nouvel*, n° 4; CONTRA, Nancy, 16 juin 1837.
(3) Roll., *Titre nouvel*, n° 3; Cass., 23 fév. 1831.
(4) Toullier, III, 722; Troplong, *Presc.*, n° 842; Roll., *Titre nouvel*, n° 7; Marcadé, *2263*, 3; CONTRA, Pardessus, *Serv.* n° 296.
(5) Roll., *Titre nouvel*, n° 14; CONTRA, Bellot, *Dot.*, I, p. 267.

suite desquelles le débiteur actuel de la rente en a été chargé. Ce titre, étant un acte émané du débiteur dans le but d'interrompre la prescription, est valable, quoique non accepté par le créancier (1).

3455. Les titres récognitifs, n'étant que la reconnaissance du titre primordial, ne dispensent point de la représentation de ce titre, à moins : 1° que sa teneur n'y soit spécialement relatée (*C. N.*, *1337*) par une analyse suffisamment explicite, et sans qu'il soit nécessaire de le copier textuellement (2) ; 2° qu'il y ait plusieurs reconnaissances conformes soutenues de la possession, et dont l'une ait trente ans de date (*même art.*) (2 *bis*). Mais le débiteur peut consentir à être contraint à l'exécution de la convention, sur la seule grosse du titre nouvel, sans qu'il soit besoin de lui signifier d'autres titres (3).

3456. Ce que les titres récognitifs contiennent de plus que le titre primordial, ou ce qui s'y trouve de différent, n'a aucun effet (*C. N.*, *1337*), quand même l'erreur se trouverait dans une longue suite de reconnaissances (4) ; cependant, par une convention formelle, énonçant l'intention de déroger au titre primitif, il serait permis de stipuler des clauses nouvelles ; ainsi la solidarité entre les héritiers du débiteur d'une rente, surtout s'il y avait dispense de la représentation du titre primordial (5).

3457. Les frais du titre nouvel sont à la charge du débiteur (*C. N.*, *2263*). Lorsqu'il est passé par plusieurs débiteurs pour des parts inégales, chacun d'eux ne doit contribuer dans les frais qu'au prorata de ce qu'il doit.

3458. *L'acte confirmatif* est celui par lequel une personne donne son approbation à un précédent acte, susceptible d'annulation ou de rescision, *supra n° 3387* (6). Il prend plus spécialement le nom de *ratification*, lorsqu'il s'applique à l'approbation des actes passés en notre nom par un tiers.

Toutefois MM. DANTON consentent à être contraints au payement de la rente sur une seule grosse des présentes, sans qu'il soit besoin de la signification d'autre titre.

Les frais et droits des présentes, y compris la grosse pour M. RENTARD, seront supportés par MM. DANTON, chacun pour moitié.

Dont acte. Fait et passé, etc. . . .

FORMULE 496. — **Ratification par un majeur d'une vente qu'il a faite étant mineur.** (N°s 3458 à 3466.)

PAR-DEVANT M°. . . .

A COMPARU M. Charlemagne DIDON, étudiant en médecine, demeurant à. . . . . ; majeur depuis le . . . . , ainsi qu'il le déclare.

Lequel, a exposé ce qui suit :

Aux termes d'un contrat passé devant M°. . . . . , qui en a gardé minute, et son collègue, notaires à . . . le. . . , M. DIDON comparant, alors mineur émancipé, a vendu à M. Vincent DUBARD, cultivateur, demeurant à. . . . . , une maison sise à. . . . . , rue. . . . . , édifiée sur un terrain en cour, contenant. . . . . ares, moyennant deux mille francs, payés comptant.

Une expédition de ce contrat a été transcrite au bureau des hypothèques de. . . . . , le. . . . . , vol. 643 n° 48.

Cette vente ayant été consentie par M. DIDON, pendant sa minorité, sans l'accomplissement des formalités voulues par la loi, serait affectée de nullité.

CECI EXPOSÉ, M. DIDON, dans le but de réparer le vice dont il vient d'être parlé, a déclaré confirmer et ratifier purement et simplement ce contrat de vente ; voulant qu'il reçoive sa pleine et entière exécution, selon sa forme et teneur, de même que s'il l'eût consenti en majorité, et en conséquence s'obliger aux garanties qui y sont stipulées.

Mention des présentes est consentie pour avoir lieu sur toutes pièces où besoin sera.

Dont acte. Fait et passé. . . . . , etc.

---

(1) Roll., *Titre nouvel*. n° 20 ; Larombière, *1337*, 25.
(2) Toullier, X, 334 ; Bonnier, n° 738 ; Larombière, *1337*, 5 ; Roll., *Titre nouvel*, n° 30 ; Cass, 14 juin 1834 ; CONTRA, Marcadé, *1337*, 4.
(2 *bis*) V. Cass., 1er août 1866 ; J. N., 18640.
(3) Larombière, *1337*, 8 ; Cass., 5 déc. 1837.

(4) Pothier, n° 744 ; Toullier, VIII, 744 ; Roll, *Titre nouvel*, n° 31 ; CONTRA, Larombière, *1337*, 16.
(5) Massé et Vergé, § 526, note 9 ; et § 585, note 12 ; 5 avril 1838 ; Comp. Larombière, *1337*, 12.
(6) Roll., *Acte confirmatif* ; Larombière, *1338*, 1.

3459. *Ratification d'un acte sujet à rescision* [FORM. 496]. La convention nulle de plein droit comme manquant des conditions essentielles à son existence, supra n° 3387, ne peut être ratifiée ni expressément ni tacitement (1). L'obligation naturelle est susceptible non précisément d'être ratifiée, mais d'être reconnue ou confirmée (2).

3460. Si la convention est seulement sujette à rescision, pour cause de dol, violence, erreur, lésion, supra n° 3388, elle peut être ratifiée.

3461. La confirmation ou ratification est expresse ou tacite : elle est expresse lorsqu'elle est consentie par écrit; dans ce cas, elle n'est valable que lorsqu'on y trouve : 1° la substance de l'obligation; 2° la mention du motif de l'action en rescision; 3° et l'intention de réparer le vice sur lequel cette action est fondée. (*C. N.*, *1338*). Elle est tacite lorsque, à défaut de confirmation ou ratification par écrit, la convention a été exécutée volontairement, par celui qui pouvait la faire rescinder, après l'époque à laquelle elle pouvait être valablement confirmée ou ratifiée (*C. N.*, *1338*) ; mais pourvu que cette exécution ait eu lieu avec connaissance du vice (3).

3462. La ratification est un acte unilatéral qui n'a pas besoin d'être acceptée ni, si elle résulte d'un acte sous-seing privé, d'être faite en double original (4).

3463. L'effet de la ratification expresse ou tacite est d'emporter la renonciation aux moyens et exceptions que l'on pouvait opposer contre l'acte sujet à rescision, sans préjudice néanmoins, du droit des tiers (*C. N.*, *1338*). Les tiers qui ont contracté avec celui qui a droit à l'action en rescision, et qui ont

---

FORMULE 497. — Ratification d'une vente faite par une femme dotale.

(N°s 3467, 3468.)

PAR-DEVANT M°. . . . .

A COMPARU Mme Christine DOUBLET, propriétaire, demeurant à. . . . ., veuve de M. Louis PICARD.

Laquelle, pour arriver à la ratification faisant l'objet des présentes, a exposé ce qui suit :

Par contrat passé devant M°. . . . ., qui en a gardé minute, et son collègue, notaires à. . . . ., le. . . . ., Mme PICARD comparante, et M. PICARD, son mari, ont vendu à M Léon LHOMME, propriétaire, demeurant à. . . . ., une maison sise à. . . . ., rue. . . . ., n°. . . . ., propre à Mme PICARD, et faisant partie de ses biens dotaux, moyennant treize mille francs, payés comptant.

M. et Mme PICARD étaient en effet mariés sous le régime dotal, avec faculté de vendre les biens immeubles de la femme, sous condition de remploi en acquisition d'autres immeubles, aux termes de leur contrat de mariage passé devant M°. . . . ., notaires à. . . . ., le. . . . .; néanmoins il n'a été fourni aucun remploi à Mme PICARD.

Aux termes de l'art. 1560 du Code Napoléon, Mme PICARD peut demander la révocation de la vente de son immeuble dotal, et rentrer dans la propriété de cet immeuble.

Mais étant devenue veuve, par le décès de M. PICARD, arrivé. . . . ., le. . . . ., et ayant recouvré par ce décès sa capacité d'aliéner, Mme veuve PICARD entend renoncer à son action en révocation.

En conséquence, elle déclare confirmer et ratifier purement et simplement ce contrat

---

(1) Duranton, XIII, 271 ; Championnière et Rigaud, I, 267; Solon, *Null.*, II, 350; Zach . § 586; Marcadé, *1338*, 1 ; Larombière. *1338*, 5; Cass.. 3 juill. 1811, 9 juin 1812, 12 janv. et 14 juill. 1814 ; Bordeaux, 24 déc. 1844 ; CONTRA Toullier et Duvergier, VI, 180; Roll., *Ratif.*, n° 18, qui admettent la ratification, sauf des obligations qui ont une cause illicite.
(2) Larombière, *1338*, 6; Comp. Marcadé, *1338*, 2.

(3) Toullier. VIII. 565 ; Duranton, XIII, 277; Marcadé, *1338*, 3 : Larombière, *1338*, 39 ; Caen, 27 mai 1843 ; Cass., 5 déc. 1836, 9 mai 1842, 19 nov. 1853, 8 juill. 1862, 28 nov. 1866, 14 mai 1867 ; Pau, 21 août 1860, Lyon, 8 fév. 1867 ; J. N., 17499, 18798, 18866. V-Limoges, 29 janv. 1862; J. N., 17573.
(4) Toullier, VIII. 502 ; Roll., *Ratif.*, n° 53; Marcadé, *1338*, 5; Larombière, *1325*, 12; Massé et Vergé, I 589, note 20.

un intérêt à ce que l'acte rescindable ne soit pas ratifié, peuvent s'opposer à la ratification ; ils ont même le droit, dans le délai de l'art. 1304, de demander la nullité de l'acte rescindable (1).

3464. La ratification d'un acte rescindable produisant un effet rétroactif, et n'opérant aucune translation, n'a pas besoin d'être transcrit, quand même l'acte vicié serait d'une date antérieure au 1er janvier 1856, et n'aurait pas été transcrit (2).

3465. *Ratification d'un acte passé en minorité* [FORM. 496]. Il en est de même de la ratification par un majeur d'un acte qu'il a passé étant mineur, *supra* n° 3401 ; l'acte étant ratifié, produit son effet à sa date, sans qu'il y ait lieu de faire transcrire l'acte de ratification, s'il s'agit d'une aliénation, ni de prendre une nouvelle inscription s'il s'agit d'une affectation hypothécaire. L'inscription prise primitivement prime donc celles prises postérieurement à l'acte de ratification (3), mais non celles qui auraient été prises dans l'intervalle de la majorité à la ratification (4), qui ne doit pas préjudicier aux tiers, *supra* n° 3465.

3466. Si l'acte concernant le mineur a été passé par un tiers comme se portant fort pour lui, voir pour les effets de la ratification, *infra* n°^{os} 3475 à 3479.

3467. *Ratification de la vente faite par une femme dotale* [FORM. 497]. Après la dissolution du mariage arrivée par le décès du mari, la femme recouvre sa capacité, et elle peut utilement ratifier la vente de ses immeubles dotaux faite en dehors des cas prévus par la loi. *Infra*, au titre *du contrat de mariage*.

3468. Les héritiers de la femme peuvent aussi consentir cette ratification ; mais si parmi eux il se trouve une femme également mariée sous le régime dotal, elle ne serait apte à ratifier qu'autant que son contrat de mariage permettrait la vente de ses biens dotaux ; et si elle était astreinte à la condition de remploi, la ratification, en ce qui la concerne, ne serait valable que moyennant un remploi.

3469. *Ratification d'une donation* [FORM. 498]. Lorsqu'une donation entre-vifs est nulle en la forme, *supra* n° 2449. le donateur ne peut réparer par aucun acte confirmatif les vices de cette donation ; il faut qu'elle soit refaite en la forme légale. (C. N., 1339). L'exécution de la donation pendant la vie du donateur, ne peut donc avoir pour effet de confirmer la donation. (5)

---

de vente, voulant qu'il reçoive sa pleine et entière exécution selon sa forme et teneur, de même que si elle y eût concouru et l'eût consenti, avec la capacité d'aliéner ; en conséquence elle s'oblige **aux** garanties qui y sont stipulées.

Mention des présentes est consentie pour avoir lieu sur toutes pièces où besoin sera,
Dont acte. Fait et passé. . . . ., etc.

FORMULE 498. — Ratification d'une donation faite par une femme dotale.
(N°^{os} 3469 à 3474.)

PAR-DEVANT M^e. . . . .
E présence des témoins instrumentaires ci-après nommés :
A COMPARU Mme Christine MONNET, propriétaire, demeurant à. . . . ., veuve de M. Alfred JAY.

Laquelle, pour arriver à la ratification faisant l'objet des présentes, a exposé ce qui suit :

Aux termes d'un acte passé, en présence de témoins, devant M^e. . . . ., notaire à. . . . ., qui en a gardé minute, le. . . . ., Mme JAY, comparante autorisée de son mari, a fait donation entre-vifs, à titre purement gratuit, à M. Jacques MONNET, son neveu, propriétaire, demeurant à. . . . ., d'une maison sise à. . . . ., rue. . . . ., n° 25, édifiée sur un terrain

---

(1) Duranton. XIII, 285 ; Grenier. *Hyp.*, 1, 42 ; Battur, *Hyp.*, I, 160 ; Marcadé, *1338*, 5 ; Larombière. *1338*, 58 ; Cass. 16 janv. 1837, Paris 23 juill. 1838 ; Cass., 25 nov. 1856 ; J. N., 15960 ; CONTRA Troplong, *Hyp.*, n° 494.

(2) Troplong. *Transc.*, n°^{s} 97, 131, 350 ; Grosse. *ibid.*, n° 338 ; Larombière, *1338*, 36, 57.

(3) Il n'est donc pas nécessaire de prendre une nouvelle inscription : Toullier, VII, 574 ; Larombière. *1338*, 36 ; Lyon, 30 janv. 1855 ; Cass. 25 nov. 1856 ; J. N., 15960 ; CONTRA Roll., *Ratif.*, n° 87 ; Cass, 12 déc. 1810 ; Paris, 25 juill. 1838 ; Lyon, 4 juin 1845 ; J. N., 12412.

(4) Grenier, *Hyp.*, I, 42 ; Duranton, XIII, 285 ; Marcadé, *1338*, 5 ; Larombière, *1338*, 53 ; 54, 58 ; Dalloz, *Priv.*, n° 4232, Cass., 16 janv. 1837 ; Montpellier, 6 janv. 1866 ; Jur. N., 13002 ; arg., Lyon, 30 janv. 1855 ; J. N., 15960. Voir Troplong, *Hyp.*, n° 487 ; Pont, *ibid.*, n° 648.

(5) V. Lyon. 8 fév. 1867 ; J. N., 13002.

3470. Mais après le décès du donateur, la confirmation, ou ratification, ou exécution volontaire d'une donation par les héritiers ou ayants cause du donateur, emporte leur renonciation à opposer, soit les vices de forme, soit toute autre exception. (*C. N.*, *1340*); pourvu que la ratification ou l'exécution ait eu lieu tout à la fois avec la connaissance du vice à réparer et avec l'intention de le réparer (1). Une pareille ratification faite du vivant du donateur, serait nulle comme stipulation sur une succession future (2).

3471. Aucune prescription n'est applicable à la donation nulle en la forme ; à quelque époque que ce soit, si le donataire en réclame l'exécution, on peut toujours lui opposer le vice dont elle est affectée. Toutefois, si le donataire a été mis en possession de l'objet donné, il prescrit, comme tout autre possesseur, après trente ans, sans interruption ni suspension (3).

3472. Les mêmes principes s'appliquent aux dispositions testamentaires. Les héritiers et ayants cause du testateur peuvent, après sa mort, les ratifier expressément ou tacitement (4) ; mais toujours avec cette condition, qu'ils auront agi en connaissance du vice et avec intention de le réparer (5).

3473. Les donations nulles en la forme, inexistantes pour ce motif, sont les seules qui ne puissent être ratifiées par le donateur; si elles étaient nulles pour un autre motif, par exemple, pour incapacité, elles seraient seulement annulables et le donateur pourrait les ratifier expressément ou tacitement [Form. 498].

3474. La présence réelle d'un second notaire ou de témoins, n'est pas nécessaire pour la ratification d'une donation. Cependant pour éviter toute contestation, il est plus prudent de l'exiger.

3475. *Ratification par une personne dont on s'est porté fort.* [Form. 499, 500]. Nous avons vu *supra* n° 3454, qu'on peut se porter fort pour un tiers, en promettant sa ratification ; il est un autre cas où un acte peut être passé au nom d'un tiers : c'est lorsque le mandataire excède ses pouvoirs (*C. N.*, *1998*).

3476. La ratification de la part de celui pour lequel on s'est porté fort a pour effet de rétroagir au jour du contrat, d'où les conséquences suivantes : 1° Celui qui ratifie est censé être intervenu au contrat et avoir consenti lui-même; 2° la mutation s'est opérée à la date de ce contrat (6).

---

en cour et jardin, contenant....., dont le donataire a été mis en jouissance à partir du jour de la donation.

L'immeuble donné était un bien propre et dotal de Mme Jay, conséquemment elle n'avait pas, pendant le mariage, la capacité nécessaire pour en faire donation, de sorte que l'acte de donation s'est trouvé soumis à une cause de révocation.

Mais M. Jay étant décédé à....., le....., Mme Jay, devenue veuve, a recouvré sa capacité; par suite elle peut valablement consentir une ratification et renoncer à son action en révocation.

En conséquence, Mme veuve Jay, voulant réparer le vice de l'acte de donation susénoncé, déclare confirmer et ratifier purement et simplement cet acte; voulant qu'il reçoive sa pleine et entière exécution selon sa forme et teneur, de même que si elle eût fait la donation ayant toute capacité pour aliéner.

Mention des présentes est consentie pour avoir lieu sur toutes pièces où besoin sera.
Dont acte. Fait et passé, etc.

FORMULE 499. Ratification d'une vente faite par un tiers qui s'est porté fort.
(N°^{s} 3475 à 3479.)

Par-devant M^e.....
A comparu M. Oswal Buret, négociant, demeurant à....., rue....., n°.....

---

(1) Larombière, *1340*, 15; Cass., 31 janv. 1844, et 29 juill. 1856; Lyon, 6 août 1857 ; J. N., 15920, 16163. V. Lyon, 8 fév. 1867; J. N., 18708.
(2) Marcadé, *1340*, 2; Toullier, VIII, 526; Duranton, XIII, 251 ; Larombière, *1340*, 13; Cass., 6 janv. 1838, 31 janv. 1844, 5 janv. 1846.
(3) Marcadé, *1340*, 3; Larombière, *1304*, 62 et *1340*, 16; Bordeaux, 14 mars 1843; Cass., 5 janv. 1846, 28 janv. 1853; J. N., 14755, 17655. Voir cependant, *supra* n° 2573.

(4) Toullier, XI, 73 ; Duranton, IX, 174; Larombière, *1340*, 18 ; Marcadé, *1340*, 4; Massé et Vergé, § 33, note 13 ; Paris, 8 mai 1815; Colmar, 29 mai 1823 ; Paris, 27 fév. 1827 ; Cass., 5 fév. 1829; Bordeaux, 14 mars 1843 ; Rennes, 12 mai 1851 ; Cass., 5 fév. 1829, 14 août 1857, 8 juill. 1862; J. N., 14755, 14785, 16158, 17492.
(5) Marcadé, *1340*, 4; Larombière, *1340*, 18 ; Besançon, 18 juill. 1864.
(6) Larombière, *1338*, 60; Troplong, *Transc.*, n° 55; Grosse, *ibid.*, n° 337 ; contra, Mourlon, *Rev. prat.*, I, p. 502.

3477. Mais si le propriétaire, dans l'intervalle du contrat à la ratification, a transféré à des tiers des droits de propriété, d'hypothèque ou autres sur l'immeuble, et si ceux-ci, avant la transcription de la ratification ou l'inscription prise en vertu de l'acte de ratification, ont rempli les formalités de transcription ou d'inscription exigées pour la conservation de leurs droits, la ratification ne peut leur préjudicier ni leur être opposée (1) (arg. C. N., 1338).

3478. La ratification consentie par le propriétaire de l'immeuble vendu par le tiers qui s'en est porté fort, doit donc être transcrite au bureau des hypothèques (2) (*Loi 23 mars 1855*); et si l'acte ratifié était une constitution d'hypothèque il doit être pris une nouvelle inscription en vertu de la ratification.

3479. La transcription de l'acte de ratification ne dispense point de celle du contrat intervenu entre le porte-fort et l'acheteur (3).

Lequel, ayant pris communication par la lecture que lui en a donnée M°. . . . , l'un des notaires soussignés, d'un contrat passé devant ledit M°. . . . . , qui en a gardé minute, et son collègue, le. . . . . , aux termes duquel M. Louis LEROY, propriétaire demeurant à. . . . . ayant agi au nom du comparant, pour lequel il s'est porté fort avec promesse de ratification, a vendu à M. Charles BENOIT, négociant, demeurant à. . . . . , une maison sise à. . . . , rue. . . . . , n°. . . . , dont l'acquéreur est entré en jouissance le jour même du contrat, moyennant dix huit mille francs stipulés payables dans le délai de six ans, avec intérêt à cinq pour cent par an, à partir du jour du contrat; ledit contrat transcrit au bureau des hypothèques de. . . . . , le. . . . , vol. 648, n° 25.

A, par ces présentes, déclaré confirmer et ratifier purement et simplement le contrat de vente susrelaté; voulant que ce contrat reçoive sa pleine et entière exécution, selon sa forme et teneur, de même que s'il y eût été présent et l'eût signé; en conséquence il s'oblige aux garanties et conditions qui y sont stipulées.

Une expédition de la présente ratification sera transcrite au bureau des hypothèques de. . . . . , et si l'état qui sera délivré sur l'accomplissement de cette formalité fait connaître l'existence d'inscriptions, M. BURET s'oblige d'en rapporter mainlevée et certificats de radiation, à ses frais, dans le mois de la demande amiable qui lui en sera faite au domicile élu par le contrat de vente, à. . . . , en l'étude de M°. . . . . , l'un des notaires soussignés.

Mention des présentes est consentie pour avoir lieu sur toutes pièces où besoin sera.

Dont acte. Fait et passé, etc.

FORMULE 500. — Ratification d'une obligation avec hypothèque consentie par un tiers qui s'est porté fort. (N°ˢ 3475 à 3479.)

PAR-DEVANT M°. . . .

A COMPARU M. Eloi CLÉRET, propriétaire, demeurant à. . . .

Lequel, ayant une parfaite connaissance, ainsi qu'il le déclare, d'un acte passé devant M°. . . . , qui en a gardé minute, et son collègue, notaires à. . . . . , le. . . . . ; aux termes duquel M. Stanislas CAUCHOIS, propriétaire, demeurant à. . . . , ayant agi au nom du comparant, pour lequel il s'est porté fort avec promesse de ratification, a reconnu que le comparant était débiteur pour prêt envers M. Louis LEBERT, rentier, demeurant à. . . . . , d'une somme de. . . . , qui a été stipulée remboursable le. . . . , et productive d'intérêts sur le pied de cinq pour cent par an sans retenue, à partir du jour de l'obligation, payables le. . . . . de chaque année; à la sûreté du remboursement de laquelle somme et du paiement de tous intérêts et autres accessoires, M. CAUCHOIS a hypothéqué une maison sise

---

(1) Duranton, XIII, 286; Troplong, *Transc.*, n° 55; Grosse, *Ibid.*, n° 37; Mourlon, *Loc. cit.*; Larombière, *1338*, 54, 60; Cass., 3 août 1850; J. N., 16714.

(2) Troplong, *Transc.*, n° 129; Larombière, *1338*, 60.

(3) Troplong, *Transc.*, n° 128; Grosse, *Loc cit.*; CONTRA, Mourlon, *Loc. cit.*, p. 505. Selon cet auteur, la transcription de l'acte de ratification peut suffire si cet acte caractérise et précise pleinement, par les énonciations qui s'y trouvent, la vente qui a eu lieu.

3480. *Ratification de partage* [Form. 504]. Nous avons vu, *supra* n°s *2118 et suiv.*, ce qu'est le partage provisionnel, et l'effet qu'il produit, selon qu'il est provisionnel à l'égard de l'incapable seulement, ou à l'égard de tous les copartageants. Dans le premier cas, il est susceptible de ratification de la part de l'incapable, après qu'il est devenu capable; dans le second cas, il doit être procédé entre toutes les parties, à un partage définitif, *supra* n° *2122*.

SECTION II. — DE LA PREUVE TESTIMONIALE.

3481. La preuve testimoniale est celle qui s'établit par l'audition de témoins devant le magistrat compétent; elle n'est admise qu'exceptionnellement, ainsi qu'on va le voir.

3482. Il doit être passé acte, devant notaire ou sous signature privée, de toutes choses excédant la somme ou valeur de cent cinquante francs, même pour dépôts volontaires; et il n'est reçu aucune preuve

---

à....., rue....., n°....., appartenant au constituant, hypothèque qui a été inscrite au profit de M. Lebert, contre M. Cléret, au bureau des hypothèques, de...., le....., vol....., n°.....

A, par ces présentes, déclaré confirmer et ratifier purement et simplement l'acte d'obligation susénoncé; voulant que cet acte reçoive sa pleine et entière exécution, selon sa forme et teneur, de même que s'il y eût été présent et l'eût signé; en conséquence, M. Cléret s'oblige à l'exécution de tous les engagements qui y sont exprimés; renouvelant, en tant qu'il serait besoin, l'hypothèque conférée par M. Cauchois.

M. Cléret consent qu'une nouvelle inscription soit prise contre lui, à ses frais, au profit de M. Lebert, en vertu du présent acte de ratification.

Mention des présentes est consentie pour avoir lieu sur toutes pièces où besoin sera.

Dont acte. Fait et passé, etc.

FORMULE 501. — Ratification d'un partage fait au nom d'un mineur par un tiers qui s'est porté fort. (N° 3480.)

Par-devant M°.....

A comparu M. Théodore Havard, commis de magasin, demeurant à....., majeur depuis le....., ainsi qu'il le déclare.

Lequel, ayant pris communication par la lecture que lui en a donnée M°....., l'un des notaires soussignés, d'un acte passé devant M°....., qui en a gardé minute, et son collègue, le....; aux termes duquel: 1° M. Léon Dubois, propriétaire demeurant à....; 2° Mlle Louise Dubois, majeure, sans profession, demeurant à.....; 3° et M. Jérôme Havard, négociant demeurant à...., ce dernier au nom du comparant, son fils, pour lequel il s'est porté fort, avec promesse de ratification, ont procédé au partage en trois lots des biens immeubles provenant de la succession de M. Charles Dubois, en son vivant propriétaire, demeurant à....., où il est décédé le....., laissant pour héritiers chacun pour un tiers M. et Mlle Dubois, ses deux enfants, et M. Théodore Havard, son petit-fils, à la représentation de Mme Aglaé Dubois, sa mère, décédée épouse de M. Jérôme Havard et fille de M. Dubois; par lequel partage le second lot échu à M. Dubois, comparant, été composé de: 1° une maison....; 2° une pièce de terre.....; 3° une prairie.....; 4° et une somme de..... à titre de soulte, à toucher de M. Léon Dubois, le....., avec intérêts à cinq pour cent par an, à partir du jour du partage, payables le....., de chaque année.

A, par ces présentes, déclaré confirmer et ratifier purement et simplement ce partage; voulant qu'il reçoive sa pleine et entière exécution, selon sa forme et teneur, de même que s'il y eût été présent et l'eût signé en majorité: en conséquence il s'oblige à la garantie du partage et à l'exécution des conditions qui y sont stipulées.

Mention des présentes est consentie pour avoir lieu sur toutes pièces où besoin sera.

Dont acte. Fait et passé, etc.

par témoins, contre ni outre le contenu aux actes, ni sur ce qui serait allégué avoir été dit avant, lors ou depuis les actes, encore qu'il s'agisse d'une somme ou valeur moindre de cent cinquante francs (*C. N.*, *1341*, *1834*; *C. comm.* *41*).

3483. Ainsi, en règle générale, et sauf les exceptions indiquées *infra* n° *3485*, la preuve testimoniale n'est admissible que sous les deux conditions suivantes : 1° qu'il n'y ait point de titre; 2° que la demande ou la contestation ait pour objet un intérêt pécuniaire n'exédant pas cent cinquante francs, ou l'exécution d'une obligation dont l'importance n'excède pas cent cinquante francs.

3484. La preuve testimoniale n'est donc pas admissible dans les cas suivants :

1° Lorsque l'action contient, outre la demande du capital, une demande d'intérêts qui, réunis au capital, excèdent la somme de cent cinquante francs (*C. N.*, *1342*), alors même que le créancier ferait remise des intérêts (1);

2° Lorsque celui qui a formé une demande excédant cent cinquante francs, restreint sa demande primitive (*C. N.*, *1343*);

3° Lorsque la somme demandée, même au-dessous de cent cinquante francs, est déclarée être le restant ou faire partie d'une créance plus forte qui n'est point prouvée par écrit (*C. N.*, *1344*),

4° Lorsque, dans la même instance, une partie fait plusieurs demandes dont il n'y a point de titres par écrit, et que, jointes ensemble, elles excèdent cent cinquante francs, encore que la partie allègue que ces créances proviennent de diverses causes, et qu'elles se soient formées en différents temps; à moins qu'elles ne lui soient provenues par succession, donation ou autrement de personnes différentes (*C. N.*, *1345*). A cet égard, il est de règle que toutes les demandes, à quelque titre que ce soit, qui ne sont pas entièrement justifiées par écrit, doivent être formées par un même exploit, après lequel les autres demandes dont il n'y a point de preuve par écrit ne sont pas reçues (*C. N.* *1346*); si ce n'est lorsque les créances n'étaient pas nées lors de l'introduction de la demande (2) ou n'étaient pas échues à la même époque (3), ou si elles sont de celles dont la preuve testimoniale est toujours admissible selon les règles rappelées au numéro suivant (4).

3485. Il y a exception à toutes les règles ci-dessus, et conséquemment la preuve testimoniale est admissible, même au-dessus de cent cinquante francs et quelle que soit la valeur de la demande :

1° Lorsqu'il existe un commencement de preuve par écrit : on appelle ainsi tout acte par écrit qui est émané de celui contre lequel la demande est formée, ou de celui qu'il représente (5), et qui rend vraisemblable le fait allégué (*C. N.*, *1347*); mais pourvu que ni l'écriture ni la signature ne soient point déniées ou méconnues (6). Cette exception est inapplicable en matière de testament, l'écriture étant de son essence (7).

2° Toutes les fois qu'il n'a pas été possible au créancier de se procurer une preuve littérale de l'obligation qui a été contractée envers lui. Cette seconde exception s'applique : 1° aux obligations qui naissent des contrats, et des délits ou quasi-délits (8); 2° aux dépôts nécessaires faits en cas d'incendie, ruine, tumulte ou naufrage et à ceux faits par les voyageurs en logeant dans une hôtellerie, le tout suivant la qualité des personnes et les circonstances du fait, ce qui est laissé à l'appréciation du juge (9); 3° aux obligations contractées en cas d'accidents imprévus, où il n'aurait pas été possible de faire des actes par écrit (*C. N.* *1348*, *1950*).

3° Lorsque le créancier a perdu le titre qui lui servait de preuve littérale, par suite d'un cas fortuit, imprévu et résultant d'une force majeure (*C. N.*, *1348*). (10)

4° Lorsque la partie contre laquelle est dirigée la demande consent à l'audition des témoins (11).

5° Lorsqu'il s'agit de ventes ou achats en matière de commerce (*C. N.*, *1341*, *C. comm.* *109*), de cau-

---

(1) Marcadé, *1342*, 2; Voir Larombière, *1342*, 6.
(2) Marcadé, *1346*, 2; Massé et Vergé, § 596, note 13; Duranton, XIII, 327; Larombière, *1346*. 23.
(3) Toullier, IX, 30; Duranton, XIII, 327; Bonnier, n° 105; Marcadé, *1346*. 3; Zach. § 596, note 15; Boncenne, IV, p. 165; CONTRA, Larombière, *1346*. 21.
(4) Larombière, 1345, 19; Zach., Massé et Vergé, § 596, note 17. CONTRA, Duranton, XIII, 324 ; Bonnier, n° 405.
(5) Ainsi un mandataire : Toullier, IX, 67 ; Larombière, *1347*, 7; Riom, 6 juin 1817 ; Cass., 10 août 1840; J. N., 10781.
(6) Bonnier, n° 408; Marcadé, *1347*, n° 2; Boncenne, IV, p. 188;

Larombière, *1357*. 25 ; CONTRA, Toullier, IX, 76; Voir Cass., 9 juill. 1850,
(7) Orléans. 13 déc. 1862; J. N., 17652.
(8) Cass. 11 oct. 1860, 15 fév. 1861. (M. T. 61, 402).
(9) Marcadé, *1348*. 2; Larombière, *1348*, 33.
(10) V. Paris, 28 mars 1867 ; J. N., 18864.
(11) Duranton, XIII, 328; Carré et Chauveau, *Proc.*, n° 961; Thomine-Desmasures, *Proc.*. I. 295; Bonnier, n° 115 ; Bourges, 10 déc. 1824 ; Bordeaux, 6 mars 1829 et 10 janvier 1856 ; Rennes, 23 fév. 1841; CONTRA, Toullier, IX, 36; Roll., *Preuve*, n° 40; Boncenne, IV, p. 223; Marcadé, *1348*, 6; Larombière, *1347*, 1.

tionnements ou autres actes en pareille matière (1), si un seul des contractants est commerçant, la preuve testimoniale n'est admise que contre lui (2).

6° Lorsqu'il y a fraude à une disposition d'ordre public ; par exemple la preuve testimoniale est admissible, sans qu'il soit besoin de commencement de preuve par écrit, à l'effet d'établir qu'en dehors du prix ostensible de la cession d'un office, il y a eu paiement d'une certaine somme en sus de celle stipulée (3).

7° Lorsque l'acte est attaqué pour cause de dol et fraude (C. N., 1353), si les manœuvres dolosives ou la violence ont eu pour effet de surprendre ou d'extorquer le consentement.

SECTION III. — DES PRÉSOMPTIONS.

3486. Les présomptions sont des conséquences ou plutôt des conjectures que la loi ou le magistrat tire d'un fait connu à un fait inconnu (C. N., 1349).

§ 1er — DES PRÉSOMPTIONS ÉTABLIES PAR LA LOI.

3487. La présomption légale est celle qui est attachée par une loi spéciale à certains actes ou à certains faits, tels sont :

1° Les actes que la loi déclare nuls, comme présumés faits en fraude de ses dispositions, d'après leur seule qualité (C. N., 1350) ; il en est ainsi : de la donation faite à un incapable sous une forme déguisée ou par personne interposée (C. N., 911, 1100) ; d'un traité passé entre le mineur devenu majeur et son ancien tuteur, en contravention à l'art. 472 C. N., etc., etc. ;

2° Les cas dans lesquels la loi déclare la propriété ou la libération résulter de certaines circonstances déterminées (C. N., 1350), ce qui a lieu dans les cas de présomption de mitoyenneté (C. N., 653, 656, 670), de remise du titre (C. N., 1282), de prescription (C. N., 2219) ;

3° L'autorité que la loi attribue à la chose jugée (C. N., 1350) dont il va être parlé au numéro suivant ;

4° La force que la loi attache à l'aveu de la partie, *infra* n° 3492, ou à son serment, *infra* n° 3496, (C. N., 1350).

3488. L'autorité de la chose jugée n'a lieu qu'à l'égard de ce qui fait l'objet du jugement. Il faut :

1° Que la chose demandée soit la même que dans le premier procès (C. N., 1351) ;

2° Que la demande soit fondée sur la même cause (*même art.*). A cet égard, il faut distinguer la *cause* des *moyens* : la *cause* c'est ce qui forme le motif immédiat de la demande ; les *moyens* sont les motifs donnés pour établir la cause ; ainsi, je demande la nullité d'un acte pour *cause* d'une irrégularité de formes, en me fondant sur le *moyen* qu'un des témoins était mineur, je succombe dans mon action je ne serai plus recevable à demander la nullité du même acte en invoquant comme *moyen* qu'un des témoins n'est pas Français (4). Si je demande la nullité d'un acte pour *cause* d'absence de consentement, en invoquant pour *moyen* le dol et que je sois débouté, je ne pourrai ensuite demander la même nullité en invoquant l'erreur ou la violence (5). Mais si, après avoir été repoussé dans ma demande en nullité pour *cause* d'inobservation des formes ou pour *cause* d'absence de consentement, je viens ensuite à demander la nullité du même acte pour *cause* d'incapacité en invoquant comme *moyen* l'interdiction, le défaut d'autorisation maritale, il n'y a plus identité de cause, et on ne peut, comme fin de non-recevoir, m'opposer l'autorité de la chose jugée (6) ;

3° Que la demande soit entre les mêmes parties ou leurs représentants, et formée par elles et contre elles en la même qualité (C. N., 1351).

3489. La présomption légale dûment justifiée par celui qui l'invoque est une preuve ; conséquemment elle dispense de toute autre preuve celui au profit duquel elle existe (C. N., 1352) ; ainsi, l'enfant né pendant le mariage est dispensé de prouver qu'il a été conçu par le mari (C. N., 312) ; celui qui demande la nullité du don à un incapable fait par voie déguisée ou par personne interposée (C. N., 911, 1100) est dispensé de prouver la fraude.

---

(1) Montpellier. 3 mars 1838.
(2) Cass., 19 nov. 1862; Sirey, 1863, 1 p. 30. Voir Larombière, 1341, 40.
(3) Larombière, 1348, 19; Nîmes, 10 mai 1847; Lyon. 17 nov. 1848; Paris, 25 août 1846, 4 juill. et 2 août 1849 ; 21 juill. 1850. 22 juin 1863; Rouen, 19 juin 1856; Agen, 21 mai 1851; Cass. 9 janv. 1850; J. N. 3142, 13939, 16899, 17859.

(4) Toullier. X, 166; Bonnier, n° 690; Larombière, 1351, 83 ; Roll., *Chose jugée*, n° 53; Marcadé, 1351, 6 ; Colmar, 17 juill. 1846; Aix, 30 déc. 1833.; Cass., 3 fév. 1818. 29 janv. 1822, 24 fév. 1835.
(5) Marcadé, 1351, 6; Roll., *Chose jugée*, n° 32; Larombière 1351, 81.
(6) Marcadé, 1351, 6; Roll., *Chose jugée*, n° 47; Larombière, 1351, 75, 79. Cass. 8 nov. 1864; J. N., 15186.

3490. Nulle preuve n'est admise contre la présomption de la loi, lorsque, sur le fondement de cette présomption, elle annule certains actes ou dénie l'action en justice, à moins qu'elle n'ait réservé la preuve contraire (1), et sauf ce qui sera dit sur le serment, *infra* n° *3496*, et l'aveu judiciaire, *infra* n° *3492*, (*C. N.*, *1352*). *Exemple :* une donation déguisée ou par personne interposée a été faite à un incapable, la loi présume frauduleuse la disposition ainsi faite et l'annule (*C N.*, *911*, *918*), on ne peut être admis à prouver par titre ou autrement que le contrat est réellement onéreux ou que le donateur n'entendait gratifier que la personne réputée interposée à laquelle la donation a été faite (2). Mais si la partie qui demande la nullité du contrat reconnaît, par un *aveu en justice* ou sur le *serment* à elle déféré, que le prix a été réellement payé, la présomption légale tombe et le contrat conserve sa force.

§ 2. — DES PRÉSOMPTIONS QUI NE SONT POINT ÉTABLIES PAR LA LOI.

3491. Les présomptions qui ne sont point établies par la loi sont abandonnées aux lumières et à la prudence du magistrat, qui ne doit admettre que des présomptions graves, précises et concordantes, et dans les cas seulement où la loi admet les preuves testimoniales, ou si l'acte est attaqué pour cause de fraude ou de dol (*C. N.*, *1353*); ainsi la dissimulation du prix dans une cession d'office, constituant une fraude à la loi, peut être établie (3) à l'aide de présomptions graves, précises et concordantes (4).

SECTION IV. — DE L'AVEU DE LA PARTIE.

3492. On appelle *aveu* la déclaration par laquelle une partie, ou son fondé de pouvoir spécial, reconnaît comme avéré vis-à-vis d'elle un fait qui lui est opposable (*C. N.*, *1354*, *1356*).

3493. L'aveu ne peut avoir lieu par une personne incapable de disposer de ce qui fait l'objet du procès (5).

3494. Il est extra-judiciaire ou judiciaire (*C. N.*, *1354*). L'aveu est *extra judiciaire* lorsqu'il a lieu soit verbalement, soit par une lettre missive ou par un écrit quelconque (6). Mais si l'aveu extrajudiciaire est purement verbal, il est sans valeur toutes les fois qu'il s'agit d'une demande dont la preuve testimoniale ne serait point admissible (*C. N.*, *1355*); dans le cas contraire, il peut être prouvé par témoins (7). L'aveu est *judiciaire* lorsqu'il a lieu soit à l'audience même, soit dans un interrogatoire sur faits et articles, soit au bureau de paix ou de conciliation (8).

3495. Lorsque l'aveu a été régulièrement passé, il fait pleine foi contre celui qui l'a fait. Il ne peut être divisé contre lui (9). Il ne peut être révoqué, à moins qu'on ne prouve qu'il a été la suite d'une erreur de fait. Il ne pourrait être révoqué sous prétexte d'une erreur de droit (*C. N.*, *1356*).

SECTION V. — DU SERMENT.

3496. Le serment est un acte civil et religieux par lequel une personne prend Dieu à témoin de la vérité de sa déclaration ou de la sincérité de sa promesse ; il s'opère en tenant la main droite levée vers le ciel et en disant : *je le jure* (10) (voir C. Pr. 120 et 121).

3497. Le serment judiciaire est de deux espèces : 1° celui qu'une partie défère à l'autre pour en faire dépendre le jugement de la cause ; il est appelé *décisoire* (11) ; 2° celui qui est déféré d'office par le juge à l'une ou à l'autre des parties (*C. N.*, *1357*), il s'appelle *complétoire*.

§ 1er — DU SERMENT DÉCISOIRE.

3498. Sur quelque contestation que ce soit, et en tout état de cause, le serment décisoire peut être

---

(1) La loi, en permettant le désaveu de paternité, réserve la preuve contraire à la présomption selon laquelle l'enfant conçu pendant le mariage a pour père le mari.
(2) Marcadé, *1352*, 2 ; Roll., *Présomption*, n° 33 ; Duranton, XIII, 415 ; Larombière, *1352*, 10 ; Cass., 6 août 1862 ; J. N., 17538.
(3) En outre de la preuve testimoniale, *supra*, n° *3485*, 6°.
(4) Amiens, 9 janv. 1862 ; Cass., 24 fév. 1863, J. N., 17677.
(5) Pothier, n° 803 ; Duranton, XIII, 542 ; Bonnier, n° 247 ; Zach., § 605, note 6 ; Roll., *Aveu*, n° 24 ; Larombière, *1356*, 10.
(6) Pothier, n° 801 ; Toullier, X, 300 ; Duranton, XIII, 535 ; Roll., *Aveu*, n° 8 ; Larombière, *1355*, 1.
(7) Pothier, n° 803 ; Toullier, X, 301 ; Duranton, XIII, 537 ; Roll., *Aveu*, n° 13 ; Larombière, *1355*, 3.
(8) Toullier, X, 271 ; Duranton, XIII, 561 ; Bonceune, II, p. 45 ; Larombière, *1356*, 2 ; Roll., *Aveu*, n° 31 ; Paris, 31 janv. 1807 ; Turin, 6 déc. 1808 ; Limoges, 17 juill. 1849. CONTRA, Carré, *Quest.* 229.
(9) Il en est ainsi de la déclaration d'un notaire que les sommes qu'il a employées à se couvrir d'avances faites par un client, lui avaient été déposées dans ce but ; le client, à défaut d'autre preuve ne peut s'en faire rendre compte : Larombière, *1356*, 15, 16 ; Toulouse, 29 avril 1842 ; Cass., 6 nov. 1836, 21 avril 1856, 29 mai, 1861 ; J. N., 10607, 11851, 17158.
(10) Marcadé, *1357*, 1 ; Zach., § 601 ; Larombière, *1357*, 6.
(11) Voir Besançon, 1er avril 1863 ; J. N., 17480.

déféré, encore qu'il n'existe aucun commencement de preuve de la demande ou de l'exception sur laquelle il est provoqué. (*C. N*, *1358. 1360*), pourvu :

1° Que le fait soit de nature à entraîner la décision du litige;

2° Que la personne à laquelle le serment est déféré, soit partie dans l'instance ; il ne pourrait donc être déféré au mari lorsqu'il n'intervient dans l'instance que pour autoriser sa femme (1).

3° Que le fait soit personnel à la partie à laquelle le serment est déféré (*C. N.*, *1359*); néanmoins, le serment peut être déféré à la veuve et aux héritiers de celui auquel ce fait est personnel, sur le point de savoir s'il en ont eu personnellement connaissance, ce qu'on appelle le serment de *crédibilité* ou de *crédulité* (2);

4° Que la contestation ait lieu entre personnes capables de transiger et porte sur un objet susceptible de transaction (3).

3499. La partie demanderesse ou défenderesse à laquelle le serment est déféré, est obligée, sous peine de voir tenu pour avéré le fait en litige, *infra* n° *3503*, de prêter le serment, à moins qu'elle ne préfère le référer à son adversaire ; mais le serment ne peut être référé lorsque le fait qui en est l'objet n'est point celui des deux parties, mais est purement personnel à celui auquel le serment avait été déféré. (*C. N. 1362*).

3500. Celui auquel le serment est déféré qui le refuse ou ne consent pas à le déférer à son adversaire, ou l'adversaire à qui il a été référé et qui le refuse, doit succomber dans sa demande ou son exception. (*C. N.*, *1361*).

3501. La partie qui a déféré ou référé le serment ne peut plus se rétracter, lorsque l'adversaire a déclaré qu'il est prêt à faire ce serment (*C. N.*, *1364*).

3502. Lorsque le serment déféré ou référé a été fait, l'adversaire n'est point recevable à en prouver la fausseté (*C. N.*, *1363*); néanmoins lorsque celui à qui le serment a été déféré ou référé prête un faux serment, il peut être poursuivi criminellement et puni de la dégradation civique (*C. pén.*, *366*); mais le jugement rendu au civil, par suite du faux serment, n'en conserve pas moins son autorité (4).

3503. Le serment fait ou refusé (5) ne forme preuve qu'au profit de celui qui l'a déféré ou contre lui, et au profit de ses héritiers ou ayants cause ou contre eux. Néanmoins, le serment déféré par l'un des créanciers solidaires au débiteur, ne libère celui-ci que pour la part de ce créancier ; le serment déféré au débiteur principal libère également les cautions; celui déféré à l'un des débiteurs solidaires profite aux codébiteurs ; et celui déféré à la caution profite au débiteur principal. Dans les deux derniers cas, le serment du codébiteur solidaire ou de la caution ne profite aux autres codébiteurs ou au débiteur principal, que lorsqu'il a été déféré sur la dette, et non sur le fait de la solidarité ou du cautionnement (*C. N.*, *1365*).

§ II. — DU SERMENT DÉFÉRÉ D'OFFICE OU COMPLÉTOIRE.

3504. Sur toute contestation portée devant le tribunal, le juge, afin de compléter sa conviction, peut déférer le serment à celle des parties qui lui paraît la plus digne de foi, ou pour en faire dépendre la décision de la cause, ou seulement pour déterminer le montant de la condamnation (*C. N.*, *1366*).

3505. Le juge ne peut déférer d'office le serment, soit sur la demande, soit sur l'exception qui y est opposée, que sous les deux conditions suivantes : 1° que la demande ou l'exception ne soit pas pleinement justifiée ; 2° qu'elle ne soit pas totalement dénuée de preuve. Hors ces deux cas, le juge doit adjuger ou rejeter purement et simplement la demande (*C. N.*, *1367*).

3506. Le serment déféré d'office par le juge à l'une des parties, ne peut être par elle référé à l'autre (*C. N.*, *1368*).

3507. Le serment sur la valeur de la chose demandée, qu'on appelle *serment estimatoire*, ne peut

---

(1) Marcadé, *1360*, 1 ; Zach., § 608, note 7 ; Larombière, *1359*. 3 ; Angers, 28 janv. 1825.
(2) Pothier, n° 819 ; Pigeau. t I, p. 243 ; Toullier, X, 372 ; Duranton, XIII, 380 ; Zach., § 608 ; Roll., *Serment*, n° 27 ; Marcadé, *1360*, 1, et *1364*, 1 ; Larombière, *1359*, 11 ; Cass. 14 août 1811 et 6 déc. 1832.
(3) Duranton, XIII, 382 ; Roll., *Serment*, n° 3 ; Zach., § 608 ; Marcadé, *1360*, 1 ; Larombière, *1360*, 2.
(4) Marcadé, art. *1363* ; Zach., Massé et Vergé, § 690, note 29 ; Roll., *Serment*, n° 39 ; Cass. 21 août 1834 et 7 juill. 1843 ; contra, Duranton, XIII, 600. V. Metz, 3 oct. 1866.
(5) Larombière, *1365*, 2.

être déféré par le juge au demandeur que lorsqu'il est d'ailleurs impossible de constater autrement cette valeur. Le juge doit même, en ce cas, déterminer la somme jusqu'à concurrence de laquelle le demandeur en sera cru sur son serment (C. N., 1369).

TITRE QUATRIÈME.

DES ENGAGEMENTS QUI SE FORMENT SANS CONVENTION.

SOMMAIRE

Quels sont ces engagements? n° 3508.

CHAP. 1. — DES QUASI-CONTRATS.

Qu'entend-on par quasi-contrats? n°s 3509, 3510.
Du gérant d'affaires, n°s 3511 à 3514.
De la réception des choses indues, n°s 3515 à 3520.

CHAP. 2. — DES DÉLITS ET DES QUASI-DÉLITS.

Qu'entend-on par délits, quasi-délits? n°s 3521.

On est responsable du dommage que l'on cause à autrui par son fait, n°s 3522.
Et aussi par le fait des personnes dont on doit répondre ou qu'on a sous sa garde, n°s 3523 à 3528.
Le propriétaire d'un animal est responsable du dommage qu'il cause, n° 3529.
Le propriétaire d'un batiment est responsable du dommage causé par sa ruine, n° 3530.
Prescription de l'action en dommages, n° 3531.

FORMULES

Form. 502. Constitution de rente viagère pour cause d'infirmité survenue par accident.

3508. Certains engagements se forment sans qu'il intervienne aucune convention, c'est-à-dire aucune volonté de s'engager (1), ni de la part de celui qui s'oblige, ni de la part de celui envers lequel il est obligé. Les uns résultent de l'autorité seule de la loi; ce sont ceux qui sont formés involontairement, tels que les engagements entre propriétaires voisins, *supra* n° 1540, 2°, ou ceux des tuteurs et des autres administrateurs qui ne peuvent refuser la fonction qui leur est déférée, *supra* n° 1214. Les autres nais-

---

FORMULE 502. — **Constitution de rente viagère pour cause d'infirmité survenue par accident.** (N°s 3521 à 3531.)

Par-devant M°.....
Ont comparu :
M. Luc Blin, entrepreneur, demeurant à. . . . .,   d'une part,
Et M. Jean Marais, terrassier, demeurant à. . . . .,   d'autre part;
Lesquels ont dit et arrêté ce qui suit :
M. Blin ayant l'entreprise d'une fraction de la ligne du chemin de fer de, . . . , actuellement en construction, avait pour conducteur des wagons de déblais M. Marais; le. . . . , ce dernier, en conduisant un train de wagons, a été atteint par un éboulement de terrain qui lui a fracturé la jambe droite. dont l'amputation est devenue nécessaire, ce qui l'a rendu hors d'état de travailler.
M. Blin, devançant les réclamations que M. Marais serait en droit de faire à ce sujet, a proposé de constituer une rente viagère à son profit, en réparation du dommage que l'accident lui a fait éprouver.

---

(1) Marcadé, *1370*, 1.; Larombière, *1370*, 2; Massé et Vergé, § 620, note 3.

sent d'un fait personnel à celui qui se trouve obligé, tels sont les engagements qui résultent ou des *quasi-contrats*, ou des *délits*, ou *quasi-délits*; ces derniers font la matière du présent titre (C. N., 1370).

CHAPITRE PREMIER.

DES QUASI-CONTRATS.

3509. Les quasi-contrats sont les faits purement volontaires de l'homme, dont il résulte un engagement quelconque envers un tiers, et quelquefois un engagement réciproque des deux parties (C. N., 1371).

3510. On trouve des exemples de quasi-contrat : 1° dans la gestion sans mandat de l'affaire d'autrui; 2° dans la réception de choses indues.

3511. I. *Du gérant d'affaires.* Lorsque volontairement on gère l'affaire d'autrui, soit que le propriétaire connaisse la gestion, soit qu'il l'ignore, celui qui gère contracte l'engagement tacite de continuer la gestion qu'il a commencée et de l'achever, jusqu'à ce que le propriétaire soit en état d'y pourvoir lui-même; il doit se charger également de toutes les dépendances de cette même affaire. Il se soumet à toutes les obligations qui résulteraient d'un mandat exprès que lui aurait donné le propriétaire (C. N., 1372).

3512. Il est obligé de continuer sa gestion, encore que le maître vienne à mourir avant que l'affaire soit consommée, jusqu'à ce que l'héritier ait pu en prendre la direction (C. N., 1373).

3513. Il est tenu d'apporter à la gestion de l'affaire tous les soins d'un bon père de famille. Néanmoins, les circonstances qui l'ont conduit à se charger de l'affaire peuvent autoriser le juge à modérer les dommages et intérêts qui résulteraient des fautes ou de la négligence du gérant (C. N., 1374).

3514. Le maître dont l'affaire a été bien administrée doit remplir les engagements que le gérant a contractés en son nom, l'indemniser de tous les engagements personnels qu'il a pris, et lui rembourser toutes les dépenses utiles ou nécessaires qu'il a faites (C. N., 1375).

3515. II. *De la réception de choses indues.* Celui qui reçoit par erreur ou sciemment ce qui ne lui est pas dû, s'oblige à le restituer à celui de qui il l'a indûment reçu (C. N. 1376), *supra* n°ˢ 3263, 3291.

3516. Lorsqu'une personne qui, par erreur, même par une erreur de droit (1), se croyait débitrice, et a acquitté la dette, elle a le droit de répétition contre le créancier. Néanmoins, ce droit cesse dans le cas où le créancier, étant de *bonne foi* (2), a supprimé son titre par suite de paiement, sauf le recours de celui qui a payé contre le véritable débiteur (C. N. 1377).

M. Marais a accédé à cette proposition;

En conséquence, M. Blin crée et constitue, au profit et sur la tête de M. Marais, qui accepte, une rente annuelle et viagère de . . . . . qui prendra cours du . . . . ., et sera payable à M. Marais, pendant sa vie, chaque année, en quatre termes égaux, les. . . . pour faire le paiement du premier trimestre le. . . . ., celui du second le. . . . ., et ainsi continuer jusqu'au jour du décès de M. Marais.

Les arrérages de cette rente seront payables au domicile à cet effet élu à . . . . ., etc.

Cette rente étant constituée pour servir d'aliments à M. Marais, sera incessible et insaisissable.

Au moyen de la présente constitution de rente, M. Marais s'interdit d'exercer aucune action contre M. Blin, à raison de l'accident dont il est ci-dessus question.

Dont acte. Fait et passé, etc.

---

(1) Toullier, XI, 63; Duranton, X, 127 et 128; Zach., Massé et Vergé, § 623, note 6; Marcadé, 1377. 2; Roll., *Répétition*, n° 57.

(2) Le créancier est de mauvaise foi, lorsqu'il reçoit, le sachant, d'une personne qui ne lui doit rien et le laisse dans l'ignorance de son erreur; dans ce cas, la suppression du titre ne fait pas obstacle à la répétition. Marcadé, 1377, 4; Duranton, XIII, 685; Larombière, 1377, 8; Massé et Vergé, § 623, note 12.

3517. S'il y a eu mauvaise foi de la part de celui qui a reçu, il est tenu de restituer tant le capital que les intérêts ou les fruits du jour du paiement (C. N., 1378).

3518. Si la chose indûment reçue est un immeuble ou un meuble corporel, celui qui l'a reçue s'oblige à la restituer en nature si elle existe, ou sa valeur si elle est périe ou détériorée par sa faute; il est même garant de sa perte par cas fortuit, s'il l'a reçue de mauvaise foi (C. N., 1379).

3519. Si celui qui a reçu la chose de bonne foi l'a vendue, il ne doit restituer que le prix de la vente (C. N., 1380).

3520. Celui auquel la chose est restituée doit tenir compte, même au possesseur de mauvaise foi, de toutes les dépenses nécessaires et utiles qui ont été faites pour la conservation de la chose. (C. N., 1381); et le possesseur a le droit de retenir la chose jusqu'au paiement (1).

CHAPITRE DEUXIÈME

DES DÉLITS ET DES QUASI-DÉLITS.

3521. En matière civile, les délits et les quasi-délits sont des faits répréhensibles et dommageables accomplis, les premiers avec l'intention de nuire, et les seconds sans l'intention de nuire (2).

3522. Tout fait quelconque de l'homme qui cause à autrui un dommage oblige celui par la faute duquel il est arrivé à le réparer (C. N., 1382) [FORM. 502], que le dommage ait été causé par son fait, par sa négligence, ou par son imprudence (C. N., 1383). Jugé que l'agent de change qui vend des valeurs au porteur pour une personne dont l'individualité et la solvabilité ne lui sont pas connues, sans s'assurer qu'il n'existe pas d'opposition au syndicat de sa compagnie, commet une faute qui le rend responsable envers le propriétaire des valeurs auquel elles ont été soustraites (3). Jugé aussi que les compagnies de chemin de fer, bien qu'ayant pris les précautions exigées, sont responsables des incendies occasionnés par les charbons qui s'échappent des locomotives (4).

3523. On est responsable non-seulement du dommage que l'on cause par son propre fait, mais encore de celui qui est causé par le fait des personnes dont on doit répondre ou des choses que l'on a sous sa garde.(C. N., 1384).

3524. Ainsi, le père, et la mère après le décès du mari, sont responsables du dommage causé par leurs enfants (5) mineurs (6) habitant avec eux (*même article*). Ce qui s'applique à la mère du vivant du père lorsque, à raison de l'empêchement ou de l'éloignement de celui-ci, elle a la surveillance des enfants (7); aux ascendants qui ont la garde de leurs petits-enfants mineurs ; aux tuteurs qui ont la garde de leurs pupilles; et, en cas de séparation de corps prononcée, à chacun des père et mère, pour les enfants mineurs que le jugement de séparation a confiés à sa garde (8).

3525. Les instituteurs et les artisans sont responsables du dommage causé par leurs élèves et apprentis, pendant le temps qu'ils sont sous leur surveillance (*même article*).

3526. Dans les divers cas indiqués aux deux numéros qui précèdent, la responsabilité a lieu, à moins que les père et mère, ascendants, tuteurs, instituteurs et artisans ne prouvent qu'ils n'ont pu empêcher le fait qui donne lieu à responsabilité (*même article*).

3527. Enfin les maîtres et les commettants sont responsables du dommage causé par leurs domestiques et préposés dans les fonctions auxquelles ils les ont employés (*même article*). Ce qui s'applique à l'État et aux diverses administrations publiques par rapport à leurs agents, préposés ou employés (9). Les maîtres et commettants, l'État, les administrations publiques ne sont pas admis à se décharger de la responsabilité en prouvant qu'ils n'ont pu empêcher le fait dommageable (10).

---

(1) Larombière, *1381*, 11. V. Bordeaux, 16 janv. 1867.
(2) Larombière, *1382*, 3 ; Massé et Vergé, § 624, note 3.
(3) Paris, 16 mai 1852 ; Paris, 4 mars 1865 ; Metz, 20 avril 1866. J. N., 1867. Voir, en ce qui concerne les médecins, Cass., 21 juill. 1862 ; Metz, 24 mai 1867 ; J. N.. 17-24. 43057.
(4) Bordeaux, 21 juin 1859 ; Cass., 20 nov. 1866. V. Nîmes, 2 janv. 18.7.
(5) Légitimes ou naturels : Zach., § 628, note 2 ; Duranton, XIII, 714 ; Larombière, *1384*, 3.
(6) Non mariés : Toullier, XI, 77 ; Duranton, XIII, 715 ; Massé et Vergé, § 628 note 4 ; Larombière, *1384*, 4.
(7) Toullier, XI, 278, 278 ; Duranton, XIII, 716, Larombière, *art.*

1384 ; Massé et Vergé, § 628, note 2 ; Nîmes, 20 mai 1858.
(8) Marcadé, *1384*, 2 ; Roll., *Responsabilité*. n° 25 ; Zach., Massé et Vergé, § 628 note 2 ; Larombière. *1384*, 3, 6.
(9) Zach., § 628, note 6 ; Marcadé, *1334*, 3 ; Larombière, *1384*, 13 ; Roll., *Responsabilité*, n° 18 ; Amiens, 26 août 1834 ; Riom, 1er déc. 1831 ; Paris, 25 janv. 1833 et 3 mars 1834 ; Cass., 19 juill. 1836 et 27 juin 1832.
(10) Toullier, XI, 283 ; Marcadé, *1384*, 3 ; Roll., *Responsabilité*. n° 40 ; Larombière *1384*, 25 ; Cass., 25 nov. 1813, 11 juin 1836 ; Paris, 15 mai 1851.

3528. La responsabilité résultant de l'art. 1384 est de droit étroit, et ne peut être étendue à d'autres cas que ceux y exprimés ; ainsi le mari n'est pas responsable des délits et des quasi-délits de sa femme (1), si ce n'est cependant en matière forestière, de pêche ou de délits ruraux (2).

3529. Le propriétaire d'un animal, ou celui qui s'en sert pendant qu'il est à son usage, est responsable du dommage que l'animal a causé, soit que l'animal fût sous sa garde, soit qu'il fût égaré ou échappé (*C. N.*, *1385*), à moins que le dommage ne soit arrivé par la faute de celui qui se plaint (3).

3530. Le propriétaire d'un bâtiment est responsable du dommage causé par sa ruine, lorsqu'elle est arrivée par une suite du défaut d'entretien ou par le vice de sa construction (*C. N.*, *1386*), sauf, dans ce dernier cas, le recours que le propriétaire peut avoir à exercer en vertu de l'art. 1792 C. N. contre les architectes ou entrepreneurs (4).

3531. L'action civile en réparation des délits et quasi-délits se prescrit par trente ans (5) (*C. N.*, *2262*). Néanmoins si elle coexiste avec l'action publique, c'est-à-dire si le fait, au point de vue de la loi pénale, doit être qualifié ou crime, ou délit, ou contravention, elle est assujettie à la même prescription que l'action publique (6) (*C. Inst. Crim., art. 2*). C'est-à-dire de dix ans en cas de crime (*ibid., art. 637*), de trois ans en cas de délit (*ibid., art. 638*) et de un an, en cas de contravention (*ibid., art. 640*). Cependant si l'action civile prenait sa source dans un contrat ou dans un droit préexistant au fait réputé crime, délit, contravention, elle aurait la durée ordinaire des actions personnelles et ne se prescrirait que par trente ans.

---

(1) Toullier, XI, 279 ; Duranton, XIII, 720 ; Zach., § 628, note 13 ; Larombière, *1384*, 7 ; Cass., 16 août 1811, 20 janv. 1825 ; Aix, 17 janv. 1860 ; M. T. 1860, p. 637.
(2) Voir Code forest., 206 ; Lois, 28 sept., 6 oct. 1791, tit. 2, art. 7, et 15 avril 1829, art. 74.
(3) Marcadé, *art. 1385* ; Toullier, XI, 316 ; Larombière, *1385*, 6 ; Roll. *Dommages*, n° 66 ; Zach., § 629, note 5. V. Paris. 12 nov. 1854 ; Montpellier, 23 juill. 1856.

(4) Toullier, XI, 317 ; Larombière, *1386*, 2 ; Zach., § 629.
(5) Larombière, *1382*, 48 ; Paris, 24 juin 1843 ; J. N. 11713.
(6) Duranton, XXI, 102 ; Faustin-Elie, *Inst. crim.*, III, p. 792 ; Larombière, *1382*, 48 ; Cass, 29 avril 1846 ; Bordeaux, 31 juill. 1848, 21 nov. 1854 ; CONTRA Riom, 28 juin 1844

TABLE ALPHABÉTIQUE

DES

FORMULES CONTENUES DANS LE PREMIER ET LE DEUXIÈME VOLUMES

A

	FORM.
ABANDON de biens par l'héritier bénéficiaire...	318
— de mitoyenneté (acte de)............	274
ABANDONNEMENT à titre de partage...........	322
— (contrat d')......................	485
ABRÉVIATIONS	18
ABSENT PRÉSUMÉ :	
1° Administrateur de ses biens...........	179
2° Notaire représentant un présumé absent.	180
3° Tuteur de l'enfant mineur d'un présumé absent......................	181
ABSENCE :	
1° Envoyés en possession provisoire.......	182
2° Epoux administrateur légal...........	183
3° Hypothèque par l'envoyé en possession provisoire ou le conjoint administrateur.	183 bis
4° Envoyés en possession définitive	184
5° Héritiers recueillant une succession, à l'exclusion d'un individu dont l'existence n'est pas reconnue	185
6° Curateur au militaire absent.........	186
ACCORD relatif à la recherche d'un trésor...	273
ACCEPTATION bénéficiaire.................	316
ACCEPTATION DE SUCCESSION :	
1° Par acte passé au greffe.............	306
2° Par acte notarié...................	307
3° Par la prise de la qualité d'héritier.....	308
4° Par le créancier d'un successible .. 310,	311
ACCEPTATION de donation :	
1° Par le donataire...................	374
2° Par le représentant du donataire.....	375
3° Par un sourd-muet ou son curateur...	376
4° Par acte séparé....................	377
5° Au nom d'un établissement public.....	383
6° Dispense de notification de l'acceptation.	378
ACCEPTATION par un tiers d'une charge imposée à son profit par une donation........	379
— de legs au nom d'un établissement public......................	406
— d'adoption testamentaire.............	214
ACCROISSEMENT de legs....................	399
ACTE IMPARFAIT (procès-verbal de délivrance d')	76
— (expédition d')...................	77

	FORM.
ACTE à la suite........................	12
— (cadre d')......................	6
ACTE DE NOTORIÉTÉ constatant l'hérédité de :	
1° Enfants et autres descendants.........	147
2° Père, mère, frères et sœurs...........	148
3° Frères et sœurs germains, utérins et consanguins	149
4° Ascendants.....................	150
5° Collatéraux autres que frères et sœurs..	151
6° Descendants concourant avec un enfant naturel........................	152
7° Enfant naturel recueillant la succession à défaut d'héritiers................	154
ACTES DE NOTORIÉTÉ constatant :	
1° La non-existence d'héritiers à réserve..	145
2° L'existence de réservataires exclus par des non-réservataires................	146
3° L'absence d'un successible...........	153
4° La rectification d'un intitulé d'inventaire.	156
5° Une absence.....................	155
6° La rectification d'une erreur de nom ...	157
ACTE de notoriété pour obtenir le rejet d'une inscription hypothécaire délivrée par suite de similitude de nom............	158
— respectueux à défaut de consentement à mariage........................	190
— respectueux (renouvellement d').......	191
— respectueux à fin d'adoption.........	209
— de suscription (V. testament mystique).	
— sous seing privé.............492,	493
— à viser pour timbre et à enregistrer gratis.	23
— exempt de timbre et d'enregistrement..	24
ADHÉSION à un acte de cession de biens....	486
ADMINISTRATEUR des biens d'un présumé absent........................	179
— légal des biens de ses enfants mineurs.	219
— légal ad hoc	220
— provisoire d'une personne dont l'interdiction est demandée...............	243
— provisoire d'un aliéné	250
— provisoire à une succession présumée vacante........................	319

TABLE ALPHABÉTIQUE DES FORMULES

	FORM.
ADOPTÉ (qualité héréditaire de l')	210
ADOPTION (consentement à)	207
— (acte respectueux à fin d')	209
— testamentaire	213
— testamentaire (acceptation d')	214
ALIÉNÉ (administrateur provisoire et mandataire spécial d'un)	250, 251
ALIÉNÉ (curateur d'un)	252
— (notaire représentant un)	253
AMPLIATION de grosses	134, 135, 136
ANNATOCISME	464
ANNEXE (indication d')	82
— (mention d')	80, 83
APPROBATION du préfet, du directoire central	22
— d'un acte de mariage	195
— de compte de tutelle	236
ASCENDANTS	278
ATERMOIEMENT	487
AUTORISATION maritale	197
— maritale (acte d')	198
— à la femme pour faire le commerce	199
— au mineur émancipé pour faire le commerce	210

B

BÉNÉFICE D'INVENTAIRE (compte de)	317
BIENS MEUBLES	263
BLANC	19
BORNAGE	270, 5°
BREVET rapporté pour minute	78

C

CADRE D'ACTE	6
CERTIFICAT DE PROPRIÉTÉ (réquisition de)	159, 161
CERTIFICAT DE PROPRIÉTÉ :	
1° Rente sur l'Etat; — légataire universel.	160
2° Rente sur l'Etat; — veuve et enfants; certificat d'origine	162
3° Epoux survivant envoyé en possession à défaut d'héritiers	165
4° Cautionnement; — légataire universel en vertu d'un testament olographe	166
5° Livret de caisse d'épargne; — légataire universel; testament mystique	167
6° Arrérages de pension sur l'Etat; donataire par institution contractuelle	168
CERTIFICAT DE PROPRIÉTÉ délivré par le détenteur de minutes et d'expéditions déposées; — attribution par liquidation; — rectification d'erreurs de prénoms	163
CERTIFICAT DE VIE pour toucher une rente sur particulier	471
— constatant l'existence de l'enfant sur la tête duquel repose une rente	172
— aux pensionnaires de l'Etat, des départements et des communes	173
CERTIFICAT de changement de domicile d'un pensionnaire de l'Etat	174
CESSION de biens	485
CHANGEMENT d'élection de domicile	178
CHARGE DE RENDRE (Voir substitution).	
CHASSE (permis de)	272
CLAUSE PÉNALE stipulée dans une vente	472
CLOTURE d'un acte à viser pour timbre et à enregistrer gratis	23
— d'un acte exempt de timbre et d'enregistrement	24

	FORM.
COLLATÉRAUX	279
COMPARUTION DE :	
1° Adopté	210
2° Administrateur légal des biens de ses enfants mineurs	219
3° Administrateur légal *ad hoc*	220
4° Administrateur provisoire d'une personne dont l'interdiction est demandée	243
5° Administrateur provisoire d'un aliéné	250, 251
6° Ascendant tuteur légitime	228
7° Curateur au ventre	224
8° Curateur d'un aliéné	252
9° Descendants d'un adoptant exerçant le retour	211
10° Etranger ne comprenant pas le français	16
11° Enfant dont la naissance a été inscrite sous un faux nom	203
12° Légataire universel	402, 403
13° Majeur	242
14° Mandataire	45
15° Mandataire spécial d'un aliéné	251
16° Mère ayant la jouissance légale des biens de ses enfants	218
17° Mère tutrice assistée d'un conseil	223
18° Mère remariée maintenue tutrice	225
19° Mineur émancipé par le mariage	237
20° Mineur émancipé par son père	238
21° Mineur émancipé par le conseil de famille	239
22° Mineur émancipé par un hospice	241
23° Notaire représentant un aliéné	253
24° Notaire représentant un présumé absent	180
25° Parties	14
26° Porte-fort	457, 458
27° Pourvu d'un conseil judiciaire	247
28° Protuteur	230
29° Sourd-muet	17
30° Subrogé-tuteur de mineur	232
31° Subrogé-tuteur de l'interdit	246
32° Subrogé-tuteur d'un condamné	249
33° Tuteur officieux	212
34° Tuteur naturel et légal	221
35° Tuteur élu par le survivant de père et mère	227
36° Tuteur légitime	228
37° Tuteur datif	229
38° Tuteur légal de sa femme interdite	244
39° Tuteur datif d'un interdit	245
40° Tuteur d'un condamné	248
COMPARUTION DE SUCCESSIBLES :	
1° Présomption de survie	274
2° Non-viabilité d'un enfant	275
3° Exclusion d'un indigne	276
4° Enfants et autres descendants	280
5° Petits-fils héritiers de leur chef	281
6° Frères et sœurs, neveux et nièces	282
7° Frères et sœurs germains, utérins et consanguins	283, 284
8° Père et mère concourant avec frères et sœurs	285
9° Père seul concourant avec frères et sœurs	286
10° Père et aïeuls maternels	287
11° Ascendants	288, 289
12° Ascendants exerçant le retour légal	287

TABLE ALPHABÉTIQUE DES FORMULES

	FORM.
13° Cousins.	290
14° Héritiers d'une seule ligne succédant par dévolution.	291
15° Enfants naturels.	293 à 297
16° Conjoint.	298
17° Etat.	299
18° Hospice.	300
19° Mère d'un enfant naturel.	301
20° Frères et sœurs naturels.	302
21° Frères et sœurs légitimes d'un enfant naturel, succédant à titre de retour légal.	303
22° Enfant adoptif.	210
23° Enfant adultérin ou incestueux.	304
24° Prise de qualité d'héritier.	308
25° Héritier faisant acte de surveillance et d'administration provisoire.	309
26° Héritier ayant droit à la succession par suite de la renonciation d'un autre successible.	314
27° Créancier d'un successible, ayant accepté en son nom.	310,311
COMPENSATION.	490
COMPTE de bénéfice d'inventaire.	317
— d'exécution testamentaire.	409
— de succession (pétition d'hérédité).	305
COMPTE DE TUTELLE (présentation de).	233,235
— — (récépissé de).	234,235
— — (approbation de).	236
COMMERCE (autorisation à la femme pour faire le).	199
— (autorisation au mineur émancipé pour faire le).	240
COMPULSOIRE (procès-verbal de).	137,138
— (expédition délivrée par suite de).	139
CONDAMNÉ (tuteur, subrogé-tuteur d'un).	248,249
CONDITION :	
1° Alternative.	466
2° Facultative.	467
3° Résolutoire.	464
4° Suspensive.	463
CONFUSION de dette.	491
CONSENTEMENT des cosuccessibles à une vente à rente viagère faite à un successible.	370
CONSEIL à la mère tutrice (nomination de).	222
CONSEIL JUDICIAIRE (prodigue pourvu d'un).	247
CONSENTEMENT à mariage.	187
— à mariage par délégué du conseil de famille.	189
— à adoption.	207
— à enrôlement militaire.	215
— à l'ordination.	216
— au noviciat.	217
CONSTITUTION de pension alimentaire.	196
— d'usufruit.	267
— d'usage et d'habitation.	269
— de rente viagère pour cause d'infirmité survenue par accident.	502
CONTRAT DE MARIAGE, reconnaissance de paternité.	202
CONTRIBUTION aux dettes par l'usufruitier.	268
COPIE de répertoire.	2
— collationnée.	100
— figurée.	140
— figurée (expédition de).	98

	FORM.
CRÉANCIER OPPOSANT :	
1° A un inventaire.	347
2° A un partage.	325
CURATEUR :	
1° Au militaire absent.	186
2° Au ventre.	224
3° D'un aliéné.	252
4° A une succession vacante.	320

D

	FORM.
DATES des actes.	26
DÉCHARGE :	
1° De legs.	405
2° D'exécution testamentaire.	410
DÉCLARATION DE PERTE d'une inscription de rente.	169
DÉCLARATION de propriété de meubles.	266
DÉLÉGATION emportant novation.	488
DÉLIVRANCE d'acte imparfait.	76
— de legs.	404
DEMANDE d'origine d'une rente.	170
DÉPÔT pour minute.	79
DÉPÔT POUR MINUTE :	
1° D'une pièce écrite en langue étrangère.	81
2° D'actes sous seings privés avec reconnaissance d'écriture et de signature.	494
3° De pièces d'envoi en possession par le conjoint survivant, héritier du conjoint prédécédé.	164
DÉPÔT DE TESTAMENT :	
1° Par le notaire.	400
2° Par le greffier.	401
DÉSAVEU de paternité.	201
DESCENDANTS.	277
DÉSIGNATION DE :	
1° Droit à un bail.	260
2° Immeubles par nature.	254
3° Immeubles par destination.	255
4° Immeubles par l'objet auquel ils s'appliquent.	256
5° Immeubles par la détermination de la loi.	257
6° Meubles par nature.	258
7° Meubles par la détermination de la loi.	259
DÉSISTEMENT de l'instance en réclamation d'état.	203 bis
DISPENSE DE NOTIFICATION de l'acceptation d'une donation.	378
DISSENTIMENT (acte respectueux pour le constater).	192
DIVISIBILITÉ.	470
DOMMAGES-INTÉRÊTS (fixation de).	459
DOMICILE RÉEL (indication de).	175
DOMICILE (élection de), contenue dans un acte.	176
— (acte d'élection de).	177
— (changement d'élection de).	178
DONATION :	
1° D'immeubles et de créances.	357
2° D'objets mobiliers.	358
3° D'une somme payable après le décès du donateur.	361
4° D'usufruit.	267

II

31

TABLE ALPHABÉTIQUE DES FORMULES

	FORM.
5° De l'usufruit à l'un et de la nue propriété à l'autre	419
6° D'usage et d'habitation	169
7° Cumulative de biens présents et à venir.	435
8° Onéreuse	362
9° Rénumératoire	364
10° Conditionnelle	373
11° Par contrat de mariage	429
12° En faveur du mariage	430
13° Par avancement d'hoirie	365
14° Sujette à rapport, même en cas de renonciation	366
15° Avec dispense de rapport en nature	367
16° Par préciput	368
17° Avec réserve du droit de retour	371
18° Nouvelle après révocation pour cause de survenance d'enfant	381
19° A un établissement public	382
20° A un enfant naturel avec réduction de ses droits successifs à moitié	299
21° Avec charge de rendre (voir Substitution).	
DONATION ENTRE ÉPOUX par contrat de mariage, de biens présents	437

DONATION ENTRE ÉPOUX par contrat de mariage, de biens à venir :

1° De l'universalité en pleine propriété avec réduction à la quotité disponible; usufruit de la réserve des ascendants.	438
2° De l'universalité en usufruit, avec réduction à moitié	439
3° De l'universalité en usufruit, avec réduction, si elle est demandée, à un quart en propriété et un quart en usufruit.	440
4° De la pleine propriété des biens meubles et de l'usufruit des biens immeubles.	441
5° D'une somme d'argent et d'une rente viagère	442
6° Lorsque l'un d'eux a des enfants d'un précédent mariage	443
7° Lorsque l'un des futurs est mineur	444
8° Résolution en cas de second mariage	445

DONATION ENTRE ÉPOUX pendant le mariage :

1° Par le mari à la femme	446
2° Par la femme au mari	447
3° En toute propriété des bénéfices de communauté, et en usufruit des biens propres.	448
4° De biens présents	449

E

EFFETS mobiliers	263
ÉLECTION DE DOMICILE contenue dans un acte.	476
— (acte d')	477
— (changement d')	478

ÉMANCIPATION :

1° Mineur émancipé par le mariage	237
2° Mineur émancipé par son père	238
3° Mineur émancipé par le conseil de famille	239
4° Emancipation d'un enfant admis dans les hospices	241

	FORM.
ENFANT ADULTÉRIN OU INCESTUEUX (droit à des aliments)	304
ENFANT NATUREL (reconnaissance d')	204
— Reconnaissance avant sa naissance	205

ENFANT NATUREL, héritier en concours avec :

1° Des enfants légitimes	293
2° Des ascendants et des frères et sœurs.	294
3° Des collatéraux autres que frères et sœurs.	29

ENFANT NATUREL succédant à défaut d'héritier.	297
— Donation avec réduction de ses droits à moitié.	296
ENRÔLEMENT militaire (consentement à l')	215
ETABLISSEMENT PUBLIC (donation à un)	382
ETAT DE DETTES annexé à une donation	363

ETAT ESTIMATIF de mobilier :

1° Par acte notarié	359
2° Par acte sous seing privé	360

ETAT LIQUIDATIF	329
ETAT sommaire de minutes, n° 439.	
ETRANGER ne comprenant pas le français	16
EXEAT	174

EXÉCUTEUR TESTAMENTAIRE :

1° Nomination	407
2° Nomination avec pouvoir de vendre les immeubles	408
3° Compte de sa gestion	409
4° Sa décharge	410

EXÉCUTOIRE délivré par le juge de paix | 441

EXPÉDITIONS DÉLIVRÉES :

1° Par le notaire rédacteur de l'acte	84
2° Pour obtenir l'approbation préfectorale ou autre	89
3° En vertu d'ordonnance du président	90
4° Par un notaire substituant son collègue	91
5° Par un notaire dépositaire provisoire des minutes de son confrère décédé	93
6° Par un collègue du notaire possesseur de la minute, à raison de l'empêchement de ce dernier	94
7° Par suite de compulsoire	139

EXPÉDITION DE :

1° Acte imparfait	77
2° Minute et procuration ou autre pièce y annexée	85
3° Pièce annexée	86, 87
4° Pièce déposée pour minute	88
5° Acte reçu par le prédécesseur du notaire qui la délivre	92
6° Testament olographe déposé	95, 96
7° Testament authentique, délivrée au testateur	97
8° Copie figurée	98

EXTRAIT LITTÉRAL DE :

1° Une quittance	112
2° Un testament olographe	114
3° Une procuration annexée	113

EXTRAIT ANALYTIQUE DE :

1° Intitulé d'inventaire	115
2° Partage amiable	116

TABLE ALPHABÉTIQUE DES FORMULES

	FORM.
3° Partage anticipé par père et mère	118
4° Partage anticipé par survivant de père et mère	119
5° Procès-verbal d'adjudication amiable	120
6° Procès-verbal d'adjudication précédée d'un cahier de charges	121
7 Cahier de charges pour joindre à une vente ensuite	122
8 Cahier de charges et adjudication judiciaire	123
9° Tirage au sort de lots, lorsqu'il n'y a que des immeubles à partager	117
10° Echange	125
EXTRAIT EN FORME DE GROSSE	129

F

FORMULE EXÉCUTOIRE	126
— Ajoutée aux grosses délivrées avant le 1er décembre 1852	128

G

GÉNÉALOGIE. (Voir *Ligne*).

GROSSE	126
— d'un acte reçu par un prédécesseur	127
— (ampliation de)	134, 135, 136
— (extrait en forme de)	129
— (seconde)	130, 131, 132
— (seconde), style ensuite	133

H

HABITATION (constitution de droit d')	269
HOSPICES (tuteur d'un enfant admis dans les)	231
— (émancipation d'enfants des)	241

I

IMMEUBLES :

1° Par nature	254
2° Par destination	255
3° Par l'objet auquel ils s'appliquent	256
4° Par la détermination de la loi	257
IMPUTATION de payement	483
INDIGNITÉ, successible excluant l'indigne	276
INDIVISIBILITÉ	471

INSTITUTION CONTRACTUELLE :

1° De la quotité disponible par le père	431
2° De l'universalité par une tante	432
3° De quotité par un étranger	433
4° D'une somme fixe	434
5° De biens présents et à venir	435
6° Avec substitution vulgaire	418
7° Promesse d'égalité	436

INTERDICTION :

1° Comparution de l'administrateur provisoire d'une personne dont l'interdiction est demandée	243
2° Tuteur datif d'un interdit	245
3° Tuteur légal de sa femme interdite	244
4° Subrogé-tuteur de l'interdit	246
INTERDICTION LÉGALE. Tuteur et subrogé-tuteur d'un condamné	248, 249

INTÉRÊT :

1° De sommes	460
2° Pour le retard dans le payement du capital	460 bis.
3° Des intérêts	461
4° De fermages	462
INTERPRÈTE à l'étranger	16
— au sourd-muet	17
INTITULÉ D'INVENTAIRE (extrait d')	115

INVENTAIRE, parties requérantes ou présentes :

1° Héritiers ; femme représentée par son mari ; mineur émancipé ; mineur non émancipé ; interdit ; prodigue ; enfant naturel ; présence de subrogés-tuteurs	336
2° Femme enceinte au décès de son mari ; curateur au ventre ; présence d'héritiers présomptifs	337
3° Héritier plus proche en degré intervenant dans le cours de l'inventaire	338
4° Non présent ; absent ; aliéné non interdit	339
5° Exécuteur testamentaire ; père et mère ; frères et sœurs ; mineur représenté par son père administrateur légal	341
6° Frère légataire universel ; charge de rendre ; présence du tuteur à la substitution	342
7° Enfant naturel ; conjoint ; Etat	343
8° Curateur à succession vacante	344
9° Conjoint survivant : femme commune avec attribution de communauté et faculté de conserver un fonds de commerce ; donataire ; légataire ; créancière pour reprises ; usufruitière légale	345
10° Femme non commune : séparée de biens ; mariée sans communauté ; sous le régime dotal, sans société d'acquêts	346
11° Créanciers opposants	347

INVENTAIRE (formes de l').

1° Intitulé ; prisée ; analyse des papiers ; déclarations ; clôture	248
2° Ajournement (page 164)	348
3° Constitution d'un mandataire (page 165)	348
4° Continuation (page 165)	348
5° Ajournement pour continuer dans un autre lieu (page 168)	348
6° Ouverture de vacation dans un autre lieu (page 169)	348
7° Prisée d'un fonds de commerce (pag. 169)	348
8° Prisée de mobilier de ferme, instruments aratoires, grains, bestiaux, récoltes, ensemencement (page 171)	348
9° Renvoi à l'étude pour l'inventorié des papiers (page 179)	348
10° Ouverture de vacation par suite de changement de qualités (page 201)	348
11° Procès verbal de comparution lorsque les sommations ont été faites	340
12° Inventaire après apposition de scellés	349
13° Contestations ; référé	350

INVENTAIRE :

1° Des biens d'un absent	351
2° Des biens d'un interdit judiciairement	352
3° Des biens d'un interdit légalement	353
4° Sur demande en séparation de corps	354

TABLE ALPHABÉTIQUE DES FORMULES

FORM.

5° Après séparation de biens............ 355
6° Après le décès d'un notaire.......... 356

J

JOUISSANCE LÉGALE (mère ayant la)......... 218

L

LANGUE ÉTRANGÈRE (dépôt pour minute d'une pièce écrite en).................... 81
LECTURE (constatation de la)........29 à 37
LÉGATAIRE UNIVERSEL (comparution de). ..402,403
LEGS :
  1° Universel........................ 394
  2° A titre universel.................. 395
  3° Particulier...................... 356
  4° Avec clause pénale............... 357
  5° Par préciput ou hors part........... 398
  6° Avec droit d'accroissement......... 396
  7° D'usufruit à plusieurs successivement. 420
  8° A charge de rendre................ 421
  9° Alternatif d'un capital ou d'une rente... 466
  10° D'une somme avec faculté de s'en libérer par la délivrance d'un immeuble....... 467
  11° Avec divisibilité pour le payement..... 470
  12° Avec indivisibilité pour le payement... 471
  13° Renonciation à un legs............ 414
LIEUX de passation des actes............. 25
LIGNE (généalogie).
  1° Directe descendante................ 277
  2° Directe ascendante................ 278
  3° Collatérale..................... 279
LIQUIDATION (Voir Partage judiciaire).

M

MAINLEVÉE d'opposition à mariage.......... 194
MAISON meublée....................... 264
  — avec tout ce qui s'y trouve....... 265
MAJEUR (comparution de)................ 242
MANDATAIRE (comparution de)............ 15
  — spécial d'un aliéné............. 251
MARIAGE (consentement à).............. 187
  — (opposition à)................. 193
  — (approbation de)............... 195
MENTION d'annexe...................80, 83
  — de quittance................... 141
  — de ratification................. 142
  — de remploi.................... 143
MÈRE tutrice assistée d'un conseil......... 223
  — remariée maintenue tutrice....... 225
MEUBLES............................ 264
  — par nature................... 258
  — par la détermination de la loi... 259
MEUBLES MEUBLANTS.................... 262
  — (déclaration de propriété de).... 266
MILITAIRE absent (curateur au).......... 186
MINUTE (rapport pour)................. 78
  — (dépôt d'une pièce pour)....... 79
MITOYENNETÉ (acquisition de)....... 270, 8°
  — (acte d'abandon de)........... 274
MOBILIER............................ 263

FORM.

N

NOTAIRE décédé, gestion de son étude....... 10
  — (indication de)................ 6 à 8
  — instrumentant seul............. 11
  — représentant un aliéné.......... 253
  — représentant un présumé absent... 180
  — (substitution de)............... 9
  — (substitution de), pour la délivrance d'une expédition................ 91
NOTORIÉTÉ (acte de) (Voir Acte de notoriété).
NOVATION........................... 488
NOVICIAT (consentement au)............. 217

O

OFFRES RÉELLES...................... 484
OPPOSITION à mariage.................. 193
  — à mariage (mainlevée d')...... 194
ORDINATION (consentement à l')......... 216
ORIGINE D'UNE RENTE (demande de l')...... 170

P

PARTAGE AMIABLE :
  1° De succession : rapports ; prélèvements ; tirage au sort des lots ; acquit des dettes............................ 323
  2° D'immeubles; créancier opposant; soulte........................... 325
  3° Abandonnement à titre de partage..... 322
  4° Suspension de partage............. 324
PARTAGE D'ASCENDANTS :
  1° Par les père et mère............. 425
  2° Par le survivant des père et mère..... 426
PARTAGE JUDICIAIRE :
  1° Procès-verbal d'ouverture........327,328
  2° État estimatif.................. 329
  3° Procès-verbal d'approbation........ 330
  4° Composition de lots ; rapport d'experts.. 331
  5° Procès verbal de difficultés....... 332
  6° Procès-verbal de clôture........... 333
  7° Tirage au sort des lots........... 334
PARTAGE PROVISIONNEL.................. 326
PARTAGE TESTAMENTAIRE................. 427
  — en plusieurs séances........... 428
PARTIES (comparution de)............... 14
PASSAGE (droit de)................270, 18°
PATERNITÉ (désaveu de)................ 201
  — (reconnaissance de)........... 202
PENSION ALIMENTAIRE (constitution de)..... 196
PERMIS de chasse et de pêche........... 272
PERTE d'une inscription de rente (déclaration de)........................... 169
PÉTITION D'HÉRÉDITÉ.................... 305
POIDS ET MESURES...................... 24
PORTE-FORT :
  1° Pour un majeur................. 457
  2° Pour un mineur................ 458
PRÉCIPUT (hors part)................... 368
  — stipulé par acte postérieur....... 369
PRÉFET (approbation du)................ 23

TABLE ALPHABÉTIQUE DES FORMULES

FORM.

PRÉSENCE RÉELLE des témoins (constatation de)........................38 à 43
PRÉSUMÉ ABSENT, administrateur de ses biens. 179
  — (notaire représentant un)............ 180
  — (tuteur de l'enfant mineur d'un)...... 181
PROCÈS-VERBAUX divers..........13 et 327 à 333

PROCURATIONS :
1° Pour adopter......................... 208
2° Pour assister à un conseil de famille..232 bis
3° Pour autoriser une femme............ 200
4° Pour consentir à un mariage......... 188
5° Pour reconnaître un enfant naturel.... 206
PROMESSE D'ÉGALITÉ........................ 436
PROTUTEUR................................. 230

Q

QUITTANCE :
1° De somme prêtée..................... 473
2° De prix de vente..................... 474
3° D'arrérages, intérêts, fermages....... 475
4° De loyers non échus.................. 476
5° Avec imputation de paiement......... 477
6° Mention de quittance................. 141

QUITTANCE SUBROGATIVE :
1° Par le créancier à un tiers............ 477
2° Au débiteur avec subrogation au profit d'un prêteur........................... 478
3° A un créancier primé................. 479
4° A un acquéreur....................... 480
5° A une caution........................ 481
6° A un héritier bénéficiaire............. 482

R

RAPPORT pour minute..................... 78
  — à succession...................... 323

RATIFICATION :
1° D'une vente faite en minorité......... 496
2° D'une vente faite par une femme dotale. 497
3° D'une donation faite par une femme dotale................................. 498
4° D'une vente faite par un porte-fort... 499
5° D'une obligation avec hypothèque consentie par un porte-fort............... 500
6° D'un partage fait par le porte-fort d'un mineur................................ 501
7° D'un partage susceptible de rescision pour cause de dol.......................... 322
8° Mention de ratification............... 112
RATURES (constatation de)...........44, à 46
RÉCÉPISSÉ de compte de tutelle......234, 235
RÉCLAMATION D'ÉTAT (désistement de l'instance en)................................ 203 bis

RECONNAISSANCE :
1° D'enfant naturel..................... 204
2° D'enfant naturel, avant la naissance, par le père en présence de la mère........ 205
3° De paternité par contrat de mariage.... 202
4° D'écriture et de signature............ 194

RÉDUCTION :
1° De donation.......................... 452
2° De legs.............................. 453

FORM.

3° De legs faits par un mineur............ 454
4° De donations faites à un conjoint et à un enfant (ou un étranger)............. 455
5° De legs ou de dons faits à une même époque à un conjoint et à des étrangers. 456
RÉFÉRÉ sur l'inventaire.................... 356
REMISE de dette........................... 480
REMPLOI (mention de).................... 143

RENONCIATION :
1° A une donation...................... 451
2° A un legs............................ 444
3° A un usufruit...................... 267 bis
4° Au droit de retour conventionnel....... 372

RENONCIATION A SUCCESSION :
1° Au greffe............................ 312
2° Devant notaire...................... 313
3° Pour ne point rapporter un don........ 315
RENOUVELLEMENT d'un acte respectueux.... 191
RENVOI.................................... 20
RÉPERTOIRE................................. 1
  — (copie de)........................ 2
RÉQUISITION de certificat de propriété....159, 161

RÉSERVE :
1° Des enfants......................... 452
2° Des ascendants..................... 453
RÉSOLUTION de donation en cas de second mariage................................. 445
RETOUR CONVENTIONNEL................. 371
RETOUR LÉGAL (acte d'exercice du)........ 292

RETOUR LÉGAL au profit :
1° D'ascendants........................ 287
2° Des frères et sœurs légitimes d'un enfant naturel............................... 303
3° Des descendants d'un adoptant....... 214
RÉVOCATION d'une donation entre vifs non-acceptée................................ 380
  — de donation entre époux......... 450

RÉVOCATION de testament :
1° Par testament postérieur............. 411
2° Par déclaration devant notaire......... 412
3° De l'acte révocatoire d'un testament.... 413

S

SCELLÉS (inventaire après)................. 349
SECONDE GROSSE, proc.-verb. de déliv....130,131,132
  — style ensuite...................... 133
SERVITUDE (règlement de)................ 270
SIGNATURE (constatation de la)........29 à 37

SOLIDARITÉ :
1° Entre créanciers..................... 468
2° Entre débiteurs..................... 469
SOURD-MUET (comparution de)............ 17
STYLE.............................. 6 et suiv.
SUBROGATION (V. quittance subrogative).
SUBROGÉ-TUTEUR de mineurs.............. 232
  — d'un interdit...................... 246
  — d'un condamné.................... 249
SUBSTITUTION de notaire.................. 9
  — de notaire pour la délivrance d'une expédition................................. 91

TABLE ALPHABÉTIQUE DES FORMULES

	FORM.
SUBSTITUTION :	
1° Charge de rendre ce qui restera	415
2° Substitution vulgaire	416
3° Substitution vulgaire contenue dans un testament	417
4° Substitution vulgaire contenue dans une institution contractuelle	418
5° Charge de rendre les biens donnés et ceux donnés antérieurement	421
6° Acte postérieur portant nomination de tuteur à la substitution	422
7° Tuteur nommé après le décès du disposant	423
8° Charge de rendre contenue dans un testament	424
SUCCESSIBLES (V. Comparution de successibles).	
SUCCESSION VACANTE :	
1° Administrateur provisoire	319
2° Curateur	320
SURVIE (présomption de)	274
SUSPENSION de partage	321

T

	FORM.
TÉMOINS certificateurs	28
— instrumentaires	8
— (présence réelle des)	8,27
TESTAMENT :	
1° Par acte public	384
2° Olographe	385
3° Par lettre missive	386
4° Militaire	390
5° Dans un lieu intercepté par la peste ou autre maladie contagieuse	391
6° Sur mer	392
7° A l'étranger	393
8° Adoption par testament	243
TESTAMENT MYSTIQUE :	
1° Par un testateur sachant lire et écrire ; papier présenté clos et scellé	387
2° Par un testateur qui ne sait ou n'a pu signer son testament ; papier clos et scellé en présence des notaires et témoins	388
3° Par un testateur qui ne peut parler	389
TERME (stipulation de)	565
TIRAGE au sort de lots	334.345
TITRE clérical	496 bis
TITRE NOUVEL	495
TRADUCTION de l'acte à un étranger	16
TRÉSOR (accord relatif à la recherche d'un)	273
TUTELLE (compte de)	233,235
— (récépissé de compte de)	234,235
— (approbation de compte de)	236
TUTEUR :	
1° Provisoire de l'enfant mineur d'un présumé absent	184
2° Officieux	212
3° Naturel et légal	224
4° Nomination de, par survivant de père et mère	226
5° Elu par le survivant de père et mère	227
6° Légitime	228
7° Datif	229
8° D'un enfant admis dans les hospices	231
9° Légal de sa femme interdite	244
10° Datif d'un interdit	245
11° D'un condamné	248
12° A la substitution	422,423

U

USAGE (constitution d')	269
USUFRUIT (constitution d')	267
— (renonciation à)	267 bis
— contribution aux dettes par l'usufruitier	268

V

VENTE :	
1° Avec clause pénale	472
2° A rente viagère à un successible avec le consentement de ses cosuccessibles	370

FORMULES SPÉCIALES A L'ALGÉRIE

	FORM.
ABBRÉVIATIONS...	56
ACTE à la suite...	49
— reçu par un officier public indigène (énonciation d')...	62
— explication par l'interprète...	69
APPROBATION du préfet...	63 bis
BLANCS...	57
COMPARUTION de parties...	54
— de sourd-muet...	55
COPIE collationnée...	111
— figurée (expédition de)...	110
— de répertoire...	3 bis
DATES des actes...	64
DÉSIGNATION d'immeubles...	60
ÉTAT des personnes...	63
EXPÉDITION délivrée par le greffier, d'un acte déposé au greffe par suite du décès du notaire...	108
— délivrée par un notaire comme substituant son collègue...	105
— délivrée en vertu d'ordonnance du président...	104
— ordinaire...	101
— de copie figurée...	110
— de testament...	109
— d'acte d'un notaire suspendu délivrée par son collègue...	106
— d'acte d'un notaire empêché, délivrée par un greffier...	107
— d'une pièce annexée...	102
— de pièce déposée pour minute...	103
GREFFIER substituant un notaire...	53, 74
IMMEUBLES (désignation d')...	60
INTERPRÈTE (indication de l')...	51
— (explication de l'acte par l')...	69, 73
LECTURE des actes...	68
LIEUX de réception des actes...	64
NOTAIRES (indication du)...	47

	FORM.
NOTAIRE instrumentant seul...	48
— décédé, expédition délivrée par un greffier...	108
— empêché, expédition délivrée par un greffier...	107
— substituant son collègue...	52, 70
— substituant son collègue pour la délivrance d'une expédition...	105
— suspendu, expédition délivrée par son confrère...	106
ORIGINE de propriété...	61
PARTIES (comparution de)...	54, 71
PERSONNES (état des)...	63
POIDS et mesures...	59
PRÉFET (approbation du)...	63 bis
PROCÈS-VERBAUX divers...	50
PROPRIÉTÉ (origine de)...	61
RATURE (constatation des)...	74
REGISTRE des dépôts de testaments olographes.	4
— des dépôts de sommes ou valeurs...	5
RENVOI...	58
RÉPERTOIRE...	3
— (copie de)...	3 bis
SECRÉTAIRE du commissariat civil substituant un notaire...	53, 71
SIGNATURE des actes...	68
— d'un acte par un autre notaire que celui qui l'a reçu, par suite de son décès...	75
SOURD-MUET (comparution de)...	55
SUBSTITUTION de notaire par un notaire...	52, 70
— de notaire par un greffier...	53, 74
— de notaire par un secrétaire du commissariat civil...	53, 74
— de notaire pour la délivrance d'une expédition...	105
TÉMOINS instrumentaires (indication des)...	47
— (présence réelle des)...	66, 72
— certificateurs...	67
TESTAMENT (expédition de)...	109

TABLE GÉNÉRALE

DES

MATIÈRES DU PREMIER ET DU DEUXIÈME VOLUMES

PLAN DU TRAVAIL, page 1.
INTRODUCTION, n°s 1 à 21.

PREMIÈRE PARTIE. — LÉGISLATION DU NOTARIAT.

CHAP. Ier. — Des notaires.
§ 1. Notaires, résidence, ressort, nombre, incompatibilité, n°s 22 à 35.
§ 2. Conditions d'admission, nomination, n°s 36 à 50.
§ 3. Patente, cautionnement, n°s 51 à 56.
§ 4. Prestation de serment, n°s 57 à 60.
§ 5. Dépôt de signature et paraphe, sceau, n°s 61 à 64.
§ 6. Tableau d'interdit, n° 65.
§ 7. Honoraires, n°s 66 à 77.
§ 8. Chambre des notaires, n°s 78 à 111.
§ 9. Discipline notariale, n°s 112 à 145.
§ 10. Cessibilité des offices, n°s 146 et 147.
§ 11. Des notaires honoraires, n°s 148 à 151.

APPENDICE AU CHAP. Ier. — Des notaires d'Algérie.
§ 1. Notaire, résidence, ressort, nombre, incompatibilité, n°s 152 à 159.
§ 2. Conditions d'admission, stage, nomination, n°s 160 à 166.
§ 3. Cautionnement, n° 167.
§ 4. Prestation de serment, n° 168.
§ 5. Dépôts de signature et paraphe ; sceau, n°s 169 à 171.
§ 6. Tableaux d'interdits et de contrats de mariage, n°s 172 et 173.
§ 7. Frais et honoraires, n°s 174 à 180.
§ 8. Syndic des notaires, n°s 181 à 183.
§ 9. Discipline notariale, n°s 184 à 199.
§ 10. Incessibilité des offices, n° 200.
§ 11. Des notaires honoraires, n° 201.
§ 12. Dispositions relatives aux notaires de France, communes aux notaires d'Algérie, n°s 202 à 204.

CHAP. II. — Clercs de notaires, stage, n°s 205 à 235.

APPENDICE AU CHAP. II. — Stage prescrit pour être notaire en Algérie, n°s 236 à 238.

CHAP. III. — Timbre des actes, n°s 239 à 251.

CHAP. IV. — Répertoires, n°s 252 à 282.

APPENDICE. — Répertoire et registres prescrits en Algérie, n°s 283 à 293.

CHAP. V. — Cadre d'acte, n°s 294 à 368.

APPENDICE AU CHAP. V. — Cadre d'acte passé en Algérie, n°s 369 à 401.

CHAP. VI. — Acte imparfait, n°s 402 à 415.

CHAP. VII. — Minutes, brevets, dépôts.
§ 1. Minutes, n°s 416 à 439.
§ 1. (Appendice au). — Minutes d'actes passés en Algérie, n°s 440 à 452.
§ 2. Brevets, n°s 453 à 460.
§ 3. Brevets rapportés pour minutes, n°s 461 à 465.
§ 4. Pièces déposées pour minutes, n°s 466 à 480.
§ 5. Annexe de pièces, n°s 481 à 486.

CHAP. VIII. — Copies d'actes.
§ 1. Expéditions, n°s 487 à 531.
§ 1. (Appendice au). — Expéditions délivrées en Algérie, n°s 532 à 542.
§ 2. Extraits, n°s 543 à 553 bis.
§ 3. Grosses, n°s 554 à 593.
§ 4. Compulsoire, n°s 594 à 614.
§ 5. Copie figurée, n°s 615 à 623.
§ 6. Mentions, n°s 624 à 626.

CHAP. IX. — Légalisations, n°s 627 à 638.

CHAP. X. — Exécutoire du juge de paix, n°s 639 à 643.

CHAP. XI. — Divers actes simples.
§ 1. Actes de notoriété, n°s 644 à 680.
§ 2. Certificats de propriété, n°s 681 à 721.
§ 3. Perte de titre de rente, n°s 722 à 726.
§ 4. Demande d'origine de rente, n°s 724 à 726.
§ 5. Certificats de vie, n°s 727 à 739.

DEUXIÈME PARTIE. — DROIT CIVIL

Code Napoléon

TITRE PRÉLIMINAIRE. — De la publication, des effets, et de l'application des lois en général, n°s 740 à 754.

TABLE GÉNÉRALE DES MATIÈRES

LIVRE Ier. — DES PERSONNES.

TITRE Ier. — De la jouissance et de la privation des droits civils, nos 755 à 821.

TITRE II. — Des actes de l'état civil, nos 822 à 871.

TITRE III. — Du domicile, nos 872 à 891.

TITRE IV. — De l'absence, nos 892 à 933.

TITRE V. — Du mariage, nos 934 à 1066.

TITRE VI. — De la séparation de corps, nos 1067 à 1093.

TITRE VII. — De la paternité et de la filiation, nos 1094 à 1124.

TITRE VIII. De l'adoption et de la tutelle officieuse, nos 1125 à 1151.

TITRE IX. — De la puissance paternelle, nos 1152 à 1178.

TITRE X. — De la minorité, de la tutelle et de l'émancipation, nos 1179 à 1358.

TITRE XI. — De la majorité, de l'interdiction et du conseil judiaire, nos 1359 à 1396.

LIVRE IIe. — DES BIENS ET DES DIFFÉRENTES MODIFICATIONS DE LA PROPRIÉTÉ.

TITRE Ier. — De la distinction des biens, nos 1397 à 1424 bis.

TITRE II. — De la propriété, nos 1425 à 1459.

TITRE III. — De l'usufruit, de l'usage et de l'habitation, nos 1460 à 1538.

TITRE IV. — Des servitudes ou services fonciers, nos 1539 à 1657.

LIVRE III. — DES DIFFÉRENTES MANIÈRES DONT ON ACQUIERT LA PROPRIÉTÉ.

Disposition générales, nos 1658 à 1673.

TITRE Ier — Des successions, nos 1674.

APPENDICE au titre I. — De l'inventaire, nos 2174 à 2446.

TITRE II. — Des donations entre vifs et des testaments, nos 2447 à 3129.

TITRE III. — Des contrats ou des obligations conventionnelles en général, nos 3130 à 3507.

TITRE IV. — Des engagements qui se forment sans convention, nos 3508 à 3531.

FIN DU DEUXIÈME VOLUME

www.ingramcontent.com/pod-product-compliance
Lightning Source LLC
Chambersburg PA
CBHW070602230426
43670CB00010B/1379